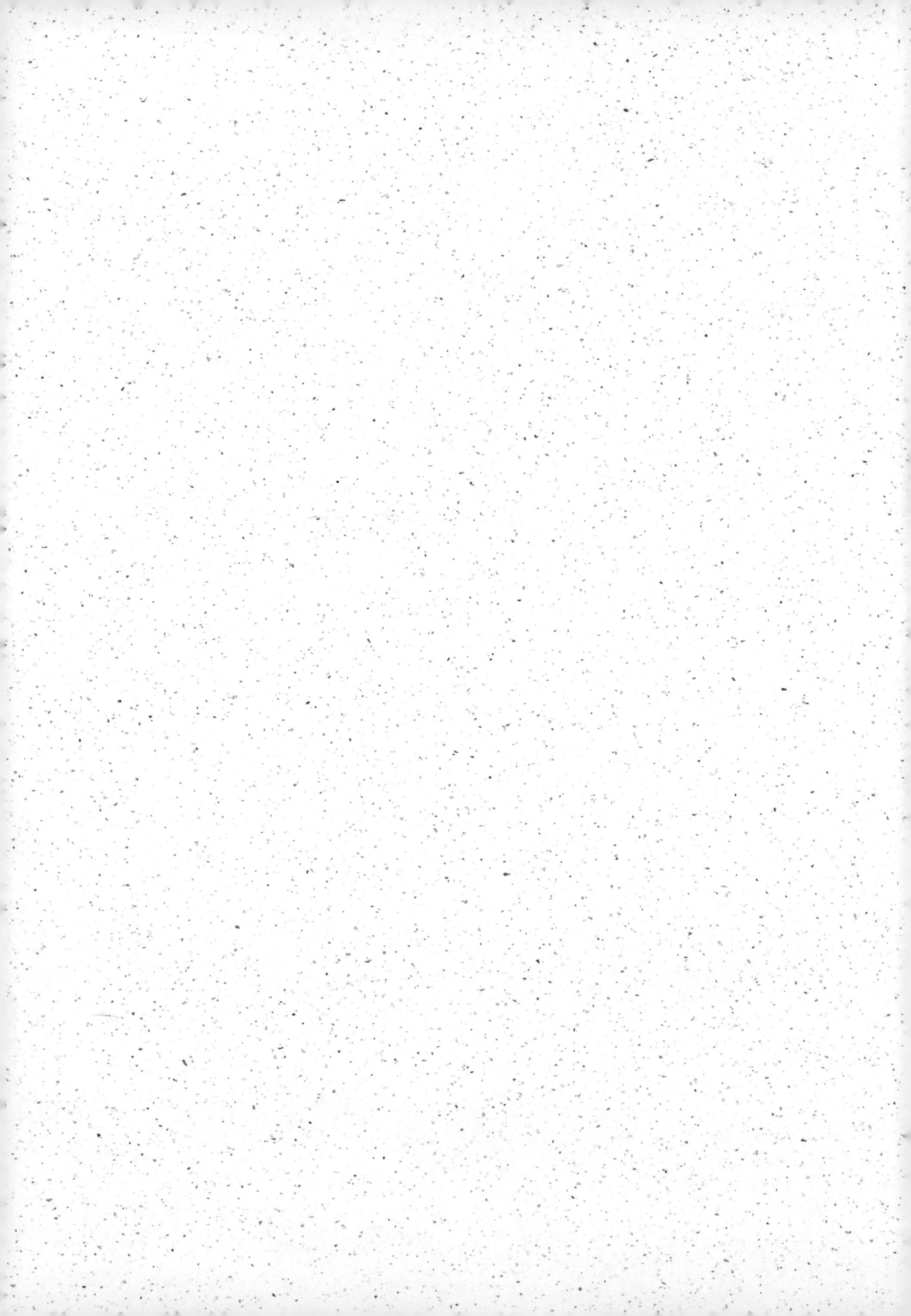

中國古籍總目編纂委員會 編

中國古籍總目 索引

中華書局 上海古籍出版社

4

中國古籍總目

著者索引

中國古籍總目
著者索引
凡　　例

一、本索引據《中國古籍總目》(下簡稱《總目》)所著錄各書著、撰、編、輯、校、注者姓名(含異稱)編製,共得檢索款目 81 600 條(未含佚名著者)。

一、檢索款目依"四角號碼檢字法"編排,並附編"著者索引字頭筆畫檢字"、"著者索引字頭拼音檢字"作爲輔助索引。爲便檢索,"拼音檢字"中附列多音字(以"＊"號標識)。

一、各檢索款目後分別注明其在《總目》中的分部(經、史、子、集、叢)、分册及序次號(取末五位)。如:

　　　　0010₄童

　27 童佩　子 4 - 24707　叢 1 - 223(48)、227(8)

　　即"童佩"見於子部第 4 册第 24707 條,叢書部第 1 册第 223、第 227 條。

一、同一條目中出現多位著者姓名,分別著錄,各歸其類。如:

　　經部第 1 册第 33 條

　　鄭氏周易注三卷補遺一卷　漢鄭玄撰　宋王應麟輯　清惠棟增補　清孫堂校並補遺

　　著者款目分析爲:

　　　　8742₇鄭

　　　00 鄭玄　經 1 - 33

　　　　　1010₄王

　　　00 王應麟　經 1 - 33

5033_3 惠

45 惠棟　經 1-33

1249_3 孫

90 孫堂　經 1-33

一、相同著者姓名反復出現者,檢索款目酌予合併,分注出處。如:

0022_7 方

10 方干　集 1-1730～4,6-41878、41882～3　叢 1-223(50)

即"方干"分別見於集部第 1 冊第 1730 至 1734 條,第 6 冊第 41878 條、第 41882 至 41883 條,叢書部第 1 冊第 223 條。

一、相同著者姓名因刻抄及著錄存有差異者,不作歸併,檢索款目分列。如:

0010_4 童

44 童葉庚　史 2-10326　子 3-18495～500

64 童叶庚　子 3-17959、18140、18218、18260、18350～3、18416,4-21914

一、僧人著者法名後,括注"釋"字。如:

0022_2 彥

13 彥琮(釋)　子 6-32093(52)

14 彥琪(釋)　子 7-33980、33987～8

一、帝王后妃著者本名後,括注其廟號等,如:

清文宗奕詝　　奕詝(清文宗)

明仁宗朱高熾　　朱高熾(明仁宗)

一、《總目》著錄之大型類編、叢書條目,其子目及著者因無對應序號,翻檢不易,茲加分析,增注條目後頁次,以利檢索。如:

7529_6 陳

40 陳存禮　集 1-5522　叢 1-223(62)、227(10)

即"陳存禮"分別見於

1. 集部第 1 册第 5522 條;

2. 叢部第 1 册第 223 條(《文淵閣四庫全書》)下第 62 頁;

3. 叢部第 227 條(《摛藻堂四庫全書薈要》)下第 10 頁。

著者索引字頭筆畫檢字

一畫

一 1000_0

二畫

丁 1020_0
七 4071_0
乃 1722_7
九 4001_7
了 1720_7
二 1010_0
人 8000_0
八 8000_0
刁 1712_0
力 4002_7
十 4000_0
卜 2300_0
又 7740_0

三畫

万 1022_7
三 1010_1
上 2110_0
下 1023_0
丸 5001_7
久 2780_0
也 4471_2
于 1040_0
兀 1021_0

勺 2732_0
千 2040_0
口 6000_0
土 4010_0
士 4010_0
夕 2720_0
大 4003_0
子 1740_7
寸 4030_0
小 9000_0
尸 7727_0
山 2277_0
川 2200_0
工 1010_0
干 1040_0
弓 1720_7
才 4020_0

四畫

不 1090_0
中 5000_6
丹 7744_0
之 3030_7
互 1010_0
亓 1022_1
五 1010_7
井 5500_0
亢 0021_7
什 2420_0

仁 2121_0
仇 2421_7
今 8020_7
介 8022_0
允 2321_0
元 1021_1
公 8073_2
六 0080_0
内 4022_7
分 8022_7
切 4772_0
勿 2722_0
升 2440_0
午 8040_0
卞 0023_0
厄 7121_2
友 4004_7
天 1043_0
太 4003_0
夫 5003_0
孔 1241_0
少 9020_0
尤 4301_0
尹 1750_7
尺 7780_7
屯 5071_7
巴 7771_7
幻 2772_0
式 4310_0

引 1220_0
心 3300_0
戈 5300_0
戶 7227_7
扎 5201_0
支 4040_7
文 0040_0
方 0022_7
日 6010_0
月 7722_0
木 4090_0
殳 7740_7
毋 7755_0
比 2171_0
毛 2071_4
水 1223_0
火 9080_0
片 2202_7
牙 7124_0
牛 2500_0
王 1010_4
瓦 1071_7

五畫

世 4471_7
丘 7210_1
主 0010_4
他 2421_2
仙 2227_0

仝 8010_1
代 2324_0
令 8030_7
以 2810_0
冉 5044_7
冬 2730_3
出 2277_2
功 1412_7
加 4600_0
包 2771_2
北 1111_0
半 9050_0
占 2160_0
卡 2123_1
古 4060_0
句 2762_0
可 1062_0
台 2360_0
史 5000_6
右 4060_0
司 1762_0
四 6021_0
外 2320_0
失 2503_0
尼 7721_1
屶 2772_4
左 4001_1
巨 7171_7
市 0022_7

布	4022₇	交	0040₈	存	4024₇	芝	4430₇	吟	6802₇
平	1040₉	亦	0033₀	宇	3040₁	行	2122₁	含	8060₇
弁	2344₀	仰	2722₀	守	3034₂	西	1060₀	吴	2643₀
弗	5502₇	仲	2520₆	安	3040₄	迁	3130₄	吹	6708₂
弘	1223₀	伃	2824₀	寺	4034₁	邢	1742₇	吾	1060₁
必	3300₀	任	2221₄	年	8050₀	那	1752₇	吕	6060₀
戊	5320₀	企	8010₁	延	1240₁	邨	5772₇	呈	6010₄
打	5102₀	伊	2725₇	廷	1240₁	阪	7124₇	圻	4212₁
旦	6010₀	伍	2121₇	式	4310₀	阮	7121₁	坐	8810₄
未	5090₀	伏	2323₄	戎	5340₀			坑	4011₇
末	5090₀	休	2429₀	成	5320₀	**七畫**		壯	2421₀
本	5023₀	兆	3211₃	托	5201₄	亨	0020₇	夾	4003₈
札	4291₀	先	2421₁	扣	5600₀	伯	2620₀	妙	4942₀
正	1010₁	光	9021₁	曲	5560₀	伴	2925₀	妥	2040₄
民	7774₇	全	8010₄	曳	5000₆	伶	2823₇	姒	4840₀
永	3023₂	再	1044₇	有	4022₇	伽	2620₀	孚	2040₇
氿	3711₂	冰	3213₀	朱	2590₀	佃	2620₀	字	4040₇
玄	0073₂	刑	1240₀	朴	4390₀	但	2621₀	孝	4440₇
玉	1010₃	匡	7171₁	氾	3711₇	住	2021₄	宋	3090₄
瓜	7223₀	印	7772₀	汝	3414₀	佐	2421₁	完	3021₁
甘	4477₀	危	2721₂	江	3111₀	何	2122₀	宏	3043₂
生	2510₀	合	8060₁	池	3411₂	佘	8090₁	尾	7721₄
田	6040₀	吉	4060₁	汲	3714₇	余	8090₄	局	7722₇
由	5060₀	同	7722₀	牟	2350₀	佚	2523₀	岐	2474₇
甲	6050₀	名	2760₀	百	1060₀	佛	2522₇	岑	2220₇
申	5000₆	后	7226₁	祁	3722₇	作	2821₁	希	4022₇
白	2600₀	吏	5000₆	竹	8822₀	佟	2723₃	序	0022₂
皮	4024₇	吐	6401₀	米	9090₄	克	4021₆	廸	1540₆
目	6010₁	向	2722₀	羊	8050₁	兵	7280₁	弄	1044₁
矢	8043₀	回	6060₀	羽	1712₀	冷	3813₇	彤	7242₂
石	1060₀	因	6043₀	老	4471₁	初	3722₀	志	4033₁
立	0010₈	圭	4010₄	考	4420₇	别	6220₀	忘	0033₁
艾	4440₀	地	4411₂	自	2600₀	利	2290₀	快	9503₀
辻	3430₀	多	2720₇	至	1010₄	劫	4472₇	忻	9202₁
邗	1742₇	好	4744₇	舟	2744₀	邵	1762₀	我	2355₀
六畫		如	4640₀	艮	7773₂	即	7772₀	戒	5340₀
亘	1010₆			色	2771₇	君	1760₇	扶	5503₀

抉	5503₀	芬	4422₇	侍	2424₁	宜	3010₇	於	0823₃
折	5202₁	芮	4422₇	依	2023₂	実	3053₀	旺	6101₄
改	1874₀	花	4421₄	兒	7721₇	尙	9022₇	旻	6040₀
攺	7874₀	芳	4422₇	兩	1022₇	居	7726₄	昂	6072₇
杉	4292₂	芸	4473₁	其	4480₁	屈	7727₂	昆	6071₁
李	4040₇	苄	4422₇	冼	3411₁	岡	7722₀	昇	6044₀
杏	4060₉	見	6021₀	函	1077₂	岩	2260₁	昌	6060₀
村	4490₀	角	2722₇	刻	0220₀	岱	2377₂	明	6702₀
杜	4491₀	言	0060₁	卑	2640₀	岳	7277₂	易	6022₇
杞	4791₇	谷	8060₈	卓	2140₆	岷	2774₇	昔	4460₁
束	5090₆	豆	1010₈	叔	2794₀	岸	2224₁	朋	7722₀
步	2120₁	貝	6080₀	呢	6701₁	巫	1010₈	服	7724₇
每	8050₇	赤	4033₁	周	7722₀	帕	4620₁	杭	4091₇
求	4313₂	足	6080₁	味	6509₀	帛	2622₇	杰	4033₉
汪	3111₄	身	2740₀	呼	6204₉	幸	4040₁	東	5090₆
汴	3013₀	車	5000₆	咀	6701₀	庚	0023₇	松	4893₂
汾	3812₇	辛	0040₁	咄	6207₂	彼	2424₇	板	4194₇
沁	3310₀	辰	7123₂	和	2690₀	忠	5033₆	林	4499₀
沃	3213₄	近	3230₂	固	6060₄	念	8033₂	枚	4894₀
沅	3111₁	邯	4772₇	坡	4414₇	忽	2733₂	果	6090₄
沈	3411₂	郤	2762₇	坦	4611₀	怡	9306₀	欣	7728₂
沐	3419₀	邱	7712₇	坪	4114₉	性	9501₀	武	1314₀
沖	3510₆	邵	1762₇	夜	0024₇	怵	9309₄	沮	3711₀
沙	3912₀	邸	7772₇	奇	4062₁	戔	5350₃	沱	3311₁
沛	3512₇	酉	1060₀	奈	4090₁	房	3022₇	河	3112₀
狂	4121₄	里	6010₄	奉	5050₃	承	1723₂	治	3316₀
狄	4928₀	阿	7122₀	姑	4446₀	披	5404₇	沼	3716₂
甬	1722₇	陂	7424₇	委	2040₄	抱	5701₂	況	3611₀
皂	2671₄			孟	1710₇	押	5605₀	法	3413₁
秀	2022₇	**八畫**		季	2040₇	抽	5506₀	泖	3712₀
私	2293₀			孤	1243₀	拉	5001₈	泗	3610₀
系	2090₃	乳	2241₀	孥	4740₇	拓	5106₀	泡	3711₂
肖	9022₇	亞	1010₇	宓	3033₂	拔	5304₇	波	3414₇
肝	7124₀	亟	1010₄	宗	3090₁	拖	5801₂	注	3011₄
良	3073₂	京	0090₆	官	3077₇	拘	5702₀	炎	9080₉
芙	4453₀	佩	2721₀	定	3080₁	拙	5207₂	牧	2854₀
芥	4422₈	佶	2426₁	宛	3021₂	招	5706₂	物	2752₀
		來	4090₈						

玩	1111₁	郅	1712₇	哈	6806₁	施	0821₂	相	4690₀
盲	0060₁	郎	3772₇	垣	4111₆	昝	2360₄	眄	6802₇
直	4010₇	采	2090₄	垤	4111₄	星	6010₄	省	9060₂
知	8640₀	金	8010₉	城	4315₀	春	5060₃	眉	7726₇
祇	3224₀	長	7173₂	奎	4010₄	昨	6801₁	看	2060₄
祈	3222₁	門	7777₇	契	5743₀	昭	6706₂	研	1164₀
秉	2090₇	陋	7121₂	奕	0043₀	是	6080₁	砭	1263₇
穹	3020₇	陜	7028₂	姚	4241₃	曷	6072₇	祕	3320₀
空	3010₁	雨	1022₇	姜	8040₄	枯	4496₀	祖	3721₀
竺	8810₁	青	5022₇	威	5320₀	葉	4490₄	祇	3224₀
者	4460₀	非	1111₁	客	3060₄	柏	4690₀	祝	3621₀
耶	1712₇			宣	3010₆	某	4490₄	神	3520₆
肥	7721₇	**九畫**		宦	3071₇	染	3490₄	禹	2042₇
肭	7521₇			封	4410₀	查	4010₆	秋	2998₀
育	0022₇	侯	2723₄	屏	7724₁	柯	4192₀	科	2490₀
臥	7870₀	俎	8781₀	峒	2772₀	柱	4091₄	笈	8824₇
舍	8060₄	俗	2826₈	帥	2472₇	柳	4792₀	紀	2791₇
苑	4421₂	保	2629₄	度	0024₇	柿	4092₇	約	2792₀
苔	4460₃	俞	8022₁	弇	8044₆	段	7744₇	紅	2191₀
苕	4460₂	俠	2423₈	彦	0022₂	毗	6101₀	美	8043₀
苗	4460₀	信	2026₁	彪	2221₂	毘	6071₁	羿	1744₂
苟	4462₇	修	2722₂	律	2520₇	泉	2623₂	耐	1420₀
若	4460₄	俞	8023₂	後	2224₇	洗	3411₁	胡	4762₀
英	4453₀	冒	6060₀	思	6033₀	洛	3716₄	胤	2201₁
苻	4424₀	冠	3721₄	急	2733₇	洞	3712₀	胥	1722₇
茂	4425₃	勃	4442₇	恂	9702₀	洪	3418₁	茹	4446₀
范	4411₂	勉	2441₂	恆	9101₇	活	3216₄	荀	4462₇
茄	4446₀	南	4022₇	恬	9206₄	炤	9786₂	荆	4240₀
茅	4422₂	卻	8762₀	扁	3022₇	炳	9182₇	草	4440₆
茆	4472₇	厚	7124₇	拜	2155₀	狩	4324₂	茭	4453₂
虎	2121₇	受	2040₇	拼	5804₁	紗	0972₄	荒	4421₁
虯	5210₁	咎	2160₁	拾	5806₁	珂	1112₄	荔	4442₇
迦	3630₀	咨	3760₈	持	5404₁	珏	1111₃	虹	5111₀
迳	3830₁	咫	7680₈	指	5106₁	界	6022₈	衍	2122₁
述	3330₉	咸	5320₀	拏	4750₂	癹	1240₇	計	0460₀
郁	4722₇	哀	0073₂	政	1814₀	皆	2160₁	貞	2180₆
郊	4742₇	品	6066₀	故	4864₀	皇	2610₄	軍	3750₆
		哂	6106₀						

迺	3130₆	卿	7772₀	晁	6011₃	珠	1519₀	莽	4444₃
退	3730₃	原	7129₆	時	6404₁	班	1111₄	華	4450₄
逢	3730₄	員	6080₆	晃	6021₁	瓶	8141₇	虔	2124₀
郗	4722₇	哦	6305₀	晊	6401₄	留	7760₂	袁	0073₂
郜	2762₇	哲	5260₂	晉	1060₁	畢	6050₄	袁	4073₂
郝	4732₇	唐	0026₇	晏	6040₄	病	0012₇	袖	3526₀
郎	3772₇	夏	1024₇	晚	6701₆	益	8010₇	託	0261₄
郟	4702₇	奚	2043₀	晟	6025₃	盍	4310₇	豈	2210₈
重	2010₄	姬	4141₆	書	5060₁	真	4080₁	財	6480₀
陝	7423₈	娛	4643₄	朗	3772₀	破	1464₇	貢	1080₆
韋	4050₆	娥	4345₀	柴	2190₄	祥	3825₁	起	4780₁
音	0060₁	孫	1249₃	栗	1090₄	袜	3529₀	軒	5104₀
風	7721₀	宮	3060₆	栩	4792₀	秣	2599₀	逍	3930₂
飛	1241₃	家	3023₂	根	4793₂	秦	5090₄	酒	3130₆
首	8060₁	容	3060₈	格	4796₄	笆	8871₇	通	3730₂
香	2060₉	射	2420₀	桂	4491₄	笏	8822₇	造	3430₆
骨	7722₇	峨	2375₀	桃	4291₃	笑	8843₀	逢	3730₄
鬼	2621₃	峯	2250₄	桐	4792₀	納	2492₇	連	3530₀
		島	2772₇	桑	7790₄	純	2591₇	郭	0742₇
十畫		峻	2374₇	桓	4191₆	素	5090₃	鄚	9782₇
乘	2090₁	師	2172₇	桔	4496₁	索	4090₃	郵	2712₇
俸	2525₃	席	0022₇	梧	4196₁	翁	8012₇	都	4762₇
俺	2421₆	庫	0025₆	殊	1529₀	耆	4460₁	郰	9722₇
倉	8060₇	徐	2829₄	殷	2724₇	耕	5590₀	酌	1762₀
倍	2026₁	徒	2428₁	泰	5013₂	耿	1918₀	配	1761₇
倔	2727₂	恩	6033₀	流	3011₃	能	2121₁	酒	3116₀
倚	2422₁	恭	4433₃	浙	3212₁	脂	7126₁	針	8410₀
借	2426₁	息	2633₀	浣	3311₁	脅	4022₇	閃	7780₇
倦	2921₂	悅	9801₆	浦	3312₇	脈	7223₂	陰	7823₁
倪	2721₇	悔	9805₇	浩	3416₁	致	1814₀	陳	7529₆
倫	2822₇	悟	9106₁	浪	3313₂	般	2744₇	陵	7424₇
倭	2224₄	挨	5303₄	浮	3214₇	茝	4471₆	陶	7722₀
健	2524₀	振	5103₂	海	3815₇	荻	4428₉	陸	7421₄
党	9021₆	挽	5701₆	涂	3819₄	莊	4421₄	隺	4021₄
剛	7220₀	敉	9894₀	烏	2732₇	莎	4412₉	隻	2040₇
剡	9280₀	敖	5824₀	特	2454₁	莘	4440₁	隼	2040₁
務	1822₇	旅	0823₂	珞	1716₄	莫	4443₀	馬	7132₇

高	0022₇	崇	2290₁	梵	4421₇	聆	1813₇	鳥	2732₇
髟	7272₂	崎	2472₁	梶	4791₄	聊	1712₀	鹿	0021₁
十一畫		崑	2271₁	欶	2748₂	脫	7821₆	麥	4020₇
		崔	2221₄	涵	3717₂	船	2746₁	麻	0029₄
乾	4841₇	巢	2290₄	淞	3813₂	菅	4477₇	黃	4480₆
偉	2425₆	常	9022₇	淡	3918₉	菊	4492₇		
偰	2723₄	庵	0021₆	淦	3811₉	菥	4493₂	**十二畫**	
偶	2622₇	康	0023₂	淨	3215₇	菩	4460₁		
勒	4452₇	庸	0022₇	淩	3414₇	菰	4443₂	傅	2324₂
區	7171₆	庚	0023₇	淮	3011₄	萍	4414₉	勛	6482₇
參	2320₂	張	1123₂	深	3719₄	菽	4491₇	勝	7922₇
唻	6409₈	強	1323₆	淳	3014₇	著	4460₄	勞	9942₇
商	0022₇	得	2624₁	混	3611₁	處	2124₁	博	4304₂
問	7760₇	從	2828₁	淺	3315₃	袾	3529₀	厦	7124₇
啓	3860₄	情	9502₇	添	3213₃	訥	0462₇	善	8060₁
啖	6908₉	惜	9406₁	清	3512₇	訪	0062₇	喇	6200₀
圈	6071₂	惟	9001₄	渠	3190₄	許	0864₀	喚	6703₄
國	6015₃	戚	5320₀	琅	1313₂	販	6284₇	喜	4060₁
培	4016₁	戛	3021₇	理	1611₄	貪	8080₆	喝	6602₇
基	4410₄	捧	5505₃	異	6080₁	貫	7780₆	喬	2022₇
堀	4717₂	掃	5702₇	皎	2064₈	逯	3730₃	單	6650₆
堅	7710₄	掄	5802₇	盛	5310₇	進	3030₁	喻	6802₁
堵	4416₀	授	5204₇	眭	6401₄	逸	3730₁	堯	4021₁
婁	5040₄	排	5101₁	移	2792₇	過	3730₂	壺	4010₇
婆	3440₄	採	5209₄	竟	0021₆	鄂	6722₇	婆	1840₄
婦	4742₇	敍	8194₇	章	0040₆	野	6712₂	富	3060₆
娜	4742₇	教	4844₀	笛	8860₃	釣	8712₀	寒	3030₃
宿	3026₁	敏	8854₀	笠	8810₈	閆	7710₁	寓	3042₇
寀	3090₄	敕	5894₀	符	8824₃	陽	7622₇	尊	8034₆
寂	3094₇	斛	2420₀	笨	8823₄	隅	7622₇	尋	1734₆
寄	3062₁	旋	0828₁	笡	8810₆	隆	7721₄	嵇	2397₂
寅	3080₆	晦	6805₇	笹	8871₇	限	7623₂	彭	4212₂
密	3077₂	曹	5560₆	粘	9196₀	隋	7422₂	御	2722₇
寇	3021₄	曼	6040₇	細	2690₀	隗	7621₃	復	2824₇
尉	7420₀	望	0710₄	紹	2796₂	雪	1017₇	惠	5033₃
屠	7726₄	梁	3390₄	終	2793₃	高	0022₇	惲	9705₆
崆	2371₁	梅	4895₇	習	1760₂	魚	2733₆	惺	9601₄
								戢	6315₀

字	碼	字	碼	字	碼	字	碼	字	碼
揆	5203_4	湛	3411_1	絳	2795_4	遏	3730_4	塗	3810_4
提	5608_1	湯	3612_7	翔	8752_0	道	3830_6	塚	4713_2
揚	5602_7	滋	3813_2	舒	8762_2	達	3430_4	奧	2743_0
握	5701_4	滑	3712_7	舜	2025_2	鄒	2742_7	塞	3010_4
揭	5602_7	無	8033_1	萬	4442_7	鄔	2732_7	夢	4420_7
散	4824_0	焦	2033_1	萼	4420_7	酣	1467_0	寬	3021_6
敦	0844_0	然	2333_3	落	4416_4	酥	1269_4	嵩	2222_7
敬	4864_0	爲	2022_7	葆	4429_4	量	6010_4	幕	4422_7
斌	0344_0	犀	7725_3	葉	4490_4	鈍	8511_7	幹	4844_1
斐	1140_0	猶	4826_1	葛	4472_7	鈕	8711_4	廉	0023_7
斯	4282_1	琦	1412_1	董	4410_4	開	7744_1	廓	0022_7
普	8060_1	琨	1611_1	葫	4462_7	閑	7790_4	廕	0023_1
景	6090_6	琮	1319_1	葵	4443_0	閒	7722_7	愈	8033_2
晴	6502_7	琴	1120_7	虛	2121_7	間	7760_7	意	0033_6
智	8660_0	瑯	1712_7	衆	2723_2	閔	7740_0	愚	6033_2
曾	8060_6	甦	1550_1	裕	3826_8	雅	7021_4	愛	2024_7
最	6014_7	甯	3022_7	補	3322_7	集	2090_4	感	5320_0
棒	4595_3	番	2060_9	覃	1040_6	雲	1073_1	慈	8033_3
棗	5090_2	畫	5010_6	詞	0162_0	項	1118_6	慎	9408_1
棚	4792_0	畬	8060_9	評	0164_9	順	2108_6	新	0292_1
棠	9090_4	疎	1519_6	詠	0363_2	須	2128_6	會	8060_6
棣	4593_2	疏	1011_3	貯	6082_1	飯	8174_7	椽	4793_2
森	4099_4	痛	0012_7	貴	5080_6	飲	8778_2	椿	4596_3
棱	4494_7	登	1210_8	買	6080_6	馭	7734_0	楊	4692_7
樓	4594_4	發	1224_7	費	5580_6	馮	3112_7	楓	4791_0
植	4491_7	皖	2361_1	貽	6386_0	髡	7221_7	楚	4480_1
椒	4794_0	硯	1661_0	賀	4680_6	黍	2013_2	楠	4492_7
欽	8718_2	祿	3723_2	貢	4080_6	黑	6033_1	楨	4198_6
殘	1325_3	稅	2891_6	超	4780_6	鼎	2222_1	榆	4892_1
淵	3210_0	程	2691_4	越	4380_5			槎	4891_1
渡	3014_7	童	0010_4	跋	6314_7	**十三畫**		槐	4691_3
測	3210_0	筆	8850_7	辜	4040_1			歇	6778_2
渭	3612_7	等	8834_1	遁	3230_6	傳	2524_3	歲	2125_3
游	3814_7	筏	8825_3	遂	3830_3	勤	4412_7	殿	7724_7
渾	3715_6	粟	1090_4	遇	3630_2	匯	7171_1	源	3119_6
湖	3712_0	紫	2190_3	遊	3830_4	嗣	6722_0	馮	3112_7
湘	3610_0	統	2091_3	遍	3330_2	嗤	6203_6	溥	3314_2
						圓	6080_6		

溫	3611_7	蒼	4460_7	電	1071_6	隙	7824_0	端	0212_7
滄	3816_7	蒿	4422_7	靖	0512_7	暢	5602_7	箇	8860_3
滇	3418_1	蓂	4480_0	靳	4252_1	暨	7110_6	箕	8880_1
滌	3719_4	蓉	4460_8	頑	1128_6	榕	4396_8	算	8844_6
漠	3413_4	蓋	4410_7	頓	5178_6	榮	9990_4	管	8877_7
煙	9181_4	蓬	4430_4	魁	2421_0	槃	2790_4	箬	8860_4
煥	9783_4	蓮	4430_4	鳩	4702_7	槙	4198_1	精	9592_7
煦	6733_2	蔭	4423_1	鼓	4414_7	槑	6699_4	綠	2793_2
照	6733_6	虞	2123_4			樋	4793_2	綦	4490_3
瑃	1516_3	蛻	5811_6	**十四畫**		樺	4495_4	維	2091_4
瑙	1216_3	蛾	5315_0			毓	8051_3	綳	2792_0
瑜	1812_1	裔	0022_7	僞	2222_7	熒	9923_2	綴	2794_7
瑞	1212_7	裘	4373_2	僧	2826_6	滿	3412_7	綺	2492_1
甄	1111_7	禪	3624_0	厲	7122_7	漁	3713_6	綿	2692_7
畸	6402_1	褚	3426_0	嘉	4046_1	漆	3413_2	緒	2496_0
畹	6301_2	解	2725_2	嘹	6702_2	演	3318_6	翟	1721_4
疊	1010_6	詩	0464_1	圖	6060_4	漚	3111_6	聚	1723_2
痴	0016_0	詮	0861_4	團	6034_3	漢	3413_4	聞	7740_1
皙	4260_2	話	0266_4	塵	0021_4	漫	3614_7	肇	3850_7
盞	5310_7	該	0068_2	墅	6710_4	潔	3619_3	臧	2325_0
盟	6710_7	詹	2726_1	墈	4412_7	漱	3718_2	臺	4010_4
睡	6201_4	誇	0462_7	壽	4064_1	漳	3014_6	舞	8025_1
督	2760_4	資	3780_6	察	3090_1	漸	3212_1	蕁	4434_3
睦	6401_4	賈	1080_6	寢	3024_7	熊	2133_1	蓼	4420_2
福	3126_6	路	6716_4	實	3080_6	熙	7733_1	蔗	4423_7
禕	3425_6	較	5004_8	寧	3020_1	爾	1022_7	蔚	4424_0
稚	2091_4	載	4355_0	寬	3021_3	瑣	1918_6	蔡	4490_1
筮	8810_8	農	5523_2	對	3410_0	瑤	1717_2	蔣	4424_2
綏	2294_4	遜	3230_9	幔	4624_7	瑪	1112_7	蜀	6012_7
經	2191_1	遠	3430_3	廖	0022_2	瑭	1016_7	蜚	1113_6
義	8055_3	鄂	1732_7	廣	0028_6	瘦	0014_7	裳	9073_2
聖	1610_4	鄆	0742_7	彰	0242_2	監	7810_7	裴	1173_2
肅	5022_7	鈴	8813_7	慕	4433_3	睿	2160_8	製	2273_2
與	7780_1	鉢	8513_0	慚	9202_1	碧	1660_1	褘	3425_6
蒙	4423_2	際	7729_1	慳	9701_4	碩	1168_6	誌	0463_1
蒯	4220_0	雍	0021_4	慵	9002_7	種	2291_4	語	0166_1
蒲	4412_7	雷	1060_3	摶	5504_3	窪	3011_4	誦	0762_7

說	0861₆	慧	5533₇	瘞	0011₄	輪	5802₇	擇	5604₁
賓	3080₆	慶	0024₇	盤	2710₇	遲	3730₄	操	5609₄
赫	4433₁	憂	1024₇	稻	2297₇	遵	3830₄	擔	5706₁
趙	4980₂	慸	2433₇	稼	2393₂	遺	3530₈	據	5103₂
輔	5302₇	憨	1833₄	稽	2396₁	邁	3430₂	暨	2110₆
適	3030₂	憫	9702₀	穀	4794₇	醉	1064₈	曇	6073₁
遭	3530₆	憬	9609₆	穗	2593₆	鋒	8715₄	曉	6401₁
遯	3130₃	摩	0025₂	箭	8822₁	鋤	8412₇	樵	4093₁
鄧	1712₇	摯	4550₂	篆	8823₂	鋪	8312₇	樸	4293₄
鄭	8742₇	撒	5804₀	緣	2793₂	震	1023₂	樹	4490₀
銘	8716₀	撫	5803₁	緵	2793₄	鞏	1750₆	橋	4292₇
閩	7713₆	數	5844₀	練	2599₆	頡	4168₆	橘	4792₇
閭	7760₆	暴	6013₂	緹	2698₁	養	8073₂	機	4295₃
隨	7423₂	樂	2290₄	耦	5692₇	餘	8879₄	橫	4498₆
雒	2061₄	樊	4443₀	蔡	4490₄	駐	7031₄	檣	4092₇
韶	0766₂	樓	4594₄	蕉	4433₁	駕	4632₇	歎	8718₂
鳳	7721₀	樗	4192₇	蕊	4433₃	駝	7331₁	歷	7121₁
鳴	6702₇	歐	7778₂	蕙	4433₃	髮	7244₇	潞	3716₄
齊	0022₃	滕	7923₂	蕨	4428₂	魯	2760₃	澤	3614₁
十五畫		穎	2128₆	蕺	4415₃	鴈	7122₇	澹	3716₁
		潔	3719₃	蟲	1713₆	黎	2713₂	澼	3014₁
僵	2121₆	潘	3216₉	蝶	5419₄	**十六畫**		濁	3612₇
儀	2825₃	潛	3116₁	衛	2122₁			濩	3414₇
儂	2523₂	潤	3712₀	褒	0073₂	儒	2122₇	燃	9383₃
儉	2828₆	潭	3114₆	褪	3121₁	冀	1180₁	燈	9281₈
劉	7210₀	潮	3712₀	課	0669₄	凝	3718₁	燕	4433₁
劍	8280₀	潯	3714₆	誼	0361₇	勵	7422₂	獨	4622₇
噶	6402₇	潼	3011₄	調	0762₀	嘯	6502₇	璬	1814₀
增	4816₆	澀	3111₁	談	0968₉	器	6666₃	盧	2121₇
墨	6010₄	澂	3814₀	論	0862₇	壁	7010₄	磨	0026₁
奭	4003₆	澄	3211₈	諸	0466₀	奮	4060₁	禧	3426₁
審	3060₉	澈	3814₀	諾	0466₄	學	7740₇	禪	3625₆
履	7724₇	熱	4533₁	豫	1723₂	寰	3073₂	穆	2692₂
影	6292₂	摩	0025₉	豬	1426₀	憑	3133₃	穋	2392₇
徵	2824₀	瑩	9910₃	賡	0028₆	憲	3033₆	積	2598₆
德	2423₁	甌	7171₇	賢	7780₆	憺	9706₁	穎	2198₆
徹	2824₀	畿	2265₃	賦	6384₀	戰	6355₀	窺	3051₆

中國古籍總目·索引

繡 2592_7
繩 2791_7
繳 2894_0
羅 6091_4
藹 4462_7
藺 4422_7
藥 4490_4
蘄 4452_1
蘅 4422_1
蘆 4421_7
蘇 4439_4
蘊 4491_7
蘋 4428_6
蘧 4430_3
證 0261_8
譙 0063_1
譚 0164_6
警 4860_1
贈 6886_6
贊 2480_6
鏡 8011_6
關 7777_2
闞 7714_8
難 4051_4
韜 4257_7
韻 0668_6
願 7128_6
顛 4188_6
騷 7733_6
鵲 4762_7
麒 0428_1
麗 1121_1
麴 4722_0
龐 0021_1

二十畫

[illegible] 0645_6
寶 3080_6
懺 9305_0
灌 3411_4
瓏 1111_1
竇 3080_6
競 0021_6
籥 8822_7
籌 8864_1
籍 8896_1
繼 2291_3
耀 9721_4
蘭 4422_7
覺 7721_6
譯 0664_1
護 0464_7
瞻 6786_1
酆 2712_7
醴 1561_8
釋 2694_1
鐃 8411_1
饒 8471_1
馨 4760_9
騶 7732_7
黨 9033_1
齡 2873_7

二十一畫

囂 6666_8
夔 8024_7
櫻 4694_4
權 4491_4
續 2498_6
羼 7725_1
蠡 2713_6
辯 0044_1
酈 1722_7
鏽 8512_7
鐮 8013_7
鐵 8315_0
顧 3128_6
鰲 5833_6
鶴 4722_7

二十二畫

懿 4713_8
灑 3111_1
穰 2093_2
竊 3092_7
籛 8815_3
籜 8854_1
聽 1413_1
聾 0140_1
臞 7621_4
蘿 4491_4
讀 0468_6
邏 3630_1
鑄 8414_1
鑠 8919_4
鑑 8811_7
鑒 7810_9
體 7521_8
鬻 1722_7
鱅 2032_7
鷗 7772_7
麟 0925_9
龔 0180_1

二十三畫

欒 2290_4
纕 2093_2
讔 0263_7
顯 6138_6
鷲 0332_7

二十四畫

觀 4621_0
讓 0063_2
贛 0748_6
釀 1063_2
靈 1010_8
鷺 6732_7
鹽 7810_7

二十八畫

豔 2411_7

二十九畫

鬱 4472_2

三十畫

鸞 2232_7

著者索引字頭拼音檢字

a

阿* 7122_0

ai

哀 0073_2
挨 5303_4
欸* 2748_2
藹 4462_7
艾* 4440_0
愛 2024_7
曖 6204_7
乃* 1722_7
奇* 4062_1

an

安 3040_4
闇* 7760_1
俺* 2421_6
岸 2224_1
干* 1040_0
陰* 7823_1

ang

昂* 6072_7
仰* 2722_0

ao

敖 5824_0
鰲 5833_6
奧 2743_0
矗* 6666_8

ba

八 8000_0
巴 7771_7
笆 8871_7
拔* 5304_7
癹 1240_7
跋* 6314_7
伯* 2620_0

bai

白* 2600_0
百* 1060_0
柏 4690_0
拜 2155_0
伯* 2620_0
排* 5101_1

ban

班 1111_4
般* 2744_7
阪 7124_7
板 4194_7
半* 9050_0
伴* 2925_0
瓣 0044_1

bang

辨* 0044_1
辯* 0044_1
分* 8022_7

棒 4595_3
彭* 4212_2

bao

包* 2771_2
保 2629_4
葆 4429_4
寶 3080_6
抱* 5701_2
暴 6013_2
鮑* 2731_2
薄 4414_2
嘜* 6702_2

bei

跋* 6314_7
陂* 7424_7
卑* 2640_0
北 1111_0
貝 6080_0
倍 2026_1
波* 3414_7
孛* 4040_7
蜚* 1113_6

ben

菩* 4460_1

賁* 4080_6
本* 5023_0
笨 8823_4

beng

繃 2792_0
俸* 2525_3
平* 1040_9

bi

陂* 7424_7
卑* 2640_0
賁* 4080_6
比* 2171_0
彼 2424_7
筆 8850_7
必 3300_0
畢 6050_4
裨* 3624_0
碧 1660_1
壁 7010_4
避 3030_4
波* 3414_7
費* 5580_6
佛* 2522_7
服* 7724_7

bian

砭 1263_7
邊 3630_2
扁* 3022_7
卞* 0023_0
弁* 2344_0
汴 3013_0
遍 3330_2
辨* 0044_1
辯* 0044_1
髟* 7272_2
封* 4410_0

biao

彪 2221_2
髟* 7272_2

bie

拔* 5304_7
別 6220_0

bin

斌 0344_0
賓 3080_6
濱 3318_6

bing

冰* 3213_0

chou

抽	5506[0]
仇*	2421[7]
籌*	8864[1]
鈕*	8711[4]

chu

出	2277[2]
初	3722[0]
樗	4192[7]
鋤*	8412[7]
褚	3426[0]
楚	4480[1]
褚	3426[0]
儲	2426[0]
怵*	9309[4]
處*	2124[1]
涂*	3819[4]
諸*	0466[0]
祝*	3621[0]
著*	4460[4]

chuan

川	2200[0]
船	2746[1]
傳*	2524[3]
椽	4793[2]

chuang

倉*	8060[7]

chui

吹	6708[2]
郵*	2712[7]

chun

春	5060[3]

椿	4596[3]
瑃	1516[3]
純*	2591[7]
淳*	3014[7]
蓴	4434[3]
肫*	7521[7]

chuo

綴*	2794[7]

ci

柴*	2190[4]
慈	8033[3]
司*	1762[0]
滋*	3813[2]
呰*	2160[1]

cong

從*	2828[1]
琮	1319[1]
叢*	3214[7]
總*	2693[0]
种*	2590[6]

cu

戚*	5320[0]

cui

察*	3090[1]
崔	2221[4]

cun

邨	5772[7]
村	4490[0]
存	4024[7]
寸	4030[0]

---

cuo

蹉	6811[1]
昔*	4460[1]
最	6014[7]

da

笪	8810[6]
達*	3430[4]
打	5102[0]
大*	4003[0]

dai

大*	4003[0]
代*	2324[0]
岱*	2377[2]
戴*	4385[0]
棣*	4593[2]
逮	3730[3]

dan

丹	7744[0]
單*	6650[6]
擔*	5706[1]
旦	6010[0]
但*	2621[0]
啖	6908[9]
淡*	3918[9]
憺	9706[1]
澹*	3716[1]
冉*	5044[7]
贍	6786[1]
石*	1060[0]
潭*	3114[6]
詹*	2726[1]
湛*	3411[1]

---

dang

党	9021[6]
黨*	9033[1]
鄺	9722[7]

dao

島	2772[7]
蹈	6217[7]
道	3830[6]
稻	2297[7]
鳥*	2732[7]
受*	2040[7]
陶*	7722[0]

de

得*	2624[1]
德	2423[1]
登*	1210[8]
地*	4411[2]

dei

得*	2624[1]

deng

澄*	3211[8]
登*	1210[8]
燈	9281[8]
等	8834[1]
鄧	1712[7]

di

迪	1540[6]
狄*	4928[0]
荻	4428[9]
笛	8860[3]
滌	3719[4]

---

dang (邸)

邸	7772[7]
地*	4411[2]
棣*	4593[2]
諦*	0062[7]
勺*	2732[2]
適*	3030[1]
提*	5608[1]
約*	2792[0]
翟*	1721[4]

dian

滇*	3418[1]
顛*	4188[6]
點*	6136[0]
佃*	2620[0]
殿	7724[7]
電	1071[6]
簟	8840[6]
槙*	4198[1]

diao

刁	1712[0]
釣	8712[0]
調*	0762[0]
鳥*	2732[7]
趙*	4980[2]

die

垤	4111[4]
蝶	5419[4]
鐵*	8315[0]
佚*	2523[0]
至*	1010[4]

ding

丁*	1020[0]
鼎*	2222[1]

定 3080₁		偽* 2222₇	飛 1241₃	**fu**
dong	**dui**	亞* 1010₇	蜚* 1113₆	包* 2771₂
冬 2730₃	對 3410₀	**en**	肥 7721₇	不* 1090₀
東 5090₆	敦* 0844₀	恩 6033₀	斐 1140₀	費* 5580₆
董* 4410₄	**dun**	**er**	費* 5580₆	佛* 2522₇
峒* 2772₀	不* 1090₀	兒* 7721₇	芾 4422₇	夫 5003₀
洞* 3712₀	敦* 0844₀	爾* 1022₇	裴* 1173₂	弗 5502₇
桐* 4792₀	遁 3230₆	二 1010₀	**fen**	伏 2323₄
甬* 1722₇	鈍 8511₇	**fa**	賁* 4080₆	孚 2040₇
dou	頓* 5178₆	拔* 5304₇	分* 8022₇	扶* 5503₀
都* 4762₇	遯 3130₃	發* 1224₇	芬 4422₇	芙 4453₀
豆 1010₈	**duo**	筏 8825₃	汾* 3812₇	芾* 4422₇
竇* 3080₆	點* 6136₀	法 3413₁	奮 4060₁	服* 7724₇
讀* 0468₆	度* 0024₇	髮 7244₇	**feng**	苻* 4424₇
du	多* 2720₇	**fan**	封* 4410₀	浮 3214₇
都* 4762₇	咄 6207₂	番* 2060₉	風 7721₀	符 8824₃
竇* 3080₆	掇 0645₆	翻 2762₀	峯 2250₄	福 3126₆
督 2760₄	隋* 7422₇	樊 4443₀	楓* 4791₀	輔 5302₇
闍* 7760₄	沱* 3311₁	汜 3711₂	鋒 8715₄	撫* 5803₁
獨 4622₇	澤* 3614₁	范 4411₂	豐 2210₈	婦 4742₇
讀* 0468₆	**e**	梵 4421₇	酆 2712₇	傅 2324₂
堵* 4416₀	阿* 7122₀	販 6284₇	逢 3730₄	富 3060₆
篤 8832₇	欸* 2748₂	飯 8174₇	馮* 3112₇	復 2824₇
杜* 4491₀	娥 4345₀	楓* 4791₀	奉 5050₃	賦 6384₀
度* 0024₇	峨 2375₀	**fang**	俸 2525₅	宓* 3033₂
渡 3014₇	蛾 5315₀	方* 0022₇	鳳 7721₀	**ga**
頓* 5178₆	額 3168₆	芳 4422₇	逢 3730₄	伽* 2620₀
塗* 3810₄	鵝 2752₇	房 3022₇	捧 5505₃	噶* 6402₇
土* 4010₀	鷲 2332₇	訪 0062₇	**fo**	**gai**
竺 8810₁	厄 7121₂	**fei**	佛* 2522₇	陔 7028₂
duan	鄂 6722₇		**fou**	該 0068₂
端 0212₇	萼 4420₇			改 1874₀
段 7744₇	曷* 6072₇			蓋* 4410₇
	哦* 6305₀	非 1111₁	不* 1090₀	芥* 4422₈

中國古籍總目著者索引

gan

干* 1040_0
甘* 4477_0
肝 7124_0
感* 5320_0
淦 3811_9
幹 4844_1
贛 0748_6
乾* 4841_7

gang

岡 7722_0
剛 7220_0
亢* 0021_7

gao

高 0022_7
高 0022_7
郜 2762_7
蒿* 4422_7
浩* 3416_1

ge

噶* 6402_7
蓋* 4410_7
戈 5300_0
格* 4796_4
葛 4472_7
箇 8860_3
浩* 3416_1
合* 8060_1
介* 8022_0
可* 1062_0

gen

根 4793_2

亙* 1010_6
艮 7773_2

geng

庚 0023_7
耕 5590_0
賡 0028_6
耿 1918_0
恆* 9101_7
亢* 0021_7
邢* 1742_7

gong

贛* 0748_6
工 1010_0
弓 1720_7
公 8073_2
功 1412_7
宮 3060_6
恭 4433_3
龔 0180_1
鞏 1750_6
貢 1080_6
紅* 2191_0
虹* 5111_0

gou

緱 2793_4
苟 4462_7
拘* 5702_0
句 2762_0
區* 7171_6

gu

姑 4446_0
孤 1243_0
菰 4443_2

辜 4040_1
古* 4060_0
谷* 8060_8
骨 7722_7
鼓 4414_7
穀 4794_7
固 6060_4
故 4864_0
顧 3128_6
滑* 3712_7
賈* 1080_6
角 2722_7
枯* 4496_0

gua

瓜 7223_0

guan

官 3077_7
冠 3721_4
關* 7777_2
觀 4621_0
管 8877_7
貫* 7780_6
灌 3411_4
果* 6090_4
菅 4477_7
權* 4491_4

guang

光 9021_1
廣* 0028_6
擴* 5008_6

gui

圭 4010_4
歸* 2712_7

鬼 2621_3
桂 4491_4
貴 5080_6
祈* 3222_1
隗 7621_3
偽 2222_7

gun

渾* 3715_6
混 3611_1

guo

郭 0742_7
國 6015_3
果* 6090_4
過* 3730_2
活 3216_4

ha

哈* 6806_1

hai

海 3815_7
還* 3630_3

han

甘* 4477_0
感* 5320_0
淦* 3811_9
酣 1467_0
憨 1833_4
邢 1742_7
含 8060_7
邯 4772_7
函 1077_2
涵 3717_2
寒 3030_3

韓 4445_6
漢* 3413_4
翰 4842_7
瀚 3812_7
闞* 7714_8
軒 5104_0

hang

杭* 4091_7
行 2122_1

hao

蒿* 4422_7
好 4744_7
郝 4732_7
浩 3416_1

he

格* 4796_4
哈* 6806_1
喝* 6602_7
訶 0162_0
合* 8060_1
何 2122_0
和* 2690_0
河 3112_0
曷* 6072_7
闔 7710_7
崔 4021_4
賀 4680_6
赫 4433_1
鶴 4722_7
呼* 6204_9
霍* 1021_4
繳 2894_0
揭* 5602_7

中國古籍總目·索引

hei

黑　6033_1

hen

艮* 7773_2

heng

亨* 0020_7
恆* 9101_7
橫　4498_6
衡　2122_1
蘅　4422_1
鑅　8919_4
行* 2122_1

hong

弘　1223_0
宏　3043_2
洪　3418_1
紅* 2191_0
虹* 5111_0
鴻　3712_7
汪* 3111_4

hou

侯　2723_4
后　7226_1
厚　7124_7
後　2224_7

hu

和* 2690_0
崔* 4021_4
呼　6204_9
忽　2733_2
胡　4762_0
斛　2420_0
壺　4010_7
湖　3712_0
葫　4462_7
觳　4724_7
虎　2121_7
互　1010_1
戶　7227_7
笏* 8822_7
扈　3021_7
護　0464_7
濩* 3414_7
戲　2325_0
許* 0864_0
羽* 1712_0

hua

花　4421_4
華* 4450_4
滑* 3712_7
畫　5010_6
話　0266_4
樺　4495_4
豁* 3866_8
學* 7740_7

huai

淮　3011_4
槐　4691_3
懷　9003_2

huan

灌* 3411_4
桓　4191_6
寰* 3073_2
還* 3630_3
環　1613_2

幻　2772_0
宦　3071_7
浣　3311_1
喚　6703_4
煥　9783_1
皖* 2361_1

huang

荒* 4421_1
皇* 2610_4
黃　4480_6
晃　6021_1

hui

禕* 3425_6
回　6060_0
悔　9805_7
奶　2772_7
晦　6805_7
惠　5033_3
匯　7171_1
會* 8060_6
慧　5533_7
蕙　4433_3
眭　6401_4
韋* 4050_6

hun

渾* 3715_6
混* 3611_1
昆* 6071_1

huo

過* 3730_2
和* 2690_0
豁* 3866_8
活* 3216_4

火　9080_0
濩* 3414_7
霍* 1021_4
越* 4380_5
隻* 2040_7

ji

姬* 4141_6
基　4410_4
稘　2397_2
畸* 6402_1
箕　8880_1
幾　2265_3
稽　2396_1
機　4295_3
積　2598_6
擊* 5750_2
雞　2041_4
吉　4060_1
汲　3714_7
即　7772_0
亟　1010_4
佶　2426_1
急　2733_7
笈　8824_7
戟　6315_0
集　2090_4
葴* 4415_3
輯　5604_1
籍　8896_1
季　2040_7
紀　2791_7
計　0460_0
寂　3094_7
寄　3062_1
際　7729_1
冀　1180_1

繼　2291_3

jia

伽* 2620_0
加　4600_0
夾* 4003_8
迦　3630_0
家* 3023_2
嘉　4046_1
郟　4702_7
甲　6050_0
賈* 1080_6
稼　2393_2
駕　4632_7
頡* 4168_6
駱　7736_4
茄* 4446_0
夏* 1024_7
押* 5605_0

jian

戔* 5350_3
堅　7710_4
菅* 4477_7
監* 7810_7
箋　8815_3
儉　2828_6
蹇　3080_1
簡　8822_7
繭　4422_1
見* 6021_0
健　2524_0
間　7722_7
漸　3212_1
劍　8280_0
箭　8822_1
鑑　8811_7

鑒	7810$_9$	家*	3023$_2$	璥
錢*	8315$_3$	皆	2160$_1$	警
淺*	3315$_3$	揭*	5602$_7$	淨*

鑒　7810$_9$
錢*　8315$_3$
淺*　3315$_3$

jiang

紅*　2191$_0$
虹*　5111$_0$
江　3111$_0$
姜　8040$_4$
僵　2121$_6$
蔣　4424$_7$
絳　2795$_4$
畺　1010$_6$
強*　1323$_6$

jiao

交　0040$_8$
椒　4794$_0$
焦*　2033$_1$
蕉*　4433$_1$
角*　2722$_7$
皎　2064$_8$
矯　8242$_7$
繳*　2894$_0$
教　4844$_0$
較*　5004$_8$
覺*　7721$_6$
喬*　2022$_7$
橋*　4292$_7$
卻*　8762$_0$
嘜*　6702$_2$
學*　7740$_7$

jie

籍*　8896$_1$
暨　7110$_6$
暨　2110$_6$

家*　3023$_2$
皆　2160$_1$
揭*　5602$_7$
劫　4472$_7$
杰　4033$_9$
潔　3719$_3$
頡　4168$_6$
解*　2725$_2$
介*　8022$_0$
戒　5340$_0$
芥*　4422$_8$
界　6022$_8$
借　2426$_1$
桔*　4496$_1$
契*　5743$_0$
拾*　5806$_1$
祖*　3721$_0$

jin

今　8020$_7$
金　8010$_9$
襟　3429$_1$
錦　8612$_7$
近　3230$_2$
晉　1060$_1$
進　3030$_1$
靳　4252$_1$
吟*　6802$_7$

jing

京　0090$_6$
荊　4240$_0$
經　2191$_1$
精*　9592$_7$
井　5500$_0$
景*　6090$_6$
憬　9609$_6$

璥　1814$_0$
警　4860$_1$
淨*　3215$_7$
竟　0021$_6$
敬　4864$_0$
靖　0512$_7$
靜　5225$_7$
瀞　3715$_7$
鏡　8011$_6$
競　0021$_6$
青*　5022$_7$
晟*　6025$_3$
醒*　1661$_4$

jiu

鳩*　4702$_7$
九　4001$_7$
久　2780$_0$
酒　3116$_0$
鷲　0332$_7$
繆*　2792$_2$

ju

仇*　2421$_7$
鋤*　8412$_7$
處*　2124$_1$
居　7726$_4$
拘*　5702$_0$
鞠*　4752$_0$
局　7722$_7$
桔*　4496$_1$
菊　4492$_7$
橘　4792$_7$
咀*　6701$_0$
沮*　3711$_0$
句*　2762$_0$
巨*　7171$_7$

聚　1723$_2$
據　5103$_2$
遽*　3130$_3$
瞿*　6621$_4$
渠　3190$_4$
蘧　4430$_3$
鶱*　1722$_7$
鄒*　2742$_7$
足*　6080$_1$

juan

倦　2921$_2$
圈*　6071$_2$
蕊*　4433$_3$
身*　2740$_0$
甄*　1111$_7$

jue

角*　2722$_7$
較*　5004$_8$
抉　5503$_0$
珏　1111$_3$
倔　2727$_2$
蕨　4428$_2$
覺*　7721$_6$
狂*　4121$_4$
屈*　7727$_2$
闕*　7748$_2$

jun

君　1760$_7$
峻　2374$_7$
濬　3116$_8$
駿　7334$_7$

ka

卡*　2123$_1$

kai

喝*　6602$_7$
開*　7744$_1$
豈*　2210$_8$

kan

監*　7810$_1$
看　2060$_4$
墈　4412$_7$
闞*　7714$_8$

kang

杭*　4091$_7$
荒*　4421$_1$
康　0023$_2$
亢*　0021$_7$
坑*　4011$_7$

kao

考　4420$_7$

ke

柯　4192$_0$
珂　1112$_0$
科　2490$_0$
可*　1062$_0$
克　4021$_6$
刻　0220$_0$
客*　3060$_4$
課　0669$_4$

keng

坑*　4011$_7$

kong

空　3010$_1$

崆 2371_1
孔 1241_0
穹* 3020_7

kou

口 6000_0
扣 5600_0
寇 3021_4

ku

古* 4060_0
枯* 4496_0
堀 4717_2
庫 0025_6

kua

華* 4450_4
誇* 0462_7

kuai

會* 8060_6
蒯 4220_0
快 9503_0
魁* 2421_0

kuan

寬 3021_6
寛 3021_3
完* 3021_1

kuang

廣* 0028_6
匡* 7171_1
狂* 4121_4
況 3611_0
鄺* 0722_7
曠 6008_6
礦 1068_6

kui

歸* 2712_7
窺 3051_6
奎 4010_4
眭 6401_4
揆 5203_4
葵 4443_0
魁* 2421_0
夔 8024_7
簣 8880_6
隗* 7621_3

kun

混* 3611_1
昆* 6071_1
崑 2271_1
琨 1611_1
髡 7221_7
頑* 1128_6

kuo

會* 8060_6
鄺* 0722_7
廓 0022_7
擴* 5008_6
闊 7716_4

la

拉 5001_8
喇 6200_0
落* 4416_4

lai

來 4090_8
唻 6409_8
賴 5798_6
瀨 3718_6
懶* 9708_6
厲* 7122_7

lan

藍 4410_7
闌 7790_6
蘭 4422_7
嬾 4748_6
懶* 9708_6

lang

郎 3772_7
郞 3772_7
嫏 4742_7
琅 1313_2
瑯 1712_7
朗 3772_0
浪 3313_2

lao

勞* 9942_7
老 4471_1
蓼* 4420_2
落* 4416_4
嘐* 6702_2

le

勒* 4452_7
樂* 2290_4
了* 1720_7

lei

勒* 4452_7
雷 1060_3
盧* 2121_7
漯* 3619_3

li

蔾 4490_4
黎 2713_2
藜 4413_2
離* 0041_4
蠡* 2713_6
李 4040_7
里 6010_4
理 1611_4
禮 3521_8
醴 1561_8
力 4002_7
立* 0010_8
吏 5000_6
利 2290_0
荔 4442_7
栗* 1090_4
笠 8810_8
厲* 7122_7
勵 7422_7
歷 7121_1
櫟* 4299_4
麗* 1121_1
酈* 1722_7
珞* 1716_4

lian

連 3530_0
廉 0023_7
蓮 4430_4
聯 1217_2
鎌 8813_7
鐮 8013_7
練 2599_6
令* 8030_7

liang

良 3073_2
梁 3390_4
兩 1022_7
量 6010_4

liao

勞* 9942_7
聊* 1712_0
廖 0022_2
蓼* 4420_2
了* 1720_7

lie

栗* 1090_4

lin

林 4499_0
霖 1099_4
臨 7876_6
麟 0925_9
藺 4422_7
任* 2221_4

ling

棱 4494_7
冷 3813_7
伶 2823_7
陵 7424_7
淩 3414_7
聆 1813_7
鈴 8813_7
齡 2873_7
靈 1010_8
嶺 2238_6
令* 8030_7

liu

聊* 1712₀
蓼* 4420₂
流 3011₃
留 7760₂
劉 7210₀
鎦 8716₂
柳 4792₀
六* 0080₀
陸* 7421₄
泖* 3712₀
游* 3814₇

long

隆 7721₄
龍* 0121₁
瀧 3111₁
瓏 1111₁
聾 0140₁
弄* 1044₁
龐* 0021₁

lou

婁 5040₄
樓 4594₄
陋 7121₂

lu

谷* 8060₈
角* 2722₇
蓼* 4420₂
六* 0080₀
盧 2121₇
廬 0021₇
蘆 4421₇
魯 2760₃

陸* 7421₄
逯* 3730₃
鹿 0021₁
祿 3723₂
路* 6716₄
潞 3716₄
鷺 6732₇

luan

欒 2290₄
鸞 2232₇

lun

掄 5802₇
倫 2822₇
輪 5802₇
論 0862₇

luo

格* 4796₄
果* 6090₄
樂* 2290₄
蠡 2713₆
櫟 4299₄
路* 6716₄
螺 5619₃
羅 6091₄
蘿 4491₄
邏 3630₁
洛* 3716₄
珞* 1716₄
落* 4416₄
濼* 3619₃
雒 2061₄
駱* 7736₄

lú

閭 7760₆

呂 6060₀
旅 0823₂
履 7724₇
縷 2594₄
律 2520₇
綠 2793₂

ma

麻 0029₄
摩 0025₉
馬 7132₇
瑪 1112₇
摩* 0025₂

mai

買 6080₆
脈 7223₂
麥 4020₇
邁 3430₂

man

滿* 3412₇
曼 6040₇
幔 4624₇
漫 3614₇
幕* 4422₇

mang

龍* 0121₁
盲 0060₁
莽 4444₃

mao

毛 2071₄
茅 4422₂
泖* 3712₀
茆 4472₇

茂 4425₃
冒* 6060₀
牟* 2350₀
務* 1822₇

mei

枚 4894₀
眉 7726₇
梅 4895₇
楳 6699₄
每 8050₇
美 8043₀
縻 0029₄
墨* 6010₄
某* 4490₄
味* 6509₀

men

滿* 3412₇
門 7777₇

meng

夢 4420₇
盟* 6710₇
蒙* 4423₂
孟 1710₇
明 6702₀

mi

爾* 1022₇
彌 1122₇
縻* 0029₄
麋 0029₄
米 9090₄
敉 9894₀
宓* 3033₂
祕 3320₀

密 3077₂
冪* 4480₀
摩 0025₂
簚 8822₇

mian

綿 2692₇
勉 2441₂

miao

苗 4460₀
妙 4942₀
沙* 0972₀

min

民 7774₇
岷 2774₇
旻 6040₀
敏 8854₀
閔 7740₀
閩 7713₆
憫 9702₀
繩* 2791₇

ming

盟* 6710₇
名 2760₀
明* 6702₀
冪* 4480₀
銘 8716₀
鳴 6702₇

miu

繆 2792₂

mo

百* 1060₀

伯*	2620_0
撫*	5803_1
冒*	6060_0
摩*	0025_2
磨	0026_1
末*	5090_0
秣	2599_0
莫*	4443_0
漠	3413_4
墨*	6010_4
默	6333_4
帕*	4620_0
万	1022_7
無*	8033_1
勿*	2722_0

mou

繆*	2792_2
牟*	2350_0
某	4490_4
毋	7755_0
婺	1840_4

mu

繆*	2792_2
牟*	2350_0
木	4090_0
目	6010_1
沐	3419_0
牧	2854_0
幕*	4422_7
睦	6401_4
慕	4433_3
穆	2692_2
婺	1840_4

na

拏	4750_2

内*	4022_7
那*	1752_7
納	2492_7
南*	4022_7
箬	8860_4
篗	8812_7

nai

乃*	1722_7
迺	3130_6
耐*	1420_0
褦	3121_1
能	2121_1

nan

南*	4022_7
楠	4492_7
難*	4051_4
弇*	8044_6

nao

鐃	8411_1
瑙	1216_3

ne

那*	1752_7
訥	0462_7
呢*	6701_1

nei

内*	4022_7
那*	1752_7

neng

耐*	1420_0
能*	2121_1

ni

兒*	7721_7
彌*	1122_7
呢*	6701_1
尼	7721_1
倪*	2721_1
爾	7122_7

nian

年*	8050_0
念	8033_2
粘	9196_0
輾	5703_2

niang

釀	1063_2

niao

鳥*	2732_7

nie

倪*	2721_7
聶	1014_1
籋*	8822_7
幸*	4040_1

ning

冰*	3213_0
年*	8050_0
寧	3020_1
凝	3718_1
甯	3022_7

niu

牛	2500_0
鈕*	8711_4

nong

農	5523_2
儂	2523_2
弄*	1044_1

nu

帑	4740_7

nuo

那*	1752_7
難*	4051_4
諾	0466_4

o

哦*	6305_0

ou

歐	7778_2
甌	7171_7
謳*	0161_6
鷗	7772_7
偶	2622_7
耦	5692_7
藕	4492_7
漚	3111_6
區*	7171_6
握*	5701_4
遇	3630_2

pa

帕*	4620_0

pai

排	5101_1

pan

般*	2744_7

半*	9050_0
伴*	2925_0
卞*	0023_0
弁*	2344_0
番*	2060_9
潘*	3216_9
槃	2790_4
盤	2710_7
片*	2202_7
審*	3060_9
盼	6802_7
彥*	0022_2

pang

方*	0022_7
房*	3022_7
逢*	3730_4
逄	3730_4
龐*	0021_1
彭*	4212_2

pao

包*	2771_2
抱*	5701_2
鮑*	2731_1
泡	3711_2

pei

倍*	2026_1
蜚*	1113_6
培*	4016_1
裴*	1173_2
沛*	3512_7
佩	2721_0
配	1761_7

pen

本*	5023_0

汾*	3812₇	蘋*	4428₆	溥*	3314₂

peng

逢*	3730₄
亨*	0020₇
朋	7722₀
彭*	4212₂
棚	4792₀
蓬	4430₄
捧*	5505₃

pi

陂*	7424₇
卑*	2640₀
比*	2171₀
裨*	3624₀
培*	4016₁
披*	5404₇
皮	4024₇
毗	6101₀
毘	6071₁
澼	3014₁

pian

扁*	3022₇
辯*	0044₁
片*	2202₇
駢	7834₁
平*	1040₉

piao

| 髟* | 7272₂ |
| 朴* | 4390₀ |

pin

| 拼* | 5804₁ |
| 品 | 6066₀ |

ping

馮*	3112₇
平	1040₉
坪	4114₉
屏	7724₁
瓶	8141₇
萍	4414₉
評	0164₉
憑	3133₂
蘋*	4428₆

po

陂*	7424₇
坡	4414₇
婆	3440₄
破	1464₇
朴*	4390₀
溥	3314₂

pou

| 抱* | 5701₂ |
| 培 | 4016₁ |

pu

暴*	6013₂
卜*	2300₀
扶	5503₀
苻	4424₀
鋪	8312₇
菩	4460₁
蒲	4412₇
濮	3213₄
朴*	4390₀
浦	3312₇
普	8060₁

| 樸 | 4293₄ |

qi

畸*	6402₁
稽	2396₁
亟	1010₄
濟	3012₃
揭*	5602₇
七	4071₀
戚	5320₀
棲	4594₄
漆*	3413₂
亓	1022₁
祁*	3722₇
圻	4212₁
岐	2474₇
其	4480₁
奇*	4062₁
祇	3224₀
祈*	3222₁
耆	4460₁
崎*	2472₁
琦	1412₁
綦	4490₃
齊	0022₃
騎	7432₁
蘄*	4452₁
麒	0428₁
企	8010₁
杞	4791₇
豈	2210₈
起	4780₁
啓	3860₄
綺	2492₁
契*	5743₀
愍	2433₇

qia

| 器 | 6666₃ |

| 卡* | 2123₁ |
| 客* | 3060₄ |

qian

漸*	3212₁
開*	7744₁
千	2040₀
慳	9701₄
謙*	0863₇
虔	2124₀
乾*	4841₇
錢*	8315₃
黔	6832₇
淺*	3315₃
潛	3116₁

qiang

強*	1323₆
牆	2426₁
親*	0691₀
慶*	0024₇

qiao

焦*	2033₁
蕉	4433₁
敲	0124₇
喬	2022₇
樵	4093₁
橋	4292₁
譙	0063₁
翹	4721₂
招	5706₂

qie

| 伽* | 2620₀ |

戴*	4415₃
漆*	3413₂
契*	5743₀
切	4772₁
茄*	4446₀
竊	3092₇
郤	4742₇

qin

蘄*	4452₁
親*	0691₀
秦	5090₄
琴	1120₇
勤	4412₇
寢	3024₇
沁	3310₁
欽	8718₂
覃*	1040₆

qing

精	9592₇
青*	5022₇
卿	7772₀
清	3512₇
情	9502₇
晴	6502₇
慶*	0024₇

qiong

鞠*	4752₀
穹*	3020₇
瓊*	1714₇

qiu

仇*	2421₇
鳩*	4702₇
丘	7210₁

中國古籍總目·索引

she

閣*	7760_4
聶*	1014_1
佘	8090_1
舍*	8060_4
射*	2420_0
拾*	5806_1
歙*	8718_2
葉*	4490_4
畬*	8060_9
折*	5202_1

shen

參*	2320_2
申	5000_6
身*	2740_0
深	3719_4
神	3520_6
沈*	3411_2
哂	6106_0
審*	3060_9
慎*	9408_1
什*	2420_0
莘*	4440_1
信*	2026_1
震*	1023_2

sheng

乘*	2090_1
升	2440_0
生	2510_0
昇	6044_0
聲	4740_1
繩*	2791_7
省*	9060_2
晟*	6025_3
盛*	5310_7
勝	7922_7
聖	1610_4
冼*	3411_1

shi

郝*	4732_7
赫*	4433_1
耆*	4460_1
舍*	8060_4
尸	7727_0
失*	2503_0
施*	0821_2
師	2172_7
詩	0464_1
蝨	1713_6
十	4000_0
什*	2420_0
石*	1060_0
辻	3430_0
実	3053_0
拾*	5806_1
時	6404_1
實*	3080_6
史	5000_6
矢	8043_0
士	4010_0
世	4471_7
市	0022_7
式	4310_0
侍	2424_1
是*	6080_1
柿	4092_7
笹*	8871_7
筮	8810_8
適*	3030_2
爽	4003_6
釋	2694_1
斯*	4282_1
寺*	4034_1
提	5608_1
澤*	3614_1

shou

守	3034_2
首	8060_1
受*	2040_7
狩	4324_2
授	5204_7
壽	4064_1
瘦	0014_7

shu

殳	7740_7
叔	2794_0
書	5060_1
殊	1529_0
疎	1519_6
疏	1011_3
舒*	8762_2
輸	5802_1
黍	2013_2
蜀	6012_7
曙	6606_4
束	5090_6
述	3330_9
墅	6710_4
漱	3718_2
數	5844_0
樹	4490_0
野*	6712_2
俞*	8022_1
俞	8023_2
豫*	1723_2

朱* 2590_0

shuai

帥	2472_7
綏*	2294_4

shuang

瀧*	3111_1
雙	2040_7

shui

水	1223_0
稅*	2891_6
睡	6201_4
說*	0861_6

shun

舜	2025_2
順	2108_6
恂*	9702_0

shuo

說*	0861_6
碩	1168_6

si

麗*	1121_1
司*	1762_0
私	2293_0
思*	6033_0
斯*	4282_1
四	6021_0
寺*	4034_1
姒	4840_0
泗	3610_0
嗣	6722_2
台*	2360_0

以* 2810_0

song

松	4893_2
淞	3813_2
菘	4493_2
嵩	2222_7
宋	3090_4
誦	0762_7

sou

敕*	5894_0

su

甦	1550_1
酥	1269_4
蘇	4439_4
俗	2826_8
素	5090_3
宿*	3026_1
粟	1090_4
肅	5022_7

suan

算	8844_6

sui

莎*	4412_9
眭*	6401_4
雖	6011_4
隋*	7422_7
綏*	2294_4
隨	7423_2
遂	3830_3
歲	2125_3
穗	2593_6
穗	2593_3

中國古籍總目著者索引

遂 3330_3	澹* 3716_1	**ti**	**ting**	敦* 0844_0
遺* 3530_8	漢* 3413_4		聽 1413_1	稅* 2891_6
sun	沈* 3411_2	狄* 4928_0	廷 1240_1	團* 6034_3
	貪 8080_6	棣* 4593_2	**tong**	摶* 5504_3
餐* 2773_2	郯 9782_7	諦* 0062_7		**tui**
孫* 1249_3	覃 1040_6	是* 6080_1	蟲* 5013_6	
隼 2040_1	潭* 3114_6	適 3030_2	峒 2772_0	稅* 2891_6
suo	談 0968_9	提* 5608_1	洞* 3712_0	退 3730_3
	曇 6073_1	緹 2698_1	通 3730_2	蛻* 5811_6
霍* 1021_4	檀* 4091_6	體* 7521_8	樋 4793_2	脫* 7821_6
沙* 3912_0	罈 8174_6	錫* 8612_7	仝 8010_1	**tun**
莎* 4412_9	譚 0164_6	薆 4453_2	同 7722_0	
索 4090_3	坦 4611_0	折 5202_1	佟 2723_3	純* 2591_7
瑣 1918_6	炎 9080_9	**tian**	彤 7242_2	屯* 5071_7
鎖 8918_6	湛* 3411_1		桐* 4792_0	肫 7521_7
ta	**tang**	滇* 3418_1	童 0010_4	**tuo**
		顛* 4188_6	潼* 3011_4	
達* 3430_4	黨* 9033_1	佃* 2620_0	統 2091_3	池* 3411_2
潔* 3619_3	擴* 5008_6	天 1043_0	痛 0012_7	稅* 2891_6
他* 2421_2	湯* 3612_7	添 3213_3	重* 2010_4	說* 0861_6
太* 4003_0	唐 0026_7	田 6040_0	**tou**	隋* 7422_7
拓* 5106_0	棠 9090_4	恬 9206_4		他* 2421_2
tai	瑭 1016_7	鎮 8118_1	諭 0862_1	托 5201_4
	tao	鎮* 8418_1	**tu**	拖 5801_2
大* 4003_0		**tiao**		託 0261_4
能* 2121_1	籌* 8864_1		杜* 4491_0	脫* 7821_6
台* 2360_0	韜 4257_7	超* 4780_6	徒 2428_1	沱* 3311_1
邰 2762_7	桃* 4291_3	調* 0762_0	涂 3819_4	駝 7331_1
苔 4460_3	陶 7722_0	苕 4460_2	屠 7726_4	妥 2040_4
臺 4010_4	姚* 4241_3	桃 4291_3	塗* 3810_4	拓* 5106_0
太* 4003_0	**te**	姚 4241_3	圖 6060_4	籜 8854_1
泰 5013_2		**tie**	土* 4010_0	**wa**
tan	特 2454_1		吐 6401_0	
	teng	蝶* 5419_4	余* 8090_4	窪 3011_4
禪* 3625_6		鐵 8315_0	**tuan**	瓦 1071_7
但* 2621_0	滕 7923_2	占* 2160_0		**wai**
淡* 3918_9	藤 4423_2		專* 4434_3	外 2320_0

wan

關* 7777_2
貫* 7780_6
丸 5001_7
完* 3021_1
玩 1111_1
頑* 1128_6
宛* 3021_2
挽 5701_6
晚 6701_6
皖* 2361_1
畹 6301_2
万* 1022_7
萬 4442_7
尾* 7721_4
委 2040_4
偉 2425_6
梶 4791_4
隗 7621_3
僞* 2222_7
未 5090_0
味* 6509_0
尉* 7420_0
渭 3612_7
蔚 4424_0
衛 2122_1
魏 2641_3
倭 2224_4
遺* 3530_8
有* 4022_7

wang

皇* 2610_4
匡* 7171_1
汪* 3111_4
王* 1010_4
忘 0033_1
旺 6101_4
望 0710_4

wei

立* 0010_8
眭* 6401_4
危 2721_2
威 5320_0
隈 7623_2
薇 4424_8
韋* 4050_6
惟 9001_4
爲 2022_7
維* 2091_4
濰 3011_4

wen

笏* 8822_7
溫 3611_7
文 0040_0
聞 7740_1
問 7760_7
韞* 4651_7
蘊* 4491_7

weng

蒙* 4423_2
翁 8012_7
甕 0071_7

wo

倭 2224_4
我 2355_0
沃 3213_4
臥 7870_0
握* 5701_4

wu

笏* 8822_7
莫* 4443_0
巫 1010_8
烏* 2732_7
鄔 2732_7
毋 7755_0
吳 2643_0
吾 1060_1
梧 4196_1
無 8033_1
五 1010_7
午 8040_0
仵 2824_0
伍 2121_7
武 1314_0
舞 8025_1
兀 1021_0
勿 2722_0
戊 5320_0
物 2752_0
務* 1822_7
悟 9106_1
婺* 1840_4
於 0823_3
御* 2722_0

xi

擊* 5750_2
棲 4594_4
御* 8762_0
灑 3111_1
夕* 2720_0
西 1060_0
希 4022_7
昔 4460_1
鄯* 4722_7
奚 2043_0
息 2633_0
惜 9406_1
犀 7725_3
皙 4260_2
熙* 7733_1
歙* 8718_2
錫* 8612_7
席 0022_7
習 1760_2
洗* 3411_1
喜* 4060_1
禧 3426_1
璽 1010_3
系 2090_3
郤* 4742_7
細 2690_0

xia

夾* 4003_8
俠 2423_8
遐 3730_4
霞 1024_7
下 1023_0
夏* 1024_7
厦 7124_7
押* 5605_0

xian

寰* 3073_2
見* 6021_0
閒 7722_7
闞 7714_8
慳 9701_4
灑* 3111_1
省* 9060_2
洗* 3411_1
仙 2227_0
先 2421_1
鮮 2835_1
咸 5320_0
閑 7790_4
賢 7780_6
洗* 3411_1
顯 6138_6
憲 3033_6
脅* 4022_7
軒* 5104_0

xiang

亨* 0020_7
纕* 2093_2
相 4690_0
香 2060_9
湘 3610_0
祥 3825_1
翔 8752_0
向 2722_0
項 1118_6

xiao

呼* 6204_9
較* 5004_8
騷* 7733_6
笹* 8871_7
逍 3930_2
嘹* 6702_2
蕭 4422_7
瀟 3412_7
嚻* 6666_8
小 9000_0
曉 6401_1
孝 4440_7

曳 5000_6	亦 0033_0	引 1220_0	憂 1024_7	愚 6033_2
夜 0024_7	佚* 2523_0	飲 8778_2	優 2124_7	榆 4892_1
葉 4490_4	易 6022_7	隱 7223_7	尤 4301_0	瑜 1812_1
葉* 4490_4	醫 7760_1	讔 0263_7	由* 5060_0	虞 2123_4
餘* 8879_4	頤 7178_6	印 7772_0	郵* 2712_7	漁 3713_6
	奕 0043_0	胤 2201_0	游 3814_7	餘* 8879_4
yi	羿 1744_2	廕 0023_1	猶 4826_1	宇 3040_1
	益 8010_7		遊 3830_4	羽* 1712_0
艾* 4440_0	異 6080_1	**ying**	友 4004_7	雨 1022_7
蛾* 5315_0	薏 4491_7		有* 4022_7	禹 2042_7
褍* 3425_6	逸 3730_1	景* 6090_6	酉 1060_0	庚* 0023_7
姬* 4141_6	意 0033_6	繩* 2791_7	又 7740_0	與 7780_1
奇* 4062_1	義 8055_3	英 4453_0	右 4060_0	語 0166_1
崎* 2472_1	裔 0022_7	榮* 9923_2		玉 1010_3
綺* 2492_1	瘞 0011_4	應 0023_1	**yu**	育* 0022_7
射* 2420_0	誼 0361_7	櫻 4694_4		郁 4722_7
失* 2503_0	檍 4093_6	瑩 9910_3	谷* 8060_8	喻 6802_1
施* 0821_2	翼 1780_1	瀛 3011_7	舒* 8762_2	寓 3042_7
台* 2360_0	藝 4473_1	影 6292_2	宛* 3021_2	裕 3826_8
維* 2091_4	懿 4713_8	穎 2128_6	王* 1010_4	馭 7734_0
尾* 7721_4		穎 2198_6	尉* 7420_0	愈 8033_2
夕* 2720_0	**yin**		蔚* 4424_0	毓 8051_3
熙* 7733_1		**yo**	吳* 2643_0	鬱 4472_2
也* 4471_2	闇* 7760_1		吾 1060_1	
一 1000_0	圻* 4212_1	育* 0022_7	梧* 4196_1	**yuan**
弌 4310_0	欽* 8718_2		夕* 2720_0	
伊 2725_7	潭* 3114_6	**yong**	栩* 4792_0	阮* 7121_1
依 2023_2	潯* 3714_6		顥* 6148_6	宛* 3021_2
夷 5003_2	言* 0060_1	容 3060_8	迂 3130_4	淵 3210_0
宜 3010_7	因 6043_0	庸 0022_7	于* 1040_0	鴛 2732_7
怡 9306_0	音 0060_1	雍 0021_4	余 8090_4	元 1021_1
羨* 4453_2	殷 2724_7	慵 9002_7	於 0823_3	沅 3111_1
移* 2792_7	陰* 7823_1	鱅 2032_7	俞 8022_1	垣 4111_6
貽 6386_0	蔭 4423_1	顒* 6148_6	俞 8023_2	原 7129_6
儀 2825_3	吟* 6802_7	永 3023_2	娛 4643_4	員 6080_6
以* 2810_0	寅 3080_6	甬* 1722_7	隅 7622_7	袁 4073_2
攺 7874_0	蟫* 5114_6	詠 0363_2	魚 2733_6	圓 6080_6
倚 2422_1	尹* 1750_7	遇* 3630_2	畬* 8060_9	源 3119_6
		you		
		襃* 0073_2		

中國古籍總目·索引

稚　2091_4

zhong

蟲* 5013_6
董* 4410_4
童* 0010_4
潼* 3011_4
中　5000_6
忠　5033_6
衷　0073_2
終　2793_3
鍾　8211_4
塚　4713_2
種* 2291_4
踵　6211_4
仲　2520_6
重* 2010_4
眾　2723_2
誌　0463_4
摯　4550_2

zhou

調* 0762_0
嚋* 1722_7
舟　2744_0
周　7722_0
注* 3011_4
祝* 3621_0
驪* 7732_7

zhu

褚* 3426_0
朱* 2590_0
珠　1519_0
銖　3529_0
諸* 0466_0
豬　1426_0
竹　8822_0
竺* 8810_1
主　0010_4
住　2021_4
注　3011_4
柱　4091_4
祝* 3621_0
銖　3529_0
著* 4460_4
貯　6082_1
駐　7031_4
鑄　8414_1
驪* 7732_7

zhuan

傳* 2524_3
搏* 5504_3
篆　8823_2

zhuang

贛* 0748_6
莊　4421_4
壯　2421_0

zhui

致* 1814_0
綴* 2794_7
贅　5880_6

zhun

純* 2591_7
淳* 3014_7
屯* 5071_7
肫* 7521_7

zhuo

繳* 2894_0
勺* 2732_0

著* 4460_4
肫* 7521_7
卓　2140_6
拙　5207_2
酌　1762_0
濁　3612_7

zi

齊* 0022_3
載* 4355_0
咨　3760_8
滋* 3813_2
資　3780_6
子　1740_7
呰* 2160_1
紫　2190_3
自　2600_0

zong

從* 2828_1
宗　3090_1
總* 2693_0

zou

鄒* 2742_7

驪* 7732_7

zu

沮* 3711_0
足* 6080_1
俎　8781_0
祖　3721_0

zui

咀* 6701_0
最* 6014_7
醉　1064_8
檇　4092_7

zun

尊　8034_6
遵　3830_4

zuo

昨　6801_1
左　4001_1
佐　2421_1
作　2821_1
坐　8810_4

中國古籍總目著者索引

0

0010₄ 主

80 主父偃　子4-19735　叢
　　2-774(10)

童

00 童立成　史7-57472
　　童廣年　經1-5160　史
　　　2-8087,6-41717,7-
　　　50401~3、50406　集3-
　　　13996,6-45918　叢2-
　　　2183
　　童文高　史5-36501
　　童文梓　集4-32674
01 童顏舒　經1-3293　集
　　　4-32675
10 童正慶　史5-36484
　　童正心　經1-6063　叢
　　　2-1408
　　童天采　集3-17024
　　童雲軒　史5-36485
11 童琥　集2-7223~9
　　童斐　史3-19323
　　童冀　集2-6059~60　叢
　　　1-223(62),2-860
12 童瑞蘭　史5-36505
14 童璜　史6-42304
16 童聖公　子3-18063
17 童孟謙　集5-34826
　　童盈科　史5-36486
　　童珮　集1-721,2-9650~
　　　2,6-41935(5)
　　童承敘　史1-2705,8-
　　　60330　集2-8220~3
　　　叢1-46、84(2)、269(3)、
　　　270(1)、2-730(9)、731
　　　(67)、874
　　童翼駒　史2-6763　子
　　　3-15859,4-21830,22608
　　　叢1-326,2-731(36)

20 童重佑　史3-20593
　　童秀春　史8-60446
　　童采　史5-36496
　　童秉厚　史2-10183,3-
　　　20160
　　童維巖　經1-5646
21 童順元　史5-36507
　　童上拔　史5-36516
　　童能靈　經1-1155、6063、
　　　6510　史2-8761~2、
　　　11324　子1-108　集
　　　3-18427　叢1-574(3),
　　　2-1408
　　童穎偉　史5-36493
22 童彪　史5-36503
　　童蠻　史8-60351
　　童繼芸　史5-36520
24 童先及　集3-19421
　　童德厚　史2-10183,3-
　　　17202
25 童傳洛　史5-36492
　　童積超　經1-1518
26 童伯羽　經2-8364　叢
　　　1-234
　　童和豫　叢1-360
27 童佩　子4-24707　叢1-
　　　223(48)、227(8)
　　童紹文　史3-19632
28 童以謙　史2-12313,5-
　　　36483
　　童以炘　史3-15325
30 童濂　史1-140,6-43869~
　　　70,46326
　　童定喬　史5-36517
　　童定梅　史5-36519
　　童寶善　史3-23028
　　童宗顏　史6-44705
　　童宗說　集1-1404~9、
　　　1428~9　叢1-223
　　　(49),2-635(7)
　　童宗沛　史8-61700
32 童兆麟　史3-22418
　　童兆蓉　史3-21697　集
　　　5-36411
　　童兆素　史5-36502
　　童兆榮　史8-64294
　　童遜組　集5-39854
34 童淇澂　史3-20492
　　童遠生　史5-36498
37 童祖謨　史3-20210
　　童祖鈞　史5-36499

　　童冠儒　集4-33304
　　童迥　史3-19061
38 童祥熊　史3-16146、
　　　20002
　　童遵本　史3-23617
　　童啓栢　史5-36487
40 童士成　集5-36798
　　童有齡　史3-20950
42 童堜　子3-16542
43 童械　經2-10946
44 童基　子1-562
　　童蒙亨　集4-33305
　　童華　史6-44847、44857,
　　　7-54640　子1-4519
　　　集3-17968,4-33225,7-
　　　47884、47906　叢2-
　　　1400
　　童世亨　史2-12313
　　童世高　史7-56443
　　童樹棠　史2-10448　集
　　　5-39139　叢2-2160
　　童葉庚　史2-10326　子
　　　3-18495~500
　　童模　經1-1626
45 童坤厚　史2-12425
46 童槐　子4-21524~6　集
　　　4-26240~6　叢2-1654
50 童申祉　史7-57392~3
　　童本　史1-3296
　　童春　史3-16219
51 童振藻　史7-53025,8-
　　　62342
　　童軒　集2-6878~9　叢
　　　1-223(64)
52 童揆尊　史3-20133
56 童抱芳　集5-39578~9
60 童日鼎　史5-36510
　　童曰蛟　史5-36509
　　童星還　子3-14329
　　童昺　史3-22528
　　童恩　史2-12039　叢2-
　　　1654
　　童晏　子3-17373
　　童昌齡　子3-16971~2
　　童品　經1-647、7564　叢
　　　1-223(11),2-860
　　童昂　子3-18496、18501
64 童叶庚　子3-17959、18140、
　　　18218、18260、18350~3、
　　　18416,4-21914
　　童時明　史2-7222,6-

46757　子 4 - 23924

72 童岳薦　史 2 - 6425
童質侯　子 3 - 16405
73 童駿昌　史 3 - 18907
77 童閏　叢 1 - 584
童鳳三　集 4 - 21958
童月軒　子 2 - 4768
童鵬英　史 5 - 36488
童際虞　集 3 - 18476
童際昌　史 5 - 36488
80 童毓英　史 3 - 15538、
20968
童善卯　史 5 - 36508
童含輝　史 3 - 17907
童養正　史 1 - 5115　集
6 - 42963、43207
童養中　集 7 - 50052
童養學　子 2 - 4775、5469、
6004、6522～3
81 童鈺　史 8 - 59601、59732
集 3 - 20643～54、6 -
44666
86 童錫笙　集 5 - 40094
88 童範儼　史 8 - 58785
90 童光庭　史 5 - 36490
童光照　史 7 - 55157
童光鑠　子 2 - 9808～9
童光煒　史 3 - 17581
94 童煒　史 7 - 57213
96 童煜　子 4 - 22736
99 童變梅　史 3 - 20721

0010₈ 立

22 立峯　經 1 - 8017
36 立溫斯敦　史 7 - 49317
(3)、49318(18)
41 立柄教俊　子 7 - 37956
44 立花銑　子 7 - 36232
80 立翁　子 2 - 8421

0011₄ 瘞

95 瘞情廬主　集 7 - 50335

0012₇ 病

41 病狂　子 7 - 38175

痛

60 痛國遺民　集 7 - 53654

0014₇ 瘦

47 瘦鶴詞人　集 7 - 46426

0016₀ 痴

95 痴情士　子 5 - 28256～7

0020₇ 亨

00 亨慶　集 4 - 25425、28289
22 亨利黎特　子 7 - 36228
(2)、36231(7)、36242(2)、
37126、37128
24 亨德偉良　子 7 - 36269、
36409

0021₁ 鹿

00 鹿亭翁　叢 2 - 642、845(2)
10 鹿丕宗　史 5 - 34626
12 鹿廷瑛　史 8 - 60640
17 鹿承基　史 3 - 21177
20 鹿維基　史 3 - 15089
21 鹿虔扆　叢 2 - 2227
23 鹿傳霖　史 2 - 7504
鹿傳鈞　集 4 - 31641
24 鹿化麟　史 3 - 16849　集
2 - 12521～4　叢 2 - 783

25 鹿牲　史 3 - 21167
鹿傳霖　史 2 - 10048、5 -
34627、6 - 44438～9、
49076　集 2 - 11358
27 鹿名世　史 3 - 17414
鹿紹庭　史 3 - 21381
30 鹿瀛理　史 3 - 16252
鹿完天　史 1 - 4286
32 鹿兆甲　史 8 - 59237
34 鹿祐　史 5 - 34629～30
40 鹿來師　史 5 - 34629
44 鹿荃　史 5 - 34625
鹿花溪主人　史 7 - 54047
鹿燕蘋　史 3 - 16972
鹿樹棠　史 3 - 21210
鹿林松　集 4 - 25516～7
60 鹿田子　史 2 - 13345
67 鹿野散人　子 5 - 26491
鹿嗣宗　史 7 - 51813
77 鹿學典　史 7 - 55875
鹿學尊　史 1 - 4323、3 -
17414　叢 1 - 551
鹿門老人　叢 1 - 115
80 鹿善繼　經 2 - 8745、9009、
9401、9893、10455　史 6 -
43396～7　集 2 - 11351
～68、6 - 43118　叢 2 -
669、731(45)、782(3)、
783、1193

龐

00 龐慶麟　史 3 - 15799、
17287
龐賡辛　史 8 - 61434
龐文中　史 8 - 62701
龐文騏　集 5 - 34408
10 龐元濟　子 3 - 16282
龐元啓　史 3 - 18970
龐元英　子 4 - 20006～7、
5 - 26306　叢 1 - 4～5、9、
18、19(6)、20(4)、22(6)、
23(6)、24(7)、29(5)、56、
195(5)、219、223(41)、268
(3)、2 - 617(2)、624(2)、
731(51)
龐霖　集 5 - 36075、36078
14 龐瑋　史 8 - 60916
17 龐瑚　集 5 - 35179

龐君錫　集5-34409
21 龐倬夫　史5-41310
　龐穎　集3-15761
22 龐嵩　史6-42822　集2-8681~2
24 龐佑清　經1-3950~1、5102
25 龐純熙　集4-25330
26 龐白儒　史5-41309
27 龐嶼　集3-18384~5
30 龐永齡　史3-21335
　龐安時　子2-4623、4743、6447~8　叢1-223(33)、316~7,2-731(29)
31 龐溶卿　集5-34410
32 龐淵　子4-24324
34 龐汝寵　集2-9947
35 龐迪我　子1-3103,7-35272　叢1-135
37 龐潤齋　集7-53942
　龐潤田　子2-6632
　龐鴻文　史2-12242、13117~9,3-18244,7-57087　子1-4268
　龐鴻治　史3-18131
　龐鴻書　史2-12242、13148,6-49153,7-49508、52728　集5-37902~3
38 龐激　集6-44520~1
　龐啓鯨　史5-41307
40 龐大堃　經1-1637,2-13649~51、14141、14150、14152、14184~7、14408、14535　集4-30369　叢1-439、522
　龐太樸　史7-55700
　龐友蘭　史7-56701　集5-41148
　龐士傑　史2-12141
　龐志先　子2-6072
42 龐塏　經1-7757　集3-16971~4,6-42554、44392
43 龐裁　子3-17417
44 龐夢沅　史5-41308
　龐蕙纕　叢1-319
　龐樹森　史7-57088
　龐樹柏　集5-41613~4
　龐桂庭　史3-16166
　龐蘊　子7-34179
60 龐國士　史7-56200
　龐景忠　史8-61078

77 龐覺　叢1-22(19)、23(18)
　龐際雲　史2-13247,6-43866　集5-34047
82 龐鍾瑚　史3-18254　集5-35069
　龐鍾璐　史2-9819、12242,3-15360,5-41306,6-42162　集5-33935
86 龐錦　史2-10992
　龐錫綸　史8-61342
90 龐尙鴻　史6-45579
　龐尙鵬　史6-45135、45142、47483~4　子1-2136　集2-10297~300　叢2-731(20)、881
91 龐炳輝　史7-55482

0021₄ 塵

30 塵空(釋)　史7-57727

雍

22 雍山鳴　史8-63122
77 雍陶　子5-26222、27544　叢1-29(3、4)、185、249(2)、255(3)、395
　雍熙世　子3-18012~3
80 雍益堅　子5-26222、26895　叢1-185
　雍公叡　叢2-732、785

0021₆ 竟

24 竟化書局　子7-36428
53 竟成堂主人　子2-4694

競

13 競強庵主人　子7-36320

0021₇ 亢

43 亢榕門　子3-18465
44 亢樹滋　集4-32068~70、5-33917　叢1-492
　亢樹楠　史4-25882
　亢樹枏　集5-34849
60 亢思謙　集2 9160
95 亢愫　史7-57835

盧

20 盧香館主人　集7-54791
25 盧生甫　史7-50389
40 盧真人　子2-7833
74 盧陵鳳林書院　叢1-265(5)
80 盧夔麒　史6-45116

0022₂ 序

10 序璋(釋)　子6-32091(80)

廖

00 廖立元　史8-58263
　廖帝聘　子7-36138~9
　廖方中　史5-38538
　廖康譽　史5-38551
　廖慶源　史5-38562
　廖慶餘　叢2-2130~1
　廖文峯　史5-38563
　廖文韜　史5-38557
　廖文英　經2-12865　史7-52079~80,8-58528　集3-13265
　廖文錦　史1-5039　集4-26252~3
　廖文炳　集6-43282~3
　廖章熙　史5-38541
01 廖襲華　經2-8891
03 廖誠庵　子2-10888

彥

0022₃ 齊

33 齊心祖　史1-3318~9
35 齊禮　史4-25335
37 齊祖望　史8-60399
　　齊祖名　集2-7941
38 齊祥棣　集4-30641
　　齊肇璜　史8-62063
40 齊培元　集4-28123
　　齊培祿　集4-28123
　　齊燾　史3-17660
　　齊嘉紹　史3-15084、
　　　16872
　　齊古　經2-8580、8582
　　齊吉金室　史8-63695
44 齊世南　史7-52361
　　齊世恩　史7-55766
　　齊樹楷　史6-44527
50 齊中嶽　史2-11847
　　齊推　史7-54936~7　子
　　　5-31104
　　齊書　叢1-124
　　齊忠甲　史7-54444
　　齊東野人　子5-28028~9
60 齊圖南　經1-7107
64 齊曉（釋）　子7-34183
65 齊晴泉　集5-35895
67 齊鳴鶴　史3-22397
71 齊炰　子1-2337　叢1-
　　　223(30)、525、2-754
　　齊長鴻　史2-10542
77 齊周南　經1-7829
　　齊周華　集3-19175
　　齊履謙　經1-77(3)、7530
　　　叢1-223(10)
　　齊學培　子4-21210
　　齊學裒　子5-26540、
　　　27236　集4-30858~
　　　61、7-47852
　　齊學榮　史5-38515
80 齊令辰　史3-16564
90 齊光國　史3-18116　集
　　　5-37812
　　齊半讀　子2-10865
97 齊耀斌　史7-56351
　　齊耀珊　史7-57144

齋

33 齋心龕主人　子1-2620
44 齋藤十一郎　子7-36585、

37284
60 齋田功太郎　子7-36234、
　　37790、37813、37815、
　　37913、37916
79 齋藤順　子2-8720

0022₇ 商

00 商辦福建鐵路總公司　史
　　6-44305
　　商辦戒煙會　子2-10036
　　商辦鐵路公會　史6-
　　　44222~3
07 商部　史6-43949、43953、
　　43956、43958、44213、
　　44749、44753、44756~7、
　　44760、44764~5、44769
　　子7-36958、37400
10 商元柏　集3-17421
12 商廷修　史3-23263
　　商廷煥　集5-36471
17 商承祚　史8-65077、
　　65170
18 商務印書館　史1-1915、
　　5823、6-41514、42432、
　　45902~6、7-49776、
　　49794、50053~5　叢2-
　　730(1)、731(1)
21 商衍瀛　史2-10933
22 商彩女士　叢1-378
27 商盤　子3-15998　集3-
　　19333~7、6-44663
31 商濬　子4-20029　叢1-
　　99~100
34 商汝頤　史2-8868
40 商大節　史6-46872
　　商嘉言　集4-26445~8
44 商苣若　經2-14922
45 商鞅　叢1-223(32)
50 商書濬　集4-29400~1
51 商振倫　史2-11426
52 商挺　叢1-223(59)
57 商輅　史1-983~6、1108、
　　1130~1、1163、1165~7、
　　1173、1296、5414、6-
　　48159　集2-6778~82、
　　6-45336　叢1-195(5)、
　　223(21、29)、227(5)、2-
　　731(51)
59 商挾　集3-21189~91

60 商景蘭　集3-13322、7-
　　46834
77 商周祚　史6-48474　子
　　1-3781
80 商企翁　史6-42900~1
　　叢1-223(26)、2-630
86 商錦蘭　集2-12366
　　商羯羅主菩薩　子6-
　　32081(25)、32083(16)、
　　32085(24)、32086(27)、
　　32088(18)、32089(43)、
　　32090(49)、32091(47)、
　　32092(32)、32093(25)
91 商炳文　集5-35125

市

44 市村水香　史7-49318
　　(16)
　　市村瓚次郎　子7-36421、
　　36424
　　市村光惠　子7-36603
67 市野光彥　經2-9245

席

00 席亮　集4-23419
　　席慶雲　史8-59843
　　席慶年　史8-62535
　　席文　史7-56209
07 席訒齋　子2-5960
11 席玕　集3-17453、6-
　　44482
15 席聘臣　集5-41419~21
17 席子園　子3-16360
18 席珍　經2-14923、15111
25 席仲田　集4-22326
26 席吳鑒　史6-42798　叢
　　1-269(4)、2-731(18)
27 席佩蘭　集4-24510、6-
　　41999、7-47377
　　席彙湘　史6-43903
　　席紹葆　史8-60737
28 席佺　經2-12460
30 席之瓚　史7-55141
　　席寶田　史8-60673
35 席洙　子1-2138

38 席淦　子3-12771、12822
　　席裕琨　史7-54435
　　席裕福　史1-5805,6-
　　　　41723、41740　子5-
　　　　25922
　　席啓紘　史4-32474
　　席啓寓　史4-32475　集
　　　　6-41878
　　席啓圖　子1-1486~7
　　　　叢2-691(3)
40 席存震　史4-32477
　　席存懋　集5-39124
　　席存泰　史7-58134
42 席彬　史4-32481　集5-
　　　　35292
44 席芬　史8-60710
　　席蕙文　集4-22153,6-
　　　　41999
　　席世能　子4-21858
　　席世昌　經2-12178　集
　　　　4-26500　叢1-269(2)、
　　　　270(1)、271、272(3)、2-
　　　　731(22)
　　席世臣　史1-1916　集
　　　　1-3142、3800、4483、
　　　　4488、4546、4711、4718、
　　　　4733、4745、4785、4787、
　　　　4791、4809~10、4849、
　　　　4851、4882、4926、4929、
　　　　4936、5315、5595~6、
　　　　5639、5670、5736、5750、
　　　　5791、5795、5811,2-
　　　　10302、6-43685~6
　　席世羲　集6-44284
　　席芑　史7-58011
　　席莨　史4-32476
　　席樹聲　子5-29404
　　席樹馨　子2-7140　集
　　　　1-841
47 席郁文　史4-32473
50 席本楨　子1-2524
　　席奉乾　史8-62825
　　席書　史6-42012、44121
　　　　子1-959　集2-7311
　　　　叢2-741
　　席素謙　子3-17468
53 席威　叢1-437,2-1275
55 席慧文　集4-27622,6-
　　　　41999
58 席鰲　史4-32482　集3-
　　　　18993
60 席□□　集4-30821

席思贊　集5-34364
77 席居中　集6-44068
　　席開源　史4-32483
80 席夔　集3-21565
90 席燊　史4-32484

庸

00 庸齋　史6-43003
80 庸盦　史1-4516,2-13216

廓

00 廓庵(釋)　集3-14851

方

00 方堃　經1-3235　史8-
　　　　60490
　　方立誠　史7-55953
　　方立經　史7-55309
　　方亨衢　史7-52072
　　方亨咸　史7-49317(7)、
　　　　49318(14)、50808　叢1-
　　　　197(3)
　　方彥珍　集7-47892
　　方齊壽　史8-62245
　　方應龍　經1-3868,2-
　　　　10538
　　方應麟　集4-26112
　　方應佽　史7-52954
　　方應選　史8-59913　集
　　　　2-10706
　　方應祥　經1-799~802,
　　　　2-10417~8　集2-
　　　　10754~8、6-45290、
　　　　45336、45340
　　方應時　子1-2931、2934、
　　　　2937、2942、2982
　　方豪　子7-35781　集2-
　　　　8478~9,5-36708、6-
　　　　41934、41935(1)
　　方廉　史7-57219
　　方慶雲　史3-21396
　　方廣　子2-5549、9246

方廣祥　史4-25719
方文　集3-13652
方文定　史4-25848
方文沂　子1-1050
方文古　集2-7062
方文垣　史4-25772
方文擢　集5-35377
方文照　史2-6900　子
　　　5-29531
方文劍　史4-25761
方文輝　史4-25780
方辛　史3-22365
01 方龍光　集5-34467
02 方訓高　史4-25873
　　方新　史7-49782　集2-
　　　9488,6-41935(5)
04 方詵枝　子2-9573
　　方諸生　集7-48808
06 方韻仙　集5-33950
07 方望　史4-25713
10 方一元　集6-43349~50
　　方一緒　史4-25841
　　方一夔　集1-4402
　　方一桂　集6-45341
　　方一鳴　史4-25846
　　方正瑑　子4-21126　集
　　　7-46405、47177
　　方正瑗　集3-19291~2
　　　叢2-937
　　方正瓂　子4-20975~7
　　方正廷　集5-41251
　　方正璆　集3-18859
　　方正澍　集4-22541~2
　　方玉縉　集3-14828
　　方玉先　史4-25857
　　方玉潤　經1-4244　史
　　　2-12826~8　集4-
　　　31940~6　叢2-886
　　　(1)、1846
　　方玉基　史4-25809
　　方元　叢2-2261
　　方元廣　史7-50439
　　方元勳　子2-8624
　　方元啓　史8-59774
　　方元中　史4-25859
　　方元泰　集4-28004~6
　　方元鶤　集4-23566
　　方元會　史4-25855~6
　　方爾咸　史3-18849
　　方震孺　史6-48498　集
　　　2-11705

方夏　子5-26131　集5-34970

方于魯　子4-18801　集2-11014

方于穀　集4-24061～2

方干　集1-1730～4,6-41878、41882～3　叢1-223(50)

方天春　集6-43350

方吾子　經2-10691

方可立　經1-6308

方雲瞻　子5-30419

11 方張登　集3-21546～7　叢2-937

12 方登嶧　集6-42022、44957

方瑞　史7-52047

方瑞麟　史3-21566

方瑞生　子4-18803～4

方瑞蘭　史7-57786

方聯甲　集4-22696

方引彥　史7-57234

方弘靜　子4-20542～3　集2-9250,6-42101　叢1-143

方弘履　史8-60332

方水雲　史4-25737

方延熹　集7-49462

方延珪　集6-42119～20

方延瑚　集4-25848～9

方延絹　史4-25787

方延漢　史8-59977

方孔炤　經1-889～90、3832　史1-1576、4434,6-45603、47318、48527～8　子1-1290　叢2-937

14 方功渤　史3-15734,8-60525

方功惠　史8-64761、65831～3　集6-42040　叢1-452

方瓚　史4-25756

15 方翀　集3-20663

方臻杰　史3-22821

方臻喜　史2-12990

方建寅　史4-25852

17 方孟式　集2-11603

方琰　經1-4281

方承訓　集2-9708

方承保　史8-60284

方承宣　史3-22996,8-63128

方承之　史7-49318(11)、53455

方承郁　史6-42036

方子湘　史1-3593

方勇　經1-3315

18 方瑜　史8-61230　子1-1014,4-22250

方珍　史3-19249

方婺如　經2-10689　集3-15377

方楘如　經2-9461、10690　史7-57226　子4-21402　集1-110,3823,3-18029,6-42067　叢1-202(5)、203(11)

20 方爲霖　史8-60503

方秀卿　史4-25849

方信　史4-25825、29169,5-33884,7-57956

方信孺　史7-50831～3　集1-4079,6-41894(2)、41895　叢1-265(5)、376,2-731(57)、880

方信原　史5-34448

方千里　集7-46380、46708　叢1-223(72),2-698(13)、720(2)

方受穀　史2-12879　集7-48194

方季和　史7-52046

方秉孝　史7-52649　集5-35906　叢2-886(2,5)

方秉哲　子2-7346

方維京　史4-25743

方維甸　史6-48793　集3-19164,4-24230

方維禎　史4-25859

方維祺　集4-22673

方維翰　子5-25460～1　集4-28007

21 方暨謨　史8-60425

方仁元　史2-10745

方仁健　史3-22368

方仁淵　子2-6261、10007、10689、10845　集5-37238

方仁榮　史7-57194　叢1-223(23)、508、533,2-731(58)

方虛名　子5-28943、29317

方行　集1-5645～6　叢2-852

方顥愷　史2-11754～5

方熊　集1-438,3-19374,4-26888～90、28398,6-45519　叢1-223(71)、478

方貞元　子3-12889　叢2-843

方貞觀　集3-18172～4,6-46280

22 方鼎　史8-58320

方鼎鈗　史4-25727

方鼎銳　經2-11695　集4-31729～31

方鼎鋭　史3-17096

方嵩年　集3-17339

方巖　史8-65074

方崇鼎　史7-57981

方崇嶤　史4-25876

方崇喜　史4-25728

方崇林　史4-25798

方繼洛　史4-25872

方崧卿　集1-1329　叢1-223(49)

方綏　子4-24252

方綬　叢1-513

方緩　史8-64873

23 方外史旭求寂(釋)　子6-32091(70)

方允淳　子2-8112

方獻夫　集2-7263

方俊　集4-30790～2

方岱　史8-61486

24 方壯猷　集4-33589～91

方德　史3-22893

方德醇　叢1-551

方德源　史4-25817

方德驥　史2-9853,4-25839　集4-32071～3

方勳　史7-52046

方升　史7-52549、集2-8424　叢1-13、14(3)、22(11)、23(11)、119～20

25 方傳理　史4-25812

方傳勳　集5-37694

方傳植　史4-25813

方傳薪　史4-25816

方傳質　史8-60721

方純仁　史4-25711

方積　集4－25029

方積鈺　集5－38321

方績　集1－148,4－23469
叢2－1650、1652

26 方侃　集5－41657

方鯤　經1－1124

方和　集4－23669

27 方仰之　子3－17475

方象瑛　史1－822～3,2－
9074,7－49316、49317
(8)、49318(4、11、13)、
53178、53400、53867、
57230　子1－2540　集
3－15299～301,6－41969
叢1－195(7)、197(2、4)、
201、203(4、8)、210～1、
249(3)、472,2－617(2)、
731(55)

方象璜　史7－57230

方象豫　史7－49317(3)

方俶威　史3－16906

方勺　史1－2473　子4－
20013～5　叢1－11～2、
19(5)、20(3)、21(4)、22
(5、7)、23(4、9)、24(5)、29
(6)、31、56、99～101、166、
195(3)、223(45)、278、
374、435,2－857、859

方舟　經2－11531　集3－
17403

方疑　子1－40～2

方絢　子3－18323～4,4－
24175～6,5－27490～1
叢1－513、587(3、4)、2－
624(3)、721

方叔裔　史7－55631

方紹文　史4－25757

方紹震　史3－20550

28 方以浩　史4－28278

方以直　經1－1417

方以智　經2－14540、
14645～6　史1－1941、
1954～9、1981、3488,2－
6954　子1－1324,2－
6117～8,3－16776、
16778、16814,4－21007～
9、22300～1、23108、24166
～7,5－29352～3　集3－
13587～91,6－46273　叢
1－202(4)、203(9)、223
(40、42),2－937

方作霖　史4－25851,8－
59156

方作彪　史4－25835

方作溫　史4－25753

方攸躋　集2－10238,6－
41935(5)

方從哲　經1－3776

29 方儵　集3－21447

方秋客　子3－18097

30 方淳　集3－16098

方家信　史4－25796

方家永　子4－23637

方家藩　史7　56681

方家拔　史4－25795

方家駒　史7－55997

方永曦　史4－25869

方之瑋　史4－25748

方守先　史7－57804

方守彝　集5－37693

方守道　史2－8280

方宏綬　史7－52045

方宏靜　子1－2147

方良永　史4－25714　集
2－7305　叢1－223(65)

方良寅　經1－1739

方良懿　史4－25768

方定之　叢1－143

方寔孫　經1－534　叢1－
223(3)

方寶德　史7－52047

方寶銓　史3－19204

方賓穆　史2－10550　子
1－2309～10　集7－
48616

方宗誠　經1－1754～5、
3015、4257～8、5766、7064
～5、7972～3,2－8500、
10164、10186～7　史1－
5280、5729、5922～3,2－
7642～3、11005、11339、
11903、12111、12223、12859、
4－25815,7－49318(6、7、
12)、52028、53535、53584、
54011、55406、56382　子
1－605、1689、1827～31、
2286、2521、2987,4－
21784　集1－455、3737、
3－18088,4－25136、
27414、27869、28587、29287、
31166、33177～85、33535,6－
46303、46321～2　叢1－
394、483,2－1736、1887～8

方宗城　史3－22979

方宗塤　集5－33813

31 方江　集4－31457

方江自　子3－11638

方潛　經1－1723、3001、
4242、4696、7966　史1－
5721　子1－570、639、
1803～8,4－23527～8,5－
29401～2　叢2－1827

方潛師　史2－10128、
11863、12937,6－43907、
47172～3　子1－2853、
4－23432～4　集1－335、
4－30330,5－35190

方潛頤　經2－14202～3
史1－4097～8、5725,2－
12844,3－15336,7－54043
～4、56712　子1－4472、
3－14854、18105～7,4－
21327～8,5－26542～3
集4－32714～25,6－
42007(1),7－47885　叢
1－472、496(4),2－927、
1874

方潛益　史8－64205～6、
64326

方渠　史3－23618

32 方洲　史4－25729

方淵如　史7－55726、
55987　集5－35189

方瀏生　子1－2903

方兆　史4－25880

方兆鰲　史6－42587　子
7－36554、36754、37293

方沂　史4－25712

33 方治　史4－25767

方溶　經1－3227～8　史
7－54916、57399

方補德　子2－7461、8867,
3－13169

34 方澍　集5－39051

方湛　史8－58811

方汝謙　史6－43024　集
3－21082～3

方汝霖　經2－10170　史
7－55087

方汝翼　史8－59259

方汝紹　史3－15662、
17218,4－25810

方汝浩　子5－28689～92

方濤　集5－35189

方邁　經2－11519　子1－
1543　集3－17365～7

方遠宜　史8－60170

中國古籍總目·索引

2117、2768 集2-6374
～92、6-42050～1、
42055、42057～60、43118
叢1-22(20)、61、213、2-
635(12)、698(11)、730
(4)、731(12、45)

方孝儒 叢1-62～4、83、
174、195(2)、214、223(63)

方孝儒(孺) 集6-42055

方孝標 集3-13169、
14014～5

方孝基 子2-4764、5704、
7283、8317、8560

方爕 集1-4402～3

方苹野 子5-25863

方萬山 史6-47793

方萬里 史7-57408

方韓 史4-25746

方華 史4-25819

方華欽 史2-11995

方若 史8-63509、64460～
1、64896～7 子7-
36452 叢2-625

方若珽 史6-41579～80

方若蘅 集4-24230

方苞 經1-99、3995、5015
～7、5189、5270、5395～6、
5695、6913～4、7781～4、2
-11533 史1-41、74、
5279、2-11005、11579、
11715～6、4-31420、6-
48707～8、7-49318(7)、
53436 子1-73、316～
7、3970、4-21165 集1-
98、3-17585～97、6-
41809、42064、43043、
43048 叢1-223(8、9、
11、68)、389～90、482、
505、2-635(13)、653(3)、
698(11)、815、1386、2202

方世立 集5-40112

方世熙 史7-54977

方世舉 集1-1288、3-
17958～9

方世鍾 史4-25818

方其敬 史4-25867

方其義 集2-10028～9、
6-41949

方樹功 叢2-888

方樹榮 史3-22896

方樹椿 史3-23478

方樹穀 史4-25854

方樹梅 史2-11917、8-

62361～2 集3-16995、
20777、4-30021、5-
41158、41516～7 叢2-
888

方樹本 集4-23470

方樹屏 史8-62362

方樹猷 叢2-888

方桂 史8-62347

方桂(釋) 子7-34330

方桂森 史4-25820

方林 集3-17676

45 方棟 集3-19373 叢2-
837

46 方旭 史8-61808 子4-
19408、23519 集5-
38040 叢1-533

方坦 史3-19566 集4-
26206

方觀 集3-18268

方觀承 經2-11531 史
6-42134、44586、44636、
46835～6、48744～5、7-
49318(2、3)、49895、
50036、52027、53907 集
3-19163～4、6-42022、
44957、7-47793 叢1-
321

方觀瀾 史2-12252 子
4-24669

方觀旭 經1-111(4)、2-
9557

方如川 子2-9296 集
4-23069～70

方柏堂 經1-7094

47 方坰 經1-1649 子1-
1661～2 集4-29067～
9、7-47033 叢2-1759
～60

方鶴鳴 史4-25860

方鶴年 子5-31325

方愨 集1-1649

方朝 集3-17957

方朝裕 史4-25726

方馨 集5-38558

方都泰 史7-57905

方都秦 集3-13781

方起英 集3-19997～8、
6-45967

方穀 子2-5555、6099

48 方乾 史4-25730

方乾武 集5-37057

方敬宗 史4-25848

方梅垞 子3-17287

50 方中 子1-1668 集1-
4341 叢1-223(58)

方中發 集3-15816

方中德 子4-18716、5-
25293

方中通 經2-13162 子
1-1137、3-12514、12520
集3-15559～60 叢1-
223(35)

方中履 經2-14349 子
4-22344 集3-15711
叢1-201、203(6)、2-937

方申 經1-1599～603、
2324 叢1-439

方本 集4-30562

方本仁 史3-22638

方本恭 經1-1452、2323、
2-14397 子2-5368、
3-12560

方忠奕 集2-6378

方忠軾 經1-1739

方忠屬 史4-25868

方表 史4-25766、25850

方東澍 子4-22514～6

方東壽 史4-25775

方東樹 史8-65273～4
子1-108、1679～81、1683
～90、1965 集1-138、
456、4-26072～80、6-
46302～3 叢1-418、
427、523、574(3)、2-654、
662、1443、1650～2

51 方振 集4-24468～9

方振錩 史4-25843

53 方輔 子3-15167 集4-
22205

方盛昱 史4-25845

方戊昌 史7-55726

方成郊 子3-13526

方成珪 經1-1597～8、2-
13691 史4-25806 子
4-22846 集1-1340～
1、4-27665 叢2-865～8

方成通 史4-25797

方成培 集3-20748、7-
47315 叢1-278、435、
2-731(36)

方成輝 史4-25789

54 方轅 史4-25741

方拱乾 史2-13291、7-
49316、49317(7)、49318

(2)、56356　集3-13168
～70、14742　叢1-201、
202(4)、203(6)、211

56 方揚　經1-2730　集2-
9950

58 方鼇峯　史4-25721

60 方□□　集4-25492

方日升　經2-13745

方日定　史8-61181

方日乾　史7-57279

方國仁　史4-25853

方國渝　史8-66265

方國標　史4-25732

方國鳳　史4-25759

方國光　史4-25784

方四知　史3-16964

方回　史2-6301　子4-
22171,5-26318　集1-
4793～8,6-42145～6、
42274～6、45486、45701
叢1-22(6)、23(6)、29
(5)、56、223(21,40、59、
68)、265(5)、266,2-617
(4)、624(2)、886(4)

方回春堂　子2-9686

方昌翰　集3-21547,5-
34685～9　叢2-937

方喿　子2-8501、10653

方喿(釋)　史7-52393
叢2-818

方昂　史3-15078　集4-
22256

方員　史8-59724

方景文　集3-14215

方景濂　史7-57619

61 方顯　史1-3734

方顯允　史3-18855

方㬂　史3-23587

62 方昕　子1-2093　叢1-
31,244(4),2-731(16)

64 方時　史2-7440

方時化　子1-77　集2-
9950

方時軒　子4-19239　叢
2-746

方時照　史4-25722

66 方嚴翼　史7-57563

方㮗　集3-20152～3

67 方曜　集4-28003

方明偉　子3-13449

方嗣崇　史4-25735

方鴉　史4-25822

方照　集4-30484

方鷗　史3-19914

71 方厚甫　史4-25760

方長旺　史4-25765

方頤　史4-25871

方頤孫　集6-45355、
46210～2

72 方岳　史3-19467　子5-
26218　集1-4227～39、
4411,6-41900～1、41903、
41908、44956、45633,7-
46369、46689～90　叢1-
10～2、22(3)、23(3)、29
(6)、38、148、195(4)、223
(57),2-731(47)、854

方岳貢　史7-56461～2
集6-42935～7

73 方駿謨　史7-49318(12)、
50131、56603、56642

75 方體　集4-24568

方陳矩　史3-19445

76 方隅　子2-4867～8

77 方鳳　史7-54239,8-
59177　子4-18867,5-
26222、26952　集1-
4512～6,2-7829～30,6-
41784　叢1-11～3、14
(2)、22(9,11、20)、23(11、
19)、27～8、45、109、111
(5)、185、195(5、7)、223
(58),2-731(50、58)、
857～8、860

方鳳鳴　史3-16302、
22610

方覺(釋)　子7-34075

方用光　子3-16888

方鵬　史1-5423,2-6572
～4、7910,7-57034　集
2-7441～2　叢1-244
(3),2-731(62)、735(3)

方履亨　子3-11441、
12623

方履籛　史8-58419、
59652、59664、63584～6、
64749　集4-28738～
40,6-42075,7-47517
叢1-509,2-731(46)、
782(5)

方殿元　子1-1465　集
3-15648　叢1-202(2)、
203(7)

方殿鼇　史4-27885

方駥　史3-19593

方聞一　經1-465～7　叢
1-223(2)、227(1)

方學詩　史4-25723

方學伯　史4-25829

方學伊　史3-15588

方學漸　史2-8105　子
1-1137～42,4-23024
叢2-815、937

方學古　子4-24612

方學成　史8-59098　子
4-23187　集3-19186
叢2-1412

方學周　集4-24063～4
叢2-886(5)、888

方開　子2-11063～6、
11085

方問之　子2-11078

方問孝　集2-11284～5

方民悅　叢2-741

方賢　子2-9227

方桑者　集7-47213

78 方胙勛　史8-59576

80 方人傑　子5-29383

方金彪　子1-1819　集
4-33254　叢2-1759～
60

方金山　子2-8239

方金聲　史4-25842

方鏡　史4-25811

方鎬　子3-17475

方夔　集1-4404　叢1-
223(58)

方美玉　史4-25870

方年　集6-44016

方毓昭　集5-35267～8

方毓辰　經1-4222

方善祖　史4-25718

方善堯　史2-12446

方會苑　史4-25781

方公栗　史4-25837～8

81 方敘　集1-5146

82 方釗　集4-33588

方鍾　集4-30065

83 方鎛　集2-12941,6-
41942

84 方鑄　經1-1863～4,2-
9653～4、11826　史3-
16145,6-49045　叢2-
2120

86 方錫庚　集5-39914

87 方鏘　集6-41942

方朔 史1-990、1343,7-54331,8-63509、63696～7 集4-33502～5
88 方敏齡 史4-25716
方策 史8-59745
方策(釋) 集6-44549
90 方惟一 史2-7139
方懷德 史4-25830
方少卿 子2-9019
方光遠 集4-23068
方尙祖 史7-56651,8-61129
方尙恂 經1-7678
方掌珍 集4-27488～9
91 方恆 集5-38248
方恆泰 叢1-373(4、7)
方炳奎 史7-54013～4 子1-1848,4-19497 集5-34593～4 叢2-1955
方炳南 子3-16438
92 方愷 史1-10(3)、528～9,7-49311 子7-37535 叢2-653(4)、731(56)
93 方怡 集5-40754
94 方炓 集3-21833
95 方性存 史7-56585
96 方愢齋 子1-2994
方焜 集5-40111
97 方煥文 史4-25733～4
方燦 子2-8875
98 方悎 集5-37962
99 方榮秉 集5-39958
方榮穎 集5-36303
方榮芬 史1-3948

育

00 育文書局 子1-68～9
11 育珂摩耳 子7-36499
30 育寧堂 子2-9387

裔

21 裔步鸞 史3-16027
51 裔振遠 史2-9490

高

高涼氏 子2-9922
00 高亭午 子2-9017
高鹿鳴 史6-44218
高亮功 經1-3007～8
高彥休 子5-26881～2 叢1-207、223(46)、244(1)、249(1)、410、470,2-624(1)、731(52)
高彥林 叢1-395
高裔孫 史4-32414
高裔恭 經1-4544
高應雷 集3-15864～5 叢2-886(3)
高應玘 集2-9257～8
高應科 史2-8745,7-52911
高應冕 集2-8625～6,6-41935(4)
高慶麟 子3-17374
高慶齡 史8-65035、65037
高慶頤 集4-30100
高慶飂 集4-28038
高賡歌 子2-6589
高賡恩 經1-1842,2-8877 史2-8280、10968,7-51758、56036、56054、56056 集5-36706～7
高廩豐 集5-39306
高文晉 子2-7752
高文瑛 集5-35721
高文秀 集7-48765、48767(2)、48774(4、5、7)、48778、48873～7 叢2-698(15、16)、720(3)
高文虎 子5-26302 叢1-22(7)、23(7)、29(5)、56,2-731(52)
高文俊 子3-13650
高文祺 史1-5717
高文垣 史7-56310
高文照 集4-22014～5,7-46412、47330
高文鳳 集5-37930
高文錦 史3-21460
高文銘 史3-21419
高文欽 史3-17235
高奕 集7-54856、54860 叢1-321
02 高誘 經2-9787 史1-2156～7 子1-22、55、61～5、67～8,4-19638～40、19643、19646、19675～7、19681～90 叢1-74～7、219、223(20、39)、227(7)、257、316～7,2-635(5)、697、698(4、6、7)、731(11、64)、774(6)、782(2)
03 高斌 史7-52832 子1-1521～2、1550、2399 集3-18894～6
高誼 史7-57675 集4-25630～1
高詠 史8-58569 集3-14391～2,6-41995
04 高謨 史4-32517
06 高諤 經2-10131
高韻蘭 集4-30456
07 高望曾 集4-33436,7-47776
高詢 史3-22002
08 高謙 史1-3105
10 高一麟 集3-15539
高一志 子3-11361～2,7-35103、35178、35269～70、35826、35884 叢1-448
高一葦 集7-50056～7
高正臣 集6-43234～5 叢1-223(68)、585
高玉麟 史4-32396
高玉山 史4-32454
高玉如 子2-7423
高元 史8-61337
高元貞 史8-59118
高元濬 子4-19033 集2-11165
高元若 史1-1947、3489
高元鈞 史4-32391
高丙謀 集4-32824
高丙杰 史3-20278
高爾庚 集5-36942
高爾敦 子7-36286、36527
高爾謙 史6-44267
高爾儼 集3-13570
高而謙 史2-10813
高雨 子2-5236

高天爵　史8-58788
高天鳳　史7-54948
高晉　史6-42106～11、46840,7-49317(4)、49318(2、14)、51302　叢1-223(27)
高晉紀　史7-49317(7)
高崙映　經1-710,2-14335　史1-2035,7-52653　子1-584,5-25888　集3-16325　叢2-886(1、5)
高雲　集4-22093
高雲龍　子3-11703、13574、13647
高雲從　史8-61545
高雲漢　史4-32405
高雲甫　子2-7776
高不騫　集3-18129～31,7-46999　叢1-300
11　高珩　集3-13623～6,7-50644
高斐然　史3-20326
12　高登　集1-3221～8,6-41784、41894(2)、41895、43118,7-46369、46375、46386、46555　叢1-214、223(54)、242(4)、2-731(40)
高登雲　集5-40714
高登艇　史8-58234
高登先　史7-57518
高登科　史8-62907、62915
高登奎　集4-25557
高登甲　史7-56324
高聯捷　史8-60196
高弘圖　集2-11711～3
高延福　集4-33435
高延柳　史8-59345
高延第　史7-49318(13)、54032、56655、56682　子5-28957、29198　集5-34099　叢2-1939
高延謀　史8-63967
高延璋　史8-59558
高延瑛　集5-35559
高延瑤　史2-9628,6-41531、43150
高延珍　史7-52039
高延法　史8-62687
高延禮　集2-6336,6-

44786
高廷樞　集4-23861
高廷梅　史3-16788、20707
高廷愉　史8-62305
13　高恥傳　子4-20002,5-24920
高武　子2-4771(4)、8621、10240～3
14　高瑋　集3-13507
15　高建章　史1-5832
高建勳　史7-54949～50
16　高理文　史7-49318(22)
高理　集2-11108
高璪　集3-13892
17　高珣　史8-63019
高乃濟　史7-56164
高乃欽　史3-20885
高承　子5-25532～7　叢1-114(3)、223(43)、347、349,2-731(24)
高承慶　集7-50389
高承勳　子5-27160　叢1-245,2-731(52)
高承涎　史1-3218
高承治　集5-34505
高承埏　史2-7381～3　子4-19918,5-26221,6-32092(43)　叢1-180
高承鈺　集4-25678
高承炳　子2-5674
18　高玢　史2-9318　集3-17253
高玲　經2-8866、9144、9598、10061、10212
高致遠　史4-32404
20　高位基　子1-3294
高儕鶴　經1-3987～8
高喬　子4-18581
高爲阜　集3-19480
高爲表　史2-6560
高噚　經1-6993、7291、7394　史1-5056、5078、5165、5177　子4-24268　集1-1315、1437、2020、2028～9、2127、2227、2283、2533、2623,3-21258,6-41804、42499、43997、44374　叢2-1540
高秉　子3-15859、15967　叢1-203(16)、2-785

高秉鈞　子2-7743～5、9566、10606
高維嶽　史8-61579、63014
高維檜　史1-4930,2-8147　子4-24191　集3-14433～5
高維岳　史2-9033,8-63190
21　高順貞　集4-33287　叢2-1788
高上桂　史8-62526
高步雲　集4-32392
高步瀛　經2-10106　子4-21851～2,7-35776　集6-43170
高步青　史7-55347
高仁峒　集5-34504
高衡　集3-20879
高衡百　集3-18924
高儒　史8-65251、65257、65562　叢1-547(3),2-673
高倬　集6-44711
高熊徵　集3-16180
高師謙　子3-17018
高師孔　史7-55636
高貞明　子4-21300
22　高鑾　集3-20353
高岑　集3-18545～6,4-22755,6-44094
高鼎　集5-34884～5
高鼎玉　子3-14214
高鼎汾　子1-2579,2-4768、10649
高崗　史8-59274
高嵩岳　史4-32416
高巍　集2-6369
高巖　史8-63319
高邕　子3-17255、17260
高山桃　集7-50371
高山林次郎　子7-36237、36267、36299、36447、37947
高出　集2-11107～11
高崇珩　集6-45052
高崇瑞　集4-28015、28031、30311
高崇瑚　集4-26593～6
高崇基　史6-43350,8-58948
高欒　史3-20829

高振聲　史3-16394
高振鑠　史8-60295
高軒　史4-32429
高撂桓　集3-17285
52　高折枝　子1-3282
高拙修　子2-5275
高靜　經1-1725　集4-
31839,6-42531~2
高靜亭　經2-14191
53　高搏九　史7-57812
高成美　史7-56653
54　高拱　經1-7584,2-10319
~20　史1-1926~7、
1933~4、2897~903,4-
32443,6-48274~6　子
4-20351　集2-9006~
15　叢1-84(2,4)、106、
111(2)、129,223(11、14、
39)、272(3)、273(2)、274
(1)、373(9),2-593~4、
730(9,10,11)、731(11、
67、68)、885,1099~101
高拱京　子1-2209　叢
1-197(1)、198
高拱乾　史7-58112,8-
63449
55　高捷　史6-46628
高慧　子3-13236
56　高擇善　史3-21474
高輯　史7-49317(7)、
49318(10)、53008
58　高掄元　史3-17501、
23022
60　高□　子5-25169　叢1-
114(3)
高□□　集4-27699
高曰化　史2-9013
高昱　史8-62692
高國延　史4-32464
高國檽　史8-59290
高國楹　史7-57331
高國煦　集5-41349
高見南　子3-13218
高思齋　集7-48588
高思敬　子2-5954,6878、
7277、7811~2、10333
高田早苗　子7-38070
高田早苗　子7-38119
高田鑑三　子7-37037
高昊　史8-58446
高邑自修居士　集5-36518
高昂光　子4-24066~9

高杲　史7-57454　子2-
5073、7020
高景　史7-55317~8　叢
1-407(2)
高景之　史8-60289
高景福　史4-32421
高景芳　集3-17107,6-
41999
61　高暉　史7-57958
高顯　史7-55446
63　高暄　經1-707
高暄陽　史6-41836
高晙　經1-1074
64　高時　史6-48270
高時壎　史3-19891
高時敷　史8-65078~9
高時明　子5-29535(3)、
29536(3)、29549,29680、
31369
65　高味卿　子2-9669
66　高賜孝　史3-19941
67　高曜　子5-26451
高明　集1-5676~7,7-
49709,49711,49720~41
高明遠　史1-3789　集
4-24035
高明清　史7-56116
高明直　經2-14508
高明墨池山人　史6-
43028
高明善　史4-32402
高鳴盛　史4-32409
高鳴鳳　叢1-87~9,2-
730(1)
高鶚　經2-15029　史3-
15085　子5-28377~
88、28390~3　集4-22094
~5
高照　史7-58059
高照初　史8-63017
高照煦　史8-63016
68　高晦叟　叢1-223(45)、
246、282(2)、283(2)、388
~90,2-731(50)
70　高驤雲　經1-6099,2-
10051　史7-49873、
49905　子1-1780,3-
12689~90,4-21669~
70,7-33231~2　集4-
29729~33　叢2-1775~6
71　高辰　集3-20843
高願　集4-28834

高長康　史7-50184
高長年　史4-32460
72　高隱　子2-4886
高彤　史2-12401
高彤瑄　史3-21320
高岳崧　史3-15790
高質齋　集6-45051
74　高陞榮　史8-59419
高陵縣公署　史8-62712
75　高陳謨　集4-22606
76　高陽不才子　子7-36782
77　高堅　史8-60479
高鳳謙　史2-10813~4
高鳳岐　史2-10873~4
高鳳臺　子3-14830　集
4-28309~10,6-42071
高鳳樓　集4-28149　叢
2-785
高鳳翰　史4-32445　子
3-14988、16174、16707、
16985,4-18723　集3-
18366、18394~404
高鳳岡　史4-32403
高鳳舉　集3-18366
高鳳閣　集4-27800
高閌　經1-7501　叢1-
223(10)、230(2),2-731
(63)、845(3)
高同雲　集6-44136
高月娟　集3-20536
高月槎　史2-6955　叢
2-681
高鵬飛　集1-3934,6-
41748、41784、41922、
45051　叢1-223(56)
高鵬年　史7-50317　集
5-38063~4
高居廣　史8-59230
高居誨　史7-53785
高層雲　集3-15460,7-
46399~400、46995
高熙喆　史8-59345~6
子4-21853　集5-
38526~7
高又光　經1-2859
高學山　子2-6621~2、
6786
高學濂　史8-61953　集
4-26792　叢1-373(2)
高學治　史8-63519、64585、
64589、64598、64604、64639
高學林　史4-32394

高舉　經2-14035　史2-9022,8-60245　子4-23034
高譽　子4-23034
高閭　史1-2340　叢2-653(6)、731(65)
高民　集5-40873　叢2-968
高興　史2-9254
78 高鑒徹　史8-59726
80 高人俊　史3-19235
高人驥　史3-20007
高企　史7-54913,56376
高金鼇　集4-28221
高金體　子1-44,4-19511、19620
高兼義　史4-32458
高令　子7-37863
高念曾　史2-7967,3-20114
高愈　經1-5005　子1-2678,2697~705
高愈明　子2-6973
高毓浵　史3-17675,7-55013　集5-41067~8
高毓華　經1-2072
高毓彤　史3-17683
高首標　史7-55985,8-61491
高會(釋)　史2-8740
81 高頌禾　集4-32109~10
82 高鐈　集3-13098
83 高鉞　集4-24034
84 高鉥　史7-55689
86 高錦榮　史8-59576
高錫麒　經2-9163
高錫爵　史8-63085
高錫禧　史3-17770
高錫祚　子2-5293
高錫基　集4-32284~5
高錫華　史8-62904　集5-38267~8
高錫蕃　集4-29967,6-42003
高錫恩　集4-30981~2
高錫疇　史7-55175
高知止　史8-59092
高知遜　子1-2403
87 高銘　子2-4916
高銘彤　集5-34506~7
高銘箴　史8-62038

高欽中　史3-15396
高朔　子7-36596
高翔　史3-19011　集3-18619
高翔麟　經2-12226~7
高翔鸞　史8-62678
高翔漢　史7-55454
88 高銓　子1-4332
高鈙　史8-62349
高筠鑑　集4-22292
高第　集4-24732
高簡　子3-16686~7
高簹　集4-29008,6-41999
高篤庸　子4-21850
89 高鑠泉　史3-14916、14919,8-66073
90 高惟寅　史3-18457
高光　子4-18720、18742
高光壽　史8-63222
高光煦　集5-34715
高光照　史8-61915
高尙　史4-32428
高尙志　史8-60479　子7-35603
高當菩　子7-36531
91 高恆　史6-43403
高炳文　史8-60915
高炳麟　集5-35496
高炳蟾　史3-21244
高炳辰　史3-17332
高炳曾　集4-31753
高焯　集4-26745
94 高慎行　子2-7835
96 高惺　史8-60027
高懌　子5-27377　叢1-19(6)、20(4)、22(4)、23(4)、24(7)
高煌　史2-10316、10782,3-19152　集5-40515
97 高耀庶　史4-32449
高耀南　史8-63424
高煥文　史8-64891　子4-23257　集5-35560
高煥然　史3-16716、20635,7-57741
99 高變　史2-10782,7-56449~50,8-66235　集5-36890、41418

高

70 高驤雲　史7-54939

0023_0　卞

00 卞庶凝　史3-18035
卞文瑜　子3-16594
卞文恆　子3-18084
03 卞斌　經1-1581~2,2970　集4-26765　叢2-843
07 卞翊清　史3-17189
08 卞放弼　史4-25664
10 卞三畏　史7-55489
卞玉潔　集6-44176
卞元圭　集4-32928
卞丙揚　史4-25665
15 卞建官　子3-13830
17 卞乃譖　史1-4109　叢2-804~5
20 卞維新　史4-25668
卞維城　史1-4966　集4-30374
21 卞穎　史8-59214
24 卞緒昌　史3-22844
30 卞永譽　子3-14722、14781　叢1-223(38)
卞良琮　史4-25670
卞寶第　史3-17086,6-47174、49028,7-50530~1　集5-34413~4
34 卞汝方　史3-19097
卞洪勳　集2-10167
37 卞祖海　史4-25666
40 卞士元　史7-52092
卞士雲　集4-28395
42 卞彬　子4-19342　叢1-22(18)、23(17)
44 卞夢珏　集3-13856,6-41957
卞萃文　史7-56731　集4-25533
49 卞坪　史4-25669
50 卞夫人　集1-268　叢1-168(4)
卞擴忠　集3-19372

60 卞思義　集1-4844、5293
　　　～4
67 卞盟　集6-42558
71 卞長勝　子7-36258、
　　　36921、36966
72 卞氏　史4-25660
80 卞金城　史4-25661
83 卞鉉　史4-25663
96 卞燦　史7-57383
99 卞榮　集2-6811～2

0023₁ 麘

60 麘昌　史6-45213、45235

應

00 應鹿岑　經1-4432
　　應方綱　史5-40873
　　應麐　子2-5858
　　應文菪　集4-23463
　　應文明　史5-40880
　　應文炳　史4-29219
　　應章譽　史5-40877
　　應讓　集4-25103
09 應麟　經1-1213、4017、
　　　7801　集3-17632,6-
　　　44804　叢2-1446
10 應正祿　史5-40875
11 應璩　集1-292～3,6-
　　　41698　叢1-183
12 應瑞萬　史5-40876
　　應延育　子5-25668
　　應延育　史2-8074　叢
　　　2-860
　　應廷吉　史1-1977　叢
　　　1-256
14 應劭　史1-1915、2212,2-
　　　13272～3,6-42610、
　　　42620～3,7-49308、
　　　49422　子1-18～20、
　　　44、61、66,4-19760～6
　　　叢1-22(10)、23(9)、69、
　　　71～7、90～3、114(6)、115
　　　～6、123、182～3、223
　　　(40)、303～5、480、515、
　　　519、525、537,2-617(1)、
　　　628、635(5)、698(5、7)、

730(5、6)、731(6、18、60)、
　　　763、772(5)、773(5)、777、
　　　788、1685
16 應瑒　集1-258～60,6-
　　　41698～9、41719～20
17 應瑤　子2-9707
20 應統寅　史5-40855
　　應維鶴　史5-40857
21 應步雲　史5-36960
23 應俊　子1-2015　叢1-
　　　223(41)
24 應先烈　史8-60467
　　應德廣　史7-57202
　　應德完　史3-16717、20570
　　應德閎　史3-20632
26 應自程　子1-3939
27 應佩麟　史3-22405
30 應守險　史5-38184
　　應寶時　史6-42172,7-
　　　56382　集7-47930～2
　　應宗璐　子3-11509、13098
33 應心香　史3-20238　集
　　　6-42625
35 應澧　集3-20706
37 應祖錫　史2-6224,3-
　　　20370、23087,6-47561
　　　子7-36228(2、5)、36231
　　　(5、6)、36242(2)、36249、
　　　36258、36530、37140
38 應遵誨　子2-7772～5
　　應啓埥　集5-40936～7
40 應大猷　經1-667　集2-
　　　8064～5　叢2-855
　　應友陶　史3-23188
　　應在止　經2-13002～4
　　　子3-15108　叢1-114
　　　(2)
　　應喜臣　史1-1946、1953、
　　　1965～9、1982、3327～9
　　應雄圖　子1-3402
41 應橶　史6-45129、45774
44 應萬選　史3-20609
　　應其南　子2-7832、10392
47 應朝光　史3-20464,4-
　　　24976
50 應泰泉　子5-25955～7
　　應泰華　史3-22340
51 應振緒　史3-19869
52 應攝謙　經1-6265、6421、
　　　7714　子1-1376,5-
　　　25843　集3-13846～7
　　　叢1-223(15),2-677

60 應昇　史7-49318(6)、
　　　52497
　　應是　經2-8449　集3-
　　　15792
63 應貽哲　史3-23125
64 應時　集6-41875
　　應時良　史4-27756～8,
　　　6-44582　叢1-373(10)
66 應曙霞　史3-19389,7-
　　　57593　子1-2827　集
　　　4-26879～80
67 應鳴雷　史5-40882
77 應學賀　史5-40878
　　應丹詔　史8-58192
99 應瑩　集5-34541

0023₂ 康

00 康亮鈞　史2-9540、11887
　　　～8
　　康應乾　史6-41519～20
　　康應辰　子2-5235
　　康廣仁　集5-40439,6-
　　　41766
　　康賷　史8-60808
　　康文河　史6-44157
03 康詠　史3-16555　集5-
　　　40078
09 康麟　集6-43307
10 康五瑞　經1-7778　集
　　　3-17577
　　康丕揚　史6-45613
　　康丕揚　集2-8652、8955、
　　　9004,6-42036～7
　　康丕顯　史8-62065
　　康元和　史5-34617
　　康元黎　史5-34617
12 康弘祥　史8-62704
　　康發達　子7-36228(5)、
　　　36229、36249～50、36258、
　　　37065
　　康發祥　史1-447　集4-
　　　28425～7,6-46098～9
　　　叢2-1733
　　康孔高　史8-59938
13 康武琴　史5-34619
　　康強　子2-8301
14 康功　史7-55320
17 康孟(釋)　子6-32081

0025₂ 摩

40 摩嘉立　子7-37671
61 摩呬利制吒尊者　子6-
32081(39)、32082(19)、
32083(26)、32085(38)、
32086(45)、32088(28)、
32089(35)、32090(59)、
32091(57)、32092(39)
摩呬里制吒尊者　子6-
32084(22)、32093(31)

0025₆ 庫

17 庫司孟　子7-37747
44 庫勒納　經1-2830、7731,
2-10632　叢1-223(6、
11)、227(2、3)
48 庫增銀　史7-55723
80 庫全英　子7-35707
88 庫籍整理處　史1-1985

0025₉ 摩

22 摩利森　子7-35173

0026₁ 磨

83 磨鐵閑人　子3-17294

0026₇ 唐

00 唐彥謙　集1-1754～5,6-
41878　叢1-585
唐方正　史4-32535
唐方台　史4-32535
唐方幹　集6-41872
唐方旦　史4-32534
唐應昌　集3-20566
唐應焜　經1-4409

唐庚　史1-5278、5872～3
子4-18979、19003,5-
26218　集1-2962～73,
4-30512,6-41779～80、
41794、41900～1、41908、
45485、45490、45626　叢
1-4～5、9、22(13、15)、23
(13、15)、34、38、86、114
(5)、115、195(1、4)、223
(29、53)、241、242(3)、
246、282(2)、283(2),2-
637(3)、730(6)、731(46、
64)
唐慶雲　集4-28039
唐賡　史3-22380
唐麻果　經2-13640、
15137
唐文獻　經1-3766～7
集2-10380～3
唐文繡　史4-32510
唐文絢　史8-60761
唐文治　經1-169、429、
486、4899、7362,2-8396
史2-10615,3-18666,6-
49159、49196,7-57054
集5-37017、40137～8、
40889,6-43168　叢2-
2114
唐文瀾　集4-24360
唐文裕　史4-32539
唐文藻　史8-60988
唐文華　史8-59073
唐文口　史4-32501
唐文鳳　集2-6447,6-
45041　叢1-223(64)
唐文鍾　史4-32516
唐文燦　集2-9927
唐交　史7-55212、55507
唐玄度　經1-1、33,2-
12973～5、15127　叢1-
223(15)、227(4)、238～9、
331、341、362、515,2-731
(22)
01 唐龍　史2-8892,6-48220
集2-7732～5,6-45336、
45340　叢2-731(41)、
859
02 唐訓方　經2-14877　史
1-4111,6-48912　集
4-31685
03 唐詠裳　經1-5169,2-
13394、15071　史7-
54211、57120　集5-

40433　叢2-2091
04 唐謨　集4-30601
唐詩　集2-9397,6-41935
(4)
唐誥　史7-58054
05 唐靖　史7-50325　集3-
17383
07 唐毅齋　子3-18430　叢
1-476
唐詢　子4-18685　集6-
41894(1)　叢1-456(6)、
465,2-731(6)
唐詔　子3-16863、17298
08 唐效純　經1-3721
09 唐麟　集3-19310
唐麟翔　史8-61845
10 唐一麟　經1-1167
唐一飛　集3-18385
唐三復　經1-1990
唐正麟　史4-32497
唐正邦　史8-63251
唐玉書　史3-20574　子
2-4768、10510
唐元　史8-61282　集1-
5069～70,6-41784、
45041　叢1-223(60)
唐元斌　史3-22902
唐元竑　經1-868～9　子
6-32091(65)　集1-
1036　叢1-223(48)
唐元素　經1-4410
唐爾熾　集5-40763
唐震鈞　叢2-628、671
唐于昭　叢1-269(6),2-
731(44)
唐天溥　子4-24470
唐天泰　史7-50063
唐天年　子3-14154
唐再豐　子3-18523～5
唐可久　集4-29207
唐雲龍　子2-8693
唐雲和　史4-32498
唐雲松　史4-32551
11 唐甄　子4-21078～9
唐張友　史8-61907
12 唐弘教　子5-25797
唐發培　史4-32575
唐延樞　史6-45077
唐延詔　集4-29600
唐延伯　史7-58049
唐延綸　集4-31364

唐家齊　史2-10671

唐家祿　子2-7827、9710

唐家梗　史3-17811

唐家泰　史3-20452

唐永杰　子2-5082

唐永蕃　史4-32536

唐永辰　集5-41687

唐之麟　史3-23590

唐之儒　史8-60678

唐之傳　史4-32525

唐之淳　史7-50428　集
　2-6321～3,6-46223
　叢1-223(63)

唐之鳳　集3-15964

唐之屏　史7-50068

唐守誠　史2-13329　集
　4-28835

唐守璞　子2-8911

唐守欽　子1-4118

唐宇霖　史7-57458

唐宇昭　史1-1946,6185
　叢1-411

唐安維　史4-32583

唐宏　集3-18935

唐容川　子2-4659～60

唐寅　子3-14691,15692、
　15845,15908～11,16125、
　16358,16388,16490　集
　2-7428～40,6-41935
　(2),45336,7-50594　叢
　1-203(17),311,347、
　435,2-731(35)、994、
　1070

唐寅亮　史3-20260

唐寶淦　史7-56498～9

唐寶善　子2-9993

唐宗郭　史2-10688

唐宗元　史8-60776

唐宗仁　史3-23597

唐宗源　史7-56121

唐宗海　史3-16279　子
　2-4661～3、4711、4730、
　4741,4750,4767,5306～
　8,5378,5677,6392,6599、
　6628～9,6780,7012、
　7287,7366　集5-37540

唐宗堯　史8-60878

唐宗愈　史2-10688　子
　7-37297

31 唐沅　叢2-2019

　唐福履　集5-40715～6

32 唐兆壬　史3-20624

唐沂　子4-24133

33 唐心鑑　集5-37318

　唐必桂　史4-32524,7-
　51953　集5-37437～8

　唐治　集4-31208～9

　唐戴丞　史6-45113　子
　7-36814

34 唐汝諤　經1-3796～7,2-
　8737,8995,9391,9885、
　10395　集6-42310

　唐汝詢　子5-26372　集
　2-11694,6-43344,43372
　～6　叢1-300

　唐汝翼　史4-32504　集
　4-28101

　唐汝華　史4-32489

　唐汝楫　集2-9052

　唐浩鎮　史3-19014

　唐遠勳　史4-32552

35 唐迪璟　史4-32584

　唐迪風　經2-10110

36 唐溫齋　子3-18430

　唐祝　經1-1476

37 唐瀠　子3-18094

　唐潮　史3-15255,19714

　唐鴻藻　史3-18243

　唐鴻學　史1-3117,2-
　6466,12298,6-49215～6
　叢2-656～7,738

　唐祖儒　史4-32559

　唐祖价　史2-11791　集
　4-29681

　唐祖澍　史3-17613

　唐祖澤　經2-14402　子
　5-26149

　唐祖培　史8-60309

　唐祖樾　集4-22877

　唐祖命　叢2-640、910

　唐運溥　子3-18422　叢
　2-1012

　唐咨伯　史4-32515,8-
　62782

38 唐淦　子3-18094

　唐澂　集4-29206

　唐海雲　史8-63142

　唐海鵬　叢1-101

　唐道　集3-21566

　唐道濟　史4-32582

　唐道宗　子1-1771

　唐肇　集7-46405,46881

　唐肇瑾　史4-32502

唐啓蔭　史3-15503

40 唐九經　史2-8058　子
　1-965　集2-12025

　唐九峒　集4-30946

　唐大章　史1-4908

　唐大烈　子2-10587

　唐大經　集5-36602

　唐大沛　史1-2064

　唐大年　史3-20939

　唐友梅　子1-3390

　唐士恥　集1-4062～3
　叢1-223(57),2-860

　唐士雅　經2-10420

　唐士恂　史3-15266

　唐士榮　史3-21907

　唐埒　集4-29009

　唐培發　史4-32562

　唐培英　集4-25861

　唐才質　史2-12428

　唐才常　子4-21075～6,
　7-36252　集5-40431～
　2　叢2-622

　唐堯官　集6-42159　叢
　2-886(4)

　唐有烈　史2-10840

　唐有焜　史2-10840

　唐存賢　史4-32587

　唐志韓　史3-19734

　唐志契　子3-15926　叢
　1-223(37),2-809

　唐志歐　史3-19703

　唐李杜　集4-29734～7

　唐古特　史8-60508～9

　唐右楨　史3-21769

　唐吉春　史4-32510

　唐吉光　史4-32573

　唐壽萼　集4-28837

　唐棂　史3-22588

　唐校中　史8-62072

41 唐垣九　史7-51791　叢
　2-832(1)

　唐樞　經1-678,4961,7576
　史1-5424～5,2-7194～
　5,6-45490,45575、
　45808,7-53075,57245
　子1-583,1051～67、
　3799,4-20623　集2-
　8438～41　叢1-22
　(21),61～4,84(3),109、
　111(4),2-730(4,10)、
　731(61),1093

　唐柯立　史8-59375

唐楷德　子3-13827
唐楨　集6-44840
42 唐圻　經2-8879、9160
唐壏　經2-14799　集7-48054
43 唐求　集1-1783,6-41741、41872、41878~80、41882
唐載生　史8-61272
44 唐夢齡　集5-34207,6-42007(2)
唐夢賚　史6-43511,8-58968、59153　子4-21089　集3-14782~6,7-46397~400、46427、46880　叢1-203(8、16)
唐芳第　集3-14537
唐薦馨　集4-27157
唐蘭　史8-65173
唐蘭孟　子7-36734
唐蘭巖　集4-22407
唐蒙　史4-32577　子4-19759　叢2-774(10)
唐茂盛　史4-32503
唐恭安　集5-37036
唐懋功　集5-34628　叢2-1012
唐懋德　史8-63084
唐懋淳　史8-60532
唐懋晫　史4-32549
唐萬齡　子1-3272
唐華　集2-12879、13007,3-15266
唐勒　史7-49308、49411
唐英　史2-9506　子5-25378~9　集3-18327~31,6-44815,7-49390~1
唐英典　經2-13017
唐若瀛　史7-57448　叢1-373(7)
唐世延　子4-24040　叢1-96
唐世徵　史8-58725　集1-87,3-15267
唐世濟　集7-46819
唐世涵　史8-58395
唐世祿　史7-55085
唐世大　經1-2310
唐世友　子3-13453
唐世槐　子2-7827
唐世起　史8-60573

唐芸洲　子5-28752~3
唐蕢　史4-32529
唐其萊　史4-32521
唐樹森　集5-34100　叢2-994
唐樹義　史2-12725~6　集4-29301　叢2-885
唐桂　史1-5645~7
唐桂芳　集2-6105,6-45041　叢1-223(62)
唐桂林　史3-23562　子7-33301
唐模　史2-7600、9461,3-22503　集5-35110~2
45 唐執玉　史7-55015　集2-8846,6-45436　叢1-223(24)
唐椿　子2-4831
唐椿森　史3-15914
唐棟　集3-20844
46 唐覲　子4-23919~20　叢1-22(23)、31、97,2-617(3)、799~801
唐覲揚　史4-32508
唐恕齋　子2-5853
唐如驤　史4-32490
唐韞貞　集7-47824
唐槐　集4-31049
47 唐堣　集4-26995
唐鶴徵　經1-737~8　史2-7208、7821,7-56870、56873　子1-1146~7　集2-10032,6-43940~1　叢2-910
唐聲傳　集3-18212
唐朝繩　史8-61433
唐馨烈　史4-32554
唐起鳳　集3-21186
唐超　史4-32588
48 唐翰題　史8-65806　集4-32918　叢2-796
唐敬一　史7-55169
唐松森　史8-62943
唐梅彪　子2-5894,5-29530(18)　叢1-180、335,2-731(29)
50 唐中廓　集6-44709
唐泰　史3-18319　集2-6449,6-44786
唐蕭　集2-6144~7,6-41935(3)
唐胄　史8-61442　集2-

7477　叢2-884
唐本心　史8-61302、61304
唐本洪　史8-62276
唐忠行　史3-19255
唐書年　史3-16357
唐素蕙　集2-12880、13007
唐東亮　史4-32543
51 唐振書　史3-23293
53 唐盛虞　史4-32517
唐威原　子2-8817
唐成之　經2-13546
57 唐抑所　集6-45406
唐邦治　史1-5651
唐繫祥　子2-10428
60 唐□　叢1-368
唐昱德　史3-18368
唐國珍　集5-39010
唐國海　史4-32486
唐國旺　史4-32526
唐見　子2-4993
唐晟　史8-59781
唐恩齡　史4-32589
唐晏　史1-2391、4299,2-6679、7659、7716,7-49357、49848、49869、51694　集5-39069　叢2-628、671
唐因亮　叢1-223(48)
唐昌胤　子2-9319
唐昌世　史1-3001　叢1-272(5)
唐昌辰　集4-28836
唐固　史1-2110~1　叢2-772(5)、773(4)、774(5、11)
唐員　集4-30732
唐炅緒　史8-61370
唐景高　史3-18037
唐景雲　史2-10176
唐景崇　史6-42428
唐景崧　史2-13056,3-15632,8-63458　子3-18421　集5-34628、36863~4　叢2-1012
唐景皋　史4-32530
唐景森　集5-38180
唐景星　集4-24361~2、32286　叢2-813
唐景侖　史3-16767
61 唐晅　叢1-56

62 唐昕　集6-42981
63 唐暄　史7-57829
64 唐時　子7-34498
　唐時升　史7-49582　集2-10477~8,6-44428
　唐時熙　史7-56632
65 唐嘯登　集6-44597
67 唐曜　經1-7093
　唐叨遂　史4-32550
　唐鳴鑣　集3-15733
　唐暉　子1-2024
　唐昭澧　史4-32561
　唐昭起　史4-32566
　唐昭煊　史4-32564
　唐煦春　史7-51823、57502
71 唐階　史3-22737
　唐臣　史7-55049
　唐頤壽　史2-10987
72 唐氏南　史6-42130
　唐岳　集5-34797,6-42068
74 唐驛路　史3-16052
75 唐體仁　史4-32505
77 唐堅　史2-12275
　唐風　史2-11763　集5-37478~9
　唐風儉　史4-32580
　唐風注　史2-13318
　唐鳳德　史8-60716
　唐鳳翔　史8-59741
　唐隆奇　史4-32548
　唐同毅　史4-32488
　唐周　子5-25630
　唐殿選　史4-32532
　唐際虞　史4-32526,8-60780　集5-36023
　唐學謙　經1-1942
　唐學琦　史4-32512~3
　唐學珊　史4-32542
　唐學上　史4-32537
　唐學仁　史8-58184
　唐學嶺　史4-32527
　唐學潮　集6-44213
　唐開韶　史7-51475
　唐開先　史8-60931
　唐開陶　史7-56564,8-59118
　唐開榮　史4-32500
　唐卿　集2-10446
　唐卿佺　史4-32567

唐與崑　史6-44456,8-64869~70
唐賢譽　史4-32546
唐鬻　子2-4771(3)、7731~2
78 唐臨　子5-27516~7　叢1-22(13)、23(12)、2-674
80 唐人桀　子7-38169
　唐人鑑　史3-19792
　唐金華　集4-30457
　唐毓麟　史3-19003
　唐毓和　史3-22772,7-56558
　唐毓厚　子2-6956
　唐毓彤　史8-61947
　唐義錫　經2-10312
　唐曾鑣　史3-23354
　唐養雲　史4-32514
82 唐鍾　集3-20984
　唐鍾琦　史4-32496
86 唐錦　史7-55533、56375　子4-20421~2　集2-7649　叢1-22(23)、278,2-731(43)
　唐錦蕙　集5-38726
　唐錫元　史5-38992
　唐錫晉　史4-32506　子1-2316　集5-37712
　唐錫瑞　史4-32487,7-56398
88 唐銓　集5-38328
　唐鑑　經1-5460,6359　史2-7578~80,6-46735,8-59424　子1-1894　集4-26793　叢2-698(7,12)
　唐籛　集5-36163
90 唐光雲　史8-58856
　唐光禕　史8-63434
　唐光藻　史4-32533
　唐光照　子3-16416
　唐光夔　經2-8703、8961、9360、9856、10289　子1-2724
　唐尚友　史4-32585
91 唐烜　史8-59351
　唐炳　史4-32492
　唐焯　集4-33437
94 唐慎微　子2-4743、5519~22　叢1-223(33),2-635(4)
95 唐情美　史4-32520

96 唐煇　史7-58050
97 唐惲宸　史1-5162　集3-17759,6-44540
　唐炯　史1-4035,2-10198、12231、12274~5、12928,6-43914~6、47353,8-62331　集5-35023~5
　唐煥　經1-2943　集4-22050
　唐煥章　經1-1544
98 唐燗思　史4-32569
99 唐瑩　集4-32390
　唐變垚　史3-20807
　唐榮朝　史4-32572
　唐榮邦　史8-60555

0028₆　廣

07 廣詢(釋)　集2-10168
10 廣玉　史2-9604　子3-17423,4-18758、18761　集4-23259
　廣百宋齋主人　子5-25963
　廣西財政清理局　史6-43352
　廣西省政府民政廳　史8-61227
17 廣承(釋)　子7-33356、33360、33531、33618
20 廣信(釋)　集4-25021
24 廣德(釋)　子7-34342
25 廣伸(釋)　子7-33620、33777
26 廣和(釋)　子6-32091(82),7-33458
27 廣仍(釋)　子6-32091(77)
　廣島秀太郎　子7-37944
30 廣賓(釋)　史7-51601、52311~2　叢1-373(3),2-832(7)
31 廣福　史6-48079
　廣福(釋)　集3-21126
38 廣裕　史8-62448
40 廣大生　子1-4374、4466
　廣真(釋)　子6-32091(76),7-34628~9
44 廣芝館　子2-9895
　廣莫(釋)　子7-33118

46 廣如(釋)　史2-8604
50 廣惠　史3-17584
　廣貴(釋)　子7-34425、
　　34583
　廣東文史研究館　集4-
　　28583
　廣東將弁學堂　子5-27952
　廣東叢書編印委員會　叢
　　2-883
　廣東清理財政局　史6-
　　43351
　廣東青年　子7-36479
　廣東月西老人　子5-
　　29590、31481
　廣東全省商務總局　史
　　6-43996
　廣東錢局　史6-44500
　廣東糧驛道　史7-50862
53 廣雋　史3-15252
58 廣敷　集4-30944
67 廣明(釋)　子7-34325~7
　廣野居士　子4-24615
　　叢1-496(5)
　廣照　史3-15706
70 廣雅書局　史1-1773
77 廣學會　史8-66414
　廣印(釋)　子6-32091
　　(72)、7-34097
　廣興　史6-42303
80 廣益(釋)　子6-32091
　　(69)、7-33580、33630
　廣益書局　子1-1984、7-
　　36412
　廣鎬(釋)　子7-33531
　廣慈(釋)　集2-10118
　廣義(釋)　子7-34872
　廣倉學窘　經2-13543
86 廣智編輯部　史6-45013
　廣智書局編輯部　史7-
　　54451~2
　廣智館星期報社　集5-
　　39596
87 廣鈞　史3-17363

廥

00 廥音布　史8-60195

0029₄ 麋

20 麋信　經1-7347~50　叢
　　2-592、765~6、772(2)、
　　773(2)、774(5)
22 麋崧甫　子2-9573
30 麋宣哲　史5-40886
　麋良哲　史6-45179
40 麋奇瑜　史6-43143
44 麋世俊　子2-10067

麖

77 麖月樓主　史2-7690~1、
　　7693~4　叢1-587(6)、
　　2-617(5)、721

麻

00 麻衣道者　子3-12894、
　　14045~6　叢1-448
　麻衣道人　子3-14193
10 麻三衡　經1-4863　子
　　4-18808　集6-42311~
　　3　叢1-203(16)、336~
　　7、349、448、456(6)、457、2
　　-731(31)
11 麻麗五　史7-56077
12 麻廷瓛　史7-55033
32 麻兆慶　史6-42041、7-
　　54962~3
34 麻達　叢2-775(2)
44 麻革　集1-4710
48 麻敬業　史5-34615　集
　　4-25515
60 麻杲　經2-11191　叢2-
　　775(3)
88 麻笛　子7-35658

0033₀ 亦

00 亦諧　集4-23077

20 亦禾　叢2-619
30 亦安樂窩主人　子4-
　　24507

0033₁ 忘

10 忘憂草堂　子5-27346

0033₆ 意

11 意琴氏　史2-12887~9

0040₀ 文

00 文彥博　集1-1998~
　　2001、6-41747、41894
　　(1)、41895、41904　叢1-
　　223(51)、2-821
　文應熊　經1-6396　叢
　　1-332
　文康　史8-61548~9　子
　　5-28506~11　集4-
　　29938　叢1-496(7)
　文廉　史8-62789
　文慶　史1-1718、3-
　　15193、6-42834、44900、
　　47940
　文章　史8-60841
01 文龍　集5-41188
05 文靖之　史4-25704
07 文部文書課　子7-36555
　文部省　子7-36556~7
08 文謙　集4-31339
09 文讜　集1-1306
10 文元音　史8-60300
　文元發　子4-20602　集
　　2-8953、6-44954
　文元星　集3-20749
　文爾炘　史8-61969
　文震亨　史1-1979、3301
　　子4-23711　集2-
　　11709　叢1-22(25)、
　　173、223(42)、233、309、
　　456(6)、457、496(5)、2-
　　617(2)、624(3)、731(31)、

文才(釋)　子6-32089
(51)、32090(66)、32091
(64)、32092(43)、32093
(50)、7-33811~2
文堯臣　史4-25677
文南　子2-4949
文南剛　史4-25709
文有煥　集1-4454
文嘉　史1-1933、1982
　　子3-14749　集2-
　　7455、8553~4,6-44954
　　叢1-223(65)、244(4),2-
　　731(34)
文壽華　集4-28620
文森　集2-7246,6-44954
42 文彭　子3-16789、16882~
　　4　集2-8468~70,6-
　　44954,7-48760　叢1-
　　195(6),2-731(32)
44 文藻翔　經1-6449
文苑堂主人　子4-18606
文蔚　史3-17651　集6-
　　43451
文蔚起　史7-52116
文萬本　史4-25694
文世勳　史3-21705
文其煥　史4-25701
文植　史3-21997
文林　史1-1914、1933
　　子4-20342~3,5-26219
　　集2-7110~1,6-44954
　　叢1-22(23)、29(7)、39、
　　50~3、55、58、84(4)、88~
　　9、95、155、164~5、195
　　(5),2-617(3)、624(2)、
　　730(3、11)、731(53)
46 文加繡　史4-25693
47 文都　史3-17023
文起　史3-15346　子2-
　　8856
文超靈　史8-61028
48 文教治　子7-35102
文幹　集4-25152~3
50 文惠　子7-36621
文惠才　史4-25698
文貴　史3-17372
文素松　史8-63795、65240
52 文靜玉　集4-26468
53 文彧(釋)　集6-45491、
　　45495
文盛(釋)　子7-34415
文盛堂　史6-44916

文成燦　集6-42006
54 文軌(釋)　子7-33634
55 文耕心　史4-25679
57 文輅　史3-15469,7-
　　54099~100　集5-
　　33814~8,7-48352
59 文揆　集3-15985
60 文□　史1-3550
文星瑞　集5-34415~20,
　　6-42007(1)　叢1-529
文星昭　集5-36748,6-
　　42007(3)
文晁　史2-7024
文國繡　史8-58191
文國幹　集3-21021
文晟　史6-46327,8-
　　60947　子2-4660~3、
　　4671、5657、7148、7760、
　　8084、8209、8505、8921、
　　9701~2　集4-30066,
　　6-42007(1)
文晟增　子2-4671
文昌帝君　子5-30445
文果　史7-49317(8)、
　　51040
文景韓　史4-25688
61 文顯謨　史8-61775
64 文時策　集1-4448
65 文嘯山　史4-25674
文映發　史4-25707
文映朝　經1-1000
66 文曙　史8-61883
67 文明　史3-21251
文明書局　史1-3569　子
　　3-15734~5,7-37815、
　　38147　集6-45195　叢
　　2-736
文明書局編輯所　史6-
　　41741
文昭　史1-1346　集3-
　　18237,6-42331、43402
文嗣　經1-1992
70 文璧　史6-47036~7　子
　　7-35683　集2-8567
71 文原吉　史2-6496
文長卿　史8-61719
72 文氏　史4-25703
文質　集1-5311
73 文駿　史8-60493
77 文同　子3-17510　集1-
　　2199~207,6-41779~
　　80、41900~1、41908、

43567,7-46358　叢1-
　　223(51)、227(9)、585,2-
　　635(8)
文學建　史3-21789
文興　史3-16915
80 文夔　集4-32418
文含　史4-25672　集3-
　　18569　叢2-705
文谷　叢1-22(5)、23(5)
81 文矩　集1-5103
86 文錦　史3-17651
文錦華　史3-21080
87 文翔鳳　史6-47095~6
　　子1-1270~1,3-12982
　　~5、18199,4-20924　集
　　2-11488~95,6-42076
　　叢1-22(22、27)、29(8)
88 文筦　集4-28465
文鎰　史7-56208
文筆超　史8-62068
文敏　集4-31175
文餘慶　子1-1316
90 文惟簡　史1-2585　叢
　　1-17、19(4)、20(2)、21
　　(3)、22(9)、24(5)、29(6)
文光　史3-20720,7-
　　55611
文光錦　史4-25683
91 文炳　史4-25705,8-
　　58723
文炳勳　史7-56047
92 文愷　史7-54196
96 文煜　史6-47001、47987~
　　8　集5-33951
97 文煥　集5-39603~4　叢
　　1-321
文燦　史2-9071
98 文悅(釋)　子7-34183
文悌　史2-10717,6-
　　48071、49157
文爔　集4-28973~4
99 文瑩(釋)　子4-22887~
　　93　集6-45551~2　叢
　　1-16~7、19(4、6)、20(2、
　　4)、21(3)、22(7)、23(7)、
　　24(5、6)、29(5)、166、169
　　(4)、195(4、5)、196、223
　　(44、45)、244(2)、268(4)、
　　273(5)、274(5)、374,2-
　　616、624(2)、658、731
　　(46)、735(2)

0040₁ 辛

00 辛竟可　史8-58458
　辛應乾　史6-43423
　辛廣瑞　史7-56180
　辛文房　史2-7014～6
　　叢1-223(22)、272(3)、
　　448、456(7)、2-662、778
　辛文彬　史4-28655　集
　　4-23274
　辛棄疾　史1-1917、1919、
　　1982、2513～31、2533　子
　　1-3771　集1-3745～7、
　　7-46352、46357、46380、
　　46396、46427、46605～12
　　叢1-195(2)、223(73)、
　　288、383、580、2-698(10、
　　13)、720(2)、731(66)、735
　　(4)
10 辛爾藻　經1-1956
　辛天成　史7-56364
　辛晉忠　集5-40696
12 辛廷杰　史4-28661
　辛廷芝　史5-40277
　辛廷鑰　子2-6248
17 辛丑年　集2-9051　叢
　　2-644
　辛聚　史4-28656
21 辛師雲　集4-29475
24 辛德騫　集4-29367
25 辛生氏　子2-9846
27 辛紹佐　史8-58194
　辛紹業　經1-2206、5170、
　　5219、6543　集1-136、
　　4-23832　叢2-731(3、
　　9、18)、869、1586
28 辛從益　子4-19605　集
　　4-24349～50　叢2-869
30 辛宜岷　集3-19140、
　　20872
34 辛渤　史4-28659
　辛漢清　集5-36676
　辛漢臣　子5-29530(4)、
　　29535(3)、29536(3)、
　　30548
　辛汝勱　史4-28654
　辛汝瑩　史4-28658
38 辛啓泰　集1-3745～6、7-
　　46609

41 辛垣氏　子1-4180
44 辛樹仁　史4-28662
　辛桂雲　史2-9639　集
　　4-24349
50 辛本梅　史3-15384
　辛本檢　史3-21233
60 辛□　史7-51129、51131～
　　4　叢1-525、2-628、
　　763、779
　辛景舒　史4-28663
65 辛映岳　史4-28653
71 辛辰雲　史8-58874
74 辛陞　集2-12318
77 辛居乾　史8-63009
　辛際周　史8-58469
　辛卿　史2-12890
80 辛全　經2-8751、9020、
　　9421、9909、10543～4　子
　　1-1276～8、1969　集2-
　　11956～8　叢1-574
　　(5)、2-821、1212
91 辛炳喬　集4-24982
　辛炳晟　史4-28657

0040₆ 章

00 章亨　史5-34528
　章庭械　史7-51615　叢
　　2-832(2)
　章慶　子5-25866　叢1-
　　412
　章慶培　史3-19747
　章慶堂　史5-34587
　章廣朝　史5-34552
　章文熊　史5-34534～5
　章文斗　史7-56761
　章文華　史8-59389
　章奕　子2-9840
　章玄應　史2-11425　叢
　　2-867
　章袞　集2-8288～9、6-
　　44818
　章六峯　集4-30609　叢
　　1-401
　章京　史5-34601
03 章詒燕　史1-83　叢2-
　　803
06 章韻清　集5-37487
07 章詔　史3-19953　集6-

45164
08 章敦彝　經2-12524
　章謙存　經1-3349、4537、
　　7940、2-11633　史6-
　　44613～4　集4-25864、
　　6-46316　叢2-1645
10 章一陽　經2-10553　史
　　5-34574
　章正宸　史2-9158　叢
　　2-848
　章正桂　史5-34570
　章正甲　史3-22853
　章五美　史5-34563
　章元燦　史5-34541
　章震福　經1-5197、2-
　　12959、13489、14802　史
　　6-46266　子1-4184、
　　4341　叢2-2011
　章平　經1-5336
　章天垣　史2-9531
　章天明　史7-51824
　章可久　史5-34532
　章雲漢　史3-23415
　章雲鷺　史1-1984、6-
　　47884
11 章琥　集6-44732
　章琢其　史5-34586
　章玕　史3-17222
　章斐然　史8-64143　子
　　5-25731
　章斐成　史5-34543
12 章型　史3-18219
　章瑞　史5-34593、34611
　　子1-1761
　章瑞麟　史3-19616
　章瑞鐘　史7-58133
　章弘　史8-59500～1
　章廷訓　史5-34588
　章廷珪　史7-55819
　章廷爵　史3-20282
　章廷黻　史3-16709、
　　20376
　章廷華　叢2-685、706
　章廷楓　史7-56820
　章廷泰　史5-34538
13 章琬　集1-5494、5505
　　叢1-223(62)、227(10)、
　　2-672
14 章珪　集2-7030
　章琦　集3-17798
　章琳　史5-34542

（2）、41895
38 章道鴻　史 3 - 15110
　　章道吉　史 3 - 22116
　　章道基　史 5 - 34591
　　章啓勳　子 5 - 25996～7
　　　集 4 - 30320
　　章啓槐　史 7 - 56126
　　章啓乾　史 5 - 34522
　　章啓昆　史 5 - 34529
40 章大誠　集 3 - 16567
　　章大士　集 3 - 15969
　　章大吉　經 1 - 6869
　　章大來　經 2 - 10601　子
　　　4 - 22385,5 - 26081　集
　　　3 - 17575,6 - 44671　叢
　　　1 - 416～7、426,2 - 731
　　　（41、54）
　　章太炎　子 7 - 34967
　　章士斐　史 6 - 41675
　　章士珠　集 5 - 38805
　　章士弼　集 4 - 27635
　　章士純　子 3 - 11333
　　章士荃　史 2 - 10430,3 -
　　　16429、18853
　　章士雅　史 7 - 57382
　　章士鳳　史 7 - 56531　叢
　　　1 - 223（24）
　　章圭瑑　史 3 - 16844、
　　　19252,7 - 56439　集 5 -
　　　41171
　　章克升　史 5 - 34569
　　章克昌　史 5 - 34609
　　章希賢　子 5 - 29530（24）、
　　　31979
　　章有謨　子 4 - 23499　叢
　　　1 - 496（3）
　　章志宗　集 2 - 6552,6 -
　　　41935（5）
　　章志堅　史 3 - 15868、
　　　18142
　　章嘉禎　集 2 - 10417
　　章嘉胡圖克圖（釋）　子 7 -
　　　32352
　　章嘉國師　子 7 - 35065
　　章嘉呼圖克圖　子 7 -
　　　32794
　　章吉光　史 3 - 19629
　　章壽康　叢 1 - 416
　　章壽彝　經 1 - 4499　子
　　　7 - 36231（3）、36250、
　　　37164
　　章壽彭　史 8 - 61017

　　章壽椿　史 3 - 19294
　　章樵　集 6 - 42182～3　叢
　　　1 - 223（68）、273（5）、274
　　　（5）、347,2 - 628、635
　　　（14）、731（37）
42 章姚寶　史 5 - 34568
43 章婉儀　集 5 - 36870
　　章樾　集 6 - 49151
44 章協端　史 5 - 34579
　　章藻　子 3 - 15713
　　章藻功　集 3 - 16912～4
　　章夢易　經 1 - 3863　史
　　　2 - 7903～4
　　章夢陽　史 2 - 7905
　　章蕚衡　史 3 - 20301
　　章薇　集 6 - 42493
　　章芝　經 1 - 1237　叢 2 -
　　　816
　　章芝仙　子 2 - 9098
　　章芝楣　子 3 - 18147
　　章懋　史 7 - 57585　子 1 -
　　　949～52　集 2 - 7057～
　　　62　叢 1 - 223（31、64）、
　　　269（4）、270（3）、272（3）,2
　　　- 731（12、41）、857、859、
　　　1048
　　章孝貞　集 4 - 29548,6 -
　　　41999
　　章孝標　集 1 - 1531,6 -
　　　41739、41741、41824、
　　　41858
　　章孝基　子 5 - 27086
　　章萬鈞　史 8 - 62760
　　章華　史 2 - 10439,3 -
　　　16706、17614,7 - 56251
　　　集 5 - 40921,7 - 46424、
　　　48396
　　章世元　子 4 - 21394
　　章世順　史 5 - 34605
　　章世豐　叢 2 - 832（2）
　　章世純　經 1 - 2154,2 -
　　　8746、9010、9404、9894、
　　　10464　史 6 - 42971　子
　　　1 - 1246～7,5 - 29773
　　　集 2 - 11372～6,6 - 44818
　　　～9、45336、45340　叢 1 -
　　　223（14）,2 - 870（2）、1214
　　章世溶　史 2 - 8513　叢
　　　2 - 943
　　章世法　史 7 - 51662　集
　　　3 - 17492～3
　　章世乾　子 5 - 29565、

　　31380
　　章世臣　經 1 - 1726～8
　　章世炮　史 5 - 34527
　　章樹福　史 7 - 56438　集
　　　7 - 48187～8
　　章桂慶　史 3 - 19947
　　章桂芬　史 3 - 22207
　　章蘊章　子 4 - 22702
　　章楠　子 2 - 4642、4750、
　　　5062、6606、6829、6840
45 章坤　集 4 - 25005
46 章觀光　史 3 - 20457
　　章如愚　經 1 - 3670、4815
　　　子 5 - 24846～51　叢 1 -
　　　114（4）、223（43）
　　章如錦　經 1 - 7622
47 章鋆　史 2 - 7966　子 1 -
　　　1786　集 4 - 33549～51
　　章鶴齡　集 4 - 30609、
　　　30826　叢 2 - 818
　　章朝栻　史 8 - 58176、58226
　　章馨山　史 5 - 34596
　　章起龍　史 7 - 57182
　　章起渭　子 7 - 36295
　　章起鴻　史 7 - 57663
　　章起鳳　史 5 - 34511
　　章楹　子 4 - 21243
　　章楶　史 2 - 10594、10862、
　　　3 - 16838,6 - 41681　子 4
　　　- 22038　集 5 - 39692～4
48 章敬修　史 3 - 23046
50 章接　史 2 - 8877～8　集
　　　2 - 7058～9、7062　叢 2 -
　　　859
　　章泰　史 8 - 62697
　　章青選　史 7 - 55799
　　章本烈　子 4 - 23242
　　章本熹　史 5 - 34526
　　章耒　經 1 - 7997　史 2 -
　　　9963、10371,3 - 22784,7 -
　　　56481～2　集 6 - 44425
51 章振藻　史 8 - 62384
　　章振萼　史 8 - 58640
　　章振蕚　史 7 - 57232
53 章盛邦　史 5 - 38034
　　章成義　史 3 - 18401
　　章甫　史 5 - 34510　集 1 -
　　　3395～6,4 - 24424　叢
　　　1 - 223（56）,2 - 870（4）
57 章拯　史 6 - 48206　集 2 -
　　　7532
　　章邦元　史 1 - 1156、5280

集 5 - 34576

章邦政　子 3 - 13926

章輅　史 2 - 9535、11884

58 章撫功　史 2 - 9358　子 5 - 26652

60 章曠　集 2 - 12622〜3,6 - 41943

章日照　集 3 - 18223,6 - 44475

章昱　史 7 - 57664

章國佐　史 7 - 57177

章國禄　史 8 - 61202

章國茂　史 5 - 34608

章國榮　史 5 - 34556

章見峯　史 6 - 49188

章昻　集 3 - 15540

章晟　集 4 - 22019

章景仁　史 3 - 20345

章景傑　史 3 - 20639

61 章晒　集 7 - 48493

63 章貽賢　史 5 - 34551

64 章時鶯　史 7 - 55243

66 章嚴　史 6 - 46518〜24　子 3 - 14629,4 - 18659

章嬰　子 1 - 3280〜1

67 章明賢　史 5 - 34602

章鳴鶴　子 4 - 21482

章嗣衡　史 7 - 55799

章嗣韓　經 2 - 14725〜6

章煦清　史 3 - 20642

71 章厚齋　子 3 - 17457

章巨膺　史 2 - 6695

72 章氏國學講習會　叢 2 - 2208

75 章陳昌　史 5 - 34583

77 章同　史 2 - 10439,7 - 55740

章陶　史 1 - 470,2 - 7699　集 4 - 23189〜90

章鵬飛　經 2 - 13509

章陝　經 1 - 2706

章履仁　史 2 - 13319、13405　子 5 - 26013

章履成　史 8 - 60031、62447

章際治　史 3 - 16728、18667

章學誠　史 1 - 1399〜400、5309〜17,2 - 7635,9231,7 - 55230,58056,8 - 60078〜80,60220,60380,65271

〜2　子 1 - 2974,4 - 22492〜7　集 4 - 22097〜112　叢 1 - 202(6)、203(12)、241、242(2)、367、456(2)、480、496(3)、520、523〜4、538、558、587(2),2 - 609、611、698(5)、709、731(3)、1525〜9

78 章鑒　史 5 - 34540

79 章騰龍　史 7 - 56981

80 章人鳳　史 1 - 1591

章金牧　集 3 - 14945〜7,6 - 45336、45340

章金瀧　史 8 - 63162

章金聲　史 5 - 34573

章金焕　史 8 - 58240

章鐘穎　史 5 - 34515

章鏡塵　史 1 - 5550

章鑣　史 8 - 60380

章義文　史 3 - 23425

章美　集 2 - 12927,6 - 41943

章美中　集 1 - 947,2 - 8987

章毓才　史 3 - 20523

章毓桂　史 8 - 61178

章曾印　史 7 - 57077

81 章鈺　史 1 - 1059〜60、2606,2 - 10484、10558、10892〜3、10896,3 - 16810、18852,6 - 44978,7 - 55215,8 - 65642、65841、65955〜6　集 5 - 34125、40143〜4　叢 1 - 409,2 - 603

82 章鍾　集 3 - 19555

章鍾亮　史 3 - 19101

章鍾祚　史 3 - 22560

84 章鑄　史 3 - 18645

86 章錫齡　史 5 - 34553

章錫瀛　史 3 - 19700

章錫奎　史 3 - 19256　集 5 - 40479〜80

章錫彭　史 5 - 34514

章錫光　集 5 - 41172

87 章鈞　史 3 - 18745

88 章銓　史 7 - 50355　集 4 - 22416〜20

章鑰　史 6 - 45498

章鑪　史 7 - 56400　子 2 - 5934

章簡　史 5 - 34547　集 4 -

28227

章籤　經 2 - 12625

90 章光庭　史 8 - 63276

章光銘　史 8 - 59193

章尙賢　史 5 - 34562

章焞　史 7 - 55115

91 章炳文　子 5 - 26927　叢 1 - 19(7)、20(4)、22(3)、23(3)、24(7)、249(3)、447,2 - 731(50)

章炳麟　經 1 - 3107〜9、7170〜6,2 - 9669、11383、12623〜5、12697、14813〜4、14898〜900、15107　史 1 - 3578,2 - 12440　子 2 - 10203,4 - 22085〜7,7 - 36517　集 5 - 40660〜75　叢 2 - 747〜8、2206〜8

章炳喬　集 1 - 1772

章炳森　史 3 - 20342

章炳蘭　集 4 - 27162〜4

92 章愷　集 3 - 20499

95 章性良　集 3 - 14899

97 章耀曾　史 5 - 34533、34536

章焕如　史 3 - 23131

98 章敞　集 2 - 6570〜1

99 章變　集 4 - 33649,6 - 43441〜2

章變理　史 3 - 16632

章榮　史 5 - 34523

0040₈ 交

37 交通部　子 7 - 37163

0041₄ 離

86 離知(釋)　子 7 - 34405〜7

0043₀ 奕

00 奕慶　史 6 - 47926

奕賡　史 1 - 1641、4495、

4824、4826,2 - 13387,6 -
42229　集 7 - 52202～13
叢 2 - 1900～1

02 奕訢　史 1 - 1900～1、1903
～6、1908～10、1989,6 -
42277、47979,8 - 65856
集 5 - 35663～7

03 奕詝(清文宗)　史 6 -
47699　集 5 - 35354～5

奕誴　史 6 - 46903　子 3 -
11476　集 5 - 35356

04 奕誌　集 5 - 34710～4

06 奕譞　史 1 - 4514,7 - 54061
集 5 - 36694～705　叢 2 -
2035

07 奕詢　經 2 - 13968　集 5 -
37927～8

08 奕詥　集 5 - 37256

13 奕琮　子 3 - 11483

22 奕山　史 6 - 47958

25 奕仲蕃　集 4 - 26281

28 奕繪　集 4 - 30214～5

31 奕福堃　史 3 - 17207

44 奕杕　史 6 - 46903

74 奕劻　史 6 - 41753、41761、
41763～72、41776～7、
41782、41788～91、41794、
41803～4、41806～7、
41812、42747～8、42752、
42754、42759、42776、42784、
43237、43416、44376、45210、
45212、45214～6、45219～20、
45222、45224～5、45227～8、
45230、45232～4、45237、
45246、45329～31、45351～2、
45941、45943、45954～60、
45968、45971、45988～9、
46000～1、46005、46009、
46020、46036、46040、46295、
48050　子 7 - 36638、36662

0044₁ 瓣

20 瓣香書屋　子 1 - 2257

辨

00 辨方　經 1 - 2311

辯

42 辯機(釋)　史 7 - 54236
子 6 - 32081(42)、32082
(20)、32083(27)、32084
(23)、32085(40)、32086
(46)、32088(29)、32089
(47)、32090(61)、32091
(59)、32092(41)、32093
(52)　叢 1 - 223(26)、273
(4)、274(3),2 - 635(3)

0060₁ 盲

38 盲道人　子 5 - 28777

言

00 言雍時　史 2 - 10917、
10921

08 言敦源　集 4 - 33194,5 -
37070、40648～9

言敦模　集 5 - 41055

24 言德望　叢 1 - 373(9)

30 言家駒　集 5 - 37021

言良鋆　集 5 - 36761

言良鈺　史 6 - 42241　集
6 - 44900

言寶書　史 3 - 20128

38 言啓方　史 7 - 52972　集
4 - 30580～2,6 - 42006

40 言友恂　集 4 - 32261

言南金　集 5 - 35710

言有章　史 3 - 22488　集
5 - 40122～3

44 言夢奎　史 4 - 28652

46 言如測　史 7 - 57079

言如泗　史 7 - 55902、
55908、55913、55929～30、
55972、55979　子 1 - 256
叢 1 - 373(2)

47 言聲均　集 4 - 30713

言朝標　集 4 - 23833

50 言忠貞　集 4 - 31743

言忠福　集 4 - 31185

言忠曾　集 4 - 28818

90 言尚熾　集 4 - 28632

言尚煒　史 7 - 57833

言尚焜　集 4 - 26034

言尚燵　集 4 - 27136

音

20 音乘(釋)　史 2 - 11567

24 音德訥　集 4 - 32748

音德和　史 6 - 47912　子
7 - 36224

音緯(釋)　子 7 - 34310～2
集 3 - 13768

76 音陽(釋)　子 6 - 32081
(13)、32083(10)、32085
(14)、32086(15)、32088
(10)

0062₇ 訪

30 訪安誥　子 1 - 2837

諦

46 諦觀(釋)　子 6 - 32088
(41)、32089(50)、32090
(63)、32091(61)、32092
(40)、32093(51)、7 -
33844、33846

77 諦閑(釋)　子 7 - 33766、
35006

0063₁ 譙

77 譙周　經 2 - 9252、11438～
40　史 1 - 6004～5　子
1 - 498～503　叢 1 - 22
(10)、23(9)、303～5、428、
2 - 617(2)、628、765～6、
773(2,4)、774(6,7,9)、
775(4)

0063₂ 讓

00 讓廉　史7-49324、49863

0068₂ 該

44 該勒低　子7-36362
50 該惠連　子7-37859
　　該惠連弗里愛　子7-
　　36231(6)

0071₇ 甕

20 甕秉忠　史7-57940

0073₂ 哀

64 哀時客　子7-36251

玄

00 玄庵山人　子2-6158
　　玄應(釋)　子6-32081
　　(42)、32082(20)、32083
　　(27)、32084(23)、32085
　　(39)、32086(46)、32088
　　(28)、32089(51)、32090
　　(65)、32091(63)、7-
　　34810～2　叢1-265
　　(2)、453、2-731(16)、750
10 玄元真人　子5-29530
　　(15)、29535(3)、29536
　　(3)、30006～7
21 玄虛子　子5-29530(22)、
　　29535(5)、29536(5)　集
　　1-4703
22 玄嶷(釋)　子6-32081
　　(42)、32082(21)、32083
　　(27)、32084(23)、32085
　　(40)、32086(47)、32088

(29)、32089(47)、32090
(61)、32091(59)、32092
(41)、32093(52)、7-
34939
　玄利(釋)　子7-34314
24 玄休(釋)　子7-34417
　玄奘(釋)　史7-54236
　　子5-29574、6-32078～
　　9、32081(1、2、3、5)、32082
　　(2、3、5、7)、32083(2、3、4、
　　5)、32084(1、3、5、6)、
　　32085(1、2、4、5)、32086
　　(1、2、3、5)、32087、32088
　　(1、2、3、4)、32089(2、3、5、
　　6)、32090(1、4、5、6)、
　　32091(1、2、3、4)、32092
　　(1、2、3、4)、32093(2、5、6、
　　7)、7-32101、32107～8、
　　32112～3、32116～7、
　　32122、32133～4、32142
　　32222、32228、32232、
　　32257、32309～11、32328
　　32350～1、32359～62、
　　32404、32466、32553、
　　32578、32664、32740、
　　32746～7、32750、32753～
　　7、32760～2、32768～70、
　　32773、32777～82、32796、
　　32810～3、32863、32899、
　　33066～7、33141、33237、
　　33269、33272～5、33279、
　　33581、33591、33622、
　　33631、33642、33684　叢
　　1-223(26)、273(4)、274
　　(3)、394、2-600、635(3)
37 玄逸(釋)　子6-32084
　　(26)、7-32119
40 玄真味然子　子2-9713
41 玄極(釋)　子6-32091
　　(65)
50 玄本(釋)　子7-34641
　　叢1-589
56 玄暢(釋)　子6-32081
　　(3)、32082(3)、32083(3)、
　　32084(9)、32085(4)、
　　32086(4)、32088(3)、
　　32089(3、12)、32090(4、
　　15)、32091(3、14)、32092
　　(3、10)、32093(45)、7-
　　32209
60 玄杲(釋)　子6-32091
　　(77)
77 玄覺(釋)　子6-32089
　　(50)、32090(64)、32091

(62)、32092(41)、32093
(51)、7-32102、33972、
33980～91、34053
　玄同　子4-24742
　玄同子(釋)　子3-14246
78 玄鑒(釋)　子7-33691
80 玄全子　子5-29530(24)、
　　31241～2
　玄谷帝君　子5-29549、
　　29681
94 玄燁(清聖祖)　經1-75、
　　485、2647、3529、3647、
　　3967、7761、2-8454、
　　14996～8、15000～1　史
　　1-1077、1109、1167、
　　1868、2-13316、6-47664、
　　7-51342　子1-1965、
　　2026、4136～8、4-22355
　　～6、7-34778　集3-
　　16796～801、6-41787、
　　42239、43410～2、44208、
　　44217、7-48543　叢1-
　　223(15、20、29、67)、227
　　(5、7、8)、358、379、534、2-
　　689、718

衷

11 衷冀保　史3-16794
21 衷貞吉　經1-6224、6351
25 衷仲孺　史7-52447
28 衷以壎　史8-61634
77 衷興鑑　史8-61635

褒

38 褒海山房主人　集6-
　　45473

0080₀ 六

10 六五山人　史2-7266
17 六承如　史1-1395、7-
　　49312、49700、49702～3、
　　49705　子4-21819　叢
　　1-456(3)

中國古籍總目著者索引

37 六祖森　史4-25671
40 六十七　史7-49317(2)、
49318(15)、49336、51243
～4、54301、8-63453　集
6-44801　叢1-202(6)、
203(12)、241、242(2)、373
(7)、2-731(56)、890
66 六嚴　史7-49312、49390～
1、49699～701　子3-
11705
80 六公會聯合聖歌委員會
子7-35727

0090₆ 京

11 京張鐵路局　史6-44228
21 京師編譯局　子7-36761
京師編書局　子7-37998
京師官書局　史6-42755
京師法政學堂　史6-
42450～1
京師大學堂　經2-11782
～3　史1-5818～20、6-
42425、7-49786～7
京師女學堂　史6-42455
京師藥行商會　子2-
10043
30 京房　經1-164、176、222～
6、2319、2321～2、2340～
4、2346～51　叢1-19
(1)、21(1)、22(1)、23(1)、
24(1)、47、71、74～7、169
(2)、183、223(36)、227
(7)、268(1)、330～1、493、
2-635(2)、765～6、772
(1)、773(1,4)、774(1)、
775(1,5)
34 京漢鐵路局　史6-44232
40 京南歸正寧靜子　子5-
27747
43 京城官話字母義塾　經
2-14483
46 京相璠　經1-6714～7
史7-49308　叢1-261、
2-761、765～6、772(2)、
773(1)、774(5)
47 京都帝國大學文學部　叢
2-732
京都績溪館　史7-49880
60 京口副都統衙門　史6-
47446～7

京里先生　子2-11140,5-
29530(9,16)、29556、
30836
京圖　子3-12894　叢1-
430
89 京鏜　史6-41612、41615
集7-46351～2、46356、
46390、46394、46602～3

0121₁ 龍

00 龍膺　子4-18978、19049
集2-10751～3
龍應中　史3-22024
龍應時　集3-20704
龍賡言　史8-58876～7
集5-39164
龍文彬　史6-41649,7-
55409　集5-33807～8
龍文蔚　史5-40283
龍文明　史8-59262
龍袞　史1-2416～20　叢
1-11～2、15～6、18、19
(2)、20(1)、21(2)、22(9)、
23(9)、24(2)、29(5)、223
(22)、2-870(2)
10 龍正　子1-3687　叢1-
268(3)、2-731(19)
龍璋　經1-4579、7260、
7264、7373、2-9212、
9226、9229、9232、9234、
9760、11954、12092、12745、
12750、12764、12781、12785、
12791、12796、12802、12805～
6、12808、12940～1、12943～
4、12951、12954、12957、
12960、12962、12964、12971、
13262、13281、13291、13333、
13336、13345、13352、13356、
13360、13363、13365、13599、
13604～7、13611、13615、
13617、13623～5、13629、
13648、13667、13669、13714、
13722、13724、14019、14568、
14583、14586、14588、14616、
14618、14624、14697、14701、
14704、14708、14710、14715～
6、14719、14721～2、14727～
41、15142　史5-40295
子1-4388　集5-38689
叢2-2136

龍元任　集4-28376
龍震　集3-17806～8
龍雲　史8-62337
龍雲從　子5-25287
12 龍廷霖　集4-27362
龍廷弼　經1-4440
龍廷梓　史5-40311
龍廷槐　集4-24217
17 龍玘　集6-44399
龍弼盛　史5-40298
龍承先　史5-40305
龍子章　子2-4770
龍子猶　叢1-22(27)、37
龍子甲　叢1-5467～8,7-
57934
龍翬驂　史5-40302
18 龍致澤　史3-22006
20 龍爲霖　經2-13859　集
3-18718～9
龍禹甸　經2-10980
龍維棟　史3-21956
21 龍仁夫　經1-569～70
叢1-223(3)、333～6,2-
731(9)、1927
22 龍嶺　集3-21922
龍山遮居士　子3-15505
龍山居士　集7-54711
龍繼棟　經2-11777　史
7-56689　集5-37465
24 龍先鈺　史8-61436
龍德　集5-34592
龍科寶　集1-982
27 龍御　經1-931
龍舟珠　集7-52787
龍舟松　集7-52785、
52796、52816、52833～4、
52837、52841～2
龍名昆　史5-40297
28 龍從雲　集1-5735～6,6-
41780
30 龍濟海　集5-34843
龍之章　子2-10745
龍之珠　史7-57935
龍憲章　史5-40296
龍官崇　叢2-725
龍宗樹　子2-7054
31 龍濬　史3-16917
龍顧山人　子4-22061
32 龍兆霖　史8-60372～3
龍澄波　經2-11009　史
8-61303

顏元 經2-8781、9054、9445、9934、10619 子1-786、1436～8、2529 集3-15557～8 叢1-215、2-731(13、16、20、45)、782(3)

顏元孫 經1-33,2-12965～7、15113、15120～1、15127、15129、15134 叢1-22(14)、23(14)、86、223(15)、299～300、330～1、353、515、2-730(7)、731(21)

顏丙 子6-32091(69)、7-34540～2、34944

顏爾樞 史8-60911

12 顏延之 經1-5442,2-9269、13362～5、14019、14618～9、15142 集1-470～9 叢1-183、500、2-774(4、6、8、11)、775(3)、950

顏延緒 史5-40959

顏廷榘 集1-968、2-9314～5

14 顏璹 史8-58342

17 顏豫春 史3-15927、5-40991

20 顏鯨 經1-7585～6

顏季亨 史1-2695 子1-3821 叢2-741

顏秉惰 史5-40989

21 顏虛心 史2-11350

顏師古 經1-33、3606、4528,2-12961～2、13303～6、13308、14723～5、15127、15141～2 史1-11～20、194～5、207～8、213、219、221、246、1914、2372,7-49311,8-65262 子5-26851 叢1-2～4、6、9～10、19(11)、20(8)、21(10)、22(18)、23(18)、24(11)、95、114(6)、115、169(2)、219、223(15、17)、227(5)、241、242(4)、268(2)、388、410、442～3、446、526、569、587(2)、2-601、630、636(2)、698(3)、730(2)、731(1、17、21、23)、732、829、950、1666

22 顏胤祚 史7-51454

顏鼎受 集7-52584

顏嵩年 史5-34846

顏崇禮 史5-40960

顏崇縠 集3-20449、6-45142

顏崇槼 史5-40969 子4-18824、21546 集4-22382

顏崇榘 史2-12615

顏樂清 集6-45142

23 顏允弼 史5-40973

顏俊彥 史6-47106 集2-12212

24 顏幼明 子3-12894、14036～8、5-29530(20) 叢1-223(36)、256、273(4)、275、377、422、424、430、469、567、586(3)、2-604、716(3)、731(15)

顏續 子1-2306 叢2-1640

26 顏伯珣 集3-15884～6、6-45141～2

顏伯燾 史5-40985、7-49363 集4-26409

30 顏永京 子7-36228(5)、36249～50、36743、37976

顏永湉 史5-40964

顏之推 經2-14017～9、15116、15137、15142 子1-52、61、4-19866～72、5-26849、26851～3 叢1-11～2、16、22(12、13)、23(12)、26～8、29(1、2)、71～2、74～7、107、111(2)、114(6)、115～6、154、173、175、182～3、218、223(39、45)、227(7)、244(3)、258、296、357、495、586(2)、2-617(4)、628、635(5)、663、698(8)、702、716(2)、731(19)、750、829、950

顏安樂 經1-7234 叢2-774(4)

顏宗儀 史3-19720 集5-34278

34 顏洪範 史7-56377

36 顏澤瓊 史5-40973

顏澤寰 子5-29590、31478

38 顏肇亮 集3-17237、6-45142

顏肇維 集3-17651

40 顏士璋 集5-35177

顏培文 史5-40986

顏培瑚 集4-32176,6-42007(3)

顏堯揆 史7-58042

顏克莊 史5-40971

顏希瑾 史8-60929

顏希源 史7-56718 集4-23015 叢1-371

顏希深 史6-46094～5、8-59400

顏壽芝 史8-58676

顏真卿 經2-13665 史2-8516 子3-15001、15039、15605～17、15845、5-26218 集1-853～62、6-41739、41798、41824、41869、43118 叢1-22(14)、23(14)、223(48)、230(4)、352、496(6)、2-635(7)、698(8)、731(39、62)、772(2)、773(2)、950～1

顏木 經1-6249、6351 史8-60190、60374 集2-8075～7

顏森玉 史3-22591

42 顏斯綜 史6-45524、7-49318(21、22)、54488

顏札定 經2-11758 叢1-584

顏札治麟 史2-10269

顏札氏 史2-10554

顏彬 史5-40987

44 顏協和 史5-40990

顏茂林 史5-40963

顏茂猷 經2-11503 子1-1248,4-20936、24148、5-25700、25770 叢1-151、2-1219

顏葆濂 集5-34407

顏芝馨 子2-4771(2)、6884

顏薰 集4-33026

顏懋功 經2-13921

顏懋僑 集3-19362～71、6-45141～2

顏懋價 集6-45142

顏懋价 集3-20288～95、6-45142

顏懋倫 集3-19606～11、6-45142

顏懋齡 集3-20482、6-45142

顔懋企　集3-19996,6-45142

顔世清　子4-22063　集5-37237

45 顔猷　史5-40981

48 顔松雲　史5-40972

顔松齡　史3-21788

顔檢　集4-24012

50 顔惠慶　子7-37336

51 顔振宜　史5-40980

60 顔星　史5-40992,8-60275

顔國琛　史5-40975

顔思端　集1-853

顔思正　集1-853

顔昌嶢　集5-40549～50

63 顔貽澤　史3-21928

65 顔畊塘　子2-5691

67 顔嗣徵　集5-38633

顔嗣徽　史8-61398、61426　集5-36116～9

顔嗣榮　子3-16714

顔照奎　集5-39175～7

72 顔馴　集5-37832

77 顔鳳林　史2-9471

顔學文　子3-13260

78 顔愻楚　經2-12958～9、15120～1,15129、15134、15140　叢1-22(14)、23(14)、173、299～300、330～1、353

80 顔鏞　史3-19012

顔公權　史7-56352

81 顔敍適　集4-30365,6-42007(3)

顔敍鋙　史5-40988

82 顔鍾迪　史2-10588

84 顔鑄　集3-18667

86 顔錫名　集1-151

87 顔鈞　史3-17446

顔欲章　子1-248　叢2-950

88 顔筱園　子2-7357～8

90 顔小來　集6-45142

顔懷寶　史5-40976

顔懷清　集5-38094

顔懷禮　集3-17812

顔懷輔　史5-40977

顔懷民　史5-40961

顔光祚　集6-44053

顔光斅　史2-12587　集

3-17087～8,6-45142　叢2-951

顔光猷　經1-1108,2-10620　集3-15813～4,6-45142　叢2-951

顔光敏　經2-13441　史2-12575～8　子1-2183　集3-15936～40,6-45141、45336　叢1-453,2-731(54)、951、1344

97 顔恤緯　集3-17811

98 顔悔生　經2-11758

顒

58 顒頗花農　集4-25151

0140₁ 聾

38 聾道人　史1-1937　叢1-203(14)

0161₄ 謔

44 謔菴居士　叢1-371

0161₆ 謳

17 謳歌變俗人　集7-53653

0162₀ 訶

22 訶梨跋摩（釋）　子6-32081(38)、32082(17)、32083(25)、32084(21)、32085(36)、32086(41)、32088(26)、32089(45)、32090(52)、32091(50)、32092(34)、32093(30)

0164₆ 譚

00 譚廉治　集4-30003

譚麐　史8-62682、62832　集6-44322

譚文在　子3-12572

譚文昭　集3-17535

譚文策　史5-41259

譚章　史3-21138

譚言藹　子5-25518

譚襄雲　史5-41294

譚襄甫　史5-41272

01 譚龍驤　集5-38239～40

02 譚新嘉　史2-10660、10775、12463,5-41249,8-66204　叢2-973

譚新學　史5-41301

07 譚毅武　史8-61789

08 譚效尼　史5-41285

譚詮　史8-58586

10 譚一豫　史8-62856

譚正倫　史5-41300

譚正宗　史5-41289

譚玉別　集4-32348

譚元聲　集2-11768

譚元春　經2-10452　史7-52688　子5-29334　集1-2388、2392、2460、2574、2578、2581,2-11761～73,6-41941、41948～9、42373～5、42408、43304、43366、43756、43887、43919,7-50069　叢2-720(3)

譚爾進　集2-12790～1

譚震　史8-60490、60689

譚雯　集4-30002

譚天相　子1-3289

譚天成　集6-44512

譚雲籔　史3-22639

12 譚瑉　史8-62735、62984、63023

譚瑞　集3-16169

譚瑞龍　史1-3913～4

譚弘憲　史8-60067、60585

譚延獻　史2-10040

譚延闓　史3-16816～7

集 5 - 41506～12

譚廷獻　史 2 - 9965　集 4 - 23842

譚廷魁　史 5 - 41246

13 譚瑄　史 6 - 46262,8 - 58744　叢 1 - 195(4),2 - 731(17)、973

14 譚瓛　史 2 - 10131

17 譚承祖　史 3 - 15714

譚子性　史 5 - 41248

20 譚重倫　史 3 - 22102

譚秀　經 1 - 1579

譚秀儒　集 3 - 18478

譚信渠　集 5 - 39530

21 譚步鼇　史 5 - 41299

譚處端　子 5 - 29530(22)、29535(5)、29536(5)　集 1 - 4635～8

譚貞默　經 2 - 10506　子 4 - 19406　集 2 - 11891～2　叢 2 - 973

譚紫瓔　集 6 - 41999

22 譚繼禼　史 5 - 41275

譚繼祖　史 3 - 23257

譚繼塤　子 4 - 23588

譚繼銘　史 5 - 41284

23 譚獻　經 1 - 6110、8009、8138～9,2 - 11253、11737　史 2 - 7690～1、7693～4、9820、10601、12976～80,8 - 64644　子 1 - 333、2287,4 - 22642、23463、23758　集 4 - 32155、33205,5 - 34543、35520～6,6 - 42005、43184、44770,7 - 48125～6、48522～4　叢 1 - 484、533、587(6),2 - 617(5)、668、698(12)、703、721、1742

譚代照　史 5 - 41255

24 譚先　史 8 - 58826

譚先緒　史 5 - 41261

譚先節　史 3 - 16641

譚德玖　史 5 - 41266

25 譚仲修　史 5 - 41244

譚傳祔　集 4 - 32709

譚傳洛　史 3 - 21737

譚績　史 5 - 41304

26 譚自鈞　史 5 - 41257

27 譚紹袞　史 7 - 54449

譚紹袞　史 7 - 52812

譚紹琬　史 8 - 60532　集 3 - 18668

譚紹裘　史 8 - 62929

28 譚作暎　史 5 - 41287

譚儀　子 1 - 4033　叢 1 - 524,2 - 731(36)

譚從華　子 2 - 9956

譚綸　史 6 - 48281　集 2 - 9318　叢 1 - 223(21),2 - 871

29 譚峭　子 1 - 16～20、24～5、27、30～1、36、44、47～8,4 - 19912～4,5 - 29530(20)、29531、29535(4)、29536(4)、29542～4　叢 1 - 19(7)、20(5)、21(7)、22(2)、23(2)、24(8)、26～8、107、111(3)、114(6)、115～6、127、223(39)、273(5)、275、288、388～90、411,2 - 730(6、12)、836

30 譚濟鶱　經 2 - 11820

譚寬　子 3 - 13144、13454

譚寬祕　子 3 - 13291

譚家尊　史 5 - 41254

譚永泰　史 8 - 61610

譚之琥　子 5 - 25364

譚安孚　史 5 - 41292

譚安上　史 5 - 41293

譚安銳　史 5 - 41291

譚良治　史 8 - 60560

譚定澍　集 5 - 35768

譚寶琦　史 3 - 19830

譚寶煥　集 2 - 7161

譚宗　經 2 - 14076　集 6 - 43398～9

譚宗庚　史 2 - 12840

譚宗浚　史 1 - 900、4524、5553、5927,3 - 15838　集 5 - 37581～5　叢 2 - 651

譚宗鍠　史 5 - 41256

31 譚澐　經 1 - 3271、7941,2 - 10060　史 7 - 55716　叢 2 - 2048

譚福緒　史 5 - 41279

譚福森　史 5 - 41276

譚福葆　史 5 - 41268

32 譚兆璉　史 5 - 41252

譚沃君　史 3 - 21913

譚溪生　集 7 - 54043

33 譚必湅　史 5 - 41288

譚溥　集 4 - 30152～3,6 - 42007(2)

譚浚　集 6 - 45761、45792、46237

譚述唐　史 8 - 58953

34 譚澍青　史 5 - 41281　集 4 - 32782～3

35 譚清海　集 6 - 44904

36 譚澤　史 1 - 5529　子 1 - 164

37 譚鴻基　史 8 - 58523

譚祖勳　集 4 - 30154

譚祖岐　史 5 - 41277

譚祖綸　史 7 - 54647　子 4 - 23639

譚祖同　集 4 - 29568,7 - 49570、54823　叢 2 - 1777

譚祖陶　史 5 - 41267

38 譚道淵　子 4 - 21815

譚肇基　史 7 - 57275

40 譚大勳　史 8 - 60370

譚大初　史 2 - 11489,8 - 60884　集 2 - 8673

譚友球　史 5 - 41253

譚士雅　史 5 - 41245

譚培元　史 5 - 41264

譚希思　史 1 - 1539,7 - 54927

譚希閔　集 3 - 14445

譚吉璁　史 1 - 3062,6 - 45119,7 - 51893～5、52932～5　集 3 - 14597～9　叢 1 - 195(3),2 - 731(18)、742、838、973

譚吉聰　史 8 - 62993

譚奇　史 1 - 5408、5676

41 譚垣　史 8 - 58252

譚桓　史 8 - 61110、61136

譚桓同　史 7 - 57365

譚梧軒　史 5 - 41265

譚楷　集 4 - 33169,6 - 42007(3)

44 譚夢鶱　史 8 - 58886

譚夢蓮　史 3 - 17359

譚蔭熙　史 3 - 18189

譚孝達　經 2 - 9710

譚孝友　史 5 - 41260

譚世偘　史 5 - 41278

譚世楨　史 5 - 41280

譚世懋　史 5 - 41283

譚其驤　史 1 - 10(1)

譚楚頎　史8-60553

48 譚乾初　史7-49318(18)、
　　54878

譚敬昭　集4-26261～2

50 譚泰來　史7-56527

譚書　集4-22618

58 譚掄　史8-58446

60 譚日森　史3-20601

譚日華　史8-60569

譚國樞　史7-57581

譚國恩　史2-10764　集
　　5-39047～9

譚昌言　集2-11166

譚景文　史8-59161

61 譚噓雲　史1-3913　叢
　　1-496(4),2-793

譚顯謨　史5-41258

64 譚時懋　史5-41270

譚時英　史5-41271

譚時貴　史5-41269

67 譚鳴春　史5-41247

譚嗣先　史2-8494　子
　　5-29530(9)、29535(4)、
　　29536(4)

譚嗣同　子3-15801,4-
　　22015～6　集5-40159
　　～63,6-41766　叢2-
　　2089～90

71 譚頤年　叢2-699～700

77 譚鳳儀　史8-60905

譚學知　史5-41282

譚與平　史5-41286

80 譚益臨　史5-41290

譚金孫　叢1-265(5)、266

譚鑫振　史3-16072、
　　22685

譚鑲　史8-61048

譚義　經2-10962

譚善心　子1-660～1　叢
　　1-223(68)、574(1),2-
　　698(6)

譚含章　史5-41262

譚公望　子2-10772

82 譚鍾麟　史2-9828,3-
　　15472,6-49012,8-60561
　　子1-4372

譚鍾鈞　集5-34546～7

86 譚錦昌　史4-26418

譚錦堂　史5-41273

譚錫瓚　子3-17357

譚錫洪　集4-30004

譚錫朋　史1-5249　集
　　4-28727,6-42007(2)

87 譚鈞培　史3-15534,6-
　　48983～4,7-56953

88 譚篆　史8-60172

譚餘慶　史5-41295

90 譚光烈　經2-10933

譚光祐　叢1-412

譚光祐　集4-26109～11,
　　7-49541～9

譚光祥　集4-25489

譚光美　史3-23509

譚尙適　集3-21605～6

譚尙忠　子4-24339　集
　　3-20854～7　叢1-412

譚尙書　史8-58952　集
　　4-23206

91 譚焯　子2-10773

92 譚愷　史5-41263

95 譚性一　史8-60684

譚性敎　史8-59891

97 譚煥南　集4-30368

99 譚瑩　史2-8263　集4-
　　30419～24,6-42007(1)
　　叢2-882

譚燊　史3-21770

0164₉ 評

44 評花館主　叢1-571,2-
　　642

0166₁ 語

37 語通(釋)　子7-34364

諧

47 諧聲　經2-14538

0180₁ 龔

00 龔立海　史8-60524

龔立本　史2-7321～2、
　　12530,7-50240～1、
　　57075　叢1-269(3)、
　　270(2)、364,2-794

龔立賢　史5-39892

龔齊行　史8-64802　子
　　4-19180

龔廉正　史3-16907

龔慶宣　子2-4768,4771
　　(2)、7651　叢1-278、
　　519

龔慶宜　叢2-731(29)

龔慶富　子3-12857

龔文洵　史7-57093～4
　　子4-24605

龔文明　史8-59624、
　　59633

龔章　史8-61015

02 龔端禮　經1-6222　叢
　　1-265(2)、266

龔新　史7-55598

03 龔誠　集6-44511

龔誠　集3-14626～8

06 龔韻珊　集5-39657

龔親敎　史5-41473

07 龔望曾　集1-4841

龔詡　集2-6609～13　叢
　　1-223(63)、550,2-640、
　　643

10 龔一發　集3-20231～3

龔三益　史1-5057,5106

龔正我　集7-50733、
　　54621

龔玉麟　史8-63019

龔玉晨　集4-25975

龔元玠　經1-106、1279、
　　2865、4030、5085～6、
　　5322、5751、7817～8,2-
　　10738、11207　史6-
　　46690　集3-19530～2
　　叢1-203(16)

龔元凱　集5-41108

龔元渼　史5-41453

龔丙孫　經2-12390

龔丙吉　史1-3347　叢
　　1-242(5)、2-731(67)、
　　799～801

龔爾安　經1-6871

龔晉義　史2-12296

11 龔麗正　史5-41443　集
　　4-22089

12 龔廷賓　子1-2142

龔廷均 叢1-584

龔廷賢 子2-4770、4863~
4、4891~5、5773~4、
5966、7239、7306、9301、
9304、10404~5

龔廷煌 史8-58996

龔廷煥 集3-18236

15 龔璛 集1-5052~6,6-
41715 叢1-223(59),
2-806

龔聘英 史3-15524

龔建寅 史3-19406

16 龔理身 集3-21002

龔璁 經2-13424 集4-
28390 叢2-718

17 龔乃保 集5-37517 叢
2-795

龔承鈞 史3-15573

龔翚祚 叢2-771(2)

龔翼之 史2-10798

龔翼星 經2-12624

19 龔耿光 史8-60864

20 龔信 子2-4862~5,5558

龔受穀 集4-26885 叢
2-1561

龔秉毅 史5-41446

龔秉德 集2-9411,6-
41935(5)

龔秉樞 經2-12627

龔維琳 集4-29864~5

21 龔仁舫 集5-36998

龔卓華 史5-41471

龔柴 史7-49317(1、2、3、
4)、49318(1、2、3、4)、
49376、49724~7、49896、
49923、49941、49967、
49986、50080、50263、
50481、50520、50558、
50602、50622、50693、
50741、50859、50924、
50965、51000、51057、
51144、51159、51178、
51199、51260、51327、
54333~7、54384、54472、
54474、54568、54625、
54680、54689、54702、
54706、54712、54716、
54719、54721、54726、
54850、8-62627、63457
子7-35528、35852

龔槩彩 史5-41441

龔繽燾 集4-31728

龔繽熙 史2-7939~40、
12692~3、集4-31728、
31863~4

22 龔豐毅 集4-28570 叢
2-1561

龔鼎孚 集3-14108

龔鼎臣 子4-19921~2、
19996 叢1-223(40)、
241、242(3)、246、282(2)、
283(2)、465,2-652、731
(6)

龔鼎孳 經1-3930 史
6-43157、48629 子3-
14990 集3-13848~
55,6-41971、44440、7-
46397~400、46404、46844
~5、46867 叢2-638、
698(12)、1281

龔繼昌 史3-22132

龔崧林 史8-59587~8、
59603

23 龔絨 史2-11417 叢1-
223(63),2-640

24 龔化龍 史3-16112

龔先法 史5-41475

龔佳育 史6-48650

龔德良 史5-41450

龔勉 集2-9867~8

龔贊襄 史5-41481

25 龔仲敏 史8-59387

龔傳紳 史8-62265

龔傳黻 史8-61880

龔傑 叢1-528

26 龔自謙 史5-41468

龔自璋 子2-9709~11

龔自珍 經1-163(3)、
3313、7304,2-12140、
12157、12734 史6-
45679、45710,7-49316、
49317(6、7、9)、49318(2、
3、4、10)、49871~2、
51177、52185、52187、
52857 子4-21472 集
3-21862,4-29150~85,
7-46418、47528~32 叢
1-419、495、515、523、539
~43、547(3)、586(1),2-
609、635(13)、655、698
(12)、716(1)

龔自闓 史2-9787 集
4-26620

龔自閎 史5-41444 集
4-33395~7 叢2-972

27 龔修默 子5-29150

龔繩正 史6-42037

龔稈 子3-11552

龔紹仁 史8-60349 集
4-31939

龔紹清 史5-41472

龔紹林 子2-6901

28 龔以時 史8-60931

29 龔嶸 史7-57156 集3-
17038

30 龔家尚 史2-12226 叢
2-972

龔之鏞 史7-49318(18)、
53893~4

龔之怡 史7-56919

龔守正 史2-12049 集
4-26619~22 叢2-972

龔守藩 史5-41469

龔安卿 子4-20731

龔良舉 史3-18658、22525

龔定瀛 史7-56745

龔寶該 叢1-459

龔寶琦 史7-56448

龔寶蓮 史3-17000

31 龔沅 史2-11629

龔灝 集4-24763

龔迺疆 子2-5480

32 龔業鉅 史3-22075

33 龔心釗 史3-16697、
18926,8-65068~70

龔心銘 史3-16530、17525

龔心鑑 史3-16552、22288

34 龔汝霖 集4-33697

龔汝直 集3-21445

龔汝南 史3-19398

35 龔禮 史6-47135 子1-
1809、3909,5-29187 集
4-32879~80 叢2-
1923

36 龔渭琳 經2-15055

龔澡身 集4-22170

龔褆身 集4-22307

龔暹 史8-58507

龔遇暹 史8-60480

37 龔潤森 史7-56932

龔鴻揆 史3-18959

龔逢烈 史8-60297

龔逢泰 史7-55247

38 龔佺 子5-26541

龔裕 史3-19489

龔道高 子4-24134

龔翔麟　經 1 - 8117　史
6 - 48695　集 3 - 16996,
7 - 46397～400、46430、
47076～7
88 龔笙　史 8 - 58582
龔鑑　經 1 - 4688、5037
龔鉁　集 5 - 36301
龔策　集 3 - 13161
90 龔光臣　史 5 - 41447
龔尙毅　史 2 - 10191
91 龔炳　集 3 - 18858
龔炳章　史 8 - 61125
龔炳奎　史 5 - 41477
94 龔煒　子 5 - 26416～8
96 龔惺　集 4 - 24390,5 -
36079
97 龔耀南　集 4 - 24002　叢
2 - 1591
龔煥然　史 3 - 22066
99 龔榮正　史 3 - 19495

0212₇ 端

00 端方　史 6 - 41947～8、
44211、45286、49187～8,
7 - 54368～9,8 - 64226～
8、64448～9、64770、
65144、65229　子 3 -
14884,4 - 21959,7 -
36539、38122
10 端玉章　子 3 - 16772
40 端木百祿　史 2 - 12036
集 5 - 34329～30　叢 2 -
856、868
端木順　集 4 - 31663
端木從恆　史 2 - 11955
端木守謙　集 3 - 17531,6 -
44456
端木達　集 4 - 28876
端木埰　集 7 - 48519
端木埰　集 4 - 31872、
33567,7 - 46422、47877
叢 2 - 795
端木國瑚　經 1 - 1553～4
子 3 - 13149、13317、13600
集 4 - 26247～51　叢 1 -
373(9),2 - 856
端木賜　經 1 - 4554、4677、
4815
60 端恩　史 2 - 9234　集 4 -

29052

0220₀ 刻

35 刻清　叢 2 - 1155

0242₂ 彰

30 彰寶　史 6 - 48750

0261₄ 託

53 託咸都　子 7 - 37510
60 託恩多　史 1 - 1985,6 -
46544

0261₈ 證

16 證聖成生　集 7 - 50086
95 證性(釋)　子 7 - 34363

0263₇ 讔

80 讔盦　子 3 - 18371

0266₄ 話

10 話石主人　子 5 - 28427～8
話石山人　叢 1 - 496(5)

0292₁ 新

11 新疆外交研究所　子 7 -
36859
新疆審判廳籌辦處　史
6 - 46032

新疆官書局　史 6 - 44382
～3
新疆巡撫部院　子 1 - 3600
20 新儕甫　子 2 - 10650
27 新伊(釋)　子 6 - 32091
(70)、32092(44)
30 新安如道人　集 7 - 49215、
49217
新安小謫仙　史 8 - 64822
40 新柱　史 6 - 45277、48746
44 新世界學報館　子 4 -
21933
55 新井登祐　經 1 - 605
新井君美　子 7 - 36389
叢 1 - 531
60 新是謀者　子 7 - 36512
76 新陽蹉跎子　集 7 - 54028
77 新聞報館　史 6 - 44029
新學會社　子 7 - 37621
新民譯印書局　子 7 -
37278、37314
新民叢報　子 7 - 36251
87 新餉司　史 6 - 47855
90 新常富　子 7 - 37599

0332₇ 鷟

22 鷟峯樵者　子 5 - 27172

0344₀ 斌

30 斌良　集 4 - 27710～1
45 斌椿　史 7 - 49318(17)、
54096～8　集 4 - 31305
～7　叢 1 - 398、562
47 斌起　史 3 - 21523

0361₇ 誼

10 誼雲壇衆弟子　子 5 -
30511

0363₂ 詠

10 詠霓居士　史2-7708

0428₁ 麒

00 麒慶　史3-15322

0460₀ 計

00 計六奇　史1-3528～30、3607　叢1-496(3)
12 計發　集6-46043　叢2-615(4)
　計廷拔　史3-20199
17 計承基　集4-32453
27 計凱臣　子2-10006
40 計大受　史1-5685
　計大儒　史1-5120
　計士增　集3-20206
　計有功　集6-45565　叢1-223(72)、2-635(14)、720(6)
44 計世祺　子3-16991
　計楠　子2-4633、4749、4771(4)、6837、10597,4-18717、18734～5、18833、19215、19277、22583、24371～3　集4-24500～3　叢1-202(8)、203(14),2-1611～2
50 計東　史2-9236　子4-20467　集3-14634～7,6-42064、42067　叢1-572
53 計成　史6-46525　叢2-689
60 計□□　集3-13820
　計羅　叢1-531
63 計默　集3-16561～2
83 計飴孫　經1-3078
90 計光忻　集4-30816～7
　計光炘　集3-16562
92 計恬　子1-2851　集4-

29590～2
99 計變鈞　史3-20612　集5-37033

謝

00 謝堃　史2-9793、13311,8-63641～2、64831～2　子3-14837,4-18609、19141、23718,5-26511　集4-27738～41,6-44130～1、46095～7,7-47640、49443、50372　叢1-373(4)、437,2-1696
　謝立本　集5-37686
　謝立甫　史5-40678
　謝雍泰　集4-31794
　謝彥通　史5-40734
　謝彥華　經2-12707
　謝齊韶　史8-61472
　謝商衡　史3-21383
　謝席軒　史5-40748
　謝庸　子3-17302～3
　謝方端　集3-20826
　謝裔宗　集3-21134
　謝高騫　史5-40713
　謝應芳　史2-8517、8712～3,7-56867　子1-2016～8　集1-5525～35,7-46373、46773　叢1-19(10)、20(8)、21(9)、22(13)、23(12)、24(11)、173、223(30、61)、274(4)、330～1,2-637(4)、731(20)、797～8、912
　謝應芝　經2-11700　子4-21645　集4-29634～5,7-47750　叢2-912、1781
　謝應材　子2-4706、4768～9、7754
　謝應起　史8-59633
　謝康成　集1-3294
　謝庭蘭　經1-3126～7,2-14232　集4-32456,5-37371～4
　謝庭薰　史6-43438,7-56474,8-62290
　謝庭桂　史7-54974
　謝庭氏　史7-58093

謝慶雲　史3-15402
謝賡昌　集3-15296
謝意新　史5-40772
謝文洊　經1-1020、3931、6885,2-8770、9040、10140　史2-6540　子1-1374～5、2794～5、3381　集3-13845　叢2-669、1282
謝文祥　子2-8075
謝文華　史5-40777
謝文起　史3-15633
謝文錫　史5-40679
謝章華　集4-31672
謝章鋌　經1-4309,2-12087、12429、15143　史2-9712、9979、10230　子4-19498、21629～33、23496～7、24277　集4-26234、33576～84,7-48266～7、48737～9　叢2-1883
謝註　史8-59026
謝諦賚　史5-40827
02 謝端繡　史3-17298
03 謝誠鈞　史6-46178、46240　子3-14841
04 謝謹　史8-63099
　謝詩詞　史5-40823
　謝勸　史8-61734
06 謝諤　史2-6949　集1-3406,6-41894(2)
07 謝諷　子4-18913　叢1-22(16)、23(15)
　謝詔　史8-58597　子5-27959、27961～3、27968～72
08 謝旅　史5-40809、40811
　謝謙　子3-13372　集2-7476
　謝謙亨　集4-32877
09 謝讜　集2-9457～8,6-44682,7-49709、49812
10 謝一圍　子3-14526
　謝一夔　集2-6870
　謝二玉　史5-40743
　謝三秀　集2-10422～4,6-41949　叢2-885、1020
　謝三賓　集2-11021～2,3-13145,6-44428
　謝三彬　史5-40770
　謝正蒙　集2-10816

謝玉珩　集4-23781

謝玉瓊　子2-8805～8

謝玉芝　集5-39874～5

謝玉樹　集4-30001,7-47533

謝玉鎮　史5-40799

謝五知　史1-1992、4220

謝靈運　史1-28、494～5　集1-473～81,6-41694～9、41767、41769～70、41794、45138～9　叢1-182～3,2　653(5)、731(65)、772(4)、773(4)、934

謝丕績　史8-60346

謝丕振　史2-6284、7075～6、7747、8171～2、8964　子1-805、1502～3　集3-19581,6-42490　叢2-1497

謝霈　史3-21540

謝雪　集4-27368

謝元慶　子2-4714、4782、9734～5

謝元震　史7-55466

謝元瑞　史3-21057

謝元淮　經2-13940　史7-56637　集4-26929、27742～55,7-47534～6、48662～3、50674

謝元瀛　史3-19554

謝元汴　集2-12434

謝元福　史7-51560　子2-5198

謝元洪　史3-16591,8-65520

謝元壽　史2-10731,5-40707,6-47248　集3-18451,5-38036

謝元陽　史2-7945

謝雨琴　史7-56295

謝震　集4-25203

謝于教　子6-32091(69)

謝雯　子5-31804

謝天庭　史5-40730

謝天霽　集3-19896,6-41761

謝天瑞　集6-45767,7-48625

謝天佑　子5-25712　集7-49749、49779、50011

謝天墀　史5-40810

謝天錦　史8-60564

謝天錫　史2-10838

謝晉　史2-9189　子4-24263　集2-6534　叢1-223(64)

謝晉勳　史5-40719

謝雲衢　史5-40714

謝雲生　史8-64963

謝雲卿　史5-38023

謝霖　史5-40700

謝霖溥　史7-55151

11 謝璠　子5-27094

12 謝登雋　集4-23460～2

謝聯桂　史3-19646

謝弘儀　子1-3033～4

謝延庚　史7-56558、56725

謝延祉　史8-60035

謝廷諒　史5-40737　子5-25729　集2-10962～3

謝廷龍　經2-8840、9119、9536、10019、10829

謝廷讚　史7-51669　子4-20768　集2-11113～4　叢1-22(23)

謝廷瑞　史7-55458

謝廷璣　史7-57181

謝廷瓚　叢1-22(25)

謝廷爵　史8-59593

謝廷先　史5-40716

謝廷贊　經1-2789

謝廷傑　集2-6870　叢1-223(65)

謝廷柱　子3-13371

謝廷階　史5-40814

謝磻　集4-28562

14 謝瑛　子1-3724、3881～2

謝璜　集4-33321

謝琳　子3-17599

15 謝聘　史8-60000　集4-22001、27480～1,6-44622　叢2-800、911

16 謝聖綸　史7-51037,8-62178、62323

謝聖池　史5-40687、40822

17 謝瓊　集4-26570、28563～4,7-47598

謝乃實　集3-16672

謝承　史1-27、322～3,2-6210、8048～50　叢1-22(9)、23(9)、29(2),2-

773(4)、776

謝承瀛　史2-10816～7

謝承舉　集2-7303～4,6-41935(4)

謝子方　經1-624

謝子澄　集4-32341

謝子超　集3-20085

謝子期　子3-13372

謝子敬　子3-13290

謝君度　子5-25783

謝君惠　史8-61307

18 謝珍　經1-1564～5　子1-981、1747　叢2-797、911～2

謝璈　集6-42595

20 謝垂長　史5-40790

謝垂炯　史5-40782

謝重綸　子1-3059

謝重華　史2-11934

謝重拔　史8-58606

謝重輝　集3-16330

謝位衢　史5-40771

謝位加　史5-40769

謝爲雯　集3-17868～9

謝爲霖　集3-15112

謝秀嵐　經2-13910　集3-18450～1

謝雋杭　史3-16067、17395、22709

謝香塘　史5-34845

謝香開　史8-59001

謝采伯　子1-3773,4-20158～9　叢1-223(41)、376、490,2-731(52)、854

謝集成　史8-63136

謝秉文　集4-33166

謝秉謙　子4-23022

謝秉秀　史2-6305,8-59370

謝秉心　史5-40676

謝維新　子5-24852～5、24858　叢1-223(43)

謝維嶽　經1-2041～2、4316,2-8899、9183、9680、10108、11069

謝維升　集7-50004

謝維藩　集5-35829

謝維植　史7-50895

謝維興　史8-63414

21 謝仁　集5-41317

謝仁澍　史7－57204

謝衛樓　子7－35664、35755、36272、38120

謝衡齋　子2－9737

謝師啓　子5－25692

謝貞　集2－6395

謝綽　史1－4365～6　叢1－22(10)、23(9),2－617(2)

謝縉　史7－53995　子4－21368　集2－6151、6534～5,5－34037～8　叢2－1880

22 謝胤璜　史8－58808

謝鼎庸　集5－40108

謝鼎元　史7－57224

謝鼎卿　經2－14939　史3－22478　子4－21712　叢2－2012

謝鼎鎔　子5－26718　集5－38758～9　叢2－803

謝仟　集3－21750

謝嶠　經2－11314～5

謝山居士　史1－3816、4120

謝崇俊　史8－60911

謝崇久　史5－40821

謝崇基　集5－39702

謝崇周　史5－40800

謝繼家　史5－40775、40784

謝繼姓　史5－40775

謝繼周　史5－40723

謝崧岱　經2－9630　史8－65524　子4－18837～8

謝崧岷　經2－9630

謝崧梁　經2－12512　子4－18681　叢2－642

謝綏名　集5－36820

23 謝允復　史7－52566～7

謝代顥　集5－34039

24 謝化南　子1－1852、1869　叢1－574(2)

謝先震　史5－40791

謝先炯　史5－40787

謝德　史2－8893

謝德溥　史1－776,6－45761　集3－13137

謝佑琦　集4－27482

謝佑鏞　史4－29060

謝岐園　子1－3937

謝緒章　集3－16503,6－44644　叢1－263

謝緒說　史5－40793

謝緒恆　集4－28378

25 謝仲先　史5－40773

謝仲坈　史8－60520、60539、60616

謝傑　史7－54927　集2－10241～3

謝純　史2－8888,6－44122　叢2－886(5)

26 謝儼　史8－62338

27 謝仰泗　史5－40836

謝修之　子4－18705

謝脩　史8－64969

謝衆孫　史5－40749

謝伋　集6－45675　叢1－2～3、6、195(4)、223(72)、268(4),2－731(48)、854

謝翱　史7－53429

謝翶　史2－7084、8597～8、11382,7－51394、53430　集1－33、4549～75,6－41779～80、41900～1、41908、43576　叢1－22(12、17、19)、23(11、17、18)、29(6)、108、111(4)、175、223(58)、244(6)、425、580、587(2),2－731(38、58)、879、912

謝名勳　史5－40765

謝紀　集2－6929

謝繩祖　子3－17465

謝叔英　史3－19840

謝紹祖　史7－56824

謝紹芳　子5－25715

28 謝徽　經1－5440　叢2－774(3)

謝艙　史5－40696

29 謝秋澄　子2－9947

30 謝宜發　史3－21171

謝宜弼　史3－23650

謝淮　集4－25530

謝濰　史8－59869

謝濟雍　子7－34743

謝濟謙　史3－21662

謝濟世　經1－1215,2－10702～3　史1－5660,3－15051,7－49314、49319、51296　子4－20986　集1－108,3－18684～6,6－42067　叢1－249(3)、

528,2－731(58)、734、1414

謝寬仁　史5－40812

謝家塾　史5－40788

謝家禾　經1－1457　子3－12366、12388、12396、12686～8,7－36228(1)、36231(7)、36242(1)、36248

謝家山　史3－20638

謝家山人　史7－54432

謝家寶　史8－58428

謝家福　史1－3906,2－10453,5－40699、40715、40721,6－44897、44899、44901、44909～11、44966,7－49332、51992～5、53285　子2－4714

謝家祺　史5－40763

謝家樹　史2－12208

謝家枚　集5－38092

謝家駒　子2－10930　集5－39952

謝宸荃　史8－58336

謝永諤　集5－36360

謝永泰　史5－40767,7－57868、57989

謝守琨　史5－40796

謝守淳　集6－43933

謝守灝　史2－8368～9、11090　子5－29530(15)、29535(3)、29536(3)

謝客　史7－55206

謝寄雲　史7－50589

謝良　叢1－29(5)、56

謝良琦　集3－14589～90

謝良瑜　集3－13876

謝良佐　子1－96、695～9　叢1－214、223(30)、574(2),2－731(12)、754、1022、1039

謝定綸　史5－40815

謝寶文　史8－60813

謝寶鼎　集5－39342

謝寶樹　史3－19788,8－60008　集4－23795

謝寶書　史3－20746　集4－31451

謝寶田　史3－22472

謝宗亮　子4－24482

謝宗可　集1－5275～8,2－6289,6－41789　叢1－

謝嘉玉　集7-54863　叢1-454

謝嘉德　史5-40690

謝吉隆　史5-40813

謝壽昌　子3-13141

謝枋得　經1-58、3683、5807～10、6246,2-11466　史6-48104　子1-44、3088,4-18792,5-24900　集1-4371～80,6-41896、41901、41914、42035、42283～6、42289、42695～8、42704、42706、43118、43278～9、44007、46213～5　叢1-11～2、22(3)、23(3)、79、127、133、195(5)、213～4、223(57、69)、244(3)、265(2)、313、394,2-617(3)、624(2)、636(4)、679、731(37、45)、1047

41 謝楷樹　史7-49318(6)

42 謝彭發　史2-10201

謝彭壽　史2-10201

謝彬　子3-16630

44 謝夢弼　史8-59627

謝莊　子3-17505　集1-497～9,6-41694、41698～9　叢1-22(16)、23(16)

謝芳秋　史5-40844

謝芳洲　史5-40709

謝芳連　集3-16020～1

謝莆　子4-20558

謝蘭生　經1-6552　史1-4144～5,2-7610、8713、8807、12154、12647,5-40692、40694,6-44364,7-49715～7　子1-187,1658～60,3-11513～6、14960～1,5-26553　集1-4573,4-24543、30099、31018～20、31673～4、31795　叢2-797、911～2、1808

謝蘭階　史8-60673

謝蔭昌　史2-12474　子7-37023、37291

謝茂才　史5-40750

謝葆和　集4-31793

謝葆濂　史7-57451

謝邁　集1-2874、2876～7,6-41894(1)、41895、

41904,7-46357～8、46374、46511　叢1-223(53)、227(9)、380、447,2-731(40)

謝蓮喬　子2-4706

謝蓬升　史8-61351

謝赫　子3-14692、15857、15859、16019　叢1-4～5,9～10,22(15)、23(14)、29(2)、169(3)、216、223(36)、353,2-731(35)

謝恭銘　集3-20526

謝蕙　集4-29253

謝孝淵　史5-40818

謝孝裕　史5-40825

謝萬　經2-8324　叢2-774(5)

謝萬青　子2-8231

謝攀雲　史8-60111、61653　集4-25668

謝若潮　經1-1860　史5-40752

謝若農　子3-15497

謝苦農　集6-45308

謝蓉峯　史5-40678

謝也塘　史6-44173

謝世玠　史5-40819

謝世南　集6-45140　叢2-1883

謝世鈞　史5-40831

謝甘盤　集3-13137,5-39409～10

謝甘澍　子2-5980、10500

謝甘棠　集1-2099

謝楚岡　史5-40828

謝賁　史1-1929、2834,2-9032　叢1-50～1、55

謝炎　史8-60216　集4-28459

謝葉梅　子5-28896

謝萊　史5-40720

謝桂枝　史3-20987

謝植範　集5-41281

45 謝榛　子4-20908　集2-8362～70,6-41935(3)、41949、41954、45494、45782～5　叢1-22(26)、223(66)、453,2-612、731(47)

46 謝旭　集3-19742,6-41761

謝坦白　史5-40808

謝觀巖　史3-20567,4-

24959、26511

謝觀光　史3-19826

謝如賓　史3-22088

47 謝均　史7-55812

謝鶴洲　子2-7011

謝鶴年　集4-32696～8

謝聲偉　史5-40768、40801

謝朝元　史2-9025

謝朝徵　集7-48661　叢1-484,2-698(14)

謝朝宣　集6-42716

謝朝欽　史3-23266

謝馨槐　史8-60618

謝起龍　經1-6338　史7-52345

謝起秀　史7-52415

謝起巖　史2-8739

謝起鳳　史3-23592

謝超倫　史7-49691

謝桐森　史7-56273

謝桐岡　史6-46357

48 謝增　史3-17873,8-59543

謝翰臣　史5-40778

謝敬　史3-22555,5-40742

謝敬隆　史5-40675

50 謝泰交　史6-45549　集3-13695

謝泰保　史5-40744

謝泰宸　史8-61840

謝泰宗　集2-12199

謝泰愚　集2-12199～200

謝泰履　集3-14011

謝蕭　集2-6170～2　叢1-223(62),2-637(4)

謝青揚　集5-34405～6

謝惠連　集1-482～5,6-41694～9、41767、41770、45138～9

謝忠琅　史5-40824

謝奉揚　集5-39167

謝書桃　集5-35459

謝春榮　史5-40751、40761

謝素聲　史2-7704

謝東山　史8-62172　集2-8994,6-41935(2)、43719～20

51 謝振定　史7-49318(4、5)、53159、53243、53753　集4-23663～8,6-42066

謝振鍠　集5-41104

53 謝輔纓　史3-19712

謝輔濂　史3－16081
謝輔坫　史3－15504、19609
謝輔根　史3－19737
謝輔橪　史3－19885
謝輔卿　史4－25589
54 謝持　史2－12473
55 謝慧貞　集4－33322
58 謝掄元　史3－20831　集5－40629
謝敷遠　子3－16987
60 謝□　經1－5887～8　子2－9040　叢2－774(3)
謝□□　叢1－496(3)
謝目度　史8－60416
謝星煥　子2－4770、10693
謝量　史2－8713
謝國　集7－50010
謝國珍　史1－4017　叢1－435
謝國傑　史7－55853
謝國富　史5－40804
謝國楨　史1－1983　集5－35937　叢2－727
謝昴麟　史7－55467
謝思聰　史8－59734
謝思綸　史7－50815
謝恩論　子4－21660
謝恩承　史7－55113
謝恩浩　史1－4152,5－40683
謝昴曾　史3－20994
謝旻　史6－43559,8－58466　叢1－223(24)
謝昌　子3－13369
謝昌霖　史8－58415
謝昌運　史3－20379
謝昌期　史3－20506
謝昌年　史3－16188、20212
謝品　集5－36513
謝杲　史2－7368～9
謝景謨　史3－15073
謝景宣　史2－10678
謝景澤　子2－6574
謝景卿　經2－13182　史8－64963　子3－16849
謝景棠　史2－10678
61 謝顯　史5－40741
謝顯謨　史3－21175
謝顯道　子5－29530(25)、29535(5)、29536(5)、31938～9

62 謝則陳　史3－19181
63 謝賦文　史5－40754
65 謝映樓　史5－40697
66 謝覘　史2－8663
67 謝曜　史5－40843　子3－17749
謝鳴謙　史2－11683,5－40753,8－60737　叢2－1282
謝鳴皐　史5－40735～6
謝鳴盛　史8－60737　集3－20705
謝鳴篁　史6－43183～4　子4－18657　叢1－320～1
謝瞻榮　史5－40833
謝嗣達　史5－40706
謝嗣馨　史5－40693
謝嗣農　史8－61300
謝照　子2－8183　集4－27855
68 謝曦　史3－17864　子2－8990～1
71 謝歷　集7－54265
謝歷科　史5－40755
謝陞　史1－467,7－57964
謝厚坦　集4－23958
謝階樹　史7－49317(7)、49318(14)、50592、52498、53963　子1－2569　集4－26878　叢1－367～8,2－871
謝原坦　子3－14853
謝驥德　史3－19660
謝長清　史8－62721
72 謝朓　集1－504～11,6－41694～9、41703、41767、41770、41794、45138～9　叢2－635(6)、698(8)、731(41)
謝朓　叢1－223(47)、291～4
謝質卿　史3－17054　集4－32342～3,7－48082
73 謝駿德　史3－19812
74 謝隨安　史8－59977
75 謝體仁　史8－62488
77 謝鳳彥　史5－40695
謝鳳毛　集3－14198
謝月臺　史5－40747
謝月甘　史5－40729
謝用麻　子1－4328
謝鵬飛　集5－35766

謝履忠　史6－42081　集3－17778
謝履厚　集6－44442
謝學龍　集6－44807
謝學崇　集4－26199,7－47540～2、48356
謝學兆　史5－40832
謝開寵　叢1－197(1)
謝開來　史8－61703
謝舉安　集3－17741
謝闓祚　集3－20087
謝與思　集2－10781～2
謝興儒　集5－39168
謝興嶠　史2－9614
謝興堯　史1－1992
80 謝益　集4－27654
謝益熺　史5－40837
謝金度　史5－40802
謝金元　史1－6197
謝金鑾　史6－43040,8－63465～6　子1－109、1965,2409～11　集4－24120　叢1－483
謝鏡清　史5－40834
謝鏡莽　史5－40776
謝鏞　史8－63228　子1－34,5－29725
謝介鶴　史1－1992,3876～9　叢1－580
謝無量　集3－19432～3
謝毓修　子7－37763
謝毓淮　史3－19353
謝含聰　史5－40704
謝公文　史5－40684
謝公桓　史3－19909
81 謝矩　集2－6445
82 謝鍾瑾　史8－58233
謝鍾珝　史8－58233
謝鍾和　史2－11446,7－52343～4
謝鍾齡　史8－61242
謝鍾英　史1－10(2)、417～8、420～1,4666,7－52731　叢1－439
85 謝鈍　史5－40721
86 謝錫文　史8－59099
謝錫勳　集5－39341
謝錫伯　史7－58068
謝錫萬　史5－40674
謝錫善　史8－60930
謝錫命　集2－7371

21 諸仁勳　史1-337
　　諸仁安　史7-49316、
　　　49317(7)、49318(14)、
　　　49999　叢1-496(4)
22 諸崇儉　史7-55274　集
　　　4-23126
26 諸自穀　史7-57600
　　諸粵山人　子5-28284
28 諸以敦　史1-10(1)、4647
　　諸以仁　史3-23140　集
　　　5-38842
　　諸以淳　集4-24325
　　諸以觀　史3-20381
　　諸以履　史3-20753
30 諸家約　子1-3148
　　諸宗元　集5-41224～5
31 諸福　史1-1855
　　諸福坤　經1-1731　史
　　　7-52865、56497　集5-
　　　37182～3
32 諸泓　集3-14465
37 諸鴻逵　集4-32688
40 諸九鼎　子4-19476～7
　　　集3-15755　叢1-197
　　　(2)、269(5)、270(4)、2-
　　　731(31)
　　諸大綏　史2-8935
　　諸大倫　經1-750
　　諸大圭　經1-796
　　諸士儼　子1-1467　叢
　　　2-813
　　諸士儀　叢1-213
　　諸克任　集3-20365
　　諸克紹　集3-21593
　　諸嘉樂　史1-6115
　　諸壽麟　子2-8316
　　諸壽山　史5-39731
41 諸垣　史8-60717
　　諸桓　史3-17879
44 諸茂卿　子4-24152
　　諸世器　史7-57043　集
　　　3-21164
　　諸葛亮　子1-20、61、66、
　　　69、3068、3078～80、3094、
　　　3099、3233～9、3244～50、
　　　3509～11、3-14278～9、
　　　14296、14553、4-19801～
　　　2、5-29535(6)、29536(6)
　　　集1-312～29、6-41694、
　　　41698、41700～1、41794～
　　　5　叢1-20(9)、21(10)、
　　　22(2)、23(2)、24(12)、26

～8、74～7、114(2)、182～
　3、186、195(7)、214、548、
　574(3)、2-731(19)、774
　(9)、775(4)、1028
　諸葛璋　史3-22966
　諸葛元聲　史1-1843,7-
　51033
　諸葛穎　經2-12793～6、
　15142　叢2-772(2)、
　773(2)、774(8)
　諸葛佐　子1-3448
　諸葛醃　史3-19628
　諸葛純　子3-14279
　諸葛汝楫　史1-5003
　諸葛清　集1-312
　諸葛深　史1-4566
　諸葛壽熹　史3-22593
　諸葛樟　史2-10151,3-
　21266
　諸葛羲　集2-10387
　諸葛羲基　子5-29535
　(6)、29536(6)　集1-313
　～5
　諸葛鐸　史5-39734
　諸葛光榮　子1-3068,5-
　29781
　諸葛恪　叢2-774(10)
46 諸如綏　史5-39733
47 諸朝棟　集3-19632
50 諸奉三　史3-19856
53 諸成琮　史2-12181
57 諸邦楫　集5-37503
60 諸星杓　史2-11017～8、
　11246～8、11250～1
63 諸暄寶　史5-39731
64 諸晫沅　史3-19259
　　諸時寶　集1-1877
67 諸鳴皋　子2-5110
　　諸嗣郢　史7-56486
71 諸匡鼎　史7-49317(7)、
　49318(14)、50936　子4-
　19322　集3-16259～
　60,6-44366～7　叢1-
　485
82 諸鐈　史7-55545
84 諸鎮　集4-29767
86 諸錦　經1-92、156、1212、
　4013、5276、5515～6、5954
　集3-18555～7　叢1-
　202(7)、203(7、13)、223
　(8)、227(3)、241、242(3)、
　320、418、515,2-731(21)

90 諸省三　集3-20907
99 諸變　史1-1203～7,1570
　～1　集2-9741～2,6-
　45336

0466₄ 諾

43 諾埃克爾司　子7-38208
47 諾格德　子7-36228(2)、
　36242(3)、36248、37201、
　37228、37235、37237～8、
　37241、37246～7
　　諾格德布倫　子7-36231
　(5)

0468₆ 讀

23 讀我書屋　子5-30483
28 讀徹(釋)　集3-13084～7
　叢2-886(3)
40 讀賣新聞　子7-37143
44 讀花人　子3-16546
50 讀畫樓主人　集7-53968
75 讀體(釋)　史2-9184　子
　6-32091(68)、32092
　(44)、7-33532～4、33931
　～2、33941～2、33947～
　53、33971

0512₇ 靖

00 靖方　史7-54442
34 靖邁(釋)　史8-66324
　子6-32081(42)、32082
　(20)、32083(27)、32084
　(22)、32085(39)、32086
　(46)、32088(28)、32089
　(51)、32090(60)、32091
　(58)、32093(53),7-
　33064～5、33269～70、
　34849
38 靖道謨　史8-60084、
　60208、62179、62322　叢
　1-223(24)

0645₆ 鞸

21 鞸紅醉客　集7-49552、49557

0668₆ 韻

47 韻桐館主人　經2-13087

0669₄ 課

21 課虛齋主人　經1-6882,2-10039、14925

0691₀ 親

90 親光菩薩　子6-32082(13)、32083(15)、32084(13)、32085(22)、32086(24)、32088(16)、32089(41)、32090(48)、32091(46)、32092(32)、32093(28)

0710₄ 望

25 望純理　子7-36031
38 望海樓主人　子5-27285
77 望月稔　史7-56061
91 望炳麟　史8-60153
97 望炊　史6-44960
　望炊先生　史6-44958

0722₇ 鄜

00 鄜奕俊　史8-60918
10 鄜露　史7-50914～6　集2-12447～52　叢1-223

(26)、244(2)、249(1)、355、373(5)、435,2-624(3)、731(57)
　鄜元樂　集2-8646～7
12 鄜廷瑤　集2-12452
　鄜孫謀　史6-44331
20 鄜維新　史5-40314
22 鄜繼武　史5-40313
30 鄜永鍇　史8-60715
31 鄜灝　集6-42742
　鄜迺理　史5-40316
44 鄜世培　史7-57371
　鄜其照　史7-49317(2)、49318(1、15)、51254、54358
　鄜權　史5-40317
99 鄜爕理　史5-40315

0742₇ 郭

00 郭堃　集4-24915
　郭立三　集5-41072
　郭立山　史3-21844
　郭立志　史2-12316
　郭雍　經1-455　子2-4743、4754、6467　集3-18941～2　叢1-223(2)、227(1)、230(1)、312,2-731(9)
　郭彥俊　史8-58311
　郭彥博　史1-1248,8-60290
　郭應麐　子1-3990
　郭應聘　史1-1929、2906　集2-9320
　郭應響　史7-55264　子1-3505～7　叢1-371
　郭應寵　史7-55162　集2-11548　叢2-1150
　郭應祥　集7-46352、46356～7、46643
　郭應桐　史3-22226
　郭庚平　史4-32340
　郭慶琳　史8-62042
　郭慶禾　史3-19675
　郭慶培　史3-18888
　郭慶藩　經1-4343,2-12220～1、12509　史2-10264,4-32285　子3-15761,4-19701,5-29405

～6　集5-37260～3,6-45323
　郭慶颺　史8-60446
　郭慶第　史3-21376
　郭麐　史1-439,7-49317(6)、49318(12)、50614、51443、53954,8-63503、63982～5　子3-17152,4-21460　集3-20801,4-25456～60,5-35126,6-41763、43550、46076～9、46346,7-46407、47424～30、48725～6　叢1-369、373(4、5、6、7)、416～8、462、486、496(5)、530～1、558,2-622、677、698(12)、731(48、49)、824～5、1635～6
　郭麐標　子2-6139
　郭廣瑞　子5-28778～81、28857～60
　郭廣照　史4-32308
　郭賡平　史3-16024
　郭賡武　史8-58316
　郭文玉　史4-32320
　郭文徹　史3-19306
　郭文祥　史8-58155　集2-12638
　郭文大　史8-59281
　郭文翹　史7-57594
　郭文銈　集4-23432
　郭文炳　史8-61028
　郭文煒　經2-14505
　郭衷恆　經2-11112　史7-51354
　郭襄之　史2-9919
　郭襄圖　集6-44611
　郭京　經1-406～7　叢1-22(1)、23(1)、47、169(2)、223(2)、268(1)、366～8、468,2-595～6、731(8)
01 郭龍光　集4-25384～5
02 郭端　子3-16260
　郭彰彩　史4-32357
　郭訓　經2-14691　叢2-774(7)
03 郭斌　經1-8021,2-10918
　郭誠勳　子2-7141
04 郭諶　子3-15116～8
05 郭諫臣　集2-9466～7　叢1-223(66)

07 郭翊　集 5 - 38190

08 郭敦祐　史 8 - 60373
　郭敦塤　史 3 - 22441
　郭謙益　史 4 - 32286

09 郭麟孫　集 1 - 4785

10 郭一豪　史 8 - 58606
　郭一經　經 2 - 13005、
　　13012
　郭一鶚　史 2 - 8963
　郭正台　史 4 - 32279
　郭正鵠　史 4 - 26949
　郭正嘉　史 8 - 60910
　郭正域　經 1 - 58、5181
　　史 2 - 8940、8954、6 -
　　42035　子 5 - 29313　集
　　1 - 965、1313、2 - 10534～
　　6、6 - 41732、42105～6、
　　42157～8　叢 1 - 172
　郭正中　史 6 - 48568
　郭正益　史 4 - 32355
　郭玉珍　子 1 - 2303
　郭玉堂　史 8 - 64778
　郭霈　史 7 - 55802～3
　郭元龍　史 3 - 23260
　郭元鴻　子 3 - 18185
　郭元極　集 6 - 43750
　郭元英　集 4 - 31759、6 -
　　42008
　郭元鎬　子 1 - 1627
　郭元釪　集 3 - 17944～6、
　　6 - 43634、44441　叢 1 -
　　223(71)
　郭爾㟲　史 8 - 61079
　郭而勉　史 3 - 17641
　郭霄鳳　子 5 - 26980
　郭天章　史 8 - 61977
　郭天錫　史 8 - 60027
　郭再中　史 4 - 32371
　郭石潭　史 4 - 32362
　郭石渠　史 4 - 32368
　郭晉　史 7 - 55798
　郭晉超　集 4 - 33367
　郭磊　史 7 - 55619
　郭雲　史 1 - 6169
　郭雲陞　史 6 - 44611
　郭雲鵬　集 1 - 823、2049、
　　6 - 42794

11 郭斐蔚　子 7 - 35133
　郭棐　史 7 - 50804、51032、
　　51305、8 - 60817～8、
　　61245、61618　叢 2 - 742

12 郭登　集 2 - 6525、6 - 41935
　　(3)、45070
　郭登峯　史 8 - 59925
　郭琇　史 6 - 43129、48679～
　　82、7 - 56998～9　集 3 -
　　15774　叢 1 - 223(21)
　郭瑞兆　史 4 - 32295
　郭瑞標　史 4 - 32294
　郭璞　經 1 - 17～9、21～5、
　　33、101、131～2、169、176、
　　2352--7、4728、4818、2 -
　　11168～83、11185～7、
　　11194～5、11197、11200～
　　1、11302～6、11308～9、
　　11331、13267～9、13282～
　　4、14825、14828、14830、
　　14832、14847、15127、
　　15137　史 7 - 49308、
　　49349　子 1 - 58、61～2、
　　64～8、2 - 6763、3 - 12892
　　～3、12897、13138～41、
　　13143～4、13154、13255～
　　65、13268～9、13874～5、
　　14084、14410～1、4 -
　　19841、5 - 26760～6、
　　26771～4、26782～5、
　　29530(6、20)、29560　集
　　1 - 361～2、6 - 41694、
　　41698、43118　叢 1 - 15、
　　22(1)、23(1)、27、41～4、
　　47、71、74～7、79、90～3、
　　101、114(2、6)、115～6、
　　125、140、144、146、160～
　　2、175、183、223(15、36、
　　45)、227(4、5)、230(2)、
　　241、242(4)、249(1)、257
　　～8、268(3)、272(5)、303
　　～6、318、330～1、376、
　　390、410、446、452、539～
　　43、547(3)、566、579、586
　　(2)、2 - 628、635(2、5)、
　　658、698(1、3、4)、708、716
　　(2)、726、730(5)、731(23、
　　24、55、62)、750、765～6、
　　772(2)、773(2、4)、774(2、
　　6、7、10)、775(5)、1666、
　　1864
　郭瑗　集 5 - 36029　叢 1 -
　　537
　郭聯　史 7 - 55190
　郭弘纘　史 8 - 60908～9
　郭延　子 4 - 22091～3
　郭廷序　集 2 - 8997
　郭廷賡　史 8 - 58923

　郭廷瑞　史 7 - 55951
　郭廷弼　史 7 - 56463
　郭廷翼　史 2 - 11761、6 -
　　48679
　郭廷選　史 8 - 62378
　郭廷梓　史 4 - 32289
　郭廷翁　史 7 - 52509　子
　　3 - 14800
　郭孔延　史 1 - 5287～8、2 -
　　11525　集 2 - 10080
　郭孔建　集 2 - 10438
　郭孔健　集 2 - 10080
　郭孔太　子 4 - 22248　集
　　2 - 10080　叢 1 - 22(20)

14 郭琦　集 4 - 25201
　郭瑛　子 3 - 17386
　郭礎　集 3 - 14445

15 郭珠煨　經 1 - 1810
　郭臻和　史 4 - 32338
　郭建文　史 8 - 63141
　郭建章　史 7 - 55027～8

17 郭瑚　史 3 - 17848、20862
　郭弼　子 1 - 1919
　郭承塏　史 4 - 32369
　郭承緇　史 8 - 58535
　郭承周　集 5 - 36173
　郭豫亨　集 1 - 5129～32、
　　6 - 41715、41749　叢 1 -
　　223(60)、376、2 - 731(42)
　郭子章　史 1 - 1251～2、2 -
　　6318、8845、11483、7 -
　　49305、49570、50889、
　　51854～5、52327～8、8 -
　　62174　子 1 - 3078、
　　3781、2 - 8630、8663、4 -
　　18570、19389～90、19488、
　　20551～2、23923、5 -
　　25749、27038、29115　集
　　2 - 10073～81、6 - 42777、
　　44001、45382、45793　叢
　　1 - 107、111(3)、136、143、
　　2 - 731(28)、870(5)
　郭子仁　集 2 - 10080
　郭子晟　子 3 - 14292～4
　郭鞏　集 7 - 48638、48667
　郭習敬　史 8 - 59951
　郭翼　子 4 - 20231　集 1 -
　　5631～4、6 - 41715、41749
　　叢 1 - 223(41、61)、246、
　　282(2)、283(2)、2 - 640、
　　811

20 郭禿先生　子 4 - 23635

郭爲崍　子4－24275
郭爲賢　集4－32842
郭爲光　史3－21578
郭秀山　史4－32273
郭秀升　子2－5893
郭愛　集6－41935(3)
郭受昌　史3－17129
郭季産　子5－26841
郭季公　經1－940
郭禹清　史1－2020
郭香察　子3－15550
郭爵　史7－55560
郭秉聰　集2－8610
郭秉詹　子3－15369
郭統標　史4－32315
郭統楚　史4－32314
郭維祺　史7－58024
郭維城　史7－55110
郭維藩　集2－7631,4－32664
郭維翰　集4－23295
郭維恆　史7－55709
21 郭順成　集4－28328
郭上達　史4－32271
郭步清　經2－13896
郭步韞　集4－26748
郭仁章　史4－33109
郭伍賢　史8－62087
郭儒棟　史3－23540
郭熊飛　史3－15179
郭睿　史8－61791
郭師古　經1－4805,2－14224～8、14474～5　叢2－645
郭貞彦　史4－32309
郭紫垣　史4－32361
郭經　史7－56375,8－58933
22 郭嵐　集4－32198,5－34887
郭鼎　集4－32289
郭鼎新　史3－22446
郭崙燾　集5－34732～3
郭嵩燾　經1－1751、3014、5765、6292,2－8864,9143　史2－8234,10074～5、10078,10192,12860,4－32363,6－48976～9,7－49318(17),49356,54093～4,8－60535～6　子1－759,4－22726,5－29215,7－36241　集4－33212～7　叢1－445,523,562,2－1894
郭後德　史3－19228
郭巍　史8－63085
郭崑燾　子1－2285　集5－34106～18
郭崇煇　史8－58941
郭彩芳　史4－32297
郭綏之　集5－33728、36098～104
23 郭允蹈　史1－1787～8　叢1－223(19),274(3),2－731(58)
郭傅璞　史2－10617
郭弁鑾　史3－21919
郭峻　經1－7073　集3－17116
郭峻山　史3－20695
郭岱　子5－25095
郭稽中　子2－7976　叢1－223(33),282(2),283(2),2－731(29)
24 郭化　史2－6204,8688、8702　子4－24077　集1－2576
郭化霖　子5－26170
郭先培　史4－32275
郭備　史4－32340
郭偉　經1－730,2－10396～401　子4－24140～1,5－25808～9
郭偉勣　子3－17013～5
郭岐勳　史8－60657
郭續芬　集4－25765
25 郭仲産　史7－49309、50657～8,50724～5　叢2－776
郭仲年　集4－33292～3
郭傳璞　史3－19913,7－49317(3),49318(9,12)、53407～8,8－65814　子4－18578,5－25388　集5－34119～21　叢1－487
郭傳昌　史3－22655　集5－40077　叢2－1000
郭傳鈴　子2－7258
郭傑昌　史4－32330
郭績昌　史3－20871
26 郭儼　史3－20995　集4－33650
郭保祿　子7－35412
郭保昌　史8－59777
郭和熙　史3－22032
郭程先　經1－1810　史2－6669,7262,7－55084、55536　集3－13071
27 郭鑒　史6－42835
郭佩芳　集4－32923
郭佩蘭　史4－32298　子2－5585　集4－28681,6－41999
郭修遠　史4－32358
郭修秦　史4－32359
郭彖　叢1－19(7),20(4)、22(20),23(19),24(7),29(5),56,99～101,223(46),249(3),2－731(50),735(3)
郭象　經2－9256　子1－1～2,4～6,8,22,55,62～5,67～8,5－26951,29229～47,29249～55,29319、29530(15),29535(4)、29536(4)　叢1－22(1)、23(1),47,139,223(46)、227(7),282(1),283(1)、446～7,2－601,604,608、635(5),697,698(6),750、774(6)
郭象升　集5－41426　叢2－744
郭磐　史8－65438　叢2－745
郭磐石　集4－28682
郭緣生　史7－53773　叢2－779
郭紹庭　史4－32348
郭紹儀　史4－32374
28 郭倫　史1－559,5879　子5－31819
郭徽祚　史8－60336
郭儀霄　集4－26449～50
郭從道　史8－63257
30 郭宣　叢2－801
郭淳　史1－2963　叢2－741
郭家彪　集4－29493
郭家聲　史3－17617　集5－41073～5
郭家驥　史7－49318(22)、54851
郭家駒　集3－20430
郭永清　史8－62726

郭之俊 史3-21478
郭之奇 史1-2017,8-
　60992 集2-12544～5
郭之藩 史8-60921
郭憲 子1-61,5-26218、
　26797～800 叢1-19
　(2,5)、20(3)、21(2,4)、22
　(12,18)、23(11,18)、24
　(3,5)、29(1)、38、71、73～
　7、90～1、108、111(3)、223
　(45)、249(1)、407(2)、456
　(6)、465、566,2-624(1)、
　726、730(5)、731(5)
郭守訓 史3-20973
郭守正 經2-13717～8
　叢1-223(16)
郭守邦 史7-55685
郭守臣 史3-20980
郭守益 經1-6250、6351
郭安仁 史3-15852
郭富奠 子5-27325
郭容光 史1-1386,2-
　7674 子3-14726、
　16241
郭良文 史4-32321
郭良翰 經1-4980 史
　2-6591、6904,6-42237～
　8 子1-3144,4-24051
　～2,5-25117～8、29131、
　29325 叢1-223(27)
郭寅生 史3-23025
郭寶 史8-62800
郭寶珩 史3-18987 集
　5-40438,7-48315
郭寶琮 史3-22637
郭寶善 集4-30925,6-
　42017
郭宗鼎 集3-13381
郭宗臯 集2-8491
郭宗儀 子3-15795
郭宗淪 史4-32284
郭宗棻 史4-32353
郭宗昌 史8-63502、
　63537～40、64917～8 叢
　1-202(8)、203(14)、223
　(28)、243、244(2)、330～
　1、353、470
31 郭濬 集3-14443～4,6-
　43303
郭濬維 子2-4771(4)
郭源 集5-36952
郭福翼 集4-27006

郭福衡 經1-8014 史
　3-18440、23314
32 郭兆麟 集4-23111 叢
　2-821
郭兆奎 經1-2871,2-
　10798 史3-17933
郭兆封 集5-34377
郭兆藩 史7-55500
郭兆芳 史2-10191
郭兆蘭 史4-32327
郭兆春 集5-39843
郭兆昌 史4-32330
郭兆凰 史4-32287
郭澄之 子5-26224 叢
　2-774(10)
33 郭心庠 史3-20610
郭心廙 史2-10421
郭必俊 史7-51855
郭治 史8-59963 子2-
　6138～9、6401
郭治慶 史4-32338
郭治平 史8-60128
郭溶 史3-17187 集5-
　37330～1,6-45336、
　45340
34 郭沈昶 集5-35299
郭漢儒 史8-63207
郭汝誠 史8-61092
郭汝霖 集2-9439
郭汝翼 史4-32265
郭汝聰 子2-5504
郭汝賢 子3-14565
郭濤 史8-62781
郭洪祥 史4-32280
郭洪恩 集5-39132
郭達 史7-56194
郭造卿 史6-45611,7-
　55162 集2-9269、9715
　～6
35 郭沛霖 史3-15264,7-
　49318(11)、53155 子4-
　23344 叢2-2040
郭沫若 史8-64246、
　64518、64625、65168、
　65185
郭連城 史7-54104
36 郭澤禮 集4-33651
郭湄 集2-10876
郭湜 子5-26218、26226
　叢1-22(18)、23(18)、29
　(3)、38、249(2)、255(3)、

546、547(3)
郭遇熙 史8-60848～9
37 郭潤玉 集4-25852、
　29899～900,6-41999、
　42007(4)
郭鴻厚 史8-61546
郭鴻熙 子1-3369,4-
　21715
郭淑洲 史4-32266
郭澹 子3-13158
郭凝之 史2-6605、6941、
　7236 子6-32091(70、
　71、72)
郭漱玉 集4-29549
郭祖翼 集4-27002
郭逸 子3-15001、15514
郭通磐 史4-32349
郭運生 史3-21444
郭選英 史8-58617
38 郭祚熾 史8-58521
郭祥正 史7-49354、
　53313 集1-2334～42,
　6-41894(1)、41895、41904
　叢1-223(52)、227(9),2-
　660、832(1)
郭祥瑞 集7-54272
郭裕之 史8-65036 子
　3-17367
郭遵維 史4-32272
郭遵淵 史4-32272
郭道憲 叢1-373(7)
郭道清 集5-33862
郭道卿 史1-2346～7
郭肇 集5-35367
郭肇基 史8-58810
郭肇昌 史2-8085
郭肇鐄 集3-20168
郭啓翼 子3-17102
郭啓周 史4-32307
40 郭大經 經2-10378 史
　8-58873～4
郭大綸 史7-56650
郭大有 史1-5514
郭大曙 史4-32337
郭大銘 子2-6044
郭大銘摘 子2-5458
郭友蘭 集4-28325
郭士彥 集4-24168 叢
　2-1671
郭士元 史8-60385
郭士珩 子2-8681

郭惠聯　集4-27005
郭忠　史7-57696
郭忠志　集6-45356
郭忠孝　經1-442
郭忠恕　經2-12978、
　13125～9、15128　叢1-
　22(14)、23(14)、26～8、
　114(2)、216、223(15)、
　245、353、444、468、2-636
　(2)、653(2)、731(22)
郭書俊　集4-26237
郭春震　史8-60970
郭春藻　史7-56182
郭春榆　叢2-707
郭春田　史8-61288
郭橐駝　叢2-731(30)
郭束　集3-19197
51 郭振遐　史3-14840
郭振墉　史1-4012,2-
　10631　子1-1999
郭振基　史3-17068
郭振鵬　史4-32278
郭指南　史8-61195,62725
郭耘桂　子4-24711
53 郭輔相　史8-62281
郭盛　史4-32305
郭盛德　史4-32370
郭成章　史8-60035
郭成功　史6-46703
郭成達　史4-32303
55 郭慧濬　集5-39468～9
57 郭邦俊　集4-32344
郭邦藩　史1-4879　集
　6-42697,44006～7
郭邦翰　史4-32334
58 郭鼇　史4-32323
60 郭□　子4-22302,5-
　26716、26821～2　叢1-
　547(2),2-731(64)、773
　(5)、774(10)、2173
郭□江　史4-32332
郭國琦　史8-59477
郭四維　史8-62889　子
　5-29219
郭見龍　史4-32352
郭畀　史2-12510～5　子
　4-18785　集1-5366～
　7,6-41932　叢1-244
　(1)、307、2-611、731
　(55)、735(4)、806、832(2)
郭晟　子4-23845

郭思　子2-9141～2,3-
　15858　叢1-4～5、9～
　10、223(37)、353、2-731
　(36)
郭思誠　史4-32290
郭思銳　史8-62862
郭思節　叢1-265(3)、303
　～5,2-731(29)
郭恩廣　史3-17472
郭恩孚　集5-36103、
　37064、37550～1
郭昌福　史4-32376
郭昆生　史4-32373
郭昂　集1-4805
郭景襄　史4-32310
郭景象　史3-16669
郭景泰　史8-59935～6
郭景青　史4-32310
郭景昌　史2-8160
郭景熙　史4-32339
郭景美　史4-32929
61 郭顯球　史3-16746　集
　5-40593
郭顯德　子7-35754
郭顯卿　經2-12942～3、
　15142
郭顯賢　史8-62690～1
62 郭則澐　史2-10794,3-
　16802,20910　子4-
　22757　集5-38804,41551
　～62　叢2-749、1000
郭則檁　子1-2633
64 郭曉峯　史4-32318
郭時郁　史8-62351
郭勛　史2-7289　集7-
　54594～5　叢1-50～2、
　55,2-636(4)
67 郭明龍　集6-41710
郭明如　史6-47606
郭嗣齡　集3-18522,6-
　41761
郭嗣蕃　集4-27926
郭照　集4-31838,5-
　34730～1
70 郭驤　史6-44987
71 郭阮容　史4-32350
郭階　經1-2304～5,2-
　9157、10167　史1-
　5741,2-10614、12180
　子4-21198,5-29199
　集5-37045～7　叢2-
　2040

郭階平　經2-9128
郭驥　集4-27921
郭長清　子1-1811,2720
　集4-32397～8　叢1-
　483,2-1858
72 郭剛基　集5-37999
郭阡　集4-25559
75 郭陳堯　子5-27479
76 郭咫宸　集4-26849
77 郭堅　史7-57798
郭鳳　集4-26092～3
郭鳳詔　集6-43122
郭鳳靈　史4-32276
郭鳳儀　集2-7911
郭鳳洲　史8-62955
郭鳳鳴　集4-24306
郭罔　史3-18775
郭同芸　集4-24740
郭岡鳳　子5-29530(2)
郭用賓　史4-32281
郭鵬舉　集3-18694
郭屛　史7-55891
郭屛周　史4-32270
郭履恆　史8-62921
郭殿邦　史8-63095
郭居敬　集1-5806
郭熙　史8-60028　子3-
　14692、15858～60、15883
　～5　叢1-4～5、9～10、
　22(15)、23(14)、223(37)、
　353
郭熙楞　史7-56217　集
　5-39467
郭學謙　史7-55717
郭學洪　子2-5836　集
　4-23246
郭開湘　史4-32277
郭開泰　集3-14676
郭問清　子7-36650
郭印　集1-3027　叢1-
　223(54)
78 郭鑒泉　史4-29322
80 郭人麟　集3-17721
郭人經　史3-22033
郭人鱗　經1-6113
郭金鼎　史8-59707
郭金臺　史8-58725、
　60572～3　集3-13545,
　4-24169
郭金篆　集5-40391
郭夔　史6-48103　集7-

施廣德　史8-58925
施廣譽　史4-30866
施文信　史4-30874
施文顯　集2-8253
施文銓　子4-22721　集
　　5-36007　叢2-977
施文燽　史8-58290
施奕簪　史7-51688,8-
　　59537
01 施謰　集6-42447
02 施端教　史6-43399　子
　　2-6345　集3-13304～
　　6,6-43407,45825
施彰文　集4-29485
03 施誠　史8-59601,59884
04 施護(釋)　子6-32081
　　(43、44、45、46)、32082
　　(15、21、22、23)、32083
　　(28、29、30、32)、32084
　　(23、24、25、29)、32085
　　(40、41、42、43)、32086
　　(47、48、49、50)、32087、
　　32088(29、30、31、32)、
　　32089(24、25、26、27)、
　　32090(31、32、33、34)、
　　32091(30、31、32、33)、
　　32092(20、21、22、23)、
　　32093(4、5、6、9)、7-
　　32095、32101、32107、32115、
　　32119、32133、32231、32239、
　　32310、32322、32356、32427、
　　32457、32527、32530、32535、
　　32537～8、32542、32551、
　　32579、32612、32652、32670、
　　32688、32735、32767、32785、
　　32818、32840、32843、32858、
　　32930
06 施諤　史7-57130　叢1-
　　265(2),2-832(2,6)
施韻秋　史8-65994
07 施調培　史4-30917
08 施於民　史7-51378　集
　　3-18361～2
施謙　集3-18516～7
10 施元章　集4-27307
施元孚　史7-52382　集
　　3-19652
施元之　集1-2500～3
　　叢1-217、223(52)、227
　　(9)
施丙常　史3-23430
施爾那　子7-36231(2)
施爾常　子7-37276,38090

施雨亭　史4-30865
施雯　子2-4620、4771(3)、
　　8119
施天麟　經1-4977
施天發　史4-30861
施天遇　經1-7667
施再盛　史8-65932
施石農　集3-14343
施晉　史7-58092　集4-
　　23920
11 施瑮　集3-17621～3　叢
　　2-1288
12 施登萊　子7-38016
施發　子2-4768、5963
施廷治　史4-30891
施廷柱　史3-21964　集
　　4-25755
施廷樞　史8-58153、
　　60306　集3-20164
施廷杞　集3-15962
施廷翰　集3-17062
13 施琅　史1-3643,6-48663
施武德　史4-30876
施琮　史2-11693　集3-
　　14057
14 施琦　史7-55150
施璜　史7-52064～7　子
　　1-142、2385、2691　叢
　　1-201、203(2)
施耐庵　子5-28657～73
　　叢1-496(7)
施劭　史8-62682
15 施建烈　史1-3901　集
　　5-34709
16 施環宿　史4-30867
17 施豫　史3-17853
施子珩　史3-21616
施子美　子1-3018
20 施重光　集6-42601、43385
施妥縷　子7-36231(4)、
　　37049
施受賜　史4-30869
施讐　經1-215、2322　叢
　　2-774(1)
21 施仁　子5-25635～6
施仁緯　史7-57479
施仁湛　史4-30914～5
施何牧　經2-13845～7
　　集3-15961,6-43865
施紫綸　集5-39720
施經　集2-10283～4

22 施岑　史2-8512　子5-
　　29530(9)
施岑　子5-29560
施山　史6-46882　子4-
　　23515　集5-35944～6
　　叢1-496(7)
施崇思　經2-13504
施崇恩　經2-11060～1
　　子1-2906,7-37723
23 施我真　子2-9474
施峻　集2-8684,4-29880
24 施化遠　史2-11585　集
　　2-11797
施德瑞　史4-30886
施德瑜　集4-31884
施德樂　集4-22323
施德操　經2-9808　子
　　4-20072～3　集1-3215
　　～6　叢1-195(5)、221、
　　223(45)、278,2-731(52)
施偉　集5-38487
施贊唐　史4-30880　集
　　5-38931～2
25 施仲賽　史4-30908
26 施保和　史4-30875
施穆亭　子4-21326
27 施象壄　子3-17111
施督輝　集3-21009
施岷宗　集3-20349
施槃　集2-6830
施紀雲　史8-61506
施紹武　集4-25819～21
施紹培　叢1-373(9)
施紹莘　集7-50623～5、
　　50636　叢1-587(2,6)
施紹闓　子3-17961～3、
　　18072～5
施紹常　史3-20644,6-
　　45045
28 施以潤　史3-19588
施以模　史4-30860
施作霖　史3-22990
施份　集5-34501
施徵燕　集3-14836～7
施復蘇　集6-44448
施綸　史1-5623～4
30 施宜福　史3-17794
施瀛芳　史3-20207
施肩吾　子2-10955,5-
　　29530(5、6、17)、29535(4、
　　7)、29536(4、7)、29547、

29549、31084～5、31087～
90
施永康　史4－30916
施永禮　史4－30897
施永圖　史1－4923,6－
　45585　子1－3559～60、
　3861～5,2－5865,3－
　13841
施宿　史7－57481　叢1－
　223(23)
施之勳　集4－26045
施之藩　經1－731
施守平　子5－29574、32029
施安　集3－19451～4
施宏　史6－47489
施宏瑞　史4－30890
31 施澐　集4－27793
32 施兆麟　史7－56992
施漸　集2－8379～80,6－
　41935(2)
33 施溥　集3－17382
施浚明　子1－3810
施補華　集5－36850～7
　叢2－841
34 施汝能　史4－30889
施汝鵬　子3－15478
施汝卿　集5－40908～10
施汝鏞　史4－30864
施洪烈　史2－9205　集
　3－15861
施禧椿　史4－30872
施遠恩　集3－19216
施達　子1－1303
35 施沛　史6－42906　子2－
　6109,9327,10302,10306,
　7－34728
施沛霖　史3－16452
施清　叢1－197(4),2－617
　(2)
施清臣　子4－20215　叢
　2－674
36 施澤久　史8－61922
施澤深　經1－3884　子
　5－25018　集6－42942
施遇時　史4－30881
37 施潤　集4－22506
施鴻　史1－5622～4,7－
　56151　集3－14093　叢
　1－478,2－785
施鴻勳　史1－6138　集
　3－19921
施鴻保　史7－49317(4)、

49318(14)、50517　子4－
　18947　集1－1074,4－
　30975～8　叢1－496(3)
施鴻勛　集3－19867～8
施淑儀　史2－7718　集
　5－41417
施潔　集6－43959～60
施初立　史4－30892
施逢原　子1－3145
施運開　史4－30863
38 施浴升　子4－21848　集
　5－39449～50　叢2－977
施祚　史4－30895
施遂　史3－23624
施啓宇　史2－10799,3－
　16493、17436
40 施十洲　經2－13513
施大經　子1－4128
施大智　集3－21457～8
施士丐　經1－3607、4818
　叢2－774(3)
施士洙　史4－30898
施在鈺　史6－45514　子
　7－36949
施南初　史4－30879
施有方　史8－59776
施有奎　集5－37968
41 施樞　集1－4143～5,6－
　41744～5、41888～9、
　41891～3、41894(3)、
　41895、41897～8、41904、
　41913、41917、41924　叢
　1－223(57),2－806
施梧垣　史2－7466
43 施裘　子1－3863、3949
44 施勤　子3－12678
施夢龍　子1－165
施葆生　史7－51360
施孝克　史4－30893
施若霖　史7－57062、57097
施世瑚　經2－8705、8963、
　9362、9858、10291
施世綸　史1－3644～5
　集3－17061～2
施世杰　史1－2624,3－
　20633、20689,7－49314、
　49320
施世驥　史6－48663
施世堂　史4－30873
施桂榮　集5－34621
46 施觀民　集2－8904　叢
　1－67

施如全　史4－33183
47 施朝幹　史2－7979
施朝榦　集3－21715～7
48 施乾　經2－11312～3
施敬　史8－60770
50 施青臣　子4－20179　叢
　1－22(4)、23(4)
施惠　史7－54914、56933
　集7－49709、49711、49750
　～5　叢2－689
55 施典常　史3－23171
57 施邦曜　史2－11462,6－
　48199　子1－975　集
　2－11704　叢2－635
　(12)、1073～4
施邦鎮　集4－27308
60 施□□　集4－28423
施國祁　史1－749、759～
　63,2－11363,7－49311
　子4－22511　集1－
　4672、4687,4－22872～3,
　6－41925　叢1－203
　(15)、373(7)、426、434,2－
　599、614、653(4)、698
　(11)、731(66)、841、1050、
　1569
施國騏　史4－30894
施恩溥　集5－40203～4
施愚　史3－16738
施冕英　史3－20645
施男　子4－23119
施是式　集3－16690
施景舜　史8－60017　集
　5－41599
施景崧　子7－37738
施景深　集5－40069～70
61 施顯揚　史4－30919
施顯卿　史1－1933　子
　5－24987　叢1－84(4)、
　2－730(11)
62 施則行　史3－20554
65 施映袞　史8－62411
71 施長齡　史3－22955
72 施所學　史7－56553
73 施駿　子5－29902
74 施騏　集5－37627
77 施閏章　史7－49317(2、
　4)、49318(6、7、8)、52501、
　53493～4、53497、53567、
　53585,8－58569、58845、
　59257　子4－18698,5－
　27084　集3－14045～

中國古籍總目著者索引

56,6-41960~1、41970、
41972~3、41979、42066、
44757~8、45874~5　叢
1-202(3)、203(9、10)、
223(67)、320~1,2-593
~4、1288
施閏章　集6-42064
施鳳來　子5-25711　集
1-703,6-42861、43947~
9
施際清　集3-21009
施學濂　集3-21030~3
施學曾　史4-30888
施學煌　史8-61549
79 施騰輝　集4-23676
80 施人鏡　史6-46947
施金鑽　史4-30916
施介夫　集1-3035
施念祖　集3-20021,4-
30885
施念曾　史2-11694,8-
60940　集6-44758　叢
2-1288
施毓巨　史4-30859
施善昌　史6-44647
施普　史4-30913
83 施猷　子2-7502、10733
86 施鍠　集3-16348
施錫衛　史3-15629,8-
58376
87 施銘　史4-30870
88 施銓　集7-54843
施符瑞　集3-16870
施策　集6-42813~4
90 施炎　集4-24301
施粹中　史4-30871
94 施煒　史2-12292,3-
21624　集5-35946
97 施炯　史4-30896
98 施炡　集3-21228
99 施榮鼎　史3-17358
施榮復　史3-19185

0823₂ 旅

25 旅生　子5-28637
32 旅浙江蘇鐵路協會　史
6-44286
37 旅湖州同鄉學會　史7-

50357

0823₃ 於

10 於震　集3-20632~3
28 於倫　子4-24002~3
40 於大榮　史4-30261
於友志　史4-30261
於士達　史6-46816
47 於穀人　史4-30262
53 於成春　史4-30262
77 於學琴　史8-60596
91 於炳炎　史7-57044

0828₁ 旋

95 旋性(釋)　子6-32091
(75)

0844₀ 敦

03 敦誠　集3-21787~9
22 敦崇　史2-12371　集5-
38824~7
40 敦內氏　子7-36325
71 敦厚老人　經1-2067
77 敦巴　子7-37338
88 敦敏　集3-21233

0861₄ 詮

55 詮慧(釋)　子6-32093
(53)
64 詮曉(釋)　子7-33347、
33412
67 詮明(釋)　子7-32119、
33347、33412、33616

0861₆ 說

82 說劍山堂主人信天翁　經

2-13982

0862₁ 諭

00 諭立　集1-5041

0862₇ 論

40 論志煥　子5-29530(6、
20)、29535(6)、29536(5)、
31965

0863₇ 謙

00 謙立齋　子4-24613
31 謙福　集4-31270~1
50 謙本圖　子7-37763、37769

0864₀ 許

00 許立綱　史2-8979
許立剛　集4-22608~9
許立陞　子1-1782
許齊卓　經1-6953
許商傳　史5-34485
許方遂　集4-30108
許方勖　史5-38155
許應龍　集1-4047　叢
1-223(56)
許應元　集2-8739~40,
6-41935(2)
許應鑾　史3-21878
許應奎　史3-20456,5-
34432
許應騤　史6-42509、48071
許應𬤊　史2-9708
許應鏮　史3-21880
許應鍇　史3-21918
許應鎔　史3-21918
許應鏗　史3-21871
許應鏽　史3-21877
許應鑅　史2-10214,8-
58473、58780　子7-

37938　集4-33306,5-
34221、34401,6-42011
許庚身　史2-12903
許庭梧　史8-58233
許賡颺　集4-27455
許賡颺　集7-47543
許賡蒸　集5-36951
許賡颺　史3-18085
許賡年　集4-27455
許亦崧　集5-34313
許亦魯　集4-24426
許文勳　經1-6209　史
3-18412
許文源　史5-34470
許文深　叢2-1565
許文松　史5-34373
許文敷　叢1-373(8)
許文炳　集7-54027
許文耀　史3-20122、23048
許言詩　集2-9241
許訪槎　集7-48011
02 許新琢　史3-18358
許新邦　史5-34467
許新堂　集4-22057~8
03 許斌　集4-24425
許詠仁　集5-38936
許誠　史5-34466
04 許謹身　集7-47757
許誥　史1-1141　子1-
953　叢1-300
許讚　集2-7582
07 許誦珠　集7-48222
許誦禾　史3-22607
許誦和　史2-10541
許誦年　史3-19970
08 許敦彝　集6-42516
許論　史6-45599　子1-
3066、3081　集2-8361,
6-43768　叢1-377、
394、515
許謙　經1-77(3)、121、
2676~8、3690~6,2-
8680、8935~6、9341~2、
9840~1、10243~4　史
7-49331　集1-1535、
4725~30　叢1-195
(1)、223(5、7、13、49)、227
(2)、265(2)、306,2-636
(2,4)、731(5、37、40、63)、
857、859~60、1048
09 許麟英　叢2-785
10 許一德　史8-62173

許一績　史5-34453
許一禮　史5-34376
許一鈞　集5-33858~60
許三禮　經1-6054　史
6-42890、42987,7-57347
子4-21094~6　集3-
14640　叢2-1315~8
許三階　集7-49970
許正綏　史2-8636、
11484,3-15227　集4-
29751,6-44310~1　叢
1-458
許正陽　史3-19458
許玉璜　史5-34490
許玉琢　史1-99、286,7-
52727　子1-4008,4-
21894、22584　集5-
34720~7,7-46422、
48129~31　叢2-1963
許玉瀛　史7-56979
許玉彬　集4-30923,7-
48602
許玉書　史7-52052
許王勳　集5-34219~20
許元毅　子5-26364
許元仲　史7-49317(3)、
49318(9)、53732
許元淮　經1-4932、5063
史2-9680　叢1-440~
1,2-1597~8
許元溥　史7-50203　叢
1-272(3)、373(9),2-
645、731(57)
許元基　史8-61547
許元莊　子5-29909
許元愷　史2-12764,8-
64836　集4-30396~7
許爾卣　史2-9686
許爾寧　經2-13823
許爾熾　史8-63094
許雨田　集4-22230
許天球　集3-15093,6-
45069
許天禄　集3-18622~3
許天贈　經1-3751
許天敍　史3-13460
許晉　史7-57806
許雷地　集5-37782　叢
1-587(6)
許可復　史5-34446
許可觀　子5-27287　集
5-36615

11 許珏　經2-9627　史6-
49124　集2-10799,5-
37162~5　叢2-914
許珩　經1-5092~3
許琴蘭　子2-11096
許麗京　集4-29822~3
許棐　子4-20216~7　集
1-4169~75,6-41888~
9、41891~2、41894(3)、
41895~8、41904、41917、
41919、41924,7-46361、
46365、46369、46372、
46375、46691　叢1-2~
3,6-7、19(11)、20(9)、21
(10)、24(11)、195(2)、223
(57),2-730(12)、731(8、
45)、836
12 許登瀛　史5-34449
許登逢　集3-15867
許瑞麟　史3-19450,5-
34431
許瑞雲　集4-27454
許瑞泰　史5-34371
許瑞棠　史8-61367
許珽　史8-59297
許璣　集3-19412
許弘綱　史6-42033　集
2-10446~7
許延徽　集4-28678
許延祜　史8-61853
許延祺　史3-20054、22384
許延敬　集4-31129
許廷誥　經2-12691　史
5-34382~3,7-51593
集4-25184
許廷諫　經1-810
許廷瑞　史5-34450　子
1-4392
許廷瑤　史5-34499
許廷培　集5-35731
許廷墀　史5-34398~9
許廷哲　子2-8176
許廷錄　集3-18159~61
許廷鑣　史3-23733　集
3-18014~5,6-44477
許飛鵬　史3-19368
許癸身　史3-19902
許孫荃　集3-15905
13 許泌　集3-13532~6
許球　集4-29402~3
14 許琦　史5-34413
許瑛　史3-20965

許宗彥 經1-111(4),2-11883 史7-57281,8-65750 集4-25558,6-42067

許宗元 集4-33118

許宗衡 子5-26539 集4-31988~93,7-47966 叢1-419,2-731(54)

許宗魯 子1-7 集2-8152~5,6-41935(2)

許宗寅 經1-4295

許宗海 史8-59099

許察 集2-9940 叢2-901

31 許沅 經1-153

許河 史7-57342

許潛 集3-15273

許源 史5-34370,8-61907

許顧青 集7-46405,47136

許遜翁 史1-4932 叢1-394

32 許兆麟 史5-34496

許兆霖 史5-34472

許兆熊 史2-7895 子3-15976,16192,17144,4-19278 集3-16813~6、18369 叢2-751,901

許兆禎 子2-4553,4869、5561,5967,6101~2,9275~6

許兆祿 集5-40522

許兆培 經2-9712

許兆桂 集4-23935

許兆椿 集4-22514~5

許兆金 經1-5648

許遜 子2-11137,5-29530(11、12、18)、29531、29535(4)、29536(4)、29547~8、29553、29597、30781、31034~6、31038、31576

33 許心田 史5-34395

許治 史7-56949、56966

34 許湛祥 經2-12287~8、12726 史2-8019,3-20319 集5-36871~4

許漢 史5-34462

許汝 集2-12737

許汝龍 史6-42987

許汝韶 史8-61173

許汝霖 子1-2208 集6-42063 叢1-335、369,2-731(20)

許汝珏 集5-36026

許汝璜 史3-19605

許汝衡 史7-49318(21)、53225

許汝濟 子1-4211

許汝潤 集3-21911

許汝菜 史2-10740,3-16719

許汝楫 子2-6960

許浩 史1-1914,4403~5、5914,5930,2-9433,7-57906 叢1-95~6、175,2-674,730(3)、731(53、67)

許浩基 史2-8791、11021,11378,11705

許洪 子2-5522,5525、9164~8,9170 叢1-268(3)

許洪明 史5-34435

許祐身 史3-17278

許禧身 集5-39229~32

許達京 史3-20976

許達生 集4-28043~4,7-47537

35 許清 集2-6868

許清胤 集6-42970

許清源 史8-60677

許清澄 史2-10756,3-22452

許清奇 集1-68

許連輝 史5-34461

許迪澍 叢2-1316

36 許湘甲 史7-57786

許滉 集3-19829

許湜 集3-17954

許遇 集3-16699,6-43011

37 許洞 子1-3763 叢1-47,223(32)、227(7)、456(2),2-731(19)

許洵侯 史5-34375

許潮 集7-48768,48776、49161~74 叢2-672

許鴻 叢2-707

許鴻盤 史1-3633

許鴻磐 經1-3023 史1-5131,5164,7-49689~90,51417 子4-19274 集1-1317~8,1440,4-24093~9,7-49532、49536 叢2-1600

許鴻昌 史5-34444

許鴻磐 集6-43085

許淑 經1-6659 叢2-774(5)

許淑慧 集7-48045

許渾 集1-1623~37,6-41848、41850、41854、41859、41878 叢1-223(50)、447,2-635(8)、806,873

許湄 史8-60496

許涵度 史1-1807

許次紓 子4-18978、19040~1 叢1-13,14(3)、22(26)、25,37,108、111(3)、119~20,181,2-617(3)、731(30)

許祖京 經1-2903

許祖汸 集4-31373

許祖澥 史8-63644

許冠瀛 集5-39465

許初 經1-3527

許逸 集7-49650,50291~2

許迎年 集3-18244,6-45068~9

許逢辰 叢1-373(9)

許運鵬 集2-10994

38 許瀚 經1-4627,2-9201、12660~1,14536,14648、14698 史3-16998,8-59349,63670~1,64193~4,64279,64311,64993、65207,66259 子3-15508,4-22626 集1-1019~20,4-29888~98 叢1-419,2-731(23)

許瀚音 子1-4022 叢1-442~3,2-731(20)

許滄 史5-34488

許祥齡 集4-22886~7

許祥光 史3-15231 集4-29404

許裕堅 集4-31899

許遂 集3-18064

許道基 集3-19925

許肇祁 集4-29821

許肇封 集4-23762~3

許肇起 史6-46655

許肇甲 史3-21366

許啟洪 集2-12735~6

許啟祥 史7-55295

許啟昌 史5-34426

許榮遜　史5-34455

40 許大綸　集3-18735

許大定　史5-34464

許友　集3-14437～42
　　叢2-739～40

許友仁　集6-42566

許友義　子7-36024

許士元　集4-22513

許士晉　子2-5271

許士柔　經1-5642　集
　　2-11801

許士熊　子7-36286、
　　36527、36532、36609

許士佐　集3-15970

許士倫　史5-34377

許士杰　史2-11827

許士增　集4-22871

許奎　集3-16353～4

許奎章　史2-7020

許垚　集4-31757～8

許堆度　史5-34478

許培文　經1-6936

許培榮　集1-1632

許堯佐　叢1-29(4)、168
　　(3)、249(2)、255(3)、395,
　　2-731(49)

許在璞　集3-20264～5

許在衡　史5-34406　子
　　4-19712

許克襄　史8-61400

許克勤　經1-1959、5127、
　　5881,2-9622、11776、
　　12345　史5-34401、
　　34403,6-45701,7-49318
　　(20)、50189　子4-
　　21859,7-36237　叢1-
　　502

許克昌　子2-7749～50

許克銘　史8-61924

許南英　集5-38806

許南金　史2-7020～1

許希之　史8-59994

許希周　子2-5771

許有文　史5-34419

許有麟　集5-36472

許有壬　集1-4459、5415
　　～22,6-43658～9　叢
　　1-223(60、69)、227(10)、
　　241、242(2)、2-731(38)、
　　826

許有孚　集7-46782　叢
　　1-223(60)

許有穀　史2-6442、7302

許存之　史3-19452

許志進　集3-17219～20

許志古　史7-52422

許惠士　史1-1954～9

許嘉德　史5-34507　叢
　　2-686

許嘉儀　集5-34638

許嘉猷　史2-11977,6-
　　41538　子1-4160、
　　4192、4217

許吉樟　叢2-1317

許壽身　史3-19619

許七雲　集3-16594

許真君　子3-14414～6

許來音　史7-55070

許來珏　子2-6400

許來學　史8-58671

許森　經2-11160

41 許柯　史3-19394

許標　集4-33445～6

42 許彭壽　史3-15359

許彬　史7-54384

許樸　史2-9676

許機　集4-30322

43 許式南　子2-7137

許栽　子2-10081　集4-
　　22763～4

許械　經2-12665、12730
　　史7-52276　集4-
　　30394～5　叢1-21
　　(10),2-731(23)

許樾　史3-17459

44 許協　史8-63136

許基藩　史5-34492

許夢麒　集3-17343

許夢熊　集2-9286

許夢閎　史5-34477

許夢閎　史6-43971

許莊　史8-63523、64512～6

許莊述　經2-14803

許葆翰　集5-39842

許蓮傑　集3-21911

許蓮榮　集3-21911

許燕珍　集4-22765～6,
　　6-41999

許恭　史3-19531

許懋和　史3-18461　集
　　5-38598～9

許萬糜　史5-34443

許萬松　史8-60622

許英　子3-16206　集4-
　　27453,6-44111

許若梅　集4-25239

許世元　史5-34367

許世晉　子2-10086

許世忠　集3-15274

許其郁　集5-41031

許其光　史3-15401

許楚　史7-49318(6、12)、
　　53172、53489、53491　集
　　3-13367～8

許菼　史8-60037

許樹榴　集4-25865

許樹畲　史3-19337

許樹棠　經1-2503　史
　　3-21729　集4-29405～
　　6　叢1-369、372

許葉芬　史2-12916　集
　　5-34313、39466

許桂林　經1-163(2)、
　　1584、5753～4、7396,2-
　　10862、13452、14165、
　　14403、14540、14542　子
　　3-11445、12627　集7-
　　47401　叢1-456(4)、
　　460

許桂銑　史6-44426

許權　集3-19624,6-41999

許植材　史3-19327

許蘊蕚　集5-37329

許楠　叢1-373(7)

45 許楝　經2-12077、12650～
　　1　史2-8021,6-46191
　　～2、46332～5,8-64183、
　　64413、64590、65767　子
　　2-8100　集1-1668,4-
　　26668、28228～9,6-
　　43116～7　叢1-437,2-
　　698(12)、1727

46 許旭　史1-3650～1　集
　　3-14245,6-44533　叢
　　1-203(17)、369

許觀　叢1-10、22(5)、23
　　(5)、29(6)、249(3),2-
　　731(7)

許觀身　史3-22980

許觀瀾　史3-20992

許觀吉　集2-9912、11518

許恕　集1-4878～80,6-
　　41715　叢1-223(61),
　　2-799～801

許如蘭　集2-12146

96 許惺南　史7-56015
97 許恂　集5-39129
　　許耀　史3-17913　集4-
　　　33447
　　許耀東　史7-55568
　　許燿　子4-23561
　　許灼　史5-34454
　　許煥　子5-26502
　　許燦　史8-58290　集3-
　　　16752～3
99 許榮　子2-4554、8609
　　　集5-33857
　　許榮望　史5-34480

0925₉ 麟

00 麟慶　史2-9710、9843,6-
　　　46702、48857～8,7-
　　　49317(6)、49318(12)、
　　　52793、53972～3,8-
　　　65768　子4-23602,5-
　　　25945　集4-28971
40 麟志　史6-45309
44 麟桂　史6-42311　集4-
　　　30371
50 麟書　史2-13226,8-
　　　63001
90 麟光　子4-19418　集4-
　　　31676～7

0968₉ 談

00 談文炡　集4-27641、

31618,5-38500、39438、
　　39728、39732
　　談文烜　經1-4408　集
　　　5-38500
　　談文煥　集4-29561
06 談諟曾　史8-59701
09 談麟祥　史2-10756
16 談理　史2-9580
17 談子粲　集4-27360
21 談熊江　史6-44731～2
　　　子4-24556
22 談鼎銘　史5-39737
　　談彩孫　子7-36237
23 談允賢　子2-8038
26 談自省　史8-59058
27 談修　史6-42841,7-
　　　52269　子4-20595～6、
　　　23964　集6-42797　叢
　　　1-241、242(3)
　　談彙吉　史5-39736
28 談復　集4-24194
29 談嶸　集4-28369
31 談遷　史1-1582～4,7-
　　　57345　子4-20944～
　　　52,5-27143　集2-
　　　12074～7　叢1-195
　　　(4)、373(2、3、5、6)、2-
　　　611、613、735(5)
34 談漢陽　史5-39738
37 談鴻鋆　子2-5802
40 談九乾　史7-55442　集
　　　3-16316
　　談九敘　集3-17028,7-
　　　47207～8

談有典　史7-55379,8-
　　　60261
　　談有耀　集4-24057
44 談苑　集6-43485
　　談世鋐　史5-39739
　　談其學　史3-16867
47 談起行　史7-56379,8-
　　　59865
48 談松林　史7-55009
50 談泰　經1-5743、5855～6
　　　子3-11241　叢2-731
　　　(26)、786～7
60 談國桓　史3-17612
　　談國楫　史3-17612
　　談恩誥　集5-34909
62 談則　集7-48863、49900
71 談長康　史3-17426
77 談月色　集5-41479
　　談印蓮　集5-34536
　　談印梅　集5-35321,7-
　　　47649
80 談金章　子2-8426、8737
86 談錫增　史5-39740
88 談鑰　史7-57236　叢2-
　　　843
92 談愷　史1-2857～8　集
　　　6-44892　叢2-743

0972₀ 紗

16 紗聖(釋)　子6-32091
　　　(77)

1

1000₀　一

00 一辯(釋)　子7-34037
17 一了山人　子5-32034
　　叢2-724
21 一行(釋)　經1-404、2322
　　史7-49308　子3-
　　13033、13144、14088、6-
　　32081(17)、32082(12)、
　　32083(12)、32084(11)、
　　32085(17)、32086(19)、
　　32088(12)、32089(14)、
　　32090(22)、32091(21、
　　68)、32092(15)、32093
　　(32、37、38、40)、7-
　　32793、33674~5、34998
　　叢2-774(2)
22 一峯　子4-21831
　　一山氏　史1-4970
24 一休(釋)　史7-51474
25 一純(釋)　集3-20206
26 一得愚人　史6-41539、
　　44619
27 一壑居士　子3-13158、
　　13172~3、5-29548
31 一江　集7-54254~5
40 一真子　子2-9685
42 一彬(釋)　子7-34366
　　一機(釋)　集3-15117~8
44 一葉主人　集7-53956
46 一如(釋)　子6-32090
　　(65)、32091(63)、32092
　　(43)、32093(52)、7-
　　33428~30、33432、33461、
　　34835
48 一松(釋)　子7-33458
50 一素子　子3-17812
65 一嘯居士　子5-28310~1
71 一厂　史1-1994、4332
72 一戶清方　子7-36232
77 一貫(釋)　子7-34232
80 一介生　子7-36011~2
　　一念(釋)　子6-32091
　　(69)

86 一智(釋)　集3-17700

1010₀　二

10 二石生　子5-26232、
　　27184　叢1-496(1)、
　　587(5)、2-752
　　二酉　集7-52229
22 二樂軒主人　集7-53993
　　~4
23 二卜頓撈吸·額補·白克
　　爾　子7-35948~9
40 二十五史刊行委員會　史
　　1-10(1、6)、20、5324
　　二十世紀小新民愛東氏
　　子5-28590
　　二南里人　叢1-496(7)
49 二妙居士　子2-8323
50 二春居士　子5-28562
86 二知老人　子5-25396

工

07 工部　史6-41658、43588
　　叢2-741
40 工布查布　子7-32297~
　　300、32957
44 工藤武　子7-36515
　　工藤重義　子7-36589、
　　37296
　　工藤助作　子7-36279
　　工藝總局　子4-18660

1010₁　三

00 三音布　集5-34968
08 三議助　史6-44510
11 三硬蘆圩耕叟　叢1-496
　　(2)
21 三上寄風　子7-36477
22 三巖鶴洞子　子5-29587
　　三峯青　子1-3929
　　三山二水吟客　史7-52874
　　三山共學書院　集6-44778
　　三樂居士　子3-18055、

18079
23 三然主人　子3-18502
　　三緘老人　子3-14182
27 三多　史6-49201、7-
　　54501　集5-40635~40
　　三多六橋　集5-35464
　　三魚書屋　經2-11029
　　三島通良　子7-36232、
　　37855、37915
28 三復居士　經1-2114
30 三家村學究　經2-12924
　　三寶　史8-65464
　　三寶尊菩薩　子6-32081
　　(52)、32083(33)、32084
　　(30)、32085(47)、32086
　　(56)、32088(35)、32089
　　(46)、32090(53)、32091
　　(51)、32092(35)、32093
　　(29)、7-32735
31 三江遊客　史1-1994、
　　4340
40 三友亭長　史7-50640
　　集4-23563~5
　　三喜寶　史1-1985、6-
　　47365
　　三壽　集4-32484
　　三木清二　子7-37520~1
44 三枝子章　史2-6394
47 三朝實錄館　史1-1985、
　　2-7525
　　三好學　子7-37814、
　　37816~7
50 三泰　史6-45836　叢1-
　　223(28)
　　三素居士　子1-2836~7
55 三農老人　子2-4621、
　　8082
58 三輪希賢　史2-11458
　　三輪田真佐子　子7-36511
65 三味道人　子3-18277
　　三昧蘇嚩羅(釋)　子6-
　　32093(40)
72 三戶遺民　史1-4329　子
　　7-38129
80 三益堂　子2-10044
　　三義助　史6-43457~8
　　三善彥明　經2-9512
88 三餘氏　史1-3184~8、
　　3245
90 三省書屋老人　子2-8241

正

03 正謐(釋)　子7-33857
08 正誨(釋)　子6-32091
　　(69)
10 正一子　子5-28528
20 正受(釋)　史2-7109　子
　　6-32088(42),7-33101
22 正繼(釋)　子6-32091
　　(81)
24 正勉(釋)　集6-42382
　　叢1-223(70)
25 正傳(釋)　子6-32092
　　(44),7-34244～7
30 正定府首善堂　子7-
　　35580
　　正寂(釋)　子7-34488
40 正友(釋)　子7-34219
　　正森(釋)　子7-32102
44 正葦(釋)　史7-51664
60 正喦(釋)　集3-13026～7
64 正曉(釋)　集3-19141
67 正明(釋)　子6-32091(73)
72 正脈(釋)　集3-17787
77 正覺(釋)　子6-32091
　　(76),7-34011,34185、
　　34192,34405～9
　　正印(釋)　子6-32091
　　(75),7-34264

1010₃ 玉

03 玉斌　集4-23728
14 玉瓚　史3-17094
21 玉紅僊客　子5-26759
22 玉岑主人　子3-18253
　　玉岑生康侯氏　集5-
　　34280
　　玉峯道人　子1-123～4
　　玉峯如子　集7-50124
　　玉山　史8-60591
　　玉山香草堂主人　子4-
　　19227
　　玉山樵者　子3-15236
　　玉山老人　子7-33782
24 玉牒館　史5-37558、

37882
　　玉德　集4-23073
　　玉德鄰　子7-36048
　　玉魷生　子5-27337
26 玉泉樵子　叢1-587(3、4)
　　玉保　集4-24338～41
30 玉良　史7-50394
36 玉禪生　集7-54824
40 玉希巢　子5-29535(2)、
　　29536(2)
41 玉獅老人　集7-50397
44 玉花堂主人　子5-28886
　　～8
　　玉茗堂主人　集7-49717
　　玉權　集4-23074
46 玉韞山房　子5-30378
50 玉書　子4-20089　集4-
　　25425
　　玉貴　集5-39418
57 玉蟾子　子5-31200
60 玉疊山人　史1-1982、
　　2883
77 玉册道人　子5-27474
　　玉尺(釋)　子7-32111
　　集4-33596
80 玉并　集5-41049

璽

22 璽綬　子7-38116

1010₄ 丞

00 丞齋居士　子2-4603、
　　4621,4639,4660～3,4679
　　～80,4690,4694,4704、
　　4714,4752,4784,7970、
　　8080～91,8219,9413～4

王

00 王埜　史6-47705　子3-
　　12831　集4-32247,5-
　　34334,6-41760
　　王亶望　史6-43451

王亹　史2-8565　集2-
　　12891～2
王立誠　集4-27764
王立政　史4-25447
王立愛　史7-55727
王立勳　史4-24759、
　　25507,7-55470
王立綱　史4-25241
王立禮　史3-22229,7-
　　56977
王立道　集2-8932～5
　　叢1-223(66)
王立才　子4-21970
王立中　史2-12042、
　　12291　叢2-814
王亨彥　史7-50399
王亨誠　史4-24929
王亨豫　集5-40682
王亨統　經2-13498　史
　　7-49767　子1-2890
王亨添　史4-25078
王亨泰　集3-20095
王充　經1-164,230　子
　　1-18、20、61、66,4-19750
　　～4,19758　叢1-19
　　(12)、20(10)、21(11)、24
　　(12)、71～7,182～3,223
　　(40)、227(7)、2-628,635
　　(5)、698(6)、709、731
　　(11)、775(1)、777
王充耘　經1-77(2),2685
　　～7,2-10250～1　叢1-
　　223(6、14)、456(6),457、
　　2-731(63)、870(2)
王雍　史8-59927
王亢宗　史3-19940
王亮　史6-45754～5　集
　　2-10358～9,4-22257
　　叢2-618
王亮功　經1-1705,7960
　　史1-5732　叢2-822
王亮生　經2-12189
王贏　子3-16408～9
王序賓　史7-55768
王彥　子1-3258
王彥偉　史4-25381
王彥侃　子4-23354
王彥和　集4-29464
王彥侗　經2-13985～6
　　子3-18100
王彥淳　史2-8975
王彥泓　史4-25000　集

王慶雲　史2-12743,6- 41735～7,48885～6,7- 56177　子4-23573　集 4-30016～7　叢1-452、 586(2),2-716(2)

王慶勳　史4-24789　集 4-28707,29967,31414、 32502～8,33191,6- 42003,44129,7-46413、 48037～9　叢1-385

王慶升　子5-29530(6、 21),31207,31222

王慶瀾　集3-20549

王慶楨　集4-33033

王慶埏　史3-16521

王慶藻　史2-7935～6

王慶芝　子4-24736～7 集5-41658～60

王慶華　集7-54814

王慶槐　史3-23469

王慶鶴　史3-23524

王慶同　史3-18795

王慶熙　史8-61572

王慶善　史3-18402　子 3-18434　集5-38146

王慶銓　史4-24902

王賡　經1-330～3,2319、 2321～2,5427　叢2- 772(1)、773(1)、774(1)、 775(2)

王廣謀　子1-204～7、884

王廣瑞　史4-24835

王廣生　史4-24830

王廣齡　史7-52743

王廣寒　史3-15738、 21274

王廣業　經2-12022　集 3-20318,4-22843～4

王廣心　史1-5624　集 3-13594

王廣運　子2-6442

王廣蔭　集4-27123～5

王廣恕　子5-31887

王廣熙　史4-25011

王賡　史7-49357,54428

王賡言　經2-11111　集 4-24768～72

王賡廷　史8-59353

王賡華　史3-19810

王賡錫　史4-27730

王賡榮　集5-37595～6

王亦鶴　史1-4609

王亦曾　史3-15803、 18195

王文　子2-5807,7342～3、 7759,8503,8919,9687～ 8,10254

王文斌　子4-24568　叢 1-365

王文誥　集1-2515,4- 25030～1　叢1-255(1)

王文韶　史2-7489,9921、 12963～4,3-19685,6- 41531,49063～4,8- 62331　子7-37224　集 5-35191

王文登　史7-52024

王文瑞　集4-33030～1

王文璞　史7-56198

王文珪　史3-23553

王文瑋　集4-31732

王文琳　史7-54910

王文政　史4-25432

王文耿　子7-36363

王文琰　集3-16862

王文佐　叢1-373(9)

王文勳　史3-17893

王文傑　史4-25358

王文徵　子3-18028

王文淳　集3-18431

王文進　史4-25332,8- 65400,66498

王文江　史7-55146

王文濡　集1-2520,3463、 6-41809,43111～2　叢 2-624(1)

王文源　經1-7773～4

王文禎　集2-10165

王文淵　經2-13915　史 8-64616

王文治　史5-38243　子 3-14955,15289,15434～ 5,15746～50,16633　集 3-21277～81,21845、 21901,7-49695～6　叢 1-282(4)、496(6),2-622

王文達　史6-43976

王文清　經1-5030,5275 史4-28371,7-49317 (7),49318(10),52993,8- 60421,60444　子4- 22252,5-25361～3,7- 35932　集3-18810,6- 44283　叢1-223(18)

王文潞　經1-1464

王文潔　子2-4563,5468、 5560,6005,6269～70,3- 14206,5-24974

王文祿　經2-9017～9 史1-1933,2669,4420 子1-20,58,60,1253～6、 2503,2-11002,11166～ 7,4-20307～13,5- 29763,30991　集6- 45832～3　叢1-10,13、 14(1),22(20,21,22,25)、 29(8),61～4,84(1),87～ 9,173～4,195(2,3,4),2- 695,730(1,3,4,5),731 (9,10,12,13),836

王文通　史4-25200

王文選　子2-4668～70、 5107

王文海　史7-50372

王文洽　集3-17950

王文榮　史3-21286

王文奎　集3-13159

王文燾　經1-7118　史 8-59275,64681

王文藻　史7-56190

王文英　史4-24827

王文墀　史7-56078

王文郁　經2-13739～40

王文翰　史2-13410　子 5-24983

王文肅　經1-7684

王文貴　史4-25069

王文素　子3-12458

王文授　子7-37521

王文甫　集5-39915～6

王文持　集5-39706

王文思　史2-7762,3- 17122　集5-35333

王文員　史7-55997

王文照　史8-61764

王文璧　史7-54836

王文驤　史8-61067　集 4-25851

王文鳳　史8-60825

王文熙　集5-40681

王文卿　子5-29530(24)、 29534,31633

王文毓　史3-16201、 18618

王文鎔　子2-10662

王文錦　史7-49318(20),

8-63390
王文錄　子1-61
王文光　史7-54594
王文烜　經1-2854、4016
王文炳　史4-25051
王文燔　史4-25240
王文耀　史4-25357
王文炌　史3-22173
王辛祚　史4-25383
王章　史6-42972,8-60310　集3-13975～6,4-32186　叢1-564,2-788
王章永　史4-25434
王交　集2-8993,6-43312
王奕　集1-4782～4,6-41784　叢1-223(59),2-618
王奕組　史4-24880
王奕清　集7-48543、48636、54659　叢1-223(27、73)、227(11)
王奕曾　史7-56189　叢2-785
王言　經1-8107,2-14761　史2-8104,8207,8-63593　集2-8816,4-30067,6-41935(3)　叢1-201,203(2、4)、353、371,2-619
王言紀　史8-61255
王訪　集3-16999
王讓　史7-57995
王玄　集6-45495　叢1-114(4)
王玄度　集2-12893,6-41949
王玄呂　史4-25448
王玄覽　子5-29530(20)
王袞　子2-4623、9132　叢1-223(32)、273(4)、275
王袞錫　集6-44673
王褒　子5-26222　集1-185～6,632～4,2-6409～11,6-41694,41698、41767,44786　叢1-183、185
王襄　史1-4375,8-65184　叢1-22(5)、23(5)
王六謙　集5-34595
王六吉　史7-57215　叢1-373(2)
王六典　子2-9780
王京雒　集4-32249～50
01 王站柱　集3-21086
王龍　子2-5641
王龍文　史3-16703、21808　集3-13351,5-39881～4
王龍勳　史8-61731
王龍起　集2-7529
王龍圖　史7-49395
王龍光　集3-13911
王謳　集2-8071～2,6-41935(4)
王譚　子2-8291
02 王端淑　集3-13444,6-41957、43881
王端履　子4-21436　叢2-735(3)、736、847
王彰佐　史4-25359
王訓　經2-9923　史8-59189　子4-23184,5-25263
王訢　史7-55416　子4-18623、18901　集7-49514
王新　集4-26113
王新楨　集5-38967
王新銘　集3-18142～3
03 王斌　史7-55341,8-60303
王斌如　集3-16334
王詠霓　經1-3372～3　史2-13043,3-15992、22381,7-49318(18)、54135、57629～30　集4-26871,5-36522～6
王詠春　史3-15497
王誠　集4-30563,6-42021、46117
王誡　史2-10255
王詒壽　史2-12934　集5-35192～8,6-45195,7-48122～3　叢1-486,2-731(46、49)
王就正　史4-29117
04 王麒文　集4-22147
王謝家　集5-40797
王詵桂　集4-33407
王諶謀　史3-19201
王訥言　集2-10154
王謨　經1-216、248、1435、2341、2349、2353、2490、2492、2527、2533、2563、2582、2600、2920、3148、3316、3459、3568、3578、3584、3589、4557、4581、4613、4680、4705、4712、4734、4880、4908、5404、5412、5417、5421、5425、5438、5504、5532、5828、5839、5885、5913、5962、6018、6023～4、6034、6037、6129、6215、6236、6397、6399、6402、6436、6632、6643、6653、6711、6714、6723～4、6729、7190、7226、7230、7253、7341、7348、7367、7369、7439,2-8296、8313、8332、8626、9219、9516、9753、9776、9779、11161、11306、11344、11389、11401、11409、11432、11436、11438、11441、11443、11446～7、11451、11453、11583　史1-422、535、1915、2101、2202、2207、2213～4、2266,2-6329、8153,6-41955、41962、42226、42920,7-49307～8、49359～60、49397、49400～2、49411、49415、49417、49422～5、49432、49438～40、49461、49467、49473、49477、49480、49483～4、49486、49494、49497、49499、49511、49893、49926、49951、50089、50174～5、50267、50450、50473、50505、50540、50567～8、50574、50593、50657、50660、50670、50704～6、50713、50756、50797、50871、50903、51064、51130、51430、52137、52157～8、52772、54232、56937、57238,8-66183　子3-11260、12926、13003、13033、14321、14588、14619、17497～8、17502、17708,4-22498、23737　叢1-76～7,2-765～7、799～800
王謨　史3-21781　集5-37194

王詩雲　史4－25260
王詩楷　史4－25497
王誥　經1－5924～5　史3－21653,7－56567,8－61523　叢2－795
王謀文　史7－55772
王謀道　史3－22443
王勍　史8－60208
05 王塾　史3－16398　集5－38388
王靖　史8－59663
06 王諤　史2－10255　子3－15984、16259
王韻姚　叢2－895
王韻梅　集4－22310
王親賢　史4－25087
07 王望　史8－62676
王望霖　集4－28470～3
王望曾　史3－17983
王翔　集2－12670～1　叢1－385,2－845(2)
王翔運　史8－59957
王毅　集1－5595～7　叢2－856
王郊　史1－3662
王詡　子3－14082　集5－33893～4
王調鼎　史6－48576,7－55882
王調明　史4－24913
王誦芬　史8－59185、62370
王誦熙　史3－20701,6－42519,8－65543
王静　子1－846
王韶　史1－4417,8－63268　叢2－701
王韶　史7－50703、50874　集5－34469
王韶之　史1－1450,2－6923,7－49309、50702、50873、50875～6、52592～5　子5－26833　叢1－19(2)、21(2)、22(10、11、20)、23(10、19)、24(3),2－617(3)、628、731(57、61)、770、772(4)、773(4)、776、881
王歆　史2－6922　叢2－628、731(61)、770
08 王旈　史6－44430
王效文　史4－25363

王效通　史7－56801　子3－16990
王效成　集4－29344～5,7－47179　叢1－427
王效尊　史7－55600、55606、55800
王效鑑　史4－25180
王效情　史4－25179
王敦仕　史8－66309
王敦源　史4－24754
王敦敏　史3－22500
王謙　史8－60729　集5－34767,6－43274
王謙言　史8－58947、61771～2
王謙和　史4－25592
王謙志　史2－9287,6－43132
王謙吉　史8－59725
王謙益　史8－59080
王誨卿　史8－62469
09 王麟言　集4－28624
王麟生　集4－25493～4
王麟徵　史7－57796
王麟祥　史7－55925,8－61941
王麟超　集3－21176
王麟書　史2－10541,8－58724　集5－34872～3、34916
王麟昌　史4－24859
王麟趾　經1－3350　叢1－203(16)
王麟印　子7－32132
王讜　史1－1914　子4－22896～901、22903　叢1－22(8)、23(8)、95～6、166、223(45)、230(4)、273(5)、274(5)、347,2－624(2)、730(2)、731(50)、777
10 王一龍　史7－55571
王一麒　史4－25269
王一麟　子4－21085
王一元　史7－49994　集7－47335、48637
王一貞　史8－61784
王一紳　集3－20665
王一清　經1－4993、5656、7115　子5－29134～5、29444、29535(2、4)、29536(2、4)、29544、31175
王一翥　集3－13128

王一蕃　史4－25297
王一槐　子4－22277
王一中　史7－57699　叢2－856
王一較　史8－59484
王一鳴　集2－10570～1
王一鶚　史6－48305　叢2－742
王一夒　史8－59286
王一煌　集3－18141
王三聘　經2－12825　子5－25637～8　叢1－114(2)、245,2－731(24)、829
王三及　史3－19798
王三樂　子2－4887
王三友　史4－25257
王三才　子2－4770,9284～8
王三接　集2－8794
王三畏　集4－28975
王三陽　集2－10444
王三尊　子2－4770、4969
王三錫　史4－24885
王三餘　史7－55416　集6－42598
王三省　集2－8411,6－42745
王正　史8－62911
王正誼　集4－30162～6　叢1－554
王正璽　史8－62228
王正璽　史3－15490
王正功　史6－42801　叢2－670
王正德　集6－45634　叢1－196、223(72)、273(5)、274(5),2－731(48)
王正容　史8－59414
王正祥　集7－54660～2、54843
王正樞　子3－12739
王正茂　史7－55934
王正棟　集4－29936
王正松　史4－24955
王正中　經1－6435
王正咸　史4－24930
王正固　史7－55059
王正朋　子1－2269,4－24450
王正常　史8－60111～2、60215
王玉　經2－12480

王爾鑑 史8-61557 集
　　3-19378~9
王雨謙 子4-24219 集
　　2-12162,3-13210~1
王雨農 史4-25411
王雱 經2-14025、15121、
　　15129、15140 叢1-22
　　(14)、23(14)、125、162、
　　173、299~300、330~1、
　　353
王雱 經1-3613,2-15120
　　子5 29026、29258、29530
　　(14,15)
王震 經1-6805,2-8345
　　史6-47768 子2-6510
　　~1,3-16760 集5-
　　40409
王震亨 子1-301,5-29458
王震龍 集3-14863
王震元 史1-1988、3940
　　叢2-832(5)
王震階 集5-37744
王霞帆 集4-29903
王雯燿 史1-3317
王霆 史8-58661
王霆震 集6-42710 叢
　　1-223(69)
王平 子1-3627,7-37687
王平格 史7-55768
王无生 史1-1995、4551
王天發 集7-47547
王天秀 史8-59383
王天德 史4-24873
王天傑 史7-55068
王天樞 子2-7711
王天相 集4-27127
王天壁 史8-59018
王天開 史4-25518
王天民 史7-57793
王天與 經1-77(2)、2688
　　叢1-223(6)、227(2)
王天眷 集3-13907
王天性 集2-9528~9
王再咸 集5-35528~30
　　叢2-682
王更生 子2-6384
王百川 史8-60309
王百齡 集4-25806
王百昌 史4-25431
王石經 史8-65031、
　　65053 子3-17285
王石渠 史4-24918

王石友 子4-18764
王石如 集3-14747
王西溥 集5-38143
王西清 子7-36241
王吾宰 史4-25177~8
王晉 史4-24861 集4-
　　32597,6-41969
王晉升 集3-16289
王晉之 史6-43084、
　　46608 子1-2284、
　　2463、2760、4234,4-
　　21624~5 集5-35384,
　　6-41759,7-48227 叢
　　1-483、499,2-1891
王晉濤 史3-17311
王晉煦 集5-35911~2
王晉夫 子2-9716
王晉榮 集3-13436
王可大 子5-24986
王可鳳 史4-25481
王霨 史7-55632~3
王霮 史8-60694 集3-
　　16861
王霮如 史7-56393
王醇 集2-12967
王醇業 子3-13533
王雲 子3-16703
王雲龍 史7-58120
王雲誥 史3-23616
王雲廷 子4-21296
王雲崙 史4-25243
王雲逵 史4-25066
王雲清 史8-61477
王雲臺 集4-26965~6
王雲萬 史7-57814
王雲明 集3-15717
王雲鷟 集6-44842~3
王雲驤 集4-22736
王雲凡 史8-64595
王雲鳳 子1-2667,4-
　　23082~3 集2-7342~
　　5,4-23265
王雲錦 子2-8511 集
　　3-16950
王雲翔 史8-60298
王霖 史8-58265 子2-
　　10853~6 集3-18175~6
王霖溥 集5-37597
11 王北綾 史4-25407
王北溪 子1-2253
王珏 史6-49271,8-

58381 集5-39605
王斑 集4-25105
王琥 集6-42341
王珂 史7-55952 集2-
　　8599,6-41935(4)
王琢 史8-62082
王琢璞 集3-13013
王琸 子1-3577
王玷桂 子2-9485
王項齡 經1-78、2828、
　　3364 集3-16023~6、
　　7-46397~400、46997~8
　　叢1-223(6)、227(2)
王琴堂 史7-55520~1
　　子4-24657
王彌大 史1-2474~6
　　子1-3259 叢1-246、
　　282(2)、283(2)
王斐文 史4-25354
王碩 子2-9159
王碩如 子2-10618
12 王登 經1-1627
王登魁 史8-59915
王登瀛 集3-15476,6-
　　41754
王瑞慶 史3-15307,8-
　　61801
王瑞廣 史4-24841
王瑞龍 史4-32717
王瑞岐 史7-56114
王瑞伯 子2-7905
王瑞之 史7-56287
王瑞成 史7-57466
王瑞星 史3-17711
王瑞國 史2-11510 叢
　　2-812
王瑞昌 史4-25479
王瑞欽 史4-25435
王瑞堂 史4-24858
王璞 集4-31593~4
王珽 史8-60424
王璣 史8-61807 子5-
　　31375 集3-18605
王璠 史3-18272
王聯芳 史8-62677
王引 經2-13439
王引之 經1-111(3,4)、
　　1526、5747,2-11622~6、
　　12877、14507、14598、
　　14775、14932 史2-
　　9571 子3-11450 集
　　4-25278~81,6-44968

中國古籍總目著者索引

王廷光 子3-14093
王廷耀 史8-58646
王廷灼 史3-16710
王廷煥 子4-24679
王廷燦 子5-25984 集
　3-14810、16645 叢1-
　223(67)、2-1323
王飛藻 史7-55611
王孫綬 集2-11215
王孫藺 史1-1917、3367
王孫芸 史1-5643～4
　集5-36307
王孫昌 史7-55528
王孫駿 子4-23123
王孫錫 集2-11802 叢
　1-223(66)
13 王琅然 史8-61894
王武 集3-15302～3
王武沂 經1-7058
王琯 集5-35378
王璸 叢2-811
王琮 史5-33542、8-
　59150 集1-3404～5、
　6-41744～6、41888、
　41891～3、41894(3)、
　41896～9、41904、41912、
　41917、41923
王禮銘 史8-59110
14 王珪 子2-10975 集1-
　2236～40、6-41714、
　41747、41810～6、41894
　(1)、41895 叢1-223
　(51)、230(4)、407(4)、2-
　731(38、39)
王瑾 集4-28270
王瓛 史2-8329～31、7-
　49526、8-64760 子5-
　29530(6) 叢1-265(4)、
　274(3)、303～5、456(6)、
　465、2-731(5)
王琦 子2-4603 集1-
　843～5、1497、3-13540、
　19375 叢1-223(48)、
　2-698(8、9)
王功後 集4-26963
王功成 史8-62666
王璊 集4-25721、6-41999
王瑛 集2-8612～3、6-
　41935(4)
王瑛曾 史8-63486
王瑋 史1-2890、8-60792
　集3-19037

王瑋慶 集4-26774～7、
　6-45647
王琪 史4-25280 集2-
　6296
王琪 集1-1957、6-41747、
　41894(1)、41896
王璜 史8-59719 集2-
　8412
王瓚 史7-57652 集2-
　7313 叢2-867
王琳 史8-59096
王劭 叢2-774(9)
王劭尊 史4-25237、
　25532
15 王聘三 史5-40454
王聘珍 經1-163(2)、
　5094、5328、5919、5975、2-
　11581 叢1-426、2-653
　(1)、731(5)
王璉 史8-65349
王珠樵 經2-10978
王臻善 子7-35873
王融 史7-58127 集1-
　512～3、6-41694、41698
　叢1-183
王殊洽 集4-26354
王建 集1-1253～7、6-
　41714、41735、41810～6、
　41836、41849、41859、
　41864、41868、41872～3、
　41878 叢1-223(49)、
　407(3)、2-731(38)
王建章 史2-6864 集
　6-44577
王建儒 史4-24809
王建祖 子7-37338
王建極 子4-24033、7-
　37166、37712
王建中 史7-55551、8-
　58931
王建善 子2-11119
王建常 經1-2803、6511
　子1-586、1431、2676
　叢1-353、414、574(2、3、
　4)
16 王聖謨 史4-25506
王聖俞 史1-5048 子
　4-20842 集6-41710
　叢1-142
王琨 集2-12558～60
王理孚 史7-57690
王理之 集6-44502

王璨 史2-10051
王璪 史3-15235
王碧瑩 集3-19380
王硯堂 叢1-536
王醒之 集2-11921
17 王孟洮 集5-34768
王孟戍 史8-59121
王玑 集7-49192
王珣 史7-57242、8-63313
王瑚 史7-49357、53746
　集5-40113
王璆 子2-9160
王郅 史3-17478
王瓊 史1-2845～6、6-
　46626、48178～9、8-
　58267 子4-22980 叢
　1-13、22(23)、46、87～9、
　538、2-730(2)、731(53)
王琚 子1-3516 叢1-
　22(17)、23(16)
王璐 子3-17304 集7-
　47248
王瑤芬 集4-30377
王琛 史3-15533、4-
　24807、8-58205、59034、
　64558 子3-17318～
　20、18406 集3-16821、
　6-41967 叢1-537
王予謙 史4-24959
王予藩 史4-30405
王鼎 史7-55476、8-59752
王乃康 史4-25033
王乃新 集5-34914
王乃斌 集4-28271～3
王乃德 集4-28468
王乃徵 史2-10998、3-
　16470 子4-19502 集
　5-39659
王乃容 集4-29189
王乃成 史3-17724
王乃昭 子3-15855
王弼 經1-1、16～9、21～
　5、178、290、293～7、300～
　1、303～9、380～1、384～
　5、399、402、430、436、2-
　9238～9 史2-8086
　子1-44、61～5、67～8、5-
　28991～8、29530(14) 集
　2-7162 叢1-22(1)、23
　(1)、47、71～7、127、139、
　169(2)、182～3、223(2、
　46)、227(1、7)、230(4)、

35004　叢2-883

王爲道　史4-25120

王爲壤　史7-58103　集
5-34599

王爲楨　史7-51935

王爲榦　史3-20417

王爲美　史4-25473

王秀文　史8-59867

王秀山　史4-25003

王秀楚　史1-1917、1937、
1944、1946、1953、1965～
9、1976～7、1982、3329、
3335　叢2-810

王秀點　子7-37267、
37275

王雋　集1-3860　叢1-
223(30)、387、2-731
(12)、1042

王依書　集3-13908

王億年　史7-55467

王舜鼎　史6-48436　子
4-24035

王舜臣　史4-25279

王舜民　史7-55928

王舜興　史4-25278

王信　史4-25283

王千仞　經1-4037～8

王千秋　集7-46352、46357、
46380、46427、46573　叢1-
223(73)、2-698(14)、720
(2)

王隼　經1-4215　集3-
16136、6-44884

王孚　史7-50595　叢1-
22(11)、23(10)

王孚鏞　史8-62261～2

王季烈　史1-17、855、2-
13156、3-16828、19233、
8-66398　子7-36231
(4、6)、36237、36681、
37423、37586、37594、
37599　集3-15303、5-
40959～60　叢2-670

王季寅　史6-43915～6

王季梁　子7-37996

王季點　子7-36231(5)、
37222、37421、37465

王季鍇　子3-12398、
12534

王季欽　集5-33821

王禹襄　史3-22442

王禹吾　子3-14317

王禹俌　史1-2397～8
集1-1856～9、1861～4、
6-41715、41900～1、
41908　叢1-223(20、
50)、227(9)、230(5)、248、
371、461、490、2-635(8)

王禹聲　史1-2929　子
4-22975～6　集2-
7171、10887～8　叢2-
902

王禹書　史7-51864～5

王禹疇　集4-30581

王禹錫　史8-60278

王禹堂　集4-31735

王香倬　集5-36432

王香餘　史7-52590

王乘六　史2-9421

王乘變　史3-16039

王系　經1-6948　史7-
55767

王禾佳　子2-9345

王采蔤　集4-30564

王采薇　集4-23567、6-
41999　叢1-304～5、
408、579、2-635(13)、731
(44)

王采蘋　集5-34691

王集吾　史8-58430

王秉　子3-16400

王秉元　子4-21623

王秉衡　子7-36023

王秉禮　史3-21991

王秉韜　史7-55732、55761、
8-62401　集3-21282

王秉乾　史3-22093

王秉恩　經1-3、2-
11380、14830～1　史1-
4033、2-10070、13060、8-
66452　集5-37016　叢
2-885、1529

王秉剛　史8-61961

王秉煌　史8-62576

王秉悌　經2-12626

王統　集6-44959

王稚登　集6-43336、
43343

王維　子3-14692、14711、
15857～60、15872～6、
16456、7-34723　集1-
791～806、6-41705、
41743、41794、41839、
41844～5、41860～2、

41867、41874、41877、
41885～7　叢1-22(13、
15)、23(12、15)、29(4)、
30、119～20、141、223
(48)、227(8)、255(2)、
350、353、2-635(6)、698
(8)

王維亮　史7-54655　叢
2-654

王維庭　經2-11076

王維言　經1-154、2-
14838　集5-37594

王維新　史7-55669、8-
58511、58835、59941、
61327　集5-38707

王維珍　經2-13089、
13093～4　史3-17090、
7-54949～50　集5-
35271

王維鼎　子5-25211

王維德　史2-6400、7-
52899　子2-4661、
4667、4708、4710、4714、
4771(3)、7719～23、7750、
9434、10532、3-14497
叢1-373(8)、496(3)

王維淮　史8-61405

王維寧　集3-13254

王維禎　史1-210

王維祺　集4-26892

王維涵　史3-20366

王維楨　集1-837、1026、
2-8297、8804～13、6-
41794、41935(2)、42047～9

王維樑　史8-58263

王維藩　史5-33919

王維楠　史4-24877

王維坤　集3-15366～7

王維棟　史8-62638

王維楫　史3-23180

王維鍪　史1-4598

王維翰　史3-21246、7-
52367　集5-34870～1、
35315、6-42009、44069

王維戊　集4-26821　叢
1-330

王維國　史8-59580

王維明　史8-59107

王維屏　史2-7744、8-
58621、60312

王維興　史4-25352

王維賢　史7-55193

王維煌　史4-24877
王纕堂　子1-58,2-11076
21 王順德　集3-18570
王順來　史4-25288
王上瑜　史4-24936
王上達　子2-8279
王上英　子2-9708
王止廉　史8-58998
王暨英　史8-61672
王步雲　史4-25498
王步瀛　史1-4237,3-23152　集5-37896
王步清　經2-10100
王步渾　史7-55733
王步墀　集3-16675
王步青　經2-8800、9076、9460、9949、10687　史4-24863　集3-17814
王步蟾　史1-5776,3-22653　集4-25341
王步鼇　史4-25294
王仁立　史3-17966
王仁廉　集5-38762
王仁元　史4-24935,7-52421
王仁發　史4-25211
王仁俊　經1-164,201~3、205、209、212、225、227~33、255、260、349、365、376、2343、2346、2357、2417、2441、2474~5、2530、2558~62、2592、2594~5、2597、3062、3374、3430、3437、3447、3455、3467、3514~5、3533~4、3587、3590、4353~5、4559、4608、4614~5、4824、4835、4844、4853、4879、4883、4903、4907、5232、5377、5420、5427~8、5431、5555、5561、5582、5826、5836、5888、6022、6039、6371、6380、6389、6590、6597、6612、6629、6641~2、6649、6652、6719、7223、7233、7235~6、7251~2、7259、7261~3、7339~40、7372、7412、7437、8131、8154、8163、8174、8182、8191、8200、8208、8215、8221、8234、8247、8255、8260、8272、8274,2-8298、8310、8321、8597、8621、8642、8644~5、9210、9225、9228、9231、9239、9641、9717、9772、9783、9786、10089、11145、11150、11153、11158~9、11167、11188、11191、11395、11398~9、11431、11787、12066~9、12082、12209、12333~6、12670、12780、13274、13331、13355、13621、14020、14545、14575、14587、14614、14824　史1-10(5)、33、124、132、193、196、199~200、253、309、311、329、334、409、472、474、476、481、491、493、498、513、515、562、572、587、591、620、719、723、993、1432、1435、1447、1454、1456、1745、1749~51、2004、2007、2051、2079、2082、2105、2109、2155、2205~6、2222、2240、2257、2267、2286、2290、2295、2313、2318、2329、2332、2334、2336~7、2339、2341~2、2345、2349、2360、2362、2364~5、2409、2425、4357~9、4364、5321、6003,2-6275、6281~2、6290、6380、6457、6463、6473、6482~4、6493、6542、6699、6842、6847~8、6915、6928、6931、6933、6935、6959、6997、7008、7739、7749、7819、8053、8100、8166~7、8179、8183、8198、8210、8214、8224~5、8287、8310、8352、8372、8403、8430、8446、8454、8462、8493、8495、8519、9147、11007、13273、13275~80、13283,3-16482、18948,6-41958、41961、41967~8、41972、42225、42619、42623、42639、42884、45740、49213,7-49416、49426、49436、49441、49462、49464、49468、49475、49491、49495、49498、49500、49524、50268、50348、50419、50448、50506、50565、50598、50647、50656、50663、50669、50674、50679、50696、50699、50720、50723、50725、50727、50729、50731~3、50736、50754、50760、50773、50780、50799、50814、50820、50829、50872、50876、50905、51133、51148、51198、51274、51507、52562、52575、52595、52687、52802、52988、54233、56938,8-63595~7、63636、63709、63736、64166、64450~1、64557、65407、65410、65415、66162、66295　子1-90、193、235、296、330、398、408、452、471、477、486、492、496、502、506、509、518、525、527、529、531、535、1942~3、2902、3111、3178~9、3206、3212、3214、3232、3243、4009~10、4032、4042、4052、4058、4091、4096、4108、4239、4241、4411、4513、4516,2-5487,3-11261~5、11561~2、12902~3、13076、14230~1、14350、14552、14555、14600、14602~3、15004~6、15011、15842、17440、17503,4-18880、19357、19377、19453、19518、19521、19552、19576、19590、19598、19622、19658、19710、19722~3、19731~3、19757、19772、19781~2、19787、19792、19796、19798、19800、19802、19804、19806、19811、19814、19822、19828、19830、19832、19834、19838、19840、19844、19862、19878、20039、22110、22112、22124、22763~5、22813、22823、22859、22903、23740、24697,5-26238~9、26846、27505、28975、28990、29223、29228、

王畿　經1-681~2　史2-6566、8042~3、11456　子1-1073~8　集2-7484、7507、7519、8374、8471~7　叢2-635(12)、698(6、7)、976、1072

王崑玉　集7-50049

王崑崙　集2-9535、6-41935(5)

王崑山　史8-61437

王崑生　集4-26116

王崑繩　子1-3413

王山春　史1-126

王利亨　史4-25321　集4-26018

王利賓　史8-62538

王利韜　史4-25077

王利器　史8-66317

王崇　史7-58061

王崇慶　經1-654、7567　史6-44545、8-59785　子1-20、61、4-20038、20306、5-26768~9　集2-7998　叢1-22(20)、61~4、143、195(1、2)、347、490、2-730(4)、731(9、11)、782(2)

王崇文　集2-12966

王崇一　子2-10340

王崇烈　史3-17624

王崇鼎　史3-23021

王崇綬　集6-44389

王崇獻　史7-55104　集2-7404

王崇德　子3-13429

王崇禮　史8-62717

王崇古　史6-48278　集2-9176~7

王崇右　集6-41935(5)

王崇垣　史4-25082

王崇燕　史3-21390

王崇熙　史8-61035

王崇義　集2-8653

王崇曾　史7-57924

王崇簡　史2-9018、11625、7-49317(2)、49318(8)、53153　子4-22379、23174、5-26395、27166　集3-13276~8、6-41970、44391　叢1-210~2、373(8)、2-617(5)、624(4)

王崇炳　史2-8078、7-49318(7)、52353~4　集1-3688、3-16510~1、16737~40、6-44713　叢2-1048

王崇煥　史4-25388

王樂亭　子2-7804

王樂雍　集5-33961

王樂胥　集5-35075

王樂善　集2-11121~2

王樂銀　史4-25455

王繼文　史6-48638、7-55639、8-62321　集4-26823

王繼瑞　史4-24866

王繼政　史8-63245

王繼香　史2-10618、10645、10728~9、13066、3-16326、19848、8-63909　子4-18768~9　集5-37520~6、7-48016　叢1-435

王繼和　集5-38710

王繼洛　史8-59525

王繼祖　史7-56802　集3-20185

王繼祀　史8-58456

王繼培　史4-25164

王繼藻　集4-25852、6-41999

王繼葛　史4-25006

王繼毅　集5-38399~400

王繼慧　史4-25489

王繼旦　史3-19384

王繼隆　史4-25107

王繼善　史4-24791、25262　集2-6017、5-38146

王繼燿　集3-21550

王彩　史2-9333

王崧　經1-111(4)、2-12042~3　史7-51052、8-60995、62326~8　集4-23475~8　叢2-886(2、3)

王崧翰　史8-59305

王崧年　史3-22379

王綖　集2-7751

王綏　史3-16859、7-55807　集4-22591~2

王綏珊　子4-18773

王綏齋　子2-9034

王絲　集3-14918

王允震　史4-24895

王允深　史8-59449、59976

王允嘉　子5-26126

王允晳　集5-40168

王允持　集7-46399~400、47091

王俅　史8-63504、64138~9　叢1-223(38)、447、2-636(3)

王狀如　史4-25235

王獻　叢1-24(8)

王獻唐　史8-65110　集4-22173

王獻琯　子2-10093

王獻之　子3-15299、15574~6　集1-389、6-41698

王代功　史2-12289　集5-35638

王代豐　經1-8011~3　叢2-2106

王代明　史4-25368

王代陞　史4-25417

王俊　史7-57212、8-59010　子3-17253

王俊讓　史8-63002

王俊三　史4-24883

王俊廷　集5-36568

王俊士　史4-25157

王俊臣　史8-61323

王然　史2-9408

王我師　史7-49317(6)、49318(3)、51082~5

王我臧　子7-36514、36579、37273、38141

王我瞻　子1-3086

王峻　史1-260、7-49668、56602、56950、58007　集3-18962　叢1-223(49)

王峻先　子3-11470

王峻明　史4-24948

王岱　史7-49318(13)、51479、56322、8-60982　集3-13387~92

王岱興　子7-35950~2

王綠堂　子2-9658

王綷　史3-15544、17161

王緻　史2-6723　子3-15859、15912~3、16487　集2-6427~9、6-41935

中國古籍總目著者索引

(1) 叢1-223(63)、2-
802
24 王仕雲 史1-4947～51、
5605 子1-2801～4
叢1-201、203(6)
王仕倧 史8-58697
王化 史6-46791
王化醇 集1-4987、2-
12904、12924、12932、6-
41930、42372
王化貞 子2-8040、9312～3
王化洽 集6-43717
王化起 史3-21218
王化昭 集4-25339、6-
41777
王化隆 子4-23963 集
7-50615
王魁儒 史8-60122
王魁鑾 史3-15601
王魁昇 史4-25342
王魁午 史4-25277
王佐 史4-25042～3、8-
59013、61775、61897、
62191、64372 子4-20885、
23689～91、23863 集2-
6028～31、6364、6957～8、
7130～1、12895、6-41935
(3)、44892～3、44896 叢
1-61～4、114(3)、347、
373(2)、2-730(4)、731
(33、34)、884
王佐廷 史3-17498
王佐之 叢1-194
王佐良 史7-56636
王佐才 史7-56176
王佐周 史4-25212
王先謙 經1-163(1)、
3046～8、4661、7090 史
1-8、201、362、389、612、
680、1509、1630～1、1634
～6、2642、2-6780、7453、
8546、12176、12324、7-
49414、50745、52685、
54426、54439、54592、
54649、8-65551 子1-
307、325、381、392、2490、
4-22788、5-25480、29418
集4-26082、31101、
33145、33212、5-35444、
37001、37007～15、6-
42075、42661、43070～1、
43078、43185、44333、7-
46423 叢1-438～9、

579、2-653(4)、698(5、
6)、731(4)、2113
王先聘 集5-38251
王先琨 子4-21870
王先豫 集4-23607
王先魯 史1-2623
王先吉 集3-14016
王先恭 史2-8542、8545、
11159 叢1-438
王先聲 史4-25165
王先春 集5-36566
王先哲 史4-25485
王先慎 經1-1848 子
1-4065 叢1-579
王德 集5-38708
王德文 集1-4093 叢
2-661
王德言 史4-25039
王德讓 史7-57214
王德新 史4-25460 集
4-26822
王德望 子7-35368
王德玉 史4-25100
王德丕 史4-25470
王德元 叢1-559
王德瑛 經1-5802～3、2-
8586、13466 史2-
6960、8-59901、60021
子5-30435
王德璘 史7-53339 集
5-35535 叢2-832(5)
王德信 集7-48767(3)、
48774(1、3)、48778、48804
～7、48809～45、48847～
61、48863～72、49709、
49711
王德千 史4-25182
王德爵 子2-5913
王德峻 子2-8253
王德純 經2-10469
王德名 集5-38147 叢
2-946
王德復 史3-20481
王德宣 子2-5266
王德宜 集4-24131
王德完 史6-47799、
48323
王德容 集4-27126
王德福 史2-11963 叢
1-511
王德溥 史6-46248 集
3-20550～1 叢2-832

(2)
王德浩 史7-57361
王德嘉 史8-61545 子
1-4437
王德森 子1-2627、2-
4771(4)、8557、10938 集
4-28451、5-38910～2
叢2-639
王德楷 集7-48206
王德基 集5-37018
王德茂 史2-8572、6-
43025、7-56877
王德棻 叢2-946
王德均 史6-45573～4、
7-49319、52810、53055
子3-12869、7-36228(2、
4)、36231(3、4、5)、36241、
36242(2)、36250、37114、
37123、37399、37756、
37934
王德朝 史4-25207
王德馨 史3-21340、21722、
4-25528 集4-33331
王德乾 史7-55306、55382、
56431 集2-11236
王德固 子1-2292
王德明 史8-58544
王德暉 經2-12038 集
7-54864
王德鍾 集4-25718、
29647
王德智 史4-24824
王德鈞 史6-45572、7-
49319
王德錄 史3-20440
王德尚 子7-36247、
36442
王德恆 史4-24822
王德輝 史7-56120
王儔 集1-1306
王偉 史8-65117
王偉忠 集5-38300
王佑 集3-19466、6-
44409、44958
王佑曾 集5-37845
王佶 經2-13882 史4-
24878
王僖 史7-56862
王勳 史3-22774、7-54415
子2-6937～8
王勳祥 史7-55603、
55606

王升　經2-10284～5　史7-56926　集4-33592

王升元　史8-61755

王勉夫　叢1-129

王特選　史8-59340　集3-18503

王皓　經2-11836、11839

王幼霞　集7-48343

王幼僑　史8-59745

王幼學　史1-983～4、1121～2、1125～31

王岵孫　子3-16725

王贊元　子1-2443

王贊堯　史3-18096

王贊中　史4-25509

王贊勛　子3-17213

王綺　集4-29340

王納　史6-47329

王納言　史7-55177

王納諫　經1-859～60,2-10461～3　史1-5046　子1-311,4-20782～3　集1-2590～1,2-12968,6-42869,45218

王綷　子3-17090　叢2-886(2)

王緯　史7-53342,8-62598　集3-18763～4　叢2-832(4)

王緒曾　史3-17141

王結　集1-5239　叢1-223(60)

王積　叢1-223(64)

王縝　集2-7338

王續　集6-41794

王續賓　集5-37601

王續古　集7-50262

王續藩　史3-21384,8-59271

王纘　史7-55062,8-60685

王纘謨　經1-1630

25 王仲文　集7-48767(4)、48902　叢2-698(15)、720(4)

王仲珊　史7-56206

王仲儒　集3-15505

王仲牲　史7-55513

王仲修　集6-41815～6、42041

王仲徽　集4-32792

王仲鎏　史4-24886

王仲湉　集4-26562～3

王仲暉　叢1-22(5)、23(5)

王倩　集4-24287～8、24648,6-41999,7-47376　叢2-1668

王健　集2-9682～3

王健□　子3-17325

王傳霖　史4-24836

王傳璨　史2-12130

王傳喬　史2-9940

王傳芳　史4-25073

王傳昭　史4-25399

王傳鉢　史8-59182

王傳錫　史4-24865

王傑　集2-11781,5-38041　叢2-795

王紳　史1-5398,2-8823,8-60589　集2-6045,6420～2　叢1-22(22)、223(63),2-860

王純　經1-4552　史6-46804　叢1-369

王純熙　子3-17025

王繡　經2-14062　集4-27260～1

王積澍　史3-23482

王積澂　史7-57339

王積熙　史8-59238　集4-22383,6-44970

王積光　集3-21248,6-44970

王績　史8-59827　集1-654～61　叢1-119～21、223(48)、287,2-636(3)、731(39)

王績康　集5-33822～3

王績熙　集5-34173

王績銘　史4-25031　叢2-848

26 王自豐　集2-12974

王自櫄　史4-25414

王自恭　子2-8694

王自超　史2-9163　集3-13977～8

王自昭　集5-36431

王自尊　史7-55093

王甥植　集4-28577

王伯麟　史8-60806

王伯允　叢2-964

王伯偉　子2-8915

王伯稠　集2-7092

王伯寬　史3-23141

王伯大　集1-1307～10、1413　叢1-223(49)、574(3),2-635(7)

王伯成　集7-48765、48921　叢2-720(4)

王伯興　子2-7331

王粵麟　史8-62306

王侃　史6-42173,7-49317(4)、49318(8)、52635,52644　子1-3915,4-21511～2、23404,5-27177　集4-29570～1　叢2-1765

王泉之　集4-24897

王得庚　史3-16491

王得臣　子4-19937～9　叢1-17、19(6)、20(4)、24(6)、223(41)、244(6)、373(5),2-652,731(4)、873

王保訓　經1-2342　叢1-493

王保譿　史2-12325,7-57055,8-66060　子3-16159,4-23656～7　集5-41672～83　叢2-644～5

王保建　史3-15989、18287

王保衡　史4-25133、25519

王保祿　子7-35253

王保奭　史3-16459,17490、22835

王鯤　史7-50231,8-64738～41　集6-44527　叢2-604

王魏勝　集4-30487,6-44394

王皞　經1-6248,6351

王和玉　集5-33957

王梟　子3-16330～8　集2-7740

王穆　史8-62959,62968

王緝修　集3-17368

王繹　子3-15906

27 王凱　子2-4710、7021～3、9673,9676

王凱亭　史8-61967

王凱沖　經1-374、2322　叢2-774(2)

王凱泰　史7-49330,51259、

中國古籍總目著者索引

52124 集5-34064~5

王佩諍 史2-12134

王佩珩 集5-39607 叢 1-504

王佩鎣 史3-19948

王佩蘭 集4-22734~5

王佩華 子4-21337

王佩篪 史7-57819 集5-41373

王仰岐 子2-7396

王問 集3-14660

王向宸 史4-24847

王修 史3-19962,8-65232、66014~5

王修麟 史3-18292

王修玉 史7-50256 集3-15240~1,6-42593 叢1-197(2)

王修植 史3-16406

王修椿 史4-25195

王仍鼚 集2-12729,6-44961

王仍宸 集2-12726,6-44961

王仍輅 集2-12728,6-44961

王仍縉 集2-12727,6-44961

王象 叢1-260~1,2-731(4)、772(4)、773(4)

王象晉 史4-25377,6-44134、44557,8-59166~7 子2-4738、5679、9333,4-19133~4、23945 集2-10775~7,7-46348、46376 叢2-948、1336

王象瑜 集5-35074

王象之 史7-49535~7,8-64067~8、64363~5 叢1-223(28)、282(3)、283(4)、448、456(6)、457,2-731(34)、859

王象蒙 史2-8942

王象乾 史1-1929,2-8942,6-41660 集1-4949,2-8109,6-42109

王象春 集2-9626、11501~6 叢2-689

王象明 集2-10173

王象晨 集2-10216

王侯 叢1-300

王侯聘 史8-58203

王候 史1-3527

王伋 子3-13165

王伊 經2-10992~3 史3-16700、21518,7-51592 集4-33634,5-36375~7

王僎 子3-12906

王伈 史2-6657

王阜基 史4-25392

王奐 史7-55356、57456

王奐曾 集3-16583~4

毛舟瑤 史1-95,2-12393,7-57623 集3-16332~3,5-39181~3,6-44700~1

王彝 集2-6256~60 叢1-223(62)

王名聲 子2-5978

王磐 子1-4486,4-18535 集1-4740,2-7443,7-50533、50577 叢1-22(17),2-1071

王魯得 經1-1063

王魯貴 史3-21170

王叡 子4-19891 集2-6121、8287、9297、10507、11042、11162、12503~6、12726~9、12894、12972,3-17504、17557,6-44961、45495、45539 叢1-15、19(7)、20(5)、21(7),22(4)、23(4)、24(8)、114(4),2-617(3)

王屺望 經1-1949

王峪 集4-28466

王彙徵 子3-18184

王粲 史2-6461~2 集1-246~50,6-41694、41698~9、41719~20、41794 叢1-22(9)、29(2)、74~7、183,2-772(5)、773(5)

王組 史7-55492

王紀 史4-25116,6-48413

王紀昭 集3-15716

王繩五 史4-25516

王繩武 史4-24849、25244

王繩生 經1-7161

王繩祖 子1-1785、1906 集5-34600~1 叢2-1961

王繩曾 子5-25573 集1-5539

王約 經1-4197 集4-26961~2

王紉佩 集5-39756

王絅堂 子3-17433

王綱 史8-58185 集3-15341

王綱緒 史7-51327

王綱齡 史4-25441

王叔謙 史3-16648

王叔承 集2-9764~6 叢1-269(5),2-731(44)

王叔和 子2-4563~4、4601、4723、4727、4771(2)、5996~6010、6318、6321~4、6758~9 叢1-223(32)、265(3)、274(4),2-635(4)、698(7)、731(28)、1817

王叔英 集2-6349~51 叢1-527,2-670

王叔杲 經1-6307 史4-25203,7-56774 集2-9281~2

王叔果 集2-9238 叢2-867

王叔釗 集5-34063,6-42014 叢2-1934

王穉登 經2-13798 史2-7276、9006,7-50177~8、50202、53838~9、56781 子3-15859、16075、18009、18315,4-19393~4、20877~8、23699、23976,5-25093,7-33968、33970 集2-9798~828,6-41935(3、5)、41948、45210、45260,7-49244、49971~2、50546 叢1-13、14(3、4)、22(24、25、26、27)、37、59、106、111(2)、119~20、129、154、168(3)、181、195(6)、220、279、307、363、422、469、495、567、584、586(4),2-648、716(3)、720(5)、731(36)、832(2)、1130~5

王紹廉 史3-16159

王紹庭 史3-23273

王紹斌 史4-25091

王紹武 史7-56159

王紹貞 集2-8557

王紹勳　史3-16335

王紹傳　史7-53322　叢2-832(6)

王紹徽　史1-1946,2-7326　叢1-411、544、547(4)

王紹沂　史7-52455,8-58186

王紹祖　子5-29183

王紹奎　經1-1948,2403

王紹塘　經2-12501

王紹基　集5-41206

王紹堪　史3-20578

王紹蘭　經1-1481,2941、3508～9,4138,5484、5971,6085,7238,7902,2-9754,11610～1,12145～6,13292,13557　史1-10(1)、230～2,2-6387,4-24917　子1-4011、4020,4-22537　集4-24484　叢1-203(13)、420,2-599,731(5)、759、764,1614

王紹燕　史4-25313　集4-33405～6

王紹翰　史1-5765

王紹思　集2-6861

王紹周　集5-39798

王紹曾　史3-17854,4-24862

王紹鑛　集4-30565

王紹堂　子2-10829

28 王以慶　史3-22978

王以誠　集6-43038

王以旂　集2-8041

王以宣　史7-54187　集5-35984

王以寧　史6-48446～7　集7-46352,46357,46359,46363,46374,46541　叢1-265(5)

王以浮　史4-25173

王以祥　史3-20031

王以懃　史3-17318

王以中　集3-19767

王以成　史4-24963

王以鏡　史4-25307

王以銓　史2-6455,5-33544

王以懋　史3-16418、17273　子3-18168　集

7-50411　叢2-622

王以敏　集5-40790～6,6-44133,7-48178

王以悟　集2-11312～3

王作霖　史4-25336,8-58372

王作富　史6-42253

王作樞　集5-37292

王作楳　史7-52875

王作晙　史4-25376

王价藩　史7-49353　集5-40114～7

王价人　史3-21404

王倫漢　史4-25184

王儌　史7-55769

王微　史7-52174

王徵　經2-14468～9　史6-43108　子1-4270,3-11236,12376,4-18646　集2-11167　叢1-223(38)、274(4),2-731(31)、828

王徹　經1-6803　叢1-374

王徽五　史4-25496

王復　經1-33,6645,7255、7343,2-11402～3,11418～9,11421　史8-64030　集4-22076～7,6-41763,7-49568　叢1-230(2)、241、242(2)、260～1,388,390,468,515,2-665,731(5,63)

王復齋　集2-8181

王復可　史4-25046

王復宗　史8-62270

王復案　叢1-388～90

王復禮　經1-6323,2-10674　史2-6659、6998,6-49273,7-51410、52305,52451,53376　子1-1544　集1-3455,6-43029　叢2-832(2)

王復旦　史3-19929

王儀　史6-41987,8-59176　叢1-22(8)、23(8)

王儀通　史3-16745

王儀吉　史8-60229

王儀鄭　集5-39054

王僧孺　史2-13278　集1-545～6,6-41694、41698　叢1-183,2-776

王僧虔　史2-6731　子3-15256　叢1-22(15)、23(14)

王僧保　集7-47579

王從善　集2-8148

王儉　經1-5445,6029　集1-502,2-6696,6-41698　叢2-774(3,4)

王徐庠　集5-35834

王馥　集3-19376

王齡　史2-8047

王齡嵩　子1-4224

王綸　子2-4560～1,4832～4,5540,8007

王綸部　史8-60939

王縫　集5-40789

王稌　集2-6045,6617～8　叢2-860

29 王鱗飛　史8-61614

30 王堃　經2-9702,10880　史6-44429,44431　集4-28069～71,6-44378

王室蕃　史4-25095

王宣猷　集5-39797

王宜亨　史7-49318(5)、52233,56801

王宜型　經2-13508、14524

王宜勳　集4-30661

王宜秋　子3-17105

王沆　叢1-373(4)

王瀛　史3-19514,7-53318　叢2-832(5)

王瀛傑　史7-56274

王瀛宰　史2-12450

王濟　史7-50938～9　子5-26219　集5-35698～9,7-49765～6　叢1-29(8)、39、50～1、53、55、84(3)、164,2-624(3)、730(11)、731(57)

王濟宏　子4-21464

王濟泰　史3-19774

王汶　集2-6045,6989～90　叢2-860

王寖大　子5-25772

王寧煒　集4-24397～8

王完　叢1-63～4,2-730(3)

王寵　史4-25279,7-52770　子2-9336,3-15698,15707,15845　集

2-8327～9,6-41935(2)、
42850、44470

王寵懷 史8-60302

王寬甫 集4-24988

王家亮 史3-17964

王家彥 史3-19312,6-
43500 集2-12081～2

王家齊 集4-31737～8,
6-42007(2) 叢2-858

王家文 子4-23572 叢
1-373(4)、558,2-858

王家謨 史4-26512

王家霖 史3-19096

王家瑞 史3-18073,8-
64099

王家肅 史3-23145

王家弼 子3-11454

王家俊 集3-20124

王家仕 集5-37239～40

王家佐 子5-25064

王家傑 史8-58859

王家修 集4-31736

王家督 經2-14207

王家憲 史8-61363

王家寅 集4-31176

王家賓 史3-22562,4-
25050,6-45655,8-59204
子7-37519 集3-
20332

王家禎 史1-1979、1982、
4477

王家禮 集4-23440

王家啓 子4-24221

王家士 史8-59224、
59990 集5-41154

王家坊 史7-55778

王家奮 史8-58278

王家柱 集5-37293

王家樞 史2-10457

王家楨 史6-48488～9
集6-43118 叢2-731
(18)、782(3)

王家勤 史2-12129

王家莢 子7-37523

王家葉 史4-25486

王家桂 集5-37137

王家植 史1-4902、5443

王家梿 史2-10386

王家棟 經1-649

王家相 史3-23682、
23684～5,4-25247,6-

42914～5、48801 集4-
24766～7,7-46411、
47806

王家槐 史3-22551

王家翰 史3-22924

王家枚 史2-10457、
11855,3-19103,7-56924
集4-32247,5-35910、
40293,6-41760

王家振 集5-36749～50

王家景 史3-15093

王家璧 史1-1727,3-
15340,6-47152、48955,
7-54700,8-60264 子
5-29193 集3-13128,
4-30167、32485～501,6-
44962 叢2-1806、1870

王家驥 史3-16550、
22008

王家駿 史3-23506

王家鳳 經2-11755、
14056 叢2-731(25)、
872

王家屏 史6-48350 集
2-9609、9861～6

王家駒 史8-58162、
61526～7

王家賢 史8-60607

王家義 史4-24857

王宸 子3-16093、16160、
16723～5 集3-20548

王永高 史4-25499

王永章 叢2-639

王永彰 史4-25289

王永瑞 史4-25422

王永發 史4-24808

王永貞 史8-59148、
61343

王永德 集5-36134

王永積 史7-50172,8-
59440 集2-12759

王永名 史8-60838

王永俊 史1-1136

王永良 史4-25306

王永江 經1-2060 集
5-40890～2 叢2-2217

王永祺 史2-11840 集
6-43601

王永清 史2-12465

王永祚 史3-17558 子
4-20811

王永祥 經1-2059 史

2-11698、11997 叢2-
2268

王永吉 集3-13474 叢
1-223(26)

王永壽 史4-24846

王永彬 經2-8497、12508
叢2-724、1763

王永輔 子2-9208

王永盛 史4-24869

王永恩 史7-56278

王永時 史3-21654

王永熙 叢2-902

王永年 史7-58036 集
5-35774～5

王永命 史7-55189,8-
62818 集3-14602～3

王永光 集2-10842

王進善 史6-48647

王寒 史2-7655

王之彥 史8-62769

王之京 叢2-1093

王之斌 史2-12092

王之望 集1-3263,7-
46377、46549 叢1-223
(54),2-873

王之正 史8-60946、
61002

王之元 集5-41319

王之晉 子1-1287

王之醇 集3-18351,6-
41967

王之霖 集3-19667

王之瑚 史7-56845 叢
2-806

王之政 史4-24818 子
2-5050、8880、10617～22

王之孚 集4-28072

王之采 史8-63088

王之衛 史8-59806

王之熊 史8-61963

王之俊 史8-62041

王之佐 史7-53655,8-
60331、60470 集3-
17312,4-23999、24122

王之勳 集3-20666

王之績 集6-46276

王之舟 史7-55771

王之綱 集6-42728、
42818

王之賓 史7-57485,8-
60274

王之述 史3-21075

王之道　史 8 - 58735　集
1 - 3231,7 - 46352~4、
46356~7,46548　叢 1 -
223(53)

王之垣　史 2 - 8983,6 -
48327　子 4 - 22259　集
2 - 9591　叢 2 - 948,1336

王之樞　史 1 - 4572~3
叢 1 - 223(20)

王之楨　集 3 - 13697

王之藩　史 8 - 58473　集
5 - 34471~4,6 - 45461

王之樹　史 4 - 24854

王之楠　史 4 - 25515

王之都　史 7 - 56971

王之翰　集 4 - 33029

王之春　經 1 - 6343　史
2 - 11697,6 - 44030~1、
45031~2,45513,49123,
7 - 49317(1,2),49318
(16,18,20),54341~2、
54619~20　子 4 - 23511
~3,7 - 36239,36865,
37348　集 5 - 37002~6

王之哲　史 7 - 55869~70

王之輪　史 4 - 25256

王之昌　子 4 - 22718

王之驥　史 8 - 58659

王之臣　史 6 - 43136,8 -
59213,63140,63317

王之鳳　史 4 - 25169

王之屏　史 4 - 24878

王之獻　集 2 - 9625~6

王之策　史 4 - 25337　子
2 - 4952

王之棠　集 4 - 30068

王之鄰　集 3 - 16455

王憲　集 6 - 44834

王憲正　史 2 - 9662

王憲祖　史 6 - 41733

王憲燾　史 3 - 22669

王憲成　集 7 - 46418、
47916

王守　集 2 - 8163,6 - 44470

王守訓　經 1 - 4344　史
3 - 16196　集 5 - 37390~1

王守誠　經 2 - 8723,8982、
9379,9875,10342　史 3 -
19348,7 - 55433

王守毅　子 5 - 26501　集
4 - 29463

王守謙　史 8 - 59024　子

4 - 23091

王守正　子 5 - 29008、
29075,29530(14)　集 5 -
36306

王守上　子 5 - 29536(6)、
30572

王守仁　經 2 - 8700,8845
史 1 - 1226,4411,6 -
45416~8,48185,48199
子 1 - 102,960~70,975~
6,978,2350,3025,3138、
3171,3197,3208,3269~
71,3465,3780~1,3 -
15699,15702~5,15845
集 2 - 7480~518,7520~
6,6 - 41794,41807~8、
41935(1),42047~9、
42057~8,42698~9、
42706,45193,45336　叢
1 - 22(21),61~4,174、
195(2,3),223(65),227
(10),282(3),283(2)、
580,2 - 635(12),691(3)、
698(6),730(3),731(9、
19),1072~4

王守約　史 4 - 25482

王守基　史 6 - 41495、
43774~6,43802　叢 1 -
419

王守恭　史 6 - 47788,8 -
59580,62790　集 4 -
31449

王守中　子 2 - 9595

王守愚　子 4 - 22088

王守矩　史 7 - 57182

王守恂　經 1 - 4457　史
2 - 12410,6 - 43177　集
4 - 30569,5 - 39959　叢
2 - 2176~7

王宇　經 2 - 8958,9358、
9854,10279　史 6 -
47797　子 1 - 32,41,44、
55,64,67,4 - 19594,22235、
24075,5 - 25114,29524　集
6 - 42959　叢 1 - 168(2)

王宇椿　史 4 - 24848

王宇成　史 4 - 25053

王宇煥　史 4 - 25356

王準　集 6 - 41833~4

王安石　經 1 - 121,3613、
4921,5175　子 4 - 19375
集 1 - 2266~73,2275~6、
2278~98,2358,2362,6 -
41708,41773,41794、

41797、41799、41802~6、
41900~1,41903,41908、
43266,44818,45336,7 -
46358,46362,46395~6、
46467~8　叢 1 - 7,9、
30,119~20,223(8,51、
52,68),227(9),273(2)、
456(4),2 - 635(8),698
(10),731(17),1033

王安舜　經 1 - 60,945

王安修　集 3 - 17091~4

王安蕭　史 8 - 62075

王安禮　子 3 - 11293、
13009　集 1 - 2376~7
叢 1 - 223(36,51),2 - 870
(3)

王安樸　史 4 - 26200

王安恭　史 7 - 55836

王安中　集 1 - 3010,6 -
41894(1),41895,7 -
46352,46357,46371、
46380,46382,46514　叢
1 - 223(53,72),2 - 698
(13),720(2)

王安泰　史 4 - 25445

王安邦　子 1 - 3047

王安國　史 7 - 49646~8
集 1 - 2324,3 - 18963~5,
6 - 41894(1),41895、
44968　叢 2 - 925

王安民　史 8 - 62075、
63183

王安鎮　史 8 - 61844

王安焱　史 4 - 25404

王寓貢　史 4 - 25432

王宏　子 3 - 14043　叢 1 -
22(18)、23(17)

王宏翼　史 7 - 55378

王宏嘉　史 7 - 49318(4)

王宏翰　史 2 - 6720　子
2 - 4962,5971,8078,3 -
11391

王宏撰　經 1 - 6511　子
3 - 15427　叢 1 - 223(4)

王睿　經 2 - 12697　史 2 -
12011,7 - 56959,8 - 63854
子 4 - 22761

王宮午　史 3 - 21427

王富豪　史 4 - 25049

王富臣　史 8 - 62607

王富鑣　史 4 - 25062

王宅心　史 4 - 25134~5

王宧岊　史 4 - 25242

王寰洽 集2-12709~10
王良弼 史8-61585
王良瑜 史4-24977
王良佐 集4-24126
王良麟 史4-25478
王良樞 子3-17957、
　18234 叢1-22(26)、
　86、498,2-730(7)
王良材 子1-10
王良穀 集3-14762、
　19668
王良貴 史8-59128~9
王良臣 經1-6864 子
　5-25713 集6-45831
王官彥 集4-32968~9
王官英 史3-19876
王定勳 集3-21022~3
王定傑 史4-25428
王定保 子4-22844~6、
　5-26220 叢1-31、40、
　99~100、154、219、223
　(44)、227(8)、255(2)、268
　(4)、435,2-624(2)、698
　(4)、731(50)
王定濂 史4-25428
王定安 史1-1848、1988、
　4008~9,2-8428~9、
　10060~2、10179、12190~
　1、12256,6-43844 子
　1-276、3919,7-33244
　集5-35776,6-42519
　叢1-496(1),2-832(5)、
　1840、1890、1943
王定洋 集5-35831~3
王定祥 集3-14890,5-
　38763~7
王定柱 經2-9129 史
　4-24758,6-43900,7-
　53109~11、53901,8-
　62554 子5-29179,7-
　33227~30 集4-24572
　~9 叢1-373(8),2-
　897
王定青 史4-25424
王定援 史4-25440
王定國 經1-1549
王定甲 史4-25442
王寔 集1-5809
王寅 史4-31205 子3-
　16420~3、16435、16614、
　5-27853 集1-831、
　1011,2-7255,6-44747,
　7-50619

王寅山 史8-59149
王寅清 史7-58019
王實 集1-5033 叢2-
　751
王實穎 子2-8187
王實甫 集7-48808、
　48846、48862 叢2-698
　(15)、720(3)
王實堅 史7-52787
王寶 集2-8287,6-44961
王寶序 史8-58387 集
　4-22311,6-43492
王寶庸 集5-38303 叢
　2-1882
王寶三 史4-25466
王寶仁 經1-5095、5982
　~4 史2-9830、11594、
　12090,4-25083,6-42602
　子1-2417 集1-3608、
　4-28578,5-36902 叢
　1-276,2-811
王寶儀 史8-62531
王寶華 史3-19426
王寶權 史3-15398
王寶槐 史4-24842
王寶書 集4-31178~9,
　5-36438 叢2-886(5)
王寶田 史8-59336
王寶善 史3-15575,4-
　25268,7-56106
王賓 史3-23149,4-
　24906、24934,7-52289~
　90、57202 子4-24664
　集2-6118~22,4-
　32671,5-33819,6-44961
王賓基 集5-41109
王宗庸 史4-24804
王宗慶 經1-57
王宗誠 經2-12277 史
　2-9554 叢1-202(7)、
　203(13)
王宗諲 叢1-223(52)
王宗毅 史3-19297 集
　5-41372
王宗聖 集6-42349
王宗喬 史4-24987
王宗傳 經1-77(1)、523
　叢1-223(3)、227(1)
王宗傑 史3-23546
王宗皐 史6-48466
王宗嶧 集4-32079
王宗稷 史2-11253~5

　集1-2387~90、2393~5、
　2401、2413~4、2416~7、
　2435、2460、2498、2502~
　3、2510 叢1-217、223
　(52)、2-698(10)
王宗沂 史3-17295
王宗沐 史1-987、1195、
　6-44124、48279,8-58462
　~3 子1-800,5-
　29253、29285 集1-
　3576、3741,2-9426
王宗涑 經1-163(3)、
　5188,2-12188 叢2-
　653(2)
王宗禮 子7-36097、36102、
　36104、36107、36111
王宗泗 史8-61865~6
王宗海 史3-21119
王宗道 經2-9336
王宗啓 史2-8767
王宗堯 史8-60248
王宗基 史3-20540
王宗耆 史4-25402
王宗植 史4-33168
王宗猛 史8-58214
王宗本 史4-25276
王宗旦 史3-21292
王宗顯 子2-4720~1、
　4778、4876
王宗晚 史4-25407
王宗臣 子3-13334
王宗鏐 集6-44205
王宗筠 史7-56760
王宗炎 史2-8947,8-
　65722 子3-15192 集
　4-23815 叢2-759、
　1527
王宗燿 集4-27378
王宋仁 史4-25409
王宋 集1-4202
王宋廷 史8-59172、
　59174
王寂 史7-49952~4 集
　1-4639~41,6-41925
　叢1-223(58)、230(5)、
　231、468、511、584,2-731
　(40)、785
31 王江 史8-62911
　王涇 史6-41976~8 叢
　1-272(5),2-615(1)
　王涯 子3-12904、12908
　集6-41713 叢2-635

(4)
王河　史7-56088
王沄　子5-26648
王澐　史2-11642,7-49317(4)、49318(13、14)、49358、51976、53097、53506、53578、53647、53720　集3-14113　叢1-241、242(3)、496(6)、2-731(43、57)、735(2)
王潊　子4-24283
王潜　史4-24899
王潜初　史7-55625　集2-11601
王潜增　子5-25876
王灝　史8-66163~4　子4-21077　集2-7127,4-22574~5　叢2-782(1)
王灝雲　集4-28275
王灝儒　史7-55605
王源　經1-6909~10、7288、7389、7755~6,2-9942　史1-5280,4-24954,7-51896,8-62824　集3-16371~3　叢1-215、373(6)、2-731(45)、782(5)、1360
王源魯　史1-1981、3118、3203~4
王源浩　史3-21124
王源瀚　史6-43479　集5-35199
王福康　子1-2297
王福謙　史7-55375
王福生　史3-18893
王福徵　史2-9855
王福永　史3-17894
王福基　史3-19576
王福田　史8-65199
王福暘　集4-30794
王福臣　子7-33781
王福賢　子3-12891
王福曾　集5-39415
王禎　子1-4109~10　集1-5123　叢1-223(32)、230(3)
王顧勳　集5-35271
王遒正　集4-28807
王遒譽　史2-13092
王渠曾　史7-56179
32　王洲　集4-23894

王鋈　史1-5985
王兆元　史7-54971~3
王兆雷　集4-25542
王兆雲　史2-7268　子5-26227、26390~3、26996~7001　集6-45746　叢1-233、496(5)、2-731(47)
王兆瑞　子2-8487
王兆弘　史4-25378
王兆琛　經2-13072　史4-25387　集4-28073　叢1-443
王兆熊　史4-24919
王兆僖　史8-61816
王兆鯤　史3-17737
王兆潤　集3-21448
王兆涵　集5-37059
王兆吉　史2-11550
王兆杏　史7-57183
王兆森　史3-22974
王兆楨　集5-36899
王兆基　史3-20470
王兆芳　子1-1832　集5-40169
王兆蓮　史4-24814
王兆林　史4-24868
王兆泰　史3-19043
王兆鼇　史8-62801
王兆鳴　集5-35073
王兆陞　史7-56801　集3-14480
王兆鵬　史4-24797,8-59281
王兆與　子3-17214
王兆興　子3-17134
王兆臨　史3-17644
王兆騰　史8-59249
王兆笏　史2-9130
王兆符　經1-6913　集3-17588、17594　叢1-389~90、2-1386
王澄　史3-17016、18562　集3-21886
王澄世　集2-12505,6-44961
王澄思　集3-20963
王沂　集1-5272~3,6-44958　叢1-223(60)、265(5)、266
王沂孫　集7-46352、

46356~7、46363、46375、46390、46720~1　叢1-244(3)、353,2-698(11)、731(48)
王沂淵　史8-62374
王漸逵　經1-679
王漸鴻　經2-9713~4　史3-21285
王澎　史3-15435
王潙　史2-9124　叢2-794
王冰　子1-62、64~5、67~8,2-4564、4625、4788~9、5317~23、5391~4,3-13029~31,5-29530(20)　叢1-223(32)、227(7)、2-635(4)、698(7)
王添煥　史4-25462
王浮　子5-26816　叢1-589,2-592、750
王巡泰　經2-10761　史8-61341
王遜　子2-5596
王遜之　史2-6488
王羮堂　子4-22627~8
王業浩　史8-60139
王業隆　史2-7384,8-62920
33　王心　史2-10019,7-57847
王心謙　集5-39798
王心一　史4-25204、25206　集2-11213~4
王心豫　史4-24944
王心湛　集3-15844
王心清　集4-23366~7
王心潤　史4-25231　集6-44966
王心祖　子5-25211
王心如　集5-38042
王心敬　經1-1132、2832、3978、5689、6269、7763~4,2-8776、9050、9441、9926、10604、10607　史2-9340,6-44581　子1-1448、4207　集3-16894~5　叢1-203(8)、223(5)、2-829
王心田　史8-62466
王心照　史2-12035　叢2-1656
王必梁　史4-25305

王凝鼎　集3-14419
王凝命　史7-57908,8-
　58682
王次先　叢2-724
王漱石　子7-35695
王潔　集5-36210
王滌心　經1-1674　史
　7-55084　子1-1773
王祖庚　史7-55645　集
　3-19436,7-48361　叢
　1-223(17、18),2-698(4)
王祖奕　史8-62239
王祖詢　史3-22624
王祖珏　史4-25188
王祖聰　史4-25183
王祖仁　史4-25059
王祖德　史3-21538
王祖繩　史2-10706
王祖源　經2-11323、
　13317　史6-41541　子
　2-11218　集4-32970～
　2,6-45492　叢1-442～
　3、534,2-731(23、43)
王祖濕　史4-25379
王祖袍　史4-25175
王祖海　史4-25191
王祖嫡　經1-2724　史
　7-53837　子1-2137
　集2-9691～5　叢2-
　701、826、1124
王祖蔭　集5-36520～1
王祖肅　史2-11868,7-
　56875　集1-2487
王祖昌　史2-7595　集
　2-11506,4-24127～30
王祖顯　史1-1640
王祖熙　集3-20415,6-
　44966
王祖畬　經1-169、5798、
　7091,2-9318、9816～7、
　10037　史2-12325,3-
　16125,7-57053、57057
　集5-37017　叢2-2114
王祖光　史3-15729　子
　2-6633,3-17311　集
　5-38298～9
王祖炎　史4-25090
王祖煊　史3-19541
王祖斌　史3-19536
王冠甲　史7-57818
王初麒　史4-25092
王初桐　經1-4720,2-

14665、15023　史7-
　50609、53928、56423、
　56436　子4-19151、
　19398～9,5-25400～2
　集7-46431、47260～4
　叢1-202(8)、203(14、
　18)、373(5),2-1492～3
王祿孫　史3-18957
王祿昌　史8-61925
王褉亭　史4-34648
王逸　子1-459　集1-8
　～9、11～8、212～3,6-
　41698～9　叢1-140、
　183、223(47),2-635(5)、
　698(8)、731(39)、774(9)、
　872
王逸虬　經2-11537
王通　史1-1023～4　子
　1-3～8、18、20～1、25～
　7、30～1、55、61～5、67～
　9、536～44　叢1-19
　(10)、20(7)、71～2、74～
　7、101、182～3、223(18、
　29)、227(6)、447、473,2-
　635(4)、698(6)、731(10)
王逢　經1-3701,2-8688
　～9、8944～5、9346～7、
　9843～4、10259　史1-
　1070、1085、4856　集1-
　5778～81　叢1-223
　(61)、244(6),2-731(43)
王逢五　史7-55537
王逢元　經2-10541
王逢源　史1-5700,7-
　56724
王逢吉　史7-55314
王逢春　史4-32209
王逢辰　史2-7382　子
　4-19323
王逢年　史3-15702,6-
　42820　集2-9451
王運新　集5-36669
王運麟　史4-25500
王運嘉　子7-38083
王運蔚　史4-25508
王運泰　史4-25249
王運昇　史8-59326
王運恆　史7-55158
王遲春　集4-23266
王追淳　集2-8314
王追騏　集3-15061～2
王選　史4-25325
王罕皆　經2-10702～3

王朗　經2-9236　叢2-
　774(6)
王郎　子5-28577
38　王汾　史7-56683
王瀹　集2-6575
王激　集2-7668
王洋　集1-3170～1　叢
　1-223(53)
王海湖　子7-36110
王海潮　子7-36106
王海暘　子2-8928～30
王浴庵　史4-25410
王祚永　史7-55787
王祚禎　經2-14352
王祚浩　史4-25304
王祚昌　史7-51684
王祥徵　史4-25401
王裕慶　子2-7003、7508
王裕承　集5-39184
王裕齡　史3-18221
王裕嶸　史3-15698、
　21681
王裕鴻　史4-25102
王裕垣　史4-25396
王裕基　史8-63102
王裕坤　史4-24843
王裕昌　史3-22290
王遂善　集5-39608～9
王遵扆　集3-17537
王道　經1-666、3729,2-
　8965～6　史8-62797～
　9　子2-10030,5-
　29096、29530(19)、29535
　(3)、29536(3)、29538、
　29543、31032～3、31214～
　5　集2-8054～5,3-
　18761～2　叢1-223
　(23、47)、560,2-1079
王道亨　史8-59075　子
　3-13598
王道享　子2-9552
王道端　史2-7181、7183
王道一　史7-55991
王道行　史2-7741,8-
　65602　集2-9329
王道然　經2-10744
王道升　子1-1601,4-
　21139　集4-28475　叢
　1-299～300
王道純　子2-5543、6016
王道徵　史2-6486　子

5－27142

王道通　集2－12051

王道直　集3－15342

王道相　叢2－2270(1)

王道成　史8－59631、
61647

王道周　子3－11462

王道履　史8－61802

王道鏞　史4－25403

王道銓　史4－25476

王道光　史8－59112

王道焜　經1－6702~3、
8127,2－10365、10391
子3－12910、15018,4－
18962、20863、24091　集
2－11942~4,6－43118
叢1－11~2,22(14)、23
(14)、29(4)、30、119~20、
173、181、223(11)、255
(2)、291、294,2－833

王道煌　史4－25480

王肇　集3－16779,6－41967

王肇廠　史3－15386

王肇謙　史3－16977、
22486

王肇晉　經2－9588~9
史7－55072

王肇衍　史7－52680

王肇鼎　史3－22843

王肇宗　經1－2243~4

王肇江　史4－25215

王肇渭　史8－58941

王肇奎　集4－22915、23116、
24178、24873、25730、
26753、27014、28858、
29223、29421、29553、
29555、29693,6－45079

王肇基　子3－17276　集
5－38145

王肇棟　史8－59850

王肇賜　史8－58928

王肇陞　史4－25118

王肇釗　叢1－502

王肇劍　史1－292

王肇鋐　經2－15078　史
7－49780~1、54320　子
3－11563,7－38002

王啓　子4－21897　集2－
7252　叢1－407(2)

王啓烈　史3－16307,7－
50806

王啓聰　史7－57833

王啓秀　史3－22732

王啓仁　史3－23437

王啓允　史7－57256

王啓俊　集4－29937、
31533

王啓魁　史4－25347

王啓墼　集3－17442

王啓沆　史2－9130

王啓寅　史4－31889

王啓湅　史2－9363　集
3－17000,6－44175　叢
2－673

王啓通　史4－24988

王啓芳　史4－25186

王啓茂　集2－11904,6－
41949　叢1－353

王啓輔　史8－61355

王啓招　史4－25284

王啓原　史2－12823　子
4－21674　集4－32023,
5－38857,6－45494　叢
2－1839

王啓曾　史1－3993,3－
15279　集7－47794

王榮　集1－1735~8　叢
1－223(50)、244(3)、353、
442~3,2－731(39)

王榮華　子4－21204~5
集4－28274　叢2－1609

39 王泮林　史4－25259

王濂　集2－10540

40 王十朋　史6－48139,7－
50421~7　集1－903、
2489~97、2499、3327~
38,6－41779~80、41786、
41798、41894(2)、41895、
41903、41908、43551　叢
1－223(25、55)、227(10)、
301、347、559,2－635(8、
10)、687

王九靈　子5－31016

王九皋　史8－63002

王九齡　集3－16175~6,
7－46398~400、47078

王九達　子2－5334、5969

王九成　子1－1044

王九思　史4－25522　子
2－5456　集2－7396~
401,6－41935(1),7－
46805、48776、48778、
49115、50542~3、50569~
75　叢1－265(3)、274

(4)、2－635(4)、672、698
(7)、778

王九疇　史8－62767

王大斌　子2－5342

王大韶　集2－10191

王大晉　叢2－1493

王大醇　集6－45222

王大信　史7－55218

王大經　史2－9773、
12836,3－19610,4－
24953,7－56293　集3－
14310,4－31595,6－44788

王大後　子4－24529

王大魯　史8－61057

王大鵠　史4－25272

王大綱　史1－2702

王大齡　集4－32421

王大綸　史7－49493　子
2－8406

王大淮　集4－27868

王大濟　史3－16954

王大富　史4－24833

王大海　史7－49317(5)、
49318(17)、49336、49338、
54294、54301、54482~3

王大埼　集4－29648~9

王大有　史4－24952

王大來　集4－27262~3

王大森　史3－19795

王大樞　經1－7855　子
5－26424~5　集3－
21506~8　叢2－1508

王大基　史8－60304

王大樓　集6－43125

王大增　子3－17463

王大本　史7－55200

王大成　史4－25130

王大點　史1－4310

王大騏　史8－61944

王大隆　經1－5368　史
8－65144、65261、65376、
65378、65740~1、65785
集4－25334、28116,5－
40145　叢2－637(4)、
645~51

王大同　史7－56381

王大全　集4－24570

王大年　史7－55253

王大鈺　史4－25390

王大智　子4－24001

王大鈞　史3－16807、

20779

王大鏞　史4-25261,8-
　59304

王大灼　史4-25303

王大煇　史2-6511～2

王太白　集2-10929

王太和　史3-18007

王太祥　子7-37109

王太華　史4-25014

王太岳　史2-9484,7-
　49318(3)、53038、53918、
　8-65446　集3-20711～
　5　叢1-223(73)、2-731
　(3)、783

王友亮　史7-50107　集
　4-22442～5

王友端　史3-15373、
　17942

王友仁　史4-25048

王友蘭　史4-25349

王友棻　史3-17709

王友光　史2-12789　子
　4-22617　集4-31466～7

王士讓　經1-5277

王士端　子5-29535(6)、
　29536(6)、31378、32038

王士麟　史8-60010

王士元　集1-5280,4-
　32884

王士震　史3-21158

王士琦　史7-49925　叢
　2-727

王士璜　集4-23670

王士琛　集2-6217

王士仁　史7-56266、
　56268

王士崧　經2-11108

王士俅　史4-25214

王士俊　史8-58265　子
　1-2221　叢1-223(24)

王士魁　史4-24752

王士佐　史4-25009

王士升　集3-21549

王士傑　史3-16712、21442,
　8-59665

王士儀　史7-55893

王士濂　經1-7126～9、
　7749,2-11013～4、
　11750、14599　史7-
　49405　叢1-526

王士宗　史3-21936

王士源　史2-8564　叢

1-30、119、223(47)

王士祜　集3-15306～7
　叢2-948、1336

王士禧　集3-14767～9,
　6-44964　叢2-948、
　1336

王士禛　經1-3960　史
　1-4459,2-6976、11744～
　5,3-13480～1,4-29229,
　6-42065、42244、48655、
　49268,7-49316、49317
　(2,3,4,5)、49318(2,5,7,
　8)、50957、52189、52535、
　52982、52996、53201、
　53205、53210、53234、
　53684、53777、53868～75,
　8-65661～3、66206　子
　3-15383～4,4-21062～
　8、23131～6、24204,5-
　25294、27625～7、27630～
　1　集2-7661～2、7779、
　8149～50、8573、11502～
　3、11844,3-13029、
　13627、14031、14035、
　14127、14650、14710、
　14767、14786、15184、
　15306、15331、15423～49、
　15465、15541、15624、
　15626、15649、16422、
　16558、17013、17544、
　17680、18145,6-41777、
　41876、41951、41961、
　41966、41969～70、41972、
　41979、42062、42066、
　42319～20、42546、43237、
　43241、43244、43246、
　43248、43253、43255、
　43258、43263、43375、
　43400～4、43589、43803、
　44063～4、44162、44750、
　44845、44964～5、45241、
　45488、45491～2、45494、
　45496、45890～6、45898～
　9、45901～6、45908～12,
　7-46397～400、46402、
　46404、46427、46907～10、
　46912、48497、48528、
　48711、48743　叢1-195
　(3,4,7)、197(3)、201、202
　(5)、203(4,11)、210～2、
　223(42,44,67,71)、227
　(8)、249(3)、254、320、
　371、373(3,6,7,8)、395、
　421、426、435、442～3、456
　(2)、462、485～6、496(4)、

498、512、534,2-617(4、
　5)、624(3)、632、635(12)、
　697、698(11,12,14)、731
　(47,48,49,51)、735(2)、
　736、948、1336、1513～4、
　1851

王士達　史5-39122

王士祿　史1-4926,8-
　64149　集3-14703～
　10,6-41961、41995、
　42553、43003、44845、
　44964～5、45900,7-
　46402、46404、46427、
　46911、47047、48529　叢
　1-201、202(5)、203(4、
　11)、397,2-698(14)、
　948、1336

王士瀚　史7-51877

王士雄　子2-4644～6、
　4653～63、4678、4756、
　4770、4771(2,4)、6845、
　6849～50、7050～1、7073
　～4、7155、7768、8229、
　8517、9782～4、10491、
　10578、10654～60,4-
　18956　叢1-373(4,6、
　9)、423、479

王士桓　集4-26675～6

王士彬　史8-58522

王士芬　史3-18936

王士莘　史4-25394

王士柟　史3-21294

王士魁　史6-46388,7-
　55020

王士乾　史4-24940

王士黿　集3-17814,6-
　45219

王士點　史6-42900～1,
　7-51509　叢1-205、223
　(23,26),2-630

王士驥　子4-21107　集
　2-11503～4

王士駿　經1-6128,2-
　14927　史3-23037　集
　3-15561

王士騏　史1-2690,2-
　8499～500、8978　子1-
　3066、3166　集1-316,
　2-10603

王士騄　集2-11264～6,
　6-45336、45340

王士覺　子1-2110

王士熙　集1-5140～1,6-

41779～80

王士錦　集4-22145

王士鈖　史7-57733

王士敏　集5-39536

王士焱　史4-24769

王士性　史7-49571～2、
50621、50989、53085～6
集2-10288～9　叢1-
195(7)、2-622、731(57、
58)、849、885

王圭　集1-5097

王奎然　史4-25172

王直　集2-6600～4　叢
1-223(64)

王直淵　集6-44306

王壇　集3-15504

王堉　史2-12330,3-16373

王坊　集6-42735

王埇　史4-24891

王埇德　史4-25521,7-
55423

王培　史5-34361　集2-
11646

王培新　集5-34286

王培孫　集3-13085

王培德　史4-25393　叢
2-754

王培佑　史3-16096

王培宗　史8-59775

王培森　史8-62201

王培荀　史2-12679,8-
61908　子4-21555～8、
22491、23288～91、24427
集4-29866～70

王培壁　史2-10200

王培棠　史7-56538

王堯功　史4-25225

王堯衢　集6-42246～7

王堯德　史4-25225

王堯棟　史4-24888

王堯臣　史8-65420～2
叢1-223(28)、264、456(4)

王在璋　史8-62511

王在晉　史1-2939～40,
2-9019,6-44130、45489,
7-51882～3　子1-
1245、3088　集2-10848
～52　叢1-269(3)、270
(3)、271、448,2-606、741

王在宣　集5-40043～4

王在潤　史4-24973

王在田　史2-10289

王在鎬　經2-13100　史
1-4988　子1-1969
叢1-574(5)、2-1226

王克廣　子2-9546

王克讓　史3-15050、
21149

王克生　史8-58755

王克淳　史7-55325

王克禮　史8-61703

王克莊　史8-60432

王克昌　史7-55760～1,
8-65690

王克明　子5-29535(7)、
29536(7)

王克剛　史8-62364

王克篤　集7-50622

王鼎　史3-18360　子3-
13725

王南珍　史1-4944

王南式　史4-25292

王南國　史8-59725

王希廉　子4-24443～6,
5-25430、28381～6、
28420　叢1-496(1)

王希文　史7-52611

王希正　史4-25171

王希琮　史8-60381

王希孟　子3-12996

王希尹　經1-1560　史
2-11872

王希舜　史8-63028

王希巖　集4-24571

王希巢　子5-29530(8)、
29864

王希程　集4-32248

王希伊　史8-62820　集
3-20484～8

王希濂　史7-55950

王希清　史7-57804

王希鑒　史3-18042

王希旦　集2-8227

王希明　子3-11271～2、
13008、14238、14562　叢
1-223(36)

王希賢　史7-55684

王希人　子1-1810　叢
2-964

王希曾　史2-7776,3-
20066～7,8-59430～1
集5-37964

王有慶　史7-56764

王有珩　集1-2234

王有孚　史6-41540、
46158、46279、46343、
46466　子1-1711,4-
21311

王有德　史3-17650

王有贊　史3-22776

王有約　史4-25192

王有容　史7-55635

王有宗　經2-11060～1
史7-55763　叢2-724

王有志　史4-25187

王有嘉　集3-21085

王有茂　史4-25022

王有蕙　史4-24839

王有成　史2-9701

王有朋　史4-25352

王有年　史8-58819　集
3-13816

王有會　史4-25185

王有鈞　集4-33595

王有堂　集5-35382

王有光　集6-43156

王有煥　史4-24815

王存　史7-49527～30
叢1-223(23)、230(2)、2-
731(56)

王存敬　史7-57828

王存成　子1-4416

王存善　史8-65259　子
3-15802、18141～3

王志高　史8-62444

王志慶　史1-5562　子
5-25755～6　集2-
11777　叢1-223(44)

王志謹　子5-29530(6、
20)、29535(6)、29536(5)、
31965

王志修　史3-17396,7-
49978

王志良　史4-25055

王志沂　史7-53638,8-
62668、64088　子2-5209

王志湉　集4-24764～5

王志遄　集2-11162,6-
44961

王志遠　子4-22270、
23991～2　集2-12972,
6-44961　叢1-22(23)、
2-617(3)

王志瀜　史7-55811　集
4-26114～5

王志道　史4-24962　子

王志藻　子4-24455

王志坦　子5-29530(21)、29562、31240

王志昂　史3-16694

王志長　經1-3844、4988　叢1-223(8)

王志堅　史1-5503　子4-23729、24024～5、5-29530(12)、31833　集1-2396、2-11412、6-41799、42642～3、42871　叢1-31、223(70)、347、496(3)、2-731(4)

王志鎮　史4-25190

王志銓　史4-25189

王燾　子2-9130　集3-17090、4-33401　叢1-223(32)、2-2130

王燾貞　史2-9017

王燾曾　史3-19221

王熹儒　集6-43427

王杰　經1-1367　史6-42303、46978、8-64151　子3-14805～7　集3-20914～5　叢1-223(67)

王奪標　集3-14417～8

王嘉　史1-1914　子1-61、4-19842、5-26222、26224、26829～32　叢1-19(6)、20(4)、21(6)、22(12)、23(11)、24(7)、29(1,2)、71～7、91～3、95～6、99～100、125、162、168(1,3)、185、223(45)、227(7)、407(2)、2-617(2)、730(2,5)

王嘉詵　集5-39660～3

王嘉謨　史3-21598、7-55602　子2-6910　集2-10375

王嘉麟　史4-25350

王嘉瑜　史4-24970～1

王嘉賓　史3-18993　集5-40118

王嘉福　史3-17906　集4-29525、7-47460

王嘉祿　史4-24994　子3-17833　集4-29871　叢2-647

王嘉楨　子5-27232

王嘉孝　史8-62916

王嘉樹　集3-20317

王嘉桂　史4-25397

王嘉嗣　子2-4603

王嘉璧　子5-25974

王嘉善　史3-17217

王嘉曾　集3-21204

王嘉會　史7-55896

王嘉猷　史8-59038

王嘉銑　史7-56612

王韋　集2-7651～2、6-41935(1)

王韋修　史8-61972

王古　史8-66331　子6-32085(56)、32086(66)、32088(41)、32089(51)、32090(65)、32091(63)、32092(43)、32093(53)、7-34857、34884　叢1-223(46)

王古初　經2-8557

王右　叢1-168(2)

王吉　史7-52091

王吉謙　子2-5150

王吉武　集3-16192

王吉相　經2-8789、9061、9451、9941、10650

王吉昌　子5-29530(5、7)、30787、31230

王吉臣　史8-59049

王吉人　史4-24922、30564、8-60172　集4-32790～1

王喜　史6-46613　叢1-223(24)、273(4)、2-731(31)

王奇奘　子2-7234

王奇英　史6-47541～2

王壽　史7-50364～5　集4-25606～7　叢2-840

王壽康　集4-29574　叢1-385

王壽庭　集4-30567、6-42014、7-47899～900　叢2-1934

王壽仁　史3-17881

王壽山　史4-25158

王壽徵　集5-33865

王壽宣　集5-36572

王壽邁　子4-18751、18765～6

王壽彭　史3-16797

王壽萱　集5-40859

王壽花　史4-25236

王壽柟　史3-15987、18503

王壽椿　史4-24922

王壽杞　史3-20214

王壽松　史4-25027、8-61615

王壽春　史4-25361

王壽搏　史3-20634

王壽昌　史2-9681　子4-24516、7-37489　集4-29072、29347～50、5-38302、6-44968　叢2-599、886(3)

王壽明　史4-32083

王壽長　集3-19140

王壽頤　史7-57647

王壽同　集4-30959

王嘉　子5-29530(22)、29535(5)、29536(5)、31234～5、31945～7　集1-4694～9

王雄　史8-59912

王真　史2-12386、8-66072　子5-29530(14)　叢1-265(4)、272(5)

王真勤　子5-26583

王來　集2-6822

王來任　史6-48610

王來賓　子2-5403

王來通　史6-46586、7-53016～7

王來遴　史8-61658、62015　集2-8321

王來賢　子2-9245

王柱臣　集7-53754

王樵　經1-2717～8、7589～91、2-10318　史1-2885、6-45776～7、7-56839　子1-1091　集2-9366～73、6-45336、45340　叢1-223(6、11、66)、2-730(12)、836

王梓　史7-52449

王梓材　史1-1915、2223～5、2-6671～3、6675～6、6687、8857　叢2-698(7)、845(3、4)

王森　史4-24926　集4-22309

王森文　史8-62783、

62902、63032、64106　集4-24337　叢1-334、336～7,2-731(35)
王森澍　子2-9733
王森財　史4-25286
41 王垣　史4-25380
王垣奎　子2-7010
王極　子7-34051
王概　史6-46471、46878,7-52554
王桓　集3-16674
王楅　史8-59242
王柘　集5-33704
王栢　叢1-136
王楷　史7-55265,8-59682　集5-33952～3
王楷蘇　史4-24767　集6-46041
王楷歐　史4-24767
王楨　史3-18185　集4-27763
王櫃　集6-45813
42 王塏　史8-62448
王圻　經1-4970、5615～6　史6-41573～5、42232、43822～4、46755,7-56485　子4-23902,5-24991～3
王彭澤　集3-17277
王壎　史8-59317　集3-14479
王荊石　集6-45406
王韜　經1-7079、8003～7　史1-1995、4055、4095、4511,2-7696、8787、10016、10336、12920～5,6-43448、44848、47512,7-49317(1、3、5、8)、49318(14、16、18)、50047～8、54119～21、54462、54535～6、54608～9、54633、54769、54837、54857、54994,8-65827～9、66037　子1-3376、3607、4163、4208,4-21545、23452～4,5-26232、26597～604、27642～4,7-36228(4、5、6)、36241、36243、36246、36829、37312、37448、37450、37492、37574、37676、37997　集4-31568,5-34853～67,6-46174　叢1-388～90、467、496(1、2)、548、587(5、6),2-695、721、735(2、5)、736、752、1973～4
王韜仲　子3-12370,7-37010
王韜筆　子7-36228(4)
王晳　經1-77(3)、7463　叢1-223(10)
王斯洧　史4-24823
王斯求　史4-25174
王斯颺　集4-23568～9
王斯年　集4-26020～3
王彬　史7-57395、57554,8-60648　集4-32419～20,7-48349　叢1-168(2)
王樸　集4-33400
王梃　史4-24997　集2-11859～61　叢2-845(5)
43 王尢　經1-4274　史3-16228、18774
王博　史8-59555
王博謙　子7-36032　集5-39287
王博厚　史8-61165
王式　史2-7397
王式文　史3-16162
王式言　集4-32967,6-42008
王式通　子1-3449　集5-39960～3
王式楨　史3-23126
王式典　史7-58106
王式丹　集3-16190～1,6-44441
王式金　集4-33593～4
王式鈺　子2-10526
王城　史7-56634　集4-27492～4　叢1-339～40
王域　史4-24964
王始旦　子1-3923
王載　集6-42458～9
王載廷　史4-25024
王載宣　子3-13150、13622
王載之　史4-24949
王越　集2-6860～4
王朴　子3-14187　叢1-223(36)、273(4)、274(4)、456(7)、457,2-731(16)
王棶　史1-1914、2460～1　叢1-2～4、6、9～10、19(11)、20(9)、21(10)、22(7)、23(7)、24(12)、26～8、95～6、223(20)、268(2)、388～90,2-624(2)、730(2)、731(66)
王栻　集3-16933
王榕吉　史7-55255　集4-32599
王樾　史4-25238　集4-27600,5-39606
王樑　子3-16264　叢1-203(15)
44 王協夢　史8-60387　集4-26207
王封采　子3-17697
王封崑　集3-18983～4
王封濚　集3-15986
王芷　史3-23414,8-62427　子1-4196
王芷章　叢2-2271
王基　經1-3565～6、4818　史2-9001,8-58948　子1-497　叢2-772(1)、773(1)、774(2、9)
王基鞏　史8-60471
王基昌　史7-55787
王荃　史3-16131
王荃善　史8-61797
王荁　集2-7897
王萱　史6-48203
王萱齡　經1-2213,2-14776～7　子3-12802　叢1-558,2-782(4)
王蓋臣　史6-42535　子4-23624
王地山　史4-25285
王埴　史7-55771
王蒲園　史8-59756
王藩　史7-54918　集3-20957
王藻　史3-15170,6-46662　集1-5641,3-13031、13579、14182、14368、14496、15149、15269、15293、15855、16824、16880、17488、17626、17802、18051、18112、18584、18690、18873、18880、19021、19398、19676、19727、19912、20139、20658、

中國古籍總目著者索引

21069、21083、21293、
21396、21410、21586、
21607、21645、21714、4－
22404、22588、22595、
22818、22997、23361、
23547、24047、24083、
24161、24256、24391、
24412、24419、24715、
24839、25032、25179、
25187、25230、25273、
25603、25712、25755、
25850、25859、26017、
26474、26617、26692、
26766、26812、26842、
26970、27125、27154、
27998、28055、28200～2、
28267、28292、28308、
28375、28634、28722、
29374、29711、30300、
30392、30454、30461、
30507、32773

王藻墀　史3－20060　子
　　2－7135

王夢庚　史8－61495、
　　61700、61888　集4－
　　25342～7

王夢弼　史6－46856,7－
　　57422　子3－16886

王夢熊　集1－4435,4－
　　22988

王夢貞　史4－25418

王夢鼎　史2－7932～3
　　集2－12525

王夢魁　史3－20522

王夢白　經1－3955

王夢齡　史3－21349

王夢祖　子2－6595

王夢蘭　子2－9348～9
　　集3－17207

王夢松　史3－20631,8－
　　59202

王夢周　集5－33960

王夢銓　史7－50499

王夢簡　經2－8749、9014、
　　9410、9899、10498　集6－
　　45495、45545　叢1－114
　　(4)

王夢篆　集3－21802

王夢小　子3－14697

王琴林　史8－59875

王芹芳　史3－16737

王荇芬　集5－38644

王衡　史2－11814

王勸　史8－59214

王勸士　子4－19642

王芬　集5－34468

王芮　史1－4862　叢1－
　　265(4)

王芳　史3－15243、19434
　　集3－20860

王芳州　子5－25929

王芾　史8－62692

王蘭　史3－16043、20006
　　集4－26766

王蘭廣　集4－31280～1

王蘭生　經2－13979　子
　　1－1534　集3－18177
　　叢1－574(5)

王蘭遠　子2－4768

王蘭芳　子3－18196　叢
　　1－498

王蘭蔭　史2－11879

王蘭華　史4－25319

王蘭昇　集5－34974

王芥庵　史8－66342

王蔭庭　史4－24800,6－
　　46194

王蔭佑　經1－4326

王蔭之　子2－6858

王蔭祐　史2－11098　集
　　5－38148　叢2－897

王蔭南　子3－17420

王蔭藩　集5－38301

王蔭桂　史8－59160

王蔭槐　集4－27496～8

王蔭昌　集7－46433、
　　47706

王蔭善　經1－3147

王蒙　子3－16485

王蒙友　史1－2327

王蔗原　史4－24810

王蔚　集2－9999

王蔚文　集4－26117

王蔚宗　史3－22490　集
　　4－24065

王薇堂　史4－27097

王茂霖　史4－25351

王茂修　集6－46261

王茂富　史4－25216

王茂蔭　史6－47942、
　　48887～90　集4－30015

王茂蕙　史3－21315

王茂根　史4－24844

王茂松　經2－12786

王茂介　史4－25263

王茂煐　史3－19654

王蘋　集1－3107～9　叢
　　1－223(50、54)

王葆崇　集5－38044～5

王葆生　集5－34598

王葆修　集5－35534

王葆安　史7－55234

王葆心　史2－11658,3－
　　22679　子4－21813　集
　　3－13948　叢2－876、
　　1286

王葆初　史3－20759

王葆楨　史6－44796　集
　　5－40171～3

王葆鎏　史3－17381

王遽常　史2－12068、
　　12352　集1－3618

王蓮塘　集5－34172

王蓮堂　史7－55328

王芝　史7－54353　叢1－
　　459

王芝珍　史6－47888

王芝岑　叢1－496(4)

王芝祥　史3－17468　集
　　5－37279

王芝藻　史1－4927,7－
　　56584

王芝林　集4－26677～8

王芝田　史3－17449

王芝異　集4－28976

王燕祥　集4－32599

王燕昌　子2－5146、9817

王恭　史4－25265　集2－
　　6302～7,6－41935(3)、
　　44534、44786　叢1－223
　　(63)

王恭先　史7－55933

王恭椿　史5－38125

王恭恕　集7－49972

王慕陶　史7－54370

王蕙滋　集3－19713

王蕙芳　集4－25348

王蕙蘭　經1－1946

王懋　史7－57851　集6－
　　43111

王懋竑　經1－111(2)、
　　1178、3994,2－11853　史
　　1－139,2－11315～7、
　　11799　子1－2340～1,
　　4－22380～3　集1－
　　3618,3－17598～602,6－

26116～7、26119、26123、
27024～7、29252 集1-
279、687～8、1354、2435、
2594,2-7277、8367、9199
～200、9305、9473、9498、
9543～77,6-41794、
41935(3、5)、41940、
41947、41950、41953、
42046、42048～9、42056、
42645、42700、42769～73、
42775、43762～5、43926～
7、44001、45202～3、
45491、45494、45750～60,
7-48693～4、48806、
49709、49819～21、54846
～7 叢1-13、14(2、3)、
22(21、22、23、26)、25、29
(7、8)、31、36～7、84(2、3、
4)、94、106、111(2)、119～
20、128～9、147、154、181、
194、195(4)、223(20、22、
45、66)、269(3、5)、270(2、
4)、271、272(2、4)、364、
527,2-617(4)、624(3)、
730(9、10、11)、731(18、
47、48、49)、742、1111
王世胤 史7-57935
王世綏 史3-16908
王世德 史1-1938,3028
～9 叢1-538,2-639
王世崂 史2-10129
王世永 叢2-897
王世濬 史4-24972
王世業 經1-1358
王世溥 經1-1679 集
4-29719 叢2-946
王世禎 叢2-629
王世漋 子2-8457
王世潤 子2-8775
王世沿 史8-61557
王世選 史7-56358
王世奎 史3-16750
王世槙 史3-16551
王世荃 史3-15169
王世莊 史4-25320
王世芬 史2-12003,3-
23007
王世蔭 史6-44555
王世茂 史6-42970 子
4-24020、24454,5-26125
集6-43899～900、
43902、43905、43907～8、
45220、45276、45291

王世懋 經1-6318 史
1-5956,2-9000,7-
50508、50562、53078～9、
53231、53253、53508、
53514～5、53537～8、
53577 子1-4473～4、
4490,4-19171、20585～
90、22784～5、22790、
23002,5-24989、26375
集2-9848～60,6-41935
(5)、42054、42097～8、
43926～7、45427、45486、
45488、45490～1、45494、
7-49154、49156、49158、
49160 叢1-13、14(3)、
22(20、23、24、26)、29(7)、
31、84(4)、107～8、111
(3)、113、119～20、173、
181、195(4)、223(72)、269
(3)、270(3)、272(4),2-
622、730(11)、731(28、47、
51、53)、811、1136
王世英 史4-25002、
25098
王世翰 史8-59529
王世泰 叢2-1459～60
王世忠 史3-19109
王世貴 史8-62528
王世恩 史2-12283
王世驤 史2-10129
王世臣 史8-58180、
59046
王世熙 史4-24905 子
1-4376
王世鑫 史8-62281
王世鍾 子2-5084～5
王世錦 集3-21834 叢
1-485
王世鈞 子1-2227、2552
集6-41987、44277
王世銘 集6-41987
王世敏 史8-63237
王世烅 史4-24958
王世耀 集4-27202 叢
2-897
王芑孫 經2-11015 史
8-63503 子3-15188、
15449 集3-19767、
20712、21834,4-23554、
23800～14,6-44253、
44354、44430、46267、
46339、46345 叢1-
421,2-610、771(1)

王芸仙 集4-26964
王芸階 子3-16546
王藝 子5-26082
王甘棠 子4-23840 集
6-45341
王賁 史2-6903,8-58817
子1-157、880 集2-
7875
王其信 史1-3962
王其衡 史7-55340
王其福 史3-14926
王其淦 史2-9785,7-
50585、56878～9 集4-
33402
王其勤 集2-8380
王其華 史8-59669
王其慎 史2-12213
王楚香 集2-8771
王楚材 史7-52703～4
叢2-845(4)
王楚書 史8-60982
王楚堂 史2-12029,3-
15105
王棽 史2-9649 集7-
46419、48021
王材 史6-42835 集2-
8877～8
王材任 集3-16642～4、
18153,6-44511、44870
王樹 經2-10923 集6-
46128
王樹德 史4-25461
王樹勳 史3-18824,8-
60166
王樹之 經2-12600～1
王樹滋 集4-30868
王樹森 史3-23584 集
5-39610
王樹藩 集7-48251～2
王樹芳 史6-45310
王樹英 集4-22485
王樹棻 史7-56412
王樹枏 經1-214、2031、
3091、4446～7、5867、
5916、7155～6,2-9173、
11279～82、12613、14601、
14897 史1-4338,2-
6252、11330、12368～9,6-
43815、45692,7-49357、
54760～1、54804、54847、
55018、55290、55397、
56100,8-59121、63374、

63376～9、63381～3　子
3－12809,4－19550　集
1－4652,5－36237、38392
～8　叢2－731(21)、782
(2)、2127～8

王樹槐　史3－21357、
22668

王樹聲　史3－22887

王樹桐　史8－61671　集
4－32251

王樹穀　集3－16427

王樹中　集5－40047

王樹明　子3－16354

王樹人　史3－22118,7－
54065,8－60453　叢1－
571

王樹善　史3－22223,7－
49899,8－66296　子1－
4175,7－36231(4、7)、
37043、37048、37118

王樹敏　史1－5755,3－
20262,6－47918

王樹棠　史3－23169,8－
62928

王樹榮　經1－7180～3、
7326～9、7425　史1－
2616,5811,3－20583,6－
44117　集5－40830～1

王蔡　子2－4556、11026、
11172

王棻　史2－6694、10287,
4－25196,6－41745、
44917,7－57142、57144、
57629～30、57641、57647、
57682、57731,8－63914
子1－4077,4－20182　集
1－4102、4104,4－25719～
20、30485,5－34850～2
叢2－670、851

王葉滋　集3－18315,6－
44532

王桂　子4－21818　集3－
18613、21699

王桂齊　史3－17059

王桂琛　史3－16109

王桂巖　史7－56195

王桂林　史4－25255　子
2－5193、9907

王桂墀　史7－51030

王桂馨　史7－56559

王桂照　史7－55081

王權　史2－8315、9994,8－
62844、63118　集5－

34284～5

王植　經2－11018、14083～
5　史6－42305、43005、
45196,7－55071,8－
59322、61045、61145　子
1－635、773、3897～8,3－
12958,4－21090～1　集
3－18311～3,4－29070
叢1－223(30、36),2－
1409

王蘊香　史7－49336

王椅　集5－38297

王楠　史8－58180

王菊泉　子2－10710

王模　子1－3846

王林文　史4－25355

王棩　子4－22150～4　叢
1－17、19(4)、20(2)、21
(3)、22(5)、23(5)、24(4)、
27、31、99～100、105、111
(1)、223(40)、374,2－731
(6)、735(4)

45 王坤載　子2－6791

王執宜　集4－29346,6－
44970

王執禮　集1－2604、2607

王執中　子4－4623、6100、
10223　叢1－223(33)

王執慎　集6－44970

王贄　史8－61455　集3－
16641

王棣　史4－24978、27178

王構　集6－45690　叢1－
223(72)、272(4)、547(4)、
2－731(46)

王椿　史8－58313、62201
子1－4199

王椿齡　集4－30566

王椿蔭　史3－20979

王椿林　史7－58130

王椿煜　史7－57216

王棟　史3－18752、18904、
22293,4－24795,8－61312
集2－7946、8638～40

46 王旭　集1－4733～4　叢
1－223(60)

王旭莊　集5－38644

王坦　子3－17536　叢1－
223(15)

王觀宸　史7－56662～3

王觀光　集4－21963

王觀　子4－18535、19296～

7　集1－2264～5、3107、
3109,3－13600　叢1－2
～6、8～10、19(10)、22
(17)、23(17)、24(10)、
181、223(39、54)、273(4)、
275、353、569、587(2)、2－
721、731(28)、810、934

王觀潮　史8－59815　集
4－28977～8

王觀國　子4－20078　叢
1－223(40)、301、387,2－
731(6)、877

王觀園　叢1－230(4)

王猩酉　史7－49326

王恕　經1－637,2－11474
～6　史2－9469、11818、
3－16702、19050,6－48164
～5,7－52355、52480、
56120　子1－2618,4－
23844　集2－6798～
803,3－18310,6－45336、
45340、45720　叢1－223
(21)、347,2－731(5、9)

王如玉　集3－21609

王如璠　集6－44962

王如珏　史7－57394

王如玖　史8－63062

王如續　史2－11547

王如杭　史4－25044

王如蘭　史3－18112

王如鏊　集4－22804

王如辰　史8－61222

王如堅　集2－9928

王如鑒　子2－5686

王如金　子5－26439

王如曾　史3－22234

王如鋐　史4－24830

王如錫　集1－2425

王如鈞　集4－23531

王如煥　集4－28128

王韞玉　史4－25041

王韞徽　集4－25608～9

王柏　經1－77(2、3)、2659、
3676,2－15142　子1－
868,4－20214　集1－
4199～206,6－41894(3)、
41895、41901、41914　叢
1－114(3)、223(57)、241、
242(4)、386～7,2－714、
731(12、37、45)、857、859
～60、1048

王柏齡　子1－3446

王柏心 史2-10197,6-
46692,7-49318(13),8-
60093、60337~8、60341、
60343、60352 子4-
21301~2 集4-30167
~76,5-34094 叢1-
562,2-731(16、55)、872

王相 經2-8533 史2-
6238、13315,7-49317
(6)、49318(12)、53969,8-
58390、65914 子1-59、
447、1977~8、2742~3、
2926~7,3-18054,4-
18726~7、24220、24387~
9,5-25115、26014、26534
~6 集3-13807、
14392,4-22774、24727、
27988~9、28575~6、
28717、29668、29829、
30486、30576,6-41995、
42006、42285~91 叢2-
724

王相能 史7-52942

王槐 史4-24942 集3-
15060,4-24395

王槐龍 史3-18333

王槐齡 史8-61609

王槐蔭 史4-25443

王槐植 集3-19381

王槐軒 集4-28129

王槐榮 史8-62372

王樫 史8-59207

王楊安 經2-12879

王楊春元 史4-25258

王楫 集4-29647

王楫元 史4-25336

王楫汝 集3-15242

47 王鋈 史7-57601 子2-
7779、10332

王均 子3-18457 集4-
31341

王均國 史4-24798

王懿 史7-55096

王懿德 史6-43880 子
1-1725

王懿榮 史3-16040~1、
17393,6-49145,8-
63520、63731~2、63986、
64335、64547~8、64645~
6、65030 子3-15516、
15800,4-23651,5-24966
集3-17536、21248,4-
22383、29346,5-37393~

408,6-44970、45142 叢
1-442~3、497、524,2-
599、611、671、731(33)

王墀 史7-55961 子3-
16453~4

王翹 子3-16514 集2-
8687

王郁雲 史7-56180

王鶴 史7-55058

王鶴齡 史7-55403、
56191、56205~6

王聲亮 史4-24796

王聲揚 史8-62977

王聲鏻 史2-8977

王朝 子2-4833、8384

王朝栗 子4-22424~5
叢1-373(3),2-731(3)、
869、1490

王朝瑞 集4-22737

王朝珊 經1-1103

王朝爵 史8-62881

王朝鼎 史4-24856

王朝嵩 子2-7229

王朝俊 史3-15912、
18240,4-24890,8-63190
集3-21024

王朝佐 史2-8092,7-
55315

王朝徵 史2-11493

王朝儀 史4-29321

王朝宸 經2-11176

王朝渠 子4-21384

王朝清 集5-39053

王朝梧 經2-13054~5
叢1-371

王朝棟 史3-18453

王朝相 子2-7966

王朝貴 史4-25308

王朝輔 史3-19926

王朝□ 經1-135,2-
11348、11599~600

王朝思 經2-13993

王朝恩 經2-13991~2
集3-19377

王朝陽 集5-41537

王朝榘 史8-58757 集
4-22989

王朝銘 史3-17114

王好音 史8-62056 叢
1-373(3)

王好古 子2-4549~52、
4564、4660~3、4768、4771

(2)、4808~9、5532~3、
6479~84、7095、7996、
8600 叢1-223(33)、
465,2-730(1)、731(29)

王好問 集2-9275~7
叢2-1857

王好善 史6-43102

王靭 史7-57205

王縠 史1-5629,8-62920
子5-31805 叢1-201、
203(5)

王都 史2-7225

王都中 集1-5290

王翊 子2-5595 集3-
13273~5,6-44591,7-
46944、50178

王起 集7-47890~1

王起隆 子6-32091(66、
67) 集7-53659

王起鵬 經2-14097 史
3-23318

王超 子3-15445

王期煜 集4-22466

王柳門 叢2-795

王桐 集4-30864

王桐齡 集5-41388

王樛 集3-14765~6

王橘 集3-14766

王橘泉 子2-6652

王穀祥 史6-42840

王穀韋 集3-15944

王格 集2-8600~3,6-
41935(2)

48 王增 史8-60061、60068

王增琪 集6-46326

王增禧 史3-21319

王增祺 史2-7695 子
5-26635 叢1-496(1)、
587(5),2-721

王增年 集4-30568~9,
7-47984~5

王懋 史3-22960

王乾章 集6-43930

王翰 史8-58951 集1-
5786~7,2-6017~9,5-
36561,6-41748 叢1-
223(61、63),2-670

王翰青 集4-24710 叢
2-842

王教 集2-7781~4

王敬亭 集6-43110

王敬元 史4-25405

王敬勳　史8-59249　集4-29070

王敬彝　史8-62302

王敬之　史2-11268,6-47783　集1-2767,3-18963,4-26767~73,7-47538~9,48619　叢1-509,2-698(10)、1679

王敬淵　史3-18524

王敬禧　集3-21801

王敬禮　史2-12393

王敬蒲　史4-25384

王敬臣　子4-20708

王敬熙　集4-31278~9

王敬義　子2-6920　集4-31031

王敬鑄　史8-59156~7

王敬銘　史6-41539、44626~7　集5-38301

王榆　經2-10363

王松　集5-40288

王松溪　子2-11076

王松年　史2-6883~4　子5-29530(12)

王松堂　子2-8121、9938

王枚　史8-59847、62364

王枚功　史3-22906

王梅江　史4-24993

王檢心　經2-8496　史1-1398,2-12131,6-44642,7-56719,8-59961　子1-1775~8、2063、2334、2806　叢1-483,2-964

49　王妙如　子5-28565

50　王中孚　集3-21333~4

王中泮　史4-25501

王中極　史4-24766

王中地　集4-22032

王史直　集6-44545~6

王史鑒　集6-43597~8

王史鑑　集3-18432,6-44545~6

王申子　經1-77(2)、609　叢1-223(3)、227(2)

王申伯　集4-24483

王申壽　史4-25102

王聿望　史7-56648

王聿修　史8-62547

王夫之　經1-71、163(1)、1025~31、2284、2804~7、3933~4、4749~50、5664

~5、6887、7700~5,2-10588~94、12112~3　史1-1697、3446、5275、5280、5588~94、5920~1,6-48642,7-52591　子1-625~6、1398~402,5-29156、29349~51,7-33868　集1-52,3-14114~6,6-42567、45494、45868~70,7-46851~3、49336　叢1-203(15、16)、223(4、6、7、11)、523、531、563,2-635(12)、698(5、11)、1290~5

王扑　史2-11723　集3-14856~7,6-44533　叢2-796

王書一　史8-59045

王泰　史7-51345

王泰雲　史8-61634

王泰甡　集3-18273

王泰徵　子5-24806

王泰澂　史4-25273

王泰林　子2-4681、4768、4770、5126、9754~8、10689~92、10808

王泰東　史3-19789

王泰階　集5-35910,6-41760

王肅　經1-281~5、2267、2319、2321~2、2593~4、3410、3560~4、4818、5402、5415~20、5557、6661,2-8322、9233~4、11432~3、15142　史1-2106　子1-61、66、194~203,4-19794　叢1-22(10)、23(9)、223(29)、227(6)、236~7、261、559,2-635(3)、698(5)、765~6、772(1、5)、773(1、4、5)、774(1、2、3、5)、775(1、2)、781

王青琴　集4-27122

王本　集4-31458~65

王本立　史4-25514

王本智　史7-55975

王惠　集3-18430,4-27761~2

王惠寶　史3-19594

王忠　史2-8714

王書升　集5-34597

王書莊　集1-626

王春　集3-20154

王春瀛　集5-41578

王春沂　史4-25362

王春藻　史8-60686

王春堤　史5-36943

王春煦　集4-22629~30

王春鵬　史7-56278

王春佘　史4-25362

王春第　史3-17715

王表　史8-59082　集2-8503

王表正　史2-11484

王貴學　子4-19220　叢1-19(9)、22(17)、23(16)、24(9)、170~1、569、587(4),2-721

王貴笙　史8-59012

王耒賢　史8-62173

王素　史1-1914,2-8613　子3-16743~4　叢1-2~3、6、8、95~6,2-691(2)、730(3)

王素雯　集6-41999

王東庵　子2-8848

王東皋　史4-25400

王東魯　史8-59699

王東潋　叢1-373(3)

王東槐　集4-30661

51　王振麟　史3-20716

王振玉　史8-60771

王振廷　史7-56199

王振孫　史7-57280

王振綱　史4-25070,7-55326、57499~501　集4-27264~70、28471~2、31401~2,6-44325

王振垚　集5-37470

王振奇　集2-8219、10718

王振基　史4-25246

王振聲　經1-7046、7306~7,2-11119、12985、13316、14290、14866　史2-10616、13071,6-49164,8-65380　子2-8321,4-21653,7-35794　集4-30177~80,5-36081~2,6-42563　叢2-1795

王振鵬　子3-16476

王振鍾　史7-55287

王振鈞　史4-24757

王振錄　史8-59336

王摅　集3-15607～8,6-44533

王軒　經2-12377　史4-25346,7-55591、55861　子2-6497　集5-34057～62　叢2-821

王軒籙　叢1-194

52 王揆　集3-14111～2,6-44533

王挺　集3-14110　叢2-1231

王靜一　史8-59070

王靜源　子7-36096、36101

王靜涵　集4-30662

53 王輔　集4-24835

王輔廷　子7-37777

王輔之　史8-61219

王輔銘　集3-15794,6-44413～5

王輔堂　史8-63205

王軾　史1-2826　叢1-50～2、55、84(2),2-730(9)、731(67)

王盛麟　史3-23100

王盛松　史4-25429

王咸　史8-65330

王咸熙　史3-18331

王咸炤　史7-52514

王成開　集5-38043

王成瑞　集5-34868～9,6-44589

王成璐　集4-29342～3,6-41996

王成升　集5-35381

王成名　史4-25503

王成棣　史1-1918、2583　叢2-649

王成鵬　史3-24587,4-25323

王甫白　集6-43028

54 王持世　史4-25375

王拱宸　史3-23342

王拱辰　史3-20062

王拱裳　史3-17349

王蚨　叢1-223(46)

王勋　子3-16076　集6-42640

王耤　叢1-353

55 王捷三　史5-40454

王捷南　史4-25312,7-

50522

王慧　集3-15817～8,6-41999

王慧言　史7-57054

王慧業　史3-20982

王慧增　集3-20964

王典　集3-15304

王耕　集4-33072

王耕心　史2-7736、11096　子1-373,2-10381～2　集5-34332、37588　叢2-897

56 王揚德　史7-52230

王揚勳　史4-25154

王揚昭　史4-25019

王揖唐　集5-41389～97

王損之　子5-29530(12)、31080

王操　集1-1855,6-41894(1)

57 王抱承　史7-56911～2

王拯　史1-42,2-9559　子1-60　集4-32726～36,6-42068,7-47875

王邦璽　史6-49059　集5-38389

王邦瑞　集2-8360

王邦采　子4-21934　集1-102～3、141,5539　叢2-653(6)

王邦畿　集3-14277

王邦獻　子3-13607

王邦傅　子2-4770、6058

王邦勳　史4-25322

王邦直　經1-6471　史6-45153

王邦柱　叢1-129

王邦樑　史5-33583

王邦肅　史4-25252、25254

王軺　經2-8834、9109、9525、10000、10808　史7-55562　集3-13393～4,7-46399、47191

王撰　集3-14474～8,6-44533

王蜺　經1-3512

王契真　子5-29530(23)、31628

58 王揄善　史8-63249

王撫謡　史4-25525

王鏊　經1-6803　史1-

1914,6-41959,7-52895、56946、57007　子2-9232～3,4-20344～8、22973～5、22977～9,5-26220　集2-7170～79、7289,6-45336　叢2(22、23)、29(7)、31、40、46、50、52、55、84(3)、87～9、95～6、108、111(3)、195(5)、223(23、42、64、65)、227(10)、252、269(5)、270(4)、271、272(2、5)、587(4),2-730(1、3、10)、731(4)、902

王敖仁　史3-23470

王敷學　史7-55601

王鼇永　史6-48592～3

59 王揜　經1-78、7732,2-10695　集3-16187～8　叢1-223(11)、227(3),2-1231

60 王□　經2-9159　史1-3676　子1-2253,5-30484　集1-4627、4915　叢1-397、443、512,2-617(4)

王□□　史8-64961　子4-24602　集4-25106、30071、32600　叢1-342

王日章　集4-29572～3

王日韶　史4-25367

王日翼　史7-55154

王日睿　子5-25875

王日休　子6-32085(54)、32086(64)、32089(7)、32090(10)、32091(9、69)、32092(6)、32093(3),7-32159、34425、34455～62　叢1-252

王日□　子5-25832

王日烜　史3-15463

王旦　史8-59821

王旦藻　集6-44032

王旦高　子4-21061　集3-14860～2

王曰賡　集3-15715

王曰仁　集2-12894,6-44961

王曰睿　史1-1019,4-25065

王曰溫　史6-48685

王曰湖　史4-25103

王曰煊　史4-24829

中國古籍總目著者索引

王昊　子4-21110　集3-
　　14761~4,6-43020、
　　44533
王昇　經1-6839
王甲曾　史8-60168　集
　　4-29341　叢2-773(6)
王甲榮　子4-21869
王回　子5-26316~7
王昌麟　集5-40045~6
王昌傑　叢2-724
王昌齡　子3-15384　集
　　1-782~4,1257,6-
　　41737,41739,41743、
　　41824,41838,41846~8、
　　45495,45524~5　叢1-
　　114(4)
王昌禮　史4-25140
王昌杰　史3-23190
王昌期　史5-36613
王昌盛　史4-25250
王昌時　史2-7237
王昌學　史8-59207、
　　59460
王昌年　史8-62040
王昌會　集6-45819
王昌榮　史4-24825
王圖寧　史8-59850
王圖炳　集3-18352,6-
　　44441
王昂　史8-58902
王昂霄　子5-31485
王曇　集4-24470~81,5-
　　40410　叢1-401、456
　　(7)、457,2-731(44、46)
王畏嚴　史8-61881
王異　集7-49991
王果　史8-61852
王景　史3-19615　子5-
　　29547　集5-38249
王景諄　集5-38144
王景秀　史4-24957
王景羲　史3-21833
王景崧　集4-30237
王景獻　史2-9403
王景先　集5-36569~71
王景生　子7-35990
王景程　集4-30705
王景彝　集4-32737~9
王景瀛　史2-9652
王景淳　史3-15332
王景福　史4-25099

王景澄　史7-57681
王景沂　史8-66420　集
　　7-46424、48280
王景祐　史8-59319
王景禧　史3-16392,7-
　　54650
王景祺　集4-27765
王景洙　子1-1799　叢
　　2-813
王景洛　史3-11495
王景韓　史8-59234　子
　　2-6235
王景模　叢2-837
王景翰　史4-24902
王景松　子1-4394
王景昇　史8-58837
王景暉　叢2-653(6)、731
　　(65)
王景陽　史8-60362
王景賢　經1-1684,2-
　　9576　史3-15569,6-
　　43073　子1-1791~2,
　　5-27218　集4-30070
　　叢2-1789
王景羲　子4-19540~1
　　集5-33959　叢2-867
王景美　史7-55098
王景曾　經1-3249　史
　　3-19960,4-24938,7-
　　57985　集4-31866,6-
　　42528
王景命　史7-55946
王景耀　史4-24931
61 王晫　史2-13403,7-
　　49317(8)、49318(11)、
　　53336,53876　子4-
　　19432,19482,20997、
　　23720,5-26407~8、
　　27072　集3-15604~6,
　　6-41969,43026,44022、
　　46279,7-46398~400、
　　47105~6,48535　叢1-
　　197(1、4)、201、203(2、3、
　　5、6)、366~8,456(2)、587
　　(2、5),2-617(2)、731
　　(51)、735(5)、736、1339
王趾周　子2-6976
王顯文　史8-60426
王顯緒　集3-20333　叢
　　1-443
王顯績　史4-25005
王顯志　史8-59803

王顯蛟　史4-24880
王顯曾　史7-56470　子
　　5-25974
62 王昕　史8-59932　集4-
　　25850
王懸河　子5-29530(22)、
　　29599~600
王則僑　集4-28742
王則右　史4-24999
63 王晼　史7-55107,8-
　　59554
王貽樂　集2-7481
王貽牟　史7-56769
王貽清　集5-36900
王貽桂　史3-15135
王貽典　史3-18744
王貽善　史4-25029
64 王叶衢　史7-51364、
　　56834~5　叢2-809
王曉　史4-24924
王曉亭　子1-2916
王曉巖　子5-25153~4
　　集6-42626
王曉峯　子3-13326
王時亨　經2-11277
王時濟　集2-9719
王時憲　集3-16838
王時宇　集1-2416
王時邁　史4-25484　集
　　5-34972
王時潤　子1-4051
王時祿　史4-25034
王時來　史8-59019
王時薰　集3-18860
王時槐　集2-8665,9410
王時泰　史8-59699
王時翔　集3-17960,7-
　　47787~8
王時敏　史2-11517　子
　　1-2176~7,3-14943、
　　16595~9　集1-2941,
　　2-9759,10769,3-13129
　　叢2-646、811、1231
王時炯　史7-55728~9
王時暐　集7-48767(1)、
　　48958　叢2-698(15)
王時曄　集2-8067　叢1-
　　11~2、22(7)、23(7)、29
　　(6)、31、223(45),2-617
　　(5)、624(2)、731(51)
王勛　史8-60441　子3-
　　12393、12552~3

王原博　史3-15028

王鸞　史2-9012　集3-13782～3,6-44970

王驥　史8-58685

王驥德　集7-48769、48773、48807、49178、49181～2、49983、54827、54849　叢1-272(5),2-630,672

王敦成　集5-39611

王巨源　史4-24878

王臣　史3-22568,4-25248,8-61058　子1-3230,3-13562,5-29795

王臣直　集2-11000

王臣存　集5-37743

王臣銷　史4-24881

王長庚　史4-25292～3

王長清　史4-25298

王長運　子1-3393

王頤　史8-60694

王頤正　集7-47554

王頤中　子5-29530(20)、29535(5)、29536(5)、31949

王槩　史2-9423、11784,8-61186　子3-15859、15951～2、16329～38、16646　集3-16189　叢1-197(3)

72 王剛　子5-25367

王所寶　史4-24900

王所明　集2-7781

王所用　史8-59649

王所舉　史8-58662

王所善　史7-58002

王隱　史1-28、479～82、535～7,7-49308　叢1-257,2-653(5,6)、731(56,65)、772(5)、773(4)、776、780

王氏　經1-4414、6010

王質　經1-121、3630　史2-8528～9、11005、11147　子4-19119　集1-3505～6,6-41745、41894(2)、41896　叢1-17,19(2)、20(1)、21(2)、22(6)、23(6)、24(2)、195(6)、223(6,21,55)、227(2)、230(1,5)、465,2-731(37、40、42)、873

王質齋　子2-4665

73 王駿　史4-25245

王駿生　子3-17233

王駿觀　史1-5336～7

王駿圖　史1-5337

74 王陸亭　集6-44002

王陸褆　集3-20667

王勵修　史4-25415

王隨　子6-32084(31)

王隨悅　集3-18470,6-44262

王陵基　史8-59239

王陪　子1-2533

王慰　史8-60328

王慰祖　史4-24802

75 王體言　史7-55964

王體仁　集5-35700

王體復　史7-55847　集2-9911

王陳易　子4-19302

王陳常　集5-39880

76 王颶昌　集3-14920

77 王闓運　經1-1818、2934、3034～5、4334～6、5110、5352～3、5768、5996、7317～8、7404、8068,2-9609、11261、12528　史1-1996、4010～1、4056、5870,2-10152、10301、10852、10890、12987,6-47978,7-49317(9)、49318(15)、51526、52720、54162,8-60577、60628　子2-5491,4-19544～5、22072～4,5-29416～7　集1-76、631,5-35611～50、38959,6-42075、42523、43516～9、46206,7-46423、48404～6　叢1-445、524、590,2-683,2105～6

王鳳文　史2-11860,3-16627

王鳳瑞　史4-25054

王鳳飛　史3-20697

王鳳翼　史8-63124

王鳳璘　史3-19034

王鳳采　史7-57486

王鳳生　史1-2125,6-43030、43142、46801,7-52836、52929、53962　集4-26569

王鳳翻　集4-27271

王鳳儀　史8-60215　集3-21087

王鳳池　史8-60276

王鳳九　集3-14919

王鳳藻　史3-19165

王鳳嫻　史7-53848　叢1-300、397,2-617(4)

王鳳喈　子5-24789～90

王鳳鳴　史4-25012

王鳳翔　史2-8829,7-55776,8-59634、59639

王屋　集7-46820、50611

王隆　史6-42613～4　叢1-303～5、515、525,2-698(5)、731(18)、772(5)、773(5)

王隆琦　史4-25217

王隆峯　史4-25475

王隆祖　史4-25471

王隆恩　史4-25208

王覺　經1-5893,2-11092～3、11967～8

王同　史7-50296、52044、57152、57504

王同癒　集4-28621

王同龐　史2-8077

王同德　史3-16259、18619、18701

王同治　史3-15225

王同祖　集1-4263,2-8429～31,6-41744～6、41888～9、41891～3、41894(3)、41897～8、41912、41917～8、41920、41923　叢2-860

王同樞　史3-21311

王同春　史7-58095

王同軌　子5-27052～3　集1-2419

王同賢　集5-39879

王同愈　史2-13182,3-16269、17444　子3-12754　叢2-2141

王周　史7-52814　集6-41741、41818、41824、41858～9、41878　叢1-22(18)、23(17)、223(63)

王朋壽　子5-24904　叢2-670

王用章　集2-9846,6-41935(5)、45768～9

王用誥　經2-9589

王用霖　史7-57922,8-59043

王用佐　史8-58755

王用舟　史7-55048

王用之　子5-28981

王用賓　史3-17908　集2-8556～7

王用中　經1-2093

王用肅　史8-59586

王用臣　史2-10012　子1-2868,4-24574

王用欽　史3-15871

王陶　史1-1914　集4-22674　叢1-18、19(7)、20(5)、22(6)、23(6)、24(7)、29(5)、95,2-624(2)、730(2)

王鵬　集3-17904

王鵬高　子3-17747

王鵬翼　史8-62801

王鵬運　史6-42251　集3-14590,7-46369、46422、46686、48231～41、48599

王鵬九　史6-44981

王鵬壽　子2-9716

王屏之　史4-24812

王屏世　集2-12504,6-44961

王闓之　子4-22871～3　叢1-17、19(1)、20(1)、21(1)、22(7)、23(7)、24(2)、29(5)、31、99～100、223(44)、244(5)、2-652、731(4)、735(2)

王履　子2-4549～51、4564、4740、4822　叢1-119～20、223(33),2-731(28)

王履亨　史3-15771

王履康　史3-22863

王履豫　史3-22166

王履中　經2-9131　子1-1741

王履泰　史6-45263、46728　叢1-230(2)

王履青　經2-13956

王履咸　史3-20333

王履昌　經2-10647

王履辰　史3-21811

王履階　史7-49317(7)、

49318(14)、51320

王殿元　史8-63247

王殿森　集5-35270

王殿星　史4-25222

王殿金　史7-57665

王居正　史7-55887　集6-44039～41

王居璠　史4-25345

王居位　子5-29613

王居穆　史4-25341

王居易　史7-52505

王欣夫　經2-11781　叢2-757～9

王際有　史8-62854　集3-13979

王際華　史2-12602～3　叢1-223(28)、227(6)

王駒　史8-60918　集5-40289

王熙　史2-9197、11724,8-60411　子2-6445　集3-14858～9,6-41969、44169

王熙亮　史3-20614

王熙章　集5-36434～6

王熙聚　史4-25144

王熙勳　史8-60240

王熙祥　史3-21247

王熙桂　史4-24887

王熙昭　史8-59218

王熙年　史3-19895

王馭超　史1-1312,2-8173～4

王又喬　子1-3151

王又樸　經1-1206、8149,2-9080～1、9465、9959　史1-76～7,2-9464、11817,6-46780　子1-2035,4-21238　集3-18269～72　叢1-223(5),2-784、1405

王又華　集7-46350、48672、48701

王又槐　史4-25435,6-41534、41729、43182、45857、46105～6、46120、46322～8、46418、46934

王又旦　史8-60383　集3-15649～50

王又曾　史7-57348　集3-19684～6,6-44231,7-47230　叢1-373(9)

王聞詩　叢1-223(55)

王聞遠　史8-65257、65678　子4-21079、21106　叢1-547(3)

王聞禮　叢1-223(55)

王學謨　史8-62800　子1-1097　集2-9646

王學純　史4-25068

王學泉　史4-25162

王學修　集4-31032

王學伊　史3-16630、17722,8-63333

王學淵　史3-22546　子2-6847

王學浩　史7-57039　子3-15859～61、15977、16736　集4-23696　叢1-469、495、586(3),2-716(3)

王學禮　史8-62810

王學來　子7-37960

王學權　子2-4646、10612

王學棟　史4-25072

王學成　史4-25295

王學義　史4-24989

王學曾　史3-17723,4-24770,8-59447、61077、63374

王叕讓　史3-20184

王丹瑤　集1-3361

王丹地　集6-44969

王丹桂　子5-29530(22)、29535(5)、29536(5)　集1-4701

王丹林　集3-15475

王丹墀　集4-26891,6-44969,7-47394

王開　史4-24760

王開雲　史2-11941

王開琄　史1-1359,2-11224,7-51963～4

王開璪　史4-25427

王開象　史4-24941

王開寅　集5-39537

王開沃　史8-62692、62699、62876

王開漢　經2-13384～5

王開祖　子1-560～2　叢1-223(29)

王開運　史4-28746,8-60603

王開周　史4-24941

王少楚　集5-34595
王光　史1-55
王光彥　史7-49317(6)、
　49318(12)、53117　集4-
　28469
王光謨　史7-55205
王光電　史8-60748
王光張　史8-58274、
　58348
王光烈　史8-58849
王光承　集3-13395～6
　叢1-241、242(4),2-731
　(43)
王光魯　史1-6、767～8、
　4571、5258,6-41590、
　42599,7-49306、49361、
　49389　子5-25656　集
　2-8275,7-50069　叢
　1-195(2)、269(5)、552
王光甸　子2-6953,5-
　26508
王光宇　集4-30704
王光斗　史4-25036
王光祖　子1-993,5-
　26955　集2-7421
王光裕　子5-25113　集
　5-37742
王光蘊　史7-51665、
　57654、57678,8-58668
王光聲　集6-44844
王光輔　史3-23555
王光晟　子3-16203
王光璧　史3-22272
王光全　史4-25315
王光變　史7-55567
王尙　史7-55227
王尙旗　集4-25032
王尙珏　史7-50604
王尙儒　子7-36097、
　36102、36104、36107、
　36111
王尙侯　史4-25093
王尙綱　集2-7751～5,6-
　41935(4)
王尙儉　集6-42043
王尙梓　子2-9439
王尙果　子3-11331、
　14472～4
王尙辰　史7-51833、
　57759　集4-29719,5-
　34335～6、38147,7-
　48161　叢1-484,2-946

王尙檠　經1-1851、7978、
　2-11718
王尙用　史8-62387
王尙賢　史4-24966
王常　史8-64915　子5-
　29530(5)、31180
王常師　集5-40683
王常月　子5-29535(6)、
　29536(7)、30307、32029～
　30
王常益　集5-40466
王拳　子2-7664
王省　史4-24879
王省山　集4-28401
王當　經1-77(3)　史2-
　6291～2　叢1-223
　(21)、227(3)
王炎　集1-3364～71,6-
　41900～1、41908,7-
　46367～9、46375、46604
　叢1-223(55)
王炎午　集1-4582～8
　叢1-175、223(58)、580、
　2-637(4)、870(4)
王焆倫　集3-21888
王焞　集6-43914、45217、
　45277
王棠　史2-11784,7-
　53655,8-59252　子4-
　22345～6
91 王恆　史7-57333,8-
　58303、59322
王恆楚　子2-6411
王恆振　子5-25440
王烜　史2-12413,8-
　63201
王炳　史2-11317,3-
　18082、18466　子1-756
　集3-19854
王炳文　史8-62187
王炳章　集5-40961
王炳虎　史7-50394　集
　4-23173
王炳儒　史4-25011
王炳祥　史4-25060
王炳樞　史8-63180
王炳華　集5-35383
王炳如　史4-24855
王炳辰　史7-56325
王炳耀　經2-14476～7
　史1-4257,6-45011
王炳燮　史2-7482,3-

15885　集5-33896　叢
　1-483
王焯　史3-16685　集4-
　22206
王瘭　史8-60473
92 王愷　史8-62562　集4-
　24959
王燈　史7-57628、57735
王炘　集3-13945、21548、
　6-44392
王埏　集4-24894
93 王悛華　叢2-795
王怡亭　子2-9000
王怡性　史4-25476
王婉　史4-24950
王煊　集5-34766
王煸　集4-32788
王熾昌　子2-9987　集
　5-40556～9
94 王愼中　子1-104、1027
　集2-8890～908,6-
　41808、41935(2)、42048～
　9、42055、42057～9　叢
　1-223(65)、227(11)
王愼賢　史3-16837、
　19320
王愼餘　史8-63284　子
　1-1923、4478
王煐　集3-15712～4
王燁　子1-1086　集2-
　8706　叢1-452、586
　(3)、2-716(2)
王煒　史1-4449,4-
　24960,7-49318(6)、
　53471、56002　子1-
　1117,3-17459　集3-
　14702　叢1-202(2、3)、
　203(7、9)
王煒辰　史8-59218　集
　5-41155
95 王性琢　史4-25474
王性愼　史4-25474
王愫　子3-15966、16199
　集7-47267　叢2-1394
96 王惺　史4-24755～6
王惲　史4-25046
王憚　叢2-731(49)
王焜　集3-18033
王煌　史8-61528　集4-
　29073
王煜　史1-1375,6-
　42254,7-53237　集4-

29188　叢2-1675
王煜斌　史7-56153
王燭　集2-6822
97 王恂　史1-1155,6-44617
　　子4-21627　集3-17704,4-31030,33255　叢2-1794
王忬　史6-48302
王惲　史1-2605,2649
　　子3-14735~6,4-20241　集1-4799~802,7-46357,46747　叢1-19(5)、22(19)、23(19)、29(3、5)、168(3)、196、223(41、59)、227(10)、249(2)、255(3)、273(5)、274(5)、279、307、364、382,2-635(11)、731(7)、777
王恪　經1-1214　史7-49318(5)、53266、53279、55300
王耀章　史7-55845
王耀璉　史4-25020
王耀祖　史7-55362~3
王耀東　史3-21114
王耀文　史3-21797
王灼　史7-49318(6)、53483,8-62881　子4-18975　集1-3344~5,4-23471~4,7-48681~3　叢1-19(5)、20(3)、21(5)、22(3)、23(3)、24(6)、26~8、195(4)、205、223(39、73)、244(2)、268(4)、353、374、447,2-617(5)、624(2)、637(3)、731(30)
王炯　史7-55518　集5-37058
王煥　史2-11547　叢1-168(3)
王煥雲　經2-9689~90
王煥崧　集4-33032
王煥奎　經1-5346,2-14795　子1-1756　叢2-1735
王煥世　集2-12503,6-44961
王煥如　史7-56956
王煥鑣　史2-11231、11759,7-51908、56550
王煥鈵　史2-12055
王輝　集7-50546
王燦　集5-37345、38280

王燦修　史3-18293
王燦斗　集5-40684
王燦芝　集5-41207
王燦如　史3-18446
98 王悅如　史4-32217
王燽　經2-9035　史4-25373、25385,7-54985、55055　集2-6865~6、3-17536、20664,4-25890~1,5-36304　叢1-223(64、68)、2-870(5)
99 王瑩　史4-25453
王瑩修　集5-40174
王鎣　史1-2096
王鶯橋　史4-25194
王燮　史8-61884　子5-25367　集5-34690、41639　叢1-373(3、8)
王燮元　經2-11898　集3-20866
王燮勳　集4-28623
王燮安　史3-22724
王燮臣　史3-20535
王燮陽　史3-20535
王營　子5-24940　叢1-265(4)、266
王縈緒　經1-5709　史2-11860　集1-319,6-43064
王榮　子2-5276
王榮商　經1-3620　史1-202,3-16181,7-57426　子5-25959、26740　集5-38390~1　叢2-845(5)
王榮琯　史3-15517
王榮綬　史3-17629
王榮絃　史1-6047
王榮綏　集4-29403
王榮先　史8-59809、60146
王榮岐　史4-25088
王榮緒　史8-61608
王榮清　子2-8927
王榮祖　史3-20434
王榮蘭　子5-25886
王榮泰　史4-24951
王榮揢　史8-59522
王榮陞　史8-59664
王榮炯　史4-25097

至

17 至柔(釋)　子6-32091(72),7-34220~2　集1-5181
21 至仁(釋)　集1-5648~9

1010_6 亙

16 亙理章三郎　子7-36232

畺

30 畺良耶舍(釋)　子6-32081(8、16)、32082(8)、32083(7、11)、32084(6、10)、32085(9、16)、32086(8、17)、32088(7、11)、32089(7、11)、32090(9、13)、32091(8、12)、32092(6、9)、32093(5、6、35),7-32112、32129、32134、32442~3、32458~60、32856、33362、34425~7、34433　叢2-724

1010_7 互

36 互禪(釋)　子2-4996　集4-32422,6-42007(4)

五

10 五一居主人　子5-27838
五三重　子2-5478
五百羅漢　子6-32081(37)、32082(16)、32083(24)、32084(20)、32085(36)、32086(40)、32088(26)、32089(45)、32090(51)、32091(49)、32092

（34）、32093（29）

27 五色石主人　子5－28349
　　五島清太郎　子7－36234
35 五禮圖　史1－5669
40 五十川左武郎　經2－8517
44 五華縣文獻委員會　史
　　8－60963
47 五格　史7－56723

亞

10 亞丁　子7－38225
　　亞爾鳳索　子7－35413
11 亞瑟毛利　子7－38237
26 亞泉學館　子3－12813,7－
　　37814
27 亞勿勒李烈兒　子7－
　　37329
28 亞倫　子7－36228（2）、
　　36231（5）、36242（2）、
　　36248、37140
40 亞壺公　史2－12918
77 亞丹斯密　子7－37322
80 亞弟盍郎　子7－35595

1010₈　巫

10 巫三祝　史7－52607,8－
　　58440
20 巫忝時　史4－27693
22 巫山散人　集7－49244
24 巫峽逸人　史2－7449　叢
　　1－256,2－968
25 巫傳瑞　史4－27690
30 巫宜福　史8－58419
　　巫之巒　集1－443
55 巫慧　史7－55887
60 巫國維　集4－22394
　　巫國匡　子3－13892
71 巫厚盒　史7－56770

豆

17 豆那掘多（釋）　子6－
　　32084（8）、32093（10）

40 豆皮子　集7－52860
86 豆錫炎　子3－17724

靈

10 靈一（釋）　集1－1173～4,
　　6－41741、41824、41857
34 靈祐（釋）　子7－32100、
　　32102、34028
38 靈澈（釋）　子7－34901
　　叢1－29（3）、30、154、173、
　　223（68）、255（2）、367～8
50 靈泰（釋）　子7－33613～4
61 靈顯（釋）　集6－41784
67 靈照　史6－46904
72 靈垕　史3－17230
97 靈耀（釋）　子6－32091
　　（66、67、79）、32092（44）,
　　7－33476、33682　集3－
　　15398

1011₃　疏

00 疏廣　叢2－771（1）
88 疏筤　史7－57289

1014₁　聶

00 聶慶熙　史3－21121
　　聶文祖　史5－40922
10 聶正胎　史5－40918
　　聶元善　史8－58862
　　聶爾康　史6－47336
　　聶雨潤　史8－62796
　　聶雲章　集4－30783
11 聶珩　子1－1485
12 聶登翹　史3－23173
14 聶功亭　子7－37224
17 聶承遠　子6－32081（16、
　　30）、32082（11）、32083
　　（11、21）、32084（10）、
　　32085（16、30）、32086（17、
　　34）、32088（12、22）、32089
　　（13、21）、32090（17、29）、
　　32091（16、27）、32092（11、

19）、32093（10、21）,7－
32701
　聶子因　子2－4769
21 聶師煥　史8－58505
　　聶綽彝　史5－40923
22 聶崑山　史3－18363
　　聶崇一　史8－61055
　　聶崇岐　史1－10（3、5）、
　　573、700
　　聶崇義　經1－77（3）、6219
　　～20　叢1－223（9）、227
　　（3）,2－637（1）
　　聶繼模　子1－2234
23 聶俊清　史5－40917
24 聶先　子7－34077　集3－
　　14823、14971,6－41969、
　　43416,7－46397～400
26 聶緝慶　史8－61480
　　聶緝槼　史2－10546
27 聶豹　史7－56469　子1－
　　1039～40,4－20484　集
　　1－3641,2－8059～60
　　聶名禮　史5－40915
　　聶久丹　子2－8843
　　聶紹袞　子5－25928
　　聶紹昌　集1－2613
30 聶濟時　史3－16044
　　聶進之　史5－40919
　　聶憲　史8－59934
　　聶守仁　史8－63139、
　　63293
　　聶良杞　子7－52099,8－
　　59679
　　聶寶琛　史3－16408
33 聶心湯　史7－57145　叢
　　2－832（4）
　　聶述文　史8－61529
38 聶道真　子6－32081（4、
　　19、22）、32082（4）、32083
　　（4、13、15）、32084（4）、
　　32085（5、19、21）、32086
　　（5、21、24）、32088（4、14、
　　16）、32089（5、16、39）、
　　32090（6、22、44）、32091
　　（5、20、42）、32092（4、14、
　　29）、32093（2、3、7、18）,7－
　　32398
40 聶大年　集2－6722～3,6－
　　41935（3）　叢2－833
　　聶士成　史6－45730,7－
　　49315、49318（20）、54070
　　子1－3714～6　叢2－

608、628、637、665、701、
734、750、774、781、840、
2572、2625～6、2636、6-
45551、45676、7-49310、
49357、49548、49946、
51216、52678、52732、
53778、53783、53814、
53820、53823、53828、
54214、54231、54237、
54290、54465、57516　子
5-27224　集5-37133
叢2-611、671、806

09 丁麟年　史3-16554、8-
63510、64240、64338

10 丁一峯　史4-24683

丁一道　史7-56858

丁一燾　史7-56657

丁一中　集2-10129、6-
41786、41935(5)

丁一鵬　史2-12114、3-
22731

丁正中　集3-19274～5

丁玉琴　集4-30263～4

丁玉藻　集4-31397～9

丁至和　集7-47707～11

丁元正　史3-17931、7-
57001　集3-18386

丁元琳　史4-24589

丁元爵　史4-24671

丁元復　集2-9902

丁元吉　史2-8794～5
叢1-580、2-806

丁元薦　子2-9314～6、4-
23047　集2-10611　叢
2-674

丁元照　集5-34554～5

丁元公　集2-12294

丁元公(釋)　子6-32091
(73)

丁丙　史1-1901、1988、
3929、3943、3947、4009、
4098、2-7982、3-14956、
4-24623、7-49354、50330
～3、50336、51623、51941、
52907、57142、8-65020、
65857～61　子2-4703、
3-16947、4-22678、24536
～7、7-34794　集2-
6376、6556、6712、6789、3-
18593、5-35466～71、6-
44331、44563、7-46428
叢1-391～2、2-832(1、
5、7)、833

丁雨生　子2-9978

丁震　子7-36767

丁可信　史4-24654

丁可鈞　子3-17376

丁雲翰　史3-15672、
21431

丁雲鵬　史2-8379　子
7-35021

丁雲卿　子1-4188

12 丁瑞璜　史4-24634

丁瑞珍　集5-34055

丁瑞春　集6-45071

丁聯瑚　史4-24674

丁弘海　集3-14826～7

丁延福　史3-22798

丁廷彥　史3-18454

丁廷珍　子1-3486

丁廷鸞　史3-19596

丁廷樞　集4-27599

丁廷楗　史7-57960

丁廷烺　集6-44600

丁飛鶚　叢1-345

14 丁瓚　子2-5400

15 丁珠　集4-22308

17 丁翔　集3-14473

丁取忠　史7-49317(8)、
49318(2)　子3-11503、
12362、12364、12396、7-
36241

丁瑤泉　集2-12053

丁瑤宗　子2-6586

丁乃文　子3-12370

丁承瑞　史4-24641

丁承衍　史2-10646

丁承柏　子2-6069

丁子復　史1-5244　集
4-24392～3

丁子造　史4-24667

丁子華　史4-24590

丁君匋　史7-56046

丁柔克　史4-23440

20 丁愛廬　子2-11112

丁孚　史6-42610、42626～
7　叢1-303～5、515、
525、2-698(5)、731(17)、
772(5)、773(5)

丁孚潛　經2-11472

丁采芝　集4-28461

丁集祺　史3-18537

丁秉仁　子5-28884～5

丁秉衡　史2-7574

丁秉炤　史4-24611

丁維　史7-55207

丁維誠　史7-56586

21 丁步上　史7-51742

丁步鴻　史4-24659

丁仁　史8-65072　子3-
16944、17418

丁仁長　經1-4479　史
8-60834　集5-39658

丁仁煒　叢1-460

丁拜恩　集4-23364

丁穎璞　史4-24673

22 丁鼎時　經1-1047

丁仙姿　史4-24693

丁仙坡　子4-24402

丁岩　史8-59308

丁崢　集4-24391

丁崇基　集7-48071

丁繼嗣　史8-58210

23 丁允和　集2-9360、9993、
10345、10412、10525、
10567、10658、10683、
11065、11252、11278、
11300、11349、11436、
11495、11597、6-41750、
42076、42403、42919～20

丁編年　史4-24690

24 丁仕蛟　史4-24624

丁佐廷　史4-24663

丁德順　史4-24610

丁德皋　集4-24286

丁德容　史4-24617

丁佑申　史3-19031

丁特起　史1-2500～1
叢1-195(1)、268(2)、
365、580、2-731(66)

25 丁牲　集3-15421～2

丁佛言　經2-12303

丁健　史8-58820

丁傳　史2-13320　子4-
22471　叢1-241、242
(3)、2-731(7)

丁傳靖　史1-6166、2-
11764～5、3-22330、8-
64723　子4-22079　集
5-40750～3、7-50429～
30　叢1-584、2-685

丁傳湜　史4-24678

丁傑　史7-56615

丁純　子4-24469

26 丁白　史8-65911　叢2-
631

中國古籍總目·索引

丁自求　史3-18532
丁自勸　史6-48484
丁保祿　子7-35443
丁皋　子3-15859、15987、15996、16339
27 丁佩　史8-58652　子4-18549、18871
丁紹元　史4-24608
丁紹德　集4-32882～3
丁紹儀　史1-1987、3831,7-51252 集7-48558～60、48749
丁紹寬　史4-24643
丁紹清　史3-23058
丁紹基　史8-64435、64757～8 叢2-615(3)
丁紹軾　史7-58062 集2-11460～1
丁紹恩　集6-46172
丁紹周　史4-24602 集5-33701～3
28 丁以文　子7-36231(6)
丁以此　經1-4807～8 叢2-747～8
丁復　集1-5136～9 叢1-223(60),2-852
丁從堯　子1-1195
30 丁宜福　史3-23341 集4-30160
丁宜曾　子1-4147
丁瀛　集7-46413、48040
丁寧　史3-22195
丁寬　經1-204,2322 叢2-774(1)
丁永琪　史8-59900
丁永法　史4-24615
丁永鑄　子7-37989
丁宿章　史2-8221
丁進　子1-1273
丁之涵　集5-39793
丁之賢　集3-14085,6-44795
丁守存　經2-11105 子1-3496,3630,4-21692～3 集4-32183～5
丁守中　集6-44401
丁良俊　史3-21226
丁良佐　史3-16692
丁良才　子7-35164、35215
丁寶綸　史3-16956

丁寶楨　經1-131、481、2648～9、3643、4901、5257、5600、7249、7366,2-8348、8668、8918、9316、9815、11184 史1-986,6-43913、48996～9 集4-33500～1 叢2-885、1902
丁寶書　史6-42887,7-57277、57294、58115,8-66198 叢1-458
丁寶義　集3-13382、13484、15640,6-45097
丁寶銓　史2-11641
丁實　集2-8472、10034
丁宗洛　經1-5918 史1-2063,2-11782～3 集3-16922
丁宋存　子4-21699
31 丁澐　子3-17328,4-18576、18903
丁潛　集5-36897
丁灝　集3-15647,6-44365
丁源　經2-12272～3
丁福　子7-38089
丁福保　經2-15091 史2-12464,8-64797、64898～902、66301、66355 子2-5382～3、5481、6641、10939,3-12856,7-37522、37536、37540、37543、37788、37841～2、37844～5、37847～9、37852、37854、37878～80、37882～3、37885～6、37892、37896、37902、37905、37923、38004 集6-41699、42144、42536、42581 叢2-627
丁福申　史3-18897
32 丁兆慶　史4-24627
丁兆元　史3-22326
丁兆松　史2-13295～6 叢2-731(60)
丁澎　史1-2121,2170 集1-48,3-14369～70,6-41960、41969,7-46397～400,46889～91
丁遜之　史7-57771
丁業　史1-3418～9
33 丁泳淇　子5-30397～8
丁述曾　史3-17469

34 丁斗柄　史8-61470
丁汝爲　子4-23596
丁汝彪　史8-66256 集1-1943 叢1-505
丁汝昌　史6-47179
丁洪章　子1-3050～1
丁洪夏　經2-8428
丁淇　史2-11618
丁達福　史4-24599
35 丁清　集4-26205
丁漣　史8-61553
36 丁澤安　經1-1828～30、2241、2333
37 丁鴻逵　史3-19955
丁鴻臣　史2-13237
丁鴻陽　集2-10865
丁渙　集5-35186
丁祖福　史4-24637
丁祖蔭　史1-4433、6178、6183,2-7510、13219,6-44169,7-51594、57088,8-66082、66491 集5-34464、40827～8 叢2-793～4、809
丁冠西　子7-36333
丁逢壬　子2-8157
丁逢甲　史2-10641
丁逢辰　史2-13244 子1-1935
丁運泰　集4-27257～9
38 丁瀚　史8-62748
丁裕彥　經1-1656,3342
丁道生　史4-24685
丁肇亨　集2-11261
丁肇昌　史4-24598
丁肇榮　集5-33812
丁啓濬　史7-51784
丁啓初　史4-24675
丁啓賢　集4-26267
39 丁濚　集7-46405、47146
40 丁大訓　史7-53738
丁大任　史1-1937、1953～9、3474～5
丁大椿　經1-1740,2-9586、10052 史6-42208、45503 子1-1753～4、2266、2830 集4-27256 叢2-1771
丁大年　史4-24666
丁友貞　史4-24642
丁士一　史7-53505

丁士可　史 8－62561

丁士穎　史 7－55370

丁士鼎　集 5－40042

丁士源　子 7－36967

丁士涵　經 1－7403,2－12421、12813、13662～3、13695、13935　史 2－7475,3－18311,4－24619,7－51780　子 1－3997～4000,2－5330、5415、5450

丁士彬　史 6－47708

丁士明　史 4－24634

丁奎聯　經 1－5363

丁塒　史 3－15766,4－24614

丁培　集 4－31396

丁堯臣　子 2－9844　集 5－38293～4

丁在麟　史 4－24672

丁克諧　史 3－22159

丁克振　集 3－14086

丁克揚　史 8－60287

丁克昌　史 2－7418

丁克卿　經 1－4969

丁南庚　史 4－24636

丁有庚　史 3－18208

丁有美　子 5－26071

丁有曾　經 2－13868

丁有煜　集 3－18304～9

丁志麟　子 7－35101

丁志先　集 5－41645

丁杰　經 1－104、241～3、2631、2－14834　子 4－19714、23256,5－29173、29791　集 5－36746　叢 1－301,2－731(8)、1615

丁杰履　經 1－3571

丁嘉保　史 2－12761

丁嘉葆　史 1－6028

丁奇遇　子 1－2365　叢 1－22(25),2－832(4)

丁壽徵　經 1－6003、7096　集 4－32711～2　叢 1－537

丁壽寶　史 3－22799

丁壽祺　經 2－11708　史 4－24628,6－45026,7－49317(2)、49318(4、21)、54019　集 5－34056

丁壽昌　經 1－149、1780～1、4252、5764、7063、7974,2－12289　史 2－10119,

3－15368,6－48964　集 4－33175～6,6－44860

丁壽辰　史 2－13335　叢 2－1766

丁壽堂　子 2－10919

丁壽恆　史 2－12113　集 5－35472～4、35652

丁壽炳　史 2－12113

丁雄飛　史 8－65341　子 1－2051,2－5973,4－18616,5－27454　叢 1－197(2、3)、371、511、587(1)

41 丁垣　史 3－23267

42 丁彭年　集 4－33253

43 丁載和　史 4－24640

丁樾　史 2－9110～1

44 丁夢齡　史 4－24648

丁夢羆　史 4－24618

丁萼亭　叢 1－330

丁芮樸　子 3－13636　叢 1－458

丁芮模　集 4－30265～6

丁芳　史 3－16038　集 4－32483

丁芳洲　集 4－23468

丁茂容　史 4－24603

丁茂業　史 4－24612

丁茂芝　子 2－9415

丁茂春　史 4－24597

丁茂榮　史 4－31808,5－34365、39220

丁懋儒　集 2－7881

丁懋遜　史 8－59456

丁萬鈞　集 4－22308

丁萬餘　史 4－24593

丁華宰　史 4－24635

丁若孚　史 4－24595

丁蓉綬　集 5－37001　叢 1－438

丁世平　史 8－59306

丁世璪　史 8－60544

丁世澤　史 4－24692

丁世恭　史 7－55578

丁世哲　史 3－17420

丁世鈞　史 4－24669

丁芸　集 4－22483、22593、22688,6－41983、46168～9

丁芸芳　集 4－24892～3

丁其譽　子 2－4585、5866、

9355,4－24203

丁楚琮　史 8－60315

丁黃鉞　史 7－49737

丁樹勳　史 7－55930

丁樹曾　史 3－23109

丁樹棠　子 7－36228(3)、36231(3)、36242(3)、36250、37014～5

丁葉　史 7－51924

丁桂　集 4－29470,5－39601　叢 2－843

丁桂琪　史 1－1160、1196

丁蘊琛　集 4－33399

丁林聲　史 8－61963、61966

丁樑五　經 2－9201、12426

45 丁坤　集 4－26623

46 丁觀堂　史 7－56607

丁相辰　史 4－24605

47 丁墀　集 4－33398

丁鶴　集 3－16398～400,6－43541、45926

丁鶴年　集 1－5822～34,2－6264～5,6－41715、41780、41934　叢 1－223(61)、241、242(2)、376,2－731(43)、845(3)、873

丁朝立　史 8－58456

丁朝牧　史 3－23086

丁朝品　史 4－24676

丁起鵬　史 4－24625

丁桐　史 1－6110

48 丁增德　史 4－24613

丁敬　史 2－9187,8－63509、63890～1　子 3－16828～9、16943～4、16946～7、17004～10　集 2－12258,3－19010～3　叢 1－342、373(6),2－625

丁松　史 4－24665

50 丁申　史 4－24623,8－65312～3　子 2－10216　叢 2－832(6)

丁泰　集 3－20828～9　叢 1－426,2－731(7)

丁惠康　集 5－40634　叢 2－622

丁惠衡　史 2－10265

丁惠和　史 4－24694

丁忠恕　史 4－24677

丁奉　集 2－7577～9

51 丁振鐸　集 5－34572、

36867　叢2-957
52 丁授經　經2-12063
丁授堂　子2-10811
53 丁輔周　史4-24596
丁盛名　史4-24679
54 丁拱辰　子1-3579~80
55 丁費錦　史5-39360
57 丁抱乾　子7-36210
丁邦球　史4-24594
60 丁□□　史6-49017
丁日新　子3-16938
丁日健　史7-51251
丁日澍　史4-24607
丁日昌　史6-41526、41528、43076、43091、45516、47281、49015~6,7-50082,8-65253、65812~3　集5-34052~4　叢1-548
丁國瑞　子2-4768
丁國珍　子7-36049
丁國樑　史8-62591
丁國茂　史4-24626
丁國屏　史8-58901
丁國鈞　史1-10(3)、29、543~5、557,2-7591,6-45743,7-56532　子4-23662~3、24722　集2-11526~7,5-39602　叢2-646、653(4)、731(1)
丁易　史7-51594、51708
丁易東　經1-548~50　子3-12976　叢1-223(3、36)
丁恩誥　集5-36747
丁晏　經1-3、33、127、156、163(3)、1660~4、2392、2983~4、3244~6、3573、4209~11、4640~3、4718、5097~8、5334、5509~10、5758~9、7041、7952~3,2-8494~5、9573、10185、11369、11667、12655~6　史1-89、381、5714、5992,2-11005、11121、11137、11150、11181、11848、13335,4-24591~2,7-50141、56660,8-64185~6,64424　子3-18189,4-19717、21473~5、22539~41、23300~1、24342~4　集1-134、164、3171,4-29454~62、

6-41699、44307、44860~1、46265　叢1-418、432、439、462、478、493、517、537,2-599、615(3)、653(1、3、6)、731(4)、751、807、1766
丁晏詮　集1-291
丁晏銓　集6-41699
丁冕英　子7-36325
丁昇之　子5-25568
61 丁顯　經1-2299、3407、4788、5899、8111,2-12010~2、13685、14022、14116~8、14243、14438~41、14538~40　史6-46588、46693~4、46866、47515,7-49317(9)、49318(6、10)、53217、56616　子4-21700　集4-33329~30
64 丁時　集3-15710
丁時需　史7-56844~5　叢2-806
丁時顯　集3-20234
丁疇隱　子7-36485
丁韙良　史7-49317(2、5)、49318(18)、49319　子7-35645~7、35730、36241、36249~50、36614、36798~9、36802、36808~10、36911、37457~9、37462~3、38028、38033、38286
65 丁映奎　史8-61711、62094
66 丁喝菴　子2-8972
67 丁曜　史5-35665
丁明登　史2-6597~9、8653　子4-20793~4、24080
丁嗣澄　集3-17901
71 丁辰　史1-29、543~5　叢2-731(1)
丁巨　叢1-244(6),2-731(25)
77 丁鳳　子2-8026、8652、9261
丁鳳章　史7-57740
丁鳳年　史3-15552
丁同方　史3-17481
丁用晦　子5-26885　叢1-10、15、19(1、10)、20(1、8)、21(1、9)、22(7)、23

(7)、24(2、11)、29(5)
丁鵬　集4-30262
丁鵬翥　集4-28734
丁履端　集4-24060
丁履恆　經2-12470、14141~51　史7-52733　集4-25804,6-42631　叢1-477、522
丁居晦　史6-42848、42857　叢1-22(8)、23(8)、244(4)
丁際平　史3-21306
丁熙咸　史3-22903
丁學義　史4-24620~1
丁艮善　經2-9200~1、11252
丁興安　史4-24630
78 丁腹松　史7-49318(5)、53218　集3-17902~3
80 丁全斌　史8-62943
丁鑲　史4-24668
丁鑛　史2-8478
丁午　經1-1807,2-11733、12309　史7-49354、51734~5、51793、51930　子4-18656　集5-38477　叢2-832(2、3)、2073
丁毓仁　史7-51029
丁毓英　集5-40648
丁毓昌　史6-43874~6
丁義方　史7-52481
丁義華　子7-37351
丁善慶　史7-52110~1　集4-28734
丁善儀　集4-30161,6-45194　叢1-496(5)
丁善之　集5-41482
丁善寶　集5-36207
丁善長　史2-6629　子3-16419、17316
丁谷雲　集6-41875
丁公著　經2-9798　叢2-774(6)
丁公恕　經2-13514
丁養元　經2-11365~6
丁養浩　集2-7186~7　叢2-833
81 丁鈺　子1-2572　集4-27255
丁敘忠　經1-1713~4
82 丁劍孝　史4-24680

83 丁猷駿　史 8 - 58857

84 丁鉥　集 6 - 44555

86 丁錦　子 2 - 4770、5472、7 -
　　36469

　　丁錫庚　集 5 - 38142

　　丁錫福　集 5 - 39535

　　丁錫祐　史 3 - 16754

　　丁錫奎　史 8 - 63009　集
　　5 - 39793～4

　　丁錫彭　集 5 - 36302

　　丁錫田　史 1 - 10(2)、351,
　　2 - 11892,7 - 50606　集
　　5 - 37144　叢 2 - 664、
　　693、824～5

88 丁鑑　集 4 - 28972

　　丁符九　史 7 - 54983、
　　55009

　　丁策定　史 4 - 24629

　　丁繁滋　集 1 - 69,4 -
　　24016

　　丁繁祚　史 3 - 23533

　　丁繁培　史 2 - 9636　集
　　4 - 27054～6

90 丁惟魯　史 3 - 16759　子
　　5 - 29248　叢 2 - 2212

　　丁惟禔　史 3 - 21382

　　丁惟汾　叢 2 - 2222

　　丁惟恕　集 7 - 50621

　　丁惟暄　集 2 - 10164

　　丁惟熙　集 3 - 19254

　　丁堂　史 7 - 56641

　　丁尙固　史 8 - 62275

　　丁焞　史 2 - 10171

91 丁炳烺　史 7 - 57803

92 丁愷曾　經 2 - 14092　史
　　6 - 46646,7 - 50619,8 -
　　59318　集 3 - 19254,6 -
　　45491　叢 2 - 1255

94 丁煒　史 8 - 62321　集 3 -
　　15626～8,7 - 46397、
　　46399～400、47088

97 丁耀亢　史 1 - 3190、5568
　　～9　子 1 - 2168,4 -
　　23116,5 - 28236～7　集
　　3 - 13205～8,7 - 50173～6
　　叢 2 - 1235

　　丁耀南　史 4 - 24638

　　丁燦　史 7 - 55423

99 丁變　史 7 - 57584

　　丁榮祚　史 4 - 24670

　　丁榮表　史 8 - 61653

　　丁榮光　子 7 - 35987

1021₀　兀

27 兀魯特錫縝　史 8 - 65038

87 兀欽仄　子 1 - 58,3 -
　　13254、13258　叢 1 - 49、
　　86、169(2)、268(3),2 -
　　730(7)

1021₁　元

00 元立(釋)　集 3 - 16050～1

　　元度(釋)　史 8 - 66349～
　　50　子 7 - 34870～1

　　元章　子 7 - 38155

03 元謐(釋)　子 6 - 32091
　　(73)

10 元一(釋)　子 6 - 32091
　　(77)

　　元玉(釋)　子 6 - 32091
　　(74)　集 3 - 14972～3

12 元弘(釋)　集 3 - 16990

　　元廷堅　叢 2 - 630

16 元璟(釋)　集 3 - 16840

17 元聚(釋)　子 7 - 34177

　　元尹(釋)　集 3 - 17155

20 元位(釋)　叢 2 - 2085

　　元統　子 3 - 11589

21 元行沖　經 1 - 6040,2 -
　　8351～2,8580,8582　叢
　　2 - 774(4,5)

24 元皓(釋)　子 6 - 32091
　　(73)

　　元結　子 1 - 18、20　集 1 -
　　1113～8,6 - 41794、41840
　　～1、41853、41876、43236
　　～8　叢 1 - 136、223(48、
　　68)、227(8)、468、519,2 -
　　635(6)、698(8)

　　元積　史 6 - 42848、42853
　　子 5 - 26224、27510　集
　　1 - 1446～51,6 - 41729～
　　30、41794,7 - 48806、
　　48811、48814、48819～20、
　　48822～3、48826～7、
　　48829～31、48834、48836、
　　48856　叢 1 - 22(19)、23
　　(18)、29(4)、168(2)、223

(49)、227(9)、244(4)、249
(2)、255(3)、407(3),2 -
635(7)、698(9)

28 元復(釋)　史 2 - 7427、
　　7987　子 7 - 32099、
　　34081、34713～4　叢 2 -
　　832(2)

30 元淮　史 8 - 59859　集 1 -
　　5285～7　叢 2 - 674

　　元濟(釋)　叢 1 - 202(4)、
　　203(10)

　　元宏(釋)　集 5 - 34917

　　元良　集 3 - 13025

　　元良勇次郎　子 7 - 36278

31 元福　子 2 - 10089

33 元梁(釋)　集 3 - 15718

36 元視(釋)　子 6 - 32091
　　(79),7 - 34161

37 元朗　經 1 - 1191

38 元啓　集 7 - 49309

40 元奇(釋)　史 7 - 51666

　　元來(釋)　子 6 - 32091
　　(73、74),7 - 34070～1、
　　34251～2

44 元蘭皋　史 4 - 25545

　　元革　叢 1 - 11～2、22(17)、
　　23(16)、29(4)、37、49、86、
　　169(2)、255(2),2 - 730
　　(7)、731(37)

46 元旭(釋)　集 1 - 5181

47 元好問　史 2 - 8185　子
　　5 - 26966、26971、26973～
　　4　集 1 - 4658、4672～
　　87、4689～93,6 - 41777、
　　41779～81、41794、41807、
　　41925～8、43280～3、
　　43631～4,7 - 46352、
　　46363、46367、46738～40、
　　48466　叢 1 - 204、221、
　　223(58、69)、227(10、11)、
　　265(5)、279、326、371、407
　　(4),2 - 606、635(11、14)、
　　672、698(11)、731(34、45、
　　50)、735(3)、782(2)、1050

48 元敬(釋)　史 2 - 7427、
　　7987　子 7 - 32099、
　　34081、34713～4　叢 2 -
　　832(2)

49 元妙宗　子 5 - 29530(23)、
　　31630

50 元中(釋)　集 3 - 15119

52 元揆(釋)　史 7 - 52571

53 元成　史 6 - 43967

63 元賦(釋)　子6-32091
　　(80)
64 元曉(釋)　子6-32089
　　(50)、32090(65)、32091
　　(63)、32092(41)、32093
　　(47)、7-33075～6、
　　33368、33652～3、33656、
　　34432
67 元明善　史7-52482～4
　　集1-5062～4　叢1-
　　511
　　元照(釋)　子7-33369、
　　33526～8、33650、33926、
　　34432、34781
71 元長(釋)　子6-32091
　　(76)
72 元質(釋)　集3-15063
76 元陽子　子5-29530(6、
　　7)、29535(4)、29536(3)、
　　29734、31081～3
77 元賢(釋)　史2-6814,7-
　　51633、51670、51672、
　　51677～8　子6-32091
　　(74)、7-33938、34100～
　　3、34496、34676、34784
90 元懷　子5-27395　叢1-
　　4～5、19(6)、20(4)、22
　　(6)、23(6)、24(7)、29(5)、
　　56、195(6)、490,2-731
　　(50)
　　元光照　史4-25544
　　元粹(釋)　子7-33275、
　　33505
94 元惜陰　子7-34931
99 元變　集5-34769

1021₄ 霍

00 霍賡培　集5-39517
11 霍珥　子7-36802
　　霍冀　史6-45130
12 霍孔昭　子2-7899
17 霍承恩　史5-40047、
　　40049
20 霍爲棻　史8-61558
　　霍爲枞　史2-10163
　　霍維瓚　集4-22901
　　霍維嶽　集4-22436
　　霍維翰　史6-42890
　　霍維騰　史7-57722

21 霍穎西　子7-37301
24 霍德　子7-37674
26 霍穆欣　集5-34678
27 霍約瑟　子7-35168、
　　35185、35194、35660～1、
　　35757
30 霍塞恩　子7-36404
　　霍濟之　子5-29530(6)、
　　31208
　　霍之琯　史8-59780
　　霍官雲　史5-40043
31 霍濬遠　史8-59573
34 霍達　史5-40052
35 霍禮運　經2-9704
37 霍潤生　史3-22072　集
　　5-35326～7
38 霍啓鈞　史5-40050
40 霍士廉　史8-62564
　　霍志雄　史5-40046
42 霍韜　史1-1923、5858,2-
　　11474,6-48228　子1-
　　2120　集2-8050～3
　　叢2-674
44 霍勤燾　史3-22167
　　霍勤煒　史3-22485
　　霍勤燡　集5-40463
　　霍樹清　史2-9704
60 霍□　史6-45132
71 霍厚煌　史5-40045
77 霍殿鼇　史7-55641
　　霍熙　史5-40051
　　霍與瑕　集2-9105～7
80 霍前明　史5-40044
87 霍錄勤　史8-62304
　　霍翔　集5-39517
90 霍光緒　史8-62805
　　霍尚守　史2-11474
96 霍燦　史7-55640、55685

1022₁ 亓

60 亓因培　史8-59432

1022₇ 万

23 万俟卨　史1-2540　叢
　　1-190

兩

00 兩廣督署　史7-50929
07 兩部鼓吹軒　子4-22054
29 兩秋居士　集5-35904
31 兩江忠義采訪局　史2-
　　7775
32 兩浙部轉運鹽使　史6-
　　47450
37 兩湖土稅膏捐總局　史6-
　　43574
　　兩湖書院　史6-45722
　　子3-12597、12776、12796
　　叢1-532
43 兩坨老饕　叢1-295

爾

77 爾叟　集5-40265

雨

80 雨金連　子5-32035

1023₀ 下

26 下總種畜場　叢1-480
50 下中彌三郎　子3-15574、
　　15589、15683
60 下田歌子　子7-37270～1
67 下野彌生　子7-36481

1023₂ 震

36 震澤九容樓主人松雲氏
　　子5-28462
38 震道(釋)　子7-34322
87 震鈞　史1-4299,2-7659、
　　7716,7-49357、49848、
　　49869、51694　集1-

1709　叢2-683

1024₇ 夏

00 夏齊林　史2-9574　集
　　4-22721
　夏方承　史3-23441
　夏應麟　史7-55477
　夏應星　史7-56687
　夏應銓　經1-1388
　夏庚復　史2-12282,3-
　　20202　集5-38120
　夏庭芝　史2-7128　叢
　　1-11~2、56、175、189、
　　544、547(3),2-731(50)
　夏慶緣　史3-19111　集
　　5-41166
　夏亦書　史4-31676
　夏文彦　史2-6743~8
　　子3-15859、16070~3
　　叢1-169(3)、223(37)、
　　388~90,2-596、731(36)
　夏文源　史3-22755,7-
　　51762~3
　夏文瀚　史3-17905
　夏文蓀　集5-37778~9
　夏文炳　史8-62293
　夏辛銘　經1-4462　史
　　2-12432,3-22628,7-
　　57380　叢1-502
　夏章　集5-40216
　夏言　史6-42016、48233~
　　9　集2-7904~9,6-
　　43118,7-46810~3、
　　50612　叢1-223(21)
03 夏詒鈺　史7-55557
04 夏謨　史3-19949、22995
05 夏竦　經2-13130~3、
　　13780~1　集1-1917~
　　8,6-41894(1)　叢1-
　　223(15、50)、452、586(2),
　　2-716(2)
07 夏詔新　史8-61920
08 夏敦禮　史4-31663
　夏謙　集7-46439、47134
10 夏一理　集6-43039
　夏一駒　史8-64952~3
　　子3-16776
　夏玉麟　史8-58209
　夏玉瑚　史3-15684

夏靈峯　經2-10086
夏璋　經1-66
夏元鼎　子5-29530(3、
　　4)、29741、31150、31224
　　集7-46352、46356、
　　46367、46395、46676　叢
　　1-109、111(4)、223(46),
　　2-731(13)
夏元彬　經1-7671
夏元昌　史4-31684
夏元美　史4-31654
夏雨　子3-13447
夏震　集4-22720
夏震武　經1-6201,2-
　　10096　史1-1199,6-
　　48082　子1-1838、1946
　　~8,4-23568　集5-
　　38670~4　叢2-967、
　　1904
夏震川　史3-20032
夏天佑　集1-5836
夏天蓉　史4-31705
夏雷　史7-57509
夏雲　史2-13333,3-
　　22389,8-60850　子2-
　　7586~8
夏雲集　子2-10422~3
夏雲鼎　集2-10563,6-
　　43834
夏雲程　史8-61541
夏雲芳　經1-3212
夏雲林　史2-9574
11 夏斐文　集7-53846~7
12 夏登瀛　史4-31664
　夏瑞光　史4-31679
　夏璜　史8-62355
　夏發恆　史5-37156
　夏烈光　史4-31692
　夏廷正　史2-12432
　夏廷莢　集3-18708
　夏孫桐　史3-16492、
　　18703　集5-39070　叢
　　2-2142
13 夏琮鼎　史8-58584
14 夏瑋　史7-58055
　夏璜　史8-61844
　夏琳　史1-3510~2,4-
　　31672
15 夏建寅　史3-18139
17 夏承佐　史4-31707
　夏子俊　子2-5226
　夏子鎏　史7-55207、

55473
夏子沐　集3-19655
夏子錫　史3-15570,7-
　　56745
夏翼朝　集4-26236
夏翼增　子2-5095
夏柔嘉　集4-24365
18 夏璪　史8-61550
　夏政　子2-6073
　夏致勳　史4-31658
　夏璇淵　叢1-241、242(2)
20 夏秉衡　集3-21012,7-
　　48501~2、50317
　夏維藩　史7-55419~20,
　　8-59494
21 夏仁瑞　史3-19111
　夏仁虎　史3-22861,7-
　　49325、49861~2　集5-
　　41007~13,7-47964　叢
　　2-795
　夏仁溥　史3-18884　叢
　　2-795
　夏仁杰　子3-11472
　夏衍崇　史4-27335
　夏衛　史2-10273,3-
　　15984、18472
　夏偕復　子2-10950
　夏紫笙　子3-12698~9
　夏繡卿　史8-59982
22 夏豐融　史4-31653
　夏彎　集5-34630
　夏鼎　子2-4722、4732、
　　8432~3、8551、10424　叢
　　2-818
　夏鼎武　經1-4698、5784
　　子1-1856、1947　叢2-
　　967
　夏循坦　史3-20702,6-
　　44435
　夏鸞翔　經2-14252　史
　　2-6912　子3-11252、
　　12364、12368、12389、
　　12396、12700~1、12729、
　　12806~7,7-36241　叢
　　1-472、568,2-1896
　夏岢　史6-43915~6
　夏崑林　集4-28596,7-
　　47735　叢2-1679
　夏崇文　史2-8851
　夏崇讓　集5-41422
　夏樂叟　叢1-373(6)
　夏繼虞　史4-31702

(1)、185、249(2)、255(3)、587(3),2－731(20)
于會清　史7－56281
于公胤　史7－55663
于公溥　史4－24742
于養源　集5－35332
81 于鈺　集4－25338
82 于鍾岳　集5－35264～6　叢2－885
86 于錕增　子1－2535
87 于銘訓　集5－40552
于欽　史8－58957～8　叢1－223(23)
88 于鎰　史4－24718　子1－957～8,4－20286～8
于箴　史7－54911、55025
于敏中　史6－42104、46957～8,7－49828、50258,8－65499～500　子3－15395,4－18703　集3－20150～1　叢1－223(19、22、23、27)、227(1、6)、498,2－603
90 于光華　經1－3953,2－10689、10796　子4－24255～6　集6－42118、43056
于光甲　史2－7729
于尚齡　史7－57183、57305
于肖龍　史8－60785
于省吾　史8－64254～5、65176～8
91 于恆平　集3－19533
94 于慎行　史1－5475～8,6－42873,7－53080,8－59366　子4－20619～22　集2－9134、10268～70　叢1－143、223(66),2－1150
于慎思　集2－10267
96 于煌　史8－61463
99 于榮益　史4－24743

干

00 干文傳　集1－5240
10 干雲　集4－26071
15 干建邦　集3－17701～3
30 干寶　經1－323～9、2319、2321～2、2331、4908～10、6289、6718　史1－1425～7　子1－61,4－19823～4,5－26224、26804～9、26813～4　叢1－15、19(2)、21(2)、22(19)、23(19)、24(3)、29(1)、74～7、98～101、168(2)、169(4)、223(45)、249(1)、268(4)、395,2－617(3)、624(1)、653(5)、726、730(12)、731(49、64)、765～6、772(1、4)、773(1、4)、774(1、3、4、5)、775(4)、780、836
47 干朝梧　經2－11235
80 干人俊　史2－11369　集4－26071
81 干鉅清　史3－16260

1040_6 覃

00 覃文超　史5－35917
10 覃玉成　史8－61422
13 覃武保　集4－29839
20 覃喬芬　史8－61139
21 覃卓吾　史8－61303
22 覃崧士　史5－35917
24 覃先澄　史8－61433
30 覃鎏欽　子7－36930
37 覃祖烈　史8－61423
38 覃瀚元　史8－60258
覃啓瑞　史8－61393
40 覃壽公　子7－38121
44 覃夢榕　史8－62307
覃夢松　史8－62258
90 覃光瑤　集4－23171
97 覃輝　史8－61386

1040_9 平

00 平慶安　史1－1816～7
07 平鄗鼎　史8－59966
10 平一貫　集3－15845
12 平水生　叢1－378
平廷鼎　史8－61942
平孔纘　子5－26505
16 平聖臺　子7－34112～3
平理安　叢2－724
21 平步青　經2－11729　史1－5995,2－12974～5,3－13423、23675,8－65855、66160　子4－22775　集4－31346、31407,5－33791、33964、35475～82　叢1－520,2－1995～6
平衡　史4－26063,6－46809～10
24 平德　子7－36132～3
30 平定國　史4－26062
34 平漢英　史6－47887　集7－46405、47170
平浩　子4－22635　集4－27438
平遠　集3－13978,5－37530
36 平遇　史7－57627
37 平湖合邑公　集6－42463
44 平世增　史8－62921　集3－21551
46 平觀瀾　史8－58909
平恕　史7－57488　集4－22486　叢1－373(2、7)
48 平翰　史8－62197
57 平邦佐　集5－36753
60 平田久　子7－36820
61 平顯　集2－6081～4　叢1－265(5),2－833
64 平疇　集4－28980　叢1－520
76 平陽吳某　集7－53895
77 平岡定太郎　子7－36796
80 平谷善四郎　子7－38012
88 平篤胤　經1－7933
95 平情客　子5－28227
96 平焜　集5－35777～8

1043_0 天

06 天親　子6－32082(16)、32083(24)、32084(20)、32086(40)、32088(26)、32089(45)、32090(51)、32091(49)、32092(34)、32093(29)
天親菩薩　子6－32081(22、23、24、25)、32082(13、14、16)、32083(15、

16、18、24)、32084(13、14、15、20)、32085(22、23、24、25)、32086(24、25、26、27)、32088(16、17、18、26)、32089(41、42、43、44)、32090(47、48、49、50)、32091(45、46、47、48)、32092(31、32、33、34)、32093(25、26、27、28)、7-32131、32725～6、32731、32760～1、32777～8、34432
　　天親跋摩　子6-32081(38)
08 天放道人　子5-28336
　　天放閒人　經2-14421
10 天一亭　集7-54563
　　天下第一傷心人　史1-4068～9　子7-35914～6
16 天理教華北傳道廳　子7-36221
20 天信(釋)　子7-34386
　　天香居士　子5-28528
21 天虛吾生　集5-36309
22 天山劍客　子5-26513
23 天然主人　子1-2244
　　天然癡叟　子5-27770～1、27774　叢2-720(5)
　　天台老人　子2-5194
　　天台野人　子4-20848　叢1-142
24 天休子　子2-11208
26 天息災(釋)　子6-32081(43、44、45、46)、32082(21、22、23)、32083(27、28、29)、32084(23、24)、32085(40、41、42、43)、32086(47、48、49、50)、32087、32088(29、30、31)、32089(24、25、26、35)、32090(31、32、33、34)、32091(30、31、32、39)、32092(20、21、22、27)、32093(10、11、12、16)、7-32583、32724、32900～1、32920
　　天和子　子5-27379　叢1-19(9)、20(7)、21(8)、22(6)、23(6)、24(10)
30 天寧堂藥店　子2-10055
31 天涯恨恨生　史1-4083
32 天溪(釋)　子6-32091(79)

34 天漢浮槎散人　子5-27313
35 天津　史7-52683
　　天津水雷局　子7-36229、36241、37589
　　天津水師學堂　子7-37864
　　天津海防支應局　史8-66436
　　天津南段巡警總局　史6-45328
　　天津考工廠　史6-44775
36 天瀑山人　叢2-673
37 天祿閣　子5-26034
40 天友菩薩　子6-32081(38)、32083(25)、32084(21)、32085(37)、32086(43)、32088(27)、32089(46)、32090(52)、32091(50)、32092(34)、32093(30)
　　天南隱叟　子7-36262
44 天地寄廬主人　集7-50790、50800、53653
　　天夢　子5-28627
　　天花主人　子5-27814～5、28292
　　天花才子　子5-28299～300、28813～4　叢1-496(2)
　　天花藏主人　子5-26228、28020、28264、28285～6、28295～8、28852、28854～5
　　天花藏舉　子4-22094
　　天植　經1-5615～6、7725
47 天都山臣　史1-1976、3544　叢1-14(2)、109、111(5)
　　天都逸史　子3-17842　叢1-143
　　天都氏　子2-7932
　　天瞫　史1-1994～5、4343、4546～8
50 天中星垣主人　子3-13458
52 天揆(釋)　子7-34395
60 天目山樵　子4-24321　叢2-1823
64 天畸人　經1-7668
65 天嘯生　史1-1994,2-7526

67 天眼鈴木力　子7-36691
　　天野爲之　子7-37274
　　天野馬之　子7-36280
77 天門紳衿士庶　史6-46888
80 天谷老人　子1-1969、2780　叢1-574(5)
97 天恨生　史2-10923

1044_1 弄

50 弄丸子　子5-31152

1044_7 再

00 再謫僊人　子3-13138
25 再生居士　子4-21614

1060_0 百

00 百癡生　集7-48128
　　百玄子　子5-29530(21)、30922
10 百一居士　子5-26665　叢1-496(7)、2-735(1)、736
11 百研齋主人　子4-18764
17 百子山樵　叢2-672
21 百歲寓翁　叢1-99～100
26 百保　集4-31034
28 百齡　史6-47442～3、47448、48789　集4-23020～4
44 百花主人　子4-18649～50、19158、19167
　　百菜主人葵南　集7-50087
50 百拉西　子7-36228(6)、36952

石

00 石龐　子4-21002～3　集

西樂山樵　集2-10541
26 西吳空洞主人　史6-46398
西吳適園主人　子5-27571
西吳懶道人　子5-28189～93
27 西郭居士　集6-42262
30 西宗成簡(釋)　子7-34977
31 西額惟克　子7-36232
32 西州山人　子5-26686
西溪山人　子5-26232、26462～3、26625　叢1-496(1)、544、547(3)、587(6)
西溪外史　子5-25986
西溪老漚　集5-36823
西溪居士　子1-1768
34 西池金母少女太真王夫人　子5-29590、31482
35 西清　史7-49314、49318(2、20)、56300～1　叢1-383、508、2-653(6)、731(58)
37 西湖　經2-12932
西湖主人　子5-27737
西湖浪子　子5-27738
西湖漁隱主人　子5-27758～62、27764～6
西湖逸士　子1-3028
西湖退翁老人　子5-27476
西湖林宗氏　集7-49218
西湖散人　子5-25203、28412
西湖梅道人　史2-8574　子5-27570
西湖墨浪子　子5-28856
西湖居士　集7-50038
西湖居易主人　子3-18246
西湖竹筆居士　集7-49210
西湖情俠　子5-27883
西溪道人　集2-9638
38 西泠狂者　子5-28263
西泠散人　子3-18436
西泠嘯翁　叢1-496(6)
西泠野樵　子5-28521～3　叢1-496(8)
西泠長　集7-50075

西泠印社　子3-17425
西泠印學社　子3-17393
40 西土賢聖　子6-32081(49)、32082(25)、32083(31)、32085(45)、32086(54)、32088(33)、32090(43)、32091(41)、32092(28)、32093(47)
西韋廉臣　叢1-373(4)
44 西麓山人　集7-54121
西韓生　子5-27431　叢1-143
西菴(釋)　子7-34834
西村三郎　子7-36392
西村豐　子7-36347
西林　集7-52232
西林春　集4-30181～3
西林縣團務總局　史8-61406
50 西耒子　子7-32111
55 西農　經1-2000
60 西蜀西陽野史　子5-28002～3
西田龍太　子7-36647
西田直養　史8-64133　叢1-419、2-731(32)
67 西明寺釋氏　子6-32084(22、23)
74 西陵承辦事務衙門　史6-47402
76 西陽修志局　史8-60950
77 西周　子7-37313
西周生　子5-28254～5
西朋老人　經2-11612

酉

22 酉山主人　子3-18367
酉山書痴　史1-4050
32 酉州山人　史8-64888
76 酉陽　叢1-587(3)

1060₁ 吾

05 吾靖(釋)　子7-34063
21 吾衍　子4-20246～8　集1-5015、5133～5

30 吾進　叢1-578
吾定保　集3-19827
47 吾聲遠　子3-17865～6
60 吾㝷　史7-57540
72 吾丘端　集7-49709
吾丘衍　史8-64366　子3-14692、16776、16783～8　叢1-11、13、14(3)、22(16)、23(15)、25～8、37、86、105、111(1)、159、168(2、3)、175、223(16、38、41、59)、265(2)、268(3)、318、353、392、433、435、465、534、2-673、730(7)、731(31、32)、833
吾丘壽王　子1-377　叢2-774(9)
77 吾邱衍　經2-13141
86 吾知齋主人　子2-10115

晉

00 晉康　集4-33638
14 晉耐霜　史7-55921
17 晉承柱　史7-55858
24 晉德肅　史4-31513
30 晉安　經2-14328
晉賓王　子1-1272
37 晉渙如　史4-31514
晉淑召　史8-59748
38 晉裕主人　集7-54500
40 晉赤田氏　史1-1593
晉真人　子5-29530(20)、29535(5)、29536(5)、31948
47 晉朝臣　史7-55857
60 晉昌　集4-25633～4
61 晉顯卿　史8-63175
99 晉榮　史3-16129
晉榮如　史4-31512

1060₃ 雷

00 雷亮功　史1-1941、1981、3495
雷方曉　集3-18793
雷應元　史7-56706

1077₂ 函

10 函可(釋) 子6-32091
(80)、7-34284 集3-
13613~6
57 函蟾子 子5-29538
60 函昰(釋) 子6-32091
(80)、7-33125、33746~7
集3-13459~60
函是(釋) 子6-32091
(80)

1080₆ 貢

10 貢三 史8-63356
貢元禮 叢1-223(60)
貢震 史6-46861、7-
57779 集3-20684
14 貢璜 史3-15349、22970
20 貢禹 經1-164、7236 叢
2-775(2)
21 貢師泰 集1-5554~7、6-
41780 叢1-223(61)、
227(10)
27 貢修齡 集2-11899~900
30 貢安國 子1-1078
34 貢汝成 經1-6051 集
2-8685
36 貢渭濱 經1-1295~8
40 貢士元 史3-16678、
19128、22548
貢奎 集1-5065~8 叢
1-223(60)
60 貢國楨 史4-31300
77 貢舉 史6-46074
80 貢鏽 集2-8685
90 貢少芹 子5-28633 集
5-38697
95 貢性之 集1-5694~7、6-
41780 叢1-223(61)

賈

00 賈亨 子3-12444 叢2-

743

賈應瑜 史8-60085
賈應寵 經1-3831
賈應鴻 集4-25019
賈應璧 子4-20624
賈文召 史8-58642
賈文浩 子3-12317、
12341、7-36231(7)
賈言 史8-62982
賈襄 史3-18036
賈襄策 集4-31777
03 賈誼 經1-164、205、2530
子1-16、18~20、24、52、
61~2、64~5、67~9、359
~70 集1-160、1,6-
41690~1、41694、41698
42026、43195 叢1-69、
71~7、144、182~3、223
(29)、236~7、258、2-
628、635(3)、698(6)、730
(6)、731(10)、775(1)
賈誼睦 子7-35304
賈詠 集2-8269
07 賈訒 史7-55783
08 賈敦艮 史2-12173 集
4-31245、7-48084
賈敦臨 史7-49318(8)、
52630 集4-28545~6
叢1-203(17)
10 賈一元 子2-8405
賈三近 史6-47801~2
集6-42809
賈三策 史7-55528
賈正寶 史5-37134
賈霈周 集4-29230
賈雪舟 集2-9707
賈元豫 史5-37110
賈元信 史5-37119
賈西 史7-55873
賈雲龍 史5-37117
12 賈登 史2-10026
賈弘文 史7-56129~30
叢2-785
賈弘祚 史6-48609 子
2-8095
賈延棐 史5-37126
賈廷琳 史7-55226
賈飛 子2-10320
13 賈琅 集4-33476
14 賈耽 史7-49308、49496~
500 叢2-776
賈珪 史5-37116

賈璜 史3-15869
15 賈臻 史2-9796、12810、
6-45017、47134、49003~
4 子4-21654~5 集
4-22118、25399~400、
28064、32319~22 叢2-
893~4
17 賈瑚 史8-59259
賈子彝 史7-56842
20 賈魴 經2-15137
賈雛英 史8-61044
賈維孝 集2-9581 叢
2-886(5)
21 賈步緯 子3-11283、
11403、11521~4、11714、
12241、12246、12306、
12388、12469、12512、
12781、12833~4、7-
36231(7)、37541、37554、
37558 叢2-1946
賈虞龍 集4-21959、6-
41981
22 賈嵩 史2-8532 子5-
29530(6) 叢1-82、540
~3、547(3)
賈山 子1-358 叢2-
774(8)
賈山亭 子2-9692
23 賈允升 史5-37137
24 賈德美 子7-37806
賈待旌 史8-59973
賈待聘 史8-60118
賈勳 集5-36413
賈繼緒 史8-63120
25 賈仲山 史3-15262
賈仲名 集7-48767(3、
4)、48769~70、48774(2、
5、7、8)、48777、49074~7
叢2-698(16)
賈仲明 集7-48772
27 賈島西 史1-6058、6165
集7-51073~5 叢1-
443、544、547(4)
賈島 集1-1455~60、6-
41836、41849、41854、
41859、41868、41872~3、
41878、41883、45495、
45531 叢1-114(4)、
195(4)、223(49)、366~8、
2-635(7)、698(9)、731
(42、46)、782(2)
賈紹祖 史5-37113
28 賈似道 子4-19402~3、

19409～13、19423　叢1－
17、19(4)、20(2)、21(4)、
22(3)、23(3)、24(5)、29
(6)、86、374,2－730(7)
賈作楫　史3－17609
賈復庵　史5－37107
30 賈瀛　史7－55736
賈永　子3－17099
賈永宗　史7－55269
賈永恩　集7－50699
賈之濂　史5－37135～6
賈密倫　子7－36231(2)、
36242(3)
賈宗魯　史7－56588
賈宗舒　史8－59644
31 賈迺延　史8－59486
33 賈治邦　史3－22899
34 賈漢復　史8－59515～6、
62665～6
賈汝愚　集4－25399～400
叢2－893～4
賈洪詔　史8－60115　集
4－31165
賈洪順　史5－37106
賈淇　史7－55243
賈潢　史1－2181
賈逵　經1－164、231、2558
～60、3534、4878～9、6632
～9、7437　史1－2101～
5　叢2－765～6、772(1,
5)、773(1,4)、774(3,4,5,
11)、775(1,2)、1978
36 賈澤洛　集3－21042
賈運　史8－58208
37 賈鴻洙　集6－44857
賈鴻基　史8－62073
38 賈道玄　史2－8822　子
5－29530(21)、31982
賈啓祥　史5－37139
39 賈濚　史7－55915
40 賈克明　集3－17466
賈希顏　史7－54974
賈有詔　史5－37118
賈有福　史7－57942
賈存仁　經2－14389　子
1－2807
41 賈楨　史1－1720,6－44902
42 賈彬　史7－58024
44 賈基　史3－23407
賈懋功　史8－58233
賈孝彰　史7－55053

賈攀鱗　史8－59561
賈茗　子5－27650
賈世西　子3－12605
賈黃中　叢1－21(1)
賈樹誠　集5－33791　叢
1－520
賈桂仁　史3－17698
賈桂茂　史5－37108
45 賈執　史2－13279　叢2－
776
賈構　史8－60730、62739
46 賈如誼　史7－56118
賈如愚　史7－52551
47 賈聲槐　經1－1619　子
1－1739　集4－25475～9
賈朝琮　集4－22197～8
48 賈松年　集4－33148
50 賈忠杰　史3－16928
賈忠楨　史3－16928
賈春江　史5－37105
51 賈振麟　史8－62016
賈振元　集4－25263
賈振裘　史7－55410
53 賈成祖　集4－22617
54 賈拱辰　史1－5001
57 賈邦秀　子2－9425
58 賈輪　集3－16367
60 賈思絨　叢1－425
賈思勰　子1－61、66、4095
～6　叢1－16、22(13)、
23(12)、29(2)、98、169
(2)、173、223(32)、227
(7)、268(3)、508、2－600、
628、635(4)、698(7)、731
(30)、777、1946
賈思忠　史5－37115
賈思同　經1－6722　叢
2－774(5)
賈思慎　史3－18981
賈恩綬　史7－55017、
55256、55277、55376、
55440　子4－21767～8
賈田祖　集3－20176～8,
6－44456
賈昌朝　經2－15128　叢
1－223(15)、227(4)、387、
444、456(4),2－636(2)、
731(24)、782(2)
賈景德　集5－41185
64 賈眈　叢2－592
賈勛　史2－10026
67 賈暉　史7－57762

賈路雲　史8－62996
72 賈所學　子2－4587、5576～7
77 賈履上　史3－23313　子
1－2850
賈開宗　子1－1320　集
3－13165～6、14066,6－
46112　叢2－698(11)、
1234
賈開初　史5－37133
80 賈鉝　史7－51469
賈鉉　子3－16150
賈前席　史8－58995
賈毓祥　史6－48491
賈毓鶚　史8－59639
賈善翊　叢1－22(9)、23
(9)
賈善翔　史2－6860、8366
～7　子5－29261、29530
(15、23)、29535(3)、29536
(3)、30723　叢1－15、19
(4)、21(3)、24(4)、29(1)、
168(3)
賈公彥　經1－19、21～5、
4913～7、4919、5238～42
叢1－223(8)、227(3)、
449,2－636(1)、670、698
(1)
86 賈錫智　經2－8789、9061、
9451、9941、10650
87 賈銘　子4－18921　叢1－
195(6)、2－731(30)
賈銘恩　史8－59029
90 賈炎　集4－22118
賈棠　史8－61445　集6－
41751、42061
97 賈燦雲　史5－37109
99 賈榮懷　史3－17960、
22497

1090₀ 不

01 不語先生　叢1－24(11)
10 不平子　史2－10947
不羈生　史2－7715
不可思議(釋)　子6－
32093(41)、7－33674
21 不能道人　子5－27890
30 不空(釋)　子2－7379,6－
32081(53、54、55、56)、
32082(15、28)、32083(34、

35、36)、32084(26、27、28、
29)、32085(48、49、50、
51)、32086(57、58、59、
60)、32087、32088(35、36、
37、38)、32089(11、30、31、
32)、32090(14、15、34、
38)、32091(12、14、32、
36)、32092(9、10、22、25)、
32093(32、33、34、35)、7-
32095、32119、32129、
32133、32170~1、32225~
6、32425、32448、32613、
32791~2、32816、32826、
32841、32846~8、32859、
32865、32878~81、32907、
32916~9、32923、32926、
32928、32931~2、33049~
52、33055~6、33337、
33672、33676、35044、
35054
37 不退和尙　子2-7952~3
40 不奇生　子5-28055
44 不其　史7-57544
60 不羈生　叢1-496(4)
62 不睡居士　子5-28466
88 不敏主人　經2-12031~2

1090₄ 栗

00 栗應宏　集2-8266,6-
41935(2)
10 栗可仕　史8-59390
12 栗引之　史7-51701,8-
60350
22 栗山癡叟　子2-4692、
6410、6796
30 栗永祿　史7-58009
37 栗祁　史7-57245
67 栗郢　史8-60051
80 栗毓美　子1-1955、2774
叢1-436
91 栗烜　史2-9766
97 栗燿　史2-9766

粟

30 粟永汪　史5-35918
粟永祿　經1-700

34 粟滿江　史5-35920
50 粟奉之　史2-13185,3-
21746
59 粟挨　史3-21801
80 粟人銳　史5-35919
99 粟榮晉　史3-21721

1099₄ 霖

25 霖生　子2-9800
71 霖厚　史3-17512

1111₀ 北

00 北京文明書局　子7-38086
北京大俄東正敎總會　子
7-35762
北京大學留日學生編譯社
史6-45007
北京東省鐵路公司總局
子7-37171
北京圖書館善本組　史
7-54925
北京金科流通處　子5-
30313
10 北平三時學會　子7-32119
北平藥行商會　子2-10042
北平散人　集5-40749
北碚修志委員會　史8-
61501
38 北洋巡警學堂　史6-45339
北洋武備研究所　子1-
3611
北洋武備學生　子7-52964
北洋將弁學堂　史6-45217
北洋官報局　史3-23723,
6-41742
北洋洋務局　史6-44927
~9、44962　子7-36841
~3、36845
北洋機器總局圖算學堂
史7-50928
北洋陸軍編譯局　史6-
45414　子7-36895、
36978、37721
北洋陸軍督練處　史6-
45208

北海老人　經1-2505
44 北莊素史　集6-43156
北村三郎　子7-36339、
36341、36400
北村紫山　子7-36492
57 北邨三郎　子7-36334
60 北園主人　子2-6334
80 北谷　史6-41521

1111₁ 玩

44 玩花主人　子5-28251
集7-50074、54637~8
64 玩時子　子5-28588

瓏

11 瓏璁仙館　叢2-632

非

00 非立啡斯彌士　子7-
36561
36 非濁(釋)　子6-32079

1111₃ 珏

77 珏丹氏　子4-19285

1111₄ 班

00 班衣錦　史8-58508
22 班彪　叢2-827
27 班魯克　子7-35697
40 班吉本　史3-16783、
21639
60 班固　經1-164、232、4883、
5232,2-15142　史1-11
~20、192~5、203~4、206
~8、212~3、219、221、245
~6、1914,7-49311,8-

65262 子1-18～20、44、61、66,3-17964～5、4-19738～44、23730,5-26224、26795～6、27502～4、29530(6) 集1-199～202,6-41694、41698～9、41794 叢1-15、18、19(8、11)、20(6、9)、21(6)、22(18)、23(18)、24(4、9、12)、29(1)、56、69、71～7、90～3、95、101、114(6)、115～6、123、134、182～3、223(17、39、45)、227(5、6)、230(4)、236～7、249(1)、258、261、273(5)、274(5)、379、407(2)、446、456(6)、465、519、566、569,2-601、604、624(1)、635(5)、698(3)、726、730(2、5、6)、731(1、5、6、17)、732、761、775(1)、776～7、827、829、1666

67 班昭 史6-48093 子1-1964、1976～7、2923～4、2988 叢1-22(12)、23(12)、34、114(2)、168(1、4)、173,2-724、827

1111₇ 甄

00 甄鸞 子3-12396
10 甄爾節 史7-55671
12 甄烈 史7-49309、50726～7 叢2-776
22 甄鸞 子3-11250、11254～5、11259、12348、12396、12411、12413、12418～9,7-34937 叢1-22(18)、23(18)、98、169(2)、223(34、35)、227(7)、230(3)、238～9、243、244(3)、268(2、3)、418、430、440～1、468、470,2-635(4)、698(7)、708、731(25)
24 甄偉 子5-27961～3、27965～7
26 甄皇后 史6-48094 叢1-168(4)
34 甄汝舟 史8-59865
40 甄士林 經1-4170、4773
甄克思 子7-38060
44 甄藍玉 集4-27475

甄芑 史8-61065
甄權 子2-4626 叢1-22(18)、23(17)

1112₀ 珂

44 珂葉氏 子5-25344

1112₇ 瑪

00 瑪高溫 子7-36228(2)、36229、36231(4)、36242(2)、36248、37039、37120、37402、37706、37716～7
24 瑪佳恆衿 史2-7751
30 瑪寶 子3-12389
35 瑪禮孫 子7-36229
40 瑪吉土 史7-49318(1)
瑪吉士 史7-49316
41 瑪姬士 史7-49318(21) 叢1-453
47 瑪起士 子7-36324、37749
75 瑪體生 子7-36228(6)、36231(5、7)、36242(2)、36249～50、37148、37151

1113₂ 璩

22 璩崑玉 子5-25014
27 璩紹杰 史5-40323
30 璩宣仁 史1-6096
璩之璞 史2-11254 集1-2435
璩之璞 史2-8682～4
璩之璨 史8-61486
34 璩凌雲 史5-40324
37 璩潤 史5-40320
44 璩蘭 史5-40326
璩萬鑑 經2-14379
60 璩恩綬 史3-22973
90 璩光燦 史5-40325

1113₆ 蜚

44 蜚英主人 子5-25435

1118₆ 項

00 項應祥 史6-48381 集2-10768
項應蓮 集4-23946
項慶祥 史1-2173
項慶模 集5-36184
項文瑞 史6-42585
項章 集6-44112～3
01 項龍章 史7-55714
03 項竣 經2-13354～6、15142 叢2-774(8)
10 項玉筍 史2-7999
項元汴 子3-15092、15339、15915～6、17520,4-18693、18788、18844、18853、18889 叢1-195(6)、223(38)、275,2-689、731(33)
項元濂 集2-8525
項元淇 集2-8524
項元杰 史5-35518
項元勛 史8-66106
項霽 集4-29128～9
項天瑞 史7-51951 子2-9457～8
項晉蕃 史6-43872
項霖 經2-8426、8586 叢1-223(12)、269(2)、270(1)、2-850
11 項珂 史8-58764
12 項登森 史5-35517
項登泰 史5-35514
項聯晉 史8-62512
項廷紀 集4-30046～7,7-47666～8 叢1-486,2-731(49)
項廷舉 史5-35503
14 項琳 集3-14755
項耐庵 子2-10395
16 項聖謨 史2-6750 子3-16138～9、16619～22、

16634

17 項瓛　集7-48132～3
　項乃登　集5-41271
　項子京　子4-18572
20 項喬　史6-43099　子3-
　　13141　集2-8496～8
　項維正　史7-56579
　項維仁　集4-28345～8
　項維貞　史7-49819　叢
　　1-195(7)、2-731(56)
21 項步青　史5-35524
　項衍時　史5-35521
22 項鼎鉉　史1-1926,2-
　　12525
23 項傳梅　集4-32679
　項峻　叢2-775(3)
24 項德新　子3-14933
　項德純　子3-15121　叢
　　1-143
　項德楨　史1-1926,2-
　　11429、11497　集2-
　　6840
25 項仲昭　子5-25788
　項傳霖　史3-13454
26 項伯堂　集5-34657
　項臯謨　子4-20879～80
　項絪　集6-41874
　項穆　子3-15113～4　叢
　　1-223(37)、242(5)、2-
　　731(35)
27 項名達　子3-12367、
　　12388、12396、12662～3、
　　12671～2、12684、12772、
　　12799,7-36228(1)、
　　36231(7)、36242(1)、
　　36248　叢1-359,2-731
　　(26)、1946
28 項以淳　集7-48525
　項作孚　史3-22049
　項盼蘭　集7-50672
　項綸　集4-28701
30 項淳　集3-21486～7
　項家達　集6-41724
　項安世　經1-77(2)、521,
　　2-8375　子4-20102
　　集1-3551～6　叢1-
　　223(2,30)、227(1)、230
　　(3)、265(5)、2-731(5)、
　　856、873
　項寅　史5-35523
32 項兆麟　集5-34657
　項兆駿　史3-20349

　項兆榮　史5-35504
33 項溶　集3-16925～6
37 項鴻祚　叢1-486
38 項啓迪　史5-35509
　項啓鈉　史5-35528～9,
　　7-51952
40 項士元　史2-11441、
　　12450、12458、12500
　項士松　子3-17088
　項奎　子3-16719～20
　項有儀　史5-35498
　項薰　史5-35500～1
　項壽鵬　史5-35519
　項真　集1-1652
　項樟　史7-49318(12)、
　　53457　集3-19355
　項森　子3-12960
42 項斯　集1-1679,6-
　　41739、41741、41824、
　　41848、41859、41878、
　　41882～3　叢2-851、
　　855
　項斯勤　史7-57456
44 項夢昶　集1-5021　叢
　　1-223(59)
　項夢原　史1-5916　叢
　　2-731(31)
　項薩　叢1-43
　項蘅　集4-26393
　項茂禮　史5-35508
　項茂棋　史5-35530
　項葆禎　史8-59498
　項蕙　史7-56196　叢2-
　　785
　項蕙卿　集4-22062
　項華芳　史2-11430
　項蒼園　子5-28605
　項世芳　子3-18015　叢
　　1-86,2-730(7)
　項其璉　史5-35505
　項桂芳　集2-11293,6-
　　45276、45280
47 項聲國　經2-10366
　項朝純　史5-35515～6
　項朝藥　經2-11220
　項起鳳　子5-27900
50 項泰增　子3-17065
　項本立　集4-25397
　項本源　集5-39985
　項忠　集2-6840～1
52 項哲人　史5-35525

60 項景倩　史7-54970
　項景段　史7-54969
65 項映薇　史7-50364～5
　　叢2-840
67 項明蘭　史5-35510
　項鳴秋　集6-43960
70 項驤　子7-36744
77 項同壽　史3-17450
　項際坤　史5-35531
82 項鍾秀　史5-35502
84 項鎮方　史3-19315
86 項錦山　史5-35499
88 項銓　史5-35511
　項銓恩　史2-9591
　項篤壽　史1-4877,2-
　　7205,6-48326　叢1-
　　223(22)
90 項懷述　經2-13180　子
　　3-15166、17065～7
96 項煜　經1-880,2-10403
　　～4、10496、10504　子4-
　　24140　集2-12224～6,
　　6-42940
97 項耀璠　史5-35512
　項耀琨　史5-35513
　項炯　集1-5288～9　叢
　　2-852
99 項燮清　集4-28535

1120₇ 琴

10 琴石主人　子3-16410
22 琴川居士　史6-47867
40 琴臺小築　叢2-632
46 琴想居士　集7-49572
47 琴鶴主人　子2-10026

1121₁ 麗

11 麗玨　經2-14424～5
60 麗杲(釋)　史7-51561

1122₇ 彌

26 彌伽釋伽(釋)　子7-

32103、33040～6

彌伽釋迦（釋）　子7-
32130、33703、33710～1

37 彌通（釋）　子7-34360

44 彌勒約翰　子7-36238

彌勒菩薩　子6-32081
(21、22、23、24)、32082
(14)、32083(15、16、35)、
32084(12、13、14、29)、
32085(21、23、24、50)、
32086(23、24、25、27)、
32088(15、16、17、37)、
32089(38、42、43、46)、
32090(44、47、48、50)、
32091(42、45、46、48)、
32092(29、31、32、33)、
32093(23、25、28、47)、7-
32750

73 彌陀山（釋）　子6-32081
(14)、32083(10)、32084
(9)、32085(15)、32086
(16)、32088(11)、32089
(12)、32090(17)、32091
(15)、32092(11)、32093
(40)、7-32836

77 彌堅堂主人　子5-28360

1123₂　張

00 張主敬　史7-55297

張主忠　史5-35321

張堃　經1-2003　史3-
18252

張亶齡　集6-45056

張立平　史2-7404、7912

張立森　集5-38734

張立朝　史5-34793

張立本　子4-24328　集
4-24038～43

張立民　子1-698,4-
22057　叢2-754

張立賢　經1-1825

張瘦石　子4-22037

張瘦郎　集7-50595

張亨嘉　史3-15001,7-
52112、52786　集5-
37716～7　叢1-436

張亨梧　集3-14296

張亨釬　經2-13969

張充國　史7-55129

張雍敬　子3-11641　集
7-49364

張競光　集3-14096～7

張亮丞　子4-23539

張亮采　史1-4800

張亮基　史2-6219～20,
6-47984、48908～9　集
4-31691　叢2-1847

張序枝　史8-60452

張序均　經1-1698　子
3-12764

張彥珩　史6-47342

張彥琦　子5-25323

張彥紳　史8-62548

張彥之　集3-14175,6-
41969

張彥遠　子3-14692、
15043、15857、15859、
16057～9　叢1-11～2、
15、22(15)、23(14)、169
(3)、223(37)、268(3)、
353、452、586(3)、2-716
(3)、731(35)

張彥清　史5-35902

張彥士　史1-5967,8-
59488

張彥昭　史2-9825,5-
34841　集5-39392

張彥臣　史3-17193

張彥篤　史8-63271

張齊言　叢1-374

張齊聞　集3-15873

張齊賢　子4-22861～2
叢1-19(8)、20(6)、21
(8)、22(7)、23(7)、24(9)、
223(44)、244(2)、2-731
(52)、735(2)

張齋堯　子3-13427

張齋庵　史5-34928

張商英　史2-6801～2
子1-39、44、58、61、3066、
3223～5,5-29530(4、7、
10、22)、30645～6、31514、
6-32089(48)、32090
(61)、32091(59、66)、
32092(43)、32093(52)、7-
34940～1　集6-41894
(2)、41895　叢1-19
(11)、20(9)、21(10)、24
(12)、71～7、114(5)、115
～6、127、134、144、223
(31)、265(4)、266,2-731
(16、19)

張庸　史6-44018　集2-
6275～6

張庸德　經2-10661

張方　史2-8211～4,7-
49309　叢1-22(9)、23
(9)、29(2),2-776

張方平　史6-48120　子
3-15634、15845　集1-
2059～61,6-41894(2)
叢1-223(51)、456(2)

張方晉　史5-34946

張方理　史5-34931

張方泳　史2-9741

張方湛　經2-11537　史
1-1976　叢1-203(14)

張方爽　集3-17661

張方載　集3-19732

張方堛　史8-59455

張方量　史5-34917

張高　史7-57717

張高侑　史5-35364

張高森　史5-34952

張高勝　史5-35233

張應文　史8-65124　子
3-14765,4-18536、18557
～60、18887、19222、19264
叢1-223(42)、422、424、
469、586(4),2-716(3)

張應斌　史3-21742

張應詔　史8-62834

張應麟　史7-55531

張應元　集2-10548

張應平　史8-59501

張應雷　史7-57245

張應雲　集4-29217

張應琢　史5-35345

張應登　史7-51861～2

張應武　史7-56419

張應鼎　史1-5686　子
4-24484　集4-25521

張應兆　史5-35149

張應治　集2-9016

張應遴　史7-51382　集
6-44515　叢2-793

張應奎　子3-13433

張應蘭　集4-31144～6

張應槐　史2-8083

張應楸　集7-50326

張應泰　經2-14336　史
1-5492　集2-10840～
1,6-42639　叢2-816

張應軫　史5-34838

張應星　史8-60593~4

張應恩　集2-10172

張應昌　經1-7949　史1-5233　集4-28781~2,6-44092,7-47544

張應昕　集4-30929

張應時　集3-13928、16461、16611、18870、20117~8,4-22743、22771、22903、22920、24437、25216　叢1-299~300

張應煦　集5-37784

張應辰　史7-55961,8-60001　集4-26054

張應騏　史8-63155

張應譽　經1-142、1711、7962

張應俞　子5-27606

張應榮　史5-35258

張康泉　史5-35253

張康遜　史8-66120

張庚　史1-1115~6,2-7664~6　子3-15859~61、15960~1、16091、16096~7　集1-1537,3-18494~5　叢1-202(7)、203(5、13)、241、242(4)、353、369、418、422、424、469、495、586(2、3)、2-644、668、716(2、3)、731(38)、838、1406

張廉　史1-470,5-34957,7-57172　子2-4770、8873~4

張庭詩　史3-16314、21279,8-59310

張庭武　史6-43366,8-63266、63294

張庭馥　史8-59867

張庭學　史3-15425　集5-34008

張度　經2-12327~8　史7-56867,8-59011　集3-13810　叢1-524,2-731(22)

張慶麟　史6-47564

張慶瑗　子3-13475

張慶縮　集4-25133,6-41757　叢2-954

張慶之　集1-4465、4478~9

張慶源　史8-59075　集3-21324

張慶燾　子3-17123　集3-15151、20642

張慶彬　史5-35172

張慶成　集4-26339~40

張慶恩　集4-32850

張慶長　史7-49318(15)、49343、50948　叢1-202(5)、203(11)

張慶慈　史3-23343

張慶翔　史3-17626

張慶榮　史3-19638　集5-34645~6

張唐英　史1-1914、2406~10、2435~6　叢1-11~2、19(8)、20(6)、21(7)、22(9)、23(8)、24(8)、95、195(1)、223(22)、241、242(2)、246、265(2)、274(3)、282(2)、283(1)、453、456(3)、2-730(2)、731(66)、735(4)、777

張廣庭　集4-27331

張廣澎　子7-34719、34966

張廣泗　叢1-223(24)

張廣埏　集4-31647

張廣榑　史3-21765

張廣榕　史3-21720

張廣柚　集5-38203

張賡謨　史8-61702　集4-28687

張賡麟　史7-55775

張賡烈　集3-19680

張麋　集3-13451

張亦臨　集7-49175~7

張意　集2-8510,6-41935(4)

張文亮　史5-34740

張文龍　子5-30990

張文謨　集5-38733

張文鷟　史3-23167

張文麟　史2-11470　叢1-269(3)

張文璿　史3-15660

張文瑞　史6-46811~3　集3-18523

張文斑　史3-18074

張文珍　史8-61644

張文秉　史5-35136

張文虎　經1-4236　史

1-93,2-7649、9936、10028、12177、12807~9、7-53992~4、56505、56516　子3-18388,4-22644~6、24321,5-28371~2　集4-29542、30097、31420、31548~9、6-42003、45195,7-47822、50690　叢2-1823、1983

張文嵐　經1-3080

張文化　史7-52104

張文德　史7-55355

張文傑　史8-61415

張文伯　經2-11467　叢1-265(2)、266

張文豹　史8-61481~2

張文倫　史8-61967

張文齡　經2-14473

張文憲　集2-8634

張文清　史8-59830

張文選　史5-34747~8

張文洤　子3-14856　集4-28429　叢2-642

張文海　史8-60841

張文奎　史5-35239

張文嘉　經1-6324　子1-2175,6-32091(75)

張文壽　史3-19207

張文柱　子4-22786、22790、22794、22800~1　集2-10505,6-41935(5)

張文楷　史8-60022

張文彬　子7-35229

張文藻　史7-56155　集5-40676~7

張文梵　子4-21681

張文蘫　經2-8805　史7-49318(9)、52805　子4-22326~9　叢1-454

張文蔚　史3-17717

張文華　集6-44411

張文英　史7-56525

張文藝　子1-4427　叢1-530~1

張文林　史7-55054

張文郁　史2-11553

張文翰　史3-16474,7-55869

張文東　史7-55073

張文成　經1-7117　集2-12994

12575～6 叢1－244
(6)、286、318、325、550、2－
628、638、658
張敦實 經1－2329 子
3－12933 叢1－47、223
(35)、244(4)、2－637(2)、
731(15)
張敦宗 集3－18372
張敦培 史5－34862 集
4－22724
張敦頤 史7－50091～4
集1－1404～9 叢1－22
(12)、23(11)、29(6)、90～
1、223(25、49)、552、2－
635(7)、730(5)、731(58)
張詮 叢2－653(6)、731
(65)
張說 子3－13271,5－
26224、27372、27509 集
1－747～53,6－41738、
41743、41794、41824、
41837、41847～8 叢1－
22(18、19)、23(18)、29
(4)、175、223(48)、230
(4)、249(2)、255(3)、395、
555、2－635(6)、670、731
(39)
張論 集4－25769
張謙 史1－1089、1187～8,
6－46409 集3－14846,
6－42223、42349
張謙德 子4－18887、
19026、22268～9 叢1－
107、111(3)、113、181、371
張謙宜 經2－10704 史
8－59291 集3－14660、
16443～5,6－45861～2
張許 史7－57588
09 張麟之 經2－14292 叢
2－731(24)
張麟甲 史7－55318
張麟年 史2－6240 集
5－36625～8
張讜 集4－25249
10 張一亨 子3－17641
張一麐 史2－10821,3－
17428、22297 集5－
40447
張一𪩘 經2－14494
張一斌 史5－35060
張一諤 史7－55190
張一川 子3－17026
張一魁 史7－55425、

57224 集2－6781
張一佳 史7－57612
張一秷 經1－5007
張一鵠 集7－47006
張一橋 經2－8831、9103、
9504、9994、10777
張一英 史8－62786
張一桂 史5－35145 集
2－9954
張一棟 叢1－173
張一中 集6－43904、
45221
張一鵬 經1－4456 史
1－3568,3－19030 子
4－21865,7－36649 叢
1－502
張一卿 史1－5493 子
7－34072 集6－42918
叢2－816
張一煒 史7－57613
張二果 史8－61027
張二銘 史3－22162,5－
34915
張三就 集2－12780
張三俊 史8－59321
張三丰 子5－29536(6)、
29547、29566、29568、
29574～5、29577、29593、
31277～80、31283、31990
～4
張三畏 集1－1027
張三異 史7－57484 集
3－13511,7－50180、53661
～2、53864
張三錫 子2－4573、4878、
5563、5959、5968、10295、
11187
張三省 史7－53431,8－
59578
張正 史8－59809 子2－
4771(3)、7784、9863
張正亨 史3－20191
張正廉 集4－33219
張正詗 史5－35249
張正秩 史5－35375
張正藩 史7－56697
張正蒙 史3－21109,7－
55032
張正茂 子5－27123 叢
1－197(1)、587(1)
張正椿 史6－45464
張正中 集3－18066

張正見 集1－598～9,6－
41694、41698
張正金 集3－17327
張正煒 史8－62201
張玉麟 經2－11767
張玉珍 集4－22519
張玉貞 集5－35807～8、
37097
張玉彩 史5－35422
張玉綸 經1－4783 集
4－32295 叢2－785
張玉孃 集1－4939～43
叢2－687
張玉城 集4－25868
張玉藻 史7－56855
張玉樹 史3－22392
張玉穀 集3－20641,6－
42327
張玉書 經2－12871～5
史1－4468,2－9279、
9337、9412,6－42066,7－
49317(7)、49318(2、4)、
53179、54281、56365 子
5－26135～8 集3－
16034～8,6－42066、
45336 叢1－203(8、
15)、223(16、44、67)、227
(4、8)
張玉成 經2－13899
張玉階 經2－14497
張玉堂 史5－35439 子
7－37371 集4－33120,
6－42007(1) 叢2－1790
張璽 史7－55394
張王熙 史3－19906
張至龍 集1－4596,6－
41744～5、41888～9、
41891～3、41894(3)、
41895、41897～9、41904、
41917、41920、41924
張亘 子3－13409～12
張五緯 史6－46225
張五典 集2－11041,3－
20887、21776～81 叢2－
828
張亞子 子5－30236
張靈 子3－16388 叢1－
168(2)
張丕基 史8－61041
張丕揚 集3－15741
張丕矩 史8－59377
張霆 集3－17076～8

張霈　史 8 - 59939、61461

張露　集 4 - 27011

張丁　集 1 - 4559～60、4571,2 - 6261～3　叢 1 - 223(58、62)、580

張丁陽　史 8 - 63272

張元　集 2 - 12995～6,3 - 17763～5,6 - 45336、45340

張元度　集 5 - 37168

張元賚　叢 1 - 202(8)、203(14)

張元諭　子 4 - 20530　集 2 - 9680～1

張元珹　集 3 - 15974

張元鼎　史 3 - 17972,6 - 43808

張元俊　史 7 - 56292

張元德　子 5 - 29530(18)、31212

張元勳　史 2 - 12257,5 - 35434　子 1 - 2920　叢 1 - 574(4、6)

張元岵　子 5 - 27416

張元凱　集 2 - 8677～8　叢 1 - 223(66)

張元濟　經 1 - 5587,7484,2 - 9811,12992～3　史 1 - 17、684、686,2446,2 - 8497,3 - 16494～5、20403,6 - 42445、42866、44283、45747,7 - 51506、51693,8 - 63530、64356、65263、65546～7、65960～1、65963　子 5 - 26967　集 1 - 2918、3149、3379、4586、5263、5533,3 - 13869、16516、17423,4 - 29184、29692,5 - 40439、40845,6 - 41766　叢 1 - 447,2 - 635(1、7、8、10)、636(1、2、3、4)、637(1、2、3、4)、674

張元汴　史 7 - 49563

張元灝　經 1 - 1467～8　史 3 - 17053

張元滌　史 8 - 63187

張元澧　史 5 - 35204,8 - 61852

張元培　史 2 - 10106,3 - 15513、22733

張元吉　集 4 - 26846、31062～3

張元奇　史 3 - 16214,6 - 41773　集 5 - 39022～3

張元壽　集 7 - 49933

張元芳　經 1 - 3823　史 7 - 54927

張元蒙　經 1 - 693

張元懋　史 7 - 55917

張元幹　集 1 - 3204～8,6 - 41900～1,7 - 46352、46356～7、46380、46382、46544～5　叢 1 - 223(54、73),2 - 698(13)、720(2)

張元惠　史 8 - 60676

張元素　子 2 - 4552、4571、4727、4749、4802～3、5528～30、5767　叢 1 - 223(33),2 - 730(1)

張元輅　經 2 - 13761

張元昇　集 3 - 16480～1

張元默　集 5 - 40396

張元時　集 4 - 24145

張元璧　史 8 - 62938

張元臚　子 7 - 38080

張元際　史 2 - 10382,8 - 62845～6

張元善　史 3 - 23493

張元鈺　集 5 - 40351

張元鈞　史 2 - 10540,8 - 59094、59462

張元鑑　史 8 - 59842～3

張元節　史 3 - 23110

張元鎧　史 4 - 29825

張元忭　史 6 - 42898,7 - 52341、57483、57522　子 5 - 25664　集 2 - 9904～7　叢 1 - 214,2 - 731(41)

張霽　史 7 - 56199

張丙　史 5 - 35343　集 4 - 30928

張丙宿　史 7 - 54911、55023

張丙喜　經 1 - 1855,2398

張丙嘉　史 7 - 52765、55288　子 1 - 3386

張丙炎　史 3 - 15495　集 4 - 29117,7 - 46419、48022～3　叢 1 - 390

張丙煐　子 4 - 23386　集 4 - 29415

張丙瑩　集 5 - 34515

張丙榮　史 3 - 18512

張爾臧　集 4 - 30746

張爾岐　經 1 - 131～2、169、1009～10,2801、5256、5258～61、5406、5939、7694～5　子 3 - 13067,4 - 21042～3,5 - 29158～9　集 3 - 13664　叢 1 - 202(6)、203(12)、223(8、46)、227(3)、247、411、456(3)、485,2 - 607、731(7)、735(3)、736

張爾宇　史 3 - 21214

張爾泓　集 3 - 13576

張爾溫　集 3 - 13632

張爾嘉　史 1 - 1988,3946,7 - 50312、51940　叢 2 - 832(5、6)

張爾耆　史 2 - 7555、9732、12845　集 4 - 32763～5

張爾忠　史 6 - 43113

張爾旦　集 4 - 29119～20

張爾田　史 1 - 2640,2 - 11205　集 5 - 41129　叢 2 - 671,2142

張爾介　史 8 - 63204

張而納　集 2 - 11313

張而昌　史 5 - 35397

張雨　史 2 - 6877,6 - 44174、45576　子 5 - 29530(16)　集 1 - 5244～57,6 - 41715、41780、41927～8,7 - 46352、46356、46363、46375、46428、46769～70　叢 1 - 223(61)、244(4)、353,2 - 635(11)、698(11)、727、731(49)、833

張雨蒼　史 7 - 55290

張雨田　史 3 - 17702

張需訒　史 3 - 21148

張震　子 2 - 4976　集 4 - 27329,6 - 43286　叢 1 - 223(69)

張震維　史 8 - 59932

張震科　史 7 - 55474

張震南　史 7 - 56675

張震芳　集 5 - 39901

張震英　史 5 - 35292

張霱　史 3 - 23099　集 3 - 16251

張夏　史 2 - 7257～9、11272、11586、11621　集 2 - 12332

中國古籍總目著者索引

張夏問　經2-8432
張霞房　史7-50226~7
　　子4-21446
張于度　集2-11369
張于臯　集6-45459
張于鑄　史7-55956、
　　55976、55984
張雯焞　史5-35178
張平子　子5-29530(19)
張平江　子4-21547　集
　　4-31490
張平格　史3-16055
張天瑞　集2-7181
張天羽　史7-49736
張天爵　集5-38940
張天維　史2-11581
張天德　史6-48394
張天復　史7-49561~3、
　　57517　集2-9040~2
　　叢2-741
張天斗　子5-31458
張天澤　史7-55767
張天培　史5-34985,8-
　　60964
張天真　史8-59678
張天英　集1-5283
張天樹　集4-26853
張天權　史8-62169
張天棟　集3-17853
張天如　史7-49318(13)、
　　50805,8-60564、60790~1
張天申　史5-35036
張天民　史1-3114　叢
　　1-537
張天翔　史3-19937,7-
　　51808　集5-35806
張霸　經1-2533~4　叢
　　2-765~6、772(5)、773
　　(4)
張霙　史3-21514
張百寬　集7-46424、
　　48279
張百祥　史2-9996
張百均　史3-21793
張百熙　史6-42355~8、
　　42392、42549　集5-
　　37714~5,6-41952
張石　子3-17398
張石倚　子7-34088
張石舟　集4-29584
張吾瑾　經2-10305

張吾仁　子2-6233、6533
　　~4
張晉　史1-6152,7-56232
　　集3-15029~31,4-
　　23390、25068~9　叢2-
　　821
張晉生　史8-61621　集
　　3-18371　叢1-223(24)
張晉禮　集5-34944
張晉本　集6-46130
張晉昭　史5-34860
張晉錫　史4-29802
張可立　史7-56793
張可言　史5-35095
張可元　史7-57207
張可佩　史5-35069
張可久　集7-50534、
　　50539、50559~66
張可濟　史5-35096~7
張可述　史8-62054
張可大　集2-11190~1,
　　6-43369
張可樗　史7-57614
張可中　史8-64903　集
　　5-40486　叢2-2201、
　　2249
張可興　史5-35090
張靄生　叢1-223(25)
張雲章　集3-16386~9,
　　6-44178
張雲龍　子4-24004
張雲望　史3-15395、
　　17866,7-56475
張雲霞　集7-53989
張雲瑞　經1-5337
張雲璣　叢1-373(8)
張雲翮　史8-62441
張雲翼　史2-9261,6-
　　48691　集3-15872
張雲璈　史7-49354、
　　53353,8-60576　子4-
　　21278,5-26696　集4-
　　22950~8,6-42164~5,
　　7-47357　叢2-686、832
　　(2)、1563
張雲鸞　經1-2752,2-
　　10523~4
張雲生　集5-34233
張雲和　集5-38607
張雲渠　史8-59420
張雲波　史8-62170
張雲祥　史2-6534

張雲臺　史5-34851
張雲鶴　集3-21476
張雲路　史3-15042　集
　　6-42784
張雲驤　子5-26697　集
　　5-34945~9,7-47346、
　　50411
張雲鵬　集7-48179
張雲閣　子7-37420、
　　37956
張雲會　經2-10770
張雲錦　經1-4803　史
　　2-13199,7-50391、51403
　　集3-19596,5-39262~
　　4,7-47286
張雲翔　史7-57865
張雲輝　集5-34817
張函中　集5-36956
張貢九　子3-12611
張貢揚　史5-35004
張賈　叢1-186
張示賢　子1-4421
張来　史7-57049
張霖　史8-60495~6
張霖如　史7-56337
11 張北縣政府　史7-55117
張玭　史2-6980
張班　史5-35162
張甄陶　經1-95、7806,2-
　　8808、9056、9469、9937、
　　10722~3　史7-49318
　　(15)、51224~6　集1-
　　1001
張珂益　史5-35288
張蚳英　史7-55398
張璙　史8-60376　集5-
　　36621
張璙華　史2-12637　集
　　4-23505
張瓁光　集3-14900　叢
　　2-1757
張琴　史2-9706,5-
　　34897、35207,8-58306、
　　60175、61593、65241　集
　　5-37223
張預　史2-12760,3-
　　16076、19973,7-54062~
　　3　子1-3261　集5-
　　36716~9,7-48226　叢
　　2-2032
張頤可　集6-44561
12 張登　子2-4599、4613、

張登高　史7-55281
張登雲　經2-14755　史8-59563　子1-22,4-19685
張登瀛　叢2-886(2)
張登洙　史5-34972
張登坑　史5-35270
張登坑　史5-35319
張登桂　集4-32135
張登鑫　史5-35393
張珛　史7-57852　集7-50329~30
張瑞　經1-3738　集4-23355
張瑞麟　史3-15571、16369、21313、22151
張瑞五　史5-34958
張瑞徵　集3-14801~2
張瑞清　史3-20004　集4-32137
張瑞機　史8-62775
張瑞芬　史3-16440
張瑞芳　史3-16440
張瑞墀　史1-3983
張瑞圖　經1-5603~4　史1-5016,5443　子3-15712、16529　集2-10388、11154,6-42862
張璞　經1-7646　史7-55494　集2-5990
張珽　史7-55299、55561,8-61766
張瑗　史7-57994　集3-17766~7,4-25768
張璠　經1-337~40,2321~2　史1-27,335,1412~3,3-22231,6-43679　集3-14173　叢1-338,2-772(1、4)、773(1、4)、774(1)
張聯庚　子1-4183
張聯文　叢1-373(6)
張聯元　史7-51829、52363、57619
張聯奎　史5-35222　集5-38349　叢2-822
張聯桂　史6-43050、49099,8-61014　子4-21680　集5-36408~9
張聯甲　史3-17291

張聯駿　史3-16537、20485
張聯箕　史7-55882
張列星　史5-34893
張弘　集3-18295
張弘文　史2-11539,7-55235　集2-10773
張弘斌　史8-63220
張弘至　集2-6871,7231
張弘仁　子4-19367
張弘牧　集3-18219
張弘道　史3-13436~9
張弘映　史8-61883
張弘殿　集3-21263
張弘範　集1-4812~7,7-46369,46748~9　叢1-223(59)
張弧　子1-20、58、60~1、553~4,5-29530(20)　集5-41213　叢1-47、223(29)、241、242(3)、246、282(1)、283(1)、490,2-731(10)
張水容　集4-23767
張弢　史6-45726
張發　史3-23643
張發繁　史5-35230
張發榮　史5-35079
張烈　經1-1073　史5-34842、34932　子1-108、1410　叢1-214、223(4)、574(3),2-731(13)
張烈文　子4-23889~90
張延　史8-61480
張延庭　史2-9021,6-43100,7-55433
張延珂　史8-60436
張延登　史6-47831　子2-9318,4-23838　集1-732
張延緒　史3-22210
張延奐　史3-19248
張延福　史8-60016、63185
張延芝　經2-9667
張延世　史6-44422　叢1-201、203(6、18)、320
張延厚　史3-19248
張廷庚　史7-52104
張廷賡　史2-7078
張廷誥　集4-26854

張廷玉　經1-3967、5699　史1-14~7、20、833~7、839、848、907、1243、1272、1274、1512、1595~7、1714、1935、3063、4818,2-9055、9406、9446、11806,5-35131,6-41686~7、42083~4、42875、46940、47896,7-49311、51524,8-65262　子1-2224~5,3-17635,4-19502,5-26136　集2-12923,3-15677~8、17830~2、18127,6-44361、44914　叢1-217、223(9、11、18、19)、227(3、5、7)、379、435、494、496(6),2-678、691(2)、698(4)、731(1)、939、1395~6
張廷珩　史8-58736
張廷瑞　史3-17565、18724、20355
張廷球　史8-58400
張廷琮　史5-35241　集4-25639
張廷珪　史7-49318(5)、53188
張廷瓚　集3-16482
張廷璉　史2-9368
張廷璪　集3-18287
張廷璐　集3-17964
張廷琛　史2-7256、7425,5-34903　集6-44689　叢1-375
張廷弼　集3-17462
張廷珍　史5-35194
張廷俊　集3-21192~3
張廷綱　史7-55167
張廷濟　經1-5323　史2-7669、12650~2,7-51920,8-63623~30、64167~9、64299、64745、64970~2　子3-17158~60,4-18764、22534　集3-21676,4-25565~71,6-44174、44301,7-47442　叢1-498、524,2-633、731(32)、746
張廷賓　史7-51635
張廷寀　史8-59155　集3-17764
張廷澍　集6-46127
張廷選　史8-63091

張廷壽　叢2-706

張廷榜　史7-57940

張廷樞　集3-16817,6-45057

張廷楨　子3-13956

張廷標　史8-61459

張廷蔚　史5-34993

張廷桂　史5-34864～5　子2-7352　集3-19704

張廷模　集4-23436

張廷棟　集4-33121,5-38347,6-42007(3)

張廷相　子3-15231

張廷槐　史8-62969、62979

張廷超　史3-15040

張廷枚　集6-44680

張廷梅　集3-21913

張廷貴　集1-2718

張廷揚　集2-9253

張廷鷺　集6-42968

張廷驤　史6-41534、43085

張廷臣　經1-3744　集2-12922,6-45054

張廷駿　集3-20011

張廷驍　子1-2876

張廷敘　集3-19265

張廷銓　集3-13437

張廷鑑　史2-11640　集3-13437

張廷策　經1-778

張廷燎　史6-44204

張廷輝　史5-34736

張孔　史8-60809

張孔昭　叢2-746

張孫振　史7-58027

13 張瑄　經1-946、5678,2-11505　史1-2793,2-8809　集2-6547　叢1-34

張武　史8-65095

張武良　史5-34909

張武曧　子4-20477　叢1-142

張武鏞　史2-10333

張琮　史8-59956　集5-38200

張戩　經2-13669、14727～30、15142　史7-57220

14 張琦　史1-2192,8-58212

子2-5410、5588　集2-7422～4,4-25070～4,6-41935(3)、42334,7-47385、50038、50546　叢1-327、416、509、550,2-653(6)、731(56)、797～8、845(3)

張功治　史5-35339

張功甫　叢1-10、353

張功鎔　史3-23577

張瑛　經2-9628、10078、10189、10964　史1-988、1057,8-62299　集4-32014,5-34128

張瑋　子1-1293　集2-11688　叢1-151,2-607、653(6)、731(21)

張瑨　史2-7858、11173,5-34991,7-55529,8-61853～4　集2-11889,3-14326、16705　叢2-782(3)

張琪　集4-23936,6-43397

張璜　史1-4636,3-17623

張瓊　史6-47820,7-57220、57413,8-63264　集3-15491　叢1-50～2、55、87,2-730(2)

張瓊昭　經1-1710、2994～5、4231,2-11685

張琳　史8-60233　集2-6275,3-16361,4-31644～5

張碻　子2-4978

張劼　集3-16983～4,6-41789

15 張翀　史5-35437,7-57576　子4-20358　集4-27810～1　叢1-108、111(4),2-731(12)

張聘三　史8-61871

張璉　史5-35143,8-62754

張疎　經2-12694

張融　經2-11432～3　子4-19846　集1-500,6-41698　叢2-765～6、774(7、9)

張建　集1-4642　叢2-827

張建謨　集4-25640

張建珌　史5-35438

張建勳　史3-15596　集5-39474

張建楨　史8-59047

16 張聖度　經1-126

張聖雷　史5-34998

張聖功　史8-62511

張聖奘　史1-5338,2-13267

張聖業　史8-59599

張聖浩　史8-59536

張琨　史3-19676、22151

張理　經1-77(2)、2137～8　子5-29530(4)　叢1-223(3、36)、227(2)

張理卿　史5-35260

張聰　史8-59421

張聰伶　史5-34951

張聰咸　經1-7023　子4-22579　集4-27521　叢1-557～8

張聰賢　史8-62685　集4-27332～3

張璪光　史8-63403

張璟　史7-54941

張硯生　史5-35392

17 張丑　子3-14758～69、14932、15271、16256,4-18536、18559～60、18807、18868、19026、19463,5-27305　叢1-13、14(3)、22(27)、37、223(37)、422、424、437、469、586(3),2-617(3)、716(3)、731(33)

張孟寅　經1-6251、6351

張孟淦　集4-27172

張孟敬　史8-58148

張孟卿　史5-34826

張孟兼　集2-6261～3　叢2-860

張羽　史6-48204　集2-6160～69、7671,6-41935(1)、41938　叢1-223(62、65),2-637(4)、854、870(5)

張羽清　經1-7808

張取　集3-19339

張瓊　史3-20460

張瓊英　史8-58758　集4-26055～6

張瓊林　史5-35157、35159

張瓊鏡　史5-35223

張珆美　史7-54920,8-61000、63089、63099、63133、63135、63141

張琚　集4-31225

張璐　子2-4599、4751、4961、5611、6125～6、6343～4、6538～42、8766～7、9122～3、9397　集4-31843～4、33297,6-42007(1)

張瑤　集2-12106

張瑤瑛　集4-22913

張瑤房　集6-41761

張瑤芝　集3-15285

張璵　集5-36335

張琛　經1-6448　史8-62998　集4-25310

張璨　子3-17331　集6-44088

張予介　史7-57038

張蕭　經1-793、2762～3、6860～1,2-10405～7、10463　史1-1286、1983、2694、2882、2932、5052、5065、5072、5107,6-47835、49264,7-49327、49959、52042　子1-219、1215　集2-11297～300,6-42076、42703、42706～9、43206、43951～2、45174、45178　叢1-176、187,2-741

張乃珍　史5-34877

張乃孚　史8-61520　集4-24919～22

張乃勳　集5-36789～90

張乃淳　史3-17999

張乃藻　集5-34442

張乃史　史8-59199

張弼　集2-6871～3,6-41935(3)

張弼士　史6-43941

張喬雲　史3-18426

張承　史2-8195　子4-20438　集2-6900　叢2-1205

張承謨　史8-59668

張承霈　史8-60566

張承露　史5-34863　子1-1963、2157、2505～6、2508

張承霓　集4-32296

張承霖　集4-31493

張承豫　集4-33369

張承熊　史7-55769、55904、55909、55931、55973

張承綏　史3-22612

張承先　史7-56434

張承齡　史8-60300

張承綸　集6-44411

張承培　史5-35166

張承載　史3-20598

張承華　經1-4547～8、4551,2-8861～2、9141、10159～60　集4-31690　叢2-1828～9

張承鎣　史3-19333　集4-27638

張承恩　史5-34758

張承賜　史8-59421

張承頤　集4-30687

張承燮　史2-6308,8-59212、66181　子1-1964、2869、2999　集5-36483

張豫章　集6-41787　叢1-223(71)、227(11)

張豫源　集2-12924　叢1-348

張豫塏　史7-55246

張弨　經2-13136　史3-23162,8-63973、64655、64714　集3-14642～3　叢1-201、203(4),2-807、1314

張尋壽　子1-2617

張子襄　子2-6254

張子麒　子2-9243

張子晉　集5-37337

張子雲　史7-53635

張子冀　叢2-884

張子翼　集2-9374

張子特　史7-49331　集1-1540

張子和　史7-49326、50111

張子馥　集5-38345

張子瀛　史7-56102

張子沂　經1-3083

張子培　子2-4659～63

張子萬　子3-16742

張子蕃　子2-8294

張子敬　經2-14442

張子中　集2-9429

張子暘　史5-39241

張子履　史8-62002

張子榮　史7-57222

張勇　史6-48649　叢1-223(21)

張尹　集3-19779

張召南　史8-58946

張習　叢1-223(61)

張習孔　經1-1032　史5-35146　子1-748、2167,4-21039　集3-14176～8　叢1-197(1)、198

張君麟　史5-35038

張君玉　集5-33868,6-42007(3)

張君房　子5-26911、29530(20)、29535(6)、29536(6)、29601～2　叢1-15、22(13、19)、23(13、19)、29(6)、114(7)、168(3)、223(47)、249(3)、587(2),2-635(5)

張君賓　史8-58438

張君相　子5-29002～3　叢1-265(4)

張君泰　子3-14529

張邵振　史8-61249

張乙光　史5-35369

張翼　史3-18366、23011,5-38026　集3-17020

張翼廷　經2-14456　史6-47218　集6-46193～4　叢2-2201、2249

張翼儒　史8-61860

張翼先　史5-35206

張翼明　史3-21796

張翼夔　史8-62502

18 張玠　子4-21987

張珍　史5-35173　子4-22249

張璲　集4-32456

張政　史3-23517,8-61709

張政和　史3-22062

張璥　集5-34231

張璥　史8-59448

張致衛　史5-35084

張致治　史5-35075

張瓊　史7-55340

張務訥　史3-15066

張務耕　史5-35255

張鵞翼 子2-7688

張敔 經1-6411～2、6444
　子3-14984

19 張璘 子3-14784 集6-
　42330

張琰 子2-8798

20 張壬 史3-22362

張壬弨 史3-21394

張壬林 史2-12052～3

張重山 史5-35305

張重潤 史8-59260、
　59800

張重華 集2-9323～4

張重威 經2-14689

張重明 子3-13155

張重興 史3-21156

張重光 史5-23164

張位 經2-10437、13013～
　8、14034 史1-5506、
　5934,6-42873、47836
　子4-23910～2,5-
　28941、29108～12、29290
　～2、29543、29720、29778
　叢1-22(25)、109、111
　(4)、330～1,2-718

張豸冠 經1-1516 史
　1-1144、2128 叢2-
　1564

張仿留 史3-21219

張喬 集1-1748～9,2-
　12993,6-41824、41858～
　9、41878 叢2-818

張喬生 史5-35359

張喬棟 子3-18086

張焉 集6-45494、45540～
　1 叢1-282(1)、283
　(1)、388～90,2-731
　(46)、870(5)

張焉儒 子4-21227 集
　3-20273 叢2-834

張焉壽 史5-34776

張焉贄 史5-35278

張焉鐸 子2-9396

張雋 經1-1150 史8-
　61489、66249 集2-
　12128～9,5-36480,6-
　41791、43843

張依仁 集4-28525

張愛廬 子2-8218

張舜琴 集5-37553～4
　叢2-886(4、5)

張舜徽 叢2-2274

張舜典 子1-1224～5
　集2-11591 叢2-829

張舜臣 集6-42764

張舜民 子4-22884 集
　1-2379～80 叢1-4～
　5、9、22(3)、23(3)、26、28、
　31、99～101、175、223(44、
　52)、244(5),2-731(40)、
　735(4)

張舜命 子4-24001

張信民 史2-11407 子
　1 1275,4-21230 集
　2-10773～4 叢2-1054
　～5

張熏 史5-34785

張千里 子2-4768、10641
　～2 集4-26290

張受孔 子2-9288

張受纓 史7-58058

張受祺 子3-13144、
　13166、13253、13545

張受堯 史5-35179

張受昆 經1-5271

張受長 史5-34742 集
　3-14842 叢2-782(4)

張孚敬 史1-1933,6-
　47646～7、48244～6,7-
　57653 集2-7632～5
　叢1-84(1),2-730(8)、
　731(18)、867

張孚中 集3-16619

張季文 集6-45056

張季霖 史8-59100

張禹 經2-8309 叢2-
　774(5)

張番陔 史5-35326

張香濤 子7-36857

張香祖 集7-48542

張香海 史6-45553,7-
　54008,8-61747 集4-
　32129～32 叢2-1924

張香圃 子2-10006

張香陔 史5-35324

張香臣 史5-35331

張皜 集2-12917

張毛健 集3-15581

張雕敬 子4-19306 集
　1-1052

張爵 史7-49323、49804
　叢2-671

張系 史5-38378

張采 經1-4916,2-9878

集2-12126～7、12351,6-
　41943、43200、43205、
　43215、43221～2、43225、
　43227

張采芹 史5-35403

張采薇 史3-20700

張采田 史1-5327～9,2-
　7454 子1-1950,2-
　7582

張集兆 史3-23636,5-
　34880

張集馨 史2-12139、
　12763,6-48901 集4-
　30406～9,7-47936

張秉誠 叢2-1003

張秉政 史8-60999

張秉貞 子4-24181

張秉彝 子7-35214、
　35280 集3-19151～2

張秉直 經2-9486、10741
　子1-1666～7 集3-
　18660,6-46284 叢1-
　330～1、414、574(2、3)

張秉中 史5-35405

張秉成 子2-5818、6167、
　9897

張秉盼 集6-45436

張秉盼 史3-15041

張秉鑒 史5-35334

張秉鉉 史8-58495

張秉鐸 史7-56774 集
　2-8040

張秉鈞 集4-22271

張秉銓 集5-34642、
　36958

張秉煜 史5-35333

張統鎬 史7-57428

張維 史3-19454,5-
　34727,8-63082 集1-
　3349～52,6-41747、
　41894(1)、41895、42954

張維新 史7-52665～6,
　8-59913 子1-2509

張維璠 史5-34891

張維房 史8-62555

張維潢 史5-35201

張維祺 史7-55538

張維初 集3-17662

張維嘉 集5-36623

張維垣 子2-5250

張維樞 集1-2910、5266,
　2-12222

張維楨　集4-24612
張維彬　史3-16278
張維城　子5-25291　集
　　2-9357,6-42618
張維藩　史3-21495,5-
　　35137
張維蘭　史2-13205
張維翰　史8-62342、
　　62417　集5-37645〜6
張維屏　經2-14779〜80
　　史1-5703,2-7551、
　　9779,7-52478、53704,8-
　　61024　子3-11407,4-
　　22430〜4　集4-26035、
　　26213〜5,27094〜104,6-
　　42007(1)、42008,46093〜
　　4,7-48354　叢1-373
　　(4),2-882,1681
張維矩　經1-1228〜9
張維烺　集5-35878
21　張順連　史5-35395
張上達　史2-10502
張上層　史5-34988
張上龢　史2-7802,7-
　　55160　集5-36542
張上策　史3-19865
張步瀛　經1-1156　集
　　4-31141〜2
張步騫　經1-1699
張步渠　史3-21506
張步階　子2-8841
張步月　史5-35384
張仁庵　子1-3006
張仁麟　集6-43512
張仁侃　史7-55553
張仁蠡　史7-55216
張仁黼　子3-15796、
　　15804
張仁浹　經1-1269〜70
張仁壽　史3-17684
張仁晸　史5-35190
張仁熙　子4-18775〜6、
　　18813,5-26405　集3-
　　13471〜3,15524　叢1-
　　197(3)、353、371、469、
　　486、495、586(3),2-716
　　(3)、731(31)
張仁美　史7-49318(11)、
　　53345,8-65673　集3-
　　19704　叢1-269(4)、
　　271,2-731(58)、832(3)
張仁普　子7-36406

張仁錫　子2-5810
張仁敏　子2-10033
張能　集2-12921,6-
　　45054
張能麟　經2-8447〜8
　　子1-1444　叢1-201
張能信　子7-35311
張能鱗　經1-4062　史
　　8-61877　集3-13995
　　叢1-203(2)
張能恭　集1-3123
張能英　史5-35050
張能忠　史5-35049
張能臣　子4-19089　叢
　　1-22(16)、23(15)、29(6)
張虎士　集6-45063
張虎臣　史5-34987
張虛靖　子2-10077
張行　叢2-622
張行言　史6-42079
張行孚　經2-12056、
　　12080,12430,12599、
　　12673〜7　史7-57294
　　子1-4423　集5-37098
　　叢1-508、515,2-698
　　(7)、731(22)
張行成　子3-12917、
　　12929〜30、12947〜8、
　　12972　叢1-22(1)、23
　　(1)、169(2)、223(35)、268
　　(3)、282(2)、283(2)、388
　　〜90,2-731(15)
張行簡　經1-8049,2-
　　11110　史8-60094〜5
　　子3-14199〜200　叢1-
　　223(36)、284、440〜1、
　　452、465,2-731(16)
張衍壽　史7-55072
張衍懿　集3-15470
張衍思　子2-10378
張衡　史5-34923,7-
　　49308　子3-11260、
　　17664　集3-11407,4-
　　15334〜5,6-41694、
　　41698　叢1-22(10)、23
　　(10)、183、223(43)、261,
　　2-761、774(10)
張衢　集4-22234〜5,7-
　　50388
張衡　集4-28931
張衡華　史3-18597
張儒玉　史8-59172

張儒珍　史3-20337
張肯　集7-46357、46364〜
　　5、46374、46395、46517、
　　46799
張肯堂　史1-3088,6-
　　46403　集1-4159
張慮　經1-5846　叢1-
　　223(9),2-845(3)
張虞　史5-35048
張虞侯　史1-5487　叢
　　1-142
張虞東　集5-34518
張倬　子2-4599、4771(2)、
　　6538、6543,3-11560　叢
　　1-223(34)
張熊　子3-16609〜11
張卓五　史5-35402
張卓然　集5-38070
張鹵　史6-47804、48318,
　　8-59824　集2-9418
張睿　史8-59952
張睿卿　史1-1247〜8、
　　1288,7-52313　集2-
　　7980〜1
張師亮　集5-34643
張師顏　史1-2596　叢
　　1-195(2)、204,2-731
　　(66)
張師誠　史1-6072,2-
　　11991　子7-34445、
　　34570〜1　集4-24554
張師說　子1-4081、4102、
　　4249、4252
張師正　子5-26916〜7
　　叢1-15、19(3、5、7、8)、20
　　(3、5、6)、21(5、6、7)、22
　　(6、19)、23(6、18)、24(4、
　　5、8)、29(5)、374,2-636
　　(3)
張師繹　集2-10295〜6
張師濚　集4-24432〜3
張師右　集4-33658
張師載　史2-11005、
　　11732、11778〜9,6-
　　41525　子1-1965、2818
　　〜21,5-25865　叢1-
　　536,2-691(3)
張師栻　史2-11005、
　　11778〜9,6-41525　集
　　3-16601
張師愚　集6-44756　叢
　　1-223(69)
張師曾　史2-11015、

4 - 26238
張允和　集 6 - 44278
張允修　集 2 - 12540
張允憲　經 2 - 13058、
　14326
張允選　史 5 - 35251
張允滋　集 4 - 22207、
　22610
張允祥　叢 1 - 197(3)
張允樸　經 1 - 1963
張允恭　史 5 - 34848
張允觀　史 8 - 61336
張允格　史 1 - 3698,2 -
　9203、11632
張允青　叢 1 - 390
張允掄　史 2 - 6563,7 -
　53914
張允隨　史 6 - 48719～20
張伎　史 2 - 8602
張獻翼　經 1 - 724～6、
　2281　子 1 - 2504,5 -
　26222　集 2 - 9771～3,
　6 - 41935(3)、42175　叢
　1 - 22(23)、185、223(4)、
　371
張代玉　史 5 - 34786
張俊三　子 3 - 12490
張俊穎　史 8 - 62303
張俊德　史 5 - 35295
張俊英　子 2 - 5936～7
張俊教　史 5 - 35285
張俊哲　史 8 - 59793
張俊民　經 2 - 14526
張我續　子 2 - 11038
張我城　經 1 - 7492～3
張我觀　史 6 - 46086～7,
　7 - 55955　集 3 - 17518
張台柱　集 7 - 46405、
　47072
張峻　集 5 - 35301
張峻豫　子 2 - 8567
張峻迹　史 8 - 63039
張岱　經 2 - 10569　史 1 -
　805～7,2964,5567,2 -
　6910,8046,7 - 49354、
　53333　子 4 - 20960、
　23060～2,5 - 27157　集
　1 - 2524,2 - 12160～2
　叢 1 - 233、369、373(8)、
　456(2)、496(5)、2 - 624
　(3)、720(3,5)、731(54)、
　832(3)

張岱宗　子 2 - 8102
張岱坤　經 1 - 1962
24 張仕章　子 7 - 35714
張仕聲　史 5 - 35418
張壯行　史 8 - 59793
張佐治　集 5 - 40397
張佐周　史 8 - 61540
張先　集 1 - 1932～6,6 -
　41747、41894(1),7 -
　46352,46360,46363、
　46375,46395,46452～6
　叢 1 - 223(72)、244(4)、
　353,2 - 698(10)、731
　(48)、799～800
張先霖　史 5 - 35348　集
　5 - 34810
張先能　史 5 - 34962
張先達　史 8 - 60794
張先振　經 1 - 3262
張先掄　史 8 - 60442
張先甲　史 7 - 56784
張先民　史 8 - 60580
張先棠　集 5 - 38346
張佳胤　史 8 - 59750　集
　2 - 9585～7,6 - 41935(3)
張佳梅　集 5 - 37221
張佳晟　史 8 - 60744
張佳圖　史 2 - 7840　叢
　2 - 706、2223
張佳氏　集 4 - 33171
張德慶　史 7 - 57612
張德文　史 5 - 34852
張德新　子 3 - 17616
張德霈　史 3 - 18459,7 -
　57841,8 - 62520
張德順　史 5 - 34817
張德純　經 1 - 1168　集
　1 - 106
張德彝　經 2 - 15090　史
　1 - 4634,6 - 45030,7 -
　49317(2、4、7、8)、49318
　(4、17、18)、54143～4、
　54377,54379～83、54820、
　54834　集 5 - 37718～9
張德瀛　集 7 - 48127
張德容　史 3 - 15431,6 -
　44718,8 - 63674～5
張德源　史 8 - 62018
張德淵　史 3 - 21102
張德清　史 3 - 21102
張德澡　史 5 - 35310
張德選　史 3 - 17228

張德裕　子 2 - 5644
張德榜　史 5 - 35176
張德標　史 7 - 57665　叢
　1 - 373(2)
張德懋　集 4 - 21989～90
張德馨　史 5 - 34936
張德夫　史 7 - 56961～2
張德泰　史 8 - 62787
張德盛　史 7 - 56741
張德昇　集 4 - 30629～30
張德昌　史 8 - 60713
張德明　史 7 - 54376、
　54378　叢 1 - 496(6)
張德昭　子 3 - 12801
張德剛　史 5 - 34774
張德堅　史 1 - 4089～91
張德尊　史 8 - 60725
張德常　子 3 - 14261
張德輝　史 7 - 49314、
　53822　集 1 - 4687,4690
　叢 1 - 22(25)、528
張偉　史 8 - 60621
張偉庚　集 4 - 32136,6 -
　42006
張佑　史 2 - 12002　集 4 -
　24917
張僖　史 3 - 21377　集 5 -
　39021,7 - 47763
張升　子 4 - 19782　叢 2 -
　775(5)
張皓　史 3 - 21159
張幼倫　經 1 - 5581　叢
　2 - 774(4)
張幼學　集 3 - 13930　叢
　1 - 223(43),2 - 809
張岐然　經 1 - 6705～6、
　7645～6
張峻迹　史 8 - 61748
張贊綸　史 3 - 18430
張贊宸　史 6 - 44312
張贊巽　史 7 - 58077
張統　史 1 - 2716　叢 1 -
　46、84(2)、347,2 - 730
　(9)、731(67)
張綺　集 4 - 29901
張紘　集 6 - 45057
張纘曾　集 2 - 8342～3
25 張生洲　集 3 - 14864
張仲文　史 1 - 1914　子
　5 - 26220　叢 1 - 17、19
　(6)、20(4)、22(7)、23(6)、

24(6)、29(5)、40、95、2-730(3)、731(52)

張仲旋　子2-10842

張仲璜　史1-6054～5　集7-53661、53864

張仲遠　叢1-246、282(2)、283(2)、422、424、469、586(3)、2-716(3)、797

張仲達　子2-9008

張仲深　集1-5301、6-41784　叢1-223(61)

張仲友　史8-59548

張仲壽　子3-17588　集1-4936～7　叢1-392、2-833

張仲芳　史8-61741

張仲孝　史3-23463、8-61985

張仲素　集6-41713

張仲景　子2-6076

張仲旺　史5-35025

張仲銳　史2-12305

張仲炘　史8-60083　集7-47928

張佛繡　集3-20411、6-41999

張倩　集4-31223

張健　集4-26508

張傳仁　史3-18785　叢2-1944

張傳保　史3-20749、7-57435

張傳驤　史3-19166

張傑　史7-55191

張肄三　史3-21356

張岫　集4-26643

張朱雲　集6-41718

張朱變　史5-35065

張朱佐　集2-12925

張朱梅　史7-49678

張朱本　史5-35064

張紳　子3-15082　集4-26159～60　叢1-86、2-730(7)、731(35)

張紈英　集4-30404～5

張純　史7-52973　子3-17107

張純一　史2-8362

張純儒　史8-62884

張純修　經2-10142　史2-8610、6-43026、7-57755　集1-1851、6-41716、7-46400、47000

張純照　子3-13942、5-26445

張純熙　集5-35428

張積中　子2-1816

張績金　史5-34794

26　張自文　子3-18054

張自烈　經2-8649、8651、8765～6、8999～9000、9033、9407、9429～30、9914～5、10568、12865　子1-3041、5-27420　集1-428～9、443、2-10911～4　叢1-195(6)、2-870(5)

張自德　集3-13512

張自勳　史1-1168～70　子1-1315　叢1-223(18)、2-870(6)

張自牧　史7-49317(2)、49318(18)、54317～8

張自清　史8-59012

張自友　子2-7606

張自坤　集3-21823

張自均　史5-34945

張自超　經1-7759　集3-17152、6-45436　叢1-223(11)

張自明　史8-62607　集4-23768

張皇輔　史7-57728～9

張皇威　子1-3088、3541～2

張伯端　子5-29530(5、21)、29535(5)、29536(4、5)、29543～4、29547、29549～50、29553、29557、29561、29565、29568、29588、31130～3、31135～6、31146、31154、31162～7、31169～71、31178、7-32102　叢1-107、111(3)、114(5)、115～6、223(47)

張伯爾　子7-36475

張伯瑞　子5-31134

張伯琮　史2-6218、6220　集3-13511

張伯行　經1-633　史2-7057、7060、6-41525、46643～4、48690　子1-143～4、699、750～1、765、788、1325、1515～6、2394、2692～4、2810、2812　集1-1928、2077、2173、2252、2260、2835、2948、2998、3230、3602～3、3640、3848、3862、3967、4088、4474、4595、4754、2-6565、6996、9093、11204、3-13638、16598～601、6-41803、43033、43590　叢1-213～4、223(25、31、64)、341、358、2-653(3)、731(12、13、20、31)

張伯魁　史7-52679、8-63260　集4-26510

張伯淳　集1-4847～8　叢1-223(59)

張伯宗　子5-25177

張伯祖　子2-5933

張伯樞　經1-777

張伯楨　經1-5862　史1-4334、2-6794～6、10823、10927～30、6-42191、7-51124　集5-41355～61　叢2-715

張伯英　史7-56306　集5-40846～7

張伯陽　子5-29553

張伯篴　集5-35136

張侃　史3-21377　集1-3931～2、6-41784　叢1-223(57)

張得侍　史5-34948

張得中　史7-51405

張儼　子4-19805～6　叢1-29(1)、2-774(10)、775(5)

張保衡　集4-33657

張保岐　集5-33869

張保定　史5-34914

張保祉　集4-30626

張鯤　子3-17603　集4-31488

張鯉　史8-59708

張吳曼　經2-14339～42　集3-16617～8、6-41718

張嵲　集1-3232　叢1-223(53)、2-873

張和　集4-29411

張和泳　史5-35312

張和菜　子2-10011、10015、10032

張穆　經2-12237、13301

張以忠　集6-42925
張以恆　集3-15284
張作礪　史8-59278
張作舟　史5-34986
張作賓　集3-19627
張作楠　史2-8765　子
　3-11520、12351、12364、
　12630~8、4-23274、7-
　36241　集4-26720、
　26855　叢2-857、1041
張作翰　史5-35225
張作哲　集3-20272
張作炎　史8-63231
張价卿　史8-63288
張份　史3-17739
張倫　史8-62528
張倫至　史8-62545
張徵　史3-19860
張徹　集2-6550
張徽謨　史7-57645
張復　經2-8427　史2-
　7220、7-52774　子3-
　16527~8、4-20891　集
　4-27518~9
張復始　史5-35148
張儀山　子3-17466
張儀祖　集6-41763
張僧繇　子3-15859、
　15870、16055
張僧鑒　史7-50575~6
　叢1-19(2)、21(2)、22
　(11)、23(10)、24(3)
張從正　子2-4564、4754、
　4771(2)、4801、6469、6475
　叢1-223(33)
張從仁　集4-31885
張從濟　史5-35507
張儉　集1-5265、2-8514
　叢1-223(60)、2-855
張綸　子4-23846　叢1-
　22(23)、87~9、2-730
　(1)、731(53)
張綸英　集4-29620、
　30038~9
張繪　集6-45057
29 張嶙　集4-28685
張秋澐　史5-35367~8
張秋森　經2-14498
張秋芳　史5-35021
30 張宣　集2-6285~7、3-
　16479　叢2-799~800
張宣猷　經1-6422　子

　3-17527
張宜　集6-41969
張宜泉　集3-20012
張宜華　子4-24672
張宜明　子1-2886
張宜照　史3-21670
張注　集2-12926、6-45054
張淮　集2-5842、7180、4-
　31224
張沆　史8-61750　集3-
　17347　叢1-373(2)
張瀛　史6-44894、7-
　57087
張瀛皋　史3-19572
張瀛奎　史3-22712
張濟　史7-55525
張濟川　史5-34966
張濟浩　史3-19744
張濟模　子3-18531
張濟民　子2-7421
張濂　史3-17533　集4-
　27664
張淳　經1-5490　集4-
　29753　叢1-223(8)、
　230(2)、231、326、468、2-
　731(3)
張涪恕　史8-62123
張寧　史1-5415、7-
　56720、8-59891　子1-
　928、5-26336　集2-
　6867~9　叢1-22(23)、
　34、61~4、108~9、111
　(4)、195(5)、223(64)、2-
　730(3、12)、731(41、53)、
　836
張寧陽　史8-61893
張完臣　經1-1057~8
　集3-14681
張寬　集2-12918、6-
　45054
張家彥　史3-18034
張家慶　經2-13849
張家玉　集2-12664~8
　叢1-580、2-715
張家瑞　史3-21060
張家璠　史7-56067
張家珍　集2-12734　叢
　2-715
張家鼎　集4-32547
張家俊　史3-21753、8-
　60228
張家啓　史5-35229

張家鼐　集1-4680、5-
　34130、7-47809
張家楨　史3-19927
張家栻　史2-11876　集
　4-28606
張家柵　史7-58018、8-
　60390
張家驤　史3-15539
張家駿　史3-16789
張家駟　史3-20313
張家駒　了3-14897
張家榘　集4-26719
張家鎮　史3-19232
張家焱　集4-32133
張宸　史1-4492、7-51353
　集3-13822~3　叢2-
　650
張永亮　集4-30114
張永言　史5-35279
張永和　史7-55531
張永祺　集3-14449~50、
　6-45336、45340
張永清　史5-34807、8-
　62748
張永祚　子3-11437
張永裕　史5-34823
張永蔭　史5-35412
張永春　經2-13990
張永躋　集3-15492
張永曙　史7-55120
張永明　集2-8486~8
　叢1-223(66)
張永熙　史8-61515
張永年　子3-18076
張永錫　史1-1779
張永銓　史7-49318(11)、
　53142、53154　集3-
　16413~4
張永愷　史5-34979
張永煙　子7-38137
張宿　集3-18575
張宿煌　史2-11054、
　11083　集5-36036~7
張進　集3-16614、20069
張進修　史3-23635
張進蘇　史8-60922
張進朝　子3-17614
張進賢　史8-60888
張適　子5-27455　集2-
　6137~41　叢1-197
　(4)、2-617(2)

張之言　史7-56290

張之蕭　史7-50327~8

張之維　叢2-1297~8

張之豐　子2-11179

張之傑　集4-24744~5

張之純　經1-8142,2-13571　史2-8363、10897　子3-16870,4-23648　集2-8063

張之象　經2-13786　史1-5342,7-56377　子1-385~7,5-25652　集1-34,2-8863~6,6-41935(3)、42271、42309、42356、43321~4、46227　叢1-68、74~7、123、223(29)、227(6)、454

張之紀　史8-59646

張之絢　經1-5667

張之綱　史3-20722

張之江　子7-35718

張之澄　集3-15906

張之浚　史7-54920　集3-19413~4

張之漢　史2-12423　集5-40347~50

張之洞　經2-11730~1、12598、14797　史2-10962、13025,6-42276、42386、42437、44037、44237、44319、44324、44328、44333、44437、44758~9、45206、45286~7、47180~6、47555、48060~2、48072、48075、48077、49078~89,7-52133、52999、54929,8-63716、64209、64568、66184~8　子1-1965、2451~6、2458,3-15230、15797,7-36248、36263、37346、37491、37495、37539　集4-32064,5-36237~61、39216　叢1-506~8、514、548,2-659、731(44)、2000~1

張之潤　集5-39775~9

張之萬　經1-8110　史1-4058、5724　子3-16749,4-19305　集4-31994　叢1-571

張之桂　史5-34876

張之翰　集1-4849~50

張之杲　集5-35133

張之照　史7-55188

張之覺　史8-60484

張之屏　史3-21432,7-58014

張之騄　子5-25395

張之鎮　史2-9895

張之銘　史2-12455

張之銳　經1-2053　子4-19562

張之堂　史3-21429

張騫　經2-13506

張憲　史5-34725、35154　集1-5345~9　叢1-223(61)、456(2),2-731(42)

張憲和　經1-7313~4　史3-19779

張守　集1-2954~7,3-16704,6-42487　叢1-223(53)、230(5),2-731(40)、798

張守誠　經1-4433　史6-48026　集5-40352

張守謙　集6-45057

張守獻　史5-35163

張守先　史5-34922

張守岐　史2-9955

張守約　子6-32091(77)　集2-8405~7

張守渶　史5-34921

張守中　集6-45057

張守堅　子2-6601

張守鑒　史5-35429

張守銘　經1-6211

張守節　史1-12~4、16~8、20、36、39~40、46、48~9、53　叢1-217、223(17)、227(5),2-697、698(3)

張宇　集1-4780,2-7527

張宇初　子5-29530(1、2、23、24)、29534、29535(7)、29536(7)、29632、31986~8　集2-6406~8　叢1-223(63)

張安保　史7-56719　集4-29116~8,7-46419、48015

張安价　集5-37643

張安茂　史6-42073

張安國　史7-50867

張安常　史5-34738

張字　集3-21472,6-41756

張宏　子3-16534　集4-24172

張宏運　史7-56610

張宏鎬　史3-22344

張宏猷　史8-60419

張宏燧　史8-60625~6

張睿　經2-11051~2、12564　史1-1858,2-10242、10777、10796、12373~4、13175,3-16638、17454、22523,6-43199、43788、44804,7-56635、56808、56816　子1-3961　集5-38532~41　叢2-689、2133

張宮　集3-13928　叢1-300

張富業　史8-60610~1

張富揚　史5-34840

張寰　集2-8042,6-41935(4)

張良　子1-61、3068、3094,3-14276,5-29530(1)、29535(3)、29536(3)、29667~8　叢1-186

張良御　集2-11624

張良遅　集5-39024

張良檉　史2-10217

張良楷　史7-57205　集4-28050

張良臣　集1-3417~9,6-41744~6、41888、41891~3、41894(4)、41895、41897~8、41904、41912、41917、41923~4

張良知　史8-59862、62949

張良朔　史1-4248

張官五　史8-60741~2

張官倬　史7-56560~1

張官德　經1-1717、5763　子1-1790、2849,3-13945　集6-46325

張官紀　史8-61971

張定　史1-2668　子3-16246、17358　叢1-13、14(1)、22(21)、134

張定鋬　經2-10886~8　子4-21690,5-25987

張兆才　史5-35130

張兆楷　史3-21309

張兆藻　史3-21902

張兆蘭　史3-17244,8-
　　61854,64882~3　集4-
　　30407,5-38202,7-48081

張兆蓉　史2-6251　集
　　4-30526

張兆棻　集5-37338~9

張兆棟　史1-4052,6-
　　47201,7-56660　集5-
　　33781

張兆青　史3-17785

張兆羆　史3-22160

張兆昌　史5-34839

張兆辰　史3-15315

張兆鳳　史6-47297

張兆鏞　史7-51909

張兆曾　叢2-1225

張兆鍾　史3-17245　集
　　5-34007

張兆鉀　史8-63221

張兆炎　經1-8050　史
　　1-4612,5127

張灃中　史6-43505

張沂元　史2-7778

張漸　叢1-203(1)

張泓　史7-49317(8)、
　　49318(13),51043~4　叢
　　1-241,242(4),373(4),
　　2-731(54,57)

張溪　史5-35227

張澂　史1-2986,6-48467
　　集2-10057　叢1-269
　　(2),270(2),2-731(67)

張遜　集1-5124

張遜業　集6-41839

33 張心言　子3-13485

張心至　史7-55711

張心其　集7-54665~6

張心穀　史3-23405

張心泰　史7-49318(15)、
　　50856,53680~2　子7-
　　33833,34866

張心鏡　史3-16531、
　　18657,8-62809

張心悟　子2-10648

張必望　史5-35357

張必大　史8-59166

張必林　史5-35276

張必剛　史7-49318(12)、

53909,57921　子3-12992

張必騰　史3-22141

張必鈺　史5-35277

張必怡　史5-35105

張泌　子5-26222,27385、
　　27558　叢1-22(13)、23
　　(13)、29(3)、154、168(1)、
　　185、249(2)、255(2,3)、
　　407(2)、2-731(50)、2227

張浤　集3-19262~3　叢
　　2-1450

張溥　經1-916~9、2783、
　　3855、6809、7650~2、
　　8116、2-8756~7、9024~
　　5、9416~7、9905~6、
　　10515、10530~1、10533~
　　5　史1-125、1304、1-
　　1772~5、1778~9、1804、
　　1821、5114、5405、5548~
　　54、5909、5915、5931、2-
　　13409、5-34756、6-47759
　　~60　子1-2687　集
　　1-2126、2552、2-12344~
　　53、6-41698、41943、
　　42113、42189、42949~53、
　　43608、43692　叢1-223
　　(70)、227(11)

張溥東　集5-36879

張溥同　經2-10470

張浚　經1-77(1)、457
　　史6-48138　集1-3248
　　叢1-223(2)、227(1)、336
　　~7、2-731(19)

張治　史8-60417、60556
　　集2-8086~7

張治新　史8-61641

張治仁　史6-45340

張治道　集2-7646、8056
　　~8

張治具　經1-2722　集
　　2-9447

張治堂　子4-24378

張溶　史1-1681~5、8-
　　61153

張述轅　史8-63176

張戩　叢1-186

張梁　集3-18418、7-
　　47160~1

34 張斗　史8-60855

張斗山　史8-63007

張斗垣　集5-37167

張對揚　子2-5035、5652

張澍　經1-198、4690~1、

2-12079、12231~2、
　　14782~3　史1-736~
　　7、755~6、779、1915、
　　1999、2218、2278、2300、
　　2351、2354、2-8307、
　　8506、8577、9596、13272、
　　13321~5、13352~4、
　　13363、3-17572、23660、
　　7-49318(14)、49341、
　　49474、50960~1、50993、
　　50998、51131、51139~41、
　　51158、51169、51171、
　　52677、53935、56547、8-
　　58828、61543~4、61628、
　　63134、64075、64687　子
　　1-494、3177、3408、4-
　　19349、22560、23234~6、
　　5-26154　集1-320~1,
　　4-27237~8、6-46104
　　叢1-456(7)、457、525、2-
　　599、628、731(10、41、42、
　　56)、762~3、829、885、
　　1028、1465、1684~5

張洗易　史8-60917

張湛　子1-2~4、6、8、55、
　　62~5、67~8、5-29451~
　　3、29455~9　叢1-77、
　　127、223(46)、301、444、2-
　　635(5)、697、698(6)、731
　　(10)

張漪　經1-4259~60、
　　7900、2-9526　集4-
　　26386　叢2-1608

張法　史3-13439

張漢　史8-58424、59600、
　　62039　集3-18245~7、
　　7-48629　叢2-886(3、
　　5)、887~8

張漢儒　史1-1971、3075,
　　6-48530~1　叢2-789
　　~90、792~3

張漢山　史5-34855

張漢殷　史5-34885

張漢彝　史3-21827

張漢渠　史8-60733

張漢槎　史8-60793

張漢朋　史5-35116

張汝誠　經1-6346

張汝玉　集7-47422

張汝元　集2-9459

張汝霖　經1-821、4135~
　　7、2-8739、9001、9395、
　　9888、10428~9　史3-
　　23329、7-49318(15)、

49343、51222～3,8-
63445～6 集1-1073,
6-44758,7-48445 叢
1-203(17),2-731(37)、
735(4)、869

張汝礪 史3-18937

張汝功 史7-55469

張汝瑚 集2-5912、5934、
6387、7508、7570、8773、
8849、8893、8902、8907、
9027、9069、9519、9563、
11633,3-15742,6-42055
～9

張汝弼 史3-22144

張汝翼 史3-23202

張汝珍 子2-4771(2)、6860

張汝緒 經1-1538

張汝舟 史3-17329

張汝濟 集3-17151

張汝良 集5-35134

張汝淵 集3-19679

張汝漪 史7-55428

張汝遇 集3-21727

張汝潤 史8-60440

張汝南 經2-14268 史
1-3886,7-49318(19)、
53311 集4-28853 叢
2-795

張汝楨 史5-35252

張汝蘅 史5-34910

張汝梅 史3-18067

張汝璧 子3-11335

張汝學 史3-21008

張濤 史1-4046,2-
11622,6-47592,7-57964
子3-17562 集4-
31646 叢2-670

張淩漢 史5-34733

張浩 史3-17914,5-
35181,8-59198 子2-
9277

張浩源 史8-59634

張澔 史5-41451

張洪 史1-1930～1,6-
42939、45022,7-54244
子1-2337 集2-6432
～4 叢1-223(30)、
525,2-754、811

張洪霓 史5-35221

張洪瑞 史5-35047

張洪儒 史7-57370

張洪任 子5-32027

張洪憲 子2-9967

張洪義 經2-12369

張沐 經1-76、1056、2817、
3947、5672、7718,2-
8778、9051、9442、9927
史1-5613,8-59517、
59792、60057 子1-
1566～8、2374 集3-
14955 叢2-1289

張淶 集2-8271

張祐 集2-5978

張祐周 史8-63307

張祜 史1-4606 集1-
1468～72,6-41739、
41824、41848、41869、
41878、41882～3 叢2-
818

張祺壽 史5-35341

張祺恆 史3-15405

張迒 史6-48243

張迒亮 史5-35291

張邁 史1-4154 子3-
15373 集5-37095,7-
48218 叢1-501

張邁拾 集5-37225

張遠 史7-57166 集1-
975,3-15151、15332～3、
16437～41,6-44785

張遠霖 集7-46411、
48572

張遠覽 經1-7845 集
3-21065

張達 集6-44454～5

張達慶 集4-25869～70

張達遠 史5-35284

張達道 史5-35344

35 張沖 集2-11890

張沖斗 史8-61132

張津 史7-54917、57407

張沛澤 史5-35174

張清謨 史5-34751

張清瑞 史3-18000

張清子 經1-555

張清巒 史5-35280

張清和 集5-37102、
39898～9

張清標 集6-46201

張清婉 集4-31230

張清華 史3-15617

張清翰 史5-35185

張清泰 史3-18515、
19532、21465

張清揚 史5-35294 集
5-41488

張清銳 史7-50971

張禮 史7-49305、53748
集4-25770 叢1-22
(11)、23(11)、107、111
(2)、195(7)、223(26)、
511、569,2-731(58)、829

張禮綱 史7-57088,8-
62252

張禮杰 史8-61808

張禮幹 史3-20728

張連登 史8-59206

張遺 集6-45058

36 張泗勳 史5-34790

張洎 子4-22860,5-
26220 叢1-15、19(4)、
20(1,2)、21(3)、22(7)、23
(6)、24(5)、40、223(44)、
274(5)、374

張湘任 集4-27940,6-
45060

張湘如 子1-2302

張淏 史1-1914、1982,7-
51513、57482 子4-
22138～9,5-26224 叢
1-4～5、9～10、19(6)、20
(4)、22(5,12)、23(5,11)、
24(7)、29(6)、56、95、223
(23,40)、230(4)、243、373
(5)、404、453、468、470,2-
730(2)、731(31)、857

張澤 史8-62541 集2-
11763、11765

張澤仁 史3-19258

張澤超 史5-35298

張澤銑 史3-21550

張湜 史7-57900

張祝齡 史3-23181

張昶 史3-15126 子2-
7111～2、7205、8408 集
6-46200

張遟 史7-57295

張遇 集3-16250

張遇祥 史5-34801

張遇春 史1-1989,7-
56118 集4-31064～5

37 張渥 集1-5760

張洞 史7-58128

張洞玄 子3-13373～5

張洞宸 史8-59031

張洵 史2-9592,3-15177

集 5－34004　叢 1－419、
2－731(44)

張洵佳　集 5－38606

張潤貞　子 4－21040～1
叢 1－203(16)、300

張潮　史 1－990　子 3－
18156、18338～9、18373、
4－19126、23231、24237～
9、24241、5－27655～6
集 3－16534～7、6－
41969、42008、45312、7－
46400、46405、46940～1
叢 1－197(1、2、4)、201、
202(2)、203(1、7、18)、
349、353、358、372、435、
469、495、584、586(4)、587
(1、5)、2－617(2、5)、716
(4)、721、735(2)、736、
752、1362

張潮青　子 2－8862

張瀾　史 5－34739

張鴻　史 1－1653～4、7－
57039　子 2－4644～6、
10654　集 5－40445～6、
7－46424、48397

張鴻章　集 7－47506～7

張鴻烈　集 3－16070

張鴻翼　史 3－23217

張鴻卓　集 4－30828～31、
7－46420、47629～33

張鴻鼎　史 3－23459

張鴻佑　集 3－16714

張鴻績　叢 2－885

張鴻磐　史 2－7189　叢
1－22(24)、29(8)

張鴻儀　集 3－16416

張鴻騫　史 5－35416

張鴻漸　史 7－49386

張鴻述　集 3－15222

張鴻逵　史 7－55838

張鴻遠　史 3－21411

張鴻運　史 2－9449

張鴻基　集 4－30238～9

張鴻范　史 5－35076

張鴻藻　經 2－8892　史
3－17375

張鴻模　史 5－35080

張鴻桷　叢 1－462

張鴻恩　史 8－60955

張鴻舉　集 5－38736

張鴻猷　集 4－26164、5－
33782

張鴻鈞　史 5－34836～7

張鴻敏　史 3－17108

張淥　史 5－35077

張漁璜　史 5－34902

張淑　集 4－22424

張淑孔　史 8－63220

張淑渠　史 7－55657

張淑載　史 8－59794

張淑蓮　集 4－25772

張淑媄　叢 1－168(1)

張淑娛　子 4－18870

張淑礜　史 7－55651

張澹　集 4－28848～52、
29222

張澹煙　史 7－52568～70

張湄　史 8－58578　集 3－
19032、7－47723～4

張涵度　史 4－24864

張溟　叢 1－407(3)

張凝道　史 3－13436～9

張瀚　集 4－27170～1

張次仲　經 1－950～1、
3828～9　史 2－11041
集 2－11869～70、6－
44580、45848～9　叢 1－
202(6)、203(12)、223(4、
7)、373(3、9、10)

張次房　史 8－63196

張次溪　史 8－66269

張次沖　叢 1－143

張次星　史 3－21741

張次美　子 3－18176

張深　史 8－61062　集 4－
27235～6、6－42007(3)

張深仁　史 1－2185

張深之　集 7－48818

張祖廉　史 2－12101、3－
20708　集 4－29154、5－
34141、37418　叢 2－655

張祖謨　史 3－15739

張祖望　史 3－16468、
17502

張祖武　經 1－1312

張祖翼　史 7－49318(22)、
54824、8－63734、64447
子 3－15532

張祖仁　史 3－18443

張祖綬　集 5－38918、6－
46181　叢 2－2078

張祖良　史 5－34963

張祖寅　史 3－22888

張祖江　史 5－34924

張祖溶　史 7－56336

張祖祐　史 2－12169

張祖祺　史 3－16458

張祖泰　集 3－21264

張祖柬　史 1－5387

張祖昌　集 3－18736

張祖陸　史 3－19635

張祖同　經 2－12326　子
3－14525　集 5－37099～
101、7－46423、48169～70

張祖年　史 2－8076、7－
57582　子 4－24345　集
3－16362～3、6－44712
叢 2－1376

張礽杰　史 3－15822、
17169

張禄　集 7－54596～7

張禄申　史 5－35228

張禄堂　集 5－34235

張逸　集 5－34943

張逸溪　史 5－35158

張迎煦　集 4－26644

張通之　集 5－41295　叢
2－795

張通典　集 5－39393

張通炳　史 5－35370

張退公　子 3－14692、
15858～9、15898

張逢辛　史 3－15335

張逢五　史 7－58105

張逢宸　史 7－56623

張逢源　子 5－32059、7－
35102

張逢祚　史 5－35015

張逢堯　集 3－19881

張逢歡　史 7－57511

張逢都　史 5－35235

張逢泰　史 8－63340

張逢原　集 7－54821

張逢隆　子 3－11586、
14448

張逢年　集 3－18785

張運晉　經 1－3719

張運秋　集 5－35875～6

張運泰　集 1－180、205、
209、213、227、241、243、
250、254、257、260、267、
274、286、293、298、306、
311、326、366、6－42979

張運昭　史 8－61274

張遐齡　集 5 - 40599

張選　史 7 - 51584　集 2 - 8342

38 張淦　集 4 - 32125

張溢　史 7 - 50103　集 4 - 24743

張瀚　史 6 - 47792、48269，8 - 58625　子 4 - 23005　集 2 - 8972~3,6 - 43790　叢 2 - 832(3)、833

張滋蘭　集 3 - 21252,4 - 22153、25034

張澂　集 7 - 47336

張澂　史 2 - 6760,3 - 17435、18867　子 3 - 17290　集 4 - 27169

張澂　史 3 - 16372　集 6 - 45436

張海　史 7 - 49319、57879、58017,8 - 60237、62617　叢 1 - 472

張海珊　史 2 - 12676　集 3 - 14865,4 - 27418~20、29115

張海若　史 2 - 10900

張海畫　經 2 - 14498

張海鵬　經 1 - 3754、4743　史 3 - 15722　叢 1 - 268(1、2、3)、269(1、2、5)、270(1)、273(1)、276、407(3)、410,2 - 731(44)

張洽　經 1 - 77(3)、7507~8　叢 1 - 223(10、49)、227(3)、265(2)、266

張祥　史 3 - 22671,8 - 59693

張祥晉　經 2 - 14463

張祥雲　史 7 - 57757

張祥聚　史 5 - 35231

張祥齡　史 1 - 6136　集 5 - 38544　叢 2 - 682、2130

張祥河　史 3 - 15153,6 - 41701,7 - 50921、53967　子 3 - 15205、15861,4 - 23255、24414~5　集 4 - 27930~39,6 - 41765　叢 1 - 280、508,2 - 617(5)、624(4)、683、731(18)、1709

張祥澐　史 3 - 17869

張祥鳶　集 2 - 9322

張祥榮　集 4 - 31995

張裕　史 7 - 56970　集 5 - 40723

張裕葉　子 4 - 22301

張裕穀　集 4 - 21988

張裕釗　史 5 - 35264　子 3 - 15777~80、15782~5　集 5 - 34132~8,6 - 41809、45195、46319

張裕劍　子 3 - 15781

張遂辰　子 2 - 4771(2)、6336~7、9358~60、9505　集 2 - 11865　叢 1 - 26~8

張遵三　集 5 - 35430

張遵孟　史 8 - 59104

張道　史 1 - 656~7、3374~7,2 - 7029,6 - 42644,7 - 50323~4、51393,8 - 62172　子 4 - 21683~4,5 - 27117　集 5 - 33780,6 - 46164~7,7 - 47943、50363　叢 1 - 288、399、411,2 - 832(3、6)、1921

張道緝　經 1 - 499

張道升　子 1 - 145~7

張道緒　經 1 - 7927

張道安　史 5 - 35107

張道宗　史 7 - 51021~2　集 6 - 41977　叢 2 - 741

張道濬　史 1 - 3096　集 2 - 12916　叢 2 - 821

張道淵　史 3 - 15549

張道浚　史 7 - 53601　叢 1 - 195(7),2 - 731(55)

張道淙　集 3 - 17022

張道渥　集 4 - 24102

張道洽　集 1 - 4259~60,6 - 41904

張道南　史 8 - 60125

張道芷　史 8 - 62874

張道超　史 8 - 59629　子 4 - 21455,5 - 25441

張道輔　子 2 - 6472

張道拾　集 6 - 41918

張道履　史 5 - 35379

張道義　經 1 - 2002

張道性　子 5 - 29909

張肇文　史 3 - 22091

張肇治　史 5 - 34913

張肇祥　叢 1 - 194

張肇基　史 3 - 16653、22182,5 - 34825、34994

張肇相　子 7 - 38142

張肇桐　子 7 - 36711、38106　集 5 - 41527

張肇興　叢 2 - 2215

張肇鍾　史 5 - 35269

張肇煐　集 4 - 25389　叢 1 - 344,2 - 731(44)

張啓琛　史 8 - 61068、61070

張啓禹　經 1 - 1210　集 1 - 3638

張啓倬　子 2 - 9486

張啓豐　史 3 - 23494

張啓宗　史 7 - 56553

張啓祥　集 5 - 37947

張啓蒙　史 8 - 63034

張啓蕃　史 4 - 26235

張啓蘊　史 7 - 56007

張啓泰　經 2 - 15130~2　史 7 - 56441

張啓愚　史 3 - 15067　集 3 - 20889

張啓明　子 5 - 31819

張啓辰　集 4 - 33557

張啓鵬　集 4 - 31431~2

張啓曾　集 5 - 38492

張啓煌　經 2 - 12544　史 8 - 61069

張棨　史 3 - 21441　叢 1 - 189

39 張遜白　史 1 - 1943、1964、1981、3263、3430

40 張九章　史 8 - 61510、61982　集 5 - 38605

張九韶　史 1 - 1507~8　子 1 - 113~4,5 - 24934~6　叢 1 - 114(3)、223(30),2 - 870(3)

張九一　集 2 - 9744~9、9925,6 - 41935(5)、41954

張九鼎　集 4 - 30620~1

張九德　史 6 - 46407　子 4 - 24009

張九徵　史 7 - 56530、56840

張九齡　子 1 - 549　集 1 - 758~66,6 - 41743、41794、41824、41837、41847~8　叢 1 - 223(26、48)、227(8),2 - 635(6)、698(8)、883

張九垓　子 5 - 29530(17)、31098

張九越　史 8 - 59547

張九華　史7-57709　集
2-10989

張九成　經2-8914、9309
～10、9810～1　子1-
96,4-20016～7、22162～
3　集1-3215～20,6-
41900～1　叢1-19
(12)、20(10)、21(11)、24
(12)、223(13、54)、227
(4)、241、242(2)、447,2-
637(2)

張九思　子2-5065　集
3-20379

張九鐔　經1-1436　史
1-1005,8-60620　集
3-20640　叢2-1471

張九鉞　史7-49317(3)、
49318(9、12)、52602、
53694、53742,8-58922
集3-20635～9,7-
47479、49461、50314

張九錫　子3-13324、
13361、13457

張九鎰　集3-20407～9

張力行　史7-57332

張大亨　經1-7467～8
叢1-223(10)、273(2)、
456(5)、457

張大發　集3-14960

張大武　史5-34896

張大受　集3-15998～9、
19228,6-44441

張大維　史3-15086

張大經　集4-23302～3

張大任　史3-19820　集
5-37336

張大鼎　史8-62582

張大仕　經2-11120～1

張大緒　集3-16706～10

張大純　史7-49318(12)、
50207、50215、51374　集
3-15687～9,6-43090

張大凱　史8-61192

張大綱　史5-34939

張大復　史2-7139、7893
～4　子4-20639、23023
集2-10537～9,4-24173
～5,7-50125　叢1-22
(22)、373(3)、2-720(5)、
735(5)、752、1165

張大齡　史1-1～3、2323
～5,4764～5、5496～501,
3-17019　叢1-302,2-

638

張大淳　子5-29530(4)、
31816

張大河　史3-23197

張大福　集4-22518

張大心　經1-2001

張大法　集6-44101

張大有　史6-44137、
48722　集3-17391～2,
6-45056

張大椿　子7-36464

張大觀　集4-28050

張大都　史7-49326、
49860

張大本　經2-10491

張大成　史8-60675

張大輪　集1-5270

張大昌　史2-10889、
11373,3-20435、22399,
6-45275,7-50266、
51626、57160　子5-
24882、25463,7-34794
集1-4355、4359,5-
40724～5　叢2-832(4、
5)、845(2)

張大野　子4-21926

張大煦　史8-60682

張大臣　子7-36866

張大同　史1-1534

張大鏞　史2-12028,6-
42578、45323　子3-
14839,4-23223,7-36228
(5)、36765　集4-
24387、25828～9

張大酉　史7-54955

張大命　子3-17628～31

張大翎　經1-6347

張大鑑　集4-25564

張大光　史8-58434

張大樣　子2-10651～2、
10808

張大爔　子2-9667

張太昇　史8-59387

張友仁　史8-61018

張友峯　子3-12013

張友椿　史2-11448

張友桐　集5-40529～30

張友書　集4-30229,7-
47752　叢2-922

張士端　史5-35134

張士旒　集4-31489

張士麟　史2-10973,5-

35146

張士元　史5-35214～5
集2-8767,4-23871

張士珩　史3-18803　子
3-16244,4-21909～10、
24579　集5-38913、
39072～9

張士登　子5-28480～2

張士瑋　史5-35151

張士璉　史8-60977

張士瑜　史2-10380

張士喬　子1-2347

張士衡　集5-38201

張士任　史8-58818

張士俊　經1-7913,2-
15115、15128　史8-
58268　子5-25698　集
3-17168

張士科　史7-54975

張士傑　史8-59812

張士保　經2-9158　史
2-6995～6　子3-
16350,5-29395～6,7-
33243　叢2-689

張士佩　經2-12448、
13748、13755～6　史8-
62770　叢1-223(65)

張士瀛　史7-54359～60
叢1-574(5)

張士寬　集4-31138～40

張士源　集5-38732

張士浩　史7-55660,8-
61919

張士瀹　集2-8826～7,6-
41935(5)、43932、45054

張士希　史3-18929

張士林　子7-35573

張士幹　史5-35234

張士旦　史8-60120

張士驤　子2-10828

張士岳　史5-34853

張士鵬　史5-34942

張士聞　史5-35382

張士鎬　史5-34724、
34726,8-58703

張士範　史7-58065　集
3-21322～3

張奎　史7-54913、56445

張奎祥　史8-62787

張奎華　史8-60203

張壇　集3-15972～3

張坊　史1-1404,7-

55616、55835

張埔初 集4-30468

張埔春 史8-61364

張埔 史1-4919~20

張培 集5-38880

張培敦 集4-26094 叢
2-644

張培爵 史8-62508

張培仁 史8-60541 子
4-23319,5-26470~2
集4-30334、33123~4
叢1-496(7),2-735(5)

張培紀 史7-55418

張培蘭 集5-37948

張培芝 集5-39025

張才 史7-55242

張堯淦 史3-16234

張堯同 史7-50363 集
6-41784、41894(2)、
41895 叢1-195(7)、
223(58)、540~3、547(4),
2-731(57)

張在辛 子3-14690、
15148、15973~4、16821、
16976,4-18710 集3-
16595~7 叢2-1364

張在新 子7-36282

張在浚 子2-7128

張在田 史8-60476

張克重 史3-20822

張克儉 史3-17775

張克家 史8-59453 集
3-13513

張克進 史5-35002

張克黼 史3-23298

張克湘 史7-56143

張克明 史5-35313

張蕭銘 史7-56310

張内蘊 史6-46756 叢
1-223(24)

張南莊 子5-28524

張南英 史7-52062、57688

張南史 集6-41883

張南煐 史8-61669

張希京 史8-60892

張希鶱 史3-18298

張希珝 史8-61884 叢
1-373(8)

張希緝 史8-61884 叢
1-373(3、8)

張希傑 集3-18673~4,
6-45967 叢2-823

張希純 子2-10255

張希繩 叢1-373(3)

張希良 史6-46640 集
3-15371

張希韓 經2-10748

張希呂 集4-24101

張希賢 集4-24430~1

張有 經2-12979~83、
12986~7 集1-3349
叢1-223(15),2-637(2)

張有達 史5-34989

張有瀾 集3-18784

張有譽 史2-11561 子
6-32091(75) 叢2-706

張存仁 史6-48586

張存紳 子4-22288

張存祿 史3-20680

張存中 經1-77(4),2-
8684、8942、9343、9838、
10245 叢1-223(14)、
227(4)

張存惠 叢2-635(4)

張志彥 子5-30498

張志聰 子2-4603、4771
(1)、5326~7、5405~6、
5445、5447、5494~6、
6076、6325~8、6342、
6354、6760、10506

張志失 經1-8101

張志和 子1-14、16~8、
20~1、37、42、44、47、58、
61,5-29530(20)、29535
(4)、29536(4)、31919~22
集1-1130 叢1-22
(16)、23(16)、175、223
(47)、244(4)、2-730(6)、
731(11)、857~9

張志齡 史3-19435

張志淳 史6-42231 子
4-20368 叢1-223
(42),2-886(2)

張志潛 史2-10700 集
5-37879

張志遠 史8-61400

張志達 史8-63209

張志選 集2-8508

張志奇 史2-9530,7-
54990、55108

張志楓 集4-23435

張志熙 史8-59427

張志銓 史5-35039

張赤山 子5-27241、

27266~7

張赤幟 史2-7748

張壽 史7-49317(7)、
49318(14)、49886~7、
58098 叢2-735(2)

張杰 史7-55182

張奪錦 史3-16991

張嘉 集3-13929

張嘉言 史1-5045,7-
55793

張嘉謀 史8-59939、
59945~6、59955、60026
集2-7420,5-35237、
41128

張嘉論 集3-18222

張嘉瑞 集4-30469

張嘉玲 經1-5131

張嘉孚 史8-63203

張嘉仁 史3-23302

張嘉穎 史8-62542

張嘉生 史7-55001

張嘉泉 史3-23557

張嘉和 經2-12820 史
1-1579~80 集6-
42425

張嘉齡 史3-19331

張嘉祿 史2-10367,3-
15968,6-49158 叢2-
845(3、5)

張嘉培 史5-34772

張嘉顯 集5-35877

張嘉金 集5-34912

張嘉鈺 集4-27175

張古來 史5-35110

張右民 集3-13539

張吉 史1-5896,6-48176
子1-729、932 集2-
7182~5 叢1-223
(64),2-1063

張吉安 史7-57157、
57221 集4-24367

張吉士 集7-50541

張吉樑 集4-31763~4

張吉英 史5-35374

張吉午 史7-54928

張吉堂 史5-35326

張杏濱 集6-42606

張奇 集3-14355

張奇逢 史1-5018

張奇抱 史7-56644

張奇勛 史7-55833,8-

60584~5
張壽　子4-18775、18783
張壽康　史5-34905
張壽浯　子1-4171
張壽祺　史3-22252
張壽林　集3-20173
張壽松　史5-35073
張壽頤　子2-4768、5530
張壽朋　集2-11828~9,6-45336、45340
張壽卿　史7-48767(3)、48769~70、48777、48930　叢2-689、698(16)、720(5)
張壽鏞　經1-3619,2-14875　史1-3572,2-7092、7396、8561、8603、8675、10648、10746、11029~30、11032~3、12363,3-17693,8-66027~8、66097　子1-2766,5-26068　集1-739,3759,2-7044,3-15785、20433,5-36012、41296~8　叢2-845(1、2、3、5)
張壽榮　史4-25754　集5-34740,6-42015、44337、44353　叢1-462
張雄飛　集7-48760
張雄圖　史8-60421
張賁　集3-14543
張賁通　子3-14580
張來儀　史7-51844　叢1-50~1、54
張來初　叢1-143
張柱　史8-62056　集5-38199　叢1-373(3)
張椁　集4-23255
張柿軒　集4-26645
張榜　經1-7279、7635　史1-5066、5069,8-58220　子1-35、74、418、3965、3974、3976、3982、4069,4-19691~2　集6-45380　叢1-138
張榜花　史7-55825
張梓　史5-35271,8-60402
張梓元　史5-35322
張森楷　史1-5338,2-10790,8-61522、65276　叢2-702
張森書　集3-21194,6-

41985
41張垣　史7-55472　集4-27168
張坪　史7-55366
張頡雲　史3-15140
張頡輔　史3-16348、17406
張桓　集4-25637
張樞　集4-29550　叢1-407(4)
張柯　史8-65332
張梧　史3-15132
張梧女史　叢1-385
張梧岡　史5-35329
張楷　經2-13370　史2-8415,3-15044,6-45771~2,7-57904,8-59638　子2-5046　集2-6716,3-21821,7-48811、48816、48819、48823、48829~30
張楷真　子3-15406
張楨　史3-15934、23006　叢1-223(65)
張標　子1-4195　集3-14447　叢1-511
42張圻　經1-1252　史8-60169　集7-50171
張圻隆　史8-60297
張彭緒　經2-14214~5
張壎　集3-14809
張埏　史7-50789　子5-26440
張韜　集3-16943~4,7-46962、49365~9
張斯桂　史6-44912、46849,7-54146　集5-35307~8　叢1-537
張彬　史3-17515,5-34835,7-55648,8-58225
張杉　叢1-378
張樸　史7-55255,8-58987　子4-21204　集4-28274、31226
張樸樓　史3-15010
張梃　集4-23434
張機　子2-4560、4564、4592、4601、4692、4743、6077、6289~95、6318、6321~8、6443~5、6693、6758~62　叢1-223(32),2-635(4)、698(7)、731(28)、781

張機南　史7-49317(7)、49318(10)、53022
43張弋　集1-4111~2,6-41744~5、41891~3、41894(3)、41895、41897~8、41904、41917、41919、41924
張博惠　史7-56106
張式　子3-15999、16047　集4-29018　叢2-642
張式燕　經1-1963
張式芸　集5-36035
張式金　史7-56124　集6-45462
張式曾　經2-12295
張式燦　史5-34967
張婉　集4-33062
張載　經1-77(1)、418~9　子1-18、20、96、98~100、611~2、616~9、628、634、637、640~2、647~53　集1-381,2259~60,6-41698、41721　叢1-213~4、218、223(2、30)、227(1)、332、447、451、534、574(1),2-636(2)、669、691(3)、698(6)、731(44)、1031、1346
張載華　集6-43500、45860
張越英　子5-25988
張栻　經1-77(4)、501~2,2-9325~6,9825、11090　史1-5850,2-8496~7　集1-3636~42,6-41894(2)、41895、43568~9　叢1-34、213~4、223(2、13、56、68)、227(4)、265(2)、268(2)、386~7、447、450~1、465、574(1),2-618、636(2)、698(6)、731(9、12、44)、960、1040
張棫　集5-35874
張榕　史3-17249　集1-3215~6,3218
張榕端　史2-12580　集3-16308
張榕蔭　集5-35573
張樾　史7-56345
44張協　集1-382,6-41698、41721
張協曾　集5-37340~2
張埜　集7-46351~2、

叢1-223(54、73)、227
(10)、2-635(10)、698
(13)、720(2)

張孝楷　子4-23759　叢
1-428

張孝時　集3-16272

張孝嗣　子3-17138

張孝鏌　集3-20410

張孝敳　子3-15796

張勃　史1-422、473~5、
7-49308　叢1-19(2)、
20(1)、21(2)、22(10)、23
(10)、24(2)、2-776

張萬　史7-50493　集6-
44764

張萬彪　史5-35293

張萬福　子5-29530(3、4、
9、16)、29535(6)、29536
(6)、29633、30269、30706
~7、30711、30717、30727

張萬壽　史7-56708

張萬青　史8-58982

張萬春　史5-35213

張萬鍾　子4-19383　叢
1-197(4)

張萬銓　史7-55265

張韓　子4-20909

張茹馨　集4-32134

張華　史7-49308、55873
子1-61、4-18540、
19341、19355~7、23665、
23731~5、23737~8、
23740、5-26224、26788、
26801、26825　集1-
339、6-41698、43118　叢
1-2~7、9~10、15、17、19
(1、5、6、9)、20(1、3、4、7)、
21(1、4)、22(12、17)、23
(11、17)、24(2、5、6、10)、
26~8、29(2、3)、34、71、73
~7、86、90~3、99~100、
114(5)、115~6、144、175、
223(39、45、46)、227(7)、
249(1)、272(4)、316~7、
325、431、566、2-617(3)、
624(1)、628、698(8)、726、
730(5、7)、731(27)、775
(5)、777

張華理　經1-5471、6339、
6359

張華斗　集4-32667

張華瀾　集5-37268

張華桐　集4-32477

張華國　集4-28168

張勒望　史6-42210

張英　經1-1065、2826、
5675~6、2-8454、10633
史1-4842、2-6367、7-
49318(2)、53877　子1-
1964~5、2203~6、4-
18940、19502、21529、5-
25294~5　集3-15672
~81、16799　叢1-201、
202(3)、203(5、9)、217、
223(4、6、31、44)、227(3、
8)、241、242(3)、366~8、
435、483、494、496(6)、
514、2-663、678、690、691
(2、3)、724、731(20)、748、
939、1340~1

張英麟　史3-15621　集
5-36406~7

張英傳　集5-36957

張英舉　史8-60646~7

張羲　史3-15043

張苕蓀　集5-36336

張若　史8-62932

張若癡　子5-26695

張若麒　集2-12754

張若霞　史7-51412

張若靄　集3-20116

張若采　史2-9498　集
4-25388

張若泉　子2-5946

張若富　史5-35074

張若泂　史5-34960

張若海　子5-29530(24)、
30732

張若蘭　史5-34731

張若驌　史8-62324

張若駒　集3-19595

張著　史7-51511　集2-
6007~8　叢1-22(10)、
23(9)、407(2)、2-867

張著常　史8-63160

張蓉　集6-43931

張蓉鏡　史5-35078、8-
64139　集4-26486

張藹　集6-41978

張藹然　史5-34981

張藹生　史6-46641

張喆　史8-60011

張莅馨　集5-35306

張世雍　史8-61632、
61729

張世訓　史3-20335、4-
27179、5-38988

張世珍　經2-14455

張世政　集3-20142

張世仁　集3-21535

張世綏　史2-8871、8-
59816

張世偉　集2-11067~8、
6-41943、46248

張世勷　史1-4584

張世進　集3-19415

張世良　子1-1194

張世寶　經1-2379~80

張世法　史7-54938

張世友　史6-46790、7-
49317(6)、49318(10)

張世埁　史7-57720

張世堯　子3-12774、
12850

張世南　子4-20144~5、
5-26944　叢1-19(5)、
20(3)、21(4)、22(5)、23
(5)、24(5)、29(6)、99~
101、166、223(41)、244
(3)、374、2-679、731
(52)、735(2)

張世芳　集3-17578

張世恭　史5-35259

張世孝　史5-34999

張世英　史2-7255、5-
35436、8-62903　集5-
37266~7

張世坤　史2-9255

張世昌　集3-21262

張世則　史2-6567　集
2-10257

張世臣　史7-56523

張世卿　史8-59307　集
5-36482　叢2-888

張世賢　子2-4581~2、
4772~3、5462~6、6007~
10　叢1-140

張世光　經2-13431

張世棠　集4-31550、6-
42021

張世煒　子2-6601　集
1-1072、3-16755~6、6-
43436

張世犖　經1-1317　集
3-20888

張芑　史1-3647

張芑孫　集5-36323

張勘　史7-56238

張宲階　子7-35650

張其文　史8-62209

張其丙　史8-59462

張其烈　史5-35128

張其珍　史7-55295

張其信　史7-55778　子
　5-28423　集5-36622

張其維　史8-60283

張其仁　集4-28854

張其崑　集4-30622～4

張其紳　史3-17416

張其豹　史5-34875

張其濬　史7-57858

張其祿　集4-25771

張其軍　史7-56242

張其淦　經1-2037、3345、
　7169　史1-6097、6117
　集5-39563～71　叢2-
　2145

張其勤　史7-49746、
　51120　子7-34755　叢
　2-746

張其泰　史1-2182～5

張其翩　史8-60989　集
　4-31903　叢1-452、586
　(2)、2-716(2)

張其昺　史7-55923

張其昌　史7-55826

張其昆　史5-34961

張其是　集3-17579

張其昀　史8-62199、
　63273、63280

張其賢　史5-34916

張其善　史8-61140

張其鍠　集5-41362

張其錦　史2-11975　集
　4-24089～90　叢2-
　814、1585

張其鎰　史3-16358

張其煌　史7-53133、
　54184　集4-31404　叢
　2-2231

張其煥　經1-4247

張楚叔　集7-50547～8
　叢2-636(4)

張楚金　叢2-732、785

張楚鐘　集5-34818

張楚鍾　經1-2229～31,
　2-10948～50、11698～9、
　15100　史1-5730～1
　子1-1841～6、3-12359

叢2-2047

張楚錫　子3-16906

張茨　史5-34792

張樹功　史5-34791

張樹勳　史8-62902

張樹垣　史5-35425

張樹檽　史8-62795

張樹萱　史8-58594

張樹葇　史3-22848

張樹炎　史5-35432～3

張樹棻　史2-10456

張樹楠　集3-21064

張樹聲　史6-49023　集
　5-34315、6-41717　叢
　2-820

張樹梅　史8-59012、
　59016

張樹筠　集5-40449

張樹棠　史5-34982

張樹榮　史5-35420

張鶿毋　集3-21914～6

張藥齋　經2-8811、9086、
　9472、9965、10725

張萊　史7-52234～5　叢
　2-806

張桂叢　集5-37223

張桂森　史5-34904

張桂芬　集5-39135

張桂芳　史3-19630、8-
　63122

張桂林　史1-5864、5898,
　2-7746、12342、7-54077
　～80　子3-13642　叢
　2-1892

張桂書　史7-55876

張桂星　集4-30627

張桂臣　史7-51407

張權　史3-17542　集5-
　39391

張權本　史7-55069

張權時　經2-10720　子
　1-3072

張蘊　集1-4217～9、6-
　41744～6、41888～9、
　41891～3、41894(4)、
　41895、41897～8、41904、
　41911～2、41917、41923～4

張蘊道　史8-59689

張楠　子3-14137

張菊仙　史5-35355

張枺　集4-30466

張模　史2-10428　子2-

5047　集7-47478

張林　史7-55088

張槑　史3-17515

45 張坤誠　史3-23237

張坤德　子7-37066

張執中　史8-62931

張棣　史1-1920、2545、
　2595　集4-31376

張棣萼　史5-39010

張柟森　史3-21778

張椿　經2-10776　子3-
　17731

張椿齡　史3-13464、
　21334

張椿年　集4-23769

張棟　史6-48371、7-
　55285、55450　集2-
　10356、3-19657～60

46 張旭　集2-7071

張旭初　集7-50547～8
　叢2-636(4)

張坦　史8-60311　子2-
　8177　集3-17117、6-
　41969

張坦熊　史7-57648

張坦翁　子6-32091(67)

張覲丹　經1-2065

張塤　史7-52659、8-
　62843～4、62927　集3-
　17326、21411～5、7-
　47279～81

張觀準　史3-15562、
　17708

張觀瀾　經2-8856～7、
　10899　集4-25010

張觀吉　史5-34774～5

張觀美　集4-32766～7,
　6-42007(4)、7-47848

張觀光　集1-4881、5275,
　6-41784　叢1-223
　(59)、2-860

張恕　經1-1640、2-10802
　史1-288、2-11372、7-
　57434　子1-709、1314
　集4-28777～9、5-33866
　叢2-845(5)

張如梁　史5-34940

張如蘭　叢1-159

張如翰　史3-22059

張如春　史5-34973

張如軒　史3-22117

張如錦　史8-62893

張如炯　集 3 - 20196
張柏　叢 2 - 1817
張柏恆　史 8 - 59192　子
　　5 - 26401　集 4 - 28526
張相　子 7 - 36820　集 6 -
　　43167
張相庚　史 5 - 35428
張相文　史 1 - 4627,2 -
　　11358～9,7 - 49385、
　　49784、49798、49973、
　　51905、53132、53815、
　　54441、56648　子 7 -
　　36807　集 5 - 40448　叢
　　2 - 2186
張相宇　史 3 - 21553
張相時　史 3 - 14984
張相臣　子 2 - 5299
47 張鋆衡　史 3 - 17679
張均　史 3 - 18715,5 -
　　34843,6 - 49286　子 4 -
　　22551,5 - 24792、25896
　　集 4 - 30614～8
張均衡　子 1 - 1945　集
　　2 - 12613
張墀　史 7 - 54910、55209,
　　8 - 61894
張猛　子 7 - 36237
張郁文　史 7 - 56989
張鶴　史 2 - 6865　子 3 -
　　17744,5 - 27221～2　集
　　4 - 23301
張鶴亭　子 3 - 17435
張鶴瑞　集 4 - 29417
張鶴緣　史 3 - 16945
張鶴徵　集 6 - 44607
張鶴齡　史 3 - 16520、
　　16557、18859,6 - 47548,
　　8 - 60942　集 5 - 40450
張鶴楠　史 5 - 35140
張鶴書　子 2 - 9657
張鶴鳴　史 7 - 57792　子
　　2 - 10259　集 2 - 10476
張鶴鵬　子 2 - 4770
張鶴騰　史 7 - 55765　子
　　2 - 4771(2)、6815～6
張鶴年　史 8 - 63257
張歡保　集 5 - 34383
張聲正　史 8 - 60145
張聲玠　集 7 - 49608
張聲遠　史 8 - 60644、
　　60649～50
張聲道　史 7 - 49309、

50767
張聲巒　史 8 - 58651
張聲超　史 5 - 34735、
　　35289
張聲揚　史 5 - 35281
張聲駿　集 4 - 32668
張聲馳　史 2 - 10395,3 -
　　23375
張嫺婧　集 3 - 13774
張朝望　史 3 - 22779
張朝震　子 2 - 9899
張朝晉　子 3 - 13150、
　　13621　集 3 - 17833～4
張朝瑞　史 2 - 6317、7298
　　～9,3 - 13443～5、13458
　　～60,8 - 59535　集 6 -
　　44708
張朝琮　史 7 - 55005、
　　55171
張朝瑋　史 7 - 55751,8 -
　　59037、59466
張朝珍　史 5 - 34758
張朝政　史 5 - 34819
張朝璘　史 5 - 34753、
　　34758
張朝績　集 3 - 18221
張朝禮　史 3 - 22029
張朝祿　史 5 - 35218
張朝墉　集 5 - 39572～4
張朝桂　集 4 - 28434
張朝搢　史 3 - 23338
張朝午　史 6 - 48586
張朝耀　史 5 - 35401
張報和　史 8 - 60899
張馨　史 3 - 20164　集 3 -
　　20271
張起　史 1 - 2983
張起龍　集 4 - 27174
張起麟　集 3 - 18220,6 -
　　44172
張起嵩　史 5 - 34887
張起巖　集 1 - 5410
張起宗　史 2 - 9460
張起梁　史 5 - 35394
張起貴　史 7 - 57457
張起鵑　史 8 - 60714
張起鵬　子 1 - 4213
張超　史 8 - 61769
張超宗　史 6 - 45706
張超南　史 8 - 58420
張杞　經 1 - 7674

張杞生　子 3 - 17403　集
　　5 - 33867
張杓　集 4 - 31136　叢 2 -
　　882
張柳星　史 7 - 55951
張栩　經 2 - 8564　集 7 -
　　50530～1
張桐　史 5 - 34784　集 5 -
　　34380
張根　經 1 - 121、441、2331
　　叢 1 - 223(2)、230(1)、273
　　(2),2 - 731(8)
張枬　子 7 - 37987
張楣　史 8 - 59934
48 張增墉　史 5 - 35415
張猶　經 1 - 1542
張乾元　史 7 - 55873
張翰　子 5 - 26335　集 5 -
　　39473
張翰儀　史 8 - 60505
張翰光　史 3 - 16699
張敬　集 2 - 10354,5 -
　　34005～6
張敬立　史 2 - 11838
張敬謂　集 4 - 33659
張敬承　史 8 - 59015
張敬止　經 2 - 14249、
　　14540
張敬生　集 5 - 34644
張敬修　集 5 - 33871
張敬綱　子 1 - 3599
張敬之　經 1 - 463
張敬守　史 5 - 35320
張敬顯　史 7 - 55770
張槎　史 5 - 34950
張槎客　子 3 - 16449
張梯　史 8 - 59995、63325
張榆　集 4 - 33000,6 -
　　42006
張松　子 4 - 20518
張松孫　史 8 - 61730、
　　61732、61738、61785、
　　61835、61840、61846、
　　62029、62035　集 6 -
　　45508
張松儒　史 2 - 11092
張松源　子 3 - 13884　叢
　　1 - 448
張松圃　集 7 - 52230
張枚　史 7 - 55848,8 -
　　62835　集 3 - 16533
張栿　史 5 - 34741

張梅亭　史8－59430～1
　　集5－40598
張樅恆　子5－28389
49張趙才　史8－62079
50張中　史3－16899　子7－
　　35955
張中斌　集5－36034
張中譯　子7－35956
張中元　史6－48648
張中發　經2－13036
張中孚　史1－4042　集
　　5－38881～3
張中峯　子4－23230
張史筆　史7－55945
張申五　史3－22043
張申巽　集5－38884
張事心　經1－7675
張聿青　子2－10802
張夫人　集6－41883
張夬　史2－8425,7－51413
張夷令　子5－27414
張擴　集1－2869　叢1－
　　223(53)
張擴庭　集4－28857,7－
　　47944
張泰　經1－2701　子2－
　　4633,6837　集2－7035
　　叢1－456(6)、457,2－731
　　(5)、1611～2
張泰交　史5－34984　子
　　1－3575　集3－16602
　　叢1－195(3)
張泰瑞　史6－43699
張泰初　集4－26161,7－
　　47669
張泰來　史2－8154,7－
　　52178,52523　集3－
　　21782,4－33455　叢1－
　　202(4)、203(9)、244(3),
　　2－731(61)、874
張泰基　集3－17079
張泰青　集4－27812～4
張泰階　子3－16257　集
　　2－11833
張泰開　史2－11828
張泰恆　子2－6738
張青　史6－43440
張青選　史6－42170　集
　　4－25466,5－36955
張青蓮　史8－59085
張本　經1－3734　史8－
　　59275　子4－23012　集

5－36033
張本先　集4－32848
張本均　史3－22237
張本書　史3－23359
張惠言　經1－110、111
　　(4)、155、163(2)、191、
　　196、217、226、234、242～
　　3、249、256、261、270、276、
　　281、286、310、319、326、
　　330、346、1489～502、
　　2202、2318～9、2479～80、
　　5319、5485～6、6192～3、
　　2－12481～3　子1－3682
　　～3、3－13331,4－19548
　　集3－19182,4－24670～
　　8,6－42614～5,7－47323、
　　48520～1　叢1－301、
　　312、314、327、426、462、
　　477,2－610、635(13)、653
　　(1)、697、698(12、13)、731
　　(8、9)、1615～6
張惠霄　經1－155
張惠生　史3－21778
張惠宇　史3－21504
張忠庭　史5－35094
張忠相　史5－35093
張忠軒　子7－35097　集
　　7－54216
張忠贊　史3－17743
張婁　集3－19830
張婁度　史8－62926
張奉先　史7－55521
張奉書　史8－61639　叢
　　1－373(3)
張奉舉　集5－34516
張書玉　史3－22697
張書行　史3－21169
張書紳　子5－28802～4
張書坤　子2－6266
張書翰　史7－56223
張書田　經2－14520
張書簡　史8－58297
張春　集2－11163～4　叢
　　2－829
張春雷　子4－24497
張春霝　集4－30625
張春濤　子7－36572
張春華　史7－49327、
　　50046　集4－28167
張春林　史5－34920
張春帆　子5－28603～4
　　叢2－632

張屯　經1－1421
張表　集3－14172
張表臣　集6－45483、
　　45486、45490、45603　叢
　　1－2～4、6～7、9～10、19
　　(11)、20(9)、22(14)、23
　　(13)、24(12)、31、223
　　(71)、2－731(46)
張貴　史5－34884
張耒　經1－77(2)、3617
　　子4－20012,5－26218、
　　26282　集1－2839～59,
　　6－41794、41798、41900～
　　1、41908、42039　叢1－
　　11～2、17、19(4)、20(2)、
　　21(3)、22(1、7)、23(1、7)、
　　24(5)、26～8、38、114(4)、
　　169(4)、195(5)、223(52、
　　69)、230(5)、241、242(4)、
　　374、490、587(3)、2－635
　　(10)、731(2、37、40、52)
張素　史7－56172,8－
　　62931
張素仁　史7－57393
張素存　經2－10990
張東烈　叢1－500、568
張東野　史8－63190
51張振珂　史7－52058　集
　　2－12118
張振型　史5－35283
張振烈　集5－33870,6－
　　42007(3)
張振翩　集4－28780
張振先　史7－57848
張振德　集2－10989
張振勳　史6－44473
張振江　史8－63188
張振河　史5－34881
張振淵　經1－780～1,2－
　　10410
張振鋆　子2－4724、7536、
　　8536、10425
張振翃　集4－26856
張振聲　史3－19311,8－
　　59783
張振期　史3－21035
張振甲　史3－22962
張振凡　集4－28855～6
張振夔　史7－57672　集
　　4－30036～7
張振義　史7－55059

張日焜　子3－15491
張日燦　史5－35169
張曰斑　集6－46100～2
張曰衛　史3－15434
張星　經2－10314　子1－
　252　集3－13351
張星瑞　史5－35308
張星徽　經1－7814　史
　1－2177～8,2－6546
張星法　史7－55411
張星吉　史3－16243
張星戀　經1－3911
張星樓　史7－55263
張星柳　集5－37343～5
　叢2－886(4)
張星榆　史7－56235
張星鑑　史2－7573　子
　4－23431　集4－33368
張星餘　子2－10342
張星烺　史2－12429　叢
　2－2186
張星耀　史2－9252,6－
　42992,43112　集7－
　48494
張星焕　史5－35236～7,
　7－57889　叢2－876、
　2163
張昱　集1－5451～4　叢
　1－223(62),2－636(4)
張昱生　集4－32457～8
張國璽　集6－42826
張國珍　史7－56181　集
　5－41265
張國維　史6－46759、
　48550　子7－33184　集
　2－12117～20,6－41943
　叢1－223(24)
張國儒　史7－55765
張國經　史8－61360
張國寶　集7－48767(2)、
　48770～1
張國賓　經1－6210　集
　7－48765,48767(2、3)、
　48774(5),48918～20　叢
　2－698(14、16)、720(4)
張國溶　史3－21636
張國梁　集7－48193
張國汰　史5－34918
張國淦　史3－21636,7－
　55018,56304,8－66120、
　66122,66278　集1－
　2300　叢2－873

張國祥　史2－8456,7－
　52483～4　子5－29531
張國士　史2－9251,6－
　43118
張國華　史2－12448　子
　5－25975　集4－31231
張國英　史8－58609
張國棟　經1－4487
張國聲　經2－12929
張國楹　史5－35139
張國本　史5－34874
張國輔　史2－11459
張國田　史5－35388
張國鑒　史5－34767
張國鈞　史3－23285,8－
　58892
張國欽　史3－21493
張國常　史2－8323,8－
　63092
張四維　史6－46469,7－
　56667　子5－28935、
　29054,29268,29476　集
　2－9542,7－49709,49850、
　49860
張四科　集3－19988～90,
　7－47238～9
張四教　史8－58778
張四知　史1－5461～2、
　5932
張四篋　史7－55433
張見田　史7－56285
張易　史3－21196
張園真　史7－57270
張思齊　史7－57155、
　57626
張思再　史3－18525
張思勉　史8－59267
張思憲　集5－36959
張思宰　史5－35037
張思洪　史3－17563
張思裕　史5－34886
張思藻　史5－35349
張思蘭　史5－35226
張思恭　史1－3669,7－
　55958
張思孝　集4－24309　叢
　2－640
張恩　集3－18165
張恩詒　史2－7608
張恩霨　經1－2148,2－
　8519,8870,9148,9607、

10067,11738　子5－
　30244　集3－21473
張恩準　集5－34232
張恩泳　集5－34517
張恩壽　史3－19304
張恩樞　子7－36573
張恩書　史7－56136
張恩成　經2－14413
張恩捷　集4－31490
張恩煦　子5－24966　集
　6－44970
張田　叢1－223(20)
張冕　經1－2985～6,7939
　子3－13297　集7－
　48065
張因　集4－22374,6－
　41999
張昊　集3－16155
張昇　集2－7094～7　叢
　1－84(3),2－730(10)
張畢宿　史7－57876
張呂璜　史5－34847
張昌　集3－21726
張昌統　史5－35202
張昌綬　史5－34816
張昌緒　集4－31229
張昌儀　史5－35358
張昌申　子4－21839～40
　叢1－496(4)
張昌甲　子3－17271
張昌照　子3－14743
張昌鳳　史3－18464
張昌鈺　史5－35067
張固　史1－1914　子4－
　22828,5－26218　叢1－
　11～2,16～7,19(5)、20
　(3)、21(5)、22(9)、23(8)、
　24(6)、29(3)、38、95、108、
　111(4)、175、195(5)、223
　(44)、255(1),2－617(2)、
　624(2)、730(2)
張圖南　史5－35205,8－
　58769
張圖器　史5－34933
張品楨　集5－36177～9
張是彝　史3－16047、
　18435
張杲　子2－4798～9　集
　4－29410　叢1－223(33)
張果　子3－14087,4－
　19877,5－29530(3、17)、
　29535(3)、29536(3)、

中國古籍總目·索引

張鳴皋 集1-3218
張鳴鳳 史5-34727、6-
46627,7-50908～11、
51279 子3-13427 集
2-7346 叢1-119～20、
223(25),2-611
張鳴驥 史3-18543
張鳴鐸 史8-59155
張瞻 集6-45057
張昭 集4-30467
張昭潛 史2-8277～9、
8524,8531,8-58964 集
4-33454
張昭漢 史2-10834
張昭芹 史7-55539
張昭美 史5-34818
張躍鱗 史7-57334 集
4-23872
張嗣衍 史8-60828
張嗣良 史7-56134
張嗣鴻 史8-61795、
61823
張嗣成 子5-29087～8、
29530(14)、29535(2)、
29536(2)
張嗣昌 史6-47494
張嗣賢 史8-62728
張嗣銘 史5-35272
張鶚 史8-63218～9
張鶚舉 集7-49179
張煦 史7-55591
張照 經1-15、189,2521、
3528,2-8658,8905、
9767,10132,11195 史
1-72,2-8301,9440,7-
55062 子3-14501、
14801,14803,14950 集
3-18751～4,6-41765,
7-50352～6 叢1-223
(6、15、17、37)、227(7)、2-
646
68 張攽 史2-8612 叢1-
19(9)、20(7)、21(8)、24
(10)
張曦照 史3-18016 子
4-23724
70 張璧 子2-4552,6085、
6487～8,10290 集2-
7647～8 叢2-730(1)、
731(28)
張雅博 子3-18078
張驤 經2-14609 叢2-

2055
張驤孫 子2-10816
71 張陛 史6-44558 子3-
18322 集3-13263 叢
1-195(3)、197(4)、351
張阿龍 史5-34949
張厚郿 史8-60693
張厥修 經2-10575
張原 史6-48248 集2-
8004～5 叢1-223(21)
張原煒 史3-20766
張驥 經1-5168 史2-
8441～2,8465,8-61649
子2-5887,6762,4-
19583 集5-39046
張匡學 史7-52724
張匯濱 子3-17570
張長 經1-2308,2-12435
張長弼 史5-35256
張長山 史5-34796
張長春 史5-35070
72 張丘建 子3-12348 叢
1-223(35)、238～9,244
(3),2-708,731(25)
張剛 集6-43075
張所望 史7-50932 子
4-23056 集6-42256、
45191 叢1-300
張所敬 子5-25633 集
2-11445 叢1-114(4)、
353
張隱 史2-6696～9 叢
1-22(9)、23(9)、29(2)、
2-617(2)、777
張彤 史8-59268
張彤輝 史3-19056 集
5-38272
張岳 史1-1926,7-
52121,8-58327,60815
子1-3088 集2-7731、
8237～40 叢1-223
(65)
張岳靈 史8-61262
張岳駿 集4-32219
73 張駿 集4-23297～300、
5-34734
74 張慰祖 經1-7408～9
史3-22552
張慰曾 史3-22158
75 張體乾 史7-53911 集
3-16141,19416～7
張體銓 史2-9240

張陳鼎 經2-14264
77 張堅 史3-16447、17507
集7-50298
張邱建 子3-11250
張鳳 集4-28428
張鳳瑞 史7-55366
張鳳孫 史8-58204、
58290 集3-19705
張鳳羽 史8-59278
張鳳翼 史6-48497,7-
56962,57549 子3-
14627,4-20609～11 集
1-28,2-9627～32,11754
～8,4-23620,6-42094～
8,42112,7-49709、
49711,49713,49826～42、
49951～2 叢1-22
(24)、29(8)、62、64、142、
2-617(4)、730(5)、731
(53)
張鳳台 史6-45114
張鳳池 集4-25250
張鳳臺 史7-54912、
55044,56293 叢2-826
張鳳翥 史8-62049 集
3-20468,4-32849
張鳳藻 經2-12864 子
3-13346～7、13507～12、
13940
張鳳喈 史8-61084
張鳳岡 史8-59945
張鳳年 集5-38735
張鳳鏢 集4-30335
張鳳翔 經1-5252,6413
史2-12536,5-34889、
35111,6-48462～3,7-
55201 集2-7478～9,
6-41935(1)
張覺正 子3-13216
張同德 集2-10960
張同臬 史3-17694
張同準 集4-30525
張同聲 史8-59293
張同泰 子2-9553
張同敞 集2-12539～43
張周才 史5-34980
張岡 集3-21912
張月桂 集3-20690
張月娟 叢1-496(5)
張用天 集3-18475
張用璐 史3-19375
張用修 史7-51246

張用禧　集7-48017
張用星　經1-7022
張用熙　史3-18277
張用糖　集4-29416
張陶　集5-36954
張陶詠　集4-30628
張鵬　史6-46871、48667、
　　7-49318(10)、8-60660
　　子1-3634　集3-14800
張鵬一　史1-10(4)、645、
　　2287,2-11101,6-41966、
　　45736~8,7-49451、
　　56033　叢2-827、829、
　　1027
張鵬飛　史6-46897,7-
　　52135　集4-30631　叢
　　2-829
張鵬翀　集3-18625
張鵬翮　史1-1982,3674,
　　2-8480、8502~3,6-
　　45024、45474、46638~9、
　　46772、48687~8,7-
　　49317(2、6)、49318(4、
　　10)、49339,8-59367、
　　61833　子1-1513~4
　　集3-16446　叢1-195
　　(3)、211、213、241、242
　　(3)、355,2-810
張鵬翼　史3-15563,8-
　　62963　集6-45295　叢
　　1-551
張鵬昐　集4-23511
張鵬翱　史7-55156
張鵬翰　史2-9492
張鵬展　史1-5702,8-
　　61246~7　集4-24438,
　　6-44823
張鵬翎　史7-55463
張鵬翔　史3-16777
張履　史2-9654　子1-
　　1712　集4-29113~5
張履端　史5-35421
張履元　經1-3250
張履勳　史6-47516
張履和　子2-7163
張履程　集3-20755,4-
　　26162~3,6-44930
張履祥　經1-1008、5449
　　~50、6359、7285,2-
　　10580　史1-5577、5845
　　子1-877、1334~9、1341
　　~8、1964~5、2169~71、
　　2371、4131~2,4-20972、

24315　集3-13633~6,
　　6-46271　叢1-195(3)、
　　203(15、17)、213、369、373
　　(4)、483、530~1、574(4)、
　　2-691(2)、731(20)、838、
　　1262~7
張履榜　史5-35150
張履中　叢2-2078
張履泰　集4-31648
張履成　子2-10891
張履恆　集7-48656
張殿元　史8-62922
張殿珠　史7-55948,8-
　　61060
張殿華　史8-62883
張殿桂　史8-62583
張殿邦　史8-59254~5
張殿甲　史5-34745　集
　　4-24434
張居正　經1-2719、3747
　　~8,2-8714~20、8973~
　　9、9369~76、9866~72、
　　10324~9、10331~2　史
　　1-1208~11、1229、1684
　　~5、5058,2-6499~502、
　　8935,6-41647、45130、
　　48284~5　子1-3022~
　　3　集2-9502~7,6-
　　42045
張居仁　集6-43359
張居傑　史5-34959　集
　　6-42421
張眉大　經1-2900、4301
　　子4-22457、24177
張際亮　史7-49318(4、
　　6)、52186、53534　集4-
　　30231~7　叢1-478,2-
　　683
張際春　史5-35238
張際盛　子3-13225
張駒賢　經1-8137　史
　　7-49505　叢2-731
　　(56)、782(1、2)
張熙亭　史2-7778　叢
　　1-564
張熙麟　集6-43512
張熙瑞　史8-59936
張熙先　史8-59001
張熙純　集3-20934,7-
　　47292
張熙宇　集4-27520
張熙樵　子2-8220

張又新　子4-18978~80、
　　18983、18985、18989　叢
　　1-2~3、6、8、11~2、19
　　(11)、20(9)、21(10)、22
　　(15)、23(15)、24(11)、29
　　(4)、154、223(38)、255
　　(2)、350
張又李　史8-61752
張學龍　史7-52104
張學顏　史6-43368
張學誠　叢1-576
張學晉　史5-35195
張學醇　史5-34938　子
　　2-5163
張學尹　經1-1562、4167
　　集4-26455
張學仁　集4-24797、
　　25103
張學象　集3-16442,6-
　　41999
張學魯　史5-34749
張學濟　史3-20093
張學寬　經2-11068
張學宗　子3-17230~2
張學禮　史7-49318(16)、
　　54516~7,8-64919~20
　　叢1-210~1、249(3)、2-
　　731(59)
張學鴻　集3-20602
張學懋　史6-46813
張學蘇　集4-26554
張學華　史2-11765,3-
　　16435　集5-39900
張學林　史8-59588　集
　　3-18675
張學舉　集3-20990~4,
　　7-47780
張學曾　子3-16626
張學智　集5-40600~1
張學銘　史3-23427
張丹　集3-13867
張丹墀　史7-56114
張開文　史8-61931
張開霽　集4-31232~4
張開先　集4-31905
張開福　史8-63509、
　　64662　子3-15507　集
　　4-33456　叢1-203(5)
張開遠　史5-35399
張開運　史5-34730,6-
　　44027、46334~6
張開圻　史3-19326

張開懋　集3-21195
張開模　叢2-745
張開枚　史1-1912
張開東　史8-60778　集3-20143～6
張開第　子4-23166,5-25375　集3-16572,6-42550
張譽　史6-46622
張留埜　叢1-330
張問政　史8-62484
張問行　史8-58687
張問德　史8-62495
張問安　集4-23998
張問達　經1-1071～2　集2-7504
張問明　史8-60587
張問彤　集4-25641
張問陶　史6-46654,8-65333　子3-14994、15753　集4-25075～85,6-41988　叢1-316～7,373(6),2-731(44)
張印　集4-32218
張印西　史7-49383～4
張即之　子3-15659
張卿雲　經1-4792　史6-47154
張卿子　史5-34742　子2-6292
張民　集5-38198
張民表　史8-59565　集2-11151～3
張巽　史7-56606
張與三　史3-21356
張與齡　子4-21554
張興言　史8-58537、58816
張興烈　集4-31907
張興宗　史7-55577
張興載　子3-14951　集4-24103　叢2-646
張興留　史2-13366　子4-23420
張興鏞　史3-17756　集4-25871～4,7-47303～4
張賢職　史5-35198
78 張鑒瀛　史6-43061
張陰桓　子7-36242(1)
張胎　集6-44603,45061
張敔　史5-34813

張臨　集4-26509
79 張勝　史2-8245,7-49309
張騰　史8-62387
80 張人駿　史3-15711、17195,7-50866
張人鏡　史7-56413
張人敍　史7-52027
張全熹　史3-14822
張全恭　史2-11201
張全曾　史5-34833
張益　集2-6688,6-43118
張益三　子2-7593
張益齡　子4-21554
張益之　史5-34965
張金吾　經1-2666,2-11661、14574、14671　史2-6992、9815、12077,8-65764～6　子4-22578　集4-28236～9,6-43639～43　叢1-244(6)、430、440～1、456(6)、457、462、515,2-670、673、731(18,23)
張金玲　史1-5764
張金浩　集4-24082
張金瀾　史8-60401　集5-36484
張金友　史8-58353
張金坼　史7-52008,8-60401　集5-37222　叢1-496(5)
張金城　史8-59322、63316
張金奏　集4-29902
張金鳳　史5-35182
張金鑒　史5-35161、35337
張金鏞　史3-15318　子3-14745　集4-31143,7-47775
張金鎔　史8-58560
張金錫　史5-34858
張金銘　史3-21289
張金簡　史3-19583
張金管　集4-30230
張鐘　集4-22912、31000
張鏡　子2-4660、4662～3、4712、4769、7779～80
張鏡寰　史5-35300,7-57088
張鏡淵　史7-55135
張鏡心　經1-965～6　史

7-54661　集2-11888～90　叢1-456(7)、457,2-731(9、62)、782(3)、934
張鏡芙　集3-21289
張鑫　史5-34768
張翕　史8-59041、59045
張鈁　史7-57794,8-59619、64778　集5-39898
張鏞　史5-34729,7-55523　集3-18868,4-28047～9
張鉉　史7-56540　集4-23995～7　叢1-223(23),2-795
張鑛　史1-1261
張介　集4-24742,5-35426,6-45055
張介山　集7-48416
張介賓　子2-4603、4624、4633、4639、4696、4770、4907～9、5333、5572、6106、6515、6817、7429、7691～3、8053～4、8219、8410、8700～2、9323～6　叢1-223(34),2-1611～2
張介臣　集5-37491
張介錫　集5-34381～2
張夔典　史7-55785
張羲年　經1-5059、5397　集3-19840　叢2-1454
張令經　集5-34856
張令儀　集3-17617～9,6-41999,7-47189
張令鎮　史5-35389
張無咎　史8-62586
張念祖　史7-55156
張愈光　集1-836,6-41830
張尊德　史8-60172
張美翊　史3-14955、22433,7-57459,8-64910　子7-38027　叢1-472
張美玉　史3-16769、21100
張美和　史1-5253～6
張美海　史5-34821
張美春　史5-35330
張毓瑞　史2-10772,8-62593

張毓瑗　子3－12664、12800
張毓碧　史8－62338
張毓生　史7－55122
張毓溫　史7－54911、55024
張毓楨　集4－32139
張毓華　史7－56335
張毓英　史3－19231
張毓蕃　史3－17048、17967
張毓桐　史7－55912
張毓翰　史8－62767
張毓騏　史3－19236
張毓曾　史3－21437
張義方　史5－34976
張義高　史5－33881
張義端　叢1－21(3)
張義正　史5－34978
張義澍　子4－19338　叢2－2202
張合　子4－20505　叢2－886(2)
張合愛　史5－35328
張善坦　史5－35186
張善長　叢2－1615
張善欽　史5－35361
張善恆　集4－27639～40
張曾　史7－56053、56057　集3－20114～5
張曾亮　史3－15591、18103　集5－36038
張曾慶　經1－1157　集3－15411
張曾望　集5－34735　叢2－812
張曾瑞　子5－29656
張曾獻　史5－35132
張曾稷　集6－44582
張曾禔　集3－16757
張曾裕　集3－17021
張曾耆　史5－35248
張曾懿　集3－18869
張曾泰　史3－23541,5－34770
張曾翽　集5－37224
張曾敏　史8－61980～1
張曾炳　史7－55142
張會一　史8－59457
張會進　史5－34990
張含　集1－832、835,2－7801～8,8335,6－41830、41935(1)、43314　叢2－886(2,5)
張含章　子5－28806
張谷巢　集3－17802
張畬　史5－35006
張公庠　集1－2309～10,6－41815～6,41910、42041
張公復　集5－37096
張公渙　子2－10225
張玆　史2－11130
張養　經1－5662～3
張養重　集3－14250
張養浩　史6－41519～20、41523～4,41526,42932～6　集1－5078～82,7－50557　叢1－114(2)、223(26,59)、247,481,2－637(2)、731(18)
張養蒙　集2－10357
81 張鈺山　史5－34844
張矩　經1－1522
張榘　史6－43838　集6－45485,7－46380,46673　叢2－698(13)、720(2)、806
張榘經　經2－13390
張敘　經1－1076、4024～6、4753,2－8450
82 張釗紘　集5－37268
張鍾　史5－34783　子3－13332
張鍾秀　史7－54912、55041,55849
張鍾杰　史3－22246
張鍾來　史2－10853
張鍾芸　史2－12472
張龢庵　子4－18855
83 張鉽　子1－230　集3－19049
張鉽　史1－3531
張鉞　經1－3238～9　史2－8457,8－59527,59975　子5－29531
張鐵叔　集5－37950
張鐵華　集5－39475
張鐵耕　子2－7446
張鎔甡　史3－18213
84 張銑　史3－23249,5－35268,35316,7－57433、57703,8－63436　集5－35427,6－42088～91　叢1－223(68)、373(2),2－635(13)
張錡　子5－30374～5
張鏌　史2－13305
張鑄　集4－32294
張鎮　史2－8482,11127　子5－31855
張鎮芳　史8－60017
85 張鈍　史7－55283
張鍊　子4－20528　集2－9131,7－50573,50616
86 張錦　集3－21572,4－22425,7－47289
張錦文　史1－4122
張錦傳　集3－19074
張錦江　史3－19517
張錦燾　史3－21826
張錦芳　集4－23053
張錦蘊　子1－1367　叢2－886(2)
張錦泰　史5－35210
張錫謙　集4－26513
張錫麟　集6－43512、44278
張錫三　史5－35287,7－55333
張錫璜　集3－17393
張錫珄　史5－35009
張錫瓊　史5－35390
張錫瑜　史1－8,109　叢2－653(3)、731(4)
張錫爵　集3－18829～31
張錫采　集3－21265
張錫鑾　集5－37169
張錫昌　史5－35010
張錫德　集3－18709
張錫純　子2－4753、4769、6428
張錫綸　史1－3841
張錫嶸　經1－141,2－8509～11
張錫祚　集3－18223～4,6－44475
張錫啓　史5－35302
張錫九　史5－34850　子3－17826　集3－21477
張錫壽　史3－21959
張錫基　史3－17974
張錫恭　經1－5468～9、6119,2－9655　史2－

10468、10599、13195,3－18789、22831 集 5－39080～3 叢 2－650、671
張錫孝 集 1－2224
張錫蕃 史 6－46325、46327～8
張錫嘏 集 4－26291
張錫穀 史 8－60381 集 4－24435～6,6－42067
張錫戊 史 4－30311
張錫捷 子 4－24547
張錫恩 史 5－34925,7－55156
張錫駒 子 2－6366、6557
張錫懌 集 7－46399～400、46899
張錫榮 叢 1－427
張鍔 集 3－20431
張鍔汝 叢 2－724
張鐸 史 7－57243 集 4－26338
張知睿 經 2－11062
張知甫 子 5－26293～4 叢 1－223(45)、246、273(5)、274(5)、282(2)、283(2)、373(3)、465,2－731(52)、873
張智林 史 8－61288
87 張鈞 史 3－23071,8－60405
張鈞衡 經 1－2617～8 史 1－5300,6－41620,7－56943,8－65967～8、66166 叢 2－613～4、615(1、2)、616
張鏐 集 4－25690～1
張銘 集 4－29551～2 叢 2－1093
張銘龢 史 3－16028
張欽 史 6－48227,7－55609
張舒 子 7－35353 集 4－29412～3
88 張銓 史 1－1540、2773,3－17392,7－53677 集 2－11310～1,4－30228,6－43365
張銓山 史 5－34831
張銳 子 2－9144
張銳堂 史 8－61509
張鎰 經 1－6218,2－11085 叢 2－774(4、6、11)
張鑑 史 1－1774～5、1815、6082,2－12008～9,6－49234,7－52900,8－62231、63883 子 1－1678,4－21431、22681 集 4－25561～3,5－40527～8,6－46148 叢 1－22(25)、30、37、119～20、154、181、195(6)、220、373(7)、420、426、484、587(5),2－615(3)、691(3)、731(27、44)、843
張鑑唐 史 7－56194
張鑑瀛 經 2－14230
張鑑安 史 8－62459
張筠 史 3－16089
張鎡 史 5－34926 子 4－19288、19455、23792～3 集 1－3856～8,6－41746、41784、41923、45619,7－46626 叢 1－4～5、9、22(17)、23(11、17)、86、114(4)、223(42、56)、244(3)、353、587(4),2－622、730(8)、731(30、42)
張籛 集 4－31227
張鎗 史 7－51545
張竹溪 史 5－35307
張竹坡 子 5－28235
張笏 史 8－62454
張第 史 7－55514,8－59666
張簡 史 5－35419 集 1－5756
張簾 史 5－35081
張符升 集 3－21474～5
張符驤 集 2－11630,3－17345～9 叢 2－809
張篠原 子 5－25947
張篤慶 史 1－5190、6186～7,2－6986、11768,7－53128 集 3－17519～25,6－45320 叢 1－195(4),2－617(5)、731(48)、1369
張篤行 史 8－59931 集 1－972、989
張篤生 集 5－39314
張筆銓 史 5－35411
張範東 史 7－55401
張敏行 史 8－61769
張敏求 集 4－26511～2
張敏同 叢 1－257、579
張箘 史 7－51853
張籌 史 2－6495
張節 子 2－5263、6060、6885、10871,4－21128 集 4－27456～9,6－42496
張餘孫 集 7－54778
張籍 集 1－1258～64,6－41711、41737、41741、41824、41836、41849、41868、41878、41882～3 叢 1－223(49)、447,2－635(7)
90 張小山 子 5－28213
張小泉 史 5－34824
張小浦 經 2－12907
張小波 集 4－26289
張小遇 史 2－8270,3－15008
張小柳 史 2－8526
張小覺 子 1－1363
張小年 史 5－34956
張惟儁 史 3－21684
張惟儶 史 2－12218
張惟佶 史 2－12218
張惟寅 集 3－15743
張惟赤 史 6－48618 集 3－14682,6－44606
張惟勤 集 3－14683
張惟忠 史 5－35099
張惟捷 史 5－34964
張惟驤 史 1－4594,2－6264～6、6270～3、6516、7825～6、11104、13327、13367、13388,3－13465,6－42260～1,7－57272,8－65334、66070 子 4－22009、24756 集 5－41585 叢 2－2247
張惟賢 史 1－1686～8、1690
張懷瓘 子 3－15001、15021～3 叢 1－2～6、9～10、16、20(9)、21(10)、22(15)、23(14)、24(12)、115、147、223(36)
張懷溥 集 4－22687
張懷淮 集 3－21279 叢 1－282(4)
張懷泗 史 8－61768 集 2－8101,4－22687、24104～5 叢 1－373(2)

845(2)

張煜　史3-19318　子3-12766、12769

張煜南　史7-54434

張燭　史7-57162

97 張恂　子6-32091(79)　集3-13772～3,6-42006、43297

張恪勳　史3-19019

張懶生　集4-24613

張耀孫　史2-12792

張耀武　史5-35424

張耀先　集3-17432

張耀祖　史6-48715

張耀東　史7-56146

張耀璧　史8-59181、59185

張耀曾　史8-58509　集4-28854

張灼　叢1-373(8)

張焵　史5-35350

張煥　史5-34808,7-55269,8-60655　集2-8565

張煥章　史3-16317

張煥丁　子5-25952

張煥豐　集5-40229

張煥綸　經1-3079　子1-3933　集5-39932

張煥宗　史2-11870

張煥斗　集4-26291,5-37221、39932、40229

張煥祚　集4-33127

張煥標　史5-34854

張燦　子5-29192　集3-17891

張燦然　經1-2003

張燦奎　史7-57933,8-61373

98 張悅　集2-6892

張悅玕　史5-35254

張悅安　史5-35007

張愉曾　史1-10(3)、4702　叢1-201、203(4)

張敞　史6-41969～70　叢1-22(10)、23(9)、29(1)、407(2)

張燧　史1-5520,6-47485　集1-4513　叢1-223(58),2-735(5)

張爔　子3-12859

張熷　史1-8、5971　集

3-19661　叢1-426,2-731(62)

99 張瑩　史7-50700　集5-39896～7　叢1-22(11),23(10),2-886(4)

張燮　史5-34750,7-54268、57178,8-59325　子5-26637　集1-720、723、737,2-11262～3,4-23618～9,6-41694、41723　叢1-223(26、48),227(8)、347,2-731(59)

張燮承　經2-14415　集1-115、997,4-30116,6-46092　叢2-1988

張燮思　子2-11121

張燮臣　經2-14414

張燮堂　史3-16220

張譽堠　史7-57610

張燨　子4-24400

張榮　史2-7806～7,7,7-50070　子4-21069　集3-17070～5,7-47218　叢2-1370

張榮琛　史5-35380

張榮德　史7-55626

張榮培　集5-40923

張榮封　史5-35317

張榮驊　集5-37719

1128₆ 頑

10 頑石　子5-28568

頑石子　集7-53887

1140₀ 斐

16 斐理普麥古那　子7-36232、36739

40 斐有文　子7-35713

斐嘉樂　子7-35847

斐森布　史8-63435

1164₀ 研

10 研石山樵　子5-28079～

83、28085

11 研北　集6-42278

20 研香齋主人　子5-26205

38 研道人　集4-28732

55 研農　史8-63356

1168₆ 碩

60 碩園　集7-49709

碩果山房主人　經2-13502

1173₂ 裴

00 裴應章　史5-38492

裴庭裕　史1-2386　叢1-11～2、15、19(3)、20(8)、21(3、9)、22(7)、23(7)、24(3、11)、26～8、99～101、223(20)、364、457、511,2-731(65)、735(4)

裴度　集6-41872、41882

裴文禩　叢2-2046

裴玄　子4-19803～4　叢2-774(10)、775(5)

08 裴說　集6-41883

裴謙　集4-22537

10 裴一中　子2-4646、10490～1

裴正文　史5-38485

裴正紳　史3-18095

裴元榮　史5-38491

裴天錫　史8-60098

18 裴瑜　經2-11192　叢2-774(6)

裴務齊　經2-13633～5、13639、15137

20 裴秀　經1-3148　史7-49308

裴季勳　史3-21412

裴維侒　史3-16045、23230　叢2-2142

21 裴衛度　史5-38484,6-48706

裴占榮　史2-11131

裴師覃　史5-38494

24 裴化行　子7-35770

裴休　子6-32081(50)、
　32089(52)、32090(67)、
　32091(65)、32092(42)、
　32093(51)、7-34055～9、
　34449～50
27 裴佩琳　史5-38488
　裴綱　史8-61925
　裴紹義　史5-38482
30 裴之亮　史8-59694
　裴良甫　子5-25567
　裴宗錫　史5-38486,6-
　48754～5
31 裴福德　史7-55326
32 裴淵　史7-50871
33 裴梁　子5-27270
34 裴汝欽　集5-40100
　裴淩阿　史6-45187
35 裴迪　叢1-22(13)、23(12)
37 裴淑貞　史5-38489
38 裴啓　子5-26240　叢1-
　22(10)、23(9)、29(2)、2-
　617(2)、774(10)、776
39 裴潾　叢2-771(2)
40 裴大中　史7-56905
　裴士騏　史2-12249
　裴希度　史8-59745　子
　1-1469～75,4-21005
　集3-13355　叢2-1236
　裴希純　經1-1392,2-
　9496　史8-59601　集
　3-21590～1
42 裴荆山　子2-4767、6599、
　6629
44 裴蔭森　史6-46695　集
　5-34164、37869　叢1-
　474
　裴孝源　子3-14692、
　15857、15859、16056　叢
　1-9～12、22(15)、23
　(14)、27～8、29(4)、223
　(36)、255(2)
　裴楠　集5-41573
48 裴松之　經1-5446　史
　1-11～20、410～1、413～
　4、1448～9　叢1-223
　(17)、227(5)、2-653(5)、
　698(3)、731(64)、772(4)、
　773(4)、774(3)
50 裴中笏　史5-38495
　裴忠　史3-22770
53 裴盛萬　史5-38493
57 裴邦奇　集2-11700

60 裴□儉　子3-17737
　裴國楨　史7-55268
　裴國苞　史7-55879
　裴晃　史7-56519～20
　裴景仁　史1-2361　叢
　2-653(6)、731(65)
　裴景綬　史3-18869
　裴景福　史3-18625、
　22823,7-54167～8　子
　3-16774　集5-38838～
　40
　裴景煦　史8-59487
61 裴顯相　史7-54912、
　55042
　裴顯忠　史8-61756、
　62030
67 裴路　子7-36228(3)、
　36242(3)、36972
76 裴駰　史1-11～20、34、37
　～40、46、48～9、53　叢
　1-217、223(17)、227(5)、
　559,2-600、697、698(3)、
　750
80 裴人書　史5-38489
　裴鉉　子5-29530(17)、
　29559、31108
　裴養素　集2-12745
82 裴鉶　子5-27536～7　叢
　2-731(49、50)
84 裴錡　史5-38487
97 裴煥星　史7-56153

1180₁ 冀

00 冀應熊　史8-59681
09 冀麟書　史7-50698
44 冀蘭泰　史8-62773

1210₈ 登

11 登張竹風　子7-38179

1212₇ 瑞

09 瑞麟　子5-30810

10 瑞五堂主人　子2-9508
　瑞元　史2-11957　集4-
　29504
12 瑞聯　史6-42271
13 瑞璸　集4-30761
17 瑞琛　史3-17374
　瑞乃爾　子7-36229、
　36258、36982、36985、
　36987～8、38135～6　叢
　1-530～1
　瑞子珍　子2-7364
22 瑞山　史8-63433
28 瑞徵　史8-60560　叢1-
　551
30 瑞安縣修志委員會　史7-
　57666～7
37 瑞洵　史3-16265,6-
　49175～6　子1-1931
38 瑞澂　史2-10861
40 瑞木順　叢2-856
55 瑞農　子2-11226
60 瑞恩　史2-11957　集4-
　29504
90 瑞常　史6-47038　集4-
　31164
91 瑞恆　史3-20665

1216₃ 瑙

53 瑙挨德　子7-36228(1)、
　36231(6)、36241、36242
　(2)、36248、37582

1217₂ 聯

00 聯堃　史2-10872
14 聯瑛　史8-63214
17 聯豫　史6-49051　集5-
　39170～1
22 聯豐　史8-61275
44 聯芳　史6-42805
　聯芳慶常　子7-36228
　(5)、36241
　聯英　史6-46964
77 聯印　史8-59457
97 聯輝　集5-37377～9

1220₀ 引

60 引田利章　子7-36418

1223₀ 弘

10 弘一　了7-34931
　　弘晉　集3-19054
11 弘麗(釋)　子6-32091
　　(66)
17 弘忍(釋)　史2-6816　子
　　7-33975
21 弘仁(釋)　史7-52403
　　子3-15930　叢2-814
24 弘儲(釋)　史2-9069、
　　11548,7-52286　子6-
　　32091(77),7-34302~3、
　　34788　集3-13364
　　弘贊(釋)　子6-32091
　　(66、67、68、78)、32092
　　(44),7-33288、33523、
　　33548、33676、33933、
　　33955、34030、34526、
　　34650、34690、34965
33 弘演(釋)　子7-33734
35 弘禮(釋)　子7-34258
50 弘晝　史6-46941、47665,
　　7-52207　集3-19940
　　叢1-223(20)
　　弘本(釋)　集2-10023,6-
　　41790
60 弘晈　子4-19270
61 弘旺　史2-7125、7476
　　子4-23164
64 弘曉　史8-65691　集3-
　　20724~9,7-47288
　　弘曬　集3-20237
67 弘瞻　集3-19937、21616~
　　8,6-44222
　　弘歇(釋)　子6-32091
　　(73、79)、32092(44),7-
　　34267
68 弘旿　集3-20809~12
70 弘璧(釋)　子7-34684
71 弘曆(清高宗)　經1-
　　2524、3530、4040、5528、
　　5698,2-8660、8903、

8907、8910、9196、9204、
9766、9769、9771、10127、
10134、10136、11555　史
1-15、735、757~8、782、
796、904~5、5665,2-
7417,6-47685、49275,7-
49983、51392、51524、
52848,8-65475、66220、
66351　子1-2001、2789
~90、4138,3-15436、
15733、16382、17016,7-
32352、32880　集3-
19941~76,6-42240~1、
44217、44258~61、44914
叢1-217、223(19、29、31、
67)、227(5、6、7、8)、230
(2、5)、256、379、538,2-
689、731(36、41)、1020、
1399
77 弘堅(釋)　集3-13190
　　弘月(釋)　集3-15310
　　弘眉(釋)　史7-52406
91 弘悟(釋)　子7-33427

水

14 水確孳　子1-3936
21 水上善　集4-24133~4
24 水佳胤　史6-42052、
　　48522　集2-11609~15
　　水佳允　叢2-978
27 水鄉謨　叢2-978
28 水綸藻　史4-25978
30 水之文　史8-60478
　　水寶璐　史2-9099、11569
　　水寶煜　史3-17458
40 水志成　史4-25977
　　水嘉穀　史2-8039,4-
　　25976　叢2-978
50 水中龍　子3-14149
52 水靜雲間主人　子3-
　　18494
60 水晶子　子5-31326
77 水卿謨　集2-10933
88 水箬散人　子5-28439~
　　41
95 水精子　子5-30001

1224₇ 發

00 發育(釋)　子6-32091
　　(79)
44 發林(釋)　子6-32091
　　(78)
55 發慧(釋)　子6-32091
　　(75)
67 發明(釋)　子7-34807
80 發合思巴(釋)　子6-
　　32085(55)、32086(66)、
　　32088(41)、32089(47)、
　　32090(54)、32091(52)、
　　32092(35)、32093(30)

1240₀ 刑

07 刑部　史6-45863~4、
　　45896、46223、46989、
　　47815

1240₁ 延

10 延一(釋)　史2-6801~3
　　叢1-265(4)、266
17 延君壽　集4-25170~2
　　叢2-821
21 延仁　史2-13099
22 延豐　史6-43829~30
　　延彩　集4-32635
25 延傑　史6-45967
31 延祉　集5-38868
34 延祺　史3-16383
35 延清　史1-6196,3-
　　15809、18427,7-49357、
　　54131　子2-4781　集
　　5-37422~34
37 延鴻　集5-40385
40 延壽(釋)　子6-32081
　　(50)、32082(26)、32084
　　(33)、32085(51)、32086
　　(61)、32088(38)、32089
　　(48、52)、32090(60、67)、
　　32091(58、65、70)、32092
　　(42)、32093(51),7-

孔傳鐸　經1－5700、7769
　　史1－5968　集1－1069,
　　3－16099～102、18233,6－
　　44206,7－46405、47217、
　　48516、48639
孔傳性　經1－5340

26 孔自洙　史8－58196
孔自來　史8－60318　集
　　2－12539,3－13255

27 孔倜　叢1－19(7)、20(5)、
　　21(7)、24(8)
孔叔成　叢1－367
孔紹堯　史3－21145

28 孔倫　經1－5435　叢2－
　　774(3)

30 孔憲堃　集4－25424
孔憲庚　史8－63969　子
　　1－4152　集5－35076～7
　　叢2－824
孔憲文　史4－25941
孔憲章　史4－25929
孔憲璜　史4－25957
孔憲采　史2－12700　集
　　6－44620
孔憲彝　史3－21216　集
　　4－21947、31516～26,6－
　　44952～3　叢2－824
孔憲圭　集4－25107
孔憲培　集4－23965
孔憲蘭　史2－8418,3－
　　21322
孔憲恭　史3－21215
孔憲莒　史3－21288
孔憲毅　史3－15458　集
　　5－34602～3
孔憲愨　史3－21280
孔憲穀　史4－25960
孔憲教　史3－16205
孔憲甲　史3－21642
孔憲階　史2－12058
孔憲曾　史3－15875
孔憲榮　史4－25932
孔安國　經1－16～9、21～
　　5、164,2537～57,2603～
　　4、2609～13,2617,2619～
　　20,2916,2－8299～305、
　　8517,8586,9209～10　叢
　　1－223(5、12)、227(2)、
　　244(1)、388～90,589,2－
　　592,598,601,616,635
　　(2)、697,698(1)、732、
　　750,774(5)、775(2)、778

31 孔福民　史8－62203
孔邇　子5－26360　叢1－
　　22(24)、134,2－617(3)、
　　731(54)

32 孔兆熊　史7－55699

34 孔對寰　史2－8416

36 孔暹　史8－60059

37 孔淑成　集4－28130

38 孔祥霖　史3－21374
孔祥霖　史3－15960,8－
　　63970
孔祥珂　集4－25937
孔祥綱　集4－25945
孔祥淑　集5－37696
孔祥哲　史7－56024

60 孔晁　經2－11432～3　史
　　1－2054～6,2112～3,6－
　　42224　叢1－70～7,79、
　　91～3、123,140,223(19)、
　　258,261,525,2－635(3)、
　　698(4)、730(5)、731(64)、
　　765～6,772(5)、773(4)、
　　774(5、7、11)

64 孔曄　史7－50416、50419
　　叢1－22(11)、23(10)、29
　　(1)、2－777

67 孔昭度　史8－60839
孔昭賡　史4－25940
孔昭音　史4－25944
孔昭許　史3－17300
孔昭晉　史3－16803、
　　18857
孔昭雲　集5－36903
孔昭珩　集4－32603～4
孔昭孔　經2－12197
孔昭統　史4－25953
孔昭仁　史3－21899,4－
　　25938
孔昭衡　史4－25969
孔昭度　集4－26416～7,
　　7－47592、49540
孔昭綏　史4－25966
孔昭寀　史3－16328　叢
　　2－671
孔昭寀　集5－39055
孔昭湘　史4－25970
孔昭杰　史2－12058
孔昭薰　史8－63969　集
　　4－29352,7－47456、48573
孔昭薪　史4－25956
孔昭乾　史3－16158、
　　18629

孔昭冕　史3－20563
孔昭晙　史3－22609
孔昭義　史4－25930
孔昭曾　史8－59359
孔昭鉉　史1－6153
孔昭焱　子3－11727
孔昭恢　集4－28808～9
孔昭熺　集4－22359～60
孔昭焜　史4－25959　集
　　4－29575～81
孔昭煥　史4－25951、
　　25962

77 孔學詩　叢2－720(5)
孔學周　子1－1143
孔興誘　子3－17650
孔興璉　史8－60830
孔興浙　史8－58679
孔興釬　集3－15945

80 孔令偉　經2－13491
孔令貽　史6－42152
孔毓靈　史4－25971
孔毓璣　史7－57557
孔毓佶　史4－25952
孔毓禮　子2－4691、4736、
　　6901,6946,6984
孔毓圻　史6－42093,7－
　　51455　子1－201　集
　　2－6985,3－16555　叢
　　1－223(27)、230(3)
孔毓埏　子4－23121　集
　　2－6985,3－16676～8
孔毓孝　史4－25939
孔毓焞　子1－1635　叢
　　2－671

88 孔繁灝　史2－9836
孔繁祉　經2－14484
孔繁淦　史3－23225
孔繁瀚　史3－21507
孔繁裕　史3－23224
孔繁樸　史8－63014

90 孔尙任　經1－6325　史
　　1－4466,2－6587,6635、
　　4－25949～50,6－42152、
　　49303,7－55818,8－
　　59263,65129　集3－
　　16376,6－41963,41968、
　　7－50276～8　叢1－201、
　　203(4)、448
孔尙先　集6－45441
孔尙標　史8－62751
孔尙萃　史4－25936

孔尙質　史1-4704
孔當典　子1-1932
孔棠慶　史4-25967
91 孔恆　史6-41519～20、
　　46476

1241₃ 飛

28 飛觴居士　子2-9845
86 飛錫(釋)　子6-32091
　　(69)、7-34423、34425、
　　34436、34447

1243₀ 孤

22 孤山小隱　子5-28629

1249₃ 孫

00 孫堅　史3-19582
　　孫立昇　史5-33611
　　孫亢宗　史2-11756
　　孫序學　史7-51949
　　孫方墺　史7-55579
　　孫方與　史5-33552
　　孫育德　史8-59025
　　孫高亮　史2-8865　子
　　　5-28160～1
　　孫應玉　史5-33575
　　孫應瑞　集6-45294
　　孫應嶽　史7-51357
　　孫應魁　史8-59750
　　孫應科　經2-10970～2
　　　史2-7793、5-33538　集
　　　4-26997
　　孫應奎　子1-799,2-
　　　4847、5332　集2-8509
　　孫應鰲　子5-25635～6
　　孫應鼇　經1-701,2-
　　　10337　子1-1026、
　　　2352、4-20507、5-29289
　　　集2-9440～4　叢2-
　　　885、1108～9
　　孫應時　史7-57066　集
　　　1-3875　叢1-223(56)

孫庚　子2-9915
孫慶　集4-29544
孫慶蘭　集4-27231
孫慶均　史5-33526
孫慶甲　經1-2650
孫麐趾　集6-41763
孫廣　子3-18474,5-
　26218　叢1-11～2、22
　(16)、23(16)、29(4)、30、
　37、86、255(2)、2-730
　(6)、731(36)
孫廣生　史8-59872
孫文　集3-15735
孫文龍　集1-919
孫文詒　史3-17543
孫文川　史7-51536　集
　5-33907～9
孫文胤　子2-4906、6108
孫文俊　史8-60377、
　63253
孫文達　集5-41260
孫文潮　集4-29492
孫文枋　集4-25512
孫文楷　史8-63957、
　64872、65039
孫文楨　史7-49319、
　49379～81、49797　子7-
　37776
孫文葦　集2-10610
孫文郁　集2-11657
孫文起　叢1-373(3)
孫文楹　史4-32415
孫文杓　史2-9645　集
　4-28154
孫文青　史8-64033～4
孫文昱　經1-526～7、
　4937,2-14369、15099
　叢2-877
孫文恪　集3-21814
孫奕　經1-2275,2-11962
　～3　子4-22156～8
　叢1-223(41)、244(6)、
　353,2-731(4)
孫讓　史7-57830
孫玄清　子5-29993
孫衣言　史2-8093～6、
　9560、11310、12852～3,3-
　17041、5-33642、7-
　50470、57660～1、8-
　66101、66112　子4-
　21480、23409　集1-
　3820、4-22017～8、32523

　～32,5-34140,6-44740,
　7-48311　叢2-864～6
01 孫顏　經2-11852　子5-
　　25301　集3-21463
02 孫新德　史5-33648
03 孫謐　經1-1475
　　孫詠裳　史3-20154
　　孫詒讓　經1-2418、2487、
　　　3055、5118～23、5921～2,
　　　2-9568、11739、13221～
　　　7、13687　史1-2053,7-
　　　50475、57651、57682,8-
　　　63918～9、64220～1、
　　　64549、65192、65245、
　　　65353～4、65898、66108～
　　　10　子1-324、4031,3-
　　　11661、4-19537、22706～
　　　9、23491　集3-13745～
　　　6,5-34004、37861～4
　　　叢2-600、623、698(1)、
　　　829、868
　　孫詒謀　史7-57204
　　孫詒鼎　史8-59606
　　孫詒績　史3-23098
　　孫詒燕　集5-39013
04 孫詵　史7-50450
　　孫詩寶　史5-33687
　　孫謀干　史5-33683
　　孫勸　集3-16955～9
06 孫諤　集3-16144、19311～
　　　4
07 孫望初　史5-33616
　　孫望雅　史2-12536　集
　　　3-14069
　　孫韶　集4-23494～6
08 孫於盤　集3-15737
　　孫謙　史7-57688,8-
　　　60439
　　孫謙益　經2-13381
09 孫麟綬　史3-19393,7-
　　　49557　集4-26794～5
　　孫麟貴　史8-58619
　　孫麟趾　集4-25025、
　　　29685～6、7-48092～5
　　孫讜　集6-44540
10 孫一元　集2-7976～87,
　　　6-41935(1)　叢1-223
　　　(65)
　　孫一致　集3-14941～2
　　孫一奎　子2-4574、4771
　　　(4)、4896、8686、10474～5
　　　叢1-223(34)

孫玘 子2-7027
孫羽侯 史2-8876、8-
60528
孫瑝 經2-10651
孫璐 子3-17003 集3-
15736、6-44931 叢2-
886(2)
孫弓安 史2-11662、
11804
孫乃琨 史2-12258 集
5-40076
孫承彥 集4-29391
孫承天 史5-34409
孫承先 集5-38729
孫承勳 集4-29392
孫承宗 史2-7349、6-
48476～7、7-55311 子
1-3691～5 集2-10878
～82、6-43118 叢1-
206、2-782(3)
孫承澤 經1-968～9、
2796、3332、3833、7688、2-
9428、11510 史1-
1617、3037、5566、2-
6655、7123、7725～6、6-
41637～9、42053、42297、
46631、7-49816～8、
52140、8-63502、64390
子1-1360、2343、3-
14704、14775、15272、
15377～8、15940～1、
16040、16083、16261、4-
22548、23101 集1-
5543 叢1-217、223
(27、38、42)、227(5)、244
(2)、269(3)、270(2)、271、
272(2、5)、311、486、527、
2-609～10、622、731(34、
67)
孫承祖 史8-58899
孫承祚 史4-31445
孫承恩 史2-6618、3-
17283 集2-7865～6、
4-21981 叢1-223(65)
孫豫樟 史3-23382
孫豫昌 集4-27856
孫子雲 史5-33625
孫柔之 子3-14554～6
叢1-22(10)、23(10)、547
(2)、2-774(10)、775(5)、
2173
18 孫致彌 集3-16032～3,
7-46399～400、47101、

48635 叢1-373(9)
20 孫喬年 經1-2929、3221、
2-11554 集6-43042
孫秀堃 史8-59115
孫鯨 史8-59505
孫季咸 經2-8529 史
3-23222 叢1-505
孫雙喜 史5-33564
孫采芙 集4-33639～40
叢2-942
孫采鄰 子2-10897
孫秉陽 史7-57828
孫稚玉 子3-13597
孫維龍 史7-57986 集
3-21399
孫維祺 子4-22684
孫維禮 史7-57827
孫維城 經2-13800 史
6-47793
孫維均 史8-59193
孫維明 史1-5154
孫維岳 史5-33557
孫維善 史7-56159
21 孫上楨 集4-26153
孫步瀛 子2-10073
孫仁 史2-10516、7-
56868
孫仁孺 集7-49709
孫能傳 史6-42233 子
4-20776、23979 叢1-
448、2-615(1)
孫能寬 史8-61016
孫能遷 子2-8823
孫僩錦 史5-33527
孫衍 史8-59474 集2-
7157
孫衍貴 史8-63833
孫衍恩 子3-17559
孫儒卿 史3-21350
孫肯穫 史7-55671
孫倬 子4-19830
孫頎 子5-26222、27546、
27549 叢1-29(4)、168
(2)、185、249(2)、255(3)、
395
孫師轍 經1-2976
孫貞緒 集5-39169
孫經世 經2-11651～2、
14933～4 叢1-463～
4、2-738
孫綽 經2-9262 子4-

19837～8 集1-390～
1,6-41694、41698 叢
2-774(6、9)、775(5)
孫穎昌 史2-9227
22 孫胤奇 史8-59167
孫胤光 史8-60960
孫豐年 子2-8463、8845
孫彪 史1-6035、8-60579
孫鼎 經1-3718 史2-
7644 叢1-265(2)、266
孫鼎烈 史3-16308、
18812、5-33559、33561、
6-46496、7-54058 集
5-36868
孫鼎吉 集5-34369
孫鼎臣 史3-21353、6-
46675、47505 子1-
1721 集4-33357～60、
7-46423、47909～10 叢
2-1897
孫鼎煊 集7-47802
孫嵩齡 史3-22898
孫循誠 史5-33606
孫嶷 子4-22744
孫崇晉 子1-2672、2713
～4
孫崇先 史7-57792
孫崇緯 史3-16102
孫崇祖 史3-19048
孫崇埔 史3-16138
孫樂園 史6-44631
孫繼 史5-33668
孫繼登 集7-46405、
46871
孫繼統 集2-10497～500
孫繼臯 史1-1213 集
2-10393 叢1-223(66)
孫繼魯 史7-55764 集
2-8454 叢2-886(4)
孫繼寶 集5-36330
孫繼宗 史1-1673
孫繼有 經1-2731
孫繼袞 集4-26747
孫繼芳 子4-23858 叢
2-674
23 孫允膺 集3-16960
孫允元 史5-33573
孫允恭 史8-60281
孫允中 史1-1926
孫允賢 子2-9185
孫代芳 史8-62008 叢
1-373(3)

孫俊渭　史5-33605
孫俊昌　史8-58990
孫臧宜　集5-37085
孫峻　史2-8790,7-
　50336、51623～4、51938、
　52003、57150　子1-
　4233　集6-45042　叢
　2-832(6,7)
孫岱　史2-11022、11494,
　7-56432　集4-23183
孫綜源　史3-16224
24 孫佐　子7-37855
孫德謙　史1-10(1)、248、
　754、5344,2-7119、
　11366,7-57127,8-65277
　子1-86、1950　集1-
　4660、4668、4671、4693、
　4737～8,5-41014,6-
　41926　叢2-671、2219
孫德之　集1-4597
孫德潤　子2-5049、6133、
　8878
孫德祖　史1-5745,2-
　13073,3-19901,7-57450
　子1-2447　集5-36711
　～4,7-48259～60
孫德華　史6-47535
孫德英　集7-53802
孫德威　史1-6056　集
　7-53660
孫德照　史5-33568
孫德全　史6-43201、
　44472
孫德鍾　史5-33519　子
　2-9642
孫偉　子2-9408～9　集
　2-7538～9、7852,6-
　41935(4)
孫佑　子2-4898
孫佑培　集7-47774
孫升　史1-1914,6-
　47783、48131　子5-
　26275～6　叢1-2～3、6
　～7、11～2、19(9)、20(7)、
　21(8)、22(3)、23(3)、24
　(10)、95～6、99～101、223
　(44)、268(4),2-617(5)、
　624(2)、730(2)、1679
孫贊元　集6-44397
孫贊清　史3-15950
孫贊堯　史5-33560　集
　5-36539
孫緒　史3-18766　子4-

20423,5-25626　集2-
　7125～6、7614～6,5-
　40217,6-41751　叢1-
　22(23)、168(2)、223(65)
孫纘　史7-55463　集4-
　31545～6
25 孫牲　集4-22758、26152
孫仲章　集7-48767(4)、
　48771、48774(1)、48955
　叢2-698(15)、720(4)
孫傳庭　史1-3069　集
　2-11992～2003,6-43118
　叢1-223(66)
孫傳綺　史3-18983
孫傳澄　經2-8489
孫傳奭　史3-18651
孫傳樞　史7-57389
孫傳栻　史7-55098～9
孫傳棟　史5-33659
孫傳柵　史2-12268,3-
　18946,7-49766
孫傳璧　史3-18163
孫傳驤　史3-19110
孫傳爐　史2-9139
孫傳鳳　經2-12121　史
　3-18851,6-45641　子
　4-22714　集5-40722
　叢1-524、528
孫傳曾　集4-23759
26 孫自務　集3-17550、
　19315
孫自式　史5-33548
孫自成　史7-52920～1
孫自昌　史5-33693
孫伯觀　子1-2360　叢
　1-142
孫伯瓶　史2-10891
孫侃　經1-5220
孫佩　經2-11322～3、
　12970、12976　叢1-
　341、442～3,2-731(23)
孫保庶　史5-33645
孫保圻　集5-41211
孫蟻　史8-63240
孫和相　史7-55992,8-
　59568、59817
孫穆　史7-54547　叢1-
　17、19(4)、20(2)、21(3)、
　22(9)、23(9)、24(4)、29
　(6)
27 孫多鑫　史3-18976
孫佩芬　集5-35298

孫佩蘭　集5-33996
孫佩芝　史3-18167
孫仰唐　史5-33599
孫侗　子2-10012
孫豹人　集2-11653
孫象坤　史8-59497
孫阜昌　子3-17211
孫奐崙　史7-55862
孫名耀　史7-56185
孫旬　史6-47795～6
孫紀雲　史3-15607、
　21299
孫繩　史8-60847
孫繩武　史2-9116,6-
　44569　集4-22053～4
孫繩祖　史7-52605,8-
　61191
孫叔謙　史3-21362
孫紹　史7-55544
孫紹康　集5-37320
孫紹騫　史1-4324
孫紹宗　史7-56156
孫紹遠　子3-16129　叢
　1-205、223(68)
孫紹洙　集5-40389
孫紹陽　史3-16454
孫紹曾　史5-33522
28 孫似樓　史8-59084
孫作　集2-6042～3　叢
　1-223(62),2-798～801
孫儆　史3-19307
孫徵蘭　集2-11783
孫復　經1-77(3)、7464
　集1-1942～3　叢1-
　223(10、51)、227(2)、505
孫復初　子2-8849、9496
　～7、9499、9502
孫從龍　經1-735～6
孫從添　經1-7802　史
　8-63510、65340、65677、
　65687　子2-10531　叢
　1-202(8)、203(14)、295、
　316～7、365、369、422、
　424、469、486、511、553、
　586(4),2-716(3)
孫齡　集4-28316～7
孫綸　史6-46088
29 孫嵘　子4-21294
30 孫宣　史2-12219,7-
　56305
孫宜　史1-2662　子4-

20500　集 2 - 8820～4，
6 - 41935(4)　叢 2 - 742

孫瀛理　史 5 - 34628

孫濟　史 7 - 57927　集 4 -
29390

孫濟世　經 2 - 12648、
12726

孫濂　史 3 - 22264

孫肩　子 4 - 24032　集 2 -
12103　叢 1 - 426，2 - 731
(45)

孫家琪　史 5 - 33543

孫家鼐　經 1 - 3025　史
1 - 1768，2 - 10349，3 -
15506，17087，6 - 42388，
49050　子 7 - 36254

孫家邕　史 3 - 21961

孫家穆　史 3 - 15750、
17252

孫家聲　史 3 - 18554

孫家毅　史 7 - 49317(9)、
49318(17)　集 4 - 28926，
7 - 47804　叢 2 - 845(4)

孫家穀　史 7 - 54133

孫家振　子 5 - 28563～4

孫家暉　史 5 - 33656

孫家愷　史 2 - 7654

孫家憚　史 5 - 33658

孫宸恩　史 5 - 33666

孫永治　史 3 - 21570

孫永漢　史 8 - 59359

孫永清　集 3 - 21531

孫永祚　集 2 - 12800～3

孫永芳　叢 1 - 363

孫適齋　子 4 - 23209

孫之穀　史 5 - 33691

孫之騄　經 1 - 2573～4，
2852，5947，2 - 11544　史
1 - 1001，4487，7 - 49331、
50303～4　子 3 - 11269，
4 - 19179，19447　集 1 -
1511，1539～40　叢 1 -
202(6)、203(12)、223(6)，
2 - 832(3)、1313

孫之鑑　史 3 - 18196

孫憲儀　集 5 - 33997

孫守恆　史 7 - 49763

孫安世　經 2 - 14934～5

孫安國　集 6 - 43982

孫容軒　集 4 - 24164

孫宅揆　史 6 - 41538　子
1 - 4192、4200　叢 2 -

1483

孫良仁　史 5 - 33585

孫良貴　史 7 - 52986　集
3 - 19872

孫良拔　史 5 - 33664

孫定揚　史 8 - 61965

孫寶　子 3 - 17752

孫寶瑄　史 2 - 10325、
13110～1　集 5 - 41125

孫寶琦　史 2 - 10224、
10325，6 - 44443，49197，
8 - 63965

孫寶瑚　史 3 - 22424

孫寶仁　集 5 - 34935

孫寶生　史 8 - 58975

孫寶侗　集 3 - 15488

孫寶忠　經 1 - 1989

孫寶書　史 3 - 18871

孫寶田　經 1 - 2514

孫賓　子 3 - 13891

孫宗元　史 7 - 55197

孫宗承　史 7 - 50361　集
4 - 26843

孫宗然　史 5 - 33648

孫宗岱　史 7 - 56554

孫宗佑　集 5 - 35297

孫宗彝　經 1 - 1007　史
7 - 56740　集 3 - 13662～
3

孫宗禮　子 3 - 17832　集
4 - 31366

孫宗泗　史 5 - 33596

孫宗澤　叢 2 - 2130

孫宗樸　集 7 - 47786

孫宗華　史 3 - 18793

孫宗樓　集 4 - 28155

孫宗翰　史 7 - 49985　叢
1 - 558，2 - 785

孫宗谷　史 2 - 10262

孫宗鑑　子 5 - 26976　叢
1 - 17，19(1，2)、20(1)、21
(1，2)、22(7)、23(7)、24
(2)、29(5)、195(5)

31 孫江　集 3 - 14167

孫馮　集 4 - 33442　叢 1 -
328

孫馮翼　經 1 - 195，3217、
4152，6229，2 - 9506、
12214，14770　史 1 -
1915，2216～7，6 - 42224，
7 - 52785，53037，8 -
63847，65497，65721　子

1 - 56、435、490，2 - 4727、
4771(2)、5483，4 - 19696、
19719，5 - 24757，29225
集 3 - 20144，4 - 23929
叢 1 - 77、260～1、418，2 -
628、698(6，7)、731(4，11，
15，22)、771(3)、785

孫汧如　子 4 - 20980　集
3 - 14587　叢 1 - 202(7)、
203(13)、206

孫濟源　史 7 - 56574

孫灝　史 3 - 20489，8 -
59519，59650　集 3 -
19280～2　叢 1 - 223
(24)

孫源文　集 7 - 49301

孫福　集 4 - 28842

孫福保　史 3 - 18882　子
1 - 4471、4506　叢 1 - 531

孫福寶　史 5 - 33554

孫福清　史 3 - 19665、
22982　集 2 - 6284，5 -
34311、34497，6 - 42013
叢 2 - 838

孫福海　史 7 - 51446，8 -
60176　集 4 - 31687～8
叢 1 - 505

孫福申　史 3 - 16064

孫福昌　史 7 - 56007

孫福全　子 1 - 3659

孫酉瑤　集 5 - 39687

32 孫兆　子 2 - 4564、5317～
21、5391、5393～4　叢 1 -
223(32)

孫兆麟　集 4 - 22685

孫兆重　子 1 - 62、64～5、
67～8，5 - 29530(20)　叢
2 - 635(4)、698(7)

孫兆熊　史 7 - 49319、
54688

孫兆湘　史 7 - 49318(12)、
51292　子 4 - 24465，5 -
27227

孫兆禧　史 5 - 33671　子
4 - 24358

孫兆熙　史 5 - 33594～5

孫兆第　史 5 - 33523

孫澄瀛　史 2 - 10035

33 孫必振　史 7 - 55719　集
3 - 14135

孫浤澤　史 3 - 15937、
18571

孫溥　史 7 - 58060　叢 2 -

845(3)

孫溥霖　史5－33644

孫治　史7－51602　集3－14618　叢2－832(4)

孫述唐　史7－56221

孫述舜　史8－63238

34 孫斗南　集5－35866

孫澍　史1－5619,7－51965　子3－12912,4－24451　集3－18621,4－28843、28994　叢1－328

孫漢　經2－8532　集3－21905～6,4－30605

孫汝霖　史3－15522、18940,8－61127　集5－34633,6－42007(3)

孫汝聽　史2－11258　叢1－511

孫汝贊　史3－15730

孫汝舟　子3－17127

孫汝蘭　集4－31365

孫汝楫　史5－33566

孫汝馨　集3－20354

孫汝梅　史3－15997、17397

孫汝忠　子5－31316～20

孫汝昌　史3－18228

孫汝明　史3－15639,7－55733

孫汝鍇　史3－19291

孫濤　集6－45497,45594～5

孫洊鳴　集6－42502

孫濩孫　經1－5821　集3－17611,6－42624,43042

孫洪伊　史6－46054

孫淇　史7－51590

孫遠階　史5－33688

35 孫清　集4－29969,31051,5－36164～6

孫清彦　集4－33355～6

孫清元　集5－33773～6　叢2－886(4)

孫清黼　集4－30993

孫清士　史8－61697　集5－36946　叢2－886(4)

孫清載　集5－33777

孫瀜　史7－50056　集4－30617,32446～7,7－46413,48041　叢1－369

孫洙　子5－26641,27151　集6－42116,43439～49

孫禮祚　史3－20235

孫禮煜　史3－20165

36 孫湘　經1－7990

孫澤　史7－50437

孫澤霖　子3－12610

孫澤春　史8－62574

孫遇孫　子4－23759

37 孫泂　史3－16464

孫潤蒼　史7－56255

孫鴻淦　史7－56005

孫淑　集1－5611～2、5617,3－15178,6－41775～6　叢2－670

孫祖康　史2－10776

孫祖京　集4－30606

孫祖望　集4－29969　叢1－378

孫祖烈　史3－18812

孫祖珍　集4－31051

孫祖祿　集5－40950

孫祖基　史8－66075　子3－14220

孫祖英　史3－20222

孫祖義　史7－57176

孫祖燧　史3－20770

孫祿增　史8－64756

孫過庭　子3－14692、15001,15027～30,15032　叢1－2～7,9～10,22(15)、23(14)、173、223(36)、353,2－731(35)

孫逢吉　史6－42593　子3－11294,5－25550　叢1－223(43)

孫運貴　史5－33686

孫運錦　集4－28762～3　叢2－745

38 孫淦　子3－17644　集3－15903

孫澂　經2－10794

孫澂之　史8－64886

孫海　史8－61836　集5－36945

孫祚泰　史8－60482

孫裕松　史5－33555

孫道毅　集5－40341、40539

孫道乾　史2－10769　子5－26577　叢1－496(4)、587(3)

孫道易　叢1－175

孫肇綬　史5－33536

孫肇圻　史3－22908　集5－41521～4

孫肇興　經2－8764、9015、9411,9900,10517～8

孫啓新　集3－20139

孫啓椿　史3－19196

孫啓泰　史3－18739

孫榮　史8－59786　子4－22837～9　叢1－11～2、15,19(3,4)、20(3)、21(4,5)、22(13)、23(13)、24(4,5)、29(4)、56、168(3)、175、255(2)、374,587(2)、2－731(50)

39 孫遜　集1－790,6－41743、41836,41849,41868

40 孫大綬　子4－18535、18985,19022～3

孫大澞　集4－25236

孫大圭　史5－33641

孫大志　集3－17384

孫大成　子3－12854

孫大呂　經1－8039

孫大義　史5－33690

孫大焜　史8－58283

孫爽　集2－12441

孫奭　經1－19,21～5,77(4)、103,2－9790～2、9794～5,9834,11086～8　史6－45741～2,45747　叢1－223(13)、227(4)、238～9、265(3)、317,456(5)、457,490,505,578,2－600,637(2)、698(1)、708

孫友信　子1－1664

孫友連　史4－31447

孫士毅　史6－48757　集3－20570

孫士林　史3－21351

孫士超　子7－35159

孫士頤　子7－37141

孫奎　集3－21643～5

孫奎臺　子2－8242

孫埔　集4－23100

孫培元　史3－16497、18470

孫培吉　史3－22120

孫培曾　史7－55530

孫垓　集4－32393

孫在豐　集3－16151～2　叢1－223(4)、227(2)

孫在中　集3－17385

中國古籍總目著者索引

孫克弘　史8-64385　子3-16520

孫克依　集4-23863

孫克任　子2-9578

孫克緒　史8-59046

孫克宏　叢1-448

孫希孟　史1-4082

孫希朱　子1-1766、2575　集4-31125～7

孫希旦　經1-3359、5727　集4-22017～8　叢2-865～6

孫有謙　史5-33677

孫有燾　史5-33662

孫有穀　史5-33563

孫存　史8-60302、60417　集2-8200

孫存吾　集6-43651～4　叢1-223(69)、2-635(14)

孫存生　集5-39012

孫志熊　史7-57259

孫志伊　史1-1829

孫志宏　子2-4901

孫志祖　經1-111(2)、2-11866　史1-313～4　子1-225、4-22451～4　集4-22016、6-42123～5、42163　叢1-278、416～7、479、2-662、731(37)、970

孫燾　經1-4278、4407

孫憙　史7-57629～30

孫熹　集1-4100、4102

孫杰　史3-15442

孫嘉淦　經1-7797～8　史6-48721、7-49317(6)、49318(12)、49358、53107　子1-140～1、5-29359　集3-18405、6-42066　叢1-394、496(4)、501、2-821

孫嘉善　史5-33597

孫奇逢　經1-962～4、2794、2-10482～3　史1-2993、2-6680、7724、8187、11540、11574、12533～7、5-33520、7-50632　子1-1353～8、1966、2172～3、2-5055、4-20964～5　集2-12522～3、3-13064～71　叢1-202(4)、203(10)、223(4、14、22)、320、

2-728、731(20、41)、782(4)、1230

孫壽康　史3-20792

孫壽祺　史7-56821　集4-32212

孫壽昶　經2-15050

孫壽芝　史3-20546、7-57706

孫七政　集2-9830

孫雄　史2-6270～1、6-42460、47511、8-66039　子4-22758　集5-40328～40、6-46207～9　叢1-584、2-691(1)、2247

孫真儒　史8-61638

孫真湛　子3-17533

孫榜　史5-33667

孫樵　集1-1721～7、6-41708、41742、41794、42030　叢1-223(50)、447、520、2-635(8)

孫森　子4-18718、5-25705～6

41 孫枟　集6-42007(3)

孫檟　集4-30917、6-46312～3　叢1-587(3)、2-629

孫楷　史6-41594

孫槙　史4-25000　子2-6313、3-14930、15338、16791、4-20901　集2-8785～6　叢2-1202

42 孫埏　子5-26016～7

孫斯嵋　集4-26746

孫彬士　史5-33571

孫梴　史3-21380

43 孫式庚　史5-33657

孫式發　史3-16851

孫式榮　集4-30105

孫越　史8-59386

孫榕　史1-6139、3-17480　集5-40588

44 孫荃芳　史7-56312

孫藎臣　集5-35727

孫堪　史2-8895

孫犇　史3-13421

孫夢逵　經1-1275～6

孫夢觀　集1-4242～3　叢1-223(57)、2-845(2)

孫芳　集4-24602

孫芳馨　史8-62716

孫蘭　史7-49611、51283～4、52155、54280　叢1-197(4)、277、455

孫蘭森　史5-33524

孫蔭　集5-39931

孫蔚　史2-11932　集4-22723

孫蔣鳴　史2-11285

孫茂橿　史5-33692、8-62260

孫茂芝　叢2-1224

孫藏修　史5-33674

孫葆瑨　史7-56237

孫葆璜　經2-12017、12585

孫葆鼎　史5-33572

孫葆軫　史3-21321、5-33673

孫葆田　經1-1841、2302、2-10074、11922　史2-11086～8、11228、3-15801、15850、21359、7-51461、8-58965、66247　集3-17591、5-36709～10　叢1-505、2-671、2034

孫芝田　集3-17109

孫燕昌　史7-50383　集6-44601

孫燕詒　子4-20553　叢1-143

孫蕙　史8-60961　集3-15331

孫懋　史6-48224　叢1-223(21)

孫懋賞　史7-57457

孫艾　集2-6922

孫孝遠　子4-23351

孫孝芬　史7-55318

孫孝則　史2-9489

孫孝縣　史5-33567

孫荔生　子4-22745

孫萬春　集6-46264

孫蓀意　子4-19430　集4-27516、6-41999、7-47727～8　叢1-524、2-731(49)

孫攀　經1-4979

孫華泰　史5-33608

孫勒　經1-1624

孫韓　子3-17126

孫若英　子4-19070

孫蓉圖　史7-55188、
　56339
孫世瑞　集2-11993
孫世儀　集3-19908～12
孫世奎　史8-61849
孫世榕　史8-62389
孫世封　集4-22597
孫世芳　史7-55105
孫世均　集4-30918～9
孫世貴　史8-63094
孫世昌　史8-58704、
　61322　子7-36737、
　36763
孫楚　集1-367～8,6-
　41694、41698
孫蕡　集2-6179～87,6-
　41935(3)、44892～3、
　44896　叢1-223(63)、
　2-725
孫樹　史3-21416
孫樹禮　史1-1988,2-
　7985,3-20302,7-51792、
　51943、52003　叢2-832
　(5、6、7)
孫樹南　史3-17880
孫樹義　史3-20509,6-
　42039
孫蘊韜　史8-59290
孫模　史3-20294
孫枝秀　子3-15405　集
　4-29209
孫枝蔚　集2-7558、7926、
　9068、9560,3-14235～8、
　15029,6-41950,7-46398
　～400、47041～2
孫枝茂　史5-33684
孫楨　史2-8523
45　孫樓　經2-14864～5　集
　2-9168～72,6-45336、
　45340　叢2-796
孫柚　史7-50242　集2-
　9951,7-49709、49853～4
孫椿榮　史8-59577
46　孫旭　史1-3630　叢1-
　399,2-651
孫觀　史3-15372,8-
　59032
孫觀光　經2-10155
孫如僅　史3-15433
孫如河　史5-33593
孫如蘭　子3-16914,4-
　24034

孫覿　集1-3068～80,6-
　41900～1、41908　叢1-
　223(54),2-798
孫楫　史3-17080　集5-
　33993～5,7-47796
47　孫均銓　史8-60798
孫毅　經1-171、2420、
　2427、2434、2442、2445、
　2447～8、2450、2452、2458
　～9、2476～7、3413、3422、
　3445、3448、3457、3470、
　3472、3474、3476、3478、
　3482、3484、3488～9、
　3491、3499、3502、4828、
　4838、4847、6364、6373、
　6382、6591、6599、6606、
　8156、8166、8176、8185、
　8194、8202、8210、8216、
　8223、8228、8235、8241、
　8249、8256、8261,2-
　8591、8598、8603、8609、
　8616、8623、8629、9718、
　9722～3、9727、9731、9744
　集2-11974～5　叢1-
　223(13)、273(2)、274(1)、
　441,2-731(13)
孫翹澤　史8-60468
孫郁　集3-15487,7-
　50253
孫愨　史1-2388
孫朝讓　集2-11599～600
孫朝勇　史5-33533、
　33565
孫朝珍　史5-33532
孫朝士　史5-33621
孫馨　史6-47580
孫馨祖　史5-33665
孫起舜　子2-10894
孫起山　經2-9187
孫起栯　集3-21347
孫起義　史5-33586
孫超　史5-33672　集7-
　47466
孫超宗　史7-56685
孫期昌　集3-14436
孫桐璋　集4-23424
孫桐生　史6-42272～3、
　47811　集4-28010,6-
　44915
孫穀　集3-18827
孫穀祥　叢1-22(5)、23
　(5)
48　孫增仙　史5-33574

孫增榮　史5-33676
孫乾性　史5-33600
孫翰卿　史3-21336
孫敬德　子7-33783
孫敬修　史5-33537
孫松齡　史5-33701　集
　5-39536
孫枚　集4-26503
孫梅　集4-22226,6-
　46051～2　叢1-267
50　孫中行　子1-1927
孫中翹　史8-59382
孫抗　集1-1966,6-41894
　(1)
孫擴圖　集3-20403～4,
　6-43482
孫泰來　子2-4771(4)
孫泰圻　史3-18743
孫本　經2-8404～7、8575、
　8577～8、8580～3
孫本鑰　集3-17857～8
孫春山　子3-17019
孫春澤　史5-40720
51　孫振麒　子1-3003
孫振麟　集3-13223、
　13286、14179,6-41753
孫振烈　史2-12328　集
　5-37159
孫振宗　史7-55213
孫振鎔　史5-33680
孫振銓　史1-3989
52　孫蟠　史2-9533　子3-
　17101
孫蟠石　集5-38875
孫靜庵　史2-7424、7709
53　孫拔　子3-16968
孫盛　經1-334、2322　史
　1-1418～9、1433～5　叢
　1-22(10)、23(9)、183,2-
　617(1)、653(5)、731(64)、
　772(4)、773(4)、774(2)
孫盛雲　史5-33540
孫成　史7-56086～7、
　56187　叢2-785
孫成章　史5-33623
孫成名　史7-57456
孫成悠　史5-33690
孫甫　史1-5278、5280、
　5889～91　叢1-195
　(1)、223(29)、230(3)、
　241、242(3)、268(2)、282
　(2)、283(2)、456(2),2-

616、731(66)

55 孫捷　集3-21036

孫慧翼　史2-12027　子
3-17199～200

孫慧良　集4-30994

孫慧基　史3-15644

孫慧增　史5-33669

孫慧惇　史2-12027

56 孫挹　史8-61218

孫揚　子1-1305　集2-
7960

57 孫邦僑　經1-7112

58 孫鏊　集2-9512

孫嶅　集3-18898

60 孫□　子4-21364　集1-
466　叢1-168(4)

孫□□　集5-38596

孫口　子7-37637

孫日烈　集4-29302

孫日書　集3-17573

孫星　集5-37319

孫星衍　經1-3、31、33、
111(3)、169、1450～1、
2567、2932～5、3506、
5937、6152、6177、7194、2-
11349、11877、13129、
13253～4、13257、13313、
15126　史1-8、10(1)、
111、397、675、2026、2-
6513、8331、8333、8347～
9、8445、11118～9、13282、
5-33549、6-41956、42610
～1、42613、42617、42621、
42624、42626、7-49487～
9、49504～5、51505、
56466、57757、8-59612、
62813、62873、62881、
62888、63502～3、63618～
9、63792～3、63810、
63987、64353、64368、
65195、65715～20　子1-
53、61～2、64～5、67～9、
234、3075、3116、2-4727、
4771(2)、4786、5483、
5877、9587～8、3-13868、
14827、17711、4-19567、
19826～7、24361、5-
26802～3、29507、7-
34936　集1-3797、3-
21076、4-23604～17、
26089、6-42074、42184、
7-48504　叢1-203
(15)、257、260～1、265(2、

3)、286～8、303～5、312、
318、327、347、353、373
(4)、377、394、411、416～
9、453、456(4)、460、469、
491、493、495、514～5、
525、579、586(1)、2-611、
628、635(13)、648、653
(4)、697、698(1、4、5、6)、
716(1)、731(2、3、9、10)、
772(5)、773(6)、782(2)

孫星衡　集4-23609

孫星海　經2-12989

孫星華　經1-7195、7456、
2-11419～20　史6-
41619、42864、7-49533
子1-515、2-9140、4-
20106、22900、23749　集
1-855、1858、1876、1955、
1961、2086、2345、3045、
3138、3393、3788、4245
叢1-230(2、3、4、5)、2-
731(17、39、40、42)、829

孫最良　史5-33615

孫國仁　經1-3516、4865、
5827、5851、7122、2-
10082、10987　史2-
6344、6354、7001、7-
49377　子4-19551　叢
2-1950

孫國楨　史3-18945　集
5-38595

孫國藩　史8-61827

孫國鈞　史7-52886、
56857、56861

孫國光　子4-20895

孫見龍　經2-10746

孫思邈　史6-49222　子
1-75、2-4626、4647、
4766、4768、4770、7200、
7294～5、7384、9115～29、
9163、10111、10949、10952
～4、11141、5-29530(16、
22)、29536(4)、29556、
31105～6　叢1-22(12、
18)、23(12、17)、48、223
(32)、265(3)、303～5、2-
731(29)

孫思奮　集5-36782

孫思敬　子3-17333～5
集5-37259

孫甲榮　史2-10611

孫呂吉　經2-13382～3

孫昌裔　集6-45016

孫昌炟　史3-17686

孫景烈　史8-62706、
62825、62897～8　集2-
7645、3-19703、4-32448
叢1-223(65)、326、2-
731(58)

孫景洛　集1-3875

孫景超　史5-33636

孫景賢　集5-41495～7

孫景曾　集3-21532

61 孫點　史2-13183、7-
49318(13)、53581　集5
38795～7

孫顯　集5-35725～6

63 孫默　集7-46402～4　叢
1-223(73)、2-698(14)

孫貽良　史3-22596

65 孫映煜　集4-24163

66 孫暘　集3-14728～31

67 孫明廉　史3-18736

孫鳴皋　史3-16616～7

孫鳴鶴　史5-33588

孫鳴盛　集4-28668

孫暉　集4-29815

孫昭德　經1-1466

孫熙　集4-27632

70 孫璧文　史7-57945　子
5-25442～3　集5-
37780

71 孫辰東　集4-21949

孫厚德　子7-37853

孫原理　集6-43672　叢
1-223(70)、2-672

孫原湘　集3-21564、4-
24517～20、7-47443　叢
1-319、2-1745

孫匯偶　子3-17543

孫巨鯨　史8-59785

孫長發　史5-33553

孫長源　子3-17545～6

孫長青　史7-56144

孫長熙　集4-25695　叢
2-1641

72 孫彤　經1-1528　史7-
49315　叢2-731(55)

孫髯　集3-18734

孫岳頒　子3-14783　集
3-15825　叢1-223
(37)、227(8)

74 孫陘　集2-8545

孫陸　集4-30916

孫勵謙　史5-33534

孫駬　史3-23356

76 孫臒蜒　集5-41126
　孫陽顧　史7-57015
77 孫堅　子7-34779
　孫鳳　子3-14750　叢2-
　　674
　孫鳳雲　集5-35418
　孫鳳儀　集3-16661,7-
　　46963
　孫鳳彬　史3-18924
　孫鳳芝　史8-62351
　孫鳳苞　經1-6173～4
　孫鳳鳴　史7-56487
　孫鳳岡　史5-33558
　孫鳳鈞　史3-22215
　孫鳳翔　史6-45036　子
　　7-36839
　孫覺　經1-77(3)、7461～2
　　史6-47783、48127　叢
　　1-230(2)、341,2-731
　　(63)、1679
　孫覺得　叢1-223(10)
　孫同康　經2-9664～6、
　　11259　史3-16579～80
　孫同元　經2-14534　史
　　7-50476～7　子1-
　　3081、3099、3204～5、4015
　　叢1-303～5、377、394、
　　426,2-731(20)
　孫同潞　史1-5359
　孫周　集5-35416～7　叢
　　1-498
　孫用正　集3-18994
　孫用之　經1-937
　孫用暹　史5-33670
　孫用楨　經2-10794　史
　　5-33521
　孫鵬　集3-17286、18654～
　　5　叢2-886(3)
　孫履元　史8-63902
　孫履仁　子3-17127
　孫履恆　子1-3039、3838、
　　5-25113
　孫殿齡　集4-28042
　孫殿起　史8-66150
　孫居湜　史7-56605　子
　　5-30330
　孫居相　史6-48402,8-
　　59101
　孫際可　史2-8477
　孫際泰　集3-17915～6
　孫際昌　子3-15394
　孫熙　集5-40719

　孫熙鼎　史7-57637　集
　　5-39725
　孫熙泰　史3-20063
　孫學顏　集3-18088～9
　孫學稼　集3-14348～50
　孫學道　集4-23710
　孫學勤　叢1-587(4)
　孫學馭　史3-19773
　孫學恆　史3-19408,7-
　　55199
　孫閟其　集3-14095
　孫丹黻　史3-21399
　孫開　經1-3559
　孫開華　集5-33637
　孫卿裕　集5-40589～90
　孫巽　史8-59383
　孫與瑂　史5-33545
　孫興壽　史3-20018
　孫貫中　集4-22880～2
78 孫鑒　史3-19857
　孫脫穎　史5-33655
　孫覽　史6-47783、48128
　　叢2-1679
　孫臨　集2-12619～21,6-
　　41943
　孫臨吉　史3-19711
80 孫人龍　史1-523、615
　　集1-1015,6-42162　叢
　　1-223(17、18)
　孫人鳳　集4-31124
　孫人鏡　集4-26476
　孫全庶　集3-21260
　孫全郊　集3-20263
　孫全銓　集4-22684
　孫益廷　子5-27182
　孫金詔　史3-17876
　孫金礦　集7-48509～10
　孫金鑾　史5-33524
　孫鏡　史8-60588
　孫鏡心　史5-33675
　孫鏡清　史5-33610
　孫鑛　經1-2735、3757、
　　5618、6698、6705、6789～
　　90、6825～8、7279、8129～
　　30,2-12843　史1-43、
　　203、300、1217、2119、
　　2166,7-57483,8-62003
　　子1-32、41～2、44、302～
　　4、4036、4057、4059～60、
　　3-14929,4-19860、19910
　　～1,5-28947～8、28996、

　29128、29254、29310～1、
　29438、29459、29484～5、
　29500、29506　集1-966
　～7、2135、2630,2-10061
　～7,6-41801、42052、
　42054、42110、43339、
　43940～1、45180、45225、
　45336、45340、45799,7-
　48816　叢1-125、162、
　172、223(37)
　孫念劬(釋)　經2-8471
　　子1-2414,5-30503,7-
　　33205～6
　孫念祖　史3-15481～2、
　　19647
　孫念培　子3-16111
　孫念疇　集3-16182
　孫毓　經1-3577～9、4818、
　　6024、6662,2-11945　子
　　1-526～7　叢1-461、
　　2-765～6、772(1)、773
　　(1)、774(2、5、9)、775(4)
　孫毓琇　史7-55376
　孫毓秀　史8-58829
　孫毓修　經2-11339～40、
　　11946　史1-5285～6、
　　2-11726　子7-37769
　　叢2-635(2、3、4、5)、673
　　～4
　孫毓汶　史2-9791,7-
　　54076　集5-35679　叢
　　2-703
　孫毓華　史5-33652
　孫毓筠　集5-40919　叢
　　2-2216
　孫毓性　史5-33590
　孫義　史3-15216,8-
　　58258
　孫義鈞　集4-28156
　孫義鉤　經1-7903
　孫公衡　史5-33584
81 孫鋶　集3-15268
　孫頌清　史3-19775
82 孫釗　史5-33619
　孫鍾元　叢1-194
　孫鍾瑞　集3-14504
　孫鍾齡　集7-50013～4
　孫鋌　史8-60621
83 孫鋐　集3-16011,6-
　　44075、44184
　孫猷　集1-1722
84 孫鑄　史8-61197　子3-
　　17078　叢2-886(2)

孫錤　史1-3124,2-
　11475,7-51965　子4-
　24451　集4-28223～4
　叢1-328,2-682
孫鎮　史5-33601　集5-
　40218
86 孫錦　史3-18186,19689,
　7-55432,57563
孫錦瑚　史3-22836
孫錦江　史3-20387
孫錦標　經2-14903～4
　集5-38935
孫錦鏞　史5-33589
孫錫　集7-47311
孫錫圻　史2-10593
孫錫藩　史8-60213
孫錫華　史3-18876
孫錫蕃　史8-60325～6
　集3-13821
孫錫輅　史3-21257、
　23221
孫錫恩　史3-23287
孫錫疇　經2-10890　史
　2-6357
孫鐸　史8-59926
孫知伯　子1-4493
孫智敏　史3-16805、
　20793
87 孫鈞泰　史5-33609
孫鋼　集4-24055
孫銀槎　集3-15020
孫鏘　史1-1340,2-7988、
　8818,11395,3-16597、
　23072,7-51947,8-62167
　子3-11647　集1-
　3767、4855～6,2-5891,
　5-40074　叢2-832(5)、
　845(4)
孫鏘鳴　史2-11334、
　12854　子4-19653　集
　4-33054～8　叢2-867
孫銘　史3-18186
孫銘恩　史2-12748,3-
　15258　集4-31547
孫銘鍾　史8-62976
孫欽昂　史3-15460　集
　5-34634
孫翔　集3-19727
孫郘　叢2-845(2)、855
88 孫笙　子2-4852
孫筌　子2-11006
孫范　史1-1792

孫銓　史2-11540,3-
　17742　集2-8719～20、
　10878,6-42783
孫銳　集1-4240～1,6-
　41745　叢1-382
孫鑑　集4-31894　叢2-
　680
孫筠信　子7-37602
孫筠竹　史5-33689
孫鏞　集2-7691
孫鑗　集6-44183
孫竹生　集4-33291
孫篤先　叢2-1824
孫篤之　史2-6357
89 孫鏜　史5-33593
90 孫懷珩　史5-33620
孫懷義　史5-33541
孫堂　經1-33、197、218、
　222、235、240、250、252、
　257、262、268、271、275、
　282、287、311、314、320、
　323、331、337、347、2321
　叢2-731(8)
孫光庭　經2-10054　史
　2-10665　集5-40075
　叢2-705
孫光烈　史6-45857
孫光俊　史5-33602
孫光憲　史1-1025,1914
　子4-22856～8,5-26224
　叢1-16、19(8)、20(6)、21
　(7)、22(7)、23(7)、24(9)、
　95～6、99～101、219、223
　(44)、227(8)、265(2)、
　509,2-624(2)、730(2)、
　731(52)、777、2227
孫光宗　集6-43827
孫光業　子2-8553
孫光祖　子3-16776、
　16825～7
孫光祀　集3-13802
孫光裕　集2-11590
孫光楣　史5-33647
孫光愿　史8-59626
孫光陽　史4-31447
孫光堂　叢1-300
孫光燮　史8-60633
孫尚仁　史8-59660
孫尚資　子1-4451
孫炎　經1-5556,2-11162
　～7,11331　叢1-291、
　294、390,2-772(2)、773

　(2)、774(3、6)、775(3)
孫爌　經2-10692
91 孫�　經2-13643、13645、
　13647～8、13652、15137、
　15142　叢2-772(2)、
　773(2)、2227
孫炳文　史5-33702　集
　4-23758
孫炳奎　史7-51794　叢
　2-832(6)
孫炳甲　集4-28516
孫炳煜　史8-60530、
　60764
孫炳榮　集4-27161
92 孫愷元　史5-33658
94 孫慎行　經1-809,2-
　10424～5　史1-1937、
　1953～9,2-6588,7364～
　5　子4-20482～3　集
　2-10898～902,6-42848、
　43361、43954、45336　叢
　2-798、1185
孫煒文　集3-21395～8
96 孫焜　集6-45313
孫煌　集4-27159～60
97 孫恂　子5-26222　叢1-
　168(2)、185、255(4)
孫耀　經2-14049
孫耀宗　史5-33632
孫耀祖　集1-1722
孫炯　子4-18822、21810、
　23707
孫燦　史3-23623
98 孫悅輝　史5-40406
孫炌　集3-16181～3
孫燧　史7-52431
99 孫瑩培　集4-27316,7-
　47751
孫燮　史1-3994　集4-
　27514～5
孫榮　史6-46003
孫榮枝　史3-16659、
　22412
孫榮光　史5-33618

1263₇ 砭

38 砭道人　子2-10401

1269₄ 酥

17 酥醪洞主　史 7 - 52623
　　叢 2 - 1011

1313₂ 琅

11 琅玗　史 6 - 46842～3
46 琅槐河上漁人　子 3 -
　　18262～3
77 琅邪山館　叢 1 - 552

1314₀ 武

00 武文斌　史 1 - 1282、4616
　　集 4 - 27615
　　武玄之　經 2 - 13666～7、
　　15142
02 武新銘　集 4 - 29725
08 武謙　集 5 - 38578
09 武麟仁　集 4 - 33099～100
10 武一韓　史 7 - 55796
　　武玉潤　史 3 - 16333
　　武丕文　史 8 - 61603、
　　61723
　　武元衡　集 1 - 1221～2、6 -
　　41743、41819、41824、
　　41838、41869、41878
　　武元之　經 2 - 15141　叢
　　2 - 630
　　武震　集 5 - 35658～9
　　武平一　史 1 - 4368　叢
　　1 - 15、20(8)、22(8)、23
　　(7)、24(11)
11 武張聯　史 7 - 54084
12 武延緒　子 5 - 29415　集
　　1 - 79
　　武廷選　集 4 - 23044～5
14 武珪　史 1 - 4393　叢 1 -
　　15、19(2、10)、20(8)、21
　　(2、9)、22(8)、24(3)
　　武功山人　集 7 - 49297
17 武承謨　子 4 - 21845
　　武承烈　集 4 - 24497

20 武億　經 1 - 33、111(3)、163
　　(1)、2289、6081、6645、
　　7255、7343、2 - 10780、
　　11403、11421、11579、
　　11897、11990～3　史 8 -
　　59612、59743、59919、
　　59929、63611～2、64003～
　　4、64028～30　子 4 -
　　22524　叢 1 - 241、242
　　(2)、260～1、456(7)、468、
　　515、2 - 662、665、731(5、
　　46、63)、1553
　　武維緒　史 8 - 63075
21 武衍　集 1 - 4255～7、6 -
　　41744～6、41888、41891～
　　3、41894(3)、41895、41897
　　～9、41904、41912、41917、
　　41923～4
　　武儒衡　史 7 - 55093
　　武占熊　史 8 - 60668
24 武先慎　史 4 - 29273
　　武勳朝　史 8 - 59776
　　武緯子　子 5 - 25662、
　　26127
　　武纘緒　史 7 - 55653
25 武傳習　史 3 - 22751
26 武穆淳　史 2 - 12674、8 -
　　59722、59744　集 4 -
　　26086　叢 2 - 1553
27 武叔卿　叢 1 - 330
28 武從超　史 8 - 59802
30 武家鈞　史 3 - 20179
　　武永齡　史 3 - 21456
　　武之望　子 2 - 8043～5
　　集 6 - 46246～8
　　武之烈　子 1 - 1313
31 武福恭　集 5 - 35659
32 武澄　史 2 - 11236　叢 1 -
　　574(1)
　　武澄清　史 2 - 12143
34 武漢臣　集 7 - 48765、
　　48767(2、3)、48778、48899
　　～901　叢 2 - 698(14、
　　15、17)、720(4)
　　武達材　史 7 - 55808
35 武溱　子 2 - 5648
37 武淑　集 5 - 39809
　　武淑儀　集 5 - 36160
　　武次韶　史 8 - 58727
38 武遂　子 2 - 9635
40 武士望　史 8 - 62677
　　武士選　經 1 - 2942

武克順　史 3 - 22814
武克明　史 7 - 55875
武內義雄　經 2 - 9246、
　9286
武吉祥　史 3 - 15962
武來雨　集 4 - 28650
43 武城　史 3 - 20952
44 武蔚文　史 7 - 55536
　　武攀龍　史 7 - 56013、8 -
　　59602
　　武林不須老人　經 1 - 5165
　　武林吉　子 7 - 35668
47 武䩓純　史 7 - 56444
50 武春芳　經 1 - 1817
　　武東旭　史 8 - 62729
60 武國樞　史 8 - 59968
　　武國棟　史 8 - 63254
　　武田丑之助　子 7 - 37825
　　武田熙　集 5 - 37876
　　武昌國　史 8 - 60032
　　武昌質學會　子 7 - 36258
　　武圖功　集 2 - 10927～8
62 武則天(唐武后)　子 1 -
　　2004～5　叢 1 - 265(2、
　　4)、288、411、456(7)、2 -
　　604、731(18)、778
63 武貽桂　集 5 - 38658
67 武曌　經 1 - 6442
74 武陵逸史　集 7 - 46348、
　　48422～4、48427　叢 2 -
　　698(13)
　　武陵書屋　叢 2 - 724
76 武陽志書局　史 6 - 47314
　　武陽粹化爭存女學　子 4 -
　　22050
77 武隆阿　子 1 - 3409
　　武焬聯　集 4 - 30086
　　武學編譯社　子 7 - 36773
　　武開吉　史 8 - 60004
80 武人選　史 3 - 15886
　　武全文　史 8 - 63191、
　　63194　集 3 - 13687
　　武鑛　史 3 - 16371
　　武念祖　史 7 - 56566
　　武曾任　史 3 - 20781
86 武錦　史 7 - 54985
88 武敏之　史 1 - 2311　叢
　　2 - 653(6)、731(65)
90 武憶　集 4 - 22715～7
　　武尙權　史 7 - 55147
99 武榮綸　子 2 - 8974

1319₁ 琮

34 琮湛(釋)　子 6 - 32089
(52)、32090(67)、32091
(65)、32093(50)、7 -
33880

1323₆ 強

00 強慶　史 5 - 35463
07 強望泰　子 5 - 27098　集
1 - 75、4 - 28352～3　叢
1 - 511
10 強正庸　史 5 - 35468
　強至　史 1 - 1914、2 - 8641
～2、8644～5　集 1 -
2070、2072、2302、6 -
42036～7　叢 1 - 2～3、
6、19(9)、20(7)、21(8)、24
(10)、95～6、223(51)、230
(4)、2 - 691(2)、730(3)、
731(39、62)、833
　強雲程　史 8 - 62707
20 強雙慶　史 5 - 35467
21 強行健　子 3 - 17046
24 強仕　集 2 - 8566、6 - 41935
(4)
　強德茂　史 5 - 35464
　強幼安　集 6 - 45490、
45626
25 強健　子 2 - 7971、8822
27 強名子　子 5 - 29530(6)、
31116
30 強宗漢　史 2 - 10839
34 強漢詒　史 2 - 10839
　強汝諤　經 1 - 1847　叢
2 - 671
　強汝詢　經 1 - 7989、7991、
2 - 11702　史 1 - 3918、
2 - 11243、6 - 42633　子
1 - 856、3 - 12888、4 -
21948　集 5 - 34325～6
叢 2 - 671、1945
35 強溱　集 4 - 28120～1、6 -
41996
37 強運開　經 2 - 12304、
12592、13246　史 8 -

64510
40 強士盛　史 5 - 35465
47 強朝秀　史 5 - 35466
51 強振志　史 8 - 62909
60 強晟　集 2 - 6925、6 - 45778
　強思齊　子 5 - 28989、
29022、29530(14)

1325₃ 殘

22 殘山剩水樓主人　集 5 -
35336

1412₁ 琦

80 琦善　史 6 - 47927

1412₇ 功

24 功德施菩薩　子 6 - 32081
(23)、32083(15)、32084
(13)、32085(22)、32086
(25)、32088(16)、32089
(41)、32090(48)、32091
(46)、32092(31)、32093
(28)、7 - 32131、32733
　功德直(釋)　子 6 - 32081
(3、13)、32082(3)、32083
(3、10)、32084(3、9)、
32085(4、14)、32086(4、
15)、32088(3、10)、32089
(3、12)、32090(4、15)、
32091(3、14)、32092(3、
10)、32093(5、45)、7 -
32209
50 功本堂　子 2 - 10116

1413₁ 聽

10 聽五齋先生　子 5 - 27794
　聽雨樓主人　史 2 - 10450
　　子 5 - 28784　集 7 -
54033～5
　聽雲(釋)　子 7 - 34762

1420₀ 耐

00 耐庵　史 1 - 1918　叢 2 -
649
26 耐得翁　史 7 - 50272　叢
1 - 223(25)、2 - 832(1)
27 耐修子　子 2 - 4652、4657
～63、4769

1426₀ 豬

77 豬股德吉郎　子 7 - 37218

1464₇ 破

11 破頭黃真人　子 2 - 4768、
7499～500
31 破額山人　子 5 - 27156
叢 1 - 373(7)
33 破浪　集 6 - 43162
36 破禪敬人　子 4 - 22774
53 破戒居士　子 7 - 34112～3
97 破慳道人　集 7 - 48775
叢 2 - 672

1467₀ 酣

17 酣子　集 6 - 42641

1516₃ 瑃

60 瑃喦　子 2 - 9630

1519₀ 珠

26 珠泉農人　子 4 - 21745
　珠泉居士　子 4 - 23196、5 -
26232、26624、26628～9

中國古籍總目著者索引

孟廣來 史8-59486
孟廣贄 史8-59852
孟廣均 史4-30319,7-51461,8-63974
孟廣田 史7-56159
孟廣鈞 史4-30303、30316
孟文瑞 子2-4770,9671
孟文升 史8-59694
04 孟詵 子2-5847 叢2-604
07 孟郊 集1-1181～91,6-41850,41856,41860、41864,41878,41883 叢1-223(49),2-635(7)、698(9)
09 孟麟 史8-64844
10 孟一飛 經1-5100
孟正儀 史4-30305
孟丕榮 史8-62574
孟元芳 史4-30302
孟元老 史7-50636～7 叢1-20(9)、21(10)、22(12)、23(11)、24(12)、26～8、98、169(3)、223(25)、268(2)、383,2-696,731(58)、826
孟要甫 子5-29530(18)、31228
孟雲峯 子5-25404
12 孟發祥 子1-1169
孟廷狀 史4-30317
13 孟璿 史3-18927 叢1-496(4)
孟璿樾 子5-27116
14 孟琪 史1-1914,2600 叢1-11、19(9)、20(6)、21(8)、22(9)、24(9)、29(6)、56、95,2-730(3)、731(66)、2181
17 孟瑤 集3-15854
孟承意 子2-6389
孟君福 子2-9714
20 孟重 史8-59641
孟喬芳 史6-48579
孟紋 史4-30304
21 孟衍泰 史7-51459
孟熊弼 史2-9154
孟經國 經2-9985 史2-11081
22 孟繼孔 子2-8398 叢1-117

孟繼垚 集4-24410
孟繼壎 集5-38582～4
孟繼坤 集5-37075～6
孟稱舜 集2-12467,7-48775～8、48780～1、49227～36、50022～4 叢2-672
23 孟卜 史4-30322
孟俊 史8-59984、59991
孟絨 史6-48133 子5-25644、26132
24 孟化鯉 史2-8854 子1-895、1069～71 集2-10262～4 叢2-1054～5
孟先穎 經1-5342
孟德斯鳩 叢2-2186
25 孟生蕙 集3-21710
孟蚌葵 史3-17699
孟仲子 經1-4553
孟仲遴 史7-55497、56666
孟傳璿 集4-27616,7-47553
孟傳琦 史3-21328
孟傳鑄 史7-53998、55097 集4-33104
26 孟得斯鳩 子7-36807
孟保 經2-15029 史6-47940～1 子1-2507、2566、2717 集1-1343,6-43146
孟緝祖 經1-7758
27 孟紹虞 集2-12154
29 孟秋 集2-9500～1
30 孟淮 集2-9325,6-41935(2)
孟憲彝 史7-56271
孟守廉 集5-39922
孟安世 史7-56605
孟安排 子5-29530(22)、31923
孟定生 史8-64539
孟定恭 史7-56070 叢2-785
孟宗寶 史7-51729 子5-31984 叢1-244(3)、265(5),2-731(38)
31 孟河 子2-4771(3)、8429～30
33 孟述唐 史4-30302
34 孟漢 叢2-629

孟漢卿 集7-48765、48767(2)、48771、48774(3)、48778、48926 叢2-698(16)、720(4)
孟濤 史7-55777 集1-2464
孟浩 子3-13279 集3-19723
孟浩然 集1-773～81,6-41736～7、41743、41824、41839、41844～5、41856、41860～2、41865、41867、41877、41884～7 叢1-223(48)、229,2-635(6)、698(8)、873
孟遠 集3-15459
35 孟津 子1-968
36 孟昶 經2-13606、15142
37 孟祿賜 史4-30321
孟逢 史4-30322
38 孟淦 集3-20820～1
孟洋 集2-7938～9,6-41935(1) 叢2-826
孟海 史6-48966
孟道鳴 史4-30306～7
孟道光 經1-4394
孟啓 集6-45486
孟棨 子5-26218 集6-45538 叢1-22(14)、23(13)、26～8、29(4)、38、91、147、168(1,2)、169(3)、223(71)、249(1)、255(2)、395、407(2),2-730(5)、731(46)
39 孟瀅 史3-16324
40 孟奎 史6-45757 叢2-618
孟培楨 史3-15351
孟希聖 史8-59870
孟喜 經1-216～20、2319、2321～2 叢2-765、772(1)、773(1)、774(1)
孟森 史1-3595～9、3720、3731,2-8988、9215、9280、9286、9303、9377、11704,6-41778、41809、45634,7-49358、53176 子7-36591、36771、36889、36929、36934、37294 叢2-2203
42 孟彬 史1-6120 集4-31044 叢1-203(16)、587(1)

44 孟葑　子2-8263
　孟攀雲　集5-35406
　孟蘊　集2-6852
　孟楠　史8-59145
47 孟起涝　史4-30315
　孟超然　經1-5392,2-
　11566　史7-53929～30
　子1-807,1628～9,2231,
　4-21372～4,24327　集
　3-21380,6-45923　叢
　2-1506
　孟樨氏　子3-14333
48 孟梯德　子7-37713
50 孟春　史7-55104
51 孟振先　史3-22322
　孟振生　子7-35355～6
　孟振祖　史8-60260
　孟振民　史4-30314
　孟軒　集3-21709
60 孟曰寅　子2-11074
　孟國棻　集5-39813
　孟思　集2-8193～4
　孟思誼　史7-55142
　孟昌祚　史7-52675
67 孟鳴甫　子4-20931
　孟昭章　史7-55029,8-
　59404
　孟昭涵　史8-58163
　孟昭常　史6-41800、
　46042～3　集5-40842
71 孟長醇　史8-60739
　孟長炳　集7-49533～4
72 孟燮　集3-15349
77 孟鵬年　史8-63257
　孟熙　史4-30309　叢1-9
　孟貫　集1-1822,6-
　41739,41858～9,41872、
　41878～80,41882
80 孟全傑　史4-30300
　孟鐘　史6-47937
　孟今氏　子2-4768、10870
　孟介臣　子3-17211
　孟毓蘭　史7-56755
　孟毓楣　史4-30318
　孟毓盛　史3-21205
　孟公鼎　經2-10635
　孟養浩　史2-6578
86 孟錫麟　史3-17137
　孟錫珏　史3-16773
87 孟鐐　史8-59711
88 孟笨　子2-5861

90 孟光鄒　集5-36452
　孟尙錦　史2-8432
　孟常裕　史8-59615
96 孟煜　經1-8038
97 孟炤　史8-58790

1712₀ 刁

17 刁承襄　史8-59306
21 刁步忠　子2-4768,7609
23 刁峻岩　子3-17061
27 刁包　經1-988,2163～4,
　2-8767,9036,9431、
　9916,10577　子1-1322
　～3　集3-13299　叢
　1-223(4),2-731(13)、
　782(5),1237
30 刁宗楷　史3-22286
　刁宗協　史3-22756
50 刁素雲　集5-34333
72 刁賡明　子2-4768
　刁質明　子2-7609
77 刁鳳巖　子2-4595
86 刁錦　史7-55265
94 刁煐　史3-23331

羽

24 羽化生　子7-36378、
　36450,36458
60 羽田亨　叢2-676
　羽田智證　子7-36593

聊

28 聊復爾爾齋主　子4-
　23587

1712₇ 瑯

17 瑯琊默菴　子2-5527

耶

00 耶方斯　子7-37967
22 耶穌會　史2-9892
24 耶特瓦德斯邊　子7-
　36459
25 耶律純　子3-14112　叢
　1-223(36)
　耶律楚材　史7-53810
　子5-29530(4),31817
　集1-4715～6,6-41715
　叢1-223(58),227(10)、
　508,2-603,635(11),731
　(40)
　耶律鑄　集1-4771～2
　叢1-223(59),525,2-
　785
30 耶密邇羅貌禮　子7-
　37329
74 耶陵　子7-38106
80 耶舍崛多(釋)　子6-
　32081(13),32083(9)、
　32084(8),32086(14)、
　32088(10),32089(11)、
　32090(14),32091(13)、
　32092(9),32093(7,46),
　7-32796

郅

80 郅介　史8-59765

鄧

00 鄧立朝　史5-38852
　鄧彥臣　史5-38880
　鄧方　集5-41440
　鄧方達　史8-62006
　鄧應臺　史8-58823
　鄧庭楠　史3-21651
　鄧庭曾　經1-5655
　鄧慶寀　子4-19312～3
　集2-10867,11825～7
　叢1-22(27)
　鄧庠　集2-7154

鄧廣元　史3-22217

鄧文修　史8-58282

鄧文憲　經1-6464

鄧文淵　史8-61318

鄧文濱　子5-26578　叢
　1-496(8)

鄧文蔚　史8-61034

鄧文原　集1-4992～8,6-
　41715、41932　叢1-223
　(59)

鄧章　集4-32336～7,6-
　42007(3)

鄧章漢　集1-2765,7-
　46497

鄧章煥　史5-38832、
　38856

01 鄧譚　叢2-876

02 鄧端籤　史6-44536

07 鄧調元　子2-11013～4

08 鄧旒　子2-8528

10 鄧一蕭　史8-58276

鄧正琮　史8-59817　集
　3-20908

鄧正道　史5-38874

鄧玉函　子3-11234、
　11581、12376、12477、
　12704,4-18646　叢1-
　223(38)、274(4),2-731
　(31)

鄧玉峯　史5-38845

鄧玉梅　集3-18714

鄧玉鈞　集5-35452

鄧亘本　史5-38850

鄧元誠　史1-4066

鄧元瑛　集4-28557～8

鄧元昌　集3-19177

鄧元鑣　史8-61934、
　66312　子3-15527、
　16174、16277、17962、
　17987、18058、18109～31
　集5-38026～8

鄧元錫　經1-52、715、
　2721、3749、6050、6311、
　7595　史1-177～80、
　800　集2-9603～6

鄧霄　經1-1067

鄧丙　經2-10672

鄧丙明　史5-38871

鄧丙耀　經1-2307

鄧爾泰　子2-9022

鄧爾恆　史2-9758

鄧雯映　史5-38831

鄧天棟　史8-63258

鄧百拙　子4-19115、
　19120、19150

鄧石如　子1-2088,3-
　15504、15536　集4-
　22584～6

鄧雲　經1-1067

鄧雲龍　史8-61100

鄧雲霄　史7-52583、
　52585　集2-7564、
　11092～8

鄧雲從　史5-38908

鄧雲臺　史5-38838

鄧雲昭　子4-19547

11 鄧珏　史5-38819　集4-
　29708～9

鄧裴　集3-17697

12 鄧登瀛　集5-37277

鄧瑞甫　史5-38800

鄧列　集2-12820

鄧廷　史8-58577

鄧廷謇　史5-38827

鄧廷法　集4-26672

鄧廷洞　史5-38870

鄧廷洞　史5-38904

鄧廷楨　經2-12408　史
　5-38894,6-48034,7-
　49943、57749　子4-
　22439～41　集4-
　26459,6-42018,7-47610
　叢1-515,2-731(23)、
　898～9

鄧廷喆　史8-61029

鄧廷翰　史5-38821

鄧廷甲　史5-38863

鄧廷羅　子1-3069、3149、
　3332、3878～9　集3-
　13776

鄧廷鏗　子7-36250、
　37176、37183

13 鄧球　史6-41652　子4-
　20583

鄧琅　集5-40267

鄧琯　子1-3051

14 鄧琳　史7-57084　子1-
　4268

15 鄧建英　集4-25663～5

16 鄧理槎　子7-36417

17 鄧孟樵　史5-38857

鄧瑤　史2-9734～5、10194
　集4-32234

鄧琛　史8-60209　集5-

　34258～9

鄧予垣　史1-5544　叢
　1-143

鄧承偉　史8-63288～9

鄧承修　史6-49116～8
　集5-36886～7

鄧承宗　集4-31264,7-
　47642

鄧承潤　史3-21591

鄧子龍　子1-3686　集
　2-9699　叢1-367

鄧子謨　子5-28828

鄧子賓　經1-1670

18 鄧瑜　集5-37184,7-
　48185

鄧玲筠　集4-33234

19 鄧琰　子3-17079～81

20 鄧垂蒙　史5-38864

鄧垂範　史5-38909

鄧喬林　子5-27593

鄧香樹　史8-61973

鄧秉恆　史8-58929

鄧維霖　集4-33022

鄧維城　史5-38819

21 鄧上兗　集3-14093

鄧仁垣　史8-62163

鄧師韓　子3-15403

22 鄧川大　史5-38799

鄧彪炳　史5-38877

鄧崇甲　史2-12290

23 鄧代聰　史3-22115

鄧傅元　經1-1881

鄧俊一　史5-38868

鄧俊瑚　史5-38811

24 鄧射斗　史3-15186

鄧仕明　子5-25791

鄧化日　史8-58825

鄧魁照　史5-38851

鄧德芸　史5-38859

鄧德明　史7-50580～1
　叢1-19(2)、21(2)、22
　(11)、23(10)、24(3)

鄧德人　史5-38815

鄧峙卿　史5-38844

鄧贊樞　史8-61383

鄧續中　史5-38862

鄧續先　史8-63444　集
　5-40362

25 鄧仲韓　集4-33022

鄧佛阿　史5-38828

鄧傳安　史7-51248　集

鄧學先　集4-30775～6
　　叢2-886(3)
鄧學禮　子2-7328
鄧興斌　史5-38875
鄧興仁　史3-22084
鄧賢蓋　史3-18381
80 鄧金鱗　史3-23489
鄧鐘　史6-45484,7-
　　54664　叢2-727
鄧毓材　史5-38853
鄧毓思　史5-38890
鄧毓怡　史7-55237　集
　　5-40739
鄧義炳　史5-38841
82 鄧鍾玉　史7-57578
鄧鍾岳　集3-18796　叢
　　1-365
83 鄧鉍　史6-48559
鄧鎔　集5-39943～7
84 鄧錡　子5-29080、29530
　　(14)
鄧鎮雲　集3-18795
鄧鎮式　集3-18958
86 鄧錫爵　史8-60672
鄧錫禎　集5-36352
鄧錫禮　史5-38825
鄧錫圻　子5-30456
87 鄧鏗　子7-36231(6)、
　　36239、36248、36263、
　　38073
鄧鉤　子1-3628
鄧欽楨　史7-54996
鄧翔　經1-4311　集4-
　　26303,6-42007(2)
88 鄧篤琴　史5-38835
鄧敏修　史8-62057
90 鄧光仁　史8-60119
鄧光瀛　史8-58416、
　　58430
鄧光祖　史5-38808
鄧光薦　史2-6203,8792
鄧光起　史5-38847
鄧尙譔　經1-1559
鄧常　史7-55989
鄧粹　史8-60897
91 鄧炳麟　史3-21772
92 鄧愷　經1-5038　子5-
　　26187
95 鄧性　史8-59163

1713₆　蟊

30 蟊穿　集7-50794、50798、
　　50804、53653

1714₇　瓊

17 瓊司　子7-37614

1716₄　珞

15 珞瑲額　史8-63438
17 珞琭子　子3-14094、
　　14096　叢1-278,2-731
　　(15)

1717₂　瑤

44 瑤華仙史梅君　子3-
　　18496
瑤林館主　史6-47534
　　子7-36249～50、37344
77 瑤岡　史2-11810

1720₇　了

00 了童(釋)　子6-32091
　　(67),7-33482、33487
了亮(釋)　子7-34371、
　　34523
08 了謙(釋)　子7-34364
12 了璞(釋)　史7-52259
　　集7-47686
了弘(釋)　子7-34357
20 了信(釋)　子7-34277
21 了貞(釋)　子7-34357
23 了然(釋)　子7-33823、
　　34201
27 了緣子　子5-27487　叢
　　1-587(3)

28 了徹(釋)　子7-34362
36 了禪(釋)　集4-30863
40 了真(釋)　子7-33902
47 了根(釋)　子7-32464
48 了梅(釋)　子7-34523
60 了思子　子3-13652
了因子　子2-9797
74 了慰(釋)　子7-34425
77 了凡(釋)　子7-32997
了月(釋)　子7-34372
80 了翁(釋)　集5-40888
91 了悟子　子5-29906

弓

07 弓翊清　集4-26414,6-
　　45184
17 弓承平　史4-24751
71 弓長祖　集7-54150

1721₄　翟

00 翟亨萊　史3-21220
翟文選　史7-56100
翟玄　經1-310～3,2322
　　叢2-772(1)、773(1)、774
　　(1)
10 翟元　經1-2319、2321
翟可先　經1-1219
翟云升　經2-12253、
　　12497～8、12652、12725、
　　13192～5、13928、14170
　　史1-10(1)、213,8-
　　64179　子5-26785　集
　　4-26666～7　叢2-1666
11 翟琢之　史5-38923
12 翟廷珍　集4-28556
翟廷榮　史3-17858
16 翟瑈　史8-62012
17 翟乃慎　史7-57805
翟罿　集6-45494、46293
　　叢1-241、242(4)
20 翟愛之　史8-60058
21 翟衡璣　子4-21980
翟肯堂　集4-28884
翟占魁　史3-22529
翟師彝　經2-10103～4

中國古籍總目·索引

31 承遷(釋)　子6-32081
　　(57)
33 承治　史3-17350
40 承培元　經2-12132、
　　12337、13108　子3-
　　16870　集4-32275～6
　　叢2-653(2)
43 承越　集4-30723
44 承英　史3-22222
60 承恩　史3-18826
71 承厚　史6-43638
77 承印　史8-60157
90 承光　史6-47066
94 承煃　集5-36937

聚

40 聚奎主人　子1-3099

豫

08 豫謙　史7-55688
21 豫師　經1-1785　子1-
　　1682、3-14334
22 豫山　子1-4373
40 豫南書院　史8-65343
48 豫敬　史2-13256
50 豫本　集4-29239
88 豫節　史3-17573

1732₇ 鄩

12 鄩廷□　子7-36252
17 鄩承緒　史5-37100
　　鄩翼明　史8-60735
27 鄩翺　集4-28060
30 鄩宗雲　史5-37099
43 鄩械　集4-26660
44 鄩茂材　子3-15115
　　鄩懋卿　經1-694
　　鄩桂枝　史7-55840
60 鄩□　子1-4406
　　鄩景雲　子3-13678
90 鄩尚豐　集4-26661

1734₆ 尋

22 尋鑾晉　史7-55122
　　尋鑾煒　史7-55950
　　尋樂　集4-33309
　　尋樂居士　子5-26173、
　　26183

1740₇ 子

00 子文(釋)　子7-34060～1
03 子誠子　史2-7554
11 子璿(釋)　子6-32089
　　(51)、32090(66)、32091
　　(64、66、75)、32092(42、
　　43)、32093(49)、7-33144
　　～5、33657～8、33662、
　　33698～700
17 子承　子4-24703
21 子虛道人　子5-29683
　　子虛氏　子4-21696　集
　　6-45252　叢1-496(7)
25 子牛氏　經1-2095
30 子淳(釋)　子7-34185～
　　6、34413
32 子淵　子3-11430、11550～1
33 子繍居士　集6-46188
50 子中夫子　經2-12526
53 子成(釋)　子6-32089
　　(52)、32090(66)、32091
　　(64)、32092(42)、32093
　　(52)、7-34949～53、
　　34955　叢2-680
77 子賢(釋)　集1-5733　叢
　　2-852

1742₇ 邗

21 邗上蒙人　子5-28498～9
　　叢1-496(7)
31 邗江小遊仙客　史2-7689

邢

00 邢文斗　史4-26236
　　邢讓　史6-42830
02 邢端　史2-10299　集5-
　　41581　叢2-885
09 邢麟章　史7-56274
10 邢爾昌　集5-39616
　　邢晉咸　集5-37201
　　邢雲路　史7-55820～1
　　子3-11592～4　叢1-
　　13、14(1)、22(20)、107、
　　111(3)、223(34)、2-731
　　(26)、782(3)
12 邢廷莢　子1-810
　　邢孫球　史4-26231
13 邢琮　史8-59117
14 邢璹　經1-16～7、19、22～
　　4、297、303～7、381、385、
　　399、402、430　叢1-47、
　　71、74～7、139、169(2)、
　　223(2)、227(1)、268(1)、
　　388～90、2-635(2)、697、
　　698(1)
15 邢建明　子2-7583
17 邢邵　集1-611～2、6-
　　41694、41698
18 邢玠　史6-48352
20 邢秉誠　史7-55994
　　邢維信　集3-15237
21 邢順德　集3-21217
22 邢崇先　史2-12308　集
　　5-36220　叢2-822
23 邢參　子5-25667　集2-
　　7005
24 邢仕誠　史7-57866
　　邢佳銘　史4-26232
　　邢德涵　集5-38311
　　邢德裕　史8-58717
　　邢德厚　子3-17049
27 邢凱　子4-22196　叢1-
　　17、19(6)、20(4)、21(6)、
　　22(5)、23(5)、24(7)、29
　　(6)、223(40)、274(5)、
　　374、2-731(6)
　　邢侗　史2-11526、7-
　　55436、8-59439　子4-
　　18775、18797～800、22806
　　集2-10460～5

邢翿桐　史7－55846
邢伊　集4－29790
30 邢宥　集2－6770　叢2－
　　884
　邢守道　史3－15555、
　　21439
　邢準　經2－12774
　邢定綸　史8－61489
　邢寶英　史8－59090
34 邢澍　史7－57276,8－
　　63503、63792～3、64405、
　　66136　集4－24494～5
　　叢1－303～5、353、516、
　　558,2－731(34)
　邢澍田　史7－55730
40 邢大道　集2－10156
41 邢址　史8－58200
44 邢夢湘　集5－35388
　邢夢蘭　史4－26228
　邢其諫　史8－58991
　邢棻　集5－41056～7
50 邢春初　集4－26233
60 邢昉　集2－12288～93,6－
　　41949、43829　叢2－788
　邢國弼　史8－63211
　邢昺　經1－19、21～5、169,
　　2－8352～4、8357、8580、
　　8582、8586、9284、9295～
　　8、9301～2、11193～5、
　　11197、11200～1　叢1－
　　149～50、223(12、13、15)、
　　227(3、4)、447、559,2－
　　636(2)、698(1)
72 邢彤雲　史3－15792
77 邢居實　叢1－9～10、154
80 邢慈靜　史7－53849　叢
　　1－397,2－617(4)、885
81 邢鈺　史4－26226
86 邢錦生　集5－39432
　邢錫晉　史8－61739
　邢知甫　史4－26230
88 邢鑑心　集5－38311
90 邢懷昉　史4－26234

1744₂ 羿

10 羿爾昌　經1－1282

1750₆ 鞏

00 鞏庭芝　史5－39073
10 鞏于沚　經1－4367
15 鞏建豐　史8－63126　集
　　3－18448
18 鞏珍　史7－54246
22 鞏豐　集1－3799,6－41894
　　(3)、41895　叢1－19(4、
　　7)、20(3、5)、21(4、7)、22
　　(4)、23(4)、24(5、8)、374
25 鞏生文　史1－3772
47 鞏懿修　集4－24275　叢
　　2－822
48 鞏敬緒　史8－59972
50 鞏東垣　史3－17003

1750₇ 尹

00 尹序周　史3－17633
　尹彦鈇　子4－24685
　尹商　史2－6297　子1－
　　3088、3288、3705
　尹慶桂　集3－19053
　尹衣律　史4－25894
　尹衷璩　史4－25898
　尹襄　集2－7666
01 尹襲澍　史8－60486
02 尹端模　子7－36229、
　　37891
　尹彰榮　子2－5846
07 尹調元　經1－7134　集
　　5－35988～9
10 尹正中　子1－136
　尹五通　史4－25917
　尹元熙　史4－25887
　尹元煒　史7－50405　子
　　5－27342～3　集4－
　　27766　叢1－373(4),2－
　　735(2)
　尹更始　經1－7336　叢
　　2－774(4)
　尹石公　史8－62294
12 尹發壽　史4－25905
　尹廷高　集1－5093～5,6－
　　41715、41784　叢1－223

(59)
　尹廷蘭　集4－23725～7
　尹廷煦　集3－20045
　尹廷璧　史3－22092
13 尹琮　史2－7349
14 尹功燮　史4－25914
　尹琳基　史2－10507
17 尹乃灝　集5－35987
　尹豫　集5－39612
　尹子辰　史4－25912
　尹君旭　子2－7771
22 尹任　史8－59410
　尹樂渠　子2－4696
　尹繼隆　史4－25906,7－
　　51875,8－58954～5　集
　　4－33408
　尹繼美　經1－570,4306～
　　8　史7－54007,8－59252
　　～3　子4－21361　集
　　4－33598,5－35272　叢
　　2－1927
　尹繼善　史2－9453,6－
　　45174、48742～3,7－
　　56531,8－62322　子3－
　　15440　集3－19053,6－
　　43058、44246　叢1－223
　　(24)
24 尹壯圖　史2－11914　叢
　　2－886(5)
　尹幼蓮　史7－57527
25 尹仲材　史7－55257
　尹伸　史7－53715　集2－
　　11117,6－41943
26 尹自懋　史4－25901
　尹自隆　史4－25900
　尹侃　史7－55379
27 尹佩珩　史2－11914
　尹紹烈　子1－4354
　尹紹濬　史4－25891
　尹紹猷　集5－37602
30 尹家修　史4－25909
　尹守衡　史1－802、1581
　尹賓商　子1－3279
31 尹源進　史1－3698
34 尹洪　經1－2707
　尹遠讓主　史4－25919
　尹遠芳　史4－25899
35 尹清和　子5－31225
　尹洙　史1－1460～1　集
　　1－1977～82,6－41894
　　(1)、42040　叢1－195
　　(1)、223(51)、248、278、

371、461,2-635(8)、731
(66)

37 尹潔初　史4-25918

38 尹祚蕭　經2-12589

　　尹啓銓　史7-55336

40 尹士俍　史8-63451

　　尹士選　集4-30870,6-
42007(3)

　　尹士朝　史8-60557

　　尹臺　史2-8952,8-58950
集2-8795～9,6-41935
(4)　叢1-223(66)

　　尹直　史1-1914,1929、
2803、4398～9,2-6524、
7081、7162,6-48174　子
1-948,4-22962～3　叢
1-22(21、22)、29(8)、46、
50～2、55、84(1)、88～9、
95～6、269(3)、270(2)、2-
624(3)、730(3、9)、731
(67)、870(2)

　　尹壇　史4-25896,7-
50425～6　集1-3334～
6　叢1-347

　　尹克墨　史3-21557

　　尹克昌　集5-40798

　　尹希伊　史7-57724

　　尹有本　子3-13147～8、
13198、13215、13362、
13364、13377、13483、
13490、13589

　　尹志平　子5-29530(22、
25)、29535(5)、29536(5)
集1-4661～2

　　尹志超　集7-52943

　　尹嘉賓　史1-4226　子
1-3719

　　尹嘉全　子4-24354

　　尹嘉銓　經1-4041,5271
史2-7622,9504　子1-
2706～12　集3-19808、
19931～2

　　尹壽衡　史8-60389

　　尹真人弟子　子5-31227

　　尹梓　史7-56622

42 尹彭壽　經2-12315、
12589、13211～2　史8-
63520、63956、63960、
63979～81、64497～8、
64631、66256　子3-
17401　叢1-497、524,
2-599

43 尹式芳　史3-21229　集

4-23726

44 尹夢璧　集2-11920

　　尹茂槢　史4-25908

　　尹恭保　經1-3128～9、
5113　史1-3848　集
5-38149～51,7-48338

　　尹世阿　史8-63105

　　尹世煜　史7-55112

　　尹藝　集4-32601～2　叢
2-886(4)

　　尹樹琪　集4-30871,6-
42007(3)

　　尹樹民　子3-16777、
16853

46 尹如濤　史4-25922

47 尹報逵　史8-60919

　　尹起莘　史1-983～4、
1119、1125～31

　　尹桐陽　經2-9251、
11292、14462、15109　集
5-40560

50 尹泰　史6-41684

　　尹東郊　史4-25907

55 尹扶一　史8-62634

　　尹耕　史7-55019　子1-
3491、3795　集2-7860

　　尹耕雲　史1-4001,3-
17988,7-49318(20)、
53152、53629、53635　集
4-32740～1　叢1-496
(3)

60 尹□　叢2-774(9)

　　尹國梁　史4-25893

　　尹昌衡　經1-2038　史
2-10981　集5-41646
叢2-2258～9

　　尹昌隆　集2-6491～2

　　尹足法　史8-59410

64 尹曄　子3-17643

65 尹畊　史1-1926～7,7,7-
49933　叢1-84(3)、2-
730(11)、731(58、59)、782
(3)

67 尹明廷　集3-13541

　　尹鶚　子5-26222、27556
叢1-185,2-2227

71 尹長青　史4-25911

72 尹所遴　史8-59226

77 尹際可　史7-55735

　　尹聞鳴　史4-25890

　　尹聞悟　史4-25892

80 尹金藻　史3-19546

尹會一　經2-10718　史
1-5021,2-6663～4、6668
～9、11798,4-25886,6-
42997、48740～1,7-
56709　子1-1180、
1385、1563～4、2003、
2398、2967　集3-18737
～8　叢2-731(5、8、13、
19)、782(4)、1419

87 尹銘綬　史3-16609　子
1-1940

　　尹銘績　史7-55382

　　尹銘心　史3-15612

　　尹銘瀚　子2-7605

88 尹篤任　集3-20046

90 尹憕　子5-29530(15)、
29535(2)、29536(2)、
29537、30060

　　尹光治　史3-23440

　　尹光忠　子3-13629

　　尹尙廉　經2-14788　集
4-26570　叢2-886(3)

　　尹焞　經2-9332,9830
子1-708～9　集1-
2936～48,6-41894(2)
叢1-213～4、223(54)、
574(1)、2-731(44)

94 尹爃　史4-25921

97 尹耀宗　史3-15441　集
5-34174

　　尹輝宗　史3-15285

　　尹煥　史7-57756

99 尹榮煐　史4-25910

1752₇　那

00 那彥成　史2-11869,6-
47922、48802～4,7-
51180　子3-15431　集
4-25041

10 那夏禮　子7-35109、
35136、37487

11 那珂通世　子7-36425～6

　　那麗　子7-36231(3)、
36241、37399

30 那淳　史5-35788

　　那永福　子7-35354、
35608

32 那遜蘭保　集5-35396
叢2-689

35 那清安　集4-25434
　　那禮善　史8-63104
　　那連提耶舍(釋)　子6-
32078、32081(3、5、7、8)、
32082(3、5、7、8)、32083
(3、4、6、7)、32084(3、5、6、
7)、32085(3、4、5、7)、
32086(3、5、8、11)、32087、
32088(3、4、6、7)、32089
(3、5、7、9)、32090(4、6、9、
11)、32091(3、5、8、10)、
32092(2、3、4、6)、32093
(3、5、6、9)、7-32200~1、
32203、32272、32278、
32375、32377、32483~4、
32486、32776、32921~2
　　那連提黎耶舍(釋)　子6-
32081(8、9、38)、32082(9、
17)、32083(7、8、24)、
32085(8、10、36)、32086
(8、11、41)、32088(7、8、
26)、32089(7、9、45)、
32090(9、11、52)、32091
(8、10、51)、32092(6、7、
35)、7-32375
40 那木都魯榮敍　子3-
17329
47 那桐　史3-17456
50 那拉延年　子4-24511
51 那頓　子7-36398
56 那提(釋)　子6-32081
(20)、32083(14)、32084
(12)、32085(20)、32086
(21、22)、32088(14)、
32089(16、17)、32090(20、
22)、32091(18、20)、32092
(13、14)、32093(7)、7-
32860
60 那□威　子7-36990
77 那興阿　集4-29368

1760_2 習

21 習經　集2-6640
30 習寯　史7-56950
34 習池客　集7-50400
37 習鑿齒　史1-1430~2、2-
8222~5　子5-26220
叢1-19(2)、21(2)、22
(9)、23(9)、24(3)、29(2)、
40、2-653(6)、731(64)、

772(4)、773(4)、775(4)、
776~7、1576
80 習全史　史7-58120

1760_7 君

77 君舉　集1-5331
87 君朔　子7-38279

1761_7 配

80 配合法　經2-15134

1762_0 卲

12 卲登瀛　子2-6838
28 卲以正　子2-8003
40 卲友濂　子2-8269
53 卲成平　子2-8801
91 卲炳揚　子2-10664~5

司

10 司靈鳳　史7-52658
　　司天開　經2-10908
　　司可福　子7-35219
　　司可開勒　子7-37326
12 司廷棟　子3-11408~9
21 司能任　史7-57310
22 司鼎寰　史3-17297
　　司繼光　史3-21421
24 司徒一堂　史4-24961
　　司徒修　經1-7043~4
　　　史1-4974~5
　　司徒準　史3-21872
27 司各德　子7-38211、
38222、38238
30 司空圖　集1-1672~8、6-
41794、41878、42296~7、
43118、45488、45490、
45494、45534~7　叢1-
11~2、22(13)、23(13)、
25、29(4)、169(3)、181、

216、223(50)、248、249
(1)、255(2)、268(4)、322、
345、350、371、386、395、
447、494、555、2-635(8)、
670、698(17)、731(47)、
1626
　　司空曙　集1-1119~22,
6-41737、41741、41743、
41819、41823~4、41838、
41858~9、41869、41872、
41878
　　司守謙　子1-2793　叢
2-739~40
34 司達爾　子7-36832
　　司達福　子7-38146
40 司布勒村　子7-36231
(5)、37213
47 司都靃　子7-36246、
36250、36254
55 司農司　子1-4100~1、
4324　叢1-114(6)、
116、223(32)、227(7)、230
(3)、373(7)、508、2-698
(7)、731(30)
60 司昌齡　史7-55701
71 司馬頭陀　子3-13707
　　司馬璞　子3-15246
　　司馬丞禎　子5-29530
(9)、31553
　　司馬承禎　子1-14、16~
8、20~1、33、37、39、47、
51、58、61、2-11142~3、
5-29530(6、7、12、16)、
29535(4、5)、29536(4、5)、
29556、30786、30794、
31094~7　叢1-17、19
(5)、21(5)、22(13)、24
(6)、40、86、173、490、2-
730(6)、731(10)
　　司馬承禎　子5-26220
叢1-23(12)
　　司馬承楨　叢1-114(5)
　　司馬秀　史4-26222
　　司馬禳苴　叢2-2180~1
　　司馬貞　史1-12~8、20、
31、35、37~40、46、48~9、
53　叢1-217、223(17)、
227(5)、2-653(3)、697、
698(3)
　　司馬彪　史1-11~20、27、
315~20、326、341、352、
2301~2、2-8247~9、7-
49309、49311　子1-56、

5－29225～6、29228　叢
1－19(1)、21(1)、22(9、
10)、23(9)、24(2)、29(1、
2)、223(17)、227(5)、260
～1,2－617(1)、698(3)、
770、772(4、5)、773(4、5)、
775(4)

司馬先達　史4－26223

司馬永禎　叢2－724

司馬遷　經1－6435　史
1－11～20、31～4、37～
41、43～54、56、2021,2－
8382,6－41959　子2－
10462　集1－1～3、42、
51、95、182,6－41699、
42026　叢1－162、217、
223(17)、227(5)、379、
559,2－600、697、698(3)、
750、774(10)、777

司馬湘　子2－10059

司馬芙生　史2－6644

司馬相如　經2－13287～
91、15116、15137、15142
集1－165～9,6－41694～
9、41794　叢1－495、586
(2)、2－716(1)、772(2)、
773(2)、774(7)

司馬梅　集4－33410

司馬泰　集6－43329、
43795

司馬扎　集1－1711,6－
41859、41869、41878

司馬暐　史8－60901

司馬劄　集6－41872

司馬光　經1－77(4)、121、
417、2329、6290,2－8358
～61、8586～7、9802、
12811～2、14283～7、
14540、15114、15124　史
1－987～9、1026～9、1031
～5、1037～9、1061～3、
5280、5355～60、5908　子
1－1～6、8、32、55、66、96、
423～7、1964～5、2081～
3、2085～8,3－12907～
12、12914、12931、17988～
9、18180～2,4－22865～
70,5－26221、26308、
29023～4、29530(14、23)
集1－2241～58,6－
41794、41798、41894(1)、
41896、41904、45483、
45486、45490、45554～5
叢1－2～6、9～10、16、19

(4、9、11)、20(2、7、9)、21
(4、8)、22(1、2、5、8)、23
(1、2、5、8)、24(5、10、12)、
25～8、29(5)、30、34、37、
47、83、119～20、137、154、
163、169(3)、173、180～1、
195(1)、214、218、223(2、
9、12、15)、227(4、5、6、9)、
230(1、4)、244(4)、268(2、
4)、273(3)、328、371、388
～90、410、451、465、468、
482、529、545、547(4)、2－
626、635(3、8)、636(2)、
637(2)、652、669、698(3、
4、7、9)、731(8、15、21、
24)、1262、1265、1387

77 司鳳泗　史3－16863

78 司膳内人　子4－18918
叢1－22(16)、23(15)

80 司毓驊　史2－9264

87 司銘三　史3－17175

91 司炳烇　集5－40179～80

酌

00 酌玄亭主人　子5－27799
～800

1762₇　邵

00 邵立熊　史3－20678

邵亨豫　史2－12221,3－
22204　集4－33042

邵亨貞　集1－5701～6,7－
46792　叢1－223(61)、
265(5)、2－637(4)

邵雍　經1－2359～63,2－
14021～2、14540　子1－
18、20、607～10、2635,3－
12936～41、12943～4、
12946、12955、13721、
13726～8、13730、14090、
14623,5－29530(20)、
29535(6)、29536(6)　集
1－2137～55,6－41894
(1)、41896　叢1－2～
10、19(10)、20(8、9)、21
(9、10)、22(2)、23(2)、24
(10、12)、223(35、51)、

534、569、574(3)、2－635
(8)、691(3)、698(7)、731
(12)、1030

邵彥彬　史4－29258

邵齊烈　集3－20161,6－
45017

邵齊熊　集1－1383,3－
20835～9,6－45017

邵齊然　集3－21060,6－
45017

邵齊燾　集3－20423～5、
6－42074、45017

邵齊鼇　集4－22090,6－
45017

邵康吉　子7－35698

邵廉　集2－6616

邵慶霖　史3－18018

邵慶英　史3－18150

邵廣憲　史6－43434

邵廣銓　集7－47588～9

邵文豹　集5－36588

邵文燾　史4－29207～8

邵章　史1－5004,2－
10843,3－16804、20787、
8－65538　集5－40901～
4

01 邵龍元　史8－61133

03 邵詠　史8－61196　集4－
26042～3

06 邵諤　子3－13034　叢1－
22(18)、23(17)

邵謁　集1－1742,6－
41824、41834、41858～9、
41866、41878～80、41882

08 邵塈　集4－21939

10 邵一儒　集6－42410

邵正魁　史5－36067

邵玉琳　史4－29257～8

邵丕承　史4－29212

邵元龍　經1－1272

邵元沖　史2－10952

邵元瀚　經2－13229～30

邵元節　集2－7269

邵震亨　史2－13008,3－
18392　集3－20161、
20424、21060,4－22090、
5－35489,6－45017～8

邵霞庵　子5－27862

邵平軒　子3－13858

邵天和　集6－43308

邵晉涵　經1－111(2)、
1427、4108、4588,2－

11218～9、11320　史1-
146～8,2-7505～6,6-
42245,7-57141、57448,
8-65467～8、66260　子
4-22486～7　集4-
22561～3、25934　叢1-
223(18)、373(7)、416、
426、429、463～4、558,2-
698(4)、731(66)、847、
1549
邵雲鵬　史4-29206
11 邵彌　子3-16407、16618
12 邵登瀛　子2-4641、6940、
8182
邵瑞彭　經1-2039、3314、
3376、3411、4575,2-
14818　史1-2250,2-
8440,8-66010　叢2-
2265
邵弘仁　史4-29220
邵廷烈　經1-1595　史
2-7929,6-44612,7-
49318(19)、49721、50075、
50236、57099～102　子
4-24349　集4-26738
叢2-811
邵廷采　史1-1982、3279
～80,7-52053　叢1-
478
邵廷仕　集3-19258
邵廷寀　集3-16381～2
叢2-847
邵廷鎬　集3-20343
邵磻溪　子3-13168
13 邵璸　集7-46991
14 邵珪　集2-7080
邵瑛　經1-6998,2-
12179、13071　子5-
26176　叢1-439
邵璜　經1-3202
邵琳　史7-55859
17 邵玘　史8-60625～6　集
3-19905,6-44220,7-
47545～6
邵璨　集7-49709、49760
邵承絲　集5-36589
邵承澤　史4-29199
邵承照　史7-52503,8-
59412　子1-4026　集
4-25926,5-34881　叢
1-560
邵豫　史3-14822
邵子彝　史3-17980,8-

58791
邵子存　史2-8918
20 邵重生　集6-43252
邵位名　集4-28826
邵香聽　集7-48076
邵秉經　史7-57589
邵秉華　史3-22341
邵維　集4-28825
21 邵顗　史5-38251
邵卓軒　史4-29216
邵貞圭　史4-29244
邵經濟　集2-8316
邵經邦　史1-176　子1-
1023～4,5-29531　集
2-8213～4,6-46236
叢2-833
22 邵豐鏷　史7-55736
邵繼玉　集5-41412
邵綏名　史4-29197　子
3-13474
23 邵允昌　史3-19748
邵傅　集1-961～3
邵弁　子5-29295
24 邵德久　史7-58000
邵德顯　集3-20975
邵佑南　史4-29203、
29205
邵儲　經1-6419
邵勳　集5-36768,6-
43317
邵緯　經2-14608
25 邵積誠　史3-15694
26 邵自牧　集4-30088
邵自祐　史8-59811　集
3-21041、21184
邵自彭　史1-414
邵自昌　史4-29196、
29198
邵自鎮　集3-21711
邵伯正　史4-29261
邵伯溫　經1-444　子4-
22918～9　叢1-169
(4)、223(2、45)、268(4)、
2-652、731(50)
邵伯成　史4-29227
邵穆生　子5-29782、
29896　叢1-251
27 邵向榮　史7-57422
邵修文　子7-36559
邵紀棠　子5-26638～9、
26732　叢2-724

邵繩清　史6-45973
28 邵以正　子2-4554,5-
29537、29543、31954　叢
1-114(5)、116～7
邵以禮　史4-29234
邵作舟　子4-21930～1
邵倫清　集3-21223
30 邵灝祥　經2-12362
邵之俊　史4-32499
邵寅生　史3-19976
邵寶　經1-6804,2-11479
史1-5421,6-47787,7-
52270～1,8-59861　子
1-690,4-20392,5-
25646　集1-953～4,2-
7278～86,6-41935(1)、
44542　叢1-223(12、
29、65),2-615(1)、1066
31 邵潛　史2-6551、9097,7-
56800　子2-11051,3-
16805,4-24132,5-27010
集3-13031　叢2-1229
32 邵淵耀　集4-28417～21
33 邵心豫　史3-15970、
18509
邵心艮　史3-18509
邵溥　史3-22292
邵述祖　史4-29259
34 邵澍　子2-7748、9616
集4-24084
邵凌霄　史3-18661
邵浩　集6-43565　叢1-
223(68)、559
邵洪吉　史4-29200
邵遠平　史1-787、1916、
2742、2757,7-57149　集
3-15483　叢1-203(7)
37 邵鴻盈　史4-29202
邵鴻圖　史3-20875
邵洛　子3-15216
邵涵初　經1-1654　史
3-14915,7-51773、52271
邵祖壽　集1-2853
邵祖恩　子5-28687
邵祖光　史4-29243、
29255
邵遐齡　史8-60261
38 邵祥齡　史8-61197
邵遵南　史3-20736
邵啓賢　史8-63952　集
1-1786
40 邵力子　史8-62669

邵大緯　史1-4972,7-
　51332
邵大業　經1-1330　史
　8-59872　集3-19906,
　4-30907
邵太緯　史7-49318(21)、
　54480～1
邵友濂　史4-29222,7-
　57450　集5-36938
邵士　史8-59317
邵士洙　史1-6118　叢
　2-811
邵圭潔　集2-9316～7
邵在方　史3-19282
邵南　子3-13876
邵布雍　子7-36278
邵希雍　集1-2116
邵希曾　集4-22527、
　23492,6-45019
邵有道　史8-58394
邵志　史3-20683
邵志琳　子5-31903
邵志純　集6-45019
邵志漢　史4-29235
邵志林　叢1-536
邵志錕　子5-29641
邵嘉　史2-9250
邵嘉昌　史4-29201
邵吉泰　史4-29223
邵吉甫　史6-43435
41 邵標春　集3-13767
42 邵彬儒　子4-21935,5-
　27668、27850
43 邵博　子4-22918、22920
　叢1-169(4)、223(45)、
　268(4),2-652、731(50)
邵博強　子2-11107
邵城　經1-4561
44 邵菫　經1-7109
邵夢善　史2-10324
邵莊　集5-36767
邵芳齡　史7-56282～3
邵蘭　史4-29256
邵蘭蓀　子4-4770、4771
　(4)、10869
邵蘭田　史4-29246
邵茂全　史4-29224
邵葆醇　集4-24596
邵葆祺　集4-25926～7
邵葆華　集4-29373
邵芝南　經1-730、3824

邵芯　史8-59921
邵懋臣　子2-4673、8379、
　8610
邵若愚　子5-29041、
　29530(14)
邵世治　史3-19624
邵世恩　史3-15719、
　19823
邵世昌　史8-59766
邵楚萇　集6-41883
邵樹德　集4-25621
邵樹之　集4-28023
邵樹忠　集4-33617　叢
　2-874
邵樹棠　史4-29268
邵桂子　史4-29262　子
　4-20212　集1-4610,
　6-41889、44731　叢1-
　19(9)、20(7)、21(8)、22
　(5)、23(5)、24(9)、374
邵藕田　史3-20562
45 邵椿年　史2-12221
邵棟　子3-18022～3
46 邵如燧　史3-18280
邵柏　子2-6043
47 邵懿瑞　史3-19802
邵懿辰　經1-163(4)、
　3003、3378、6105,2-
　8453、8499　史2-
　12811,3-13454～5、
　13466、19484,8-65311、
　65453　子1-1727,4-
　24362　集3-17597,4-
　31817～34,6-45019　叢
　1-391～2、419、533,2-
　614、731(44)、1835～7
邵朝陽　史4-29236
邵桐孫　史8-61198
48 邵幹珊　史4-29214
邵幹　集3-15855～6,6-
　42464、44209
邵敬富　史4-29226
邵松年　史2-8193,3-
　16115、17240,4-29213
　子3-14892,4-24745
　集2-6566,5-37967,6-
　44855　叢2-826
邵梅臣　子3-15997
50 邵泰衢　經1-5820　史
　1-75　子3-14530　叢
　1-223(9、17)
邵書稼　集4-23132,6-

　45019
51 邵振之　史4-29209
52 邵撲元　史7-57941
53 邵輔　子5-31036　集4-
　33428
邵輔周　史4-29238
邵成平　子2-6297
55 邵捷春　史3-14979～80
　集2-8009、11683～4
60 邵□　子2-8956
邵□□　集1-5083
邵曰誠　史3-15149
邵曰濂　史3-15671,4-
　29222
邵星森　子2-9016
邵曧　集6-43594
邵思　史1-2430,2-13285
　子5-26922　叢1-19
　(7)、20(5)、21(7)、22(4)、
　23(4)、24(8)、374、446,2-
　731(60)
邵恩祖　子5-28688
邵甲名　史2-11949
邵昌壽　史3-20089
邵昂霄　子3-11431
邵景龍　史3-21269
邵景詹　子5-27581
邵景泗　史4-29204
邵景堯　子5-25695～6
61 邵點　史6-42904
64 邵時英　史8-60795
邵時敏　史7-57847
67 邵明偉　史3-14980　集
　1-962～3
邵鳴岐　史8-59978
邵嗣宗　經1-5299　史
　6-43015,7-49317(6)、
　49318(12)、53916　子1-
　1597,3-13603　叢2-
　811
邵嗣堯　經1-2177　子
　3-17825　叢1-288、
　320、411
71 邵陛　史6-48336
邵匹蘭　集5-35939
邵長衡　集1-2502～3
邵長蘅　經2-13830～1
　史2-9212、11005、11255、
　7-49317(2、3、6)、49318
　(5、6、8、9)、52304、52887、
　53258、53262、53284、
　53377、53639　子5-

　26224　集1-2421～2,
　3-15656～9,6-41966、
　41995、42064、42066　叢
　1-217、223(52)、227(9)、
　2-798
72 邵剛中　史3-17608
　邵岳富　史4-29239
74 邵陸　史6-43140,8-
　61613、63198～9
　邵陵　集3-16086～8
77 邵同珍　子2-4768、5952
　邵同人　集4-28302
　邵履嘉　集3-18461
　邵颿　集4-23225～8,6-
　42571、42580
　邵驥　史7-56665
　邵聞泰　史3-20730
　邵闇生　經1-6859　叢
　1-146
　邵卿能　史4-29260
　邵興琴　史4-29250
　邵興璘　史4-29248～9
80 邵兑齋　集4-28004
　邵令符　集5-37622
　邵㸌　史2-11449　叢2-
　802
　邵年松　史2-8192
　邵義　史6-42421　子7-
　36430、36541、37720
　邵曾鑑　集5-40129
86 邵錫蔭　集3-17379,6-
　44171
　邵錫榮　集3-16865,7-
　46398～400、47116
87 邵銅　叢1-223(63)
　邵欽權　史8-62631
　邵翔　史8-60092
88 邵銳　史8-66392　叢1-
　572
　邵竹虛　子2-9041
90 邵惟升　史4-29211
　邵惟金　史4-29217
　邵懷仁　史8-62069
　邵堂　史3-15136　集4-
　28215
　邵光胤　史8-59979
　邵光緒　集7-54166
　邵光祖　經2-14287～9
　叢1-223(16)、273(3)、
　465,2-626、731(24)
　邵光鈴　史7-56718
　邵棠　史7-57962　集4-

　28824　叢1-554
91 邵恆仁　史4-29221
　邵炳揚　子2-4641、8182
96 邵煜　史4-29228
　邵煜源　史3-23401,4-
　29245
97 邵燿　經2-13900
　邵燦　集7-49759
98 邵爔榮　集4-30089

1780₁ 翼

09 翼麟書　史5-40895
28 翼以公　史5-40893

1812₁ 瑜

12 瑜璞　史3-17439
14 瑜琦　史3-17448

1813₇ 聆

88 聆筠山人　子4-18720

1814₀ 政

18 政務處　史6-42359
44 政藝通報社　子7-36257
　政藝通報局　子7-36256
77 政學社　子7-38034

璈

67 璈路　子2-9967

致

10 致霞居士　子4-22030

1822₇ 務

53 務成子　子5-29890

1833₄ 憨

00 憨齋　子4-23664
11 憨頭陀　叢1-111(2)
15 憨融上人　史1-1964、
　1981,6-42056
22 憨山道人　叢1-142

1840₄ 婺

22 婺川縣修志局　史8-
　62217
24 婺德茶稅分局　史6-
　43583

1874₀ 改

14 改琦　子3-16396～7、
　16739～41　集4-26216
　～8,7-47453～4

1918₀ 耿

00 耿庭柏　史2-9091　集
　6-43702
　耿廣和　史4-31297
　耿文岱　史7-55339
　耿文濬　史4-31293
　耿文光　史2-12281,8-
　65280、65843～4　叢2-
　821
07 耿詢　集4-28514
20 耿維侗　集4-33441
　耿維祐　史7-57372
　耿維莘　集4-24734
　耿維中　史8-60799

2

2010₄ 重

00 重慶正蒙公塾　經2-
　　13503
10 重元宿　經2-13146
36 重澤俊郎　經1-6639
40 重憙考　史8-65107
61 重顯(釋)　子6-32089
　　(48)、32090(62)、32091
　　(60、71)、32092(42、43)、
　　32093(51)、7-32102、
　　34177、34185、34399～403
　　集1-1909～10,6-41784
　　叢1-223(51)、2-636(3)
67 重野安繹　子7-36391
　　重野安蘀　子7-37745

2013₂ 黍

88 黍餘裔孫　叢1-496(2)

2021₄ 住

46 住想(釋)　子2-4771(3)、
　　4904～5

2022₇ 喬

00 喬方立　集3-21585,6-
　　41980
　　喬應甲　史2-9023,6-
　　48435　集2-12144
　　喬庭桂　史7-55899
　　喬亦光　集4-27349
　　喬文衣　叢1-194
08 喬於瀺　集7-47489
10 喬于洞　集3-18138

喬可聘　子1-1288
12 喬弘德　史7-56684
　　喬廷木　史5-36188
　　喬廷槐　經1-177
17 喬承詔　史1-1291　子
　　4-20894
　　喬承寵　史7-55484
　　喬承頤　集3-19491
20 喬重禧　史2-12737　集
　　4-29030～4　叢1-401
　　喬億　集3-18833～41,6-
　　43505、46066～8
　　喬集鵃　史7-55923
21 喬行簡　集1-2899
　　喬縉　史8-59597
22 喬嶽　集4-27183
　　喬出塵　集3-14412
　　喬崇烈　集3-17170～4
23 喬允　史8-59393
　　喬允升　史7-55794
24 喬德秀　史7-56171
25 喬純修　史8-59697
27 喬紹傅　史7-56631
30 喬寓　史7-55229
　　喬永殷　史7-55786
　　喬之文　經1-934
　　喬守敬　史3-22493　集
　　4-30856～7,7-47459
　　喬宇　集2-7277、7343,6-
　　43792
　　喬寅　集3-14622～3
32 喬兆棟　集3-17924
33 喬心田　史5-36189
34 喬湉　史8-58555
　　喬邁　集3-13727
　　喬遠炳　集4-25260
40 喬大凱　經1-1361
　　喬大鴻　集4-21994,6-
　　41980
　　喬大椿　史8-58922
　　喬大鈞　集4-22166,6-
　　41980
　　喬有豫　史3-15183,8-
　　58266、58414
　　喬吉　集2-11520,7-
　　46362、48766、48767(2)、
　　48769～70、48772、48777、
　　48945～7、50534、50539、
　　50558　叢1-185,2-698
　　(14、15、16)、810
42 喬埰　子2-8409

43 喬載繇　史7-56755、
　　58012　集4-26613,6-
　　44458,7-48184
44 喬夢符　子5-26222
　　喬蔭遠　史8-63231
　　喬懋敬　史2-6559
　　喬世寧　史7-52194,8-
　　62755　子4-20382　集
　　2-8298、9292～4,6-
　　41935(2)、41940、42053
　　叢1-62、64,2 730(5)、
　　731(53)
　　喬萊　經1-1097、1099
　　史7-49317(3、4、7)、
　　49318(7、9、10)、52994、
　　53670、53712～3、53851、
　　56753　子5-26705　集
　　3-16039～40　叢1-223
　　(4)
47 喬超五　集5-36801
48 喬松年　經1-177、2410、
　　2416、2425、2440、2444、
　　2446、2449、2451、2457、
　　2464、2469～71、2473、
　　2484～5、3420、3429、
　　3436、3442、3446、3454、
　　3466、3471、3473、3475、
　　3477、3479～81、3483、
　　3485～7、3490、3492～3、
　　3500～1、4830、4839、
　　4848、4856、6366、6375、
　　6384、6390、6592、6601、
　　6607、6613、8158、8168、
　　8178、8187、8196、8204、
　　8211、8217、8224、8230、
　　8236、8243、8251、8257、
　　8262、8265～71、8273、
　　8276,2-8594、8599、
　　8605、8611、8618、8625、
　　8630、8640～1、8643、
　　9585、9719、9724、9728、
　　9732、9735、9738、9741、
　　9745、9748　史3-
　　16974,5-36191,6-48965
　　子4-22595　集4-
　　27865、32775～8　叢2-
　　821、1872
50 喬中和　經1-64、885～7、
　　3825,2-13825～7　史
　　7-55454　子3-12986～
　　8,5-29775　集2-12287
　　叢2-1189～90
　　喬青主　子3-14283
　　喬本情　史7-55876

57 喬邦憲　集 4 - 30942
60 喬□　史 8 - 65748
　喬國楨　史 7 - 55439
　喬恩斯　史 7 - 49319
　喬因羽　史 7 - 55857　集
　　2 - 7086
　喬因阜　集 2 - 10443
　喬景濂　史 8 - 59723
64 喬時敏　經 1 - 3802　集
　　2 - 9567
70 喬璧星　史 7 - 55451
77 喬用遷　史 2 - 6554,5 -
　　36190
　喬履信　史 8 - 62830
　喬巳百　史 7 - 55452
79 喬騰鳳　史 8 - 59643、
　　59646
80 喬人傑　集 1 - 2244
　喬鏞　史 5 - 36192
　喬毓渠　史 3 - 18903
82 喬鍾泰　子 2 - 8643~4
85 喬鉢　集 3 - 13375　叢 1 -
　　191,2 - 1189
86 喬知之　集 1 - 771,6 -
　　41824
90 喬光烈　史 7 - 49317(4)、
　　49318(4、8、11)、53751、
　　53757、53759　集 3 -
　　19787
　喬尙謙　集 5 - 41383
96 喬煌　集 4 - 22917~8
99 喬榮筠　史 8 - 59614

爲

21 爲仁者　子 7 - 35167

秀

00 秀坒　集 4 - 26322
　秀亭　集 3 - 20737
　秀文齋主人　經 2 - 12913
10 秀玉　子 5 - 28552
12 秀水屠釣主人　子 5 -
　　25709
30 秀寧　史 3 - 15099、16883
44 秀華陽　子 7 - 35681~2

97 秀耀春　子 7 - 35674~5、
　　36228(5)、36231(4、5、6)、
　　37042、37044、37138、
　　37908
99 秀瑩　集 4 - 32814

2023₂ 依

40 依克唐阿　史 6 - 49121
44 依蘭泰　史 6 - 45837
90 依堂　史 2 - 11990

2024₇ 愛

02 愛新覺羅弘旿　子 3 -
　　16384
　愛新覺羅永理　子 3 -
　　15447~8、15560、15751~
　　2
　愛新覺羅春樹齋　集 7 -
　　52110
10 愛石齋主人　子 3 - 16574
12 愛孫孟　子 7 - 38014
16 愛理沙　集 1 - 5822、5824、
　　5830
21 愛仁　史 3 - 16212
　愛虛老人　子 2 - 4770、
　　9556
24 愛特華斯　子 7 - 36460
26 愛吳錫匹敵亞　史 7 -
　　49319
33 愛必達　史 2 - 9039~40,
　　7 - 51003,8 - 62180
44 愛菊主人　叢 1 - 496(4)
60 愛國女兒　子 5 - 28647
77 愛凡司　子 7 - 36229
　愛同(釋)　子 6 - 32081
　　(36)、32083(23)、32084
　　(19)、32085(34)、32086
　　(40)、32088(25)、32089
　　(40)、32090(46)、32091
　　(44)、32092(30)、32093
　　(23)
　愛月居士　集 7 - 54693
　愛閑主人　子 4 - 19114

2025₂ 舜

12 舜水邃然子　叢 2 - 672

2026₁ 信

10 信天山民　集 7 - 54841
　信天翁　史 1 - 1979、3600
　　子 4 - 23633
21 信行(釋)　子 7 - 34596
47 信都芳　經 1 - 6404　叢
　　2 - 774(4)
50 信夫淳平　子 7 - 37278、
　　37314
　信書年　史 3 - 17666
53 信成置　子 2 - 5710
76 信陽刺史大純鎭　子 1 -
　　3405

倍

40 倍來　子 7 - 38246

2032₇ 鱐

32 鱐溪逸史　集 7 - 48473

2033₁ 焦

00 焦立炳　史 5 - 36306
　焦應旂　史 8 - 62620
04 焦竑　經 1 - 34、746、3753、
　　4741、6821,2 - 8716、
　　8729、8975、8987、9371、
　　9384、9868、9880、10326~
　　8、10333、10352~4、13009
　　史 1 - 1278、2117、5062、
　　5103~4、5157、5185~6、
　　2 - 7138、7218~20、8695、
　　8987,6 - 42837,7 - 51783,

8－65356～8　子1－25～
6、312、431、544、2787～
90、3987、4067、4－18789、
19641、19678、19972、
20721～2、22234、23051、
23878、23986～8,5－
24973、28942、28945～6、
29117～23、29299～302、
29304～5、29482、29531、
29720、29766～7,7－
34960　集1－2106、
2565,2－9958～63、9995、
10370,6－41768、42351、
42701、42831、42836～40、
43945、45349～51、45378、
45408　叢1－31、109、
111(4)、223(16、46)、265
(4)、312、456(1、2、6)、
457,2－731(1、4、10、54)、
788、1114

07 焦贛　經1－2338～9　子
5－29531　叢1－223
(36)、317,2－628、635
(4)、698(7)、731(15)

10 焦玉　子1－3519～23
焦爾厚　集3－20074
焦晉　經1－7768
焦雲龍　史8－62852　集
5－36727

12 焦聯甲　史3－17198,8－
62766
焦延琥　史2－9663
焦延壽　子1－61、66　叢
1－74～7、169(2)、183、
268(3)、316
焦延琥　經1－1592、2972、
6195、7937,2－9555　史
1－5264,2－8692　子3－
11442,4－21427～9、
22750　集4－27546～9,
7－47467　叢1－312、
344、516～7,2－653(1)、
662、712、731(44、46)、
808、1625～6

14 焦琳　經1－4482～4,2－
8562

17 焦承秀　子5－26594、
26737　叢1－537
焦子蕃　史8－59569

20 焦秉貞　子1－4136～9,3－
16364～5　叢2－689

22 焦循　經1－111(3、4)、163
(2)、1509～14、2204、
2320、2944～6、3225、4140

～7、4543、5745、6086、
6178～9、7008,2－9532～
4、10008～10、11134　史
2－9490、12626～7,7－
50156、52881、56710、
56728　子1－2242,2－
5482、10603,3－12350、
12388～9、12591～2、
12595～6、12598～603、
13217、13571～2,4－
21421～6、21429、22750、
23232,5－29517,7－36228
(4)　集4－24930～39,6－
41761、42067、42166、
43524、44452～3、45089,
7－47468～70、54854　叢
1－277、312、339、344、
390、426、439、493、517～
8,2－662、667、672、698
(3)、731(41、54)、751、
808、810、1625～6

焦繼華　集4－33143
焦繼轍　集3－21122,6－
45089

24 焦休文　子3－13875
26 焦和生　集4－24001
28 焦以恕　經1－5285　史
2－11789
焦以敬　史2－11789,7－
56446
焦作梅　史3－18263
焦復亨　史8－59535

30 焦家麟　史5－36305
焦永　集3－20902,6－
45089
焦之序　史8－62849
焦之夏　集2－11653、
12643～4　叢2－829
焦守己　史7－55881
焦良弼　集5－39859

31 焦源溥　集2－11653～4
焦迺琨　集5－36727

32 焦兆熊　集6－45089
焦兆雄　集3－19425

34 焦汝數　集3－20698,6－
45089

35 焦沛然　集3－18522
36 焦遇祥　史7－55088
37 焦潤生　集6－42947
焦次虞　子2－10088

38 焦肇瀛　史3－15339
40 焦大興　史5－36304
焦士威奴　子7－38274

焦奎儒　史8－59864
焦希程　史8－59241
焦有森　史3－20948
焦袁熹　經1－7766～8,2－
10663～4　史1－2264、
5636,2－7494　子1－
1517～8,3－12919、
12935,4－21176～80,7－
34897　集1－1324、
1439、2046,3－17200～4、
6－42657、45930、46309～
10,7－47922　叢1－223
(11、14)、241、242(3、4)、
300,2－731(5、15)、1371
焦賁亨　史7－52540

43 焦式沖　集4－22527
44 焦封桐　史8－59660
焦懋熙　史8－61578、
61589
焦世官　史8－63041

46 焦如蘅　史8－59537
47 焦奴士威爾士　子7－
38276

49 焦妙蓮　集4－24755
50 焦忠祖　史7－56701
51 焦振滄　集5－36727
焦振鵬　集4－33065

53 焦軾　集3－20824,6－
45089

58 焦輪　集4－22427,6－
45089

60 焦勗　子1－3092、3103、
3544～9　叢1－453,2－
731(31)
焦國理　史3－22183,8－
63179～80
焦思善　史8－62938

65 焦映漢　史8－61445　集
2－6836、9098,6－42061

71 焦長發　史8－58278
77 焦周　子4－23057
86 焦錫齡　史3－16401
87 焦欽寵　史7－51688,8－
59536　集3－15597

96 焦憬　集3－19201,6－
45089

2040₀　千

02 千彰　子2－5638、5698

21 千頃堂書局　史8-66482
46 千賀　子2-10893
68 千晦子　子5-27251

2040₁ 隼

55 隼慧　集7-48271

2040₄ 妥

11 妥瑪　子7-37870
40 妥士　子7-36826

委

33 委心子　子5-26310
44 委蘭韻　集7-47663

2040₇ 受

12 受登(釋)　子6-32091
　　(67、68、79)
48 受教(釋)　子7-34490～1
51 受軒老人　子5-25438

孚

24 孚佑帝君　子5-29663、
　　30477,7-33218、33220
　　孚佑上帝　子5-29016～7
26 孚保　史8-60323
50 孚惠堂　史6-46079

季

00 季堃　集4-25790
　　季亮時　史1-1063、5035、
　　5359

季方曉　史4-29577
季文俊　史4-29569
季文景　史4-29586
季文釗　史4-29581
季京　集3-14042
02 季新益　史7-57338
03 季斌敍　史4-29567
　　季誠　史4-29570
04 季麒光　史7-49317(5)、
　　54686　叢1-210～1、
　　249(3)、355,2-731(59)
09 季麟光　史7-49318(16)
10 季爾慶　集3-16467～9
11 季悲曇　子3-17349
16 季理斐　子7-35690、
　　35778、35816、36091、
　　37160、37455
　　季理斐師母　子7-35691
　　季理裴　子7-36308
17 季孟蓮　集2-12834～5,
　　3-14534
　　季承禹　史1-3310、3346
18 季瑜　史3-22977
20 季維漢　史1-3345
　　季維翰　子2-8037
21 季步騑　集3-13988
　　季倬　子7-36509
24 季德　子3-18065
　　季德庚　史4-29574
　　季德綸　史4-29573
　　季佑申　叢1-504
25 季俸常　集5-34496
26 季保康　史3-18690
28 季綸　史2-10099
　　季綸全　史6-43821　子
　　5-25299　叢1-504
30 季家遠　史4-29585
　　季永球　史4-29582
　　季良玼　史4-29584
31 季潛　史3-16870
　　季福襄　集6-43052
33 季必鈞　經1-8034～5
36 季祝三　史4-29568
37 季逢元　子3-18464
38 季道統　集2-10860
40 季才　集3-14833
44 季芷　史7-55466
　　季芳　集4-29535
　　季蘭韻　集4-29295
　　季芝昌　史2-11005、
　　12095、12706,4-29593,

6-48944　集4-28914
　　季懋煜　史4-29589
　　季世儒　集7-50059
　　季楚珩　叢1-371
　　季蓁　集4-28913
47 季嫻　集3-14281～3,6-
　　41957、43877
50 季本　經1-664～5、3726～
　　8、4955、6158、6461～3、
　　7572～3,2-8706、8964、
　　9363、9859～60、10294
　　史2-6304,6-42017　子
　　1-1034,4-20484　集
　　2-8020～1,6-45336
　　叢1-223(7)
　　季忠位　史4-29591
　　季春芳　史4-29590
　　季春旭　史4-29571
51 季振宜　史8-65254、
　　65650　集6-43408　叢
　　1-316～7、371、456(7)、
　　2-731(1)
57 季邦楨　史2-13075,3-
　　15724、18257
60 季景祺　集5-40384
66 季嬰　史7-53328　叢1-
　　269(4)、270(3)、271
77 季學祥　史4-29587
　　季學英　史3-23045,4-
　　29588
　　季開生　集3-14779
80 季念詒　史2-7842,3-
　　15409,4-29580,7-
　　56806、56922
86 季錫勳　集4-27447
　　季錫疇　史2-11940　集
　　2-6463,4-26113、28915,
　　6-44380
87 季銘　子7-38093
88 季篪　集2-6783
90 季光測　史4-29595
　　季光栢　史4-29594
99 季榮恩　史3-22760,4-
　　29579

隻

60 隻圓　史8-65113

雙

00 雙慶　史6-43405
21 雙徑山僧衆　子6-32089
　　(51)
26 雙保　子5-26448
32 雙溪(釋)　子7-33776
　　雙溪散人　子5-26036
35 雙清　子4-20844
44 雙華山人喬　史8-63534
　　雙桂齋主人　子3-18514
47 雙聲詩　經2-14538
　　雙桐草堂主人　子3-
　　17368
50 雙泰　史3-17518　子2-
　　8960
　　雙貴　史8-58931
62 雙影盦生　史2-7686
77 雙鳳條館主　子3-17156
80 雙全　史8-58724

2041_4　雞

36 雞澤縣政府　史7-55570

2042_7　禹

10 禹貢學會　史7-49346
20 禹航更生氏　集7-50071
30 禹淮珠　集4-28146
　　禹之鼎　集6-44172
34 禹湛　集4-29098~9
43 禹域新聞社　集4-22108
57 禹邦雲　史4-30763
60 禹星　集5-41322~4
77 禹殿鰲　史8-59562、
　　60332

2043_0　奚

00 奚慶瑔　史4-32232

奚文湧　史4-32231
　　奚文彬　史3-18262
03 奚誠心　史4-32233
10 奚天成　史3-23466
15 奚臻　史6-47586
16 奚聖輝　子4-21134
17 奚子明　子1-4203
27 奚侗　經2-8555
　　奚疑　史8-65309　子3-
　　14953、4-24307　集4-
　　25938
　　奚疑軒主　史2-11961
　　奚紹聲　史2-8451　集
　　5-39375
30 奚寅　集3-20429
36 奚湘　集4-30106
37 奚冠　集1-109
　　奚祿詒　史8-60207　集
　　1-64、109
40 奚大武　集3-17110
　　奚大綬　集4-28674
　　奚大壯　史8-60188
　　奚希呂　史4-28456
44 奚若　史7-54450　子7-
　　35231、35678、37483、
　　38264、38293
　　奚世來　史3-18792
　　奚樹珊　集4-29546
77 奚岡　子3-16200、16733~
　　5、16943~4、16946~7、
　　17085~7　集4-22883
　　~5,6-44289
　　奚學孔　集3-15804
80 奚曾坫　史3-22434
　　奚曾基　史3-22439
87 奚錚　史7-56915
　　奚銘書　史3-20668

2060_4　看

32 看冰山人　子2-4750

2060_9　番

50 番東明　史2-8328

香

10 香雪山樵　集7-53776~7
　　香雪道人　叢1-496(2)
　　香雪道人隱華氏　子5-
　　26608
22 香山慈幼院　史6-41539
25 香生氏　了4-24689
30 香室女士　集4-25855
31 香渠　史6-47252
32 香溪漁隱　叢1-496(6)
34 香港某報　子7-36251
37 香潮主人　子4-23359
38 香海閣主　史2-13251
44 香夢詞人　子5-27893
　　叢2-632
　　香草館主人　子5-28747
50 香吏氏　經1-5135
60 香國頭陀　史7-51348
　　香田村維則　子7-36454
66 香嬰居士　子5-28851
80 香谷氏　叢2-753、793

2061_4　雒

10 雒于仁　史2-6579,6-
　　48396　子4-23043
38 雒遵　集2-7621

2064_8　皎

23 皎然(釋)　集1-863~6,
　　6-41741、41824、41857、
　　41872、45486、45488、
　　45490、45494~5、45526~
　　30　叢1-11~2、22
　　(13)、23(13)、26~8、114
　　(4)、195(4)、223(48)、
　　371、465,2-635(7)、731
　　(47)

2071₄ 毛

00 毛亨　經1-16～9、21～5、169、3538～42、3544～51、3554～9、3596～8、3600、3604、3720、4087　叢1-223(6)、227(2)、2-601、604、635(2)、697、698(1)、732

毛席豐　集4-32973

毛應龍　經1-4947～8　叢1-223(8)、2-870(2)

毛應祥　集6-45290

毛應觀　史6-43145、44854、7-49403　集4-28477　叢2-1912

毛應翔　集6-43894～5

毛慶麟　史3-22997,4-25587

毛慶臻　子4-23267

毛慶蕃　史3-16325

毛慶善　史1-5358,2-9291、11939～40,7-51920　子4-24416　叢2-746

毛廣榮　史4-25609

毛文龍　史1-2980

毛文垫　史7-57613

毛文錫　叢2-2227

毛文光　史1-1461

毛諒　史3-19577

毛褒　史2-9169

02 毛端揆　史4-25603

毛新　史3-18168

03 毛詠　史2-9467

04 毛謨　經2-12050～1、12229、13905　叢1-433,2-731(3)

毛詩　史8-60591

07 毛望顏　史4-25602

毛翊豐　史3-23653

毛調元　經1-5627～8　史2-6595

毛誦華　史3-23097

10 毛一瓚　集6-44979

毛一豐　經1-1980

毛一鷺　經1-7664　史2-8630,6-46472,7-57229　集1-2318,6-45038

毛一公　史2-6568,4-25579

毛三伐　史3-15030

毛正埒　史4-25632

毛玉成　史8-62391

毛元慶　史3-13421

毛元仁　子4-20691　叢1-22(23)、29(7)

毛元勳　史2-11893　集3-21177

毛元淳　子4-20922

毛元成　史4-25608

毛元策　史7-58127

毛天一　史4-25604

毛晉　經1-68、3634、3845～7　史1-11,2-7083、8698、8810,7-50243～5、8-65254、65609、66458、66461～3　子4-18897、20204、23777,5-26805、26824、27071、29533,6-32092(43)　集1-139、1383、1802～3、2426、5165、5211、5246,2-5959、12236～40,6-41692～3、41735、41782、41813～5、41853～6、41927～9、42030、43757,7-46348、46380～1、48630～1、49709　叢1-169(1,2)、170～1、223(6、56、70)、227(2,9)、268(1)、269(4)、270(3)、326、330、448,2-698(13)、720(2)、721、731(27、38)、735(3)、794

毛可儀　史4-25574

毛可際　集3-15371

毛雲孫　集3-20125～6

毛雲祥　史4-25595

毛雲鵬　史4-25617

毛霡　史1-1940～2　叢2-606

毛霖　史1-3053～4

11 毛張健　集1-1004

毛孺初　集2-11871

毛开　集7-46352、46357～8、46380、46385、46562～3　叢1-223(73)、2-698(13)、720(2)

12 毛廷儒　史4-25569

毛廷枋　史4-25593

13 毛璸　子2-8745～6

14 毛琪麟　史8-63234

毛琳　集4-22593,6-41983

16 毛聖侯　史4-25571

17 毛翔　集1-4283,6-41744～6、41888、41891～3、41894(3)、41895、41897～8、41904、41917、41923～4

毛瓊　史4-25637

毛琛　集3-21611～5

毛璨　史4-25643

毛乃庸　史1-2368、4823,7-49357、53194、53227　子7-36418、36480、37702　集5-41483

毛承霖　史8-58974

毛承斗　史1-2980

毛聚奎　集2-12866～8　叢2-845(2)

毛子賢　史4-25219

毛乙笙　史4-25600

20 毛秀林　子3-13588

毛秀惠　集4-21930　叢2-1394

毛雋章　集3-19769

毛季連　集7-46405、46952

毛維堆　史4-25620

毛維錡　史8-61074

21 毛師柱　集3-15453～4

毛師彬　集4-24962

22 毛鼎亨　集4-25892

毛鼎炎　史4-25594

毛嶽生　史1-780,7-54293　集4-27935、28904～5　叢1-528

毛利貞齋　經2-14920

毛綏萬　集3-15795

23 毛允元　史4-25585

毛峻德　史8-60406

24 毛先舒　經1-3937、5390、6359,2-14060、14063～6、14540　史1-2431　子1-1390～3、2187,4-21052～3　集3-14201～8,6-44154,7-46350、46405、46862、48439、48489、48700　叢1-195(1,4)、197(1)、201、202(4)、203(2、4、6、10)、320、366～8,2-731(66)、1300

~1
毛德京 史7-57467
毛德琦 史7-52081、
52476
毛德俊 集5-34476
毛德宏 子2-9149
毛德遜 集5-35385
毛德如 史3-17130
毛升芳 史7-57231 集
3-16679
毛縝 史3-21435
25 毛甡 集3-15309,7-
48852、48855
26 毛伯溫 集2-7900~3
毛伯超 史4-25619
27 毛佩之 史6-47552
毛仍捇 史4-25621
毛紀 史6-48190 集2-
7333~4,6-43794
毛紹龍 史4-25588
毛紹睿 史3-15068、
16857,4-25582~3、
25586
28 毛以南 集4-30573
毛以煦 經1-1981
毛似徐 史8-59434
30 毛宜信 子3-14874
毛濟美 子3-13563 集
6-44536
毛滂 集1-2867~8,6-
41894(1),7-46352、
46380、46382、46510 叢
1-223(53、72),2-698
(13)、720(2)
毛宸 史8-65610~1 叢
1-316~7、371、448,2-
731(1)
毛永椿 集4-30018,6-
42001
毛永柏 史8-59209 集
4-29353,6-42001
毛憲 史2-7820,6-48223
子1-981~2 集2-
7407~8 叢2-797、
912、1086
毛守廉 史4-25633
毛守勤 史4-25581
毛守中 史3-20394
毛守春 史3-17705
毛官觀 史4-25641
毛宗崗 子5-27997
毛宗崗 子5-27992~6、

27998~8001 集7-
49737~8
毛宗藩 集3-15477 叢
2-845(5)
毛宗旦 子3-12513
32 毛澄 集2-7301~2
33 毛必發 史4-25599
毛溥 史4-25612、25648
毛矞亭 史4-25577
34 毛澍 集3-20310
毛汝麒 集2-7901
毛浩 集5-34475
毛洪發 史4-25646
毛逮 史6-46411 集3-
14921
毛遠宗 叢1-223(12、14)
毛遠公 集3-16975
36 毛祝民 史7-56247
毛昶熙 史2-9878,6-
42322
毛遇順 史1-6170
37 毛鴻飛 史3-21344,4-
25573
毛鴻儒 史3-18065
毛鴻賓 史6-49033,7-
50865
毛鴻翥 史4-25630
毛淑 集7-46405、46953
毛祖模 史3-17596
38 毛淦 史1-1619~21、1642
毛澂 集5-38152~3
毛祥麟 史1-4136 子
2-4768、4771(4)、8085、
10832,5-27207~8 叢
1-587(6),2-629、735(1)
毛肇烈 集4-22034~5
40 毛九瑞 史8-58708
毛大倫 史2-6748
毛大瀛 集3-21838~40
叢2-648
毛士 經1-6970、7846~8、
8120
毛直方 集1-4723
毛在 史2-7206~7 叢
1-109、111(4)、223(45),
2-731(51)、873
毛希秉 子1-3509
毛存禮 史4-25578
毛志道 子3-13937
毛喜 史6-32093(50)
毛奇齡 經1-111(2)、163

(1)、1039~43,2171、
2285、2385、2809~11、
3145、3938~43、5000、
5378、5391、5451、5819、
6135、6149、6159、6184、
6187、6319~20、6359、
6491~4、7709~12,2-
8441、8586、8772~4、
9044、9437、10595~602、
11134、11514~5、14068~
9、14540、14868 史1-
1933、1982、2836、4483~
4、5243,2-7438、8912、
9271~2、11647,6-42019
~20、42064、42190、
42299、46814~5,7-
49318(10)、50042、50292、
51313~4、52866、57140、
57165 子1-268、585、
1460~2,3-17837,4-
19480、23175~6 集1-
132,3-13924、14481~5、
14748、15528,6-41969、
43423~4、43432、44662、
45876~7,7-46399~
400、46405、47035~9、
48714~5 叢1-195
(1)、197(3)、201、202(2、
3)、203(5、6、7、8)、223(4、
6、7、9)、241、242(2、3、4)、
312、320~1、366~8、386
~7、395、407(3)、485、
515、526、587(2、5),2-
624(3)、642、702、731(5、
15、20、21)、832(5)、846~
7、1309~10、1530
毛壽南 史4-25575
42 毛圻 史7-55940
43 毛式穀 集3-15720
44 毛芷元 集7-54489
毛堪 史6-48442
毛蔚 史4-27276
毛芝山 史4-25625
毛懋宗 史6-43355
毛孝光 子3-18082 集
4-23483
毛萬齡 集3-14278
毛蕃 集6-44596
毛世俊 史8-58925
毛世漢 史4-25622
毛世洪 子2-9496~505、
9660、11102
毛世載 史3-23551
毛世卿 史8-60672

毛萇　經1-3548～59、3596
　～8、3600、3604、4087　叢
　2-731(37)
毛樹棠　子3-15512
毛桂馨　叢2-724
45毛贄　史8-59251、59265
　子4-23167　集3-
　15719
毛棟　史2-11469
46毛如詵　史8-59527
47毛鳩臣　集4-32423
毛鶴齡　史3-22474
毛聲山　集7-49741
毛朝杰　史4-25639
毛起　子4-23872
48毛乾乾　經1-6423
毛敬昭　史3-19373
50毛泰徵　史8-59556
毛貴銘　史7-51008　集
　4-31088　叢1-438,2-
　622
51毛振翮　集3-18637～9
毛振揚　史3-23477
毛振甤　史1-3709,7-
　49318(3)
57毛邦翰　經2-11834～6
　叢1-223(12)
毛邦鳳　史4-25640
58毛敖　史8-62359
60毛國翰　史1-1466　集
　4-26081～2
毛晃　經1-3149,2-13710
　～2　叢1-223(5、16)、
　227(2)、230(1)、231、388
　～90、468、569,2-731
　(55)
毛昇　史4-25590　子4-
　24678
毛昌傑　史1-345　集5-
　33962　叢2-829
毛昌善　史8-61205
毛異賓　經1-1931
61毛顯常　史4-25591
66毛曙　集3-19689～90
67毛鳴岐　集3-14748
毛鵬　史8-59646
71毛頤域　史4-25572
77毛鳳章　史7-58094
毛鳳韶　史7-57611　叢
　1-223(55)
毛鳳五　史3-22934
毛鳳雛　子4-21275

毛鳳紀　史3-22937
毛鳳苞　叢2-731(36)
毛鳳枝　史7-49315、
　52674,8-63589、64083、
　64087、64420　集4-
　31739　叢1-531,2-829
毛鳳翰　史4-25605
毛居正　經1-77(4),2-
　11956、13710　叢1-223
　(12、16)、227(4)
毛際膚　史4-25645
毛際可　史4-25580,7-
　49318(6)、53370　子3-
　18374～5　集3-15368
　～70、15372～8,6-
　42064,7-46398～400、
　46912～3、46996　叢1-
　197(4)
毛際霖　史4-25644
毛際盛　經2-12126～7、
　12640　叢1-558
毛熙震　叢2-2227
毛學明　史4-25626
毛賢珍　史4-25586
毛賢養　史3-23609
79毛勝　叢1-10、22(13)、23
　(12)、29(7)
80毛金蘭　子5-30368～71、
　31814
毛念恃　經2-10583　史
　2-11019、11271、11281、
　11295、11318
毛慈望　史3-16351
毛義護　史4-25627
86毛錫繽　經2-11974
87毛翔駿　史4-25638
88毛銓　集5-41252
毛簡承　史3-23094
毛策名　史4-25647
90毛光春　史4-25629
94毛燁　史1-3799　叢2-
　1222
97毛輝鳳　史8-58858　子
　1-1738
毛煥文　子5-25186～8、
　25190
98毛燧傳　集4-22805～6
99毛瑩　集3-13151～2,7-
　49324
毛榮文　史4-25598

2090₁　乘

22乘旹(釋)　子7-33120、
　33621、33724
53乘戒(釋)　集4-24422～3

2090₃　系

50系屯子　子2-5019

2090₄　采

20采香舟主人　子5-26546
40采九德　史1-1933、1982、
　2868～9　叢2-730
　(12)、731(67)、836
44采蘅子　子4-23550　叢
　1-496(2),2-735(2)
采薇(釋)　集5-37708

集

10集雲堂主人　子7-34753
44集芙主人　子5-27812

2090₇　秉

14秉璜　子5-25447

2091₃　統

16統理交涉通商事務衙門
　史6-44039～40　子7-
　36438、36835

2091₄ 稚

33 稚心　史2-9508

維

32 維祇難(釋)　子6-32081
　(39)、32082(19)、32083
　(26)、32084(22)、32085
　(38)、32086(44)、32088
　(28)、32089(34)、32090
　(55)、32091(53)、32092
　(37)、32093(30)、7-
　32554
37 維退(釋)　子7-34564
47 維馨紀念集編輯委員會
　子7-35719
　維格　史2-13108

2093₂ 穰

32 穰添鼇　史5-41432
82 穰鍾南　史5-41433

纕

90 纕堂　子5-25497

2108₆ 順

24 順德　經2-15034　史6-
　46961
40 順直諮議局　史6-41813
　～4、41816

2110₀ 上

10 上元諶　子2-6396

上元夫人　集1-263
上震(釋)　子6-32091
　(81)
21 上睿(釋)　子6-32091
　(79)、7-34162
22 上綏(釋)　子7-34263
27 上修(釋)　子7-33902
30 上官廉　史8-60718
上官震　子3-14460
上官融　子5-26220～1、
　26920～1　叢1-19(7)、
　20(5)、21(7)、22(5)、23
　(5)、24(8)、26、28、29(5)、
　40、180、265(4)、374、448、
　465
上官承祐　經1-1986
上官濟清　史3-21499
上官宇德　史4-24709
上官有儀　史8-59113
上官朝清　史4-24707
上官竑　史7-55841
上官駿謨　史8-59584
上官周　子3-16371～3
　集3-17402　叢1-496
　(6)、2-688
上官鋌　集3-13586
上定(釋)　集3-13456
38 上洋壽思堂　史2-8615
上海商務印書館　子7-
　36267、36271、36323、
　36353、36398、36434、
　36513、37327、38119、
　38145、38176、38192、
　38205～6、38212、38218、
　38232、38287
上海商務印書館編譯所
　子7-36601、36699、
　36703、36779、37729、
　37984、38014、38161、
　38164、38167、38173、
　38182、38184、38186、
　38188～91、38194、38214、
　38220、38224、38226、
　38230、38235、38241、
　38245～6、38250、38258、
　38262、38265～6、38273、
　38276、38285、38288～9、
　38291、38298
上海市通志館　史7-
　56374
上海高等實業學堂　史
　6-42383、42466
上海廣仁堂　史6-44645

～6
上海廣學會　子7-35680、
　36455、38113
上海廣智書局　史2-
　10001　子7-36444、
　36484、37318、37418、
　37725、37727、37758、
　37793、37945、38128
上海交換所　史6-44512
上海新昌書局　史2-6245
上海新聞報館　子7-
　38123
上海工部局衛生處　子2-
　6972
上海天主堂　子7-35424
上海電報局　史6-44390
上海璣衡堂　子7-37625
上海聖約翰大學堂　子7-
　35224
上海政學社　史6-46041
上海製造局翻譯館　子7-
　37624
上海私立合衆圖書館　史
　8-65263、65963、65974、
　65977、65980、65983、
　65988、65993、66013、
　66019～20、66400
上海自由社　史2-7527
上海官契總局　史6-
　42480
上海巡警總局　史6-
　45348
上海浦東塘工善後局　史
　6-45072
上海達文社　子7-36534
上海清真寺　子7-36077
上海清真寺董事會　子7-
　36080
上海鴻文書局　子1-66
上海通商海關造册處　子
　7-37367
上海通社　史7-49327
上海博古齋　叢1-294
上海地方公益研究會　史
　6-44355
上海勸學所　史6-42399、
　42476～7、42479
上海蒙學報館　子7-
　36236、36255
上海萬國公報館　子3-
　18518
上海格致書室　子7-

37258

上海中英大藥房　子2-5916

上海書業正心團　史6-41539

上海振民編輯社　叢2-629

上海回教俱進會　子7-36078

上海點石齋　史2-6439

上海縣勸學所　史6-42475

上海同文書局　子5-25445

上海慈母堂　子7-35376、35430～1、35555

上海慈母堂畫館　子7-35114

上海美華書館　子4-21932

48 上猶縣志編修局　史8-58645

60 上思(釋)　子6-32091(79)

67 上野清　子7-37518～9

上野吉貞　子7-38092

77 上岡市太郎　子7-36232

80 上谷嫣川紫玖氏　子3-18367、18398

上谷氏蓉江　子5-28516

88 上鑑(釋)　史7-51549

2110₆ 曁

77 曁用其　史8-58572

2120₁ 步

11 步非煙　集1-1741　叢1-168(4)

17 步翼鵬　史6-42198　集5-40472

28 步倫　子7-36799

步倫氏　子7-36798

44 步其諳　子7-36567、36769

步其浩　集5-39369

77 步鳳苞　史3-21522

步鳳書　史3-21522

步月主人　子5-27827、28276～8

87 步翔藻　集5-40199

步翔菜　集5-41598

2121₀ 仁

仁(釋)　集2-6107～8

21 仁岠(釋)　子7-34020

22 仁山(釋)　子7-34396

24 仁魁(釋)　子7-33246、33447

37 仁潮(釋)　子7-34639～40

40 仁友(釋)　子7-34800

仁壽齋　子2-10118

仁壽室主人　子5-26196、26198

仁壽堂主人　子2-9979

44 仁孝文皇后　子1-1976～7

61 仁顯(釋)　子3-15859、16253　叢1-22(15)、23(14)

72 仁岳(釋)　子6-32089(48)、32090(61)、32091(60)、32092(42)、32093(47、50)

2121₁ 能

21 能仁(釋)　史7-52377

45 能勢榮　子7-36713、36724

46 能觀(釋)　子7-33071

52 能靜居士　子2-6549

86 能智　子7-36231(7)

2121₆ 僵

71 僵蠶子　子4-21758～9

2121₇ 伍

00 伍應奎　史8-61859

伍� 集5-34611

伍賡廷　史4-26742

伍讓　史8-60583

08 伍敦睦　史4-26747

10 伍三秀　史7-57831

伍正學　史4-26750

伍元薇　叢2-881

伍元芝　史3-16489、18911

伍元蕙　子3-15482

伍元葵　集4-31740

12 伍登元　史3-22009

伍瑞龍　叢1-587(1)

伍瑞蒼　史3-21037

伍瑞隆　叢1-202(3)、203(8、18)、321、409

伍發雁　史4-26748

14 伍璜　集4-25007

17 伍承平　史3-17867

伍承宣　史3-22502

伍承吉　史3-17872,7-57733

伍承欽　集4-30806　叢2-795

伍承煥　史4-26740

18 伍致中　史3-21117

20 伍喬　集1-1821,6-41824、41834、41858、41878～80、41882　叢2-818

伍受耤　史4-26741

伍秉鏞　集4-22995

21 伍步月　史4-26745

22 伍鼎臣　史8-61119

伍崇曜　集4-27958　叢1-456(1)、457

伍繼勳　史8-60357

27 伍彝章　史8-61843

伍魯興　集4-23827,6-44303

伍紉秋　集5-40565

伍紹詩　史7-51724

伍紹曾　集4-24902

28 伍以仁　集4-25214

30 伍永旗　史4-26744

盧正珩　史3-22597
盧正揚　史5-40080
盧亘　集1-5098~9,6-41779~80
盧五臣　子3-17613
盧元汝　史5-40096
盧元樟　史3-19045
盧元素　集3-21830
盧元昌　經1-6886　史1-5623　集1-1046,3-13901
盧爾廉　史5-40100
盧爾愷　集3-16318
盧震　史1-1710　集3-14746
盧天驥　子5-29530(18)、30966
盧可久　子1-1145
盧雲乘　子2-4984、6566
盧雲英　經2-11839
12 盧登焯　子3-15442、17091
盧璣　史3-23013
盧聯　集1-5314
盧廷俊　史8-60929
盧廷選　經1-2746
盧廷楳　史7-55716
盧廷棟　集4-24461
盧廷簡　集3-14697
13 盧琮　史3-23433
14 盧琦　集1-5572~5　叢1-223(61)
盧琪　史3-19203
15 盧聘卿　史7-55457
盧建其　史8-58438
16 盧碧筠　叢2-893~4
17 盧瓊　集2-7870
盧弼　史8-60842、66123集3-14422,4-33617,5-41310~5　叢2-874
盧承琰　史8-59007
盧承業　史7-55763
盧承恩　子1-3938
盧及芝　史5-40100
盧子駿　史5-40112,8-61049
19 盧耿　叢2-870(3)
20 盧重元　子5-29463~4叢1-265(4)、323~4
盧重華　史7-52552~3
盧爲霖　子3-16584

盧愛茲　史8-62186
盧舜治　子5-31884
盧秉純　史7-55854
盧秉鈞　子4-22742~3
盧維高　史5-40105
盧維楨　集2-9713
21 盧上銘　史6-42043~5
盧仁技　史5-40111
盧衍慶　集5-40741
盧衍仁　集2-7960,6-46135
盧熊　史7-56945　集2-6149
盧師孔　集2-9921　叢2-1105
盧師職　史8-60998
盧師儉　史2-11617
盧師泳　集5-36816~8
盧師道　叢1-183
22 盧崟　史8-59425　集5-36991~2　叢2-795
盧鼎峋　史8-58616
盧變春　史7-50371
盧崇俊　子1-3938
盧崇峻　史6-43659　子1-3725
盧崇興　史6-47496
盧崧　史5-40054,8-58803、58905、59733
盧縱　史7-56826
23 盧峻　史7-51471
盧岱宗　史5-40072
盧絃　集3-13342~3,6-41959、41970
24 盧化鰲　集2-10457
盧先駱　集4-30779~80叢1-587(5)
盧德儀　集4-33575
盧德嘉　史8-63487
盧德榮　史5-40056
盧紘　史8-60248
盧綝　史1-2304~5,2307叢1-22(10),2-772(5)、773(5)
25 盧生甫　集3-17330　叢2-648
盧傳標　史8-60523
盧傳印　史7-49573
盧傳輝　史3-21755
盧傑　集4-33493
盧純道　史8-60653

盧純學　集6-43726、44448
26 盧伯航　史7-56074
盧和　子2-5854~5,9200~4　叢1-114(6)、117
27 盧象皖　集6-45300
盧象昇　史2-9074,6-48543~5　集2-12248~54,6-43118　叢1-223(66)、269(5),2-731(54)
盧僎　集1-770,6-41824
盧絳　經1-7737
盧紹麒　經2-13066
盧紹坤　集4-32172
28 盧以瑛　集5-40497
盧以緯　經2-14919~20叢1-48,114(5)、115
盧以治　史8-59552
盧以恕　集5-38233
盧倫　集6-41819
盧復　子2-4575、4603、5489、5566、10480　叢1-139
盧綸　集1-1178~80,6-41738、41743、41823、41836、41849、41868、41878
30 盧宣旬　經1-21,2613~4,3601、4919~20、5243、5580、6740、7272、7382,2-8355、9303、9797、11198史6-41582
盧宜　史2-7390~3
盧寧　子1-1090　集2-10206
盧家椿　史5-40057
盧家錦　史5-40083
盧永琰　子2-9412
盧永祥　史8-58994
盧永銘　子7-36923
盧永煥　史3-22343
盧之休　史5-40067
盧之翰　集3-17934
盧之頤　經1-3331、3788史1-2124、2172　子2-4603、4623、4703、4749~50、5580、6112、6338、6979~80　叢1-127、223(34)
盧憲　史7-56836~7　叢1-265(2),2-806

盧守濂　史5-40104
盧安德　子7-35282
盧安節　史2-11617　集2-12248、12251
盧宏啓　經2-13886
盧容莽　經1-1976
盧宗植　史5-40083
盧宗棠　史8-61474
31 盧沅　史5-40058
盧涇材　叢2-644
盧潛　史8-60206　集6-44869
盧福保　史7-56767
盧福堯　子2-7722
32 盧釜　叢2-795
盧兆鰲　經1-1543～4
盧兆鼇　史8-60966
盧浙　經1-1473～4　史1-5698,6-48797　集4-24119
盧漸　史6-48334
盧派　子3-15223
33 盧必培　史8-63197
盧泳清　集5-37956
盧演　史2-11402　集2-6380,6382
盧瀫　經1-8047
盧梁　史3-19428,22339
34 盧湛　史2-8486～9　子5-31857
盧法爾　史7-49319
盧漢　史8-62337
盧洪烈　史5-40099
盧洪遠　集2-10391
37 盧潮生　史5-40080
盧湧　集4-26305,6-42006
盧鴻　史7-51974　子3-16457　叢1-22(12)、23(11)、29(4)、119～20、255(2)
盧鴻遇　史3-22063
盧鴻鈞　史7-56746
盧祖皋　集7-46352、46380、46655　叢1-223(73),2-698(14)、720(2)
盧逢甲　史5-40101
38 盧瀚蔭　史3-19301
盧祥　史8-61026
盧遵元　子5-29530(17)、31107

盧道昌　史6-45261
盧肇　集1-1683　叢2-870(3)
盧肇煦　史3-21221
盧啓訓　史5-40071
盧啓賢　史5-40058
40 盧大謨　史8-62978
盧大中　史3-23671
盧大雅　集2-6530～1,6-41935(5)
盧友　子4-23087
盧友炬　集5-38632
盧友焜　集4-28723
盧友煜　史5-40061
盧士元　史1-5963　叢1-330～1
盧士傑　史7-55499
盧士徽　史8-61552
盧士貴　史5-40102
盧有猷　子5-25941
盧存心　史2-6340　子4-21220　集3-18720～2　叢1-202(5)、203(10)
盧存惠　集4-29058
盧志遜　史8-59622
盧杰　史3-19544
盧奇　史7-49573
盧壽仁　集5-39524
盧壽昌　史7-55774
盧真人　子2-11170
盧森枝　史5-40098
41 盧址　史8-65692～4　叢1-573
盧標　史3-22930,7-57574　集6-44715　叢2-1689
43 盧式圭　史5-40063
盧夑　集6-44370
44 盧夢麟　史8-59649
盧夢蘭　史7-56051～2
盧芳林　經1-1975
盧蔭溥　史2-11869、11985　集4-24541
盧蔭長　子2-4672,9560～2
盧蔚猷　史8-60978
盧葆楨　史3-22629
盧懋　經2-9663　叢2-2148
盧懋功　集5-37510

盧攀桂　史5-40109
盧若騰　史7-51280　子4-23112　集1-4605,2-12276～8　叢2-735(2)、736
盧著　集4-28064
盧世　集6-45841
盧世標　史8-61438
盧世漼　集1-970,1041,3-13082～3,6-45487
盧世昌　史7-56624,8-60625～6
盧茱　史5-40065　集5-36359
盧植　經1-101,5532～6　叢1-517,2-765,772(1)、773(1)、774(3)
盧蘊真　集4-28186
45 盧坤　史6-41931、45670　集1-881
盧摯　集1-4808
盧枏　集2-8029～32,6-41935(3)、41940　叢1-223(66)
盧椿　集4-31084
46 盧觀　經1-3698
盧柏　經1-5965
47 盧朝亮　史5-40107
盧朝安　史8-59349～50
盧楓　集2-9034
盧格　子4-20367　集2-7189～92
48 盧乾　史5-40089
盧翰　經1-631,2374,2-10276　史6-49250　子3-14630,4-20517
盧梯青　子7-36241
50 盧中苓　子5-29530(26)、30744
盧由均　子2-9826
51 盧振先　史8-58673～4
盧軒　集1-1337,3-18073
53 盧威　子3-11366
盧戊原　集6-44020～1
54 盧拱辰　子2-5019
56 盧擇元　集4-27367
60 盧□　經1-361～2,2322　子5-26224　叢1-15、17、24(6),2-773(1)、774(2)
盧日竿　史5-40073
盧國型　集4-29250

中國古籍總目著者索引

何應豫　子2-8186
何應彪　子5-25178
何應祺　集5-35347～52、
　6-42007(3)
何應奇　經1-3762
何應松　史7-57981
何應圖　集5-35403,6-
　42007(2)
何應時　子2-9363
何應駒　史8-61964
何廉惠　史7-56296
何廉臣　子2-5268、6581
何庭藻　史3-23475
何慶元　集2-11390～2
何慶潤　史7-55813
何慶涵　集5-33725
何慶芬　史7-52877
何慶朝　史8-58518
何慶恩　史8-61725、
　61757、62016　集5-
　35283～4
何慶熙　史3-22950　集
　4-29958～9
何慶剑　史7-57771
何廣　史6-45767
何廣廷　子3-13658
何廣生　集5-37535～6
何廣源　子2-8984
何亦洪　史4-28365
何文廉　集3-14426
何文睿　史4-28361
何文綺　經2-10868　子
　4-22683
何文源　史7-56393
何文淵　集2-6625
何文瀾　史3-20144
何文極　集2-7742
何文藻　史3-22390
何文明　史7-53948,8-
　59818　子4-24058　集
　4-24408～9
何文銓　集3-18512
何文敏　集7-47670～1
何文焜　史4-28347
何文煥　集4-22495,6-
　45490,7-47287
何言芳　史4-28439
何袞　史8-61866
何襄　史4-28290
何京　子2-4770、9479
02 何端清　史4-28435

03 何斌襄　子3-17567
何詠梅　史4-28311
何諓　集1-5041
何詒霖　經1-1566、2209
04 何謹順　史3-15421
05 何諫　子2-5615
07 何譔　子1-3287
08 何謙　子5-32069
09 何麟　史8-60069
10 何一鷺　史8-60873
何一傑　史8-59002
何一錦　集4-28297
何三楚　集4-28409
何三畏　史7-56460　子
　4-23962,5-25026　集
　2-10303～9
何正麟　史4-28434
何玉麟　史4-28437
何玉瑛　集4-23399～
　400,6-41999
何玉琪　史4-28410
何玉琳　史4-28358
何玉琰　史4-28304
何玉棻　史8-60483
何玉模　子2-11068　集
　4-22150
何玉成　集4-28583
何玉堂　史4-28344
何五雲　集7-46399～
　400、46954
何五徵　史3-18076
何瑭　史8-59640　子4-
　20371　集2-7592～9
　叢1-61～4、174、195(2)、
　223(65),2-730(3)
何雪樵　史4-28397
何元　史8-61111　集4-
　25295
何元瑛　經1-4372
何元瀚　子7-36568
何元英　史6-48620
何元泰　史3-16736、
　20389
何元春　集4-32433
何元長　子2-6603、10609
　～10
何元普　子4-24608　集
　5-35018～9
何元錫　史8-65292～4
　集4-25296　叢1-416
　～7、429、553、577,2-

620、731(2)
何元炳　集4-31879
何元愷　史3-15387
何元烺　集4-24655
何丙勳　史8-63006
何爾詵　子7-37393
何爾健　史6-48409
何爾彬　史7-57177
何爾泰　史7-55155
何震　子3-16776、16788、
　16022
何震川　史1-1990、4188
　～9
何震彝　史3-19216　子
　7-36501　集5-41494,
　7-47981～2
何于岷　史4-28348
何雯　史3-19308,6-
　46865,7-49357　集5-
　40197
何平　史1-3323
何天瑞　史8-61156
何天爵　史7-51746
何天衡　集5-35097
何天衢　經2-11939　史
　4-28401,8-62309　集
　6-42007(2)
何天衢詮　經1-2187
何天寵　經1-4934
何天祥　史8-61410、
　61718
何石安　子1-4331
何西泰　集4-23089
何晉芳　史4-28312
何晉槐　集4-28648
何晉昇　史4-28246
何可昆　史4-28328
何雲　集3-13259～60
何雲亭　史4-28308
何雲誥　史7-55340
何雲生　史4-28336
何雲藻　集5-39444～6
何雲梯　子1-3008
12 何登龍　史4-28368
何琇　子4-22395　叢1-
　223(40)、274(5)、448,2-
　731(7)、782(5)
何瑞文　史4-28287
何瑞雲　史4-28250
何瑞仁　史4-28338
何瑞徵　經1-2781

何崇禮 子7-37524
何崇祖 史2-8118
何樂善 史8-59238
何崧泰 史7-55155、55187
23 何允 叢2-775(2)
何允祥 史4-28364
何允孝 集5-36690、41119
何允恕 集5-40806～7
何允中 叢1-74～5
何俊 史8-60633 集4-30968～70
何俊秀 史4-28395
何俊德 史4-28249
何綜 史4-28421
24 何化南 集1-1016,3-17794
何佹 子3-13725
何先 子5-27567 叢1-19(7)、20(5)、21(6)、22(7)、23(7)、29(5)
何德新 集3-20249
何德水 集5-36000
何德清 集1-5041
何德潤 史1-1992,3974,3-23044,4-32065 集4-31880,6-44721～2
何德藻 子2-4734,6870、7271～2、7371、7801、7923、8278、8546、8998～9、10798
何德懋 集1-5041
何德鍔 史4-28389
何偉然 子4-20554,5-25168 集2-10219,6-42650、45229 叢1-142～3
何休 經1-17～9、21～5、131～2、164、169、5373、6643、7239～44、7246～8、7250～3、7268～9、7273～5、7279～81、7341,2-9231～2 叢1-223(9)、227(2)、2-635(2)、698(1)、765～6、774(3、4)、775(2)
何勳 子3-14083
何紘度 史4-29295
25 何失 集1-5319
何生坤 子1-2420
何仲方 集2-7589

何仲臯 子2-6718、7170～1、10016、10335
何健民 史2-8526,7-56028
何傳瑤 子4-18762 叢2-689
26 何白 集2-10809～12
何自謙 史7-57896
何伯行 子2-10946
何伯源 子3-17364
何保恆 集5-38113
何鯤 史4-28259,8-61233
27 何佩玉 集4-30901～3,6-41999、42020
何佩珠 集4-31194～6
何佩芬 集4-30586
何仍秀 史4-28337
何彝光 史8-59805 集3-15567
何名雋 史7-57823
何名津 史4-28380
何禦 集2-12942
何桼 子5-29518～23、29530(15)、29535(4)、29536(4) 叢1-223(47)、447,2-637(3)
何紀 史8-60605～6
何絳 集3-13985
何紹章 史7-56851
何紹京 子2-9727
何紹正 史7-58060
何紹瑾 史3-15310
何紹琛 史3-20039
何紹傑 史4-28414
何紹遜 史3-20493
何紹祺 史3-21652,6-47352 集4-30503
何紹楨 史3-23447
何紹基 史2-9612、9679、9721、9729、12754～9,3-15272,7-50112、56660、57750,8-63509、63672～3、64993、65777 子3-14965、15464、15757～8,5-25992 集3-21663,4-27957～8、30193～213,6-43527、44308,7-50714 叢1-373(5),2-611、625、877
何紹瞻 史4-28375
何紹曾 史7-54951

28 何以烈 集3-16112
何以琦 史4-28330
何以侃 史4-28263
何以南 史4-28329
何作桐 集2-12064
何倫 子1-1119～20
何儀 史7-56638
何谿汶 集6-45665 叢1-223(72)
何綸錦 經2-9519 集4-23488～90 叢2-1582
29 何秋淵 史8-58245
何秋濤 經1-163(4)、1788、3269 史1-1982、2071、2633～4、3714、3718、3777,3-15338,6-44053、45713～7,7-49314、49317(2、6、8)、49318(2、3、4、8)、49339、49472、49937、49971、53050、54309、54319、54494～5、54731、54784～90、56018,8-65310 集4-29621,5-34296～9 叢1-355、506～8、525,2-731(66)、2187
30 何濟川 經1-6226 子1-4235,3-11546
何淳之 史6-44553
何淳 集4-33613
何寬 史4-28274
何家端 經2-13388
何家琪 集5-33978～82、34283、34669 叢2-701、826
何家俊 史4-28339
何家棟 史4-28309
何家翰 集5-41604
何家駒 史3-15254
何家餘 史4-28314
何永慶 史7-55220
何永配 史4-28343
何永紹 史7-49318(6、12)、53452、53461
何永介 史4-28258
何之琪 史8-59817
何之鼎 史3-20182 集5-38997
何之銑 集6-44185
何之煌 史7-55990
何守仁 史2-10854

何守法 子1-3028
何守初 經1-878
何守奇 子5-27626
何守梅 史5-40200
何守愚 子2-8250
何宇度 史7-50955 叢
　1-195(7)、223(25)、2-
　731(58)、873
何宇恕 史7-51874
何容德 經1-4235
何容心 經2-12712
何良傅 集2-8909
何良俊 子3-14693、
　15105、15914、4-20592～
　4、22786～7、22790～4、
　22796、22800～1、5-
　26332～3 集2-8787～
　8、6-41935(5)、7-48760
　叢1-84(4)、223(45)、2-
　611、730(11)、731(51)
何良壽 子1-3584
何良棟 子7-37259
何良東 史1-1638
何良臣 子1-3081、3089、
　3278 叢1-223(32)、
　273(4)、275、347、360、
　377、394、2-731(19)
何寅斗 史8-60485
何寶睿 史2-10596
何寶書 集5-36584
何寶箴 史4-28245
何寶炘 史3-18235
何賓笙 史2-13086
何宗彥 集2-10961
何宗瑛 史4-28426
何宗宣 史4-28281
何宗淮 集5-34784
何宗遜 史3-17665、22540
何宗雅 史3-23294
何宗耀 史4-28291
31 何湓 史4-28303
何沅 史3-22649、4-
　28257 子3-17331
何源溶 史8-61940
何源洙 史8-60046
何福堃 史6-46140 集
　5-37760～1
何福謙 史3-23575
何福滿 子7-36904、
　36908～10、36941～2、
　36946、36989、37144～6、
　37658、37928

何福海 史8-61063 集
　5-36089
何福壽 子2-11115
何福咸 史3-15408
何遷 史2-8898 集2-
　8548～50、6-41935(2)
32 何淵 史6-44692 子2-
　6526
何兆聯 集4-28647
何兆聖 經2-11508、
　11525 子5-25764
何兆瀛 史2-12063、
　12835、3-17051、6-43906
　子5-27265 集4-
　31681～3、7-47938～9
何兆清 經1-5666
何兆蓉 史3-22479
何澄輝 史3-21895
何遜 集1-576～82、6-
　41694、41698、41767、
　41771 叢1-223(47)、
　2-698(8)
33 何心川 子7-38239
何泌 子2-8657
何溥 子3-13343～4 集
　3-18770 叢1-223(36)
何浚 史3-19471
何治運 子4-21385
34 何斗光 集4-33425～6
何滿盛 史4-28394
何法盛 史1-28、488～93
　叢1-22(10)、23(9)、2-
　617(2)、653(5)、731(65)、
　772(4)、773(4)、776、780
何漢琳 子1-1172
何汝霖 史2-12063、
　13234、7-53964 集3-
　14092、4-27217 叢2-
　785
何汝賓 子1-3826～9
何汝蘭 史3-21884
何汝樨 子3-14651
何汝國 子2-6394
何濤 子2-8060
何浩 史8-58554
何洪 史8-59072
何祐 史6-45115
何遠 史8-59696
何遠慶 史7-49901、8-
　62099
何遠鑒 史8-60388、
　60405

何遠悟 史4-28392
35 何溱 史1-3887、8-64399
何連城 集4-30292
37 何潤 史8-60010
何鴻 子3-14305
何鴻亮 史8-61978
何淑卿 叢2-724
何渾 史8-63240
何洛文 集2-9511
何深 史8-60929
何祖柱 史6-43002
何祿禧 史4-28396
何通 子3-16806
何逢源 史4-28413
38 何洤 史3-20362
何淦 史4-28240
何澂 經2-11769 史2-
　12750、7-49330、51265、
　8-64553 子3-15492、
　4-21159 叢1-480
何游 子2-4771(4)、10721
何裕民 史3-22473
何道 史7-54979
何道貞 史6-46044
何道生 集4-25297～9
何道全 史2-8822 子
　5-29091～2、29530(21)、
　31982、7-33277～80
何啓 史6-47533、47560
　子4-21794～6、7-
　36233、38127
何啓綬 史3-19931
40 何九疇 集2-6944
何大庚 史7-49318(21)、
　54813
何大章 史4-28300
何大璋 史8-63209
何大任 叢1-223(33)
何大化 子7-35298
何大通 子1-130 集6-
　43935
何大海 史4-28359
何大啓 史4-28265
何大成 集2-7430、7436
何大掄 經1-3869～70
　子5-27602
何大昕 集5-39715
何大毓 子2-9432
何大猷 集5-33835、6-
　42007(3)
何太和 經2-14095

何太青　集4－26979,6－
　　42007(1)
何土泰　子3－14435
何士晉　史1－1929,6－
　　42825、48437,7－51809
　　叢2－742
何士信　子1－1972、2657
　　集7－48419～26、48428、
　　48437
何士祁　史2－11902,4－
　　28277,7－56510
何士壎　集6－41959
何士域　集3－14154,6－
　　41959
何士基　史4－28276
何士泰　子3－14434
何士顥　集3－21008　叢
　　2－1459～60
何士舉　史7－56334
何士錦　史8－58855
何壎　集7－49642
何培德　集4－24353
何才价　集3－18404,7－
　　55745
何才煥　史8－60515
何在田　集3－21301
何克諫　子2－5870～1
何南波　史4－28379
何南海　史4－28284
何南鈺　集4－23990
何希遜　集5－36319
何有斌　史4－28326
何有錦　史4－28383
何犾　叢1－223(32)、227
　　(7)
何志高　經1－124、1697、
　　2978、4196、6102、7436
何志慶　史4－28243
何志沛　史4－28391
何嘉翔　集3－19144
何嘉俊　子3－13565
何古潤　子2－9110
何古愚　史2－10969
何壽章　經2－12687　史
　　3－16790、20537　叢2－
　　848
何壽鴻　史3－17371
何壽朋　史6－41845
何雄齊　史8－61716
何雄輝　史6－45308
何去非　子1－61、3081、

3256～7,4－19935　叢
　　1－223(32)、272(3)、377、
　　386～7、394、447、492,2－
　　731(19)、878～9
何來禮　史3－17648
何檀　史4－28239
何森　集5－35402　叢2－
　　1784
41 何樞　史3－15478、21415
何樗　集3－17657
何楷　經1－907～10、3834
　　～5　史6－48514　叢
　　1－223(4,7)、349
何楷章　集3－19112
42 何彬　集4－25061,5－
　　36318
43 何式璜　史3－15964　集
　　5－37759
何式恆　史4－28232
何求　子5－28921
何始升　經2－8821、9092、
　　9483、10016、11100
何戴仁　史8－58676
何栻　集1－2528,4－32899
　　～904　叢1－407(2),2－
　　1877
44 何芷卿　集4－32434
何基　子1－867　集1－
　　4167～8　叢2－731
　　(40)、859、1048
何萱　經2－14515　史4－
　　28238
何藩　史8－60375
何藻　集5－35498　叢2－
　　622
何藻翔　史3－16508,7－
　　51122
何夢瑤　經1－6513　史
　　8－61108、61309　子2－
　　4615、4619、4994～6、
　　6577、7247、8113、8454、
　　8815、8832,3－12526、
　　12961,5－29373　集3－
　　19401　叢2－731(26、
　　36)、881
何夢桂　集1－4393～7,6－
　　41900～1,7－46369、
　　46375、46706　叢1－223
　　(58)
何夢梅　子5－28162～5
何夢篆　史7－56565　集
　　3－18390
何荇芳　史8－59655

何勸賢　史4－28412
何芬　史8－62808　集3－
　　17566
何芳荙　子5－28480
何薦可　經1－5657
何蘭馥　集4－29675
何蔭楠　史2－13159
何蔚文　史2－11713
何茂才　史4－28355
何葆麟　史3－16588
何遠　子4－18782、20044～
　　6　叢1－19(7)、20(5)、
　　21(7)、22(6,16)、23(6,
　　16)、24(8)、29(5,7)、108、
　　111(3)、169(4)、195(6)、
　　223(41)、268(3)、353,2－
　　652、731(31,50)、878～9
何蕙馨　史8－60392
何蘇　史8－61822
何華元　史8－62020
何英　經1－3701
何若瑤　經1－7305　史
　　1－270、372,2－8265,8－
　　60833　集4－30083～4
　　叢2－653(1,3)、1784
何若愚　子2－10219、
　　10227
何世文　集4－29199～
　　200,6－42007(2)
何世璂　集3－17489,6－
　　45492、45908　叢1－
　　421、442～3、498、534,2－
　　617(4)
何世任　史4－28360
何世勳　史7－55939
何世守　史2－8930
何世英　史1－6128、6131
何世學　史7－56847
何茲藢　史4－28388
何其章　史7－55256　集
　　7－47792
何其琛　史4－28233
何其偉　史1－6123　子
　　2－4652、4657～63、4768、
　　5087、6821、6947～8、7253
　　～4、9640、10666　集3－
　　14749,4－26323～6
何其傑　經1－1823,2－
　　12602　史3－17191、
　　22761,6－42345,7－52877
　　集5－37305　叢2－2057
何其濬　史3－22800

何其杰 子5-25457

何其英 史8-61300 集3-14532

何其莢 集4-24353

何其恕 史2-10250

何其超 史2-9633,3-23539 集4-31413～4,6-42003,44420

何其泰 史8-61821

何其昌 史4-28306

何其饒 史2-11845

何樹崙 史2-7396 叢2-845(2)

何樹德 史8-58455

何樹滋 史8-63073

何萊福 史3-17710

何樾 經1-3175

何桂珍 經2-13419～23 子1-1833 集4-33037,5-38720 叢1-276、574(4)、2-886(2、4)、1885

何桂清 史6-48850 集4-32905

何桂芬 史3-15353 集4-30502

何桂笙 集5-35719

何植榮 史4-28387

何橫 史7-57717

何㮐 史3-20271

45 何棟珊 子2-9740

何椿齡 集4-27303

何棟 集2-9381

何棟如 經1-882 史1-2734 子3-14623 集2-11239 叢2-788

46 何坦 子4-20218 叢1-2～9,19(11)、20(8)、21(10)、22(2)、23(2)、24(11)、569,2-731(7)

何覬揚 史3-15175

何觀 子1-3685

何觀政 史4-28362

何觀虎 史4-28362

何如璋 史3-15685,7-49317(5)、49318(16)、54610～1 子1-4005 集5-36389～92 叢1-562

何如召 史2-7377

何如偉 史8-61633

何如濰 經2-10757

何如如 子5-31902

何如愚 集6-42714

何柏如 史8-59598

何相才 史2-11713

何相學 史2-11713

47 何垠 子5-27629 集4-29796

何聲灝 史3-16439、18738

何聲煥 史3-22539

何朝宗 史8-59980

何朝恩 史3-15211、17837

何朝昌 集4-30720～1,6-42007(2)

何朝品 史4-28435

何馨桂 子7-36006

何超 史1-12～6,20,516～9,522 叢1-223(17),2-698(3)

48 何增榮 史3-19944

何翰章 經2-14840～1 史3-21916 叢2-653(2)

何敬釗 史3-16442、20297

何松 史2-6230～1

何松亭 集4-31747

何梅 集6-44795

何梅敏 史4-28394

50 何中 集1-5041～6 叢1-223(60),2-1052

何中藻 史3-23492

何青 史7-51707 集4-22938～9

何本立 子2-5805

何忠萬 史3-17137 集5-36834

何忠相 集2-12483,6-45995

何奏篪 史4-28333

何奏簇 史3-23082

何奏簡 史3-23159

何奏簀 史7-57637

何書英 集4-31356

何春彬 史3-20674

何貴孚 子2-6299

何東序 史7-57957 子1-3820 集2-9389～92,6-43347

何東銘 史8-62151

51 何振 集4-33268

何振翮 史3-21641

何振岱 集4-32218,5-41484～5

何振清 史3-22005

何振卿 史7-51498

何振銑 集4-29481

53 何盛斯 史3-16936 集4-31197

何盛財 史4-28351

何咸亨 史3-15259、17808

何咸定 史4-28298

55 何慧生 集5-35549～50 叢2-1864

何耕 集1-3470,6-41893、41894(3)、41896、41922

56 何損 子2-6503

57 何邦彦 子4-21717 集4-32435

何探源 集5-35098～9

何棻 史7-49318(5)、52258,56849 集3-14223

58 何薹瓚 子3-12568

何篒 集2-7878

60 何日邁 史3-22346

何日愈 集4-29290～3

何星彩 史4-28428

何國璋 史3-21897,4-28251

何國仁 集3-14339

何國佑 史7-58031

何國宗 子3-11452、12833～4 叢1-344,2-731(27)

何國兆 史4-28406

何國棟 子3-11428

何國相 史4-28420

何國鎮 經1-4289

何見揚 集5-38318

何易 集4-26131

何思 集7-46399～400、47152

何思佐 經1-5666

何思秩 史4-28407

何思永 子1-1774

何思察 史4-28346

何思華 史8-61850

何思忠 史4-28234

中國古籍總目・索引

89 何鏜   史2－6575,7－
　　49565、52161～3、57697
　　集2－5931
90 何惟傑   史3－19879
　　何惟賢   史5－39114
　　何懷道   史8－62605
　　何光   子2－4768,7500
　　　　叢1－24(8)
　　何光徵   史4－28319
　　何光遠   子5－26263～4
　　　　叢1－19(4)、20(2)、21
　　　　(4)、22(5)、23(5)、24(5)、
　　　　29(6)、195(1)、223(44)、
　　　　244(5)、268(4)、374、410,
　　　　2－624(2)、731(52)
　　何光祖   史2－8913
　　何光顯   史6－48569
　　何炫   子2－4771(3)、6562、
　　　　7215、10527
　　何棠   史4－28334,7－
　　　　58131 子1－202
　　何燊   史7－55946
　　何粹然   史3－15745
91 何炳   史7－49317(6)、
　　　　49318(1)、49686～8 子
　　　　5－25836～7
　　何炳堃   集5－37025
　　何炳文   史4－28288
　　何炳奎   史8－58540
　　何炳葵   史3－19721
　　何焯   經1－3982,2－
　　　　10312、10666～7、12057、
　　　　12724 史1－259,8－
　　　　63516、64393 子3－
　　　　14776～7,4－20108、
　　　　20956、22183、22185、
　　　　22368～9,5－25931～2、
　　　　26135 集1－4873,3－
　　　　17191～6,6－42087、
　　　　42549、43273、46275 叢
　　　　1－203(15)、223(40、44)、
　　　　227(8)、242(5)、269(5)、
　　　　270(4)、271、272(4)、336
　　　　～7、364、368、448、482,2－
　　　　611、635(8、14)、673、731
　　　　(4)、1511
92 何剡   子4－19088 叢1－
　　　　22(16)、23(15)
　　何炘   史3－22130
93 何熔   叢1－418
94 何洼   集6－43318
　　何煒   史2－10629
96 何煜   史6－42774、43204

子7－37353   集3－
　　17567
何熻   經1－1316   史6－
　　47597
97 何耀章   史2－10165
　　何耀慧   史7－55116
　　何鄰泉   集4－26786
　　何輝寧   集3－18280   叢
　　　　2－1555
　　何耀   集2－6928
　　何灼朗   史8－62390
　　何炯   集6－44402
　　何炯璋   史8－60905
　　何燏時   子7－38088
　　何煥   集4－24147
　　何煥章   史3－15936
　　何煥綸   集4－31619
　　何燦   史3－15419
99 何變   集5－36934
　　何榮烈   史3－16602、
　　　　20375,4－28285
　　何榮標   集4－28293
　　何榮梯   史3－23504
　　何榮甲   集5－35020

2122₁ 行

00 行高(釋)   子6－32091
　　　　(82),7－34338
02 行端(釋)   子6－32091
　　　　(72),7－34217   集1－
　　　　4972
03 行諲(釋)   子6－32091
　　　　(74),7－34270
05 行靖(釋)   子7－33982～3
08 行諲(釋)   子7－34270
10 行正(釋)   史7－51649～
　　　　50 子6－32091(74)
　　行元(釋)   子7－34272
11 行彌(釋)   集3－13596
12 行璣(釋)   史7－51671
14 行瑋(釋)   子6－32091
　　　　(74)
15 行珠(釋)   集3－17158
18 行珍(釋)   子7－34317
　　行致(釋)   子7－34304
20 行秀(釋)   子7－34037、
　　　　34405～9
　　行信(釋)   子6－32091

(74)
30 行濟(釋)   子7－34964
　　行宗(釋)   子7－34291
33 行溥(釋)   集2－10030,6－
　　　　41949
　　行浚(釋)   子6－32091
　　　　(74),7－34296～7
34 行洪(釋)   子7－34338
38 行海(釋)   史7－51564
　　　　子6－32091(79),7－
　　　　34320   集1－4620
40 行喜(釋)   子7－34157
　　行森(釋)   子6－32092
　　　　(44)
47 行均(釋)   經2－12814
　　　　叢1－223(16)、282(2)、
　　　　283(2)、341、447,2－636
　　　　(2)
　　行起(釋)   集3－14317
48 行乾(釋)   子7－34305～6
　　行敬(釋)   子7－34276
50 行素(釋)   史7－51600
53 行盛(釋)   子6－32091
　　　　(75)   集3－14090
60 行日(釋)   子6－32091
　　　　(79)
　　行昱(釋)   子7－34274～5
　　　　集3－17211
　　行果(釋)   子7－34278、
　　　　34281
　　行景(釋)   子7－34569
　　　　集1－569
67 行明(釋)   子7－34004
72 行岳(釋)   子6－32092
　　　　(44)
77 行岡(釋)   集6－43022～3
83 行猷(釋)   子6－32091
　　　　(73)
86 行知(釋)   子7－34286
88 行敏(釋)   子7－33211、
　　　　33234～5   集3－19860
　　行策(釋)   子6－32091
　　　　(75),7－34159、34499
90 行省(釋)   子6－32091
　　　　(76)   集3－13212
91 行悟(釋)   子6－32091
　　　　(82)
97 行恂(釋)   史7－51649～
　　　　50
98 行悅(釋)   子7－34111
　　　　集3－14122

虞鳴球　史7-56875～6
71 虞原璩　集2-6472
76 虞陽逸士耐園氏　子4-
　　23555
77 虞際昌　史8-59059
　　虞學瀨　史8-60253
　　虞開第　史5-37190
80 虞金銘　史8-61171
　　虞鑛　子2-6374
　　虞夒　集6-43619
　　虞美壽　史5-37191
87 虞銘新　集5-41435～8
　　叢2-2234
90 虞懷忠　史8-61618　集
　　6-42781、43936
　　虞光祚　史7-57420
　　虞棠　史5-37213
93 虞悰　子4-18907　叢1-
　　22(16)、23(15)、2-617
　　(2)
97 虞輝祖　子7-37961　集
　　5-40154～5

2124₀ 虔

35 虔禮寶　集3-21533　叢
　　1-581

2124₁ 處

10 處元(釋)　子7-33836
46 處觀(釋)　子6-32083
　　(27)、32085(40)、32086
　　(47)、32088(29)、32089
　　(51)、32090(65)、32091
　　(63)
50 處囊齋主人　史2-6420

2124₇ 優

34 優波底沙羅漢　子6-
　　32081(38)、32082(17)、
　　32083(25)、32084(21)、
　　32085(37)、32086(41)、
　　32088(26)、32089(46)、

32090(52)、32091(51)、
　　32092(35)、32093(30)、
　　優波扇多(釋)　子6-
　　32081(38)、32082(17)、
　　32083(24)、32084(20)、
　　32085(36)、32086(41)、
　　32088(26)、32089(45)、
　　32090(52)、32091(51)、
　　32092(35)、32093(29)、7-
　　32776
85 優鉢羅齋主　史1-4291

2125₃ 歲

27 歲紹康　子2-11127

2128₆ 潁

30 潁容　經1-7190～1　叢
　　2-765～6、774(4)

須

00 須方岳　子5-26557
11 須彌保　集4-29988
27 須紹記　子1-4265
　　須紹榮　子1-4265
30 須永金三郎　子7-36412
50 須惠清　史5-36307
53 須輔臣　史5-36308
88 須敏來　史5-36307

2133₁ 熊

00 熊立品　子2-6921～2、
　　6991、8836
　　熊亮謨　史5-38941
　　熊彥明　子2-9185
　　熊方　史1-5、10(1)、4645
　　～6　叢1-223(17)
　　熊方柏　子1-3597
　　熊應龍　集3-14104
　　熊應雄　子2-8551、8754、

10412
　　熊應煌　史7-57948
　　熊庭輪　史5-38942
　　熊慶笏　子2-4768、5474、
　　7219
　　熊亦奇　史3-16090
　　熊文登　經2-13033
　　熊文瀾　史8-60347
　　熊文壽　史3-16305
　　熊文泰　集4-22350
　　熊文舉　史1-3138　集
　　3-13267～70、6-41971
　　叢2-869
　　熊文銓　史5-38954
　　熊文烺　集4-32869～70
　　熊文熾　史5-38937
　　熊章溥　史5-38952
　　熊京裕　史5-38943
06 熊譯元　史1-5279
07 熊翀　集4-28714
10 熊一瀟　集3-15790
　　熊三拔　子1-4225、3-
　　11236、11329、12389、
　　12709、4-18658　叢1-
　　135、223(32、34)、274(4)、
　　2-731(26)
　　熊正倫　集5-40738
　　熊玉綸　史5-38931
　　熊玉華　史8-61855
　　熊元　史8-59188
　　熊元諤　史3-21141
　　熊天章　史8-60142
　　熊可徵　子1-1151
11 熊孺登　集6-41883
12 熊登　史8-60260
　　熊廷弼　史6-47101、
　　48439～41　集2-11123
　　～30、6-43118
　　熊廷獻　史7-55579
　　熊廷傑　經2-13487
　　熊廷杰　史8-61901
　　熊廷權　集5-40616～7
　　熊廷鈞　史3-21780
15 熊璉　集4-22434～5、6-
　　42020、7-47660
16 熊璟崇　集4-25660、6-
　　42067
17 熊孟秉　叢1-223(58)
　　熊璬　子3-13186
　　熊子臣　史7-57697
20 熊爲霖　經1-1309、6977

史1-1796,8-58577　集
3-20079～80

熊秀斐　史5-38971

熊禾　經1-38,568,2136,
2-10242　子1-2654
集1-4589～95　叢1-
213～4,223(58),2-731
(45)

熊秉懋　子3-14449、
14462、14464

熊維飛　史8-62280

熊維熊　史2-7818

熊維典　史8-58528

21 熊衍學　史8-58987

熊卓　集2-7326～7,6-
41935(1)

熊占祥　史8-61699

熊師望　史7-56576

熊經　子3-16809

22 熊鑾鈞　集5-36056

熊任　史8-58883

熊鼎　子4-23347

熊山口　子3-14496

熊崇煦　子7-37333

熊繼軒　史3-18286

23 熊償　子4-20567

熊峻運　史2-13308、
13310　子5-25859

24 熊化　集2-11181～2

熊魁　史5-38936

熊德慶　集4-28793～5,
7-47301～2

熊佑　叢1-18

熊特生　史8-61596

25 熊傳策　集4-28715

熊傑　集2-7992

熊傑勛　集5-38368

26 熊伯龍　集2-5964～5,3-
13961～3,6-42023、
42066、45336

熊和禮　史5-38953

27 熊象黻　集4-23457

熊象援　史1-6106

熊象慧　集4-26185

熊象階　史8-59722、
64002

熊名相　史7-55913

熊紹庚　史8-60530　集
4-31076

熊紹龍　史8-59570

28 熊以珣　史3-21101

熊作齋　史5-38945

熊稔寰　集7-54626

30 熊宣謨　史5-38949

熊家彥　史8-61558　集
4-31668

熊家振　史8-62927

熊家驥　子2-6992～6、
9517～9

熊家翔　史5-38969

熊之森　史5-38960

熊守立　子3-14504

熊守謙　經2-12892

熊安生　經1-5566　叢
2-774(4)

熊良斐　史5-38951

熊良弼　史7-56340

熊良翬　集3-20607

熊良輔　經1-77(2)、595
叢1-223(3)、227(2)

熊定飛　集4-21998

熊寶泰　集3-20607,4-
22350、23457

熊寶僧　集5-40955

熊寶壽　集5-35898

熊寶泰　史1-6106　集
4-22478

熊寶善　史8-58488

熊賓　史6-41916　子2-
5265　集5-40101～2

熊宗立　子2-4772、5359、
5420、5460～2、5768、6002
～3、6727、7656、7991、
8357、8597、8663、9228,3-
11682、11684～5、12967、
14450、14462～4

熊宗貴　史5-38965

31 熊福鏞　集4-31914～5

32 熊兆　經2-8498

熊兆麟　史8-62793

熊兆占　史7-55773

熊兆師　史8-60866

熊兆渭　叢2-682

熊兆松　集5-34535

熊兆春　史5-38963

34 熊湛英　史7-49341

熊漢鼎　集5-35759

熊浹　史6-42011

熊汝弼　史8-60188

熊汝嶽　子3-13363、
13445

熊汝梅　史3-15655

熊逮　集6-45711

熊遠寄　史8-59736

35 熊沖宇　經1-484

熊清河　史5-39651

36 熊遇知　史3-15990

37 熊潤先　史5-38940、
38975

熊鴻謨　史8-61507

熊鴻福　史5-38948

熊湄　集3-16493～5

熊祖詒　史2-10363,3-
15892、17303,7-57845
集4-33068～9

熊過　經1-685～6、7577
集2-8218～9　叢1-
223(4、11)

38 熊祥謙　史8-61842

熊裕堂　集7-47301～2

熊裕棠　集4-28793～5

熊道琛　史8-61712

熊啓詠　史8-60396

40 熊九嶽　經1-3812

熊大遂　史5-38946

熊大木　子5-24949、
27957、28032、28076～8、
28122～3

熊大年　子1-2767　叢
1-452、586(3),2-716(2)

熊太古　子4-20250～2
叢1-34

熊士伯　經2-14353

熊士鵬　集4-23888～9,
6-46039～40　叢2-1587

熊士犀　史2-9550

熊克　經1-301～2　史
1-1489　子4-18978、
19008　叢1-223(18、
38),2-653(6)、731(66)

熊希齡　史3-16500,6-
44487、44872～3、44875
集5-40858

熊志鴻　史5-38947

熊志學　經1-957　叢1-
193

熊壽試　子2-6387

熊壽籛　史7-55086

熊森堃　史3-20954

42 熊壎　集4-25404～5

43 熊載陞　史7-58025

44 熊基關　史5-38972

熊蓋臣　史7-57896

熊夢巖　子1-4477

中國古籍總目著者索引

熊夢祥 史7-54925 集
　1-5698
熊懋獎 子4-24279
熊葵向 史8-61911
熊華點 集7-49487
熊英豪 史5-38973
熊莪 史3-20946,6-
　46191 集4-26668
熊蕃 子4-18978～80、
　19004～6 叢1-19(9)、
　20(7)、21(8)、22(15)、23
　(15)、24(9)、29(6)、223
　(38)、278
熊世璁 史8-61820
熊芑詒 史2-10505
熊其英 史7-56488、
　57003 集5-36286～7
熊其光 史3-15376、
　17969 集4-33068～9
熊林焦 叢2-1240
46 熊埋 經2-9277 叢2-
　774(6)
熊觀國 史7-51031
熊相 史7-55003,8-
　58839、61616
47 熊聲元 史8-62234
熊起磻 史3-21492 子
　3-13238、13587
熊起渭 史8-61441
熊超 集7-49487
48 熊松之 經1-5779 史
　8-58864 集5-36653
熊枚 史2-11909
50 熊泰封 集5-39334～5
熊惠民 子4-24702
熊忠 經2-13743～4 叢
　1-223(16)、227(4)
熊忠鴻 史5-38950
熊奉章 史3-21577
熊春圃 史5-38968
51 熊振翔 史3-21968
52 熊授南 史8-60435
57 熊邦才 史8-62308
60 熊日新 史5-38933
熊日華 史8-58846
熊國夏 史8-60451
熊國均 史3-18382
熊昂碧 集4-27357～8
熊昂霄 集6-44431
熊昂碧 集6-44431
熊羅宿 經1-6155 史

　1-1058 叢2-626
64 熊曉初 史5-38957、
　38959
66 熊賜履 史2-6335、6683
　～4、11063 子1-1452
　～5、2381 集3-15551
　～5,6-41969 叢1-203
　(17)、210、212、2-731
　(60)、872、1338
67 熊叨懋 史5-38974
熊明遇 史6-48473 子
　4-19042 集2-11620～
　1 叢1-13、22(26)、193
熊鳴岐 史6-45819～20
　叢2-741
熊躍衢 史5-38966
71 熊頤 集2-11181,3-
　15235
72 熊剛大 子1-863～5 叢
　1-223(30)
76 熊陽翔 史5-38944
77 熊朋來 經1-77(4)、121、
　552,2-11468 叢1-223
　(12、14)、227(4)、272(2)、
　273(3)、456(3)、2-731(36)
熊履廷 集3-19270
熊履青 史8-61605 叢
　1-373(2)
熊學詠 史5-38955～6
熊學驥 集4-21960
熊學鵬 史6-42112～3
熊開元 集2-12435～8,
　7-50602
熊卿雲 史8-61759
熊興麟 集2-12529
熊興傑 史8-60522
熊賢 史3-20733
80 熊人霖 經2-13820 史
　2-7167,7-57597 集
　2-12574～7,3-13464
　叢1-193,2-869
熊鏡心 集1-84
熊毓藩 史8-61805
熊會貞 經1-8069 史
　1-94,2-12314,7-
　49313、52713～4、52716、
　52719
熊谷五郎 子7-36232、
　36707
86 熊錦廷 集5-41277
熊智 子7-37604
88 熊敏慧 集3-14691

熊節 子1-863～5 叢
　1-223(30)
90 熊少牧 集4-29508
熊光 史3-21054 集5-
　37123
熊尚 史1-5561
熊尚文 史6-43393 集
　2-9735、9737
91 熊炳離 集4-29854
熊炳星 史5-38938
94 熊焌 史6-46774
96 熊煜奎 子2-5142
97 熊鄰昆 史5-38958
熊燦 史8-60022
99 熊榮 集3-20149

2140₆ 卓

00 卓文君 集1-170～2 叢
　1-168(4)
卓文經 史3-21883
卓文通 集6-43833
10 卓爾康 經1-7613～21
　子3-11329～30 集2-
　11155 叢1-135、223(11)
卓爾堪 史2-8838 集
　3-16902,6-41769、43867
　～8
卓爾昌 子3-15933
卓天寅 史6-44364
卓天錫 史7-56868
12 卓發之 史2-8837,4-
　29514 集2-11779
20 卓秉恬 史2-9790
27 卓個 集4-26983～5
28 卓從之 集7-50524
30 卓宏謀 史7-56023
34 卓淩阿 史6-46979
38 卓洽 集4-22681,6-
　42006
40 卓奇圖 集3-20004～5
41 卓檟 史3-15299
44 卓世彥 子1-3103
48 卓敬 集2-6365～6
60 卓回 集7-48495
卓景濂 史3-15455
67 卓晚春 子5-32007
卓明卿 子5-25025 集
　2-9780～2,6-43325

叢 2 - 833
77 卓朵　子 7 - 38178
80 卓人皋　集 3 - 13987
　卓人月　集 2 - 12526~7,
　　7 - 48447~9,49236、
　　49260　叢 2 - 672
86 卓鈿　史 7 - 56485
88 卓筆峯　集 4 - 23750,6 -
　　42006
91 卓炳森　史 7 - 52307
97 卓炯齋　子 2 - 9975

2155₀ 拜

42 拜斯呼朗　史 8 - 62865
48 拜松居士　子 2 - 4661、
　　8814
67 拜鵑山人　史 1 - 3087
　拜照盦詞人紉芷氏　子
　　3 - 18359

2160₀ 占

07 占部百太郎　子 7 - 36358、
　　36369

2160₁ 呰

30 呰疷道人　子 4 - 21740
　呰疷子　子 5 - 25144~5

皆

22 皆川願　經 1 - 6844
50 皆春居士　叢 1 - 83、111
　　(3)、114(5),2 - 731(30)

2160₈ 睿

60 睿畧(釋)　集 2 - 6194

2171₀ 比

22 比幾斯渴脱　子 7 - 36526

2172₇ 師

00 師方蔚　史 8 - 58869
17 師承瀛　史 7 - 52931
　師子(釋)　子 7 - 34949~
　　53
　師子比丘(釋)　子 6 -
　　32089(52)、32090(66)、
　　32091(64)、32092(42)、
　　32093(52)
　師尹　集 1 - 2488
20 師住(釋)　子 6 - 32091
　　(74)
　師皎(釋)　子 6 - 32091
　　(72)
21 師仁壽　子 5 - 29530(1)、
　　29802
22 師鼎(釋)　子 7 - 34273
　師繼祖　集 7 - 47960
24 師他代爾曼　子 7 - 37038
27 師多馬　子 7 - 35815
28 師從德　史 8 - 62835
38 師道南　集 4 - 23339、
　　26091
40 師有光　集 6 - 41794
49 師妙雯　子 3 - 17795
50 師史氏　史 7 - 53580　叢
　　1 - 496(6)
　師婁子　集 3 - 19092
　師表　集 5 - 39726
53 師成子　子 2 - 4768、7712
60 師曠　子 4 - 18540、19354
67 師明(釋)　子 7 - 34200
77 師覺授　史 2 - 6925~6
　　叢 2 - 628、731(61)、770、
　　772(5)、773(5)
　師周孔　史 1 - 3842
80 師念祖　子 4 - 24363
　師會(釋)　子 6 - 32089
　　(50)、32090(64)、32091
　　(63)、32093(49)、7 -
　　32109、33807

88 師竹齋主人　經 2 - 13481
　師籛　集 4 - 23930
　師範　史 1 - 3743,6 -
　　46898,7 - 49317(7、8、9)、
　　49318(10、13、16)、51049
　　~50、54696~7,8 - 62325
　　子 4 - 21131~2　集 3 -
　　20834,4 - 23335~47,6 -
　　44554、46062　叢 1 -
　　267,2 - 886(2、3、5)
97 師炤(釋)　子 6 - 32091
　　(78)

2180₆ 貞

10 貞一居士　子 4 - 18840
34 貞祐官　叢 2 - 716(2)
　貞祐中官　叢 1 - 586(3)
60 貞固　子 3 - 14717

2190₃ 紫

00 紫塵真人　子 2 - 4683、
　　9762、10697
10 紫霞草堂主人　子 1 - 3241
　紫雲上人　子 2 - 10400
　紫雲山人　集 7 - 54532
　紫雲軒道人　子 3 - 14581
14 紫琪甫　子 4 - 24701
28 紫微夫人　子 5 - 29535
　　(4)、29536(3)、29825~6
35 紫清白真人　子 5 - 29580
41 紫垣　子 2 - 10916
44 紫芝山樵　集 3 - 20781
46 紫柏(釋)　子 4 - 20364
72 紫髯道人　子 5 - 28851
77 紫卿　集 5 - 34663

2190₄ 柴

00 柴育孝　集 4 - 28673
　柴裔　子 2 - 5873
　柴應槐　史 1 - 187
　柴應辰　史 7 - 55421、
　　55978

柴文傑　集5-34800～2
柴文瀛　史4-31521
柴文杰　史1-6165,3-
　18027
柴文卿　史7-57212
柴奕孫　集3-19622
07 柴望　子3-14425～7　集
　1-4285～94,6-41715、
　41889、41896、41904、
　45028～31　叢1-107、
　111(2)、204、223(58、69)、
　296,2-731(15)
08 柴謙　集3-20140
09 柴麟書　史4-31526
10 柴元彪　集1-4340
　柴元臯　子5-29530(20)、
　31971
　柴栗燊　史1-1995,7-
　51528
12 柴珽　史4-31516
21 柴經　集2-8403
　柴經國　史7-55248
22 柴鼎鉉　史2-11692
24 柴升　集1-2449,2707、
　3445、3483,3-16476,6-
　41902、46055
25 柴傑　史2-6640,7-
　49354、52926、53349　集
　3-20376～8　叢1-408,
　2-832(3)
26 柴得華　子2-8132
27 柴紹炳　經2-14058～61、
　14540　史6-41568,7-
　52926　子5-25376～7
　集3-13893～5,7-46350
　叢1-371,2-1285
28 柴復貞　子3-13181　集
　1-4289,6-41715、45028
　～31　叢1-223(69)
30 柴守愚　史8-62955
　柴寅賓　經2-10383
31 柴源　集7-47498
35 柴連復　子7-35713、
　35779
37 柴潮生　子2-7128、10557
　叢2-771(2)
38 柴肇　史3-20657
　柴綮　子5-25543
40 柴才　集3-19405～8
　柴存仁　集5-36331
　柴奇　集2-7876～7
42 柴樸　史7-56183

43 柴載清　史4-31521
44 柴蓮馥　史1-4314
　柴華玉　史4-31522
　柴世堂　子4-24306　集
　3-13893、17324　叢2-
　1285
　柴桂　史4-31519
46 柴觀　子2-10306
52 柴揆　史8-59766
　柴靜儀　集6-41999
60 柴國璉　子2-9522
　柴四郎　子7-36227、
　36337、38166
　柴田承桂　子7-36231(4)
　柴冕藻　史4-29510
67 柴明煜　史4-31520
　柴照　史8-61440
74 柴隨亨　集1-4295
77 柴鳳臺　史4-31515
　柴朋颿　史7-51753
　柴桑　史7-49317(5)、
　49318(12、13)、49322、
　49822、50490、53905　子
　4-23489　叢1-496(5)
　柴桑文　子5-29384
80 柴金源　史4-31518
　柴鑱　史8-58338
90 柴惟道　集2-8281
　柴尚欽　史3-17706
91 柴恆　子2-10306
99 柴榮(北周世宗)　叢2-
　771(2)

2191₀ 紅

10 紅豆邨樵　集7-49552、
　49558
　紅雪山莊外史　叢2-735
　(1)
30 紅字李二　集7-48893
40 紅杏主人　子4-18965
44 紅葉邨莊隱者　叢1-371

2191₁ 經

00 經亨頤　集5-41365
　經文布　史3-17421

10 經元善　史2-9980,5-
　37948,6-42410　集5-
　36883～4
　經元智　集5-38624
17 經司頓　子7-38186
24 經緯　史5-37947　子1-
　2576
28 經綸堂　子2-4691
30 經濟　集4-30534～5,7-
　47805
47 經起鵬　史8-59882
50 經史閣　集6-43212
80 經佘　史5-37947
90 經半園　叢1-584

2196₁ 緇

　緇雲氏　史1-4283

2198₆ 穎

12 穎水無緣居士　子5-
　28313～4
21 穎卓濱　叢2-958
45 穎樓居士　子5-26484

2200₀ 川

27 川島浪速　子7-36228(5)
34 川漢鐵路總公司　史6-
　44335
37 川瀨元九郎　子7-37850
　川瀨儀太郎　子7-37197

2201₀ 胤

34 胤禛(清世宗)　經2-
　8295、8460、8586　史6-
　47130、47671、47673、
　48711～2　子1-1995～
　2000、2006、2029～31、
　2033、2039、4138,4-
　19502、22325,6-32092

62182　集5-34637　叢
2-885

任雲倬　經1-1657~8
叢1-517

11 任預　經1-6031　叢2-
774(4)

12 任瑗　史7-49317(8)、
49318(11)、53219　集3-
18879　叢2-807

任璣　史8-59339　集6-
42315

任弘烈　史8-59398~9

任弘遠　史7-52970

任弘道　集2-10008

任廷旭　子7-35778、
36409、36417、37760、
38055、38114

任廷槐　史8-58728

任孔昭　子1-1434

14 任功漢　史4-26797

任劭傳　集5-41580,6-
42017

16 任環　集2-9262　叢1-
223(66)

17 任珊　史4-26770

任乃賡　史2-11837,7-
56797

任乃强　史8-62113

任承烈　史4-26758

任承弼　史3-17654

任承允　史8-63119　集
5-40054

任承紀　子4-21954

任承恩　集4-22548~9

任豫　史7-50950　叢1-
19(2)、21(2)、22(11)、23
(10)、24(2)

任子龍　史7-56597

20 任重光　史3-15430　集
5-34612

21 任仁發　史6-46737

任衡　史8-60881

任衡蕙　史7-55405

任熊　史2-6477、8047
子3-16347、16351~2、
16750~2

任卓　子5-25502

22 任出郡　史4-26798

任崧珠　集4-32608

24 任先覺　史7-55383

任德增　史4-26771

任俠　集3-14279

任佑觀　集5-38980

任贊　子2-8467

任科職　子5-25995

25 任傳藻　史7-54911、
55025,8-58860、59512

26 任自垣　史7-52550

任自舉　集3-19392

任保羅　子7-35659、
36269、37795、38150

任和富　史4-26778

27 任繩隗　集3-15723~4

28 任以任　史4-26763

任以治　子5-26159　集
3-20131,4-22148

任佺　史8-63020

30 任瀛　經2-11486　集6-
42763

任瀛翰　史8-63192

任之鼎　史7-57315

任之驊　史2-10263

任守恭　史7-55139

任安上　經1-5963　集
4-22547,7-47249

任宏遠　集3-19616

任宏嘉　史6-48689

任宏教　史4-26766

任良試　史4-26776

任良佐　史4-26787

任官燮　史3-20029

任宗昉　史3-22256

31 任源祥　集3-14024~7
叢2-771(1)

任福祐　集6-42287

32 任淵　集1-2692~5、2697
~9、2713~4、2813~5
叢1-223(52)、230(5),2-
635(9)、698(10)、731(42)

任兆麟　經1-2414、2494、
2584、3361、4059、4604、
4679、5289、5903、5936、
5948、6392、8132,2-
8466、12091、12762、
13251、13277、13285、
14139、14544、14563　史
1-7、998、1408、2045、
2049、2231、2234、2239、
5695,2-6379、6472、
6584、8223、8351、11068,
6-42222、49211,7-
52295,8-64473　子1-
192、264、295、369、397、
407、419、3110、3176、

3195、3991、4014、4075,3-
17707、17830,4-19514、
19565~6、19650、19679、
24288~91,5-29165、
29381、29487　集3-
20128~31、21337,6-
45521　叢1-93、236~
7、418,2-1576~7

任兆麟　經1-156

任兆堅　集5-33965

34 任汝霖　史3-23276

35 任沛霖　集4-27769

任連叔　子5-26015

37 任洵　史8-62373

任洛　史7-56080、57365
叢2-785

38 任瀚　集2-8558~61,6-
41935(2)

任道鎔　史1-6089,2-
12898,4-26762　集3-
14027,5-34289~90　叢
2-1940

任肇新　史8-62701

任啓烈　史8-61936

任啓運　經1-163(1)、
169、1179~82、2841~2、
5696~7、5949、6163~5、
6172~3、6354,2-8459、
8586、8798、9072、9947、
10683　史1-4962~3
子5-25365　集3-
17681~3　叢1-223(5、
8)、558,2-798、1389~90

40 任九皐　史4-26760

任大廩　集3-19472,6-
44409

任大任　經2-9037

任大椿　經1-111(2)、163
(1)、5880、6191,2-
12740、12746、12752~4、
12758、12760、12762、
12776、12782、12787、
12800、12803、12936、
12947、12952、12955、
13252、13254~5、13257、
13278、13287、13328、
13334、13337、13347、
13593、13600、13608、
13612、13616、13618、
13627、14017、14564、
14576、14585、14610、
14620、14656、14692、
14699、14702、14705、
14711、14717、14720、

中
國
古
籍
總
目
·
索
引

52823
32 崔澄　史3-15737
　　崔澄宇　集5-38127
　　崔澄寰　史7-55896
33 崔必鈺　集5-33876
　　崔泌之　集2-11906
　　崔述　經1-2195、2911、
　　　4531、5458、6141、2-9513
　　　史1-6007~8、6010、6012
　　　~5、6019~20、2-8168、
　　　8391~2、8437、9562、6-
　　　41592、7-52851　集4-
　　　22273~6　叢2-731(3、
　　　4、9、38)、782(4)、1537~9
34 崔漢綺　子4-21798、
　　　24350
　　崔汝立　史3-15967、
　　　18136
　　崔汝襄　史7-55215~6
　　崔汝瑚　集4-23444
　　崔淇　史8-59555
　　崔潢　集4-31239
　　崔祐甫　叢1-223(48)、
　　　227(8)
　　崔祺　子5-26173
　　崔邁　集4-22574~5　叢
　　　2-1539
　　崔達　史8-61266
36 崔泗榮　史5-34337
　　崔湜　史6-42885
37 崔鴻　史1-2315~8、2329、
　　　2334、2336~7、2339、2341
　　　~2、2345、2349、2362、
　　　2364~5　叢1-74~7、
　　　223(22)、227(6)、2-653
　　　(6)、698(4)、731(65)、777
　　崔鴻裁　史3-22447
　　崔鴻圖　經2-13137　史
　　　8-65044
　　崔汲　經1-653　史2-
　　　8917　集2-7758
　　崔逢霖　集5-36552
38 崔塗　集1-1769、6-
　　　41741、41824、41858~9、
　　　41863
　　崔淦　史8-60140
　　崔澂　史8-62416
　　崔祥奎　史7-50028　叢
　　　2-785
　　崔遵度　史1-1467
　　崔肇琳　史3-16765　集
　　　5-40607

崔啓元　史7-55239
40 崔士偉　史8-59438
　　崔士榮　叢2-1083
　　崔培元　史8-60349　集
　　　2-12609~10
　　崔希範　子5-29535(4)、
　　　29536(4)、29547、31112~5
　　崔志元　史7-56611
　　崔嘉彥　子2-4549~51、
　　　4564、4569~70、4588、
　　　4700、4721、4746、4771
　　　(2)、5543、5759、6011~8、
　　　6080　叢1-115
　　崔嘉霨　史1-6089
　　崔嘉勳　史3-14965　叢
　　　2-724
　　崔嘉祥　史1-2876　叢
　　　2-730(12)、731(54)、836
44 崔蓮峯　史7-55306
　　崔苓瑞　史7-55061
　　崔赫　史8-59922
　　崔懋　史8-59169
　　崔華　經1-705　史2-
　　　9324、7-56708　子2-
　　　8759　集3-15582
　　崔世霖　史3-17025、
　　　22971
　　崔世召　史7-52369　集
　　　2-12401
　　崔世賢　史3-17571
　　崔世榮　史3-17839
　　崔芸琳　子3-17568
　　崔桂林　集7-50305
46 崔旭　史7-49324、49885、
　　　8-59135　集4-25467~
　　　70　叢2-1670
　　崔覲　經1-368、2322　叢
　　　2-774(2)
47 崔鶴齡　史7-56010
　　崔朝慶　子3-12396、
　　　12621、12697、12761、
　　　12828、12832、7-36228
　　　(4)、36237、37517　叢1-
　　　500、568
　　崔起潛　子1-3619、3-
　　　18175
　　崔桐　史7-56817　集2-
　　　7707~10、6-45336
48 崔松圃　史5-34336
51 崔振宗　集4-21957
57 崔邦亮　集1-2431、2436、
　　　2691、4949

60 崔旦　史6-44125　叢1-
　　　46、2-731(20)
　　崔旦伯　叢1-269(4)
　　崔國琚　集4-33006~8
　　崔國榜　史3-15682、8-
　　　58622、58681
　　崔國幹　史3-18309
　　崔國因　史3-15735、
　　　18391、6-49065、7-49318
　　　(22)、54157
　　崔國鐸　史3-19342
　　崔晨　集4-30635
　　崔冕　史2-13309　集3-
　　　14298
　　崔昌齡　子2-8899
　　崔邑俊　史8-61589
　　崔曇之　子5-30431
61 崔顥　集1-1087~9、6-
　　　41743、41824、41838、
　　　41847~8
64 崔曉　史2-8776
　　崔曉然　史7-55661
65 崔映秀　史3-17732
　　崔映棠　史8-61720
　　崔睫　集5-38887
　　崔㫰　經2-9584　史7-
　　　49709　子3-16446
66 崔暘　集4-30340
　　崔曙　集1-1086、6-
　　　41739、41743、41819、
　　　41824、41838、41869
67 崔鳴玉　史7-57498
　　崔昭　史8-62901
　　崔路常　集5-37049
71 崔長清　史7-55752
76 崔馭　集1-208~9、6-
　　　41698　叢1-183
77 崔鳳鳴　集4-32312~3
　　崔同緌　史7-55892
　　崔熙春　子4-21598~9
　　崔學古　史7-57942　子
　　　1-2797~8　叢1-197
　　　(2)、198、481
　　崔學履　史7-54958
　　崔與之　史2-8776　集
　　　1-3936~8、6-41894(3)
　　　叢2-731(40)、881
80 崔侖　集5-37351
　　崔令欽　子4-22827　叢
　　　1-11~2、15、19(4)、20
　　　(3)、21(4)、22(13)、23
　　　(13)、24(5)、29(3)、56、90

~1、114(7)、115、168(3)、
189、223(44)、255(2)、
374、407(2)、587(2)、2-
730(5)、731(50)
崔尊五　史5-34335
崔尊彝　集5-36552
崔毓桐　史3-21259
崔曾震　集4-30341
崔曾頤　史7-55941
崔公度　叢1-587(4)
崔公甫　史8-59121、
59345
82 崔鍾淦　史7-55884
崔鍾善　史2-6819
84 崔銑　經1-652~3,2-
8957　史1-4412~4,2-
7245、7370、7-53074、8-
58213、59727　子1-
104、545、686、986~90、
2351,4-20035~6、
20038、22990、23852~3
集1-3605,2-7756~60、
6-41794、42734、45485
叢1-22(20、21、22、24)、
29(7)、46、61~4、66、84
(4)、87、97、174、195(2)、
223(3、31、41、65)、269
(4)、270(3)、330,2-730
(1、3、11)、731(8、11)、782
(2)、1082~3
崔錡　史8-60723
崔鑄善　史7-55919
86 崔錦中　史3-15767
崔錫　史7-57680
崔錫華　集4-27020
90 崔光弼　史3-19163
崔光斗　集4-33006
崔光煦　史8-59025
崔光笏　史8-59136　集
4-30843
崔爌　史2-8777
91 崔炳炎　集5-40606
96 崔憬　經1-392~3、2322
叢2-772(1)、773(1)、774
(2)
97 崔煥章　史3-15622
99 崔瑩　史3-18126
崔榮光　史5-34331

2222₁ 鼎

71 鼎臣　史8-59580

87 鼎銘　史3-20430

2222₇ 僞

31 僞江蘇省立蘇州圖書館編
纂委員會　叢2-796

嵩

20 嵩孚　史6-47454、47910
22 嵩山　史8-59001
25 嵩岫　經2-13492
26 嵩泉老人　經1-2085
27 嵩峋　集5-37808
28 嵩齡　子3-16543,7-
33236
37 嵩洛峯　經2-15047
嵩祿　集4-26535,6-
41997
40 嵩壽　史3-16079
嵩來(釋)　子7-34363
50 嵩申　史3-15703
嵩貴　史8-59520
60 嵩昆　史6-46467
67 嵩明勸學所　史8-62375
80 嵩年　史3-17102　集4-
27029,6-41997

2223₄ 嶽

77 嶽賢(釋)　子6-32091
(77)

2224₁ 岸

50 岸本能武太　子7-36517
岸本辰雄　子7-36573

2224₄ 倭

21 倭仁　史2-12776,6-

46967,7-49317(6)、
49318(3)、53990　子1-
1781、2438、2702,4-
21871　集4-30995~8
叢1-451、483,2-691
(3)、1807
24 倭什訥　史7-54113
倭什琿布　史6-42163
倭什洪額　集5-34803
倭什布　史8-59388、
59443
66 倭哩賀　史7-54505

2224₇ 後

26 後白石生　叢2-1978
44 後藤牧泰　子7-37420、
37953
後藤世鈞　經2-10220
後藤省　子2-4768
77 後覺子樂山氏　子3-
13270

2227₀ 仙

10 仙石政固　經2-9248
31 仙源素心眉史　集5-
34281
40 仙臺逸人　子2-10941

2232₇ 鸞

88 鸞簫製　集7-49673

2238₆ 嶺

40 嶺南玉社　史8-65145~6

2241₀ 乳

22 乳山山人　經2-8871、

9149　子1-2857

2250₄ 峯

22 峯岸米造　子7-36305
37 峯泖散人　子5-31503
60 峯是三郎　子7-36232
　　峯是三郎　子7-36684

2260₁ 岩

22 岩川友太郎　子7-37827、
　　37829
24 岩崎徂堂　子7-36477
60 岩田一郎　子7-36581
　　岩田次郎　子7-37061
80 岩谷孫藏　子7-36667

2265₃ 畿

53 畿輔通志局　史8-66435

2271₁ 崑

10 崑石山人　集7-48423
22 崑山國樂保存社　集7-
　　54719
40 崑南道人　子4-24179
77 崑岡　史6-41695~7　子
　　1-109

2277₀ 山

00 山高幾之丞　子7-36708
　　~9
08 山謙之　史7-50088~90、
　　50167、57237~9　叢1-
　　19(2)、21(2)、22(11)、23
　　(10)、24(3)、346、509、2-
　　779、1740~2
10 山石道人　子4-23647

山西商務局　史6-44779
山西調查局　史3-23728
山西清理財政局　史6-
　　43266~7、43269~73
山西財政清理局　史6-
　　43268
山西財政清源局　史6-
　　43265
山西等處承宣布政使司
　　史6-43603
山西省文獻委員會　叢
　　2-821
21 山上萬次郎　子7-37695、
　　37711、37737、37743
　　山止(釋)　史7-53373
　　叢2-832(3)
23 山外山人　子5-28596
24 山崎嘉　經1-2366,2-
　　8921
　　山崎敬一郎　子7-36467
25 山仲甫　集6-45477
31 山福德　子7-37016
34 山濤　史6-48095~7　集
　　1-332　叢1-22(10)、23
　　(9),2-2173
40 山内正了　子7-36268
　　山内繁雄　子7-37414
47 山根虎之助　子7-36977
50 山本正義　子7-37091
　　山本利喜雄　子7-36352、
　　36354
　　山本惟孝　經2-9545
　　山東調查局　史6-47312,
　　8-63964
　　山東河防總局　史6-
　　46869
　　山東法政學堂　史1-3570
　　山東書局　史8-66478
　　山東全省清理財政局　史
　　6-43335~6、43901
　　山東籌辦賑捐總局　史
　　6-44710
　　山東省立圖書館　經2-
　　14698
55 山井鼎　經1-3394,2-
　　9458、9960、11984~5　叢
　　1-223(12)、282(3)、283
　　(3),2-731(3、63)
60 山口小太郎　子7-36232
　　山田三良　子7-36509
　　山田弘倫　子7-37848
　　山田源泉一郎　子7-

37996
　　山田敬直　史7-49318
　　(17)
　　山田義莊　子7-36576
62 山縣初男　子7-37700
64 山曉(釋)　集3-13889
67 山路一遊　子7-36717
70 山雅毅　子7-37310
77 山鳳輝　集4-30957
　　山賢羅漢　子6-32093
　　(30)
　　山賢尊者　子6-32081
　　(38)、32082(17)、32083
　　(25)、32085(36)、32086
　　(41)、32088(26)、32089
　　(45)、32090(51)、32091
　　(50)、32092(34)
78 山陰杜就田　子7-37475

2277₂ 出

38 出洋肄業局　子7-36249
　　~50、36776　叢1-568
　　出洋學生編譯所　子7-
　　37198
　　出洋學生編輯所　史6-
　　46048　子7-36227、
　　36300、36336、36507~8、
　　36597、36777、37740、
　　37746、38092
60 出田新　子7-37032

2290₀ 利

00 利高烈　子7-35451~3
　　利言(釋)　子6-32093
　　(8),7-32310
10 利璋　史8-60839~40
　　利百加　子7-35159
11 利瑪竇　經2-14470　子
　　3-11270、11310、11354~
　　5、11378、12374、12389、
　　12396、12455~7、12476、
　　12483~6,4-18647,7-
　　35260~7、36228(4)、
　　36241　叢1-13、14(3)、
　　22(25)、107、111(3)、119
　　~20、135、223(34、35)、

241、242(4)、272(3)、274
(4)、310、371、437、453、2－
731(16、25、26)

12 利登　集1－4302、6－41744
～6、41888、41891～3、
41894(3)、41895、41897～
8、41904、41912、41917、
41923

23 利稼孫　子7－37020
利稼孫華得斯　子7－
36228(3)、36231(3)、
36242(3)、36250

30 利安定　子7－35330
利安當　子7－35303

47 利根川與作　子7－36232

91 利類思　子4－19392、7－
35250～1、35306～9、
35491、35543　叢1－195
(7)、201、203(2)、330、
467、2－731(60)

2290₁　崇

00 崇文書局　經2－11136～9
子1－61、4－19588、19621
叢1－410～1

08 崇謙　史8－62544　集5－
40353

10 崇霽　史2－12300
崇雯　史2－10311、12300、
12483

22 崇山　史6－47907

23 崇俊　史8－62201

24 崇勳　史3－17516
崇綺　史1－4235、3－17067

30 崇實　史2－12230、3－
15394、17036　集4－
33516～20

31 崇福　史6－43899　集4－
26293

34 崇祐　集4－32462～3、6－
42007(3)
崇禧　子1－3002
崇遠(釋)　集4－28118～9

35 崇禮　史2－13090、7－
49318(19)、54114

38 崇瀚　史3－17243

39 崇洸　集5－35487

43 崇樾　集4－32311

44 崇桂　史3－17470

60 崇恩　史2－9759、8－63662
～3　子1－2979、3－
17299　集4－30836～42

67 崇昭王妃鍾氏　子3－
17523、17636～7

71 崇厚　史2－6545、12266、
3－17074、22206、6－42205

72 崇岳(釋)　子7－34197

74 崇尉然　集5－35144

77 崇鳳威　經2－14419

90 崇光(釋)　集2－7336

2290₄　巢

00 巢方軒　史5－35491

10 巢玉庵　子3－18307　叢
1－22(27)
巢元方　子2－4727、4771
(2、4)、5956、11139　叢
1－223(32)、2－2130～1

17 巢盈升　史5－35490
巢子梁　子1－1293　叢
1－151

30 巢永宸　史5－35489

51 巢振鏞　史3－18306

67 巢鳴盛　子1－4475　叢
1－195(6)、2－731(30)

樂

00 樂育園主人　子1－2570
樂文炳　史3－19928

02 樂新鑪　集2－7626

04 樂護　集2－7625～6

07 樂韶鳳　經2－13747～53
叢1－223(16)

08 樂說(釋)　子7－34318

10 樂玉聲　史7－55547
樂元聲　子3－12905
樂平王　史2－6506
樂天大笑生　子5－27397
樂天居士　史1－1979
樂雷發　集1－4384～9、6－
41744～5、41891、41894
(4)、41896～9、41904、
41913、41916、41924　叢
1－223(57)、425

樂雲主人　子2－9559

20 樂舜日　子5－28179～80

21 樂儒蔚　經1－5072

22 樂山書屋月溪氏　子2－
10025

25 樂純　子4－20873
樂純青　史8－60294

28 樂倫　史6－43223～4

30 樂安成　史8－61023

37 樂涵　經1－1537
樂資　史1－2207～8、7－
49308、49440　叢2－
765、772(2)、773(2)

40 樂嘉藻　集5－40783

42 樂彬　子4－21762

44 樂林司郎治　子7－38288

47 樂均　叢1－487

50 樂史　史2－6494、7－
49309、49518～24　子3－
17946、5－26218、26220、
26226、26268～9、27560～
1　叢1－19(4、7)、20
(5)、21(3、6)、22(10、16、
18)、23(10、16、18)、24(4、
8)、29(3)、38、40、168(1、
3)、223(23)、249(2)、255
(3)、367～8、376、395、407
(3)、446、456(6)、465、
482、546、547(3)、587(6)、
2－731(6、56)、735(3)、
777

51 樂振玉　史8－60295

53 樂威毅公　子1－3385

67 樂明紹　史8－60693

77 樂朋龜　子5－29530(19)、
29535(7)、29536(7)

80 樂人炳　史3－19928
樂善社　叢2－724

87 樂鈞　子5－27124～6　集
4－25320～5、7－47446
叢2－735(1)、736

88 樂鑑　集4－27650

欒

00 欒立本　集4－31798　叢
2－784

10 欒元魁　史7－58027

38 欒肇　經2－9257　叢2－
774(6)

77 樂堅　史3-15127
82 樂鍾垚　史8-59472
90 樂尙約　史7-55105

2291₃　繼

30 繼良　子1-1912～3,3-
　　17356
37 繼祖(釋)　子7-34218
40 繼堯(釋)　子6-32091
　　(79)
50 繼忠(釋)　子6-32089
　　(50)、32090(64)、32091
　　(62)、32092(42)、32093
　　(51)
51 繼振　集4-30956
60 繼昌　史3-15973　子4-
　　21753～4,5-31871、
　　31882、31891　集5-
　　37841,7-47644～5、
　　48742　叢1-305,2-698
　　(7)

2291₄　種

44 種蕉藝蘭生　子4-24600,
　　5-27259

2293₀　私

00 私立北泉圖書館　叢2-
　　738
05 私塾改良總會　子1-2469

2294₄　綏

26 綏和逸士　經2-14820
33 綏濱縣公署　史7-56347
34 綏遠通志館　史7-56041
　　～2
　　綏遠民衆教育館　史7-
　　56045
　　綏遠省政府　史7-56043

2297₇　稻

20 稻香齋村學究　子1-2843
　　叢2-1640
41 稻垣乙丙　子7-37029
44 稻村新六　子7-36897、
　　38130
　　稻葉岜吉　叢2-785
90 稻惟德　子7-37797

2300₀　卜

00 卜亨　史4-24701
　　卜商　經1-77(1)、194～
　　200,2319,2321～2,4673
　　～4、4815　叢1-229
　　卜應天　子3-13141、
　　13272～81、13283～5
10 卜爾昌　集4-28462～3
12 卜瑞法　史4-24700
20 卜舜年　子3-14345　集
　　2-12722～5,6-41941
　　卜舫濟　子7-35224、
　　36229、36749、37216、
　　37390、37713
　　卜統　史2-10396
21 卜貞甫　集6-46311
30 卜寧一　集3-19853,6-
　　44945
　　卜宗陵　史4-24705
　　卜宗鵬　史4-24704
37 卜祖麒　史4-24706
38 卜祚光　集3-21446,6-
　　44945
40 卜大有　經2-11487　史
　　1-1548～50、1553、1567、
　　5528
　　卜大同　史6-45481～2
　　子1-3784　叢1-108、
　　111(4)、195(3)
43 卜式　叢2-774(9)
44 卜夢人　集3-18501,6-
　　44945
　　卜葆鈖　史3-15294、
　　19547
　　卜世藩　史3-21857　集

5-40956～8
　　卜世昌　史1-1550、1568
　　集2-8088,6-42052、
　　42054
　　卜世臣　集7-49980
47 卜起元　史4-24699　集
　　4-32713
60 卜日乂　子2-6335
　　卜國賓　集5-35830
62 卜則巍　子3-13139
66 卜曙　集7-53655
75 卜陳彝　子4-23268　叢
　　1-195(6),2-731(7)

2320₀　外

00 外方山人　子4-22592～
　　3,5-26494　叢1-373
　　(5)
　　外交部　史6-44980、
　　45055
18 外務部　史6-44063、
　　44340、45091、45093
50 外史氏　史1-3026　叢
　　1-189

2320₂　參

30 參寥子　叢1-207、243、
　　249(1)、395、410,2-621、
　　624(1)

2321₀　允

03 允誠(釋)　集1-1911
31 允祉　經1-6498　子3-
　　11237　叢1-222
　　允禵　史6-48731～3
34 允灌　史8-66052
　　允禧　集3-19933～9,6-
　　44222
35 允禮　史1-4469,6-
　　46528、47366,7-49346、
　　51086～7、53908　集3-
　　19101～8,6-43048
37 允禟　叢1-223(27)

允祿　經1-78、6518～9,
　　2-13864、14540　史6-
　　42122、42125～6、45848、
　　47665～6、47892　子3-
　　11237、11379～80、11382、
　　14501　集3-16800～1
　　叢1-222、223(15、16、20、
　　27)、227(5、6、7)
38 允祥　史6-46584、46713、
　　46725～6、48729～30　集
　　3-18571　叢1-483
44 允堪(釋)　子7-34463
50 允肅氏　子2-8768

2323₄ 伏

17 伏琛　史7-50596～9　叢
　　1-19(2)、21(2)、22(11)、
　　23(10)、24(3)、29(2)、2-
　　664、776～7、779
21 伏虎道塲行者　子4-
　　24231,5-27178
25 伏生　叢1-330
26 伏儼　叢2-664
32 伏滔　叢2-664
60 伏曼容　經1-352、2322
　　叢2-664、774(2)
79 伏勝　經1-33、2525、2572
　　～3、2577～8、2582、2584、
　　2586～7、2883、3035　叢
　　1-236～7、388～90、524、
　　2-635(2)、664、731(62)、
　　765～6、777、1001
80 伏無忌　叢2-628、664、
　　731(17)、770、772(5)、773
　　(5)、774(10)

2324₀ 代

17 代那　子7-36228(2)、
　　36231(4)、36242(2)、
　　36248、37715～7

2324₂ 傅

00 傅宣初　集3-14960

傅鹿苓　史5-36204
傅亮　集1-468～9,6-
　　41698　叢1-22(19)、23
　　(19)、29(4)、2-891
傅彦瑞　史3-16197
傅商霖　史3-19796
傅方暄　史3-23209
傅應奎　史8-62772
傅唐龍　史5-36285
傅文兆　經1-925
傅文卿　子3-17296
傅文鍔　史5-36270
傅奕　子5-28973～4、
　　29530(13)　叢2-771(2)
傅玄　子1-20、61、66、69、
　　511～22　集1-333～6,
　　6-41694、41698　叢1-
　　19(3)、21(5)、24(4)、77、
　　223(29)、227(6)、230(3)、
　　272(5)、388、491、547(2)、
　　2-731(10)、775(4)、827、
　　891、1027、2173
傅京甫　史5-36252
01 傅顏斌　史5-36208
02 傅端概　子1-3594
　　傅新德　子1-2366　集
　　　2-11119～20　叢2-822
04 傅詩　集4-30051
07 傅毅　叢2-827、891
　　傅調梅　集4-23307
08 傅謙牧　經2-8432
09 傅麟昭　子1-2538　叢
　　　1-197(1)
10 傅一禮　叢2-1027
　　傅一臣　集7-49247～58
　　傅正澧　史5-36273
　　傅正燐　史5-36247
　　傅玉璞　史7-56159
　　傅玉初　史5-36282
　　傅玉書　經1-1163,2-
　　　11763　史8-62288
　　傅王露　史7-52922～4、
　　　57116　叢1-223(25)
傅亞韶　史7-56314
傅元龍　史5-36234
傅元愷　史5-36205
傅丙鑑　集5-35890
傅爾德　史8-59497
傅爾英　史8-59928
傅爾泰　史8-58198
傅爾範　子2-8304

傅而保　史8-58720
傅霄　叢1-265(4)
傅夏器　集2-8922～3
傅天寵　史8-61382
傅天祥　史8-62507
傅天鳳　集4-30477
傅晉泰　史3-20265
傅可堂　集5-39144
傅雲龍　經2-12201,
　　14888、15129　史5-
　　36200,6-45542,7-49318
　　(16、17、19、21)、54048、
　　54338～9、54626～7、
　　54629～32、54870～1、
　　54880、54884、54899,8-
　　63722、64132、66146　子
　　1-1880,7-36229　集
　　5-39146～7,6-43209～
　　10　叢1-466,2-2037
傅雲書　史5-36225
傅霖　史6-45752～5、
　　45757　子2-8918　集
　　5-34956～7　叢1-114
　　(2)、511,2-618
12 傅登　史3-23496
傅瑞彬　史5-36239
傅延熹　子3-18092
傅廷獻　史8-59892
傅廷俊　史5-36240,8-
　　59381
傅廷梧　史3-20918
傅廷標　集3-16721
傅廷蘭　集4-26531
傅廷臣　史7-54207
傅廷善　子1-3750
傅廷鉞　史5-36206
13 傅瑄文　史5-36289
14 傅珪　集2-7267
15 傅建學　史5-36281
16 傅聖過　集5-34244
17 傅鏊　史8-61403
傅豫　史8-59910
傅子雲　史2-11335～6
　　集1-3729
傅習　集6-43651～3　叢
　　1-223(69),2-635(14)
18 傅珍　史5-36256
20 傅爲訏　集3-19359～60
　　叢2-886(3、5)
傅爲霖　史5-36290,8-
　　62025　集3-14547,5-
　　38217～8

傅爲染　史5-36222
傅禹　子1-3880
傅秉鑑　史6-43365,8-
　59015
傅統先　子7-36072
傅維鱗　史1-812　集3-
　13933　叢2-731(67)、
　782(4)
傅維澍　史8-62204
傅維森　集5-40249
傅維欅　史7-55063　集
　3-16095
傅維典　史5-36228
21 傅順孫　史1-5155
傅上襄　史8-59821
傅上瀛　經1-8024　集
　5-34831
傅仁宇　子2-7307、7384
傅衡　集5-37798　叢2-
　885
傅熊湘　經2-12172　史
　2-12491,8-60547　集
　5-41588~92　叢2-
　2244
傅卓然　集5-34667
傅占衡　集2-12718~21,
　6-42066,44818~9
傅占鼇　史5-36269
傅紫璘　集6-41999
傅經緯　史5-36286
22 傅鼎　經1-5479　史3-
　22048
傅鼎乾　史5-36197　集
　5-36344
傅鼎銘　史5-36218
傅嵩烋　史8-62111
傅嶽棻　史3-21632,7-
　54437　集5-41571　叢
　2-2233
傅巖　史2-6788,5-36245
　~6　子7-34644~5
　叢2-832(5)
傅巖霖　史6-48942
傅巖舉　史5-36221
傅岩森　史2-10088
傅山　經1-6879　史1-
　3648　子1-314、2180~
　1,2-4686,7241,7968~
　9,8067~71,8353,9373,
　3-15722~3,4-19695、
　23117,24164,5-25842、
　31372　集3-13428~

40,6-44404,7-49310~1
　叢1-202(3、6)、203(9、11、
　18)、453,2-613,731(29)
傅崇戩　集5-39697
傅崇榘　史7-50969、
　50977,8-61636
傅樂士　史5-36224
傅崧卿　經1-77(3)、5940
　~2,5944　叢1-223
　(9)、316~7,2-731(27)
傅稻香　史5-34519
24 傅德正　史5-36274
傅德宜　史7-55702
25 傅仲辰　史5-36207　集
　3-17947
傅傳　史1-5647
傅傳書　經1-4866
26 傅伯壽　集1-3175~6
　叢1-223(53)
傅伯辰　叢2-1640
傅繹　史3-15214
27 傅仰賢　子7-36616
傅修　史7-55186
傅繩勳　史5-36266
傅紹章　子2-8371
傅紹巖　集5-39145
傅紹蘭　子7-36231(1)、
　36250,36362,37064
傅紹曾　史7-56681
28 傅以新　史8-60743
傅以結　史5-36229
傅以漸　經1-1003~5,2-
　9432,9918,10579,15030
　叢1-223(4、31)、227(6)、
　2-731(9)
傅以禮　經1-5944~5
　史1-10(6)、852,3611~
　2,4822,5891,2-7006、
　7121,7340~1,3-23674,
　6-42243,42638,48137,
　7-50524,8-63509、
　64432,65373,65381、
　65824　子1-519,3-
　11865,4-24392　集1-
　3177,3390,3712,2-
　12673,12693　叢1-230
　(2、3、5)、396~400,2-
　617(4)、731(40、61)、891
傅以成　集4-31658
傅作楫　集3-16968~9
傅作興　子5-25219
傅倫　集2-8186

30 傅宛　集5-36973
傅家寶　史5-36238
傅家梓　史5-36243
傅宸　集3-13813~5
傅永康　史6-48036
傅守謙　集5-39496
傅宏烈　集3-14520
傅良言　史7-57555
傅良弼　史3-16761、
　18861
傅良橋　史1-2886
傅寅　經1-77(2)、3155~6
　叢1-223(5)、227(2)、230
　(1)、273(2)、274(1)、2-
　731(55)、859
傅寶國　史5-36255
傅宗龍　史6-43825　集
　2-11917　叢2-886(4)
傅宗洛　史5-36199
傅宗周　史3-23518
傅察　集1-3174~8,6-
　41894(2)、41895,41904、
　43118　叢1-223(53)
32 傅遜　經1-6833~4　叢
　1-223(11)
傅業書　史5-36226
34 傅漢臣　史6-46067
傅汝舟　史8-61587　集
　2-7692~703,6-41935
　(2、4)　叢1-142
傅汝澄　史5-36263
傅汝桂　史2-11814
傅汝梅　史3-16154
傅汝鳳　史7-55048
傅汝懷　集4-22528
傅洪　史8-63978
傅潢　集4-29035~6　叢
　2-1998
傅遠度　子4-20851
35 傅迪吉　史2-11718
36 傅澤洪　史6-46597　集
　6-41965　叢1-223(25)
傅澤鴻　史1-5838,3-
　23250　集3-17629,5-
　36975
傅祝豫　史5-36284
傅遇昌　史3-17135
傅遇年　史3-15518、
　17996
37 傅汎際　子7-35292~3
傅洞真　子5-29530(15)、

30008

傅洵淖　史5-36230
傅潤華　史2-11186
傅鴻機　史5-36231
傅鴻鄰　史8-59908
傅淑訓　史7-55705、
　55817
傅涵　集3-19268
傅祖錫　史8-58881
傅冠　集2-11985～6,6-
　41943
傅運森　史3-17597
38 傅滋　子2-4835～6
傅澂源　史3-23277
傅澂鈞　集5-40249
傅潛　史3-21332
傅道澍　史5-36271
傅肇修　集5-36974
40 傅九淵　子3-12692　叢
　1-493
傅大璠　集5-38619
傅大業　史7-52415
傅奎卿　史5-36223
傅培源　集5-36643
傅堯俞　史6-48137
傅在田　子1-3608～10,
　7-37936
傅南宮　史7-55897
傅有玠　史5-36236
傅壽萱　集5-35891
傅壽彤　經2-8493、14212
　史2-6370,6-45281、
　45313　集4-33226～9
　叢2-885,1997～8
傅資予　史3-19915,8-
　59200
41 傅垣　集4-24449
43 傅博學　史5-36244
傅栻　史8-65382　子3-
　16946,17354
44 傅范初　史6-44458
傅藻　史2-11256　集1-
　2391,2489,2491～2　叢
　2-635(8)
傅夢龍　經2-10400
傅夢夏　史5-36217　集
　4-32155
傅夢蛟　史5-36214
傅夢籥　史7-57718
傅蘭克令　子7-36998
傅蘭泰　史3-16596

傅蘭雅　史8-66296　子
　3-12388,12396,7-
　35735、36228(1、2、3、4)、
　36229～30、36231(1、2、3、
　4)、36233、36241、36242
　(1、2、3、4)、36248～50、
　36254、36258、36331、
　36355、36449、36530、
　36653、36736、36738、
　36740、36797、36801、
　36803、36806、36824～5、
　36912、36918、36943～4、
　36950、36954～5、36959、
　36972～3、36975、36991、
　36996、36998、37017～8、
　37021、37040、37043、
　37047、37064、37083、
　37099、37105、37110、
　37112～6、37118、37122～
　5、37129～33、37139～40、
　37147～50、37152～3、
　37155、37157～8、37162、
　37167、37185～91、37194、
　37200～15、37225、37227
　～38、37240～53、37305、
　37308、37311、37324、
　37388～9、37401、37413、
　37431～2、37435、37438、
　37445、37449、37476、
　37478～81、37525～9、
　37547～8、37563、37567、
　37570、37572、37575～6、
　37580～6、37598、37600～
　1、37603～8、37610～3、
　37631～4、37638、37643～
　4、37646、37650～2、37654
　～7、37659～61、37663～
　6、37669、37672、37675、
　37703～4、37707、37751、
　37755～6、37794、37799、
　37801、37818～9、37831～
　2、37859、37862、37900、
　37917～21、37926～7、
　37929～33、37942～3、
　37966、38006、38017、
　38140　叢1-496(2)、
　530～1,568
傅蘭雅克令　子7-36231
　(3)
傅恭弼　叢2-724
傅懋光　子2-10482
傅莫菴　子4-22713
傅華賡　集4-25654
傅華桂　史8-61763

傅若金　集1-5610～6,6-
　41775～6,41780,45495、
　45714～6　叢1-114
　(4)、223(60),2-670
傅世珣　叢1-440
傅世垚　經2-13172　集
　7-48574
傅世堯　集7-46900
傅世鉁　史3-17495
傅世焞　史8-60096
傅世煒　史3-16359
傅其貴　史5-36196
傅樹蓍　史5-36267
傅植夫　子4-24639
45 傅棣　子2-8654
傅椿　史7-56950
46 傅旭安　史3-17638
傅觀光　史7-56586
傅如筠　史8-60313
傅槐　集4-23949
47 傅鶴祥　史8-60194
傅朝昇　史3-21567
傅頳　叢2-827,1027
傅起岩　集2-9582～3,6-
　41935(2、4)
傅起魁　史5-36283
傅起煬　史5-36260
傅超　子1-2296
傅超煥　史5-36264
傅桐　集4-33144～5,6-
　42075
傅桐豫　史3-15935
48 傅增淯　史3-16513
傅增溶　史3-16823～4
傅增湘　史3-16771、
　17496,7-56040,8-65969
　～73、66135,66378　子
　5-26787　集1-3017、
　5516,5-40930,6-41907
　叢1-42、448,2-635(11)
傅幹　叢2-827,1027
傅松元　子2-6243
傅松春　史5-36198
傅梅　史7-52538
50 傅春官　史6-43992,7-
　50113　集5-39740　叢
　2-731(57)、786～7
51 傅振商　集1-828,957,2-
　10922、11224～9,6-
　42177、42427、42863～8、
　43826
傅振倫　史7-55482

傅振海 史3－23118,7－
　50076 集4－32155,5－
　40248
傅振邦 史6－47972
傅振鐸 集3－13408
53 傅咸 經2－11446 集1－
　340～1,6－41694,41698
　叢2－765～6,827,891,
　1027
傅成霖 史3－18988 集
　5－36802～3
55 傅典虞 史3－22633
56 傅暢 史2－7005～6,6－
　42637～9 叢2－772
　(5)、773(5)、775(4)、891,
　1027
57 傅抱石 史2－11737
60 傅□ 經1－2322 叢2－
　774(2)
傅昉安 史3－21389
傅日興 史5－36241
傅曰嶙 集5－36642
傅星 史7－56001
傅國 史1－2941,8－59225
　集2－11837 叢2－647
傅國柱 子3－12463
傅國賢 史7－55031
傅景周 史5－36227
61 傅顯 史7－49318(16)、
　54701
傅顯述 史7－49317(8)
66 傅單學 子5－30386
67 傅野山房 子1－3622
72 傅隱蘭 集4－30346
73 傅駿聲 史8－59202
74 傅肱 子4－18535,19445
　叢1－2～6、8～10、22
　(18)、23(17)、223(39)、
　569,2－731(28)
77 傅堅 史5－36215
傅墾 史5－36268
傅同盧 史2－8455
傅月樵 史7－57534
傅鵬 史5－36259
傅履禮 史2－6560
傅眉 集3－14902～5,6－
　44404
傅熙之 經1－7215
傅學衡 史3－20187
傅學沆 子4－22518
傅學禮 史8－63166
傅譽蓀 史3－15955

傅留 史3－20661
傅異 叢2－827、1027
79 傅騰蛟 史8－62598
80 傅金賚 史4－29704
傅金銓 子3－16218,5－
　29577～8,29590,29594、
　30987,31050,31067～71、
　31115,31149,31300,
　31320,31413～8,31420～
　7,32046 集1－2152
傅金鑠 史7－55381
傅翕 子7－33978～9
傅夔 史3－22137
傅尊年 史5－36278
傅毓璋 史5－36202～3
傅義遷 史5－36288
傅義泰 史5－36261
傅命京 史5－36219
82 傅鍾麟 史3－19693
傅鍾沅 史2－12052～3
傅鍾浚 史8－59859
83 傅鉽 子5－25643
86 傅錦泉 史5－36258、
　36287
傅錦昭 史4－24967
傅錫庚 史5－36265
傅錫極 史3－21252
87 傅錄瓚 史5－36195
傅銘恭 史4－30093
傅欽元 史5－36293
88 傅銓彥 集4－31911
傅範初 子7－36229
傅敏 集2－12765
90 傅懷祖 集5－35151
傅懷焜 集5－35892
傅少蘭 子7－36228(6)、
　36952
傅光遇 史7－57937 集
　6－44578
91 傅恆 經1－1303、4040、
　7828,2－15004、15009
　史1－1201、1870,6－
　42678,44459,46942、
　46948,46970,48739,7－
　54292,8－63341 集3－
　19961,6－44914 叢1－
　223(4、7、11、16)、227(2、
　3、4、5)
傅恆理 子7－37805
傅恆義 史5－36280
傅炳梓 史5－36194
92 傅愷 史3－20926

94 傅惜華 史8－66403
97 傅煥光 史7－56038
99 傅變詗 子5－27080 集
　7－48540
傅變鼎 史7－52559,8－
　60292 集4－32156

2325₀ 戲

77 戲月山房香迷子 集7－
　50730

臧

00 臧庸 經1－101、109～10、
　111(4)、195、243、285、
　4152,4619～22,4636、
　4770,5082,5321,5533、
　5762,5829,6235,2－
　8319,11236～7,11339～
　40,11413,11527～8、
　11530,11627,11880～2、
　14577 史1－197～8,2－
　6347,9728,11071,8－
　65419 子7－34811、
　34815 集4－23030、
　25481～4 叢1－244
　(5)、260～1、301、312、
　418、426、493、517、524,2－
　674、712、731(8、16、23、
　38)、771(3)
臧應詹 子2－6382
臧應桐 史8－62836
臧應驥 子1－3088,3184
臧文源 史7－56299
07 臧毅 史1－3892
09 臧麟炳 史7－57436
12 臧廷鑒 經2－10670
13 臧琮 集3－18072
14 臧琳 經1－101、111(2)、
　2－11413,11527～9 叢
　1－312,517
16 臧理臣 史7－54984
17 臧承宣 史3－23133,7－
　57217～8,8－60873
20 臧秉彝 集4－28063、
　31388,5－36353
21 臧紝青 經1－2482

22 臧繼華　子1-855
27 臧魯高　史7-56641
30 臧濟臣　史3-15776
　臧宸蘭　史5-38480
　臧憲祖　史8-60987
　臧良圻　集4-31784～6
　臧良基　集4-31388
34 臧法高　集4-23793
　臧達德　子2-4770、10513
　　集4-25527
35 臧禮堂　經2-12228
38 臧祚鞏　集3-20283
40 臧友文　集4-32689
　臧在東　集3-20850
　臧志仁　經2-10819　子
　　7-33181、33210
　臧壽恭　經1-163(2)、
　　7026　叢1-419,2-731
　　(63)
　臧去康　集4-28062
44 臧夢元　集3-21496
　臧懋循　史1-467、1770～
　　1,1818～21　子1-3284
　　集2-10416,6-42381、
　　43354,7-48762、48767
　　(1)、49866、49876～7、
　　49885、49891、49895、
　　49908、49915　叢2-698
　　(14)
　臧著爵　集5-36353
　臧著儀　史3-21397
47 臧穀　子4-19284　集4-
　　33318,5-35823～8
51 臧振榮　經2-10641　集
　　3-15292
　臧搢臣　集4-31265
60 臧炅　史5-38479
72 臧岳　史8-59154　集6-
　　43460
74 臧勵龢　史1-10(4)、599,
　　3-19278
77 臧鳳生　史5-38476
　臧眉錫　集1-3567,3-
　　15757～9
　臧興祖　史7-56600
　臧賢　集7-54597
　臧朵彝　集4-31784～6
80 臧鏞堂　經1-4637、5402
　　叢1-260～1、301、418,2-
　　731(8、23)
　臧念宣　子3-18077
　臧毓麒　史3-23637

　臧毓雲　史5-38478
　臧毓焯　史3-21284
96 臧煜珍　集4-28063
99 臧榮緒　史1-28、496～9
　　叢2-653(5)、731(65)、
　　772(4)、773(4)、776、780

2332₇ 鶿

34 鶿池生　叢1-378

2333₃ 然

32 然叢(釋)　史7-51540

2344₀ 弁

22 弁山念道人　子3-13201

2350₀ 牟

00 牟育　史4-26974
　牟應震　經1-4149～50、
　　4765～8、4817,2-14189
　　史8-59083
　牟庭　經1-1480、2938、
　　4134　史2-11031,7-
　　51521　子3-18190　集
　　1-67,4-24344～5　叢
　　1-443、558,2-1606
　牟庭相　子4-22655
02 牟端　史3-21179
10 牟雯　史3-21195
12 牟廷選　史7-56652
15 牟融　子1-20、61,7-
　　34936　集6-41739、
　　41872　叢1-303～5
17 牟承志　史3-21162
21 牟占傑　史4-26977
22 牟崇鑫　史8-62426
23 牟巘　集1-4381～2　叢
　　1-223(58)、227(10),2-
　　843

27 牟阜雲　史4-26973
29 牟秋馥　史3-21192
30 牟房　史3-21201,6-
　　43147,8-64421、65302
　　集4-28479
　牟庠　史3-21199
　牟適　史8-59407
34 牟汝忠　史7-57625
　牟洪齡　史3-21207
35 牟灂　集6-43459
36 牟溫典　史3-21225
44 牟蔭喬　史3-15853、
　　17177
　牟懋圻　史8-61335
　牟英韶　史3-21223
　牟其汶　史3-23679
　牟蓁　史7-58047
50 牟本　史3-21161
60 牟目源　子5-29011、
　　29177、29573、29998、
　　31073
　牟國瓏　史8-59245
　牟國玠　史8-59244
　牟國鎮　史8-60724
　牟昌衡　經1-7067
　牟景頤　史3-16882
61 牟顯揚　史4-26972
67 牟嗣龍　史6-46954
71 牟願相　集4-24719～22
77 牟尼室利(釋)　子6-
　　32084(29)、32093(33)
80 牟益　子3-16467
　牟毓培　史4-26976
87 牟欽　集6-43459
　牟欽元　經1-2173、2821、
　　7777,2-11845　集3-
　　17407～8,6-41972
90 牟惇儒　史3-16880

2355₀ 我

24 我德費利鐸　子7-35614
77 我居士　子5-30481

2360₀ 台

77 台隆阿　史7-56163　叢

2-785

2360₄ 咎

10 咎元愷　史7-56529
27 咎殷　子2-4771(3)、5848、
　　7973〜4　叢2-604
44 咎葵　集5-37316

2361₁ 皖

10 皖電報局　史6-44394
31 皖江磨劍生逸仙氏　集
　　5-38385
　　皖江學易山人　子3-
　　13222

2371₁ 崆

27 崆峒老人　子5-31500

2374₇ 峻

21 峻皆氏　史8-59450

2375₀ 峨

77 峨眉洞天主人　集2-
　　10985

2377₂ 岱

22 岱山肅侯　子5-26689

2392₂ 穆

40 穆克登布　史2-7774

2393₂ 稼

51 稼軒　集5-36354

2395₀ 織

60 織里畸人　子5-28080
　　織田一　子7-37300
　　織田萬　子7-36577、
　　36584、36716

2396₁ 稽

22 稽山介亭氏　子3-18252
77 稽尼耶　子7-36250

2397₂ 嵆

00 嵆康　經1-7213　史2-
　　6463〜7　子1-18、20，
　　2-10950，3-17584　集
　　1-301〜9，6-41694〜9、
　　41767、41794、43118　叢
　　1-182〜3、223(47)，2-
　　635(6)、656、698(8)、738、
　　774(5、8)、776〜7
　　嵆文醇　集4-25883
　　嵆文駿　集3-19992，4-
　　30695
10 嵆爾霖　史5-35975
14 嵆璜　史1-1985，6-
　　41546、41586、41709、
　　41715、41718、44739、
　　46545　集3-19992　叢
　　1-223(20、27)
17 嵆承咸　史2-6723　子
　　3-14725
30 嵆永仁　集3-15691，7-
　　49352、50257〜9　叢1-
　　223(67)
38 嵆肇域　史5-35977
40 嵆有慶　史3-17171，5-
　　35974，6-44602，8-

60457、60670
　　嵆志文　史7-51125
44 嵆蔭康　史2-10567
　　嵆世臣　集2-8724〜5，6-
　　45336、45340
60 嵆口　子7-37274
61 嵆顯曾　史5-35976、
　　35978
71 嵆長康　史2-10567
77 嵆殿元　史5-35979
80 嵆曾筠　史6-48709，7-
　　57116　集3-17696　叢
　　1-223(24、67)
　　嵆含　史7-50812〜4　子
　　4-18535、18540、19127
　　叢1-2〜6、8〜10、19
　　(11)、20(9)、22(17)、23
　　(17)、24(12)、29(2)、74〜
　　7、101、115、223(25)、249
　　(1)、395、489，2-726、731
　　(28)、777、873

2411₇ 豓

24 豓豓生　子5-28248　叢
　　2-721

2420₀ 什

16 什理哈　子7-36449、
　　36797

射

80 射慈　經1-5421〜3、5885
　　〜6　叢2-765〜6、772
　　(1)、773(1)、774(3)

斛

60 斛園居士　集7-48770、
　　48774(3、9)

2421₀ 壯

44 壯者　子5-28634

魁

10 魁玉　史1-4058　集4-
　　31172~3
28 魁齡　史2-10015,3-
　　15418,7-54024

2421₁ 佐

24 佐佐木　子7-36519
　　佐佐木佑太郎　子7-
　　37036
　　佐佐木忠次郎　子7-
　　37062
44 佐藤弘　子7-36360
　　佐藤信安　子7-36466、
　　36648
　　佐藤倍景　子7-36700、
　　37030、37033、37035、
　　37059~60、37072、37081、
　　37097~8
　　佐藤川芷　子7-37709
　　佐藤楚材　史1-3579~80
　　佐藤坦　經2-8845
　　佐藤坦訓　經2-10207
　　佐藤善治郎　子7-36232
67 佐野謙之　子7-37223
　　佐野善作　子7-37286
71 佐原篤介　史1-4297

先

44 先勤(釋)　史7-51681
　　先著　集3-16337,7-
　　46942、48513
46 先覡(釋)　子6-32091
　　(72)
64 先睹(釋)　子7-34216

80 先公(釋)　子6-32081
　　(8)、32083(6)、32085(8)、
　　32086(8)、32088(6)、
　　32089(7)、32090(9)、
　　32091(8)、32092(6)、
　　32093(6)

2421₂ 他

25 他佛山人　子5-27866
44 他塔喇諾敏　史4-26170
　　他塔喇秀坤　史4-26169

2421₆ 俺

24 俺特累　子7-36231(7)、
　　37118
88 俺答　史1-2904　叢2-
　　741

2421₇ 仇

05 仇靖　子3-15539
07 仇翊道　史7-55834
10 仇天民　史7-55082
12 仇廷桂　子1-145~7
　　仇廷模　經2-14096
20 仇維禎　經2-11835
　　仇維楨　史2-9086
22 仇繼恆　史3-16195,6-
　　44002~3　叢2-829
23 仇俊卿　史1-5485　子
　　4-20678~9　叢1-22
　　(20)、62~4,2-730(4、
　　12)、731(62)、836
31 仇福昌　集5-34477
32 仇兆鰲　子5-31020、
　　31158　集1-976~8,3-
　　14930,6-45491　叢1-
　　223(48),2-1316
33 仇治泰　史3-17148、
　　22741
34 仇池石　史7-50877,8-
　　60832
　　仇汝功　史7-55839
　　仇汝瑚　史8-59647、

64007
　　仇遠　子5-27394　集1-
　　5015~24,6-41896,7-
　　46367、46428、46767　叢
　　1-17、19(5)、21(5)、22
　　(4)、23(4)、24(6)、223
　　(59)、230(5)、244(5)、2-
　　636(4)、731(42)、833
38 仇裕高　史4-25651~2
42 仇埰　集4-33361　叢2-
　　795
44 仇夢巖　集4-23175
　　仇英　史2-6390　子3-
　　14997~8、16355、16509~
　　13
48 仇樽銘　史4-25654
60 仇昌山　史4-25653
　　仇昌祚　史2-11712,4-
　　25659　集3-14629
　　仇景龠　經1-3124、4401
80 仇養正　集4-22174
86 仇錫廷　史7-55007
91 仇炳臺　史3-15526　集
　　4-28125、33506
97 仇耀祖　史4-25655

2422₁ 倚

10 倚雲氏　子5-28911
11 倚瑟山房主人　集7-
　　54094
36 倚遇(釋)　子7-34189

2423₁ 德

00 德立(釋)　集3-16835
　　叢2-867
　　德亮(釋)　子6-32091
　　(77)　集3-17175　叢
　　2-1723
　　德廉　史8-60200
03 德誠　集4-29858
08 德施彌德　經2-15043
09 德麟　子7-36960
　　德麟極福德　子7-36228
　　(2)、36231(6)、36248
10 德玉(釋)　史7-51713
　　子6-32091(67、78)

德元(釋) 集 3 - 14696
德雲(釋) 子 6 - 32079,7 - 32955
11 德碩亭 叢 1 - 373(7)
12 德弘(釋) 子 7 - 33990
18 德珍(釋) 子 7 - 34922
21 德能(釋) 子 6 - 32091 (82),7 - 34338
德行(釋) 子 3 - 14085 叢 1 - 86,2 - 730(7)、731 (15)
德睿(釋) 史 7 - 52545 子 7 - 34321
德比緇兒 子 7 - 36830
德貞 子 7 - 37239、37866
德貞子固 子 7 - 37796
22 德豐 子 2 - 5642、9607
23 德俊 史 8 - 63256
25 德生 集 4 - 24642
德積八東 子 7 - 36596
26 德保 經 1 - 6519 史 4 - 25987,6 - 42308、46977、47332 集 3 - 20517~20
德和(釋) 子 7 - 34215
27 德彝 史 7 - 54376、54378
28 德儀 子 3 - 14736
德齡 史 7 - 56048
30 德宜 集 4 - 27118
德進 子 3 - 15190
德富豬一郎 子 7 - 36496
德富蘇峯 子 7 - 38098
德寶(釋) 子 7 - 33927、34235~6
31 德福 史 6 - 41892 集 3 - 20285
33 德溥 史 7 - 56077
德溥(釋) 集 3 - 15362
34 德洪(釋) 子 3 - 14917,6 - 32091(66、72) 集 3 - 14852 叢 1 - 169(4),2 - 731(34)
35 德沛(清宗室) 經 1 - 1209、2178 史 2 - 9269 子 1 - 1584~5,4 - 21135
德清(釋) 史 2 - 11529,7 - 51680~1,51709 子 1 - 1185,5 - 29139~42、29331~2,6 - 32091(65、66、68、69)、32092(43、44),7 - 32099、32113、33113~7、33176、33269、33285、33324、33433~7、

33509~10、33652~3、33665、33716~7、33813~4、33866、34087~95、34473、34489 叢 1 - 142,2 - 973
德禮賢 子 7 - 35769
37 德潤(釋) 子 7 - 34584 集 4 - 30915
40 德克精額 史 3 - 16966
德壽 史 7 - 56321
44 德基(釋) 史 7 - 52267~8 子 6 - 32092(44),7 - 33535、35056~7
德菱 史 1 - 1995、4232
德林(釋) 子 6 - 32091 (81)
45 德坤 史 5 - 35495
德椿督 史 4 - 25311
46 德如瑟 子 7 - 35158
德楞泰 史 6 - 47696、48783
47 德馨 史 3 - 14898、23746,5 - 36690,7 - 49969,8 - 58570
50 德貴 史 8 - 60609
51 德軒氏 子 2 - 9537~44
53 德成(釋) 史 6 - 47027 子 7 - 33521
55 德慧(釋) 子 6 - 32081 (38)、32082(17)、32083 (25)、32085(36)、32086 (41)、32088(26)、32089 (45)、32090(52)、32091 (50)、32092(34)、32093 (30)
58 德敷(釋) 集 3 - 14109
60 德星堂主人 子 3 - 18257
德國軍政局 子 7 - 36228 (6)、36231(2、3)、36242 (3)、36250、36979、36981、36983~4、37014~5
德國陸軍參謀處測量部 子 7 - 37748
德恩 史 8 - 61504
德因(釋) 子 7 - 34182
德昊(釋) 子 6 - 32091 (80)
德昌 史 8 - 59673、60061
71 德厚 子 1 - 3722
77 德印 史 1 - 4110
80 德介 史 7 - 51637
德普(釋) 子 6 - 32091

(81),7 - 34930
88 德敏 集 4 - 24459~60
92 德愷 史 3 - 17095,5 - 36690
97 德輝(釋) 子 7 - 34587
德輝(釋) 子 6 - 32089 (52)、32090(66)、32091 (64)、32092(43)、32093 (52),7 - 34024~5
99 德瑩(釋) 集 3 - 16792

2423₈ 俠

30 俠安居士 集 5 - 39260

2424₁ 侍

44 侍其瑗 叢 1 - 509
侍其良器 經 2 - 13404~5 叢 1 - 156

2424₇ 彼

24 彼德巴釐 子 7 - 36281
26 彼得巴釐 子 7 - 38290

2425₆ 偉

12 偉烈亞力 子 3 - 12388、12396,7 - 36228(2、4、5、6)、36231(4、5)、36241、36242(2)、36243、36246、36248、36254、36829、37192、37312、37448、37450、37477、37531、37568、37574、37670、37673、37676、37997
28 偉倫忽塔氏 子 7 - 37909

2426₀ 儲

00 儲方慶 史 7 - 49318(10)、

52854　集3-15397
儲應泰　集4-28892
儲意比　子7-36228(3)、
　36231(2)、36242(3)、
　36943
09 儲麟趾　集3-19897～8
10 儲玉藻　集5-39654～5
　儲元昇　史8-59510
　儲元臨　集3-20020
　儲晉卿　史5-40581
12 儲廷英　集4-26881
　儲廷棻　史3-18362
　儲廷槐　史3-22277
14 儲瓘　集1-4672　叢2-
　698(11)
17 儲珊　史8-59684
20 儲秉淵　史5-40584
21 儲熊文　集3-18804～5
24 儲巏　集1-4689,2-7242
　～3　叢2-809
28 儲徵甲　集4-25205
30 儲家藻　史7-57503
　儲實　集5-36660
　儲實琛　史3-18508
32 儲遜　集3-17809
33 儲泳　子4-20095～8　叢
　1-2～7,9,19(10)、20
　(8)、21(9)、22(13)、23
　(12)、24(11)、99～101、
　223(41)、242(4)、268(3)、
　330～1,2-731(20)
　儲祕書　集3-21503～4,
　7-47277
34 儲湛　史7-49319、53381
37 儲潤書　集4-25799
40 儲大文　史7-49316、
　49317(5)、49318(2、6、
　13)、49950、51183、53495、
　55589、56032　集3-
　17432～4　叢1-223
　(24、68)
　儲士俊　史5-40582
　儲在文　史7-49318(12)、
　53246　集3-17583
　儲嘉珩　史7-58039
　儲右文　集6-43596
44 儲夢熊　集4-23314,6-
　41993,7-47684
　儲芝　經1-7287、7355、7387
　儲華谷　子5-29530(19)、
　30977
50 儲中子　集3-13962

55 儲慧　集5-36362～3,6-
　42016
60 儲國鈞　集3-20088～9
　儲早　史8-60641
67 儲嗣宗　集1-1718,6-
　41739、41741、41824、
　41859、41868、41878～80、
　41882
77 儲鳳瀛　史3-19316
　儲月亭　子2-10068
　儲欣　經1-6898～900、
　7283、7287、7355、7387、
　7723,2-10617　史1-
　5055、5075～6、5125　集
　1-1267、1382、1400、
　1721、2272、2614,3-
　15236～8,6-41708、
　42064、43104、43143、
　43197　叢1-297～8
　儲學洙　史7-56508
86 儲錦江　史3-22845
　儲知行　集3-19290
90 儲少瞻　史5-40583
　儲光羲　集1-852,6-
　41743、41836、41846～9、
　41868　叢1-223(48)
　儲掌文　集3-18603

2426₁ 佶

22 佶山　史6-43846～7

借

51 借軒　子4-18842
　借軒居士　子4-18832

牆

22 牆鼎　史7-55346

2428₁ 徒

21 徒能言　子2-9574～5

2429₀ 休

26 休侶梅　子1-2462

2433₇ 憩

60 憩園居士　子5-27855

2440₀ 升

50 升泰　史6-45068～9、
　45663、49096,7-49319

2441₂ 勉

77 勉學堂主人　經2-13682
80 勉盦　子3-18447

2454₁ 特

00 特亮　史3-15493
12 特登額　史6-46981
20 特秀　史3-15640
　特依順　集4-30460
27 特黎　子7-36974
36 特渴不厄拔　子7-38239
37 特通保　史6-45245
　特通阿　史7-52853
40 特克紳布　史8-58906
　特克慎　史3-15076
　特韋斯　子7-36441
　特來生　子7-38224
44 特地六三郎　子7-38084
53 特成額　史5-36747

2472₁ 崎

00 崎鹿山人　子1-1892

2472₇ 帥

00 帥方蔚　史6-42878　集
　　4-28756～8
12 帥廷鎮　集2-9892、9895
22 帥嵩齡　子4-23576
　　帥繼先　史3-20967
23 帥我　集3-16384～5
25 帥生吉　史4-30749
27 帥仍祖　集3-17986
　　帥衆　史6-48400
30 帥家相　集3-19675
　　帥之憲　史2-9841　集
　　4-33630
　　帥宗枚　史4-30750
34 帥遠燡　集4-33044
40 帥壽昌　集4-27797
42 帥機　集2-9892～4、
　　10408、10410、6-44818
48 帥翰階　集4-25229、6-
　　41999
63 帥畹　集4-33044
80 帥益旭　史4-30748
　　帥念祖　史6-41538　子
　　1-4192、4214　集3-
　　18931～3
90 帥光祖　集3-20136
98 帥燧　經2-10791

2474₇ 岐

22 岐山佐臣　子5-28326

2480₆ 贊

17 贊那屈多(釋)　子7-
　　32935
30 贊寧(釋)　史1-2440、2-

7104　子4-18535、
19249、23668、6-32083
(36)、32085(51)、32086
(61)、32088(38)、32089
(47)、32090(61)、32091
(59)、32092(40)、32093
(52)、7-34624、34709、
34711　叢1-2～4、6、8
～10、19(3、10)、20(2)、21
(6)、22(6、17、18)、23(6、
17、18)、24(3、10)、26～8、
29(5)、223(39、46)、456
(6)、465、2-731(6)

2490₀ 科

40 科培爾　子7-37962
　　科南達利　子7-38233、
　　38254

2492₁ 綺

10 綺石先生　叢1-435
60 綺園叟　子5-27239

2492₇ 納

02 納新　史7-51339　叢1-
　　223(26、61)、227(10)、230
　　(3)、274(3)、289、456(6)、
　　457、2-672
12 納延　集1-5689
30 納富忠一　子7-36696
34 納汝珍　史8-62497
44 納蘭　集3-17458
　　納蘭永壽　子5-25538
　　納蘭成德　經1-77(1、2、
　　4)、1125、3691、5230、5681
　　集6-41765
　　納蘭常安　史1-4941、
　　5250　子4-21168～9
　　集3-18464～7　叢1-
　　413
　　納蘭性德　子4-21057
　　集3-16850～2、7-46397
　　～9、46992～4、48563　叢

1-202(5)、203(11)、280、
321、456(2)、486、2-666、
698(12)、731(43、49)、
736、1459～60、1709
　　納蘇泰　史6-45171
62 納喇性德　叢1-223(4、9)

2496₀ 緒

00 緒方南溟　子7-37299

2498₆ 續

00 續亮(釋)　集5-36201
　　續廉　集5-37840
　　續文金　史7-56140
11 續彌(釋)　子6-32091
　　(80)
20 續乘(釋)　子7-34919
21 續行(釋)　子3-17023～4
22 續縣　史3-16581
28 續儉　史8-62868
34 續法(釋)　子6-32092
　　(44)、7-33195、33343、
　　33363、33485～6、33491、
　　33662、33666、33672、
　　33677、33752～3、33769～
　　74、33882、33897～901
　　叢1-394
35 續清(釋)　子6-32091
　　(81)
46 續相文　史8-63126
92 續燈(釋)　集3-15340

2500₀ 牛

00 牛應元　經2-10346～8
　　牛應徵　史2-9241
　　牛應之　子5-26714～5
　　叢1-445、2-735(2)
　　牛衷　經2-14630
03 牛誠修　史8-63834　集
　　4-30000、31372、5-
　　36220、38349　叢2-822
10 牛一象　史7-55001

牛元祥　史4-25567
牛元愷　史3-17133
牛爾裕　史7-56262
牛天宿　史2-6538,6-
　42985,8-61444　集6-
　42446
牛天樞　史8-59922
12 牛登瀛　史3-23283
　牛弘　集1-643～4,6-
　41694,41698　叢2-673
13 牛瑄　史3-21426
17 牛孟耕　史8-59953
20 牛維璇　史4-25566
21 牛步斗　史3-17703
　牛占誠　史8-59048
22 牛嵩山　子1-3619
　牛嵩生　子1-3618
　牛嶠　子5-26222,26906
　叢1-185,255(4),2-
　2227
24 牛先達　集4-23174　叢
　2-822
27 牛象謙　集5-37197
　牛奐　史7-57186
　牛島毅　經1-6686
28 牛作麟　子1-2282
　牛僧孺　子5-26218、
　26222,27518～20　叢1-
　15、19(5)、20(3)、22(19)、
　23(18、19)、24(5)、29(3)、
　185、249(2)、255(3)、374,
　2-731(50)
　牛僧儒　叢1-21(4)、180
30 牛宜　史3-15432
　牛寶善　史7-55460
32 牛兆濂　史8-62695　集
　5-37908～9
　牛兆捷　集3-13722、
　16081
33 牛述賢　史7-55924
34 牛斗星　經1-54,5813～
　4,2-10390
37 牛運震　經1-1290、2868、
　4035、5190、7823,2-
　9484、9971　史1-5306
　～7,2-12600～1,7-
　49318(11)、53174,8-
　63578～80、64275　集3-
　19606、19691～2、19787
　叢1-223(29)、229,2-
　1449
38 牛道淳　子5-29440、

29530(6、14)、29536(5)、
31963
40 牛九宿　子3-13022
　牛士瞻　史8-59408
　牛希濟　子5-26222　叢
　1-185,2-2227
44 牛蔭麐　史7-57516
　牛蔚堂　集5-40561
　牛葆田　史3-17713
　牛若麟　史7-56956
　牛樹桃　史2-9931
　牛樹梅　史6-42038　子
　1-1738、1969　集4-
　29073　叢1-574(5)
　牛林　集4-28011
45 牛坤　史1-2399　子4-
　21400　集4-26967
48 牛翰垣　史7-55728
50 牛肅　子5-27529　叢2-
　731(49)
51 牛振聲　史2-7714　子
　1-1794～5　叢2-828
67 牛照藻　史7-55932、
　56008
71 牛頤志　集5-37295
77 牛鳳　史8-59921
　牛學洙　集4-28011
87 牛鈕　經1-1113　叢1-
　223(4)、227(2)
　牛鈞　集3-19692
88 牛鑑　史6-47143、47956、
　47960～1、48844

2503₀　失

94 失怙山人　叢2-724

2510₀　生

31 生福維　子7-37530
40 生克中　史8-59343、
　59345
60 生田得能　子7-34762

2520₆　仲

00 仲文濤　史4-26755
11 仲开　集7-46377　叢1-
　223(54)
12 仲弘道　史1-5484,7-
　57366,8-59362
　仲廷機　史7-57013
　仲廷銓　集3-19192
　仲孫樊　史3-17921
21 仲仁(釋)　子3-14692、
　15858～9、16286～7　叢
　1-11～2、22(15)、23
　(14)、30、119～20、181、
　220、353
　仲虎騰　史7-57013
22 仲山氏　子2-10331
30 仲之屏　子6-32091(77)
　仲宏道　集3-17281
　仲良樹　史3-18387
34 仲沈珠　史7-57012
36 仲湘　集4-23420、25454、
　25632、25640、26362、
　26709、27139、27189、
　27334、27952、28058、
　28076、28551、28836、
　28931、28977、29020、
　29059、29940～1、30040、
　30733、30765、30966、
　31091,7-47574～6
41 仲樞　史7-57012
42 仲斯敦　子7-36231(4)、
　37042
44 仲衡　史7-51733
　仲蓮　子7-34112
　仲英　子7-37306、38056、
　38062、38110
　仲世隆　史4-26756
　仲蘊錦　集3-18507
47 仲均安　子7-37084
　仲鶴慶　集3-20785～6
50 仲素　集3-20048
51 仲振奎　集4-23141
　仲振履　史6-43014,8-
　60941～2
　仲振猷　集4-22292
　仲撝　史4-26754
53 仲咸熙　集5-34774
60 仲昂　子7-37217

仲昂周沐華　子7-36250
仲是保　集3-18459
70 仲璧　史3-18548
71 仲長統　子1-18~20、481
　　～7　叢1-69、182~3、
　　223(39)、2-730(6)、731
　　(11)、768~9、774(9)、775
　　(4)
77 仲周霈　史7-57012
仲學輅　史7-51939　子
　　1-4340,2-5495　叢1-
　　508,2-731(30)、832(6)
80 仲并　集1-3252~3,7-
　　46554
91 仲恆　集7-46350、48671~2
仲恆省　集5-36140
97 仲耀政　集3-20968~70
99 仲瑩　集1-4679

2520₇ 律

22 律例館　史6-46113、
　　46211、46233、46316
23 律然(釋)　集3-17824~5

2522₇ 佛

00 佛彥(釋)　史7-51667
26 佛皋(釋)　史7-51667
30 佛安多　子7-35232
佛宗(釋)　子7-34293
36 佛禪(釋)　子7-34565
38 佛海(釋)　史7-52293
40 佛大先　子6-32093(31)
41 佛楷孫　子7-36806
44 佛林(釋)　史7-51700
佛林瑪利安　叢2-632
47 佛嬾老人　叢2-1953
53 佛甫愛加來施米儂　子
　　7-36461
60 佛圖澄(釋)　子7-32997
　　～8
73 佛陀耶舍(釋)　子6-
　　32081(3、5、26、35)、32082
　　(3、14、15)、32083(3、4、
　　18、23)、32084(15、18、
　　19)、32085(4、26、34)、

32086(3、5、29、39)、
32087、32088(3、4、19、
24)、32089(3、5、17、39)、
32090(4、6、23、45)、32091
(3、5、21、43)、32092(3、4、
15、29)、32093(5、17、23)、
7-32204、32402、32541、
32640~3、33527、33532~
3、33914
佛陀什(釋)　子6-32081
(35)、32082(15)、32083
(23)、32084(18)、32085
(34)、32086(39)、32087、
32088(24)、32089(39)、
32090(45、46)、32091(43、
44)、32092(29、30)、32093
(23)、7-32645
佛陀多羅(釋)　子6-
32081(16)、32082(12)、
32083(11)、32084(10)、
32086(18)、32088(12)、
32089(14)、32090(18)、
32091(17)、32092(12)、
32093(2)、7-32103、
32108、32112、32130、
32133、32138、32965~8、
33067、33509~10、33514、
33516　叢1-394,2-724
佛陀多羅多(釋)　子6-
32089(40)、32090(46)、
32091(44)、32092(30)
佛陀蜜多大禪師　子6-
32081(39)、32082(18)、
32083(26)、32084(21)、
32085(38)、32086(44)、
32088(27)、32089(34)、
32090(56)、32091(54)、
32092(37)、32093(27)
佛陀扇多(釋)　子6-
32081(10、11、13、14)、
32082(9、10)、32083(8、
10、16)、32084(7、9、14)、
32085(10、11、12、14)、
32086(11、12、15、26)、
32088(8、10、17)、32089
(9、11、12、42)、32090(12、
13、16、48)、32091(11、14、
15、46)、32092(8、10、11、
31)、32093(2、3、9、10)
佛陀波利(釋)　子6-
32081(13)、32083(10)、
32084(9)、32085(14)、
32086(15)、32088(10)、
32089(11)、32090(15)、
32091(14)、32092(10)、

32093(33)、7-32799、
32819~20、32988、33672
佛陀羅(釋)　子6-32081
　　(4)、32082(4)、32083(4)、
　　32085(4)、32086(4)、
　　32088(3)、7-32379
佛陀跋陀羅(釋)　子6-
　　32079、32081(5、13、15、
　　34)、32082(5、14、18、19)、
　　32083(4、10、11、12)、
　　32084(4、9、10、18)、32085
　　(5、14、15、16)、32086(5、
　　15、16、18)、32088(4、10、
　　11、12)、32089(4、5、13、
　　14)、32090(5、6、16、17)、
　　32091(4、5、14、15)、32092
　　(3、4、10、11)、32093(2、6、
　　8、23)、7-32223、32378、
　　33305
74 佛馱跋陀羅(釋)　子6-
　　32089(4)、32090(5)、
　　32091(4)、32092(3)、
　　32093(2)
77 佛尼司地文　子7-38255
佛眉(釋)　集3-14389
78 佛陁耶舍(釋)　子6-
　　32085(5)
88 佛第(釋)　集3-15955
佛笑(釋)　子7-32944

2523₀ 佚

27 佚名　集7-48774(6)、
　　48988
佚各　子5-25784

2523₂ 儂

44 儂英阿　集5-34675

2524₀ 健

81 健飯老人　子4-21747
　　叢1-496(5)

2524₃ 傳

00 傳裔(釋)　子7－34293
10 傳一(釋)　子6－32091
　　(78)
　　傳霄　子5－29530(20)
23 傳我(釋)　子6－32091
　　(74)
27 傳殷　史6－44736
34 傳達禮　經2－14996～8、
　　15000～1
37 傳遐(釋)　集3－15753
55 傳慧(釋)　子6－32091
　　(78)
60 傳晟(釋)　子7－33762
77 傳鵬(釋)　史7－52504
80 傳善(釋)　子6－32091
　　(74)
92 傳燈(釋)　史7－52359
　　子6－32091(66、68、69)、
　　7－32460、33094、33362、
　　33371、33729～31、33854
　　～6、33985～6、34423、
　　34425、34435～6、34488

2525₃ 俸

38 俸肇祥　史3－21971

2590₀ 朱

00 朱堲　史1－4985、4990
　　朱立森　史3－19260
　　朱亨衍　史8－63334
　　朱充燬　史4－26513
　　朱雍　集7－46361、46365、
　　　46369、46372、46574
　　朱彥汰　集2－7473
　　朱彥祥　史4－26686
　　朱彥喆　史3－17798
　　朱彥臣　集5－38647
　　朱齊元　史4－30721
　　朱齊愷　史4－26453
　　朱庸　史4－26426

朱方　子2－10620
朱方藹　子3－16198　集
　　3－20612～3,6－44593、
　　7－47251～2　叢1－244
　　(6)、2－731(35)
朱方增　史2－7603,3－
　　15101　集4－26685～6
朱方中　集2－10503～4
朱方輝　集5－38160
朱育　經1－3567～8、4818,
　　2－12802、14709～10、
　　15142　史2－6210,7－
　　50414　叢2－765～6、
　　774(2、8)
朱高熾(明仁宗)　子3－
　　13045～6　集2－6584
朱應　史7－49309、54216
朱應庚　集5－35837～9
朱應麒　子4－23871
朱應登　集2－7720～2,6－
　　41935(1)、44972
朱應升　史7－57793
朱應鯤　史2－7911
朱應江　集5－33828
朱應奎　子4－22274、
　　23999
朱應杓　史3－16626
朱應昌　集2－12498
朱應陽　史3－17934
朱應鍾　集2－8270
朱康壽　子4－24385～6
朱庚　集4－27207
朱庚陛　史4－26449
朱庶濂　史4－26675
朱廉　史3－17799
朱庭碩　集5－34176
朱庭珍　集5－36828～30、
　　37343,6－46150　叢2－
　　886(4、5)
朱庭載　史4－26444
朱庭棻　史8－60369
朱度成　史3－18916
朱慶元　史4－26595　集
　　5－36213
朱慶瀾　集5－41110
朱慶萼　史8－58887　集
　　4－31407　叢1－520
朱慶椿　史8－62360、
　　62553
朱慶咸　史3－21843
朱慶鏞　史3－15757
朱慶年　史3－21604

朱慶畬　史3－22369
朱慶餘　子5－26222　集
　　1－1618,6－41741、41824、
　　41857～9、41863、41878、
　　41883　叢1－22(19)、23
　　(18)、154、168(2)、185、
　　255(3)、587(2)、2－636
　　(3)、661
朱廣川　集4－25738,6－
　　44977
朱廣瀾　史8－60822
朱廣有　史4－26626
朱廣華　集5－38860
朱賡　史2－11518,6－
　　48337～8　集2－9793～
　　5、9904　叢2－606
朱賡亮　史3－20358
朱賡堯　史3－18274　集
　　5－36528～9
朱賡颺　史3－15943、
　　22783　集5－37753
朱亦棟　經1－136、1170、
　　2838、4096、5011、5268、
　　5692、6985、7772,2－
　　8472、9505、9993、11134、
　　11212　子4－21569
朱文端　子4－19871
朱文震　子2－4564
朱文烈　史4－26385
朱文珮　集4－24900～1
朱文熊　經1－8028
朱文佩　史8－58632
朱文紹　史7－57498
朱文治　史4－26514　集
　　4－24488～9,6－42913～4
朱文瀚　史8－62060
朱文海　史4－26562
朱文藻　經2－12100、
　　12102　史2－6798、
　　11830～1,7－51615、
　　51732、51785、53383、
　　57157,8－64402～3、
　　65709　子4－19849、
　　22510、23205　集1－
　　3286,3－21844,6－44044
　　叢1－369、372、479,2－
　　670、832(2、3、5)
朱文蔚　經2－12418
朱文懋　史2－12288,7－
　　51937　叢2－832(6)
朱文娟　集4－24969　叢
　　1－587(3)
朱文翰　史7－54918、

朱元亮　集6-42390

朱元育　子5-29535(4、
　5)、29536(4、5)、30993～
　4、31156

朱元慶　經1-3278　史
　3-22983

朱元龍　史2-8780

朱元璋(明太祖)　史1-
　2666～7、2704、2708、2-
　6523、6531、8828、6-
　41640、42001、45790～4、
　45797、47608～15　子1-
　1992、3-15686、5-29089
　～90、29530(13)　集2-
　6109～17　叢1-22
　(27)、29(9)、46、50～2、
　55、84(1)、85、223(62)、2-
　730(8)、731(45、62)

朱元理　史8-58771　集
　4-25285

朱元弼　經1-5620　子
　5-26368　集2-10480
　叢2-730(12)、731(9、
　54)、836

朱元豐　史7-56669

朱元佑　史3-22943　集
　4-33077～8

朱元勳　史3-19575

朱元律　集3-18317

朱元保　史4-26669

朱元象　集3-18480

朱元淳　經1-4500

朱元治　史3-15731

朱元奎　史4-26687

朱元標　史4-26436

朱元載　集3-20212～3

朱元英　經1-6927～9
　集3-17135～6、6-45929
　叢1-380、2-788、1380

朱元振　集2-6808　叢
　1-300

朱元擢　集3-17002

朱元昇　經1-77(2)、2499
　叢1-223(3)、227(1)

朱元炅　史1-2074、6022、
　8-65456

朱元璧　集3-17634

朱元善　史1-2090、3-
　18378

朱丙元　史3-20502

朱丙壽　史3-15589、4-
　26506、6-44735

朱丙熙　史4-26478

朱爾澄　集4-25212～3

朱爾邁　集3-15311～4

朱爾楫　子2-10085

朱爾田　集6-42007(3)

朱弦　史7-57754、57761

朱震　經1-77(1)、447～9
　史4-29056　子3-
　13418　叢1-223(2)、
　227(1)、2-636(2)、873

朱震亨　子2-4549～51、
　4560、4564、4660～3、
　4727、4740、4749、4768、
　4771(3)、4811～5、5535、
　6022～3、6766、7997～8、
　8371、9190～205、10465～
　6、3-13390　叢1-48、
　86、115、223(33)、371、
　469、495、586(3)、2-716
　(2)、730(1、7)、731(28、
　30)、857、860

朱震脩　史3-22636

朱夏　集2-5976

朱霞　史3-17755、8-
　58296　集1-4056、4-
　28132、6-44779、44792

朱霞堂　史7-52132

朱天衣　集4-22362

朱天麟　子1-1267

朱天球　經1-6310

朱天傑　史4-26548

朱百度　史8-64280、
　64554　叢2-653(2)

朱百順　子4-21574

朱百遂　史2-9939、3-
　18441

朱百穀　史8-62207

朱百昭　史4-26434

朱百谷　集4-29939

朱西滿　子7-35385～6

朱吾弼　史2-11314、6-
　47824、48143　子1-
　937、2685　集1-1310、
　3569、2-10713

朱晉麻　史3-22917

朱晉麟　史8-60566

朱晉槙　子3-18036

朱可衫　史8-62762

朱雲　經2-12823～4　史
　4-26642、6-46760

朱雲亭　集4-32256

朱雲龍　史1-5674、4-

　26403　子3-13759、4-
　21331～2　叢2-1929

朱雲睿　史3-19950

朱雲峯　史6-45509

朱雲生　史3-18563

朱雲從　集7-50295～6

朱雲祚　史4-26451

朱雲映　史8-58606

朱雲駿　史8-61870　集
　3-20419

朱雲錦　史6-46697、7-
　49317(5)、49318(4、9、10、
　13)、50624、52543、52789、
　52975、57748

朱雲翔　集7-48011

朱雲爆　史7-49353、
　52528、52530

朱函夏　史3-19390

朱霖　史7-56841　集4-
　33076

11 朱珏　史1-3739　集4-
　22208

朱珩　集7-47585

朱璿　史8-59807　集4-
　23078

朱琴　史4-26597

朱琴川　子2-9087

朱彌鋠　集2-8161

朱彌鉗　集2-7583

朱裴　史8-59870　集3-
　13916

朱冀　集1-105

12 朱登瀛　史4-26518

朱瑞生　子2-6886

朱瑞華　史4-26372

朱瑞椿　集4-24971

朱瑞圖　史2-6433　集
　7-50417

朱璠　經1-5339

朱聯甲　史3-22818

朱弘祚　史6-48676、7-
　56679

朱發卿　史4-26673、
　26693

朱延射　史7-56401

朱延薰　史3-16276

朱延年　集3-19901

朱廷立　經1-6305　史
　6-43763　集2-8321～2

朱廷慶　史4-26457

朱廷璋　集7-54670

朱崇官　集4-33510
朱崇道　集3-18505~6,
　6-44976
朱崇典　子3-17042
朱崇學　史8-60148
朱樂　史7-50571
朱樂九　子4-23243
朱繼謙　史4-26442
朱繼經　經1-6571
朱繼芳　集1-4319~21,
　6-41744~5、41888、
　41891~3、41894(4)、
　41895、41897~9、41904、
　41913、41917、41924、
　44775
朱繼暐　集3-18572
朱繼常　史2-10418
朱彩　史7-57551
朱繡　史2-9140、9180
　集3-14322
朱崧　史8-58827
朱綬　史7-49317(3)、
　49318(5、9)、53207、
　53418、54122　集4-
　28579~80、6-41763、7-
　47465　叢1-373(6)
朱稻孫　史2-9348、7-
　51400　集3-18318~20
　叢2-646
朱絲　集3-15796
朱絲玉壺齋　經2-13721、
　13723
朱綵　集2-7355　叢1-
　223(65)

23 朱允文　集5-39709
朱允檀　集2-10582、6-
　44973
朱允坤　史4-26566
朱允中　史3-23116
朱允昌　史4-26541
朱允明　史8-63083
朱允鳳　史4-26567
朱獻文　史3-23124
朱傅　子3-13363
朱俊　集3-16107
朱俊甫　集4-26904
朱弁　子4-20062~4、5-
　29498~501、29530(15)
　集6-41894(1)、41895、
　45607　叢1-19(7)、20
　(5)、21(6、7)、22(6)、23
　(6)、24(8)、29(5)、31、107

~8、111(2、3)、113、124、
223(41、72)、227(7)、243、
244(6)、252、268(3)、296、
373(5)、374、407(3)、470、
2-617(2)、731(51)、735
(4)
朱綖　史4-26660　子4-
　23767　集3-18641、4-
　22488、6-45797
朱綖華　史3-20353
朱綖門　史4-26711
朱稰　集5-38566

24 朱仕琇　史7-49317(3)、
　49318(7、9)、53512、53529
　集3-20214~9、20788、6-
　42067
朱仕玠　經2-14378　史
　7-54526　集3-19915~
　6　叢2-1535
朱仕報　史4-26565
朱佐　子2-9176、4-24207
　叢1-22(23)、29(8)、62~
　4、265(3)、266、2-730(4)
朱佐朝　集7-50217~34
朱先椿　史4-26701
朱佳琛　史4-28242
朱德仁　史3-23561
朱德修　史4-26535
朱德洪　史4-26640、5-
　38514
朱德澤　史3-16285
朱德潤　史8-63494、
　65122~3　子4-18553、
　18597~8　集1-5482~
　7　叢1-22(16)、23
　(16)、35、326、2-636(4)、
　674
朱德遜　史4-26484
朱德楨　史4-26696
朱德懋　史4-26721
朱德華　史8-61215、
　61347
朱德蕃　經2-13918
朱德根　集4-23242
朱偉軒　史4-26520
朱佑　集7-47490　叢1-
　300
朱休度　集3-21520~3,
　6-44320
朱勳　經1-1539　史2-
　8995~6、9526、4-26406
朱勳淦　史6-47482

朱升　經1-611~9、2-
　13433　史7-57274　集
　2-5837~8　叢1-32~3
朱升旁　經1-2692~3
朱升元　史8-58320
朱升吉　史3-15839、
　19855
朱贊湯　史3-22408
朱稑　集4-23731
朱緯　史8-62407　集3-
　14830
朱緒曾　經1-163(3)、2-
　11670　史7-50412、8-
　63664、65308、65774　集
　1-285、4-25155、31089
　叢1-373(6)、2-788、845
　(5)
朱續京　集3-19293
朱續孜　史8-58986
朱續志　史8-59611
朱續基　史3-22619
朱續馨　史8-62804
朱續曾　集4-23140

25 朱仲　子4-19453　叢1-
　19(5)、20(3)、21(4)、22
　(16)、23(15)、24(5)、28、
　29(2)、374、2-617(3)
朱仲亨　史4-26559
朱仲福　子3-11691
朱伸然　集5-38979
朱伸林　集4-32974
朱健　史6-41670~5　子
　4-20882、5-25212~4
朱健根　集2-8351、6-
　41935(5)
朱傳經　史3-23355
朱紈　史1-2849　子4-
　22983　集2-8330　叢
　1-46、178
朱純嘏　子2-4625、8656、
　8774~7
朱純臣　史1-1691~2
朱練　子2-5358、9973

26 朱自英　子5-29530(15)、
　31838
朱伯平　史4-26627
朱伯珪　史6-46454
朱伯倩　子5-25981
朱伯增　史3-20148
朱泉徵　史3-23023
朱泉達　史3-23580
朱得章　史2-8859

朱得之　經1-3733、4815　史7-56774　子1-1013,5-28936、29098、29272、29276、29479　叢1-22(20)、61~4、116,2-730(4)

朱得壽　史3-21993

朱保熙　史7-57046

朱和羲　集7-46420、46491、47897~8、48456　叢1-518

朱和羹　子3-15224　叢1-435

朱和鈞　史7-54854

朱緗　史3-15417　集3-17677~80,5-37067,6-44976

朱綿延　史4-26400

27 朱凱　集7-48767(4)、48956~7　叢1-34、115,2-698(15)

朱多熿　集2-9672

朱多炤　集1-287,2-9710,6-43732

朱佩珍　史2-10240

朱佩蘭　史7-56231、56233　集5-40863

朱偓　史8-60617

朱仰之　經1-370,2322　叢2-774(2)

朱豹　集2-7862~3,6-41935(4)

朱修爵　史3-19008

朱修之　史1-1194,3-22944

朱象斑　史8-61265

朱象衡　子3-15096~7、15100

朱象鼎　史8-61562

朱象先　史2-8317,7-51720　子5-29436、29530(18)、29535(7)、29536(7)

朱象賢　子3-15055、16822,5-26436　集6-42272　叢1-202(6)、203(12)、223(38)

朱偰　史2-11140

朱翱　經2-12095~6、12102　叢1-223(15)

朱彝　史4-26666　集5-38513

朱彝爵　集3-17603

朱彝教　史1-1345

朱彝尊　經1-2819,2-11516、13920　史1-820,2-6336、6345、6351,7-49317(4)、49318(8、12)、49826~7、52189、52932~4、53167、53609,8-63571、64801、65249~51、65257、65644、65646~9、66240~2、66266、66375、66377、66381~2、66384　子3-14946、15724、16157,4-18699、18944、21058,5-26009、26134　集1-1063、3507,3-15000~21,6-41714、41979、42064、42562、43668、43859~60、44172~3、45922~3,7-46397、46399~400、46430、47020~30、47032~4、48536~8、50534、50539、50675　叢1-195(1,6)、196,202(6)、203(12)、223(28,67,71,73)、227(6,11)、269(5)、270(4)、281、353、366~9、373(6,7)、382、407(3)、424、461、469、540~3、547(3、4)、585、586(3),2-610~1、615(3)、635(12)、673、698(3,11,13)、716(2)、731(60,63)、838、1020、1695

朱名世　子5-28839

朱名揚　史4-26722

朱久望　集3-16336,5-36528~9

朱久臯　史5-37971

朱約　經1-1107　史8-59330　集3-16137~8

朱約佶　子5-32000

朱約之　史7-56296

朱紉蘭　史8-62035

朱綱　集3-16781

朱綱　集3-15168、18145~6,6-44974、44976

朱絳　集6-44974

朱紹亭　史3-18539　集5-37471

朱紹文　史7-56591

朱紹禧　史1-5387

朱紹基　史4-26474

朱紹本　史6-45582　集6-46259

朱紹成　史4-26452　集5-38305~6

朱紹頤　史3-18539,6-41975　集5-35485　叢1-564

朱紹鳳　史6-48666

朱紹周　集3-19391

朱紹曾　集4-22546

28 朱以增　史3-15610

朱作霖　史2-7713,7-56114　集5-37748~9

朱作舟　子5-25330

朱作渭　史3-18437

朱作榮　史3-20480

朱作卿　史4-26727

朱份　集4-28812

朱倫瀚　集3-18238,6-41981

朱傲白　經2-14429

朱徽　史6-41672~4　子5-25214

朱儀訓　史6-47002　集5-34177

朱從　史3-19013

朱從龍　集5-34609

朱從瑞　史4-26417

朱從廷　子4-19424

朱從善　史4-26643

朱舲　史2-11794　集4-28593、31527　叢1-483

30 朱淮　集4-25108

朱潼　史8-58566

朱濂　經1-4299　子4-19064　叢2-1451

朱淳　史3-19739　集3-16977

朱淳高　史4-26411

朱寧龍　史1-5041

朱寬　史4-26694

朱寯瀛　集5-37409~16,7-48091

朱家和　史4-26703

朱家程　史2-12713

朱家修　史8-61419

朱家寵　集2-10516

朱家寶　史3-16533

朱家法　集2-10374

朱家標　子3-15395

朱兆杓　集6-42021
朱澄　集4-24842～3
朱澄瀾　史2-9866,8-
　58780
朱灣　集6-41883
朱遜志　史4-26584
33 朱心　史4-26471
朱心一　子2-10669
朱必江　史4-26393
朱必堦　史2-9444
朱必榮　史4-26394
朱浤　集5-37066
朱溥　史4-26470～1
朱溥恩　史6-47594
朱治　集3-13480
朱溶　史2-7410～1　子
　5-30381～2　集3-
　16208,4-23319
朱補庭　史6-43186～7
朱補筌　子3-17464
朱蕭　史1-6029,8-62266
　集3-21214
朱黻　子2-6253
朱述善　史2-7436
34 朱澍　史8-60763　集5-
　34772
朱澍生　史2-12299
朱湛霖　史3-22808　集
　5-38568
朱湛溪　子2-7076
朱法滿　子5-29530(9)、
　29535(6)、29536(6)、
　30290～1
朱漢三　史4-26530
朱汝珍　史3-13492,8-
　60854、60869
朱汝衡　史3-15172
朱汝賂　子3-13138
朱汝賢　史4-26632
朱濤　集4-25155,5-
　39108
朱浩　史8-58496　集4-
　26208
朱浩文　子1-1964、2299、
　2878、2989～90,3-14337
　集5-35993
朱浩然　史4-26438
朱洪章　史1-4094,6-
　46894　集5-35484　叢
　2-703
朱洪謐　史4-26526

朱祐　史4-26609
朱祐杬　集2-7688～90
朱祐檳　經2-13680　子
　4-18537
朱祐樘(明孝宗)　集2-
　7426
朱遬　集3-20965
朱邁墿　集5-36381
朱達　集3-15947
朱達程　史4-26676
35 朱澧　集4-27131
朱沛然　史4-26523
朱清　集3-19387
朱清遠　集4-33258
朱清榮　子4-20098　叢
　1-242(4)
朱漣　集4-22809
朱神仙　子2-11043
朱禮　史6-41596　子5-
　25586～7　叢1-265
　(4)、456(7)、457
朱禮廷　史4-26625
36 朱湘濤　史4-26734
朱澤　史3-19126　集5-
　38159
朱澤生　集7-47291
朱澤澐　經1-1172～3
　史6-46657,7-49317
　(4)、49318(8)、53607　子
　1-791、971、1519～22
　集1-3609、3611～2,3-
　17476～8
朱澤□　經2-11026
朱祝三　子2-10732
朱祝年　史3-17529
37 朱潤　史8-61151　集3-
　20188
朱潤祖　集2-6207
朱潤芳　史8-60853
朱潮　史3-15424,6-
　48852　子1-2574　集
　5-33964　叢1-520
朱潮遠　子1-2543～5
朱瀾　集3-20830,5-
　35275
朱鴻　經2-8413～8、8574
　～83
朱鴻亨　子5-28144
朱鴻謨　經1-2691、7549
朱鴻雪　子2-9366
朱鴻儒　集4-30075
朱鴻綏　史3-18433

朱鴻緒　集3-20967
朱鴻韻　史3-20592
朱鴻旭　集4-22389
朱鴻猷　子3-14959　集
　4-22447
朱淥　史7-57514　集4-
　25733
朱淑貞　集1-465,6-
　41779～80、41889　叢1-
　467
朱淑真　集1-3083～97,
　6-41901,7-46357、
　46361、46428、46564～5
　叢1-223(73)、295、467、
　2-731(48)、833
朱次琦　史1-405、5722,
　8-61087　集4-31403～
　6　叢2-882
朱深度　史3-19407
朱祖文　史2-12531～2
　叢1-244(5),2-731
　(62)、735(3)
朱祖謀　史3-16152　集
　5-38959、39060,7-46395
　～6、46476、46619、46687、
　48371～3、48603　叢1-
　518,2-698(10)、843、845
　(2、5)、2142
朱祖武　史4-26624
朱祖翼　史3-19346
朱祖蔭　史6-41539、
　44628
朱祖懋　史2-10401、
　10996
朱祖明　史4-26508
朱祖義　經1-77(2)、604
　～5、2689　叢1-223
　(6)、227(2)
朱祖怡　史3-17639
朱祖恪　史8-60565
朱祖榮　子1-4305～6、
　4383
朱冠　史7-57453
朱冠瀛　集5-39421～3
朱冠臣　子3-13638
朱初萬　經1-2682
朱祁鈺(明代宗、明景帝)
　史2-6498　子1-899
朱祁鎮(明英宗)　集2-
　6895
朱祿　子2-8717
朱逢辛　史3-17792

朱逢富　史 4 - 26719
朱逢寅　史 3 - 17792
朱逢吉　史 6 - 42968
朱逢泰　子 3 - 14828　集 4 - 22209～10　叢 2 - 1519
朱逢盛　集 4 - 31607
朱逢甲　史 6 - 45522、45681,7 - 49317(4、6)、49318(3、14、15)、54566　子 1 - 3942
朱逢辰　史 3 - 14969
朱逢年　史 3 - 15210　集 4 - 22446
朱運新　史 3 - 16741、19000　集 4 - 31885,5 - 40563
朱運樞　經 1 - 7177～8、8094～7
朱運昌　史 7 - 55344
朱遐昌　集 4 - 28405～6
朱遐年　集 3 - 20554
38 朱洤　史 3 - 17127
朱瀚　史 3 - 22358　集 1 - 974,3 - 14210,4 - 30960　叢 2 - 1299
朱淞　史 1 - 4134　子 4 - 24320　集 4 - 22038
朱滋澤　史 6 - 49162　子 1 - 1896　集 5 - 35702
朱滋年　集 3 - 21553
朱澂　叢 1 - 555
朱海　子 5 - 27161～2
朱澮　史 4 - 26476
朱滄鼇　集 5 - 40564
朱祥　史 4 - 26497
朱祥綬　史 3 - 22571
朱裕庭　集 4 - 32975
朱裕昌　史 4 - 26425
朱遂翔　史 7 - 57532　叢 2 - 719
朱遵珆　史 4 - 26607
朱遵逵　史 3 - 18414
朱道文　集 4 - 27869
朱道新　集 3 - 17157
朱道玉　史 4 - 26397
朱道行　經 1 - 3912
朱道衍　集 4 - 24716
朱道則　子 6 - 32091(69)
朱肇　集 2 - 6050
朱肇璜　集 3 - 19142

朱肇濟　史 7 - 57701
朱肇奎　史 8 - 61577
朱肇基　史 7 - 57875
朱肇甲　史 3 - 19119
朱肇昌　史 4 - 26502
朱啓勳　集 5 - 40052
朱啓宇　史 8 - 62080
朱啓連　史 2 - 10361　子 3 - 17566　集 5 - 38515
朱啓瀾　集 5 - 40711
朱啓洽　史 4 - 26418
朱啓壽　史 4 - 26380
朱啓昆　子 1 - 127　集 1 - 3573
朱啓鳳　史 3 - 18328
朱啓鈐　史 6 - 45711,8 - 62188、65263、65974　集 4 - 32055、33227～8,5 - 40895
朱榮　史 8 - 58496
39 朱瀠　集 3 - 15247
40 朱九經　集 7 - 50040
朱九疇　史 4 - 26516
朱大文　子 5 - 27881,7 - 36240(1)
朱大韶　經 1 - 163(3)、1639,3403～4,4436～7、7059,2 - 11676、12004～5　史 2 - 7231,3 - 17797　子 5 - 25794　集 4 - 30270　叢 2 - 615(3)、1747
朱大夏　子 4 - 24061
朱大璵　史 3 - 19309
朱大紳　史 7 - 58059
朱大源　史 3 - 16913
朱大啓　經 1 - 5183　史 2 - 11542
朱大成　史 2 - 9456
朱大田　集 4 - 25736
朱大鏞　子 3 - 17304
朱大煇　史 4 - 26463
朱太廣　子 5 - 31854
朱太忙　集 4 - 27207
朱奭　集 3 - 16934
朱友廉　史 8 - 59868
朱友仁　史 4 - 26435
朱士立　叢 1 - 223(3)、227 (1)
朱士彥　集 4 - 25893
朱士章　史 4 - 26649
朱士龍　集 4 - 28278～9

叢 2 - 2088
朱士端　經 1 - 4664～7、4727,2 - 12274～6、12502 ～3　史 2 - 12136,8 - 63509、63653～5　子 4 - 22611～3　集 3 - 18253,4 - 28074～5　叢 1 - 433,2 - 731(22)、1719
朱士雲　史 1 - 3807　叢 2 - 804～5
朱士稚　集 6 - 44556
朱士俊　史 3 - 20269
朱士佐　子 3 - 17647
朱士純　集 4 - 24714～5
朱士轂　史 3 - 16218,4 - 26542,7 - 57502
朱士達　史 3 - 15137,7 - 58012
朱士杰　史 3 - 21041
朱士嘉　史 8 - 66275
朱士楷　史 7 - 57318
朱士芳　史 4 - 26698
朱士芝　史 4 - 26378
朱士華　史 8 - 60480
朱士芸　史 4 - 26653
朱士林　集 4 - 26121
朱士棣　叢 2 - 837
朱士尊　史 8 - 60383
朱士曾　集 7 - 50172
朱士煥　經 2 - 9674　史 1 - 5813　子 4 - 21983　集 5 - 36213、40642～5
朱圭　史 2 - 7022～3
朱奎　經 2 - 14164
朱奎章　史 8 - 58812
朱奎揚　史 7 - 54990
朱直　史 1 - 5652～5　叢 1 - 254
朱埴　集 4 - 33597
朱埔　子 1 - 3043～7　集 3 - 14877
朱培　子 3 - 12410、12417　集 1 - 3575
朱培仁　史 3 - 23622
朱培源　史 3 - 22780　子 2 - 9958　集 5 - 35780　叢 1 - 276
朱堯年　經 2 - 9028
朱在勤　集 5 - 34287～8　叢 2 - 886(5)
朱在鎬　史 1 - 3359,2 - 7414

朱克己　史6-44856

朱克柔　子4-19241　集
　　5-40832

朱克緒　集4-27278

朱克生　史2-7795～6,4-
　　26405　集3-15190～1,
　　6-43298

朱克家　集5-34482～3

朱克容　史4-26450

朱克裕　子4-20520

朱克敬　史1-1995,2-
　　7586～7,6-44913、
　　45607,47532,7-49318
　　(17)、54349、54385,8-
　　60812　子4-21607～9,
　　7-36242(2)、36935　集
　　4-33214,5-34345～7
　　叢1-445,548,2-624
　　(4)、683、735(5)

朱克閎　史7-54970

朱克簡　史6-43119、
　　48607

朱南功　子4-23799

朱南杰　集1-4599,6-
　　41744～6,41888～9、
　　41891～3,41894(3)、
　　41895～8,41904,41912、
　　41917,41923

朱南枝　史3-17822

朱希孔　史4-26475

朱希召　史3-13424～5

朱希白　史8-60185

朱希濟　子5-27554　叢
　　1-255(3)

朱希祖　史1-3421,5352,
　　2-11160,7-49954,8-
　　66407　集2-9703　叢
　　2-785

朱希真　集7-46361

朱希晦　集1-5802～5
　　叢1-223(62)

朱希鎬　子2-8896

朱有斐　史8-60631

朱有虔　集4-32742～3

朱有萊　集4-26825

朱有爌　子4-19265

朱有燉　史1-6148　子
　　4-19289　集2-6594～
　　9,7-48770,48774(1、2、
　　3、4)、48776～9,49082～
　　113,50567～8　叢1-
　　269(5)、2-672,731(44)

朱存理　史3-23091　子
　　3-14737～9,14741、
　　14756,15268～9,16034
　　集1-5052,5055～6,2-
　　7102～7,6-41715,44008
　　叢1-223(37、59、64)、
　　253,2-615(3)、806

朱存宗　史4-26492

朱存埰　集2-10204

朱存孝　集6-43463　叢
　　1-223(69)

朱志復　子3-17277

朱志潔　集6-41933

朱燾　經2-11107　集7-
　　47808　叢1-498,2-617
　　(3)

朱熹　經1-12,18,41～4、
　　68,74～5,87～9,94,121、
　　130～2,155,169,421～2、
　　469～80,483～7,489,492
　　～500,512～5,2118～23、
　　2364～6,2514,2633、
　　2642,2669,3631～42、
　　3644,3646～8,3650～1、
　　3692～6,3708,3714～5、
　　3786,3838,4675～6、
　　4682,6171,6242,6245、
　　6291～3,6297,2-8362～
　　4,8374,8576～7,8585～
　　6,8665～7,8669～70、
　　8687～9,8692,8714,8717
　　～9,8766,8779,8812、
　　8866,8911,8915～7,8919
　　～21,8944～5,8949～50、
　　8973,8976～8,9053、
　　9087,9144,9312～5、
　　9317,9319～24,9346～7、
　　9352,9369,9372～4、
　　9444,9457,9475,9598、
　　9812～4,9816,9818～24、
　　9843～4,9847,9866,9869
　　～71,9933,9968,10053～
　　4,10061,10197～205、
　　10207～8,10210～23、
　　10225～6,10258～9、
　　10261～2,10324,10329、
　　10331,10580,10590～1、
　　10618,10666,10730～1、
　　10932,11002,11464　史
　　1-983～6,1106～10、
　　1125～31,2-6202,6936、
　　7030～4,7053～5,8635、
　　8723,6-41986,42925、
　　48143～4,7-53517　子

1-95～6,98～100,145～
　　6,574～6,595～7,611、
　　619,642～5,654～64、
　　670,677,696～9,731～8、
　　740～1,747,749,759,767
　　～74,863,1964,1968、
　　1972～4,2012,2100～2、
　　2330～2,2337,2646～53、
　　2666,2668,2678,2703、
　　2733～4,2736～7,2-
　　11149,3-13369,14919、
　　5-29530(3、19)、29535
　　(6)、29536(6)、29537、
　　29720～2,29736～9、
　　30972～3　集1-19～
　　32,93,1265,1269～71、
　　1307～10,1327～8,1413、
　　2834,3229,3242,3267、
　　3562～612,3614～25,6-
　　41691,41798,41894(2)、
　　41895,41900～1,41903、
　　41908,43568～9,45620～
　　2,7-46361,46370,46591
　　叢1-22(12)、23(12)、83、
　　106,111(1)、114(6)、150、
　　169(1、4)、173,195(2)、
　　213～4,217～8,223(2、6、
　　9、12)、227(1、2、4、5)、
　　229,234,268(1)、272(2、
　　4)、274(5)、325,330～1、
　　388～90,410,414,427、
　　446,449～51,460,483、
　　489,505,529,534,550、
　　559,574(1、2、3、4)、579,
　　2-635(3、7、10)、637(1)、
　　681,690,691(2、3)、697、
　　698(3、6、7、8)、702,717、
　　731(9、10、12、18)、754、
　　778,872,960～1,1020、
　　1031,1039,1262,1265、
　　1346,1640,1839

朱岙　子3-14991～2、
　　16475,16644～5

朱卉　集3-18114

朱嘉君　史4-26416

朱嘉徵　集3-13279～81,
　　6-42260,44065,44580
　　叢2-834～5

朱嘉齡　史4-26398

朱嘉漢　子7-34084

朱嘉祚　史4-26642

朱嘉金　集5-35082,6-
　　44977

朱韋益　集3-19470,6-

朱英熾　史8-60548
朱若水　集3-20453
朱若功　史2-7605,8-62356
朱若賓　叢2-823
朱若烜　史8-58803
朱若炳　集7-47274
朱蒼許　史3-20743
朱苞　子1-1297　叢2-731(13)、816
朱世訓　史4-26723
朱世瑗　史4-26568
朱世發　史4-26725
朱世璜　史2-10181
朱世重　集4-30707　叢1-554
朱世衡　史2-9048
朱世熊　史4-26685
朱世德　集4-32606
朱世緯　史7-55555
朱世傑　子3-12353、12364、12388、12396、12436~7、12440~3　叢1-265(3)
朱世繡　集3-15248
朱世名　叢1-24(9)
朱世溶　史4-26386　子2-10502
朱世澤　史7-51427
朱世潤　史4-26658
朱世增　子3-12612
朱世揚　子2-8446
朱世思　史4-26641
朱世恩　史4-26635
朱世鏞　史8-61602
朱世篁　史3-19917
朱世簠　史3-19661
朱莨生　史7-56758~9
朱莨　集2-7636
朱甘霖　史8-60349
朱其元　史3-19157
朱其揚　史3-22875
朱其鏡　子3-17182
朱其鎮　史3-19437、23102
朱其輝　子2-7230
朱楚生　集4-28629
朱楚芬　子2-8903~4
朱楚蕭　史3-22554
朱樹新　史3-22536
朱樹勳　史4-25201

朱樹人　史3-19169　子7-36478
朱樹棠　經2-14372
朱菜　集4-28982
朱枕薪　史7-56068
朱桂　史4-26646　集3-21890~1
朱桂孫　史2-9348　集3-18106　叢2-646
朱桂禎　叢1-373(7)
朱桂森　集4-26313
朱桂楨　集4-25431
朱桂模　集5-36914　叢2-788
朱桂榮　集5-39188~9
朱權　史1-2019、4863~5、5400,6-49244　子1-3777、4119,2-9219~21、3-13430、14439~42、14625、17591~3、18183、4-18888、19014,5-24941、29094、29531、31996~8　集1-3658、3660,2-6589~90,3-19469,5-38478,6-41788、45736,7-49080~1、49709、50030、54645~7、54838　叢1-22(14、26)、23(14)、34、48、94、114(3)、195(4)、269(5)、351、353,2-674、731(44、49)
朱植仁　史6-41726
朱蕊　子3-13488
朱林　集3-21552
朱林森　史4-26375
45 朱坤　史4-26648,6-47498　集3-20099
朱執信　集5-41626
朱執堂　集7-54644
朱橚　子1-4484~5,2-9214~6　叢1-223(32、33)
朱棣(明成祖)　史2-6497、6806~7,6-47616~7　子1-891,4-23841,5-29530(19),6-32090(65)、32091(63)、32092(43)、32093(5、47、52、53),7-32094、33159~67、34196、34611~3、34664、34715　集2-6423　叢1-91,2-730

(5)
朱椿　史6-43087、46326,7-50686
朱椿年　史8-61353
朱榛　經1-4220
朱棟　史7-56451~2　子4-18725　集4-22807~8
朱棟隆　子2-4602、6028、7966、8658
46 朱珵　史7-55803
朱觀　史6-49231　子5-27069　集6-44083、44085~6
朱觀潡　叢1-223(64)
朱觀光　史4-26539
朱觀熰　集2-8936,6-41935(5)、43824
朱恕　集2-8555、8921
朱柏　史3-19102
朱柏廬　經1-643
朱槐　史3-20075　集6-43832
朱槐之　史3-17386
朱樟　集1-3240~2、3245~7,6-41900~1　叢1-223(53),2-636(4)
47 朱懿初　史3-17851
朱郁荃　史3-22625
朱鶴皋　史4-26423
朱鶴齡　經1-2797~800、3191、3505、3919~20、6877~8　集1-985、1559~63,3-13401~2,6-44529　叢1-203(16)、223(6、7、11、50)、227(9)、452、586(1),2-716(1)
朱鶴書　集4-31870~1
朱鶴鳴　集3-20395
朱鶴年　集3-19636
朱聲儒　史4-26700
朱聲希　集7-47830~1
朱聲榜　史4-26509~10
朱朝瑛　經1-72~3、995、2785、3856~7、4990、5255、5653、7653~5　子1-1300,4-20963　叢1-223(7、11)、272(5)
朱朝柱　史4-26399
朱朝藩　史7-57560
朱朝坤　史4-26384

朱朝瞡　集2-10736～7，6-45273
朱穀　集4-25734
朱起琇　史3-18790
朱起潮　史4-26578
朱超　史8-63123
朱超玖　史8-60932
朱期　集7-49984
朱楓　史8-64090～1、64803～4、64956、65196　集3-19015　叢1-203(7)、347、515，2-731(32)、1428～9
朱楩　史7-52864
朱楣　史8-58491
48 朱增　史4-26522
朱增宣　史3-20034
朱增南　史4-26428
朱增春　史3-20773
朱增籍　子2-6962
朱乾　史7-57602
朱翰　集2-7168～9，6-44584～5
朱翰宣　集4-24972
朱翰春　集3-15722
朱教　史8-59151
朱斡隆　集5-34919
朱警　集6-41824
朱敬瑞　集5-35705
朱敬循　史6-46071
朱敬鑑　集2-10319～21
朱檜　集3-19389，4-28981　叢1-419，2-731(44)、1428～9
朱松　集1-3240～4，6-41900～1　叢1-223(53)，2-636(4)
朱松年　集3-18531
朱栩　集6-42719
朱梅　史8-58433
朱梅庭　集7-53678
朱梅田　集4-27133
朱梅臣　史6-46230
49 朱妙端　集2-6883～5，6-41792　叢1-291、294
朱棪　集5-37199
50 朱中楣　集3-13164、14316，6-41999，7-46840
朱申　經1-77(4)、4941～2、5588、6787～90，2-8365、8574、8576～8、8580

～2　叢1-223(8)
朱泰　史8-59365
朱泰修　史2-7416、8032，3-22949　集4-33079～81
朱泰禎　經1-5641、7639　史6-48516
朱泰來　子4-18941
朱青溪　子2-6231
朱本　集6-43097
朱本福　集3-20966
朱本中　子2-4589、9367、11056
朱本昭　集5-34071
朱惠元　集5-41514
朱惠明　子2-4625、8399、8617～8、8656
朱惠民　子2-8399、8655
朱忠恕　史3-18403
朱書　史7-49315、49318(11)、50649、53106　集3-16802～6　叢2-731(56)
朱書田　史8-58207
朱春生　集4-24490～3
朱春泉　史4-26440
朱春柳　子2-5660
朱春烜　集4-31035
朱耒　集3-17961
朱素　集3-15563
朱素僡　集7-53785、54071
朱素貞　集5-36309
朱素和　集6-42340
朱素臣　叢2-689
朱東啓　集3-20000
朱東觀　史1-50，6-47654
朱東陽　集2-9387
朱東光　史7-57684～5，8-58210　子1-22，4-19685
51 朱振新　集5-41028
朱振采　集4-27069
朱振絨　集4-26826
朱振綱　史3-18327
朱振萬　史4-26691
朱振聲　史4-26468
朱振杞　史4-26631
朱振鏞　子4-21606　集5-34608

朱振曾　史3-19242
52 朱揆　子5-27369～70　叢1-22(13)、23(13)、148、154、168(3)、255(2)、587(2)，2-624(1)
朱靜　集7-50555
朱靜一　子2-9867
朱靜江　集4-25856
53 朱輔　史7-50802　子4-24194　叢1-11～2、17、19(3)、20(2)、21(6)、22(12)、23(11)、24(3)、56、86、114(5)、115～6、195(7)、223(26)、490，2-617(2)、624(2)、730(6)
朱軾　經1-419、1171、5269、5593、5908、6258～9、6270、7776、7909、7912，2-8368、8586、10673　史1-1712，2-6207、6544、6552、6656、9443，6-41539、44582～3、45831、45835、47499　子1-2083　集3-17404～6，6-42066　叢1-218、223(4、22)、451
朱彧　子4-20056～9　叢1-2～7、9、22(6)、23(6)、31、106、111(2)、196、223(45)、273(5)、274(5)、448，2-617(2)、624(2)、731(50)
朱盛性　史4-26630
朱成　集6-43770
朱成烈　集6-45466
朱成阿　史7-57899
朱成熙　史3-15770，7-57040
朱成鑠　集2-7471
54 朱拱梃　集2-10486
朱拱榣　集2-8536～8，6-43733
朱拱櫕　史2-6489　集2-8535
朱拱樋　集2-10483～5，6-41935(2)
朱拱辰　史4-26639
55 朱費元　子2-7841
57 朱邦衡　叢1-256
朱邦獻　史3-17687、19286
朱邦偉　史3-17687
朱邦杰　史3-22561

朱邦英　史 4－26430

朱邦相　史 4－26637～8

朱輅　經 1－3913、5338
史 2－11796　子 1－
1523,5－30382　集 3－
15948

朱撰卿　史 8－60041～2

58 朱掄英　集 4－23372,6－
44426

朱輪　史 4－26644

60 朱□　經 2－12343　子 2－
7610

朱□□　子 3－17597　集
2－10153,6－42632、
43697、43903

朱日豐　子 5－30363～4

朱日宣　史 6－46708～9

朱日濬　經 1－1053、3935
～6　集 3－15401

朱日藩　集 6－41935(1)

朱曰浚　經 1－2812

朱曰藩　集 2－9135～9,6－
42153、44972

朱墨林　集 3－15008

朱星祚　子 5－27701、
28826

朱星煒　集 4－22178

朱里　史 1－5600

朱昱　史 7－56868,8－
62847～8

朱國瑛　史 4－26409

朱國衡　史 7－57820

朱國鑾　集 5－37752

朱國佐　集 6－43838

朱國淳　集 4－28627～8

朱國賓　子 2－8730

朱國源　史 7－57694　叢
1－373(2)

朱國禎　史 4－26638,7－
50350　叢 2－735(2)、
844

朱國漢　集 3－14089,6－
44795

朱國達　集 5－34773

朱國祚　集 6－43942

朱國祥　子 3－14121

朱國壽　史 6－43114

朱國楨　史 1－1538、1839、
1928,2－7177、7311,6－
47607　子 4－23052　集
2－10664～7

朱國標　史 1－1592

朱國蘭　史 4－26650

朱國華　集 5－38859

朱國輔　經 1－488

朱國盛　史 7－52862～3
叢 1－300

朱國榮　子 5－30381

朱見深(明憲宗)　史 2－
6892

朱晨　子 3－15368

朱思　叢 1－223(52)

朱思諫　史 4－26504

朱思本　史 7－49549　集
1－5204～6　叢 1－265
(5)、266,2－615(3)

朱思錫　子 7－36242(3)

朱恩　子 2－10794

朱恩綬　史 4－26494

朱恩緻　史 6－45188

朱恩沐　史 2－7839,4－
26439

朱恩華　子 2－5436

朱恩昭　史 8－63330

朱恩錫　史 7－50695　子
7－36231(3)、36997

朱冕　集 3－19388

朱昇　集 1－3241,3－15064
～6,6－44580　叢 2－834

朱昌霖　史 3－15848

朱昌鼎　史 3－23599

朱昌安　史 4－26395

朱昌祚　史 6－48669

朱昌奎　史 8－61434

朱昌壽　經 1－1843　史
3－19989

朱昌燕　史 2－6261,4－
26500,8－65902　集 5－
38252～6

朱昌泰　史 2－8032,3－
19916,7－57559

朱昌頤　史 2－12684,3－
15203　集 4－29784

朱昌鳳　史 4－26629

朱品金　史 3－20338

朱昆田　史 1－5232～3,7－
49826　子 4－22367,5－
25306、26142～6　集 3－
16650　叢 1－223(22),
2－635(12)、698(11)

朱昂　集 3－15344、18986～
7,6－42019,7－47269～71
叢 1－22(5)、23(5)

朱景　集 4－24965

朱景玄　子 3－14692、
15857、15859、16061～2
集 6－41883　叢 1－223
(37)

朱景元　史 3－20431

朱景行　集 7－46443、
48209

朱景彝　史 2－8006　叢
2－677

朱景淳　集 3－17655

朱景邁　集 4－25899

朱景熹　史 3－21025

朱景杭　集 7－54725

朱景英　史 2－11443,7－
51245,8－60740　集 2－
7136～7,3－20391～4

朱景素　集 4－31869,6－
41999

朱景星　史 8－58167

朱景暉　史 3－21549

朱景昭　經 1－4243、7075、
7988　史 1－4099　子
5－29414　集 5－34071
叢 2－1935

朱景煌　史 4－26717

朱羅　集 5－39290

61 朱點　史 7－50319　集 3－
20868　叢 2－832(3)

朱點衣　史 3－16826、
17696、22550,4－26654,
6－42537

朱顯廷　史 3－15918,7－
56190

朱顯祖　史 2－6666　子
1－764,4－19200、21111
叢 1－201、203(6)

朱顯槐　集 2－9675～6,6－
41935(2)

朱顯英　集 1－1006

62 朱昕　史 8－58666

朱則瑛　集 4－24845

朱則璟　集 4－25211

朱則伊　史 2－10391

朱則菜　史 2－10391

63 朱畹　集 4－25497～8

朱暄　史 7－51380

朱咏滑　子 2－5287

朱晙　史 7－56890

64 朱曉　子 3－18328　集 3－
20672　叢 1－197(2)

朱曉峯　史 4－26695

朱曉林　子 2－5673

朱睦㮐　經1-699、7588,
2-11499、13794　史1-
2735、2751,2-8186,8-
59790、65251、65257、
65575～84、66238～9　集
1-2575、2580,6-43798
叢1-22(20)、223(12、20、
28)、272(3)、347、540～1、
547(3),2-593～4、731
(5)
朱晞　集1-4198,6-41894
(3)、41896
朱晞顏　集1-4770、5002
～5,6-41784,7-46373、
46783　叢1-19(9)、20
(7)、21(8)、223(60、61)、
374
朱時望　經2-12862～4
朱時謙　集4-30578
朱時晉　史3-19534
朱時進　子2-5009
朱時中　史3-15295
朱時思　子7-34727
朱時恩　子6-32091(71)、
7-34110、34727
朱勛　史8-62289
朱勛溦　集2-8511～2
65 朱映圭　史4-26728
66 朱曙　集3-18147
朱曙階　史4-26713
67 朱曜　集2-8371
朱明　史8-58240
朱明魁　史8-59598
朱明岊　史5-35645
朱明鎬　史1-5961～2
叢1-223(29)、272(3)
朱鳴鶴　集4-30886
朱暉　史3-22480　叢1-
19(8)、20(6)、21(7)、22
(4)、23(4)、24(8)
朱瞻　集3-13752
朱瞻基(明宣宗)　史2-
6539,6-42945,7-51518
子1-898　集2-6699～
701　叢1-22(27)、29
(9)、50～1、55、84(1)、85,
2-730(8)、731(43、45)
朱昭甫　集4-26269
朱路任　史6-42402
朱嗣　集4-27200
朱嗣元　史8-62264
朱嗣韓　集4-22262

朱鄂生　史2-13003
朱鷺　史1-2759、2767
叢1-22(21)、29(8)
朱照　子3-16246
朱照廉　經2-14400　子
3-15451　集4-24291～
3
朱照璵　史4-26677
68 朱吟濤　集5-33825
朱旿　史2-10672
70 朱雅　集4-22489
朱驤成　集5-36915
71 朱辰應　集3-20752
朱厚章　集3-18813～4
朱厚祥　子4-21864
朱厚基　史3-18019
朱厚熄　經2-13751　子
4-23004
朱厚燁　集2-8738
朱厚煜　集2-8184～5
叢1-46
朱厚熜(明世宗)　史1-
2842,6-42018、47641
叢1-50～1、53、84(1)、
85,2-730(8)、731(45)
朱階吉　集4-26571
朱願爲　集3-15949
朱斅　子2-8214
朱長文　經1-439～40
史7-56940　子3-
15027、15053～6、15300、
17508　集1-2642～4,
6-41883、41894(1)、
41895　叢1-114(2)、
205、223(23、37、38、52)、
268(2)、326、353、376、388
～90、452、586(1),2-
660、716(1)、731(57)
朱長祚　經1-3852,2-
8755、9023、9415、9904、
10529　史1-2992
朱長松　史4-26427
朱長泰　史7-58048
朱長春　經2-10487　子
1-55、3975～6、3978～9,
5-30990　集2-10837～8
朱長吟　史7-57551
朱頤媞　集2-10738
朱頤厓　子3-15935
72 朱隱老　子3-12951
朱彤　史8-58334
朱彤書　史4-26473

朱氏　史4-26668　子1-
44
73 朱陵　集1-3453
朱駜成　集5-41157
朱駿　史3-18261
朱駿聲　經1-1605～9、
2974～6、5333、5981、
7027、7944～5、8109,2-
12156、12414～9、12493、
14554、14672～3、15098、
15143　史2-11175、
12085～6　子4-22727
集1-114,4-28407～10
叢1-460、462、477、493、
557～8,2-671、796、1730
朱駿成　集5-36577
74 朱勵志　集5-37849
朱勵相　集4-29939
朱肱　子2-4564、6291、
6449～53,4-19081～2,
7-36231(7)　叢1-19
(8)、20(6)、21(7)、22
(15)、23(15)、24(8)、86、
121、223(38)、244(3)、
447、519,2-730(7)、731
(28)
朱陵　集3-13701
朱驊　集3-15797
朱膄　集4-29466～9　叢
2-886(4)
76 朱隗　集3-13296,6-
43219、45397
朱陽　史8-62359　集3-
20751
77 朱鳳　史1-28、486,4-
26619　叢2-653(5)、
731(65)、772(4)、773(4)
朱鳳毛　史3-23041　集
5-35079～81　叢1-529
朱鳳銜　史3-18587,4-
26396
朱鳳儀　史3-20599
朱鳳臺　史7-57561　子
2-4965　集3-13946
朱鳳森　史2-12657　集
4-26572～4,7-49533～
4、49536、50322
朱鳳橒　史7-50978
朱鳳標　史2-9746
朱鳳槼　子2-4769
朱鳳書　史3-18783
朱鳳喈　史3-18755
朱鳳鳴　集4-28742

12887　集4-26359,5-
36137～9,6-41999　叢
2-2155

86 朱錕　史3-18799　子3-
17397　集5-38049

朱錦　史3-19402,8-
61255　子1-3290,3810
集6-42637、43901～2

朱錦琮　集4-27070～3

朱錦綬　史1-102、295～
6,6-42586　子4-22649
集6-42615　叢1-502

朱錫庚　經2-14107　史
4-26379,8-64582、65695
子1-4076　集3-21212
～3,4-24778～9

朱錫霖　史3-16711

朱錫珍　史3-15320　子
1-2583

朱錫經　史2-11325、
11904

朱錫山　集4-29527～8

朱錫綬　史8-60228、
60355　子4-21470、
24238、24240　集5-
34610　叢1-419、435、
584,2-617(5)、731(8)

朱錫安　史3-19814

朱錫祺　集4-26488

朱錫藩　集4-29357

朱錫蕃　史3-15982

朱錫穀　史7-53013,8-
61984　集4-26026～7、
26391

朱錫恩　史7-57355

朱鐸　集4-25354

朱智　史6-42803

朱智梁　史4-26419

87 朱鈞璜　史4-26499

朱鈞　經2-11055　史1-
5199、5759

朱鈞經　子2-4748

朱銘　集4-31867～8,6-
42141

朱銘石　子2-6056、9816

朱銘瓚　史3-15971

朱銘盤　史4-26408,6-
41603、41605～8　集5-
36223、38408～10

朱銘鎔　史3-18484

朱銘炤　史8-58990

朱欽紳　史2-11320

朱欽明　子3-12910

朱翔宇　子2-7455～7、
7459

朱翔清　叢2-735(1)、736

88 朱篁　經1-872　集2-
11379

朱簹　史8-61791

朱銓　子5-25831、25875、
26049

朱鑑　經1-77(2、3)、490、
3669　史2-8859,6-
48201　集4-22936　叢
1-223(3、7)、227(1、2)

朱鑑章　史3-15723

朱鑑成　集4-33512～4,
6-42007(2)

朱筠　史2-9481,7-49318
(6)、53458,8-65695　子
4-19769　集3-21206～
13　叢1-435,2-606、
731(46)、782(5)

朱鑰　子2-5794

朱鈴　史7-55986

朱笏廷　集5-39804

朱簡　史8-64931　子3-
16776、16797～8、16921

朱簾　史8-61746

朱篤慶　史3-17605

朱敏文　史2-10730

朱節　集6-42026

朱餘安　史4-26560

朱算　集3-20418,4-
24232

朱算孫　集4-26025

朱簧　集4-28983

89 朱鑽　集4-26360

90 朱小琴　史4-26688

朱小泉　集3-18252

朱惟公　集4-33486

朱惟慎　史4-26606

朱懷新　史3-16350、
19995　集5-39424～5

朱懷吳　史2-7229

朱懷相　史4-26470

朱懷幹　史7-56704

朱懷剛　子2-10764

朱堂　史8-58891　集3-
16083

朱少齋　集7-50112

朱光　史7-55119

朱光庭　集4-26525

朱光謙　史3-20236

朱光雷　子3-11339

朱光鼎　史8-62393

朱光綬　史7-55851

朱光勳　史4-26429

朱光家　經2-12853

朱光進　集3-17476、
18726

朱光被　子2-6783

朱光祖　史2-10557

朱光世　經2-11501

朱光暄　集4-25109

朱光昭　集4-26312

朱光熙　史8-61078

朱光熾　集6-44977,7-
47901

朱光燡　集4-30439

朱光耀　史4-26422、
26433　集5-38977～8

朱光輝　史4-26374

朱尙　經1-3131,2-14527

朱尙發　史4-26561

朱尙弼　史7-56200

朱尙美　史4-26533

朱常遷　子3-18032

朱常淓　史2-6521　子
3-15130、17640、18033

朱常漣　集2-9670～1

朱當世　集2-12611

朱當㴑　史1-1321、1914、
1925、1933,2-7314　叢
1-50～4、95,2-730(3、
10)

朱裳　史3-20147,6-
42015　集4-26683

朱焞正　史2-10427

朱棠　經1-5961　史7-
49616～7、49639　子3-
17549、17827　叢1-474

91 朱恆　史3-17852　子3-
13876　集4-22994、
32083

朱炳麟　史3-20314

朱炳元　史8-60633

朱炳珩　史4-26472

朱炳熊　史3-16014

朱炳清　集5-35276～7

朱炳奎　史3-17995

朱炳南　經2-13428　史
7-58018

朱炳如　集2-9050,6-

41786
朱炳書　史 4 - 26596
朱炳煌　史 5 - 41364
朱焯　史 8 - 58989
92 朱忻　史 7 - 56603
朱恬焌　集 2 - 9402,6 -
44973
93 朱怡滋　史 8 - 60559
朱怡典　集 4 - 22039
94 朱慎　集 3 - 17562
朱慎庵　經 2 - 8293
朱慎鍾　集 2 - 10577
朱焌　史 7 - 55536　集 4 -
21964
朱煒　史 8 - 59873～4　集
7 - 49165
95 朱性坦　子 1 - 1729
96 朱煌　史 7 - 57736,8 -
59742　叢 1 - 373(2)
朱煌漫　子 1 - 3052
朱煜　集 1 - 1016
97 朱耀琮　史 4 - 26392
朱耀奎　史 3 - 19179
朱耀榮　子 2 - 5156
朱耀采　史 3 - 21603
朱煥文　史 4 - 26424
朱煥然　史 3 - 19439
朱焯　經 2 - 10304～8　史
2 - 6216,8 - 63312　集
3 - 14999,19715,4 -
23371,5 - 34072,7 - 50206
～16,50221
朱燦如　集 5 - 40053
98 朱㸑　集 1 - 5556
99 朱瑩　集 4 - 30074
朱燮　經 2 - 13887　集 6 -
46291
朱燮元　史 1 - 2972,6 -
48433～4
朱榮　史 3 - 22947,4 -
26485
朱榮瑾　子 1 - 3873
朱榮璪　子 3 - 14326
朱榮珍　史 4 - 26446　集
4 - 26024
朱榮實　史 8 - 60255、
60313
朱榮滅　集 2 - 7444
朱榮椿　史 8 - 60222
朱榮邦　史 8 - 61885

2591₇　純

08 純謙(釋)　集 4 - 25514
10 純一子　子 2 - 8245
30 純宗(釋)　子 7 - 34239
50 純夫氏　子 4 - 23472
76 純陽帝君　子 5 - 29012、
29594,29735
純陽子　子 4 - 21578,5 -
29013　叢 1 - 536
純陽道人　子 5 - 29010
純陽真人　子 5 - 29011、
29573,31073

2592₇　繡

10 繡雲居士　子 4 - 24087
21 繡虎堂主人　子 5 - 28453、
28455～6

2593₃　穗

25 穗積八束　子 7 - 36595

2593₆　穗

25 穗積　子 7 - 36599

2594₄　縷

47 縷馨僊史　叢 1 - 496(1)
縷馨仙史　史 2 - 13193,8 -
66437

2598₆　積

14 積功堂　子 5 - 32037
28 積綸　史 6 - 45460

80 積善　史 2 - 12605
積善堂　子 2 - 9983

2599₀　秝

74 秝陵一真子　集 7 - 48446

2599₆　練

16 練碧吾　史 5 - 39871
17 練子鼎　集 7 - 50613
練子寧　集 6 - 41935(3)、
43118　叢 1 - 223(63)
24 練綺　集 2 - 6364
30 練安　集 2 - 6352～64,6 -
41934
練官龍　史 5 - 39872
46 練恕　史 1 - 10(2,3,4,5)、
169,375,4661,4722～3、
4755,6 - 42242　子 4 -
21751　集 5 - 33806　叢
2 - 1905
72 練兵處　史 6 - 45211～2
練兵處軍學司　子 1 - 3394
93 練怡　史 2 - 9915

2600₀　白

00 白衣道者　子 5 - 29549
01 白龍躍　史 8 - 59725
02 白話道人　子 5 - 28647
10 白玉楷　史 8 - 61538　叢
1 - 373(8)
白玉書　史 3 - 22069
白玉蟾　史 2 - 6871　子
3 - 14108,15335,5 -
28954,29044～9,29530
(3,6,15,18),29535(2、
5),29536(2,5),29547、
29549,29565,29690～1、
29988,31052,31192～9、
31521,31694,31937～8、
31940　叢 1 - 109、111
(4),2 - 731(10)
白玉堂　史 4 - 26215
白元峯　史 6 - 43029

1982、3099～101　叢1－
256,2－617(3)
67 白明義　史8－59917
70 白璧　集6－41946
72 白髦拜　子7－38184
77 白鳳文　史7－55013
白履忠　子5－29530(6、
8)、29535(3)、29536(3)、
29543、29883～7
白居易　史7－52017～8
子4－19880,5－24776～
9、26222,7－32124　集
1－1352～66、1368～70,
6－41729～30、41772、
41794、45495、45532～3
叢1－22(2、12、13)、23(2、
11、12)、29(3)、30、86、114
(4)、119～20、154、185、
223(42、49)、227(9)、255
(2)、407(3)、585,2－635
(7)、682、691(3)、698(9)、
730(8)、731(38)
白眉初　史7－56094,8－
63277
白丹成　史4－26213
白册侯　史8－63159
80 白曾焯　史6－46452～3
82 白鍾元　史8－65521
白鍾山　史6－46873～4、
48736
83 白鎔　史3－13745
84 白鎮灃　史3－21900
87 白銘庵　子7－36070
90 白光(釋)　子7－34394
97 白輝　史6－49259
98 白悅　集2－8452

自

00 自彦(釋)　史8－64932
11 自非逸史　史1－1946、
1977
15 自融(釋)　子7－34717
26 自得主人　子5－28373
27 自修居士　子7－33667
40 自在(釋)　子6－32081
(24)、32083(16)、32084
(14)、32085(23)、32086
(26)、32088(17)、32089
(42)、32090(47)、32091

(45)、32092(31)、32093
(26)、7－32748
自在山民　子5－28651
自有餘齋　子4－23518
46 自如(釋)　史7－52183～4
77 自周(釋)　子7－35002
93 自怡軒主人　子5－27843

2610₄ 皇

26 皇侃　經1－33、5562～3,
2－8331、9278～83、9286、
11134　叢1－223(13)、
244(2)、2－731(9)、750、
765～6、774(4、5)
27 皇象　經2－13293　叢2－
600
47 皇都風月主人　子5－
26991
53 皇甫庸　子5－26389　叢
1－22(23)、29(8)、61～4、
84(4)、174、195(2)、2－
730(4、11)、731(51)
皇甫慶　史4－30757
皇甫慶餘　史4－30759
皇甫謐　史1－1998～
2004,2－6200、6392、6468
～78、6482,7－49308、
49397　子2－4564、4771
(2)、10212～4　叢1－
15、19(3)、21(3)、22(9、
10)、23(9)、24(4)、29(2)、
74～7、82、90～3、125、
162、168(2、3)、223(21、
32)、237、272(3、4)、410、
418、428、566,2－599、
628、698(4)、730(1、5)、
731(61、64)、774(8)、775
(4)、776～7、781、1667
皇甫信　集2－7988
皇甫嵩　子2－5550　叢
1－154、255(2)、350
皇甫鯤　子3－15178
皇甫牧　叢1－5、22(6)、23
(6)
皇甫汸　史7－56961～2
子4－20319　集2－
7319、8382、8415～21、
8981,6－41935(2)　叢1－
223(65)
皇甫濂　子5－29104　集

2－8881～2,6－41935(2、5)
皇甫福垕　集4－30912
皇甫治　史3－15680、
18040
皇甫漢仕　史3－19533
皇甫涍　史2－6468、6479、
6974　集2－8425～7,6－
41935(2)　叢1－86、223
(66),2－730(8)、731(61)
皇甫沖　子1－3785　集
2－8168,6－41935(2)
皇甫湜　集1－1443～5,6－
41742、41794、42030　叢
1－223(49)、447,2－635
(7)
皇甫奎　史7－55873
皇甫吉宗　史4－30761
皇甫樞　史7－56380
皇甫世祥　史4－30755
皇甫枝　叢1－148、154
皇甫如森　史8－60456
皇甫相　子2－5550
皇甫松　子3－18302～3
叢1－16、19(9)、20(7)、21
(10)、22(15)、23(15)、24
(9)、29(4)、30,2－617
(4)、2227
皇甫枚　子1－52,5－
26249～51　叢1－14
(2)、19(7)、20(4)、22(3、
18)、23(6、18)、24(7)、56、
168(2)、249(2)、255(3)、
258、265(4)、395、456(6)、
465、490、509、587(3),2－
731(6、50)、777
皇甫中　子2－4848～9
皇甫冉　集1－1157～61,
6－41743、41819、41821～
2、41824、41838、41858、
41869、41878　叢1－223
(68),2－637(3)
皇甫振清　史7－55790
皇甫規　集1－210　叢2－
762～3
皇甫□　子5－26898　叢
1－15、22(4)、23(4),2－
617(3)
皇甫鳴鏘　史4－30762
皇甫周　子2－11181,5－
31674　叢1－173
皇甫學鸞　史4－30753
皇甫曾　集1－1162～4,6－
41739、41743、41819、

41821～2、41824、41838、41858、41869、41878　叢1－223(68)、2－637(3)

皇甫錄　史1－1914、1933、4401,6－42013、45801,7－50953　子5－26389　叢1－22(23)、29(8)、57～8、61～4、84(4)、95～6、174、195(2),2－730(3、4、11)、731(51、67)

皇甫惟楨　史4－30756

皇甫焞　子1－1772

皇甫端　史4－30754

2620₀　伯

00 伯彥畢勒格圖　經2－15061

01 伯顏子中　集1－5488

09 伯麟　史6－45179　集4－25118～9

10 伯爾　子7－38265

28 伯倫知理　子7－36522

34 伯濤　集7－53934

38 伯溢　集7－50801、53653

伯啓　子3－12574

40 伯克雷　子7－36228(6)、36231(2)、36248、36962

伯希和　子7－35764

44 伯芙堂　史7－51869

伯英　史6－46723

50 伯春　子3－17767

60 伯里牙芒　子7－36231(2)、36241、36945

伯羅德爾　子7－37327

76 伯陽子　子5－32048

77 伯周　史2－12966

伯聞　子3－17456

伽

44 伽梵達摩(釋)　子6－32081(12)、32082(10)、32083(9)、32084(8)、32086(14)、32088(9)、32089(10)、32090(14)、32091(13)、32092(9)、32093(39、45),7－32799、

32871～7、35020　叢1－317

佃

44 佃芝　子5－25333

2621₀　但

17 但弼　史3－15894

25 但傳熺　史8－60299

36 但湘良　史6－45633、47148

40 但燾　史6－44860

67 但明倫　史8－62292　子1－1691,5－27630～31

2621₃　鬼

80 鬼谷子　子3－14081

2622₇　偶

41 偶桓　集6－43674～5　叢1－223(70)

帛

77 帛尸梨蜜多羅(釋)　子6－32081(7)、32082(7)、32083(6)、32084(6)、32085(8、13)、32086(8、14)、32088(6、9)、32089(6、11)、32090(8、14)、32091(7、12、68)、32092(5、9)、32093(42),7－32933～4、32999、33870

帛尸黎蜜多羅(釋)　子7－32850、33680

2623₂　泉

10 泉石主人　子5－28293～4

2624₁　得

10 得一(釋)　集5－34824

21 得能通昌　史6－44851

27 得烏特　子7－36231(5)

77 得月山房主人　子5－25324

2629₄　保

00 保亮　史6－47000

保商局　史6－43942

10 保元堂　子2－9438

26 保息局　史6－44652

30 保寧　史6－45169、46945

保定學務處　子1－2730

31 保福　子3－14349

35 保清　史7－56125

36 保暹(釋)　集6－45669　叢1－114(3)

40 保大章　集4－28308

保太和主人　子2－11124

保培基　集3－18967～8

42 保斯培　子7－38196

44 保其壽　集4－32986～7

50 保忠　史8－59304

58 保鼇東　史8－65541

60 保昌　史3－15824,6－47917

64 保時　子4－23111

77 保巴　叢1－223(3)

80 保八　經1－583～6　子1－599　叢1－223(3)

91 保恆　史8－63411

94 保烆　集4－25230

2633₀　息

00 息齋道人　子5－29530

(14)
息齋居士 叢1-195(7)
38 息游館主 子5-28912
46 息觀 子5-28632
77 息尼德 子7-36228(5)、
36231(2)、36242(2)、
37185

2640₀ 卑

00 卑摩羅叉(釋) 子6-
32081(34)、32082(14)、
32083(23)、32085(33)、
32086(39)、32088(24)、
32089(39)、32090(46)、
32091(44)、32092(30)、
32093(23)

2641₃ 魏

00 魏堃 集4-27483
魏彥 經1-132、169、7244
~5、8122
魏齊賢 集6-43609~14
叢1-223(69)
魏方泰 子5-25930
魏方炌 集2-12672
魏裔魯 集3-14558
魏裔慤 史7-57656
魏裔介 經2-8771、9043、
9435、9924、10584 史1-
5582~3、2-6478、6665、
9186、6-48641、7-55458
子1-1379~82、4-21037
~8、24227~8 集2-
12258、3-13902~6、6-
41970、44060~1、44356、
44387 叢1-194、223
(67)、2-731(8、19)、782
(5)、1284、1296
魏應嘉 史1-1946、2-
7325 叢1-411
魏應桂 集3-20608
魏慶瑞 史5-40411
魏慶之 集6-45648~50
叢1-114(4)、223(72)
魏廣智 史5-40433
魏賡元 史3-18393

魏文魁 子3-11603~4
魏文侯 經2-8296~7
魏文瀛 史3-19444
魏文奎 子3-11236
魏文中 子5-28903
魏文忠 史5-40396
魏文焌 集2-9128~30
魏章林 史3-19441
魏襄 史8-59604
01 魏龍藻 史1-3846
04 魏勷 史7-51864~5
05 魏靖國 集2-11907
08 魏謙升 集4-29935、7-
47924~5
魏謙吉 經1-7581
09 魏麟徵 史7-53892 集
3-16043~8、6-41969、
43591 叢2-1350
10 魏一齋 經2-8810、9085、
9471、9964、10724
魏一崍 子5-31461
魏一川 子1-4142
魏一鰲 子3-15371、4-
21018 集3-14105
魏一鼇 史2-6662~4
魏一鳳 史4-32114
魏正錡 集4-33497
魏玉衡 子2-10876
魏元樞 史2-11823、7-
55747 集3-18566
魏元曠 經1-563~4、581
~2、599~600、2033~4、
2154、2332、3312、3742、
4948~9、2-10247~8、
10251~2 史1-3629、
4228、4540~2、5343、
5799、2-7474、6-42346、
42823、46499、7-49858~
9、49972、52464、54264、
54556、8-58479 子4-
20186 集1-2377、
2743、2837、3237、3396、
3411、3545、4304、4405、
4425、4609、4981、5238、2-
5943、6165、10912、12313、
12712、5-36074、40276~
8 叢2-626、870(2、3、
4、5)、2146~7
魏元烺 史6-47916、
48836
魏元煜 史6-48896
魏丙榮 集5-40499

魏于雲 史2-6401 集
5-36365 叢1-202(2)、
203(7)
魏天應 集6-42711、
43615 叢1-223(69)
魏晉 經2-9701 集4-
28188~9 叢2-876
魏晉封 史1-3110 集
3-14012 叢2-1286
魏晉錫 集4-22252
11 魏玒 史2-9510
12 魏瑞斗 經2-13389
魏弘謨 史8-60053
魏延緒 史5-40397
魏廷珍 子1-4290~1
集3-17653 叢1-269
(4)、360
魏廷獻 經1-7993
魏廷梁 史3-18581
魏廷揆 史8-62822
魏廷舉 集3-13070
13 魏球 史7-56486
14 魏琦勳 經1-674
魏琳 史3-20927
16 魏理慈 子7-36651~2
17 魏瓊 集4-22482
魏瑤 子2-9565
魏琛 史5-40414
魏了翁 經1-35、535~6、
2657~8、3671、4939、
5246、5586、6786 子2-
10463、3-14925、4-22164
~72、22924 集1-4091
~6、6-41889、41894(3)、
41896、41901、7-46357、
46653~4 叢1-11~3、
14(1)、19(11)、20(9)、21
(10)、22(2)、23(2)、24
(12)、27、31、106~7、111
(2)、113、169(4)、195(5、
6)、221、223(3、5、8、10)、
246、265(2)、282(2)、283
(2)、296、368、559、2-635
(10)、636(2)、731(5、6、
26、28)、1046
魏承班 子5-26222、
27555 叢1-185、2-
2227
魏承禧 史2-13202
魏承志 史5-40425
魏承柄 史2-9702
魏承樾 經1-7083

魏本唐　經1-5985,2-11707、12339　史7-50526～7　集4-30367

51 魏振暑　子1-3596

52 魏靜　子6-32093(51)

53 魏成憲　史2-9549、11973　集4-24013～5

魏成漢　史8-60440

魏成忠　經1-5632

56 魏挹芹　集3-18112

57 魏邦翰　史3-17254,6-45515,7-55231　子1-3918

60 魏昉　集4-26882

魏呈潤　集2-6047

魏國重　史5-40434

魏國有　史5-40416

魏國卿　集4-24760

魏易　子4-19138,7-38185、38187、38198～201、38203～4、38208、38210～1、38219、38221、38227、38233、38237～8、38240、38244、38248～9、38251、38253～4、38259～61、38272、38282

魏思恩　史5-40417

魏景桐　集5-38384

61 魏顯國　史1-189～90、2151,2-6527～8、6536、6650、7007、7124

64 魏曉方　史5-40408

魏時亨　史1-1150

魏時亮　子1-162

魏時應　經1-7609　史8-58220　子1-3968

魏時熙　史5-40424

65 魏畊　集2-12896～901,6-44062　叢2-845(2)

67 魏野　集1-1865～70,6-41715、41894(1)、41895、41904　叢1-223(50)、559,2-638

71 魏厚菴　子4-21213

魏驥　集2-6549

77 魏周琬　經1-1236、7804　集3-19273　叢2-1422

魏用之　集5-36514

魏閬　經1-991～2　集3-14309

魏際瑞　史6-47116　子1-2377,4-21104～5

集3-14274～6,6-42065、42067、45144、46272　叢1-197(4)、201、203(4)、267,2-617(2)

魏熙元　史3-19761　集7-48316、50414、50680

魏學誠　史2-11686　集3-16734～5　叢2-782(5)

魏學純　史5-40415

魏學濂　集6-45143

魏學江　史5-40429

魏學渠　集7-46397～400、46873

魏學洙　集2-12139,6-41941

魏學禮　集2-10281,6-41935(5)、43804

魏學洢　集2-12140～1,6-45143　叢1-223(67)

魏學韓　史6-44644

魏學曾　集2-9043、9524　叢2-966

魏民仰　集2-10147

78 魏鑒　子2-8444、8787

79 魏騰蛟　史5-40436

80 魏金榜　史8-60199

魏鏞　史8-62443

魏毓蘭　史7-50034～5、56329

81 魏頌唐　史2-8753,6-46501　叢2-845(5)

82 魏鑠　叢1-23(14)

83 魏釴　史8-58563

86 魏鈿　史8-60275

魏錫曾　經2-11378　史2-12815,8-63777、64433、65383　子3-14968、15229、15275、16868,4-21276　集5-34044～6　叢1-511,2-611、1886

87 魏銀河　集3-21800

88 魏鑑　子3-11639

魏篤　史8-61323

90 魏堂　經1-6306　史7-57162

魏光緒　子5-29329

魏光燾　史8-62331

魏尚信　史8-59922

魏裳　集2-9330

91 魏炳蔚　集5-36426

94 魏慎餘　史5-40430　集5-36074　叢2-2146

96 魏煜　子1-1759

97 魏耀　史8-60320

魏煥　史1-1929,6-45600～1　叢1-386～7,2-727

99 魏變均　集4-32242～3,5-33704

2643₀ 吳

00 吳堃　史6-46417

吳立　集3-17103

吳立闓　史4-27745

吳亨年　史4-27768

吳兗　集2-8272,6-44982

吳競　叢1-371,2-604

吳亮　經1-2751　史2-6589、7820,6-47828　子4-23818～9、24010～1　集2-6636～9　叢1-83,2-833

吳亮論　史2-6971

吳亮欽　史6-42415

吳彥芳　史8-59566

吳彥夔　子2-4643、4703、9157～8　叢1-223(33)

吳商　經1-6026　叢2-774(4)

吳庸熙　史3-17827

吳方夔　集3-21771

吳育　史7-49318(11、12)、53688、53702～3,8-59652　集4-28135～6　叢1-512

吳育堂　史4-28216

吳高　經1-6259　史6-43477,7-51411

吳高埈　史7-56515

吳高楠　史4-27718

吳高增　史7-49318(7、13)、50803、53415、53420、55060　集3-19696～7　叢1-202(5)、203(11)、413

吳應廉　史8-61483

吳應文　史7-55565

吳應端　經1-1798

吳應台　史 7 - 57612

吳應和　集 4 - 28992,6 - 44562

吳應寬　史 3 - 15371

吳應賓　集 6 - 44749

吳應逵　史 8 - 61072　子 4 - 19319　集 4 - 26488　叢 2 - 731(30)、881

吳應連　集 4 - 32271

吳應奎　集 4 - 24247~8

吳應蓮　集 3 - 17190

吳應芝　史 4 - 27701

吳應棻　集 3 - 18511

吳應期　史 4 - 28049

吳應枚　史 7 - 49317(8)、49318(13)、51051

吳應泰　史 4 - 28024

吳應明　史 6 - 48408

吳應辰　經 1 - 8041　叢 1 - 329

吳應箕　史 1 - 1937、1940 ~2、1949、1953~8、1963、1982、3005~8、3015、3017 ~21、3278,2 - 7343~5、7366,7 - 50105~6　子 4 - 24039　集 2 - 12057~ 62,6 - 43118　叢 1 - 369、456(4)、580,2 - 731(41)、745、818~9、1215

吳康　集 4 - 24986~7

吳康霖　史 7 - 58007

吳康壽　史 7 - 56401、56879

吳庚　史 7 - 55885　集 5 - 41060

吳庭芝　史 3 - 16607

吳慶雲　史 7 - 57664

吳慶祥　史 3 - 16434、18697,4 - 27887

吳慶燾　史 7 - 49333、50707~8,8 - 60141、64039、66125　集 5 - 40196

吳慶垣　史 4 - 28127

吳慶坻　史 2 - 7529~30、8281、10003、10555、10673、10807、13149~50, 3 - 16187、20143,6 - 42559、48064,7 - 57144, 8 - 66084　子 4 - 23325 集 5 - 37851~4、38097 叢 2 - 671

吳慶朝　史 4 - 27737

吳慶揚　史 4 - 28136

吳慶恩　集 4 - 28750~1

吳麈　集 3 - 18740~2,4 - 24297

吳唐林　史 3 - 17151　集 5 - 35938,7 - 46421、48247

吳廣霈　經 2 - 12359、13244　史 6 - 47545,7 - 49318(21,22)、49358、54145、54363,8 - 63510、64503　子 4 - 21703　叢 2 - 617(5)

吳廣德　子 3 - 14152

吳廣心　史 5 - 34298

吳廣成　史 1 - 2575

吳廣財　史 4 - 27728

吳賡麟　史 4 - 27736

吳賡廷　史 3 - 20762

吳賡枚　史 2 - 9553

吳賡泰　史 4 - 28166

吳亦霖　經 2 - 14271

吳亦鼎　子 2 - 4771(4)、8947、10377

吳亦溥　史 4 - 28017

吳文度　史 1 - 4867

吳文龍　史 3 - 19367

吳文琇　史 4 - 28037

吳文瑞　史 4 - 27879

吳文孚　史 6 - 46670

吳文卓　史 7 - 55234

吳文豹　集 4 - 22597

吳文徵　史 8 - 65333

吳文江　史 7 - 57463

吳文溥　史 1 - 3735,8 - 64630　子 1 - 1626、3886 集 4 - 22368~70,6 - 46290　叢 1 - 373(8),2 - 1541

吳文泂　史 2 - 8091

吳文奎　史 4 - 28066　集 2 - 10322

吳文梓　史 6 - 47799、48287

吳文媛　集 5 - 33900

吳文藻　史 4 - 27779　子 5 - 26528

吳文薰　史 4 - 28117

吳文華　史 6 - 48310~1 集 2 - 9364~5　叢 2 - 1106

吳文英　集 7 - 46380、

46683~5、46687~8　叢 1 - 223(73)、474,2 - 698 (10、13)、720(2)、845(1)、2142

吳文桂　史 3 - 18134

吳文林　史 8 - 58373

吳文增　集 5 - 37473

吳文昇　史 1 - 1788

吳文暉　集 3 - 21094~6、6 - 45965~6

吳文照　集 4 - 24246

吳文敎　史 4 - 28176

吳文企　集 2 - 10897

吳文鏞　史 4 - 27715

吳文鎔　集 4 - 29085

吳文錫　史 2 - 6627　集 4 - 29671

吳文炳　史 8 - 64826　子 2 - 4777、5859、6735、8418、9332　集 4 - 26483

吳文炘　史 8 - 59696

吳文煒　史 7 - 57213

吳文煥　子 3 - 17688~9

吳文炌　史 4 - 28011

吳文瑩　經 2 - 13405

吳辛甲　集 5 - 34783

吳章澧　史 1 - 5192

吳章祁　史 8 - 61841

吳章煥　史 4 - 27713

吳奕　集 2 - 12402~10

吳言昌　史 8 - 60229

吳讓恆　集 4 - 26321

吳玄　史 6 - 47833　集 2 - 11241~3

吳玄沕　叢 1 - 194

吳襃　集 2 - 9460

吳襄　經 2 - 10673　子 5 - 25901~2　集 3 - 17189 叢 1 - 223(44)、227(8)

吳六奇　集 3 - 13416

吳六鼇　史 8 - 62831

吳京　集 1 - 2588,2 - 8928

01 吳龍　子 3 - 18276

吳龍徵　子 4 - 23974

吳龍翰　集 1 - 4410~4,6 - 41896、41904、41910　叢 1 - 223(58)

吳龍見　史 4 - 27759　集 3 - 18966

吳龍曾　集 4 - 32620

吳龍光　集 3 - 20052~5

吳龍輝　史 8-61380
02 吳端委　史 8-60228
吳彰　集 4-27610
吳新德　史 8-61821
吳新朗　史 4-28045
吳新銘　集 7-47590
03 吳斌　史 4-28044
吳詠相　集 5-33977
吳誠　子 3-12706、12727～8,7-36228(4)　叢 2-837
吳誠學　子 3-12737,7-37537
吳詒恕　史 7-56669
04 吳訥　史 6-46383～4、46408～9　子 1-865、2664～7　集 1-3578、3605、4914、5784,2-6512～4,6-42720、42976、45491,7-46352　叢 1-195(3)、223(32),2-731(17)
吳誥榮　史 3-19783
05 吳靖符　子 5-27335
吳講　史 3-15856
07 吳望屺　史 3-18348
吳望曾　史 3-17801　集 4-30383
吳翊　集 3-16951
吳翊寅　經 1-1952～3、2263～4,2-14572　史 1-2319,3-18934,8-66180　集 5-38416～8　叢 2-653(2、6)、731(65)、2072
吳毅　史 4-28215
吳詢　集 4-22596
吳誦清　子 3-17382
08 吳效英　集 4-32813
吳敦　集 4-30081、32195　叢 1-556
吳敦諄　史 4-29308
吳敦宗　集 4-25508
吳敦源　史 3-21255
吳說　集 1-2357～8,6-42268
吳謙　子 2-4989、5975、6377、6737、6775、8448、8799、10375　叢 1-223(34)、227(7),2-837
吳謙牧　集 3-15204～5
吳謙福　史 4-28195
吳謙如　子 2-6571
09 吳麟瑞　集 2-11655
吳麟珠　集 5-37616
吳麟徵　子 1-2155　集 2-12030～1,6-43118　叢 1-195(3)、366～8,2-731(20)
10 吳一諤　集 4-21938
吳一蜚　史 8-58381、62055
吳一璜　史 8-61772
吳一嵩　集 3-20247
吳一鸞　史 7-57821
吳一清　史 4-27762
吳一湫　史 4-28086
吳一栻　經 1-7623　史 2-8091
吳一楠　史 4-28033
吳一棣　子 3-13278
吳一鶴　集 5-41254
吳一松　史 3-19469
吳一駿　叢 1-371
吳三錫　史 3-17922　集 3-15850
吳正　史 7-55694
吳正子　集 1-1491～2　叢 1-141
吳正綬　史 7-51954
吳正仕　史 4-27794
吳正倫　子 2-4853、11003
吳正遂　史 4-28060
吳正聲　史 3-17595
吳正暘　子 3-16920
吳玉　史 6-48465
吳玉麟　集 4-23042
吳玉綸　史 2-11906　集 3-21526
吳玉樹　史 7-52314、57268　集 4-31616　叢 2-843
吳玉書　史 8-59030
吳玉抱　集 3-20677
吳玉搢　經 2-12118、12463、14647、14649、15125　史 7-56658,8-63573～7、64638　子 2-9472　集 3-19169～70,6-44446～7　叢 1-223(15、40)、282(3)、283(3)、430、433、440～1,2-599、731(23、32)、807
吳玉堂　史 3-18591　子 2-9744
吳玉耀　集 7-46432、46849
吳玉輝　集 4-30717～9
吳王坦　史 1-5678
吳丕績　史 2-11155
吳玧　子 5-24948
吳玫中　叢 1-295
吳璋　史 4-28198,8-58983
吳璋達　史 3-18043
吳瑭　子 2-4751、4771(2、4)、5083、6842～5、10644　叢 1-450
吳元慶　史 7-58044
吳元音　子 3-13267　叢 1-269(4)、270(3)
吳元瑞　史 7-56298
吳元凱　集 4-26626,6-42006
吳元安　集 3-19302～3,6-42469
吳元治　集 6-43480
吳元滿　經 2-12449～52、13011　史 4-28022　叢 1-234
吳元禧　集 5-35543
吳元潤　集 2-11525,7-47254
吳元溟　子 2-8698
吳元祿　史 8-59404
吳元孝　史 4-28064
吳元棻　史 3-17652
吳元桂　史 7-58043　集 6-44102、44769
吳元楝　史 7-57744
吳元相　史 7-50230　子 4-23392,5-27637　集 4-29957
吳元馨　史 8-60186
吳元泰　子 5-28831～2
吳元默　經 1-1954
吳元暎　集 1-3430
吳元照　集 4-32267
吳元辰　史 3-22517
吳元臣　子 3-17093～4
吳元鏡　集 5-34354～5
吳元美　史 7-53714　叢 1-371
吳元善　子 2-4768、10680
吳元炳　史 2-9725,4-

吳引孫　史2-12358,3-22804,4-27709,8-65903~5　叢1-535~6

吳弘緒　集3-16978

吳弘道　集6-45196

吳弘基　經1-959　史1-116,2011　叢1-125、162

吳發仁　史4-27865

吳發儉　史4-27727

吳發祥　子3-16323

吳烈　史4-28038

吳延康　集7-49616

吳延珊　史4-27852

吳延壽　史3-19240

吳延康　史8-65208~9

吳延謨　史1-5538　集2-12738

吳延琛　集4-26223~5

吳延翬　集4-28292

吳延珍　集4-27873

吳延香　集4-31290

吳延俊　經1-854,2381

吳延偉　集6-43435

吳延楨　史6-49270,7-54274　集3-16809,6-44441

吳延芬　史3-15528

吳延芝　史1-5609

吳延華　經1-111(2)、5028~30、5273~4、5711、6355　史7-54988、54990、55107、55127　叢1-223(8)

吳延棟　集4-29287~9　叢1-450~1

吳延相　史4-28121　集1-5821

吳延翰　子5-25424　集2-8146,7-50540

吳延揆　集3-18438

吳延璧　史3-18029

吳延舉　經1-8148　史6-48518,8-60073　子1-921、934　集2-7268　叢1-66

吳延錫　史7-51970,8-62669、62838　集5-33962

吳延鉁　集7-46416、46418、47941

吳延燮　史1-10(3、4、5、

6)、1721、2780、2799、2915、4563、4670、4674、4693~4、4696~7、4740、4746、4749、4758、4769~70、4789、4793~6、4802、4808~9、4814、4820~1,2-12415~6,7-49777、49779、54931、56022、56098~9、56536,8-63372　子4-23569　集4-23740~3、33609,5-40126,7-47605　叢2-785

吳孔貞　子4-23110

吳孔嘉　史7-57966

吳孔昭　子2-8747

吳飛九　史7-58097

13 吳球　子2-4918、6093~4　集4-27778

吳斌　集2-5971

吳琯　史8-58889　子2-4560　集6-43351　叢1-42、90~1,2-730(5)

14 吳珪　史4-27925

吳瑛　史8-62723　集3-21850

吳琪　集3-14280,6-41957

吳璜　史3-19305　集3-21057

吳琳　史3-21509

吳劭仙　子3-13561

15 吳翀　史7-54997　集3-21341~2

吳翀霄　史6-46933

吳璉　集2-7222

吳琠　集3-15654

吳珠泉　叢1-373(8)

吳臻　史7-58041

吳融　史6-46577　子5-26222、26893　集1-1781~2,6-41850、41855、41858~9、41872~3、41878　叢1-154、185、223(50)、255(3)

吳建勳　史8-59437

吳建祿　史4-28178

吳建勛　史8-61305

吳建錕　史4-28107

16 吳聖謨　史4-27871

吳琨　經2-11238、12695

吳理　史1-6182~3　叢

1-269(6),2-731(44)、794

吳環濟　叢2-774(8)

17 吳孟桂　史7-55222

吳孟思　子3-16880~1　叢1-22(16)、23(15)

吳孟堅　史1-5614　集3-15536　叢2-818

吳翌鳳　經2-13901　史1-2025、4623,2-7556~7,8-66245~6　子4-21269~70,5-26399　集3-13501、16524,4-22452~5,6-42302~3、43507、44122~8,7-48566　叢1-202(6)、203(12)、256、259、295、373(9)、418、550,2-650、674

吳珮瑤　集5-37073

吳羽翮　集3-17375

吳珊　集4-22745

吳瓊仙　集4-25552~3

吳瑤　史4-27872

吳璵　子3-14064　集1-1516,5-33974~5　叢1-477

吳翟　史3-24571,4-28053~4

吳驌　經1-125、1291、7810　史2-6688　子5-29166~8　叢1-203(3、16、17)、223(12)、290

吳乃斌　子4-24667

吳乃琛　史3-20832

吳乃伊　集4-25504~5

吳乃希　集5-33833~4

吳鬻皋　史7-57282

吳承讓　史4-27997

吳承珂　史4-28002

吳承弼　集4-30288~9

吳承仕　經1-5300,2-11949、14273~4　史6-46301　叢2-2206

吳承修　集4-30082

吳承漸　史8-65288　子5-29363~4

吳承湜　史2-13228

吳承潞　史2-10067,7-57052

吳承祖　叢2-1159

吳承志　經1-4418　史1-10(1)、242,3-20155、

21113,7－49501、52741、
57803　子5－26777～8
集5－38995　叢2－671
吳承森　史2－10036
吳承壔　史3－23032
吳承忠　史4－27836
吳承恩　史3－13430、
13432,7－55696　子5－
28794～8、28800～4　集
2－8532～4,7－48484
叢2－807
吳承明　子3－13268
吳承勳　集3－17247
吳承光　集6－42823
吳承炬　集5－39298
吳承榮　子2－5820
吳子文　史4－28006
吳子正　叢1－223(49)
吳子玉　史4－28052　集
2－9334～5
吳子向　子2－6520
吳子牧　子3－17245
吳子良　子4－19944　集
6－45637～8　叢1－22
(4)、23(4)、26～8、31、
106、195(4)、223(72)、2－
617(2)、731(7、47)
吳子才　史3－22014
吳子嘉　子3－16445
吳子城　經2－13496～7
吳子孝　集2－8381～2,6－
41935(4)、7－46804
吳子申　史3－15924、
20078
吳子揚　子2－7967、8669
吳子駒　集4－25228
吳子翔　子7－37834
吳子光　集4－30678
吳鞏　史8－61658、61681
集6－44980
吳尹全　史2－10913
吳翼行　史4－28161
吳翼先　史6－41932、
45685
18 吳瑜　史8－61421
吳珍奇　史8－61704
吳玫中　子4－21245
吳璥　史2－11938,6－
48786～7
吳致勳　史8－62741、
62750
吳璇　史2－12832

20 吳重仁　史4－27994
吳重憙　史2－9784,3－
21314,4－28126,8－
63786、65882～4　子2－
4754　叢2－2154
吳重熹　集1－4659、4666、
5－36384～6,6－41925、
7－46427
吳重周　史2－9902、9911
吳重熙　集5－35399
吳重光　史7－55742
吳喬　史1－3081　集1－
1584,6－45854～5　叢
1－269(6)、272(5)、2－615
(2)、731(42、47)
吳喬齡　史8－59691、
59754
吳爲相　史8－60623
吳爲楫　集4－31192
吳秀　子2－9286,4－24487
集6－43805
吳秀珠　集4－30583
吳秀峯　叢1－448
吳秀之　史7－56967
吳信臣　史8－61112
吳受福　經2－13207　史
2－10039,4－27774,7－
50365、57311　集5－
35400、37245～8　叢1－
521,2－840
吳受藻　集4－33265
吳受頤　史3－19967
吳季子　子4－20849～50
叢1－142～3
吳季青　史4－26345
吳雙　集4－30444
吳航野客　子5－28439～
42
吳艭　史4－27729
吳香玲　子2－5233
吳乘權　史1－1242～3
集6－43009、43054～5
吳采　經2－14676
吳秉璜　集4－26487
吳秉仁　集7－46399～
400、47096
吳秉衡　史1－3991
吳秉瀓　史2－10912
吳秉志　集2－9453
吳秉芳　史8－58295
吳秉中　史3－23552
吳秉慈　史8－60775

吳秉鈞　集7－46399～
400、47149
吳秉榮　史4－27942
吳稚暉　史2－12419
吳維彰　集4－28298
吳維新　史4－27978
吳維嶽　集2－9055～7,6－
41935(2)
吳維清　史1－3868
吳維馨　史3－19125
吳維東　史4－28062
吳維哲　史7－55380
21 吳順恪　集3－13530
吳步高　史4－27704
吳步雲　子7－38228
吳步瀛　史3－18890
吳步韓　集4－31354
吳步賢　史4－27981
吳仁度　集2－10711～2
吳仁敵　史7－52183～4
吳仁傑　經1－77(2)、2125
史1－395～7,2－11146,
3－15603　集1－118、
394、424、458,6－41700
叢1－223(2、17、47)、229、
230(2)、244(1、2)、249
(1)、388～90、395、410、
475、495、571、586(2)、2－
716(2)、731(28)
吳能進　史7－55419
吳能成　史7－51842
吳衍麟　史4－27818
吳衡照　集4－25904,7－
48731　叢1－373(8)、
471,2－617(5)
吳肯堂　史4－28076
吳虞　史2－6677　集5－
38574
吳處厚　子3－14192,4－
19942～3　叢1－15、19
(10)、20(8)、21(10)、22
(3)、23(3)、24(11)、26、
28、31、34、99～101、154、
173、175、223(44)、2－617
(2)、652、735(3)
吳優善　史4－27700
吳熊　集3－20559～62
吳熊光　史8－60077　子
4－23190～5
吳卓信　經1－163(3)、
4532、5393、6359,2－
14607　史1－10(1)、

228、424,7-51522、57096
子4-22535～6　集3-
20589,4-23844～51,6-
44382　叢1-202(4)、
203(10)、419

吳占熊　史4-27711
吳占魁　經2-13097
吳占春　經2-13097
吳師璦　史8-62007
吳師澄　史2-12179
吳師祁　史2-12655,7-
55769
吳師道　史1-2160～5,2-
8072、8090,7-49331　集
1-418、1534～6、4578、
5390～2,6-45692～4
叢1-223(20,22,49,58)、
227(10)、244(5)、291、
294、306、347,2-615(1)、
635(3)、731(41,47)、857、
860
吳師直　叢1-168(1)
吳師機　子2-4706、9859、
10456～60
吳貞　子2-6242、6593～4
吳貞啓　經2-11017
吳貞吉　子3-18062
吳貞卿　子3-17201
吳頴炎　史3-20096　子
5-25424～6　叢1-460
吳經世　史8-61754
吳綽　史3-22163
吳穎　史1-5570、8-60971
子4-20957、24161　集
6-44551　叢1-143、202
(5)、203(10,18)
吳穎奇　子3-12679
吳穎芳　經1-1277、6547、
2-12122～4、14090　子
5-25398　集3-19443～
4　叢2-692
吳穎炎　子5-25855
22 吳川法　史4-27744
吳豐培　史7-49347
吳豐本　集7-48164　叢
1-518
吳對　集1-2751
吳任臣　經2-12856～8、
13762　史1-2412～3
子5-26766、26779～80
叢1-223(23,45)、227
(6)、371
吳鼎　經1-6070,2-11565

集2-8300～1,4-22357
吳鼎新　史8-63090
吳鼎元　史3-19673
吳鼎雯　史6-42249、
42880～2　子4-22552
吳鼎雲　集5-38317
吳鼎武　史4-27920
吳鼎科　經2-10773～4
史2-8336,4-27786、
28215　集6-42472～3
吳鼎昌　史8-62182、
63725、64775
吳鼎榮　史2-10483
吳嵩　史7-57778　子3-
13296
吳嵩梁　史2-8799、9845,
7-50591、52088、53526、
53552、53952,8-58833
子4-21305　集4-
25289～94、28612　叢2-
1633
吳嵩泰　史2-13167　集
5-36387
吳嶽　經1-1575～6　史
1-1940
吳鸞　史8-64826　集4-
26834～5
吳崑　子2-4771(2)、5402、
6103、9302～3、10247、
10288
吳山　史6-46616　集3-
14610～1,6-41957、
41999
吳山高　史8-60590
吳山秀　叢1-587(3)
吳山濤　子3-16643
吳山嘉　經1-3237　史
2-7346～7
吳山隱者　史2-13242
吳山鳳　史7-55261、
55359
吳崗　史3-17607
吳崇俊　集4-32269～70
吳崇壽　集4-33610
吳崇楷　史8-64884～5
吳崇榘　史3-18234
吳崇節　史1-5509　集
2-9662
吳繼仕　經2-10456、
11837、14314
吳繼紹　史4-27731
吳繼安　史1-1329～31

吳繼祺　史4-28075
吳繼祖　史8-62707
吳繼志　子2-5633
吳繼昌　子2-10624
吳種　經2-12329～31
吳彩榮　史4-28134
吳綬　史1-4942
吳綬　子2-6505～6
吳綬詔　集3-21183
23 吳允　集7-46837
吳允文　史4-28005
吳允徠　集5-34490
吳允祥　史4-27742
吳允裕　史6-45436
吳允嘉　史7-57147　集
1-4038、5798～9,6-
41747、43629、44567、
45007　叢1-195(4)、
351、366～8,2-731(31)
吳允榕　史4-28073,7-
51838
吳代　叢1-282(4)、283
(3),2-731(55)
吳傅綹　子7-37593
吳俊　史7-57204,8-
58701　集4-22645～7、
23164
吳俊琪　集4-28490
吳俊升　集4-22396
吳俊卿　史2-10749,8-
60509　集5-37249～53
吳我燕　史4-28042
吳我熾　史4-28042　集
6-44985
吳台文　史3-22730
吳台朗　史3-15291
吳峻　子3-18064,5-
25411、29385　集6-
44232　叢1-203(16)
吳峻業　經1-959
吳峻青　子2-10082
吳稼澄　集2-10312～3
吳絨　經1-5697、6354
子3-17104　叢1-223
(8)
吳絨榮　史8-60647
24 吳仕　集2-8002
吳仕詮　史7-56581～2
吳仕潮　集3-14609、
20873,6-44867
吳仕期　子5-25746～7

吳化龍　經1-6797～801
　叢1-241,2-778
吳佐璜　集5-39887
吳先聲　子3-16776、
　16818～9
吳德襄　集5-34879～80
吳德旋　經1-1534～5、
　4154　史2-7596,7-
　54914、56932　子3-
　15184,4-23270,5-26522
　集4-25440～2,6-46295
　叢1-334～5、462,2-
　683、698(17)、731(48)、
　735(2)、736、798
吳德一　史4-28180
吳德功　史1-4054、4236
　集5-38112
吳德政　史4-28200
吳德信　經1-1136
吳德勳　史4-28174
吳德純　集5-34356
吳德修　集7-50012
吳德徵　史8-61260
吳德準　史8-62000
吳德溥　史4-27824
吳德漢　子2-5003
吳德潤　史8-60672
吳德基　史4-27917
吳德赫　子7-37771
吳德馨　史4-28175
吳德操　集6-43840
吳德器　史8-61806
吳德煦　史7-49319,8-
　62125　叢1-472
吳德鑛　史4-28179
吳德燿　史3-19319
吳侍曾　史1-3558
吳偉業　經1-6883,2-
　8757,9025,9417,9906、
　10531　史1-1849～52、
　1854,1933,1979,1982、
　3010,3202,2-9325　子
　3-14990　集1-2530、
　2552,2-12199,3-13493
　～502,13917,14476、
　14761,6-41971,44440、
　44533,45852,7-46397～
　400,46404,46842～3、
　48780,49314～5,50179
　叢1-202(3)、203(9)、223
　(19,67)、268(2)、269(2)、
　270(2)、311,320,369,496

(3、4)、498、580,2-609、
　635(12)、672、698(11、
　14)、731(68)、811、813
吳勳　集4-25227
吳升　子3-14790　叢2-
　617(5)
吳升東　集3-15071
吳勉學　子1-27、214,2-
　8663,9289,3-13158,5-
　25511,25597　集1-10,
　6-43362～4,45200
吳特仁　史8-61678
吳崚　史8-65021
吳贊　集4-27870～2
吳贊誠　史6-49018　子
　4-23185
吳贊韶　史3-23166　集
　4-27782
吳贊邦　集5-35401
吳綺　史7-50142,50837
　集3-14124～6、14128,6-
　42300,43420,7-46397～
　400,47007～9,48633～4、
　50554　叢1-210～1、
　223(25、67)、249(3)、395、
　489,2-632、731(57)、810
吳緯炳　史3-16665、
　20371
吳縝　史1-154,672～5
　叢1-22(2)、23(2)、26、
　28、223(18)、227(8)、230
　(2)、244(4)、2-637(2)、
　731(65、66)
吳纘三　史4-27839
吳纘姬　集2-9099
吳纘周　史8-61318
25 吳生甫　子2-10782
吳牲　史1-1948,3047,2-
　7324,6-48499～500　子
　2-6042,4-20710　叢
　2-1227
吳仲　史2-7552,7-52837
　叢1-584,2-741
吳仲孚　集1-4194,6-
　41888,41893,41894(3)、
　41895,41897～8,41924
吳仲憲　子2-7225
吳仲彭　集5-41641
吳傳香　史1-1380～1
吳傳絨　史3-15904
吳傳綺　經2-13576
吳傳澐　叢2-642

吳傑　史2-12678,6-
　49090,7-55167　子3-
　17369　集4-27504　叢
　1-340
吳傑倫　史8-58493
吳岫鼇　史7-54546
吳純　史7-51484,8-
　63043　集6-42605
吳純夫　史8-60040
吳積惠　史4-28013
吳積鑑　集4-33265
吳績凝　集5-37921～2
26 吳自高　集3-15546
吳自強　集4-25228
吳自孚　集4-28019
吳自修　史8-62502
吳自牧　史7-50273～5
　叢1-195(7)、223(25)、
　244(6)、268(2)、383、407
　(3)、587(5)、2-731(59)、
　735(2)、832(4)
吳自肅　史8-62321　集
　3-15203
吳伯　集3-15954
吳伯宗　子3-14438,5-
　25593　集2-6177～8
　叢1-223(63)
吳伯通　集2-7188
吳伯敬　子5-28952、
　29130,29328
吳伯朋　史6-48292
吳伯興　史2-6530　子
　5-29326　集2-11085～
　8
吳伯興　史2-7226
吳伯常　經2-9691～2
吳侃　史3-16902　子5-
　25229
吳儼　集2-7244～5　叢
　1-223(65)
吳保琳　史2-11924
吳保齡　史3-15975、
　18569
吳保初　集5-40650～5
吳臯　集1-5674　叢1-
　223(61)、2-870(5)
吳緗業　集5-35845
27 吳鑒　史4-27795
吳佩玉　史4-28093
吳佩孚　集5-41117～8
吳仰賢　史3-15414,7-
　57306　子4-21544　集

吳家淦　叢1-492

吳家楨　史1-3879,7-
　50108　子5-27235　叢
　2-683

吳家藻　史4-28027

吳家懋　集4-28912,6-
　42007(3)

吳家若　史3-21850

吳家桂　史6-41540、
　46343、46420

吳家棣　史3-20659

吳家駿　子5-25934

吳家騏　史7-50228

吳宸梧　史8-62936

吳永　史2-10988　叢1-
　11~2

吳永立　史8-62444

吳永龍　史3-22912

吳永緒　史8-62597

吳永和　集3-16842　叢
　1-340

吳永芳　史7-57303

吳永聲　史4-27898

吳永鳳　史4-28004

吳永善　史4-28083

吳永錫　史4-27775

吳永煥　史3-18276

吳進　史7-49317(8)、
　49318(6、11)、53214、
　53216　集2-8534,3-
　20158~9,6-42556、
　44447　叢2-807

吳之章　集3-17291,6-
　43453

吳之謨　史8-59729

吳之元　史7-56600

吳之登　集7-46398~
　400、47121

吳之珽　史2-7750,8-
　63200　子4-21010~1
　集3-17981~2

吳之聯　子3-17706

吳之鯨　經1-435　史7-
　51597　集2-11007　叢
　1-223(25)

吳之鸞　集5-35718

吳之俊　子5-25120~1

吳之鏍　史8-61619

吳之鏍　子1-3087

吳之淳　叢1-448

吳之憲　史4-27777

吳之芳　子3-15001、

15336、15514

吳之英　經1-5358、5488
　~9,2-11813、11929　集
　5-39064　叢2-2129
　(2)、2130~1、2144

吳之馨　集4-31615

吳之翰　史8-62906

吳之振　史2-7098　集
　1-1835、1846、1861、
　1887、1972、1987、2017、
　2067、2074、2083、2196、
　2204、2330、2352、2368、
　2447、2595、2635、2646、
　2652、2670、2706、2770、
　2782、2810、2818、2855、
　2864、2931、2970、2983、
　3018、3030、3039、3046、
　3062、3075、3150、3189、
　3207、3219、3243、3246、
　3270、3276、3322、3354、
　3369、3398、3431、3443、
　3482、3496~7、3527~35、
　3548、3589、3644、3652、
　3699、3713、3821、3830、
　3867、3975、3998、4006、
　4013、4127、4160、4209、
　4235~6、4316、4367、
　4393、4460、4508、4517、
　4528、4564~5,3-15899
　~901,6-41900、41961
　叢1-223(71)、227(11)

吳之縉　史3-21512

吳之甲　集2-11183

吳之器　史2-8075

吳之鵬　集6-44615

吳之騄　經2-8435~6
　集3-15070

吳之驎　集7-47104

吳之美　集6-45262

吳之鐯　史4-27710

吳之焱　集5-38171~2

吳騫　經1-104~5、1393~
　4、4085~6、4715~7、
　6336、6527,2-9282、
　11162~3、11210、11346
　史1-1338、1980、2892~
　3、3016、3050~1,2-
　8730、9085、9542、9691~
　2、11634~5、12619~23,
　4-28077,6-42189,7-
　49317(2)、49318(5、8)、
　50180、50374~5、52151、
　52617、52919、53041、
　53254、53259、53321、

53931、57135,8-63602、
　63874、64641~2、64734、
　65360、65701~5、66087
　子1-2165~6,3-13150、
　13622、14797~8、14956、
　15145、15291~2、16196~
　7、16776、16836,4-
　18577、18587~8、18635、
　18638、18757、19748、
　19851、19899、21248~52、
　23173,5-27119　集2-
　6884,3-17214、21007、
　21623~37,4-26912,6-
　41792、44279~82、44376
　~7、44548、44560、44608、
　44980、46011~4,7-
　47265　叢1-202(6)、
　203(11)、241、242(4)、291
　~5、369、373(4、6、7、8)、
　435、468、478、486、556、
　573,2-599、611、613、
　647、731(11、35、43、47)、
　832(3)

吳鶱　史7-53263

吳守謨　史1-1218

吳守一　經1-7938　叢
　1-195(1)、201、203(5)、
　269(2)、270(1)、272(3)、
　480,2-731(26)

吳守淮　集2-9463,6-
　43700

吳守相　集3-14425

吳守忠　史7-52815

吳安謙　集4-27300　叢
　1-537

吳安登　集3-18437

吳安業　集4-30028

吳安祖　集4-24146

吳安國　史2-9072,4-
　27787　子4-20599~
　600

吳宏　史1-4382　叢1-
　22(5)、23(5),2-617(2)

吳宏先　史4-27869

吳宏績　史4-27896

吳宏定　子2-9464

吳富德　史4-27741

吳容　史8-61862

吳容寬　史1-1991、4190

吳容光　史4-27820

吳良秀　經1-4279　集
　5-37756

吳良樞　集3-15731

吳良楷　史4-27891
吳良菜　集5-39808
吳良貴　經1-3294
吳官業　集4-29673
吳定　經1-1527　集4-22643～4
吳定璋　集3-14151、6-44481
吳寅　集2-11778、3-14337～8、4-27776～7、6-41761
吳寅邦　史8-62218
吳寶謨　經2-11843～4
吳寶謙　史2-12829
吳寶三　集5-35544
吳寶彝　史2-8483
吳寶儉　集5-37703～5
吳寶芝　子5-25911　集6-42275　叢1-223(44)
吳寶恕　史3-15651　集5-35488
吳寶忠　史1-4629
吳寶書　集7-47672
吳寶堅　史3-20414
吳寶善　史7-55200
吳寶鎔　史3-16506、16725、20295　集5-36388
吳寶鈞　史3-20505
吳寶銘　史7-55219
吳寶炬　史8-58638　集5-40969
吳賓彥　史7-58037
吳宗　集3-17138
吳宗謨　集4-26039
吳宗麟　史2-10022　集4-30445、6-43449
吳宗元　史7-56817
吳宗璜　集4-31353
吳宗愛　集3-16510～2　叢2-858
吳宗信　集3-13819
吳宗伯　集4-26627
吳宗儀　子5-29320
吳宗濂　史6-47559、49168、7-54101～2、54411、54722、54765　子7-36231(6)、36292、36372、36379、36397、36401、37340　集5-39367　叢1-524、2-731(60)

吳宗瀿　子7-36915、36920
吳宗憲　集4-25117
吳宗漢　集2-9970
吳宗達　集2-11759
吳宗洛　史4-27749
吳宗祿　史4-28218
吳宗堯　史4-28058、7-57977
吳宗吉　史7-56667
吳宗札　子5-25061～2
吳宗棣　史4-27785
吳宗泰　史3-23371
吳宗器　史8-59034
吳宗周　史8-62211　子1-4397
吳宗陶　集4-23279
吳宗慈　史8-58469、63953
吳宗焯　史8-60948
31 吳江　史4-27809、8-60392、61764
吳江元　子3-17222
吳江楫　史4-28114
吳潛　史6-48153、7-57409、8-61587　集1-4190～3、6-41889、41896、7-46352、46356～7、46363、46374、46395、46677～80　叢1-223(57)、465、2-731(18)
吳灝　史4-27998　集4-22041
吳灝之　集2-12975
吳源溍　史4-28184
吳源起　史2-9161、7-53100
吳福生　叢2-832(6)
吳福保　史3-15880、18218
吳福英　史3-20650
吳禎　史1-1561、8-63263
32 吳淵　集1-4176～8、6-41744～5、41891、41893、41894(3、4)、41895、41897～8、41909
吳淵民　子7-36301
吳兆　集2-9732～4、6-44750～1
吳兆慶　史1-4962～3
吳兆麟　史3-18337、4-27720　集4-31412

吳兆元　子1-2602
吳兆熊　史3-18574　集4-26485
吳兆宜　集1-590、615、623、1583、1699、6-42212　叢1-223(47)、2-698(8、12)
吳兆寬　集3-14928
吳兆騫　集3-15198～202、6-45319　叢1-456(3)、2-609、731(41)、751
吳兆宗　集3-17963
吳兆荃　集4-31039
吳兆松　叢1-300
吳兆熙　史8-60442
吳兆筐　集4-24988
吳兆棠　叢1-431
吳澄　經1-77(2、3、4)、557～63、2332、2674、4946、5248、5506～8、5592～3、6042～5、7527～9、2-8366～71、8574、8576～8、8580～2、8586　史6-49240～1　子1-18、20、61、881、2-7216、3-13144、13261、13263～4、17517、17589、5-29082～3、29273、29530(14、15)、29535(2)、29536(2)　集1-4906～15、6-41779～80、41807、7-46359、46364、46369、46373、46753～4　叢1-22(1)、23(1)、79、195(1、6)、218、223(3、5、8、9)、227(1、2)、268(2)、376、452、456(3)、586(1)、2-716(1)、731(20、27、36)、870(2)、1051
吳澄甫　子3-17868
吳淛　子4-23053
吳沃堯　子5-26745
吳潘　經2-9623～4
吳滔　子3-16588
吳近仁　集6-42081
吳近山　子2-9267
吳近奎　史3-17117
吳遜　史1-3671
33 吳心盤　子5-25796
吳心恬　史3-20986
吳必庚　史4-27889
吳必大　集1-3972
吳必學　史8-58195

中國古籍總目著者索引

吳泳 集1-4120 叢1-
223(56)

吳溥 集2-6435,4-23739

吳浚 集1-4177、4598,6-
41748

吳浚宣 史3-15747

吳治允 史5-39233

吳治儉 子7-37045、
37057

吳溶 史4-27732,8-
60039

吳祕 子1-2~6、8、32、55、
423～7 叢1-223(29)

吳蕭 子5-25588

吳蕭藻 史3-16753

34 吳斗 子3-16926

吳斗南 史3-21436

吳湛 叢1-282(4)、283
(3),2-731(55)

吳沈 集2-6255 叢2-
1967

吳漢章 集5-40063

吳汝霖 史3-16935

吳汝爲 史8-62944～5

吳汝紀 子2-5881,5-
29127

吳汝綸 經1-158、1838～
40、3043～5、3375、4505、
5997、7089 史1-54、
282～4、2197,2-10283、
10509、13238、6-44994、
47164～5、49013、49025,
7-55402 子1-70、306、
3977,3-12916,4-23405,
5-29202～3、29412,7-
35789 集1-1698,5-
34082、34086～8、36677～
87,6-41809、43074～5、
43095～6 叢2-829、
2033

吳汝憲 集2-7279

吳汝漸 經1-4419

吳汝遜 經1-4420

吳汝式 集1-4194～5,6-
41744～6、41888、41891～
3、41894(3)、41895、41897
～9、41905、41911～2、
41917～8、41923～4

吳濤 史2-10007

吳浩 經2-11541 史4-
28068 集4-28989 叢
1-223(12)

吳洪兆 史4-27734

吳洪恩 史8-60652

吳淇 集3-13830,6-
42450、44887

吳禧祖 經1-7802

吳祺 史7-55167、57033
子3-17198,4-23269

吳遠 史4-28015

吳達 史6-48594 子2-
10734～6

吳達可 史2-11491 集
2-8744

吳達海 史6-45829

吳達邦 經2-12908

吳達善 史6-48749

吳達光 子2-6717

35 吳沛 集3-13859

吳沛泉 子5-27749

吳清 史7-51629

吳清彥 史2-9934

吳清臬 集4-28085～6

吳清漣 集4-25369

吳清標 史3-18130

吳清藻 經2-13885 史
3-23390 集4-26129～
30

吳清蓮 集4-31355,5-
33901

吳清蕙 集5-35784

吳清鵬 集4-28087～93

吳清學 集4-22852、
25860

吳清光 史4-28096

吳涑 史2-12697 集5-
40419

吳禮紳 史2-10466

吳禮演 史2-10466

吳禮嘉 集2-10959

吳連周 集4-29369～70

吳迪方 史3-22271

吳迪化 史8-58203

36 吳湘 集4-31097

吳湘臬 史8-58683

吳湘齡 史3-19366

吳渭 集6-43579～80
叢1-22(14)、23(14)、
159、223(69)、456(1),2-
731(38)、859

吳澤霖 史8-62295

吳澤春 史4-28148

吳禔 子2-4793 叢1-
465,2-731(28)

37 吳洵 子3-13538

吳潤書 史4-27765

吳潮 史6-46136

吳瀾 集4-23906

吳鴻 集3-20676

吳鴻仁 史8-61867

吳鴻緒 史4-27771

吳鴻傅 集3-16557

吳鴻磐 史4-27700

吳鴻綸 史4-33036

吳鴻邃 史4-27722

吳鴻基 史8-59773

吳鴻晟 史4-28111

吳鴻恩 史2-9998,3-
15854,4-28196,7-51760
子1-2881 集5-37207

吳鴻甲 史3-16215,4-
27758 叢2-706

吳鴻昌 史3-19168

吳鴻勛 子3-16340

吳鴻壁 集3-21638

吳淑 史2-13375 子5-
24782～5、24793～4、
26220、26945～7、29530
(12) 叢1-22(6、10)、23
(6、9)、40、180、223(42、
46、50)、244(3)、246、249
(1)、282(2)、283(2)、312、
395,2-617(2)

吳淑度 子2-11122

吳淑升 集5-37205

吳淑娟 子3-16615

吳潯源 史7-55373,8-
59130 子3-17834

吳漱庵 史4-27979

吳滌樓 史4-28151

吳祖謙 集3-17006

吳祖德 集4-24849～51,
6-41989

吳祖修 集3-15771～2

吳祖治 史4-28191

吳祖述 史3-23451

吳祖椿 史3-15958、
22056

吳祖枚 史7-53380 叢
2-832(7)

吳祖昌 史2-9611、
11964,6-42154

吳初牧 集3-20248

吳初振 史4-27966

吳祿 子4-18926

吳士珣 史4-27782
吳士信 史4-28069
吳士仁 史8-58523
吳士俊 經1-1702～4
　史1-5718　集4-
　29670、30192
吳士淳 史7-55824
吳士進 史7-57198～9
吳士鴻 史7-55199　集
　2-10910
吳士深 史4-28100
吳士初 史4-27912
吳士奇 史1-803、4890
　集2-10859,6-42842～4
吳士真 集4-26580～1
吳士杭 經1-5072　集
　4-29669
吳士萱 集5-40841
吳士芬 集5-36315
吳士權 史7-49351、
　52401　叢1-22(24)
吳士模 經1-4293　集
　4-23325～6　叢2-1573
吳士超 史4-27702
吳士□ 經1-7179
吳士畊 史4-27767
吳士驥 史8-58562
吳士堅 集4-22649～50
吳士熙 經1-840
吳士鑒 史2-12434
吳士錡 子2-7281　集
　5-38778～9
吳士鑑 經1-3385,2-
　11941　史1-10(3)、
　547、1995、6192,2-
　13215,3-13842、16488、
　20421,8-63746　集5-
　40508～9　叢2-674、
　683
吳士愷 史3-18157
吳奎 史7-52499　集4-
　27301
吳臺 集4-23903～5
吳直 集3-20341
吳塽熙 經2-14001
吳壇 史6-45865、47897
吳埔 史7-57221
吳墫 史6-43117
吳培序 史3-23351
吳培元 經1-1951
吳培源 史3-15062　集

3-18616
吳培蓀 史3-17814
吳培炳 史4-27735
吳在 子3-17471
吳克讓 集4-26274～5
　叢2-682
吳克誠 子3-13137、
　13140、13319、13323
吳克元 史7-55824
吳克俊 史7-57990　集
　4-26220～2
吳克岐 史2-6459　子
　3-18451
吳克寬 史8-61256、
　61431
吳克潛 叢2-724
吳克恭 集1-5678
吳克昌 史8-61894
吳鼐 史6-46308　子1-
　57,3-13235　集3-
　20425,4-23479、23842～
　3,6-42074、44351～2,7-
　47306　叢1-269(4)、
　270(3)、308
吳南傑 史8-61454
吳希孟 集6-44733
吳希瀾 史4-28084
吳希蕚 集5-41345
吳希哲 經1-7649
吳希鄂 叢2-706
吳希賢 集6-43775
吳有斐 集3-15128
吳有倫 史3-22611
吳有容 史4-27835　集
　5-34562
吳有實 史4-27961
吳有梁 史4-27910
吳有臨 史4-27845
吳有恆 史4-28091
吳有性 子2-4596、4602、
　4632、4771(2)、5263、6896
　～911、6926、6946、6950
　叢1-223(34)
吳存 集1-4980～1　叢
　2-870(5)
吳存禮 史7-54946、
　55484
吳存楷 史7-50315　集
　4-26484,7-47618　叢
　2-832(3)
吳存義 史3-17898　集
　4-30679～83

吳志縉 史8-61326
吳志伊 子5-26781
吳志淳 集2-5880～1,6-
　41935(3)
吳志勤 史4-27830
吳志忠 經1-33、125、
　3971,2-10205～7、15127
　集1-231　叢1-289～
　90
吳志典 史4-27965
吳志尚 史4-27743
吳燾 史3-17324、18110、
　4-27708、28071,7-49318
　(13)、54042　子3-
　18164　集5-36154
吳炎雲 經2-11591、
　13686、14773、15097　叢
　2-653(2)
吳嘉言 史6-49255　子
　2-9271　集4-30967
吳嘉謨 史3-22099,8-
　61895　子1-215　集
　5-40866
吳嘉瑞 史3-16356、
　21748
吳嘉胤 史6-46788
吳嘉允 史6-46794
吳嘉德 子2-8478～9
吳嘉紀 集3-14035～41,
　6-41995
吳嘉賓 經1-163(3)、
　1701、2996、4230、5463～
　4,2-10915～6　子4-
　21452　集4-30808～10
吳嘉洤 集4-28744～9
吳嘉祥 子2-7373
吳嘉枚 集3-15800
吳嘉璧 史4-28116
吳嘉驥 史8-60443
吳嘉譽 史4-27774
吳嘉善 史7-50502　子
　3-12361～2、12364、
　12370、12396
吳嘉猷 史1-4223～4,2-
　7516　子3-16555～62
吳吉祐 史7-57973
吳壽仙 集5-35844
吳壽崧 史8-61320
吳壽寬 史7-56593～4
吳壽寬 集5-38517
吳壽宸 集4-23088
吳壽祺 集6-43480

吳壽萱 史7-49429、
50084 叢1-502

吳壽坤 集5-40804～5

吳壽昌 集4-22221～2

吳壽暘 叢1-294～5、
335、373(7)、416～7,2-
662、731(2)

吳壽暘 經1-7302 史
1-380,2-9547～8,8-
65706～7 集3-20818
～9 叢1-556

吳壽照 史2-9547～8
叢1-295、556

吳壽民 集4-24297、
25815

吳真子 經2-9339、9836

吳枋 子4-20142,5-
26218 叢1-4～5、9～
10、22(2)、23(2)、38、114
(4)、115～6、175、241、242
(3)、245、490,2-617(2)、
731(6)、798～801

吳梓材 史4-28105

吳森 集3-21706,6-
45207

吳森友 史4-28092

吳森榕 史4-27754

41 吳垣 史6-47897

吳堵 史1-3762,8-59323
集4-24081

吳頡 集3-13226

吳頡鴻 集4-28752～3

吳桓 史7-56423

吳柄 史2-7605

吳柄權 史8-58823

吳桭 集3-18255

吳桭臣 史7-49314、
49316、49317(7)、49318
(2、19)、49338 集3-
15200 叢1-202(6)、
203(12)、320、506、508、
525、528、530～1,2-731
(58)、826

吳楷 集3-19749～50

42 吳彭佑 史4-27887

吳荊園 子5-27138

吳斯佐 集5-38996,6-
42017

吳斯洺 集3-18769

吳斯盛 史3-23106

吳彬 史8-58500 子3-
18334 叢1-197(4)

吳樸 史7-56782 集4-
24723

吳機 集6-44271

43 吳式璋 集4-31876

吳式真 史4-27990

吳式基 史8-59030

吳式芬 史7-54057,8-
63665～6、63668、63784～
7、63949、64192、64309～
10、64780、64979、64993、
65097～100 子3-
17208 叢1-524,2-731
(32)

吳式模 子1-1737

吳式賢 集4-28641

吳式釗 經2-12510、
14452 史3-16622 集
5-39544～9 叢2-886
(5)

吳求貢 史3-18207

吳城 史3-22584 集3-
19329,7-49697 叢2-
832(6)

吳載勛 集4-33611

吳載鼇 叢1-22(27)

吳越望 集6-41978

吳越繼 子2-7516

吳越壽 集4-28295～6

吳越草莽臣 子5-28178

吳朴 史1-1514～5

吳杕 史3-19283,7-
53518,8-58193、61815
子4-24384 集4-
22264

吳械 經1-4738～9,2-
13697～8、13781 叢1-
223(16)、359、478,2-731
(24)

吳樑 集5-35397

44 吳協 史8-64135 子4-
21517 叢1-22(16)、23
(15)

吳協心 史3-18326

吳協恭 集4-28990

吳協昌 史8-62251

吳荃 經1-2843、3207、
4054,2-10639、10684
子3-15124 集6-
44751

吳堪 史3-17673

吳勤邦 經1-7964 子
1-3229 集4-28297

叢2-1710

吳蒲 史8-62535

吳藻 集4-30191,7-
47343～5、49559、50670

吳夢龍 史3-19523

吳夢元 集5-38053

吳夢鼇 集3-19918

吳夢暘 集2-9998、10271
～4,6-41949

吳苑 史7-57967 集3-
15770

吳莊 經2-9446 史1-
3701、5610,2-11706,4-
27726 子4-20989～92
集3-14631、18185～6,6-
44983～4 叢1-202
(2)、203(7),2-919

吳兢 史1-2374～6 集
6-45494、45522 叢1-
22(8)、23(8)、169(4)、
216、223(20)、227(6)、268
(4)、330、388～90,2-636
(2)、698(4)

吳衡生 史3-18596

吳芳培 集4-23577～8

吳芳堪 集4-26318～9

吳芳棋 史4-27913

吳芳鎮 經2-12081、
13694

吳芾 集1-3358～63 叢
1-223(52、54),2-852、
855

吳蒂元 史3-15289

吳蘭 史8-61001、61131
集7-48864

吳蘭庭 史1-155～6 集
3-21299～300 叢1-
244(5),2-731(66)、843

吳蘭孫 史8-62485

吳蘭生 史7-57922

吳蘭修 史1-170、2455、
8-63614 子3-12532、
4-18683、18739 集4-
28491～3,7-47650～2
叢1-373(4)、469、486、
495、586(3)、587(4),2-
716(2)、731(32、57、66)、
880～2

吳蘭澤 集5-36447

吳蘭森 集4-28214

吳蘭燕 集5-36365

吳蘭畹 集5-36156

吳蔭慶 史1-3964

吳蔭培　史 3 - 13796、16375、17288、18318,7 - 51915、54130,8 - 66051　子 4 - 22090　集 5 - 38258～63

吳蔭華　經 2 - 9088

吳蒙　子 2 - 5600、9481,5 - 28645

吳蔚文　子 4 - 21516

吳蔚元　集 5 - 40510

吳蔚光　集 4 - 22554～60,6 - 41988,7 - 47362～3、47803

吳葭　史 7 - 56404

吳茂才　史 4 - 28096

吳葆誠　史 6 - 44952

吳葆晉　集 4 - 30290,7 - 47843

吳葆儀　史 8 - 60113

吳葆清　集 4 - 28645～6

吳葆祥　史 3 - 20682

吳葆蓀　集 3 - 21254

吳蓬萊　子 2 - 6744

吳蓮　經 1 - 2833

吳芝雲　叢 1 - 430

吳芝瑛　史 6 - 47224　集 5 - 40537～8、40759

吳芝英　子 3 - 15831～4

吳芝園　史 4 - 28182

吳燕紹　史 3 - 16598、18943

吳燕來　子 7 - 36730

吳燕蘭　子 4 - 19985　集 3 - 17889,4 - 29066,5 - 37370　叢 1 - 571

吳恭亨　史 2 - 12389,8 - 60458～9　集 5 - 39065～7

吳蕊圓　集 5 - 38916

吳蕙　集 4 - 26690

吳懋　史 8 - 60419

吳懋謙　史 2 - 9256,7 - 53533　集 3 - 13831

吳懋瓚　集 4 - 31878

吳懋政　集 3 - 20420～2

吳懋濟　經 1 - 7162

吳懋祺　集 5 - 38575～6

吳懋清　經 1 - 4163～4,2 - 10844　集 4 - 26320

吳懋基　史 4 - 28099

吳懋芝　集 4 - 31877

吳懋泰　史 4 - 27827

吳懋煜　史 4 - 27776

吳艾生　史 2 - 12215,4 - 27780

吳莘民　子 4 - 24710　集 7 - 53020

吳孝章　史 1 - 5197,2 - 7230

吳孝誠　史 4 - 27821

吳孝登　集 6 - 41981

吳孝緒　集 7 - 50411

吳孝熙　史 4 - 28177

吳萃　叢 1 - 19(5)、20(3)、21(5)、22(6)、24(6)

吳萃元　史 3 - 18405

吳萃英　史 4 - 27863

吳萃思　史 7 - 50370

吳荔娘　集 4 - 27444,6 - 45079

吳萬亭　史 4 - 28146

吳萬福　史 4 - 28144

吳葵之　史 7 - 55879

吳韓起　經 2 - 10566　史 4 - 27778

吳華　史 4 - 28102

吳華孫　集 3 - 19304～5

吳華川　史 7 - 52128

吳華嶠　叢 2 - 772(4)、773(4)

吳華辰　史 8 - 58728

吳華卿　子 2 - 9385,5 - 27862

吳華年　史 3 - 17208

吳芙　子 1 - 2930

吳英　經 1 - 125,2 - 10205、11522～3　集 6 - 42405　叢 1 - 290

吳英樾　集 4 - 32619

吳英華　史 8 - 61168

吳昔巢　經 1 - 3277

吳耆德　史 7 - 56732

吳若　史 6 - 45629　叢 1 - 156、195(3)、242(2),2 - 731(59)

吳若準　史 3 - 15317,7 - 51692　叢 2 - 658、698(5)

吳若灝　史 8 - 59374

吳若冰　集 4 - 31040,6 - 41999

吳若烺　史 4 - 27825、28095,8 - 59569

吳蒼雷　子 3 - 17045

吳蕃　史 2 - 6199、6480、6592、6938

吳蕃昌　史 2 - 9223、11596、11602　集 2 - 12030、12706　叢 2 - 615(3)

吳荀鶴　集 4 - 26040

吳藹　集 3 - 16556,6 - 41972、44087

吳藹曾　集 4 - 25615

吳蒞　集 5 - 35929,7 - 48224

吳世旃　子 5 - 24791

吳世璵　子 4 - 24048

吳世珍　史 3 - 19617,4 - 28156

吳世禾　史 3 - 20215

吳世熊　史 7 - 56603

吳世繻　史 4 - 27849

吳世傑　史 3 - 20115　集 3 - 15994

吳世徵　子 1 - 77,4 - 23088　叢 2 - 1115

吳世宣　史 1 - 5691

吳世宜　史 8 - 63723

吳世濟　史 1 - 3089　叢 1 - 73

吳世涵　集 4 - 29532

吳世培　史 3 - 22350

吳世熹　集 3 - 16901

吳世杰　史 2 - 7361

吳世英　史 7 - 55993,8 - 59586

吳世想　史 4 - 27984

吳世忠　史 6 - 48191～2　子 4 - 23054　叢 1 - 482

吳世昌　子 2 - 9416　集 6 - 45326

吳世熙　史 1 - 2226

吳世美　集 7 - 49934～5

吳世鎧　子 2 - 5502

吳世錫　集 4 - 23903

吳世欽　子 2 - 5712

吳世翔　史 4 - 28081

吳世尙　經 1 - 1151　子 5 - 29370～1　集 1 - 56　叢 2 - 818

吳世焜　史 4 - 27748

吳世榮　史 3 - 18325,7 - 57199

吳芸華　集 4 - 29795,6 - 41999

吳甘來　集2-12233
吳其彥　史1-1767　集
　　4-26784
吳其琰　史8-63026　集
　　3-18609
吳其貞　子3-14771
吳其濬　史6-44842、
　　48854,7-53986　子4-
　　19137　集4-26901
吳其禎　史7-49318(21)、
　　54704
吳其培　史3-18353
吳其均　史7-55744
吳其泰　子2-9863　集
　　4-30446
吳其燡　史4-27800
吳楚　經2-12682　子2-
　　4942,10507~8,3-
　　13766,4-18791　集6-
　　41791
吳楚奇　子4-21182
吳楚材　史7-52584　子
　　5-25684~6
吳楚椿　經2-10149　史
　　7-52778,57730
吳樹　史4-28137
吳樹誠　集3-13613
吳樹珠　集3-21343
吳樹虛　史7-51608　子
　　7-33625,33641,33869~
　　70
吳樹萱　集4-22821
吳樹棻　史3-17346
吳樹聲　經1-4786~7,2-
　　14210~1　史8-64224
　　子1-4159　集5-34229
　　叢2-731(25)、782(4)、
　　886(2)、887
吳樹梅　集5-36445~6
吳樹本　史4-27851　集
　　4-22182
吳樹成　史4-27769
吳樹臣　史8-61117　集
　　3-15566
吳棻　史7-50360、57275
吳萊　史1-4390,7-
　　51481、53404　集1-
　　5536~43,2-7906　叢
　　1-11~3、14(2)、19(6)、
　　20(4)、21(6)、22(8、12)、
　　23(9、11)、24(7)、207、223
　　(60)、227(10)、367~8,2-

617(2)、624(2)、635(11)、
　　711、731(42)、857、859~
　　60
吳桂森　經1-812~8　史
　　3-19039　子1-1232,
　　4-20809　集2-11560~
　　1,5-37615　叢1-223
　　(4)
吳桂芳　史4-27807
吳桂華　經2-15108
吳榷　集2-10120　叢1-
　　319
吳菘　史7-49351　子4-
　　19175　集6-44188　叢
　　1-201、203(5)
吳模　經1-6995　子5-
　　25846
吳檮　史2-8781　子7-
　　36490、38162~3、38168、
　　38171、38177、38179
吳枝棻　史4-28163
吳林　叢1-201、203(6)、
　　320
吳林光　集4-30900
45 吳坤元　集3-13227
吳坤修　史7-57750　子
　　1-3081,7-32108　集
　　4-32894~8　叢1-394
吳杖仙　子2-9437
吳柟　集5-41518
46 吳旭仲　子1-2038　叢
　　1-536
吳旭昇　史4-27772
吳坦　集6-42586
吳覲　子4-23358　集4-
　　26128
吳觀光　史8-60913
吳觀寶　史3-18550
吳觀禮　史3-15742、
　　19645、22594　集5-
　　36932
吳觀均　史8-64941
吳觀周　史4-27752
吳恕　子2-6486、6727、
　　6730~5
吳如珩　史1-6063
吳如彬　史4-28034
吳如愚　子1-866　叢1-
　　223(30)、273(4)、275,2-
　　731(12)、833
吳賀模　集4-29674
吳柏樑　史4-28142

吳相　子1-3062
吳槐綬　子2-4761、5384、
　　6639、6714、6792
吳楫　經1-7116　子4-
　　24641　集3-16931,4-
　　26127　叢2-788
47 吳均　經2-12986~7　史
　　1-1457~8,2-8447,6-
　　43149,7-50343　子5-
　　26218、26222、26847~8
　　集1-547~8,4-28638、
　　5-36444、36762,6-
　　41694、41698、42001　叢
　　1-15、19(1、9)、20(7)、21
　　(1、8)、22(10、19)、23(9、
　　18)、24(2、10)、29(1)、38、
　　74~7、90~3、148、175、
　　180、185、220、223(45)、
　　346、566,2-730(5)、1740
　　~2
吳坰　子4-19996　叢1-
　　20(6)、223(41),2-731
　　(6)
吳墀　經1-3233~4,2-
　　13101　史1-5749,8-
　　65773
吳匏翁　經1-7050
吳郁生　史2-10595、
　　10810,3-15959、18434
吳獬　集5-36831~3
吳聲潮　史4-27876
吳聲畦　史4-28152
吳朝鼎　史4-28133
吳朝贊　經1-4081
吳朝宗　史3-17936
吳朝壽　史4-27971
吳朝品　集5-36930
吳朝煥　史4-28082
吳好山　集4-32618
吳好禮　史8-64944
吳馨　史7-56385~6　子
　　3-16340
吳都梁　史7-54959
吳起　經1-6629
吳起鳳　史4-28023,8-
　　60780
吳起夔　子1-3088
吳超　史3-15940　子3-
　　13670
吳超然　史4-27753　集
　　5-37206
吳超士　子2-10322

吳期遠　子3-13564
吳期炤　集2-6509
吳桐林　史6-45561,7-
　49319
吳穀　史7-55505
吳穀祥　子3-16617
48吳增珦　史4-28122
吳增僅　史1-10(2)、419
吳增祺　集7-54713
吳增逵　史8-58575
吳增嘉　經1-7021
吳增壽　史3-18104
吳增甲　史3-16811
吳增輝　史8-61862
吳翰　史3-19682
吳翰章　集5-34491
吳敬　子3-12445
吳敬仲　史4-28016
吳敬修　史3-16618
吳敬綸　集4-30447
吳敬梓　子5-28369～71
　集3-19331　叢1-496
　(2)
吳敬樞　史2-11895
吳敬權　史3-17746
吳敬賜　子3-17370
吳敬所　子5-27599～600
吳敬羲　史3-19518,7-
　57289　集7-47555
吳敬恆　史6-42412　子
　7-37674　集4-22851
吳檠　集3-19330
吳梯　子4-22523　集4-
　27298
吳松　集1-444,4-28488
吳梅　史3-21693,8-
　66395、66410　集5-
　39762,7-50428、50568、
　54689、54869　叢2-
　645、908
吳梅峯　經2-10811
吳梅溪　史6-44036
50吳中　史8-60825　子4-
　18571～2　集3-16244
吳中立　經1-823
吳中彥　史7-55506　集
　5-38315
吳中龍　集6-42968
吳中珩　子4-22118　叢
　1-27、93
吳中孚　史6-43937　子

5-25909
吳中行　集2-9952～3,6-
　45377　叢2-798
吳中衡　集3-17793
吳中傑　史2-12233
吳中奇　史8-59903、
　60023
吳中蕃　集3-14034　叢
　2-885
吳中聲　史3-20660
吳中最　史7-57802
吳中欽　史3-17347
吳中情奴　集7-48776、
　49244　叢2-672
吳聿　集6-45578　叢1-
　223(72)、274(5),2-731
　(46)、873
吳擴　集2-8294,6-41935
　(5)
吳畫圖　子3-11663
吳泰　史8-60378　集1-
　2141～2,2145
吳泰來　史8-59967、
　62788、62809　集3-
　20732～6、21405、21912,
　6-41986、42019,7-47339
吳肅公　經1-3889、6055、
　6359　史1-990、1322～
　3、1349、4485～6、5608,2-
　6911　子3-11388～9、
　4-19113　集3-14720～
　3　叢1-195(6)、197
　(4)、201、203(2、3、4)、
　369、372、452、586(4),2-
　617(2)、716(4)、731(62)
吳本涵　集3-17103
吳本泰　史7-51606　集
　2-11232～5,6-41943、
　44580　叢2-832(2)、
　834
吳本厚　集3-17103
吳本履　集4-22999　叢
　2-633
吳本錫　集3-20494
吳本智　史4-27832
吳惠　史8-61257
吳惠元　史7-54991
吳惠深　史4-27906
吳忠　史1-4857　子3-
　16912
吳忠誥　史8-63013　集
　5-38483

吳忠孟　子3-16907
吳春元　史4-27711
吳春藻　子3-13635
吳春鎔　史3-18731
吳春烺　集4-28642
吳春煥　史3-19513
吳屯侯　集3-13984,6-
　44983～4　叢2-919
吳春　集2-7906
吳貴蓀　史2-10940
吳東發　經1-3399、4759、
　2-11994、13590　史8-
　63521、63613、64158～9、
　64478～84、64663　子5-
　25991　集4-22937,6-
　45966　叢1-336～7,2-
　633
51吳振　史6-49272
吳振麟　集4-25749
吳振棫　史1-3567,2-
　12694,6-48848,7-50999
　集4-29086～91,6-
　44564、44566,7-47761
　叢2-885
吳振勃　集4-25814
吳振聲　史7-57771
吳振臣　史7-53507、
　56353～5
吳振周　集3-13403
52吳攝謙　史7-57228　集
　2-6666
吳挺之　史8-58788
吳授髦　集6-41980
吳靜　集4-23541
53吳輔宏　史7-55611
吳拭　叢1-13、14(3)、22
　(24)、119～20
吳盛藻　史8-61209　集
　3-14091
吳咸熙　史3-21051
吳成　經1-4495
吳成佐　經1-125　史1-
　5681　子4-22517　集
　4-25368　叢1-290
吳成儀　集6-43495
吳成志　集2-10160
吳成周　史3-23019
吳甫　集3-16684
54吳持衡　史3-17758
55吳農祥　史6-46803　集
　3-15325～9　叢2-832
　(6)

吳曹直　集3-15236,6-43596

56 吳暢　史3-20971

57 吳邦　經1-1456

吳邦彥　史3-20696

吳邦慶　史6-43445、43459、46584、46713、46732~4　子1-4201、4227

吳邦瑗　史8-61352

吳邦郡　史5-39312

吳邦佐　史4-27883

吳邦佩　子3-13536

吳邦治　史7-53473　集3-16685~7,4-23397~8　叢2-1578

吳邦法　史4-27756

吳邦祺　史4-28194

吳邦達　史1-3238　子4-21420　集4-26037~8

吳邦柱　史3-19878

吳邦韜　史4-28159

吳邦輔　史4-27996

吳邦美　史4-27892

吳邦策　史1-3258

58 吳掄　集4-22851

吳掄元　史4-27887

吳轍　史8-59809

吳鰲　史4-27815,7-55336

吳鼇　集4-22395

吳鼇漪　叢1-408

60 吳□　史7-49318(4、8)、53707、54158　子4-18928　叢1-111(1),2-731(29)

吳□□　子2-7940

吳日章　史8-64939

吳日麟　史4-27866

吳日三　集5-36831

吳日熊　史8-58754

吳日萱　子5-31377

吳日華　史3-20121

吳曰圻　集4-27610

吳曰慎　經1-970~1　子4-23355　叢1-347,2-731(9)

吳量才　集4-32977

吳國玕　史8-61116

吳國琦　史1-1179　集

2-12338

吳國琪　史4-28149

吳國珖　史3-21922

吳國仁　史7-51771

吳國經　史8-61304

吳國縉　集3-13686

吳國仕　史6-45150~1　子3-14133

吳國傑　經2-12714

吳國倫　史1-2717　子5-24985　集2-9470~82,9925,6-41935(3、5)、41940、42052、42054　叢1-195(2)、269(3)、270(2)、368

吳國濂　經2-10966

吳國寅　集7-50540

吳國對　史7-57856

吳國楨　史4-27725

吳國圻　經1-3301

吳國樑　史4-27846

吳國英　集1-5620

吳國椿　史3-18246

吳國榛　集5-40127,7-49300

吳國翰　集4-28991

吳國輔　史7-49596

吳國用　史8-59667

吳國賢　集5-35400　叢1-521

吳四克　子5-26566

吳見思　史1-5842　集1-1045

吳易　子4-20930

吳易峯　史7-57926

吳易　集2-12624~6　叢1-580

吳咼熹　史4-27805

吳晟　集4-27297

吳思立　史8-60951

吳思齋　史8-58512

吳思澄　集4-29533

吳思九　集3-19828

吳思藻　史1-3899

吳思孝　子3-11250、12562~3　叢1-238~9,2-814

吳思忠　史7-55327　集3-21029

吳思善　子5-30497

吳恩慶　史3-3964,2-

10619,3-17271

吳恩韶　史3-15113　集4-25169

吳恩埰　集5-36929,7-47842

吳恩照　集5-38173

吳恩熙　集5-35205,7-50673

吳恩棠　集5-39992

吳旻　子2-4770,9244~5

吳昇　子4-19279　集4-23834

吳甲滋　史7-51972

吳甲鏒　史4-27834

吳呂熙　史7-57711

吳昌言　子4-23443　集4-27301

吳昌珩　叢1-460

吳昌碩　子3-17339~41

吳昌綬　史2-12098~9、7-50191,8-65784~5、66007、66387　集4-29158,5-38916~21　叢2-631、647、685

吳昌齡　集7-48767(3、4)、48777、48895~7　叢2-698(14、16)、720(3)

吳昌宗　經2-8835、9111、9528、10001、10817　叢1-427

吳昌祺　史3-20630　集5-40575,6-43376

吳昌潤　史4-28145

吳昌南　子1-1865　叢2-886(2)

吳昌壽　史3-15345、19578、22946

吳昌蔭　史8-61651

吳昌起　史4-27929

吳昌鳳　史3-18206

吳昌年　史4-27826

吳昌瑩　經2-14936

吳昌榮　集4-32810~2　叢1-521

吳圖南　子3-14476

吳品珩　史3-16208、20270、22396

吳昆瑤　史4-27840

吳昆田　史4-27706,7-49318(12)、50139、56655、56672~3、56686　子4-22610　集4-31536~7

吳企健 子1-612

吳企寬 史8-63974

吳全 史4-28074

吳全昌 集4-26486

吳全節 集1-5203

吳益壽 史4-27995

吳金綬 集4-33423

吳金生 史3-20070

吳金梁 史3-17823 集4-32268

吳金潤 集4-27138

吳金南 史4-27817

吳金壽 子2-4771(4)、10637

吳金標 子3-17366

吳金鏞 史4-27747

吳金鑑 史3-18022

吳金榮 子4-23136

吳鏡元 史7-57602

吳鏡沅 子1-1970

吳鎬 史2-9947 集6-46266,7-49653 叢1-362、515,2-731(48)

吳鏞 史4-28106,7-52255,8-58354 集4-32276,5-40947~8

吳兌 史6-48345

吳兼才 史4-27831

吳夔 史7-57540 集3-16111

吳無忌 集4-29672

吳念祖 史4-28036

吳念萱 史3-23568

吳念椿 史8-60205

吳念恆 集4-28489

吳愈縣 史4-28199

吳慈 史8-59304

吳慈讓 史3-17630

吳慈鶴 子4-21312~4 集4-26785 叢2-1677

吳尊盤 集4-23086~7

吳美秀 史8-61588

吳美前 史4-28158

吳美堂 史8-60506

吳羹梅 史8-62091

吳毓麟 集4-29198

吳毓珍 子4-21306

吳毓芬 集5-36931

吳毓蓀 集5-36155

吳毓林 史3-23625

吳毓恕 子5-28917

吳毓春 子3-18367、18403

吳毓昌 集7-53903

吳善 經1-1732

吳善繼 經1-7201、8040

吳善述 經2-12114、12307、12520、14445~6 史4-27837~8 子5-25849

吳普 子2-4727、4770、4771(2)、5482--8、5758 叢1-260~1,2-698(7)、731(29)、773(4)、774(9)、775(5)、1793

吳曾 史7-52890~1 子4-20104~9 集3-16007 叢1-19(7)、20(5)、22(3)、23(3)、24(7)、31、195(5)、223(39)、230(4)、273(5)、274(5)、552,2-731(6)、735(4)、771(1)

吳曾溪 史3-19131 叢2-706

吳曾瀛 史3-18673

吳曾源 史3-19171

吳曾祺 經1-5778、7121 史1-2090、2187 集5-38419~20,6-43163~4、45253~4、45331~3

吳曾英 史7-49317(5)、49318(17)、51291、54484 叢2-812

吳曾樹 集5-36316

吳曾貫 集4-28293~4

吳曾愉 史2-9684

吳會 集1-5821,4-25116,6-41993,7-47685

吳會雲 史3-22883

吳會壬 史3-18097

吳會川 史8-58540

吳會臣 史4-27703

吳命新 史3-17721,7-56011,8-63011

吳乞和 史4-28085

吳公洋 史4-28031~2

吳公遂 子3-12892、14413 叢1-160~1

吳養吾 史4-27699

吳養源 史2-11005

吳養原 史1-5734,6105,2-12105 子4-21706~

7 集1-3952

81 吳鈺 史4-27819 子3-18423~4,4-24635

82 吳釗森 史2-7348 子2-9814

吳鍾慶 集4-30291

吳鍾崙 史8-62163

吳鍾巒 經1-855~6 集2-11448~50,6-41943

吳鍾杰 史3-18343

吳鍾命 史3-20000 集5-37757,6-44617~8

吳鍾史 史7-49316、49317(4)、49318(1,15)、54569~72

吳鍾駿 史3-15234,6-42508

吳鎧 史3-17831,7-56829

吳鋌 叢2-619

吳劍佩 史8-60760

83 吳鉞 集3-20003,6-44543 叢2-802

吳鎔 子3-16363

吳飴孫 集1-3430

84 吳錡 史3-16432

吳錂 集3-13482

吳鎮 史1-6068,8-63213 子3-16068、16130、16477~8 集1-5373~7,3-20621~31,4-23637,6-41715、41932、46195~6 叢1-195(6)、223(61)、435,2-731(36)

吳鎮 集2-9469,3-21851

86 吳錦 史4-27803 集5-34511

吳錦章 經2-12318、12513~4、13231、13568、14806

吳錦綬 史3-20239

吳錦堂 叢1-311

吳錫龍 經2-9188

吳錫麒 史2-12630~2,7-49316、49317(6)、49318(4,12)、49911、53146、53157、53242、53614 子3-15537,4-23493 集3-19994、20418,4-22548、22822~53,6-42024、42070~1、42074、43081、44243、45195,7-47351~3、

50679　叢1-496(1、2)
吳錫麟　史7-49317(8)、
　49318(11)　子4-24629
　集4-22265~6
吳錫晉　史3-18241
吳錫璜　史8-58356
吳錫維　史4-28003
吳錫衡　史3-20628
吳錫邕　史3-17938
吳錫岱　集5-33976
吳錫純　史4-28035
吳錫紀　集4-30584
吳錫齡　史4-28098　集
　4-22746
吳錫寯　史3-16427
吳錫祺　史7-49318(5)
吳錫祿　集3-20874　叢
　2-834
吳錫圭　子2-5178
吳錫勤　史4-28213
吳錫昌　集5-35096
吳錫疇　史7-57472　集
　1-4338~9、5526,6-
　41715,41784　叢1-223
　(57)、373(2)
吳錫釗　子3-12775
吳鐸　子7-36206
87 吳鈞　史4-27991,8-
　64814~5　子2-4769、
　6594,6643　集3-20816
　~7,7-47584
吳鋼　子2-5643,10261
吳鏐　集4-26978　叢2-
　815
吳銀　集5-33831
吳鋃　史4-28043
吳鋥　史4-27721
吳銘　子7-37298,38042
吳銘盤　史3-21004
吳銘道　史7-49318(6)、
　53459　集3-17756~8
吳銘恭　史3-21512
吳銘史　史4-27822
吳欽　史7-55231
吳欽儀　史4-27848、
　28058~9
吳朔　集4-31816
吳翾　史2-7346,8-63269
88 吳笠山　子2-10823
吳銓　史4-28050　子5-
　30416　集5-33832

吳鑑　集5-35398
吳鑑清　史4-27757
吳筠　史3-17855　子5-
　29530(20、22)、31109、
　31917~8　集1-1155~
　6,4-23179,26219,7-
　47438　叢1-223(48)
吳筠孫　史3-16635
吳鐩孫　史6-46711　集
　5-40064
吳篪　史7-58082　子2-
　10643
吳竹璵　史4-28097
吳簡默　集3-20974
吳簫　集1-2483
吳篤　史1-2333　叢2-
　653(6)、731(65)
吳篤儒　史4-28157
吳敏　史5-36338
吳敏道　史7-56752　集
　2-10100~3
吳敏樹　經1-4533,2-
　9580,10046~7,10781
　史1-5132,7-49317(4)、
　49318(7)、53658,8-
　60525　集4-31098~
　101　叢1-445、579
吳簪　子2-9536
吳節　集2-6695~6
吳箕　叢1-223(41)、246、
　282(2)、283(2),2-731
　(6)
吳繁昌　史2-9141
89 吳鐺　集7-48675
90 吳小姑　集7-47557~8
吳小華　子3-17201
吳惟信　集1-3992~3,6-
　41744~6,41891~2、
　41904~5,41911,41917~
　8,41920,41923
吳惟順　子1-3168,3823
　~4
吳惟貞　史2-11486　子
　2-11176
吳惟經　史4-27740
吳惟修　史3-20356
吳惟英　史1-2980
吳惟昺　史4-27724
吳惟善　集1-5822,5824、
　5830
吳懷　集1-4628
吳懷珍　史3-19725　集

　5-35545~6　叢1-484,
　2-1742
吳懷清　史2-11023、
　11722、11736、11738,3-
　16425,8-63074　叢2-
　829
吳懷忠　史7-56652
吳懷賢　子4-20709　集
　2-12104~5
吳惇　叢1-295
吳惇寬　經1-938
吳堂　史4-28137,7-
　57185,8-58355,59885
　子5-26438　集4-
　23835　叢2-2223
吳堂燕　史4-28154
吳少微　集6-44980
吳少渠　集6-46330
吳光　史8-60861　集3-
　15252~3　叢2-843
吳光西　史2-11729~31
　叢1-483、574(2)
吳光熊　史7-55755　集
　5-36928
吳光鼎　史4-27733
吳光綬　子3-18521
吳光宸　史3-20209
吳光宮　史4-27945
吳光淵　史4-27922
吳光漢　史2-9995,8-
　62471
吳光祖　集5-41519
吳光裕　集2-12569
吳光奇　集5-39625
吳光華　史3-22892
吳光國　史7-56160、
　56281
吳光昇　史8-61297、
　61299
吳光昭　史4-28110　集
　6-42629
吳光鎬　史3-15155
吳光焯　史2-9995,4-
　27761
吳光煜　史4-27797
吳光耀　經1-3036　史
　1-157,2-10478,6-
　47225~6　子1-1930,
　7-34129　集5-39365~6
吳尙采　子7-33245
吳尙先　子2-4708　叢
　1-479

吳尙德　史4-28028　子1-175
吳尙絅　集1-5821
吳尙儉　集6-43191
吳尙達　史3-22209
吳尙志　史2-12037
吳尙憙　集7-47658
吳尙忠　史2-12037
吳尙默　經1-879　史6-48487　叢2-731(19)、816
吳掌珠　集4-25750
吳省蘭　經2-13060、13318　史1-6114~5、6121~2,6-42247、48785,7-49318(9)、50738,50809,52783　子3-15397　集3-13396、14113,16419,4-22819~20　叢1-203(16)、241、242(1、4、5)、269(2)、270(1)、276、300、407(4),2-731(55、56)、1530
吳省銘　史3-22521
吳省欽　經2-14113~4　史2-11895,7-56503　集3-21294~8　叢1-241、242(2)
吳當　經2-10499　集1-5561　叢1-223(59、61),2-1051
吳炎　史1-6036、6154~6　集3-14566,6-44058　叢1-420、580,2-606、611、731(68)
吳棠　經1-141、4246、4626　史2-10145,7-56670~1　集4-29345、32098、32383~5　叢1-427
吳棠禎　集7-46399~400、47092
吳棠芝　集5-38052
91 吳恆　叢2-677
吳恆聚　史8-65481
吳恆宣　集7-50325
吳虹　子3-17710
吳垣　史1-4969　子1-4350
吳炳　史3-16247、22219,7-55637,8-62743、62941　子2-5154　集7-50018~21
吳炳文　經1-6992　史

4-28079　集7-53823
吳炳祥　史3-18247　集5-38111
吳炳南　史7-54919,8-62779
吳炳聲　史3-17602
吳炳超　史4-28115
吳炳貴　史4-28181
吳焯　史7-53382,8-65682　集1-5799,3-18002~5,7-47228　叢1-199,2-631
92 吳愷　子1-2363　叢2-731(20)、816
吳娗　集6-43418~9
93 吳怡　史8-59051~2　集1-5345,3-19617,5-41287
吳怡儠　子4-24651
吳烜　集4-23145
吳烺　經2-14377　子3-11258　集3-20555~8,7-47240、48675　叢2-814、1469
吳熾昌　史4-24986　子5-27332~4　叢1-496(2),2-735(3)、736
94 吳慎　史7-55179　集3-18436
吳恢傑　史7-54053　子4-21510　叢1-571
吳燁　史4-28049
吳煒　史2-9470,3-15241、16953,6-48795,7-52475　集3-18487,6-43107
95 吳性成　史3-15314
96 吳惺　史8-60170
吳惧　子5-29530(18、21)、31209~11
吳焜　集4-24782
吳煜　史3-22484　子2-8142~3
吳燡　子2-4768、5976、8818
97 吳恂如　子2-5720
吳耀　子2-6435
吳耀斗　史8-60140、60322
吳耀藻　史4-28140
吳輝模　子2-5809
吳灼　史3-14998、22484

吳灼昭　子7-37473、37506
吳炯　子4-22273,5-26975　叢1-19(8)、21(7)、22(4)、23(4)、24(9)、241、242(2)、244(5),2-735(2)
吳煥文　史4-27790
吳煥采　子3-16450　集6-43119
吳煇　史4-28120　集4-30287
吳煇漢　史8-58836
吳燦　子2-8474
98 吳悌　集2-8591~2
吳悔庵　子2-8302
吳敞　集4-24849,6-41989
吳燴文　集3-19698~9
吳燧　史3-19385
99 吳瑩　史4-28125　集4-25503
吳燮和　史4-28001
吳榮　集5-33722
吳榮芝　集6-43324
吳榮桂　史7-56225
吳榮春　史4-28039
吳榮光　史2-11003~4、12037,6-41732,8-61075、64171、64300、64412　子3-14836、15756　集4-26226~30　叢1-547(4),2-698(5)

2671₄ 皂

26 皂保　集4-32815

2690₀ 和

10 和爾經額　史6-45848
14 和瑛　經1-1484~5　史7-55145　集4-22398~401
和琳　史8-62622　集4-23707~8,6-45021　叢1-508,2-731(57)
15 和珅　經2-11342~3　史

中國古籍總目·索引

7－49662～4、55144　集
4－23229,6－45021　叢
1－223(23)

24 和嶒　史6－46368～72
叢1－223(32)

30 和寧　經1－1425　史7－
51104、51188,8－63360～
1、63389、63394　子5－
31376　集4－22398～
401　叢1－388～90

35 和清遠　史8－62503

37 和凝　史6－46368～72
集1－1817,6－41714、
41815～6　叢1－223
(32)、407(4)、2－2227

44 和菀　子4－19358　叢1－
22(18)、23(17)

和苞　史1－2328　叢2－
653(6)、731(65)

和其衷　史2－7743～4

50 和素　子3－17579　叢1－
223(38)

和素摘　子1－2507

53 和成天　經2－15119

57 和邦額　子5－27144～5
叢2－735(1)

60 和田豬三郎　子7－37961
和田維四郎　子7－37038
和田萬吉　子7－36266

67 和鳴盛　史3－22111

77 和鳳圖　子2－10647

78 和鹽鼎　史8－62951

80 和羹　史7－55455、55605
和義堂　子2－9523

87 和欽　史4－26814

94 和慎銀行　史6－44499

　　　　細

44 細林山人　史1－3357

55 細井德民　經1－389,2－
8337、9288

60 細田謙藏　子7－36897、
38130

67 細野順　子7－37198

2691₄ 程

00 程亨　史5－36088

程充　子2－9194～6

程齊　子3－16935

程應龍　史5－35984

程應旌　子2－4830,6122、
6353

程應登　集2－9005

程應熊　史8－58211

程應標　子5－26169

程應權　集7－48615

程康　集5－38854

程康莊　集3－13725～6,
7－46404、46846　叢2－
821

程庭　史7－49317(6)、
49318(12)、53899～900
集3－17835～6,7－47229
叢2－1335

程庭桂　經1－7958,2－
11675　史3－15208

程庭鷺　史2－12121　子
3－14970、15864～5,4－
23318,5－26573　集4－
24952、29759～63,7－
47638　叢1－498,2－645

程慶熊　史3－18222

程慶齡　史8－61282

程廣章　史5－36185

程廣詮　史5－36172

程文　史7－56862

程文德　集2－8432～4

程文繡　史4－31206、
31285,5－34329、35165

程文彝　經1－6060　史
6－48677

程文憲　史7－50587　叢
1－22(22)、29(7)、57～8

程文禮　史5－36136

程文潞　集6－43758

程文運　史5－36120

程文海　集7－46361

程文杰　史5－36092

程文翰　史7－57999

程文楑　集7－53983

程文囿　子2－4727、4770、
4771(4)、5064、6170、6607
～8、8884、9604、10599～
602　集3－17774

程文智　集4－24052

程文榮　子3－15462～3
叢1－558

程章　史5－36007

程襄龍　集3－19356～8

01 程龍斗　史5－36159

02 程端　史2－9409　子2－
4700、5507

程端德　集3－14005

程端禮　子1－882、1966、
2344～7　集1－1330～
1、5091～2,6－41784　叢
1－195(3)、214、223(30、
59)、351、367～8、391、
483、534、574(5)、2－636
(3)、731(2)、845(2)

程端蒙　子1－726～7、
1968、2342　叢1－195
(2)、574(4)、2－731(20)

程端本　史2－10256

程端學　經1－77(3)、7531
～3　集1－5371～2　叢
1－223(10、60)、227(3)、
2－845(2)

03 程試　集6－44843

04 程誥　集2－7156

08 程敦　史8－65197～8

09 程麟　子5－27240、27673
叢1－496(8)、2－735(2)

10 程一礎　經2－8374　子
5－29152

程一極　集2－11005

程一楨　史3－13432

程一枝　史5－36067

程一敬　集4－29701

程三省　史7－56563　叢
2－795

程正誼　集2－10033

程正儒　史8－59927

程正通　子2－7348、10746

程正揆　史1－1937、3158、
3174、3460　子4－21362
～3　集3－13338～9,6－
41970

程正敏　叢1－22(5)、23(5)

程正性　史8－59845

程玉潤　經1－870

程王臣　集3－17395

程至善　史1－5543　子
4－24139

程丕纘　集4－23948

程元瑞　史5－36168

程元翼　史5－36061

程元皓　史5－36012

程元初　經2－13817　史
1－1289、2174　集6－
41871

程秉釗　史2-13196,3-
　16385,7-50946　集5-
　39644　叢1-524,2-731
　(57)
程秉劍　史2-12100、
　13197～8
程秉鈞　史3-20998
程秉愷　史8-61466
程秉耀　史5-36149
程維雍　史8-62711
程維俊　史5-35991～2
程維伊　史7-57743
程維祉　史8-60184
程維時　經1-2782
程維岳　史7-56091　叢
　1-223(24)
21 程步雲　史5-36154
程步鼇　史3-22522
程步月　史5-36176
程仁祺　子4-21868
程虛白　史3-23163
程衡　史5-36133
程虞卿　集4-24808～12,
　7-47829
程優　子4-20941
程卓　史1-2558　子3-
　15660、15845　叢1-45、
　452、586(2),2-716(2)
程卓樑　史8-58815
程師魯　史5-39843
程師道　史5-36141
程師恭　集3-14648　叢
　1-223(67)
22 程川　經1-491,2-11464
　子1-790　集3-14843、
　20279～80、21472,6-
　41756　叢1-223(12)
程胤兆　叢1-147
程豐厚　史3-16329、
　18670
程崟　經1-6913　集3-
　17594、18601　叢1-389
　～90,2-1386
程鑾　子7-36231(2)、
　36962　集3-17125～7
程任卿　史6-43961
程鼎　集4-30941
程鼎芬　史6-48853
程備　集6-42006
程崙　史6-48375　子2-
　10483～4　叢2-1225
程嵩齡　集4-26058、

29428、29987
程巖　集6-43061
程利川　史3-16553、
　20438
程崇信　經1-4335
程繼元　史6-45913　子
　7-36671
程繼祖　集3-16013
程繼朋　集3-17328
程綏繩　子2-6647
23 程允　史5-36039
程允基　子3-17534、
　17676　集3-16126
程允中　史3-18357
程允昌　子5-25605　集
　7-54648
程我齋　史2-12682
程岱蒼　子4-19281
24 程化騄　集6-45301、
　45315
程佐衡　史5-36018～9
　子4-22703
程先貞　史8-59074　集
　3-13426～7,6-44829
程先甲　經2-12532、
　14687、14859～61、14896、
　14917　史2-10148、
　10487,3-18967,7-50114
　集5-40849～53,6-
　42167　叢2-731(57)、
　786～7、795
程德調　經2-11008　叢
　2-861～2
程德良　集2-9717～8
程德潤　集4-27827
程德洋　史5-36128
程德洽　經2-12115、
　13176
程德培　史3-23419
程德賁　集4-26657～8
　叢1-462
程德全　史1-4303,6-
　43864、47220～1、49185～
　6　集5-39581　叢2-
　2161
程德釗　集5-34529
程德恆　子2-8540
程德炯　史7-55721
程待聘　史8-59415
程勳　史5-36045,7-
　51914
程勳繡　史5-36055

程贊清　集4-24687
程緒綱　史5-36052
25 程仲威　子1-1893
程仲昭　史3-16303,8-
　62774
程岫　集3-14301
程純素　史5-36091
程績　史7-55628
26 程自明　子5-25048　集
　6-42973
程伯宇　集4-32317
程得齡　經2-15140　史
　2-6585　集4-27545
程得壽　子3-17221
程俱　子5-25544
程和宗　史5-36050
程穆衡　經1-5822、6002
　史1-3680～2,2-7919～
　21、12598,7-49931、
　50238～9　子3-15398、
　4-21867、24346、24349
　集1-458,3-13497～9、
　19515～8　叢1-269
　(2)、270(1),2-731(21)、
　811、813
27 程佩琳　集5-34664
程御龍　集3-18496
程象濂　史7-55926
程伊　子2-5772、6091、
　9259
程伊園　經2-13902
程俱　史2-11005、11013、
　11188,6-42862～6　集
　1-3034～41,6-41745、
　41894(2)、41896、41900、
　41908、41922　叢1-19
　(7)、20(5)、22(3)、23(3)、
　24(7)、223(26、53)、230
　(3)、388～90、449、456
　(4)、465,2-636(2,3)
程名　史5-36140
程名世　集3-21015,7-
　48675
程嵋　集3-19319　叢2-
　790
程紉蘭　集5-35443
程叔春　集6-42205、
　43566
程紹　子4-20723
程紹禹　史5-36177
程紹伊　史5-36946
程紹邰　史5-36147～8

程淑　集5-40882,7-
48221
程洛東　子2-7368~9
程祖慶　史2-7760~1,7-
49708,8-63852　叢1-
419,2-731(32)
程祖詰　史3-16968
程祖寅　史3-22133
程祖福　史3-17493
程祖遠　史5-36064
程祖潤　史6-47344　集
4-31163,6-43528
程祖洛　史6-47916、
48839,8-58143　集4-
22672
程祖蔚　史3-19121,8-
58693
程祖植　子2-5220
程祖尉　子2-9985
程祖同　史2-10937
程祿　史3-16053、22171
程迥　經1-503~4、2367
史6-44530,8-63532
子2-4796　叢1-19
(5)、20(3)、21(4)、22(1、
16)、23(1、15)、24(5)、47、
223(2)、380、465,2-731
(28)
程通　集2-6440~2　叢
1-223(63)
程逢露　史5-36156
程逢儀　經2-8790、9062、
9452、9943、10654
程遐師　史3-19114
程資　經2-8535　子1-
149
38 程瀚　經2-12461　集3-
20439
程祥蔚　史5-35982
程祥芝　集4-29428
程祥棟　集4-29987
程裕昌　史8-59129
程遵　史7-55094
程道元　史6-41843,7-
56140
程道生　史7-49591　子
1-3623、3701~2,3-
14303~4、18169　叢1-
223(36)
程肇　史5-36025
程肇豐　史8-58715
程肇攸　史5-35997

程肇清　史6-44679
程肇基　史3-22881
程肇莘　史3-19276
程啓朱　史8-59671　集
3-15811
程啓宇　史5-36082
程啓安　史8-60151
程啓東　史5-36068
程榮　子5-26319　叢1-
17、19(5)、21(5)、22(4)、
23(4)、24(6)、29(6)
40 程九皐　集2-7528
程九遐　史5-35981
程大廉　史3-20129
程大章　集5-40490
程大璋　經1-5863~4
史8-61328、65283　叢
2-699~700、1006、1008
~9
程大夏　史7-55677
程大位　子3-12388、
12460~72,7-36231(7)
程大化　經2-10363
程大純　子1-1587,4-
21567
程大約　子4-18792~6
集6-45264
程大憲　子3-16295、
16887
程大戴　集7-48574
程大藩　史5-36130
程大鋆　史2-12021
程大中　經1-5051,2-
10783　史1-5974　集
3-21117~20　叢1-223
(14)、273(3)、404、453、
456(2)、2-731(5)、872
程大昌　經1-77(2)、462、
2331、3150~4、3624　史
1-1914,6-45597,7-
51295、51486　子3-
18201,4-20099~101、
22141~4　集7-46375、
46378~9、46388、46390、
46394、46576　叢1-1、
11、19(8、9)、20(6、7)、21
(6、7、8)、22(3、9、12、17)、
23(11、16)、24(9)、26~7、
29(6)、56、90~1、95~6、
156、195(1)、223(2、5、25、
40)、227(2)、230(1)、241、
242(1)、268(3)、272(1)、
282(1)、283(2)、374、447

~8、468,2-662、730(3、
5)、731(6、8、37、55)、829
程大鏞　經1-4781~2,2-
14796
程士廉　集7-48770、
48797、49208
程士琯　史5-36063
程士經　集5-37796
程士培　史5-36020~1
程士蒂　集5-39937
程士楗　子3-14712、
14793、16187~8
程士範　史8-59141
程圭璋　史5-36173
程直仞　集4-26530
程垓　集7-46352、46380、
46382、46614　叢1-223
(72)、2-698(13)、720(2)
程堯章　子7-36540
程堯欽　史5-36051
程在嶸　史7-58029
程克正　史3-24581
程克榮　史5-36058
程南嵋　集6-43114
程南園　叢2-695
程南鵬　史5-36085
程希濂　史2-12291
程希洛　子2-4846
程希堯　子4-20854
程希賢　史5-36146
程有亮　史5-36105~7
程有高　史5-36076
程有爲　子2-6430
程有守　史8-61011
程存節　史5-36098
程志平　史5-36171
程志和　史3-21018
程志淳　集6-43476
程志遠　集3-17664
程志圩　史5-36169
程志勛　史3-21079
程志隆　史8-59401
程嘉訓　集4-23451
程嘉祥　子2-8696
程嘉橚　集5-39038
程嘉燧　史7-51587~9、
53846　集2-10935~
48,6-41949、43635、
44428、44750　叢1-
369,2-609
程壽　經2-13429　史6-

42337

程壽保　史 7 - 57990　集
5 - 38076～7　叢 2 - 1899

程壽昌　史 8 - 60205

程雄　子 3 - 17532、17659～
63　叢 1 - 197(3)、223
(38)、469、495、586(3)、2 -
716(3)

程真如　子 1 - 3570　叢
1 - 269(4)、270(3)、271、
272(3)、360、437、2 - 731
(36)

程梓誥　集 4 - 29559

程梓材　史 3 - 21678

程森　史 7 - 57282

程森泳　子 5 - 27462

41 程樞　史 2 - 8848　集 2 -
6442

程楷　史 1 - 5422、7 - 57329
叢 1 - 87、2 - 730(1)

42 程壎　集 3 - 20897～8

程晳　子 1 - 892

程晳　叢 1 - 477

程棟　集 6 - 42447

43 程式　子 2 - 4861、6113

程式金　集 4 - 27423

程載筆　史 5 - 36182

程械林　經 1 - 4254～5、2 -
12319

程樑　子 2 - 10714

44 程封　史 8 - 62592　集 6 -
44158　叢 2 - 888

程封改　史 2 - 11475　叢
1 - 328

程基　子 1 - 2895

程夢庚　集 6 - 42915

程夢元　史 6 - 41530、
45870～1　子 5 - 25259

程夢珪　集 3 - 18110

程夢稷　史 5 - 36107、7 -
51957

程夢湘　集 4 - 22780

程夢星　史 2 - 11005、
11202、5 - 36078、7 -
51371、56709、56722～3
集 1 - 1560、3 - 18192～3、
6 - 44215～6、7 - 47199

程夢暘　子 1 - 2947

程夢簡　史 8 - 60967

程芳　史 8 - 58824

程蘭泉　集 4 - 24626～7

程蘭如　子 3 - 17963、

18080～1

程茂楨　史 5 - 36073～4

程茂熙　經 1 - 1613

程蘋卿　史 7 - 49881

程蓮　集 4 - 25866

程蘆　史 2 - 9371　集 3 -
18297～8、5 - 40883、7 -
48301

程芝雲　子 3 - 12894、
14118

程芝華　子 3 - 17224～5

程芝筠　集 4 - 23887

程蕙英　集 7 - 53747～9

程萬里　子 3 - 11453　集
4 - 28542～4、7 - 54622

程萬善　史 8 - 59635

程攀　史 2 - 9371

程華　集 4 - 25524

程若庸　子 1 - 726～7　叢
1 - 32～3、483

程蓉照　史 5 - 36170

程世京　史 2 - 11385　集
1 - 4904～5　叢 1 - 223
(59)

程世貞　史 5 - 36043

程世繩　集 3 - 17859～61

程世洛　史 3 - 18635

程世祿　子 3 - 12524　集
2 - 10164

程世基　史 2 - 9579　叢
1 - 496(5)

程世藻　史 5 - 35998

程世英　史 7 - 56849

程世昌　集 2 - 12818、6 -
41943

程世善　史 5 - 36070

程其文　史 5 - 35988

程其謨　集 3 - 18376

程其珏　史 7 - 56424、
56475

程其武　子 2 - 5215

程樹德　子 4 - 21998

程樹勳　子 3 - 12669、
13972

程樹棠　史 5 - 36003

程桂寶　集 7 - 54060～1

程桂芬　史 3 - 20533

程桂芳　史 3 - 22921

程桂鍾　史 3 - 18586

程菊人　子 3 - 14607～9

程林　子 2 - 4771(2、4)、

6769、9369～71、10512
叢 1 - 223(33)

程林宗　集 4 - 28539～40

程梸采　史 6 - 48853　集
4 - 28792

45 程棣　子 3 - 16973

程椿　子 3 - 17203

46 程塤　史 8 - 62934

程如嬰　集 6 - 43854

程相　史 5 - 36100

47 程鶴翥　史 6 - 46808、
46810

程鶴輪　集 4 - 31776

程鶴田　史 5 - 35985、
35987

程朝瑞　子 3 - 16954

程朝儀　史 2 - 12085　集
5 - 35815～6

程朝歐　史 5 - 36181

程起鸞　子 3 - 13924～5

程起敬　史 5 - 36164

程起駿　集 2 - 7226

程起鳳　史 8 - 60733

程起鵬　史 3 - 19229、8 -
60173　集 4 - 31775

48 程增瑞　史 5 - 35995　子
1 - 2070

程梯功　集 4 - 32407

程松生　史 3 - 18952

程枚　子 3 - 14147

程枚功　史 2 - 9609

50 程中秋　集 7 - 53663

程泰象　集 3 - 16948

程本　叢 2 - 731(11)

程本立　集 2 - 6281～4、6 -
41752、43118　叢 1 - 223
(63)、2 - 838

程本華　史 5 - 36065

程奉箴　史 5 - 36047

程春字　子 5 - 25759

程春藻　史 3 - 19839

程素期　史 8 - 59469

51 程振達　子 1 - 2314

程振甲　史 8 - 64325　叢
1 - 524、2 - 731(32)

52 程哲　子 4 - 18590、21156
集 3 - 15447　叢 1 - 202
(8)、203(14)

53 程輔國　子 1 - 3088、3543

程盛修　集 3 - 18902～3

55 程典　史 5 - 36099

56 程揚　史1-1332～3
　　程輯五　子2-9652
57 程邦瑞　史2-8848
　　程邦勳　集6-44341
　　程輅　史7-51955
58 程敩典　史5-36143
　　程鼇　史3-22860
60 程□□　集3-20998,5-
　　34666
　　程瞳　史2-8112　子1-
　　108、798
　　程疃　叢1-213
　　程疃　叢1-574(3),2-814
　　程日弘　經2-10671
　　程日壽　集4-27826
　　程旦　集6-43746
　　程星槎　子4-21797
　　程星盒　史7-57109
　　程量　史7-57247
　　程國瑞　子1-3989,4071
　　程國維　史5-36030
　　程國彭　子2-4771(3)、
　　4979～82,7714～5
　　程國棟　史5-36127,7-
　　56422、56688
　　程國觀　史6-46893,8-
　　58851
　　程國賢　史3-17946
　　程易　集3-16580
　　程易明　經1-2157　子
　　5-31153
　　程思樂　史7-52893　集
　　3-21580～4,6-45865
　　程思忠　子4-19105
　　程恩濚　集5-34747
　　程恩溥　史3-19451
　　程恩沛　史8-61400
　　程恩澤　史1-2193　子
　　1-4449,5-30372　集
　　4-27956～60　叢1-456
　　(5),2-731(41)
　　程恩培　史2-10460、
　　13053,3-17342　子7-
　　36540　集5-39037
　　程恩暄　史7-54964
　　程恩普　史5-35989
　　程恩燦　史3-18671
　　程昌　史3-24579,5-
　　36129
　　程昌期　集4-23627～8
　　程固安　集3-21121

程邑　集3-14462
程景傅　集3-20175
程景富　史5-36059
程景沂　史1-4639　叢
　1-245,2-731(4)
程景周　史8-58526
程景門　集4-26656
程景耀　子2-7740
61 程喈　集3-18228
　　程顯爵　史5-36060
　　程顥　經2-8652,10568
　　子1-96,654～69,688～
　　90　集6-41798,41894
　　(2)　叢1-213～4,223
　　(30,68),451,574(1),2-
　　691(3),698(6),731(39),
　　960～1,1346
63 程畹　史1-3860　子4-
　　24615,5-26727～8　集
　　5-35369～70　叢1-496
　　(2,5)
64 程時登　史1-4790,2-
　　11034
　　程時用　史5-36093　子
　　5-27047
65 程晴川　史7-49679
67 程明馨　史5-36139
　　程明超　集6-44350　子
　　7-37169～70
　　程明哲　經1-5185
　　程明善　集7-48628～9
　　程鳴元　子2-8626
　　程瞻　集6-45090
　　程昭　子5-29530(5)、
　　31179
　　程嗣立　集3-18633～4
　　程嗣章　史1-1594,6172
　　子1-182　叢1-498、
　　587(6)
　　程嗣功　史5-36066,7-
　　56542、57286
　　程嗣祖　集1-5241,2-
　　5985
　　程煦元　史7-54916、
　　57400
68 程曦　子2-4718,5175、
　　5646,6054,10746
70 程陔南　史3-17159
71 程陞雲　史1-5034
　　程厚　史2-13255
　　程願　集6-44294
　　程原　子3-16922

程長　叢1-223(63)
程長源　子1-131
程頤　經1-41～2,44,132、
　421～31,492～500,513～
　4,2-8653,10568,11456
　～7　史2-8194,8670
　子1-96,654～69,692
　集6-41798　叢1-11～
　2,22(8),23(8),213～4、
　223(2,12,30,68),427、
　446,450～1,574(1,2),2-
　691(3),698(6),731(8,
　39),960～1,1346
72 程氏　史5-36131
73 程駿秀　史5-36152
76 程陽　集4-25525
77 程鳳　史5-36161
　　程鳳文　史7-54988
　　程鳳章　子2-7815
　　程鳳蘭　史5-36001
　　程同文　集4-25792～3
　　程用賓　子4-19012
　　程用昌　集3-16226
　　程鵬先　史5-36106
　　程鵬程　子2-10455
　　程鵬搏　史7-55451
　　程鵬里　史8-58253
　　程履新　子2-5612,9388
　　程履豐　集5-35888～9
　　程履初　史5-36116
　　程履祥　子7-36460
　　程履益　集5-35149
　　程際唐　史4-30780
　　程際韶　集4-24813
　　程際雲　集4-31657
　　程際泰　史8-60720
　　程際盛　經1-102,5218、
　　5495,5736,6082,2-
　　8473,12200～3,14129、
　　14662～3,14847,14850～
　　1　史6-42998　子5-
　　25897,25993　集4-
　　22196,6-42212　叢1-
　　203(16),241,242(2)、
　　516,579,2-698(12),731
　　(23,24),1534
　　程際隆　史5-36135、
　　36138
　　程熙　史3-18373,5-
　　36081
　　程熙春　史6-45866,8-
　　61969

程學鑾　史2-10812,3-20782

程學思　史3-18160

程學驥　經2-14886

程學金　集5-36498

程學愷　史3-21136

程學徇　史3-21129

程開勳　史3-23545

程開祐　史6-48469　叢2-727

程開運　史3-15830、18165

程開基　史3-17884

程開振　史5-36048

程開鎮　集5-37659

程興陽　子2-10267

程闌　子2-5882

78 程鑒　子2-4660~3、4718、5111、5127

80 程鐘樹　集4-32154

程鏡　集3-21826

程鏡宇　子2-7510

程鈁　史3-24579

程鑣　史8-61346

程兼善　史3-23464,7-50387、56455、57179　集5-37358

程夔　史3-15939、17258

程愈　子1-2679

程毓　史5-36029

程毓奇　子5-27824

程義　子4-18823　集3-14756

程善之　史1-1995,6-44924

程曾　經2-9773　集2-7118　叢2-774(6)

程含章　史7-49318(15)、53949　集4-24799~807　叢1-310,2-771(1)、886(3)

程公說　經1-7510　叢1-223(10)

程公許　集1-4059　叢1-223(57)

程公惠　史5-36022

81 程鈺　集4-30345

程鉅夫　集1-4903~5,7-46370、46761~2　叢1-223(59)、579,2-873

程頌藩　集5-38459~60

程頌萬　史2-10819　集5-40146~53,7-48392~3　叢2-995

82 程鍾　史2-6909,7-49318(21)、53221　集3-19739　叢1-537

程鍾瑞　史5-35990,7-51927~8

程銛　史6-44159

程龢　史3-16668、17514,6-47355　子4-24638

83 程鎔　集4-23947

84 程竑時　史7-52415

86 程錦熙　史7-56990

程錦龢　史3-22510

程錫祺　史3-23366,5-36178

程錫蕃　史3-17868

程錫熙　史3-18705

程錫金　集4-26343,6-42000

程錫類　史2-11609　子3-12589

程鐸　子2-6555

程知　子2-5362、6352

程智　經2-9161　叢2-1240

87 程銘　子3-17297

程銘敬　史2-9727,3-19069

程銘善　史3-19356

88 程銓　史3-16897　子4-24109

程敏政　史1-2464,2-7085~6、8453、8863,5-36009~10、36089,7-57976　子1-716、862、938~9　集1-5069,2-7113~8,6-42422、43920、44754,7-48478　叢1-34、223(64)、227(11)、244(6)、448,2-635(14)、735(4)、754

程敏侯　史7-55176

程餘慶　史1-66

程策　經1-6263

90 程惟孝　史3-18305

程惟時　史5-36112

程懷璟　史8-60204　集4-26343,6-42000

程堂　集4-28705

程光熊　史3-23610

程光袒　叢2-1305

程光袒　史2-11703,6-48664

程光祖　史7-54976　集3-15415

程光瀅　史7-55548

程光國　經2-9697

程光甲　集4-32939

程尙龍　史5-36023

程尙斐　史7-52061

程尙川　史8-61509

程尙濂　集3-20899~901

程常憲　史5-36151

程省　子3-12894、14644　叢1-430

程炎　集4-22196,6-42212　叢2-1533~4

91 程炳暹　史3-22401

程炳熙　史3-18776

程炳榮　史5-36162

93 程怡　史5-36049

96 程焜　史2-12739　集4-29627

97 程耀堃　集4-27348

程焕　史8-59733

程焕然　史3-19888

98 程悌　史5-36179

程炌　史5-36103　集4-28356~7

程燧　史5-36057

99 程燮　集4-29843

程燮奎　史7-55133

程焚鍔　史2-9711

程榮　叢1-71

程榮功　集5-34665

程榮春　史1-3986　子1-3910

2692₂ 穆

00 穆文熙　經1-6707、6813~5　史1-2097,2115~6、2162~4、5049、5061、5092、5133　子4-23895~6　集2-9641~2,6-42801、43725

02 穆彰阿　史6-47925,7-49665~6　集4-27437

09 穆麟德　子7-37304

4685　集 3 - 13696

55 歸耕子　子 5 - 29530(17)、
31605

60 歸昌世　子 4 - 20914～5
集 2 - 11230

歸圓　子 7 - 36120～5

64 歸曉五　子 2 - 9974

77 歸學周　經 2 - 10539

80 歸令望　史 5 - 40946

歸令瑜　集 4 - 30417～8

歸曾福　集 5 - 41107

歸曾禩　集 5 - 41329

歸曾祁　史 2 - 11665　集
5 - 40825～6

84 歸鋤子　子 5 - 28407～8
叢 1 - 496(2)

90 歸惇　集 4 - 30657

歸省(釋)　子 7 - 34177

歸棠　史 3 - 18778

97 歸煥　子 5 - 25874

98 歸爔　史 3 - 18416

郵

18 郵政司　史 6 - 44369

25 郵傳部　史 6 - 42775、
44110～2、44114～6、
44217、44219、44279、
44330、44386、44400

郵傳部參議廳法制科　史
6 - 44351

郵傳部圖書通譯局　子
7 - 37172～4

鄡

04 鄡謨　集 5 - 34048

22 鄡嵩壽　集 3 - 16837

2713₂ 黎

00 黎立武　經 2 - 8681～2、
8937～40　叢 1 - 195
(1)、223(13)、2 - 731(9)

黎應祺　集 6 - 42007(4)

黎應南　子 3 - 12354、
12364、12651

黎庶燾　集 5 - 34750,7 -
48047　叢 2 - 885、1017

黎庶蕃　集 5 - 35067～8
叢 2 - 885、1017

黎庶昌　經 1 - 6679,2 -
9242　史 1 - 4097,2 -
10059、11005、12189,5 -
39145,7 - 49318(16、21、
22)、51017、54059、54134、
54365、54642～4、54826、
54838,8 - 65876、66170
子 3 - 14863,4 - 22697
集 5 - 36102、36288～91,
6 - 43079～80　叢 1 -
446、466、472、475、496
(3)、2 - 656、697、698(3、
12)、731(24)、738、1017～
8、1839、2130

黎諒　叢 1 - 223(56)

05 黎靖德　經 2 - 10226　子
1 - 777～8　叢 1 - 223
(30)、414、574(2)

10 黎玉書　集 2 - 11519,6 -
45128

黎元寬　集 3 - 13271～2,
6 - 45336

黎元藻　史 5 - 39136

黎丙元　史 8 - 63398

黎晉賢　子 7 - 36229

黎雲　子 3 - 13560

12 黎延祖　集 2 - 12841,6 -
45128

黎廷瑞　集 1 - 4608～9
叢 2 - 870(5)

13 黎瑄　集 4 - 27844

15 黎建三　集 4 - 23129

17 黎乃虔　史 3 - 21508

黎承禮　史 2 - 13212～4
集 5 - 40105～6

黎承忠　集 5 - 38630

黎翼之　集 2 - 6393

20 黎雙樾　經 2 - 12685

21 黎虞孫　子 5 - 27244　叢
1 - 584

黎貞　集 2 - 6393～4

黎經誥　經 2 - 12713　史
3 - 22665　集 6 - 43117

22 黎峝　史 7 - 54656～9　叢
1 - 223(23)

黎崇宣　集 2 - 12270,6 -
45128

黎崇勘　集 2 - 12271,6 -
45128

黎崇敕　集 2 - 11140,6 -
45128

黎彩彰　史 8 - 58270、
62981

24 黎德宣　史 8 - 61413

黎德芬　史 8 - 59855

黎特　子 7 - 36231(6)

27 黎佩蘭　史 3 - 21931,7 -
52129,8 - 61138　子 2 -
6873

黎魯如　史 5 - 39135

黎久　子 4 - 20296～7　叢
1 - 22(20)、34、61～4、87、
163、174,2 - 730(1、4)

黎久之　叢 1 - 195(2)

28 黎以訓　史 5 - 39140

黎復典　集 4 - 26065

30 黎淳　集 2 - 6857

黎淳先　集 2 - 11637,6 -
45128

黎永椿　經 2 - 12052～3、
12136～40　叢 2 - 698
(3)

黎永卿　史 7 - 51767

黎安理　史 2 - 11951　叢
2 - 1017

黎密　集 2 - 12208～9,6 -
45128

黎定祥　經 2 - 12243

黎定攀　經 1 - 1734　史
2 - 6319

黎宗莘　史 3 - 22476

黎宗幹　史 3 - 16366

黎宗煉　集 4 - 33162

31 黎源可　史 5 - 39126

32 黎兆勳　集 4 - 31017,7 -
47772～3　叢 2 - 885、
1017

黎兆祺　集 5 - 34260

黎兆鋆　集 2 - 11893,6 -
45128

黎澄　叢 1 - 22(22)、29(7)、
84(2)、2 - 674、730(9)、
731(59)

34 黎汝謙　史 2 - 9546　子
7 - 36468　集 5 - 38470～
2,6 - 44923～4

黎濤　集 4 - 29240

36 黎溫　子 1 - 946

黎澤泰　史 8 - 60691

37 黎鴻譽　史3-21917
　黎鴻猷　史3-17190
　黎次山　史5-39123
　黎祖功　集2-12843,6-
　　41949
　黎祖鞭　集4-28371
　黎冠芳　史3-17348
38 黎祚融　史5-39128
　黎祥品　史8-61427
　黎遂球　經1-920　史1-
　　5546,7-53329　子3-
　　16096,18298~9,5-
　　27430　集2-12388~
　　97,3-14169,6-41943、
　　41949,43118,44904、
　　45128　叢1-22(27)、
　　197(3,4)、201、203(2,
　　17)、371、469、495、586
　　(4)、587(1)、2-716(4)、
　　731(9)、832(3)、881、883
　黎啓勳　史8-61262
40 黎大器　史5-39131
　黎士弘　子4-23120　集
　　3-14077~9
　黎士宏　史7-51168　叢
　　1-195(7)、202(5)、203
　　(11)、321、2-611、731
　　(58)
　黎士華　史8-61330
　黎培敬　史2-12264、
　　12909,6-47169,49032,
　　7-54034　子2-7972
　　集5-34591　叢2-1956
　黎培堅　史5-39132
　黎堯勳　集2-7073
　黎堯卿　子4-23847　叢
　　1-114(2)
　黎吉雲　集4-29509~10
42 黎彭齡　集2-11607,6-
　　45128
　黎彭祖　集2-12842,6-
　　45128
　黎斯允　史5-39142
44 黎攀桂　史8-61696
　黎攀鏐　史6-49091
　黎世序　經1-1551　史
　　6-47425~7,48814,7-
　　52884　子5-31007　集
　　4-26254
　黎世綏　史5-39137
　黎樹培　集4-33491
46 黎獨諾　子7-35573

　黎如瑋　集5-34261
48 黎松　史8-63359
50 黎中輔　史7-55612,8-
　　58833
　黎申産　史8-61384　集
　　5-34030
　黎惠謙　經1-4382
　黎春曦　史8-61086
　黎春熙　集5-36654
53 黎成德　史8-62984
57 黎邦瑊　集2-11941,6-
　　45128
　黎邦琛　集2-10579,6-
　　45128
　黎邦璘　集2-10580,6-
　　45128
　黎邦琰　集2-10581,6-
　　45128
60 黎□□　集4-28371
　黎晨　史7-58088
　黎昌韓　集5-39788
　黎景珊　子5-26067
　黎景義　集3-13340~1
　黎景曾　史8-58270　集
　　5-40269
66 黎曙寅　經1-1318
67 黎昀　集5-38501
　黎瞻　集2-8033,6-45128
71 黎原超　集5-34401~2,
　　6-42011
77 黎學淵　集4-29241
　黎學錦　史8-61794~5
　　叢1-373(3)
　黎民衷　集2-9167,6-
　　45128
　黎民襃　集2-8515
　黎民褧　集6-45128
　黎民襄　集6-45128
　黎民化　子2-8030,8633
　黎民壽　子2-6079　叢
　　1-519
　黎民表　史7-52610　集
　　2-9161~5,6-41935(4)、
　　43747、43789、45128　叢
　　1-223(66)
　黎民鐸　史8-61189
　黎民範　史8-58235
　黎民懷　史5-39124　集
　　2-9166
　黎貫　集2-8074,6-45128
80 黎鏡泉　史5-39125

　黎鏡蓉　史7-56142
84 黎鎮　史5-39144
86 黎錦絨　史5-39134
　黎錦熙　史8-62741、
　　62745、62753、62960
　黎錦鑫　史5-39138
87 黎翔鳳　經2-10947
88 黎簡　集4-22970~2
90 黎光鼎　集5-40268
　黎光地　集3-20319,4-
　　23560
　黎光風　史5-39139
91 黎炳文　子7-36578、
　　37061
92 黎愷　集4-28456~7　叢
　　2-1017
97 黎恂　史8-62566　集4-
　　27977,6-42292　叢2-
　　1017
　黎耀宗　集4-30143,6-
　　42007(2)
99 黎榮翰　史6-49010

2713₆ 蠡

32 蠡測子　叢2-1927

2720₀ 夕

76 夕陽亭長　子1-4174

2720₇ 多

12 多弘馨　史7-55429
33 多淺治郎　子7-36302
34 多祺　史8-60246
36 多澤厚　史8-61503
40 多壽　史8-60391
52 多靜六　子7-37079
60 多羅定郡王　史6-45189
　多羅質　子3-12095、
　　12098
　多羅質郡王　子3-12100
64 多時珍　史7-55430
77 多隆阿　經1-1750、4253

～6　史 6 - 46998、47996
集 4 - 33196　叢 2 - 671、
785
88 多敏　集 5 - 37913
90 多光太郎　子 7 - 37421

2721₀ 佩

44 佩蘅子　子 5 - 28260

2721₂ 危

00 危亦林　子 2 - 4623、9189
叢 1 - 223(33)
10 危元福　史 8 - 60749
13 危瓀璋　史 4 - 26831
22 危山　史 7 - 54914
24 危積　集 1 - 3942～4,6 -
41744～5、41888、41891～
3、41894(3)、41895、41897
～8、41904、41917、41924
40 危大有　子 5 - 29093、
29530(14)
44 危恭望　史 4 - 26830
50 危素　史 2 - 11383,6 -
44120　集 1 - 4908、
4910、5444、5465,2 - 5848
～66　叢 1 - 195(3)、223
(57、62),2 - 731(20)
67 危昭德　集 1 - 4390～2
77 危學海　史 4 - 26832
90 危光然　史 4 - 26833

2721₇ 倪

00 倪彦曾　史 3 - 23042
倪應發　史 4 - 31748
倪文碩　史 7 - 57952
倪文蔚　經 1 - 163(4)、
3268　史 4 - 31755,6 -
46886,8 - 60307　集 5 -
34103～5
倪文英　集 5 - 36947
倪文錚　史 3 - 19317
倪文炳　史 3 - 22105

倪文焌　史 3 - 17272
07 倪望重　經 2 - 14882　史
4 - 31758,6 - 47288,7 -
57997
08 倪謙　史 6 - 45105,7 -
54552　集 2 - 6786～90
叢 1 - 22(22)、29(8)、50～
1、55、84(3)、223(64),2 -
594、730(10)、731(59)、
833
10 倪正誼　史 4 - 31739
倪玉華　經 2 - 14181
倪元璐　經 1 - 905～6、
5909　史 1 - 3025,6 -
42981、43375、47655～6、
48546　集 2 - 12013～
29,6 - 42933～4、43118
叢 1 - 195(3)、223(4、66)、
351、456(5、7)、457,2 -
731(9、17)
倪元藻　集 4 - 32829,6 -
42007(4)
倪元坦　經 1 - 6535　史
3 - 23521　子 1 - 1445～
6、1638～41、2255、2378,
5 - 29178　集 4 - 23184～
5　叢 2 - 1593～4
倪元頤　子 2 - 8716
倪天保　史 4 - 31756
倪天隱　經 1 - 413　叢 1 -
223(2)、227(1)
倪晉卿　經 1 - 739
12 倪瑞璿　集 3 - 19047,6 -
41999
倪璣　史 7 - 55250、57381
倪璠　經 1 - 1197　史 2 -
11157,7 - 50265　集 1 -
622　叢 1 - 223(47)、227
(8),2 - 698(8)、832(4)、
873
倪廷模　子 4 - 19407
14 倪瓚　史 2 - 8810　子 3 -
16033、16481～3,4 -
18541、18922　集 1 -
5576～90,6 - 41780、
41785、41927～8、41935
(3),7 - 46351～2、46357、
46361、46370、46373、
46785～8、48471　叢 1 -
223(61)、227(10)、452、
579、586(4),2 - 635(11)、
716(3)、798
16 倪環　集 6 - 41969

17 倪璐　經 2 - 13883、14381
子 3 - 17422
倪瑤璋　子 2 - 9494
倪承誂　集 4 - 23425
倪承瓚　子 5 - 26178　叢
1 - 496(1)
倪承弼　子 1 - 4202
倪承志　史 3 - 19804
倪子度　集 4 - 26285
倪子明　史 4 - 31762
18 倪玢　集 4 - 26998　叢 2 -
886(3)
20 倪壬雲　子 5 - 26180
倪秀章　集 7 - 54431
倪維高　史 3 - 18335
倪維德　子 2 - 4560～1、
4577、7296～7
倪維思　子 7 - 35183、
35648～50、35721
倪維欽　史 8 - 62344
倪維銓　經 1 - 5961
21 倪上述　經 1 - 2910,2 -
8469～70　集 3 - 20880
叢 2 - 1857
倪倬　經 1 - 7015～6　子
1 - 4149　叢 1 - 203(16)
倪卓　集 1 - 5578
倪師孟　史 7 - 57001、
57008
倪師旦　集 5 - 36167
22 倪嵩　史 6 - 42030
倪偁　集 7 - 46353～4、
46367、46369、46559
倪後瞻　子 3 - 15135～6
倪繼宗　集 2 - 7476,6 -
44679
倪稻孫　史 2 - 12640　集
4 - 22155,7 - 47471～5
23 倪允慧　史 4 - 31751
倪允昌　子 4 - 20843　叢
1 - 142
倪峻　集 2 - 6720,6 - 41935
(3)
倪綰　子 5 - 26348
24 倪化南　子 3 - 13551
倪偉人　經 2 - 11010　子
4 - 21923～4　集 4 -
31052～3　叢 2 - 2075
倪贊　史 3 - 19670
倪贊元　史 8 - 63480
25 倪傳　史 7 - 57907
倪朱謨　子 2 - 5567

倪岳　集2-7100～1　叢1-223(64),2-833
73 倪駿煦　史3-22249
74 倪勵　史7-51815
75 倪陳疇　經1-6801
77 倪際炳　史3-20001
倪印元　集3-20405
78 倪臨承　史4-31722
80 倪企望　史8-59475
倪金報　史3-23364,4-31717
倪鏞　集4-26999
倪介眉　史4-31726
倪會亭　史4-31721
倪會鼎　史2-11601　集2-12016、12019　叢1-456(5),2-731(62)
倪會吉　史2-9149
81 倪鉅　史1-2888
82 倪釗　史2-6487　集5-35956
倪鍾祥　史3-22410
86 倪錦　經2-13367
倪錫庚　史3-23074
倪錫麒　集5-34936
倪錫爵　史4-31718
倪錫湛　史3-16901、22198
倪錫恩　集2-7483
89 倪鑅　史7-55369
90 倪惟誠　史3-16241
倪惟欽　史3-15849、22148
倪懷綸　子7-35103、35418～9
倪光祚　史8-62441
倪尙誼　經1-77(3)、7547
倪尙忠　子3-13237
91 倪恆　子1-3876～7
94 倪煒　史7-52450
97 倪燦　史1-8、10(5)、703、794,8-65262　子3-12920　集6-41816,7-46405、47051　叢2-653(5)、731(1)、786～7
99 倪鎣　史3-19476
倪榮鼎　史4-31731
倪榮桂　子3-11469、14142、14144、14514,7-36260

2722_0 仰

00 仰亭氏　子3-18061
22 仰山　子2-7337
30 仰永盛　史4-26812
40 仰嘉祥　子3-16802
44 仰蘅　叢2-832(2)
97 仰煥明　史4-26811

匆

56 匆提提犀魚(釋)　子6-32084(29)、32093(37),7-32119

向

00 向高　史3-18270
向文奎　集5-35706
向文煥　集3-13256～7
11 向璿　子1-2403　集3-18321～2　叢2-669
17 向孟　叢1-10、19(5)、20(3)、21(4)、22(18)、23(17)、24(5)、29(7)、86、374,2-730(7)、731(15)
向承煜　史8-60156
向子諲　集7-46352、46356～7、46380、46538　叢1-223(73),2-698(13)、720(2)
20 向秀　經1-314～6、2321～2　子5-29318～9　叢2-772(1)、773(1)、774(1)
22 向崇基　集4-32087
26 向程　子1-1080
30 向淮　史8-62783
向滈　集1-3264　叢1-579
向宏運　集3-18321
向宗乾　史8-60730
31 向源綸　史3-21762
32 向兆麟　集3-16460
34 向洪上　史4-26817
向洪邁　集2-8339
37 向逢春　史6-45311
38 向道衍　史3-22449
40 向大觀　史8-60383
向士剛　史4-26816
向古　史8-61022
41 向樗　子7-34767
42 向姚琴　史4-26823
44 向蘭貞　集5-38307
向葵　史6-47660
向世求　史4-26824
向楚　史8-61559
向植　史8-59004
50 向惠風　子4-21887
53 向盛安　史4-26822
60 向日亨　史6-41669
向日紅　史7-55498
向國冀　史4-26821
向國鴻　史4-26825
向國莘　子7-37170
64 向時鳴　史1-5697,2-6776,3-15631、22046,6-46586　集5-35995
67 向嗣焜　集5-35707
71 向阮賢　史4-26820
77 向熙敏　史3-22042
80 向鎬　集7-46351～4、46357、46361、46367、46370、46373、46375、46383、46395、46575
向曾賢　集4-25215
90 向光秀　史4-26818
99 向榮　史6-48878

御

25 御生(釋)　子7-33190

2722_2 修

01 修訂法律館　史6-45946、46060　子7-36661、36812
10 修正山人　子5-28259
修正法律館　子7-36623
13 修武謨　史8-62222

26 修和　叢1-282(4)、283
　　(3)、2-731(55)
27 修名傳　史8-62459
40 修真子　子2-11087
　　修真演化壇　子5-32033
53 修成浩　史8-60746
77 修月閣主人　集7-53805
88 修竹主人　經2-10926~8
　　修竹吾廬主人　子2-5618
　　修竹居士　子2-9950

2722₇ 角

16 角聖子　集7-48357

2723₂ 衆

04 衆護(釋)　子6-32081
　　(39)、32082(17)、32083
　　(25)、32084(21)、32085
　　(37)、32086(43)、32088
　　(27)、32089(33)、32090
　　(54)、32091(52)、32092
　　(35)、32093(27)
08 衆議院　子7-36583
20 衆香主人　史2-7680
77 衆賢尊者　子6-32081
　　(37)、32082(16)、32083
　　(24)、32084(20)、32085
　　(36)、32086(41)、32088
　　(26)、32089(45)、32090
　　(51)、32091(49)、32092
　　(34)、32093(29)、7-
　　32779

2723₃ 佟

00 佟慶復　集6-44293
　　佟慶年　史7-57738
03 佟斌　史4-28445
24 佟佳氏　史2-9556　子
　　1-2239~40　集4-
　　22496~9
28 佟徽年　子3-15422
40 佟希堯　史8-63194
　　佟有年　史7-54936~7

44 佟世雍　史8-61633
　　佟世祐　集3-16294
　　佟世南　集3-15348、7-
　　46397~400、46959、48494
　　佟世燕　史7-56569
　　佟世思　史7-50882　子
　　5-26632　集3-16589
　　叢1-426、2-731(54)、
　　785
　　佟世男　經2-13177　史
　　8-61051　子3-15382
47 佟朝選　經1-2089
53 佟甫田　子7-37372
60 佟□　子5-25334
　　佟國勷　史4-28444
　　佟國瑞　史8-59674
　　佟國弘　史7-55776
　　佟國維　經1-428、1142
　　佟國才　史8-58921
　　佟國器　史2-9119~20、
　　6-48639~40　集3-
　　13379
　　佟昌年　史8-59892~3
　　佟景文　子1-1499
63 佟賦偉　史7-51422、8-
　　59636　子4-23178
77 佟鳳彩　集3-14390
78 佟臨　集7-48574
80 佟企聖　史8-59479
　　佟養學　子2-6522~3
84 佟鍈　集3-15568
　　佟鎮　史8-62530
91 佟炳章　集6-46149

2723₄ 侯

00 侯方域　史1-5585、2-
　　9062　集3-14062~8、
　　6-42063~4、42066　叢
　　1-482、2-698(11)
　　侯方曾　集3-17953、6-
　　45025
　　侯應琛　史7-51442　子
　　1-19
　　侯應瑜　集2-11979~80
　　侯應魁　史6-48038
　　侯應中　史8-62487
　　侯應烜　史4-30727
　　侯康　經1-163(3)、7399、

　　7959　史1-8、10(2)、
　　357、369、426、436　叢1-
　　460、2-653(3、4)、731(1、
　　63、64)、881
　　侯康民　史7-55915
　　侯庚吉　集5-40475
　　侯慶霖　史3-21386
　　侯賡成　集4-30390
　　侯文邦　史8-61132
　　侯文曜　集7-47131
　　侯文燈　集7-46429、
　　47178
　　侯文燿　集7-46429
　　侯文燦　集7-46360、
　　48591　叢1-265(6)、2-
　　799~800
　　侯玄演　集2-12703、6-
　　41943
　　侯玄瀞　集2-12705、6-
　　41943
　　侯玄潔　集2-12704、6-
　　41943
　　侯袞　史8-58202
　　侯京曾　集6-45025
01 侯龍光　史8-62985
02 侯新嚴　史8-63128
04 侯謹度　史8-58441
05 侯靖　子5-25517
07 侯毅　史1-4348　集5-
　　40210　叢2-685
10 侯一麐　集2-7825
　　侯一元　史7-57670、
　　57684~5　子1-1087
　　集2-7820~4、6-41935
　　(2)　叢1-195(2)、2-
　　731(12)
　　侯正鵠　集2-11562~3
　　侯雪松　集4-22672
　　侯元棐　史7-57280　集
　　3-14638、6-45025
　　侯元瀞　集2-11911
　　侯丙吉　史7-56415
　　侯震暘　集6-45023~4
　　侯震暘　集2-12830
　　侯于趙　集2-10502
　　侯晉康　史2-10472、
　　10827
　　侯雲松　集4-25177~8
　　叢2-788
12 侯登岸　經2-11921　史
　　1-5191、2-6987~8、
　　7148、7422、11120、7-

50618,8-59269～70、
66118 集4-32821 叢
2-729

侯延慶 史1-1914,4386
叢1-19(8)、20(6)、21
(7)、22(3,7)、23(3,6)、24
(9)、95～6,2-730(2)、
731(51)

侯廷訓 經1-6253 史
7-57780

侯廷銓 經1-1556、7924
～6,2-10845～7

14 侯瑾 史1-2278 叢2-
731(64)、762～3

侯功震 史3-21235 子
2-8920 集4-27798

侯功超 史6-42201 子
5-25459

15 侯瑋森 史3-18133

17 侯承慶 史7-56396

侯承恩 集3-17322

侯君素 叢1-15、22(20)、
23(19)、27～8、249(3),2-
731(50)

20 侯信圭 史4-30721

侯香葉 集7-53793、
54105

侯維漢 子2-8685

侯維泰 史7-55779

21 侯仁朔 子3-15158 叢
1-330、461

侯倬翰 史4-30716

22 侯鼎 史7-52801

侯鼎臣 史3-23526

侯崑禾 史8-59812

侯繼高 子7-36207

侯繙 叢1-319

23 侯允欽 史8-62527 集
4-29005

侯俊惠 史8-61645

24 侯佐英 子3-13885

侯先春 史6-48382～4
子1-256

侯岐曾 史2-12540 集
2-12069～71,6-41943、
45022～4

25 侯失勒 子3-12388,7-
36228(2)、36231(4)、
36242(2)、36248、37670、
37673

26 侯白 子5-26854、27366
叢1-11～2、15、22(4)、23

(4)、249(3),2-777

27 侯凱 史7-55629

侯名貴 集5-34626

侯甸 子5-27012 叢1-
22(23)、29(7)、57～8、88
～9

侯峒曾 集2-11911～4,
6-41943、43118、45022～4

侯紹先 史2-9310

侯紹岐 史7-55196

侯紹瀛 史7-56616、
56620 子1-3598 集
5-39007～8

28 侯作霖 集6-45025

侯作梅 集6-45025

侯復 集2-6277～80

30 侯寧極 子2-5895～6
叢1-22(17)、23(17)、29
(4)、30、255(2)、367～8

侯肩復 史8-59594 集
3-18519

侯家璋 集4-29006

侯宸 子2-9598

侯宷斐 集3-16692

侯守廉 史4-30715

侯良弼 史8-59839

侯寘 集7-46356～7、
46379～80、46427、46567
叢1-223(73)、2-698
(13)、720(2)

侯宗海 史7-56580

侯宗南 史7-49357、
50125

31 侯福昌 史6-45362

32 侯兆仁 集6-45025

34 侯汝承 集4-30389

侯洪泊 經2-12805、
15142

35 侯連城 經2-10154

36 侯渭珍 集4-31203

37 侯洵 史2-11688 叢2-
698(11)

侯鴻鑒 史7-54418

侯鴻鑑 史6-42403,7-
56909,8-58323 集3-
19590,5-40913～5 叢
2-802

侯洛 集3-18365

侯漱泉 史4-30723

侯祖述 史7-56907

侯祖審 史8-60088

侯運盛 集6-45025

侯運昌 集3-16658～9,
6-45025

侯運隆 史4-30725 集
6-45025

侯資燦 集3-16659、
16692、18257、18365

38 侯肇元 史8-61768 叢
1-373(2)

40 侯大節 史8-59670

侯培峻 史7-50698

侯克中 集1-4786,6-
41784 叢1-223(60)

侯嘉乘 子4-20733

侯嘉繙 集3-19116～8

侯七乘 集3-14935～6

41 侯楨 經1-3261,2-8473、
8535 史2-11528 集
4-32913～7

44 侯蔭昌 史8-59455

侯萬岱 集3-16785

侯萬里 集7-48614

侯莫陳邈妻 叢1-11～2、
22(12)、23(12)、168(1)、554

侯若源 史8-61606

侯苞 經1-4612～4、4818
叢2-765、774(2)、775(2)

侯世爵 史7-55881

侯世忠 史8-60116

侯世屏 經1-3871～2

侯材驥 史8-60660

侯樹屏 史7-55631

45 侯坤 集4-22372

侯坤元 史8-60962

46 侯加乘 史8-58991

侯狷 史7-51573

侯如曾 集6-45025

侯相芝 集5-35862～4

47 侯鶴齡 子1-908

侯起元 經1-1416～7

侯桐 集4-26911

48 侯增祥 史3-23573

侯敬庵 子2-4770、7737

50 侯中軺 經2-10049

侯泰 史8-59533

侯奉職 史7-55221

53 侯盛烈 史7-54088 集
4-28833

57 侯鸛 史4-30726

60 侯□□ 集5-40713

侯日昌 叢2-795

侯星聯 集5-41256

侯國正　史8－60588
侯國安　史7－55560
侯國棟　史8－61766
侯晟　史8－60799
侯甲瀛　史3－15496
侯昌銘　史4－30724,8－
　60453、62730
侯杲　史7－57713
侯果　經1－394～5、2322
　叢2－772(1)、773(1)、774(2)
62 侯晰　集7－46405、46429
65 侯映奎　史3－22794
71 侯長松　史8－65920　集
　6－45025
侯長熺　史7－55836
75 侯體蒙　集3－18257
侯體巽　集3－16408
77 侯鳳苞　史6－42339　子
　5－25411、25413　集4－
　22946　叢1－366～8
侯鵬生　史4－30722
侯學詩　集3－21530
侯學愈　史7－51776　集
　5－40428～9
侯開國　史6－41679　集
　3－13953、15351
侯巽　子2－10874
80 侯毓珩　叢2－709
侯善淵　子5－29530(3、4、
　15、20)、29720～2、29756、
　29989、30020、31233、
　31526、31955
86 侯錫爵　史7－56149
88 侯銓　叢1－223(68)
侯鈴　史8－60610～1
侯鈴　史8－60659
侯節　集5－41164
90 侯光迪　子2－6970
侯光陸　史8－59062
91 侯炳麟　史2－12751
94 侯煒　史3－18133　集5－
　33730
97 侯恪　史1－776,6－45761
　集2－10980、11836
99 侯榮　集4－32443
侯榮圭　史7－55810

偡

10 偡玉立　集1－5571

60 偡是祥　史5－34360

2724₇　殷

00 殷立懷　史4－32221
殷序之　史3－17008
殷高陛　史4－32215
殷應庚　史2－12335
殷文豪　史4－32208
殷文謨　史4－32205
殷文珪　集1－1807,6－
　41739、41741、41824、
　41859
殷文宜　集5－36607～8
殷文圭　叢2－818
07 殷翊　集3－15701
10 殷正衡　子7－35892
殷正焜　史4－32219
殷元正　經1－172～3、
　1274、2422、2429、2436、
　2443、2454、2461、2466、
　2472、2478、3414、3423、
　3431、3438、3449、3495、
　4823、4832、4837、4841、
　4851、6362、6368、6377、
　6387、6589、6594、6604、
　6609、8160、8170,2－8646
　～7、12040～1
殷元勳　集6－43261～2
殷元福　集3－17256
殷爾江　史4－32203
殷震　史3－15039
殷雯　集5－37484
殷再巡　集3－18672
殷雲霄　集2－7811～7,6－
　41935(1)
殷雲鶚　史4－32204
11 殷北麟　史4－32201
12 殷瑞　史3－17762
殷瑤　集6－41840～1、
　41853、41876、43239～41
　叢1－223(68),2－635
　(14)、1953
殷弘緒　子7－35101、
　35216、35336～8
殷水釣叟　子5－26701
14 殷瑋　史5－40407
15 殷聘尹　史7－56427
20 殷秉璣　集5－36948,7－
　48248

殷秉鏞　經2－13950～1、
　14516
21 殷上俊　史4－32202
殷師聲　集4－32996
23 殷獻昌　史4－32223
殷獻臣　史2－11573　集
　2－11672,5－40768
殷代行　史4－32212
24 殷化行　史1－3684,7－
　49316、49318(2)　叢1－
　202(3)、203(9)、211
殷勳　叢1－367～8
殷特布　史6－48724
25 殷仲文　經2－8325　叢
　2－774(5)
殷仲堪　經2－9266、
　14716、15142　叢2－774
　(6)
殷仲春　史2－6718　子
　2－8706
26 殷自洲　子4－18702
殷自芳　史6－46685,7－
　49318(20)、56700
殷得垂　史4－32227
殷嶧　集3－17146～8,6－
　44456
殷綿達　史3－18138
27 殷盤　經1－4889
殷紹衣　史4－32211
殷紹華　史4－32226
28 殷作明　史4－32224
殷從儉　集2－7329
30 殷濟　史3－17534
殷家俊　子3－12721
殷之輅　史7－57094,8－
　58433　集5－36398
殷之屏　子2－9274
殷宅心　子2－10477
殷賓益　史4－32206
31 殷源　史3－17262
32 殷兆鏞　史2－12164～6、
　12786～8　集4－31296
　～9
33 殷心田　史4－32220
殷戩聖　集7－54625
34 殷湛深　集7－54716
殷漪　集5－34370
殷邁　史2－8962
35 殷禮　史8－58537
38 殷道正　史8－60782
40 殷大文　史4－32209

殷士儋　子1-1072,4-22254　集2-9401,7-50608
殷奎　集2-6148　叢1-223(63)
殷希文　集4-22096
殷存善　史4-32218
殷志邦　史4-32221
殷燾　史3-19622
殷李堯　史3-15883、18417　集5-37632～3
殷嘉樹　史3-15333
殷壽彭　集4-29609～10
殷雄飛　史4-32214
42 殷圻　集4-24604
殷彬　子2-9125
44 殷基　子1-510　叢1-29(2),2-774(9)
殷夢高　史7-55760
殷葆誠　史2-12407
殷恭仁　史8-60912
殷芸　叢1-17、19(6)、20(4)、22(8)、23(7)、24(6)、29(3)、252、456(6)、465,2-617(2)、731(6)、777
殷其銘　史1-3778
殷樹森　史3-18417,7-55381
46 殷如璋　史3-17178
殷如琳　集4-33361
殷如海　集4-23683
47 殷都　史1-1982,6-45012,7-54596　子1-3066、3081　集2-9884
48 殷增　集4-27412～3
殷乾璧　史4-32207
殷敬　子1-55
殷敬順　子1-62、64～5、68,5-29455～8、29460～1、29478、29530(15)　叢1-301,2-697、698(6)、731(10)、1523
殷敬修　叢2-1522
殷敬慎　叢1-223(46)
殷梯雲　集5-37935
51 殷振雲　子5-26019
57 殷邦靖　集2-8442
殷邦惠　集5-35419
66 殷曙　子4-22330　叢1-201、203(2)
67 殷路　史2-10886
72 殷岳　集3-13307　叢2-782(5)
77 殷用霖　子3-17252　集5-34370
殷際光　史2-8504
殷熙　史3-19581
80 殷鐘　集3-15179
85 殷鉎　史4-32210
87 殷銘　史8-60587
殷欽坤　經1-140
90 殷惟龢　史7-56537
殷堂　集2-6239
殷光㬥　史4-32225
殷尙憲　史2-10967
殷尙志　史4-32224
殷尙慧　史2-10967
91 殷炳瑩　集5-36468

2725_2 解

10 解元　子1-3807
解元章　史3-16866
解元才　史8-58992
12 解聯萼　史5-37896
解延年　子5-25620
14 解璜　史8-61697
20 解爲幹　集4-33566
解秉鈞　史5-37896
21 解衍洛　史5-37898
解縉　史1-1933,2-6384、6396　子3-15083～4,5-26100～4　集2-6477～87,6-41935(3)　叢1-13、14(2)、22(23)、109、111(4)、223(22、63)、353,2-617(3)、731(35、67)
22 解崇輝　子7-36228(3)、37527
24 解佳　子7-38183
35 解漣　史1-4105～6　叢2-806
37 解洵　史5-37895
38 解道顯　集4-32469
40 解志元　經1-7754
41 解楨　子2-4871　叢1-117
44 解蘭坡　史5-37899
解蒙　經1-610～1　叢1-223(3)
解孝雍　史5-37900
解芑　史3-15226
47 解桐　集2-6477、6486
77 解鳳羽　子2-8850
78 解脫師子　子6-32093(38)
80 解畲居士　子5-28424
96 解熼　史3-15543
98 解悅　集2-6479　叢1-223(63)

2725_7 伊

00 伊立勳　子3-17375
伊應鼎　集3-15440
伊庭秀榮　子7-37841
05 伊靖阿　史7-50259
09 伊麟　集3-17951
10 伊霖華　子7-35706、37975
17 伊承熙　史7-55474
伊那楞木孫　子7-37759
20 伊雙慶　史7-56346、56350
伊集院秀吉　子7-37302
伊秉綬　史8-64404　集3-19136,4-23697
22 伊利　子7-37333
伊樂堯　經1-130　史3-19677
23 伊巘　史7-57937
26 伊侃　史7-55400
28 伊齡阿　史6-43965～7
30 伊寧阿　集3-19871
36 伊湯安　史7-57304　集4-22996
37 伊湄　集4-28012
伊通縣署　史7-56269
40 伊在庭　經1-733
伊索　子7-37993
44 伊藤龜治郎　子7-37854
伊藤博文　子7-36491、36498、36586
伊世珍　子4-23828～32　叢1-22(6)、23(6)、169(3)、180、268(3)
47 伊朝棟　子4-22525　集3-21215～6
伊都禮　集3-18101、19143

2727₂ 倔

38 倔道人　史 8-65921

2730₃ 冬

44 冬芳氏　子 3-18367、
　　18394~5
50 冬青　子 5-27891

2731₂ 鮑

00 鮑亮宣　史 3-22317
　　鮑席芬　子 2-7828
　　鮑應鰲　集 2-10875
　　鮑應鼇　史 6-42234~5
　　　叢 1-223(27)
　　鮑應鳴　史 3-17918
　　鮑康　史 2-7490、12813、
　　　3-23702、6-41937、42250
　　　~3、47706~7、8-63685
　　　~6、64853~5、64857~8
　　　子 4-23262　集 4-
　　　28094、31858~60　叢 1-
　　　419、2-731(32)、941
　　鮑康寧　子 7-35731
　　鮑廉　史 7-57066
　　鮑文遠　集 4-25200~1
　　鮑文忠　史 3-19758
03 鮑誠衷　子 1-1156
08 鮑謙　史 3-19918
10 鮑一明　子 3-18010
　　鮑正言　集 1-4992
　　鮑至　史 7-50704
　　鮑元俍　集 3-21497
　　鮑元輝　集 5-39159
　　鮑天鍾　史 7-56849
　　鮑雲龍　子 3-12973~5、
　　　5-29530(23)　叢 1-223
　　　(36)
　　鮑雲彩　史 5-40270
　　鮑栗之　子 3-14205
11 鮑琢庵　集 7-54813
12 鮑瑞駿　史 1-6188　集

4-31922~7
　　鮑廷爵　叢 1-515
　　鮑廷博　史 2-6832~3、8-
　　　66157、66380　子 4-
　　　24644　集 1-3284、4223
　　　~4、4992、4997、5015、
　　　5055、5400、5474、5712~
　　　3、5715、4-22126、6-
　　　41891　叢 1-243、244
　　　(1)、278、2-731(43)
13 鮑琮　史 5-40265
14 鮑功枚　史 3-18038
　　鮑瑛　集 5-36061
　　鮑琪豹　史 3-16304
17 鮑承燾　史 7-55352
　　鮑君徽　集 1-1545　叢
　　　1-168(4)
18 鮑璈　史 6-46430
　　鮑孜　史 8-60340
20 鮑集成　子 2-7828
　　鮑維淮　史 5-40271
21 鮑上觀　集 4-26105
　　鮑步垣　史 3-17155
　　鮑衡　史 1-2209
22 鮑彪　史 1-2158~66　叢
　　　1-223(20)、227(7)、347、
　　　2-635(3)
　　鮑鼎　經 1-3303、8030
　　　史 2-11986、8-63759、
　　　64216、64273、64342、
　　　64344、64566　子 3-
　　　17963、18139　叢 2-745
　　鮑鼎銓　集 3-16498
　　鮑山　叢 1-223(32)、2-
　　　637(2)
　　鮑繼培　經 2-13463　子
　　　5-30383
23 鮑俊　集 4-29441、6-
　　　42007(1)
24 鮑倚雲　集 3-19813~7
　　　叢 1-558、2-941
　　鮑德麟　史 3-16589
　　鮑德名　史 3-17632
　　鮑德福　史 5-40255
　　鮑德懿　史 3-20065
25 鮑傳興　史 5-40253
26 鮑皐　集 3-19808~12
　　　叢 1-587(6)
27 鮑叔鼎　子 2-9262
28 鮑以鈞　史 5-40256
　　鮑以炯　經 1-3302
　　鮑作雨　經 1-1550　史

7-57672　集 4-30646
　　　~8
　　鮑作瑞　集 5-34263
　　鮑份　集 4-24817
　　鮑復宗　史 5-40249
　　鮑復泰　史 2-7394、7-
　　　57618
　　鮑從善　史 5-40262
30 鮑寧　子 3-12975　叢 1-
　　　223(36)
　　鮑寧辨　子 3-12975　叢
　　　1-223(36)
　　鮑家瑞　子 3-16278　集
　　　5-35601　叢 2-719
　　鮑家本　史 2-9437
　　鮑之芬　集 4-24700、7-
　　　47299
　　鮑之蘭　集 4-23362、6-
　　　41999
　　鮑之蕙　集 4-24118、6-
　　　41999
　　鮑之鍾　集 4-22294
　　鮑實　史 7-57886
　　鮑宗肇　子 6-32091(70)、
　　　7-34485
　　鮑宗蕃　史 2-10757
　　鮑宗軾　集 5-36196
31 鮑汀　集 3-21129
　　鮑源深　史 2-12833　集
　　　4-32235~7
　　鮑源滋　史 3-17956
　　鮑源煦　集 4-30144
33 鮑心培　史 2-9894
　　鮑心增　史 2-10317、
　　　10383、3-16191、18665、
　　　6-49119　集 5-38473~4
　　鮑溶　集 1-1546~50、6-
　　　41735、41859、41873、
　　　41878、41882~3　叢 1-
　　　223(49)
　　鮑梁　經 1-5061
35 鮑清植　史 3-19521
37 鮑潤生　史 3-22516
　　鮑祖祥　子 4-21612
　　鮑逸　集 5-36060
38 鮑淦　集 4-32167
40 鮑大鈞　史 5-40261
　　鮑友恪　子 3-15517
　　鮑士章　集 6-43822
　　鮑士龍　史 1-5425　叢
　　　2-1093
　　鮑臺　集 4-23520

24693　集5-39395　叢
2-700、1005～9

鄔宗梅　集4-25656
34 鄔漢章　史7-55839
36 鄔泗瑛　史3-20576
37 鄔鴻逵　史5-36297
38 鄔啓祚　集5-35251,6-
46184～5　叢2-700、
1005～8
40 鄔大昕　集1-4027　叢
2-700,1005

鄔堯春　史3-18923
44 鄔孝隆　史5-36299
鄔樹庭　史1-1637
47 鄔鶴徵　集4-27245
51 鄔振鐸　史5-36303
55 鄔典雅　史5-36301
60 鄔黑　史6-45015～6
67 鄔鳴雷　史7-51745　集
5-36346
77 鄔同壽　集5-38083
鄔學乾　集3-18767
86 鄔錫藩　史5-33592
88 鄔銓　集5-34399
90 鄔棠　史7-55005
99 鄔榮治　經2-14275　史
8-58617

鳥

77 鳥居赫雄　子7-37026、
37093

鴛

12 鴛水主人　集7-53689～90
37 鴛湖侍者恪三氏　經2-
11003
鴛湖漁隱　子7-37100
鴛湖漁叟　子5-28035～6
鴛湖煙水散人　子5-
27615～7

2733₂ 忽

60 忽思慧　子4-18920　叢

2-636(3)

2733₆ 魚

00 魚玄機　集1-1687～9,6-
41739、41741、41775～6、
41824、41834、41866　叢
1-519、540～1、545、547
(4)、2-698(9)
10 魚元傅　子3-16092　集
3-19602
17 魚翼　史2-7952　子3-
16091　集3-17967　叢
1-364
23 魚獻珍　史8-62886
27 魚鳥居士　集4-32951
叢1-384
90 魚豢　史1-2284～7　叢
1-22(10)、23(9)、29(2)、
2-617(1)

2733₇ 急

24 急先務齋主人　史6-
41943

2740₀ 身

10 身雲居士　子4-22321

2742₇ 鄒

00 鄒立文　子3-12396,7-
37482、37485～6、37515、
37530
鄒彦　集5-40098
鄒方鍔　史7-49318(12)、
53368　子3-15180　集
3-20179～81　叢2-642
鄒應庚　集6-44464
鄒應龍　史8-62318
鄒應元　史8-58514
鄒應臨　子4-24312
鄒文雄　集5-40360

鄒文蘇　史5-36386
鄒文柏　子1-1825,4-
21960　集4-24323　叢
2-2086
鄒文郁　史8-59399
鄒文翰　子2-9893
鄒章周　史8-60649～50
鄒奕孝　叢1-223(15)
鄒奕鳳　史3-17727
02 鄒端　子3-17112～3
鄒訢　子5-29530(3)、
29537、29720～2、29736～7
鄒新　集5-38896
03 鄒斌元　史5-36372
04 鄒勷　史7-57164
05 鄒靖　子3-15461
06 鄒諤　集4-24630
10 鄒一桂　子3-15859～61、
15957、16359、16710,4-
19268　集3-18551～3、
6-44037　叢1-202(3)、
203(8)、223(38)、269(5)、
270(3)、271、272(5)、321、
353、435、456(6)、457、
469、495、586(3)、2-716
(3)、731(35)
鄒正杰　史3-15292
鄒玉藻　集4-31069
鄒玉卿　集7-50027～8
鄒玉堂　史5-36339
鄒王賓　子3-15809
鄒元瀛　史5-36349
鄒元斗　子3-16370　集
3-17128
鄒元標　史2-8992、
11518,6-48373　子1-
1186,2-9308,5-28128
集2-6977、9905、10016、
10292、10466～75　叢1-
223(66),2-1164
鄒元輔　史5-36332
鄒天嘉　史2-9372　子
4-21153　集3-17948
鄒百耐　史8-65802
鄒可庭　經1-6974
鄒雲城　史7-55400
12 鄒登龍　集1-4011,6-
41744～6、41888、41891～
3、41894(3)、41895、41897
～8、41904、41911～2、
41917、41920、41923～4
鄒登泰　叢2-1231

叢 1 - 19(4)、22(9)、23
(9)、24(4)

鄒興相　史 7 - 56668

鄒興覺　史 7 - 54458

79 鄒騰蛟　史 5 - 36354、
36361

80 鄒全宗　史 5 - 36351

鄒金生　集 7 - 54834

鄒鐘靈　子 3 - 15859

鄒鉉　子 2 - 10960、10999、
11006　叢 1 - 223(33)、
360、424、469、586(3)、2 -
716(2)

鄒兌金　集 7 - 48780、
49313

鄒介民　史 8 - 63179

鄒尊顯　子 3 - 12768

鄒美中　經 1 - 7051,2 -
14234　集 4 - 29049～50

鄒毓祚　史 8 - 60136

鄒善　集 2 - 8208

鄒善長　子 4 - 20883,5 -
24978

鄒公瑞　史 5 - 36357

鄒養蒙　史 5 - 36384

82 鄒鍾　子 5 - 27188　集 5 -
34669～70

鄒鍾俊　史 2 - 10009,7 -
57915

86 鄒錫疇　史 7 - 57234

鄒智　集 2 - 7359～61,6 -
43118　叢 1 - 223(65)

87 鄒銘　史 5 - 36350

鄒銘勳　史 7 - 56289

鄒銘義　史 5 - 36348

88 鄒銓　集 5 - 38623

鄒敏　史 5 - 36333

90 鄒光景　史 5 - 36376

鄒光第　集 4 - 28363

鄒光繁　史 5 - 36358、
36363

鄒尚友　史 7 - 56068

鄒尚易　史 7 - 55332

鄒常泰　史 3 - 22251

91 鄒恆　史 8 - 59442

鄒炳靈　史 7 - 52132

鄒炳泰　子 4 - 18579、
23299　集 4 - 22378　叢
1 - 202(8)、203(14)、241、
242(4)、373(3)、2 - 731
(31)、798、1543

93 鄒焌杰　史 8 - 60427

94 鄒慎齋　子 4 - 22370

95 鄒性朏　史 5 - 36374

96 鄒煜南　史 5 - 36391

98 鄒悅道　經 1 - 2679～80

2743₀ 奧

10 奧平浪太郎　子 7 - 37506、
37544

奧平氏　子 7 - 37522

25 奧純　集 2 - 5924

42 奧斯吞　子 7 - 36231(7)、
37127

奧斯彭　子 7 - 36231(5)、
37119

44 奧村信太郎　子 7 - 36232、
36494

60 奧田元繼　經 1 - 6838

奧田升　子 7 - 38132

奧田真衛　子 7 - 37075

奧田竹松　子 7 - 36365

奧圖爾　子 7 - 35746

2744₀ 舟

舟(釋)　子 3 - 17700

2744₇ 般

31 般福德倫納　子 7 - 38245、
38258

44 般若(釋)　子 6 - 32081
(57)、32083(33)、32084
(29)、32085(4、48、52)、
32086(57、62、63)、32088
(3、35、39、41)、32089(4、
30、32)、32090(5、38、39、
40)、32091(4、36、37、38)、
32092(3、25、26、42)、
32093(2、8、14、32),7 -
32115、32133、32227、
32310、32368、32382～6、
32388～9、32391、32393、
32406、32410～2、32813、
33129～30、34426～7、
35005　叢 2 - 724

般若斫羯囉(釋)　子 6 -
32093(36)

般若流支(釋)　子 6 -
32081(2、3、4、6)、32082
(2、3、4、6)、32083(3、4、5、
7)、32084(3、4、5、6)、
32085(3、4、6、9)、32086
(3、4、7、10)、32088(2、3、
5、7)、32089(3、4、6、7)、
32090(3、4、5、7)、32091
(2、3、4、6)、32092(2、3、4、
6)、32093(4、6、9、10),7 -
32179、32191、32250、
32262、32592

般若菩提　子 6 - 32093
(37)

52 般刺密帝(釋)　叢 1 - 394,
2 - 724

般刺蜜帝(釋)　子 6 -
32082(12)、32083(12)、
32084(11)、32085(17)、
32086(19)、32088(12)、
32089(14)、32090(19)、
32091(17)、32092(12)、
32093(41),7 - 33736

般刺密帝(釋)　子 7 -
32103、32108、32112、
32130、32133、32135、
33040～50、33697、33701
～2、33706～11、33725

般刺密諦(釋)　子 2 -
11138,7 - 33703　叢 1 -
437

2746₁ 船

22 船山主人　經 1 - 1814～5,
2 - 11759

2748₂ 欸

17 欸乃軒主人　史 7 - 49705

2752₀ 物

44 物茂卿　經 2 - 9457　叢
1 - 538

46 物觀　經2-9458、9960、
　11984~5　叢1-223
　(12),2-731(3)

2752₇ 鵝

34 鵝漪　集6-44142
37 鵝湖逸士　叢1-587(2)
　鵝湖居士　集5-35609

2760₀ 名

00 名庚　史4-32525
07 名詞館　子7-37977
21 名衢逸狂　子5-28177
24 名德堂　子5-26038
48 名教中人　子5-28357~9

2760₃ 魯

00 魯彥光　史7-55617
　魯裔曾　史8-60151
　魯應龍　子5-26948　叢
　　1-13、14(2)、22(19)、23
　　(18)、27~8、29(6)、99~
　　101、148、252,2-730
　　(12)、731(50)、836
　魯慶元　史3-19485
　魯慶恩　集4-30862
　魯褒　子4-19814　叢2-
　　776
08 魯旋　集4-28718
　魯論　經2-8754、9022、
　　9414、9903、10528　史6-
　　42980,8-63031
09 魯麟　史8-60007
10 魯一貞　子3-15231
　魯一佐　史8-62705
　魯一同　史2-9198、
　　11005、11145、11631,3-
　　17875,7-49318(12)、
　　50134、50138、56608、
　　56670~1　集3-13310,
　　4-31006~15　叢1-
　　537,2-670、1809

魯三異　叢1-26
魯玉　子7-33549
魯至剛　子2-11023,11182
　叢1-114(4)、117
魯元壽　集3-18797
魯晉　史3-16751
魯可藻　史1-3466
11 魯珏　集7-53897
　魯琢　子3-13667　集3-
　　21046,6-42607
12 魯登朝　史5-39728
　魯瑗　集3-16887
　魯廷琰　史8-63226
13 魯武茂　集4-30645
　魯璸　集3-21368
14 魯琪光　史3-15713,7-
　　49318(12)、50590,8-
　　58602、58791、58806
17 魯蕭　子3-17673~4
　魯承齡　叢2-799~800
20 魯重民　經2-11508　史
　　6-42654,7-49564　子
　　5-25179、25764~5、
　　25775、25805　集6-
　　43917~8
　魯秉禮　史4-32667
21 魯貞　集1-5639~40　叢
　　1-223(61)
　魯經　子1-3057~8
22 魯鼎梅　史8-58346、
　　63464
　魯峯　子2-10905
　魯訔　史2-11168,11170
　　集1-898、900~3　叢1-
　　223(21)、446,2-635(6)、
　　731(42)
　魯山(釋)　集2-11742,6-
　　41935(3)
23 魯傳德　子4-22737
　魯繽　集4-22794
24 魯仕驥　集3-19754
　魯紘昭　史2-8980　叢
　　2-1112
25 魯傳德　集5-38502
　魯傑　史7-55444,8-
　　61101
26 魯伯嗣　子2-8374
27 魯佩璋　史7-57787
　魯紀勳　史5-39729~30
　魯叔容　史1-3093
　魯紹境　史5-39721
28 魯復生　史2-7412

30 魯永斌　子2-5632
　魯之璠　史8-60046
　魯之裕　史6-43799,8-
　　60084　子3-15150　集
　　3-17736~9　叢2-1384
　魯守仁　子2-8629
　魯宗藩　史7-55669
32 魯淵　集6-44731
　魯沂　集5-34262
33 魯述文　史7-55085
34 魯漢卿　史5-39717
37 魯鴻　史3-15072,8-
　　58846　集3-20746
　魯迅　史2-6210、8050、
　　8054~6,7-50414~5、
　　50418、50420　子5-
　　26816,7-38202　叢2-
　　845(4)
　魯逢年　集4-28372
38 魯淦　集4-26673
　魯道人　經2-14014
40 魯九皋　經1-1391　集
　　3-21538~43,6-46113~
　　4　叢1-413,2-1509
　魯大宗　史8-62386　集
　　5-36984
　魯士驥　集6-43211
　魯直　史5-39725
　魯克恭　集3-19890
　魯志剛　子2-4556,5-
　　31110
　魯燾　子1-2328
　魯壽崧　史8-62234
　魯森標　史5-39718
43 魯式穀　史7-57880
　魯樾　史3-18834
44 魯蘭仙　集4-30699
　魯蘭枝　集4-22199
　魯恭　經1-164、233　叢
　　2-775(1)
　魯世任　集2-12549
　魯賁　史7-56673、56686
　　集5-35374　叢2-1809
45 魯坤鉉　史5-39727
47 魯超　史7-56464　集3-
　　16019,6-42481,7-
　　46400、46950
48 魯乾蒼　史5-39727
　魯松　集5-36655
　魯松峯　經1-1928、2238
50 魯史　集6-43949

51 魯振官　史5－39716
　　魯指南　子3－13713
57 魯邦煥　集4－28719
60 魯國璽　經1－3984
　　魯昆棠　經2－14433
61 魯點　史7－51740、52425
67 魯明善　子1－4104～8
　　叢1－86、223(32)、273
　　(4)、275、377、394、468、
　　491,2－730(7)、731(30)、
　　777
　　魯嗣光　集4－25599
　　魯照　子2－9462
73 魯駿　史2－6754　子3－
　　16095
77 魯鳳輝　史8－61999
　　魯隆盎　史8－60809
　　魯鵬　史3－16051
　　魯學孟　經2－11659
　　魯興宗　史5－39723
　　魯興同　史5－39722
80 魯曾煜　史8－58153、
　　59794、60820　集3－
　　18798～800　叢1－223
　　(24)
86 魯鐸　集2－7306～10　叢
　　2－875
88 魯銓　史7－58092
　　魯筆　集1－65,3－15756
　　叢1－267
　　魯策球　子7－37169
90 魯懷德　集7－50051
99 魯變光　史2－7651、7993
　　～4、9008、9292,6－
　　42843、46817,7－50440、
　　52009,8－63512、63830～
　　1、63899　集6－44667、
　　44674　叢2－846

2760₄ 督

00 督辦浙江通商洋務總局
　　子7－37349

2762₀ 句

12 句延慶　史1－2434　叢
　　1－223(22)、278,2－731

(66)
37 句漏後裔　集2－11528
38 句道興　子5－26892　叢
　　2－603
55 句曲山農　子4－19441

翻

21 翻經沙門及學士　子6－
　　32081(42)、32082(20)、
　　32083(27)、32085(39)、
　　32086(46)、32088(28)、
　　32089(51)、32090(65)、
　　32091(63)、32092(41)

2762₇ 邰

71 邰長濬　史3－22754
　　邰長浚　集7－48355

郘

15 郘璉　經1－6572
23 郘然　史4－30714
30 郘永春　子1－103
46 郘坦　經1－7819～21
　　郘相　史7－55353
50 郘肅　集1－5308
58 郘掄　經1－1359
97 郘煥元　史7－55535　集
　　3－14898

2771₂ 包

00 包育華　子2－6320、6685
　　～6
　　包康年　史3－20613
　　包廉　史4－26193
　　包文俊　史7－56267
03 包誠　子2－6745、8226、
　　8228、9785
　　包識生　子2－6320、6685、
　　10932

04 包讃　史8－59996
　　包詩福　史4－26183
10 包三鏸　子2－4771(3)、
　　7584
　　包正禮　史4－26177
　　包爾庚　集6－45336
　　包爾賡　史7－56463
　　包爾純　史2－9431
　　包爾騰　子7－35646
　　包天笑　子7－37851、
　　38278
12 包發鸞　史8－58807
　　包發鴻　史3－21130
　　包延杰　史3－20810
18 包瑜　史1－1138　子5－
　　26091、26094～7
20 包維德　史4－26202
21 包仁義　集4－24776
　　包能理　史4－26204
　　包何　子5－26222　集1－
　　1464,6－41738、41743、
　　41819、41822、41824、
　　41838、41858、41873、
　　41878　叢1－148、154、
　　185
　　包衡　子4－23977
22 包巖　子2－7584、8288
　　包樂艮　史4－26182
24 包壯行　集3－13074
　　包佳謙　史4－26190
　　包佶　集1－1465,6－41738
　　～9、41743、41818～9、
　　41822、41824、41838、
　　41858～9、41873、41878
　　包科　史4－26181
26 包得心　史4－26203
27 包紹芳　史3－19980,4－
　　26194
28 包儀　經1－1035～6　叢
　　1－223(4)
30 包家吉　史7－49317(8)、
　　49318(14)、54054
　　包永泰　子2－7464～6
　　包永昌　史3－22181,8－
　　63271
　　包安保　史8－60156
　　包字　史8－61945
　　包宗經　史3－16107、
　　20242
　　包宗儀　史4－26180
34 包汝楫　史1－1939,7－
　　51312　叢1－233、373

中國古籍總目·索引

2-615(3)
08 紀敦睦　史3-21365
　紀許國　子4-22292
10 紀五辰　史3-19506
　紀元　史8-63224
　紀磊　經1-1689～93、2261
　史7-57025　叢1-373
　(8)、2-843
12 紀弘謨　史7-55244、
　55982
16 紀聖訓　史7-56589
17 紀瓊　集6-41999
　紀君祥　史7-48765、
　48767(2)、48778、48914
　叢2-698(16)、720(4)
28 紀復亨　集3-20763
30 紀容舒　經2-13656～8
　集1-1002,6-42213　叢
　1-223(17、68)、274(3)、
　2-731(25、38)、782(4)
31 紀江　子4-24542
32 紀叢笳　集4-31635
34 紀汝倫　經1-1176
　紀遠宜　集3-18934
　紀邁宜　集3-18128
40 紀大綱　史7-55238
　紀大復　集4-24791　叢
　1-401
　紀大奎　經1-1439、2199、
　2325、4120、6531～2　史
　4-31233,6-41538,8-
　58784、61762　子1-
　912、2249～52、3-12388、
　12579、13101～2、13104～
　5、13615～6、13762、
　13941,5-29170～1、
　30982、31027～8、31162
　集4-22875～6,6-42067
　叢1-442～3、533,2-731
　(16)、1555～6
　紀大婁　子5-29171
　紀大畢　子3-12579
　紀士範　史7-56667
　紀在譜　史7-55686
　紀克家　史7-49898
　紀克揚　集2-12836
44 紀蔭(釋)　子7-34707
　集3-15404
　紀蔭田　子1-1736,4-
　21503
　紀黃中　史8-59827
　紀樹馨　集3-20841～2

紀樹本　集4-30600
　紀桂芳　子2-4760
45 紀坤　集2-11793　叢1-
　525,2-731(43)、782(3)
46 紀觀禮　史4-31231
47 紀坯文　集3-20460
　紀好弼　子7-37718、
　37730、37770
51 紀振川　史3-21449
　紀振倫　集7-50044～6
　紀振鎛　史7-55385
53 紀咸　集4-31206
60 紀國珍　史8-60063
　紀昌期　史4-31229
　紀昃　集3-16409,6-
　44392
65 紀映鍾　集3-13503～6
　叢2-731(43)、787
67 紀昀　經1-4755,2-14108
　～9　史1-5295～7,2-
　9195,3-16858,4-31230,
　6-42597,7-49316、49317
　(6)、49318(3)、49338、
　49812、51205～6、52782,
　8-65132、65268～9、
　65443～5、65447、65449～
　52　子2-4623,4-
　18756,5-26229、26419、
　27093～102、27104～11、
　28452　集1-1567、
　2439、2454、2513～4、
　2804,3-20840～2,4-
　22577,6-42066、42214、
　42276～7、43265、45512、
　45540、45988～9　叢1-
　223(1、2、24、26)、224～6、
　231～2、269(5)、319、373
　(3)、418、421、461,2-
　638、691(3)、697、698
　(17)、709、717、731(25、
　43)、735(1)、736、782(4)、
　845(4)、1018
　紀昭　子1-2554
80 紀毓璉　史3-21194
　紀義　史7-50505
　紀曾蔭　史8-61696
81 紀鉅維　集5-36242～3、
　38592～3
88 紀鑑　子1-3874～5　叢
　1-201、203(6)
90 紀棠氏　集7-50822
94 紀慎齋　史4-31232
　紀煥　集4-30599

繩

26 繩伯氏　子4-24301

2792₀ 約

24 約納約翰　子7-38247
37 約罕若克盧騷　子7-
　36232
48 約翰　子7-35699
　約翰·班揚　子7-35751
　～2
　約翰沃克森罕　子7-
　38244
　約翰士低瓦的彌爾　史6-
　41535　子7-37313
80 約盦居士　子1-2446

繃

44 繃楚克車林　史6-49178

2792₂ 繆

00 繆亮　子3-13152
　繆應晉　史8-60018
　繆文功　史7-56697
01 繆襲　經1-6023　子1-
　3515　叢1-11～2、22
　(17)、23(16)、26～8、29
　(3)、74、76～7,2-765
04 繆謨　集3-18806,6-
　44532,7-47615
10 繆元益　子1-1966
　繆爾康　集5-41576
　繆平標　史5-40905
　繆晉　集4-22800～1
　繆雲章　史8-62608
12 繆發　史8-59985
　繆延福　史3-22221
15 繆珠蓀　集7-48366
17 繆承鈞　集4-22354

繆鞏　史 3 - 18620

繆翼思　史 5 - 40898

21 繆仁富　史 5 - 40910

繆虛白　集 2 - 10783

22 繆鼎臣　史 3 - 18315

24 繆德棻　史 1 - 1135、1988、
　　3935　集 5 - 38236　叢
　　2 - 832(5)

25 繆繡田　集 5 - 35606～7

28 繆徵甲　集 4 - 31454

繆僧保　史 2 - 10638

29 繆秋沈　叢 2 - 889

30 繆濟齋　史 1 - 4049　叢
　　2 - 889

繆永垣　集 3 - 20481

繆之弼　史 7 - 57734

繆之鎔　集 2 - 10785～6
　　叢 2 - 798

繆之錕　史 5 - 40896

繆之熔　史 2 - 11545

繆寶娟　集 5 - 36661～2

繆宗侃　史 3 - 17584、6 -
　　41975

繆宗儼　史 3 - 17810、6 -
　　41975

31 繆沅　史 1 - 2889　集 3 -
　　17841～3、6 - 44441

繆潛　史 7 - 52256　集 2 -
　　12953

繆福照　子 2 - 7252　叢
　　1 - 242(4)、2 - 731(30)

32 繆兆禧　集 5 - 33930～1

繆澧英　史 3 - 19423

33 繆泳　集 3 - 14367、6 -
　　44591、7 - 47458

34 繆祐孫　史 1 - 268、3 -
　　16255、17410、6 - 45719、
　　7 - 49318(3、4、8、10)、
　　54791～9、54806～7、8 -
　　65896　集 5 - 37827～9

37 繆潤紱　集 5 - 38380～1

繆祖培　集 7 - 46406、
　　46936

繆祿保　史 2 - 10638、8 -
　　64767

繆逢垣　史 3 - 18051

38 繆瀚　史 3 - 19314

繆裕紱　集 5 - 34914、6 -
　　46149

繆遵義　子 2 - 4771(4)、
　　6706、6833、10571～3、
　　10637

繆肇祖　史 6 - 42842

40 繆九疇　史 2 - 7844

繆希雍　子 2 - 4727、4898、
　　5299、5492～3、5888、9314
　　～7、10485、3 - 13258、
　　13472　叢 1 - 169(2)、
　　223(34)、268(3)

繆存濟　子 2 - 5965、6512

繆梓　集 4 - 31452～3

41 繆楷　經 1 - 4395、2 - 11284
　　史 3 - 22879、5 - 40901
　　叢 1 - 500

44 繆協　經 2 - 9255　叢 2 -
　　774(6)

繆荃孫　經 2 - 11088～9、
　　11381、11933、14888　史
　　1 - 10(3、5)、710、724、
　　902、954～5、2410～1、
　　2438、4714、4716～9、
　　4724、4779、5216、2 -
　　7459、7468、8293、8571、
　　9859～60、11123、11206、
　　11355、11595、11674、
　　11831、12025、12333、
　　13081、3 - 15866、22053、
　　4 - 25112、5 - 40907、6 -
　　41622、41995、42579～80、
　　7 - 49506、49837、50194、
　　50342、50666、54915、
　　54929、54961、56532～3、
　　56923、57239、8 - 61917、
　　63512、63529、63807、
　　63838、63950、64352、
　　64763～6、65544、65573、
　　65599、65736～7、65739、
　　65891、65893～5、66007、
　　66121、66272、66464　子
　　4 - 19589、22024～7、
　　22768、22921、24748、5 -
　　26226、26250　集 1 -
　　2389、3073～4、3812、
　　4641、4811、4875～6、
　　5064、5386、5723、4 -
　　23119、23616、27232、
　　28136、28353、5 - 34072、
　　35788、37282～90、7 -
　　48592、48607～8　叢 1 -
　　439、509～12、519、524、
　　546、547(3)、555、588、2 -
　　611、615(2)、616、635(4)、
　　638、653(6)、670～1、698
　　(10)、731(2、21)、2116～8

繆蓮仙　叢 1 - 587(5)、2 -
　　721

繆華增　集 5 - 41489

47 繆朝荃　史 2 - 11667、6 -
　　43135、7 - 51291、54915、
　　57030～1　集 4 - 30064、
　　5 - 37830～1　叢 2 - 812

繆朝銓　子 3 - 12529

繆柳村　子 2 - 10860

48 繆敬持　史 2 - 7333　叢
　　1 - 512

50 繆東霖　史 7 - 49990

52 繆播　經 2 - 9254　叢 2 -
　　774(6)

53 繆彧　集 4 - 29453

58 繆掄俊　史 3 - 19147

60 繆□　子 2 - 7545

繆日藻　子 3 - 14787、4 -
　　21231～2　叢 1 - 401

繆國瑞　史 5 - 40908

繆國維　集 2 - 10991

繆恩波　史 5 - 40909

繆昌期　經 1 - 806、2 -
　　10420　集 2 - 10783～8、
　　6 - 43118　叢 2 - 798

繆果章　史 8 - 62395～6

繆景龍　史 5 - 40904

繆景華　史 5 - 40903

67 繆嗣寅　集 3 - 17870、6 -
　　41975

72 繆彤　史 6 - 42300、7 -
　　49318(5)、53302、56948
　　集 2 - 10991、3 - 14822～
　　3、6 - 41969　叢 1 - 195
　　(3)、197(1)、2 - 731(18)

74 繆慰祖　集 5 - 38506

77 繆學賢　史 7 - 56308

繆問　子 2 - 9155

繆艮　子 5 - 27133　集 4 -
　　26306～8　叢 1 - 371、
　　587(4、6)、2 - 721

繆閬　經 1 - 6430～1、6559
　　～63、6587　史 8 - 62411

80 繆鎬　史 5 - 40899

繆介臣　史 3 - 16155

繆公恩　集 4 - 24009～11
　　叢 2 - 785

82 繆鍾　叢 2 - 694

83 繆鉞　史 2 - 11154　叢 2 -
　　694

繆鑌　集 4 - 24121

88 繆鑑　集 1 - 4705～6　叢
　　1 - 509

97 繆煥章　史 2 - 9395、5 -

中國古籍總目·索引

40900
98 繆燧　史7-57403

2792₇ 移

52 移剌楚材　子5-29530
　　(4)、31817

2793₂ 綠

00 綠意軒主人　史1-3963
11 綠裴士　子7-35788
29 綠秋庵主　子4-20680
30 綠窗女史　叢1-378
42 綠杉野屋主人　史2-12773
47 綠鶴山人　集4-30788
67 綠野堂　叢2-672
　　綠野堂無名氏　集7-49211
77 綠岡隱士　子7-36818
88 綠竹山房　經2-15077

緣

10 緣雲庵主人　子5-27906

2793₃ 終

37 終運　子4-19671
　　終軍　叢2-774(9)
40 終南山釋氏(釋)　子6-32084(22)
　　終南太一山釋氏(釋)　子6-32084(22)

2793₄ 緵

25 緵純　史7-56004

2794₀ 叔

12 叔孫通　史6-41955~6、41958　叢1-303~5、515、525,2-731(17)、765~6、775(2、4)
40 叔梓　史8-59466
60 叔國麟　史2-9386

2794₇ 綴

15 綴珠　子2-10897

2795₄ 絳

10 絳雪草廬主人　子5-26443
21 絳僊女史　集7-54000

2796₂ 紹

10 紹元　史2-13049
14 紹琦(釋)　子7-34230
22 紹嵩(釋)　史7-53808　集6-41891、41894(4)、41897、41917
24 紹先　史3-16796
　　紹德(釋)　子6-32084(32)、32085(54、55)、32086(64、65)、32088(40)、32089(33、47)、32090(41、53)、32091(39、51)、32092(26、35)、32093(8、27),7-32244
27 紹岷(釋)　史7-49318(16)
34 紹祺　史3-17099
44 紹英　史2-10908　叢2-631
53 紹甫　集7-54762
77 紹隆(釋)　子6-32088(41)、32089(48)、32090

(62)、32091(60、72)、32092(43)、32093(51),7-34191
　　紹覺(釋)　子6-32091(70)、32092(44)
　　紹興中　叢1-547(2),2-2173
　　紹興縣誌編纂處　史2-13346
　　紹興縣修志委員會　史7-54918、57528
　　紹興醫學會　子2-4770、4771(2)
　　紹興公報社　叢2-848
80 紹曾　史8-61695

2810₀ 以

24 以德懷特福利斯　子7-36231(4)、37051

2821₁ 作

02 作新社　史7-54832　子5-28580,7-36277、36287~8、36551、38023、38153
24 作德主人　子2-5037
77 作民居士　子2-7942

2822₇ 倫

00 倫文敍　集6-45336
10 倫可大　史8-61699
24 倫德　子3-12388,7-36231(4)、37526
60 倫品卓　史8-58528
67 倫明　史2-11678,8-65321、65981
77 倫覺　史8-62522
90 倫常　史3-21869

2823₇ 伶

00 伶玄　子5-26218、26224、

27506~7　叢1-19(6)、
20(4)、22(18)、23(18)、24
(7)、29(1)、38、71、73~7、
91、101、145、168(1)、249
(1)、566,2-726、730(5)

10 伶元　叢1-407(2)

2824₀　仟

30 仟澎　史7-55176

徵

12 徵瑞　史6-43800

徹

00 徹塵(釋)　子2-9708

徹庸(釋)　子6-32091
(71)

27 徹御(釋)　子6-32091
(78)

徹綱(釋)　子6-32091
(74)、7-34323　叢2-
1017

徹綱(釋)　子6-32091
(79)

77 徹凡(釋)　集4-30149

91 徹悟(釋)　子7-33849

99 徹瑩(釋)　子3-13525

2824₇　復

25 復儂氏　史1-1995、4285
叢2-683

30 復進子　叢2-724

35 復禮(釋)　子6-32081
(43)、32082(21)、32083
(27)、32084(23)、32086
(47)、32088(29)、32089
(47)、32090(61)、32091
(59)、32092(41)、32093
(52)

44 復菴(釋)　子7-32383~

5、32387~90

53 復成　史8-62009

61 復顯(釋)　集3-20281

95 復性子　子7-36192　集
7-54494

2825₃　儀

22 儀山遺叟　子2-8583

37 儀潤(釋)　子7-33957、
34027、34029、34875、
34997、35032

40 儀克中　集4-29321~2,
7-47505

2826₆　僧

03 僧就(釋)　子6-32093(5)

10 僧可(釋)　子7-34874

11 僧璩(釋)　子6-32081
(35)、32083(23)、32084
(19)、32085(34)、32086
(40)、32088(25)、32089
(40)、32090(47)、32091
(45)、32092(31)、32093
(23)

17 僧璨(釋)　子7-33972

26 僧伽先　子6-32093(30)

僧伽婆羅(釋)　子6-
32081(1、2、6、8)、32082
(6、10、12、17)、32083(2、
5、7、9)、32084(1、8、11、
21)、32085(2、6、9、12)、
32086(2、6、8、13)、32088
(2、5、7、9)、32089(2、6、7、
10)、32090(1、3、4、7)、
32091(2、3、7、12)、32092
(1、2、5、9)、32093(3、6、8、
13)、7-32161、32325、
32423、32797~8、32803、
32844

僧伽斯那　子6-32081
(39)、32082(18)、32083
(25)、32084(21)、32086
(43)、32088(27)、32089
(34)、32090(55)、32091
(53)、32092(36)、32093
(30、31)

僧伽提婆(釋)　子6-

32079、32081(26、37、38)、
32082(14、16、17)、32083
(18、24、25)、32084(15、
20、21)、32085(26、35、
36)、32088(29、40、41)、
32088(19、25、26)、32089
(17、44、45)、32090(23、
51、52)、32091(21、50)、
32092(15、34)、32093(15、
29、30),7-32532~4、
32772

僧伽羅剎(釋)　子6-
32081(39)、32082(17、
18)、32083(25)、32084
(21)、32085(37)、32086
(43)、32088(27)、32089
(33、34)、32090(54、55)、
32091(52、53)、32092(35、
36)、32093(27、30),7-
32783

僧伽羅勒(釋)　子6-
32090(54)

僧伽跋摩(釋)　子6-
32081(36、38、41)、32082
(15、17、19)、32083(24、
25、26)、32084(19、20、
22)、32085(35、36、39)、
32086(40、41、45)、32088
(25、26、28)、32089(35、
40、45)、32090(45、52、55、
59)、32091(43、50、53、
57)、32092(30、34、36、
39)、32093(24、29、31),7-
32637~8

僧伽跋澄(釋)　子6-
32081(38、39)、32082
(17)、32083(25)、32084
(20、21)、32085(36、37)、
32086(41、43)、32088(26、
27)、32089(33、45、46)、
32090(52、55)、32091(50、
53)、32092(34、36)、32093
(29、30)

僧伽跋陀羅(釋)　子6-
32081(36)、32082(15)、
32083(24)、32084(19)、
32085(35)、32086(40)、
32088(25)、32089(40)、
32090(45)、32091(43)、
32092(30)、32093(24),7-
32644

27 僧叡(釋)　子6-32081
(1)、32082(2)、32083(2)、
32085(1)、32086(1)、
32088(1)、32089(2)、

32090(1)、32091(1)、
32092(1)、7-32315～6

30 僧安(釋)　子6-32082
　(6)、32083(5)、32085(7)、
　32086(7)、32088(5)、
　32089(6)、32090(9)、
　32091(8)、32092(6)

34 僧祐(釋)　史8-66318
　子6-32081(41、42、43)、
　32082(20、21)、32083
　(27)、32084(22、23)、
　32085(39、40)、32086(46、
　47)、32088(28、29)、32089
　(47、51)、32090(60)、
　32091(58)、32092(40)、
　32093(52)、7-34601～2、
　34606、34847　叢1-223
　(46)、2-635(5)、698(8)

38 僧肇(釋)　子6-32089
　(51、52)、32090(66)、
　32091(64、65、70)、32092
　(39)、32093(47、50)、7-
　32102、32109、32113、
　33083～7、33808～9、
　33815　叢1-282(1)、
　283(1)、2-608、731(16)

47 僧格林沁　史6-48913～6

60 僧旻(釋)　子6-32081
　(41)、32082(20)、32083
　(27)、32084(22)、32085
　(39)、32086(46)、32088
　(28)、32089(47)、32090
　(60)、32091(58)、32092
　(40)、32093(52)、7-
　34608

98 僧悅(釋)　集2-11659

2826₈　俗

40 俗士　子5-27902

2828₁　從

08 從諗(釋)　子6-32091
　(72)、7-32102
28 從倫(釋)　子7-34410～3
60 從圓(釋)　子7-34185～6
77 從隆(釋)　子7-34408～9
80 從義(釋)　子7-33844、

33862

從善堂　子2-8261

2828₆　儉

77 儉叟譜正　集7-50678

2829₄　徐

00 徐立方　子1-3775
　徐立綱　經1-112、116、
　1429～31、2912～5、2926
　～7、4116～8、4127～8、
　5731～3、7876～9　集4-
　22760
　徐立芳　史7-51991
　徐立朝　史3-21854
　徐立本　集7-47850
　徐鹿卿　集6-45043
　徐鹿蘋　經1-3279
　徐鹿卿　集1-4024～6、6-
　41894(3)、41896　叢1-
　223(57)、2-870(4)
　徐充　史7-53836　子4-
　20812～3、5-27015　叢
　1-22(23)、31、97、2-799
　～801
　徐兗　史7-53634
　徐競　叢1-383
　徐亮　史7-57411
　徐亮勳　史4-31871
　徐亮士　集3-21815
　徐亮疇　集4-29688
　徐彥　經1-21～5、7265～
　6、7268～9、7273～4　叢
　1-223(9)、227(2)、447、
　2-670、698(1)
　徐彥登　史6-47766
　徐彥寬　叢2-703
　徐彥楠　史8-58566
　徐商濟　集5-41423～4
　徐庸　集2-6235
　徐庸盦　史1-5793
　徐方高　史7-56680
　徐方廣　經2-8724、8983、
　9380、9876～7、10344～5
　集2-12980～1、6-

45336、45340

徐高新　史4-32183
徐高球　史4-32002
徐高林　史4-31843
徐高第　子7-36231(6)
徐應亨　集2-10481
徐應龍　史7-56598
徐應元　史8-59256
徐應豐　集2-9037、6-
　45044
徐應台　史3-18294
徐應解　史7-55478
徐應魯　經1-5815
徐應秋　子4-23069、
　24082、5-25730　集6-
　42889　叢1-223(42)、
　2-735(5)
徐應祥　史4-32090
徐應芬　史1-3108、3133
　叢1-203(14)、320
徐應軫　史3-19022
徐應階　集3-21467
徐應簀　叢2-863
徐康　史8-65137　子4-
　18835、23408　集4-
　33641～3　叢1-524、2-
　731(33)
徐庚瑞　集6-41763
徐庚耀　史4-32149
徐庶　經2-9638
徐府　集6-41895
徐庭垣　叢1-223(11)
徐庭華　史3-18650
徐庭曾　史7-50146
徐夜　集2-7661、8149～
　50、3-13627、7-46910
　叢1-426、2-731(49)、
　948、1336
徐度　子4-20060～1　叢
　1-19(5)、20(3)、21(4)、
　22(6)、24(5)、169(3)、223
　(41)、268(3)、374、388～
　90、2-616、658、731(51)
徐慶　子5-27078　叢1-
　210～1
徐慶璋　史1-4247　集
　5-36025
徐慶齡　集4-29014～5
徐慶安　史3-20109
徐慶治　叢1-496(5)
徐慶超　經2-12893～4
徐慶卿　集7-54649～50、

54664

徐慶善　史2-10052

徐慶曾　經2-14772

徐庠儒　史4-31767

徐麿　集4-29816~7

徐廣　集6-42917

徐廣　經1-6028　史1-487,2-6571、6920　子3-18192,4-24015　叢1-19(4)、21(3)、22(9、17)、23(9、16)、24(4)、2-772(4)、773(4)、774(4)

徐廣縉　史2-12126,4-32153,6-48884　集4-29884~5

徐廣臣　史4-32015

徐廣雲　子5-25391

徐廣源　史4-31823

徐廣陞　史4-31902,6-47193　集5-37086~9

徐亦　子1-3372~3

徐文新　史3-23168

徐文靖　經1-1175、3205,2-11532　史1-1002~3,7-49652　子1-62、64~5、67~8,3-11436、12962,4-22387　集3-17547~8　叢1-223(6、18、40)、319~20,2-1385

徐文霨　史2-10520

徐文霖　集5-39664

徐文弼　史6-42999　子1-1614,2-9493、9581、11198~200　集6-45885

徐文勉　史4-32016

徐文沔　集2-10169

徐文淵　史7-58111

徐文心　集4-33114

徐文達　史6-49042~3

徐文清　子3-15860

徐文泂　史3-15669　叢2-706

徐文瀾　史3-22651

徐文通　集2-10239

徐文祥　經2-13088

徐文貫　史8-61648

徐文范　史1-10(4)、526　叢2-653(4)、731(56)

徐文藻　史3-15270　集5-35564

徐文蔚　史2-10822　集

3-14943

徐文芝　史4-31962

徐文華　史7-56128

徐文鼇　史4-31827

徐文燔　經2-10373

徐文田　史3-19112

徐文昭　集7-54605

徐文璧　史8-62233

徐文長　集7-48829

徐文駒　史7-49318(11)、52855、53758　集3-17111~2,6-42064、43995

徐文錫　集4-30738

徐文炳　集1-590,5-34805　叢1-223(48),2-698(8)

徐文耀　史4-31955

徐文燦　史4-31966

徐文榮　史4-31858~9

徐奕溥　史8-58723

徐六循　史4-32160

徐棄疾　集3-17164,6-41761

徐京　子4-19275~6　叢2-642

徐京元　集6-45292

徐京陞　史8-60129

02 徐端　史4-31903,6-46650~1　子3-13931　集4-23348　叢1-361

徐新六　叢2-968

徐新憲　史8-61261

徐新宇　史4-32158

徐新華　叢2-968

03 徐詠韶　集4-32114

徐詠緋　史2-11657、12132

徐詠和　經1-2245

徐識耜　集4-32113

05 徐靖　史4-31960

07 徐毅　子4-18750

徐訒　集4-27317

徐誦芬　集5-36169~72,6-41763

08 徐效賢　史8-62811

徐敦仁　史2-12930,3-22518　集5-35031~2

徐敦穆　集5-39729

徐敦敍　史8-64866

徐謙　史3-16175、17394、

17668、18631　子2-8707~10,4-21390~2、22374、24340~1、24459~60,5-27181、30496　集4-26598　叢1-223(33)

09 徐麟石　史3-20516、22623

徐麟瑞　史7-56131

徐麟吉　集3-16963~4

徐麟書　史4-31872　集4-33648

徐麟趾　史7-55735　集3-19924

10 徐一麟　子4-21519,5-26533　集4-26155

徐一飛　史4-31976

徐一經　史7-56887

徐一馥　史1-5043

徐一士　子5-28652

徐一芬　史4-32075

徐一茂　史4-32077

徐一鳴　集2-8167

徐一鶚　集4-31056

徐一夔　史6-42000　子4-22951　集2-5999~6005　叢1-223(27、62),2-833

徐三庚　子3-17270、17341

徐三重　史2-9031　子1-1191,4-20696~8　叢1-223(42),2-1153

徐三俊　史7-55780~1、55823

徐三友　子5-25798

徐三省　經2-13442~4　子5-25415~6、25935~40

徐正琳　集4-30739

徐正科　史4-31852

徐正域　史2-8423

徐正恩　史8-62414

徐正舉　集2-11008

徐正鑰　史4-31919

徐玉　史4-31934

徐玉麿　集5-40874

徐玉麟　史8-65929

徐玉珂　史8-60240

徐玉璪　史4-31827

徐玉斯　史3-20625

徐玉增　集4-26639

徐玉輝　史2-11614

徐靈府　史7-52356　子
　5-29495～7、29500～1、
　29530(15)　叢1-124、
　265(4)、444、446～7、2-
　637(3)、731(10、55)
徐靈期　史7-49309、
　52573～5　叢1-19(2)、
　24(3)、2-776
徐靈胎　集7-52596
徐璋　史4-31870
徐雪航　集3-13092
徐元　集7-49709、49937～8
徐元文　史1-1982、2-
　9229、6-45723、7-49317
　(3)、49318(4)、49339、8-
　64732、65660　集3-
　15463
徐元章　史2-10689
徐元龍　史3-23324、8-
　58420
徐元端　集7-46904
徐元誥　史1-2150
徐元麟　經2-13929～30
徐元正　集3-16153
徐元瑞　史6-46385
徐元禹　史8-60528
徐元綬　集5-41167
徐元叔　集5-36399
徐元潜　集4-26439
徐元灝　集6-44472
徐元達　史8-61259
徐元潤　史2-12078、8-
　64278　子1-1677　集
　4-28225～6　叢2-644、
　1682
徐元太　史2-6533～4、6-
　48333　子5-25000～6
　叢1-223(43)
徐元士　史4-31934
徐元杰　集1-4196～7、6-
　43118　叢1-223(57)
徐元夢　集6-44212
徐元芳　子2-9009
徐元聲　子1-683
徐元䚡　集2-6847
徐元梅　史7-54918、
　57519
徐元肅　史2-9407
徐元掄　史2-11390
徐元美　子4-20995　叢
　1-197(3)
徐元善　史8-61697

徐元氣　經1-732
徐元錫　史2-9846
徐元第　集4-30033　叢
　2-1862
徐元燦　史8-59615
徐丙陽　史5-40591
徐丙燮　史4-32163
徐爾廗　史3-15483
徐爾一　集2-12203
徐爾貞　子2-4919
徐爾穀　集2-12905、6-
　41943
徐爾鉉　經2-14045　集
　2-12906～7
徐而化　史8-64936
徐震　經2-13792　子3-
　18216、5-27611～4、
　27954～5　集4-25863、
　5-40951　叢1-197(2)、
　202(3)、203(8、18)、587
　(1)
徐震熙　經1-4423
徐霞翁　子3-13843
徐于　集2-12597、6-
　44580　叢2-834
徐霆　史1-2604～7、7-
　49315　叢2-603、718、
　731(58)
徐天麟　史6-41597～9
　叢1-223(26)、230(3)、
　336～7、2-731(3、17)
徐天璋　經1-2054～5、
　3110、4496、2-9673、
　10107、11064、11821　集
　1-80
徐天衡　子4-23938　叢
　2-718
徐天經　史4-31799
徐天祐　史8-60163
徐天祐　史1-2241～4
　叢1-74～7、90～3、223
　(22)、227(6)、480、519、2-
　628、635(3)、698(4)、730
　(5)、731(64)
徐天樞　史4-32119、
　32121、32123～4
徐天目　史4-32025
徐石麒　史2-9089、6-
　42657　子1-4476、4-
　21565～6　集2-11468
　～71、3-13863、6-41943、
　7-46839、49340～3、
　50332、50639　叢1-

　277、2-731(18)、808
徐石麟　集4-31210　叢
　1-195(3)
徐晉亨　子2-8521
徐晉熊　子3-12495
徐晉卿　經1-77(3)、6795
　子5-25571～2
徐晉鎔　史3-23121　集
　4-29973～4
徐可　子2-7070　集4-
　30461
徐可先　史7-55356、
　57718
徐靄　史7-57775
徐靄園　子2-7451
徐醇澤　史3-19728
徐雲　叢2-627
徐雲嶠　子7-33174
徐雲祥　史2-11605　叢
　2-644
徐雲翰　史3-20198
徐雲梯　史4-32156
徐雲驤　史3-15176
徐霖　集2-7323、7-49709
徐霖望　史3-23144
11 徐北蓉　集4-29108
徐珏　史7-55667
徐珂　經1-4536　史2-
　10420、10889、10919、3-
　20436、6-46275　子7-
　36710　集5-38099、
　40657～9、7-48197～8
　叢1-587(6)、2-668、
　677、968、2209
徐瑟一　集4-24304
徐斐然　集3-15407、
　18124、6-42064　叢1-
　373(10)
徐頊　史3-17761
徐碩　史7-57297　叢1-
　223(23)
12 徐登瀛　史8-58840
徐登朝　史4-32137
徐瑞　集1-4405　叢2-
　870(5)
徐瑞元　史4-31820
徐瑞驥　史3-20605
徐瑞騏　史3-20718、
　23103
徐璞齋　史4-31813
徐璞玉　史8-61671
徐璣　史4-32145、8-

60598　集 1 - 3974～80、
3 - 19123、6 - 41779～80、
41891、41900～1、41908～
9、44739、7 - 46399～400、
47153　叢 1 - 223(56)、
2 - 867

徐聯奎　集 6 - 44812

徐聯蓉　集 5 - 36869

徐弘祖　史 7 - 52803、
53090～4、53728　叢 1 -
371

徐發　經 2 - 11524　史 7 -
57309　子 3 - 11350、
14500、6 - 32091(77)、7 -
33204

徐發華　史 4 - 32130

徐延祺　史 3 - 19706　集
5 - 35566

徐延祚　子 2 - 4733、5951、
10789～91

徐延壽　史 4 - 32093　集
3 - 13803

徐延旭　史 6 - 45640、7 -
49318(15、16)、54675～9
子 2 - 5161

徐延翰　史 8 - 60933

徐延第　集 4 - 23186

徐廷璣　集 5 - 38675

徐廷發　集 4 - 29013

徐廷瑛　集 4 - 26504

徐廷珙　史 3 - 23089

徐廷瑮　史 7 - 55159

徐廷珍　集 5 - 36610

徐廷鑾　史 2 - 12312

徐廷壽　史 8 - 59566

徐廷柱　史 4 - 31865　集
4 - 24738

徐廷垣　經 1 - 7762

徐廷芳　史 8 - 60932

徐廷攀　史 4 - 32139

徐廷華　子 5 - 27159　集
5 - 35420～1

徐廷棟　集 3 - 18866～7

徐廷槐　子 5 - 29374～6
集 3 - 18258～9

徐廷颺　集 5 - 39635

徐廷鏞　史 3 - 23395

徐廷錫　集 4 - 26845

徐廷烺　史 7 - 53984

徐廷變　史 8 - 62229

徐羖　子 3 - 11582

13 徐瑄　經 1 - 5685　子 1 -

2404

徐球　集 4 - 26154

徐琮　史 4 - 32030　集 3 -
15091

14 徐珪　史 7 - 55242

徐瑛　子 2 - 7918

徐瑋文　經 1 - 4345～6

徐琪　史 1 - 6113、2 -
10537、13189、3 - 15999、
20104、4 - 32026、6 -
42103、49156、7 - 51483、
8 - 64707　子 3 - 15526、
15696　集 3 - 18406、
18493、19459、5 - 37979～
98、7 - 46436、48284～8

徐琳　史 6 - 43896　集 3 -
21534

徐磄　集 4 - 26597、6 -
42006

15 徐璉　史 7 - 56753

徐琯　子 5 - 27108

徐珠　集 4 - 25687～8

徐臻　集 3 - 21037

徐建生　集 5 - 40238　叢
2 - 2257

徐建寅　史 7 - 49318(18)、
54142、54756　子 1 -
3925、3 - 12388、7 - 36228
(1、2、3、5)、36229、36231
(2、3、4、5)、36241、36242
(1、2、3)、36248～50、
36258、36560、36838、
36956、36964～5、36972、
37186、37189～90、37194、
37205～6、37208、37227、
37231～2、37242、37244、
37582、37600、37603、
37612～3、37632、37926～
7　集 5 - 37042　叢 1 -
524、2 - 731(16)

徐建基　史 3 - 20717

16 徐聖慶　史 4 - 31932

徐理　子 3 - 17512　集 4 -
25130

徐聰　集 3 - 16694～5

徐環　史 4 - 31802

17 徐孟湖　史 7 - 57608

徐孟深　史 8 - 58531

徐珮　集 2 - 11658

徐珊　集 2 - 8357

徐瑤　集 3 - 16411～2、7 -
46399～400、47151　叢
1 - 587(4)

徐瑤楨　經 2 - 14280

徐予良　集 3 - 18214

徐鼐　集 5 - 33998

徐鼐霖　史 7 - 56251

徐乃豐　史 2 - 10997

徐乃柵　史 3 - 22847

徐乃昌　經 2 - 14858　史
1 - 256、339～40、2244、2 -
6421、3 - 13420、19036、6 -
42580、7 - 50494、51415、
57894、8 - 63747、63925、
64286、64772、65391　子
4 - 22750、5 - 27524　集
1 - 1832、4 - 24939、5 -
33938、39511、6 - 43238、
7 - 46425、48605　叢 1 -
516～9、2 - 628、817、2205

徐弼光　史 3 - 21814

徐承慶　經 2 - 12136～7、
12151～3

徐承詔　史 4 - 31845

徐承烈　子 5 - 27321～4

徐承修　史 4 - 31854

徐承宣　史 3 - 16666、
20368

徐承禧　史 2 - 12184　叢
2 - 1834

徐承禮　史 1 - 3257

徐承淑　史 4 - 32165

徐承祖　子 7 - 36239

徐承祿　史 3 - 23070　集
5 - 37939

徐聚倫　集 3 - 18656

徐豫貞　集 3 - 16066、
16579

徐子平　子 3 - 14093～4
叢 1 - 223(36)、273(4)、
274(4)、2 - 731(15)

徐子晉　史 3 - 22370

徐子璞　史 3 - 21803

徐子貞　史 3 - 21140

徐子楨　史 4 - 32111

徐子苓　集 4 - 32213～6
叢 1 - 484、561

徐子威　集 4 - 25002～4

徐子默　子 2 - 4661、4769、
7029、7038～40

徐子陽　史 2 - 8867　子
5 - 26219　叢 1 - 39、2 -
624(3)

徐子熙　集 2 - 7650、6 -
45044

徐子光　子5－25507～12
　　叢1－223(42)、268(4)、
　　386,2－731(20)
徐召南　子2－4768
徐召思　子2－5284
18 徐珍　史3－23040
徐政　史8－59468
徐政傑　子2－4768
徐璈　經1－4178　史6－
　　46653,7－53481　子4－
　　22582　集4－26913～6
　　叢2－815
徐致章　史3－22515
徐致靖　史2－10169,3－
　　15898,4－31841,7－57503
徐致祥　史3－15508,6－
　　48082,49114　集5－
　　36400
徐致恭　史3－19202
徐致軒　史7－56064
徐致覺　史3－13897
徐務本　集3－21038
徐桑　集6－44921
20 徐重齡　史7－56556
徐喬林　集4－25380～3
徐俯　集1－3011,6－41894
　　(2)
徐愛　集2－7514、8046
徐愛蓮　史3－19382
徐信甫　史4－31836
徐信善　史3－16679
徐信符　叢2－883
徐隼　史7－55168
徐受　集4－32288
徐受廉　史3－16216
徐受荃　叢2－1530
徐孚遠　史1－53、5119、
　　5161、5175、5198、5210、
　　5218、5222～3、5226、5242
　　集2－12242～3　叢1－
　　241、242(4)、2－731(41)
徐孚吉　經2－11264～5
　　叢1－439
徐雙桂　史8－61794～5
徐舫　集1－5564
徐爰　集2－7484
徐香　史7－55171
徐香祖　史8－61072
徐乘輅　史4－31798
徐禾　集2－7797
徐集孫　集1－4146～7,6－

41744～6、41888、41891～
3、41894(3)、41895、41897
～8、41904、41911、41917、
41923
徐秉文　集4－22761
徐秉詩　史3－23095
徐秉元　史7－57366
徐秉璜　史3－19137、
　　22300
徐秉仁　集3－17659
徐秉成　史3－22909
徐秉義　經1－3956　史
　　1－4463,2－7405～7,8－
　　65259、65659　集3－
　　15385～6　叢1－201、
　　203(4)、217、492
徐秉鑑　集4－29971
徐秉鈞　集3－21349
徐秉榮　史4－31884
徐維繪　子7－35222
徐維淮　史7－56108
徐維垣　史4－32109
徐維楨　集6－42257
徐維城　集4－32750～2
徐維則　史2－8062,3－
　　20439,8－65959、66417～
　　8　叢1－479～80
徐維鑒　史4－31913
21 徐上法　史7－52049
徐上達　史8－64933
徐步雲　集3－21647～9
徐步瀛　經1－1816　集
　　5－38184～5
徐步波　集4－32112
徐步蟾　集5－39127
徐仁德　史4－31920
徐仁寶　史4－31831
徐仁鑄　史3－16349　子
　　7－36261　集5－39893～
　　4
徐仁錄　史3－17622
徐仁鑑　史8－63385
徐虎臣　子3－12848,7－
　　36228(3)、37542
徐行　子2－5038、6530～1
　　集2－9428,6－41962
徐行恭　集5－41261
徐行忠　集2－12982
徐衍　集6－45495、45546
　　叢1－114(4)
徐衙　子5－27231
徐衡　史2－11735

徐衡紳　史4－32188,8－
　　61251
徐儒榮　集4－26505
徐慮善　集4－29398
徐虔復　集5－34373,7－
　　48351
徐處仁　史4－31833
徐倬　史3－22248,7－
　　49318(6)、52316　集3－
　　14505～7,4－29970,6－
　　42004、43413、44182　叢
　　1－223(71)
徐熊飛　集4－22015、
　　24084、24794～5,6－
　　46074　叢1－369、372、
　　373(9)、2－843
徐卓　史6－49284,7－
　　50501、57980　子4－
　　21329
徐占元　史3－23507
徐睿周　集7－48189
徐師謙　集5－34937
徐師戌　史2－12075
徐師臣　經2－13029～30、
　　14337
徐師曾　經1－698、5608～
　　9　史1－4625、5363、
　　5374,4－31864,7－56995
　　子2－4587、5958、10307
　　集1－2294,2－9229,6－
　　42401～2、42792～3
徐貞　史3－16142　集4－
　　26912　叢1－291、293～
　　4,2－731(44)
徐貞齡　集3－17287
徐貞木　子3－16989　集
　　3－14397～9
徐貞明　史6－41537、
　　46584、46713、46716、
　　46895　叢1－456(2)、2－
　　731(55)、735(3)
徐紫芝　集3－18062～3
徐經　經1－4226、7028～
　　33、7202、7998　史1－
　　2098、2188,2－8763　子
　　1－3375　集2－9332,4－
　　23498～9,6－46158～9
　　叢2－1726
徐經孫　集1－4184～6,6－
　　41894(3)、41896、45043
　　叢1－223(57)
徐經綸　集5－41471
徐繼文　集4－27000,7－

徐蟲賢　史4-32173
徐得厚　史2-9717
徐保　子4-19269
徐保齡　史8-60670
徐保字　史2-12075、8-
　63324　集7-47923
徐鯤　子5-26251
徐和　集5-34804
徐穆　史8-58300
徐總幹　經1-530　叢1-
　223(3)、282(1)、283(1)
27 徐盤　史4-31855
徐多綬　集5-39634
徐多紳　集5-39839
徐多鏐　集5-39016
徐多鉁　史3-22608　集
　5-39313
徐佩瑚　史3-18388
徐佩鉞　經1-6087　集
　4-27234
徐仰庭　史6-46765
徐向志　子1-1317,4-
　22299
徐翩　集7-48775～6、
　49236、49260～1
徐修玉　史4-32028
徐修仁　集6-42471
徐象初　子2-8412
徐象梅　史2-7955～6
　子4-23038,5-25159
　集2-10327
徐名立　史7-57565　集
　3-17848
徐黃　集1-1808～13　叢
　1-425,2-637(3)
徐繩宗　史7-57531～2
徐繩甲　集3-18828
徐紉裳　子4-23590　叢
　1-496(8)
徐絢　史4-31828
徐綠鳳　史4-32107
徐紹　史3-21026
徐紹廉　史8-59847
徐紹言　史1-2942
徐紹禎　子3-12791
徐紹連　史4-32060
徐紹榮　叢2-653(1)
徐紹吉　集2-9513
徐紹楨　經1-4453,2-
　8545、10995、12523、12616
　～8、14233　史1-10

(2)、383、455,3-21938、
　6-45188　集5-39688～
　91　叢2-1010
徐紹基　史2-11889　子
　1-4292
徐紹熙　集5-41071
徐紹合　史4-32120
徐紹錦　子3-13058
28 徐以震　集3-20228
徐以升　集3-17943
徐以清　史1-5490　叢
　1-142
徐以祥　子3-12884
徐以坤　史1-1115～6
　子3-17123　叢1-422
徐以觀　史7-55008
徐以敬　子3-14136
徐以泰　集3-20406
徐以烜　史4-31885、
　31946　集3-19459
徐作霖　史4-32104
徐作舟　史4-32131
徐作恭　史4-32133
徐作林　經2-13886
徐作梅　史3-15701、8-
　61338　集3-21465～6
徐作蕭　集3-13896、
　14066
徐倫繡　史4-31851
徐倫皋　史4-31837
徐復　經2-12625
徐復貞　集2-11253
徐復鼎　史4-31807
徐復祚　史2-7953　子
　4-20741～3、5-26361
　集7-48773、48781、49183
　～4、49709、49929～33、
　54607　叢1-269(5)、2-
　611、646、672、689、753
徐復熙　史7-56482　集
　5-41263
徐儀霆　史4-31814
徐儀壽　集5-34719
徐儀世　史2-7209　叢
　1-22(21)
徐從治　史1-1941～2、
　3330～2　集2-11253～5
徐綸經　集4-31058
29 徐繍　集2-8651
30 徐宜欣　集4-26846
徐淮　子4-23136
徐瀛　史7-49318(3)、

50986、51106～9,8-
　60106、61538　叢1-373
　(8)、496(4)
徐瀛翥　集3-15637
徐濟忠　集2-11555
徐汶　史4-32084
徐淳　集3-21105
徐渡漁　子2-4768
徐渡忠　子2-10914
徐寧馨　史4-32102
徐家瑞　史8-63163
徐家璘　史8-60029
徐家鼎　史3-15695
徐家保　史4-31834
徐家瀛　史8-58894～5
徐家實　子7-37150
徐家寶　子7-36228(2、
　6)、36231(2、3、5)、36242
　(2)、36248～50、37305、
　37311、37403
徐家禮　集7-49656
徐家幹　史1-4006,6-
　44988、45518、46885,7-
　51009　子7-35805　叢
　2-885
徐家駿　史3-22279
徐家光　史3-20706
徐家耀　史4-32169
徐永言　史7-56894
徐永宣　集3-17939～42、
　6-44197～8、44441　叢
　2-609
徐永浩　史4-31856
徐永道　史2-8233
徐永芝　史8-59944
徐永孝　經1-4497
徐永昭　集5-33852
徐永隆　史1-5770、5780
徐永譽　集3-17988
徐適　經2-11786
徐之元　子3-17326
徐之瑞　叢2-760
徐之凱　史7-57545
徐之沂　子2-8401
徐之榮　史3-20530
徐之薰　子2-5171
徐之勃　集3-15269
徐之鏌　子3-13284～5、
　13289、13381、13450～2
徐憲卿　史6-48517
徐守信　史2-8676　子

5－29530(24)、29535(6)、
29536(5)

徐守綱 史7－57252

徐守真 集4－31367

徐守恩 史4－31997

徐守愚 子2－10701

徐守銘 集6－41729

徐守鑑 集5－36609

徐守常 史7－56102

徐準宜 集4－25309

徐安貞 集1－1078～80,
6－41872

徐宏傑 史4－32008

徐宏祖 叢1－223(26)、
373(4、5),2－885

徐宏桓 集3－21908

徐富寶 史4－31829

徐容 子4－21252

徐良彦 子5－25082～3

徐良弼 史2－10949

徐良傅 史8－58776

徐良鈺 史3－17953 子
4－21453 集5－34372

徐官 經2－12446 史4－
31848 子3－16776、
16790 叢1－13、14(3)、
22(26)、37、108、111(3)、
119～20,2－731(32)

徐官海 集5－38065

徐定唐 集4－28323

徐定文 史2－8098

徐定超 史3－16080、
20178 子2－6426

徐寅 子3－16989 集6－
41878、41882～3、45495、
45543 叢1－114(4)、
223(50)、265(5)

徐寅生 子2－7309

徐寅賓 經1－7754

徐寶謙 史3－16065 子
2－9830、10380 集4－
33117

徐寶晉 史3－17266

徐寶寯 史4－31867

徐寶森 史3－20339

徐寶敬 史3－19873

徐寶成 史4－31825

徐寶善 集4－28767～75,
6－41994

徐寶鍔 史3－16141

徐寶符 史8－60882

徐寶忻 集5－34937

徐賓 子4－23158 集3－
17016～7

徐賓華 子3－18425

徐宗亮 史1－1995,4519
～20,2－10108,7－49318
(18)、54989、56302 集
5－37324～6 叢1－498,
2－2006～8

徐宗彦 子3－17964、
17998

徐宗襄 集5－35123～4,
7－46433、47712～5

徐宗望 史4－31873

徐宗德 史3－22566,6－
41805

徐宗偉 史7－56297

徐宗勉 史3－17037 集
4－30391～2

徐宗桻 集5－36611

徐宗源 史3－20510

徐宗溥 史3－23579

徐宗浩 集5－41498

徐宗澤 子7－35768、
35855

徐宗奭 子2－8795

徐宗堯 經1－822

徐宗柏 史4－33103

徐宗幹 經2－13079 史
2－12122,3－14343,6－
47141～2、48874,7－
49317(2、8)、49318(11、
15)、52949、53988～9,8－
59068、59349、59403、
63972 子1－3900～1,
2－8577,4－21466、23380
～3 集4－23985、29744
～50,6－44825 叢2－
1778

徐宗旺 史4－32146

徐宗顯 叢2－863

徐宗夔 集6－42768、
42908、45259

31 徐江 史8－58800、58804

徐沅 史1－4545,2－
10961,3－19063 叢2－
685

徐沅澂 集7－54864

徐河清 集5－33999～
4001

徐汧 經2－10271、10470
史1－1938 集2－
11763、11765、12151～2,
6－41943

徐潗 史3－19957 集4－
27634,5－36092 叢1－
373(6)

徐濬鏞 史8－61564、
61566

徐灝 經1－6564,2－11705
～6、12166～8、12500～1、
15143 史6－46123 集
4－31054～5,6－42007
(1),7－48399 叢2－
1010

徐源 集2－7119,4－22947

徐源德 史4－31911

徐源伯 集4－32215

徐源濟 史4－31861

徐源清 子2－10768

徐禋 史4－32116 子1－
2061

徐福詮 史3－20501

徐福謙 集5－35567

徐福洪 史4－31821

徐福清 史4－31906

徐福辰 集5－37327

徐福炘 史8－58633

徐禎稷 子1－1230～1,
1965 叢1－241、242
(3)、574(5),2－731(8)

徐禎卿 史1－1914、1933、
2664,2－7187 子5－
26219～20、26222、26329、
26993 集2－7768～80,
6－41794、41935(1)、
41940、41951～2、42047、
42053、42062、42217、
45485～6、45488、45490～
1、45494、45766 叢1－
13、14(2)、22(22、24、26、
28)、26、29(8)、39～40、
50、52～3、55、60、84(3)、
86、95～6、114(5)、115、
148、154、185、195(4)、223
(65)、227(11)、368,2－
624(2)、730(3、6、10)、731
(61)、811、948、1336

徐迺昭 史3－20490

32 徐淵 史3－17897,4－
32144

徐兆康 史4－31925

徐兆璋 史1－5789

徐兆瑞 集5－38876

徐兆瑋 史7－53297、
57088 集4－28400,5－
40434～6 叢1－584

徐兆熊　子7-37588、37614

徐兆豐　史8-58205　子2-10715~6、10847,4-21781　集5-35222

徐兆魁　集4-22156~7

徐兆奎　集4-23933

徐兆蘭　史3-21735　集5-35553

徐兆英　史8-60337　集5-34909、35565

徐兆蕃　史8-63267

徐兆槐　史3-23199

徐兆鰲　集5-34371,6-42007(2)

徐兆昺　史7-50400

徐澄　子2-10818

徐泓　子3-17968　叢1-22(17)、23(16)

徐添理　史4-32150

徐浮遠　經2-10472

33 徐心傳　史4-26682

徐心啓　史7-57563

徐心如　史4-31904

徐心田　史7-57892

徐心畊　子5-30539

徐心鏡　史2-6250

徐心義　史3-20783,4-32039

徐必登　經2-10479

徐必達　經1-3861　史7-57805　子1-98、623,3-14411　集2-10863~4　叢2-1030

徐必藻　史8-58655

徐沁　史2-7278~9、11005、11381~2,7-53127、53430、53432　子3-15859　集1-4559,2-9353,7-48151、50182　叢1-197(4)、201、203(2)、278、580,2-617(2)、731(36)、1319

徐泌　史7-52566~7

徐浦　經1-7593~4　叢2-878~9

徐溥　史6-41645　集2-6933~5　叢1-223(27、64)

徐溥泉　子5-30527

徐浚仁　經2-11064

徐治岐　史4-32127

徐治堂　史4-31860

徐濱　子1-2307

徐濱泗　史4-31940

徐述夔　子5-27832~5　集3-19409

34 徐斗文　史3-18256

徐斗光　集6-42617

徐澍　集4-22414

徐澍楷　史8-60408

徐澍咸　史3-20287,4-31949

徐洶　史4-31881

徐法績　集4-28765　叢2-828

徐法祖　史3-22872

徐漢蒼　集4-29975~7

徐汝廉　子1-1295　叢1-142

徐汝璋　史4-31942

徐汝冀　史8-59316、59414

徐汝璞　集3-13288

徐汝瓚　史8-59675

徐汝鑾　史3-15150

徐汝嶧　集3-16696

徐濤　集4-25689、30462

徐波　集2-11824　叢1-419,2-731(43)

徐浩　史3-23296,7-55942　集3-16787

徐洪　史2-10613

徐洪嶧　集3-18693

徐潢　集3-19677

徐濆　子5-25239

徐禧　史4-32101

徐祺　子3-17684~5

徐逵照　子3-16996　集6-45930

徐遠　史4-31909

徐達源　史2-7891~2、8967、9685,7-51919~20、57016　集4-25453~5,6-44478,7-47476　叢2-746

徐達左　子1-93、246、260、282　集6-43737~9　叢2-950

徐達培　子4-23630

徐達邦　史4-32017

35 徐澧　史4-31847

徐沛佐　史4-31908

徐清選　史8-58858

徐清來　史8-58692

徐清華　集5-35870

徐禮　史4-32100

徐連　史8-62154

徐迭辭　史4-32113

徐迪惠　子3-13149、13486　集4-26847,6-45045

36 徐湘　史8-62100

徐湘潭　史8-58804~5　集4-29396

徐渭　史2-11506,7-57522　子1-35、44、355,3-15000、15096~8、16515~8,4-19021、19628、20573、22266、23913~5,5-25107、27398、28022~3、28141~50　集1-1494、1496、2761,2-6703、9216、9345~60、10405,6-41794、41935(5)、41948、42047、42050、42076、42930、45135、45208、45270,7-48774(4)、48775、48778、48807~8、48812、48821~2、48830、49132~50、49178、49727、54844　叢1-22(26)、102~3、173、453,2-672、679、720(6)、731(41)、985

徐渭仁　史2-7757,8-63647　子4-18619　集4-29397、30609　叢1-401、409、457,2-731(44)

徐渭臣　子7-37958

徐澤醇　子7-33301

徐澤之　史3-20051

徐邈　經1-2268~9、2322、3381、3410、4729~30、4818、5211、5891、7214、7352　叢2-750、773(1)、774(2、3、5)

徐遇春　史4-31978、31983

37 徐潤　史2-12312,8-60932　子5-27633

徐潤立　史4-32179~80

徐潤之　子2-5297

徐潤第　經1-1519、2205,2-9120　子1-1654~7,5-29393　集3-21909~

10 叢 2-1624
徐潮 集 3-16326
徐瀾 史 4-31928 子 1-4457～8
徐鴻謨 集 4-32394～6,7-46436、47839
徐鴻安 集 4-32997
徐鴻喆 集 3-16612
徐鴻懿 史 8-58661
徐鴻泰 史 3-16426
徐鴻鰲 集 5-33856
徐鴻昇 子 2-5798
徐鴻鈞 經 1-4421～2 史 1-294,6-45734 叢 1-502
徐淑 經 1-1115 集 1-234～5,3-15738 叢 1-168(4),2-756
徐澹仙 史 7-57190
徐潞 史 3-22862
徐涵 集 3-21317～9,5-37323
徐凝 集 3-15092 叢 2-867
徐次賓 子 3-13881
徐祖正 史 8-66390
徐祖鞏 史 8-61119
徐祖祿 史 4-32182
徐袍 史 2-11374 子 5-25059 集 2-8598 叢 2-1048
徐通久 經 1-1621
徐遡 史 4-32136
徐退山 經 1-4303
徐逢吉 史 7-50297～8、50300 集 3-16012 叢 1-202(5)、203(11)、278、435、448,2-731(58)、832(2)
徐逢盛 史 8-58283
徐運錦 經 2-13579
徐郎齋 史 8-59673
徐鄴 史 3-22205
38 徐淦 史 8-60545、61458
徐汾 史 1-990、5304,2-6522,7-54189 集 3-16248 叢 1-197(1)、369、372
徐瀚 史 2-8609
徐瀓 史 2-12241
徐洴 經 2-10446～8
徐祚永 集 3-20464,6-46019 叢 1-373(4)
徐祥 史 4-31812
徐祥麟 史 3-15710
徐裕馨 集 4-25180
徐裕焜 集 3-19093
徐遵湯 史 7-56775
徐道 子 5-27824
徐道政 經 2-12611
徐道貞 子 3-15260
徐道峻 史 4-32103
徐道齡 子 5-29530(15)、30005
徐道鳴 史 4-32118
徐道符 子 3-13879
徐肇元 集 2-10459
徐肇台 史 1-2981～2
徐肇伊 史 7-58096
徐肇奎 子 5-25311
徐肇森 集 3-13572
徐肇基 子 2-10623
徐啓瑞 史 3-20041,4-31916、31922
徐啓豐 史 2-8079
徐啓源 史 4-31938
徐啓運 集 4-31057
徐啓書 集 5-35871～2
徐啓東 集 6-45044
徐啓賢 史 4-32172
39 徐泮肇 史 4-30760
40 徐九章 子 1-3809
徐九華 史 4-31811
徐大亨 集 4-30608
徐大酉 史 3-16893、22932
徐大佑 史 7-55424
徐大紳 經 2-8437
徐大倫 史 4-31879
徐大儀 經 1-2772
徐大綸 集 4-30735
徐大椿 子 2-4607～12、4646、4660～3、4698、4708～9、4714、4722、4726、4769、4771(3、4)、5011～5、5346、5471、5499、5504、5623、6047、6140～1、6239～40、6578～80、6701～3、7136、7218、7249、7679、7689、7729～30、8126～7、9468～70、10321、10542～5、10558～61,3-15406,5-29163～4、29785 集 7-52595、54831～2 叢 1-223(34、46)、288、411、423、433、435、461、520,2-731(28)、771(1)、1423～5
徐大相 史 1-1391
徐大鏞 集 4-30736～7
徐大焯 史 1-4391,7-49332 叢 1-580
徐大煜 經 2-9683、10116、10178、11058 史 8-60403
徐太室 叢 1-148
徐友梧 史 8-58451
徐友蘭 史 8-64223 子 4-22415 集 5-37452 叢 1-454,2-847
徐友蕃 子 2-10817
徐友成 子 2-9690
徐士訥 集 3-16303～4
徐士玉 子 2-10847～8
徐士霖 史 6-46252 集 4-33416,5-37938
徐士璠 經 2-11096
徐士琛 集 5-35221
徐士睿 集 4-25237～8
徐士鑾 史 6-42252～3,8-64887 子 2-9908,5-26668 集 3-17078 叢 2-735(3)、784
徐士俊 經 1-4106～7,2-13411 史 6-49266 子 1-2961,5-27440 集 3-13287,6-44575、45242～3,7-48447～9 叢 1-197(1、4)、201、203(2、17)、349、587(1、5),2-672
徐士佳 史 3-18248 叢 2-706
徐士偉 集 4-29687
徐士瀛 史 2-10385,7-57222
徐士業 子 1-59
徐士初 子 2-10847
徐士培 史 3-20483
徐士芬 集 4-28927
徐士芳 集 3-20463 叢 2-837
徐士燕 史 2-12050,7-57324,8-64176 集 4-33362～6 叢 2-611、670

徐士英　史 4 - 32029、32126

徐士林　史 6 - 46483～5、48723　叢 1 - 582

徐士駢　史 3 - 19884

徐士範　子 4 - 23994

徐士愷　史 8 - 65032～4　子 3 - 17284、17338,4 - 21875～7　集 2 - 5997　叢 1 - 498

徐士怡　集 4 - 31640,7 - 48162　叢 1 - 498

徐奎　史 3 - 17033、22360

徐奎藻　史 3 - 20072　集 4 - 30920

徐臺英　集 4 - 32115

徐境　史 3 - 19395

徐坊　史 1 - 1224　集 1 - 1996　叢 1 - 448

徐埼　史 3 - 16923　子 3 - 15250

徐埔　史 3 - 15305

徐培元　史 2 - 10227,4 - 31952

徐培植　集 2 - 12908

徐在　集 3 - 17386,6 - 44591

徐在漢　經 1 - 1024

徐在中　經 2 - 10362

徐克　集 6 - 43370

徐克康　史 2 - 10511

徐克潤　集 4 - 29393～4

徐克祥　集 4 - 31898

徐克范　史 1 - 10(1)、107　叢 1 - 223(17),2 - 817

徐鼐　經 1 - 1715　史 1 - 3255～7,2 - 12184　子 4 - 22629～31　集 4 - 31841　叢 2 - 788、1834

徐南珍　集 3 - 15966

徐南復　子 4 - 24457

徐南垞　史 2 - 12646

徐南蘋　集 4 - 32113

徐希廉　史 7 - 56339

徐希謝　集 5 - 40478

徐希震　子 1 - 3813

徐希冉　子 3 - 18014

徐希明　史 4 - 31975　子 1 - 2022

徐有珂　史 7 - 50358　集 4 - 33547～8

徐有丞　子 2 - 11118

徐有壬　子 3 - 11252、11455、12360、12364、12389、12396、12640,7 - 36231(7)、36241　叢 1 - 433、568,2 - 731(26)、1896、1946

徐有貞　集 2 - 6736～7　叢 1 - 223(64)

徐有紳　史 4 - 32106

徐有俦　史 4 - 31897

徐有若　史 4 - 31961

徐有成　子 7 - 36731、37425

徐有旺　子 3 - 12364

徐志鼎　史 2 - 12628,7 - 57332、57367　集 4 - 22056,7 - 47290　叢 1 - 373(8)

徐志源　集 5 - 36230

徐志澄　史 3 - 19958

徐志導　史 3 - 17961

徐志恭　史 3 - 17961

徐志莘　集 3 - 17761

徐志泰　集 3 - 14675

徐志焯　史 7 - 50124

徐憙原　史 2 - 9944

徐赤　子 2 - 6370

徐嘉　史 1 - 4072,2 - 11676、12249　集 3 - 13749、17658,4 - 32389,5 - 35795～800

徐嘉麟　史 3 - 20709

徐嘉霖　史 8 - 61850

徐嘉清　史 7 - 55905

徐嘉萱　史 4 - 31869

徐嘉幹　集 4 - 28766

徐嘉炎　史 2 - 12580　集 3 - 15220～1

徐韋　集 4 - 30824～5

徐韋佩　集 4 - 23934　叢 2 - 828

徐吉　史 1 - 2998,6 - 42978　子 4 - 22294　叢 2 - 640

徐吉謀　史 4 - 32108

徐奮鵬　經 1 - 3895～902,2 - 8732、8989、9386、9882、10375～80、10433　史 1 - 5404、5502　子 1 - 1234,4 - 20837　集 2 - 10759～60,6 - 42201～3、42909,7 - 48832　叢 2 - 1187

徐眘樞　集 3 - 17547　叢 2 - 1385

徐杏林　經 2 - 10809

徐奇　史 1 - 5547

徐奇玉　子 2 - 8735

徐壽　子 7 - 36228(1、2、3、4)、36231(2、4、5、6)、36241、36242(2、3)、36912、36943、36973、36991、37110、37192、37195、37201、37228～9、37235、37237～8、37241、37246～7、37598、37601、37605～8、37661、37859、37929　叢 1 - 530～1

徐壽彝　集 5 - 34214

徐壽彭　史 8 - 59081

徐壽基　經 1 - 4349、7085,2 - 11757　史 1 - 1387,3 - 22218,7 - 52766,8 - 65139～40　子 4 - 18602、19189、21646,5 - 25719～20　集 5 - 36093～6　叢 2 - 2093

徐壽茲　史 6 - 46875、47216　集 5 - 38437,7 - 48199

徐真木　集 6 - 44591

徐貫　子 3 - 16486　集 2 - 6195～8,6 - 41935(1)、41938　叢 1 - 223(62),2 - 637(4)

徐來　集 6 - 41969,7 - 46399～400、47157

徐來復　經 2 - 10175　集 2 - 10146

徐枋　史 1 - 5602　集 3 - 14395～6　叢 1 - 365,2 - 637(4)

徐榜　史 6 - 43111　子 1 - 1218　叢 2 - 731(12、13、54)、816

徐樟滿　史 4 - 32010

徐校　史 1 - 6103,2 - 6775　子 5 - 27666　集 4 - 28675

徐森　史 3 - 23066　集 5 - 37936

41 徐樞　史 1 - 5536～7　子 4 - 20714

徐柯　集 3 - 14793～4　叢 2 - 651

徐檯　集 3 - 18243

徐杆 史7-57860

徐楨立 史8-60683

徐標 經1-876 史2-6562,7-52862~3 集2-12053~6

42 徐彭齡 史3-19264

徐埏芝 史3-17670

徐埏藝 史7-56210

徐媛 集2-10318,7-50607

徐彬 史2-12084 子2-6346、6544~5、6695、6768 集4-24366 叢1-223(32)

43 徐始搏 史7-57558

徐越 集6-43001

徐栻 史6-48293~4,8-62541 子1-848~9

徐榕 史4-31801

徐樾 經2-12167~8 集5-40390

44 徐基 史4-31769 集3-16876

徐基德 子3-17269

徐基紹 史4-32170

徐垍 集1-1996

徐翥 集3-14168

徐翥先 史7-56988

徐藻 史3-17734、19041 集3-16877,6-41978

徐夢元 集3-18899,7-50288~9

徐夢熊 集4-25636

徐夢莘 史1-1805~8 叢1-223(19)

徐夢華 集7-48707

徐兢 史7-54542~4、54546 叢1-13、14(2)、22(9)、23(9)、223(26)、244(4),2-708、731(59)、735(4)

徐勸 子7-35829、35831

徐芬 史6-44740

徐芳 史3-19363,4-32159 子4-23356,5-27075 集3-13571 叢1-202(2)、203(7)、321

徐芳烈 史1-1979、1982、3425

徐蒒坡 集3-21816

徐薦謙 史3-19681

徐蘭 史7-49318(2)、

49970 集3-17162~3、6-41978 叢2-834

徐蘭生 集4-30742

徐蔭桐 史4-31791

徐蔭曾 史3-22905

徐蔚 集4-25179

徐蔚南 史8-64440

徐茂庚 集4-26245

徐茂左 集4-31958

徐茂燦 集4-31953

徐葆清 集4-32089

徐葆華 集4-31800

徐葆辰 集5-34612

徐葆光 史7-49318(16、21)、49338、54521~4 集3-17762

徐葆瑩 史7-55007

徐蓮塘 子2-10471

徐蓮臣 子7-34651

徐芝 子3-18011 集4-32449

徐芝荪 史3-20941

徐恭斗 史3-21794

徐懋升 子4-20818

徐懋修 子1-2605

徐懋曙 集3-13262

徐懋昭 集3-15489

徐懋賢 史1-1935、3137

徐蘇甫 子2-5031

徐孝 經2-12828、13815、14291、14315、15112

徐孝喆 史8-62608

徐萬山 史4-32157

徐攀雲 集5-36541

徐攀鳳 叢1-242(4、5),2-731(37)

徐華嶽 經1-4160

徐華潤 史3-23078

徐華封 子7-36228(3)、36231(2、6、7)、36242(3)、37226、37230、37254

徐華盛 子3-13446

徐英 史8-65191

徐若階 史8-59928

徐著謙 集5-36168

徐莅 集4-23292

徐世顔 子3-13444

徐世佐 集3-20166

徐世勳 史3-18507,7-50224 集5-41486~7

徐世傑 史3-19625

徐世綱 集4-25761

徐世溥 經1-5950 史1-1937~8、1941、1953~9、1963、1982、3445、3471~2,2-9020,7-49318(6)、53536 集3-13463~7,6-42067、46170 叢2-731(27、43、47)、869

徐世沐 經1-5004

徐世澤 史3-19251

徐世蔭 史7-57561

徐世昌 史2-7589~90、7634、7728、10443、10504,3-16235~6、17413,4-31771、32045,6-41840~1、42777、47215,7-55226,8-65934、66386 子1-1441、1530 集4-26405、32868,5-38019、38798~804、40613

徐世颺 史3-17302

徐世隆 集1-4744

徐世熙 史3-23410

徐世鐶 史4-31992

徐世鐸 經1-7919

徐世銘 史3-23462,4-31899

徐世光 史3-17413

徐甘來 經1-1104

徐其湘 集4-23102

徐其志 集7-47857

徐其桂 集4-31967

徐楚 史4-31891,7-57196 集6-44730 叢2-863

徐楚材 史4-32096

徐楚畹 子3-18380

徐材 集2-8463

徐樹堃 史3-22683

徐樹庸 史2-9362,8-60024

徐樹丕 史1-1307 集1-1037 叢2-674

徐樹璟 史7-56059

徐樹蘭 史3-17354,8-65531、66474 子1-4320

徐樹楠 史6-49285

徐樹穀 集1-630、1577 叢1-202(2)、203(7)、223(50)、227(9)

徐樹松 史4-32045

徐樹昌 史3-20448
徐樹勛 子3-12372、12853
徐樹屏 集6-42670
徐樹閎 史8-62484
徐樹丹 史3-22345
徐樹錦 史4-31853
徐樹鈞 史3-14999,7-51526,8-63752 集5-37160～1 叢1-590,2-683
徐樹錚 經2-11065 集5-41499
徐樹銘 史7-51980 子1-4467 集4-33115～6 叢2-632
徐樹敏 集7-48526～7
徐樹棠 史1-5986
徐葉昭 集3-20881～2
徐桂 集2-10817
徐桂芬 史3-22758
徐桂馨 史3-16460 集5-39128
徐桂榮 史4-31850
徐植誠 史4-31818
徐植之 子4-24627
徐蘊齋 史4-32161
徐楠 集3-20599
徐枝芳 史8-61828
徐林 史3-23320
徐楙 子3-16942、17162 集7-48465 叢2-697、698(13)
45 徐坤 集2-7785
徐棣林 史3-21346
徐榛 集2-11665,6-43706、43903
徐楝 史2-12107,3-15162,6-41526、41528、43074～7、45422～3 叢1-514
46 徐旭 集5-35868～9
徐旭升 集3-17388
徐旭齡 史6-43933、48656
徐旭旦 史7-52600、53007,8-60424 集3-17113～5,7-46405、47921、50642
徐旭曾 集4-25762
徐坦 史3-18180
徐塤 史4-31868
徐觀 經1-3718 叢1-168(2)
徐觀文 集6-41978
徐觀政 子2-8851
徐觀海 史2-8490,8-58287
徐恕 經1-2988 史7-57688,8-59525 集3-20686
徐恕曾 史3-21551
徐如珂 史1-1937、1982、2974～5、2977 集2-10801～4,6-43118
徐如珩 集6-45396
徐如澍 史8-62241 集4-23349
徐娛庭 子2-10677 叢1-571
徐相 史3-15287 集4-31896
徐相雨 史1-2390 叢2-671
徐槐 史3-22357
徐槐庭 集4-30393
徐槐廷 子7-32462、33238～40、33291、33382、34571
徐槐芳 史4-32114
徐楫 集4-33644
47 徐鋆 史3-16585、18999 集5-39727 叢2-622
徐懿堯 史5-40373
徐墀 史4-31770
徐鄗 經2-13880～1、15130 史3-15535、17138
徐鶴 子2-6879
徐朝弼 子3-15399～401
徐朝俊 經1-3220,2-13186～7、13453 史7-49336 子3-11242、15450,4-18645 叢1-241、242(3)
徐朝彝 集4-29883,7-49655
徐馨 史4-31306
徐超 經2-14949
徐杞 集3-18493
徐桐 史2-12084、12232 子1-841、1965、2820～1,5-30441 集4-33211
徐郴臣 集6-43839
徐根 史2-9689 集7-48750
48 徐增 史7-51602 集3-13095、13584、13711～2,6-41959、45887～8 叢1-201、203(2),2-832(4)
徐增熙 史3-19866
徐乾 經1-7351 叢2-774(5)
徐乾學 經1-6266～7 史1-816、1198,2-9327,5-35787,7-49317(3)、49318(9)、53531,8-65259、65652～8 子1-2380 集3-14650、15217～9,6-41969、42067、43025、44180,7-46405、46985 叢1-195(3)、217、223(8、19、70)、227(11)、492,2-593～4、731(20)、808
徐乾輝 史3-19362
徐幹 經1-260 子1-18～20、61、66、472～7,2-9873 集1-244～5,6-41699、41719～20 叢1-69、71～2、74～7、101、182～3、223(29)、227(6)、380,2-628、635(4)、730(6)、731(10)、775(1)、777
徐榦 集4-30236,6-44793 叢1-478
徐敬 史8-63112
徐敬儀 史3-19107 子3-11334
徐敬夫 集4-25513
徐敬銘 史4-31937
徐松 經2-12140、12155、12734 史1-10(1)、23、227、244、2720,3-13416,6-41612、41614～5、41634、41985、42119,7-49311、49314、49318(10)、50631、51151～3、51195、53045～8、54293,8-65425～6 集4-27232～3,6-42455 叢1-272(4)、359、416～7、426、439、511～2、539～43、547(3)、585,2-631、653(3)、731(58、59)、782(4)
徐松玉 史4-31830
徐松林 史4-32134
徐松鶴 史4-31951

徐思泉　子5-29614

徐恩綬　史3-20027,4-
　31878

徐恩溥　史3-19719

徐恩洽　史3-19567

徐恩照　史3-18154

徐田　集3-15090

徐甲榮　集5-39014～5

徐昌　集4-23546

徐昌緒　經2-13947　史
　8-61564、61566

徐昌治　史1-1578　子
　6-32091(66、67、71),7-
　33192,34099、34720、
　35900

徐昌祚　史6-45782　子
　4-23898,5-27040

徐昌薇　集7-46405、
　47125

徐昌照　史4-31793

徐昌興　史4-32164

徐圖　史8-66425　叢2-
　649

徐品元　史3-22107

徐品山　史7-55711、
　55773

徐品生　史4-31888

徐品南　集7-53685、
　53693～5、53807

徐品梅　集4-23547

徐昆　經2-13892　子5-
　26427～8、27645　集7-
　47414,50304～5　叢1-
　373(7)、435

徐昂　史8-64506　子7-
　35152　叢2-2269

徐昂發　子4-22362～3
　集3-17470,17620,17716
　～20,17870,6-41975、
　41995,44441　叢1-202
　(7)、203(12、16)、319、407
　(3)、587(2),2-606、639、
　796

徐是偹　集3-19410

徐異學　子3-12401

徐圓成　史2-7965,9889
　子2-4725　集6-42012

徐果行　史8-59475

徐景　子2-9447

徐景文　子2-10849

徐景章　史7-55068

徐景京　史4-32098、

32115

徐景休　子5-29547、
　29549、29553、31003～7
　叢1-268(4)

徐景福　史3-15725　子
　4-22950、23535

徐景洙　史4-31931

徐景熹　史8-58153

徐景軾　史2-12271,3-
　15454　集5-34718

徐景羅　子7-36228(2)、
　36242(2)、36250、36356、
　36849

徐景賢　經2-8559

徐景曾　史7-55434

61 徐喈鳳　史7-56927　集
　3-14944,7-46398～400、
　46920～1,47990～1

徐顯　史1-1914,2-6700
　子5-26219、26321　叢
　1-39、95、155,2-624(2)、
　730(3)、731(61)

徐顯璋　集4-24166

徐顯南　史4-32128

徐顯卿　集2-10496

徐顯鎮　史4-32064

徐顥　史8-58567

62 徐則恂　史7-50261

63 徐畹　集4-24736～7

徐畹蘭　子3-18266　集
　5-38334～5　叢1-587
　(2、3)

徐賦　子4-22532　集3-
　14539

64 徐曉　子5-29330

徐曉亭　集6-46277

徐晞　集3-18213

徐暎玉　集3-21151

徐時雨　史3-23127

徐時琪　子3-17618　叢
　1-86,2-730(7)、731(36)

徐時行　集6-41800

徐時勉　史2-12349

徐時傑　史4-32147

徐時作　史7-55364,8-
　58296　子4-24235～6,
　5-27083　集3-19124～5

徐時進　子5-5004、7134
　集2-10972～6

徐時楷　集4-30226

徐時榕　集4-30741　叢
　2-845(5)

徐時樏　史3-15342　集
　4-32919

徐時棟　經1-3510～1、
　4248～9　史1-2263,2-
　8770,11028,3-19642,4-
　31914,31917,6-46820～
　1,7-54917,57412,8-
　65805　子4-21928　集
　1-3767,4-32533～8,6-
　45124　叢1-241,2-845
　(3、5)、1862

徐時盛　集3-14619

67 徐明斐　史4-32151

徐明彬　集2-12746

徐明熙　集5-41326

徐明善　史7-53829　集
　1-4926～8　叢1-19
　(8)、20(6)、21(8)、22(9)、
　23(9)、24(9)、223(59)、
　374,2-870(4)

徐鳴珂　子4-23348　集
　4-24607,7-47176

徐鳴皋　史3-15659,8-
　58530

徐鳴時　史7-56975

徐昭慶　經1-5186～7、
　5816　子4-24021

徐昭文　史1-983～4、
　1128～30

徐昭儉　史7-55957

徐昭華　集3-15739,6-
　41999　叢2-1309

徐躍　集4-28322

徐嗣豐　史3-21611

徐嗣伯　子2-9113

徐嗣旦　史2-9043

徐鄂　子2-7533～4

徐照　子3-16986　集1-
　3829～38,6-41779～80、
　41891、41900～1、41908～
　9,44739　叢1-223
　(56),2-867

徐郇　經1-405、2322　叢
　2-774(2)

68 徐曦　史7-56093

70 徐雅用　子7-36749

71 徐臚先　子3-17759

徐陟　子2-9265

徐辰告　史3-19500

徐階　史1-1681～3,8-
　60171　子1-1084～5、
　2785～6,3-15270　集

1－3287、3298、3725、
3727,2－7891、8060、
8507、8641～5,6－41935
(2)、45092 叢1－223
(54)、300,2－698(6)

徐原爾 史4－32102

徐原烈 史8－62053 集
5－40721

徐原熙 集5－39463

徐驥 史2－9044

徐斅 集3－15149

徐匯報館 史2－6250

徐巨波 史4－32148

徐長發 集4－22415

徐長佶 史4－31773

徐長齡 集7－47093

72 徐氏(明成祖仁孝皇后、明
仁孝皇后、明仁孝文皇
后) 子1－2939～40,4－
23842,6－32089(52)、
32091(65)、32092(43)、
32093(32),7－32115、
32133、33001 叢1－19
(11)、21(10)、24(12)、223
(30)、273(4)、275,2－724

徐岳 子3－11250、11255、
12396、12411、12413,5－
26229、27081 叢1－22
(18)、23(18)、98、169(2)、
210～1、223(35)、238～9、
268(3)、373(8)、418,2－
632、731(25)

73 徐駿 集3－18407～8,6－
45700 叢2－639

74 徐陵 史4－31804 集1－
590～5,6－41694、41698、
41704、41794、41796、
42206～15 叢1－182～
3、223(47、68)、227(8、
11)、468,2－601、635(6、
13)、698(8、12)

75 徐體劬 史6－47380

徐體乾 經1－676

徐陳謨 史8－62004

徐陳發 集6－43035

76 徐颺廷 史7－55685

徐陽輝 集7－48776、
49221～2 叢2－672

77 徐堅 史2－11861,8－
63875、64945 子3－
16192、16776、16830、
17048,5－24770～2 集
3－20113,6－43739 叢

1－19(10)、20(8)、21(9)、
24(11)、217、223(42)、
374,2－751

徐堅石 集3－14351

徐風 集5－38491

徐風書 子7－38169

徐鳳 子2－10236～7

徐鳳章 史3－20079

徐鳳誥 子3－12442、
12705,7－36228(3)

徐鳳翼 集7－47583

徐鳳采 子5－27326

徐鳳衛 史3－20156

徐鳳彩 經1－3853～4
集6－43979～80

徐鳳紀 史4－31954

徐鳳儀 子5－28415 叢
1－295

徐鳳垣 集3－13804,6－
44643

徐鳳苞 史3－20117

徐鳳鳴 史3－18087 集
4－32920

徐鳳岡 史4－31883

徐隆先 史4－31875

徐隆圻 史5－34185

徐隆泰 經2－15057

徐隆興 史4－31816

徐隆炳 史4－31918

徐同功 史8－60340

徐同倫 史7－57591

徐同壎 史3－19972

徐同藩 子2－10848

徐同柏 史8－63639、
64172～8、64262、64973～
4、65202 集4－26599
叢1－426,2－610、731
(32)

徐同熙 子2－10849

徐同善 史4－32117 集
4－31368～71

徐月汀 集2－10143

徐月樵 子3－16573

徐用誠 子2－4560、4562、
4819、5536 叢1－223
(33)

徐用吾 集6－43367

徐用儀 史7－57395 集
5－34575

徐用宣 子2－8372

徐用福 史6－46805～7

徐用檢 史7－57586 子

1－178 集2－9645

徐用熙 史7－57770

徐用錫 子3－14949,7－
36688 集3－16962 叢
1－223(31)

徐用笙 子2－5670

徐鵬昌 史4－31768

徐履謙 經1－8042

徐履忱 集3－15577

徐居仁 集1－904～5、918

徐居敬 集2－7264

徐際元 史2－12812

徐熙 經1－3903 子3－
16459 集6－43974

徐熙珍 集5－40920

徐熙采 史4－32106

徐熙仁 集3－18445

徐熙堯 史3－23452

徐學謨 經1－7592 史
1－2841,8－60074 子
4－20357,5－29102 集
2－6847～51,6－42208
叢1－13、14(2)、22(25)、
31、105、111(1)、119～20、
159、181、223(11),2－731
(8)

徐學詩 集2－9141

徐學聚 史1－2863～4,6－
41661 子4－20707

徐學濤 集4－31211

徐學幹 子3－17141～3

徐學質 集2－10604

徐學堅 集4－30319

徐學年 史4－31892

徐學曾 史3－18679

徐開任 經1－1122、6064
史2－7172 集3－13228

徐開業 史4－32086

徐開禧 史1－3140 子
4－23097

徐開熙 史8－62841

徐闇 集3－16961

徐問 子1－1011 集2－
7533～5,6－41935(1)
叢1－223(31)、326,2－
731(7)

徐印金 史3－19671

徐即登 經1－4978 集
2－11003～4,6－43810

徐民望 集4－23931～2

徐民瞻 集6－45081 叢
2－698(8)

3

3010₁ 空

00 空塵(釋)　子3‑17762
03 空諡(釋)　子6‑32091
　　(82)
10 空石長老　子3‑13138、
　　13623
30 空空道人　子3‑18037
38 空海(釋)　子6‑32093
　　(53)
50 空青先生　子3‑13195
　　叢1‑154、173
53 空成(釋)　子7‑34743、
　　34748
60 空見(釋)　史7‑51594
67 空明(釋)　集4‑25554
80 空谷(釋)　子7‑34415
　　空谷老人　子5‑28151～2
95 空情(釋)　子6‑32091
　　(81)

3010₄ 塞

10 塞爾赫　集3‑18101
15 塞建地羅羅漢　子6‑
　　32081(38)、32082(17)、
　　32083(25)、32084(21)、
　　32085(36)、32086(41)、
　　32088(26)、32093(30)
　　塞建地羅阿羅漢　子6‑
　　32089(45)、32090(52)、
　　32091(50)、32092(34)
　　塞建陀羅羅漢　子6‑
　　32084(21)、32093(30)

3010₆ 宣

05 宣靖　子5‑26928　叢1‑
　　22(20)、23(19)

10 宣正銘　史4‑31036
　　宣元仁　子3‑12898
　　宣天瑞　史4‑31029
20 宣維禮　史7‑54023
21 宣穎　子5‑29366～9　叢
　　1‑394、2‑691(3)
22 宣鼎　子4‑24614,5‑
　　27280～1,27646　集5‑
　　35942～3,7‑50410　叢
　　1‑496(2),2‑735(1)、736
25 宣績辰　子4‑21393
27 宣佩九　子2‑10326
34 宣澍甘　經2‑12434　史
　　3‑20808,4‑31032
　　宣洪猷　史8‑59979
35 宣禮　子2‑8471
40 宣大備　史4‑31026
　　宣大德　史4‑31025
44 宣若海　叢2‑785
　　宣世濤　史8‑62452
　　宣蘊　史1‑3601
47 宣鶴千　史4‑31031
48 宣敬熙　史3‑18500
50 宣中禮　史4‑31030
　　宣本榮　史7‑55146
52 宣哲　史2‑11000,7‑
　　56747,8‑63755～6、
　　63867～8,66287～9
60 宣思林　史4‑31035
　　宣昌緒　集5‑33727
71 宣長生　史4‑31028
77 宣鳳山　史4‑31033
80 宣人哲　史6‑44538
82 宣鍾才　史4‑31034
88 宣餘照　史4‑31027
90 宣尚瑞　史4‑31023

3010₇ 宜

12 宜烈　史6‑46905
26 宜泉主人　集7‑54695
30 宜永貴　史6‑47872、
　　48602
44 宜黃縣文獻委員會　叢
　　2‑871
60 宜思恭　史6‑47490
64 宜嗒喇　子3‑11695～6
72 宜垕　史7‑49318(17)、
　　54132

77 宜興　經2‑15012～3　子
　　1‑2564

3011₃ 流

10 流雲山混亨陶真人　子5‑
　　31779

3011₄ 注

60 注國香　叢1‑300

淮

38 淮海野人　叢1‑24(7)
40 淮南病叟　史1‑5954

潼

77 潼關採訪局　史8‑62785

濰

44 濰世子　集7‑51348

窪

60 窪田重弌　子7‑36948

3011₇ 瀛

38 瀛海勉癡子　集7‑50387
44 瀛若氏　史1‑1975,3152,
　　7‑50249～50　叢1‑587
　　(1),2‑624(3)、791、793

3012₃ 濟

12 濟璣(釋)　子6－32091
　　(77),7－34302～3
21 濟能(釋)　子7－34130
22 濟巖(釋)　子7－34298
25 濟生　史3－21497
37 濟鴻(釋)　子7－34253
44 濟蒼子　子2－6969
50 濟中　史3－16144、17309
53 濟盛　史7－58117
64 濟時(釋)　子7－33750～1
72 濟岳(釋)　子7－33946、
　　34149
76 濟陽破衲　子5－27111
80 濟義(釋)　子7－34258

3013₀ 汴

33 汴梁宮人　叢1－407(4)
37 汴洛鐵路總核算局　史
　　6－44317

3014₁ 澥

29 澥綂道人　子1－3082～3

3014₆ 漳

31 漳江閒情居士　集7－
　　52804、52867、52871、
　　52873～5、52903～4、
　　52938～9、52944～6、
　　52949、52954、52962～6

3014₇ 淳

10 淳于叔通　子5－29547、
　　29549、29553、31008～9
　　叢1－169(2)、268(4)

淳于鴻恩　經1－7332,2－
　　11374　叢2－1720
淳于髠　經1－5504
21 淳穎　集4－24661～2

渡

07 渡部信　子7－37292
　　渡部萬藏　子7－38142
36 渡邊千春　史6－45056
　　子7－38050、38085
　　渡邊清太郎　子7－36558
　　渡邊光國　子7－37791

3020₁ 寧

00 寧立悌　史6－41910
07 寧調元　集5－41041～6
　　叢2－2218
10 寧一玉　子2－4633、10296
　　叢1－22(25)、2－1611～2
　　寧正仁　史5－38778
　　寧元燕　集4－25020
　　寧爾講　集3－15643～4
　　寧可大　史3－23251
12 寧弘舒　史8－59694
20 寧維邦　史8－58498
26 寧緗　史8－61659　集5－
　　38748
30 寧濟　史3－17556、22856
　　寧完福　史7－55119
　　寧宗愚　史5－38783
31 寧源　子2－5856,4－18930
　　叢1－117
33 寧述俞　集4－30250
34 寧汝欄　史5－38779
　　寧達蘊　集5－40884
38 寧海礦務公司　史6－
　　44817
40 寧堯采　史8－61122
　　寧南樵　史5－38776
41 寧楷　史7－54914、56928～
　　9、56931　集3－20119～
　　20,7－50401
44 寧世封　史5－38780
　　寧林　史8－61059
50 寧本瑜　史3－16066

53 寧輔臣　史3－19028
60 寧□　史6－45825
　　寧恩光　史3－17749
61 寧顯純　史5－38781
64 寧時文　史8－60983
77 寧隆名　史5－38782
　　寧熙朝　集4－29848
　　寧開熙　集3－20120
80 寧善志　集7－47722
　　寧曾綸　史3－16959
　　寧養氣　史8－63015
84 寧錡　集3－21919～20
90 寧光先　史6－48521　集
　　2－11401～2
99 寧變　集3－20120

3020₇ 宁

80 宁公(釋)　集3－16052,6－
　　41790

3021₁ 完

01 完顏衡平　集5－38861
　　完顏崇實　史2－9844　子
　　5－31863
　　完顏崇厚　史2－9844
　　完顏偉　經1－2179
　　完顏守典　集5－40647
　　完顏景賢　子3－14715、
　　14900
　　完顏留保　集3－18671
　　完顏金墀　集5－33966
　　完顏惲珠　叢1－368
37 完初子　子5－25146
87 完銘岳　集4－27604

3021₂ 宛

20 宛秀山民　子5－26559
　　宛委山民　子4－22658、
　　23486
　　宛委山人　集7－50315
27 宛名昌　經1－2226　史
　　8－60258

中國古籍總目著者索引

3021₃ 寬

60 寬量(釋)　子7-34572

3021₄ 寇

10 寇平　子2-8375～6
　寇天敍　集2-7762
21 寇卓　集5-40220
30 寇準　集1-1871～4、6-
　41894(1)、41895　叢1-
　223(50)、2-637(3)、829
　寇宗　史2-6338、11052～
　3、6-42184、8-61495
　子3-13151、13298　叢
　1-440～1、468
　寇宗奭　子2-4743、4771
　(2)、5520～4、5-29530
　(15)　叢1-223(33)、
　465、2-635(4)、731(29)
40 寇才質　子5-29071～2、
　29530(14)、29535(2)、
　29536(2)
　寇嘉會　史7-55794
　寇贅言　史8-61835
44 寇蘭皋　史6-47502　子
　2-7034
52 寇哲　史8-59864
76 寇陽　集2-8265
77 寇用平　史8-61552
　寇學海　集2-10330
94 寇慎　經2-10481　史8-
　62751　子4-20798

3021₆ 寬

50 寬申(釋)　集4-22379

3021₇ 扈

25 扈仲榮　叢1-223(69)
42 扈斯哈里氏　集5-36174

～5
44 扈蒙　史7-51749　子5-
　29530(19)

3022₇ 房

00 房裔蘭　史7-55614
　房文實　子2-9253
　房玄齡　史1-11～4、514
　～20　子1-55、62～5、
　67～8、3964、3972～7、
　3985～6　叢1-140、223
　(17、32)、227(5、7)、2-
　635(4)、697、698(3、5)、
　873
10 房正　子3-13374
　房可壯　史6-48485　集
　3-13073
16 房聖務　史4-30283
17 房聚五　集4-27614
20 房千星　叢1-22(17)
　房千里　史7-50822　子
　3-18206　叢1-22(4)、
　23(4、16)、168(3)、249
　(2)、255(3)、2-617(4)
　房維日　史4-30285～6
22 房循獲　史7-55315
26 房皞　集1-4731
29 房秋伊　史4-30282
30 房之騏　史2-6813
34 房洪恩　集4-28995
　房祺　集6-41931、44398～
　9　叢1-223(69)、456
　(1)、2-635(14)、731(38)
40 房士良　子1-4536
44 房萬珊　史4-30283
　房萬達　史8-59107
　房枝斗　史4-30288
46 房如式　史6-48320
50 房東餘　史4-30281
60 房□□　集4-27305
　房星著　史8-61882
　房思樂　史4-30287
　房景先　經2-11451～2
　叢2-765～6、773(2)
77 房際昌　集4-28138
80 房毓琛　集5-37419
91 房炳鈴　集4-27614
97 房炤如　叢2-721

扁

47 扁鵲　子2-10211

甯

10 甯雲鵬　史3-21181、7-
　56948
53 甯戚　叢1-10
71 甯原　叢1-114(6)
80 甯全真　子5-29530(9、
　23)、30617、31628

3023₂ 家

03 家誠之　史2-11226　集
　1-2200～1　叢1-223
　(51)、227(9)、2-635(8)
18 家政改良會　子5-27886
30 家永豐臺　子7-36278
80 家鉉翁　經1-77(3)、7520
　集1-4296　叢1-223
　(10、58)、227(3)

永

00 永亨　子4-22203～5　叢
　1-99～101、252、2-731
　(52)、735(4)
　永亮　集3-20867
13 永珹　集4-22036
　永瑊　集3-19937
　永瑢　經1-6520～1　子
　4-24452、7-32103　集
　3-19939、4-22543～5
　叢1-223(1、2、15、26)、
　224～6、2-607
14 永琪　集4-22361
16 永瑆　子4-22558　集4-
　23484～5　叢1-276、
　422、424、469、586(4)、2-
　716(4)

守其(釋)　子6－32093
　　(53)
50 守忠　史8－60745
　　守忠(釋)　子7－34218
52 守拙主人　集7－52903、
　　52948、52972～6
　　守拙老人　子3－18432
77 守堅(釋)　子6－32091
　　(72),7－34177

3040₁ 宇

00 宇文紹奕　子4－20020
　　叢1－19(3)、20(2)、24
　　(4)、223(41)、547(4),2－
　　1036
　　宇文士及　子5－27367
　　叢1－22(13)、23(13)、168
　　(1)、587(2)
　　宇文懋昭　史1－1914、
　　1916,2578～9　叢1－
　　11、19(11)、20(9)、22(9)、
　　24(12)、56、90～1、95、223
　　(19),2－730(3,6)、731(66)
　　宇文毓(北周明帝)　集1－
　　636,6－41767
　　宇文公諒　集1－5475

3040₄ 安

00 安亮清　史7－55553
　　安高發　經1－2526
　　安慶雲　史7－55156
　　安慶豐　史8－62726
　　安廣居　史2－12529　集
　　2－12078
　　安廣譽　集2－12079
　　安文溥　史7－49547　叢
　　2－785
　　安文瀾　史3－16594
　　安文思　子7－35250～1
　　安玄　子6－32081(41)、
　　32082(19)、32083(2、26)、
　　32084(3)、32085(3、39)、
　　32086(2、45)、32088(2、
　　28)、32089(3、35)、32090
　　(3、54)、32091(2、52)、
　　32092(2、36)、32093(4、

　　30),7－32166
04 安詩　史3－15238　集4－
　　28402
10 安而恭　集3－19385
　　安夏　集3－13595
　　安西興四郎　子7－36576
　　安可願　史8－60354
11 安璿　史7－52150　集3－
　　14974～9　叢2－915
　　安璿珠　經1－1668　子
　　4－21316～7　叢1－310
12 安登哈特勒　子7－37165
　　安廷諤　集3－13235
18 安致遠　史1－3663,2－
　　9323,7－49317(4)、49318
　　(8)、53590～1、53593、
　　53603～4,8－59206、
　　59219　集3－14873～6
　　叢2－823,1331
20 安維峻　經2－11054　史
　　8－63081　集5－38773～
　　4
21 安仁　史7－51622
22 安樂山樵　史2－7677　子
　　4－24285　叢1－544、547
　　(3)
24 安仕　史2－8991
　　安德孫　子7－36228(5)、
　　36231(5)、37116
　　安岐　子3－14788、15273、
　　16266　叢1－456(7),2－
　　731(34)
25 安傅　史2－9086
　　安積信　史7－49318(16)
　　安積覺　史2－9178
26 安保羅　子7－35663
　　安息安玄　子6－32081(2)
　　安和先生　子5－28720
27 安佩蓮　史8－60482
　　安磐　史6－48124　集6－
　　45773　叢1－223(72)、306
　　安紹傑　史2－11541
　　安紹芳　集2－10000～2,
　　6－44544
28 安徽叢書編審會　叢2－
　　814
　　安徽清理財政局　史6－
　　43328
　　安徽通志館　史7－57751
　　安徽勸業道署　子1－4456
　　安徽思義堂　史7－51846
　　安徽賑捐局　史6－44699

　　安徽財政清理局　史6－
　　43326
　　安徽省政府　史7－57752
30 安濂　子2－7005
　　安之瑄　集5－41625
　　安守和　史8－62681
31 安澬德　集6－45897
　　安福　史6－43219
34 安法欽(釋)　子6－32081
　　(6、39)、32082(6、19)、
　　32083(5、26)、32084(5、
　　22)、32085(6、38)、32086
　　(6、44)、32088(5、27)、
　　32089(6、34)、32090(7、
　　59)、32091(6、57)、32092
　　(5、39)、32093(11、32)
　　安洪德　史8－61772
35 安清(釋)　子6－32081(3、
　　9、10、11)、32082(3、9、12、
　　13)、32083(3、7、8、10)、
　　32084(3、7、8、11)、32085
　　(3、9、10、11)、32086(3、
　　10、11、12)、32088(3、7、8、
　　11)、32089(3、7、9、12)、
　　32090(4、10、11、13)、
　　32091(3、9、10、11)、32092
　　(2、7、8、11)、32093(4、5、
　　10、11),7－32101、32108、
　　32112～3、32186、32266～
　　7、32369、32520、32543、
　　32561～2、32567、32569～
　　70、32572、32580、32582、
　　32585、32587～8、32607～
　　8、32611、32654～5、
　　32663、32694、32717、
　　32983、33489～91
　　安清翻　集4－22934
　　安清翹　經1－6536　子
　　3－11652、12349　集4－
　　24342～3
　　安清翰　集3－21048～9
36 安遇時　子5－27707
37 安選　史8－59406
38 安道人　子4－24538
　　安涗　史2－11467,7－
　　53902　集3－16401～2
　　叢2－622,1331
40 安士瑛　史4－26923
　　安奎文　子3－18300
　　安希范　史2－9003、9024、
　　4－26921,7－53087　子
　　4－20713　集2－10891～6
　　安嘉士　史7－55727

60 宮昱　集5-37079
　宮國勳　史8-59874
　宮國苞　集3-20398～9，
　　6-44276
　宮國忠吉　子7-36553
　宮思晉　集4-28828～9
　宮思柏　集3-18057
　宮圖苞　集7-46406
97 宮耀亮　史8-62872
　宮煥勛　集3-21256

富

03 富斌　集4-25471
10 富玹　史6-46811～2
17 富弼　集1-1992,6-41894
　　(1)
22 富山房　子7-36423、
　　36430
23 富俊　經2-15025　史1-
　　1244,7-49346、54504、
　　54924　子1-2759
30 富寧　集3-21115
　富察敦崇　史1-3564,2-
　　10907,6-49294　子5-
　　27351
36 富遇恩　集4-27465
37 富鴻基　集3-14957
40 富大用　子5-24826～7
　　叢1-223(43)
　富士英　子7-36521
44 富世鄭　史3-19701
　富桂堂　集7-52951
45 富棟　史5-36689
50 富申　史8-59158
　富春山民　子3-18446
60 富里西尼烏司　子7-
　　36228(4)、36231(5)、36242
　　(2)、36248、37597～8
67 富呢揚阿　史6-48895
　富明安　集3-19287
　富路瑪　子7-36228(4)、
　　36231(4)、36248、37929
77 富岡康郎　子7-36598
80 富善　子7-38148
　富谷銈太郎　子7-37284

3060₈ 容

00 容庚　史8-64120、64247～
　　53、64576、65169
21 容止主人　集7-54708
28 容作恭　集5-40918
30 容宇光　經1-766
　容安　史2-9674
44 容若春　經1-2158
77 容閎　史6-44474～5
80 容鏡廷　子5-26555

3060₉ 審

30 審安老人　子4-18985、
　　19009　叢1-119～20

3062₁ 寄

00 寄廬主人　子2-8994
08 寄旅散人　子5-28490～1
10 寄雲齋學人　子4-24434
　寄雲山人　史1-3976　子
　　1-2639、2866,4-24493
12 寄瓢子　子2-4660～3、
　　6841
20 寄舫吟漁　子5-27214
28 寄傲居士　集6-42413
36 寄湘漁父　史6-44606
　　子2-7522、8249、8529、
　　9864
38 寄海漁　子2-6881
77 寄聞軒　集3-18417
95 寄情居士　集7-54790

3071₇ 宧

00 宧應清　史4-31038　集
　　5-39684
44 宧懋庸　經2-9625、12442
　　集5-37034～5
60 宧國卿　史4-31037

3073₂ 寰

30 寰宇贅人　子2-7332
　寰宇顯聖公　集7-50070

良

17 良弼　史7-49882
28 良价(釋)　子7-34009
40 良士　子2-7181
　良賁(釋)　子7-33692
77 良卿氏　子2-4728

3077₂ 密

00 密齋　子2-10204
10 密爾　子7-37858
16 密理納　子7-36436
30 密迹金剛　子6-32093
　　(30)
42 密斯耨　史7-49317(2)、
　　49318(17)
50 密拉　子7-36231(5)、
　　37135
58 密撒母耳　子7-35102
60 密昌墀　集5-38440
　密羅　子7-38268

3077₇ 官

00 官應震　史6-48443　子
　　3-13899～902
　官文　史6-48931　集4-
　　30029～30
22 官崇　集4-23043
23 官獻瑤　經1-94、2958、
　　5039　史8-58362　集
　　3-18539～40
24 官德　經1-1890
40 官志春　集5-34357,6-
　　42007(3)
41 官槙揚　集5-34618,6-

42007(3)
44 官懋弨　集4-22904
　　官著　叢1-223(27)
50 官本叔　子7-37852
　　官本昱　集6-44267
57 官擢午　史8-59389
58 官撫辰　集3-13133　叢2-1175
60 官田權之丞　子7-37840
90 官裳　經1-7683
97 官煥揚　集5-34493,6-42007(3)

3080₁ 定

10 定王府　史5-37890
　　定晉巖樵叟　集4-23962
20 定信　集5-38319
22 定峯　叢2-695
30 定安　史2-12244,3-22704
38 定祥　史8-58906
40 定九氏　集6-45249
　　定志(釋)　集4-26041
　　定壽　史6-46907
47 定根(釋)　史7-51549
55 定慧(釋)　子7-34586
71 定長　史6-48737~8,8-58142
77 定熙　史8-60117

蹇

06 蹇諤　集5-34170
30 蹇蹇　叢1-584
34 蹇達　史1-1929
37 蹇逢泰　史8-63232
　　蹇冥　集5-34540
44 蹇英　史2-11408
60 蹇昌辰　子5-29530(3)、29744
68 蹇曦　集1-5579
77 蹇駒　史1-1920~1、2541~2　叢1-221、282(2)、283(2)
　　蹇闓　史5-40891
80 蹇念典　史3-22134

蹇念猷　史3-22134
蹇義　史6-42821

3080₆ 寅

00 寅康　史7-55130
26 寅保　集3-20743
37 寅郎　叢1-315
90 寅半生　子3-18528,4-21999、24716

實

10 實雲(釋)　子6-32091(82)
20 實乘(釋)　集3-19051
28 實徹(釋)　子7-34352
30 實淳(釋)　子7-34295
　　實宗(釋)　集3-19930
31 實福(釋)　子7-34354
44 實英(釋)　子7-34353
47 實懿(釋)　史7-51614　集3-19831　叢2-832(4)
77 實月(釋)　史7-51611　集3-19993　叢2-832(1)
　　實際(釋)　子7-33152
　　實叉難陀(釋)　子6-32079~80、32081(4、7、12、14)、32082(4、7、11、13)、32083(4、6、9、10)、32084(4、6、8、9)、32085(4、13、14、18)、32086(4、5、8、14)、32088(3、4、5、9)、32089(4、6、10、12)、32090(5、8、14、16)、32091(4、8、13、14)、32092(3、5、9、10)、32093(2、3、7、12)、7-32112、32137、32220、32306、32380~95、32413、32418~9、32422、32429、32626、32973~4、32992~4、33312、33314、33321、33323~4、33652、35011　叢2-724
　　實叉難陁(釋)　子6-32085(5、7、25),7-32219

實印(釋)　子7-34295
實賢(釋)　子7-34344~6、34380、34502~4、34525、34540　集3-18167~8
79 實勝　子7-34349

寶

00 寶齋氏　子2-6429
04 寶誌(釋)　經2-14722、15142　子7-33976、35032
10 寶雲(釋)　子6-32081(3、6、33、39)、32082(6、17)、32083(3、5、22、25)、32084(4、21)、32085(4、6、32、37)、32086(4、7、37、43)、32088(3、5、23、27)、32089(4、6、23、33)、32090(5、8、29、54)、32091(4、7、28、52)、32092(3、5、19、35)、32093(5、21、30)、7-32215、32684、32981
12 寶廷　史6-48082、49161　子1-1856　集5-36742~3　叢2-967
13 寶瑄(釋)　子7-34365
14 寶瓚　集3-18170
　　寶琳　史7-55254　子3-16545　集4-28386
17 寶珣　集4-32784
　　寶璐　叢2-978
　　寶豫　史3-16885
　　寶君幹氏　子3-18514
21 寶占(釋)　集4-24466
22 寶豐　子3-15219
25 寶積如來　子7-33242
28 寶綸　史7-49992
34 寶汝鉤　集4-25418
40 寶堉　史6-48830
42 寶瓠齋　史7-52734
44 寶華(釋)　子7-35057~8
　　寶若望　子7-35568
　　寶若瑟　子7-35257
　　寶棻　史6-43809
47 寶鋆　史1-1722~3,6-44903、47944,7-54497　集4-31335~7
50 寶貴(釋)　子6-32081

(6)、32082(5)、32083(5)、
32084(5)、32085(6)、
32086(6)、32088(5)、
32089(5)、32090(7)、
32091(6)、32092(4)、
32093(7),7-32492
52 寶靜(釋) 史2-10822
53 寶成(釋) 史2-6783～4
子2-7395
58 寶輪 史5-36691
60 寶思惟(釋) 子6-32081
(12、17、19)、32082(10、
12)、32083(9、12、13)、
32084(7、8、11)、32085
(12、13)、32086(13、14、
19、20)、32087、32088(9、
12、13)、32089(10、11、14、
15)、32090(13、14、15、
21)、32091(12、13、19、
21)、32092(8、9、10、14)、
32093(12、33、36、42),7-
32303、32853、32867
66 寶唱(釋) 史2-6820 子
6-32081(41、43)、32082
(20)、32083(27)、32084
(22、23)、32085(39、40)、
32086(46、47)、32088(28、
29)、32089(47)、32090
(60、61)、32091(58、59)、
32092(40)、32093(52),7-
34607、34609
71 寶長泰 經2-13939
77 寶熙 史3-16562 集5-
40502
80 寶善齋主人 子5-25495
86 寶鍔 史6-46056 子7-
37177
寶鐸 集5-40353
90 寶光閣主人 子4-18839
97 寶輝 子2-4770、8289、
10820
寶燦 經2-13939

寶

00 寶彥斌 集7-54598
寶庠 集6-41882～3 叢
1-447,2-637(4)、660、
829
寶文藻 史7-55825
寶文照 子4-20695,5-

25057
寶文炳 叢1-332
08 寶謙 子3-18426
17 寶承焯 集4-28127
寶子偁 史6-46393
寶羣 集6-41882～3 叢
1-447,2-637(4)、660、
829
寶鞏 集6-41882～3 叢
1-447,2-637(4)、660、
829
21 寶經魁 史8-59702
22 寶鼎望 史8-59959～60
寶樂安 子7-36357、
36475
23 寶牟 集6-41882～3 叢
1-447,2-637(4)、660、
829
25 寶傑 子2-10226～7、
10291
26 寶皋 子3-15024～6 叢
1-22(14)、23(14)、223
(37)、388～90
27 寶彝常 史7-55542
寶嵋 史5-41333
寶綯 史7-49317(4)、
49318(8)、53725
寶叔向 集6-41872、
41882～3
28 寶以燕 集5-41153
寶以蒸 集4-27048、
28387
寶以驫 集5-40630
寶儀 史6-45750～1 叢
2-670
寶綵 集3-20962
30 寶守謙 集4-26734
寶守愚 集4-27048
寶容端 叢2-958
寶容遂 史5-41336,7-
55725,8-62007 叢2-
958
寶容莊 史2-9420 叢
2-958、1367
33 寶心傳 子3-15195
34 寶汝珽 集4-26760
寶汝瑄 集3-20582
36 寶渭 子2-8320
37 寶鴻年 史7-56609
39 寶遜奇 集3-13939～40
40 寶士鏞 史1-1643、3569,
3-18413,5-41335 集

5-37291
寶士範 史7-57984
寶墀 史5-41337,6-
48902 子1-1764～5
叢1-483,2-886(2、5)
寶克勤 史2-12583,5-
41336,7-52100 子1-
1450～1、2202、2387～9、
4-20973～4 集3-
16778 叢1-534,2-
958、1367
寶志默 史5-41334
44 寶夢麟 子2-7657～9
寶蘭軒 集4-26558
寶蔭蒸 集5-39531、
41153
寶蒙 子3-15025～6 叢
1-223(37)、388～90
寶蓮溪 集4-27201
寶苹 子4-19077～8 叢
1-2～7、9～10、19(9)、20
(7)、21(8)、22(15)、23
(15)、24(10)、26、28、223
(39)
寶材 子2-4603、4750、
4794～5
寶桂芳 子2-10226～7
寶桂林 集4-28387
46 寶如郊 集4-28729
寶如珠 叢2-958
51 寶振彪 史7-50551
60 寶□□ 集3-18170
寶國華 集4-26761～2
寶晟 集4-23135
寶恩 集4-27372
寶景燕 史7-55448
63 寶默 子2-7657～9、10291
叢2-730(1)、731(29)
77 寶卿 子4-23015
80 寶全曾 史8-62282
84 寶鎮 史2-7658,4-
24867,7-56908 子3-
16425,5-26750 集5-
37736～7 叢2-662
寶鎮山 史6-47282 集
5-37387
90 寶惟遠 集6-43787
寶光霱 史7-49828 集
3-20582～7
寶常 集6-41855、41872、
41882～3、45147～9 叢
1-223(68)、447,2-637

(4)、660、829
92 寶忻　史7-55647
96 寶懌祁　集4-27663
99 寶榮昌　集4-27049

賓

10 賓玉瓚　史3-21853
30 賓宗瑛　史3-22013
44 賓懋應　史5-38773~4
66 賓曙東　史5-38775
76 賓陽縣文獻委員會　史8-61248
77 賓門氏　子4-22069

賽

10 賽爾登　集3-18802
　賽爾頓丁·太弗塔薩尼　子7-35947
15 賽珠　史8-59286　集3-18960
17 賽那布　子7-36532、36609
30 賽宣　史2-8328
47 賽奴巴　子7-36310
77 賽開來　集5-34036
90 賽尙阿　經2-15026~8、15040~2　史6-46966、47010
97 賽灼　史2-8328

3090₁ 宗

00 宗慶煦　史7-54984
　宗文燦　集1-2900
　宗讓　史8-61955、61974
02 宗訓　集2-10090
03 宗誼　集2-12606　叢2-845(2)
　宗謐(釋)　子6-32091(73)
07 宗韶　子3-17443　集5-36763
10 宗玉(釋)　子7-34291

宗霈　史8-60669
宗元豫　集3-14568,6-41755、43208
宗元鼎　集3-14224~5,7-46405、47056、48534
宗晉　集4-30589~90
12 宗廷輔　經1-7076,2-13111　史2-12905,3-18119,7-50078、53296、54033　集4-30085,6-46090　叢2-1953
13 宗琮　史8-59714
16 宗聖垣　史2-12625　集3-21852~5
　宗聖堂　集4-22042
20 宗位(釋)　子6-32091(81、82)
　宗舜年　史3-18838,8-65953~4　集5-40128
　宗信(釋)　叢2-639
　宗乘(釋)　集2-12805
21 宗上(釋)　子6-32091(75)
　宗能徵　史2-7491~2、9865,7-57816、57893
　宗衍(釋)　集1-5647
22 宗㟮(釋)　集6-44474
　宗山　集5-34617,7-46421、48245
　宗繼增　史6-45977
24 宗德懋　史2-12673　集4-24783,7-48546
25 宗績辰　史8-60666
26 宗得福　集5-39716,7-48327
　宗稷辰　經2-8850~1、9556、10869　史2-9722、12723　子1-1735,4-24250　集3-20331,4-26668、28416　叢1-571,2-846
27 宗仰(釋)　子6-32093(1)
　宗彝　集5-39627
　宗叡(釋)　子6-32093(37、39)
　宗粲　集4-30085
30 宗室國　史6-45186
　宗永(釋)　史2-6800　子6-32088(41)、32089(48)、32090(62)、32091(60)、32093(51),7-34046

宗之璠　集3-14488
宗之瑾　集3-14225
宗安(釋)　子7-34131　集3-18864
宗宏(釋)　子6-32091(75)
宗密(釋)　子6-32081(57)、32084(31)、32088(42)、32089(50、51、52)、32090(64、65、66)、32091(62、63、64、65)、32092(42、43)、32093(47、49、50),7-32109、33072、33144~5、33335~6、33343、33467、33494~504、33655、33662、33877~9、33890~2、33918、33995~6、34054、34189
宗寶(釋)　子6-32093(51),7-34165、34169
31 宗濬　史4-27166
　宗源瀚　史2-13002,6-42349,7-50260~1、57251　子3-14872、14966,4-24642　集5-35785~6
　宗源翰　子7-37938
32 宗測　史7-49309、52576
　宗淨(釋)　史7-52309
33 宗心澄　子1-2322
　宗演(釋)　史2-11293
　宗輔(釋)　子6-32091(73)
34 宗泐(釋)　子6-32089(51)、32090(65)、32091(63)、32092(43)、32093(47、49),7-32113、33068~9、33102~3、33156、33269、33272~5　集2-6009~14,6-41935(5)　叢1-223(63),2-854
　宗法(釋)　子7-34192
　宗汝濟　集5-36090
　宗汝剛　史4-30268　子4-24518　集5-36764~6
36 宗渭(釋)　集3-15956
　宗澤　集1-2896~913,6-41795、41894(2)、41895、43118　叢1-223(53)、394、574(3),2-731(39)、859
40 宗克佩　史4-24968
　宗嘉謨　史2-11277~8
　宗嘉祿　史3-19173
43 宗婉　史2-13067　集4-

中國古籍總目著者索引

156～8,6－41694、41794

宋玉朗　史8－58613

宋玉奎　集5－40896

宋玉卿　史1－1994～5、4273～4

宋至　集1－2502,3－16897～900,6－41974

宋五仁　集3－20673

宋元僖　集2－6106

宋元成　史4－29194

宋丙壽　集5－34343～4

宋礦　集1－5465

宋无　集6－41927～8　叢1－10、19(7)、20(4)、22(7)、23(7)、24(7)、29(5)、223(60)

宋无　集1－5000～6,6－41784、41889、41896、41927～8

宋天杰　史2－10232

宋晉　史2－9918,3－17910,6－48972　集4－30664

宋雷　史7－50345　叢2－615(2)

宋可發　史8－59729

宋雲嶽　史4－29169

宋雲階　史3－23315

宋雲公　子2－6290、6292、6462

11 宋北堂　子1－1784

宋珏　史2－8659　子3－16531,4－19315　集1－2162,6－43837　叢1－22(27)

12 宋登春　集2－11646～9,6－43811　叢1－223(66),2－731(38、41)、782(3)

宋聯奎　史8－62688　叢2－829

宋弘之　集6－44621

宋延春　集4－30665～6

宋延年　集2－7844、8879

宋廷璣　史4－29148

宋廷魁　集3－19902,7－50293

宋廷佐　史7－57891,8－62863　集1－4707　叢1－223(59)

宋廷樑　集5－38411～2

宋廷英　經2－10585

宋廷模　史8－58188　集5－41052～3

宋廷尊　集5－36441

13 宋琬　史2－8334,7－55170～1,8－63115　集3－13789～96、13975、15474,6－41960～1、41971、41979,7－46397～400、46404、46427、46864～6、48529、49323　叢2－698(11、14)

宋琅　史8－62085

宋琮　集2－12172

14 宋瑾　史2－8408　子1－2382、2520,3－14210　叢1－197(2、4)

宋琦　史8－63827～8

宋功迪　史3－21111

宋瑛　史8－58936

宋琳　史3－23389

15 宋璉　子5－27011　集2－12172、12174

16 宋聖肱　集3－19771

17 宋孟靖　集6－45772

宋孟正　史4－29188

宋弼　史1－5302,8－59076、59179　子4－23638　集3－18396、19498,6－44820～1、45491、45981～2

宋承庠　史3－17384、22785

宋承麟　史3－17250

宋承昭　史3－18454

宋子聯　史3－16414

宋子安　子4－18996　叢1－2～6,9～10,22(15)、23(15)、114(6)、115～6、223(38)、569,2－731(30)

宋子春　集4－27281

宋子質　史7－55639

18 宋瑜　史5－36119

宋珍琴　史8－64880

宋玫　經2－10496

宋璇　史4－29162　集4－28480

19 宋褧　集1－5463～7,7－46373、46771　叢1－223(60)

20 宋爲仁　叢1－374

宋禹颺　史7－56515

宋采治　經1－126

宋秉中　史8－58979

宋秉鑑　集1－3784

宋統殷　集2－12245　叢2－823

宋維庚　集5－34556,7－47688

宋維藩　集7－47253

21 宋衍生　集5－38981、38983

宋衍綿　史8－60301

宋衡　集5－39760　叢2－868

宋儒軾　集3－21451

宋經畬　史8－65203～5　叢1－373(2),2－630

宋緝　史8－59616

22 宋鶯　子5－29067、29530(19)、29534

宋繼郊　史7－50641、50648、51698,8－59632、59795～6　集5－34350,6－44853

宋繼橦　經2－10585～6

宋繼澄　集2－12172～3

宋繡　經1－6254　史8－59836　子4－23868～70　集2－9661,6－44988　叢1－326,2－731(8)

宋綬　史7－51750　子5－29530(19)

23 宋俊　史7－50837、57552　集3－14662,7－47120　叢1－223(25)、489

宋岱齡　史3－21324

24 宋佐　史7－56750

宋先生　子5－29549

宋德宸　集6－44164

宋德澤　史3－15881,4－29168

宋德煜　史3－21466

宋佑甫　子2－10728

宋勳　史2－6863

宋升廷　史4－29191

宋升垣　史3－19527

宋緒　集6－43676

25 宋生　史7－56783　集3－16177

宋佚　史2－7408～9

宋傳興　史4－29146

宋肆樟　史2－11649,8－61955

26 宋白　子3－17964、17978

集 1 - 1839、6 - 41815～6、41894(1)

宋白樓 史 2 - 12238

宋伯仁 子 3 - 16288、4 - 19087 集 1 - 4134～42、6 - 41744～5、41779～80、41888、41891～3、41894(4)、41895、41897～8、41901、41917 叢 1 - 22(16)、23(15)、223(57)、244(6)、265(3)、447、2 - 660、731(35)

宋伯魯 史 3 - 22699、7 - 54165～6、8 - 62669、62859、63375 集 5 - 38649～51 叢 2 - 829

宋侃 子 3 - 16900

宋偘 子 3 - 17206

宋保 經 2 - 12477～8、12730 叢 1 - 493、2 - 731(22)

宋和 史 2 - 9351、7 - 49318(12)、50507 集 3 - 15950～1

宋穆 子 2 - 9582

宋綿初 經 1 - 163(1)、4583～7、6194、2 - 11570、14125 叢 1 - 516、526

27 宋躬 史 2 - 6927～8 叢 2 - 628、731(61)、770、775(4)

宋仔鳳 子 1 - 3613～4

宋名立 史 8 - 59916、59954、61998

宋繩先 集 4 - 25218

宋綱 史 7 - 55947

宋紹璟 史 2 - 9630

宋紹濂 集 4 - 33259、6 - 42007(3)

宋紹業 史 7 - 57582

宋紹啓 史 8 - 61211

宋紹熙 史 8 - 62298

28 宋作賓 史 8 - 59710

宋徵獻 子 5 - 25427～8

宋徵璧 經 1 - 6868 子 1 - 3291 集 3 - 13917～9、7 - 46401、46858

宋徵輿 史 1 - 1964、1981、3359、4480～1 子 4 - 23599 集 3 - 14028～9、6 - 43736、43841、7 - 46401、46405、46869～70 叢 2 - 638

宋儀望 集 2 - 7511、9412～5

宋牧民 史 7 - 55321

30 宋宣 史 8 - 59827

宋汴 叢 1 - 19(9)、20(7)、21(8)、24(10)

宋濂 經 2 - 12819～20、13747～53 史 1 - 12～7、20、764～6、770、1923、1929～31、1933、2559、2723～4、2728、2730、2 - 8081～3、6 - 45761、7 - 49311 子 1 - 15、4 - 20262～5、6 - 32091(71)、7 - 33276 集 1 - 5088、5260、5537～8、5542、2 - 5886～919、6 - 41794、41807、41935(1)、42055、42057～9、45491 叢 1 - 22(20、22)、45～6、50～1、54～5、61～4、87、195(2、4)、223(16、18、22、59)、227(5、10)、244(4)、269(3)、270(2)、272(4)、366、368、2 - 635(11)、698(4、11)、714、730(1、4)、731(11、41、48、61)、735(5)、857、859

宋濂 集 6 - 46222

宋淳 集 2 - 8263

宋家璨 史 4 - 29159

宋家傳 史 4 - 29145

宋家蒸 史 3 - 20959 集 5 - 35708～9

宋永清 集 3 - 17334～5

宋永壇 史 4 - 29166

宋永岳 叢 1 - 496(2)、2 - 735(3)

宋之弼 子 3 - 16937

宋之睿 集 4 - 25807

宋之繩 史 2 - 11660 子 1 - 1319 集 3 - 13653

宋之韓 史 7 - 55852 集 3 - 13542

宋之樹 史 7 - 55939

宋之問 集 1 - 735～8、6 - 41739～40、41824、41839、41844～5、41867 叢 2 - 636(3)

宋憲章 史 8 - 59222、59240

宋守一 集 2 - 11895～7

宋守恕 史 8 - 61765

宋安融 史 4 - 29186

宋安雅 子 3 - 11605、14458

宋宏健 集 2 - 12172

宋良弼 子 2 - 9347

宋良翰 史 8 - 58545

宋定業 集 3 - 16782

宋實穎 史 1 - 5305 集 3 - 14318 叢 1 - 197(1)

宋賓王 史 8 - 65359 集 6 - 42990

宋宗廣 史 4 - 29181

宋宗元 經 2 - 13450 史 1 - 5668 子 5 - 25830 集 3 - 19903、6 - 43504

宋宗真 子 5 - 29530(10)、30619

31 宋沾 集 2 - 10744、6 - 44988

宋潛虛 史 1 - 3182、3300

宋灝 史 8 - 61536

宋顧樂 子 5 - 27361 集 3 - 19017～20、6 - 46285 叢 1 - 364

32 宋淵 史 7 - 49309、52561～2 叢 2 - 776

宋兆升 史 7 - 55407

宋兆鱗 史 3 - 17784

宋兆淇 子 2 - 4771(2)、6863

宋兆祺 子 2 - 4768

宋兆禴 經 1 - 644、646、2 - 10283

宋兆梅 史 4 - 29184

宋沂 集 1 - 5284

33 宋必選 史 7 - 51331

宋泌 經 2 - 14023

宋浦 史 4 - 29144

宋溥茂 史 1 - 3556

宋溶 史 8 - 60699

宋演 子 3 - 12844 叢 2 - 886(2)

34 宋汝楫 史 4 - 29158

宋汝剛 史 4 - 29152

宋禧 集 1 - 5668～9、4 - 23080 叢 1 - 223(62)

宋達叟 子 4 - 18886、18890

35 宋沛 史 7 - 55644

宋沛霖 集 4 - 29785

宋沛若 史 2 - 9216

宋清壽　經2-11684　子4-24527～8

宋連　集6-44418

36 宋湘　史2-8254、9582、6-43899　集4-23977～9　叢2-704

宋澤元　史2-8679　集4-31920、5-37914～5、6-42007(3)　叢1-461

37 宋潤　史8-62019

宋鴻儒　集3-20189

宋祖乙　史7-55554

宋祖舜　史6-45144、45512、7-56651　子1-3092、3476、3840～1

宋祖行　叢1-223(51)

宋祖法　史8-58971

宋祖墀　史8-58340

宋祖駿　經1-2227　史1-173　集2-9079、4-33413　叢2-2024

宋祖驥　集2-9079

宋祁　史1-11～7、20、658～62、666、7-49311、50951　子4-19958～61　集1-1959～64、6-41894(1)、41895、41904　叢1-2～6、8～9、19(3)、20(2)、21(3)、22(3、12)、23(3、11)、24(3)、26、28、98、169(3)、195(2、5)、223(17、25、40、51)、227(5)、230(4)、268(2、3)、388～90、2-616、698(3)、731(1、6、11、28)、771(2)、778、873

宋運貢　史2-13261、8-63180

38 宋滋蘭　集5-38983

宋滋耆　集5-38981～2

宋游寶　叢1-114(4)

宋祥　史1-4852

宋裕椿　集5-35278

宋道南　集5-38862

宋肇琨　史3-19300

宋啓雲　集4-25500

宋啓明　史6-42819

40 宋九芝　集4-28814

宋大章　史7-55263

宋大勻　經2-8970

宋大業　史1-3683、2-12584、6-46784、47124、7-49347

宋大奎　史8-59236

宋大樽　經2-11203～4　集4-22810～2、6-46049～50　叢1-244(5)、367～8、456(4)、2-731(23、47)

宋大鵬　集5-38308

宋士吉　史7-57154

宋士冕　集5-40184～5

宋奎光　史7-52310、57464

宋直方　子4-23467、5-26550

宋培　子2-4900

宋培之　史3-16951

宋在詩　經1-4021、6947、2-9473、9966　史2-9486、11841　子4-21233　集3-19016　叢2-821、1427

宋在衡　史2-6897

宋克　經2-13300

宋南溪　集4-29143

宋希范　集3-18434

宋希肅　史7-57966

宋希陳　集3-18356

宋存標　經1-7647～8　史1-2175、5494、6-47648　子4-18802、24150　集2-12749～50、7-46401、46832、50538

宋志沂　集5-35203、6-41763、7-48118　叢2-644

宋煮　史7-52519

宋杰　集5-33967

宋嘉俊　集5-39980～2　叢2-888

宋嘉德　經1-5090

宋韋金　子4-18637　集3-18278

宋韋義　子7-35715

宋壽崑　史3-17491

宋壽徵　史6-43417

宋來鳳　集4-27441

宋森　史8-61073

42 宋圻　史8-59402

宋彬　集4-23572

43 宋博川　子2-8327

宋載　史8-61691

44 宋芷堂　史4-29175

宋芬　子5-26666

宋芳誕　集3-17791

宋蘭叢　子3-18172

宋蔭培　史3-16025

宋茂初　集4-25158

宋葆淳　史6-41538　子1-4090、4192、3-15197、4-22750　叢1-203(17)、517

宋蓮　集1-454、4-25216　叢1-300

宋華國　集3-21846

宋華金　集3-18583

宋若昂　子2-8200

宋若昭　子1-1964、1975～7、2935、2938　叢1-22(12)、23(12)、29(4)、168(1、4)、249(2)、255(3)、395、574(5)、2-724、731(49)

宋著　集3-17137

宋蒼霖　史7-55689

宋世良　經2-12782～5、15116、15137、15142　叢1-495、586(2)、2-716(2)、772(2)、773(2)

宋世煦　史8-60596

宋世犖　經1-5223、5498、6360　史7-49318(7)、50453、53633、57635、8-62928、63681　集4-25156～7、6-44694～5、45563　叢1-462、2-849

宋其沅　子1-1672　集4-27074～7　叢2-1680

宋楚望　史6-46797

宋楚玉　史4-29156

宋樹滋　史3-18616

宋樹基　子7-37995

宋樹槐　史3-22880

宋權　集3-13191～2、6-44988

宋蘊璞　史7-54993

宋楠　史2-12778～85

宋林皐　子2-8031

宋枺澄　集2-11514～7

45 宋贄　史3-22239

宋楗　集4-24973～4

宋柟　史1-5868、6-47531　子1-4004　集4-30708　叢2-1436～7

46 宋觀榮　史3-23499

宋月樵　子4－22191
宋用潛　史4－29179
宋殿元　史3－22714
宋居白　史1－2432　叢
　1－19(8)、20(6)、21(7)、
　22(9)、23(8)、24(8)、2－
　617(5)
宋眉秀　集3－19671
宋際　史7－51452　集4－
　27605
宋際春　集4－32796～7
宋熙曾　史8－60160
宋學洙　集3－13980～1
宋學道　叢1－194
宋學顯　集6－44018
78 宋鑒　經1－1328～9、2874
　史2－9627　集4－33084
　叢2－821
80 宋人傑　集4－30887
宋企适　史3－16376、
　21385
宋金綬　集5－36143
宋金鏡　史7－55579
宋鏞　子2－8711～2
宋錞　史4－29154
宋令君　經2－13467
宋慈　史6－41518、41520、
　46308～15　叢1－286,
　2－731(30)
宋慈受　叢2－635(6)
宋慈抱　史1－5330、6107
宋公傳　叢1－223(70)
82 宋鍾俊　史3－19355
83 宋鉞聖　經1－6756
84 宋銑　集4－22312
宋鐄　集4－26736
86 宋錦　史7－55551、8－
　61137、61519、61886
宋錫蘭　集3－15952
87 宋鈞衡　子2－10902
宋翔鳳　經1－111(4)、163
　(2)、1577～8、2295、2964、
　3370、6021,2－8848～9、
　9126～7、9224、9552～4、
　9780、10031～3、10856～
　8、11391、11397、11887、
　14552　史1－2000～1,
　2－6330　子1－3993,4－
　22462～3　集4－26575
　～8,7－47571～3、48753
　叢1－261、416、428、509,
　2－628、653(2)、665、1667

～8
宋舒恂　叢1－551
88 宋銓　史8－60032
宋筠　史2－12592,4－
　29177,7－56089,8－
　65251、65665　集3－
　18277
宋筱牧　集4－24523
宋敏　子1－4429
宋敏求　史1－1914,6－
　47604,8－59596、62670～
　2　子4－19956～7　叢
　1－2～4,6,9～10、15～6,
　19(3,7)、20(5)、21(5)、22
　(7,10)、23(7,10)、24(4,
　7)、26～8,95～6、195(2)、
　223(20、25、40、48)、227
　(8)、257、268(3)、383、388
　～90、579,2－615(2)、730
　(2)、731(50)、752、782(2)
宋敏學　史8－61932
90 宋小濂　史6－45051　子
　4－24626　集5－39885
宋光廷　子4－24121
宋光裕　史3－18664
宋光昱　史4－29138
宋光國　集3－19781、
　19883,4－22082、23178、
　24403
宋常星　子5－29161
宋炎　史2－12503
宋棠　史3－23036　集5－
　33709
91 宋炳章　史8－61656
宋炳垣　經2－11846
93 宋煊　史8－61497
94 宋慎機　叢2－837
96 宋惕　集2－12712　叢2－
　870(5)
97 宋恂　史8－60025
宋恪臣　史3－21532
宋輝山　子3－14504
宋輝煌　史4－29139
98 宋炋　集3－16084
99 宋犖　史2－8152、9073、
　11612、11747、11758、
　12574,4－29176,6－
　41525、42131、48678,7－
　49318(11)、49351、51983、
　53274,8－65664　子3－
　14947、16157,4－18683、
　18775～6、18814～5、
　19481、22358,5－26405～

6　集1－984,2－9661、
　10744,3－14068、15511～
　24,6－41966、41969、
　41972、41974、42063、
　42066、42475、42547～8,
　44202、44439、44441、
　44988、45491、45927,7－
　46399～400、47005　叢
　1－195(4)、197(2,3)、
　201、203(4)、210～2、223
　(67)、353、371、373(5,8)、
　421、469、486、495、586
　(3),2－617(5)、624(3)、
　632、716(3)、731(31,47)

宩

44 宩藻　史2－9675

3092₇ 竊

27 竊名　子3－18459　叢2－
　622

3094₇ 寂

00 寂方(釋)　子6－32091
　(82)
寂慶(釋)　集6－44473
04 寂訥(釋)　子6－32091
　(79)
10 寂正(釋)　子6－32091
　(66)
寂震(釋)　集3－13135
23 寂然(釋)　集3－16613
30 寂空(釋)　子6－32091
　(76)、32092(44),7－
　34294
寂寶(釋)　子6－32091(82)
31 寂源(釋)　子6－32091(82)
40 寂友尊者　子6－32081
　(52)、32082(27)、32083
　(33)、32084(30)、32085
　(47)、32086(56)、32088
　(34)、32089(35)、32090
　(59)、32091(57)、32092

(39)、32093(31)

44 寂樹(釋)　集3-14209
　寂薀(釋)　子6-32091(74)
50 寂本(釋)　子7-34319
60 寂園叟　叢2-633
64 寂曉(釋)　史8-66340
　子7-34868
90 寂光(釋)　子6-32092
　(44)、7-32109、33545～7

3111₀　江

00 江立　集7-47272
　江亢虎　史7-49357、
　53161
　江齊齋　子2-10725
　江庸　史2-10809,7-
　54185　集5-41342～4
　江應宿　叢1-223(34)
　江應昌　史8-58288
　江應曉　子4-20784
　江慶豐　史4-26863
　江慶沅　史7-56574
　江慶楷　史3-18986
　江慶成　集4-32252
　江贇　史4-26904
　江贇學　集5-35779
　江亦顯　史8-61977
　江文瑋　史3-15197
　江文虎　集3-21889
　江文波　史8-63404
　江文椿　史4-26899
　江文穀　史3-20834
　江文熙　史3-17925　子
　5-26011
　江文灼　史4-26876
　江言壽　史4-26894
02 江端禮　子1-693　叢1-
　223(30)
03 江詠　史3-16878
　江詒　史2-8106　集7-
　50626　叢1-587(2)
07 江詡　集4-23176
08 江於遴　史4-26858
　江謙　史6-42418　子1-
　2754　集5-41284～5
10 江一麟　史7-57291
　江一禮　集6-43763
　江一桂　子4-19161

江一夔　子5-25085
江三乘　史8-62013
江三汲　子5-25105
江正心　史7-50500
江正模　史5-40925
江五民　集5-38321、
　39057
江元禧　集6-42943
江元祚　經2-8420～5、
　8580～3　子3-16139
　集6-42943
江爾維　史2-11946,7-
　57914　集4-27062～3
江爾松　史2-8986　叢
　2-1144
江夏高等小學堂　經1-
　4501,2-9642
江夏氏　子1-4517
江于道　史3-19639
江干　集4-22175～7
江天一　集2-12354～5,
　6-43118
江天理　史4-26871
江西課吏館　史6-44062
江西寶峯禪師　集7-
　54210
江西清理田賦稅契總局
　史6-43482
江西清理財政局　史6-
　43331
江西通志局　史2-8151
江西等處承宣布政使司
　史6-43482
江雲龍　史3-18794　集
　5-39186
江雲霆　史8-58347
江雲澍　史4-26878
江雲錦　史3-21002
江貢琛　史7-55370
11 江北清理財政局　史6-
　43307
江北縣志局　史8-61500
12 江登雲　史7-49317(4)、
　49318(15)、54493、57982
　子4-23200
江瑞霓　史4-26888
江瑞霖　集4-28594
江瑞采　史8-59276
江瑞芝　集5-35078
江廷璋　經2-14428
江廷霖　史4-26906

江廷珏　史3-19066
江廷球　史8-63010
江廷藻　史4-26896
江廷燮　史3-16143、
　18646
13 江琬　叢1-197(1)
　江球　集3-16991
14 江瑾　子2-10472　集2-
　8624　叢1-223(34)
　江瑛　集7-48157
15 江珠　集4-25034～5,6-
　41999,7-47259
16 江聖麟　集6-41969
　江琼　經2-11772
　江環　經1-3892～3
　江碧秋　史8-61420
17 江盈廣　史4-26870
　江盈科　史2-7140　子
　5-27062、27406～7　集
　2-10555、10590,6-
　45486、45723～4　叢1-
　22(23、26、28)、29(8)、30、
　148、154、181
　江珣　史8-61194
　江承之　經1-1590,2-
　11653　叢1-314、439
　江承桂　史3-18001
　江羣　叢1-168(2)
　江召棠　史8-58479　子
　1-4179、4222
18 江珍　史4-26881～2
20 江重智　史4-26869
　江爲　集6-41883
　江爲龍　經2-11840　史
　8-58850
　江爲霖　史4-24601、
　25888
　江禹奠　集2-7530
　江秉健　集7-46838
　江秉直　史4-26850
　江秉乾　子2-5272,6887
　江維一　子2-5052
　江維山　史4-26845
　江維垣　史3-19037
　江維楨　史7-52445
　江維韜　史4-26862
　江維椿　史4-26889
21 江順詒　子1-1872～3
　集7-48262、48740　叢
　2-1932
　江順貽　叢2-677

江漢散人 集7-54582

江汝璧 史8-58703

江濤 史4-28736

江浩 集6-45182

江浩然 子4-22459～60
集1-991,3-15018、
18699～700,7-47198
叢2-1418

江洪 子5-28900～2

江潢 叢2-1382

江遠涵 集6-44790

江遠青 史8-58222

35 江漣 集4-23019

36 江湘 集3-16780

江澤 史4-26842

江澤和 史4-26909

江湜 集4-33187～94,6-
41763、42003

37 江氾 集2-10445

江洵 叢1-22(7)、23(6)、
374,2-617(2)

江湖散人 子3-14051
叢1-158

江湖小散人 子5-26691

江潤龍 史4-26900

江瀾 史4-27854

江鴻升 子1-3625

江鴻書 史4-26867

江淑則 集4-30072～3

江湄 子3-17324 集4-
31181

江涵暾 子2-4687、4728、
5058～60、7143、8552

江次蘭 子3-11461

江迥 史3-20386 集5-
39058～9

江遹 子5-29467～70、
29530(14)、29535(4)、
29536(4)、29542 叢1-
223(46)

江逢僧 史8-62517

江逢辰 集5-39352

38 江瀚 經1-4671～2,2-
10194～5 子1-1917,
4-22717 集5-38402～
6 叢1-585,2-2135

江澂 史4-26851 子5-
29055、29530(14)

江海主人 子5-28258

江海清 集4-25081

江海關 史6-43552

江肇豐 史3-22855

江肇岷 史4-26901

江肇爽 集5-35274

江啓球 史4-26909

江啓澄 史7-55066

40 江左誰庵 子5-27806

江左樵子 子5-28205

江九逵 史8-58761

江大鯤 史6-43883 叢
2-741

江大來 史4-26846

江大槐 史4-26913

江大鍵 史7-56828,8-
59733 子3-12751

江大錫 集3-20813

江友變 史3-19234 集
4-31602

江士式 集7-46398～
400、47150

江士英 史3-14946

江克讓 史7-57858

江克完 史4-26885

江南高等學堂 史6-
42467

江南天緯 子7-37214

江南水師學堂 史6-
42465

江南巡警總局 史6-
45365

江南製造局 子3-12241、
12246,7-36231(1)

江南勳 史4-26843

江南督署模範小學堂 史
6-42468

江南齡 史8-58750

江南芳 子7-37526

江南蘇州府儒學 史2-
7880

江南楸 子7-37858

江南春 集4-26969

江南圖書館 史8-65540

江南財政總局 史6-
43309

江南隨園主人 子5-
28465

江南金 史4-26907

江南貧俠 子4-23523

江希張 經1-5853～4,2-
10111、11070～1 子3-
11419

江有誥 經1-2293、4772,

2-12009、13197、13661、
14173～80、14406、14532
～3、14540 集1-71
叢2-630

江有蘭 集4-32188

江有燦 史8-61331 集
5-36904,6-42007(3)

江志偉 史3-18516

江志伊 史3-19142 子
1-4186～7、4316～7、
4430、4470

江熹 集5-41374

江右遺民 史1-2994、
3016

江杏溪 叢2-662

江木翼 子7-38083

江來岷 史4-26883

江梓 子2-6866

41 江標 史1-5321,2-
11998、13033,3-16290、
18811,6-41941,8-
64665、64894、65253、
65323 子3-16755,7-
36252、36852 集6-
41741、44330,7-46370、
48274 叢1-524、579,
2-640、731(3、4、34、62)

42 江埰 史4-26855

43 江式 經2-12945 集4-
24486 叢2-774(8)

江城 子2-5814

江榕 史2-11183,6-
48102～3、48106 集1-
1207

44 江塽 史4-26855

江藩 經1-111(4)、163
(2)、1486、6542,2-11233
～4、11604～6 史1-
4496,2-7566～7、7570～
1,7-50816、52788、56710
～1,8-61109 子4-
18733、19352、19387、
22657 集4-24649～
51,7-47378 叢1-242
(4)、419～20、440～1、456
(5)、511、516～7,2-673、
698(1、7)、709、731(2、5、
36、46)、751、1618～20

江藻 史7-51523,8-
58399 集3-18782

江考卿 子2-4768～70

江蘭 集3-17308,4-
22037

江蘭芳　史4-26914
江葆清　史3-22327
江慕洵　史7-54128
江蘇諮議局　史6-43301、43608
江蘇督學部院　史8-66203
江蘇法政學堂　史6-44963
江蘇清理財政局　史6-43303
江蘇通州師範學校　史6-42435
江蘇存古學堂　叢1-575
江蘇教育總會　史6-42486
江蘇學務公所　史6-42490
江蘇無錫三等公學堂　經2-13499
江蘇鐵路公司　史6-44276
江蘇省審判廳　史6-46030
江蘇省蘇州圖書館編纂委員會　史7-51987
江蘇省教育會　史6-42398
江孝緒　史8-58289
江孝棠　集5-38645
江萬川　子3-13100　叢1-430
江萬里　史1-1914　叢1-11～2、17～8、19(6)、20(4)、22(8)、23(7)、24(7)、56、95、2-730(2)
江萬全　子3-16925
江華鎮　史4-26849
江若幹　史8-58454
江世價　史4-26910
江世東　集2-10379
江楚編譯局　子7-37773
江樹森　史4-26918
江蘩　史6-42078、42891～2、44573、48675
江棻　集4-23825
江桂林　史3-19770
江權　集3-20298～9
江莼庵　集7-50362
江薪　史3-18342
45 江贊　史1-1081～96、1187
江栩　經1-888

江棟　集6-43870
46 江旭奇　史1-1560、4-26902　子2-8695、5-25147～8、25660
江觀濤　集4-32253～5
江如松　史4-26903
江柏　集2-8654
47 江均　史3-22356
江聲　經1-111(2)、169、2567、2881～2、3377、3395、3506、2-9490～1、12116、12467、13042、15126　子3-11241、11506　集3-20610　叢1-203(17)、269(2)、270(1)、271、272(2)、286、376、430、440～1、514、2-731(9、22、63)
江朝宗　史8-61493　集5-39966～75
江起龍　子1-3411
江起鯤　集5-39965
江起鵬　史1-2174　子1-762
48 江乾達　史8-59408
江翰臣　集5-34480
江梅春　史4-26865
50 江中淮　史4-26883
江青　史2-6945
江忠儔　史7-50500
江忠源　集4-32189～93
江忠振　史3-16748、19144
江春　史7-54029　集3-20609、6-44978
江春詩　集3-21050
江春霖　史2-10982、3-16623　集5-38775
江東偉　子5-27055
江東之　史6-43110、47094、48307～9、7-51925、52391　集2-10378～9　叢2-1144
江東散人平山氏　集4-33699
51 江振先　集4-26779、6-44978
江振漢　史3-21602
江振鴻　集6-44978
江振聲　子7-36231(1)
江振鷺　集4-23534、6-44978

52 江靜亭　史4-32493
江靜瀾　史8-66502
55 江曲春　子2-7077
60 江昉　集3-21050、6-44978、7-47257～8、48675
江日昇　史1-3518　子5-28209～10　叢1-496(6)、2-735(3)
江日輝　史6-41568
江星羽　子3-16967
江昱　經1-2870、2-13869　史7-50743、8-60602　子2-7946　集3-19694～5、21407、7-46729、47237　叢2-698(10)
江國霖　集4-29873、31799～800
江國維　史4-26880
江國柱　史4-26866
江國華　史4-26887
江國棟　史8-58365
江田　集1-1060
江田七　經2-10914
江昌流　史4-26916
江昌燕　史3-16060
江景瑞　史8-63239
江景祺　集3-17816
江景桂　史7-57850　子7-37724
64 江時　子4-24054
65 江映鯤　史7-57848
67 江鳴皋　史4-26852
江暉　集2-8241～2　叢2-833
江昭紳　史4-26908
江昭炬　史4-26898
70 江璧　史8-58492　集4-32511～4
江障東　史3-18279
71 江原岷　子2-6525
72 江彤　子2-8825
77 江闓　史7-50837、8-60110　集3-16103～5、7-46983　叢1-223(25)、2-885
江鳳林　史3-22511
江同文　史1-4000
江用世　史1-5535
江殿颺　史7-57786
江際清　史3-18289

江熙　經1-7441,2-9265
　　子5-27171　叢1-320,
　　2-774(5、6)
江熙龍　史8-58557
江學詩　史2-6606　子
　　4-23897
江學禮　史4-26872
江學海　經2-12915〜6、
　　14015
江學柳　史4-26853
江學普　史3-18420
江開　史3-16988　集4-
　　30488~91
江留篇　史7-57609
江民表　子1-96,701
78 江陰禮延書院　史2-
　　10829
江臨泰　子3-11457〜9、
　　12351、12396、12631、
　　12633、12635,7-36241
　　集4-24712
80 江人度　史8-66189
江人鏡　史3-17063,6-
　　43808　集5-34067〜
　　70,7-48219
江企忠　史4-26895
江介　集4-25426〜7
江念祖　子7-34424
江尊　子3-16942,17266
江美中　史1-2856
江毓秀　史7-55375
江毓菁　集4-30706
江毓昌　子1-4441
江義修　史6-47576
江義田　集7-49949
江普光　史8-60545
江含春　經2-14792　史
　　1-4501　子3-11282,
　　5-31419　集5-36574,
　　6-46338
江畬經　子1-2705
82 江鍾秀　史2-6310〜1、
　　8176　子1-2073　叢
　　2-2097
江鍾岷　史8-62220
83 江鎔　集7-48318
86 江鈿　集6-43606
江錦波　史2-11816
江錫　子2-6846
江錫麒　史8-61600
江錫爵　史3-20131
江錫齡　史7-49318(8)、

53723
江錫善　經2-13198、
　　14533
87 江銘勛　集3-14922
88 江鑑　史3-18265
江筠　經1-5305　史4-
　　26893
江筆彩　史7-51782
江敏書　子2-5811
90 江懷廷　集4-33333
江少虞　子4-23785〜90
　　叢1-19(12)、20(10)、21
　　(11)、22(7)、23(6)、24
　　(12)、223(42)、2-617
　　(2)、672
江光祿　史4-26868
江光裕　史4-26891
江尚質　集7-46398〜
　　400、47148、48716
91 江炳炎　集7-47273
92 江剡　集3-17815
97 江恂　史8-60602、64807
　　集3-19823
江耀亭　子5-26039
江煥章　史4-26404
98 江敞　叢1-19(3)、21(5)、
　　24(4)
99 江榮　史4-26905

3111₁　沅

00 沅麋生　子7-36683
20 沅雋　史2-13036
26 沅自華　集2-8323
33 沅浦癡漁　史2-7692

澁

31 澁江全善　史8-65403

瀧

22 瀧川龜太郎　子7-36421
瀧川資言　史2-11105

灑

44 灑落居士　集7-53657
55 灑井雄三郎　子7-38096

3111₄　汪

00 汪堅　史1-3920〜3、4023、
　　4073,7-57040　子4-
　　23441
汪立正　史4-28873
汪立秀　史1-5097
汪立信　集6-45336
汪立名　經2-13178、
　　13851、13958、14077　史
　　2-11194〜6　集1-
　　1355,6-41877　叢1-
　　223(49)、2-698(9)
汪立銘　史4-28816
汪亨吉　史3-23604
汪亮　集7-48204
汪廖池　史4-28914
汪彥　史3-15546、19699
　　集2-12886
汪彥份　史2-9941,8-
　　63968
汪彥齡　史4-28910
汪彥博　集4-25548〜9
汪彥樹　集4-23379
汪方鍾　集4-26270
汪膺　集2-11910　叢2-
　　904
汪高適　史4-28796
汪應度　史3-17521
汪應言　史3-18245
汪應詩　集2-12965
汪應元　史4-28945
汪應鼎　集6-46233
汪應魁　經1-498、2646
　　史1-1285　集6-42879
汪應培　史2-9888　集
　　7-49533〜5
汪應泰　史4-28882、
　　28909
汪應蛟　史1-4883,4-
　　28678,6-48359〜63　子

1-1149～50

汪應夒　史7-53488　集
2-10027,6-41949

汪應軫　集2-8068～70,
6-45336　叢2-1972

汪應辰　子4-20022　集
1-3327,3388～91,6-
41784　叢1-1,223(54、
55),227(10),230(5),547
(4),2-731(6,40),1036

汪應銓　集3-18642～5
叢2-661

汪應鈴　集4-23487

汪康謠　經1-2769　集
2-12809

汪康年　史3-16486、
20401,22620　子5-
26756,27475　集5-
39543　叢2-733

汪庚　史4-28717

汪庚年　史3-20636,6-
45925

汪度　史4-28920,7-
54911,55024　集6-
44702,7-47431　叢2-
1459～60

汪度塘　經1-2090

汪慶百　史7-57560

汪慶雲　史3-19942

汪慶生　史1-4998,3-
16431

汪慶舟　史8-60894

汪慶齡　史3-18340　集
4-23273

汪慶永　史4-28807

汪慶祥　史3-23474

汪廣　子2-6802

汪廣洋　集2-6085～9,6-
41935(3)、44892　叢1-
223(62)

汪廣期　子2-8192,9608
～10

汪文　史7-58079

汪文斌　史4-28833

汪文麟　史8-58714

汪文衛　史3-22822

汪文彪　史8-58762

汪文鼎　史7-57858

汪文綺　子2-4770,6134
～5,7245

汪文安　史1-1639

汪文溥　史2-10687

汪文漢　史2-10687

汪文瀾　史3-18024

汪文啓　子5-25084

汪文奎　史7-57768

汪文臺　經1-21,2-
12013　史1-27,322、
324、326～7,330,332,335
～6,1412　子4-19700

汪文杰　史4-28942

汪文楨　集6-42455

汪文芳　子2-6565,5-
25824

汪文林　集4-28287

汪文柏　子5-26147～8
集3-17044～9,6-41964
叢1-373(5、9)

汪文泰　史7-49336、
54301,54809　集4-
31409

汪文盛　集2-7871、8011
～2

汪文璧　史7-57580

汪文炳　史7-51797～8、
57189,8-61041

汪文煜　史8-63125

汪文輝　叢2-795

汪文炯　史3-15033

汪文煥　子5-30506

汪文輝　集3-19297

汪章禮　史4-28853

汪讓　史4-28865

汪玄錫　史6-48255

01 汪龍　經1-4101～2　叢
2-814

汪龍標　史2-10735

汪龍光　集7-46406、
46875

02 汪端　史4-28802　集4-
29264～6,6-41999、
43884～5

汪端光　集4-23027～9

03 汪斌　史7-51798

汪詠霓　史3-21675

汪詠沂　集5-39355

汪詒年　集5-39543　叢
2-733

04 汪詩儂　史1-1994～5

汪誥　經1-1944

05 汪靖信　子2-8459

06 汪韻珊　史7-57996

汪韻梅　集5-37069～70

07 汪望庚　史3-20030

汪毅　史6-44938～42、
44948,44950～1,44954

08 汪於雍　史8-63230

09 汪麟　集3-18509

汪麟宣　史4-28939

汪麟昌　史3-15903、
18477

10 汪一廉　子3-18029

汪一麟　集5-40057

汪一元　史3-16652

汪一僎　史4-28880

汪一中　集2-9132

汪一蛟　史4-28719

汪三汲　子5-25204

汪三益　子1-3295,3-
13072

汪正　史2-7720　子1-
2423～4,2586

汪正元　史3-15536,8-
58772

汪正仁　史4-28825

汪正修　史2-9566

汪正之　史4-28771

汪正宗　集6-45794

汪正海　集4-26270

汪正榮　集4-28631

汪玉珩　集3-21453

汪玉仁　史4-28938

汪元亮　集3-19351

汪元慶　史3-14849

汪元文　史7-52927　集
3-16462

汪元龍　史2-10564

汪元發　史4-28931

汪元爵　集4-28413　叢
1-339～40

汪元采　史8-58871

汪元崇　集4-31803

汪元仕　史8-62808

汪元綱　史8-63244

汪元秋　史4-28743、
28781

汪元治　史4-28696　集
4-33085,7-46994

汪元浩　集4-31532

汪元祥　史8-58549

汪元范　集2-10205

汪元英　集6-42423

汪元量　集1-4463,4503
～10,6-41900～1、

中國古籍總目著者索引

41908、41916,7-46352、
46368、46374、46392、
46395、46719 叢1-223
(58)、244(6)、353、392、2-
731(38)、833

汪元錫 史4-28934

汪元慎 史1-6073 集
4-33086

汪丙新 集4-29472~3

汪雨相 史7-57870

汪震 集4-32976,5-
35922

汪天麟 集6-45002

汪天璵 集3-17656

汪天祐 集3-16607,6-
45002

汪天與 史2-9378

汪天錫 史6-42946

汪天榮 子3-17671

汪百祿 集4-28987

汪晉徵 史7-57979 集
3-15821

汪可孫 子5-29530(20)、
31973

汪可進 集2-10600~1

汪雲 集6-42007(3)

汪雲龍 史4-28817

汪雲任 集4-26564、
28902

汪雲程 史4-28770 子
3-18006、18484、5-27608
叢1-22(17)、23(16)、
173、220

汪雲鵬 史2-6894 子
2-10797、4-24534

汪雲銘 史8-60284

汪貢 集5-38984~5

汪貢夫 史6-41810

汪霦 集3-14482 叢2-
1343

汪霦原 子1-1179

汪霖 集6-45481

汪霖原 集4-26974

11 汪琥 子2-6357、8744、
11040 集3-19255

汪珂玉 子3-14757

汪珂玥 集3-17314

汪麗日 史8-58203

汪張䆉 史3-23129

汪瑟庵 子2-9679

汪砢玉 史6-43767,7-
53327 子3-14940~2、

15281~2、16142,4-
19169 集2-11821 叢
1-223(37),2-615(3)、
832(5)

12 汪登元 集7-48068

汪登瀛 史3-21545

汪瑀 史8-58335

汪瑞高 史3-22767

汪瑞齡 子5-25389

汪瑞闔 史3-17662

汪瑞曾 史3-18324

汪瑞堂 經2-8854、9135

汪瑗 集1-35~6、956,6-
41827

汪璣 史4-28715、28785~6

汪引禾 史3-21579

汪引之 集5-39429

汪引撫 集5-39112

汪弘澤 集2-11287

汪發宰 史4-28898

汪延元 子2-10895

汪廷襄 子7-37286

汪廷訥 史2-6581 子
3-18016~8、18480,4-
20582 集2-9938、
11221,6-42912、43821,
7-48486、48775、48810、
49709、49956~64、50533、
50586 叢2-672、1142

汪廷璋 史8-58774

汪廷元 子2-10771

汪廷霖 史7-58068

汪廷璐 史4-28700

汪廷珍 史3-14909,6-
47068 集4-24074~5,
6-46292 叢1-366~8

汪廷傑 集4-29789

汪廷祖 集6-45822

汪廷楷 史7-49337,8-
63358 集4-23899~
900

汪廷槙 史4-28775

汪廷桂 叢2-706

汪廷梇 史3-17916

汪廷棟 史6-42536 子
3-16239

13 汪琬 經1-3944、5452、
6359 史1-711、817、
4464,2-9179,7-49318
(2、5、11)、53275、53283,
8-65627 子4-24199~
201 集2-8759,3-

14561~4,6-42063~4、
43099 叢1-202(8)、
203(13)、223(67)、320、
369、435、515,2-635
(12)、683、752、904

汪武允 史4-28870

汪琯 史4-28699

汪璸 集4-27384~5

14 汪瑾 史7-49350、53476~
7 集3-19539

15 汪建功 子3-16321

汪建封 子5-25889~90
集6-42653

16 汪聖敩 集2-11184

汪琼 史6-48021,8-
61480 子4-21619~
20、23417~8 集5-
34877~8,7-46434、
48052~3 叢2-1972

汪璪 集2-7029

17 汪孟泚 史2-13411

汪孟鋗 史2-8660,7-
50308~9 集3-20617
叢1-373(4),2-832(4)

汪瑚 集7-47390

汪珊樹 史4-28943

汪琡 集6-42007(3)

汪璐 史8-65927 集3-
20220,4-22814 叢1-
471,2-648、673

汪瑤 子1-1669

汪璨 集4-24979

汪承慶 集5-34693,7-
48598

汪承詵 史4-28708

汪承霈 集3-18819、
21091

汪承烈 史5-36142,8-
62006

汪承沅 史2-9480

汪承忠 子1-2829

汪承恩 集4-30382

汪承煦 子2-7607

汪承鏞 史1-5976

汪子仁 史4-28758

汪子祐 集2-9398,6-
45001

汪子清 集4-32611

汪子卿 史7-52516

汪乙然 經1-1945

18 汪瑜 子2-9496~9、9501
~2、9506

汪珍　集1-5237
汪璲　經1-972～3　子
　1-1047　集3-14421
汪致高　集3-15728
20 汪壬林　集4-31872
汪喬年　集3-20022～3
汪爲霖　集4-24906～7
汪爲熹　史7-50651,8-
　59883
汪舜民　史7-57955　集
　2-7158～9
汪受安　子2-5274
汪受礽　史3-16026
汪香祖　子3-12373、
　12609,7-36228(3)
汪集　史8-58489
汪維清　史3-19042
汪維堂　子3-16815
21 汪上彩　集4-22677～9
汪上壿　集3-19194
汪步雲　史4-28912
汪仁溥　集3-19473
汪能肅　史2-8027　集
　4-26830　叢1-373(5)
汪行恭　史3-20102
汪衍桎　史4-28898
汪倬　集3-15798
汪卓　子3-16172
汪舸　集3-19500
汪師亮　集3-20001　叢
　2-970
汪師韓　經1-1278,2-
　8440,11568　史2-
　11858　子3-18261,4-
　22533　集1-1728、
　2519,3-18323、18387、
　19744～7,6-42125、
　42163、45003、45976　叢
　1-202(5)、203(11)、278、
　421,2-731(37)、969～
　70、1453
汪貞度　子3-18020
汪縉　史3-18542,7-
　49318(5)、51781、53232
　子7-34899　集3-
　20923～30,4-32426,6-
　42069　叢2-1479
汪穎　集3-15121
22 汪川如　子2-10391
汪欽　史2-10974
汪彪　集6-45822
汪任　集4-23378

汪鼎　子4-21604　叢2-
　1972
汪後來　集3-18115
汪循　子1-1993　集2-
　12963～4
汪鸞翔　集5-38592～3
汪山民　史4-28709
汪崇實　集5-35386～7
汪崇貴　集4-32259～60
汪業　史7-56803
汪繼壕　子4-19006　叢
　1-278
汪繼培　史2-13362　子
　1-62、64～5、67～8、454
　～5,4-19568、19574　集
　3-19645　叢1-301、
　468、579,2-653(5)、698
　(6)、731(10、60)、847
汪繼昌　集3-13947
23 汪允伯　子2-5243
汪獻玗　經1-3199　集
　4-33262,6-41763
汪獻珣　史2-9665
汪獻忠　史7-57742
汪俊　子4-20412　集2-
　7337
汪俊慶　子3-17638
汪紱　經1-1234、2856、
　4018、5713～4、6067、
　6276、6426、6512、7803,2-
　8463～4、10721、14091
　子1-1552～7、3873,2-
　5002,3-17692,4-22396,
　5-29792、31029　集3-
　18815～6　叢1-223
　(9)、456(7),2-731(36)、
　1421
24 汪化鵬　集4-25859
汪魁葦　集3-19396
汪先岸　集6-44752
汪先烺　史3-15382　集
　4-33088
汪德麟　史4-28932
汪德元　集6-42902
汪德容　集3-18387～8
　叢2-969～70
汪德潤　史3-21592
汪德軒　史6-47275
汪德鉞　經1-122、1437～
　8、2198、2919、4123、5068、
　5312、5734、7882,2-9517
　史4-28828　集4-

23030
汪偉　集3-20132
汪佑　子1-138～9　叢
　2-1967
汪佑南　集5-41189～95
汪佑忠　史4-28949
汪升泰　史4-28749
汪岐裔　史4-28711～2
汪贊綸　史2-10563
汪贊鈁　史3-18675
汪科爵　經1-4203,2-
　11666　史1-5200　叢
　2-970
汪科顯　集4-27286　叢
　2-970
汪綺石　子2-4686、4771
　(3)、7206～8
汪緒宜　集4-23901　叢
　2-970
25 汪仲弘　集1-36～7、131
汪仲彩　史4-28906
汪仲魯　史4-28769
汪仲滑　史3-24568,4-
　28862
汪仲洋　史6-46851　集
　4-26687～8
汪仲媛　集4-28484
汪仲夔　史8-61759
汪仲鈖　集3-20730
汪律本　史3-19155
汪傳縉　集4-31804～5
　叢2-795
汪傳智　史1-5747,4-
　28946
汪朱濟　集3-17372
汪純宗　史4-28772
汪純粹　史4-28893　子
　2-6563～4
26 汪自璵　集3-15727
汪自健　史4-28801
汪自恆　史4-28698
汪伯薦　集3-14147,6-
　45001
汪佃　史8-58209　集2-
　7591
汪保和　史2-9809
汪保安　史4-28706
汪鯉翔　經2-8818～20、
　9116～8、9480～2、10013
　～5、10826～8
汪息廬　史7-52404
汪皁鶴　史7-53762

汪皋　集 5－34692
汪皋鶴　叢 1－369
汪和　史 7－55799、55925
　　集 4－29722
汪和鼎　子 2－4639
汪和祖　子 3－12808
汪繹　集 3－17755　叢 2－
　　661
汪繹辰　史 8－63318　子
　　3－15948、16147
汪稷　集 1－5703
27 汪黎慶　經 2－12809、
　　12961、13666、13668、
　　15141　叢 2－630
汪佩珩　集 4－23216
汪象旭　子 5－28798
汪彝銘　集 4－22448
汪繩武　集 7－50414
汪紉蘭　集 4－32612
汪縫預　史 7－49580
汪紹志　史 3－17540
汪紹輔　子 3－14666
汪紹焜　子 4－18775、
　　18828～9　集 3－17317
28 汪以誠　史 7－54919、8－
　　62706、62764、62778
汪以信　史 3－19938
汪以莊　史 3－14966、7－
　　50380
汪以成　經 2－13410
汪以時　集 6－45371
汪以鋐　集 7－48059
汪作霖　集 4－24980
汪作揖　史 4－28894
汪价　集 3－13491　叢 1－
　　203(7)、2－771(2)
汪份　經 2－8698～9、8955
　　～6、9357、9853、10275
　　史 6－46656　叢 1－330
汪徽和　史 4－28856
汪儀鳳　史 4－28830
汪綸章　集 4－31037
汪稑年　史 4－28874
29 汪鱗先　集 3－18357
汪秋潭　史 4－28923
30 汪宜錚　史 4－28747
汪鎏　經 2－14399
汪淮　史 4－28697、7－
　　49318(6)、53490、56886
　　集 2－9309、4－22813　叢
　　1－203(17)、2－644

汪沆　史 7－54988、57614、
　　57657、57680、8－65291
　　子 3－13547　集 3－
　　18843、19591～3、19706、
　　6－45955　叢 1－373(2)
汪濟　經 1－2242　史 3－
　　18805　子 4－21622　集
　　5－40382　叢 2－2246
汪濟川　史 4－28735
汪濟淳　集 3－13225
汪濂　史 7－51798
汪淳修　集 3－18687
汪家謨　子 2－8107
汪家玉　史 3－19005
汪家琚　子 4－22059
汪家珍　史 4－28809　子
　　5－24997
汪家禧　集 4－26432
汪家瓚　史 3－19357
汪家椿　史 4－28827
汪家聲　集 1－5150
汪家驥　集 5－39920
汪家熺　經 2－13386
汪永正　史 4－28753
汪永瑞　史 8－60827
汪永聰　史 8－62732
汪永崙　集 4－22213～6
汪永齡　史 4－28834
汪永安　史 7－56395～6
汪永澄　史 4－28958
汪永藻　史 4－28854
汪永坤　史 4－28952
汪永泰　史 3－23450
汪永恩　史 3－24569、4－
　　28863
汪永鎮　史 4－28878
汪進　史 4－28769、28773～4
汪之章　史 7－57778
汪之元　子 3－16386
汪之珩　集 6－44468、7－
　　48618
汪之琦　集 6－45293
汪之順　集 3－14319～20
汪之淋　史 4－28720
汪之選　集 4－26029
汪之淞　集 3－17043
汪之遴　史 4－28789
汪之藻　史 7－56668
汪之昌　史 1－691、2－
　　8182、3－22265　子 1－
　　2324、2922　集 5－36214

　　叢 1－502、2－2015
汪之棠　經 2－10983
汪憲　經 1－1355、2－12098
　　～9　史 2－6440　子 4－
　　19326　集 3－20615～6、
　　6－42589　叢 1－223
　　(15)、471～2、479
汪憲奎　子 2－6703
汪憲哲　史 3－17261
汪守一　子 1－1608
汪守正　集 4－23550、
　　24318、28310
汪守安　子 2－8566
汪守中　集 6－42071
汪準　史 4－28681
汪宏　子 2－4700、4771(2)、
　　5192、5507、5819、6228
　　集 3－17844、19388
汪宏布　史 4－28763
汪寄　子 5－28891～3
汪良迪　集 2－8143
汪良翰　集 5－35084
汪官琳　史 3－18902
汪定執　史 2－8115　集
　　5－37309、37332、40418
汪定輔　史 4－28839
汪定國　子 1－48～9
汪寶崧　集 4－29267
汪寶樹　史 3－16009、
　　22176、4－28944、7－
　　55381、8－58649
汪宗元　史 6－42812　集
　　6－43922
汪宗豫　集 6－45004
汪宗衍　史 2－11644
汪宗伊　史 2－7296、6－
　　42024、7－56542
汪宗魯　史 7－55693
汪宗準　史 8－61076
汪宗沂　經 1－1826～7、
　　3518、5511～4、5850、2－
　　8520、9568、10068、13315
　　史 2－12739、3－16008、
　　18547、7－57758　子 1－
　　3095～6、2－6305、6797、
　　6954、3－13108、13264、
　　13299、15528　集 5－
　　36215～9、7－50419　叢
　　1－508、2－649、731(15、
　　19)、2018
汪宗泗　史 3－20459
汪宗運　集 5－36443

汪宗淦　子2-5282
汪宗瀚　史4-28922
汪宗姬　子5-25721
汪宗翰　史3-16415
汪宗尼　集6-43296
31 汪沅　史2-6423　子2-
　　4621　集3-17313〜5
汪澐　子3-15235　集4-
　　30710
汪潊　集5-36147〜8
汪潛　史8-59863
汪濬　史7-51060　集3-
　　20191
汪灝　史1-4470,7-
　　49316、49318(2)、49338,
　　8-62756　子4-19135〜
　　6,5-26135　集1-1064,
　　3-16864、17906〜7,6-
　　44165,7-47334　叢1-
　　223(39)、227(7)
汪源　史4-28907
汪源順　史4-28734
汪源清　史4-28848
汪源澤　史7-57430
汪福森　史3-18850
32 汪淵　史4-28819　集5-
　　36757〜60,7-48220〜1
汪兆麒　子3-17958、
　　18343
汪兆麟　史4-28929
汪兆璋　史6-43865
汪兆熊　史3-15034　集
　　3-19395
汪兆鸞　史3-22920
汪兆柯　史8-61143
汪兆鵬　史4-28726
汪兆鏞　史2-8266,3-
　　21929,4-28738　集2-
　　8069,4-31850,5-39670
　　〜5,7-48400〜1
汪兆舒　子5-25313
汪兆銓　集5-40186〜9
汪漸磐　經1-2776〜7
汪近聖　子4-18826〜7
汪近垣　子2-6789
汪适孫　集7-47504
汪業奎　史4-28794
33 汪心　史8-59813
汪心田　子4-21144
汪必東　集2-8043〜4
汪必昌　子2-4637、4768、

5639、6604、7330、7462、
　　10611
汪必美　史4-28721
汪浣澐　集5-40693
汪泳龍　史8-61958
汪溥　集4-30077
汪溥淵　史4-28688
汪溶　史3-23626
汪溶日　史8-61382
汪述祖　集5-40058
34 汪澍　史4-28872　集4-
　　33261
汪澍堂　集7-53799〜800
汪湛恩　集4-28016
汪沈琇　集3-18183〜4
汪汝謙　史7-49354、
　　50635、53332　集3-
　　13014〜22　叢1-22
　　(25)、30、37、154、181,2-
　　832(1)、833、969〜70
汪汝麟　子2-5089
汪汝綸　史3-16140
汪汝清　史4-28763
汪汝祿　子3-14695
汪汝式　經1-4283　集
　　4-28288
汪汝懋　子2-10976　叢
　　1-114(7)、117
汪濤　子2-10094
汪波　史3-15057
汪浩　史7-57552,8-
　　58480　子4-18608
汪浩然　集3-15953
汪洪度　史2-8114,7-
　　49351、52405　集3-
　　15848　叢1-244(5),2-
　　731(55)、735(4)
汪淇　子2-8045　集2-
　　9815,6-42402、43765、
　　45242〜4
汪潢　集6-46263
汪淋　史3-23503
汪祐清　史4-28918
汪邁園　子2-8237
汪遠孫　經1-163(2)、
　　4637,2-11953　史1-10
　　(1、5)、15、234、2086、2136
　　〜8、4798、4804,7-
　　49311,8-65769〜70　子
　　4-21812　集2-8506,
　　4-25747、29474,6-44312
　　叢1-373(3、8)、470、

472,2-697、698(4)、1769
汪遠山　子2-5748
汪遠貴　史4-28679
汪遠焜　子1-3617
汪達孫　集7-47704
汪達鈞　集5-36530
35 汪洰　經1-1434　史6-
　　46413　集4-23083
汪清　集5-40121
汪清麒　史3-16453
汪洙　子1-2636〜8
汪禮鳳　史4-28815
36 汪泗論　集2-9659
汪湘　史4-28760〜1
汪淙　集6-42007(2)
汪淏　集7-46996
汪澤　史4-28919　集3-
　　16430
汪澤延　史8-63035
汪澤民　集1-5202,6-
　　44756　叢1-223(69)
汪昶　集4-33599
汪湜　子3-17957、18186〜
　　7　集2-8151,6-45001
　　叢1-86、498,2-730(7)、
　　731(36)
37 汪洵　史3-16512
汪潮生　集1-1933,4-
　　26689,7-48012
汪瀾　史3-23456,4-
　　28717
汪鴻孫　史7-55156,8-
　　59103、59105、59483
汪鴻傳　史4-28774
汪鴻祺　史3-23365
汪鴻逵　史3-17156
汪鴻標　史4-28861
汪鴻英　史4-28945
汪鴻聲　史4-28676
汪淑娟　集7-46414、
　　48005
汪汲　經2-11983、12876、
　　12883〜4、14842〜4　子
　　1-2559,2-7735、9547〜
　　8,3-17690,4-21370,5-
　　25900、26184、26564　集
　　7-48724　叢2-1461〜3
汪次侯　子3-16362
汪祖　子7-36156〜7
汪祖塾　史4-28941
汪祖望　集5-37300
汪祖翼　子4-21730

中國古籍總目著者索引

汪祖綏　史7-56488

汪祖荃　集5-40569

汪祖松　史3-19268

汪祖成　史3-20611

汪祖揚　史4-28913

汪冠廷　史4-28810

汪初　集7-47355～6　叢
　　1-471

汪逸　集2-10323

汪運　集4-31036

汪運正　史8-59896

汪運鑰　史3-15762

汪遲芳　集6-43825

汪鄴　集4-25900～2

38 汪滋樹　集4-31611

汪洋度　集3-16109

汪海平　史1-3902

汪祥生　集5-37609

汪裕柱　史4-28727

汪裕鎣　史4-28790

汪遵　集6-41882～3

汪道亨　子3-13062

汪道讓　史4-28837～8

汪道謹　史4-28864

汪道鼎　子5-27172～3

汪道續　史4-28866

汪道昆　經1-6810～1
　　史1-2851,2-6390、
　　8959,4-28820、28844～6
　　子3-18221、18308,5-
　　24968　集2-9173、9514
　　～23,6-41794、42043、
　　42046～9、42054、42056、
　　42786～7,7-48768、
　　48775、49152～60　叢1-
　　14(2)、22(22、27)、168
　　(3),2-672

汪道貫　集6-43803　叢
　　1-353

汪道全　子3-15362

汪道會　集6-43803、
　　43809

汪肇基　史4-28713

汪啓聖　子2-7213～4、
　　9394～5、10517～8

汪啓濩　子2-11104～5,
　　5-29588

汪啓淑　史2-6769,8-
　　64946～50　子3-
　　16776、16778、16874～5、
　　17028～40,4-18548、
　　18575、18583、18754、

18825、21288、22422　集
3-21146～7,6-44144、
44291～2　叢1-373
(3)、469、495、586(3),2-
716(3)

汪啓初　史4-28901

汪啓賢　子2-4591、5869、
　　6041、7212～4、8073～4、
　　8435、9394～5、10413、
　　10517～8、11193～5

汪啓鐸　集5-34486

汪榮　集4-28743

40 汪大經　史8-58303　集
　　4-22365～6

汪大任　經1-4694　叢
　　2-970

汪大淵　史7-54240　叢
　　1-223(26)、525

汪大浣　史7-55643

汪大治　史4-28788

汪大樽　史4-28900

汪大辰　集4-33414～5

汪大年　子2-7212～4、
　　8435、9394～5

汪大鈞　經1-134,2-
　　11912～3、11918　叢2-
　　665

汪大燮　史3-20455,6-
　　44280

汪士琳　史4-28685

汪士魁　經1-957～61

汪士侃　史8-61676　叢
　　1-373(3)

汪士進　集7-46418、
　　47914～5

汪士兆　史4-28888

汪士漢　子5-25312　叢
　　1-92～3

汪士通　集3-21452,7-
　　47241

汪士瀹　史2-11658

汪士裕　集3-16108

汪士奇　集3-15067

汪士芳　史4-28779

汪士驤　史2-12094

汪士賢　史4-28762～3、
　　28847　子4-18535　集
　　1-625,6-41695～6

汪士鐘　史8-65758～61
　　叢1-419、585,2-662、
　　731(2)

汪士鋐　史2-7025,4-

28836,7-49654、52410～
3,8-63504、64656～7
集3-16338～9,6-
41963、42471～3、44751
叢1-321、353、433、456
(6)、457,2-814

汪士鐸　史1-10(1、4)、
　　137～8、235、297、4066,2-
　　8070、12148,7-49318
　　(6)、52149、52726、56546、
　　56571　子4-23362～3
　　集4-30672～6,7-47753
　　叢2-788

汪士慎　集3-18532

汪奎　史4-28755

汪垚　史4-28818

汪培　史3-17989

汪培元　史4-28719

汪培基　集4-30889

汪培松　史4-28921

汪在中　經2-10985

汪克　經2-15070

汪克讓　子2-5061

汪克寬　史1-983～4、
　　1125～30　叢1-223(8、
　　11、62)、227(3)

汪克寬　經1-77(3)、
　　5505、7535～6　集1-
　　5619～21,6-45001

汪克淑　史8-58513

汪克昌　史3-18020　集
　　4-30711

汪有瓏　史4-28722

汪有信　子2-8062

汪有泉　集2-7464

汪有齡　史6-45990　子
　　7-36232、36494、36515、
　　36660～1、37915

汪有執　史7-54945

汪有典　史1-1946,2-
　　7283～5　集2-12835,
　　3-18485

汪有光　經1-5825,2-
　　9925

汪存　史4-28841、28846
　　集4-33414～5

汪志　史4-28866

汪志訪　史4-28750～1

汪志旗　史4-28924

汪志瑞　子5-25889～90

汪志琦　史4-28842

汪志功　集4-28485

汪志尹　子3-13662

汪志伊　史6-44595、
48781～2,7-52218、
53350　子1-2241,4-
24276　集4-22550～2,
6-44285　叢1-361,2-
832(4)

汪志洛　史3-23467

汪志道　集3-15564

汪志英　史4-28780

汪志本　子7-36237

汪志周　史4-28924

汪赤崖　子2-10579

汪燾　集4-22740

汪嘉謨　子2-8114

汪嘉賓　集2-8282

汪嘉祺　史4-28786、
28793

汪嘉清　集5-34777

汪嘉穀　集4-25363～4

汪喜孫　經1-5461、8122
史2-7647、7792、9572～
3、11929～31,4-28682
集4-22711～2　叢1-
312,2-712、926～7

汪喜荀　子4-21456　集
4-28077～81

汪壽康　史4-28684

汪七寶　史4-28876

汪柱　集7-49472～7、
50653

汪森　史2-7271,7-
50919,8-65668　集3-
13061、16745～9,6-
42455、43406、43430、
44034、44193、44909,7-
46397～400、46405、47084
～5、48500、48536～8　叢
1-223(71)、321,2-735
(5)

41 汪桓　經1-3859、3984

汪桓同　子5-26077

汪樞　集1-882,2-12752

汪橒　子4-24601　集7-
49131、49213、49222、
49224、49229、49233

汪梧鳳　經1-4074　集
1-149,3-21051　叢2-
653(6)、814、873

汪楨　史1-5635　叢2-
817

42 汪壎　史8-58552　集3-

17713

汪荊川　史2-12117

汪彬　史3-19219

汪機　子2-4557～8、4727、
4840～1、5397～9、6025～
6、7668～9、8622、10244、
10468～9、11173　叢1-
223(33、34)、272(4),2-
731(29)

43 汪博　集5-34485

汪式王　子1-3056

汪越　史1-10(1)、107,7-
51422、57891　叢1-223
(17),2-817

汪栻　集5-34776

44 汪基　經1-4094、5062、
5286、5705～6、6356～7
集6-43141

汪基瑞　史4-28959

汪荃　集3-17684

汪藻　史3-19522　集1-
3044～9,4-32515,6-
41900～1、42038,7-
47687　叢1-223(53)、
230(5),2-635(10)、731
(40)

汪夢雷　集4-22903　叢
1-300

汪夢斗　集1-4363,6-
45000　叢1-223(58)

汪蘆英　集6-41999

汪蘅　集4-30274

汪芳藻　史2-7391　集
3-17444～8

汪薇　集3-16204～5,6-
42470　叢1-230(6),2-
731(38)

汪茂槐　集6-45000

汪葆泰　史8-58548

汪蓮田　史4-28740、
28811

汪芝房　子7-37978

汪懋麟　集3-14147、
15891～8,6-42067、
45001,7-46397～400、
46981～2、48754

汪懋芳　集4-27287　叢
1-423

汪懋孝　子3-16299　集
2-11701

汪莘　集1-3923～9,6-
41894(2)、41904、42072～
3,7-46392、46395、46642

叢1-223(57)

汪孝寬　史3-18643　叢
1-477

汪孝寬　集5-38864～5

汪萃宗　史2-9436

汪萬頃　子1-3086、3847
集6-43819

汪萬鍾　史4-28822

汪英　史4-28689　集4-
25362

汪英壽　史3-22716

汪耆賓　史4-28739

汪若源　子2-8631

汪若洋　史4-28808

汪若海　叢1-11～2、22
(17)、23(17)、108、111
(3)、146、569

汪若谷　子2-7698

汪喆　子2-4768、8133

汪世毅　史4-28947

汪世珂　子5-25312

汪世雋　集7-47444～5
叢2-970

汪世澤　史8-58478　集
5-34184～5

汪世杰　史3-22109

汪世芳　史3-22119

汪世梅　集7-47746

汪世泰　集4-24264,7-
47653～4　叢2-1459～
60

汪世鈴　史3-19508

汪芑　集5-36579

汪鬱年　子7-36237、
36458、36570

汪芸　史4-28832

汪其詩　史4-28744

汪其瀾　子3-15103

汪樹琪　集3-16403～4

汪樹德　史8-58749

汪樹芳　史4-28950

汪樹棠　集7-53931

汪樹榮　史3-20757

汪萊　經1-6553～4　子
3-12365、12396、12615
集4-25547　叢1-557
～8,2-1637～8

汪桂三　集5-39921

汪桂森　史7-50146

汪桂林　集4-23671

汪桂馨　史3-19190

汪桂月　子4-21572　集4-26211~2

汪林安　子2-8459

45 汪坤　集4-25361

汪坤厚　史7-56475

汪棣　集7-47232

汪椿　史4-28843,8-63576

汪椿年　集4-28133

汪棟　集3-18435

46 汪坦　集2-9455~6

汪觀　集3-13311、13381、13492,6-44090

汪觀瀾　史4-28805

汪如熊　史3-19816

汪如淵　集4-25744

汪如洋　集4-23828~31　叢1-373(10)

汪如藻　集4-22742

汪韞玉　集4-22553,6-41999

汪柏年　經2-11299~300

汪樫　史8-62039

汪楫　史7-54518~20　集3-15610~2　叢2-1320

47 汪鋆　史2-9754,7-52522,8-64429~30、64541、64664　子3-16117、16148,4-21605　集4-32888~93,6-42142,7-46419,48018~9　叢2-683、810、1875~6

汪均　史3-19974

汪鶴孫　集3-16405,7-46398~400、46987~8　叢2-969~70

汪鶴衢　史3-18304

汪鶴齡　史3-17948

汪聲玲　史3-16590、18978

汪朝魁　史4-28960

汪朝滿　史4-28955

汪朝榮　史3-15468、17998

汪朝模　史3-15948、18290

汪朝銓　史3-23122

汪報閭　史8-58648

汪韌　集3-20156

汪胡楨　史2-7524,6-

46588

汪都憲　史4-28935

汪起濂　史4-28897

汪期蓮　子2-6945

汪根甲　史3-21855

汪穀詥　子3-15410　集3-18254

汪穀貽　子3-15430

48 汪增垣　史7-55516

汪敬　經1-636　集2-7028

汪敬璐　史4-28850

汪敬源　史2-11708~9

汪敬堂　集4-23047

汪松壽　史4-28752

汪枚　集3-19296

汪梅鼎　史7-56629　集4-24981

50 汪中　經1-111(3)、4109、5912、7867~8,2-11578、11870　史1-2134,2-11005、11093~5、11097,7-50149,8-63610　子4-21292~3、22715~6　集4-22709~14　叢1-242(4)、262、344、455、456(7)、457、493、523~4、533,2-609、635(13)、678、698(12)、731(5)、926~7、2252

汪中孚　史4-28721

汪中沂　經1-4338

汪中鵬　史2-7894

汪泰亨　史7-56941~3

汪本源　經1-4411

汪本直　史2-8786,7-51904、52208、55590　子4-21137

汪本鈳　經1-716、718

汪本銓　史3-15220

汪忠　史8-59544

汪忠廉　集4-29665

汪忠純　史3-22354

汪忠粹　史3-19553

汪由敦　史7-56090　子3-14791、15407、15423~4,4-24260　集3-18817~24,6-42067、43057　叢1-223(25、68)

汪書　子4-21138

汪書芳　集4-32427

汪春澍　集5-39919

汪春榜　史3-16526

汪東亭　子5-31305

51 汪振　史4-28877

汪振之　叢2-788

汪振聲　史2-13024　子4-21896,7-36228(2、5)、36231(2、4、5、6)、36233、36242(2)、36249~50、36254、36803~4、36944、37017、37019、37046、37064、37135、37158、37181、37213、37221、37604、37941　叢1-568

汪振甲　集3-18323、18357　叢2-969~70

52 汪挺　子3-15128　叢1-195(6),2-731(35)

汪援甲　集3-19090

汪虹　史8-60489

57 汪搠如　史4-26645

汪邦憲　史7-56876

汪邦柱　經1-888

汪邦忠　史4-28829

60 汪□　經1-277、329、2331　子2-9941,3-16296

汪□溥　叢2-1972

汪□□　集4-30890

汪昉　集4-30186,6-42509

汪日章　史6-47444

汪日暐　史7-52760

汪旦　史1-1296~7　子5-29895

汪曰楨　經2-14368、14879　史1-868、4632~3、4703,3-19718,7-57255、57262　子1-4418,2-9854,3-11583、11653~6、12722　集4-27287、29586、32375~81,7-46368、46719、46742、47858　叢1-416~7、423、520,2-698(7)、731(27、62)、843

汪曰杼　集4-33087

汪星煊　集5-39806

汪㬎　子2-11085、11211

汪國　集4-24137~9

汪國言　史4-28831

汪國璋　子1-4444

汪國香　集4-22743

汪國徘　史4-28920

78 汪鑒 史4－28953
80 汪人驥 經1－3649 子5－27316～7 叢1－496(7)
汪全誥 史4－28904
汪全德 集4－27502,7－47354 叢2－1459～60
汪全泰 集1－1579,4－26030～3,6－42006
汪金順 集3－20634 叢1－423
汪金巖 集7－54243
汪金相 史8－62026～7
汪金鏊 集5－41253
汪翁儀 史7－57242
汪鎬京 子3－16817 叢1－197(3)、269(5)、270(3)、353、371、469、495、586(3),2－716(3)
汪鏞 集4－22741
汪鏕 史3－18653
汪鉉 史7－56555
汪令德 史4－28742
汪無際 史7－49575
汪毓衡 史3－18283
汪毓烜 史3－19226
汪善慶 集4－32613
汪曾立 史4－28701～3
汪曾武 史2－7928,3－14932、19156,4－28696 叢2－685
汪曾蔭 史3－18463 集5－40800～1
汪曾唯 史2－7561
汪公亮 集7－54617
81 汪敍疇 經2－13090
82 汪鍾霖 史3－19029,6－41511、47305 子7－36237
汪鍾斗 史4－28911
汪鍾淑 集4－29950～1
83 汪鋐 史3－19364 集2－7362
汪鉽 集4－29471
汪鉞 集6－45005 叢1－370、471
汪猷 史6－46478
汪猷芳 集6－43825
84 汪鋑 集7－49709
汪鑊 史4－28757、28823
汪錤 史4－28672
汪鎮 史2－11005、11094、11097 集5－35483
汪鎮第 史3－18786
汪鎮光 集4－27681
85 汪鈍候 史4－28803
86 汪錦雲 史4－28912
汪錦波 子7－34687
汪錦炫 子3－13522
汪錫齡 史4－28714
汪錫祺 史7－49318(5)、53208
汪錫瑕 史3－18680
汪錫增 史3－22834
87 汪鈞 集4－27284～5
汪錚 集4－27679～80
汪銘齋 集7－54696
汪銘謙 史6－48108
汪銘琢 集5－39431
88 汪篚 集3－18388、19747、20001,4－23380、27286、31802 叢2－970
汪銓江 史4－28705
汪鋭齋 史4－28812
汪鑑 史3－15650 集3－18615
汪筠 史2－11707 集3－16085、20220 叢2－904
汪鈖 史3－18321
汪籛 集4－32374 叢2－970
汪篪 史7－57825～6
汪筱村 史2－13068
汪箴 史1－3854 集4－31802 叢2－970
汪敏漢 史4－28915
89 汪鑅 子3－17240～1
90 汪惟憲 史2－7637 子1－2223,4－21242 集3－18324 叢1－202(3、6)、203(9、12)
汪惟馨 史3－19042
汪堂 集3－20301
汪少泉 史6－47793
汪少海 集7－54811
汪光烈 史6－44361,7－51839
汪光弼 集5－38713
汪光緒 子5－29182
汪光復 史1－1937、1941、1953～9、3244、3426～7
汪光被 集3－18042,7－50183
汪光恆 子3－12825
汪尙賡 子3－13165
汪尙琳 史4－28756
汪尙仁 集3－20634
汪尙和 史4－28871
汪尙寧 史7－57957
汪尙友 史8－60779
汪尙輝 史4－28892
汪炎發 集5－39430
汪炎昶 集1－4602～4 叢1－265(5)、266
汪爌 史7－57656
91 汪烜 經1－1233 子3－17691 叢1－456(7)
汪炳 集4－23898
汪炳章 史4－28937
汪炳謙 史8－62460
汪炳熊 史8－58748
汪焯 集3－20533～4
96 汪煌輝 史8－58326
97 汪恂 史4－28787 集6－43765
汪耀文 集4－30579
汪耀麟 集3－15799
汪輝 集6－45425
汪輝祖 史2－8060～1、8244、11900～3、12618、13326、13360～2,6－41528、41531、41533～4、43017～23,8－65697 子1－1965、2238,5－25858 集3－21378～9,6－44241～2 叢1－244(3)、278、300、427、483,2－653(5)、731(18、60)、847、1500～2
汪灼 經1－4074、4268、4789,2－13684 集3－21051,4－23025～6
汪煥齋 史4－28799
汪煥羣 史3－18269
汪炤 史4－28908
98 汪炌 史1－5727
99 汪瑩 經2－11271 集4－33525～6
汪鎣 經2－11272～3 史1－6093,4－28857
汪嫈 集4－27213 叢1－367～8
汪燮 子5－26644
汪榮 史7－57294
汪榮寶 經2－14686 史1－4328,2－13225,3－

22866　子1-434,7-
38046　集5-41398
汪榮塤　史4-28797
汪榮棠　集4-33527

3111₆　漚

16 漚醒道人　子5-27499

3112₀　河

11 河北省通志館　史7-
55018
21 河上清　子7-36349
河上公　子1-1～6、8、22、
55,5-28976～85、29530
(14)　叢1-77、223(46)、
2-635(5)、708
31 河源主人　子5-25904
33 河濱丈人　叢1-114(6)
35 河津暹　子7-37269
37 河洛子　經1-2400
河瀨儀太郎　子7-37070
40 河南通志館　史8-59523
～4
河南財政清理局　史6-
43344
河南丘真人　子5-29541、
31246
河南善後支應局　史6-
45282
44 河蓋平　子2-9849
河老人　子5-29530(2)
河世寧　集6-43462　叢
1-244(6)、370,2-731
(38)
河村貞邦　經1-6788
46 河相大三　子7-37094
50 河東先生　叢1-24(10)
67 河墅先生　史2-8111
河野通之　子7-36250、
36374～5、36422

3112₇　馮

00 馮立方　集3-19978

馮立朝　史6-43138
馮亮　史6-48216
馮彥珽　集3-21485
馮應京　史6-41662～3、
49251～3　子1-801
馮應翔　集3-21485
馮應樸　集3-20172
馮應榴　史7-57304　集
1-2510
馮應泰　史7-50390
馮應圖　集5-35964
馮應無　史5-36454
馮庚　史8-62862
馮度　集4-30245～6
馮慶　集4-27823
馮慶瀾　史7-54940
馮慶榜　史2-10708
馮慶芬　史3-20094
馮慶楊　史7-55384
馮廣文　史5-36435
馮賡雪　史7-51830、
52365　集6-43065
馮賡颺　集4-25784
馮文可　史8-62925
馮文瑞　史7-55946
馮文止　史7-55681　集
3-21730
馮文魁　子3-16885
馮文洵　集5-41088～9
馮文運　史5-36473
馮文蔚　史3-15878～9、
17304
馮文顯　史8-59162
馮文獻　子5-27882、
27894
馮文金　史5-36436
馮文炌　史2-10490　集
3-14849　叢2-823
馮章軸　史5-36474
馮奕瑞　史5-36423
馮奕宿　史8-60039
馮玄鑑　集2-11703
馮京第　子1-2369,4-
19224　集2-12457～8
叢1-197(3)、371,2-
642、845(2)
01 馮龍官　集4-26294
02 馮端　史3-16322
03 馮詠　集3-18787～8
馮誠意　史3-18730
馮誠求　史3-18932

馮誠中　史3-18730
07 馮翊　子5-26220、26883～
4　集3-14238　叢1-
11～2、17,19(4)、20(2)、
21(3)、22(4)、23(4)、24
(4)、29(3)、40、106、111
(1)、148、157、223(45)、
255(1)、2-617(3)、624
(2)、731(52)
馮詢　史1-1115　集3-
20539,4-22241、29908～
19,6-42007(1)
馮調鼎　史5-36411
馮調原　子2-10765
08 馮敦忠　史6-46788　集
3-17992
09 馮麟湴　史8-59490
10 馮一梅　經2-11781　史
3-20153　子2-10218
馮一鵬　史7-51294　叢
1-269(4)、270(3)、272
(5)、2-731(58)
馮一第　集2-12311
馮正發　史5-36412
馮玉衡　子3-16616
馮王棚　史1-2660
馮至　經1-2928、5071
史1-5696、5829,2-
7061、8069,7-50442　集
4-25394～5　叢2-981
馮霈　子7-36693
馮元正　集3-16877、
19422、19470、19489,6-
41978
馮元仲　子3-17964、
18034　集2-12147、
12607　叢1-22(26)、
263
馮元颺　經1-3814　集
2-12628～9
馮元飆　史8-60992
馮元飇　經1-3814　集
2-11933～4
馮元錫　集4-26811～2
馮丙然　史3-20747
馮爾壽　集6-42244
馮震　史5-36404
馮震祥　集4-31497、
33140～1,7-46410
馮震東　集4-24754
馮西人　史5-36463
馮晉昌　史3-22740

馮可參 史8-59321

馮可賓 子4-19056 叢1-13、14(1、3)、22(26)、25、30、37、202(8)、203(14)

馮可鏞 史2-11348～9,7-57440～1,8-66096 集1-3757、3759,5-34745～6 叢2-845(3)

馮雲程 集3-15585

馮雲濠 史2-6671～3、6675～6 叢2-698(7)、845(4)

馮雲鵷 史2-6366、11059、11061、11064～6、11078,7-56805,8-63646、63870、63966、63972、64833 子1-95、237～8、240～4、249、253～4、257、265、277、284 集4-27022 叢1-353

馮雲杏 集6-44940

馮雲異 集5-40953

馮雲瞻 子2-9521

馮雲路 集4-28871

馮雲驤 經1-7720 集3-14685～8,7-46399～400、46895

馮雲驦 集3-16313

馮雲鵬 史8-63646、63870、64833 集4-25186～7,7-47393、50659 叢1-353

11 馮班 子3-15138,4-20954～6 集3-13328～37,6-43264、45496,7-50641 叢1-202(8)、203(14)、223(42)、269(5)、270(4)、271、272(4)、321、325、353,2-612、731(4)、1242

馮琢珩 子4-18607

馮开 史2-10353 集5-41035～7 叢2-2142

12 馮登府 經1-2～3、111(4)、156、163(3)、1591、4638、4650～4、4814,2-9559～60、11243、11353～65、11367～8、11516、11647～50、12224 史7-57472、57476,8-63503、63514、63640、63930～3、64830、65206、65755 子

4-22585、24399,7-34842 集4-27524～44,6-46268,7-47407～12、48578 叢1-281、373(2)、418、424、572、586(2),2-615(3)、716(1)、1693～5

馮登瀛 史1-6094

馮瑞 集7-46397～400、47090

馮瑗 史7-49991、56122 叢1-223(43),2-741

馮水 經1-6579

馮延巳 集6-41713,7-46352、46360～1、46363、46444～5 叢1-29(4)、255(3),2-799～800

馮廷章 子5-25774

馮廷韶 集5-36638

馮廷正 史5-36399

馮廷琯 集3-16578

馮廷丞 集3-21159

馮廷賓 集3-13842

馮廷槐 集3-16447～8

馮廷槐 集6-43801

馮廷年 子2-9723

馮飛 集5-40241

馮孫翼 叢1-260

13 馮瑄 集4-24752～3,6-42000

馮武 史2-7944 子3-15141 集1-5246,3-14814 叢1-223(38、42)

14 馮琦 史1-1263、1770～3、1801～4,6-47831、48367 子4-23898,5-25669 集2-10641～51,6-45094 叢1-223(19、43、66、70)、227(6)

15 馮甦 史1-3455,6-48633,7-51035、57618 集6-44025 叢1-223(19),2-849

16 馮聖任 史5-36429

馮聖澤 史7-57287

17 馮珣 集2-10275

馮瑚 史5-36431

馮取洽 集7-46375、46378～9、46388、46390、46393～4、46670

馮承棣 史7-54951

馮承鈞 子7-35764、35890

馮承輝 經2-13140 史2-6772～4,8-63645、64500 子3-16776、16857～8、16876～8、17197 集7-47591 叢2-662

馮子材 史6-47154

馮子振 集1-4984～90、2-7223,6-41788、41930 叢1-86、223(69),2-730(8)

馮翼之 史8-60892

18 馮珍 集3-20537～8

20 馮爲鎣 集5-39643

馮秀瑩 集5-35962～3,7-46836

馮舜生 史3-21998,7-55263

馮舜臣 史8-60139

馮信安 史5-36422、36426

馮受恆 史5-36407

馮孚之 集6-43835

馮集梧 史2-9524,7-49528 集1-1521,3-21003 叢2-698(9)

馮秉正 子7-35217、35343、35612～3、35886

馮秉芸 子5-26538

馮維岳 史5-36433

馮維賢 史7-55659

21 馮步蟾 子2-4750

馮仁均 史5-36482

馮虛子 子5-27037

馮行 集3-19513

馮行賢 集3-15497

馮衍 集1-197～8,6-41694、41698 叢2-827

馮虞臣 史8-64890

馮卓懷 史8-61592 集4-33469

馮貞羣 經2-11521 史2-7396、8561、9281、11637,7-51946,8-65572 集1-739,2-11934、12533 叢2-845(1、2、3)

馮貞楡 經2-11784

馮經 經1-1422,2-11580 子3-12396 叢2-731(9、25、26)、881

中國古籍總目·索引

12849、12864

馮洽　經1-1385

馮祚泰　史6-46658

馮裕　集2-7809,6-45094

馮道立　經1-1589,2224
　史6-46767～8　集4-
　30636

馮啓蓁　集4-28700

40 馮大受　集2-10605～6

馮大勳　史5-36419～20

馮大奇　史8-59690

馮士弘　子5-25754

馮士仁　史7-56918

馮士行　史5-36439

馮士傑　史8-58506

馮士造　史5-36440

馮士壞　子3-17336～7

馮士驊　經1-7682　史
　6-42043～5

馮士煜　史5-36406

馮臺　史3-19487

馮臺星　史7-55907

馮培　史7-51788　集1-
　3289,4-22024～6

馮培光　集4-32677,6-
　42007(2)

馮堯銓　史5-36438

馮希堂　子7-36022

馮有翼　集6-42901～3

馮有經　集2-10729

馮存　集6-41978

馮志章　史8-61828

馮志沂　史7-49318(4)、
　53151　集4-32555～64

馮李驊　經1-1889,3986、
　6704,6930～2,2-12174
　集1-193

馮嘉言　集2-12823

馮嘉謨　集5-34018

馮嘉會　史7-52666　子
　1-3804

馮嘉錫　史6-41539、
　44628

馮古椿　史2-12060

馮喜賡　史2-9718～9
　子5-27634　集4-
　26102　叢2-1656

馮奮庸　史2-11539　子
　1-1314,4-21230　集
　2-10773

馮奇　史1-1774～5

馮壽朋　史5-36418

馮壽鏡　史7-56851、
　56922

馮雄　史8-65263,66019

馮賁　經1-435

馮來霈　集3-19422

馮來沛　集6-41978

41 馮柯　史2-6520　子1-
　1250～2,2727　叢2-
　845(4)

馮楷　史5-36449

42 馮圻　史7-57217　集5-
　37652～3

馮埏　史3-24588,5-
　36398

馮晢華　集4-30342,6-
　42007(2)

馮斯欒　史6-42786

馮斯達　史2-12145

43 馮城寶　集4-32861,6-
　42007(2)

馮婉琳　史5-37893　叢
　2-821

馮栻　集1-1065

馮栻宗　史8-61087　集
　5-36044

馮械　史3-19612,5-
　36446

馮樾　史7-55372

44 馮燾　史8-59078

馮藻　集5-34954

馮夢龍　經1-2700,7624、
　7626～9,2-9400,9892、
　10451　史1-1299、
　1938,3128～30,3155～6、
　3164～5,3389,5-36401、
　8-58449　子3-18226～
　33,18247,4-24056～7、
　5-25119,25812,26366、
　26914～5,27068,27423～
　8,27603,27712～9,27721
　～2,27770～1,27774、
　27783,27937,28820、
　28822～5　集2-11279,
　7-49709,49757,49951～
　5,50143,50145,50240、
　50549,50694　叢1-22
　(27)、25、37、173、181、
　309、373(3)、496(3)、2-
　721、735(5)、741

馮夢熊　集6-41943

馮夢禎　史2-12521,6-
　42265　子1-23,4-

19724,5-26367　集1-
2409,2-10362～6,6-
42114,43893,45336、
45340,45415　叢1-22
(22)、29(8)、195(3)、221、
351、373(5),2-624(3)、
731(18)

馮夢祖　集3-14655　叢
2-981

馮夢槐　集3-18901

馮夢周　子4-23821　叢
1-19(9)、20(7)、21(8)、
24(10)、134

馮勸　子5-30407

馮芳　集4-30759

馮芳綏　史5-36467

馮芳緝　史2-10034、
12991,3-15663　子1-
2289

馮芳植　史2-10034

馮菁　史3-19561

馮蘭　史8-60915　集1-
5818,2-7093,6-43777

馮蘭貞　集4-30474

馮蘭森　史8-58753、
58882

馮蘭軒　史7-49357、
51081

馮茂椿　史5-36434

馮葆熙　史8-61093

馮葆光　子3-17220

馮蕙襟　經1-1962

馮懋勳　子4-22080

馮懋柱　史8-61502

馮懋昭　史3-19431

馮蘇　史1-3454

馮孝和　史5-36415

馮孝壽　史3-17736

馮英銳　史7-55249

馮世雍　史6-42912　集
2-8317～8,6-41935(4)
叢1-46

馮世瀛　經1-1749,2-
11373,11711　史8-
61614　集4-33373

馮世澂　經2-12170、
12353,12491,12587、
12683,12730,13567　子
2-5061,3-12868　叢
1-502

馮其世　史8-58513

馮其昌　集3-16623

馮楚花　子3-16383
馮黃中　史3-20653
馮樹森　子1-1975、2983
　　叢1-574(5)
馮樹春　史5-36437
馮樹銘　子4-19142
馮樹煌　史3-21890
馮桂芬　經1-5104,2-
　　12158～60、12191、12387、
　　12390、12587、12730　史
　　3-15290,6-41495、47507
　　～8,7-56953　子3-
　　11406、12656～61,4-
　　21499～501,7-36233、
　　36263、37490、37494　集
　　4-31702～5　叢1-203
　　(18)、523、558,2-731
　　(23)、1825
馮桂芳　子3-11405,4-
　　20591
馮植仁　史3-21694
馮椅　經1-531～2、2259
　　叢1-223(3)、2-673
45 馮贄　子4-23761～5,5-
　　26220～1、26887～8　叢
　　1-17、19(6)、20(4)、21
　　(6)、22(12、20、24)、23
　　(11、19)、24(7)、26～8、29
　　(3、4)、30、40、148、154、
　　180、223(44)、241、242
　　(4)、249(1)、255(2)、407
　　(2)、435、519,2-624(1)、
　　636(3)、731(52)
馮棣昌　史3-18166
46 馮觀　子1-4045
馮觀察　子2-8222
馮觀民　史7-56699
馮恕　史2-10536
馮如京　經1-7719　史
　　7-53856～7　集1-
　　4513,3-13291,6-42444
　　叢2-1238
馮如璋　集4-27422
馮如珩　集4-27422
馮如潮　史3-19849
馮相春　子3-12693
馮枳　叢1-241、242(2)
47 馮嫻　集6-41999
馮朝雨　史5-36464
馮朝禎　史8-62890
馮朝楨　集5-35744
馮朝彬　集4-29695

馮朝棟　史5-36397
馮朝陽　集5-39140　叢
　　2-981
馮起鳳　子5-27316～7
　　集7-54668～9
馮超　經2-13688
48 馮翰先　史8-62246
馮敬修　子2-7026
馮樽　集4-23778
馮梅粟　叢2-731(38)
50 馮中存　史8-61647
馮盡善　子3-15154
馮泰　集4-25083
馮泰運　史7-54910、
　　55208,8-60124
馮泰松　經2-14944　史
　　5-36400
馮奉初　史8-61092
馮書　子3-12782、12805
馮春　史5-36405
馮春潮　集4-28341～2
馮春茂　史5-36441
馮春圃　子3-17133
馮春暉　集4-26102～3
　　叢2-1656
馮東曙　史8-61837
51 馮振音　集4-25394～5,
　　5-39140　叢2-981
馮振鴻　史8-59379
馮振樣　集3-18011
52 馮揆　史3-19478
55 馮耕竹　集4-29226～7
57 馮邦英　史2-10999
58 馮鼇飈　史3-22635
60 馮□　子2-7614
馮□揖　叢1-496(7)
馮□□　史1-3723　集
　　3-21199～200,4-25012
馮國璋治喪處　史2-
　　10820
馮國瑞　史2-12061,7-
　　51167　集4-24494
馮國琦　集4-28870
馮國倚　集6-42007(1)
馮國祥　子7-36052
馮國士　子1-3098,7-
　　36228(6)、37008
馮國華　史3-21945
馮國鑫　史5-36420
馮晟　史3-16949　集5-
　　34015～7

馮恩　史6-48240
馮恩楣　史5-36424～5
馮昌奕　史7-54919、
　　56201,8-62777　叢2-
　　785
馮昌曆　叢1-103
馮昌臨　經1-1886
馮昌年　經2-10498
馮景　經1-111(2),2-
　　11851　子4-21001　集
　　1-2422、2502～3,3-
　　16662～5,6-42064　叢
　　1-202(5)、203(10)、217、
　　223(52)、227(9)、258、
　　312,2-731(43、45)
馮景謙　子7-35743
馮景元　史5-36419
馮景澄　史3-17949
馮景坊　史5-36453
馮景星　史3-20404
馮景銘　史5-36452
62 馮昕華　集6-42007(2)
63 馮畹　集5-40731
馮貽箴　史7-57356
64 馮時可　經1-747～8、
　　3756、4976、6822～4、7599
　　史1-2696,2-7213、
　　9035,7-53841　子1-
　　1148,2-4768～9、9283、
　　10487,4-19045、20510～
　　1　集2-7296、10005～
　　22,6-46240～1　叢1-
　　22(23、25、26)、29(7)、31、
　　107、111(3)、195(6)、223
　　(11、42)、242(4),2-731
　　(54)、1121～3
馮時行　集1-3099～100,
　　6-41901　叢1-223(54)
馮時化　子4-19092～6
　　叢1-108、111(4),2-731
　　(30)
馮時暘　史1-2856
65 馮晴華　集5-35887,6-
　　42007(2)
67 馮曜焜　史5-36461
馮明貞　經1-8016
馮明期　集2-11161,6-
　　41949
馮嗣京　史8-59530
馮嗣英　史5-36421
馮煦　史2-10521,3-
　　16186、18669,6-45394、

49131～2,7-49358、
53192～3、56533、56643、
56757～9、56885、56890、
57841 子4-24550～1
集1-3183,4-32885,5-
37172～8,7-46438、
48595～6 叢1-584,2-
635(10)、698(10)

馮鵑書 史7-54951
68 馮曦 子2-11060
70 馮壤 集5-39737
71 馮辰 史2-11787～8 叢
1-580,2-782(3)

馮厚 集6-42724
馮願 集3-17922
馮驥聲 集5-39141 叢
2-884

馮長年 史3-18009
馮頤昌 史3-18128
72 馮氏 史5-36428
馮氏存仁堂 子2-9751
77 馮同瑞 集5-41327
馮同憲 史8-63130
馮月龍 史5-36472
馮履端 集3-19514
馮履瑩 集3-19841
馮際隆 史7-56034
馮際午 史3-21503
馮熙 史6-44625,7-
49357

馮學高 史2-10485
馮學震 子2-6145
馮開本 史5-36466
馮閶模 子7-36722
馮譽聰 史8-62348 集
5-34393

馮譽驤 集4-32678,5-
38888

馮譽驄 集5-37229～31
馮印 集4-23945
馮巽占 史3-20824,7-
49802

78 馮敦榦 史2-10591
80 馮全琮 史3-20261
馮全琪 集5-39320
馮全壔 史2-10110,3-
19864

馮金伯 子3-16099～101
集7-48575、48723

馮金銛 集4-27645,6-
42006

馮金鑑 史3-17210

馮俞昌 集3-17663
馮兼山 子5-32014
馮念祖 集4-22341～4
馮毓孳 史3-20528
馮義址 史5-36482
馮善 經1-6301～2
馮善徵 集5-40014
馮善長 子5-25483
馮曾 史8-58494 集6-
45486 叢1-22(14)、23
(14)

馮公署 集4-22240～1
馮茲文 史8-59575
81 馮頌媛 子3-16235
82 馮鍾岱 史3-18376
83 馮鉞 集4-32041
84 馮鎮巒 子5-26510 集
4-24529

85 馮鉳 集4-30394,5-
33877

86 馮錦 史7-56732、56809
子7-33207 集4-
28699

馮錦標 史5-36410、
36413

馮錫康 史2-9781
馮錫瓛 史3-21983
馮錫仁 史2-15986、
21750

馮錫壽 史2-9781
馮錫闓 子3-17020
馮錫鏞 集4-30043～5
馮智舒 史1-983～4、
1129～30

87 馮鈞葆 子5-26042
馮欽 集3-16986
馮刱業 史5-36448
馮舒 史1-3146～50 集
3-13124～7,6-42224、
43264、43888～9 叢1-
223(70)、244(5)、419,2-
624(4)、731(4,38)、753、
790、793

88 馮銓 史6-47875
馮鑑 叢1-19(4)、20(2)、
21(4)、22(4)、23(4)、24
(5)

馮籑 史1-4579
馮敏效 集2-10161～3
馮敏昌 史7-52673,8-
59647、64007 集3-
20182～3,4-22959～61

89 馮鐙 集4-32676,6-
42007(1)

90 馮小青 集2-12092～4
叢1-371

馮惟訥 史8-59203 集
1-935,2-9002～4,6-
41935(2)、42155、42217～
22、42348、43175、45094
叢1-223(70)

馮惟重 集2-8652,6-
45094

馮惟健 集2-8954～5,6-
45094

馮惟敏 史7-55243,8-
59224 集2-8966～9,
6-41935(5)、45094,7-
48776、48778、49127～9、
50533、50589～90 叢2-
672

馮懷一 史5-36455
馮惇 史5-38024
馮光亮 史3-21862
馮光麒 史5-36470
馮光元 史3-17336
馮光熊 史1-3722
馮光岱 史5-36450
馮光宿 史8-62232
馮光淅 史7-57947 集
2-8962

馮光通 史3-15814、
17251

馮光裕 史8-62838、
62845

馮光勛 史5-36409
馮光鎬 史2-11980
馮光炘 史3-20617
馮尙志 史5-36403
馮省槐 史2-9524
馮炎 集4-30939
馮炫 史8-58765
91 馮恆 集4-24877～9
馮炳南 子7-36032
馮焯 集4-30473
92 馮愷愈 集3-14753
馮烶 史2-8388
93 馮焌光 史2-12933,7-
49316、49318(1,10)、
49702～3、49705、52976
集6-41742

94 馮熺 史3-21940
97 馮煥 史5-36437
馮煥文 史3-22939

99 馮瑩　史3-20008
馮榮森　史5-36396、36416
馮榮翰　史7-50561

3114₆ 潭

31 潭澐　史1-2146
32 潭溪漁隱　子5-28600
67 潭照　集5-39876

3116₀ 酒

41 酒狂仙客　叢2-688
55 酒井勉　子7-36271

3116₁ 潛

08 潛說友　史7-57132~6　叢1-223(23)
17 潛子龍　子1-3157
32 潛兆穀　集6-42610
38 潛道人　子3-15835
40 潛真(釋)　子6-32093(32)
潛真子　子5-29530(5)、31182
44 潛莘六公子　子5-27676
50 潛夫　叢2-661
60 潛圃野叟　子5-31329
80 潛翁　子4-23340
潛谷山人　子4-20893

3116₈ 濬

10 濬雲(釋)　子7-34721

3119₆ 源

00 源諒(釋)　子7-33930

21 源順　子5-26028
22 源後素　經2-8422
30 源之熙　史7-49318(16)
35 源清(釋)　子7-33464
37 源通魏　子2-4769
38 源汾居士　集7-51365
源海(釋)　子7-34572
40 源袁仁林　經2-14929
57 源賴寬　經2-9457
67 源明(釋)　子7-34337
77 源印(釋)　史7-50148　叢2-810
80 源養德　子7-37907

3121₁ 襫

33 襫襪道人　子5-26515

3126₆ 福

00 福康安　史6-47908~9、48778　子3-13832,7-37343　集3-18132
福廉　史2-9505
福度(釋)　子6-32091(82),7-34353
福慶　史7-51189　子5-27132　集4-24450　叢1-241、242(3),2-731(59)
10 福爾奇斯休姆　子7-38215
12 福孫　集7-54740
15 福珠朗阿　史8-61497
福建鑄錢局　史6-44467
17 福羽逸人　子7-37068、37077
福聚(釋)　子7-33958、35050、35060、35089
21 福仁(釋)　集3-18377
22 福山義春　子7-36469
24 福德　史1-1870
26 福保　史3-15075
福和　史6-47934、48832
28 福倫　史8-61947
福徵(釋)　史2-11529　子6-32091(71),7-
34095　叢2-973
30 福濟　史6-48906
福寧　史6-47911
36 福澤諭吉　子7-37988
37 福深(釋)　子6-32091(72),7-34188
福朗　史5-36747
40 福士達　子7-36258
福克　史7-49318(13)
福克旌額　史6-44143
福克斯　子7-36904
福克精阿　史3-16955
福壽堂主人　子2-5833
福來氏　子7-37768
43 福載　史6-41694
44 福夢(釋)　子7-34094
福楸　史3-17370
48 福增格　集3-20605
50 福申　史6-42335,7-49694　子4-21489~90,5-25371~2、25408~9、25924、26110、26112　叢1-322
福申禹　子5-25053
51 福振　集5-34531
54 福持齋主人　集7-54642
55 福井准造　子7-38038
福慧(釋)　子6-32091(76)
60 福昌　史8-60561
61 福趾　史6-44145
67 福明　史3-16943
71 福長安　史6-46998
77 福隆安　經2-15021　史6-45175　叢1-223(27)、227(6)
福開森　子7-37620
福興　史3-15284
78 福臨(清世祖)　經2-8445~6、8586　史1-1995,2-9373~6,6-42982　子1-1319、2162~3、2370、2525、2955、4-24216,5-29154、30328　集3-15789　叢1-223(12、20、26、31)、227(3、5、6、7),2-631
80 福善(釋)　史2-11529　子6-32091(71)、32092(43),7-34089、34091、34093、34095
86 福錕　史6-47039

88 福敏　史 6－47007

3128_6 顧

00 顧堃　子 4－23297～8　集 4－22303～6
顧充　經 2－12841　史 1－1216、4992、5433～65、5935　子 5－25009～10、25665　集 2－10637,6－42704
顧亮　子 1－2016、2019　集 1－5498
顧彦　子 1－4281～2
顧彦龍　史 3－17667
顧彦夫　集 2－7861,6－41935(4)
顧方慶　史 5－41419
顧方周　史 5－41366
顧應祥　史 1－1319～20,6－48254　子 3－11590、12432～3、12448～52、18239,4－20425～6　集 2－8162,6－43327～8　叢 1－36、223(35)
顧應期　集 4－25150
顧應榴　史 3－19574
顧應春　集 4－22144
顧慶章　史 3－20211
顧慶模　史 3－23612
顧廣倫　史 3－19626
顧廣圻　經 2－12076、12216～7、12266、12268、12721、12726、12730、15136　史 1－2296,2－6381,7－56458,8－65261、65375～9、65733　子 1－62～5、67～8、310、774、4055,4－22158　集 1－700、1378、5781,4－25333～6,6－42032　叢 1－244(6)、308、316～7、324、337、353、401、456(5)、495、553、558、586(2),2－658、662、673、697、698(5)、716(2)、731(2、3、4、23)、1861
顧廣譽　經 1－4368～9、6279　史 2－9837　子 1－1789、2839　集 4－30253～8　叢 1－418,2－1785、1860
顧賡虞　史 3－23105
顧賡良　史 7－51574
顧忞齋　史 2－13051
顧文珊　集 5－39050
顧文淵　集 3－16331
顧文澄　集 5－35463
顧文標　史 2－7926
顧文彬　史 2－12834　子 3－14864～6　集 4－30006～10,7－47699～703　叢 2－796
顧文基　史 3－17263
顧文薦　子 4－22208　叢 1－10、17、19(5)、21(4、5)、22(5、22)、23(5)、24(6)、29(6)、374
顧文柏　史 5－41397
顧文翰　子 1－1933
顧文曜　史 8－61851
顧文熙　集 5－40465
顧文鉷　集 3－20370
顧文烜　子 2－10574～5
顧文煒　集 3－20205
顧奕杭　史 5－41423
顧言　集 2－9319
顧言行　史 3－22445
顧言坊　史 3－18052
顧諒　子 1－893
顧玄緯　叢 1－49
01 顧龍振　集 6－45495、45939～40
顧譚　子 1－505～6　叢 2－774(9)、775(4)
02 顧訓賢　子 1－2321,4－24555
顧新亞　子 3－15839
03 顧詒祿　史 5－41390,7－52294、56964、56966　子 4－21388　集 3－19251～3,6－43689、45945　叢 1－321
顧詒椽　集 7－47587
05 顧靖遠　子 2－4605、5343、5598、5942、6128、9417、10525
07 顧郊麟　集 6－45302
08 顧施禎　集 1－988,6－44076
顧施楨　集 6－42115
顧敦　經 1－2786
顧敦彝　史 6－48049
顧敦義　史 3－17150
顧謙　史 3－18449　集 3－18698
09 顧麟　史 3－18192　子 4－23579
顧麟徵　史 3－22703
顧麟士　史 8－65952　子 3－14867
顧麟趾　史 6－43023、46482
10 顧一元　史 5－41356
顧一清　集 4－23315
顧正　叢 1－536
顧正誼　史 1－5558　集 2－11158～9
顧正興　史 5－41369
顧玉琳　集 5－38509
顧王霖　集 4－24387
顧元慶　史 7－52274,8－64654　子 4－18535、18666、18669～71、18978、19015、20795,5－26218～20、29541　集 6－45486、45490、45830　叢 1－22(23、24、26)、29(7、8)、36～40、58、82、88～9、114(6、7)、115～6、155、173、195(4)、269(3)、270(2),2－624(3)、731(47)
顧元交　子 2－5583～4
顧元孫　叢 1－114(2)
顧元爵　集 4－33354
顧元貞　集 3－13358
顧元凱　集 3－17441　叢 2－905
顧元標　集 6－43435
顧元揆　集 3－20912
顧元熙　經 2－12584　史 3－17766　集 4－27052～3,6－42070,7－48505
顧元鏡　史 7－52433
顧元愷　史 3－15165
顧霽　史 5－41426
顧爾行　史 6－47803
顧爾邁　史 1－2818,2－7241
顧爾梅　史 3－18997
顧爾昌　叢 2－905
顧雨棠　子 2－10885
顧震　集 4－28569
顧震宇　史 7－55361、57644　叢 2－855

顧震福　經1-4566、4574、4625、4809、2-11807、12743、12749、12779、12784、12790、12801、12804、12938、12942、12950、12953、12956、13261、13269、13279、13284、13290、13332、13335、13344、13351、13598、13603、13610、13614、13622、13628、13631~2、13636~44、14018、14567、14582、14615、14623、14696、14703、14707、14714、14718、14837、15137　子4-22119　集5-40408

顧震濤　史2-7873~5,7-51376

顧于觀　集3-18961,6-45190

顧天健　經2-10792

顧天江　史5-41382

顧天朗　子1-2553　集3-14600

顧天堦　集6-45189

顧天楷　集2-10046

顧天埈　集2-10844~6,6-45336

顧天挺　史8-59550

顧石公　集5-36689

顧晉璘　集6-43857

顧可久　經1-4952、4991　史7-50943　集1-803,2-8022~3,6-41935(4)

顧雲　史2-9952、10178,7-49995、52216、56212~3　集5-37466~8　叢1-353,2-785、795、818

顧雲龍　史8-61150

顧雲松　史3-18570

顧雲曙　史2-10042

顧雲臣　史2-10184,3-15598　集5-36077

顧雲駿　史3-18520

11 顧非熊　集1-1148、1609,6-41818、41858、41872、41878　叢1-29(4)、223(48)、249(2)、255(3)、395、587(4),2-731(49)

顧彌高　史5-41376

顧張思　史7-50077　子4-21267　叢2-811

12 顧登　經2-11002　史2-9494,7-57038　集6-45189

顧瑞沄　史5-41410

顧瑞清　史3-18021

顧瑞觀　史5-41375

顧珽　史3-17511

顧瑗　史3-16569、17511　集5-40747

顧列星　集3-19162、20859,7-47366

顧水章　集4-24059

顧廷龍　史8-64337、65955、66497

顧廷璋　叢1-496(6)

顧廷貢　史3-18900

顧廷綸　史7-53955　子3-16736　集4-25490　叢2-983

顧廷□　史5-41378

顧廷駿　集3-21607

顧廷鑛　史6-46585、46789

13 顧球　史1-5642

顧瓛　史3-21511

顧琮　史6-48725　子1-317,3-11237、11381　集3-18500,5-36663　叢1-222

14 顧功枚　集4-24227

顧瑛　史7-51381、53288　集1-5707~20,6-41927~8、43660~6、44490~501　叢1-195(4)、223(61、69)、265(5)、278、559,2-641、731(43、49)、905

顧璜　經2-12495　史2-10045、10330,3-15870、21483,5-41352,8-65527　集5-39286

顧瓚　集4-31727

顧琳　經2-15056　史8-62581

15 顧琫清　史5-41381

顧甦齋　史6-44601

16 顧聖　集2-10130

顧聖之　集2-10190,6-41935(5)　叢1-134

顧程美　子5-25270　集3-13359

顧璟芳　集7-48490

17 顧孟容　子4-18876

顧瑤光　集3-16370

顧予咸　史1-3606　集1-1592,3-13978　叢1-223(50),2-648、698(9)

顧乃德　子3-11640、12454、13283~5、13287~8、14435、14462　集4-29569

顧乃眷　史5-41427

顧弼　史7-55736~7

顧承　史2-7871　子4-23566　集4-24122~3　叢1-364

顧承謙　史3-22816

顧承皐　史3-18685

顧承之　子3-14873

顧承曾　史3-21533

顧子述　集3-20850

顧司馬　子2-10908

顧翼之　子3-18386　集4-29335

顧柔瓚　集3-20859

18 顧政均　史2-7576

19 顧璘　史2-7224　子4-20372,5-26219　集1-804,2-7672~83,6-41860、41935(1)、42726、43287~8　叢1-22(24)、29(8)、39、46、84(3)、223(65),2-730(10)、731(61)、788、1080

顧耿臣　史8-62734

20 顧壬林　史5-41360

顧季慈　叢2-706

顧集　集6-46214

顧秉謙　史1-1686~8、2942　集6-45423

顧秉政　史3-18068

顧稚圭　集3-19978

顧維禎　集3-16079

顧維岳　集1-5015

21 顧順發　史5-41420

顧順和　史5-41371

顧步青　史5-41362、41394

顧仁杰　史3-20556

顧仁榮　史3-19898

顧行樵　史5-41398

顧衍生　子4-22311　叢2-749

顧秋溪　史5-41395
30 顧瀛　史8-58962
顧濟　集4-33585
顧濟乾　集4-33071
顧淳　經1-4793,2-
　14444、14541　集4-
　30433
顧淳慶　史3-16957　子
　1-1796~7,2-10628
　集4-31029　叢2-983
顧寬　集5-37192
顧家樹　集5-37738~9
　叢2-983
顧家樓　史1-5040
顧家相　史2-10094,6-
　44308~9,7-51851、
　57122　集5-38557　叢
　2-2134
顧宸　史2-11174　集1-
　971、982,6-43625
顧永京　子7-36258
顧永興　史5-41385
顧永年　集3-15836~7
顧進　集4-22355~6,6-
　45190
顧之逵　叢1-395
顧之荍　集4-23797~8
顧之敬　集4-23017
顧之義　經2-12317
顧憲成　經2-8736、8991、
　10137、10182、10394　史
　1-5439~40、5459　子
　1-1122~35,4-19724
　集2-10394~9,6-
　45336、45340　叢1-
　194、223(66)、364,2-
　1161~2
顧準曾　史3-21533
顧安　集6-43433~4
顧宏模　史3-19530
顧良璧　史3-22907
顧寅清　集4-29334
顧賓　經1-438
顧宗玉　經2-8717、8976、
　9372、9869、10329~30
顧宗孔　集6-42287、
　42289
顧宗瑋　經1-7102
顧宗孟　經2-8717~9、
　8976~8、9372~4、9869~
　71、10327~9、10331
顧宗伊　經1-5931　史

3-19511　叢1-373(5)
顧宗泰　史1-6138,7-
　49318(5、11)、53196、
　53241、53282、53286　子
　5-25331~2　集4-
　22067~74,6-44286　叢
　1-203(17)、278,2-731
　(43)
31 顧沅　史2-6626,7867~8,
　5-41368,6-42145~6,
　7-51725、51913~4,8-
　64718　子5-31803　集
　2-6048、6360,6-43118、
　43120、44488　叢1-319
　~21、394
顧沅摘　子2-5337
顧汧　史8-59517　集3-
　16288
顧潛　史2-12418,7-
　57033　集2-7472,6-
　45189
顧福仁　史7-50386、
　57388　集5-36517
顧福堂　子1-3152
32 顧兆芝　集4-24646
顧澄　子7-36728、36746
顧澄之　史5-41408
顧灃　集4-28730
33 顧梁汾　史7-57755
34 顧斗英　集2-9658,6-
　44424
顧斗光　集3-20858
顧澍　經2-11227　集4-
　25420~2,7-47548
顧汝玉　子1-2523
顧汝修　集6-44221
顧汝萼　史8-62060
顧汝敬　集3-21331,4-
　24731
顧汝鈺　史1-3912
顧濤　集4-23466
顧浩　史2-10434,3-
　20488,7-58044　子3-
　17168~72、17176
顧沐潤　史3-22876　集
　5-39853
顧淶初　史7-55959
顧禧　集1-2501~2、3102
　~3,6-41748、41922　叢
　1-456(2)、2-731(42)、
　1513~4
35 顧沛章　史3-23216

顧清　史2-11416,7-
　56459　集2-7287~90,
　6-41935(3)、45336、
　45340　叢1-223(65)、
　2-674
顧迪光　史3-22228　集
　5-40748　叢2-983
36 顧湘　史8-65254、66458
　子3-16776、17168~75
　叢1-362~4
顧況　集1-1147~51,6-
　41739、41741、41743、
　41819、41824、41838、
　41872、41878　叢1-223
　(48)
顧渭　史8-60130
顧渭英　史2-9761
顧視高　史8-62344　集
　5-41369~71
37 顧潤　史7-57336
顧瀾　集6-44583
顧鴻　史3-13507、23288,
　7-56804　集4-31276
顧鴻烈　史3-18334,5-
　41351
顧鴻生　集4-24891
顧鴻福　史5-41389
顧鴻閶　史3-19072
顧洛　集6-45207
顧湄　史2-8475,7-52292
　集1-3878,3-13495、
　14106~7,6-44533　叢
　2-811
顧凝遠　子3-15929　集
　2-11923　叢2-796
顧次英　史2-12456,3-
　22323
顧深　史1-4076,2-13131
顧祖亮　子2-7118、8674
顧祖訓　史2-8965,3-
　13432　集3-19587
顧祖武　集6-42802
顧祖禹　史7-49612~28、
　49630~8、49641~2、
　52744,8-66271　子4-
　19500　集3-15239　叢
　1-474
顧祖彭　史3-16631
顧祖基　史3-22282
顧祖蔭　史2-12344
顧祖勛　史5-41425
顧祖同　子2-10908

顧祖榮　子7-36990、37000、37007

顧初昱　集4-25149,6-41991

顧禄　史7-49317(6)、49318(12)、50208～9、52225、53971　子4-19333、24403,5-26656　集4-25145～8　叢1-315,435,2-642,735(2)、736、752

顧逢伯　子2-5573

38 顧淦　子5-27082

顧滄籌　子2-6587

顧祥麐　史2-10865

顧遵范　史5-41361、41392

顧道稷　子4-21419　叢1-203(15)

顧道淳　史1-1335

顧道永　史5-41391

顧道洪　史2-8686　集1-778

顧道含　集3-14368

顧肇新　史3-17369

顧肇遠　史5-41359

顧肇熙　史2-13057～9,6-47192、47269

顧肇堂　史5-41411

顧啓瑞　史1-4007

顧啓宗　史3-18594

顧啓洪　史3-20388

39 顧濚　史2-7625

40 顧左　集6-45189

顧九思　史6-48354～5

顧九錫　子5-25905～6　集2-9122

顧大文　集4-22438

顧大章　子1-1963、2508　集2-11406

顧大韶　史6-48532～4　子4-20835　集2-9613、11407～8　叢1-406、425,2-789～90、792

顧大治　經1-5077

顧大申　集3-14469～71,6-42448

顧大典　集2-10035,7-49709、49851～2

顧大昌　子3-16273～5,4-21521

顧大昕　集5-36663

顧大猷　集6-42154

顧太和　史5-41417

顧太清　叢2-609

顧士璉　史6-46585、46746,7-52896～7　叢2-811

顧士江　史7-57171

顧士英　史8-61841

顧奎　史3-15613

顧奎光　經1-7833　史8-60462、60796　集3-20529,6-43636、43688　叢1-223(12)、373(7)

顧直指　叢2-999

顧培源　史6-49293

顧培基　子7-36321、37698

顧堯峯　史8-61653

顧在觀　集6-42970

顧希源　子3-16586

顧有樑　史3-18140

顧有孝　集3-13036、14709、14949、15502,6-42258～9、42458～9、43395、43879～80、43886、43993、44066、44440、44523　叢1-197(4)

顧存仁　史7-57445　集2-8595～6,6-41935(4)

顧嘉容　集7-48561

顧嘉淑　史3-23397

顧嘉蘅　史8-60307

顧嘉譽　史7-52279～80、56974

顧杏春　史5-41365

顧壽祺　集5-38761

顧壽楨　史2-6298、9976　集5-36120～2　叢2-983

顧壽椿　史3-16629

顧來章　史5-41399

顧樑三　經2-14580～1　史1-8、10(2,5)、172、353～6　集4-27988～94,6-42006　叢1-426、480、537,2-653(5)、731(1)、786～8

顧懷三　子4-19771

顧森　史7-49325、49824　子3-16052　集3-20389

顧森詹　集4-28460

顧森書　史2-13165　集4-22144、29334、30433,5-36891～6、37192

41 顧頡剛　經1-3623　史8-65263、66013　叢2-714、1539

顧樞　史2-11530～1　子1-1285　集2-11743　叢2-1161～2

顧楨　集4-31592

42 顧彬　集3-18479,7-48359

43 顧槭　集6-45192

44 顧荃　史5-37191

顧夢麟　經1-3815～7、3908,2-8718、8977、9373、9870、10331、10571～4　集2-11955,6-41943、42965

顧夢游　集2-12241　叢2-788

顧夢圭　集2-8516～7,6-41935(4)、45189

顧夢鶴　子4-20634

顧莊　史5-41367

顧蘅　子1-72,4-18542、18836、18905、19065、19178

顧芳宗　史8-60015

顧蘭升　史3-18146

顧蘭納　子7-37621

顧蘭生　史8-58724

顧蘭圃　子2-4621

顧茂猷　集6-42969

顧蓮　史2-10136,3-15993、18190,7-56473　集5-36890

顧苓　史1-1942、3397～401,2-7386、9274,6-42051,7-50205　集3-13524～9　叢2-606、610

顧懋宏　集2-9696～8,6-45189

顧懋樊　經1-65、883～4、3826、7640　集6-42986

顧孝淳　史5-41393

顧孝則　集3-17037

顧萬祺　集6-42216

顧葵　集4-22437

顧華玉　史2-8914

顧英明　史8-61290

顧若璞　集2-11951～3,
　6-41999　叢2-833
顧若曾　叢2-905
顧藹吉　經2-13173～4
　叢1-223(16)
顧喆剛　叢2-1539
顧世文　史5-41422
顧世登　史7-52254～5
顧世琦　史5-41396、
　41400
顧世澄　子2-4597、5340、
　7435、7725
顧世駿　史3-17979
顧其志　史6-47099、
　48452　子4-23921～2
　叢1-22(23)
顧其義　史3-18837,6-
　47544
顧樹聲　經1-1958　叢
　1-502
顧樹屏　史3-15675
顧葉墅　史2-7865,5-
　41355
顧桂芳　史8-63431
顧植　集4-32245
顧莼　集4-25206～8,6-
　42611
顧菊生　史3-20934
45 顧棣　史3-18638
顧楗　史5-41401
顧椿　史3-15192
顧椿煒　史3-18004
顧棟高　經1-155、163
　(1)、2847～8、4001～4、
　6916～26、8278　史2-
　11233～4、11237～8,6-
　48695,7-49406、56654
　子4-19500　集3-
　18203～5　叢1-202
　(3)、203(8、13)、223(7、
　11、24)、312,2-671、1033
顧棟南　子1-1577
顧棟高　叢1-202(7)
46 顧旭明　史8-61126
顧觀光　經1-175、3272
　史1-2002、2196、2246～
　7、2298～9,7-49318
　(10)、49409～10、52868～
　9,8-65414　子2-5484、
　6419～21,3-11241、
　12388、12396、12519、
　12680～1、12710～3、

12862,4-23387,7-36228
　(1)、36231(7)、36242(1)、
　36248　集4-30259～61
　叢1-272(3)、380、418,2-
　628、731(7、64)、1792～3
顧如華　子5-29355　集
　3-13487～8
顧如金　集4-28065
顧韞玉　集4-24389　叢
　2-906
顧柏年　史3-22563
顧槐三　叢1-564
47 顧鶴庭　子3-12893
顧鶴慶　史7-49318(20)、
　53426,8-65333　集4-
　25337
顧鶴翔　集4-32481
顧歡　經1-105,2-9272
　子5-28999、29008、29530
　(14)、31893　叢2-670、
　774(6、9)
顧愨　集2-7012
顧聲雷　史8-62843～4
顧朝鼎　史5-41363
顧翊　集4-27984～7,6-
　41994,7-48568
顧起　子1-847
顧起文　史5-41423
顧起元　經1-3771～4、
　4746,2-8998～9000、
　10427　史1-363,2-
　7188、7200、7781,7-
　50104、51535,8-63841
　子1-44、4047,4-18806、
　20481,5-25077～8、
　25697、26339、27421、
　29327　集1-2398,2-
　9550～1、10370、10919～
　26,6-43814、43949、
　45271、45352～3　叢1-
　22(24、27)、206、223(43)、
　564,2-755、787～8、1184
顧起經　史2-11164　子
　5-27514　集1-802、
　1257　叢1-49、227(8)
顧起綸　子5-25510、
　25673　集2-7854、
　8950、9383～6,6-43748、
　43806
顧起淹　經2-13801
顧起隆　史2-7865
顧楣　集3-21019～20
顧楫　集6-44652

48 顧增範　史5-41357
顧翰　史2-10045,3-
　17415,7-50072、57776
　集4-27590～8,5-
　39878,6-41994,7-47730
　～1　叢1-486,2-731
　(49)、1459～60
顧敬　集4-28898
顧敬恂　集4-24388,6-
　41984
顧樅　史8-62190～1
50 顧夷　子1-534～5　叢
　2-774(9)、775(4)
顧忠宣　史3-22303
顧書紳　集4-28967～8
顧春　子1-8　集4-
　30181～3
顧春福　史2-12712　子
　4-23559
52 顧虬　集4-23891～2
53 顧盛慶　史5-41386
顧咸泰　史7-55537
顧成章　經1-5167,2-
　9652、11744
顧成天　史2-9380、9431,
　5-41354,7-56501～2
　集1-107,3-17781～5
顧成順　集4-27866,7-
　47533
顧成憲　子4-23030
顧成志　經1-4045　子
　4-22563　集3-20390
　叢1-202(4)、203(10),2-
　811
55 顧慧　集4-26309
顧曲詞人　叢1-496(6)
56 顧挹江　子3-17605
57 顧抑如　史5-41431
顧邦傑　集4-32478
58 顧搶　經2-13936
顧鼇　史6-45349
60 顧□　集2-7717　叢1-
　39、84(3),2-730(11)
顧□□　史5-41380　集
　3-21372　叢2-632
顧昉　集3-15298
顧昉之　集2-12511,6-
　44424
顧日新　集4-24956～7
顧目庵　經1-4061
顧星炯　史3-20400
顧國誥　史3-21887,8-

61440

顧國詔　史7-57720

顧國珍　史7-57042

顧國政　史3-17754

顧國泰　集3-17995

顧易　史2-11148、11384、11444　集6-45189

顧晟　史6-42414

顧思永　史3-19057

顧思賢　史7-56505

顧思義　史7-50075

顧恩瀚　叢2-685

顧恩來　經2-12591

顧昌　史7-56502　子4-23125

顧昌緒　史5-41405

顧圖河　集3-16859

顧昂千　史7-49793

顧杲　子3-14982~3、15343~4　集2-12826~7,6-41943　叢2-611

顧景康　集4-24332

顧景文　集3-15058,7-47516

顧景璐　史5-41383

顧景濂　史7-57777　子1-2559

顧景芳　集7-47233

顧景星　經2-12867~8　子1-4488,4-23125~6　集3-14331~2,6-42067,7-46399~400、46860　叢1-202(3)、203(8)

61 顧昺世　叢1-554,2-2043

62 顧影恬　子4-22607

63 顧暄　集4-28804

　顧貽祿　集6-44411

64 顧曉瀾　子2-4768

　顧晞元　集4-28969~70

　顧時鴻　史7-56977

　顧時田　子2-6634

67 顧明　集6-41825

　顧昀　集4-26884

　顧鳴盛　經2-14479

　顧鳴威　史2-9831

　顧鳴鳳　史2-6249,6-47229　集5-39754~5　叢2-2220

　顧瞻　經2-12180

顧盟　集1-5309

顧野王　經2-11310~1、11331,12765~71、12773、12775,15114　史7-49308、49467~9　叢1-22(10)、23(10)、223(15)、227(4)、390,446,2-730(12)、731(21)、772(2)、773(2)、774(6)、836

顧嗣立　史2-11793　集1-1285,1592,2422、2502,3142,3800,4402、4421,4483,4488,4539、4546,4577,4593,4637、4650,4669,4675,4705、4708,4710~1,4715,4717~8,4722~5,4731~2、4735~6,4739~42,4744~5,4750,4766,4768、4773~4,4778,4780~1、4785,4787,4791,4793、4801,4805~10,4814、4818,4820,4839,4845、4847,4849,4851,4860、4878,4882,4884~5,4893~4,4902~3,4912,4917、4926,4929,4932,4936、4938~9,4944,4947、4955,4965,4968,4972、4975,4978,4990,4993、4999,5002,5009,5019、5026,5036,5039,5043、5051,5060,5062,5067、5071,5074,5080,5085、5096~7,5099,5101~5、5108,5110~1,5116,5119~20,5123~4,5126~8、5130,5133,5136,5141、5145,5152,5166~7、5184,5195~6,5202~3、5214,5228~9,5233~4、5236~7,5240,5242、5251,5258,5261,5274、5279~84,5286,5288、5290~3,5296,5302~3、5306,5309~12,5315、5319~23,5328~30、5332,5334,5336~7,5339~40,5346,5350,5358、5360,5363,5366,5368、5374,5378~9,5383、5385,5390,5393,5399、5403,5410,5412~3、5416,5424,5435,5440、5446,5453,5455,5457、

5463,5469,5472,5475~9,5482~3,5488~9,5501~3,5528,5536,5547、5552,5555,5558,5562~4,5569,5571~2,5585、5591,5595~6,5600、5609,5619,5623,5632、5636~9,5642~5,5647~8,5657,5670,5673,5675~6,5678,5681,5692、5696,5698,5710,5721、5725,5727,5730,5733~4,5736~7,5740,5750、5752,5756~7,5760、5762,5778,5784,5790~1,5793~6,5803,5811、5816,5819~20,5825,2-5881,6007,6032,6132、6199,6531,6634,7398、10302,3-17435~41,6-42465~6,43681~6、44188,44441,44899~900、45943~4　叢1-203(16)、207、223(50、71)、227(11)、315,2-645~6,698(9)、905

顧嗣皐　集1-3480~1

顧嗣協　集3-17305~7,6-41962,44899~900　叢2-905

顧照世　集4-28197~8

68 顧敔憲　集4-24833,6-41984

70 顧雅堂　史5-41418

71 顧厚墍　叢1-321

　顧厚盤　子7-36250

　顧厚焜　史3-16157、17326,6-41946,7-49318(19,21)、54641,54873~5,54881~3　子7-36249,36253,36925　集5-38637　叢1-528

　顧厚輝　史3-19341

　顧敦愉　集4-25491,6-41984

　顧匡籌　集4-31938

72 顧所受　集2-12828,6-41943

　顧氏　集7-46429

73 顧駿業　集4-23018

75 顧體仁　集7-54657

　顧陳垿　經1-5865,6504,2-14354~6　史2-11812~3　集3-18140

中國古籍總目·索引

叢1－320,2－811～2
77 顧鳳藻　經1－6004　叢
　　1－316～7,2－731(27)
　　顧用　史8－58665
　　顧鵬　史3－18132
　　顧履均　集5－35608
　　顧履成　集1－1149
　　顧際熙　史8－60300
　　顧熙　集3－17333
　　顧騋　史8－63060
　　顧學淵　史2－10733
　　顧學潮　史7－55172
　　顧問　經1－5964,2－10631
　　　史2－8472,7－55349
　　顧印愚　集5－38854～6
　　顧與沐　史2－11530～1
　　　叢2－1161～2
80 顧人龍　集3－13567
　　顧人驥　史8－58423　集
　　　3－15763
　　顧八代　集3－15941
　　顧金寶　史5－41370
　　顧金壽　子2－4768,4771
　　　(4)、4885,8504,10632
　　顧金菜　集4－23467
　　顧金楠　史3－13507
　　顧金墀　集3－18453
　　顧鎬　史5－41412　子3－
　　　18171
　　顧兌　史5－41421
　　顧介福　史5－41406
　　顧夔　史3－15206,5－
　　　41346　集4－28805～6,
　　　6－42003,7－47518,50649
　　　叢1－385
　　顧夔璋　集3－20297
　　顧慈　集4－24762,6－
　　　41999
　　顧毓蔭　子2－7796
　　顧善成　史5－41409
　　顧曾　集3－21063,4－
　　　27050～1
　　顧曾沐　集5－37389
　　顧曾大　史2－8853
　　顧曾壽　子5－31391　叢
　　　1－405
　　顧曾銘　史3－23538
　　顧曾烜　史3－16135、
　　　18223,7－51155,56785
　　　集5－38244～6,7－48057
　　　叢2－829
　　顧命舜　集3－17743

顧公毅　集5－38533
顧公燮　史1－4447　子
　4－23170,5－26410,26757
　～8　叢2－674,796
顧養謙　史6－48330
81 顧鈺　集4－23893
82 顧鍾瑞　史3－18578
　　顧鍾秀　子3－14523
　　顧鍾泰　史3－23600
84 顧鎮　經1－4051　史2－
　　　9454,11808,7－57089～
　　　90　集3－20589～92
　　　叢1－223(7)、364,2－731
　　　(61)、782(4)
86 顧錫　子4－4771(3)、7329、
　　　7384
　　顧錫麒　叢2－673
　　顧錫麟　子1－4327
　　顧錫爵　集5－37904
　　顧錫嶜　史8－58474
　　顧錫中　史3－13485
　　顧錫疇　經2－10362、
　　　10466～7　史1－1293～
　　　5　子1－221　集1－
　　　1273,2042,2－11866～7,
　　　6－42891～2,45336、
　　　45340　叢2－1387
　　顧智　史8－60507
87 顧銘　集4－29863
　　顧翎　集4－26820,7－
　　　46426、47657
88 顧鎰　史7－51912
　　顧鑑　經1－6874　集3－
　　　21925～6
　　顧簡　集2－10479
　　顧敏恆　集4－23066～7,
　　　6－41984
90 顧懷壬　史3－15835,8－
　　　61817
　　顧少蘭　子2－10815
　　顧少軒　子1－3086
　　顧光　史2－11851,7－
　　　51704
　　顧光衷　史6－44610
　　顧光旭　史2－11899　集
　　　3－21437～44
　　顧光照　史3－19010
　　顧光熙　史5－41377
　　顧光敏　史6－45340
　　顧炎武　經1－3、111(1)、
　　　125,157,163(1)、2283、
　　　3924～5,4747,6878、

6884,2－11332、11848、
11972～3、12967、13654、
13698～700、14052～3、
14057、14529～30、14540、
15113　史1－1929、
1937,1941,1946,1977～
8,3232～7,3297～9,5301
～3,5966,5－41403,6－
44853,7－49318(4,8)、
49603～10,49902～3、
51281～2,51340,51437～
9,52142,52195～6,8－
58961,63502～3,63551～
3　子1－3860,4－22303
～7,22311～8　集3－
13741～5,13747～9,6－
42024,42064,42066、
45195,45496,45856,7－
46841　叢1－195(7)、
203(16)、210～1,223(11、
12、16、17)、249(3)、269
(2、4)、270(1、3)、271、272
(2、3、4)、330～1,353、
359,373(3、5)、386～7、
395,404,418,421,429、
448,452～3,478,529、
563,579,586(2)、2－609、
611,617(5)、635(12)、637
(2)、698(7、11)、716(2)、
731(3、7、24、57)、749、
1274～5,1277,2037
　顧焱　史3－22508
91 顧恆　史3－17780
　　顧炳　史3－23337　子3－
　　　16016,16038,16140、
　　　16303,16310
　　顧炳章　史5－41407,6－
　　　45562,45565,45567、
　　　45569,45571,47335
　　顧炳嶸　經1－3284
　　顧炳寰　史3－18534
92 顧愷之　經2－13361　叢
　　　2－774(8)
94 顧忱　集2－12825,6－
　　　41943
96 顧惺　集4－27374
　　顧煜　子3－18170
97 顧恂　集2－6809～10,6－
　　　45189
　　顧耀離　史8－62781
　　顧耀乙　史3－20585
99 顧瑩　史8－60005　集3－
　　　16397
　　顧變綸　集4－30158

顧燮光　史2-10750,8-
63512～3、63817～22、
63887、63951、64001、
64463、64601、64786～90、
66418　集5-36121、
41248～50　叢2-983
顧榮達　史3-18129

3130₃　遞

00 遞廬　子5-27874～7
60 遞園居士　史7-51535
　　叢1-22(24、27)
71 遞阿　子4-19188
80 遞翁　子4-23623

邐

23 邐然子　子3-13889

3130₄　迁

40 迁樵子　史1-2909

3130₆　迺

77 迺賢　史7-51339　集1-
5688～91、6-41780、
41784、41927～8　叢1-
223(26、61)、227(10)、230
(3)、456(6)、457,2-672

迺

77 迺賢　叢1-274(3)、289

3133₂　憑

21 憑虛子　子2-6434

3168₆　額

27 額魯禮　史8-62562
44 額勒和布　史2-12912
　　額勒布　史6-43848
　　額勒精額　史6-47198
52 額哲克　史8-60879
79 額騰額　史5-35790

3190₄　渠

50 渠本翹　史3-16484～5、
17720

3210₀　淵

44 淵著堂　集6-41948

測

38 測海山房主人　子3-
12388

3211₃　兆

00 兆慶　史6-47038
09 兆麟　史7-56368～9
10 兆元　史8-58923
17 兆琛　史6-47191
31 兆福氏　子4-23728

3211₈　澄

32 澄淨(釋)　子6-32084
　　(33)、7-32119
46 澄觀(釋)　子6-32084
　　(32)、32088(42)、32089

(50、52)、32090(64、66)、
32091(62、64、65)、32092
(41、42)、32093(47、50)、
7-32109、33072～3、
33314～30、33334～6、
33343、33794、33876～7、
33890

3212₁　浙

10 浙西漚隱　史1-4297
30 浙寧仁義氏　子2-7816
31 浙江交涉署　史6-44935
　　浙江調查局　史6-41883
　　浙江諮議局　史6-41870
　　　～1、41874、41878、43316
　　浙江諮議局議案預備會
　　　史6-41873
　　浙江巡撫部院　史6-
　　　42282
　　浙江采訪忠義總局　史2-
　　　7963～4
　　浙江修志局　史7-57123
　　浙江官報局　子4-21989
　　浙江法政學堂　史6-
　　　42511
　　浙江清理財政總局　史6-
　　　43321
　　浙江清理財政局　史6-
　　　43312、43314、43317～20
　　浙江通志館　史7-57490
　　浙江通省鹽茶牙釐總局
　　　史6-43611、43613
　　浙江海塘工議事會　史6-
　　　46854
　　浙江布政使司　史6-
　　　43581
　　浙江地方自治籌備處　史
　　　6-41880
　　浙江藩司　史6-43616
　　浙江書局　子1-62～4
　　　叢1-373(6)
　　浙江圖書館　叢1-229
　　浙江鹽茶牙釐總局　史6-
　　　43612
　　浙江會館　史3-23751
　　浙江省通志館　史7-
　　　57125
90 浙省大禮拜寺　子7-
　　36045

漸

00 漸齋主人　子7-38126

3213₀ 冰

10 冰玉主人　子5-28269
　　冰天吏隱　集5-35182
40 冰壺外史　史6-43771
44 冰華生　叢2-721
　　冰華梅史　叢1-22(27)、
　　37、168(4)
　　冰華居士　子5-26222
　　叢1-185
71 冰甌館主人　集7-48023
77 冰月　集4-25353

3213₃ 添

60 添田壽一　子7-37272

3213₄ 沃

00 沃立　史2-7533
44 沃林　集4-22391

濮

00 濮應台　史8-58908
　　濮賡元　史5-40889
　　濮文綺　集7-48210
　　濮文波　史3-19018
　　濮文湘　集5-35901
　　濮文昶　史8-60095
　　濮文暹　史2-7780、
　　10314,6-46442　集4-
　　30063,5-35259~61　叢
　　2-683
　　濮文彬　史2-10934,5-
　　40890　集5-36069

01 濮龍錫　史7-57375
10 濮一乘　史7-51571
12 濮瑗　史8-62024、62036
17 濮孟清　史7-57375
　　濮子潼　史3-15961
22 濮嵩慶　集5-33809
26 濮侶莊　史7-57375
31 濮漑　史7-57211
　　濮福生　集5-39340
33 濮淙　集3-13293~5
36 濮昶　集5-36589
37 濮祖型　集3-19833
38 濮肇華　史3-18100
　　濮啓元　史7-50367
44 濮蘭德　史2-10477
60 濮□□　集5-35175
　　濮因約翰　子7-38147
76 濮陽夏　子3-13028
　　濮陽淶　經2-13789
77 濮又梱　子3-17438
　　濮賢姬　集5-40498
　　濮賢懋　史8-64841
　　濮賢娜　集5-40628
　　濮賢慈　史3-17442
80 濮金福　史5-40887
　　濮鏡清　史5-40888
84 濮鏌　史7-57378
90 濮光孝　集3-18169

3214₇ 叢

20 叢秉肅　經2-10157
25 叢傑　集4-28893
27 叢紹卿　史7-56331
37 叢洞　史3-15055
　　叢淑　史3-21172
40 叢士晃　史3-21163
44 叢蘭　史6-45128、48193,
　　7-55104
　　叢蘭館主人　子4-21432
　　叢桂　史3-17611
　　叢桂堂居士　子2-4639、
　　9568
50 叢中芷　史3-15065、
　　21157
　　叢中蕙　史3-22471
　　叢本豐　史3-21183

浮

10 浮雲　史7-50554
17 浮乃　史7-49319
26 浮白主人　子5-27411~3
　　集7-50695　叢1-177
　　浮白齋主人　叢2-617(5)
36 浮湘客　子4-21611
60 浮園主人　子4-24614,5-
　　27122　叢1-496(2)
　　浮田和氏　子7-36227
　　浮田和民　子7-36507、
　　36683
　　浮曇末齋主人　子3-
　　18144
72 浮丘公　叢1-4~5、19
　　(5)、22(18)、23(17)、24
　　(5)、29(2),2-780
73 浮陀跋摩(釋)　子6-
　　32081(37)、32082(16)、
　　32083(24)、32084(20)、
　　32085(36)、32086(40)、
　　32088(26)、32089(45)、
　　32090(51)、32091(49)、
　　32092(34)、32093(29),7-
　　32775

3215₇ 淨

00 淨意子　子2-8511
　　淨意菩薩　子6-32081
　　(26)、32083(18)、32085
　　(25)、32086(28)、32088
　　(18)、32089(44)、32090
　　(49)、32091(47)、32092
　　(32)、32093(30)
02 淨端(釋)　子6-32091
　　(72)
04 淨訥(釋)　子7-33446、
　　33739
20 淨香居主人　集4-25028
22 淨樂(釋)　集4-27319
24 淨升(釋)　子7-33448~50
26 淨和(釋)　子7-34342~3
28 淨倫(釋)　子6-32091
　　(71)　集2-6923~4
30 淨宏簡　集7-54208

淨寶(釋) 子7-34313
集3-13510

31 淨源(釋) 子6-32088
(42)、32089(50)、32090
(64、65)、32091(62、63)、
32092(41、42、43)、32093
(49、50)、7-32099、
32386、32391、33343、
33469、33649、33804、
33810、35000 叢2-595
～6

38 淨啓(釋) 子6-32091
(76)

40 淨柱 子6-32091(74)

42 淨斯(釋) 集3-13544

52 淨挺(釋) 子6-32091
(77)、7-33515、33545～
6、34288

53 淨成(釋) 集6-41820

72 淨岳科 子6-32093(51)

77 淨覺(釋) 子7-34723
叢2-713

80 淨善(釋) 子6-32089
(52)、32090(66)、32091
(64)、32092(42)、32093
(52)、7-34038～9

88 淨符(釋) 子7-34115、
34273、34419、34421

淨範(釋) 子6-32091
(74)、7-34289～90

3216₄ 活

50 活東 子5-28583

3216₉ 潘

00 潘立朝 史5-39808

潘立書 史3-19244

潘亨 集2-6819

潘亨穀 集5-41305

潘亮 集3-18300

潘亮弼 史2-9799、12072

潘亮彝 史2-12072、7-
50140

潘亮熙 集4-33680 叢
1-537

潘席卿 子1-2604

潘膺祉 子4-18777

潘高 集3-14656～7

潘應詔 經1-6472

潘應珍 史5-39745

潘應斗 史8-60709

潘應祺 子3-12788～90

潘應祥 史5-39851

潘應垣 集3-21128

潘應標 經1-1985

潘應椿 史8-63650 子
3-15262

潘應星 史8-60709

潘康保 集5-35821 叢
2-908

潘府 子1-251、954 叢
1-22(20)、87、2-730(1)

潘庭旃 集5-36058

潘庭楠 史8-59947

潘慶琦 史3-19095

潘慶齡 子3-16209 集
4-27359

潘慶瀾 史2-9804、3-
22512 集5-37561～2

潘賡九 史5-39796

潘亦雋 子3-16380、
17858

潘文儁 史5-39844

潘文舫 史6-46135

潘文熊 史3-18226 集
5-37816

潘文彪 史5-39847

潘文安 史2-12502

潘文淵 集6-45209

潘文清 子2-10901

潘文韜 史7-57626

潘文輅 史7-57372

潘文錦 史8-61115

潘文煥 經2-10420

潘奕雋 經2-12181～3、
12726 史2-11918 子
3-14832、16387、4-21389
集4-22293、6-42456、
44240、44379 叢1-558

潘奕藻 集4-22668～9

潘奕興 集4-22667 叢
2-908

潘音 子1-888 集1-
4613、6-41889 叢1-
195(2)、306、2-853～4

潘京南 史2-6972

03 潘斌 史3-16930

潘詠 集4-28796

潘詠之 經2-12980

潘誠 子2-7480

潘誠貴 集5-35066、7-
47778

07 潘翊清 史8-58417

潘郭田 史2-12914

潘誦炳 史3-22826

潘諗 子4-21322 集4-
29437～9

08 潘旋吉 集3-18554

潘敦先 集5-40545～6

潘敦復 史7-55202

潘謙受 集4-28367～8

09 潘麟瑞 子3-17645

10 潘一塵 史7-57088

潘一心 集4-27037

潘一志 史8-62286

潘一桂 集2-9767～8

潘一鶚 集3-16729

潘三槐 集1-140

潘正亨 集4-26946

潘正理 集4-28438

潘正衡 集4-31781、6-
42007(2)

潘正煒 子3-14825～6、
15487

潘玉璿 史7-57255

潘元發 史5-39842

潘元達 史5-39769 集
4-31916～7

潘元禮 史5-39785

潘元懋 經1-1037

潘元善 子7-36231(6)、
36915

潘震乙 史7-55375 集
4-32331

潘耒 經1-2221 史2-
12217、12851、6-41530
子2-4708～9、4714、
5029、5205～6、6702、
6740、7202、8101、8271、
11202～5、11207、3-
15033、16414、5-29591
集4-32952、5-33951
叢1-442～3、2-731
(20)、796、908

潘平格 子1-1366 叢
1-263

潘天啓 史5-39834

潘天成 集3-16820 叢
1-223(67)

潘晉齡　集4-28716

潘雷　集4-30059　叢2-
　　908

潘可選　史2-9094

潘可藻　史7-57708

潘雲　史5-39793,6-
　　45841

潘雲傑　經2-13812～4
　　史8-64928～9

潘雲臺　史5-39868

潘雲赤　集7-46405、
　　46968

潘雲杰　子2-9293

潘雲谷　集4-27348

11　潘珏　史5-39843

潘頊　史2-12453

12　潘瑞奇　史8-61748、
　　63039

潘瑞榮　史5-39762

潘延祖　集5-36195

潘廷章　史7-57360　集
　　3-14306,7-48869

潘廷瑞　集6-42932

潘廷爵　史3-20801

潘廷侯　史7-55872,8-
　　61454、61491

潘飛聲　史7-49318(22)、
　　53699、54169～71、54841
　　集5-36066、39276～9,7-
　　48377～80、48751　叢1-
　　584,2-622、2153

潘飛鶯　集7-48376

14　潘瑛　子5-25589～90
　　集4-22788～90

潘殖　經1-451　子1-96、
　　712～3　叢2-878～9

16　潘璁　集6-41702

17　潘乃光　集5-36736～8,
　　7-48340

潘承諾　子7-37302

潘承謀　史3-22227,5-
　　39778　集5-41141

潘承弼　史8-65263、
　　65954、66018、66020～1、
　　66314、66497　集3-
　　20745,4-22667、28452、
　　30059、31317、32952,5-
　　34906、35821、36739　叢
　　2-908

潘承峻　史5-39761

潘承富　史5-39826

潘承典　史2-10768

潘承厚　史8-65263

潘承鍔　史6-46063　子
　　7-37303、37377、38105

潘承焯　史2-6285,8-
　　60968　叢2-998、1455

潘承煒　叢2-1455

潘子濬　史5-39841

潘子真　集6-45486　叢
　　1-22(14)、23(13)

潘子聲　經2-13447　子
　　1-2817

潘子昭　子1-1928

潘子駿　集4-31781

潘乙震　子1-1610

18　潘玠　集3-16096

20　潘爲傑　史5-39806

潘爲縉　子2-7242

潘秀錦　史5-39807

潘季馴　史6-46588、
　　46617～9、46621、48298～
　　301　集2-9361～3　叢
　　1-223(21、24)

潘季彤　史8-64968

潘維城　經1-163(3),2-
　　9507～10、13954～5、
　　13959、13965～6

潘維泰　史5-39839

21　潘仁樾　史7-57769

潘伍光　史8-61417

潘衍鋆　集5-36057

潘衍桐　經2-9615、11257
　　～8　史3-14954、
　　15646,6-49113,8-65314
　　集5-36885,6-44559、
　　46162　叢2-832(6)、
　　2038

潘肯堂　史7-55738

潘睿隆　子4-23212

潘師孔　史5-39800

潘貞　經1-933

潘貞敏　集4-31919～20,
　　6-42007(3)

22　潘彪　集3-17130

潘任　經1-166～7、2040、
　　3098、5152、5795,2-8539
　　～43、11795～7、12351
　　子1-461　集5-40822
　　～4　叢1-502

潘鼎　集4-28885

潘鼎立　史5-39837

潘鼎新　史8-61414

潘鼎珪　史7-49318(15)、

54667　叢1-210～1、
　　249(3)、355,2-617(5)、
　　731(59)

潘鼎陽　集4-27965

潘巒　經1-6481,2-14309
　　史2-6505,6-42026

潘崇發　史5-39836

潘崇福　史3-17408

潘繼高　經2-11011

潘繼李　經1-4172

潘繼芳　集6-44541

潘繼善　史8-58768

23　潘允端　史2-12520

潘允喆　集7-48584

潘允哲　集4-22579～80,
　　7-48195

潘倧　史5-39799

潘峻德　史5-39856

24　潘仕成　子1-3581,3-
　　15483～6、16231　叢1-
　　453

潘化成　子2-7301、7521

潘先龍　史8-58234

潘佳晴　集4-23953～4

潘德音　史3-19460

潘德荃　史3-19159,7-
　　56284

潘德惠　史5-39753

潘德隆　史5-39754

潘德輿　經1-6340,2-
　　9562　史6-42440　子
　　1-2261～2、2568,4-
　　21414～5、24485～6,5-
　　26594～5　集4-27966
　　～76,6-46108～11,7-
　　47725　叢1-490、537,
　　2-1716～7

潘緯　經2-14043　集1-
　　1404～9,2-9730～1,6-
　　41935(5)　叢1-223
　　(49),2-635(7)

25　潘仲絃　史5-39833

潘仲驂　史7-55534

潘仲午　集5-37720

潘健榮　集4-31782,6-
　　42007(2)

潘傳林　史5-34404、
　　39797

潘傑　史5-39835

潘紳　子7-35248

潘純　集1-5455

潘純甫　經2-13485

26 潘自彊　史3-15509、
　　19771
　　潘自強　集5-35320
　　潘自牧　子5-24833～6
　　　叢1-223(43)
　　潘伯璠　史2-9644
　　潘伯修　集1-5489,6-
　　　41932
　　潘泉　經1-1459～60　史
　　　7-56778
　　潘得金　史5-39782
　　潘保恩　史5-39763
27 潘佩芳　集4-25319
　　潘名熊　子2-4768,7153、
　　　10553　集4-32472,6-
　　　42007(2)
　　潘魯玉　子2-9045
　　潘紀恩　史7-57647
　　潘紹詮　史7-57565
　　潘紹雋　史7-57210
　　潘紹澂　史5-39779
　　潘紹周　史3-16723、
　　　18659
　　潘紹曾　集4-24584,5-
　　　35899
　　潘紹堂　史5-39747
28 潘倫　子2-9032
　　潘徽　經2-13607、15142
　　潘儀增　史8-65045　子
　　　3-17352
　　潘儀鳳　史2-9768、12102
　　潘齡皋　史3-16704　子
　　　3-15852～3
　　潘綸恩　子5-27209　叢
　　　1-496(7)
30 潘室銘　集5-40266
　　潘滈　史3-19214
　　潘淳　集6-45666
　　潘家嶒　史3-19175、
　　　22311
　　潘永季　經1-1934　史
　　　1-78、853、5280　叢1-
　　　203(8)
　　潘永清　史4-27958,5-
　　　33486～7、35712
　　潘永芳　集5-36194
　　潘永盛　史8-60485
　　潘永因　史1-1309　子
　　　4-24208～9　叢1-223
　　　(44)
　　潘永圜　史1-1309、5658
　　潘適　集3-17993～4

潘之彪　史8-61839
潘之淙　經2-13026～7、
　　13764　子3-15125～6
　　叢1-223(37)、347、442～
　　3,2-731(25、35)
潘之泮　子2-9241
潘之藻　經2-13884　集
　　2-10979
潘之恆　史7-50204、
　　51548、52146、52400、
　　52889、52946　子3-
　　18212、18222～4、18247、
　　18296,4-18654,5-24994
　　～6、24998　集2-
　　10215、10260、10583～92、
　　11659,6-41949,7-
　　54845、54853　叢1-13、
　　14(3)、22(24、25、27、28)、
　　25、37、168(2、3)、173、181
潘守廉　經2-9681　史
　　3-16288,8-59351、
　　59354、59945　子1-
　　4426、4468　集5-39504
　　～5
潘宇春　史5-39794
潘安禮　集3-18528～9
潘富昌　史5-39768
潘容卿　叢1-587(2)
潘宅仁　史7-57296
潘良敬　史5-39772
潘良貴　集1-3152～5,6-
　　41784　叢1-223(53)、
　　2-860
潘良駿　史3-19911
潘良興　史5-39784
潘定廉　史3-20208
潘定桂　集4-32686～7
潘寶疆　史8-61438
潘寶生　史5-39795
潘寶籙　史8-61420
潘宗元　子2-5817
潘宗秀　史3-17846
潘宗信　史3-19149　集
　　5-38088
潘宗鼎　史7-50118　集
　　5-40779～80
潘宗傑　史5-39765
潘宗江　史5-39859
潘宗洛　集3-16970
潘宗鄴　集3-20745　叢
　　2-908
潘宗壽　史3-15752

潘宗樞　史5-39836
潘宗藝　集3-21747
潘宗薊　集3-21746
潘宗岳　史8-63407、
　　63413
潘宗周　經1-5573～4
　　史8-65960～1
潘宗耀　集4-26186
潘察理　子7-35734
潘宷鼎　史8-60101
31 潘江　史3-18409,6-
　　43164　子2-7512,7-
　　37871　集3-14136～7,
　　6-44552～3
　　潘江藻　史5-39840
　　潘灝芬　史6-44684
　　潘灝芳　史7-54129
　　潘福山　集4-33488
　　潘福輝　史2-12200
32 潘兆麟　史3-22269
　　潘兆熊　集4-24884
　　潘兆鼎　史2-11786
　　潘兆奎　史8-60525
　　潘兆萱　集4-32471
　　潘兆芬　史3-18088、
　　　22757
34 潘澍忠　史5-39767
　　潘汝炯　集4-22028
　　潘浩　史3-19086
　　潘潢　史6-48250　集2-
　　　8226
　　潘遠　子5-26265　叢1-
　　　18、19(10)、20(8)、21(9)、
　　　22(4)、23(4)、24(11)、2-
　　　617(3)
　　潘達祥　史5-39863
35 潘清　史8-60712　集4-
　　　30948
　　潘清蔭　史1-4607,7-
　　　49768　集5-38283
　　潘清材　叢2-993
　　潘迪　經2-13140
36 潘湘白　經1-1685
　　潘昶　子5-28918
　　潘遇莘　史7-57795,8-
　　　59318
37 潘潤　集3-19321
　　潘瀾　史1-4150
　　潘鴻　經2-12689　集5-
　　　36545、38229,7-47946
　　潘鴻謨　集4-22351

潘鴻鼎　史3－16715、
　　19189
潘鴻威　史7－56363
潘淑正　集4－32165
潘潞齡　史5－39777
潘祖謙　史3－22514,6－
　　44683
潘祖喜　史2－10025
潘祖蔭　經2－13562～3
　　史2－12187、12938～40,
　　3－15413,6－42342～3、
　　49057,7－51900、51902、
　　54028,8－64207～8、
　　64328～31、65101、65220、
　　65325、65839～42　集3－
　　21291,4－29074、31001,
　　5－35253～7,7－48203
　　叢1－419～20,2－759、
　　785、908、1984
潘祖同　史2－10025、
　　12927　子4－23456,5－
　　26153　集5－35064～5
　　叢2－908
潘祖年　史2－12187、
　　12277　集5－40781　叢
　　2－908
潘祖耀　史5－39744
潘祖榮　史3－22796
潘通　史3－15988
潘逢禧　經2－14422
潘運皞　史7－57843
潘朗　集4－23791
38 潘瀚　史8－58539
潘滋　集2－8259　叢1－
　　223(58)
潘游龍　史6－42973、
　　44565～6　子5－27419
　　集7－48481～2　叢1－
　　22(28)、29(9)
潘祚鑣　史5－39854
潘遵顏　集4－31317　叢
　　2－908
潘遵璈　集6－42014,7－
　　47825～6、48095　叢2－
　　1934
潘遵禮　集4－28452　叢
　　2－908
潘遵祁　史2－6223,3－
　　17032,5－39775,6－
　　44681,8－65789～90　子
　　1－1976,3－14834、16214
　　集4－31584～5,6－43544
　　叢2－662

潘道根　經1－5500、6096,
　　2－10885　史2－7915、
　　7917、12689,5－39780,7－
　　51921～2、52228～9　子
　　2－6591、6832、6911、
　　9612、10635,4－23314～7
　　集3－14772,4－28443～
　　51,6－43892、44505～6、
　　45101　叢2－638～9
潘肇元　史2－12341
潘肇豐　經2－12488
潘肇振　集3－16255
潘啓亮　子2－9095
潘啓榮　集4－32473,6－
　　42007(3)
40 潘力田　子3－17510
潘大復　史5－39791,6－
　　46619　集6－45274
潘大本　史5－39755、
　　39760
潘大臨　集1－2639,6－
　　41894(1)、41895
潘士瑞　史8－58731
潘士仁　史7－57714
潘士良　史3－21146
潘士達　集6－42846
潘士遜　經1－2780　史
　　7－57252
潘士來　史5－39764
潘士藻　經1－734　子4－
　　23040,5－26337～8
　　叢1－223(4)
潘士權　經1－3339、6427,
　　2－10145　子3－17696
　　叢2－1473
潘培寬　史4－28987
潘在聚　史5－39812
潘克正　史5－39860
潘克升　史5－39849
潘克溥　經1－4398,2－
　　10875　史8－60250
潘希淯　經1－7053
潘希甫　史3－17882　集
　　4－32061～2
潘希曾　史6－48247　集
　　2－7667　叢1－223(65)、
　　2－860
潘有爲　史8－64966　集
　　3－20779
潘存　子3－15220
潘存孺　經2－13209
潘存實　集6－41883

潘志廉　史5－39818
潘志詒　集5－38135　叢
　　2－908
潘志詢　史3－18954
潘志穎　史3－18637
潘志俊　史3－17339
潘志淵　集5－41534
潘志裘　史3－17407　子
　　2－9558
潘志萬　史4－26486,8－
　　63733、65899　子3－
　　14898,4－23644　集5－
　　38025　叢2－751～2、
　　908
潘志華　集4－23203
潘志畬　史3－19132
潘喜陶　集5－34165
42 潘斯濂　史3－15379
潘斯瀾　史5－39866～7
潘桃華　史5－39841
43 潘博　集5－39869
潘式　集5－39503
潘載和　史8－60974
潘栻　集4－30481
44 潘基慶　子5－28950～1、
　　28954、29147～9、29339～
　　41　集6－42890
潘基泰　史2－12710
潘菉森　史5－39845
潘夢鹿　集4－23792
潘夢龍　史7－55942
潘莊正　史5－39776
潘蘭皐　集3－21424
潘蔭東　集5－37729
潘茂才　史7－57739
潘葆延　集5－39157
潘燕卿　集2－11926
潘恭辰　集2－6222,4－
　　26064
潘恭敏　史3－18108
潘懋功　子4－24018～9
潘孝基　集4－25406
潘英　集6－44094
潘若同　叢1－22(3)、23
　　(3)
潘蓉鏡　史7－57372
潘蕃　史5－39829　集2－
　　7067～8
潘世璜　史2－9671　子
　　1－148、806、913、1189、
　　1650～1,3－14834,4－

24423～4　叢 2－625
潘世仁　史 7－57796
潘世良　子 2－7228
潘世清　集 4－31918,6－
　42007(2)
潘世嘉　史 8－58412
潘世標　史 8－60335
潘世思　子 2－5092
潘世恩　史 1－4967～8,2－
　7487～9,11005,12032、
　12661～3,6－44144、
　48806～7,7－53957　子
　1－1649,2263,4－21309～
　10、23217～9　集 4－
　25833～8,28413,6－
　45559　叢 1－339～40、
　553,2－907～8
潘世鏞　集 4－27428～32
潘藝芬　史 3－19106
潘其理　史 3－21894
潘其祝　集 5－39652
潘其燦　史 7－54967
潘樹華　史 3－22313
潘樹棠　史 3－23014,7－
　57565、57594、57725　集
　4－31722
潘萊峯　史 8－59149
潘桂庭　史 3－22235
潘楳元　史 2－8263
45 潘椿　史 1－5183
潘榛　史 2－8431　集 2－
　10930
46 潘塤　史 2－7783,5－
　39748,6－48221～2　子
　5－24950～2　集 2－7763
　叢 1－22(3)
潘觀保　經 2－12019　史
　2－6262～3,3－17121,5－
　39774　集 5－34907～8,
　7－47845
潘恕　集 4－29995～8,6－
　42007(2)
潘如海　史 7－55825
潘如樑　史 6－47581
潘相　經 1－1313,2872、
　4043、5041、5719、6962、
　7830～1　史 3－21173,
　7－54525,8－59358,61717
　子 4－21190～1　集 3－
　20122～3　叢 1－373
　(2),2－998,1455
潘檉　集 1－3716,6－41894
　(3)

潘檉章　史 1－6036～7、
　6154～6,2－7909　子 3－
　11634　集 3－14744～5,
　6－44058　叢 1－420,2－
　606、611、731(68)
潘楫　子 2－4771(2)、4927、
　6017～8
47 潘均　史 8－59806
潘懿　史 8－58579
潘好讓　史 8－60925
潘杓燦　史 6－47488
潘榰　史 5－39869
48 潘敬　集 5－38369
潘松　子 7－36228(5、6)、
　36231(1、3、5)、36250、
　36355、36362、37116、
　37162、37164、37167
潘松崖　史 5－39749
50 潘中玉　史 5－39809
潘中霖　史 5－39810
潘泰行　史 7－53981
潘泰豐　史 5－39766
潘本溫　集 3－21592
潘書馨　集 3－16987～8
潘春亭　史 5－39855
潘耒　經 1－1110,2－14503
　～4、14540　史 7－49317
　(3、4)、49318(4、5、6、7)、
　53102～3、53303、53421、
　53428、53434、53439、
　53445、53511、53543、
　53622、53630、53654、
　53666、53671～2、53696,
　8－63553　子 4－18701
　集 3－16280～6,6－42064
　叢 1－195(7)、350、353、
　369、485,2－645、731
　(55)、1276
潘素心　集 4－25094～7,
　6－41999
51 潘振　史 1－2058,2－6950
潘振華　集 5－38841
52 潘援　史 8－58159　集 6－
　42415
潘靜觀　子 5－31132
53 潘戚　經 2－14506
潘成雲　子 5－29581、
　30393～5、31813
潘成林　史 5－39787
潘成榖　集 5－38555　叢
　2－908
54 潘拱宸　集 2－9024

潘拱辰　史 8－58248
55 潘捷　集 3－16633
潘典學　史 3－19658
56 潘挹奎　史 2－8325　集
　4－27722～4
60 潘□　集 2－6519～20
潘□□　經 2－12690　子
　4－23447
潘最　史 7－57627
潘國詔　史 7－57593,8－
　59135
潘國霖　史 4－30572
潘國徵　史 3－19401
潘國光　子 7－35310、
　35499、35544、35590、
　35592
潘晟　史 6－47825
潘思齊　集 3－20413、
　21472,6－41756
潘思永　史 5－39858
潘思漢　史 7－57505
潘思兼　集 3－19889
潘思榘　經 1－1244　叢
　1－223(5)
潘思煌　史 5－39820
潘恩　經 2－13785　子 4－
　20456　集 2－8387～90,
　6－41935(4)
潘恩齊　集 3－20279～80
潘恩元　史 3－19263
潘昌　史 7－55223
潘昌煦　史 3－16747、
　19062
潘昂霄　史 7－52773　集
　6－46340～1、46346　叢
　1－19(7)、20(5)、21(6)、
　22(11)、23(11)、24(8)、
　195(4)、223(72)、366～8、
　371、374、388、416、519,2－
　731(55)
潘是仁　集 1－1883、2082、
　2161、2203、2769、3442、
　3664、4364、4557、5598～
　9、5782,6－41779～80
潘果　集 3－18025
潘景嶸　史 5－39819
潘景蘭　史 5－39822
63 潘晙　集 4－26301～2
64 潘曉　經 1－3772
潘時涑　叢 1－282(2)、283
　(2)、422
潘時彤　史 7－51879,8－

中國古籍總目·索引

61681、62101
潘時策　史3-21690
66 潘曙　史8-60797
67 潘曜三　子3-16209　集4-27359
潘明斗　史5-39848
潘鳴球　史3-16827、19262
潘鳴鴻　史5-35011
潘鳴時　集2-9913
70 潘雅麗　子7-37836
71 潘陞　集5-38750
潘陞榮　史3-20077
潘辰　史1-6051、6053
潘辰雅　集4-26540
潘頤龍　史8-58149
潘頤福　史1-1631~2、1635~6,8-60221
72 潘馴　史8-62175
潘氏　集6-41935(5)
潘岳　史7-51126~8　集1-369~72,6-41694~9、41794　叢1-19(2)、21(2)、22(10)、23(10)、24(2)、182~3,2-779
73 潘駿文　集5-36195
潘駿猷　子2-9871
75 潘體震　史3-15047
潘體泰　史2-9401
77 潘鳳梧　史6-45145
潘鳳藻　史5-39841
潘尼　集1-373~4,6-41694、41698
潘周詢　史5-39864
潘用龍　史5-39811
潘履孫　史5-39799
潘履祥　史3-18227,7-56401、56412
潘眉　史1-8、443~4,2-8435,8-61187　集1-1045,7-48533　叢1-203(15、16)、2-653(4)、731(64)
潘際雲　史7-58030　集4-24943
潘學詩　集6-44302
潘學祖　子2-10821,7-36229　集5-36195
潘學變　史5-39870
潘譽恩　集5-35760
潘問奇　史7-54959　集3-15338,6-41965、43588

潘閬　集1-1898,7-46353、46358、46364、46367、46369、46383、46446　叢1-223(50)、244(4)、357
78 潘臨鼇　史5-39750
80 潘益仁　史5-39825、39827
潘益森　史5-39823
潘益開　史5-39821
潘金臺　史5-39798
潘鏡泉　集4-31783,6-42007(2)
潘鎬　史7-50153、57106　集3-19202~4
潘鏞權　史3-17915
潘介祉　史2-7272　集5-36739　叢2-908
潘介福　史5-39774
潘介繁　集5-34906,6-44139,7-47950
潘介繁　叢2-908
潘羲容　史5-39759
潘義　史8-60450
潘普恩　史5-38341
潘普瑩　子1-2263
潘曾瑋　史2-12227　子1-1649,4-22696　集4-33232~3,7-46418、47907~8　叢2-907~8
潘曾緝　經1-6862
潘曾綬　史2-12186~7、12817~9,3-17021　子4-23368~9　集4-31856~7,7-48109~10
潘曾紘　史2-8981
潘曾沂　史2-12102,6-41538,7-51578~9　子1-4151、4192、4204~6　集4-29142~6　叢1-373(6)、483,2-907
潘曾瑩　史2-7671、10587、12793~6,3-15312、16973　子3-14699、16050、16116、16212~3,4-21507、23366~7　集4-31573~83,7-47690~4　叢2-662、908、1821
81 潘鈺與　史5-39828
82 潘釗　史3-23191
潘鍾　史3-17859

潘鍾麟　集3-16496~7
潘鍾瑞　史1-3904~5、4092、4116,2-7722、8116、10773、11786、12874~7,7-53122~3,8-63710、63878~9　集3-16530,4-33220,5-33917~22、34063,6-42014、42024、44051,7-48004　叢1-419,2-1933~4
潘鍾俊　史3-23186
潘鍾寯　集7-48058
潘鍾杰　史2-10093
83 潘鎔　史7-57776
潘鏷　史7-55939、55978
84 潘鎮　集5-38087
86 潘錦　史7-55834　子3-16415　集3-19631,5-34838~9
潘錦城　史5-39814
潘錫恩　經1-4107、4184　史6-46730　子1-2828　集2-6048、6360,6-43118
潘鐸　史7-49318(1)、49632~3　子1-3302
87 潘鏐　集3-14692,6-41962
潘銘　史3-18370
潘欲仁　經1-1758~61　子4-22031
潘欲達　集5-37667
潘欲敬　集5-39787
88 潘鎰　史8-60417
潘鈐　史5-39752
90 潘光　子5-31374
潘光慶　史5-39751
潘光翼　史3-23150
潘光統　史6-43320
潘光瀛　集4-32330
潘光祖　史7-49594、49598
潘尙仁　集3-16947、17296、17955
潘尙志　史3-16239、18772
潘尙楫　史8-61081
91 潘炳孚　集2-12137,6-41941
潘炳綱　經1-4397
94 潘慎文　子7-35126、36229、37461、37513、

37550、37552、37569、
37681、37714、38024
潘慎生　集5-35164～5
潘慎勤　史8-62231
97 潘耀文　集4-27192～3、
27348
潘耀華　史5-39865
潘炯　史5-39793
潘煥龍　集4-31256～7,
6-46124～7　叢2-993
潘煥宿　史6-42909
潘煥寅　集6-44737
潘煥吉　集4-26541,6-
46127　叢2-993
潘煥榮　集4-26187～8,
6-46127　叢2-993
潘輝　集3-19994
潘炤　史7-50313　集7-
47718,50336　叢2-
1467
99 潘犖　集4-33487
潘榮　經2-14811　史1-
5371、5373
潘榮升　史5-39850、
39862
潘榮陞　經1-6073　史
7-49323,49825

3222₁ 祈

44 祈黃樓主人　集7-50427

3224₀ 衹

27 衹多蜜(釋)　子6-32081
(7)、32082(7)、32083(6)、
32084(6)、32085(8)、
32086(8)、32088(6)、
32089(7)、32090(12)、
32091(11)、32092(8)、
32093(9),7-32400
60 衹園居士　子5-27464

衹

27 衹多蜜(釋)　子6-32081

(5)、32083(4)、32084(4)、
32085(5)、32086(5)、
32088(4)、32089(5)、
32090(6)、32091(5)、
32092(4)、32093(2)

3230₂ 近

21 近仁希賢　子5-32058
27 近魯草堂主人　叢2-790
～3

3230₆ 遁

00 遁廬　集7-50803、53653
10 遁天　史7-49771
28 遁倫(釋)　子6-32084
(33),7-33572～3、33916

3230₉ 遜

00 遜齋　子3-17797
31 遜河縣設治局　史7-
56344

3300₀ 心

00 心齋居士　經1-1783
10 心一子　子2-5179
心一山人　集7-50077～8
心露(釋)　子7-34750～1
心石　叢2-619
21 心穎(釋)　子7-34392
30 心宗　史7-52210
34 心遠主人　子5-27720
心遠堂靜老人　子4-
21044
36 心禪(釋)　子2-4770、
10769
46 心旭(釋)　集3-19435
47 心聲齋主　子4-21613
心期(釋)　子7-34393
48 心梅野叟　史1-3462

50 心史氏　史7-49358
心泰(釋)　史2-6808　子
6-32091(71)
心青　子5-28589
60 心圓　子7-34112～3
67 心明(釋)　史7-51653
子7-34328
77 心興(釋)　史7-52184
子7-32106、33904
80 心善堂　子4-21601
83 心鐵道人　集7-53763

必

30 必良齋主人　子2-8895

3310₀ 沁

48 沁梅子　子5-27872
60 沁園主人　子5-26524

3311₁ 沱

22 沱峯書　子3-13552

浣

00 浣塵主人　子3-18236
10 浣霞子　集7-50237
浣雲女史　集5-38510
40 浣南民團總局　史6-
45457
44 浣花主人　子5-28609
浣花逸士　子4-19364

3312₇ 浦

00 浦應麒　集2-9112,6-
41935(4)
浦廉珠　史4-32592
01 浦龍淵　經1-1044～5

10 浦玉立　經 1 - 7106
　浦天球　子 2 - 8060
12 浦廷瓚　史 4 - 32591
14 浦瑾　集 2 - 7262,6 - 41935
　　(4)
　浦琳　子 5 - 28694〜5
17 浦承恩　集 4 - 26148〜9
21 浦仁溢　史 4 - 32597
30 浦祐　史 7 - 49354、49358、
　　53330〜1　叢 2 - 832(2)
　浦安　史 3 - 17088
　浦安吉　史 4 - 32593
31 浦源　集 2 - 6298〜300,6 -
　　41935(1)　叢 2 - 802
32 浦淵　經 1 - 7106
36 浦還珠　史 4 - 32595
40 浦南金　史 7 - 56418、
　　57243　子 5 - 24961　集
　　6 - 42357
47 浦起龍　史 1 - 5293,4 -
　　32590　子 4 - 21964　集
　　1 - 1049〜51,3 - 18187〜
　　90,6 - 43053　叢 1 - 223
　　(29),2 - 697,698(5)
48 浦乾華　史 4 - 32594
50 浦泰　經 2 - 10710
60 浦□　史 7 - 49314
　浦昌言　史 3 - 18161
　浦杲　叢 1 - 223(62)
77 浦同瑞　史 3 - 18323
80 浦羲升　集 2 - 12955
　浦毓琛　史 3 - 18599
　浦毓潮　史 4 - 32596
84 浦銑　集 4 - 22753,6 -
　　46336〜7　叢 2 - 838
86 浦錫齡　史 7 - 49638
87 浦翔春　史 1 - 6138　集
　　3 - 19921　叢 1 - 278,2 -
　　731(43)
88 浦鑑庭　史 8 - 66477
89 浦鏜　經 2 - 14153〜7
90 浦光騰　史 7 - 52275
91 浦炳勳　史 3 - 18438
98 浦燧英　集 5 - 33846

3313₂ 浪

40 浪樵子　子 2 - 7830
60 浪墨仙主人　子 5 - 28338

3314₂ 溥

21 溥仁　子 6 - 32091(67)
　溥儒　集 5 - 39289
24 溥偉　叢 2 - 2238
28 溥倫　史 6 - 41779、41781、
　　44241,7 - 49357
30 溥良　叢 1 - 500
60 溥昂　史 1 - 4309
63 溥畹(釋)　子 7 - 33193、
　　33748　集 3 - 16041
80 溥善　史 6 - 47404

3315₃ 淺

55 淺井虎夫　子 7 - 36559
60 淺田江村　子 7 - 36344
　淺田惟常　子 2 - 4768、
　　4771(4)
67 淺野正恭　子 7 - 36947

3316₀ 治

09 治麟　史 3 - 15951
67 治野元三　子 7 - 36380

3318₆ 演

00 演音(釋)　子 7 - 34931

濱

37 濱湖拙隱　史 1 - 3897
40 濱幸次郎　子 7 - 37422
60 濱田俊三郎　子 7 - 37737

3320₀ 祕

10 祕丕芨　經 2 - 10621

3322₇ 補

37 補遲散人　經 1 - 5384
52 補拙軒　子 2 - 9804
　補拙居士　經 2 - 13483〜6
77 補留生　史 2 - 10406　子
　　7 - 37375

3330₂ 遍

86 遍智　子 6 - 32085(54)、
　　32086(64)、32088(40)

3330₃ 邃

00 邃庵(釋)　子 7 - 34692
34 邃漢齋　集 4 - 29159
70 邃雅齋　叢 2 - 712

3330₉ 述

00 述廬　叢 1 - 530〜1
40 述古齋主人　史 1 - 5280

3390₄ 梁

00 梁方津　史 8 - 61431
　梁方柱　史 5 - 34691
　梁應坼　經 2 - 13824
　梁庚　史 8 - 58932
　梁廉夫　子 2 - 4770、9937
　梁庭華　史 3 - 17689
　梁慶奎　史 3 - 21888

梁慶桂　集5-38877
梁賡陶　集5-36614
梁文讓　史5-34675
梁文龍　史5-34678
梁文科　子1-2555～7,2-
　4602,9406～7　叢1-
　365、481
梁文鄉　子7-36778　集
　4-28517
梁文濂　集3-17827～8
梁文選　史5-34711
梁章鉅　經1-5976,2-
　9551,10029,13270　史
　1-8、445,2-7601,7636、
　8133,12043,12669,6-
　42802～3,42811,7-
　49318(7)、49358,51778、
　51984,53437,8-63637～
　8　子1-4266,3-14962,
　4-19496,21406～13、
　23326～7,24431,5-
　25864,25989　集4-
　26440～4,6-42129、
　42215,46082～6　叢1-
　373(4、9)、587(6)、2-653
　(4)、731(64)、734、735(2、
　3、5)、736、878～9,1663～4
梁袤　子3-16891
02 梁端　史2-6385　叢2-
　698(4)、724,1769
梁彡　經2-10905　子1-
　1749～50　叢2-1518
04 梁詩正　經2-13865～6
　史7-53340,8-64150、
　64805　子3-15414～7
　集3-19126　叢1-223
　(16、25、28、37)、227(8)
梁詩拔　集4-28162
05 梁靖邦　史3-21679
08 梁效成　史3-17463
09 梁麟生　集3-17325
10 梁一儒　集2-10392,6-
　41949
梁正　經1-6217　叢2-
　774(4、11)
梁正麟　史8-61958
梁玉瑜　子2-5211,6256
梁玉繩　經1-111(4),2-
　11861　史1-8,10(1)、
　79～81,214～5,1392、
　5219,7-49317(3)、49318
　(9)、53736,8-63503　子
　4-19659～60、22477～8

集1-3289,3-21725　叢
　1-312、373(5)、416～8,
　2-653(3)、665,731(4、
　48、64)、971,1550
梁玉綸　集3-20795
梁玉池　子2-6964
梁玉成　史8-58998
梁丕功　史8-61316
梁元　集4-29399
梁元太　子4-21590
梁元輝　子2-10060
梁于涘　史7-51074　集
　2-12853,6-41943
梁旡技　集3-16565
梁天錫　史1-2856　叢
　2-741
梁西巖　子1-3722
梁晉菜　史5-34677
梁靄　集5-39636
梁雲龍　集2-10602　叢
　2-884
梁雲構　集3-13062
梁雲鏽　集4-28677
梁雲銑　史2-9588
12 梁登庸　子3-16835、
　17055～7
梁瑞廷　史5-34716
梁聯德　集3-19149
梁聯芬　子7-38155
梁弘勳　史8-60886
梁延年　史2-7451～2,7-
　57887
梁廷一　史3-16071
梁廷佐　史8-61481～2
梁廷柟　經2-9558　史
　1-2282～3,2450～3、
　3790～1,2-8693,9838、
　11629,6-43975,43994、
　7-49345,52123,52125、
　54316,54812,54867,8-
　63503,64187,64277、
　64425　子3-14964,7-
　35912　集7-48472、
　49552～8,54857　叢1-
　408、418,2-725、799～
　800,1779～80
梁廷棟　經1-873　史8-
　61105　子1-4297
梁廷燦　集5-41025
13 梁瓛　叢2-703、1724
梁武公　史6-45056　子
　7-38050

梁琯　集6-42558
14 梁璜　集5-36332
15 梁建　史8-60036
梁建章　史7-55101,8-
　59458
16 梁碧海　史8-60706
17 梁孟昭　集7-50689
梁鄧胤　史8-61110
梁瑤光　史5-34720
梁琛　史3-15550,21455
梁弼　史3-21739
梁承誥　子3-11716、
　13197,5-29613,31712
　集4-31128
梁承雲　史2-11877
梁承綸　史8-58253
梁承恩　經2-12525
梁承光　集5-37328
梁子璠　子1-1221　集
　2-9087
梁翬　史3-15181
梁司衡　史5-34708
梁乙真　史2-11498
18 梁珍　叢2-780
梁孜　集2-9530,6-41935
　(5)
20 梁喬塓　史8-61123
梁喬岳　集5-34635
梁億　史1-4400　叢1-
　22(21)、87～9,2-730(1)
梁億年　史3-15861
梁信芳　集4-26917～8
梁禹甸　史8-62684
梁禾　子5-25112
梁秉年　史3-16604、
　20274
梁秉鋸　史8-59261
梁維樞　史6-42067,8-
　65436　子4-23100,5-
　26398
梁維棟　史8-61050
21 梁上國　經1-2909
梁儒　史8-59572
梁肯堂　集3-20324
梁卓午　史4-24768
梁穎龢　史5-34709～10
22 梁崔　史5-34718
梁鼎芬　經2-8281,11806
　史3-16068,6-45327,8-
　60822,60834,65346～7
　子3-15480　集5-

梁啓超　經1-8092～3
　史1-4270～1,2-7254、
　10284～5、10824、11347、
　12395,6-42472、42561,
　7-54455,8-66421　子
　3-15519、15828,4-
　22020、22022,7-36249、
　36251、36258、36261、
　36500、36522、37991、
　38166　集5-39237～8、
　41016～30,7-46613　叢
　2-2090、2221

40 梁九章　子3-15455
　梁九圖　史5-34699　子
　4-19487、24430　集4-
　28162
　梁大任　史5-34682
　梁大鯤　史8-59098
　梁大勛　史3-15046
　梁友衡　史5-34700
　梁友檍　史8-62536～7
　梁士彥　史8-61432
　梁士選　集5-40776
　梁士棫　史8-61340
　梁培煐　史8-61436　集
　5-40222
　梁克家　史8-58147　叢
　1-223(23)
　梁南　集2-10952
　梁希淵　集2-12852
　梁希曾　子2-4768～9、
　4771(3)、7821
　梁有庚　子7-37946
　梁有章　集5-41127
　梁有成　經2-10168
　梁有譽　集2-9685～9,6-
　41935(3)
　梁有常　史3-17292
　梁志盛　子3-13193
　梁志恪　史7-55359
　梁嘉瑜　史8-60762
　梁嘉稷　集3-19148
　梁吉祥　史8-61348
　梁奇　史8-58831
　梁壽臧　史2-12357
　梁壽相　史2-12357
　梁壽賢　集5-39017
　梁壽曾　史5-34701
　梁雄翰　集4-33444
41 梁垣光　子3-17308
　梁樞　集4-22762
　梁柄魁　史3-22462,5-

34681
42 梁彬　子4-21339～40
　梁橋　集6-45787
　梁機　集3-18133～5
43 梁載言　史7-49308、
　49494～5　叢2-777
　梁榕　史3-20397
44 梁協中　集5-41264
　梁基翔　史5-34683
　梁壽鴻　史8-63954
　梁蒲貴　史7-56401
　梁夢龍　史1-4876,6-
　44127　集2-9612　叢
　2-741
　梁夢善　集4-22186
　梁夢劍　史8-58295
　梁萼涵　史6-43813
　梁蘭　集2-6294～5　叢
　1-223(63)
　梁蘭雪　史7-53551
　梁蘭漪　集3-21107
　梁蘭春　史5-34679
　梁葆仁　史3-16226、
　20157
　梁燕　集5-34375,6-
　42007(3)
　梁恭辰　史7-52929　子
　5-27189～203　叢1-
　587(4)、2-724、735(3)
　梁戀孫　子2-5262
　梁戀修　史6-46093
　梁萬方　經1-6245
　梁華林　史3-20005
　梁藹如　集4-27805,7-
　47552
　梁世譁　史5-34686
　梁芸　史8-61139
　梁黃謬　集5-34806
　梁焱　集4-30925、30933、
　5-37211、38996、40001～
　2,6-42017,7-47606
　梁材　經1-2146　史6-
　47812～3、48205　集5-
　40221
　梁材鴻　史8-61320
　梁樹　子5-25292
　梁桂　史7-56766
45 梁棲鸞　史7-55850
　梁棟　史7-58050　集1-
　4517～9,6-41900～1、
　41908
　梁棟　史8-60786

46 梁觀喜　史8-61161
　梁槐林　史3-19872
47 梁朝俊　史8-60893
　梁朝泰　史5-34703～4
　梁朝鍾　集2-12422　叢
　2-883
　梁朝錫　史2-9104,5-
　34713
　梁杓　史8-61421
48 梁增煆　史3-21914
　梁翰　集4-28161
　梁敬事　史3-15273
　梁松年　子4-22470　集
　4-29214
　梁枚　史3-15929、19862
50 梁中靖　史3-13494、
　14893
　梁中孚　經1-4283　史
　7-58104
　梁中權　史8-59478
　梁夫漢　經1-1118
　梁蕭　子6-32090(62)、
　32092(40)、32093(50),7-
　33835、33838　集1-
　1192　叢1-223(48)、
　227(8)
　梁本之　集2-6494
　梁春元　史2-10295
　梁春湘　集5-36097
51 梁振芳　集5-34368
53 梁成久　史2-11783,8-
　61213
54 梁拱宸　經1-1733
57 梁招孟　史8-61012
60 梁□　經2-14609　史7-
　49317(7)、49318(14)、
　53056　叢2-2055
　梁國正　子5-27496　叢
　1-587(4)
　梁國元　史3-19971
　梁國鼎　史2-10302
　梁國治　經2-13878　史
　2-11877,6-42833,7-
　55144　集3-20797～8
　叢1-223(16、19、23、26)
　梁國標　史7-58067
　梁國棟　史8-65082
　梁國常　叢2-694
　梁易簡　史8-59582
　梁園棣　史7-56794
　梁思霖　集4-30857
　梁思宏　史5-34673

梁思淇　子 2 - 9631
梁恩霖　經 1 - 7103
梁恩澤　史 6 - 44446
梁恩照　史 3 - 15180
梁昌誥　史 3 - 22030
梁昌復　史 5 - 34687
梁昌齡　史 3 - 21438
梁昌駿　史 3 - 21813
梁炅　史 8 - 61358
梁景先　集 4 - 32830
梁景乾　史 3 - 21825
61 梁顯祖　子 1 - 1578、2211、
　　4 - 24234、24242~3　集
　　3 - 15272
67 梁明綸　史 8 - 61383
梁明祥　經 1 - 4387
梁明翰　史 8 - 63166
梁鳴岡　史 8 - 58515
梁煦南　集 5 - 34938
71 梁辰魚　集 2 - 9377~9、6 -
　　41935(3)、7 - 48775、
　　48778、49130~1、49709、
　　49813~8、50533、50603
　　叢 1 - 572、2 - 672
梁厥悠　經 1 - 1973
梁長吉　史 8 - 60848
72 梁丘賀　經 1 - 221、2322
　　叢 2 - 774(1)
梁質生　叢 2 - 693
77 梁鳳翔　史 3 - 20933、8 -
　　60184
梁隆吉　集 2 - 10857
梁同新　經 1 - 2218　史
　　6 - 48989
梁同書　經 2 - 13181　史
　　2 - 9488、9515　子 3 -
　　14954、15169、15736、
　　15744、4 - 18593、18683、
　　18848、21381、5 - 26152
　　集 3 - 19980、20792~6、6 -
　　45307　叢 1 - 203(16、
　　17)、486、2 - 622、624(4)、
　　683、731(31、35)、971、
　　1474
梁鵬翥　史 3 - 21810
梁履將　集 7 - 47769
梁履繩　經 1 - 163(2)、
　　6996　集 4 - 23050　叢
　　2 - 971
梁殿元　史 2 - 9644
梁際昌　集 4 - 27804
梁熙　集 3 - 14401

梁聞山　子 3 - 15429
梁學庠　史 5 - 34685
梁學孟　子 2 - 7105~6
梁學貴　史 7 - 56200
梁學昌　子 4 - 22477　集
　　4 - 23188　叢 2 - 1550
梁問源　子 4 - 23817
梁閭齋　子 3 - 17235
梁民憲　子 3 - 15488~9
梁興化　史 5 - 34671
梁興　史 8 - 58222
80 梁全士　史 3 - 21978
梁益　經 1 - 3707　叢 1 -
　　223(7)、2 - 798
梁鐘亭　史 8 - 59016
梁夔譜　集 6 - 42585
梁令嫻　集 7 - 48604
梁雉翔　史 7 - 55806
梁義禮　史 4 - 26214
梁善　史 8 - 60324
梁善長　史 8 - 62819　集
　　3 - 19874、6 - 44889
81 梁鈺　史 5 - 34702
86 梁錦奎　史 3 - 21317
梁錫珩　集 3 - 18468
梁錫瓚　史 3 - 20780
梁錫璵　經 1 - 1356、2192、
　　7838
梁錫蓉　史 5 - 34706
梁知　經 2 - 8733、8990、
　　9387、9883、10385
87 梁欽辰　經 1 - 1819
91 梁炳章　史 3 - 17509
94 梁煒　叢 2 - 691(3)
97 梁耀樞　子 3 - 15766
梁炯　集 1 - 764、1973、3 -
　　21724、6 - 42007(1)
梁煥章　史 5 - 34712
梁煥蕭　史 2 - 12398
梁煥鼎　史 2 - 12398
梁煥奎　史 3 - 21807　集
　　5 - 40518~21
98 梁悅馨　史 7 - 56806

3410₀　對

68 對哈納　史 6 - 42675

3411₁　冼

14 冼瑛　史 8 - 62599
30 冼寶幹　史 8 - 61076
冼寶幹　史 4 - 30264
40 冼大魁　史 4 - 30263
60 冼國幹　史 7 - 55411、8 -
　　61079

冼

00 冼文煥　史 7 - 52625
20 冼爲霖　史 3 - 23786
21 冼倬邦　史 3 - 15316
冼紅盦主　子 5 - 28230
28 冼俗齋　集 7 - 52237

湛

00 湛方生　集 1 - 461
23 湛然(釋)　子 6 - 32084
　　(32、33)、32088(41、42)、
　　32089(49、50)、32090(61、
　　62、64)、32091(59、60、61、
　　62)、32092(40、41、42)、
　　32093(49、50、51)、7 -
　　32119、33091~2、33397~
　　401、33405~7、33460、
　　33827~34、33836、33840、
　　33844、33850~1、33857~
　　8、33862、35082　集 7 -
　　49207　叢 1 - 419、2 - 672
24 湛德芬　子 2 - 5131
27 湛約翰　經 2 - 12879
30 湛宗久　史 5 - 36541
31 湛潛(釋)　史 7 - 51612
湛福(釋)　子 3 - 17001~2
　　叢 2 - 886(2)
34 湛祐(釋)　史 7 - 51540
　　子 6 - 32091(80)
44 湛若水　經 1 - 6047~8、
　　6455、7565~6　史 6 -
　　48217、7 - 53067、53663
　　子 1 - 1028~31　集 2 -
　　6939~41、6949、7366~

79,6-41935(4)　叢1-
61～4,195(2)、223(11、
31、64),2-730(3)、881、
1067～8

60 湛愚老人　子7-34107
叢2-788

95 湛性(釋)　集3-18696

3411₂ 池

21 池上餐華生　子4-24168
池上客　子1-1229,7-
34910　集6-42364～5

25 池生春　史2-11017～8、
11246～8、11250～1　子
1-2716　集4-30020～1
池仲祐　史2-12770

26 池伯煒　史3-16544

27 池紀　子3-14289～90、
14295
池約翰　子7-35838

40 池志澂　史7-53772　叢
2-868
池吉人　史4-33128

44 池英儒　史4-26920

50 池本理　子3-14494　叢
1-223(36)

60 池田正直　子2-8721～3
池田清　子7-37591、
37593

61 池顯方　集2-11748

80 池鏡澄　史4-26919

沈

00 沈堅　史3-19585
沈亨惠　集4-32088　叢
1-521
沈鹿鳴　史7-57723
沈亮功　子3-14505
沈亮榮　史6-42419
沈彥模　史3-20169　集
5-39427
沈商者　史6-44016
沈方泰　集3-21027
沈育　史2-7517
沈應文　史7-54927

沈應魁　史2-7166
沈應奎　史4-29046
沈應乾　史2-11474
沈應暘　子2-9309～10
沈應明　子1-3040
沈應彤　子4-21575～6
沈應俞　史8-62791
沈庚藻　史2-10469
沈廉　子4-21246　集3-
19393,5-37020
沈庭瑞　史2-8164～5
子5-29530(16)
沈庭熙　史4-29045
沈度　集1-3013,2-6151、
6397　叢1-223(54)
沈慶安　史2-10254,3-
23376
沈慶溶　史3-23332
沈慶萱　史3-17047
沈慶原　史2-9694
沈慶頤　集5-36310～1
沈庠　史8-62171
沈膺元　子4-24000
沈廣琛　集6-44681
沈廣敬　集4-27212
沈廣興　集3-15347
沈廣焞　集3-15633
沈文　史1-2733　叢1-
13、14(1)、22(21)、134
沈文龍　子2-5030
沈文系　史8-60722
沈文偉　史2-10010　集
4-25740
沈文淵　集4-27134～5
沈文莊　集5-40470
沈文菁　史1-5074
沈文英　子7-34390
沈文權　史3-23641
沈文阿　經1-6720　叢
2-774(5)
沈文卿　子7-35243
沈文簡　叢1-159
沈文炘　史3-17184
沈文燊　史4-29067
沈辛田　史6-46118、
46121～4
沈率祖　子3-15070、
15072
沈章　集2-12959
沈奕琛　史7-55504　集
3-13702　叢2-832(6)

沈奕蓮　史4-28981
沈該　經1-77(1)、453～4
叢1-223(2)、227(1),2-
843
沈玄華　史7-49388
沈襄　集2-8830、8837
沈六泉　子3-17110
沈京　集2-8830

01 沈龍元　史4-28994
沈龍翔　史7-56525

02 沈端蒙　子1-226
沈端節　集7-46352、
46357、46362、46380、
46592　叢1-223(73),
2-698(13)、720(2)

03 沈謐　集2-8544,6-41935
(4)

04 沈謹學　集4-30381　叢
1-419,2-731(44)
沈詩杜　史8-61846

05 沈塾　史4-29032

06 沈韻蘭　集5-38516

07 沈翊清　史7-54126
沈誦清　經2-10967　子
7-36313

08 沈旋　經2-11189～90、
11331　叢1-367～8、
390,2-772(2)、773(2)、
774(6)
沈敦韶　史3-17013
沈敦五　史4-29126
沈敦和　史7-49318(18、
19)、54766、54801、54821、
54835、54840　子7-
36228(5、6)、36249～50、
36258、36263、36902、
36937、37354、38133～4
沈說　集1-4220～1,6-
41744～6、41888、41891～
3、41894(3)、41896～8、
41904、41911～2、41917～
8、41920、41923～4
沈謙　經1-1033　史6-
45978,7-57159～60　子
4-23258～9　集3-
14211～2、16823,4-
29786,7-46405、46861、
48489、48677、50252　叢
1-197(1)、202(5)、203
(11)、373(3)、587(5),2-
832(4)
沈謙三　史3-22391

09 沈麟　史8-63042　子2-

4770、4771(2)
沈麟禎 集6-42161
沈麟趾 史7-57518、57573 叢1-373(2)
10 沈一誠 集7-47616
沈一飛 子4-22674
沈一清 史3-13417～8
沈一中 經1-5621
沈一貫 經1-54、728～30 史6-48340,7-49566 子5-28944、29113～4、29293 集2-9548、9700～3,6-42808、43934、45344、45366、45369～70
沈一炳 子5-29535(3)、29574～5、30753、31432、31440～2、31456
沈二榆 子2-8121、8266～7
沈三白 史2-9668
沈三賢 子3-16395
沈正宗 經1-5603 史1-2933
沈正逵 史4-29076
沈正楷 集4-29360
沈玉 子2-10054
沈玉亮 集3-17099,6-44082,7-49649
沈玉琦 子4-21212
沈玉書 史2-6232 子4-24381
沈王禮 史2-7934
沈五栗 集3-16863,6-41969
沈五華 史4-29075
沈亞之 史1-2380 子3-17948 集1-1462～3,6-41794、41872、41879～80、41882 叢1-22(9)、23(9)、29(4)、204、223(49)、249(2)、255(2、3)、395、540～3、547(4)、587(3,4),2-635(7)、731(49)
沈亞夫 子5-29530(3)、29535(4)、29536(3)、29720、29747～8
沈靈犀 子2-4701、6417、6624、6798、6859、7223～4、7263～5
沈璡 子2-5041
沈瓖 史8-61773
沈璋寶 史3-20012 集5-37418 叢2-655
沈霈 集2-6587
沈元龍 子2-9532 集4-22313～4
沈元琨 集3-16682 叢1-197(4),2-617(2)
沈元弼 史3-20772
沈元豫 史3-20372
沈元鼎 史2-10920
沈元凱 子2-6398
沈元寅 史8-60257
沈元溥 史1-3855 叢1-571
沈元朗 史4-29115
沈元滄 經1-5693 集3-17479
沈元泰 史4-29078,7-54918
沈元甫 子4-24073～4
沈元掄 集3-17098
沈元昌 史7-55420
沈元熙 集4-26973
沈元欽 史1-4472 叢1-203(16)
沈丙瑩 子4-22670～1 集4-32799
沈爾嘉 經1-776
沈爾煬 集3-16241,7-46397～400、47079～80
沈震 史3-19991
沈震薇 集5-38310
沈夏霖 子2-4737
沈于天 史5-36873
沈平 子2-7909
沈平章 史4-29040
沈旡咎 子4-24249
沈天德 史4-29066
沈天祥 史1-4874
沈更生 集4-33260
沈石庵 子2-11072
沈西垣 史4-29124
沈晉祥 史6-49108
沈晉恩 史4-29041
沈可升 史4-29108
沈可培 史1-112～3,2-11115、13369～70,7-50534 子4-22465～6、24280～1 集1-1650,4-22005～6,6-41714 叢1-202(5)、203(11、15)、587(2),2-721、1521
沈磊 經2-10655
沈雲 史1-3519,2-9309,8-64859 叢1-310,2-843
沈雲巢 史2-12719
沈雲楫 經1-7666
沈雲路 集5-41670
沈雲階 史4-29125
沈雲驥 史2-12144
沈雲駿 史8-60365
沈雲尊 史7-55067 集4-24588
沈雲翔 集1-25
沈雲棠 集5-34181
沈雲煥 子3-17293
沈不負 集3-15847
沈霖 史4-29077
沈霖溥 史3-15888、18468
11 沈珏 集2-6557,4-22149
沈珩 史2-9334 子4-21108 集3-14123
沈斐 集1-2108 叢1-223(51)、227(9)
沈頭 子2-7122
沈冀機 集3-18040
沈棐 經1-7498 叢1-223(10)
12 沈登瀛 集4-29470 叢2-615(3)
沈登階 子2-4770、10774
沈瑞麟 集5-41111～2
沈瑞琳 史3-20531
沈瑞濼 史3-20233
沈瑞蒙 集1-1290
沈瑞林 史4-29096
沈瑞昌 史4-29092
沈璣 史8-59031
沈璠 子2-4770、10537
沈聯 子7-36464
沈聯璋 史4-28988
沈聯芳 史6-46729,7-55369
沈聯第 史2-10374
沈弘正 史2-13379 子4-19405 集2-11873 叢1-143
沈弘宇 子5-27044
沈烈聞 史4-29128
沈延年 史6-43800

沈延銘　集3-13753

沈延銓　經2-13760　子3-16788

沈廷文　叢1-195(6)、368,2-731(4)

沈廷瑞　史7-50369

沈廷瑛　史6-46110

沈廷璐　史7-51422

沈廷瑜　集4-23897

沈廷獻　史3-21865

沈廷傑　集5-40799

沈廷奎　集3-13130

沈廷樞　史3-21137

沈廷楨　經1-2834

沈廷勘　經1-1051

沈廷芳　經2-11980　史1-4945~6,2-7957,3-13486~8,8-58142、60828　子1-1458、1583,4-24348　集3-16856,19439~42,6-42064,43479~81,44839　叢1-223(12、49)、391

沈廷薦　集3-20050

沈廷桂　叢1-587(4)

沈廷杞　集5-38863

沈廷枚　史8-58565

沈廷貴　集4-29656~63

沈廷揚　史3-18122

沈廷颺　子4-21575

沈廷鏞　史2-9817、10180、10607、10621、10649

沈廷銓　經2-13761

沈孔鍵　集3-18728

13 沈瑄　史4-29084

沈球　史2-6977

沈琯　子3-17677

沈琮　史8-62687

沈戩穀　史7-57284

14 沈瓚　子5-26380

15 沈建勳　史8-58526

16 沈琨　集4-22702~3

沈璟　子4-20468　集4-25739,7-48807、48834、49709、49922~8、54651~2

17 沈孟化　史7-56575

沈孟枰　子5-27698

沈玘　史8-60630

沈珣　史6-48242

沈瑤　子4-21879　集4-32798

沈蕭　史8-62551

沈承　集2-11871~2

沈承忍　史4-29102

沈承君　集5-40056

沈承恩　史7-55980

沈承熙　史3-20799

沈豫　經1-162、1669、4998、6650、6875~6,2-11654~7　史1-5991,4-29025、29029,8-66174~5　子4-22507~9　集4-26624~5　叢1-424、462、530~1、586(1),2-716(1)、1703

沈豫先　史6-46404

沈子立　集3-17312

沈子祿　子2-4587、10307

沈子來　集6-43357

沈子畏　子2-10810

沈君烈　子4-20853　叢1-143

沈翼　史2-13034

沈翼機　史6-46799,7-57116　叢1-223(24)

沈翼世　集3-16936

18 沈瑜慶　史8-58146　集5-39197

沈瑜寶　史3-16313、20012

沈致堅　史8-60210

沈琬　史3-17804

沈璇　史1-5576

20 沈重　經1-3588~90、4818、4912、5565、6440　叢2-765~6、774(3、4)、775(2)

沈重鄉　子3-17323

沈重華　子3-14585

沈雋曦　史1-3880

沈億年　集7-46817

沈愛蓮　史7-52012

沈信儲　史4-28998

沈鯨　集7-49709、49847~9

沈千鑑　史7-55924

沈受先　集7-49709、49775~6

沈受宏　集3-16199~203

沈受祺　史6-43468　集3-13377,6-45336、45340

沈孚先　叢1-113

沈季友　經1-6709　集3-16651~2,6-41963、44181、44586~7、44611　叢1-223(71)

沈乘麟　經2-13904

沈采　集7-49709、49767~74

沈秉瑝　集5-36400

沈秉衡　史3-17317

沈秉彝　集5-39111

沈秉荃　史3-15253

沈秉忠　史4-29103~4

沈秉成　經1-5994　史2-10711,3-15465,4-29036　子1-4344~5

沈秉鈞　史3-20764

沈維龍　史7-57742

沈維誠　史2-13158,3-15985、17328、22877

沈維裕　子3-17753

沈維楨　史4-28972

沈維基　史8-59423、60636　子2-4768、9465,5-30426　集3-20300

沈維材　集3-19538

沈維樹　子7-33672

沈維驥　史3-18833　集5-40566

沈維驄　史3-18742

沈維賢　史1-10(3)、4705

沈維善　史3-16217、20150

沈維鐈　史2-12675　集4-26894

沈維鈞　史8-63809

沈纕　集4-25220~1,6-41999,7-47325~6

21 沈步洲　史2-10785

沈步垣　史4-28976

沈仁敷　史8-60679

沈虛明　子2-9027~9

沈行　集2-6553~9　叢1-392,2-833

沈衍慶　史6-43151、45450　集4-32372~3　叢2-1854

沈衛　史3-16393、20425,8-66444

沈卓　集3-13318

沈拜璜　集4-26314

沈師濂　史3-19595

沈堡 史7-53105 子5-
29372 集3-17309～11
叢2-1372
沈伯雨 集2-9154
沈伯經 集1-2030～1、
2286
沈伯棠 史7-57969
沈侃 史3-18647
沈得湦 史7-57562
沈儼 史7-56688,8-
59842
沈保靖 經2-10081 史
2-10005,4-28992 子
1-4079 集5-34874～6
叢2-1966
沈保宜 史2-10426,3-
18688
沈保樞 子3-12402
沈保銘 子2-4725,9874
沈鯉 經2-8715,8974、
9370,9867,10325,13005
史6-48331,8-59836
子1-2354,4-20606、
23898 集2-9704～6
叢1-223(66)
沈鍟日 集7-46430、
47118～9 叢2-838
沈和敬 史2-10473
沈穆 子2-5586
沈穆孫 集7-48063
27 沈佩玉 史4-29000
沈倜 集1-3791～2、3794
沈向榮 集4-23082
沈豹 集3-14146
沈修 經2-12380 集5-
39761～2 叢2-2165
沈俶 子5-27390 叢1-
17、19(6)、20(4)、22(6)、
23(6)、24(6)、56、148、195
(6)、2-617(2)、624(2)
沈冬齡 集5-33813
沈名蓀 史1-5232～3
子5-26146 集3-
15346 叢1-223(22)
沈磐 集3-13685
沈魯 集6-45189
沈繩 集4-22490
沈稠 集2-9417
沈約 經2-13780～1 史
1-11～7、20、28、500～1、
563～5、994～1000、7-
49311 子3-17970,5-

26222 集1-514～21,
6-41694、41698～9、
41722、41767、41794 叢
1-22(3,17)、23(3,16)、
29(2)、47、70、74～7、79、
90～3、125、162、183、185、
223(17,18)、227(5)、237、
303～5、558～9,2-617
(3)、635(3)、653(5)、698
(3,4)、730(5)、731(63、
65)、772(4)、773(4)、774
(10)、892
沈叔埏 史2-8029,3-
22580 子4-23213 集
4-21932～6,6-42067
沈級 史4-29071
沈紹慶 史8-59990
沈紹勳 經1-1966～9
史4-29023 子4-
21860
沈紹洙 史3-19599
沈紹祖 史7-54920,8-
63099
沈紹九 集5-35083
沈紹姬 子4-24082 集
3-16266
沈紹興 叢1-373(2)
28 沈以謹 史4-28983～4
沈以經 史3-20788
沈以選 史4-29112
沈以栻 史7-58023
沈似爔 史3-22409
沈作霖 史4-29068
沈作賓 史7-57481
沈作梓 史3-15071
沈作喆 子4-20069～71
叢1-22(3)、23(3)、31、
223(41)、244(1),2-617
(3)、731(6)
沈佺期 集1-727～34,6-
41739～40、41743、41824、
41839、41844～5、41859、
41867
沈徵佺 史4-28974
沈復 史7-49317(6)、
49318(12)、53116 子2-
9042,5-26520～1 集
5-40688 叢1-496(5),
2-624(3)
沈復粲 史2-8448,7-
51655,8-63885、63907～
8、65754 子3-14823、
14845～6、15459,4-

23224,5-26003 集2-
11475～6、11704
沈復燦 史2-6740、13402
沈儀 子4-22999
沈儀彬 史2-12447
沈從龍 史7-57253
沈從津 史3-15035
沈徐行 史4-28987
沈牧 集4-25219
沈馥生 史3-19505
沈喻 集6-44217
沈齡 經2-14853 叢1-
493
29 沈峭 經2-9276 叢2-
774(6)
30 沈宜 史8-60182 子4-
22666 集3-13597～8
沈宜修 集2-11582～8,
6-45102～6,7-46825
叢1-547(4),2-720(6)
沈流芳 史2-10887
沈淮 經2-8380、8574～8、
8580～2 史7-56445,
8-59087～8、59119～20
子5-24839～41 集4-
29721
沈瀛 集7-46351～2、
46357、46362、46374、
46383、46589
沈濟熹 經2-10831
沈濂 史3-19456 子4-
22602 集4-29358～9
叢1-373(5),2-1751
沈淳風 史3-22347
沈寧遠 集3-19088～9
沈寵綏 集7-54828～30
沈寬 史8-60339
沈家霦 史3-20259 集
5-38479
沈家珍 集4-29664
沈家本 經1-5112 史
1-387、393、451、457、
5751,2-9682,3-16136、
19843,6-45739、45795～
6、45907～8、45911～2、
45918、45920、45922、
45924、45938、45940、
45984、45997、46007、
46137、46181～3、46187、
46264～5、46267～74、
46276、46278、46300、
46465,7-54989,8-66261
～2、66316 集4-

22083,5－36673～5、
38479　叢2－618、2109

沈家振　史4－28980

沈家鸚　史4－29052

沈家鳳　史3－23586

沈家煥　史7－55481

沈宸奎　史4－29033

沈永青　史7－51786

沈永令　集7－46399～
400、46876

沈進甫　史4－29002

沈進榮　子4－24474

沈之秀　史6－45832

沈之如　史8－61774

沈之本　史7－56742～3

沈之間　子2－4768、7670

沈之鏷　子5－28937

沈之煒　子2－10933

沈憲如　史4－29097

沈守廉　史2－10195

沈守謙　史4－29047、
29050、29057,6－46862

沈守正　經1－3777,2－
10443　集2－11194～5

沈守之　史1－4503　叢
2－796

沈守梅　史5－33518

沈宰熙　子7－35432、
35875

沈安伯　子2－10781～2

沈寓　集3－15819～20

沈容齋　子7－35405

沈良弼　史8－58712

沈良才　集2－8741～2

沈定之　史7－49596

沈定遠　子1－3042

沈定培　史3－21668

沈定均　史8－58363

沈定年　叢1－496(1)

沈寅　集1－840、990

沈寅清　子5－26537

沈寶禾　史2－12798　集
5－34921～2

沈寶梁　史3－22984

沈寶森　史3－19716　集
5－34557

沈寶樞　史3－21932

沈寶青　集6－43520

沈寶昌　史2－12956,3－
20837

沈寶錕　集5－34923

沈寶暘　史4－28985

沈宗放　集4－30709

沈宗元　史1－1995,7－
51123

沈宗舜　史8－62544

沈宗德　集4－22263

沈宗和　子2－10834

沈宗約　史2－11821　集
7－47643

沈宗濟　史2－9842、12056

沈宗騫　子3－15391、
15396、15983、16730

沈宗祉　史3－19099　子
4－21832

沈宗湘　史4－29966

沈宗潮　史3－20138

沈宗涵　史2－9842、
12056、12864～5　子4－
22735

沈宗汾　史3－18689

沈宗城　史3－17816

沈宗敬　子5－26157　叢
1－223(44)、227(8)

沈宗疇　子3－18165,4－
23727　集5－40119～
20,7－48613　叢1－583
～5

沈宗疇　子5－26234　集
6－44328

31 沈潛　史7－56059,8－
61778　集2－12956～7

沈濧　集3－19861

沈灝　集4－26478

沈源　史4－28995～6　子
2－10585

沈源深　子1－2464　叢
2－1883

沈福墪　集4－31092

沈福灝　史4－29079、
29113

沈福源　史3－19198

沈福清　史3－15145

沈福同　史3－18418

沈福榮　史4－28991

32 沈淵　史8－59382

沈淵懿　史7－57729

沈兆元　史8－60155

沈兆霖　經2－13946～7
史2－12144,3－15269
集4－30492～5

沈兆琦　史3－19046

沈兆瑛　史4－29014

沈兆澐　經1－1604　史
2－11925,4－28971　子
1－4287,3－15470,4－
21550～2　集4－27675
～8　叢2－784

沈兆禪　史8－59319

沈兆褆　史7－50008　集
5－39426

沈兆奎　集3－15251,5－
36675、40689

沈澄　史6－43498

沈澄清　史6－42414

沈澄本　經1－7923

沈沂曾　集4－28815～6

沈冰壺　經1－4029　史
2－7419～21、7540　子
4－22403　集3－19193

沈泓　經1－1016～7

沈近思　經1－3996　子
1－110、1537　集3－
17745～9

沈業　史2－9075

沈業富　史6－43805　集
3－21524

33 沈心　子3－14691,4－
19483　集3－19109～10
叢1－202(8)、203(14)、
369

沈心醇　史1－1355

沈心海　子3－16582

沈心友　集6－44335

沈心益　集4－26028

沈演　集2－12958

沈黻清　史8－59328

沈述綱　史4－29009

34 沈澍資　史3－17590

沈湛　子1－2630

沈湛鈞　集5－39805

沈沈　子4－19099

沈渽　史8－59815　集5－
33968

沈漢　史6－48241

沈漢宗　史1－3693

沈漢澄　子2－6997

沈漢楂　史3－18143

沈汝謹　集5－39194～6

沈汝魁　史4－29062

沈汝紳　子5－29346

沈汝瀚　史1－3767,6－
47131～3　子1－1671、
3338、3481　集4－28986
叢2－1908～9

沈汝濳　史3-20969
沈汝奎　史3-15828
沈汝翰　子1-1800
沈汝松　集4-31348
沈汝泰　史4-29038
沈汝輯　史1-184
沈燾　經1-156、163(2)、
　　1563、2294、2-9550、
　　12119~20　史1-1974、
　　1982、3339、3351、7-
　　50369、8-58688、63824、
　　64415、64721　子4-
　　21450~1、22603　集4-
　　29943~7、6-44595、
　　46105~6、7-47729　叢
　　1-309、373(4)、416~8、
　　420、426、496(3)、558、2-
　　731(9)、799~801、838、
　　1752~3
沈淩飇　史7-51405
沈浩　史4-29020　子3-
　　17718　集4-31090
沈衲　集6-43166
沈祐　集2-7391
沈禧　集7-46351、46781
沈遠亭　集3-21849
沈遠標　史8-61822
沈遼　集1-2366~70、6-
　　41900~1、45006~7　叢
　　1-223(52)、2-637(3)
35 沈津　史2-8498　子4-
　　23905~6　叢1-35、37
沈沛霖　子4-19230
沈清　集1-5749　叢1-
　　223(62)
沈清塵　子7-34519
沈清瑞　經1-4577　史
　　1-2215、2-9756　集4-
　　24235、7-47034、50676
　　叢1-202(6)、203(12)、
　　319、2-1603
沈清佐　經2-12990　子
　　3-16777、16850~1、
　　17161
沈清華　集7-54021
沈清世　史7-56919
沈清旭　子4-21842　叢
　　2-984
沈清鑑　集4-31742
沈禮門　子7-35865
沈連寶　史4-29004
沈遘　集1-2311~4、6-

41900~1、45006~7　叢
　　1-223(51)、2-637(3)
36 沈湘南　史6-45834
沈渭　經2-11094
沈澤蘅　史3-21898　集
　　5-36312、6-42007(2)
沈澤春　史2-10637
沈澤堂　子4-22046~7
沈澤棠　集5-38569
沈遇黃　史7-57386
37 沈泂　集4-27442
沈潤　集2-12233
沈潮　經1-3672、2-11276
沈瀾　史8-58934　集6-
　　44803
沈鴻學　子1-132
沈淑　經1-82、2286、4015、
　　6938~41、2-11892~3、
　　11950~1　叢1-202
　　(6)、203(12)、241、242
　　(2)、515、2-731(17、24、
　　31、56)
沈淑蘭　集3-16653
沈澹思　史2-7428
沈涵　史2-7132、7-51675
　　集3-16587
沈祖望　史3-22590
沈祖禹　集6-45008
沈祖縣　集2-8119
沈祖牟　集4-27891、
　　33394、5-37843~4　叢
　　2-734
沈祖約　史3-19193
沈祖復　子2-4768、10863
沈祖憲　史2-12396、6-
　　49181
沈祖培　史3-19729
沈祖壽　集5-40691
沈祖芬　子7-38216
沈祖蔭　集4-22040
沈祖燕　史1-4088、3-
　　16273、20322、6-47227~
　　8　子4-23598　集6-
　　42627
沈祖懋　史3-15281、7-
　　51932
沈祖苞　史3-19968
沈祖桐　史3-16628、
　　20517
沈祖惠　集3-19328
沈祖恩　子7-35806
沈祖同　史3-19867

沈祖善　史3-20399
沈祖煒　史3-22395
沈祖榮　史3-22616　叢
　　1-460
沈冠英　史4-29019
沈初　史1-4494、8-65461
　　~2　集3-21847~9
　　叢1-223(67)、373(9)、
　　420、2-731(54)、735(2)
沈祿康　集5-37417
沈迅　集2-12497、6-
　　41943
沈逢吉　子5-26730　叢
　　1-587(3)
沈遙亭　史4-29064
沈朗　史4-28979　集3-
　　17443
38 沈汾　史2-6200、6843、
　　6849~53、3-19537　子
　　5-29530(6)　叢1-15、
　　19(3、8)、20(5)、21(3、7)、
　　22(10)、23(9)、24(4、8)、
　　29(2)、82、86、223(47)、2-
　　730(8)、731(60)
沈瀚　經1-3073
沈祥龍　史3-22504　子
　　1-1915、3-17447　集
　　5-35915~7、7-50681
沈祥煦　史1-4977
沈祥鳳　史3-23595
沈裕　史7-57599
沈裕昌　史4-29005
沈道寬　子3-15217、
　　17552　叢2-1653
沈道寬　經2-9542、
　　12645、13920　集4-
　　26083、6-46329、7-47609
沈道成　經1-5634
沈道暎　集3-16240
沈道腴　集4-28581~2
沈肇元　子2-9775　集
　　2-12297
沈啓震　史7-57304　集
　　4-22315
沈啓星　集4-31741
沈啓原　集1-475、515
沈啓　史6-46512、46785~
　　6
40 沈九標　經2-10361
沈九如　集1-1199
沈九疇　集2-9594~5、
　　10906

沈大璋　經 1 - 6259
沈大經　史 3 - 23549
沈大德　史 6 - 41520、42955
沈大潤　子 2 - 7722、7958
沈大洽　子 2 - 8388
沈大中　史 8 - 58688
沈大本　經 1 - 1987、5737～8　子 5 - 27112　集 4 - 24977　叢 1 - 571
沈大成　經 2 - 12638　子 4 - 22455　集 3 - 19276～8,6 - 42067　叢 1 - 241、242(2)、312,2 - 731(7)
沈大鏞　集 4 - 29480
沈大光　經 1 - 3216
沈友如　史 4 - 29054
沈士充　子 3 - 16533
沈士龍　經 1 - 403　子 4 - 19627　叢 1 - 98
沈士謙　史 2 - 7223　叢 1 - 13、14(2)、22(21)、31、134
沈士瑛　子 3 - 18493　叢 1 - 197(4)
沈士秀　史 8 - 58831、59553
沈士衡　經 2 - 8534　子 1 - 448
沈士穎　集 6 - 44643
沈士俌　集 6 - 43749
沈士俊　集 7 - 49169、49171
沈士升　史 3 - 20134
沈士綸　集 5 - 34424～5
沈士洛　史 4 - 29122
沈士桂　子 3 - 12783
沈士模　集 3 - 20787
沈士林　史 3 - 18687
沈士駿　集 6 - 43454
沈士榮　子 6 - 32091(70)，7 - 34956～7、34963
沈奎　史 7 - 57499　集 4 - 28013～4
沈垚　經 1 - 5761　史 1 - 3519,2 - 9309,7 - 49314、53821　集 4 - 29582～6　叢 1 - 272(4)、310、359、528、558,2 - 731(46)、843
沈培生　集 3 - 20614
沈培宗　集 4 - 22491
沈培本　子 2 - 10069

沈才清　集 3 - 21026
沈堯咨　集 2 - 11760,3 - 13384、14389、15081、15188、16490、16627、17443、17471、17526、17579、17658、17674、17711～2、17795、17845、17990、18169、18213、18219、18229、18261～2、18264、18295、18300、18728、18766
沈堯封　子 2 - 4768
沈堯中　史 1 - 1264,7 - 57301　子 4 - 23966,5 - 25024
沈在廷　集 4 - 24978
沈在福　史 4 - 29069
沈南一　經 1 - 1988
沈南春　集 4 - 23486
沈希綽　史 3 - 23554
沈希轍　史 3 - 17791
沈有壬　子 4 - 21918
沈有則　史 2 - 8997
沈存德　史 2 - 8937
沈志斌　集 6 - 42991
沈志禮　史 7 - 51820
沈志裕　子 2 - 4728、5060、7746～7
沈志藩　子 2 - 5837
沈志本　子 1 - 1348
沈志賢　史 3 - 18928
沈赤然　經 1 - 7875　史 1 - 5176,7 - 57285　子 4 - 21297～8　集 4 - 22704～8　叢 1 - 373(5)、550,2 - 640、1552
沈杰　史 7 - 51826、57540
沈李龍　經 1 - 4060～1　子 2 - 4769、5868、5970、6039
沈李楷　子 1 - 1571
沈嘉客　集 3 - 13096
沈嘉澍　史 3 - 18806,7 - 54050　子 2 - 11090
沈嘉轍　史 1 - 6140～1　集 6 - 44265　叢 1 - 223(71)
沈右　集 1 - 5328
沈吉達　子 4 - 24596
沈喜文　史 4 - 29101
沈杏苑　子 2 - 5706
沈壽　叢 2 - 689

沈壽龍　史 3 - 20518
沈壽祺　史 4 - 29021
沈壽榕　集 5 - 34074～80
沈壽世　史 1 - 3038
沈壽昌　經 1 - 2160
沈壽民　子 1 - 1301　集 2 - 12546～8
沈壽慈　史 3 - 20016
沈壽銘　史 6 - 43837
沈雄　集 7 - 46397～400、47069、48716　叢 1 - 408
沈來亨　子 2 - 10720
沈來鶴　子 5 - 31462
沈榜　史 7 - 54933
沈梓　史 1 - 3967,2 - 12935,3 - 22999,7 - 50369　子 4 - 23460　集 3 - 17212
41 沈概　史 7 - 57381
沈樞　史 1 - 5010　叢 1 - 223(22)
沈樗莊　史 8 - 59654
沈櫨元　集 6 - 44672
沈梧　經 2 - 13215～8　史 8 - 63522、63698、64489～96、64575
42 沈塤　史 3 - 19733
沈斯盛　集 3 - 19499
沈彬　集 2 - 6766～7
沈機　集 2 - 11760
43 沈始樹　史 2 - 7908
沈越　史 1 - 1607
沈栻　經 2 - 11012　子 1 - 1177
沈樾　史 2 - 10522
44 沈菫　集 2 - 9127
沈荃　史 2 - 9157,8 - 58410、59515　集 3 - 14559～60,6 - 41961
沈萍如　子 2 - 4768
沈藻　史 7 - 57592
沈藻采　史 7 - 56985
沈藻鳳　史 3 - 22589
沈夢麟　集 1 - 5748～9,6 - 41784　叢 1 - 223(62)，2 - 618
沈夢熊　史 2 - 7227　子 4 - 22258、24050
沈夢蘭　經 1 - 1246、5074,2 - 9967　史 6 - 46606～7　子 1 - 2233、4082、4232　叢 2 - 1554、2036

沈夢書　集4-28015
沈麓樵　史4-29130
沈荇　史4-29024、29026
沈芬　集6-42401、42793
沈蒿士　史3-15036
沈蘭亭　史4-29007
沈蘭先　子3-15387　叢
　1-202(8)、203(14)
沈蘭生　集5-35997
沈蘭徵　集5-39198
沈茂蔭　史8-63476
沈葆珊　集5-34920
沈葆楨　史2-8150、9821、
　9887,6-43895、47160、
　48990~5　集4-33521
　~4
沈葆辰　史3-23312
沈蓮　史3-15763、18071
沈蓮生　史7-55448　集
　4-26480
沈蓮墅　集5-34182　叢
　1-276
沈芝林　集4-29662、
　32801~3
沈蕉青　集5-34183
沈蕙玉　集3-18508
沈蕙纕　史6-42228　叢
　1-195(6),2-731(18)
沈懋發　子2-10576、
　11201
沈懋功　子4-20549　叢
　1-143
沈懋政　史3-20594
沈懋價　史8-62553
沈懋允　集6-43958
沈懋良　史1-3923
沈懋官　子2-4990
沈懋熹　經2-13977　叢
　1-203(1)
沈懋嘉　史3-18339
沈懋孝　集2-9915~20
沈懋華　集3-13055
沈懋中　子7-36064
沈懋學　集2-9931
沈孝瞻　子3-14106
沈萃　子2-8734
沈萬鉌　經1-3883
沈葵　史2-10938,3-
　22281,4-28975,7-56396
沈華　史8-62759、62901
沈華平　集3-15456

沈華旭　集4-26479
沈英　子7-34667　集4-
　31347
沈英瑞　史4-29070
沈若鼎　史4-29015
沈若淮　集4-28817
沈蓉　史3-18171
沈蓉江　子2-8831
沈蓉城　史4-28977
沈荀蔚　史1-1978,3120
　叢1-202(5)、203(10)、
　244(5),2-731(67)、735
　(3)
沈世奕　史7-56948
沈世珩　史3-23368
沈世俊　史4-29034
沈世勳　集3-20190
沈世良　史2-11392　集
　1-5577,5-34073,7-
　46434、47976~7、48602
沈世連　史4-29099
沈世澤　集5-41159
沈世楷　經1-126、3985
沈世楓　集3-19719
沈世銓　史8-59444
沈世煒　史3-13488
沈世瑩　史4-28982
沈世榮　史3-18406
沈其光　集3-20666、
　21087,5-40690
沈樹　集4-24975~6
沈樹德　集3-19210~1
　叢2-843
沈樹本　史2-7997　子
　4-23150　集3-17750~
　4,7-47201
沈樹人　史3-16571
沈樹金　史3-23303
沈樹鏞　史3-18069,8-
　63713~4、64647　子3-
　14885~6　叢1-383
沈樹銓　史4-29039~40
沈菜　史8-60054
沈藻　集3-16461　叢1-
　300
沈桂　史1-4499　集4-
　32610　叢1-496(4)
沈桂清　集5-39428
沈桂芬　史1-1722~3,2-
　7488~9,3-15370　子
　2-9807
沈桂芳　史4-29120

沈植樞　史4-29022
沈林一　史3-18760,7-
　49319、54694、54734
沈林宗　集7-49207
沈楳　經2-11645　集3-
　20922,7-47717　叢2-
　984、1480
45　沈棣華　集4-29787
沈椿齡　史7-57492
沈榛　集7-47145
46　沈覲平　史3-22657
沈覲宸　史3-22657
沈覲　集4-25610
沈恕　集5-37068
沈如玢　史3-16948
沈如潮　史7-55365
沈槐　史3-22361
47　沈均　集3-20240
沈均安　史8-58620
沈轂　集4-28481~2
沈魈楚　經1-3830
沈朝宣　史7-57148　叢
　2-832(5)
沈朝初　集3-16428
沈朝楨　子2-6210
沈朝棟　史2-9555
沈朝陽　史1-1770~1、
　1782,2-8407
沈朝煥　集2-10652~5
沈詡　集4-27283
沈翮　集4-26362
沈鵲應　集5-41376,7-
　48389
沈起　史1-1585,3248,2-
　11622　叢2-670
沈起元　經1-1211　史
　2-8190、11820~1　子
　1-2397　集3-16203、
　18481~4　叢1-223
　(5),2-811
沈起仁　史4-29065
沈起潛　子1-2264,4-
　19495　集4-25222~4
沈起潤　集4-25741~2
沈起鶚　史4-29121
沈起鳳　子5-27127　集
　4-22363~4,7-50321、
　50324　叢1-369,2-735
　(1)、736
沈杞　集5-36756
沈桐　史3-21921、23574

沈桐生　史1-4997,6-
　41743,8-66416　子1-
　3927
沈桐威　集7-47785
沈根培　史4-29008
沈榖元　經1-3962
沈桙　集3-21702
48 沈增榮　史4-29011、
　29030
沈翰　集3-20454
沈翰卿　集2-8274,6-
　41935(4)
沈擎　集2-12763
沈敬齋　史4-29093
沈敬莊　集4-23376
沈敬學　集5-40837~8
沈松　叢1-312
沈松泉　史4-29003
沈枚　集5-34180
沈梅　史7-57895
50 沈中孚　史7-56577
沈中行　史8-59441
沈中橶　子3-17958、
　18326~7　叢1-197(2)
沈申祐　叢2-984
沈泰　集7-48775~6、
　49162,49186,49196、
　49198,49204,49221、
　49226~7,49236,49261
　叢2-672
沈泰藩　史2-11521
沈青于　集5-37607
沈青崖　經1-4019,7805
　史8-62667,62763,63144
　集3-19295　叢1-223
　(24)
沈青芝　子2-7542
沈惠玉　集6-41999
沈惠和　子2-6415
沈書城　史6-47077
沈春畹　集3-21849
沈東霞　子2-10538
沈東行　史7-35548
51 沈振鷺　集7-47496
沈虹　集3-18607
52 沈揆　子4-19866　叢1-
　75,244(3)
沈授祺　史2-10841
沈括　子2-4625,5897、
　9138~40,3-14692、
　15857,15859,15888~9,

4-18651、18979,19001、
　19945~53,5-26224　集
　1-2347~9,6-41894(2)、
　45006~7　叢1-10,17、
　19(4,5),20(2,3),21(3、
　4),22(13,15),23(12、
　15),24(4,6),27,29(5,6、
　7),31,99~101,109,111
　(4),157,166,168(3),169
　(4),175,223(33,41,52)、
　230(3),241,242(4),244
　(4),268(3),353,357,373
　(6),374,559,2-624(2)、
　636(3),637(3),658,731
　(6,29)
沈靜專　集2-11644
53 沈輔世　史2-10995
沈成章　集5-39353~4
沈成烈　史3-19801
沈成鵠　子7-37182
沈成國　史8-58161、
　58423
54 沈持玉　集3-21892
55 沈捷　子4-22676　叢1-
　201,203(2,17),366~8、
　461
沈慧孫　集4-32257
57 沈邦憲　史3-20196
58 沈敕　史7-50179,56930
　叢2-798
60 沈□　子1-4130~2,2-
　9772,3-17455　集2-
　10656　叢1-195(6)、
　203(17),244(3),249(3)、
　373(4),2-675,689,724、
　731(30),1262,1265~6
沈□□　經2-10967　史
　1-3866　叢1-373(9)
沈日富　經2-11709　史
　1-5723,2-8015
沈日霖　史7-49318(13)、
　50920　叢1-202(2)、
　203(7,18),319,321,496
　(4)
沈日富　史2-9837、
　11802,3-17912　子1-
　110　集4-31528~9
沈日壽　集4-31091
沈墨莊　史7-57525
沈星標　史3-15759,8-
　60179
沈星煒　集4-25501　叢
　1-587(4)

沈國元　史1-1563,1614
　~5,3166,4916~7　子
　5-28161　叢1-256
沈國琛　史6-46834
沈國治　集4-22083
沈國冕　史7-56145、
　56162
沈易　集6-42339
沈思　集2-7435
沈思倫　子4-20998　叢
　1-201,203(6)
沈思永　子5-25106
沈思孝　史7-49918、
　51487　集2-10054~5,
　6-43705　叢1-195(7),
　2-731(57)
沈思義　史4-28973
沈恩孚　史3-19088,7-
　49314,54903　集5-
　39983　叢1-528,2-
　2178
沈恩榮　史3-15963、
　18301
沈恩培　史8-61654
沈恩華　史8-58616
沈恩桂　史6-45871
沈恩燎　集5-39062
沈愚　史2-8772~3　叢
　2-745
沈甲芳　集4-32800
沈昌五　史3-23241
沈昌熊　史2-8268
沈昌宇　集5-37299
沈昌基　經1-1201
沈昌世　子5-25046　集
　4-27383　叢2-984
沈昌惠　子2-7895
沈昌時　經1-5634
沈昌眉　集4-33533,5-
　40897~8
沈品華　子5-26191~2、
　26194
沈畏堂　史2-8404　叢
　1-496(4)
沈是中　子7-36310
沈杲之　子5-26439
沈景文　集7-54523
沈景謨　集5-40414
沈景旋　史4-29061
沈景麟　子4-19910
沈景德　史4-29001
沈景休　叢2-757

沈景修　史2-13010,3-
23001　集2-12701,5-
35918～21,7-48113

沈景良　集4-22316

沈景潤　史4-29044

沈景祁　史3-17795

沈景運　集4-21937

沈景梅　集4-22316

61　沈顥　子3-15859、15937、
16016、16532、16539　集
3-13078～9　叢1-13、
14(3)、22(26)、25、37、119
～20、142、173、181、202
(8)、203(14)、220、353

62　沈則謙　子7-35437

沈則寬　子7-35110～2、
35151、35218、35358～9

沈則恭　史7-54117　子
7-35849

63　沈默　史2-7801,7-52094
叢2-809

沈賦　子3-18045～6

64　沈曉堂　子2-7221

沈時棟　集7-48514

沈時譽　子2-4771(4)、
10504～5

65　沈晴秀　史3-22329

沈映鈴　集4-30888　叢
1-479

沈映鈴　子4-21549

66　沈嚴　史3-19174

67　沈明宗　子2-4592、4771
(2、3)、6361～2、6771、
6822、7211、8072、10516

沈明哉　子7-34682

沈明掄　經1-7492

沈明臣　史2-8939,7-
53405、53492、56799　集
2-9593～602,6-41935
(5)、43700　叢1-371,
2-845(5)

沈鳴　史1-3536～7

沈鳴詩　史7-56115

沈鳴皋　史4-29017

沈鳴佩　經1-1588

沈昭興　史8-61733、
61921　子3-15493

沈野　子2-7114,3-
16794、16810

沈嗣綏　史4-29010

沈嗣馨　史4-29129

沈煦孫　子3-17439

68　沈喻　史7-51341　集3-
16798　叢2-689

沈晦　集1-3140～1,6-
41894(2)、45007

70　沈璧璉　集4-23377

71　沈辰　史2-6727　子3-
16105

沈辰吉　集4-32089

沈辰垣　史7-57385　集
7-48543　叢1-223
(73)、227(11)

沈厚埃　集1-1562

沈既濟　子5-26222　叢
1-29(4)、168(2)、185、
249(2)、255(3、4)、2-624
(1)、731(49)

沈巨源　子2-8821

沈長慶　子4-20547

沈長新　史3-18003

沈長鯨　史4-29098

沈長華　史3-18963

沈長春　集4-24402,6-
42006

沈長卿　經1-6867　子
4-20871～2　叢1-143

沈槃　子2-11020

72　沈剛中　史7-52888

沈彤　經1-111(2)、2853、
4014、5031、5278～80、
6937,2-11854　史2-
10364,7-49317(4)、
49318(4、5、7、9)、52818、
53304、53612、53624、
57001、57008　子2-
4672、5943　集3-
18614,6-42067　叢1-
203(11)、223(8、11、68)、
2-1413

沈氏　子5-26953　叢2-
848

74　沈慰祖　史4-29018

沈騏　集6-42401、42793

76　沈颺　子4-21576　集4-
24587

沈陽　集4-28985

77　沈堅　集3-16822

沈風輝　子2-6596

沈鳳　子3-16983～4　集
4-31470

沈鳳梧　集4-29788

沈鳳翔　史7-55962

沈鳳輝　經1-1407

沈同芳　史2-10590,3-
16582　集5-40834～6

沈周　史2-11422　子3-
16388、16475、16489～96、
4-20331、22964～6,5-
26220、26328　集2-
6901～17,6-41935(1)、
42044、43781～2、45765、
7-48471　叢1-22(22)、
29(7)、40、52、57～8、88～
9、165、195(5)、223(64)、
227(10)、2-599、731(52)

沈用濟　集3-15141、
16237～9,6-43181

沈用增　史8-60185　集
5-36442

沈陶璋　子7-36231(5)、
36958、37016、37119

沈鵬　史3-18642　集5-
40755～7,6-44290

沈展才　史8-61002

沈履言　子3-16439

沈履端　集3-17712

沈屠申　集5-40692

沈眉壽　史7-57025　叢
1-373(8)

沈際飛　經1-709　子1-
3035　集2-10401、
10403,7-48438、49889、
49905、49913

沈際昌　集4-32744

沈熙廷　史3-20205

沈又彭　子2-4646、4768、
5345、6380、8125、10662

沈聞喜　史3-23458

沈學詩　史6-44424

沈學潛　史4-29105

沈學淵　史7-57776　集
4-28412,7-47816

沈學厚　史2-11942

沈丹培　集4-29948～9

沈閭　子2-8841　集1-
1316

沈晅　史4-28974

沈閶崑　經1-4330　集
5-36144～6

沈與文　子3-16079、
16252

沈與求　集1-3147～51,
6-41900～1　叢1-223
(53)、2-636(3)、843

沈賢修　史2-12801,4-

29106 集5-40864
沈賢書 史6-46927～8
78 沈鑒 子7-37396
79 沈驥士 經1-345、2322,
2-9271 叢2-774(2、6)
80 沈人俊 集5-34775
沈企彭 史3-20812
沈益福 史4-28986
沈金渠 集4-25159
沈金栻 史3-22409
沈金藻 集5-33710～1
沈金鰲 經1-96 子2-
4622、5016、5630、6146～
7、6383、7024、7971、8130、
8461、10570
沈金鼇 史2-9516
沈金贄 子2-4672
沈鐘 史4-28997
沈鏡 子2-4582、6040
沈鏡蓉 史3-20312
沈鏡堂 子3-14744
沈鑫 集4-28483
沈鎬 經1-4251 史3-
17943、4-29035、7-
53722、57938 子3-
13532 叢1-267
沈侖源 史4-29086
沈夔 史6-43783
沈無咎 史3-17905
沈念茲 史8-61887
沈毓慶 經2-12311 子
3-17280
沈毓麟 史3-20580
沈毓蘭 史8-62223
沈毓蓀 集4-24236～40
沈毓桂 集4-31408
沈毓椙 集3-20674
沈義方 子3-14143
沈義父 集7-48476～7、
48689 叢1-216、223
(73)、272(4)
沈善謙 史6-45382 子
2-7511
沈善登 經1-1806、2330、
2397 史3-15649、6-
47517 子4-21199～
200 叢1-538
沈善豐 子2-8985
沈善寶 集4-31530～1,
7-47441
沈善禮 史2-10013
沈善祿 史2-10013

沈善蒸 子1-3590
沈善世 集3-16054
沈善兼 子2-9835
沈普禪 子7-36137
沈曾樾 集4-26894
沈曾蔭 集5-41627～9
沈曾懋 集3-17710
沈曾植 史1-2620、2634、
2640,2-13169～70,3-
16001、17260,7-54241、
57123,8-63735、64117～
8、64648、65901 子3-
14906,4-22769～73 集
5-38103～10,6-41907
叢1-525,2-611、749、
2122、2142
沈曾桐 史3-16202～3、
17433
沈會霖 史8-60196
81 沈鉒 叢1-587(5)
沈頌平 史7-56394
沈頌清 史3-20429
82 沈鍾 史8-58337、58452
集3-17998～8000,4-
32425 叢2-913
沈鍾泰 集3-18766
沈銛 集5-38309
83 沈鉉 史3-14960～1 集
4-26477
沈鎔 史1-2149
沈鎔經 史3-15709,8-
58690 集5-35781
84 沈銑 史3-22565
沈錡 集4-23178
沈鎮 經2-12678 史6-
41611 叢1-230(3)
85 沈鈇 集2-6115 叢1-
223(62)
沈鍊 集6-43118
沈鍊 集2-8829～37 叢
1-223(66)
86 沈鍠 史7-56806 集4-
32887,7-48348
沈錦桐 子2-4624
沈錫 史7-56469
沈錫慶 史3-17835
沈錫三 史8-58499 子
4-23606
沈錫晉 史3-21891
沈錫爵 史7-53403 叢
2-1723
沈錫齡 史7-52179

沈錫祺 史4-29027
沈錫榮 史8-62886、
62933
沈知言 子5-29530(18)、
31103
沈知肅 史2-9805
87 沈鏗 集5-39615
沈鈞 子3-15830
沈鈞儒 史3-16820、
17692
沈銘 史4-28978
沈銘三 子2-9421
沈銘石 集5-37608 叢
2-800
沈銘琛 史4-29123
沈銘彝 史1-8、371,2-
6691～2、11431、12648
子4-22546、23225～8、
24366～8 集4-25502
叢2-598、653(3)、731
(64)
沈欽裴 子3-12725
沈欽復 集4-25857～8
沈欽圻 集3-15609
沈欽韓 經1-163(2)、
7017～8,2-13280 史
1-271～8、379、435,7-
52708,8-63591～2 子
4-19269 集1-1344、
2273～4、2280、2506～8、
3490,4-26429～31 叢
1-309、420、463～4、512,
2-653(2、6)、670、731
(42、56、63)
沈翔亭 子2-9621
沈飽山 子4-19986～7
88 沈銓 史4-29073 子3-
16265 集4-24653
沈銳 史7-55006
沈筠 經2-13413～4 史
2-8017 集4-28690、
29379、30667～71、31390,
6-42012、44605,7-50346
叢2-639
沈範孫 集4-23375
沈節甫 集2-9751 叢
1-83、84(1)、393,2-730
(8)
沈餘慶 史3-21059
89 沈鑠 集4-28630
沈鑠彪 史7-51605 叢
2-832(4)

90 沈小垣　子4-19716

沈小園　子4-21861

沈惟彰　史8-60692

沈惟賢　史1-10(1、2)、671、4643、4663,3-18921　子5-28231　集5-40299　叢1-502

沈惟炳　史6-48519,7-55232

沈懷珠　史2-10639

沈懷仲　史2-10497

沈懷遠　史7-50819~21　叢1-15、19(3)、21(5)、22(11)、23(10)、24(4)、29(2),2-776~7、779

沈懷芬　史3-20174

沈惇彝　集4-25743

沈惇復　子4-21577

沈少雲　集7-49988~9

沈光瑀　史7-55965

沈光烈　子3-12762,4-24611

沈光璘　史3-23571

沈光瀛　子4-21917

沈光祀　集3-15480

沈光裕　集1-1534

沈光春　集4-24905

沈光邦　經1-1218、6505~6

沈光厚　史7-57719　叢1-373(7)

沈光瑩　叢2-633

沈尙玄　子5-31676

沈尙仁　史1-1159

沈尙達　史4-29087

沈常　史1-3127　叢2-745

沈半千　史1-6064

沈裳錦　集6-43501~2

沈棠臣　經2-13121

91 沈烜　史4-29088　集4-28076

沈炳震　經2-11976　史1-10(4)、668、4578、4582、5244,3-14962　集3-18181~2,6-43465　叢1-223(13)、394、454、495,2-653(5)

沈炳奎　集4-32744

沈炳垣　經1-4261　史1-384,2-12681,4-29053,6-45508,7-

51303,8-65809　集4-29556、33336~45

沈炳巽　史7-52700　子4-21829　集1-1007,3-19394,6-46192　叢1-223(24),2-843

92 沈愷　集2-8499~502,6-41935(2、4)

沈愷曾　史6-46603　叢1-378

沈炘如　集3-13037

94 沈煒　集4-23698~9

95 沈性　集1-5556　叢1-223(61)、227(10)

96 沈焜　集5-40833　叢2-844

沈煜　史7-57454

沈煬　史4-28990

97 沈燿祖　史4-29074

沈輝宗　經2-8868、9145~6

沈燿曾　子5-27260

沈灼　史6-48219

沈炯　集1-605~6,6-41694、41698

沈煥　史3-17828　叢2-845(3)

98 沈燴　集2-8276,6-45620

99 沈瑩　史7-50447~9　叢1-19(3)、21(5)、22(11)、23(11)、24(4),2-776~7、851、2230

沈鎣　集4-30961~4,7-48060~1　叢2-640

沈燮　集3-18148,4-27443

沈燮嘉　史4-28993

沈榮仁　集3-18917~20

沈榮勳　史7-55646

沈榮基　史7-56789

沈榮昌　集3-20241

沈榮鍇　集4-21969

沈榮銘　子3-17050

沈榮光　史3-22951

3411₄　灌

11 灌頂(釋)　史2-8538　子6-32084(32、33)、32088(41、42)、32089(49、50)、

32090(62、63、64)、32091(60、61、62)、32092(40、41)、32093(47、49、50、51),7-32095、33364~6、33386、33388~9、33393~6、33398~401、33403~4、33466、33688、33824、33837、33842、33844、34626

44 灌菊散人　子5-28323~4

60 灌園耐得翁　子4-20189　叢1-13、14(2)、17、19(2、5)、20(1)、21(2、4)、22(6、12)、23(6、11)、24(2、5)、29(6)、175、205

3412₇　滿

16 滿聰(釋)　子7-34339

23 滿岱　史8-58856

29 滿秋石　集4-23787

99 滿營務處　史6-47479

瀟

36 瀟湘迷津渡者　子5-27802~5

瀟湘花侍　叢2-632

瀟湘館侍者　子5-26662、26664

3413₁　法

00 法立(釋)　子6-32081(15、27、39)、32082(19)、32083(11、18、20、26)、32084(15、22)、32085(15、26、29、38)、32086(16、29、33、44)、32088(11、19、21、28)、32089(12、18、34)、32090(17、23、55)、32091(15、22、53)、32092(11、15、36)、32093(17、22、30),7-32544

法應(釋)　子6-32088(42)、32089(51)、32091(65)、32093(51),7-

34398
法度(釋)　子7-33817
法慶祥　史4-30265
02 法新(釋)　集3-16009
04 法護(釋)　子6-32081
（43、53、57）、32082（27）、
32083（28、33）、32084（23、
31）、32085（41、48、51、
52）、32086（48、57、61、
62）、32088（29、35、38、
39）、32089（24、30、32、
33）、32090（39、40、41、
42）、32091（37、38、39、
40）、32092（25、26、27、
28）、32093（3、6、8、17）、7-
32095、32133、32146～7、
32163、32196～7、32424、
32629、32765
07 法部　史6-46022　子7-
36663、36670

法部會　史6-46186
10 法三(釋)　集7-47612
法天(釋)　子6-32079、
32081（43、44、45、46）、
32082（21、22、23、24）、
32083（27、28、29、30）、
32084（23、24、25、26）、
32085（40、41、42、43）、
32086（47、48、49、50）、
32088（29、30、31、32）、
32089（24、25、26、27）、
32090（32、33、34、35）、
32091（30、31、32、33）、
32092（20、21、22、23）、
32093（2、3、4、7）、7-
32095、32101、32157～8、
32252、32287、32290、
32372、32430、32449、
32526、32539、32591、
32610、32656、32680、
32766、32788、32797、
32815、32857、32908、
32910、32925、32927、
32929　集2-6176　叢
2-886（2）
法雲(釋)　子6-32088
（42）、32089（52）、32090
（66）、32091（64、77）、
32092（43）、32093（52）、7-
33392、34279、34828～31、
34833　叢2-635（5）
14 法琳(釋)　子6-32081
（42）、32082（21）、32083
（27）、32084（23）、32085

（40）、32086（47）、32088
（29）、32089（47）、32090
（61）、32091（59）、32092
（41）、32093（52）、7-
34217、34938
16 法聰(釋)　子7-33354
17 法聚(釋)　集2-6588
20 法重正　集3-19475
法住(釋)　集2-6016、
6024～5
法秀(釋)　子6-32091
（78）
法乘(釋)　子7-34249
21 法經(釋)　史8-66319
子6-32081（42）、32082
（20）、32083（27）、32084
（22）、32085（39）、32086
（46）、32087、32088（28）、
32089（51）、32090（65）、
32091（63）、32092（41）、
32093（52）
法穎(釋)　子6-32081
（35）、32083（23）、32085
（34）、32086（39）、32088
（24）、32089（39）、32090
（47）、32091（44）、32092
（30）　集1-2666～7
22 法稱(釋)　子6-32081
（45）、32082（22）、32083
（29）、32084（24）、32085
（42、55）、32086（49、66）、
32088（30、41）、32089（46、
47）、32090（53）、32091
（51）、32092（35）、32093
（26、30）
24 法化(釋)　子7-34575～
6、34881
法偉堂　史8-59212、
63512、63961
25 法律大臣　子7-36669
法律學堂　史6-42452
法律館　史6-45937　子
7-36615
26 法泉(釋)　子7-33983
27 法衆(釋)　子6-32081
（16）、32082（11）、32083
（11）、32084（10）、32085
（16）、32086（18）、32088
（12）、32089（13）、32090
（18）、32091（17）、32092
（12）、32093（42）
法彙(釋)　子7-36203
28 法徵麟　子2-4983

30 法良　史2-12070　集4-
30384～6
33 法心(釋)　子3-13398～9
法演(釋)　子7-34177
37 法潤(釋)　子7-34185
38 法海(釋)　子6-32081
（22）、32083（15）、32084
（13）、32085（21）、32086
（24）、32088（15）、32089
（39、48）、32090（44、62）、
32091（42、60）、32092（29、
41）、32093（22、51）、7-
32130、34163～9
40 法嘉蓀　子4-21441　集
3-21811
法真(釋)　子7-34361
43 法式善　史2-11442、
11597～8、3-23689、6-
42913、42915～6、8-
65713　子4-23201～2、
5-25329　集1-2990，
2-7138、3-19919、4-
23579～88、23877、6-
41784、42613、44043、
44251～2、46029～30　叢
1-373（4）
44 法蘭(釋)　子6-32085
（30）、7-32555～7
法藏(釋)　史2-8595　子
6-32088（42）、32089（50、
51）、32090（64、65）、32091
（62、63、64、76）、32092
（40、41、43）、32093（49、
50）、7-32954、33063、
33100、33128、33269、
33275、33308～10、33343、
33536～7、33564～6、33662、
33632、33652～5、33662、
33794～804、33872、
33875、33884～9、33928、
34253、35044　集2-
10193～4
法芝瑞　史1-3805　叢
2-804～5
法若真　史2-11680　集
3-13704～6
法林(釋)　子6-32091
（72）
45 法坤宏　經1-7812　集
3-19171
法棟(釋)　子6-32091
（79）
46 法如(釋)　子7-34535
48 法塲(釋)　子6-32081

(33)、32083(22)、32085
(32)、32086(37)、32088
(23)、32089(23)、32090
(31)、32091(29)、32092
(20)、32093(13),7-
32115、32133、32265

法救尊者　子6-32081
(38、39、44)、32082(17、
19)、32083(25、26、28)、
32084(20、21、22、24)、
32085(36、37、38、41)、
32086(41、43、44、49)、
32088(26、27、28、30)、
32089(33、34、35、45)、
32090(52、54、55、58)、
32091(50、52、53、56)、
32092(34、35、37、39)、
32093(29、30),7-32738

50 法拉　子7-36228(6)、
36231(2)、37311

法本(釋)　子7-34630

法惠(釋)　子7-33989

53 法盛(釋)　子6-32081
(20)、32082(13)、32083
(14)、32084(12)、32085
(20)、32086(22)、32088
(15)、32089(17)、32090
(19)、32091(17)、32092
(12)、32093(8),7-32237

法成(釋)　子7-32310
叢2-676

58 法輪(釋)　經2-14450

60 法思德　史6-41535　子
7-36250、37307

法杲(釋)　集2-10215

61 法顯(釋)　史2-6805,7-
54229~30　子5-
26222、26799、26824,6-
32081(5、26、30、34)、
32082(5、14、21)、32083
(4、18、20、23)、32084(5、
15、17、18)、32085(5、26、
29、33)、32086(5、29、33、
39)、32088(4、19、21、24)、
32089(5、18、20、39)、
32090(6、28、45、46)、
32091(5、26、43、44)、
32092(4、18、29、30)、
32093(14、17、19、23),7-
32477　叢1-22(12、
18)、23(11、18)、24(3)、26
~8、29(2)、74、76~7、98、
134、169(3)、185、223
(26)、268(2)、543、547

(4),2-628

67 法照(釋)　子6-32091
(78)、7-33418

77 法堅(釋)　子6-32093
(19)

法月(釋)　子6-32081
(53)、32082(27)、32093
(14),7-32310

法賢(釋)　子6-32081
(46、47、48、49)、32082
(23、24、25、26)、32083
(30、31、32)、32084(25、
26)、32085(43、44、45、
46)、32086(51、52、53、
54)、32087、32088(31、32、
33、34)、32089(26、27、28、
29)、32090(34、35、36、
37)、32091(33、34、35、
38)、32092(22、23、24、
26)、32093(2、3、7、11),7-
32095、32101、32157~8、
32252、32290、32372、
32449、32539、32680、
32788、32797、32910、
32925、32927、32929

79 法勝尊者　子6-32081
(37)、32082(16)、32083
(24)、32084(20)、32085
(36)、32086(41)、32088
(26)、32089(45)、32090
(52)、32091(50)、32092
(34)、32093(29),7-
32776

80 法全(釋)　子6-32093
(38、41)

法尊(釋)　經2-15093
史8-62639

86 法智(釋)　子6-32081(3、
5、31)、32082(3、5)、32083
(3、4、21)、32084(17)、
32085(4、5、31)、32086(3、
5、35)、32088(3、4、22)、
32089(3、5、22)、32090(4、
6、30)、32091(3、5、28)、
32092(3、4、19)、32093
(19),7-32203、32483~4

87 法欽(釋)　子7-32683

88 法筏道人植菴　子7-
33968

法敏　史8-58962　叢1-
223(24)

91 法悟(釋)　子7-33671

法炬(釋)　子6-32081
(10、11、15、27)、32082(2、

10、19)、32083(2、8、11、
18)、32084(7、8、15、16)、
32085(3、11、12、15)、
32086(2、12、13、16)、
32088(2、8、9、11)、32089
(3、9、10、12)、32090(3、
12、13、17)、32091(2、11、
12、15)、32092(2、8、11、
15)、32093(4、10、11、12)、
7-32301、32520~1、
32544、32566、32571、
32574~5、32600、32687

92 法燈(釋)　子7-32975~6

94 法慎(釋)　子6-32088
(42)、32089(49)、32090
(63)、32091(61)、32092
(40)、32093(50),7-
33837

97 法輝祖　史2-11680

3413_2 漆

07 漆望楠　史5-38582

11 漆琴　史3-21047

19 漆璘　集4-25590

34 漆浩　史5-38580

37 漆淑凱　史5-38581

漆逢源　史3-20964,7-
51743

40 漆埔　集5-36977

漆嘉祉　史2-9166

47 漆桐　集5-35591

60 漆日榛　史7-58069

72 漆氏　史5-38577

97 漆耀書　史5-38579

3413_4 漠

37 漠鴻氏　子4-21708　叢
1-496(1)

漢

00 漢章　集1-2512

24 漢納根　子7-36906

32 漢兆(釋)　集4-25702~5

33 漢濱讀易者　叢2-683
44 漢勃森　子7-37760
60 漢□友　史5-38576
67 漢明燈　史8-61770

3414₀ 汝

01 汝諧　集4-27439
11 汝璿　史5-34771
12 汝水夢覺人　集7-51183
44 汝蘭　集5-34481
48 汝梅　集4-30155
71 汝階玉　集4-23269
86 汝錫疇　子2-6856

3414₇ 波

27 波多野　史7-49357
　　波多野貞之助　子7-
　　36694
30 波寧　子7-38104
40 波士偉　子7-38194
60 波羅頗蜜多羅(釋)　子6-
　　32084(14)、32089(42)、
　　32090(48)、32091(46)、
　　32092(31)、32093(26、27)
　　波羅頗密多羅(釋)　子6-
　　32081(4)、32082(4)、
　　32083(4)、32084(4)、
　　32086(4)、32088(3)、
　　32089(4)、32090(5)、
　　32091(4)、32092(3)、
　　32093(5)
　　波羅頗迦羅蜜多羅(釋)
　　子6-32081(23、24)、
　　32082(14)、32083(16)、
　　32086(26)、32088(17)、
　　32089(42)、32090(48)、
　　32091(46)、32092(31)
　　波羅頗迦羅密多羅(釋)
　　子6-32085(4、23)、7-
　　32199、32742~3
77 波留　子7-36351

淩

00 淩堲　經1-1667、2214、

2393、2987、7955　子1-
3117、3169、3185、2-
5122、3-13495、13644、4-
21316~7　集4-29601
叢1-310
淩立　集2-9339~40　叢
2-833
淩應秋　集5-33988
淩應楠　集5-37215~6
淩庶鉉　史4-34650
淩慶鉉　史4-34648
淩賡揚　子7-36240(1)
淩文淵　史7-54183
淩文運　史4-34657
淩文光　史3-21981
01 淩龍光　子3-13322、
14320
10 淩一飛　集3-15575
淩玉垣　集4-28150
淩雪　史1-865~6
淩元駒　史8-60896
淩霄　子1-4220、4-21429
集4-26089~90、6-
46075　叢1-517
淩震　集2-7475、7985
淩霞　史8-63510、63555、
63717、66283　集5-
35114~5　叢2-843
淩雲　子2-10305　集6-
43313
淩雲翼　集6-42767
淩雲翰　集2-6055~8、7-
46428、46795　叢1-223
(62)、2-833
11 淩璿玉　經1-6967
淩張雲　史4-34658
12 淩登名　史7-50535　子
4-20636~7　叢1-22
(24、25)
淩登瀛　集1-788
淩登嘉　子1-3985~6
淩登岳　史1-3862
淩瑞森　集6-43338
淩廷堪　經1-111(3)、
5316~8、6533~4、2-
11874　史2-11364　集
1-4672、4-24088~90、
6-41925、7-47298　叢
1-203(3)、272(5)、344、
349、456(3、7)、558、2-
731(21、36、49)、814、
1050、1585

17 淩承樞　集6-42002、7-
48344
20 淩秀　子3-17950　叢1-
22(16)、23(16)
淩禹聲　子2-4769
淩稚隆　經1-6837~8
史1-22、61~3、209、
2270、5093~6、5156、5836
子4-19639、5-26129~
30　集6-43959~60
叢1-310、404、453
21 淩步芳　子3-12371
淩仁軒　子2-8951
淩行均　史3-15500、
19726
淩行堂　史3-15515、
19741
淩儒　集2-9431
淩師皋　史3-20411
淩貞佑　史2-10235
22 淩山道人　子3-18249
23 淩皖峯　史4-34634、
34652
淩紱曾　史8-59412　子
2-6848、7260、7552
24 淩仕台　史4-34668
淩德　子2-4768、7152、
7222、8221、8957
淩德純　史7-57060
25 淩仲望　子4-20544　叢
1-143
26 淩和鈞　史3-16400、
23065
27 淩魚　史8-60631、60831、
60994
淩奐　子2-4729、4768、
4770、5675、7798、9934~
6、10861
淩約言　集2-8947
淩紹英　集3-17846
淩紹乾　集6-43464
28 淩以棟　子5-29034
30 淩瀛初　子1-4061
淩家瑞　史7-58048
淩準　叢1-22(5)、23(5)
淩寶珂　子7-35527
淩寶樞　集5-40327　叢
2-1993
淩寶樹　集5-40139　叢
2-1993
31 淩江　經2-9543~4、10017
叢1-310

3416₁ 浩

17 浩歌子　子5-27638、
　　27651
32 浩淨(釋)　子7-35078

3418₁ 洪

00 洪亮吉　經1-163(2)、
　　4121、6994、7880,2-
　　11916～7、12476、13897、
　　14130～1、14540、14666～
　　7、14771、15125　史1-
　　8、10(3)、416、477～8、
　　534、1478、5692～4、6075、
　　6109,2-7828,7-49311、
　　49316、49317(3、6、8)、
　　49318(3、5、6、7)、49338、
　　49444、49667、49670、
　　51192、52069、53197～8、
　　53233、53308、53424、
　　53453、53500、53525、
　　53547、53733、53735、
　　53765、53941、58092、
　　58123,8-59538、60000、
　　62813、62885、62894　子
　　1-4016,4-22449、23211,
　　7-36223　集4-22858～
　　70、24731,6-41765、
　　42067、42074、45195、
　　46060,7-47350、50685
　　叢1-202(6)、203(12)、
　　430、440～1、456(2、6、7)、
　　457、461,2-617(4)、635
　　(13)、653(1、4)、698(2、
　　12)、731(22、23、47、56)、
　　771(2)、799～800、1557～
　　60
　洪應紹　子5-29144
　洪應祥　史3-20026
　洪應明　史2-6812、6895
　　子4-20716～20、23941,
　　5-27045～6　叢2-689、
　　691(3)
　洪庭守　史4-30952～3
　洪度　子7-32333
　洪慶瀾　史4-30955
　洪慶華　經2-13078

洪賡恩　史5-33933
洪文衡　史6-42891、
　　48456
洪文科　子4-20764　叢
　　1-22(23)、29(7)
洪文灝　史4-30973
洪文翰　集4-31751
洪文陛　史4-31003
洪文燽　史4-30989
洪交泰　集3-17983～5
洪奕博　史4-30947
洪言忠　史4-31015
洪棄父　史1-4254、4262
01 洪龍見　史8-58336
　洪諲(釋)　子7-34177
04 洪誥　史3-23413
07 洪調緯　史3-15446
09 洪麟綏　史3-15448
10 洪一鰲　史7-57206
　洪一煥　史4-30935
　洪玉衡　史3-23648
　洪玉圖　史7-50496　叢
　　1-201、203(2)
　洪爾鳳　史4-30925
　洪震老　史4-30929
　洪震煊　經1-111(4)、
　　5973　集4-25818　叢
　　2-1632
　洪天桂　集3-17010
　洪天民　史4-30988
　洪天鉄　史4-30993
　洪天錫　子2-6906
　洪西山　史4-30940
　洪可蕭　史4-30967～9
　洪雲蒸　集2-11394～5
　洪霖　史8-58676
11 洪班書　史4-31014
　洪麗(釋)　子6-32091
　　(67)
12 洪璠　集4-33627～8
　洪聯璋　史4-30928
　洪弘緒　史6-45832
　洪烈　史4-31000
　洪烈森　史8-61759
　洪廷俊　史6-44700
　洪廷揆　史8-60677
13 洪琮　集3-14231
14 洪瑛　集4-32105
　洪璨　集1-4069,7-
　　46352、46357、46371、
　　46380、46693　叢2-698

　　(13)、720(2)、943
16 洪璟　史7-56014　集3-
　　17284
17 洪孟潊　史4-30959
　洪孟溥　史4-30964
　洪珲堂　集5-34361
　洪璐　史4-30998
　洪蕭　經1-657　史7-
　　51344
　洪乃琳　史3-22289
　洪承科　史4-30979
　洪承魯　史3-20820、
　　22634
　洪承疇　史1-1985、3586
　　～7,3-23731、23760,6-
　　41522、43296、47875、
　　48588～9、48591　叢2-
　　689
　洪承煦　史3-18072
　洪承熙　集5-36459
　洪子泉　史6-44730　子
　　1-4270
　洪子良　經1-4480
　洪翼聖　集2-11383
　洪翼昇　史3-21840
18 洪玢　史4-31010
　洪璇樞　史3-19498
20 洪喬祖　子7-34206～9
　洪信　集6-44898
　洪雙橋　史8-65924
　洪秉基　史1-3109
　洪維嶽　史3-20230
　洪維鋪　史4-30944
21 洪仁玗　史1-1991～2、
　　4200～7、4209　叢2-
　　746、883
　洪仁甫　史4-30978
　洪衍慶　史2-10174,3-
　　19846
　洪占銓　集4-24789
　洪貞榮　史4-30965
22 洪鑾　史4-30992,8-
　　59159　集3-19258,4-
　　22223
　洪侄　史2-8887
　洪巖虎　集1-5384　叢
　　1-223(60)
　洪循　史6-45833
　洪繼憲　史4-30962
　洪繼業　史4-30960
　洪繼炯　史4-30963

洪繼焻　史4-30961

23 洪允溫　史4-31002

　洪允祥　集5-41121

　洪獻文　史4-30958

24 洪化昭　經1-915　子4-
20921

　洪先燾　史8-60407、
60954

　洪德元　子5-30391

　洪德樽　史3-18084

　洪德常　史1-5184

　洪勳　史7-49318(22)、
54350～1、54753、54849、
54852、54855～6

　洪升　子5-26181

　洪皓　史1-1914、2587～
95、2597　子5-26218
集1-3168～9、6-45035
叢1-11、17、19(4)、20
(2)、21(3)、22(9)、24(5)、
29(6)、38、90～1、95、190、
223(20、53)、268(2)、374、
2-730(3、6)、731(66)、
785、870(2)、943

　洪龢孫　史1-8、10(4)、
589、7-49311　集4-
30971～4　叢2-731
(56)

　洪岐　史4-31019

25 洪仲　集1-1047

　洪朱祉　經2-13378

26 洪自誠　子5-31843～4
叢2-724

　洪自含　子7-32111　集
5-36321

27 洪佩聲　史1-2593～4
叢2-870(2)、943

　洪修臣　史4-30997

　洪修炘　史4-30997

　洪伊　史2-8886～7

　洪芻　子4-18547、18881～
2、18967　集1-2871～
3、6-45036　叢1-2～6、
9～10、19(9)、20(7)、21
(8)、22(16)、23(16)、24
(10)、26～8、29(7)、114
(5)、115、220、223(38、
53)、268(4)、382、2-731
(30)、943

　洪槃　史3-21610

28 洪復章　史7-56430

30 洪宣祿　史8-61660

洪濟　史8-58288

　洪家祿　史7-55539

　洪家滋　史3-16120

　洪之霖　集5-38114

　洪守一　史7-50465、
57659

　洪守美　經1-865～6　叢
2-943

　洪良品　經1-3026～31、
3409、2-8518　史6-
49046、7-49317(9)、
49318(7、9、12、13)、
53149、53640～1、54035～
7、8-60081　集5-34707
～8、6-44962

　洪良策　史4-30934

　洪定渭　史4-30976

　洪寅　史8-62298

　洪宗訓　史8-58536

31 洪江保　史3-17971

　洪福康　史3-23642

32 洪兆雲　經1-3287

　洪适　史8-64355～7、
64359～61　集1-3373
～85、6-41784、41894
(2)、41895、45035　叢1-
22(16)、23(15)、223(28、
55)、227(10)、353、2-635
(10)、637(2)、731(31)、
943

　洪業　叢2-1539

33 洪必華　史4-30979

　洪述祖　史2-13178　子
4-22756

34 洪漢章　史4-31013

　洪汝霖　史7-55617

　洪汝仲　史4-30931

　洪汝舟　集4-31359

　洪汝沖　史7-56138、
56154

　洪汝奎　經2-14636～7
史2-11291、11304～5、
11307　集1-3378、4068
～9　叢1-449、451、2-
943

　洪汝闓　經2-14654～5
集5-40386　叢2-814

　洪汝怡　集5-40995

　洪濤　史3-18817

　洪邁　史1-5081、5215～6
子4-18974、20080～3、
22148、23796、5-26956～

67　集1-3408～15、6-
41745、41784、41893、
41894(2)、41896～8、
41916、43267～9、45585～
6　叢1-10、17、19(1、9、
11、12)、20(1、7、9、10)、21
(1、8、10、11)、22(13、16、
20)、23(12、15、19)、24(1、
9、12)、29(5、7)、30、62、
64、119～20、148、154、169
(4)、173、195(4)、223(40、
46、55、68)、265(4)、353、
465、510、2-616、636(3)、
730(5)、731(2、15、46、
48)、735(2、3)、870(4)、
943

35 洪清芳　史8-58280

36 洪澤灝　史3-21840

　洪暹(釋)　子6-32091
(77)、7-34279

37 洪滌塵　史8-62636

　洪運開　史8-61807　集
4-26141

　洪咨夔　集7-46615

　洪咨夔　經1-7511　史
6-47595　集1-4067～
71、6-41784、7-46357、
46380　叢1-223(10、
56、73)、2-636(4)、698
(13)、720(2)、943

　洪朗生　子7-35878

38 洪祚永　史4-30982

　洪遂　史2-13389　叢1-
11～2、22(13)、23(13)、29
(6)、168(3)

　洪遵　史1-57、6-42845～
6、42848、42867、8-64792
～4、64797　子2-9150、
3-18202～4、18247　集
1-3401～2、6-45035
叢1-22(16、17)、23(16)、
35、37、98、169(3)、173、
181、195(1、3)、223(26)、
244(4)、268(2)、316～7、
366～8、388～90、545、547
(4)、2-661、731(17、29)、
943

　洪道高　史4-30995

　洪肇康　史4-30951

　洪肇棐　史7-55002

　洪肇旭　史4-30950

　洪啓宇　經2-13201

　洪啓初　經1-871、2-8763、

9013、9409、9897、10480
39 洪泮洙　史8-61209、
　　61214
　洪遜　集4-28658
40 洪九疇　集2-7226
　洪九鳳　子2-5147
　洪力行　集1-3587
　洪大誥　史3-18753
　洪大本　史4-30945
　洪培麟　史4-30939
　洪在　叢1-223(60)
　洪希(釋)　子6-32091
　　(77)
　洪希文　集1-5382~4
　　叢1-223(60)、2-943
　洪有徵　集4-31627
　洪懿方　叢2-1812
　洪赤道　史4-31006
　洪嘉植　集3-16270~1
　洪嘉與　史3-16384
　洪吉　集4-24354
　洪吉焯　史4-30994
　洪壽曼　子2-5257
　洪柱　史4-30938
　洪榜　經1-1428,2-14382
　　~5、14540　史7-50498
　　集4-22719,6-45037
　洪梓書　史4-31014
41 洪垣　史1-5427,5-33874
　　子4-20512　叢2-1067
　洪垣星　經2-10921
　洪梗　子2-4852、5857、
　　11006~7、11009~10,5-
　　27694~5　集2-9385
　洪枰　史4-30717　集3-
　　21772　叢2-854、1632
　洪梧　史2-6549　集4-
　　23232~3　叢2-662
42 洪荊山　史4-31016
　洪彬　史6-46226
　洪樸　集4-28306
　洪棟　史3-21085
43 洪載　集2-10170~2
　洪朴　集4-22405,6-
　　45037
44 洪基　子2-8051~2、9322、
　　11049~50
　洪夢雲　史7-57235
　洪蓮(釋)　子7-33157~8
　洪蕙　史8-62715
　洪孝點　史4-30966

洪英發　子3-13351
洪若皋　史1-3526
洪若皋　史1-3653,6-
　　41952,7-49318(5、7)、
　　53195、53509、57618、
　　57634　集3-14670~1,
　　6-41969、42117　叢1-
　　197(1)、202(3)、203(9)、
　　320~1、369
洪世璁　史4-31005
洪其紳　經1-1433
洪其道　子5-29125
洪其哲　集3-20458~9
洪樹瑚　子4-23589
洪樹培　史3-22981
洪楠雲　集6-45904
45 洪坤煊　集4-24499　叢
　　2-1632
46 洪如(釋)　子7-34104
47 洪均　集3-18294
　洪朝元　史7-57802
　洪朝選　集2-9230~1,6-
　　41935(2)
　洪朝樣　史4-30996
　洪起文　史3-19875
　洪起元　史4-30932
　洪起濤　史3-19482
48 洪梅卿　子1-3605
50 洪中正　史4-30974
　洪素　集4-22404
51 洪振玉　集6-44042
53 洪輔聖　經1-2765
55 洪轉(釋)　子1-3573　叢
　　1-269(4)、270(3)、271、
　　272(3)、360、437,2-731
　　(36)
60 洪□　子2-7933
　洪日鑑　史4-30948
　洪國楷　史4-30994
　洪思　史2-11583　集2-
　　11734、12659
　洪思亮　史3-15944
　洪思齊　史3-18931
　洪恩(釋)　子6-32091
　　(67)　集2-13004~5
　洪恩波　經2-14804　史
　　6-42168、42203　子7-
　　36228(6)、36937
　洪昇　集3-15176、16206~
　　10,7-46405、46971、
　　49358、50271~3
　洪甲元　史4-30928

洪昌　史4-30986
洪昌豫　集5-34792
洪昌蘭　史4-30946
洪昌燕　史3-15452、
　　19608　集4-33207
洪景修　史2-13338　子
　　5-26098
洪景瑩　史4-30956
63 洪暄　史7-58041
67 洪明　叢2-943
　洪瞻台　史4-30970~1
　洪瞻祖　集6-41771
　洪瞻陛　子2-10944
71 洪原懷　史4-31018
　洪頤煊　經1-163(2)、
　　2493、5413、5930、5932、
　　6019、6180、6715、7229,2-
　　8320、8486~7、11390、
　　11396、11414、11879　史
　　1-8、10(1)、240、997、
　　2077、2265、2271、5988,2-
　　8461、7-49311、50451、
　　50455、57622,8-63503、
　　64408~10、64743、65404、
　　65411　子1-279、283、
　　336、3334~5、3992、4087、
　　4092,3-14033、14642,4-
　　22571~4、23239　集4-
　　25174~5　叢1-244
　　(5)、261、303~5、312、
　　418、429、460、463~4、
　　493、516,2-628、653(3、
　　5)、698(4)、712、731(16、
　　55、62、63)、761、851、1632
72 洪氏提反　子7-37911
75 洪陳斌　叢2-980
　洪陳光　經2-11812　叢
　　2-2129(3)、2130~1
76 洪陽張先生　集6-45407
77 洪闊(釋)　子7-33712
　洪月誠　子4-20545　叢
　　1-143
　洪朋　集1-2922~3,6-
　　45036　叢1-223(53)
　洪用懃　集4-22869
　洪際清　史8-60811
　洪熙　史2-10548~9、10572
　洪熙煊　叢2-731(7)
　洪學蘇　集4-23285
　洪歐雲高　史6-45564,7-
　　49357
　洪巽　子4-20156　叢1-

18、19(10)、20(8)、21(9)、22(5)、23(5)、24(10)、29(5)
洪興祖 史 2-11005、11013、11189～90 集 1-14～5 叢 1-223(47)、227(11)、347、449、456(4),2-635(5)、698(8)、731(39)
洪興全 子 5-28224
78 洪鑒 史 5-35147
79 洪驤孫 叢 2-653(4)
80 洪金鼎 子 2-8111、8453、9446
洪鐘 史 3-18947,4-30999 集 2-6549,3-19446
洪令長 史 4-30936
82 洪釗 史 4-30991
洪鍾 史 3-18990,4-31017,8-60655
洪鍾元 史 3-23052
洪劍珠 集 3-14614
83 洪鉽 集 3-17410～2
洪鑌 史 3-15784
洪飴孫 史 1-8、10(2)、415、4673、5320～1,2-6422 集 4-26234 叢 1-411,2-653(4)、731(18)、1558～9
86 洪錫慶 集 4-30910
洪錫承 史 3-20468、23064
洪錫爵 集 5-36535
洪錫綬 史 8-60690 子 5-28422
洪錫暲 子 4-23183
洪錫疇 史 8-61571
洪錫範 史 7-56385、57426
洪錫光 史 2-9110～1,3-15148,8-58752 集 4-28659
洪知常 子 5-29530(25)、29549、31196
洪智(釋) 子 7-34954～5
87 洪鈞 史 1-784～5,2-13037,3-15707,6-49111,7-49314 子 3-15498,7-37784 叢 2-653(4)、731(66)
88 洪簡 史 8-58227
洪符孫 經 1-3286 史 8-59886 集 4-27696～8 叢 1-509
洪符中 經 1-926
洪筱圖 史 4-30980
90 洪光家 史 4-30933
洪光圻 史 4-30943
洪光垕 集 4-24993
洪尙庸 史 4-30930
洪尙祁 史 4-31012
洪常 史 6-49245
洪炎 集 1-2878～82,6-41745、41748、41894(2)、41895～6、41904、41916、41922、45036 叢 1-223(52、53)、227(9)、380,2-731(42)、943
洪焱祖 經 2-14635～6 集 1-5031～2、5382,6-41784 叢 1-223(15、60)、227(4)、268(2),2-731(23)、943
91 洪炳文 史 7-57668 集 5-37857
洪炳煒 史 3-23411
94 洪愼修 史 4-31011
洪煒 史 7-56555 子 2-4620、4771(3)、7217 集 4-22751
96 洪煨蓮 叢 2-1539
97 洪燿 史 3-15109
洪煥章 史 3-19842
99 洪瑩同 史 2-13282

滇

60 滇蜀鐵路總公司 史 6-44339

3419_0 沐

60 沐昂 集 2-6686,6-43741～2 叢 1-223(70),2-886(4)

3425_6 禕

16 禕理哲 史 7-49318(22) 子 7-37764

3426_0 褚

00 褚亨奭 史 2-7862、7864 叢 2-645
褚亮 集 1-650 叢 2-833
褚彥昭 史 8-61933
褚文 集 3-19740
01 褚龍祥 集 7-49621～2
10 褚靈辰 子 7-38277
褚元升 集 5-34587
褚雲鵬 經 1-1421
12 褚登瀛 史 3-18149
褚廷璋 史 8-63341 集 3-21160 叢 1-369
褚廷樞 集 3-19570
14 褚瑛 史 6-43057
16 褚聖恩 史 1-3971
17 褚瑤聲 史 5-37942
20 褚維培 史 5-37943～4 集 3-20075
褚維塏 史 3-19668 集 4-32937～8
褚維垕 集 5-33912
23 褚峻 史 8-63578～80 叢 1-223(29)、229
24 褚德彝 史 2-6705、7469,8-63751
褚德儀 史 1-572,3-20499
25 褚仲都 經 1-356～7、2322,2-9275 叢 2-772(1)、773(1)、774(2、6)
褚傳誥 史 7-57643 集 5-38078,6-44691
26 褚伯秀 子 5-29270～2、29530(15) 叢 1-223(46)
褚伯約 史 2-12722
褚保熙 史 7-55322
27 褚磐 史 7-58023
30 褚宦 史 8-59820
褚寅亮 經 1-163(1)、5294～5 史 2-11321 叢 1-456(5)、457,2-731(21)
31 褚源深 集 5-34586
32 褚澄 子 2-4625～6、4787、

9112　叢1-13、14(2)、
19(10)、20(8)、21(9)、22
(18)、23(17)、24(11)、29
(2)、117、173、220、223
(32)
34 褚斗南　集6-45570
　褚汝文　經1-4363
37 褚通經　經1-3353～4
　褚逢椿　子4-19333　集
4-28260　叢1-315
　褚逢春　史2-11983
38 褚遂良　子3-15418、
15547～8、15590～8、4-
18859,5-26222、26857
集1-664　叢1-29(4)、
154、185、255(3)、513,2-
833
　褚道潛　集3-13354
40 褚克明　子3-18007　叢
2-684
　褚嘉猷　子7-36349、
38157
44 褚蘭生　史6-44957
　褚藏言　叢1-223(68)、
447,2-637(4)、660、829
　褚孝錫　史7-49309、
50753
　褚華　經1-1477　史6-
45506,7-49327、50044～
5、50513　子1-4299、
4491　集4-24269　叢
1-202(7)、203(13)、241、
242(3)、496(3),2-731
(30)
　褚英　集4-23784
　褚世暄　史7-56763
　褚世鏞　史2-12683
46 褚相　史7-55827
53 褚成烈　集5-37722～3
　褚成允　史7-57737　集
5-36881
　褚成績　史3-19669,7-
50082
　褚成博　史3-16034、
20218,6-49067,7-57158
集5-38219
　褚成婉　集5-35681
　褚成昌　史8-62780
57 褚邦慶　史7-50170　集
3-21489　叢1-373(9)
60 褚景昕　史8-58622　集
4-32318
77 褚鳳翔　集3-17630

褚興周　史8-61324
80 褚人穫　子4-19448,5-
26643、28024　叢1-
201、203(6)、220、320,2-
735(2)、736
　褚全德　集4-23010～1
85 褚鈇　史6-48348,7-
55765　集2-8704
87 褚翔　史7-56779
90 褚少孫　史1-31　集1-
196,6-41698
　褚光謨　史8-59334
　褚光斗　史7-50368
　褚光鏌　史8-59333
99 褚榮槐　集5-34586～7

3426₁　禧

44 禧耆　史6-47929
60 禧恩　史6-47924　集4-
27733～7

3429₁　襟

10 襟霞閣主　史6-46479、
46486～92　集5-36259
　襟霞閣主人　叢2-721

3430₀　辻

13 辻武雄　子7-36290、
37728
50 辻本史邑　子3-15602、
15679
　辻本勝巳　子3-15586、
15599、15618

3430₂　邁

10 邁爾　子7-36282
34 邁達　子1-1879
40 邁柱　史6-46529～30,8-
60076　叢1-223(24)

80 邁龕居士　子2-6097

3430₃　遠

00 遠塵(釋)　子7-34185、
34399　集1-1912
37 遠初道人　史2-6866

3430₄　達

00 達塵(釋)　集4-27828
　達摩(釋)　子1-3518
　達摩流支(釋)　子6-
32081(6)、32082(6)、
32083(5)、32084(5)、
32085(6)、32086(6)、
32088(5)、32089(6)、
32090(7)、32091(7)、
32092(5)、32093(8)
　達摩祖師(釋)　子2-
11138,7-33954
　達摩笈多(釋)　子6-
32081(3、5、7、22)、32082
(3、5、7)、32083(3、5、6、
15)、32084(3、5、6、13)、
32085(4、7、8、22)、32086
(4、6、7、8)、32088(3、4、5、
6)、32089(4、6、7、18)、
32090(4、7、8、23)、32091
(3、6、7、21)、32092(3、4、
5、15)、32093(3、5、6、11),
7-32208、32506～7、
32547～8、32731、32748、
32809
　達磨(釋)　子7-33975、
33993～4
　達磨菩提(釋)　子6-
32081(23)、32083(16)、
32085(22)、32086(25)、
32088(16)、32089(41)、
32090(49)、32091(47)、
32092(32)、32093(28)
　達磨棲那　子6-32093
(37)
　達磨笈多(釋)　子6-
32081(1、3、5、7)、32082
(3、5、7)、3　20　83(2、3、
5、6)、32084(3、5、6、13)、
32085(4、7、8、22)、32086

（27）、32088(18)、32089
（43）、32090(50)、32091
（48）、32092(33)、32093
（27）

10 清元(釋)　子7-34315
　　清平　史6-46926～8
12 清瑞　集4-28424
　　清水澄　子7-36572、
　　　36600～1
　　清水直義　子7-36232、
　　　36710
14 清珙(釋)　子6-32091
　　　(72)、7-34220～2　集
　　　1-1826、5181～5、6-
　　　41779～80
17 清了(釋)　子7-33499、
　　　33511
20 清紋啓　史5-34632
21 清虛子　子5-27748
　　清虛道人　子7-36177
　　　集7-54147
22 清嵐居士　子5-32047
26 清和堂　子2-5988
28 清谿漁隱　史2-8255
　　清谿釣叟　子4-24646
　　清馥(釋)　史7-51673
30 清塞(釋)　集1-1607～8
　　清涼(釋)　史7-51570
　　清涼道人　子5-27321～4
　　　叢1-254、2-632、735(2)
31 清河居士　子4-21548
32 清溪道人　子5-28850
　　　叢2-720(5)
33 清浦奎吾　子7-36443、
　　　36582
34 清遠(釋)　子7-34177、
　　　34190
　　清遠道人　子5-27963、
　　　27970
35 清遺老人　子5-27110
37 清逸居士　子4-23500
38 清道(釋)　子7-34806
40 清柱　史8-61285
44 清麓洞主　子1-2986
　　清茂(釋)　史2-6800　子
　　　6-32088(41)、32089
　　　(48)、32090(62)、32091
　　　(60)、32093(51)
　　清苕花史　子4-24128
　　清權(釋)　集3-21188
50 清史館　史1-1647～8
　　清素(釋)　子6-32084

（33）、7-32119
52 清揆　集5-34374
60 清呆(釋)　子6-32091
　　　(75)
74 清陵亭長　叢1-22(25)
76 清臞(釋)　集3-21350
77 清覺(釋)　子6-32086(66)
87 清欲(釋)　子6-32091(73)
90 清㤇(釋)　子6-32091(81)
92 清愷　史7-58134

3520₆　神

10 神西山太郎　子7-36552
14 神珙(釋)　經2-14281～
　　　2、14540　叢1-223
　　　(15)、2-774(8)
20 神秀(釋)　子7-33977
　　　叢2-713
26 神保小虎　子7-36726
　　神穆德　史7-51541～2
32 神州國光社　子3-16762
　　　～3
35 神津助太郎　子7-37265
　　神清(釋)　子7-34882～3
50 神泰(釋)　子7-33633
53 神彧(釋)　集6-45668
　　　叢1-114(4)
60 神田喜一郎　叢2-750
92 神愷(釋)　子6-32093
　　　(40)

3521₈　禮

00 禮言(釋)　子7-34824
07 禮部　經1-5448、6264
　　　史6-42220～1、42280、
　　　47419、47827、8-65092
　　禮部太常寺　史6-41985
60 禮思鵬　集7-48676
77 禮闓泉　史7-54956～7

3526₀　袖

38 袖海齋生　經2-14267

3529₀　袾

30 袾宏(釋)　史2-7987、7-
　　　51618、51625　叢2-832
　　　(2)

袾

30 袾宏(釋)　史2-7427　子
　　　4-20889、5-26229、6-
　　　32091(62、68、71、76)、
　　　32092(43)、32093(49)、7-
　　　32099、32102、32124、
　　　32462、32465、32526、
　　　33173、33372～5、33382、
　　　33541～3、33649、33929～
　　　30、33941、33946、34052、
　　　34081～3、34153～4、
　　　34346、34425、34435、
　　　34460、34510～5、34714、
　　　34735～6、34909、34912～
　　　7、34924～6、35031～2、
　　　35049～54、36202　叢1-
　　　114(3)、142、2-832(2)

3530₀　連

00 連應魁　史8-62853
　　連文沖　史3-15969、
　　　20130　子2-4771(3)、
　　　7080
　　連文鳳　集1-4488～90
　　　叢1-223(58)、244(4)、
　　　357、2-731(40)
03 連誠　集5-34002
22 連山　史8-61583
　　連繼芳　集2-12297～8
24 連德英　史7-57041
25 連仲愚　史6-46857～8
26 連自華　子2-4688、5137、
　　　6055、6226～7、6854、
　　　7142、7495～7、8227、
　　　10759～62
27 連仰宸　史4-31510
34 連斗山　經1-1423、5060

中國古籍總目著者索引

37 連潤青　史4-31509
40 連士英　子4-23810
　　連培基　史3-16004
　　連柱　史8-58706、58726
41 連標　史6-45152　集6-
　　42636、42687、42834
43 連城璧　集3-13142
44 連夢青　子5-28649
　　連蘅　史6-46828、46859
　　連芳　史6-44698
50 連青　集3-16043、17218
　　連書樵　史4-31507
56 連提　子7-36228(4)、
　　36231(4)、37933
60 連國柱　史8-61015
71 連臚聲　集1-3860　叢
　　2-1042
77 連印　史4-32268
80 連鑲　子4-23003
　　連鑲　史7-58107
　　連差斗山　叢1-223(5)
　　連曾　子3-14342
88 連篤敬　史7-55669
90 連光樞　史7-57506

3530₆ 遭

44 遭劫餘生　子5-27858

3530₈ 遺

77 遺民外史　集7-50282

3610₀ 泗

12 泗水潛夫　叢1-11、22(9、
　　10、11、12)、37、111(2)、
　　244(4)、2-832(1)

湘

10 湘西學者　子5-28594
22 湘岑　集4-32859

湘山樵夫　史1-5926　叢
　　1-190
27 湘鄉縣文獻委員會　史
　　8-60570
77 湘間相子　史6-46402

3611₀ 況

12 況廷秀　史2-11418
27 況叔祺　史1-5181、7-
　　51034　子5-24979　集
　　2-9333
32 況澄　經2-12280～3、
　　13425～7　集4-30187
　　～8　叢2-718
33 況泌　集4-29286
34 況澍　集4-29723
38 況祥麟　經2-12487　集
　　4-25550～1
40 況大經　集4-24846
44 況樹　經2-12496
　　況桂馨　集5-37610
67 況昭謨　史4-28664
77 況周儀　子4-22066、5-
　　26617　集7-46422、
　　48381～7、48609
　　況周頤　史2-11352、8-
　　63497、64074　集7-
　　48381～8、48606、48609、
　　48743～5　叢2-705、
　　2155
82 況鍾　集2-6619～20　叢
　　1-483

3611₁ 混

23 混然子　子5-30001
35 混沌子　子2-4556、
　　11023、11182、5-31110
　　叢1-114(6)、117
53 混成胡真人　子5-29541

3611₇ 溫

00 溫亨如　史5-36594
　　溫亮珠　史7-55330、

56007
　　溫廉貞　集3-21917
　　溫庭筠　子4-18979、5-
　　26256、27375　集1-
　　1587～94、6-41848、
　　41852、41856、41872、
　　41878、41883、7-46353、
　　46364、48408　叢1-15、
　　22(4、13、15)、23(4、13、
　　15)、223(50)、249(3)、
　　353、2-617(3)、635(8)、
　　698(9)、731(52)、777、
　　2227
　　溫廣泰　史7-56204、
　　56311
　　溫文禾　史3-15267
02 溫訓　史8-60962、61062
　　集4-28437～8
　　溫新　集2-8408～9、6-
　　41935(4)
10 溫一貞　子3-14910、
　　14913、14957
　　溫一如　集5-34825
　　溫可貞　集2-9101
　　溫雲心　集7-47617
11 溫棐忱　集3-17463
12 溫瑗　史5-36591
　　溫廷敬　史8-60823、
　　60956
14 溫璜　子1-1963、1976、
　　2156～7　集2-11706～
　　8、6-43118　叢1-195
　　(3)、223(31)、391、2-
　　627、724、731(20)、843
15 溫建敬　經1-3352
17 溫承皐　集7-47550
　　溫承志　史1-3761　叢
　　1-203(16)
　　溫承恭　史8-62098
　　溫承惠　集4-23880
　　溫承悌　集4-29833
　　溫豫　史2-13391　叢1-
　　22(13)、23(13)、29(6)、99
　　～101、168(3)、587(1)、2-
　　731(60)
　　溫子昇　集1-609～10、6-
　　41694、41698
21 溫睿臨　史1-856～60、
　　863～4、6-45159、46645、
　　7-51293　集6-43554
　　叢1-369、2-615(3)
22 溫繼嶠　史7-56209
24 溫德宣　史3-15330

溫德溥　史8-61241
溫德嘉　史8-62849
溫德華士　子7-37533
溫德鄂　子7-37551
25 溫仲和　史3-17476,8-60948　集5-38013
溫純　子3-17119　集2-9932～4　叢1-223(66),2-965
26 溫自知　集3-13182～4　叢2-965
溫泉子　集7-49742
27 溫佩謙　史5-36599
溫紹棠　史3-15594
28 溫以介　叢2-731(20)
溫儀　集3-18445　叢2-965
30 溫永恕　史3-22057
溫之誠　史8-61271
溫良儒　叢2-965
溫定瀾　經2-13862
溫寶光　史3-16983
33 溫必復　史2-12477
34 溫汝能　經2-8287～8、8474～7　史7-49631,8-61094　集1-446、2525～6,2-12507,4-25651,6-44890
溫汝進　集4-23445
溫汝适　史2-11161　子5-27154　集1-767,4-23879　叢2-883
溫汝造　集4-22614
溫汝超　集4-29626
溫達　史1-1867～8　叢1-223(19)
溫達賡　史5-36600
37 溫迎辰　史3-17554
38 溫肇江　集4-26941～3
溫肇桐　史2-11389、11434
溫啓封　史1-5708　集4-28439
40 溫大明　子2-4570,9161～3
溫大雅　史1-1459　叢1-22(7)、23(7)、26～8、98、169(3)、223(18)、268(2)、511,2-731(65)、821
溫有謙　史5-36593
溫存厚　子2-4715,6865、10753

溫嘉鈺　史1-986、1111、1164
43 溫博　集7-48410～1　叢2-635(14)
44 溫葆深　子3-14032、14153,4-24447
溫恭　史8-61131　集5-39093
溫慕貞　集3-21917
溫蕙　叢2-965
溫革　子1-4099,5-26295～6　叢1-17、19(1)、20(1)、21(1)、22(3、7)、23(3)、24(2)、29(6)
溫若□　子3-18090
溫其照　子1-2993
46 溫如璋　集2-9840
47 溫朝祚　史7-57219
50 溫肅　史1-2377,2-10931、12477,8-61097　集5-41478
溫忠翰　史3-15540,8-64540　子1-4401,4-21644　集1-4688,5-35580
51 溫振翔　經2-10994
60 溫□　集1-1795　叢1-168(4)
溫□玉　子3-17473
溫日知　集2-10622　叢2-965
溫日鑒　集6-44306
溫曰鑑　史1-10(4)、605～7　集4-25781～3　叢1-369、372、373(7)、2-615(1、3)、844
74 溫陵步虛子　集3-15363
75 溫體仁　史1-1691～2
76 溫颺　叢1-388～90
77 溫鳳樓　史6-47276
溫興周　史5-36597
80 溫曾緒　集4-22061　叢2-965
溫崙　子5-26246
溫養度　集3-14752
90 溫常綬　經2-9511
98 溫敝　史7-55588
99 溫榮鑣　子3-13489

3612₇ 渭

10 渭爾氏　子7-36746
33 渭濱笠夫　子5-27819

湯

00 湯齊　集3-15583
湯應隆　集3-20277,6-41980
湯慶蓀　經1-7722
湯文球　史5-36542～3
湯文秩　史5-36585
湯文潞　子5-26212～7
湯文蔚　史5-36571
湯文郁　史5-36580
湯奕瑞　經1-3209
湯奕濬　史8-61424
湯襄隆　集3-20473,6-41980
01 湯諧　史1-71,7-52885～6
03 湯斌　經1-1054、7716,2-9749　史1-819,2-6668～9、11576～9,6-41525、48583～4,7-56957,8-59845　子1-1385～9、1966、2184,4-21216～7　集3-14804～13,6-42064、42066　叢1-195(2)、201、202(6)、203(5、12)、214、223(67)、482、534,2-731(13、45、62)、782(4)、1230、1322～4
07 湯調鼎　子4-21074、22323,7-36251
湯韶　史1-2811
10 湯一賢　史7-56751
湯三才　經1-5643
湯正殷　史5-36589
湯玉瑞　史7-55076
湯雨生　集7-47632
湯震　子4-21822,7-36258、36263
湯天狗　史5-36548
湯天起　史5-36559
湯百純　集4-25831

12 湯型　史3-19551
　湯登泗　史7-55983
　湯廷榮　史3-23457
13 湯球　史1-28、480、485～
　　6、490、495、497、500～3、
　　512、1424、1426、1431、
　　1434、1438、1440、1443、
　　1446、1449、1452、1734、
　　2308、2311～2、2319～20、
　　2328、2330～1、2333、
　　2335、2338、2340、2343～
　　4、2348、2353、2355、2358
　　～9、2361、2363　叢2-
　　653(5、6)、731(64、65)、
　　845(5)
14 湯璹　史1-2512　子1-
　　3463～4　叢1-223
　　(32)、273(4)、274(4)、
　　360、377、386～7、394,2-
　　731(19)
15 湯聘　史7-55083
　湯聘尹　史1-5507
　湯建中　集4-28789,7-
　　47562
17 湯瑤卿　集4-24927　叢
　　2-797～8
　湯承憙　史3-23569
　湯承基　史5-36555
　湯承□　子5-27187
　湯豫誠　經1-1200,7786,
　　2-8802、9078、9463、
　　9957、10694
　湯子垂　集7-50036
　湯尹爕　集3-21484
　湯翼　史3-22495
　湯翼然　史3-18683
18 湯珍　集2-9948
20 湯秀琦　經1-1052
　湯維清　經1-2086～7
21 湯步弘　史5-40088
　湯衡　史3-23531
22 湯胤勣　集2-6823～4,6-
　　41935(3)
　湯鼎烜　史3-21076
23 湯允謨　史8-65121　子
　　4-23679、23681～2　叢
　　1-105、111(1)、221、223
　　(42)、371、465,2-731(33)
　湯允贊　史5-36581
　湯允中　史6-45362,7-
　　49981
24 湯化龍　史3-16848　集

　　5-41131
　湯化培　史8-61516
　湯儲璠　集4-27819～21,
　　6-45464
25 湯傳楷　史8-59730
　湯傳楹　史7-49318(5)、
　　53270～2、53281　集3-
　　13582～3,6-41762　叢
　　1-201、203(17)、587(2)、
　　2-1287
　湯傳榘　經2-8791、9063、
　　9453、9944、10660　史8-
　　58262
26 湯自銘　經2-10144　集
　　3-19034
27 湯修　集4-31997
　湯修業　史2-9146　集
　　3-21329～30　叢1-
　　327,2-644
　湯俶昭　子4-21602
　湯卓珍　史5-36569
　湯煥　史7-53616　叢1-
　　371
　湯舟楘　集7-48321
　湯彝　史1-3853　集4-
　　28169
　湯叡　子7-36854
　湯紀尙　集5-38128～30
　　叢1-459
　湯繩和　史3-16011、
　　20213
　湯綱　子1-3071
　湯紹祖　集6-42199
28 湯似瑄　史2-9989、10134
　湯徵典　集4-27822
　湯復蓀　史3-17510、
　　22295
30 湯沆　史2-11717
　湯瀛　史3-17793
　湯濟淪　子7-38098
　湯濂　集5-34148～9
　湯家衡　集4-25880
　湯永泉　史5-36588
　湯永輝　史5-36564
　湯之孫　史2-11592
　湯之暄　集3-19411
　湯之錡　集3-14327
　湯準　集3-17768～72
　湯宏業　史3-21969
　湯容煃　經2-13069～70
　湯寶荼　史8-61490
　湯寶榮　史2-10419

　湯賓尹　經1-830～3、
　　6855,2-8716、8740～1、
　　8975、9002～3、9371、9396
　　～7、9868、9889～90、
　　10307、10326、10413、
　　10431～6、10445　史1-
　　1237、1283～5、2118、
　　5051、5057、5106、5158、
　　5456、5458～9、5933　子
　　4-21886,5-25063、27983
　　集1-1197,2-7573、
　　9081、9518、9569、11069～
　　83,6-41948、42847、
　　43893、44760、45172、
　　45266、45402～3,7-
　　48440
　湯宗幹　史8-59409
31 湯潘　史7-57406　集4-
　　32248
　湯濬書　史5-36547
32 湯兆京　集2-10858
　湯兆璵　子4-21821
33 湯心怡　史2-10686
34 湯漢　集1-416～25、428～
　　30,6-41696～7、41706、
　　42692～4　叢1-223
　　(69)、265(4)、291～4,2-
　　731(41)、870(5)
　湯汝和　史3-16334　集
　　5-39489～91
　湯沐　子4-20427～8　集
　　3-15227　叢1-22(22)、
　　31、97,2-799～801
35 湯清玉　集4-32403～4
　湯禮祥　史2-9576　集
　　4-23943
36 湯湘溪　子4-24585
37 湯漱玉　史2-6756～7
　　子3-16107　叢1-422、
　　424、469、586(3)、587(4)、
　　2-624(4)、716(3)、1769
　湯運泰　集4-28698
　湯選伊　集5-39492
38 湯瀅　子4-23199
　湯海若　集7-49784
　湯祚　史8-62464
　湯祥瑟　經2-13957～67
　湯裕　集5-36276
　湯裕浤　史5-36552
　湯道行　史5-36574
　湯道衡　經1-63、66、5643
　　～4
　湯道煦　經1-2193

湯肇熙 史 6－47202 集 5－35743
湯肇曾 史 3－22575
湯啓祚 經 1－7728
40 湯大緯 史 3－19397
湯大賓 史 8－62604
湯大奎 子 4－21354 集 3－21157～8 叢 1－373(3),2－798
湯大坊 集 3－19033
湯士瀛 集 4－30123
湯垚仙 史 2－10241,7－51361～2、52139、52757 子 3－14857、16225～6,4－21679 叢 2－2101
湯麥斯 子 7－37869
湯在寬 史 3－20684
湯希瑗 史 3－21749
湯有慶 子 5－27352
湯有光 集 2－10202
湯存 子 4－24102
湯存公 史 5－36578
湯志忠 史 5－36567
湯志揚 史 5－36550
湯志怡 子 4－24723
湯嘉鏞 史 5－36560
湯右曾 集 3－16853～5 叢 1－223(68)
湯壽名 子 5－31713
湯壽潛 經 2－12434、12609 史 2－10777、10796,3－16479,6－41500、41572、41578、41712、44288、44290、46037 子 1－1944,4－21822 集 6－43131
湯來賀 集 3－13425
湯柱朝 經 1－3952
42 湯斯祚 集 3－19267
湯斯質 集 7－54670
43 湯婉紃 集 5－34238
44 湯芷香 集 4－28697
湯蓮渚 集 4－32773
湯燕生 集 3－13111 叢 2－1565
湯懋功 史 3－20125
湯懋統 集 3－19736
湯懋紳 集 3－19913
湯懋綱 集 3－19488
湯懋椿 史 5－36546
湯孝友 史 5－36554
湯蓀 集 3－16577
湯華袞 史 3－21691
湯若望 子 1－3092、3103、3544～9,3－11234、11241、11289、11376、11501、11507、11581、11595、11606～7、11613、11665、12477、12481、12704、12749,7－35294～7 叢 1－202(7)、203(13、15)、241、242(4)、330、453,2－731(26、31)
湯若荀 史 7－58012
湯蓉鏡 史 5－36544
湯荀業 集 4－23719
湯世晉 史 5－36573
湯世瀠 集 7－50403 叢 1－496(8)
湯世昌 集 3－20696
湯世曙 史 5－36576
湯樹菜 經 1－4183
湯桂禎 史 1－2180
湯桂楨 集 6－42984
45 湯執玉 叢 1－358
湯椿年 史 7－52033
46 湯狷石 史 2－9145 叢 2－611
湯如望 子 3－11330
湯相 史 8－58398
47 湯聲清 集 5－34521
湯朝 集 3－17991 叢 2－645
湯期鵾 史 5－36577
湯橘農 集 4－31070
48 湯敬吾 史 5－36566
50 湯本武比古 子 7－36232、36687
湯書田 史 3－21308
湯春 史 3－19414
湯春生 叢 1－587(4)
51 湯振宗 集 4－24876
湯振鵬 史 3－18998
53 湯成彥 史 2－12765～7 集 4－31998～2009,7－47926 叢 2－1838
湯成烈 史 1－469、953,2－7287、7805、7824、7827、9767,5－36549,7－56878～9、57681、57724 集 4－31157～62,7－47949 叢 1－373(2、7),2－1812
55 湯輦召 子 7－33264～5
57 湯輅 史 1－5425
60 湯日昭 史 7－57654
湯國達 史 5－36563
湯國泰 集 4－28252～7、28535
湯昌鎮 史 5－36587
湯署 子 3－18378
61 湯顯業 集 4－28698
湯顯祖 經 1－2734 子 5－25769、27024～5、27030、27591～2、28071～2、28150、29753、29768 集 2－10360、10400～14,6－41794、41948、42047、42076、44818、45336、45403,7－46347、48413、48760～1、48820～1、48834、49709、49713、49727、49833、49876～916、49946、49948、49953、49994、49996、50037、50137、50187 叢 1－22(25)、371,2－1113
湯顯幹 集 4－28698
62 湯睡虎 經 2－10498
湯睡菴 叢 2－1062
63 湯貽湄 史 8－61551
湯貽汾 子 3－15859、15985～6、16742 集 4－26724,6－42004,7－47627～8、49601 叢 1－369、422、424、469、586(3),2－716(3)
67 湯曜 史 3－16167
湯煦 史 3－22993
71 湯原振 史 7－57840
湯原銑 史 3－16545
湯長吉 集 4－26057
72 湯垕 子 3－15859、15903～4 叢 1－5、19(5)、20(3)、21(5)、22(15)、23(15)、24(5)、26～8、121、171、195(6)、223(37)、353、374,2－721、731(36)、807、873
湯氏 史 5－36572
74 湯騏 史 2－9222
75 湯騁 集 6－42628
77 湯用中 子 5－27159 叢 1－373(4)
湯鵬 子 4－21602 集 4－30529～33
湯殿三 史 1－3577

湯學治　史7-55638

湯開先　集2-11749,6-
41949

78 湯鑒盤　史8-62213

80 湯金釗　經2-11146　史
2-11937,5-36556~7,
7-49318(5)、53244　子
1-1505　集4-26098~
101　叢2-906

湯金鑄　子3-12497、
12837

湯金銘　經1-4331

湯金策　史7-57715

湯奠邦　子5-29370

湯毓倬　史8-59612

湯合昌　史5-36566

湯善徵　集6-43526

81 湯鈺　史6-46782

湯叙　史7-57530　集3-
17627

82 湯釗　子7-37271

湯鍾　集3-21359~60

湯鍾岑　史5-36568

83 湯鎔　集5-34652

86 湯錦　集4-29694

湯錫祉　子7-36283

湯鐸　經1-6300

87 湯銘　子3-17149

湯銘新　史3-15683、
19975

88 湯籥　集4-31382

90 湯惟學　集6-43788

湯肖嚴　史5-36575

91 湯炳龍　集1-4844~5

湯炳奎　史3-19754

95 湯性魯　子1-2144

97 湯煥　集2-10060

99 湯榮鼇　史5-36547

濁

27 濁物　子5-28777

3614₁ 澤

10 澤元愷　史7-49318(16)

47 澤柳政太郎　子7-36232

3614₇ 漫

38 漫遊野史　史1-1944~5、
3354~5　叢2-789~
91、793

3619₃ 潔

22 潔川野史　史6-42958

3621₀ 祝

00 祝充　集1-1305

祝彥　子5-27303~4　集
2-10109~10

祝彥元　集4-31752

祝高岡　史4-31098

祝應熹　集4-31629

祝康祺　史3-23090,4-
31109

祝康民　史4-31094

祝慶雲　集5-34622

祝慶祺　史6-46130~2、
46134

祝慶蕃　史6-49039　集
4-26696

祝文　史8-59224

祝文彥　史7-57371　集
6-42976　叢1-373(3、
9)

祝文彪　集3-18774

祝文修　史3-20589

祝文郁　史8-58269

祝文驤　史3-21200

03 祝誠　集6-45702~4　叢
1-376,2-731(47)

07 祝望　史3-19474

08 祝謙吉　集2-12748

10 祝三秋　史5-38695

祝元敏　史7-57878

祝震　史3-20756,7-
54438　集5-39302

祝百五　集4-25446~7

祝百十　集4-24911

祝石　集3-13285

祝雷聲　史8-58713

12 祝登元　子2-11192

祝廷彪　子1-3930

祝廷華　集5-40761　叢
2-706

祝廷錫　史7-57321、
57325~6　集2-12618

14 祝琳　集4-32106

16 祝聖培　史7-56963

17 祝翊　史8-60231

祝君堯　史2-10791

20 祝受薪　子4-24155

祝維誥　集3-19113

23 祝允明　史1-1914、1929、
2840,2-7851、8701,8-
60936　子3-15347、
15689~91,4-20415~8、
22984~9,5-26219~20、
26222、27004~7　集2-
7270~5,7431、7435,6-
41935(1)、42604　叢1-
13、14(2)、22(21、22、27、
28)、29(7、8)、31、39~40、
46、50~3、55、57~60、84
(4)、87、95~6、107、111
(3)、148、154、185、195
(2)、220、223(65)、496
(3),2-617(4)、730(2、3、
11)、731(8、51、53、67)

祝獻三　史4-31110

24 祝德廉　史4-31091

祝德麟　集1-120,4-
22507~8、25906、25910

祝德子　集1-1623~4

祝德驊　史3-19664

祝德風　史7-52325

祝德興　集4-27449

25 祝純嘏　史1-1944~5、
1979、1982、3348~50,2-
7621、7812~3,6-42171

26 祝和煦　史3-18699

祝穆　史7-49538　子5-
24826、24828~31、25563
集6-43618、45677　叢
1-223(23、43)

27 祝御梁　史4-31099

祝紹政　史3-22453

28 祝以豳　集2-10610

祝微塏　史2-12816

祝復禮　史7-57714

30 祝淮　史8-61039、61104

祝家峻　史4-31117
祝家坤　史4-31119
祝家驥　史3-19819
祝宸　史4-31108
祝守範　集2-12739
祝安國　史3-15038
祝宏　史8-62589～90
祝定國　集3-15084～5
祝寶環　子2-9777
祝寶森　子2-4690、9543
　　～4
31 祝源　子2-9925
32 祝淵　史2-9141　集2-
　　12612～8,6-44580　叢
　　1-223(43),2-615(1)、
　　834
祝淵泉　史4-31100
祝添壽　史8-58664
33 祝泌　經2-14024　子3-
　　12949～50,13880　叢1-
　　223(35)、265(3)
祝補齋　子2-9668～9
34 祝淇　集2-6805
36 祝湘珩　集7-47593
37 祝冠軍　史3-18233
祝祿　集6-42043
38 祝洤　子1-1346～7、1598
　　集3-19455～6　叢1-
　　203(15)
祝肇　史2-6702　子5-
　　26219　叢1-13、14(2)、
　　22(24)、30、39、84(3)、119
　　～20,2-730(10)
40 祝士謙　史4-31107
祝堯　集6-42582～3　叢
　　1-223(69)
祝堯齡　子3-17204
祝有禧　史4-31114
祝志學　史7-57494
祝嘉庸　史8-59130
祝嘉聚　史3-16718、
　　17524
祝壽眉　史4-31095　集
　　5-35413
41 祝楨　史3-17092
42 祝塏　經1-1797　子1-
　　1854　叢2-1970
44 祝封三　史4-31109
祝基阜　子1-1313
祝基塘　史4-31118
祝兢　史3-21408

祝荋　史1-4282
祝葆恕　史4-31099
祝葆慈　史4-31096
祝懋正　集4-26991
祝懋湛　史4-31093
祝萬祉　史7-55096
祝萬青　史4-31096
祝華　集4-24029
祝華封　史4-31118
祝喆　集3-21344
祝世德　史8-61970、
　　62088～9
祝世祿　子1-1077,4-
　　20657～8、23989　集2-
　　9935～9　叢1-109、111
　　(4)、142,2-1145
祝世咸　史3-21453
祝其成　史4-31108
45 祝椿年　史3-17973
46 祝柏友　史4-31116
47 祝鋆　子7-35798
祝起壯　經1-4438
50 祝書雲　史3-19961
祝春渠　史2-8031
祝春來　史4-31101
57 祝邦基　子1-2549
58 祝搶望　史3-21484
60 祝□□　集5-40710
祝昌泰　集1-4566　叢
　　2-878～9
61 祝顥　集2-6734
64 祝時泰　史7-49354　集
　　6-43802　叢2-832(2)
祝疇　子3-14150
66 祝晹　史8-60053
67 祝明　子5-25589～90
77 祝鳳梧　史3-23020,7-
　　57716
祝鳳喈　子3-17695、
　　17735～6、17738～9
祝學山　史4-31119
祝學濟　史4-31111
祝譽彬　史3-18125
祝興　集6-43724
80 祝介　史1-1995、4022
祝善詒　叢2-706
82 祝鍾賢　史8-60777
86 祝錦煌　史4-31104
90 祝懷真　集4-22945
祝光綬　史4-31097
祝光明　集7-54278

祝尙矣　集3-15148
祝尙邱　經2-13636、
　　15137
98 祝悅霖　集4-24598～9
99 祝燮綱　集5-35034

3624₀　神

33 神治文　子7-36373

3625₆　禪

10 禪一(釋)　集4-22065～6
　　叢1-369
27 禪修(釋)　子6-32091
　　(68),7-35007
42 禪機(釋)　子7-34692

3630₀　迦

08 迦㫋延子(釋)　子6-
　　32084(21)
迦㫋延子尊者　子6-
　　32081(37、38)、32082(16、
　　17)、32083(24、25)、32084
　　(20)、32085(35、36、37)、
　　32086(40、41)、32088(25、
　　26)、32089(44、45、46)、
　　32090(51、52)、32091(49、
　　50)、32092(34)、32093
　　(29、31),7-32772、32775
迦㫋延尊者　子6-32093
　　(31)
10 迦丁羅漢　子6-32093(31)
22 迦稱尊者(釋)　子6-
　　32081(26)、32083(18)、
　　32086(28)、32088(18)、
　　32089(44)、32090(49)、
　　32091(47)、32092(32)、
　　32093(27)
27 迦多衍那尊者　子6-
　　32093(29)
迦多衍尼子尊者　子6-
　　32081(37)、32082(16)、
　　32083(24)、32084(20)、
　　32085(35)、32086(40)、

32088(25)、32089(44)、
32090(52)、32091(50)、
32092(34)、32093(29)
40 迦才(釋)　子7－34439
44 迦葉摩騰(釋)　子1－39、
58,6－32081(30)、32083
(20)、32085(30)、32086
(34)、32088(22)、32089
(21)、32090(28)、32091
(26)、32092(18)、32093
(30、49)、7－32100、
32108、32112、32555～7、
33479　叢1－49、169
(2)、394,2－724
　迦藥仙人　子6－32093
(32)
60 迦毘羅仙人　子6－32089
(47)、32090(53)、32091
(51)、32092(35)、32093
(32)
77 迦留陀伽(釋)　子6－
32081(39)、32082(18)、
32083(26)、32084(22)、
32085(38)、32086(44)、
32088(27)、32089(33)、
32090(56)、32091(54)、
32092(37)、32093(31)

3630₁　邏

00 邏庵山人　經2－14523

3630₂　遇

92 遇恬　子4－23465
99 遇榮(釋)　子7－33470～4

邊

00 邊方晉　史5－40949
　邊度春　史8－59386
10 邊玉犀　子3－15443
　邊貢　集2－7656～65,6－
41935(1)、41940、41951～
2、42053　叢1－223
(65)、2－948、1336

12 邊廷英　經1－1545
　邊孔揚　史3－16903
17 邊乃中　史5－40956
　邊乃耕　史3－21428
　邊習　集2－7661、8149～
50,6－41951　叢2－948、
1336
18 邊政設計委員會　史8－
61631、62146
20 邊維垣　集6－44765
　邊維精　史5－40957
22 邊繼登　史8－58921
26 邊保樞　集7－46421、
48246
27 邊像　史7－55914
　邊象曾　史8－59279
　邊響禧　集4－22254～5
30 邊之鑰　史7－55350
　邊守靖　子7－37372
　邊實　史7－54915、57028～
31　叢1－265(3)
　邊寶泉　史3－15580
　邊寶樹　史3－16927
34 邊汝元　集3－16777,7－
49370～4
35 邊連寶　集1－1055,3－
19245～9、20015、20305,
6－45146
37 邊祖恭　史3－21434　子
1－3923
38 邊瀹慈　史3－15774
　邊浴禮　子5－26554　集
4－32702～8,7－47880
40 邊乂禧　集4－22253
　邊大綏　史1－1935、1945、
1982、3091～2、3108　叢
1－202(6)、203(12)、244
(2)、249(3)、369,2－735
(4)
　邊士圻　史7－55352
　邊有猷　史8－59708
　邊壽民　子3－16175、
16708～9　叢2－807
44 邊其晉　史8－61315
50 邊中寶　史7－55185　集
3－19096～7,6－45146
　邊青黎　史5－40958
53 邊成　子3－15249
65 邊映山　史5－40955
67 邊鳴珂　史2－6608
77 邊鳳岐　史8－59165
　邊印金　史2－9618

86 邊錫庚　史5－40953～4
96 邊憬　史8－59656

3630₃　還

31 還源祖　子7－36134～5
37 還初道人　子2－11046
76 還陽子　子5－29530(18)、
31102

3711₀　沮

31 沮渠京聲　子6－32081(8、
11、31、32)、32082(8)、
32083(7、8、20、21)、32084
(7、17、18、19)、32085(9、
12、29、30)、32086(8、12、
33、35)、32088(7、9、21、
22)、32089(7、10、20、21)、
32090(10、11、27、28)、
32091(9、10、25、27)、
32092(6、7、17、18)、32093
(11、13、17、18),7－
32139、32450～1、32540、
32590、32603、32630、
32691～3、32698、32711、
32982

3711₁　澀

31 澀江保　子7－36237、
36340、36364、36367、
36378、36416、36458、
37418

3711₂　氾

79 氾勝之　史6－41538　子
1－4090～3、4192,3－
15197,4－21429　叢1－
203(17)、261、517,2－
761、774(9)、777

泡

10 泡爾生　子7-37949

3712₀ 泖

33 泖濱野客　子5-27340、
　27355　叢1-496(7)

洞

10 洞天居士　子4-24591
28 洞微子　子3-13107
67 洞明子　集1-5369~70
76 洞陽子　子5-29530(8)、
　29535(2)、29536(2)、
　29959

湖

11 湖北商務報館　子7-
　36626
　湖北官書處　經1-487
　湖北通志館　史1-1997
　湖北土稅膏捐總局　史
　6-43575
　湖北布政使司善後總局
　　史6-43493
　湖北農務總會編輯科　史
　6-44864
　湖北牙釐總局　史6-
　43629~30
　湖北興文社　子7-36302
　湖北興圖局　史7-50687
　湖北營務處　史7-50690
17 湖郡道場山人　叢1-373
　(4)
21 湖上漁父　子2-11126
　湖上逸人　子4-21934、
　24581
　湖上笠翁　子4-21122,5-
　27353

38 湖海居士　子3-14274
40 湖南文獻委員會　史8-
　60732
　湖南諮議局　史6-41908
　湖南清理財政局　史6-
　43349
　湖南漫士　叢1-30
　湖南洋務局　子7-37376
　湖南時務彙編館　史6-
　47538
　湖南鹽茶釐金總局　史
　6-43633
　湖南省文獻委員會　史
　8-60413
58 湖鰲　子2-9660
80 湖金勝　集7-47676

潤

10 潤璋　子7-37292
24 潤德　史6-46999
30 潤賓居士　史2-12814

潮

47 潮聲　叢1-587(3)

3712₇ 滑

40 滑壽　子2-4557~8、4560、
　4564、4566、4568、4727、
　4749、4817、5395~9、5457
　~9、6086~8、8603、10285
　~6、10288　叢1-223
　(32)、227(7)
42 滑彬　史8-59681
90 滑惟善　子5-26219~20、
　27009　叢1-22(24)、29
　(8)、2-617(3)、624(3)

鴻

00 鴻文主　子5-26174~5

　鴻文主人　集6-42528
　鴻文編譯圖書館　子7-
　36476
　鴻文書局　經2-8819、9117、
　9481、10014、10827　子1-65
　鴻文局主人　集6-45476
30 鴻寶齋主人　子5-25327
　集6-42524、42526

3713₆ 漁

38 漁洋公　子4-19470
44 漁莊釣徒　子5-26562
　漁村　集7-52227~8
　漁村野人　子1-3567
76 漁陽公　叢1-22(16)、23
　(15)、374

3714₆ 潯

31 潯江怡園五蘭軒小主人
　集5-38511

3714₇ 汲

21 汲虛子　集6-45486
40 汲古後人　子2-5285

3715₆ 渾

15 渾融(釋)　史7-51716

3715₇ 瀞

52 瀞挺(釋)　子6-32091(76)

3716₁ 澹

23 澹然　史2-7773

澹然居士　子2-11093
27 澹歸(釋)　叢1-373(4)
30 澹寧子　史6-46595
　澹安　子2-10630
34 澹漪子　史7-49601
55 澹慧居士　集7-49710
60 澹圃主人　子5-28034
　澹園　集7-54032

3716₂ 沼

44 沼蘭(釋)　子7-34378

3716₄ 洛

46 洛加德　子7-38227

潞

31 潞河漁者　叢1-554

3717₂ 涵

21 涵虛子　子2-11026　叢
　1-22(14)、48、195(4)、
　368,2-731(49)
　涵虛子臞仙　子1-3227,
　3-14443
44 涵芬樓　史8-65545　叢
　2-652、675
57 涵蟾子　子5-29535(5)、
　29536(5)、29543、30968、
　31140、31309、31521、
　31523
80 涵谷子　子5-31370、
　31850、32025～6、32049
　涵谷山人體真子　子2-
　6276

3718₁ 凝

00 凝齋　子5-27641
10 凝一堂　子2-10070
21 凝紫閣主人　集7-53863
23 凝然(釋)　子7-34761

3718₂ 漱

10 漱霞子　集5-35185
　漱石生　子5-25787

3718₆ 瀬

22 瀬川秀厷　子7-36295

3719₃ 潔

44 潔華女士　史2-6453

3719₄ 深

22 深山居士　子5-30489

滌

11 滌非子　子2-9832
77 滌凡居士　子5-26477
80 滌盦居士　子7-37745

3721₀ 祖

00 祖應世　集6-43588
01 祖龍氏　子3-18026
03 祖詠　集1-807,6-41739、

41743、41819、41824、
　41838、41847～8
　祖詠(釋)　史2-11293
　子6-32091(60)、32093
　(51)、7-34780
12 祖琇(釋)　子7-34703
　祖珽　叢2-592、628
14 祖功　集6-42962
15 祖建明　史7-55338
17 祖瓊林　史2-9626
20 祖秀(釋)　史7-51514
　叢1-19(5)、20(3)、21
　(4)、156、195(7)
23 祖台之　子5-26818　叢
　1-22(19)、23(19)、2-617
　(3)
30 祖濟齋　子4-21136
　祖永勳　史7-57774
　祖永杰　史7-55090
　祖之望　史8-58238　集
　4-23859,6-45047
　祖憲(釋)　集3-15082～3
　祖富言　史4-31089
31 祖福廣　史7-56934
33 祖心(釋)　子7-33999～
　4000
36 祖澤潛　史7-55362～3
38 祖肇慶　史8-63233
40 祖士衡　叢1-17、19(3)、
　20(2)、21(3)、22(5)、23
　(5)、24(3)
44 祖考(釋)　叢1-24(5)
　祖喆　集4-31628
　祖植桐　史8-59027
46 祖觀(釋)　集4-30303～8
　祖柏(釋)　集1-5399
60 祖□　子7-34230
　祖國鈞　史4-31090
　祖圓(釋)　子6-32091(82)
61 祖昍　子3-11264　叢2-
　775(5)
67 祖照(釋)　子6-32093(53)
77 祖覺(釋)　子7-35030
　祖闡(釋)　子7-34332～3
80 祖無擇　子4-19955　集
　1-1997,6-41894(1)、
　41895　叢1-223(51)
87 祖銘(釋)　集1-5378
　祖欽(釋)　子7-34202
　集1-3800～1
90 祖光(釋)　子6-32091
　(72)、32092(43)、7-34227

3721₄ 冠

22 冠峯橘　子7-37846
60 冠景　經2-15016

3722₀ 初

16 初醒子　子2-9848
21 初虞世　子2-9135
30 初之椿　集3-21028
37 初瀨川健增　子7-37080
42 初彭齡　集4-22268
90 初尙齡　史1-4618,8-
　　64825

3722₇ 祁

00 祁彥　史7-51969
　祁文友　經1-784
06 祁韻士　史1-3754～5,2-
　　11950,4-26927,6-
　　43180,7-49314～6、
　　49317(7)、49318(3)、
　　49337,51193～4、53942～
　　3,54293,8-63358,63362
　　～3　子5-25296　集
　　4-23320～3　叢1-456
　　(6)、457、472,2-731(56、
　　57、59)、821
09 祁麟佳　集7-49237
10 祁正　史2-10830　集5-
　　39566～8　叢2-2145
　祁正榮　史4-26939
　祁元孺　集7-48776　叢
　　2-672
　祁爾　子7-37761
　祁西源　史3-22190
11 祁班孫　集2-12366,3-
　　15525～6
13 祁武　集5-39569
14 祁瑛　史8-59644
　祁琳　集3-18149
16 祁理孫　史2-9190,8-
　　65628　集3-14528～9,

6-42316
17 祁承㸁　史1-2466,6-
　　42969,8-65335～8、
　　65590～3　子4-20772
　　集2-10915～8　叢1-
　　136～7、179、187、244(2)、
　　448、511,2-735(5)、847
20 祁秀昌　集7-52921
21 祁順　集2-7006～7
　祁熊佳　集3-13568
　祁卓如　史7-55487
　祁師曾　叢2-947
22 祁彪佳　史1-1616,3144,
　　2-12550～2,6-44567～
　　8,47277～80,47844、
　　48551～2,48554～8,7-
　　52014,52337～40,8-
　　65594　子1-3479　集
　　2-12365～86,6-41943,
　　43118,44669,7-54851～
　　2　叢1-520,2-848
　祁雋藻　經1-4205～6
24 祁德瓊　集2-12366,3-
　　13323
　祁德昌　史8-59788
30 祁寬　子1-708
　祁雋藻　經1-33,2-
　　14781,15127　史1-
　　3769～70,3843,2-9697,
　　9851,9951,12108,12727
　　～32,6-47273,47354、
　　47943,48868～9,7-
　　50039　子1-4157,3-
　　14963,4-23252～3、
　　24413　集4-23323、
　　29268～85　叢2-698
　　(3)、731(22)、947
　祁永膺　集5-40060
　祁宷藻　集4-28082～3
32 祁兆熙　史7-54868
33 祁述午　史4-26929
34 祁汝霖　史2-8890
37 祁祖鎏　史3-17635
38 祁肇麟　史3-18568
　祁啓蕚　史8-58893
40 祁友直　史4-26928
　祁奎南　史4-26938
　祁志誠　子5-29530(22)、
　　29535(5)、29536(5)　集
　　1-5370
44 祁蔭甲　集7-48328
　祁世倬　集5-39676
　祁世長　史2-12108、

12901～2,3-15514、
　17704,7-55793　子3-
　15218　集5-34426　叢
　2-947
45 祁坤　子2-7705
50 祁春浦　子3-17720
56 祁覯　子7-36228(4)、
　36246
60 祁昌徵　史2-9336,4-
　26940、26942
73 祁駿佳　子4-20911,6-
　32091(73),7-33740　集
　3-13378　叢1-136、
　426,2-731(7)
90 祁光宗　史7-51967　集
　2-11789

3723₂ 祿

10 祿爾克　子7-36748
24 祿勳　史8-61701
34 祿洪　集2-11905　叢2-
　886(2)
67 祿昭聞　史2-8779　子
　5-29530(7)、31825

3730₁ 逸

44 逸老　子4-24587
53 逸甫　集7-54671

3730₂ 通

00 通商海關造册處　子7-
　37360～6
　通意子　子2-10806
　通文書局主人　史7-
　49772
　通玄先生　子4-19877,5-
　29530(12、20)、31077
02 通新(釋)　史7-51643
10 通元子黃石　子5-28488
　通醉(釋)　子4-21019,6-
　32091(81),7-34323　集
　3-13543　叢2-1017
12 通琇(釋)　子6-32092

(44)、7-32102、34144、
34255、34310~2

通瑞　經2-15029

16 通理(釋)　子7-32109、
33200~3、33297、33453~
5、33462、33516、33755~
9、33903~4

28 通微(釋)　子7-34278、
34281

通微道人　子5-31847

通復(釋)　集3-15088~9

30 通容(釋)　子7-34286

31 通河縣署　史7-56323

34 通社編譯部　子7-36408

37 通潤(釋)　子7-32113、
33119、33438、33512~3、
33622、33646、33660、
33727~8　集2-10159、
10215

通朗(釋)　子7-34386

40 通布(釋)　史7-51635

通奇(釋)　子7-34270

通壽(釋)　子7-34377、
34387

44 通荷(釋)　集2-13010~1

通英(釋)　子7-34263

46 通旭(釋)　子7-34325~8

48 通塲山人　子4-19281

55 通慧(釋)　子6-32091(81)

60 通量(釋)　子6-32091(80)

通國鹽業聯合議會　史
6-43789

通界(釋)　子7-34355

65 通味(釋)　子6-32091(80)

70 通雅齋　史8-66419

通雅書會　經1-5156

77 通際(釋)　子6-32092
(44)、7-34013、34266

通問(釋)　子6-32091
(73)、7-34254、34274~
5、34728

通問報館　子7-35725

通門(釋)　史2-9170　子
7-34106、34299~301
集3-13213~7　叢2-
1166

通賢(釋)　子7-34296~7

86 通智(釋)　子7-33765

88 通範(釋)　子7-34256

97 通炯(釋)　子6-32092
(43)、7-34089、34091

過

00 過庭訓　史2-6654、7235
子1-173

10 過百齡　子3-18038~41

過霖　史5-34346

17 過孟起　子2-5490

24 過佶　史5-34347

30 過守常　史2-12454

31 過江鯽士　集7-50791、
53653

過源　子1-704

34 過浩　子5-26195

37 過祖述　史2-12454

44 過蒙禮　史5-34345

45 過棟　集1-953~4

50 過春山　集7-47268

67 過路人　子4-23508　叢
1-496(6)

78 過臨汾　經1-7802

80 過人遠　史5-34348

84 過鑄　史3-18415　子2-
7564、7802~3、10795

86 過錫綸　史3-18762

87 過銘篔　集3-13223、6-
41753

91 過炳　史3-18561

97 過耀祖　史5-34348

過燦大　史5-34345

3730₃　退

00 退庵居士　子3-18274

退廬老人　史2-13026

退廬居士　叢2-2211

10 退一步居散人　子5-
27471　叢1-415

30 退安老祖　子4-21997

51 退軒居士　集5-37842

60 退思主人　子3-17799,5-
25485~6

退思道人　子7-33248

77 退學老人　史2-6458

退學軒主人　子1-4182

逯

40 逯南軒　子2-4706、7443

47 逯懿　史3-16367

50 逯中立　經1-797、2151
史6-48505　叢1-223
(4,21)、269(3)、270(2)、
271、272(2),2-731(19)

3730₄　逢

21 逢行珪　子1-11~2、14、
16、37~9、44、48、58、61、
66,4-19503~8、19511~
2,5-29530(22)　叢1-
223(39)、273(5)、274(4),
2-730(6)、873

逢

21 逢行珪　叢1-19(8)、20
(6)、24(9)

退

00 退庵年譜匯稿編印會　史
2-12488

28 退齡　子4-23529~30
集5-34583~5

77 退周氏　叢1-131

遲

24 遲德成　經1-4795

38 遲祚永　子1-1591　叢
2-886(2)

60 遲日豫　史7-54976

77 遲鳳翔　史6-46371

92 遲煓　史8-60736

3760₈ 咨

00 咨商部　史6-43944

3772₀ 朗

23 朗然子　集7-52592
40 朗奎金　經2-11175
77 朗盟　史4-26112

3772₇ 郎

08 郎謙遜　集4-27147
10 郎玉銘　子4-23490,5-
　　25439　叢1-496(8)
　　郎霞裳　集4-26741
12 郎廷德　集6-45901
　　郎廷極　史2-6363　子
　　4-18943　集6-46281
　　叢1-195(3、4)、351、456
　　(4)、2-731(21、48)、735(3)
　　郎廷模　子2-9313
　　郎廷棟　史8-60744
　　郎廷棟　史6-46317~8
　　郎廷槐　經1-3960　史
　　7-53889　集3-17543~
　　4,6-45902~3　叢1-
　　195(4)、223(72)、421,2-
　　617(5)、731(48)
　　郎廷泰　史7-56578
14 郎瑛　子4-20453~4,5-
　　26990　叢1-22(22)、29
　　(7)、31、57~8
16 郎璟　集4-33107
17 郎承詵　史8-61568
21 郎師夔　史4-30276~7
23 郎岉　子2-6206
32 郎兆玉　經1-4987、5184
　　子1-42、44、48,4-19531
　　~2、19581　集2-10620
　　叢2-833
34 郎汝琳　史6-46937
38 郎遂　史7-50504、58072
　　子3-16988　叢2-818

　　郎肇　子2-11153,5-
　　29535(4)、29536(3)
　　郎棨　史8-62351
40 郎大全　史4-30273
　　郎士元　集1-1165~6,6-
　　41738~9、41743、41819、
　　41822、41824、41833~4、
　　41838、41858~9、41866、
　　41878
44 郎蔚之　史7-49308、
　　49484
　　郎葆辰　集4-24910
　　郎世寧　子3-16385
60 郎星　史6-41556、41569、
　　41576,8-58942
64 郎曄　史6-48099~103
　　集1-2122、2124、2553~
　　4、2629、3216　叢1-223
　　(54)、265(2)、465,2-635(8)
77 郎學壎　史3-23081
86 郎錦驥　史4-30275
　　郎錦騏　史6-46320~1

郎

38 郎肇　子5-29530(26)
88 郎鑑　史7-55476

3780₆ 資

10 資玉卿　子2-9670
48 資敬書屋　子7-38081
80 資益館主人　史7-52672
　　叢2-1774

3810₄ 塗

00 塗應鍾　經2-10233
22 塗山居士　子2-6891
23 塗峻　史8-58865

3811₉ 淦

47 淦馨峻　史5-34669

3812₇ 汾

21 汾上誰庵　集7-50359

瀚

46 瀚如　史2-13253

3813₂ 淞

11 淞北玉魷生　叢1-587
　　(6)、2-721

滋

67 滋野貞主　叢2-600

3813₇ 冷

00 冷齋老人　集5-41349
08 冷謙　子2-10982、11085、
　　3-17519、17590,5-
　　29566、29899、31285　叢
　　1-195(6)、2-731(33)
10 冷玉娟　集3-17100
　　冷玉光　史8-58510
　　冷元瑞　史4-28670
20 冷采雲　集4-31744
21 冷能孝　史4-28667
　　冷儒宗　史8-60267
22 冷鼎亨　史3-15606
25 冷佛　子5-27915
27 冷血生　集7-51123
37 冷逢震　子3-11602
40 冷大隆　史4-28666
　　冷士嵋　史7-49318(5)、
　　53238　集3-14714~9,
　　6-41755
48 冷枚　子3-16374
50 冷史　子5-27910

60 冷昌言　集 6 - 42304～7
64 冷時中　史 7 - 52347
67 冷眼　子 5 - 27906
81 冷鈺　史 6 - 46302
91 冷烜　史 8 - 58969

3814₀ 澂

38 澂道人　集 7 - 49133、
49139、49142、49145、
49148

澈

17 澈珊氏　子 3 - 12863

3814₇ 游

00 游方外客　子 5 - 28357～9
游廣盈　史 5 - 36524
02 游端友　史 7 - 57921
10 游元涇　集 7 - 48627
游元潤　史 2 - 8987
11 游北涯　史 4 - 30537
15 游璉　史 7 - 51444
17 游子翔　子 1 - 1463
18 游酢　經 1 - 443、2 - 8912、
9308、9809　子 1 - 673
集 1 - 2823～30、6 - 41894
(2)　叢 1 - 223(53)、2 -
1035
20 游季勳　史 8 - 59365
22 游嵩　子 3 - 13345～6
25 游純誥　史 5 - 36527
26 游鯤運　史 5 - 36523
27 游綱祖　史 5 - 36525
游紹安　集 3 - 18953～4
30 游瀛洲　史 8 - 58389
游永　史 5 - 36522
游之光　集 6 - 42638
31 游潛　子 4 - 23739　集 2 -
8268、6 - 45744　叢 1 -
195(4)、2 - 1075
32 游遜　經 2 - 10513　子 1 -
1102

34 游法珠　史 8 - 58626、
58721
37 游祖魁　集 3 - 14958
38 游啓儒　史 5 - 36526
40 游九言　集 1 - 3826～7、6 -
41784　叢 1 - 223(57)
游大琛　集 4 - 29831～2
游大勳　史 6 - 46473
游士鳳　子 5 - 31803
游杏邨　史 7 - 55360
41 游標　叢 2 - 815
43 游朴　史 7 - 54259　集 2 -
9580
44 游藝　子 3 - 11410～2　集
6 - 45889　叢 1 - 223(35)
46 游觀　集 5 - 39736
游觀第　集 5 - 35310
游楫　集 4 - 31773
47 游馨　集 5 - 34651
50 游奉頤　集 3 - 21358
游春澤　史 6 - 46366
游東昇　集 3 - 14958～9、
6 - 44818
58 游輪　史 5 - 36105
60 游日章　子 5 - 24975～7
叢 1 - 108、111(3)、2 - 731
(4)
游日陞　子 4 - 22279
游昌甲　史 3 - 22576
游昌灼　史 1 - 2006
77 游鳳藻　史 8 - 60476
游居敬　集 6 - 42027
游際盛　史 8 - 58555
游閎　經 1 - 4300　史 6 -
45587　子 1 - 3482～3
集 4 - 32673
80 游夔一　史 8 - 61790
86 游智開　史 7 - 55173　集
4 - 32928～9
90 游光繹　史 7 - 52071　集
4 - 24265
游光斗　子 2 - 9600
98 游悅易　史 2 - 11514

3815₇ 海

00 海麻士　子 3 - 12388、7 -
36231(3)、37547
海文　子 7 - 37976

01 海龍府勸學所　史 7 -
56276
海龍縣志編寫委員會　史
7 - 56279
10 海霈　史 1 - 4498、7 - 54020
子 3 - 18157　集 4 -
29190、32843、5 - 34627、
6 - 42521　叢 1 - 415
海霆(釋)　史 7 - 52513～4
海天逸叟　子 5 - 27141
海天獨嘯子　子 5 - 28567、
7 - 37667
海天精舍　子 7 - 32111
海雲(釋)　子 7 - 34737
11 海琴氏　子 7 - 37922
海麗生　子 7 - 36231(2)、
36611
12 海瑞　史 2 - 7064～5　子
3 - 15708、15845　集 2 -
9087～104、6 - 42061、
45336、45340　叢 1 - 195
(3)、214、223(66)、351、
461、2 - 731(17、45)、881、
884
海瑞(釋)　子 6 - 32091(75)
海廷芳　叢 1 - 223(66)
20 海舡(釋)　子 7 - 34298
21 海上山英居士　子 3 -
16014
海上寓公　子 7 - 37392
海上漠鴻氏　叢 2 - 629
海上隨緣居士　集 7 -
49323
海上劍癡　子 5 - 28758
22 海山　經 2 - 14992
海山仙館　子 2 - 4710、
7482、9673、9676
23 海外散人　史 1 - 3383
海參崴公董局　史 6 -
41936
26 海得蘭　子 7 - 36231(6)、
36250、37862、37899
海保　集 4 - 31963～4
27 海島(釋)　子 7 - 34185
28 海齡　史 3 - 16887
29 海秋(釋)　子 7 - 34762
30 海寧(釋)　子 6 - 32091
(74)
海寬(釋)　子 7 - 33290、
35087～8
海寬(釋)　史 2 - 7114
海容　史 3 - 17126

33 海濱行素生　史1-5763
　海濱野史　史1-1960、1983、3545
34 海洪　史3-18763
　海達兒　子3-14438　叢2-674
35 海津正德　子7-36894
　海清(釋)　子6-32091(82)
37 海潔(釋)　史7-51657
38 海澂(釋)　子6-32091(76)
40 海南西塍居士　集7-52907～8
　海南書局　集4-24017　叢2-884
　海壽　史8-61187
44 海蘭濤　集7-53995
45 海棟(釋)　子6-32091(80)
48 海槎客　子5-26458～9
50 海本(釋)　子7-34396
　海忠　史7-55148～9　叢1-373(2)
53 海甫定　子7-37972
57 海蟾子　子5-30976
60 海圖主人　子5-28403
　海昌柳衣老人　叢1-373(6)
67 海明(釋)　子6-32091(73),7-34292
72 海岳(釋)　史7-49351、52419　子6-32091(74)　集3-16061～3
74 海陵糧仙　叢1-496(5)
77 海隆阿　史6-43216
78 海鹽(釋)　子6-32091(74)
80 海鑫(釋)　子6-32091(81)
82 海鍾　集4-32822～3
87 海銘　史6-48788
88 海敏　子3-15409
　海答兒　子3-11351
90 海光(釋)　子7-34040
　海棠香國主人　子3-18259　叢1-315

3816₇ 滄

31 滄江漫叟　史1-3051　叢1-354
32 滄州漫叟　史1-2576
　滄州樵叟　叢1-223(22)、244(3),2-731(16)
　滄洲子　叢2-724
33 滄浪釣徒　史1-3907
38 滄海　集7-52236
　滄海老人本誠子　子5-31053～4
77 滄桑主人　子7-37782

3819₄ 涂

00 涂慶瀾　史2-7461、13113,7-54060　子2-11116　集5-36226　叢2-2016
08 涂謙　經2-14409　子5-25266～7
10 涂天相　史6-45160　子1-1536
11 涂耒　史6-48171
12 涂登　集2-5855～6,4-27799
　涂瑞　史7-49318(6)、52495、53569　集3-19838
　涂水清　集4-28506
15 涂翀鳳　史3-21104
21 涂步衢　史3-16633、21122
22 涂鼎蕭　史7-57692
　涂幾　集2-7155
　涂山　經2-10300　史1-1541
25 涂紳　子2-9294
26 涂伯昌　集2-12295
　涂保庶　史3-21107
27 涂修政　史3-15529
28 涂以軺　集4-23595
30 涂瀛　子5-28418～9
　涂家傑　集4-32992
　涂家杰　史8-58511
　涂永償　史4-32603
　涂官俊　史1-3984
　涂宗瀛　史6-43169、47320　子1-1974、2861～5　集4-32209　叢1-450
　涂宗濬　經1-896　子1-1196　集2-10039
31 涂潛生　經1-597　叢1-265(1)、266
37 涂鴻儀　史8-63087
　涂冠　史7-57733
　涂逢豫　史7-55797
38 涂啓先　集5-35950
40 涂九疇　史2-10521
42 涂斯皇　集3-13891
44 涂芳藩　史8-62268
　涂蘭玉　史7-51433、52634,8-58485
　涂華　子3-14517
45 涂椿齡　史3-21583
46 涂相　子4-20612
50 涂泰紹　史4-32602
53 涂拔尤　史8-58929
57 涂邦直　子1-1111
60 涂國柱　史7-55168
　涂景濤　集5-38489～90
　涂景祚　史8-58798
61 涂晫　集3-18526
64 涂時相　史2-6373　叢2-886(2)
67 涂明欽　史4-32606
71 涂長發　史8-62040
73 涂駿漢　史4-32601
77 涂同軌　集5-41258
　涂印玄　子5-29126
　涂興肇　史4-32600
86 涂錫禧　經1-7824
　涂錫盛　集3-19922
88 涂筠　史8-60202
90 涂光範　史8-59822
　涂尙文　史4-32607

3825₁ 祥

00 祥康　史3-21927
09 祥麟　史2-13087～8
30 祥安　史5-35789,8-58575
34 祥邁(釋)　史8-66334　子6-32085(55)、32086(66)、32088(41)、32089(48)、32090(65)、32091(63)、32092(43)、32093(52),7-34783、34945
44 祥林　集4-26284

60 祥恩　史 3 - 17012
77 祥堅(釋)　史 7 - 51562

3826₈ 裕

00 裕商銀行　史 6 - 44498
　　裕文　史 7 - 58114
02 裕彰　經 2 - 13397～8
03 裕誠　史 6 - 47030、47036～7
08 裕謙　史 6 - 47139～40
　　集 4 - 29313～5
12 裕瑞　子 5 - 28416　集 4 -
　　23229、23708、25995～6007
17 裕承庚　集 4 - 22484
23 裕紱　史 3 - 16522
24 裕德　史 8 - 66197
　　裕德堂　子 2 - 9651
35 裕連　史 3 - 21593
37 裕祿　史 6 - 49140、49142
44 裕英　集 4 - 32148
50 裕泰　史 6 - 48837
　　裕貴　集 4 - 30124
60 裕恩　經 2 - 14410　子 7 -
　　32349
　　裕昌　史 3 - 17427
71 裕厚　史 3 - 17437
　　裕長　史 7 - 54049
87 裕鋼　史 6 - 49129
90 裕光　集 5 - 34953

3830₁ 迲

37 迲朗　子 3 - 15972、16270
　　集 4 - 22504～5　叢 1 -
　　203(17)
47 迲鶴壽　經 1 - 163(3)、
　　4570,2 - 9974～6、13977
　　史 4 - 29601
50 迲青厓　史 6 - 44737

3830₃ 遂

50 遂夫　子 2 - 6743

3830₄ 遊

11 遊北涯　史 4 - 26657
23 遊戲主人　子 5 - 27461

遵

43 遵式(釋)　子 6 - 32089
　　(48)、32090(61、62、63)、
　　32091(59、60、68、70)、
　　32092(42)、32093(47、49、
　　50、51)、7 - 33460、34423、
　　34890、34979～81
80 遵養齋主人　史 7 - 54115

邀

77 邀月樓主人　集 7 - 53785、
　　54631

3830₆ 道

00 道亭(釋)　子 7 - 33806
　　道忞(釋)　子 6 - 32092
　　(44)、32093(52)、7 -
　　34021、34238、34259～60、
　　34308～9、34962　集 3 -
　　13173～5　叢 1 - 201、
　　203(4、18)
01 道龔(釋)　子 6 - 32093(3)
03 道誠(釋)　史 2 - 8374　子
　　7 - 34625、34769～70
08 道謙(釋)　子 6 - 32091
　　(60)、32093(51)、7 -
　　34014
10 道一(釋)　子 7 - 34237
　　道霈(釋)　子 6 - 32091
　　(74、75)、7 - 33378、34100
　　～2、34119、34330～1、
　　34500～1、34673
　　道元(釋)　子 6 - 32093
　　(53)
12 道璞(釋)　子 6 - 32091

(73)
15 道融(釋)　史 7 - 49318
　　(7)、52380
17 道璨(釋)　集 1 - 4330～4、
　　6 - 41745、41896、41904、
　　41923　叢 1 - 223(58)
21 道行(釋)　子 6 - 32093
　　(51)、7 - 34010、34014
　　道肯(釋)　子 3 - 15332、7 -
　　32332～3
　　道綽(釋)　子 7 - 34432、
　　34438
22 道川(釋)　子 7 - 33146、
　　33153
　　道崇(釋)　子 6 - 32091
　　(80、82)
24 道先氏　子 2 - 8103
27 道修簡　集 7 - 54465
28 道倫(釋)　子 7 - 32119
30 道宣(釋)　史 7 - 54708,8 -
　　66327　子 6 - 32081(36、
　　41、42、43)、32082(20、
　　21)、32083(23、27)、32084
　　(19、23)、32085(34、39、
　　40)、32086(40、46、47)、
　　32087、32088(25、28、29)、
　　32089(40、47、51)、32090
　　(45、60、61)、32091(43、
　　58、59)、32092(29、40、41、
　　44)、32093(23、52)、7 -
　　32986、33518～21、33524
　　～5、33527、33532～3、
　　33601、33910～3、34601、
　　34603～5、34659～61、
　　34709、34848、34937　叢
　　1 - 223(46)、2 - 635(5)、
　　698(8)
　　道濟(釋)　子 3 - 15859～
　　61、15947～9、16145～8、
　　16696～700、7 - 33000
　　叢 1 - 244(2)、353、469、
　　495、586(3)、2 - 716(3)、
　　735(5)、1876
　　道液(釋)　子 7 - 33099
　　道騫(釋)　叢 2 - 650、750
　　道安(釋)　史 7 - 49309、
　　54227～8　子 6 - 32081
　　(27)、32083(18)、32085
　　(26)、32086(29)、32088
　　(19)、32093(17)、7 -
　　34937　叢 1 - 19(3、10)、
　　20(8)、21(5)、24(4、11)
31 道潛(釋)　集 1 - 2666～
　　71、6 - 41900～1　叢 1 -

223(52),2-637(3)、833
道源(釋)　集2-12806
37 道氾　子6-32091(75)
道通(釋)　子6-32091
(65),7-33340~1、
33343、33881
40 道古(釋)　集6-45310
44 道基(釋)　子7-33586
道世(釋)　子6-32081
(41、43)、32082(20、21)、
32083(27)、32084(22、
31)、32085(39、40)、32086
(46、47)、32088(28、29)、
32089(47、48)、32090
(60)、32091(58)、32092
(41)、32093(52),7-
34610、34614~7　叢1-
16、223(46)、255(2),2-
635(5)
道世彙　史5-36692
46 道獨(釋)　子6-32091
(80)、32092(44),7-34283
47 道翹(釋)　子7-34149
道歡(釋)　子7-33701
48 道塲山人星甫　子1-
4417,4-24231
50 道泰(釋)　經2-13154
子6-32081(37)、32082
(16)、32083(16、24)、
32084(15)、32085(25、
36)、32086(27、40)、32088
(18、26)、32089(43、45)、
32090(50、51)、32091(48、
49)、32092(33、34)、32093
(26、27),7-32775、34064
53 道輔(釋)　子6-32091(81)
道盛(釋)　子6-32091
(73、79),7-34282　集
3-13143~4
60 道□(釋)　叢1-283(1)
道曧(釋)　子6-32081
(39)、32082(18)、32083
(26)、32086(44)、32088
(27)、32089(34)、32090
(55)、32091(53)、32092
(37)、32093(27)
道毘(釋)　子6-32084(22)
道邑(釋)　子7-33614
道圓(釋)　子7-34337
71 道階(釋)　集5-38610
道原(釋)　史2-7105~7
子6-32081(50)、32084
(32)、32085(46)、32086

(55)、32088(34)、32089
(48)、32090(62)、32091
(60)、32092(42)、32093
(51),7-34724~5　叢
1-15~6、559,2-637(3)
72 道隱(釋)　子7-34377
77 道眉(釋)　子7-34261
道開(釋)　史8-66343、
66346　子6-32091
(71),7-34860、34874
叢2-631
道殷(釋)　子6-32085
(54)、32086(65)、32088
(40)、32089(48)、32090
(60)、32091(58)、32092
(41)、32093(47),7-
34632~4　叢1-282(1)
80 道鏡(釋)　子7-34432、
34443~4
道氤(釋)　子6-32084
(32),7-32119
81 道領(釋)　史7-52646
90 道懷(釋)　子7-34307
道常慶　史5-36692
97 道恂(釋)　史7-51989~
91
道燦(釋)　集6-41746、
41922

3850$_7$　肇

09 肇麟　史6-47010

3860$_4$　啓

00 啓玄子　子5-29530(20)
叢2-635(4)、698(7)
02 啓新書局　子7-38052
20 啓秀山房　子3-12532
22 啓綏　史3-17447
42 啓彬　史7-56222
77 啓朋氏　子4-18640

3866$_8$　豁

31 豁渠(釋)　子4-20758

77 豁眉(釋)　集3-17471

3912$_0$　沙

00 沙立士　子7-35846
10 沙一卿　集3-15309
沙元炳　經2-11283　史
7-56832　集5-39984~5
沙天錫　集6-42100
沙晉　史1-5607
11 沙張白　史1-5607　集
3-14711~3、6-41760
叢2-695
17 沙琛　集4-24346~8　叢
2-886(3)
20 沙維杓　集3-20753
22 沙鼎　集3-16783
沙山春　子3-16437、
16563
25 沙仲沅　史4-28966
27 沙彝尊　經2-14216~7
28 沙從心　史3-18827
30 沙永貞　史4-28964
沙守信　子7-35344
31 沙源遺老　集7-53825
32 沙兆沺　史3-21282
沙澄　子4-21074
35 沙迪生　集5-37531~2
40 沙克什　史6-46588、
46610~1　叢1-223
(24)、274(3)、386,2-731
(31)
沙壽年　史4-28965
沙木　經2-12887~8
42 沙斯惠夫人　子7-38291
44 沙蘊金　史8-59747
47 沙起雲　史7-54604　叢
1-242(3)
48 沙增齡　集4-25903
50 沙中金　史3-19986
沙書玉　子2-7786
沙書壬　子2-5155
60 沙國明　史4-28963
沙昺　史4-28967
沙圖穆蘇　子2-4703、
9186　叢1-223(33)
沙羅巴(釋)　子6-32085
(55)、32086(66)、32088
(41)、32089(47)、32090

（54）、32091(52)、32092
（35）、32093(30)
66 沙囉巴(釋)　子 6 - 32086
（66）、32093(42、46、47)
67 沙明焯　史 8 - 60491
71 沙厚滋　史 4 - 28968
77 沙印鴻　子 7 - 35953
80 沙曾詒　子 7 - 37843
　沙曾達　集 5 - 41054

3918_9 淡

10 淡雲(釋)　集 5 - 36783
40 淡友居士　子 5 - 26477

3930_2 逍

37 逍遙子　子 2 - 6211、11180、
　5 - 27489、28394～7　叢 2 -
　731(13)

4

4000₀ 十

64 十時彌　子7－37950

4001₁ 左

00 左方海　史8－58746
　　左賡虞　集4－29781
　　左賡澄　集4－30435
　　左文質　史7－50344、
　　　57240　叢1－346,2－
　　　1740～2
　　左文鏶　史4－26035
10 左一芬　史8－62702
　　左元鼎　史2－9608
　　左元成　史4－26030
　　左元履　集4－29781
　　左元鎮　史7－56828
17 左承業　史7－55137～8
20 左秉隆　集5－38100
　　左維麟　集5－37603
　　左維憲　集3－15721
24 左德新　子3－12489
　　左德慧　集3－18540
　　左贊　集2－8435　叢1－
　　　223(51)
　　左緯　叢2－851
26 左白玉　集4－33507～8
　　左伯溪　經2－14133
27 左紹佐　史3－21597、
　　　23236
30 左宜似　史8－59425
　　左家修　史4－26032
　　左宰　史2－11555　集2－
　　　11332,11336　叢2－815
　　左宮蔭　史3－22854
　　左良玉　史1－1953,3071
　　　～2
　　左寶森　經2－11693　叢
　　　2－746
　　左宗植　集4－32081

左宗郢　史7－51745～6
　　集2－9606
左宗棠　史2－10074～5、
　　10202,6－47149～50、
　　48022,48024,48945～52
　　子1－2591,3097,3374,3－
　　15475,15760　集4－
　　32354～66　叢2－1811、
　　1847～8
31 左江　史4－26031
　　左潛　子3－12364,12396
32 左兆薇　集4－29781
34 左汎遠　集5－34604
　　左潢　集4－23316,7－
　　50345
36 左湘鍾　史7－54204
37 左渾　史3－21699
　　左逢原　史4－26029、
　　26036
　　左運奎　史3－19084　集
　　7－47814
38 左祥　子1－2015　叢1－
　　223(41)
40 左圭　叢1－2～10
　　左墉　子5－27003
　　左克明　集6－42250　叢
　　1－223(69)
　　左壽履　史3－21687
41 左楨　子4－23582　集5－
　　33963
44 左芬　史2－8509　集1－
　　379～80　叢1－168(4)
　　左懋第　集2－12319～30、
　　6－41943,43118,45336
　　左世昌　集4－32605
　　左樹玉　史3－21645
　　左樹珍　史3－21631
　　左樹夔　史8－58350
　　左桂　集4－28625
46 左如芬　史3－15246
52 左挺生　史3－15979、
　　18606
53 左輔　史2－11952～3,7－
　　57764　子1－582　集
　　4－23317～8,7－47294、
　　54815　叢1－518,2－816
57 左賴　史2－9958
60 左□□　集3－21843
　　左國璣　集2－8459～60、
　　6－41935(1)
　　左國楨　史8－60023
　　左思　集1－376～8,6－

41699
　　左昊　史1－5564
63 左暄　子2－10596,4－
　　22519～20
67 左鳴球　經1－2399
71 左臣黃　史7－57416
72 左彤九　集2－12327
73 左駿章　史4－26034
77 左眉　經1－2939～40　集
　　4－22258　叢2－1542
　　左學呂　史7－50689、
　　50747
80 左念謙　史2－10096
　　左念貽　史2－10808
　　左念恆　集5－41538
　　左毓鐸　史7－55480
84 左鎮　經2－13479～80
86 左錫璿　集7－48031
　　左錫九　史6－45516
　　左錫嘉　子1－2290　集
　　4－32405,5－35201,7－
　　48042
87 左欽敏　經2－8890、10190
　　～2　史2－10098　子
　　1－793～4
88 左鎰　叢2－731(18)、816
　　左鑑　史6－47644
90 左光先　史6－48496　集
　　1－3120,2－11332
　　左光斗　史6－48494～5
　　子1－3798　集2－11332
　　～8,6－43118
　　左掌子　子5－29530(21)、
　　29562,30930　叢2－666
91 左恆祥　史7－55981
97 左輝春　史2－11619,7－
　　56744　集2－12329

4001₇ 九

01 九龍山人　子5－28478
　　九龍真逸　叢2－1011
10 九一老人　子2－4769
22 九峯老人　子2－5991
　　九峯居士　史1－3403、
　　3486～7
30 九空上宮真人口華　子3－
　　13946
　　九容樓主人松雲氏　子5－

28463
40 九臺公署　史7-56227
46 九如居士　叢2-1062
60 九日山人　集7-47561
80 九鐘主人　史1-1995　叢
　　2-683

4002₇　力

00 力廣(釋)　子6-32091
　　(82)
55 力捷三　經2-14490
87 力鈞　史7-54748　子2-
　　6267　集5-38906
　　力鈞　子2-10859

4003₀　大

00 大音(釋)　子7-34261
　　大玄(釋)　史7-51553
02 大訢(釋)　子6-32091
　　(64、73)　集1-5394~8,
　　6-41715、41784　叢1-
　　223(60)
07 大韶(釋)　子6-32091
　　(71)、7-33735
10 大西祝　子7-37948
11 大北公司　史6-44395
13 大礩(釋)　子7-33296
17 大翮山房主人　集7-
　　49572
　　大勇菩薩　子6-32081
　　(41)、32082(19)、32083
　　(26)、32084(32)、32085
　　(39、55)、32086(45、65)、
　　32088(28、40)、32089(35、
　　47)、32090(53、55)、32091
　　(51、53)、32092(35、36)、
　　32093(27、31)
18 大珍(釋)　子7-34728
20 大依(釋)　集3-13944
　　大香(釋)　子7-34028、
　　34085
21 大須(釋)　集5-35070
22 大嶽山人　史1-2756
23 大然(釋)　史7-52501
24 大佑(釋)　子7-33371
　　大休(釋)　集5-40943

25 大仲馬　子7-38279~81
　　大健(釋)　集3-15474
　　大純鎮　子1-3127
27 大壑(釋)　史7-51598
　　子7-34786
　　大鳥圭介　子7-38009
　　大久保個壽　子7-36685
　　大久保奎　經1-1110
30 大寧(釋)　子7-36113
　　大寄保之助　子7-37091
31 大河天倪學人　子2-6819
32 大汕(釋)　史7-53888
　　集3-15838~43
　　大汕厂翁　叢2-735(4)
34 大祐(釋)　子6-32091
　　(69)、7-33370、34425、
　　34471
　　大達磨多羅尊者　子6-
　　32093(30)
　　大達圖書供應社　叢2-
　　717
37 大涵(釋)　集3-16319~
　　20
　　大瀨甚太郎　子7-36232、
　　37952、37956
　　大通(釋)　子6-32093
　　(53)
40 大圭(釋)　子7-34784
　　集1-5423~7　叢1-
　　223(61)
　　大幸勇吉　子7-37594
　　大幸男吉　子7-37595
　　大奇(釋)　子6-32091
　　(79)
　　大真(釋)　子7-33531
　　大森千藏　子7-37828
41 大坪恭三　子7-36893
　　大樞(釋)　子6-32091
　　(73)
42 大橋貞裕　經2-8305
　　大橋尙因　子2-4768~9
43 大域龍菩薩　子6-32081
　　(24、25、52)、32083(16、
　　33)、32084(14、30)、32085
　　(24、47)、32086(27、56、
　　57)、32088(17、35)、32089
　　(43、46)、32090(49、53)、
　　32091(51)、32092(32、
　　35)、32093(25、28、29)
44 大基(釋)　子7-33618
　　大英(釋)　子6-32091
　　(73)

大村仁太郎　子7-36730、
　　37998
　　大權(釋)　集3-14013
46 大槻如電　子7-36332
47 大杼(釋)　叢2-636(4)、
　　672
48 大乾(釋)　子7-34493
50 大惠(釋)　子7-33619、
　　33935
　　大東書局　叢2-709
53 大成(釋)　子6-32091
　　(73)
55 大典(釋)　史7-49318
　　(16)
60 大口甚太郎　子7-36686
　　大目乾連尊者　子6-
　　32081(37)、32082(16)、
　　32083(24)、32084(20)、
　　32085(35)、32086(40)、
　　32088(26)、32089(45)、
　　32090(53)、32091(51)、
　　32092(35)、32093(29),7-
　　32768
　　大邑修志局　史8-61694
67 大照(釋)　子7-33977
71 大原氏　子5-30518
72 大隱翁　叢1-447、519
76 大隈重信　子7-38042
77 大限克力司蒂穆雷　子7-
　　38240
　　大聞(釋)　史2-6782
　　大學堂譯書局　子7-
　　37339
　　大興善寺翻經院　子6-
　　32093(38)
　　大興善寺翻經院阿闍梨
　　子6-32093(38)
　　大賢(釋)　子7-33095~
　　7、33679
80 大義(釋)　子7-33448~
　　51
　　大善(釋)　史7-53378
　　集2-12088　叢2-832
　　(4)
84 大錯(釋)　經2-12866
　　集2-11847、12279~82
　　叢2-886(3、5)
90 大光(釋)　子7-34331
92 大燈(釋)　集3-15166
98 大悅(釋)　子6-32091
　　(83)

太

10 太平老人　子4-23791
　　叢1-114(6)、154、173、
　　195(5)、2-731(52)
21 太上老人　子2-7864
　　太上隱者　子5-26222、
　　27543　叢1-249(2)、
　　255(3)、395、2-731(60)
　　太虛(釋)　子7-33423、
　　34537
　　太虛子　子4-22102
　　太行山人　史1-2373　叢
　　1-19(7)、24(7)
22 太僕生　史2-7413
26 太白主人　子2-8891
　　太穆(釋)　史8-66349～
　　50
　　太穆熙(釋)　子7-34870
　　～1
30 太室山人　叢1-111(1)、
　　2-672
　　太宰純　史7-49318(16)
　　太宰純音　經2-8303～5、
　　8586　叢1-223(12)、
　　244(1)、388、390
37 太初祖師　子5-31366
50 太史叔明　經2-9274　叢
　　2-774(6)
　　太史籀　經2-12737
77 太醫院　子2-4746、5616、
　　5780、5783、7066、10237
　　太醫局　子2-4703、4800
　　太賢(釋)　子7-33538、
　　33600

4003₆ 奭

30 奭良　史1-6038、2-10643
　　集5-38372～3　叢2-
　　2124

4003₈ 夾

10 夾璋　史8-62869

4004₇ 友

40 友古齋主　子7-37264
80 友益書局　子1-4210
88 友竹齋主人　史6-48039

4010₀ 土

17 土子金四郎　子7-37267
30 土室道民　集7-48780
41 土顚　史7-49357
55 土井晚翠　子7-36470
60 土國寶　史6-47872、
　　48597
77 土屋靜觀氏　子5-27903
83 土館長言　子7-36703
91 土炳　子2-9092

士

14 士珪(釋)　子6-32091
　　(75)、7-34177、34404
24 士魁　史3-17378
30 士密德　子7-36228(2)、
　　36231(5)、36241、36242
　　(2)、36248、36250、37114、
　　37123、37134
77 士丹　子7-38020

4010₄ 圭

22 圭峯(釋)　子7-33894
87 圭欽　史7-56493

奎

00 奎亮　史3-17014
　　奎章　史3-17042
03 奎斌　史6-49138、7-
　　56289

14 奎瑛　子2-5094
17 奎聚五　子3-17436
21 奎順　史6-45316
23 奎俊　史6-49092
37 奎潤　史6-42315
60 奎昌　史5-40996
67 奎照　史2-12033、7-
　　50026　集4-28755
　　奎照樓　經2-13518
70 奎壁齋主人　子5-26052

臺

11 臺北廳　史8-63472

4010₆ 查

00 查彥鈞　集4-29003
　　查應光　史7-51836　子
　　4-24047　集2-9909
　　查慶綏　史8-60618
　　查文經　集4-29097
　　查文清　史3-16237
　　查文標　史3-18496
　　查奕慶　史2-7639、7-
　　52302　集4-23094～5
　　叢1-373(9)
　　查奕照　子4-23229　集
　　4-24504～9　叢1-373
　　(4)
02 查端　集4-29679
03 查誠　集4-23493
04 查詩繼　集3-15485～6、
　　6-44580
07 查望　集2-9815
　　查望洋　史8-58510
10 查元方　子3-15625、
　　15845
　　查元偁　史4-30698　集
　　4-25625～7、7-47396
　　查爾斯伯　子7-36744
　　查爾斯密　子7-37523～4
　　查雲庵　史4-30702
　　查雲川　史2-8596
　　查雲標　史4-30696　集
　　3-18363～4
12 查弘道　集1-940、946、

948
查廷華　史2-9688
查廷榮　集5-36396
14 查瑾　史3-18455
查琪　子1-2957、2960
　　集2-9240　叢1-197
　　(2)、587(2)
17 查瑯輯　集2-9240
查瑤　集5-40205
查琛　史3-18231
查承源　集5-35107
查承椿　史4-30712
查承恩　史3-18398
查子庚　史8-60347
查乙燃　史4-30709
20 查爲仁　集3-18885～91,
　　6-44214、45961～2,7-
　　48464～5　叢1-203
　　(17)、223(73)、249(2)、
　　321、373(6)、2-697、698
　　(13)、731(47)、784
查秀峯　子3-17754
查乘漢　史3-22213
查秉彝　集2-8889
查維鼎　史7-51836
21 查虞昌　集3-21229
22 查繼佐　經2-11509　史
　　1-808～9、3248、3406～
　　7,2-7378～80、7441,6-
　　48580　子5-25699　集
　　3-13243～6,7-48780、
　　49299、54656　叢1-373
　　(2,5)、426,2-615(1)、
　　637(2)、658、731(19)
查繼純　史8-58406
查繼祖　叢1-369
查繼超　集7-48643～4
24 查德培　史3-18513
查德基　史1-101　叢1-
　　502
查岐　集6-42561
查岐昌　史8-59835　集
　　3-19478～9,6-44091
　　叢1-295
27 查冬榮　集4-29593～6
查絳　史4-30707、30710、
　　6-48297
查紹籛　集4-30979
28 查价　集2-10166
30 查濟忠　集5-38061
查淳　集3-20225
查之屏　史3-18297

查富機　史7-56139
查富棵　史3-18768
查容　集3-15614～6,7-
　　47083　叢2-602
查宗錡　史3-19194
33 查黻廷　史3-18365
34 查湛鎣　集6-44137
35 查禮　史2-7498,7-49318
　　(5)、53160、54669,8-
　　64964　子3-16194、
　　17064,4-23165　集3-
　　20223～5,7-48721　叢
　　1-203(17)、369、373(4)、
　　2-784
查禮仁　經2-8873、9152
37 查涵　集6-41756,7-
　　46879
38 查祥　史6-46835　集3-
　　18086
查祥考　集4-31361
查道倫　子2-8961
39 查遴　史8-62759　集1-
　　5538
40 查大可　集3-14259
查大藩　史3-21618
查士標　子3-16633～4
　　集3-13835
查培繼　集7-46350
查克弘　集6-43464
查克敏　史4-30700
查有新　子3-13539　集
　　4-25928～33
查有坤　史3-19501
查有鈺　子2-10898～9、
　　11131　集6-45027
查志隆　史6-43896～7,
　　7-52517～8　子5-
　　29531
41 查樞　史8-62467
查梧　集4-23924
42 查彬　經1-1503～4　子
　　4-19185　集4-23001～2
44 查蔭元　史3-16021,4-
　　30713
查葆琛　子4-23277
查燕緒　史2-10213,3-
　　20318,4-30701　集5-
　　34135、37148
查萬林　史4-30704
查萬合　子2-4593、4897
查勒士　子7-36232
查若筠　集4-26282

查世晉　史1-5097
查世俅　史4-30697　集
　　4-23286
查世官　集4-24413
查楠　子3-14515
查林　集4-27511
46 查如濟　史2-10381
47 查穀　史2-11622　叢2-
　　670
50 查拉吳麟　史7-49318
　　(9)、52804　叢1-202
　　(5)、203(11)
52 查揆　集4-25822～5　叢
　　1-373(7)
查哲生　子4-24636
60 查昉　史8-65332
查旦　集3-14615
查昇　史1-3647、3673,6-
　　47890　子3-15386　集
　　3-16513～4　叢1-320
查昌業　集3-21103～4
查昌洵　史6-47890
查景　集3-19752
查景瑤　集3-19173
查景綏　經1-4748　集
　　4-23002
67 查嗣庭　集3-18058～9
查嗣瑮　史7-50127　集
　　3-16750～1　叢1-373
　　(7)
查嗣璉　史7-53545　集
　　1-2479,6-44178　叢
　　1-369、372
查嗣珣　集3-17568
查嗣莀　史4-30711　集
　　3-17321
68 查曦　集3-17624
75 查體仁　史8-61695
77 查居廣　集1-5393
查熙　集4-29250
查學　集3-18152,7-
　　47581
查學禮　集6-44214
查開　史8-59663　集3-
　　18256
80 查人和　集6-44129
查人渶　史7-49317(8)、
　　49318(11)、49354、53357
　　集4-29598～9　叢1-
　　369、373(9)、437,2-832
　　(2)
查鏞　史4-30708

4021₆ 克

00 克齋　子 7-38010
克文(釋)　子 6-32091(72),7-34188
02 克新(釋)　集 2-6044
04 克諾夫　子 7-37873
10 克爾　子 7-36231(6)、37635
16 克理　子 7-36955、36959
21 克虜伯　子 7-37224
克虜伯礮廠　子 7-36980
22 克利賴　子 7-36228(6)、36231(6)、36242(3)、36913
37 克洛特加龍省　子 7-37965
44 克勤(釋)　子 6-32088(41)、32089(48)、32090(62)、32091(60、71)、32092(43)、32093(51),7-32102、34060～1、34191、34400～3
50 克拉哥　子 7-36464
63 克喀伯　子 7-36238
67 克明　史 3-15334
克明子　子 5-28528

4022₇ 内

18 内務府　史 6-47063、47078
22 内川義章　子 7-36588
44 内藤菊造　子 7-37096　叢 1-480
60 内田硬吉　子 7-38052
77 内閣典籍廳　史 1-1985,6-43928

南

00 南亭　叢 2-632
南京市文獻委員會　史 7-56551
南京金陵大學堂　史 6-44793
07 南部常次郎　子 7-37851
11 南北鶡冠史者　子 5-27807
12 南弘　子 7-36544
21 南卓　子 3-17949　叢 1-11～2、15、19(9)、20(7)、21(8)、22(17)、23(16)、24(10)、29(4)、37、107、111(2)、223(38)、255(2)、273(4)、274(4)、407(2),2-731(36)
南師仲　史 8-62761　集 2-8809、9642、10310～1
22 南崖人　子 3-17756
南嶽道人　子 5-28365～6
南山逸史　集 7-48780、49303～7
30 南注生　叢 2-1012
南濟漢　史 8-63100～1
南宮　史 8-62919
南宮靖一　史 1-1217、5363、5368～76、5882　叢 1-195(1)
31 南潛(釋)　史 2-12561～3　集 3-14261～5　叢 2-1303～4
32 南溪幽閒主人　集 7-52955、52957
33 南浦子　子 4-19935
35 南洙源　史 8-59764　子 4-22253
37 南逢吉　史 7-50424～7　集 1-3333～6　叢 1-347
38 南洋官書局　經 2-11028　子 7-37812
南洋公學師範院　子 7-37320
南海西堠居士　集 7-52901～2
南海紀佩六郎　史 2-10835
39 南沙三餘氏　史 1-1838、3261
南沙野史氏　史 1-1971、3151
40 南大吉　史 8-62760　集 2-8946
南士明　經 2-13107
南樵廬山主　子 5-26746
44 南村逸叟　經 2-13171
51 南軒　史 1-984、1108、1142～3,8-62761　集 2-9623～4
57 南郇居士　史 7-49358、53131
60 南園外史　史 7-49358、53485
南園嘯客　史 1-1937、1982、3360
南園居士　集 7-50074
67 南明信　經 1-1933
72 南岳峻　史 7-57798
74 南陵居士戲蝶逸人　子 5-28460
77 南鵬　史 7-55877
南屏老衲　子 5-26687
南卿　子 4-22725
83 南錢子　經 1-2084
89 南鎧　集 6-44935
90 南懷仁　史 7-49318(17)　子 3-11234、11368～9、11373、11377、11392、11694～7,7-35320～4、35545　叢 1-195(7)、201、203(2)、210～1、223(26)、249(3)、272(4)、355、395,2-731(59,60)

布

00 布彦泰　史 6-47962
01 布顔　子 3-15962
布顔圖　叢 2-746
18 布政司　史 6-43488
21 布盧特　子 7-37111
28 布倫　子 7-36228(1)、36241、36248
40 布來德　子 7-36228(6)、36231(2)、36249～50、37305
42 布斯俾　子 7-38191、38197、38231
44 布蘭泰　史 7-51898～9

希

00 希廉　史 7-56136

01 希顏(釋)　子6-32091(73)
09 希麟(釋)　子6-32093(53)
10 希元　史6-45283、45290、
　　48975、49095
16 希理哈　子7-36231(3)、
　　36242(3)、36949～50
22 希僑　子3-17344
24 希特　子7-37678
26 希得利　史7-49358
28 希復(釋)　集2-10127,6-
　　41935(3)
31 希濬　集4-29797
37 希運(釋)　子6-32081
　　(50)、32091(65)、32093
　　(51)、7-33481、34055～
　　9、34237
40 希太夫人　子1-2979
46 希坦(釋)　集1-4484　叢
　　1-223(58)
50 希晝(釋)　集6-43578
60 希里哈　子7-36228(2)
74 希陵(釋)　子7-34202

有

00 有庵老人　子2-7147
10 有正書局　子3-15851
42 有嬌血胤　史1-3576
46 有賀長雄　史7-37793
50 有泰　史2-13130,6-
　　49191　集5-37606

脅

12 脅水鐵五郎　子7-37107

4024₇ 存

00 存廉恥是非人　史2-10535
21 存仁堂主人　子2-9752
22 存幾堂　經1-1878
30 存之堂　經2-14099
33 存心子　子2-9834
37 存祿　史7-55584
40 存真居士　子5-30482

60 存果　史3-16896

皮

44 皮樹棠　史7-57716　集
　　1-4941
47 皮鶴齡　史6-44320
60 皮日休　史2-8230　子
　　1-14、16、18～20、39、42、
　　44、47、58、3-17964、
　　17972、4-19905～6　集
　　1-1651～5,6-41731、
　　41794、43257　叢1-22
　　(2、4、8)、23(2、4、8)、34、
　　195(7)、223(50、68)、2-
　　635(8)、730(6)、731(7)、
　　873
86 皮錫瑞　經1-151～2、
　　1866、3056～60、3468、
　　4348、5124、5772、5858、
　　6134、7120、7316、8066～
　　7,2-8527、11375、11408、
　　11417、11427、11430、
　　11434、11745～7、11924～
　　5、12046　史2-13168,
　　8-64555～6　子4-
　　21963　集5-38101～2,
　　7-48265　叢2-698(3)、
　　2066
91 皮恆昶　史4-26225

4030₀ 寸

77 寸開泰　史8-62457、
　　62459　集5-40166

4033₁ 志

01 志顏　子3-16414
24 志德(釋)　子7-32492
27 志磐(釋)　史2-6824、
　　8375　子6-32088(42)、
　　32089(51)、32091(65)、
　　32093(52),7-32099、
　　33852、34702、34741、
　　35031～2
30 志寧(釋)　子6-32081

　　(57)、32082(28)、32084(31)、
　　32091(65),7-33312
　　志寬　經2-15052～4
31 志福(釋)　子7-33669
32 志淨(釋)　子7-32819
34 志遠堂主人　經1-5760
37 志潤　集4-33263,7-
　　48077
40 志南(釋)　集1-669
46 志賀重昂　子7-37696
　　志賀潔　子7-37842
52 志靜(釋)　子7-32819
60 志田鉀太郎　子7-37283
72 志剛　史7-54412～3
80 志善　子5-30583
87 志鈞　史6-44767　子7-
　　37373
88 志銳　史7-54082　集5-
　　38413～4　叢1-518
　　志銳　史3-16063

赤

12 赤水明　經2-11073
22 赤山畸士　子5-27262、
　　27277
33 赤心子　子5-25022～3
48 赤松紫川　子7-36503
50 赤夫子洪慈　子5-29594、
　　32066

4033₉ 杰

50 杰夫　集4-30296

4034₁ 寺

60 寺田勇吉　子7-36682、
　　36722

4040₁ 幸

10 幸元龍　集1-3945～7

24 幸德秋水　子7-38087
47 幸超士　史8-60720
57 幸邦隆　史8-63196
60 幸田露伴　子7-36237
　幸田友成　子7-36483、
　　36512、37744

辜

10 辜天佑　經2-9676　史
　8-60415、60438
36 辜湯生　集5-39094
37 辜鴻銘　史1-4321　叢
　2-683
39 辜瀅　集4-33471~2
40 辜大安　子2-9841
　辜大渤　史8-62048
　辜培源　史8-62160
55 辜典韶　集3-20997　叢
　2-837

4040₇ 孛

21 孛術魯翀　集1-5363~5
　叢1-511
44 孛蘭肦　史7-49545~7
　孛蘭肦　叢2-742、785

支

00 支立　子5-27033
08 支施崙　子6-32093(4)
　支施崘　子6-32081(15)、
　　32083(11)、32085(15)、
　　32086(16)、32088(11)、
　　32089(12)、32090(3)、
　　32091(2)、32092(2)
　支謙　子6-32081(1、4、6、
　　7)、32082(2、4、5、7)、
　　32083(2、4、5、6)、32084
　　(1、2、4、5)、32085(2、8、9、
　　10)、32086(1、2、5、6)、
　　32088(2、4、6、7)、32089
　　(2、4、6、7)、32090(1、3、5、
　　7)、32091(1、2、5、6)、
　　32092(1、2、3、5)、32093

　(2、3、6、7)，7-32150、
　32152、32229、32279、
　32281、32291、32318、
　32397、32521、32576~7、
　32586、32595、32597~8、
　32606、32615~6、32618、
　32653、32696、32699、
　32703、32705~6、32712、
　32801
10 支可大　史6-48358
12 支廷訓　叢1-143
16 支碧湖　集7-50418
17 支承祜　史8-61612
　支那賴子　子7-36519
20 支秉中　子2-8021、8650
　~1
22 支豐宜　史8-66404　集
　7-54872
23 支允堅　史1-4423、5495
　子4-22281,5-26350
　集6-46243
30 支寶　叢1-460
　支寶柟　子3-12738
32 支遁(釋)　集1-383~7
　叢1-265(4)、478
34 支法度(釋)　子6-32081
　(10、28)、32082(9)、32083
　(7、19)、32084(7、16)、
　32085(10)、32086(11、
　31)、32088(7、20)、32089
　(7、19)、32090(10、25)、
　32091(9、23)、32092(7、
　16)、32093(11、16)，7-
　32269
35 支清彥　史2-12041　集
　4-31033
　支清佐　集4-30869
　支神駿　史2-9417
40 支大倫　史1-1608
　支大綸　史1-1569　集
　2-10134~7
42 支機生　叢1-587(5),2-
　721
43 支越　子6-32081(39)、
　32082(18)、32083(25)、
　32086(43)、32088(27)、
　32089(39)、32090(54)、
　32091(52)、32092(36)、
　32093(21)
44 支華平　子4-20478~9
　叢1-142
　支若虛　集7-47744
　支世淳　集4-26471

46 支如玉　集2-10958
　支如璯　集2-10134
50 支中夫　叢1-142
　支婁迦讖(釋)　子6-
　32081(1、2、3、4)、32082
　(2、3、4、6)、32083(2、3、4、
　5)、32084(1、3、4、5)、
　32085(1、2、3、4)、32086
　(1、2、3、4)、32088(1、2、3、
　4)、32089(2、3、4、5)、
　32090(1、3、4、5)、32091
　(1、2、3、4)、32092(1、2、3、
　4)、32093(2、3、4、5)，7-
　32148~9、32160、32188、
　32210~1、32285、32317、
　32371、32396、32723
60 支恩　集7-50408
67 支曜(釋)　子6-32081
　(15、27、41)、32082(19)、
　32083(11、19、20、26)、
　32084(16、17、22)、32085
　(15、27、29、38)、32086
　(16、30、33、45)、32088
　(11、19、21、28)、32089
　(12、18、20、35)、32090
　(17、24、27、54)、32091
　(15、22、25、52)、32092
　(11、15、18、36)、32093
　(10、16、18、27)
　支明　子5-28636
　支昭鼎　集4-31343
73 支陀侖(釋)　子6-32088
　(11)
77 支同春　子4-24081
91 支恆椿　史7-57740

李

00 李立言　史4-27494
　李亨特　史7-57488　叢
　1-373(2、7)
　李充　經2-9260　叢2-
　774(6)
　李充國　叢1-488
　李雍熙　子1-2531　集
　3-13283~4
　李雍學　史4-27665
　李竟成　史3-18310
　李亢　叢1-15、19(3)、21
　(5)、24(4)、101
　李序　集1-5233

李序瑤　史4-27510

李序卓　史4-27212

李彥章　經2-13081　史4-27319,6-43072、45444,7-51779　子1-4294　集4-29478~9　叢1-407(4),2-1510、1767~8

李彥和　史3-17310

李彥士　子3-17179

李彥森　集4-30079~80

李彥彬　集4-29078~82　叢2-1510

李齊芳　經2-13797　子2-9270　集1-825、960,6-41826

李齊賢　叢1-456(6)、457,2-731(41)

李商隱　史2-8588　子4-22829~31　集1-1551~83,6-41774、41794、41836、41849、41854、41858、41868、41872、41878、41884　叢1-17、19(3)、20(2)、21(6)、22(4,13)、23(4,12)、24(3)、29(4)、56、114(6)、154、223(49,50)、227(9)、255(2)、353、461,2-617(2)、635(8)、698(9)、731(55)

李席齋　史4-27522

李席珍　史4-27330

李鳶　史7-52020　子3-14692、15859、16025~6、16028~9、18304,4-19981~2,5-26218　集1-2891~5,6-41794、41894(2)、42039　叢1-2~7,9~10、16~7、19(11)、20(9)、22(3,12,15)、23(3,11,15)、24(12)、31、38、108~9、111(3,4)、147、169(3)、223(37,41,52)、268(3)、345、353、388~90、538,2-731(31,35,52)

李方　史6-44117

李方膺　史6-46867,8-59147　集3-19021

李方子　史2-11312~4　子1-2700

李方湛　史7-57498　集

7-47782

李方堪　集4-25038

李方勤　集3-18107

李方蓁　史7-55607

李方毅　集4-23324

李方煦　集4-27770

李方學　史8-63441

李育根　史2-6725

李膺任　子2-5705

李裔蕃　集7-49729、49808

李高魁　史8-61204

李鹿華　集5-36153

李應庚　集4-31038,7-48589

李應謙　史2-10977

李應雷　集6-45465

李應珏　史1-3925~6,6-45986,7-51309　子1-4400

李應綬　史8-62419、62421

李應魁　史8-63143

李應徵　集2-10106~8,6-44990

李應鴻　史3-15652

李應祥　史7-51488

李應垣　史4-27569

李應機　經1-1114　史7-57708　叢2-1361

李應莘　史3-15459、22157　集5-35487

李應華　史2-9876

李應觀　史8-61644　集4-33418

李應均　史8-61160

李應乾　經1-6268

李應泰　史7-58099

李應昇　史7-52078　集2-11409~11,6-43118　叢2-798

李應策　集2-11084

李應輝　史4-27163

李應燉　史2-9876

李康先　史6-47843

李庚　史7-50462,8-58859　集6-44684　叢1-223(69),2-850

李庚白　史8-59620

李庚乾　史2-8159　子1-1904,4-24224~5

集5-35842

李庚甫　史4-27605

李廉　經1-77(3)、7540　叢1-223(10)、227(3)

李廉方　史1-1997、4337,8-60180~1

李廉泉　集4-32617

李庭　集1-4745~7　叢1-511

李庭傑　集5-35093

李庭禧　史7-49357、54017

李庭貴　史2-6488

李度鴻　史4-27488

李慶諧　史4-27570

李慶施　經2-8898

李慶元　史8-62549

李慶雲　史6-46593、46741~2、46795

李慶霖　史3-16698

李慶豐　集5-41058~9

李慶保　史3-17154

李慶祖　史7-54941

李慶來　史2-7832

李慶芳　集5-41461

李慶萊　史3-17552

李慶申　子2-4771(3)、7837

李慶軒　子7-36228(4)、37722

李慶辰　子5-27255　集5-35542

李慶曾　集4-23393

李慶銓　集5-40507

李慶光　史3-21986

李慶榮　史8-60948

李唐　史2-7978,8-60959　子3-16465

李唐賓　集7-48767(2)、48770、49070

李廣齊　史4-27328

李廣濂　集5-41597

李廣滋　史7-55401

李廣銓　史4-27186

李賡雲　史3-15542

李賡芸　經1-1462　子4-22530　集4-23576　叢1-419,2-731(7)

李賡獻　史2-10415　集5-35342

李亦人　史8-62118

李文 史7-56714 集6-44991、45802
李文究 史8-58275
李文庭 子2-5978
李文新 史8-62490
李文詔 史7-54357
李文麟 集2-9143,6-41935(5)
李文鵡 史4-27576
李文琰 史8-61410
李文秀 史2-8832
李文胤 集6-44643
李文利 經1-6452～3
李文獻 史8-58598
李文生 史4-27663
李文仲 經2-12999、15128 叢1-223(16)、444、468,2-731(22)
李文傑 集4-25365
李文泉 史6-43146,8-60239
李文瀛 史3-15447
李文安 史6-46441 集4-30496～7
李文察 經1-6394、6416、6467～9、6582～3
李文淵 經1-6989 史8-62451 集4-22450 叢1-247
李文沂 經2-12036、13490
李文治 經2-14471
李文漢 史2-12489
李文沐 子3-17140
李文褘 史2-11290,8-65738
李文濃 史8-62515
李文湘 史4-27530
李文潮 史4-27649
李文瀾 子7-36002
李文潔 史7-55952 子1-1021
李文通 集4-33600～4
李文瀚 子3-16211 集4-31095～6,6-44934,7-50347、50373～6、54694
李文祥 子5-25595
李文培 史8-62526 子4-18945
李文雄 史8-61386、61394
李文來 子2-4957
李文彬 史4-30850
李文藻 經2-9991、14661 史2-12606,7-49324,8-58972、59215、64055、65295 子4-23181 集1-1978,3-21285～92 叢1-420,2-731(46)、746、823、886(5)、1499
李文蔚 集7-48767(3)、48774(4、6、7)、48778 叢2-698(14)、720(3)
李文桂 集4-25287 叢2-1818
李文林 集7-48677 叢2-886(5)
李文起 史7-55995
李文幹 史2-13206
李文泰 集5-38165,6-46175
李文盛 子1-3912,2-7353
李文耕 史2-6944～5 子1-2169～70 集4-24781、26570 叢2-886(2、3)
李文龕 史4-27529
李文田 經2-12559 史1-771～2、2615～6、2634,6-45718,7-49314、49320、49730、53811～3、54503、56355,8-64113～6、64270 子3-13309、15787～8 集1-4772,3-16773,5-35782～3 叢1-393、506、508、512、524～5、528、530～1、558,2-594、668、731(58、59、60、66)、785、2005、2194
李文昇 史8-59720
李文鳳 史7-54660
李文駒 集3-19594
李文毓 集5-40966
李文錦 子2-5795、6386
李文烜 史8-60853、61457
李文炳 子2-9450～1
李文煒 集1-983
李文煌 子2-8861
李文燭 子5-29550、29777、31154、31174、31311～3 叢1-109、111(3、4)
李文耀 史7-54912、55041、56379
李文輝 史4-27126 子3-13751～2
李文煥 史4-27404
李文炤 經1-147、1191～3、5001、6321～2、6359、7795 子1-100、589、604、606、637、645、749 集3-17685
李文焰 史7-51706
李文榮 子2-4768、4771(4)、5116、10639～40 集4-26084～5
李辛白 集5-41449
李率隆 史4-27515
李章達 集3-17685
李章祁 史4-27433
李章柱 史4-27687
李奕疇 史6-48796
李言恭 史7-54597 集2-10278～80,6-41935(5) 叢2-727
李言聞 子2-4588、4700、4721、5759、6014～5、6017
李玄育 子3-14578
李玄真 子5-29530(8)、31547、32062～3 集1-1671 叢1-168(4)
李玄暉 子3-15067
李衷 經2-8733、8990、9387、9883、10385
李衷純 子4-20551 集2-11901～2,6-44001、44591
李衷燦 子1-1365
李襄廷 史3-17871
李襄黼 史4-27578
李襄猷 史8-58440
李六謙 史8-58586
李京 經1-770,2-13852 史7-51023、55446 集1-5102 叢1-19(7)、20(5)、21(6)、22(11)、23(10)、24(8)、374
李京雍 集5-38051
李京琦 集3-18648
01 李龍章 史8-60808
李龍石 史1-5996～7 集5-39714
李龍官 史8-58429 叢1-223(17)

李正昕　史4-27616

李正曜　史8-58386

李正民　集1-3098　叢
　　1-223(53)

李正光　史3-18707

李正榮　史2-9619,4-
　　27284、27666

李玉　集7-50140~61、
　　54663

李玉更　集7-54664

李玉瓚　史1-5024

李玉宣　史8-61635、
　　61824

李玉湛　集5-34699　叢
　　2-886(4)

李玉華　史7-55613

李玉棻　子3-14881~3
　　叢1-547(4)

李玉林　史8-63280

李玉如　子7-36252

李玉書　子7-36414、
　　36529、36606

李玉振　史3-17566

李玉鳴　史6-42087　叢
　　1-223(27)、227(6)

李玉鉉　史8-61154　集
　　3-17488

李璽　集1-3099　叢1-
　　223(54)

李至　叢1-473,2-595~6

李靈椿　史8-61712

李丕先　史8-58788

李丕垣　史8-62421

李丕煜　史8-63485

李璀　集6-44991

李璋　子2-6654　集2-
　　7160,5-40758

李璋堉　史8-59628

李璋煜　史3-23219,6-
　　41974、46328,8-64194、
　　64304　集4-29083~4
　　叢1-524,2-731(32)

李雪田　史7-52511~2

李元　經1-6530,2-
　　13889、14386~7　史7-
　　53012,8-61705、62044
　　子4-19351　集2-
　　7752,4-23381,5-40572
　　叢2-731(28)、872

李元亮　史6-47370

李元庚　史2-7342,7-
　　51978　集5-38166　叢

1-537

李元度　史2-6208、7535
　　~6、7538~9、9737、9800、
　　10077、10222、10262、
　　10372,6-46349、49002,
　　7-49317(4)、49318(4、5、
　　7)、52589~90、53250、
　　53659~60、53669,8-
　　60541　子1-2854~5,
　　2-9879　集3-14580,
　　5-33715~8,6-42619~
　　22、45475　叢1-564,2-
　　691(3)、698(4)、935

李元慶　經2-10920

李元音　經1-159

李元調　子4-19876,5-
　　25835　集2-11510

李元正　史8-59299

李元震　史8-60282

李元瑞　史4-27344

李元珪　集1-5302

李元弼　史6-42921　集
　　6-44898　叢2-636(2)

李元珍　子4-24146

李元卓　子5-29530(24)
　　叢1-272(4)

李元鼎　史3-18865　集
　　3-13162~4,7-46398~
　　400、46830

李元偉　史8-59460

李元傑　史4-27184

李元綱　史1-1914　子
　　1-813,4-22925~6　叢
　　1-2~12、19(11)、20(9)、
　　22(2、12)、23(2、12)、24
　　(12)、83、95~6、99~101、
　　330~1,2-730(3)、731
　　(20)、735(3)

李元復　子5-26575~6

李元賓　經2-8740、9002、
　　9396、9889、10434

李元祺　經2-13945

李元祿　史2-11322

李元選　史4-27338

李元朗　經1-1911

李元才　史7-51702,8-
　　60353

李元南　子2-6548

李元吉　子4-22261

李元楨　史3-18626,8-
　　59746

李元芳　史6-48197

李元華　史3-17984,6-
　　41899~900

李元英　史4-27156

李元葉　史4-27500

李元忠　史7-55420

李元春　經1-4156、7012,
　　2-11628~9　史1-
　　5990,2-6356、6604、
　　6947、8312,8-62803、
　　63455　子1-107、177、
　　179、183、186、615、638、
　　648、653、1703~8、2267、
　　2428~30、4154,4-21396
　　~7,5-25833~4　集3-
　　13345,4-25676~7,6-
　　43144~5、46298~301
　　叢1-330~2、574(4),2-
　　1643

李元昇　史8-62691

李元暉　集5-41389

李元昭　集2-10282,6-
　　41935(5)

李元陽　史1-60,7-
　　49904,8-62318、62506
　　集2-7742、8337、8444
　　叢1-22(25),2-886(2)

李元鵬　史8-59717

李元善　集4-22815~7

李元鏜　史2-9495

李霶　集3-19398

李霶清　集4-33255

李丙龐　史7-58106

李丙照　史3-19623

李丙榮　史7-51419~20、
　　56853、56856

李爾承　史4-27128

李爾梅　史8-59249

李雨亭　子7-36949

李雨堂　子5-28098~9

李雱　經2-11226

李震　集4-26481

李震甲　子2-5708

李霦　集3-14630

李夏器　叢2-843

李于潢　史7-50642　集
　　4-29587~8　叢2-826

李于垣　史8-59715

李于鍇　集5-40191

李干雲　史4-27229

李耳　子5-29530(13)

李雯　史2-10073,6-
　　48619　集3-13457,6-

李聯元　史 4 - 27434
李聯琇　史 3 - 20929,6 - 48986,7 - 49317(2)、49318(5、8、11)、53189、53269、53570、56527　子 4 - 22720　集 4 - 33528～30　叢 1 - 516
李聯奎　集 5 - 34561
李聯芬　集 5 - 37204,6 - 42007(4)
李聯芳　史 8 - 63051
李聯蕃　集 5 - 36926,6 - 42007(4)
李弘儒　集 3 - 18647
李弘彪　史 4 - 27675
李弘道　史 8 - 60006　集 3 - 16569
李弘志　史 8 - 59918
李弘栐　史 4 - 27670
李發源　集 3 - 20755
李發堯　史 4 - 27373
李發楷　史 3 - 23659
李發芳　史 4 - 27448
李發忠　史 4 - 27121
李發甲　集 3 - 16654～6　叢 2 - 886(3)
李烈卿　集 5 - 36920
李延雲　史 2 - 8928
李延強　史 4 - 27066
李延賓　史 5 - 34254
李延祐　史 2 - 12334
李延壽　史 1 - 11～7、20、121～5、130～2,2 - 8540　子 5 - 26222　叢 1 - 168(1)、185、223(17)、227(5),2 - 698(3)、777
李延機　子 5 - 25810
李延基　經 2 - 15011、15013　史 4 - 27100、27318
李延翰　集 5 - 36583
李延昰　史 1 - 3646,2 - 8007　子 2 - 5576、6036、10496　集 3 - 14878　叢 1 - 300
李廷章　史 4 - 27379
李廷龍　史 8 - 59940、60531
李廷謨　子 4 - 19910、23967　集 2 - 9287
李廷謀　史 4 - 27345、27389
李廷一　史 7 - 55704
李廷儀　集 4 - 22493～4
李廷宰　史 8 - 62382
李廷實　史 3 - 15877
李廷寶　史 2 - 6361,7 - 51343、55272,8 - 62755
李廷賓　史 7 - 55831
李廷棨　史 7 - 50900、55287　集 4 - 27772、30276～80,7 - 47508　叢 2 - 1770
李廷友　史 8 - 58782
李廷壽　史 2 - 8535
李廷柱　集 4 - 29791
李廷樟　子 1 - 4212
李廷森　史 8 - 60780
李廷樞　集 4 - 27289
李廷楨　史 3 - 22314、22519,4 - 31446
李廷機　經 1 - 55～6、63、66、483～4、730、762～5、6313、6759、6829～32,2 - 10272～4、10334～5、10457、10470、13805　史 1 - 64、1249、1265～7、1278、5015～7、5101、5103、5153、5185、5444、5452、5506、5934,2 - 6576、7214,7 - 57416　子 1 - 47、168～9、1151,3 - 15340,4 - 23973～4,5 - 24875、25035～6、25115、25675　集 2 - 9498、10071～2,6 - 42815、42831～2、43318、43762～3、45170、45349、45375～6、45417～8,7 - 48432～4、48437
李廷芳　史 7 - 55667　集 4 - 26363～9
李廷華　史 3 - 22570
李廷材　史 7 - 56825
李廷模　史 4 - 27341
李廷相　史 6 - 47812～3,8 - 65561　子 7 - 35929、36067～8　叢 2 - 593～4
李廷楊　子 1 - 2626
李廷柳　史 4 - 27304
李廷翰　史 3 - 20763　集 4 - 29955,5 - 40062
李廷敬　史 1 - 4960　集 4 - 22744
李廷忠　集 1 - 3802　叢 1 - 223(56)
李廷璧　史 8 - 63479
李廷益　史 4 - 27059
李廷鈺　史 6 - 45507　集 4 - 23222、30281
李廷鉽　史 8 - 60307
李廷錫　史 4 - 27124,8 - 60197
李廷筠　子 2 - 8459
李廷簫　史 7 - 49718～9
李廷輝　史 7 - 57367,8 - 62329　集 5 - 39293　叢 1 - 373(8)
李廷榮　史 7 - 56130　叢 2 - 785
李孔地　集 3 - 21525
李孔明　史 8 - 60907
李孔昭　集 3 - 13703　叢 1 - 551
李飛英　集 4 - 28911
李飛鳴　史 7 - 55464
13 李琬　史 7 - 57657　叢 1 - 373(2)
李瑄　史 8 - 62747
李球隨　史 8 - 61201
李武　經 2 - 10719
李武揚　史 3 - 20616
李琯　史 6 - 47774
李琯朗　集 6 - 44893
李璸　子 4 - 23577
14 李珪　集 3 - 15729
李瑾　史 7 - 58016、58128,8 - 60806、63185
李瓘輝　史 3 - 15525
李功立　史 4 - 27441
李功譜　史 7 - 49319、53137
李瑛　集 6 - 43769
李玻　史 7 - 58041
李琪　經 1 - 77(3)、7509　史 7 - 56804　集 4 - 23987、27214～6　叢 1 - 223(10)、227(3)
李琪章　史 8 - 61812
李璜　史 2 - 11193,8 - 59966　子 2 - 6390
李瓚　集 1 - 5303,2 - 12792～3
李琳　史 2 - 13371
李確　經 1 - 5615～6、7725　史 7 - 49318(6)、52317～8　集 3 - 13101～9　叢 1 -

373(8)

15 李翀　子2-7935,3-14438,4-23823　叢1-223(41)、246、273(5)、274(5)、282(2)、283(2)、448,2-731(7)

李聘吾　集5-40699

李建勳　集1-1820,6-41739、41741、41818、41824、41858～9、41878　叢2-636(3)、661

李廸光　子4-24329～30

16 李聖就　集5-37918

李聖年　史8-61378

李理　子1-1316

李環山　子2-5008

李璟(南唐中主)　集6-41713,7-46351～2、46360、46441～3　叢1-585,2-698(9)、799～800,2227

李硯莊　子2-4771(2)、6901

李硯田　史3-16327

17 李孟　集1-4965

李孟高　集4-29192

李孟平　史2-8205

李孟羣　集5-34700～1,6-42007(1)

李孟實　子7-36756

李孟暘　史8-59844

李玘　史8-61008

李珣　史8-58517　集4-32804　叢2-2227

李聊珪　經1-4488

李瓊林　史8-59470、60624

李珺　史8-59553

李瑤　史1-863　子1-2577,3-18191　集6-46346

李瑅　史2-8585　叢1-168(3)、171,2-721

李予望　集3-18279

李翮　史6-42308　集7-47406

李乃斌　史3-22574

李承斌　史4-27375

李承霖　史4-27118　集4-30807

李承烈　集4-25112～3

李承衡　子4-21765

李承衛　集4-31186

李承綏　史8-59711

李承寶　子1-3286

李承福　子1-2580,4-24479

李承洲　叢2-697

李承淵　集6-43072～3　叢2-698(12)

李承湛　集5-38715

李承祜　集5-36382～3

李承鴻　史4-27188

李承鄴　集3-21338

李承道　集4-23142

李承燾　集5-39438

李承蓮　集5-35538

李承薰　史1-4895

李承棟　史8-62263

李承恩　子7-35150、35213

李承昌　史1-4928

李承勛　子4-18569、19390,5-25009～10　叢1-22(26)

李承賜　史2-9118

李承煦　子1-2229

李承陽　集5-40946

李承熙　史7-52131

李承銓　集3-14148

李承箕　集2-7195～7

李承光　史8-59507

李豫　史8-59907　集3-19540

李豫亨　子2-4768,4-20532～4　叢1-22(23)、29(7)、106、111(2)、195(6),2-731(11)

李豫同　史3-17548

李子方　史3-16332

李子建　子2-6464

李子珍　子3-18387

李子實　史7-55867

李子壽　子1-2877

李子權　集2-12418

李子願　史2-11335～8　集1-3727

李子金　經1-6495　子3-12487　集3-14606　叢2-1333

李子榮　史7-52590　集5-38337、38986～8

李羣玉　集1-1595～601,

6-41854、41859、41872、41878　叢1-223(50),2-635(8)、877

李羣傑　史8-62366

李召棠　史1-3864,4-27668、30250

李習三　經1-1908

李君彩　史4-27270

李君明　集5-38480

李君鳳　子1-4380

李翼　經2-13989

李翼聖　史7-55629～30

李翼宸　史4-27138

李翼清　史2-10338

李翼鵬　史5-36947

18 李玠珍　史8-60563

李瑜　集5-34924～5

李珍　史1-2984,6-46084、46092　集5-35204,7-46405、47185　叢1-320

李璒　集5-35714

李政熾　集5-40573

李玫　子5-26874、26930　叢1-16、22(19)、23(19)、28,2-617(2)

李致和　經1-1064

李致遠　集7-48767(3)、48770、48898　叢2-698(16)

李致楨　史3-21845

李璇　史8-59876

李務滋　史3-16163

李勸娭　集5-40967～8

李柰　集4-22492

19 李琰　史8-61189、61468

20 李壬瀾　集4-23275

李重華　經1-1242、2851　集3-18325,6-45952　叢1-203(16)

李喬嶽　經2-13810

李喬岱　史7-57978

李喬南　集2-6677

李喬松　子4-21564

李彷梧　史8-59920

李爲稷　集2-12948

李爲淦　史2-9092

李爲棟　子5-28144

李爲觀　集3-15481

李秀　集3-16841

李秀千　史4-27261

李秀生　史8-59878

李秀芳　子7-35369～70、
　　35508、35524、35533

李秀成　史1-1989、4212
　　～3、4217

李雋　集3-20245、4-
　　31873

李愛黃　集5-39807

李舜明　史7-56892

李舜臣　史1-5367，7-
　　55126　子1-3772　集
　　2-8481、3-18292　叢
　　1-223(65)、250

李信孔　史7-51843

李信芳　史3-15404

李千乘　子5-29530(26)、
　　29535(3)、29536(3)、
　　30174

李受彤　史2-7609，7-
　　49318(15)、51228，8-
　　61368　子1-2298

李受曾　集4-25366

李孚蒼　史2-9361

李孚青　史2-9361　集
　　3-17336～40　叢1-561

李季高　史6-45090

李季可　子4-19923　叢
　　1-244(5)、265(4)，2-735
　　(3)

李香君　集5-41385

李雕來　集3-21705

李嶂　集6-42538

李采　史8-61876

李集　史2-7597～8　集
　　3-21703、4-22085、6-
　　44592　叢1-203(15)

李集鳳　經1-7738

李秉璋　史8-63242　子
　　4-19499

李秉瑞　史3-16160

李秉衡　史2-10424、
　　10467、4-27091、6-49060
　　～2

李秉禮　集4-23035～41

李秉陽　經1-1904　史
　　4-27136

李秉鈞　史7-55231

李統賢　集3-20831

李維　史6-41536　集1-
　　1895、6-41894(2)　叢1-
　　195(3)、2-731(17)

李維誠　史8-59043

李維誠　史3-17286

李維貞　子4-18805

李維嶠　史8-59555

李維崝　史8-64577

李維富　史4-27542

李維寅　集4-23982

李維禎　史2-8968，7-
　　55587　叢1-109

李維清　史7-56389～91

李維柱　史6-42842

李維楨　史1-5287，2-
　　9005、3-23667，7-51968、
　　53072　子4-20524　集
　　2-10343～5、10983、5-
　　40574、6-41948、42076、
　　43353、45160　叢1-111
　　(4)

李維城　史4-27611

李維樾　史2-8836、6-
　　48523～5、7-56577　叢
　　1-223(21)、2-867

李維世　集3-15634　叢
　　2-826

李維恕　史8-63633

李維格　子7-38069

李維翰　史8-61784

李維屛　史4-27255

李維鈺　史8-58362

李維鈞　史6-48693　集
　　3-13423、14499、6-44591

21 李順孝　史4-27544

李順翹　史4-27546

李上交　子4-19934　叢
　　1-223(39)、274(4)、2-
　　782(2)

李上元　史7-56678

李上林　經1-5624

李步雲　叢2-724

李步先　史3-21892

李步瀛　史3-21414

李步青　經1-5125　史
　　1-6102、6111　子7-
　　36251　集5-38652～4
　　叢2-685

李仁　史7-52485　子3-
　　17608

李仁元　史3-15348　集
　　5-34558～60，6-42004、
　　42008

李仁泉　集4-24654

李仁齡　史3-18028

李仁祐　史3-18314

李能謙　子2-10830

李能定　子4-22673

李伍渼　集3-16406

李虎觀　集4-25225

李虛中　子3-14081　叢
　　1-223(36)、273(4)、274
　　(4)、2-731(15)

李何事　子4-20846　叢
　　1-142

李何煒　集3-14422　叢
　　2-874

李行道　集7-48767(2)、
　　48927

李行南　子4-21266

李行志　經1-873

李衍孫　集4-22220，6-
　　44835～6、44838、44996

李衎　子3-14692、15858～
　　9、16289、4-19131　叢
　　1-11～2、22(15)、23
　　(14)、26、28、119～20、
　　220、223(37)、244(6)、
　　353，2-731(35)

李衛　史6-41526、41533、
　　42994～5、43828、46799、
　　48726，7-52922、55015、
　　57116　子7-35909　叢
　　1-223(24)

李衡　經1-77(1)、458
　　子4-20115～6、5-26122
　　～3　叢1-223(2、39)、
　　227(1)

李衡宙　史8-61313

李衢亨　史3-15595

李儒烈　子4-20821、5-
　　25778　集6-45364　叢
　　1-62、64，2-730(4)

李虔　經2-14584

李處權　集1-3026　叢
　　1-223(54)

李處全　集7-46352、
　　46356、46369、46375、
　　46597

李倬雲　史8-62530

李歲昌　子2-9399

李頻　集1-1712～4、6-
　　41818、41850、41872、
　　41878　叢1-223(50)、
　　2-637(3)

李卓　集3-15527

李卓齋　史4-27291

李卓元　子5-28958

李卓吾　集1-2577　叢
　2-1062
李卓揆　史8-61038
李占梅　集4-23221
李睿　集3-19773
李師謙　史8-60596
李師琯　史3-21164
李師聖　子2-4703、7976
李師尹　史4-27392
李師沆　史7-57837
李師濂　史3-15516
李師淳　史3-21425
李師中　集1-2166,6-
　41894(1)、41895
李師錫　史8-60917
李師舒　史7-55485
李貞　經2-13763　史8-
　59414　集6-42230
李貞一　經1-2329
李紫珊　集4-33417
李經　叢1-288
李經方　史2-10282,3-
　18676
李經緯　史4-27629
李經生　史4-27470
李經綸　經1-3722、6049,
　2-8708
李經述　集5-39988
李經滇　史3-22894
李經達　集5-36972、
　40505～6
李經禮　經1-5640
李經垓　集3-14531
李經藩　史3-18878
李經世　史3-16059、
　18541、22513　集5-
　38257
李經楞　史3-22820
李經邦　史3-18541,7-
　57608
李經野　史8-59359、
　59498
李經羲　史1-5221,3-
　22524,6-41927、49182,
　7-49357
李經畬　史3-16423、
　18691,6-49009　子3-
　17450　集6-45305～6
李經佘　史3-16472
李經鈺　集5-40417
李經敍　史3-22543

李綽　子5-26257　叢1-
　4～5、9、22(6)、23(6)、29
　(3)、31、106、111(1)、223
　(40)、255(1),2-624(1)、
　731(50)、782(2)
李穎　史2-8972
22 李豐　集5-38714
李鑾宣　集4-24242～4
李岑　集4-25081
李彪　經1-1903　叢2-
　886(1)
李鼎　經1-3795　史7-
　53338　子4-23835,5-
　29309　集2-10376～7
　叢1-13、14(2)、22(25)、
　105、111(1)、181、202(2)、
　203(7、18)、319、409、587
　(1),2-731(55)、832(4)
李鼎玉　史8-60045
李鼎元　史7-49318(16)、
　54530～1　集4-23223
　叢1-496(6)
李鼎禧　史8-61516
李鼎祚　經1-33、397、399
　～400、402～3　叢1-
　98、169(2)、219、223(2)、
　268(1)、460,2-731(8)、
　1721～2
李鼎星　子7-36308、
　37455
李嵩　史4-27409,8-
　59832　集2-7425、8045
李嵩崙　經2-9635
李嵩陽　史8-59709
李禼　集6-44878
李嶽衡　子7-36228(6)、
　36952
李嶽生　集4-33419～21
李嶽蘅　史6-45596
李岸南　子1-2840
李巖　集3-13446
李循義　集2-8562
李仙源　集3-14649
李仙培　史4-27610
李仙枝　集3-21620
李仙根　史1-3618～9,7-
　49318(15)、54666,8-
　61902　子4-21825　叢
　1-195(7)、201、203(2)、
　210～1、355,2-731(59)
李峯　經2-14260　史8-
　59897

李峯百　史8-61666
李邕　子3-15306、15603～
　4、15845　集1-768～9,
　6-43118　叢1-223
　(48),2-873
李嶠　集1-705～7,6-
　41739、41743、41818、
　41824、41838、41847～8、
　45495、45523　叢1-114
　(4、5)、241、242(4)、288、
　411,2-731(42)、778
李山甫　集1-1739,6-
　41824、41858、41878
李利嘉　史4-27122
李崇禮　經1-125　史7-
　52957　叢1-366～8
李崇階　集3-16110　叢
　2-886(3)
李樂　史2-11484,7-
　50350、57269　子5-
　26386　集2-9910　叢
　1-373(8),2-1093
李樂願　集4-33096
李繼唐　史8-59422
李繼璋　史8-59352　集
　4-29888,5-35541
李繼烈　史8-59805　子
　3-16969
李繼聖　史8-58762　集
　3-18926～7
李繼貞　集2-11656
李繼彪　史2-7613
李繼嶠　史8-63013
李繼白　集3-14663～4
李繼修　史3-15025
李繼沆　史3-16593、
　16947、16961、17574
李繼芳　史2-12112　集
　5-36314
李繼燕　集7-47110
李繼本　集1-5726、5788
　～9,6-41784　叢1-223
　(61),2-873
李繼畬　叢1-373(3)
李繼釗　史3-17627
李繼翔　史3-18054
李繼光　史3-23657
李彩升　集3-18584
李崧霖　集4-29794　叢
　2-1851
李綬　史8-62601
李綬青　史3-19310

李稻塍　集3-15017,6-
　44592
李耒　史1-1482,8-62014
　集3-16242　叢2-603
23 李允元　集5-36582
李允殖　史1-5429
李允升　經1-4304,2-
　10876
李獻廷　子4-23631
李獻君　史8-60638
李獻桃　史4-27343
李獻陽　史8-60478
李獻民　子5-26284　叢
　1-15～6,19(1),20(1),
　21(2),22(5),23(5),24
　(2),249(3)
李獻箴　集3-13196
李代桼　子2-8958
李代熙　史4-27456
李俊　集3-19824～6
李俊甫　史7-50542　叢
　1-265(3),266
李俊民　集1-4669～71,
　6-41925～6,7-46373,
　46741　叢1-223(58),
　2-821
李臧　經1-3255
李我郊　史7-55292
李紱　史2-9457,11005,
　11337～8,7-49317(2),
　49318(8),53573,8-
　58396,58782　子1-
　730,1546～7,3092,3908
　集1-3726～7,3-17885
　～8,6-42064　叢2-698
　(6)
李紱藻　集5-36920
李稽勳　史8-61615　集
　5-39280
24 李仕詔　史4-27606
李仕良　集5-35998
李化龍　史1-2914,6-
　48365　集2-10533,6-
　43782　叢2-731(68),
　782(3)
李化楠　子4-18949　集
　3-20101～2　叢1-282
　(4),283(4),2-731(46)
李化人　史8-61419
李魁元　史4-27296
李魁春　經2-9066
李佐賢　史4-27417,8-

63684、64312、64852～3、
　64856、64981　子3-
　14859,4-21642　集4-
　25287、31410　叢1-
　524,2-654、731(32)、
　1818
李先芳　經1-3735　史
　7-57811,8-59763　集
　2-8974～84、11646,6-
　41935(3)、43811、43928
　叢1-223(7),2-873
李先榮　史7-56927～8
李佳　史1-4086　子3-
　16451　集5-40839～40
李佳繼昌　史6-46434
　子3-16284,4-21753～
　4,5-31871、31882、31891
　集5-37841,7-47644～
　5、48742
李佳白　史6-49207　子
　7-35676～7、35740、
　36413、36533、36536、
　36562、36613、36831、
　38067
李佳明　史4-27088
李倚江　史2-8476
李備　史1-5406
李德　史7-49316、49318
　(2)、54496,8-60599、
　61542　子3-16451　集
　2-6268～71,6-41935
　(3)、44892～3、44896
李德瑾　史4-27350
李德貞　子3-13556～8
李德彩　史4-27302
李德生　史8-62549
李德儀　經2-13953　史
　3-15367,7-53938　集
　4-33197～200
李德宣　史4-27662
李德驦　史1-3771
李德良　史2-9903,3-
　22705
李德貟　史4-27451
李德溥　史7-56642
李德清　史6-44239
李德鴻　子3-13655　叢
　1-493
李德淑　經1-4486
李德淦　史7-53944、
　58123
李德洽　子5-29574～5、
　31435

李德裕　史1-1914、2381,
　2-6878,7-52019　子
　4-19881～2、22817～9,
　5-26218、26220、26226
　集1-1130、1473～6,6-
　41794、41798、41878　叢
　1-4～5,9,19(8,9),20
　(6,7),21(7,8),22(4,6,
　8,9),23(4,6,8,12),24
　(8,10),29(3),38,40,95,
　106,111(2),134,175,195
　(7),223(44,49),227(9),
　255(1,2),350,407(2),
　456(6),465,546,547(3),
　2-617(2),624(1),635
　(7),730(2),731(6,39,
　65),782(2)
李德坊　史3-22705
李德懋　史4-27203　叢
　1-284
李德樹　經1-2161
李德林　史6-47503　集
　1-637～8,6-41694、
　41698
李德中　子2-5223、9994
李德惠　史4-27479
李德揚　集4-27608
李德星　史3-16778、
　19150　集2-12844
李德舉　子4-24364
李德鑑　史3-16839
李德炳　集5-38169～70
李德恢　史7-57195　集
　6-44729
李德燿　史7-57783
李德炯　子3-11574
李侍堯　史6-43904
李待問　史4-27645
李偉人　子3-17460
李佑　子4-20541
李佑元　史8-61412
李佑賢　子5-26581
李升階　史7-55864
李升輝　史4-27382
李勉林　史6-45278
李幼武　史2-6202、7032、
　7035～9　叢1-223
　(21)、574(3)
李贊元　史6-48630～1
　集3-13758～66
李贊皋　史2-12480
李贊堯　史4-27539

李象春　子2-5191

李象鷗　史6-47266、47308、47317、47348～9　子4-23283～6　集4-27386～8　叢2-1691

李象辰　經2-13104　史3-15947、21486

李僎　子5-25487、26062

李冬涵　叢1-448

李冬華　史4-25339

李懇　叢1-66

李翱　史2-6492～3、7-53784　子1-18、20

李翔　經1-33,2-9289～92　史1-1914,2-8579、8586　子2-5923,3-18200,5-26218、26225　集1-1382～8,6-41708、41742、41794、42030～1　叢1-4～5、9、11～2、15、17、19(6)、20(4)、22(8、11、17)、23(8、11、16、17)、24(6)、29(3、4)、37～8、47、49、64、86、95～6、108、111(3)、169(2)、175、223(13、21、49)、241、242(2)、255(2、3)、273(3)、367～8,2-635(7)、730(2、5、7)、731(37、65)、776

李舟　經2-13630　叢2-772(2)、773(2)

李舟虛　子2-5026

李名仁　史4-27577

李魯　集2-12946～7

李屺源　集3-13818

李槃　經2-8388、8996～7　史1-1226、1245　子1-3814

李紀　史1-4854

李紀方　子2-7540

李紀增　史1-4856

李繩　經1-3071　集3-20024

李繩遠　子5-25288～9　集3-15381,6-44990、44994

李繩捷　史4-27485

李約　史8-60456　子5-29009、29530(14)

李約瑟　子7-38247

李紉芝　史5-36708

李綱　史1-2492～4、2496～9,2-6203,6-48136

子1-61　集1-3118～26,6-41894(2)、41895、7-46361、46372、46375、46378、46388、46530～1　叢1-223(53)、246、282(2)、283(2)、404、453、478、534,2-698(4)、731(66)

李叔元　集2-10847,6-45171

李叔璠　史2-12269

李絳　集1-1236～7　叢1-223(21)、272(3),2-731(16)、782(2)

李紹　集2-6735,6-43772

李紹膺　史8-60913

李紹庚　集3-14530

李紹文　史2-7764,4-27626、27660,7-50065～6　子5-26356～7

李紹崧　經1-7052

李紹綱　史7-56110

李紹良　史8-62279

李紹宗　集5-39294

李紹祖　史8-61648

李紹城　集4-28487

李紹蓮　史8-58850

李紹韓　史8-62899

李紹陽　史7-56175

28 李以龍　集2-11549

李以琰　史7-57513

李以鼎　史3-22718

李以寧　集3-16055

李以莊　集5-35091

李以篤　集3-14608～9,6-44158

李以炳　經1-3299～300

李似　子5-24814

李作霖　史3-17344,8-59723

李作舟　史7-51176　集4-23276～8　叢2-886(5)

李作極　史4-27081

李作樞　史3-22126

李作楫　史3-22106

李佾　史2-8926

李儆儒　史3-21528

李徵　史8-60487

李徵熊　集3-19774～5

李徽　集3-18922

李攸　史6-41616　叢1-

223(26)、230(3)、273(4),2-731(17)

李復　集1-2799　叢1-223(52)

李復慶　史7-57797

李復言　子5-27521～5　叢1-19(5)、20(3)、21(4)、22(19)、23(19)、24(5)、29(3)、175、180、249(2)、255(3)、374、376、447、519,2-636(3)

李復修　史8-61116

李復心　史7-51966

李復初　史7-55337

李復來　史2-8300　集4-26372

李復泰　集2-12945

李復興　史6-43437

李儀謙　史4-27435、27635

李從圖　史8-63178

李從周　經2-12997　叢1-223(16)、244(6)、353,2-731(22)

李馥　史8-60698　集3-17101～2

李馥先　史8-59903

李馥蒸　史8-62806

李馥榮　史1-3313　子4-23338　叢2-747～8

李齡　集2-6751～2

李齡壽　史2-10337　子2-10793　集5-35655～6

李嶧瑞　集3-17059～60

李嵷　史7-55447

李綸　史2-8725、11282　叢1-223(53)

李綸光　集5-35393,6-42007(4)

李綸掌　史4-27469

29 李嶸　集6-44878

李秋君　集5-41488

30 李宣　集3-18001

李宣龔　史3-20905,8-65263、65983　集5-41286

李宜麟　史2-9890

李宜芳　集3-19399

李宜榖　集5-37203

李宜春　史7-57791

李宜操　史7-51873

李宜開　子3-17095

李流謙　集1-3416　叢1-223(53)

李流芳　史7-49354　子3-16143～4、16530　集1-2412,2-11341,6-44428　叢1-223(66),2-832(2)

李淮　史4-27657

李注　史4-27379

李淮　史1-3917

李沆　經1-1631

李瀛　經2-10418　史6-49094,8-62849

李瀛瑞　史3-16094

李濟川　史3-22051

李濂　史2-6715～6、8200、8742,3-14993～4,7-51467,8-59514　子5-27013　集2-8123～8,6-41935(2),7-46606　叢1-223(25)、233、496(5),2-731(50)、826

李濂鏜　叢2-694

李濂堂　經1-4609

李汶　集2-9871

李淳　史8-62371　子3-15000、15110～2　集6-42103

李淳風　經1-391,2322　子1-3068,3-11235、11250、11254～5、11259、11273、12348、12396、12405～9、12412～4、12416、12418～9、13010～19、13021、13023～4、13158、13853、13876、14245、14559～60、14620～1,5-29530(12、19)、31588、31615　叢1-19(5)、20(3)、21(4)、24(5)、98、169(2)、223(34、35)、227(7)、230(3)、238～9、243、244(2、3)、268(2)、374、418、430、440～1、465、468、470,2-635(4)、698(7)、708、731(15、25、26)、774(2)

李涪　子4-19883～6　叢1-2～6、9～10、22(3)、23(3)、91、114(6)、115、223(39)、268(3)、330～1、388～90,2-730(5)

李寧仲　史8-60086

李家璿　集7-47983

李家瑞　集4-26370,6-42007(3)、46123

李家珍　史8-62390

李家賽　史4-27557

李家福　集5-40698

李家據　史4-27493

李家鏊　史6-41936、44021、44345　子7-36617

李家驤　史7-57998

李家駿　集4-28988

李家驊　集5-36919

李家駒　史2-13220,6-42760　叢1-531

李家學　叢2-682

李家鏞　史4-27443

李家焯　子5-25980

李宸藻　史4-27370

李永慶　子7-35707

李永儒　史4-27332

李永修　集5-36583

李永齡　史4-27476

李永寶　史4-27502

李永祺　集3-17507

李永選　史8-58165

李永標　子4-24560　集3-19167～8

李永芳　史4-27356

李永茂　史8-60938

李永書　經1-6953

李永成　史8-61915

李永昊　史4-27534

李永昭　史4-27614

李永鎮　集5-38313

李永錫　史8-58287

李進睹　集3-18690

李進取　叢2-720(5)

李進良　史4-27450

李進祿　史3-16321

李進思　史8-62689

李進光　史7-55324

李之鹿　子2-4710

李之彥　子4-18686、19928～9　叢1-2～7、9、16、19(10)、20(8)、21(9)、22(13、16)、23(12、15)、24(11)、29(6)、154、195(2)、353、569

李之廉　史4-27425

李之龍　子3-14242

李之珂　史8-62129

李之琮　史4-27558

李之琳　集4-23382

李之鼎　史8-66148～9　集1-2186、2889、3363、3827、4076,4-32092～4　叢2-845(5)

李之純　子4-20227

李之和　經1-5776

李之儀　子3-14915　集1-2749～57,6-41894(1)、41895、41904,7-46356～7、46380、46382、46427、46473～4　叢1-169(4)、223(52、72)、456(7),2-698(13)、720(2)、731(34、39)、782(2)

李之澎　集6-42653

李之槙　子7-37626　集1-1097

李之藻　經1-775　史6-42042　子1-4225,3-12374、12389、12446～7、12455～7、12476,7-35292～3、36241　集2-10806、11131　叢1-135、223(27、34、35)、274(4)、437、453,2-731(25、26)

李之芬　史3-19877

李之芳　史1-1937、3639,2-12566,4-27230,6-46083、48664　集3-14380～1　叢2-1305

李之蘭　史8-62787

李之茂　史8-59361

李之世　集2-11446

李之杜　史8-60008

李之楸　集5-34614

李之椿　集2-12275

李之棟　史7-55495

李之乾　史4-27426

李之幹　史4-27642

李之青　史3-21263,8-61686

李之素　經2-8438

李之昉　集4-28821

李之彤　子5-25889～90

李之用　集6-42366

李憲甄　集4-22087,6-44998

李憲喬　經2-14391　史

2-12614　集3-20073,
4-23700~2,6-44997~
8,46018,46020

李憲嵩　史2-12613

李憲橋　集1-1190

李憲昌　集4-22180~1,
6-46018

李守先　子2-10250

李守純　史4-27202

李守和　史4-27078

李守永　子2-4683、9762、
10697

李守中　子2-6971

李準　史4-27656

李安　史3-16451、17505、
22849

李安唐　史7-55672

李安仁　史7-52117、
56261

李安德　史7-49319　子
7-37683、37766

李安乾　史4-27571

李安軫　史4-27622

李宴林　史4-27609

李宴春　史7-56254

李字珍　集7-50666

李宏　集1-3167,3-
20002,6-41894(2)

李宏文　子2-9521

李宏謨　史2-10437,3-
21418

李宏行　史4-27183

李宏渭　史8-61270、
61428

李宏志　集3-17607

李宏杰　史3-21970

李宏春　史4-27142

李宏恆　史3-23508

李富孫　經1-156、163
(2)、398、1515、2292、
4660、7218、7330、7428,2-
11635~6、12215　史2-
7597~9、12007,7-
57320、57322,8-63503
集4-25039,7-47032
叢1-203(15)、278、333~
5、373(9)、418、424、469、
586(1)、2-716(1)、731
(9、48、63)

李容　叢1-203(10)

李審言　經2-13641、
15137

李寄　集3-15987~9　叢
2-803

李寄雲　子3-15245

李良　子3-17962、18073

李良俊　史8-61797

李良柱　集6-41810

李良翰　史1-5461~2、
5935、5937

李良年　集3-15531~4,
6-42064、44994,7-
46430、47011、48703~4
叢1-195(4)、2-731
(49)、838

李良榮　史4-27210

李定康　史4-27455

李定庠　史4-27587

李定業　史7-53913

李蹇臣　集4-31191

李寅　經1-1061,2-10171
集2-12312,6-44990

李寅賓　史2-10600,4-
27368

李寅清　史8-58584

李寅恭　史2-10600

李寅熙　集4-24144

李實　經2-10141、14862
史1-1933、2806~8,2-
10683,6-48173　叢1-
22(22)、29(8)、50~1、55、
84(1)、282(3)、283(2)、2-
730(9)、731(24、67)

李實秀　史8-59671

李實洤　叢2-2179

李寶　史2-12518

李寶章　史3-17285　子
3-14727,4-23458　集
5-38572~3

李寶元　子4-24694

李寶琮　史7-58018

李寶琛　集5-39297

李寶珍　史4-27686

李寶山　集4-29956

李寶絪　集4-27293

李寶福　史8-58726

李寶洤　史7-54124　集
5-39989~91

李寶淦　史1-456、624,2-
13210

李寶蒙　集2-7195

李寶翰　集5-37920

李寶中　史8-60845

李寶嬰　史3-21228、

22666

李寶賢　史4-27300

李寶曾　集4-22997

李寶鎔　史4-27113

李賓　子7-36146　集1-
1655,6-41794

李賓暘　史8-58742

李賓門　子2-6944

李宗庚　史3-22604

李宗文　集6-45985　叢
2-1347

李宗言　史4-27320　子
4-23597

李宗諤　史2-8608,7-
51738　子5-29530(12)
叢1-15、18、19(1、7)、20
(1、5)、21(2、7)、22(4)、23
(4)、24(2、8)、374,2-594

李宗麟　史8-63060

李宗元　史3-18109,8-
60044

李宗延　子1-263

李宗仁　史8-59320、
62713　集4-24407

李宗岱　史4-27499,8-
64324

李宗傳　集4-25432~3

李宗傑　史4-27153

李宗沆　集5-39619

李宗瀛　集4-31679~80

李宗之　子4-23031

李宗源　子2-5072

李宗淇　經1-4282

李宗禪　集7-47948

李宗渭　集3-18923~4

李宗潮　史4-27167

李宗澳　經1-1623　叢
2-1688

李宗瀚　子3-15545、
15590、15754~5　集4-
25683~4

李宗木　集2-10213~4,
6-44989

李宗樞　集2-8423

李宗城　史3-16982

李宗蕚　史4-27148

李宗蓮　經2-12325　史
2-8573,3-15832、19853,
4-27023,7-51960~1、
52319,8-63712、65869~
70　子4-24449　集1-
3006,5-37304　叢1-

49318(14)、50981～2　子
5－26570　叢1－241、242
(2)、2－731(58)

李心傳　經1－77(2)、533
史1－1487、6032～4、2－
7058～9、6－41617～22
子4－20198　叢1－19
(3)、20(2)、21(3)、24(3)、
223(3、18、26、29)、227
(1)、230(3)、244(6)、282
(2)、283(2)、373(5)、388
～90、407(2)、511、2－615
(2)、653(6)、731(17、60、
66)、2116、2118

李心復　集5－33829
李心太　史4－27293
李心地　史8－60334
李心敬　集3－19474、6－
41982　叢1－300
李心耕　集6－41982
李心學　集6－43759
李心曾　史7－56112
李心銳　集5－35280
李心煌　史4－27430
李必恆　集3－17484～7、
6－44441　叢1－223
(52)、227(9)
李泌　子5－26224　集7－
49903　叢1－249(2)、
255(3)、2－624(1)
李浦光　叢2－674
李泳　經1－3622
李溥　史4－27071
李溥光　集1－5104
李冶　子3－12364、12396、
12431、12435、4－20220～
6　叢1－223(68)、227
(7)、230(4)、244(5)、453、
470、511、2－731(4、25)、
782(2)
李治　子3－12433　叢1－
223(35、41)
李治巆　史4－27599
李治灝　史7－56515
李治運　史6－46103
李治民　集3－18925　叢
2－886(3)
李溶　史7－56267、8－
61708　子2－6430
李濱　經2－13322～3　史
1－4146、2－10168、8－
65542　子3－15241～2
集5－38777　叢2－2139

李祕園　經2－13113～5、
13468～71、13591
李鱐　經1－6046　子3－
15855、5－25629
李鱐平　經1－111(4)、
4157　集4－25811～3
叢1－312、2－704、1646
李袯　史1－5785
李述武　史8－59547
李述寬　史4－27415
李述來　史1－1149　集
4－27774～5　叢2－1812
李述彭　子5－26200

34李斗　史7－49318(12)、
50143、51365～6、55927
集4－22217、7－47297、
50337　叢1－373(9)、
496(1)、2－810、1551
李斗南　集4－24406
李斗樞　子3－14244
李澍　子4－21732
李澍恩　史2－10452、6－
41846～8、7－54194
李湛恩　史4－27390
李湛田　史3－17680　集
5－41160
李湛陽　史7－52021
李灌　集3－13242
李滿堂　史4－27517
李法章　集5－41491
李法孟　史8－60165　集
3－20015
李法寶　史4－27197
李漢　叢1－223(49)
李漢章　集5－35392
李漢魂　史2－11301
李漢升　史4－27461
李漢徵　史2－8007
李浹　集3－14030～1
李汝堊　史3－23361
李汝章　集4－22317
李汝襄　集6－46022
李汝謙　集5－38989
李汝霖　史3－15605、
21665、4－27412、7－55668
子2－8937
李汝礪　集4－24241
李汝弼　史3－15487
李汝珍　經2－14393～4、
14509、14540　子3－
18085、5－28895～8　叢
1－496(7)

李汝喬　集3－21621
李汝爲　史7－57594
李汝嶠　史2－12140、
12752～3、3－15275、
17888
李汝科　史3－18613
李汝檡　史3－18804
李汝紹　史7－55486
李汝寬　史8－59768
李汝敮　史4－27171
李汝封　史3－22708
李汝華　史7－49590
李汝桂　集2－9110
李汝榛　子5－27118
李汝棟　史4－27678　集
1－1484
李汝相　史8－62377
李汝梅　史3－18400
李汝振　集5－39712
李汝鈞　子4－22659
李濤　史4－27414、8－
60031　集1－4148、6－
41744～6、41888、41891～
3、41894(3)、41897～8、
41912、41917、41923
李洧德　史8－58552
李淩霄　史8－61948
李淩雯　集5－34561
李淩卓　史4－27408
李淩漢　史8－58879
李浩　集3－18925、20372、
4－22367、23733、24351
叢2－886(3)
李洪　集1－3400、7－
46377、46590　叢1－223
(55)
李洪先　史4－27056
李洪宣　集6－45495、
45544　叢1－114(4)
李洪濟　子7－35792
李洪宇　集6－41870
李洪鈺　史8－58984
李洪耀　史4－27583
李淇　史8－59843
李潢　子3－12409、12422～3
李淶　史4－24997
李祐之　史8－58672
李祐　史2－9757
李祐祚　集4－29954
李祺生　史8－63469
李邁庸　集5－39295

李遠　史7-51186　集1-
1619,6-41741、41824、
41858、41878、41882　叢
1-19(7)、20(5)、24(7)

李遠善　集3-16243

李達　集2-11862　叢2-
818

李達春　史7-54194

35 李沖霄　史8-59961

李沖昭　史7-52577　子
5-29530(9)　叢1-223
(25)、242(4)、306、382、
525,2-731(55)

李澧　集7-47600

李沛霖　經1-2831,2-
8797、9070、9456、9946、
10668~9

李清　經1-3331　史1-
135~6、690、1937、1946、
1953~9、1963、3052、3205
~17、3391~6、4921~2、
5948、6057,2-6586,6-
42238、46406、48596、8-
59551　子1-3024,4-
23103,5-25839~40、
27302　集2-12322,3-
13282　叢1-197(1)、
400,2-611、670、721

李清馥　史2-8131、11767
子1-1589　叢1-223
(22),2-1347

李清濂　集4-27292

李清標　史4-27090

李清芝　史7-55470

李清華　集4-22393

李清植　經1-5281~2
史2-11766　子1-1539
叢1-223(8、12、31),2-
1346~7

李清槐　史4-27631

李清昧　史2-10692

李清照　史8-63531　子
3-17957、18193~6　集
7-46361、46427、46533~
6　叢1-17、19(5)、20
(3)、21(4)、22(17)、23
(16)、24(6)、35、37、86、
168(1、4)、181、223(73)、
456(2)、498、545、547(4)、
2-730(7)、731(48)

李清臣　子4-21650

李清鳳　史3-17863

李禮耕　史8-59660

李連騎　史8-60152

李迪　史8-63080　子3-
13434　叢1-223(24)

李迪修　集3-20831

李迪光　叢2-724

36 李泇　子1-1826,3-
11530、13954、14659,4-
21755~6　叢2-1588

李湘　史8-60184　集3-
13092、18880,4-24590~
1、30966

李湘僑　集5-40383

李湘荃　史2-9683

李湘藻　集5-35391

李湘芝　集4-23392　叢
2-1492~3

李湘苣　集4-26317

李湘棻　史6-47429　集
4-30716

李渥　史4-27620

李溫臯　史8-59416

李湯卿　子2-4818

李澤仁　史2-11143

李澤身　子2-8258

李澤之　史4-27566

李澤遠　史7-55568

李漫翁　子4-24519

李昶元　史8-62225　集
5-34615

李暹　史7-54245、54490~
2　叢1-538,2-727、731
(59)

李邏　經2-13373~4

李遇　史4-27655

李遇孫　經1-2510,2-
11634　史2-6703、7597
~8,7-50393、50479,8-
63495、63509、63621~2、
63921、63923、64744　子
1-4221,4-22309、22568
~70、23748　集4-
25165,6-44379　叢1-
203(15)、337、373(5)、
428、557~8,2-607、611、
625、630、635(5)、698(6)、
731(3)、746

李遇春　史8-62982

李遇時　史8-60518~9

李遇鏡　史4-27489

37 李汛　史8-58494　集2-
7949

李濰　集3-18460

李洞　集1-5228

李泂　集1-1779~80,6-
41739、41824、41848、
41858~9、41878、41883

李洞枝　子2-8959

李洵　集4-32614

李湖　史3-15064、20913
集3-20100

李潤培　史3-22023

李潤均　史3-17293

李瀾　子5-25369

李湧　史8-60796

李湧泉　史7-55069

李鴻　經1-2725　子4-
20754　集1-3158,2-
12274,6-42597

李鴻膏　史3-19212

李鴻裔　史2-12967~8
子3-14871,4-18707、
23423~6、24394　集1-
2480,5-35342~5、35951

李鴻文　史4-27074

李鴻章　史1-1982、4264
~5,2-6447、9929、
10164、12878~9,6-
42175、44010、45010、
45516、46727、46738~9、
47162~6、47187~90、
49013,7-55016　子3-
15510~1、15824~6,7-
35789　集5-34081~90
叢1-548

李鴻瑞　史4-27374

李鴻儒　集5-36925

李鴻儀　史3-18717　集
5-34190,6-42007(2)

李鴻齡　集5-34191

李鴻漸　史8-62416、
63068

李鴻祺　史3-19299

李鴻逵　經2-11256

李鴻祥　集5-41462~4

李鴻楷　史8-61960

李鴻藻　經2-12033~5
子3-15479　集5-
38950

李鴻疇　集5-40865

李鴻年　集1-1830

李鴻翔　史4-27414

李鴻籌　史8-65526

李漁　史1-4914、5580,2-
6428,6-41724~5　子

3－16334、16339、16778、
16813,4－18563、24185～
6,5－27312、27784～90、
27991～2、28252～3 集
3－13608～10,6－42296～
7,44335、45245～6,7－
46901～2、48673、48785、
49387～9、49899、50084、
50186～94、50196～200、
50210、50246 叢1－
254、587(4、6),2－720(5)
李淑 集5－38915
李淑儀 集3－17318
李淑禮 史3－21165
李淑通 子3－13055、
14580
李涵 史3－16922 集3－
15171
李涵元 史8－62101 叢
1－373(3)
李涵虛 子3－14597,5－
29186
李涵秋 集5－41113
李次山 經1－4797～8,2－
13488 集5－34782
李漱芳 集3－21622
李潔 史3－18797 集4－
23902
李深源 史3－17738 集
4－24145 叢1－300
李祖康 集5－35843
李祖廉 集7－47791
李祖賡 集5－37920
李祖望 經1－144、1745、
3011、4250,2－11371、
15126 史3－21946 集
4－31809～11 叢2－
1865
李祖佑 史4－27463
李祖堯 集1－3078～80
叢1－223(54),2－798
李祖壽 史3－16519
李祖蕙 經2－10732
李祖榮 子3－17816
李祖桐 集4－30282
李祖惠 史7－53903 叢
1－203(3)
李祖默 集4－29366
李祖陶 史1－1105、5277、
5830、5863、5866、5875、
5945,7－49318(6)、53571
集1－4827、4913、5178,2－
8775,3－20831,4－22892、

27290～1、28704,6－
41807、42066～7
李祖鏞 史4－27176
李祖年 史3－16612,8－
59288 叢1－582
李祖錫 史3－22305
李祖輝 史4－27465
李冗 子5－26886 叢1－
22(19)、23(19)、99～100,
2－731(52)
李祁 集1－5558～60 叢
1－223(61)
李祿畢 史4－27623
李迅 子2－4623、4768～9、
7654 叢1－223(33)
李逸羣 史4－27567
李逸民 子3－17997 叢
1－519
李通玄 子5－29530(22)、
31957
李通玄(釋) 子6－32081
(57)、32082(28)、32084
(31)、32091(65)、32092
(41)、32093(47),7－
33311～3、33343、33895
李過 經1－522 叢1－
223(3)
李退谷 史8－62289
李逢生 史8－60783
李逢亨 史7－52830
李逢綸 史4－27080
李逢源 史7－55274
李逢祥 史8－60960
李逢申 史7－57437
李逢時 集7－48781、
49259、49710
李逢辰 史6－46190
李運禧 史3－23515
李遐齡 集4－23736
李遙 集3－15068
李選 集1－155
李闓 史2－9937
李資乾 經1－713、2740、
3876
李鄴 經2－14376
李鄴嗣 史1－5860 子
3－18255 集3－14311、
14384～8、15783,6－
42682、44627～8 叢1－
202(6、7)、203(11、12、
18)、487,2－845(2、5)
38 李塗 集6－45485、46221

叢1－34
李淦 子1－2210 叢1－
197(3)
李瀚 子1－11,5－25506～
20 集3－13481 叢1－
268(4)、386,2－731(20)、
778、782(2)、1002
李瀚章 史6－47161、
49008～9,8－60412 子
1－1982,3－15510
李瀚昌 史3－21744 子
1－2471 集5－38992～4
李滋 史8－59622 集4－
32805
李滋然 經1－5128,2－
11063 史3－16270,8－
65490
李海觀 子5－28435～8
集3－19748
李洽 史4－27172 集4－
25486,7－46423、47180
李滄瀛 集4－32095～7
李祚彬 史4－27340
李祥 集3－13750
李祥賡 經1－1622 集
4－23980～1
李祥麟 子7－37887 集
4－33095
李祥浦 史4－27573
李祥恩 史4－27254
李裕 集1－1485、5478,7－
48152～3
李裕後 史3－21276
李裕達 子2－6071、6196
李裕澤 史3－15812
李裕掌 史8－60505
李遂 史1－2870,6－48256
～7 叢2－746
李遂賢 史2－10787 子
2－8285
李遵唐 史7－55966、
55972
李遵勗 子6－32081(50)、
32082(26)、32084(31)
李遵義 經1－4489～90,
2－11902 史2－8406,
6－44451 集5－40125
叢2－2184
李道 子5－25952
李道章 史7－57808
李道謙 史2－8206、8318
～20、11014 子5－

李道五　史8-61783

李道平　經1-1610～1
子3-13772　集4-
28414～5　叢2-731
(9)、872

李道融　經1-7825　集
4-31189

李道德　史4-27618

李道純　經1-2370　子
5-29076～7、29530(3、5、
14、15)、29535(2、5)、
29536(2、5)、29537、
29543、29549、29588、
29701、29859、29875、
29991、31251～2、31967～
9、31971　叢1-109、111
(4)、114(3、5)、116、373(8)

李道悠　集2-12701,4-
33035

李道清　集7-48277

李道南　經2-8830、9102、
9499、9984、10766

李道泰　史8-58520

李道鵬　史4-27105

李道光　史7-55410

李肇　史1-1914,6-42848
～9　子4-22814～6,5-
26224　集4-33000,7-
46419　叢1-2～6、9～
10、15、19(3、10、11)、20
(8、9)、21(5、9)、22(8)、23
(8)、24(4、11、12)、26～8、
95、98、169(4)、223(26、
44)、244(4)、255(2)、268
(2)、326、383、388～90,2-
730(2)、735(5)

李肇亨　史2-13384　子
3-16138～9,4-23772
集3-13110　叢1-195
(6),2-721

李肇慶　集4-29376

李肇龍　史4-27595

李肇俌　集4-31809

李肇生　集5-33971,6-
42007(3)

李肇祉　集6-41851

李肇桂　子3-11549、
14593～4

李肇林　史8-59195

李肇增　集4-31351～2,
7-46419、48020

李肇甫　史8-61626

李肇同　史8-62285

李啓培　經2-8505

李啓勝　史4-27196

39　李瀅　史7-52475　集3-
14032

李瀠　史3-17616　子2-
10308

李溑　史8-59362

40　李九烈　史3-16634

李九標　子5-27569,7-
35282

李九華　經1-4487

李九鵬　集4-32806

李大文　史3-17128

李大章　史7-54910、
55209

李大誥　子4-24292

李大仁　集3-21148

李大術　史4-27625

李大儒　子4-24274　集
3-21005

李大儁　史4-27364

李大升　史7-58010

李大澤　史8-62311

李大深　史4-30715

李大耈　史8-60777

李大觀　史8-58628

李大魏　史7-47219

李大本　史1-5949,7-
55313,8-60433　集6-
44995　叢1-114(2)

李大成　史8-61896　集
4-24405

李大捷　史8-62691

李大甲　史8-60646

李大防　集5-41399～404
叢2-691(3)

李大鵬　集4-32428

李大興　史4-27134

李大鏞　史6-46588、
46681

李大年　史3-17606

李太沖　史7-57370

李太書　集4-33094

李友于　史4-27321

李友香　集4-30442,6-
42006

李友梁　史8-61583

李友洙　史7-55955

李友榕　史8-61100

李友蘭　子7-35258

李友驥　集6-44996

李友棠　集3-20973

李士麟　史3-22100　子
1-2527～8,2-9398　集
6-43030

李士元　史7-57895

李士璜　史8-58938

李士瓚　史3-13482、
15909、17247

李士琨　史8-61338

李士珆　史8-59541

李士熊　集5-38312

李士允　集2-7884

李士宣　史7-54978

李士淳　集2-11809,6-
42948

李士安　集6-43764

李士實　集2-7049

李士業　史4-27064

李士濤　史8-66270

李士達　子4-20832

李士真　史4-27208

李士槙　集4-27288

李士標　集2-12557,6-
44990

李士彬　史8-60140　集
5-36087

李士材　子2-4566、4766

李士棻　史8-58835　子
4-24472　集5-33713～
4

李士桂　史4-27341

李士模　史7-55163～4

李士林　集4-31806

李士梅　史8-58914

李士蛟　史7-57897

李士田　史4-54205

李士瞻　集1-5726～9
叢1-223(61),2-873

李士銳　子7-37936

李士鉁　經1-1865,2-
14809　叢2-691(2)

李士鏻　史4-27112

李士焜　集3-13346～7

李圭　史1-1982、1988、
3793、3885、3927、3942～
3,2-12321～2、13063,7-
49317(5)、49318(18)、
54139、54372、54872、
57355　子7-36246　集

5 - 37024　叢 2 - 639、832
(5)

李圭三　史 6 - 44015

李奎　集 2 - 6642～5　叢
1 - 14(3)、30、119～20,2 -
833

李奎元　子 2 - 5247

李臺　史 8 - 62261～2

李直夫　史 7 - 56691　集
7 - 48767(3)、48894　叢
2 - 698(14)、720(3)

李坧　史 8 - 59310

李埔　經 2 - 13149　史 8 -
61524

李培　經 1 - 687　史 2 -
9432,7 - 49672、57313～4
子 1 - 1479　集 2 -
10740,5 - 34187

李培謙　史 7 - 55608、
55829　集 4 - 29193

李培元　史 3 - 21462　子
4 - 22683

李培仁　子 5 - 30362

李培峘　史 8 - 61835

李培仙　史 8 - 60639

李培緒　史 8 - 58858

李培之　史 4 - 27627

李培源　史 4 - 27102、
27123

李培祐　史 7 - 55246

李培清　史 8 - 63142

李培茂　史 7 - 56740

李培枝　史 8 - 62205

李培郁　子 2 - 5143

李培春　史 4 - 27687

李培鍔　經 2 - 13544～5

李培榮　史 4 - 27266

李堯勳　叢 2 - 2129(4)

李堯棟　集 4 - 23575

李堯觀　史 8 - 59866

李堯臣　子 3 - 15258

李堯民　集 2 - 10228,6 -
45384

李在庶　史 4 - 27602

李在庭　史 3 - 23136

李在文　史 8 - 61717　集
4 - 23540　叢 1 - 373(2)

李在廷　史 8 - 63228

李在巒　集 5 - 40310

李在芷　史 4 - 27602

李在屙　史 4 - 27603

李在門　史 4 - 27313

李在茲　史 8 - 59915

李克齊　史 2 - 12504

李克家　子 3 - 13041、
13836

李克涵　經 2 - 10893

李克若　集 6 - 44992

李克鈿　史 8 - 60656

李克常　史 4 - 27589

李南支　子 4 - 19187、
19459

李南暉　史 8 - 59972、
61860　子 1 - 1622

李南輝　經 1 - 1268

李希晉　經 1 - 2079　子
5 - 25452

李希聖　史 1 - 4305～6,3 -
16559、21800,6 - 41535、
43369～70,8 - 65385　集
5 - 39986～7　叢 2 - 631、
745

李希舜　子 2 - 9448

李希白　史 8 - 59620

李希程　史 8 - 59820

李希鄴　集 5 - 36151～2

李希遽　集 4 - 23734

李希典　史 4 - 27416

李希賢　史 8 - 59318

李有　史 1 - 1914,7 - 50288
叢 1 - 17、19(3)、20(2)、21
(3)、22(8)、23(8)、24(3)、
56、95、148、154、195(7)、
199、368,2 - 673、730(2)、
731(59)、832(1)

李有諸　史 4 - 27309

李有元　子 5 - 25748

李有祺　集 4 - 31350,6 -
42007(2)

李有菜　史 3 - 23212,6 -
44932、45425　子 1 -
4169　集 6 - 41691

李有用　史 6 - 47879

李有益　史 8 - 61487

李有棠　史 1 - 1773、1775、
1809～14

李存　集 1 - 5380～1,6 -
41784、43291　叢 1 - 223
(60)

李存信　史 7 - 56761

李存渺　經 1 - 2078、4485

李存忠　史 8 - 65117

李志　史 8 - 61422

李志仁　子 7 - 36448

李志巍　集 6 - 42007(2)

李志魯　史 8 - 59858

李志復　史 8 - 62794

李志堯　集 4 - 30894

李志學　集 6 - 43531

李志曾　經 1 - 1912

李志常　史 7 - 49314、
53816～8　子 5 - 29530
(27)、29535(5)、29536(5)
叢 1 - 265(3)、272(4)、
359、388～90,2 - 698(4)、
731(59)

李赤雲　史 4 - 27338

李燾　經 2 - 12391～4、
13714、15142　史 1 -
1468～71、1475～7、5366
集 1 - 3372,6 - 41894(2)
叢 1 - 223(18、29)

李杰　史 8 - 66366～7

李杰超　史 8 - 60444

李嘉言　經 2 - 10346　集
2 - 9988

李嘉謨　史 3 - 21423

李嘉謀　史 4 - 27099　子
5 - 29008、29042、29530
(1)、29535(1)、29536(1)、
29542、29636

李嘉瑛　集 5 - 37919

李嘉仁　史 4 - 27322

李嘉樂　史 3 - 15557　子
3 - 18162　集 5 - 35653～4

李嘉綬　史 3 - 16989

李嘉績　史 7 - 51156～7,
8 - 62939、63512、64104、
65890　集 1 - 1848,4 -
28198、28731、28824、
29256、30707、31344,5 -
35142、36921～4　叢 1 -
554,2 - 2043

李嘉稷　子 1 - 2688

李嘉賓　史 3 - 15614,4 -
27303

李嘉福　史 2 - 12926

李嘉祐　集 1 - 1152～4,6 -
41738、41743、41819、
41824、41838、41854、
41873、41878、41883

李嘉祿　集 4 - 26832

李嘉祥　子 2 - 4665

李嘉樹　史 1 - 4975

李嘉聲　子 1 - 1925

李嘉楣　史4-27180

李韋之　史7-49309、
　　50791

李吉　史7-55677

李吉言　史3-20876

李吉勳　史4-27613

李吉甫　史7-49502~6、
　　49509　叢1-22(10)、23
　　(10)、223(23)、230(2)、
　　286、509,2-731(56)、782
　　(2)

李奇玉　經1-844　集2-
　　12850,6-41943

李奇珍　史6-48448~9

李奇若　子7-37973

李奇觀　集3-19673

李奇品　史4-27062

李壽　史7-52427

李壽山　史3-16946

李壽瀚　史8-60519

李壽萱　集5-33719~21,
　　6-42529、43083

李壽蓉　史1-6092　集
　　5-34428~30

李壽昌　史8-63020

李壽朋　史7-51406　集
　　3-20246

李壽卿　集7-48767(3)、
　　48774(6)、48777、48903~
　　4　叢2-698(15、16)、
　　720(4)

李真實　史4-27063

李來章　史2-9315,7-
　　49318(14)、52102、52126,
　　8-60871~2　子1-1508
　　~9,2027~8,2052、2390
　　~3　集3-16807~8
　　叢2-1368

李來翰　集4-28634

李來泰　集3-15195~7,
　　6-45336、45340

李柱蘭　集4-27773

李柱明　史7-54968~70

李杭　集5-33712

李梓　子4-20744、23686

李樟　史8-63130

李森　經1-1907、2225
　　史8-59010

41 李垣　史4-27312　集5-
　　34694

李概　史2-9908　叢2-
　　1782

李桓　史1-4509~10、
　　5946,2-7460、8235、
　　10218,4-27150,6-
　　47170、49041,8-66172~
　　3　子4-24543　集5-
　　34695~8　叢2-1958

李楎　經1-77(2)、3621
　　叢1-223(6)、227(2)

李標　史8-59651　子1-
　　3088、3167　集2-11981

李楷　經2-11511　史8-
　　62665、62738　子4-
　　23263~6　集3-13344
　　~5、13754　叢2-829、
　　1239

李楷林　經1-500

李楨　經2-12261　史2-
　　8661~2、8743、10262,7-
　　55665　子5-25870　集
　　2-6994,5-37916~7

李楨宸　經1-2775

李標　經1-1064,2-10172
　　史3-20919,7-52296~7

李椏　史2-9748,4-27310

42 李圻　經1-7119

李彭　集1-2675~8,5-
　　34780,6-41894(2)　叢
　　1-223(53)、2-870(4)

李彭齡　史7-56901

李彭祿　子4-21925

李彭年　史8-61803　子
　　2-9861

李斯　經2-13263、15137
　　叢2-766

李斯佺　史7-56590,8-
　　62507

李彬　集3-15380

李彬然　史8-61513

李梃　子2-4636、4859

李欀　經1-4872　史7-
　　52626

43 李尢　集1-207,6-41698

李式玉　子3-18251　集
　　3-14382~3　叢1-197
　　(4)、2-617(2)

李式先　史4-27651

李式穀　經1-123、1642、
　　2979、4169、5755、7936

李式揆　史7-49629

李式圃　史7-57514　集
　　4-29191

李求齡　經2-10793

李埈　集2-12430

李城謀　史7-52481

李載戀　史3-19418

李載贄　子4-23042

李載陽　史7-57921

李載熙　子5-25867

李戴　史8-59704　集2-
　　11089

李戴禮　經2-10652

李朴　史2-8672~5　集
　　1-2950,2-11179　叢
　　1-380,2-731(62)、845
　　(1)

李杙　經2-9381　史1-
　　1914　子2-6535,4-
　　23899,5-29272、29542
　　集6-43348　叢1-95,
　　2-730(2)

李榕　史2-9971,7-
　　52670、55788,8-61708、
　　61804　集3-15966、
　　16936、19723、21024,4-
　　23546、33348~51

44 李協中　集4-31614

李封若　子7-34675　叢
　　1-143

李基溥　史2-12112

李基塙　集3-18989

李基圻　集3-21217

李基熙　史8-59411

李藍生　史8-62311

李苙平　史8-61329

李堪　子5-31319~20

李喬　史7-51599　叢2-
　　832(1)

李埰　經1-1139~40、
　　2388、3979、6065、6136~
　　7、6162、6501~2、7765,2-
　　8792~4、9064~6、9454~
　　5　史1-5280、5630~2,
　　2-11749,6-43377　子
　　1-1524~30、2814　集
　　3-17050~4　叢1-215、
　　223(4、15)、249(4)、580,
　　2-731(13、16、20、21)、
　　782(3)、1309

李藩　史8-58237　子3-
　　12382

李藻　集5-38050　叢2-
　　2223

李藻先　集3-14149

李夢雷　史8-59417

李夢熊 史7-55361

李夢鸞 史8-60902

李夢皐 史8-62641

李夢松 集3-21760～2

李夢辰 史7-55867

李夢陽 史1-2835 子
1-20、61,4-20369～70
集1-279、779,2-7210、
7546～76、8650,6-
41794、41860、41935(1)、
41936～7、41940、41947、
41950、41952～3、42046、
42048～9、42056、42059、
45336 叢1-13、14(2)、
22(20、21)、29(8)、46、61
～4、168(3)、174、195(2)、
223(65)、227(10)、407
(3),2-730(3)、731(11)

李夢瑩 史3-16087 集
5-38168

李萼芬 史8-62340

李萼園 史4-27446

李萼榮 史4-27643

李萼 史3-16990

李麓雲 史4-27503

李蘅 叢1-155

李帶雙 史8-62932

李芬 史7-55805

李芳 經1-1622 史4-
27234,7-54956,8-62231
子1-1240、3705

李芳莎 集3-13258

李芳蘊 集3-13092

李芳春 史8-60014、
60045

李芳園 史7-55228

李芳辰 史8-59672

李峕 子3-15054、15091

李薦 子3-16027 集6-
41895

李蘭 史4-27562 集3-
18825

李蘭溪 史3-21312

李蘭芬 集4-26036

李蘭芳 史4-27387

李蘭增 史7-55241

李蔭 史6-44224,8-
59279 集2-8957、
9746,6-44989

李蔭川 史4-27290

李蔭鑾 史1-5756

李蔭祖 史6-48643～4

李蔭南 史7-57798

李蔭樞 史8-58593

李蔭圻 子2-5112

李蔭棠 史7-55334

李蔚 史2-9224,7-58007
子5-25710

李蔚文 史8-62357

李蔚然 集5-41569

李茂實 子2-8800

李茂材 史3-19545

李茂林 史7-55166

李茂春 史2-6529 子
4-20706 集2-10449

李葆元 集3-20396

李葆貞 史8-58236、
60353

李葆實 史3-16156

李葆祺 集4-26371

李葆素 集3-19674,6-
41999

李葆光 史4-27231

李葆恂 子3-14899、
16053 集5-39362～4
叢1-518,2-2154

李蓮 史2-10848,8-
60174 集5-33969

李芝 史3-21232,8-
61912 集4-22179

李芝岩 子2-6966～8

李芝蘭 史8-59539

李芝光 子2-10438

李燕昌 史2-6961

李恭 子1-3595 集6-
44991

李恭廉 史4-27173

李恭簡 史7-56797

李慕 史3-17282

李蕊 子1-3917 集5-
37301

李蕙田 史3-21896

李懋墼 史4-27527

李懋仁 史7-58004

李懋泗 史8-60283

李懋培 集5-40195

李懋檜 史7-58001 子
1-2150

李懋勛 史2-12318 集
5-37614

李蘇 史7-56721 子4-
19344 叢1-347

李孝經 史8-60591

李孝先 史3-16316 集
5-39618

李孝昌 集4-31874,6-
42007(4)

李孝美 子4-18777～8、
18780 叢1-223(38)

李孝光 史7-52370 集
1-5400～9,6-41780,7-
46365、46369、46372、
46375、46774 叢1-
207、223(61)

李萃 集5-40503

李萃吉 史3-15579

李萬化 集6-42398

李萬象 集6-42149

李萬秋 集5-35540

李萬實 集2-9117

李萬基 集6-42535

李萬青 集4-22318～9

李萬春 子2-5117

李萬年 集2-9312

李葵生 集7-48490

李茹 集3-19772

李茹旻 史8-58779 集
3-17055～8

李蓀 史1-3454

李攀龍 經2-13790～3
子5-24970～2、29535
(4)、29536(4)、29549、
31113 集2-9058～84,
6-41794、41870、41935
(3、5)、41940、41947、
41950、41953、42046～9、
42056、42059、42407～8、
42416、43332～46、43718、
43762～5,7-48441 叢
1-114(4、5)、223(66、
70)、227(11)

李華 史8-58176

李華 集1-1109～11,4-
24589,6-41794 叢1-
223(48)

李華樵 集4-32429

李華藻 史3-21621

李華芬 史3-16395

李華樹 史4-27243

李華國 史4-27406 集
4-23384

李華棠 史7-55892

李英 史7-55125、57929
集2-9242、9921～2,3-
20244,6-41935(5) 叢

2-1105
李英元　集1-1831
李英秀　史4-27286
李英華　集5-38990
李韓　史7-51705～6
李耆卿　叢1-223(72)
李耆年　子2-10225
李菩　子2-8769
李若立　子5-24773　叢
　2-601
李若虞　史8-59667
李若章　集4-26831
李若訥　集2-11306～8
李若水　集1-3213～4,6-
　43118　叢1-223(53),
　2-731(44)、782(2)
李若琳　史1-1755,2-
　12556
李若虛　集4-25226,7-
　47795
李若川　集1-3326,6-
　41894(3)
李若杞　史8-59734
李若輅　史7-55541
李若星　史6-48481,8-
　59849
李若愚　經1-3877
李若昌　子3-16013、
　16431
李菖　集3-14335,4-
　24143
李荅　集4-27080
李蓉墀　子2-6813
李蓉鏡　史7-56186
李蕃　經1-4999　史1-
　3311,8-59250　集3-
　14379,6-44993
李蕃瑤　史4-27222
李藹之　集4-23738
李蒔　史8-60695
李喆　史7-55508
李苞　集4-23217～8
李世端　史4-27468
李世望　集3-21006
李世瑞　史8-61311
李世琪　史3-21174
李世倬　子3-16718
李世熊　史1-3320,8-
　58269　子4-24563　集
　2-12418～9
李世勳　集5-37611

李世伸　集5-40192～3
李世保　史3-18915,8-
　62511
李世纓　史4-27688
李世家　史8-62256
李世憲　史4-27561
李世寅　史3-15874,7-
　55149
李世兆　史4-27315
李世治　史7-57923　集
　4-24076～9
李世法　史4-27192
李世湅　史8-59198
李世祐　史7-55856
李世達　史6-48316～7
李世澤　經2-12854、
　14321～3、14540　叢1-
　22(25)、173、330
李世祿　史6-46588、
　46680
李世祚　史8-62202
李世友　史4-27514
李世燾　史4-27548
李世垣　史4-27301
李世楷　史3-20444
李世彬　史3-15174
李世芳　史7-57206,8-
　61943　集4-24080
李世椿　史8-61429
李世中　子7-38270、
　38281
李世昌　史7-52958、
　55520、55522,8-58630、
　59303
李世則　子3-17726～7
李世勛　叢1-562
李世頤　叢2-621
李世民(唐太宗)　史1-
　15～7、20、521、527,7-
　49311,8-64693　子1-
　1986～8,3-15305、15600
　～1,7-33058　集1-665
　～6,6-41743、41824、
　41859、43292　叢1-223
　(29)、227(6)、230(1、3)、
　456(7)、468、543、589,2-
　604、731(19)、771(2)、777
李世燃　史4-27548
李世煥　集4-30892
李世燦　史8-60067
李世瑩　史3-17750
李芸軒　集4-29792

李藝元　經1-7082
李蓘　子4-20506　集2-
　7755,6-43586、44989
　叢1-223(70)、2-826
李蕘　子4-22255　集2-
　9432～5,6-41935(5)
李薛　子3-15241、15253
李其旋　史7-55312
李其生　子5-30470
李其永　集3-18730～1
李其安　史4-27383
李其實　史7-56176
李其滋　經2-9578
李其彭　集6-45491
李其馨　史8-62540
李其根　史4-27271
李其昌　史8-58592～4、
　62297
李其光　史4-28256　子
　3-15840
李楚石　史7-56991
李楚書　史4-27682
李蕢　史8-60860
李黃琮　集5-39439
李材　史1-4395　子1-
　1109、3273～4、3797～8,
　4-20927、23985　集1-
　5358,2-9735～40　叢
　1-14(2)、134、148、154
李樹德　史2-11758,8-
　59091　集3-17374
李樹瀛　集4-29666
李樹容　經2-14912
李樹道　史4-27072
李樹藩　史3-20679,8-
　58707、58717
李樹芳　集5-39296
李樹恭　集4-32430
李樹蕃　史4-27190
李樹柟　史8-61320
李樹杞　史3-22306
李樹穀　集1-452,4-
　23394～6
李樹春　史8-61826
李樹田　史3-21327
李樹屏　集6-41759　叢
　1-499
李樹茲　史8-61504
李樹棠　史2-13227
李繁　史1-1914
李杜　史2-13093　集4-

22595
李杜明　史4-27671
李桂　子4-19187
李桂庭　子2-5823、10786
李桂玉　集7-53832
李桂聯　史3-22707
李桂蘭　集6-42007(3)
李桂攀　史3-22707
李桂林　史7-56212～3、
　8-61780
李桂樓　史6-46718
李桂榮　史3-22012
李桎　集4-30714
李權　史2-8231～2、8-
　60177、66126
李權節　子7-37456
李植　史8-60054
李植坊　經1-2080
李植嘉　史7-56108～9
李植華　史4-27421
李植槑　史3-20548
李蘊章　史4-27282
李蘊芳　集4-26125～6
李楠　子2-4562
李菊房　集6-44994
李菊圃　叢2-1393
李林　子7-35101、35103、
　35180、35387～404、
　35419、35495、35500、
　35510～1、35520、35535、
　35552、35828、35861、
　35864、37446、37454、
　37981～3　集3-15324
李模　子4-21189　叢1-
　320
李枝楷　史4-27547
李枝芘　史2-8921
李枝桂　集3-19672
李枝青　子4-21749　集
　4-30189
李林　史8-63104　集3-
　21092
李林孖　子3-12812
李林馥　子2-5993
李林奎　史7-55093
李林芳　集4-33416
李林茂　史8-59572
李林松　經1-163(2)、
　1524～5、2-9698～9　史
　7-56381、57577　子3-
　11467　集4-25808～10

叢1-373(8)、2-698(1)
李林甫　史6-42641、
　49223～5　叢1-223
　(26)、2-731(27)、770、
　772(5)、773(5)
45 李坤　經1-4538　史7-
　53024　集5-36438、
　40300～9　叢2-886(1、
　4)、887
李坤元　叢2-811
李贄　經1-716～9、2-
　8721～2、8980～1、9377～
　8、9873～4、10338～41
　史1-181～8、1553、2229、
　5060、5469、2-6809、
　11461、6-48284～5　子
　1-35、77、1074～6、3139、
　2-11032、4-19531、
　19549、20575～81、22236、
　22257、22800、23008、
　23876～85、5-26338、
　26988、27295、27400～3、
　27933、27988～9、28031、
　28054、28070、28127、
　28664～8、28796～7、
　29132～3、29287～8、
　29531、7-33067、33284、
　34017、34248、34472、
　34911　集1-432、796、
　2412、2414、3780、2-
　6385、6702、7481、7493、
　7500、8103、8874、9217、
　9613～22、6-41705、
　42045、42051、42283、
　42789～91、43195、45064、
　45165、45266、45345～6、
　45790～1、7-48806、
　48819～21、49716、49726
　～7、49746、49752、49782、
　49801、49815、49831、
　49857、49875、49919、
　49993　叢1-102～3、
　252、312、496(6)、580、2-
　720(5)、1112～8
李贄推　子1-3029
李樓　子2-4570、9280
　叢1-117
李梠　史1-136、6-45830、
　8-59464　集3-16380
李椿齡　史8-59420
李椿林　史3-19797
李棟　史2-12560、3-
　15032、8-59691　集3-
　17505～6

46 李旭　集3-18688～9
李旭春　史8-59595
李觀　集1-1242～7、3-
　21558、6-42032　叢1-
　223(49)、324、456(5)、2-
　731(39)、782(2)、886(3)
李觀平　史4-27458
李觀我　史8-63212
李觀濤　史6-42164
李觀瀾　史6-46322～8、
　46331
李觀壽　史4-27324
李恕　經1-39、606～7、
　2690～1、3706、7548～9
李如一　子4-20797　叢
　1-22(23)、29(7)、97
李如玉　經1-4964
李如平　集4-24026
李如珏　史8-60540
李如璜　史4-27652
李如琳　史4-27220
李如瑤　史8-58826
李如琛　史3-22963
李如圭　經1-121、5245、
　6170　叢1-223(8)、230
　(2)、273(2)、274(1)、388
　～90、468、569、2-731
　(20)、31)
李如樟　史6-45616
李如蘭　史3-15116
李如蕙　集4-26482
李如林　集3-21293
李如柏　史8-61488
李如松　史3-22487
李如枚　史6-43966～7
李如筠　集4-25162～4
李如篾　子4-20088
李如篪　叢1-223(41)、
　272(2)、425、2-731(4)
李媞　集4-31093～4
李賀　集1-1477～84、1486
　～97、1499～503、6-
　41707、41774、41824、
　41852、41855、41857、
　41860　叢1-141、223
　(49)、447、2-635(7)、660
　～1、696、698(9)、985、
　1536
李柏　集3-15122
李柏齡　史3-16297、
　21048
李柏榮　史2-7650

李相　史3-16855
李相鈞　史2-10704
李架　史1-4934
李楗　子2-6463
李楊華　史7-52118　子4-21741
李楫　史7-57535
47　李鋬　集4-29952
李均　集7-48152
李均度　集1-2024
李懿曾　史7-49318(11)、53200　集4-23984~8
李懿銘　子4-23384
李翹　經2-12545
李郁文　史4-27662
李郁芬　史7-57706
李郁華　史3-15716
李鶴雲　集5-37072
李鶴生　集5-33973
李鶴友　史4-27464
李鶴年　史6-49020　子3-15490
李聲德　集4-28415
李朝斌　集5-35716
李朝倫　集5-40311
李朝帙　史4-27460
李朝棟　史8-61725　子2-6934,3-15225、15499　集3-21454
李朝事　史8-60553
李朝威　叢1-22(19)、23(18)、29(4)、168(2)、249(2)、255(3)、395,2-731(50)
李朝筠　史4-27363
李好文　史2-7071,8-62671~3　叢1-223(25)、229、257、579
李好古　集7-46369、46375、46378~9、46386、46390~1、46393~4、46674、48767(4)、48777、48917　叢2-698(17)、720(4)
李姆孫　子7-37622
李馨　史4-27658,8-60378、61683　集1-1338,3-18882
李翽　集4-23733　叢2-886(3)
李翊　集4-24351　叢2-886(3)

李起元　史6-48407,8-58978
李超　史8-61147
李超孫　經1-4288　叢1-333~5、469、495、586(1)、2-716(1)、731(60)
李超瓊　史1-4304,4-27659,6-47194　子2-9901,4-19500　集5-37699~702　叢2-2053
李超然　史3-21505
李杞　經1-524　叢1-223(3)
李桐　史7-51642、52503　集2-12769　叢1-560
李根　經2-12862
李根澐　史2-8305　叢2-705
李根源　史2-8302、10664、10734、12462、12482,6-45312、45659、7-51915、53251、56958、8-62458、63860、63877、63881~2、64077~8　集4-32601,5-40673、41450~60　叢2-705、886(4)
李根茂　史8-60064、62916
李轂　史3-15059
李格非　子5-26218　叢1-10、19(6)、20(4)、21(6)、24(7)、38、90~1、223(25)、268(2)、453,2-730(5)
李楣　集4-33347
48　李增生　史4-27646
李增秩　集4-31190
李增穠　史8-62106
李增孝　史4-27108
李增階　史6-45510
李增榮　史6-43158　集5-39114
李猶龍　子1-2421
李翰　子4-19391　叢1-22(27)、223(42)
李翰穎　史7-56163　叢2-785
李翰湘　史8-62505
李翰芬　史3-16675
李翰如　史7-55029~30
李翰熙　集6-42683
李巇　集3-21337

李擎壹　史4-27512
李警溪　經2-14916
李敬　史7-56562　集3-13982　叢2-795
李敬亭　史4-27581
李敬修　史8-58988、59331
李敬之　子1-3099
李敬熙　史8-59125
李檠　史7-57215　叢1-373(2)
李檜　史8-59073
李松　集6-44995
李松壽　史3-19183　集6-42307、43447
李松樓　史4-27107
李枚　集3-18768
李梅　集5-35089
李梅先　史6-45260
李梅實　集7-49951、49954
李梅賓　史7-54988,8-61707
50　李中　子3-17437,5-26222　集1-1818~9,6-41818、41850、41854、41872、41878　叢1-185,2-635(8)
李中立　子2-5564
李中正　經1-517　叢1-265(1)、456(7)、2-731(9)、778
李中爲　史4-27228
李中孚　叢2-724
李中行　集2-12851,6-44992
李中白　史7-55656　子1-1443、2164
李中和　經1-1913
李中馥　經2-13151　史8-64472　叢2-624(3)
李中培　經2-10913　子1-1743
李中梓　子2-4586、4770、4771(2)、4920~5、5335、5386、5531、5568~71、6033~4、6111、6536、7117、8058、10496、11048　叢1-300
李中黃　史1-5617　子4-21115~6　叢2-875、1349

李中桂　史7-54912、
　55044
李中梯　史3-21014
李中素　集3-14607
李中簡　集3-20618~9,
　6-43103
李中節　史8-59674
李事道　經1-6835
李聿求　經1-6005　史
　1-3420,2-6994　子1-
　4462　集4-26271~2,
　6-44609
李泰　史6-49243,7-
　49308、49486~93,8-
　62796　子3-11306~9
　叢1-286,288,411,418、
　500,2-772(5)、773(5)、
　776
李泰交　史8-62885
李泰墉　史3-19409
李泰來　史3-20623
李泰棻　史1-5340,7-
　55131
李蛟禎　集2-12847~8
李蕭銘　史3-23073
李青　經1-2787~8
李青廷　史8-62027
李青淵　子2-5096
李青選　史4-31045
李青培　史3-21677
李青來　子3-11518
李青蕃　史3-21786、
　23255
李青丈　史4-27459
李青陽　史3-17700、
　21325
李本　集4-26123
李本方　集5-38415
李本仁　史8-58601　集
　4-31349
李本緯　集2-11217,6-
　42236、43812、45803
李本宣　集7-50401
李本宜　集6-42454
李本寧　子5-25752~3
　叢2-1062
李本定　史8-63061
李本潔　史8-61123
李本直　史4-27314
李本柱　集3-20051
李本忠　史7-53010
李本固　經1-805　史7-

50653,8-60062　叢1-
　269(5)、270(3),2-701、
　731(57)
李本穌　史8-59591
李惠　史4-27185
李惠修　史4-27131
李惠蒼　史4-27077
李忠　集5-34487
李忠鯁　集4-28291　叢
　1-322
李忠恕　史4-27436
李專　集3-17282
李奉來　子3-14521、
　14528
李奉翰　史6-42133,7-
　55172　集3-20002
李由暉　集3-18448
李書雲　經2-13019~21、
　14075
李書吉　史8-60985　集
　4-22639~40
李書城　子7-36251
李書樓　集7-48828
李書翰　史3-16490、
　18767
李書春　史2-12250
李春雨　史7-56282~3
李春融　史4-27061
李春生　史7-54188
李春濤　史4-27226
李春祺　集5-38482
李春澤　史3-17473,8-
　60195
李春坪　史2-11177
李春萼　史3-23204
李春芳　經2-10415　史
　2-8744　子5-27709、
　28122~3、28169~70　集
　2-8374~5、8939~40
李春枝　經1-6089
李春曦　史8-62536
李春熙　子4-20755~6
李春叟　集1-4250
李春榮　子5-28350~6
　集1-1366、2536,6-
　42849
李貴　史8-58854　集2-
　9388
李素　史7-52358　集6-
　44410
李素珠　史8-58593
李素甫　集7-50025

李東　史7-56846,8-
　62689
李東玗　史3-22948
李東彙　史4-27538
李東紹　史8-61182　集
　3-19299
李東苑　經2-14876
李東甲　史8-62982
李東陽　史1-6,1200、
　1676~7、1923~4、5892、
　6049~53,6-48202　集
　2-6774、7045、7135~49,
　6-41935(1)、43774、
　45336、45340、45486、
　45491、45494、45733　叢
　1-22(26)、34,50~1、55、
　195(1)、223(27、64、72)、
　227(10)、244(2)、269(4)、
　461、491,2-617(5)、731
　(47、66)、1011、1076
51 李振庸　史7-57749
李振綱　集1-1947、2939、
　2946、3158,2-12274
李振家　史4-27096　集
　3-20831
李振宗　史8-60244
李振裕　史8-58916　集
　3-13162、14316、15990~
　3,6-41969、42067、44023
李振蘇　史4-25338、
　27372
李振聲　史8-59907
李振青　子5-27147
李振鵬　史3-16119
李振卿　子5-30305、
　31896
李振鈞　集4-30284
李虹若　史7-49846　子
　4-23641
52 李播　子3-11267~9　叢
　1-310
李蟠　史3-21575
李蟠樞　集3-20397
李蟠根　史3-16211
李靜山　史7-49840~2、
　49845
李哲濬　史1-1340　叢
　2-845(4)
李哲明　史3-16565　集
　5-35539
53 李輔　史7-56081　叢2-
　785

李輔燿　史2-10340,6-
　46850　集5-37850
李輔燿　經1-6359　史
　3-22686
李拔　史8-58154、58435、
　60368、61886
李拔士　史4-27601
李拔式　經2-11244
李盛謨　史8-59831
李盛巒　史3-21131
李盛和　史3-23242
李盛塘　史4-27627
李盛基　子3-18168　叢
　2-622
李盛泰　集3-15195
李盛春　子2-4576、6516
李盛卿　經1-5020　子
　2-6844、6932、10334
李盛鐘　史6-47977
李盛鐸　史2-10270,3-
　21050,8-58501、65783、
　65871、65939～45、66361
　集6-41889　叢1-493
李咸用　集1-1715～6,6-
　41741、41824、41848、
　41858、41878、41883　叢
　2-635(8)
李威　子4-21603
李成　子3-14692、15858～
　9、15881～2
李成經　史4-27256　集
　6-44692～3
李成之　子5-29530(21)、
　29562、30921
李成渠　史7-57233
李成菊　史4-27385～6
李成林　史8-61792
李成棟　史8-60880
李成均　史8-60065　子
　3-14313
李成景　史4-27617
李成蹊　史3-18531、
　22461
李成鵬　史8-59401
54 李軌　經1-2270、2322、
　5212　史1-1730～2、
　1738　子1-1～6、8、32、
　55、62～5、68、420～1、423
　～7　叢1-223(29),2-
　635(4)、698(6)、772(4、
　5)、773(5)、774(2、3)、873
李轅　集2-5970　叢1-

223(63),2-833
李持　史7-53600
李勛　子2-5517　叢1-
　466
55 李扶九　集6-43136～7
李慧　史8-58273
李慧光(釋)　子7-33977
李典　史4-27608、27632
李贙火　經2-11550
李耕春　子2-4676、8215
56 李揚武　經2-10565
李揚清　集4-33605
李揚華　經2-11732　史
　3-17223,6-49000　叢
　2-1610
李揚奏　史4-27586、
　27669
李提摩太　史7-49318
　(20、21、22)、49319　子
　7-35666、35793、35891、
　36228(5、6)、36229、36249
　～50、36258、36291、
　36293、36307、36309、
　36435、36462、36471、
　36482、36885、37052、
　37159、37306、37316、
　37668、37753、38056、
　38062～5、38108～12、
　38152、38252
李提摩泰　子7-36306
李覯　子1-556　集1-
　2095～102,6-41798、
　41900～1　叢1-34、
　136、223(51),2-635(8)
李耦　史7-56274
57 李邦彥　史1-2477　叢
　1-22(19)、23(18)
李邦貞　史4-27572
李邦獻　子1-719　叢1-
　223(30)、282(2)、283(2)
李邦組　史4-27543
李邦黻　經1-7448,2-
　14447　集5-37698　叢
　1-439
李邦祥　子3-13183～4
李邦華　史6-48479～80
　集2-11301～3
李邦耀　史4-27207
李軾　經1-1849,2-10173
　史1-4471,6-43088、
　43163　子1-1857～60、
　2300　叢1-503,2-2002
李輅　史7-55532

58 李掄元　史8-60314
李轍　史8-59900
李轍通　史2-11916
李整　集2-7196
李敷榮　子2-8877
60 李□　史7-49318(13)、
　50541、50715　叢2-779
李□□　經2-10977　子
　4-19770　集5-38314
李昉　史6-42848、42859,
　7-51508　子5-24795～
　800、26913、29530(23)
　集6-42170、42664　叢
　1-223(42、46、68)、244
　(4)、473,2-595～6、637
　(3)、735(3)
李暲　史8-62725
李日斌　史4-27249
李日謙　子2-5228
李日宣　史1-1847,6-
　42813、46474、48470～1
　集2-10096、11650～1
李日滋　史7-58111
李日茂　集2-10828
李日華　史2-8999、
　12522、13301,6-42653～
　4,7-49564、53842～5
　子3-15859、16133～7、
　16139,4-19038、23027～
　9,5-25805　集2-
　10934,6-43916～8、
　45834,7-47481、49709、
　49794～8　叢1-22(24、
　25)、29(8)、86、195(4)、
　206、223(42)、353、373
　(9)、402、435,2-670、
　721、730(8)、731(47)、
　838、1181～3
李日棟　史8-63072
李日景　叢1-197(3)
李日巽　史8-61004
李日普　子2-9152
李日煜　經2-9932、10211
李旦華　集4-22084～5,
　6-44593、44994
李旦丘　史8-65153、
　65189
李曰瑚　史8-60298
李曰澉　子4-21196
李呈祥　史6-43098　子
　4-20490～1　集3-
　13949,6-44761
李呈芬　子1-3525　叢

1-22(26)

李呈輝　史5-38738

李呈煥　史8-60626

李璺　經2-10902　史8-59384　集4-30275

李星白　集5-41444

李星沅　史2-12698,6-48859　集4-29875～6,6-42007(1)　叢2-1782

李星池　集4-30498

李星漁　集4-30283

李星根　史4-27653,8-61788、61836、62031

李星輝　史8-60995、61047

李里　史7-51202

李昱　史7-57257　叢2-2004

李勛　史8-59444、60316、60405

李蜀泉　史4-27492

李國龍　子3-16427　集4-28486,6-42007(2)

李國麒　史8-63029

李國雲　史4-27661

李國琇　史3-15619

李國烈　史4-27311

李國傑　集4-30496,5-34081、39988

李國宋　集3-15653

李國祥　史6-46701　集2-12846,6-43173

李國木　子3-13140、13496～8

李國楷　集5-41647～8

李國華　經1-7822　史1-1793

李國英　史6-48619

李國材　史3-21982

李國模　史7-51419

李國林　子3-13498

李國棣　史3-19239

李國棟　史3-19237　子7-36752

李國樫　史3-23084

李國松　叢1-561

李國梅　集3-16267,6-41999

李國阰　史2-7011　集2-11652

李國錕　史3-21558

李國鐸　史7-55553

李國棠　史3-18177

李國愷　集5-34427

李國榮　史3-18183,4-27686　集5-35094

李見荃　史8-59739

李易　集1-3265,6-41894(2)

李昺　史4-27280

李思聰　史1-2039　子3-13138,5-29530(20)、31936

李思豫　史7-56010

李思衍　集1-4781

李思倫白　子7-36274～6

李思浩　史3-20838

李思瀚　史3-20833

李思啓　史8-60139

李思恭　史7-58062

李思孝　史8-62664

李思敬　史2-12336

李思中　集4-25288、29955

李思哲　集3-19542

李思悅　史7-57206

李恩慶　史3-15247、23684～5

李恩露　史7-56476

李恩繼　史8-62789

李恩綬　史4-27114,7-56852～3、57882　集5-35924～8,7-47961

李恩戩　集5-34189

李恩涵　史3-18693

李恩祥　史8-59266　集5-38991

李恩樹　集5-34926

李恩光　史8-62404

李早榮　史7-55789

李旻　史1-1317

李男　子3-15260

李因　集3-13880～1

李因培　集3-20372,6-43484、45898　叢2-886(3)

李因篤　經2-14071～2、14540　子1-1969　集3-15192～4,6-43176～8、45917　叢1-330、433、442～3、574(5)、2-731(25)、829

李呂　集1-3407　叢1-223(55)

李昌言　史8-61926

李昌仁　子2-10396,5-31468～9

李昌齡　子4-23811～4,5-29530(22)、30322～5　叢1-11～2、19(12)、20(9)、21(11)、22(13)、23(12)、24(12)、30～1、99～101、134、148、447

李昌祺　史7-55388　子5-27577～80　叢1-223(64)、2-672

李昌祚　集3-13883～4

李昌樟　集4-29793

李昌時　史7-55207

李昌符　集1-1740,6-41818、41824、41858～9、41878

李昌熾　集5-35341

李固松　子3-12765

李圖　史8-59087～8、59209、59293、59304　集4-29362～3

李圖南　史4-27346

李品芳　史3-15201、19447,4-27200,8-62562

李昆　集2-7469～70

李昂英　集6-41894(2)

李昂枝　集6-43883

李昂青　史3-20806

李昂英　集1-4247～54,6-41896,7-46352、46356～7、46380、46692　叢1-223(57)

李異甫　經1-1910

李炅陽　史4-27063、27336、27637

李杲　經2-12378　子2-4549～52、4564、4566、4720～1、4740、4771(2)、4804～7、4814、5531、5760～6、5849～53、7092～4、9182～3　叢1-223(33)、2-730(1)、731(28、29、30)

李果　史2-9442,3-15060,7-49317(2)、49318(8)、53277　子5-25535　集3-18116～22,6-41975　叢1-347,2-731(24)

李果齡　史4-27161

李景亮　叢1-56、255(4)

李景元　子5－29530(19)、
30912　集5－33970,6－
42007(2)

李景雲　集4－30895,6－
42007(2)

李景僑　經1－4473～4
叢2－2264

李景山　史6－42022

李景嶧　史7－56889

李景復　集5－39713

李景沆　集2－12849

李景福　集5－35486

李景潞　集4－28637

李景瀚　史4－27130

李景祥　史3－20573　集
5－40194

李景董　集4－25288

李景芳　子2－8404

李景蓮　史3－19372

李景黃　子3－16613

李景春　史4－27574

李景星　經1－3121、4383
史1－5282、5345～8,8－
59332

李景賢　史8－62402

李景銘　史6－42587　子
7－36554、36754

61 李噓雲　史8－59870

李顯川　史4－27277

李顯忠　史7－55395

李顒　經1－2595,2－8776、
9050、9441、9926、10604～
7　史2－7264、8314,6－
42984　子1－1445～9、
1969　集3－14775～7
叢1－223(64)、313、366～
8、574(5)、2－706、775
(1)、1325～8、1593

62 李昕　史7－49531　叢1－
19(3)、21(5)、22(10)、23
(10)、24(4)

63 李畯　集6－45491

李默　史2－8144、11313～
4,6－42818,7－58088
子1－3086,4－20484,5－
26352～5　集2－8734～
7,6－43311　叢1－22
(21)

李默齋　集4－26373

李貽雋　集6－44837

李貽德　經1－163(3)、
7011　子5－26155　集

4－27503,7－47438

李貽垣　史4－27339

64 李曉冷　史7－55313

李時謙　史6－48686

李時震　集3－15613

李時珍　子2－4571、4588、
4595、4598、4746、5551～
3、5850～2、6095～7、
6184、7238、8028、10294、
11168　叢1－223(34)

李時行　集2－8988～92,
6－41935(5)

李時勉　集2－6539～45
叢1－223(64)

李時安　子7－35227

李時漸　史2－8294　集
6－45166

李時芳　史7－52664,8－
59463

李時蔚　史4－27555

李時茂　史7－55582

李時英　史4－27664

李時中　子2－8653　集
7－48893

李時成　集1－4117,6－
42688

李時燦　史2－10132,8－
59677

李疇　史7－55712,8－
58337、58366～7

李曄　集2－5969　叢1－
223(63)、2－833

65 李晴川　子2－8897

李映棻　集4－32616

李味青　史2－12339　集
4－25808、31094、31808

李暕　史8－58752

66 李暘　子4－24244　集4－
24592

67 李晚芳　史1－5318　子
1－2968　叢2－691(3)

李昀　經2－13151

李明謙　史4－27444

李明睿　集2－12343

李明徹　子3－11444、
11517,5－29573、29780、
29898

李明復　經1－7512　叢
1－223(10)

李明達　史4－27447

李明通　史8－59534

李明真　集7－54164

李明鏊　史8－62357

李明墀　史4－27329、
27342

李明農　經1－4384　史
7－54328　集4－29724

李明嶅　集3－14033

李鳴謙　集4－24848

李鳴珂　史3－16984　集
4－32808

李鳴皋　史4－27471

李鳴春　子4－19640

李鳴陽　史4－27264

李鳴鳳　集5－41405

李暉　史4－27055

李暉祥　史4－27053

李暉吉　子5－25239～40

李昭慶　集4－30496,5－
35923

李昭玘　子5－24814　集
1－2951～2,6－41904
叢1－223(53)

李昭安　史4－27568

李昭治　史8－61810

李昭祥　史6－46514　集
2－9380　叢2－742

李昭萬　史4－27439

李郢　集6－41883

李嗣京　集6－44807～8

李嗣元　集4－33606

李嗣岱　史7－52951～2
子4－23182

李嗣業　史8－63470

李嗣泌　史8－60614～5

李嗣堯　史4－27360

李嗣真　子3－14692、
15001、15020、15857、
15859、16023　叢1－11
～2、22(15)、23(14)、29
(4)、169(3)、255(2)、2－
731(35)

李鸚翀　史8－65254、
65600～1　叢2－798～
801

李煦　史6－48694,8－
58536、59551

李照　史4－27288

李照麟　史2－12205

李照通　史6－44925

李照梅　集4－30285

68 李暾　集3－17239～40,6－
44644　叢1－263,2－980

李畋　子5－26270　叢1－

15～6、19(1、4)、20(1、2)、
21(1、4)、22(7)、23(7)、24
(2、5)、29(5)
70 李璧 史1-2535 集6-
43695
李壁 叢1-223(52)、511
李雅 子7-37163
李驤 史4-27409
71 李辰 史3-19123
李辰垣 集4-26315～6
李厚 經1-6745
李厚延 史3-19870
李厚建 集3-15171,5-
35092
李厚健 集4-29793
李厚積 史3-16981
李厚澤 史4-27173
李厚培 史7-51480
李厚基 史8-58146
李厚坤 子2-5157
李階 集6-45014
李頎 集1-785～9,6-
41737、41739、41743、
41824、41838、41847～8
李原名 史6-42007
李原岡 集1-1683
李驥元 史3-15082 集
4-23989
李驥年 史3-21980,8-
61277
李匡濟 子4-23436～8
李匡乂 子4-22121～4,
5-26218 叢1-11～2、
15、19(9)、20(7)、21(10)、
22(3)、23(3)、24(9)、26、
28、38、114(6)、115、195
(5)、223(39)、245、273
(5)、2-617(3)、731(6)、
777
李巨源 史7-56102
李長 子3-18529
李長庚 集4-23222
李長霞 集5-34188 叢
2-729
李長傅 史7-56535
李長科 史2-7087 子
2-8170、11047,5-27034
叢1-474
李長馥 史4-27187
李長源 史3-17338
李長祥 史2-7371～2
集3-13755～7,6-43530

叢1-404、426,2-671、
731(45)
李長機 史3-21723
李長茂 史2-9225 子
3-12502
李長華 經2-10415 史
7-55643
李長枏 史4-27437、
27584
李長郁 集5-39620
李長中 史4-27067、
27089
李長春 史8-60426
李長敷 集2-12845,6-
41943
李長矕 集3-19863
李長卿 子4-20487 叢
1-143
李長榮 史2-8694 集
3-20977、21495、21724,
4-23096、26193、26303、
26979、27027、27236、
27373、27464、27773、
28474、28727、28870、
29054、29199、29423、
29441、29477、29494、
29547、29841、29918、
30062、30066、30102、
30143、30153、30342、
30365、30424、30592、
30612、30650、30720、
30743、30870～1、30873、
30893～5、30897、31238、
31262、31350、31357、
31487、31494、31737、
31749、31781～3、31787、
31874、31908、31918～9、
31956、32145、32176、
32272、32293、32306、
32330、32336、32416、
32422、32426、32452、
32463～4、32472～3、
32594、32676～7、32685～
6、32766、32828～9、
32855、32861、32874、
32994、33014、33027、
33097、33120～1、33139、
33164、33169、33259、
33297、33302～3、33326、
33430、33452～3、33459、
33484、33489、33664,5-
33835、33851、33864、
33868、33870、33885、
33891、33929、33970～2、

33998、34003、34019、
34147、34175、34190、
34197、34199、34201～3、
34207、34215、34239、
34265、34357、34362、
34371、34375～6、34419、
34455、34470、34492～3、
34618、34641、34679、
34700、34742、34785、
34787、34789、34822、
34930、35030、35097、
35238、35286、35393、
35403、35562、35586、
35887、36067、36312、
36658、36748、36796、
36904、36926、36960、
37204、37764、38570、
38740,6-42007(1)
李頤 史6-48539 集6-
43337
李檠 經2-13608～11、
15116、15137、15142 叢
1-495、586(2)、2-716
(2)、772(2)、773(2)
72 李劉 集1-4064～6 叢
1-223(57)、2-636(4)
李剛己 史1-4315～6
子7-35804 集5-
40899
李剛修 史7-54972
李厔 子4-22840
李隱 子5-26949 叢1-
13、14(2)、15、19(2、7)、20
(1、4)、21(2)、22(6)、23
(6)、24(2、7)、29(3)、56、
148、154、195(5)、255(2)、
367～8,2-624(1)、731
(50)
李隱之 子5-32017
李胐 叢1-29(1)
李彤 經2-12764、14711～
5、15116、15119、15137、
15142 叢1-223(52)、
227(9)、495、586(2)、2-
716(2)、772(2)、773(2)、
774(8)
李髯 集7-46439、47181
叢1-551
李氏 史4-27424
李岳 集4-26262
李岳瑞 史1-1995、4537
～8,2-10738 子5-
26700 集7-48336 叢
2-829、2142

74 李尉　史7-56843

75 李體仁　史8-62810

　李體嚴　史7-54975

　李陳玉　經1-1354　集1-46,2-12781～4

　李駛聲　子7-37061

76 李陽　子3-17209

　李陽冰　子3-15001、15040～2,16776,16779　叢1-22(14)、23(14)、173、515

77 李堅　史3-18930　集4-22449,6-45071

　李闓法　史4-27316

　李闊　集4-24296

　李鳳亭　史4-27109

　李鳳廷　史8-65136

　李鳳雛　史1-120

　李鳳彩　史8-62616

　李鳳苞　史7-49356、54150、54364　子7-36228(3、6)、36231(2、3、7)、36241、36242(3)、36250、36328、36945、36961、36981、36983～4、36999、37001～6、37404　叢1-524,2-731(60)

　李鳳風　叢2-1852

　李鳳岡　史2-9413、8-59445　子3-18433　集5-40700～1

　李鳳翎　史7-54086

　李鳳翔　史1-3824,7-54829、8-59584

　李隆基(唐玄宗)　經1-18～9,21～5,77(4)、131～2,2-8338～47,8349～50,8353～4,8574～5、8577～8,8580～2,8584、8586～7,12807～9,15141～2　史6-42641　子5-29005～8,29530(13、19)　集1-772,6-41743,41824　叢1-223(12),227(3),405,446,2-630,635(2),658,698(1)、772(2),773(2)

　李隆蕚　史2-9914

　李隆光　史4-27501

　李覺斯　史6-48562　集6-44767

　李覺楸　史8-61638

　李同　史7-57807,8-59461

李同亨　史8-59793

李同清　史7-55073

李同楠　集5-37303

李周望　史3-13475,6-42081

李周南　集4-23735

李周翰　集6-42088～91　叢1-223(68),2-635(13)

李岡軒　史4-27644

李月仙　史4-27585

李月容　史4-27399

李月枝　史8-62388

李用儀　史2-11844

李用清　史6-48845　集5-34975

李用中　集3-18729

李用曾　史3-18494

李用粹　子2-4768,7120、10510

李屬春　史7-56146

李鵬元　經2-10465

李鵬飛　史3-20194,4-27168　子2-10974,5-29530(17)

李鵬鳴　史8-59540

李鵬展　史7-55552

李履堂　史4-27551

李殿麟　史6-48084

李殿華　史3-22155

李殿林　史1-5752,6-48063

李殿圖　集4-22086

李殿卿　史4-27420

李居一　史8-59134

李居易　集3-15069

李居頤　史7-55843

李欣榮　集4-31187～8

李際可　子5-25626

李際道　史4-27673

李際期　集2-10754　叢1-22(1)

李駉　子2-5455,5-29530(20)

李駒　史8-58163

李熙　史6-42438,8-58254,61458　子4-21748　集4-27607

李熙文　集5-37243～4　叢2-886(4)

李熙和　子1-739,2-4954

李熙齡　史8-59436、59442,62420,62479、62611～2,62994　子5-27286　集4-30286

李閔中　集3-19720

李聞泰　史7-49324

李學詩　子3-12956　集5-41114～6　叢2-705

李學孔　史1-1306

李學璜　子4-23334　集4-28823

李學聖　叢2-723

李學川　子2-10251

李學鼎　史1-5738

李學禮　子4-24360

李學孝　集4-28017

李學恆　史3-17110

李丹麟　史7-54354

李丹霞　史4-27403、27413

李開　史7-52570

李開仁　集5-38571

李開先　經1-1905　史1-3154,4-27402　子3-15859、16036、18481　集2-7396,8586～90,7-48766、49125～6、49788～9、50543、50558～9、50571、50574～5、50633～5　叢1-235、240、282(3)、283(2),2-731(36)

李開業　集3-17817

李開鄴　經1-3178

李開泰　史7-49820～1、54965

李開甲　史8-63079

李開學　史4-27457

李印雲　子2-7839

李印潭　史3-23229

李卿毅　集4-29877

李艮　集5-39617

李闓中　史7-52608

李興元　史8-58904

李興家　史4-27472

李興祖　史1-5230～1,7-52502　集3-13827、16683

李興全　史4-27497

李興銳　史2-12919

李興銳　史6-49048

李興恆 史4-27559
李興焯 史7-54973
李興德 史7-51848
李賢 史1-11～20、315～
20、1914、1923、1933、
2810、7-49555、51519
集2-6745 叢1-22
(21、22)、29(7)、34、50～
2、55、58、84(2)、95、223
(17、23、64)、227(5)、407
(3)、2-698(3)、730(3、
9)、731(67)
李賢綸 史4-27252
李賢書 史8-59052
78 李陰覃 子4-21763
李臨安 子2-5120
李臨馴 史8-58644 集
4-32809
79 李騰芳 史2-6569 子
1-3088、3146、3199、5-
29315 集2-7493、
7498、10853～6
李騰華 集4-24594
李騰蛟 集2-12314～7,
6-42065 叢2-870(5)
李騰鵬 集6-43728
李驎 集3-15458
80 李人龍 經1-6487～8
李人澤 史4-27556
李人鏡 史8-58796
李全 子3-14092～3 叢
1-447
李企英 集4-23475
李全中 子4-24145
李益 史4-27442 集1-
1175～7,6-41743、
41819、41824、41838、
41858～9、41869、41872、
41878 叢2-731(42)、
763
李益文 經1-1909
李益陽 史8-60705
李金 集4-28831
李金五 史3-20189
李金台 史4-27101
李金丹 史4-27124
李金鏞 史6-45038 叢
1-528
李鐘 子3-17396
李鏡 集3-14213～4
李鏡靈 經2-8557
李鏡仙 子2-10776

李鏡江 史8-59576
李鏡渠 叢2-855
李鏡清 史8-63214
李鏡華 集5-35395
李鏡蓉 史3-21568,4-
27648,8-60677
李鎬 史8-60019 集2-
6131～2
李鉉 史2-11728 叢1-
364
李介 史1-3494、3507、
4442 叢1-456(2)、2-
731(53)、735(3)
李介侯 經1-2092
李前泮 史7-52035、
57459
李兼 叢1-27～8
李夔龍 史2-12579 集
3-14374
李夔颺 子3-18419
李羲和 史8-62354
李無詒 子6-32081(12)、
32083(9)、32084(8)、
32085(13)、32086(13)、
32088(9)、32089(10)、
32090(14)、32091(13)、
32092(9)、32093(41)、7-
32866
李無逸 史7-55920
李念 集6-42152
李念達 史4-27079
李念慈 集3-14925～6
李愈 集2-8718
李愈昌 史7-58066～7
李慈銘 經1-1342、1344,
2-8528 史1-26、100、
128、134、291、385、449、
553、576、593、614、646,2-
12278、12941～50,3-
16020、19984,7-51817～
8、53121、57489、57520,8-
65743、65830 子1-
4019,4-21736～7、22710
～2 集5-34976～
5016,6-42075、42565、
44326、44664、46163,7-
48302～3、49637 叢1-
402、480、584,2-611、
622、735(2)、847～8、1976
～7
李毓麟 史3-17334
李毓珂 史8-59081
李毓環 子3-14062

李毓秀 經2-11095 子
1-1964、1968～9、1974、
2805～7、2809 叢1-
483、574(4)、2-691(2)、
964
李毓俊 史1-5790
李毓傑 史8-61252
李毓之 子1-2532
李毓清 集4-25114～5、
6-41999
李毓九 史8-60683
李毓藻 史8-60055
李毓蘭 史8-62558
李毓英 史4-27285
李毓林 集5-33972、
36221～2,6-42007(3)
李毓如 史2-7701
李毓昌 史8-60362 集
4-26833
李毓金 史4-27146
李毓恆 集4-25161,5-
35541
李義文 史6-44598
李義發 史4-27165
李義得 集4-32807
李義周 集4-30896
李義鈞 集4-31875
李合和 史8-61964
李善 集6-42082～7、
42089～92、42143 叢1-
223(68)、227(11)、2-
601、635(13)、698(12)
李善元 史4-27677
李善登 集5-38716
李善保 集7-54452
李善蘭 子1-3588～91、
3-12356、12388、12396、
12486,7-36228(1、2、4、
5)、36231(4)、36242(2)、
36248、36727、37531、
37564、37568、37670、
37673、37820 集4-
31812 叢1-242(4)、
272(5)、556
李普潤 集5-36534
李曾麟 史3-18819
李曾珂 史3-15765、
18053
李曾白 經2-11248
李曾伯 經2-12992、
12996 集1-4210～6,
6-41784、41894(3)、

41904,7－46375、46386、
46681～2　叢1－223
(57)、336～7,2－637(2)、
731(22)

李曾馥　集4－28635～6

李曾祐　集4－29418

李曾裕　集7－46413

李曾裕　史8－59511　集
4－31813,6－42003,7－
47183～4

李曾培　史4－27069

李會生　史8－59710

李會芳　史4－27297～8

李會揚　史4－27272

李會恩　集4－23737

李含章　史8－59146　集
4－22219,6－41999、44992

李含和　集3－17565

李含淑　史2－9285

李含菁　史3－16344

李谷一　叢1－31

李公度　史6－48827

李公麟　子3－14996、
16463～4

李公佐　子5－26222、
26224、27515　叢1－22
(18)、23(18)、29(4)、119
～20、168(2)、185、249
(2)、255(3)、395,2－624
(1)

李公凱　經1－3705,2－
9353～4、9848

李公柱　經1－845

李公昂　叢2－698(13)、
720(2)

李公煥　集1－420　叢1－
559,2－635(6)

李兹然　經2－11248

李養正　集2－10709

81 李鈺　集4－29361

李鍇　經1－7800　史1－
175　集3－18533～8
叢1－223(20)、2－785

李頌臣　史2－10722

82 李鍾文　史2－12112、
12205

李鍾麟　集3－16340～1
叢2－1305

李鍾靈　史3－17522

李鍾珏　史2－12379,3－
22530,6－47338～9,7－
54692　子1－2492　叢

1－524,2－731(60)

李鍾珩　史7－55869

李鍾烈　史3－23530

李鍾豫　史6－45992,8－
59254、59432　子4－
21750

李鍾嶽　史7－57706,8－
61462

李鍾俊　史3－19874

李鍾峨　集6－44993

李鍾倬　史7－54977

李鍾倫　經1－5010、6066,
2－11906　史1－4935
叢1－223(8)、2－1346～7

李鍾寧　史2－9226

李鍾準　史2－9270

李鍾漢　集5－35717

李鍾潢　史3－17779

李鍾木　史8－62343

李鍾莪　集3－18045

李鍾璧　集3－17980,6－
44993

李鎧　子4－21093

李鑠　史3－16965

李鉦　史7－57210

李劍　史4－27560

83 李鉉　經2－15060

李鈇　集4－32615

李鍼　集3－17605

李鐵珊　史8－59777

李鐵林　史3－15756

李鎔經　史2－7745　集
4－28213　叢2－822

84 李鍈　集4－25111

李鑄　集5－35390

李鎮衡　史4－27498

李鎮華　史7－56282～3

86 李錦　史8－59397、59684、
62853

李錦源　史8－60130

李錦鴻　史8－64881

李錦標　史5－34520

李錦成　史8－61885

李錫章　史3－16986

李錫斌　集5－40702

李錫麟　集4－23143～4,
6－44410

李錫純　史4－27348

李錫齡　史4－27110～1,
7－57600　叢1－347

李錫奎　史4－27137

李錫蕃　子3－12364,7－
36241

李錫書　經1－2197、5075,
2－10832～3　史8－
62086　集4－23983　叢
2－1672～4

李錫肜　經2－13931

李鐸　史6－46412、47491,
7－57486　子2－10696

李知先　子2－6727～8

87 李鈞　史3－23385,6－
46480,7－49317(6)、
49318(12)、53978～80
集4－28290

李鈞韶　史4－27411

李鈞和　集7－46433、
47894

李鈞鼇　史1－6195

李鈞簡　經1－1479

李鏐　子3－11549

李鏐同　子3－14593

李銀豪　史4－27199

李錄　史3－17345

李銘霍　史3－15559

李銘皖　史7－56953

李銘勳　史3－21757

李銘漢　經2－11324　史
1－1780

李銘澋　集4－28822

李銘熙　史3－22052

李欽　史4－27149　子3－
14100

李欽文　史8－63481、
63485

李舒芳　史4－27391

李欽水　集7－47367

88 李筌　子1－44,3081,3759
～62,3－13032、14279,5－
29530(3)、29721、29726～
31　叢1－127、136、223
(31、46)、265(4)、273(4、
5)、274(4)、275、377、394、
492,2－592、731(19)、873

李銓　史8－61379、62555

李銳　經1－163(2)、1532～
3、3348　史2－12653～4
子3－11353、11660、
12354、12364、12396、
12650～1、12656、12658
叢1－203(18)、244(5)、
558,2－731(26)、771(3)

李銳三　集4－30899

中國古籍總目著者索引

李銳草　子3-12657
李鑑　集3-20972
李筠瑞　史4-27308
李筠生　史7-56261
李筠嘉　史8-65745~7
　集4-25040
李筠壽　史3-19225　集
　6-42307、43447
李鈖　史7-55056
李鏒　叢2-795
李芴　集5-34488
李簡　經1-77(2)、587
　叢1-223(3)、227(1)
李簡身　史8-59780
李簡易　子5-29530(5)、
　29537、29678、31203、
　31205
李符　集3-15822~3、6-
　44591、44994、7-46430、
　47086　叢2-838
李符清　史7-54912、
　55042、8-59787　集4-
　23385~91、6-41988
李籖　史4-27103
李籖儒　史4-27477
李篤培　子3-12478
李篤真　史3-21809
李敏　史7-52101、8-
　58285　集2-6632、6-
　44744~6
李敏迪　史7-57874
李敏昌　子1-3367
李節齋　子3-12561、5-
　27273、7-37783
李簣　集4-22392
李策　史4-27579
李繁　叢1-15、19(4)、21
　(3)、22(19)、23(18)、24
　(4)、29(3)、56、95、249
　(2)、255(3)、395、2-730
　(2)
李繁滋　史8-61268
李籍　子3-11250、11254、
　12396、12406、12408　叢
　1-98、169(2)、223(34、
　35)、227(7)、230(3)、238
　~9、268(2)、418、2-635
　(4)、698(7)、708、731(25)
89 李鑽　史7-57056
90 李小池　史4-27098
李小有　子1-3624
李惟丙　史8-60612

李惟弻　史6-44072
李惟喬　集3-17005
李惟馨　集1-5807
李惟成　史5-41298
李懷庚　史8-63106
李懷琳　子3-15599
李懷清　史3-18450
李懷民　史2-12612　集
　1-1263、3-20073、4-
　22087、6-44997、46016~8
李惇　經1-111(3)、6978、
　2-11569　集3-19397
　叢1-526
李堂　經1-4726　史4-
　27104、7-57250　集2-
　7312、3-16824、17908、4-
　25746~7、6-44649、7-
　47673~5
李堂瑞　史4-27359
李少元　集6-44443
李少雲　集3-13315
李少白　集4-26737
李光　經1-450　集1-
　3005~9、6-41894(2)、7-
　46524　叢1-223(2、53)
李光庭　史8-64871　子
　5-25921　集4-26213~
　5
李光玄　子5-29530(6)、
　29541、31122~3
李光謙　集4-31612~3
　叢1-554、2-2043
李光元　集2-11156
李光霽　史1-3847　叢
　2-844
李光型　經1-1184、2-
　11542~3　叢1-203
　(16)、2-1003
李光烈　子3-17796
李光廷　經1-4708　史
　2-9874、11365、7-49314、
　49318(18、19)、51214~5、
　54213、54475、54717、
　54769、8-60829　子4-
　23746、7-36228(5)　集
　4-32194　叢1-388~
　90、2-615(3)
李光瓊　經2-13906
李光瑛　集4-28633
李光卓　史3-16361
李光縉　經1-729、782、2-
　8996、10327~8

李光縉　史1-62、5103、
　5185　集2-10387~9、
　6-42108、42806
李光先　史8-59241、
　61472
李光宇　史7-55790
李光寅　子2-6986
李光溥　集7-49615、
　49620
李光治　集4-29953
李光斗　史8-62214
李光漢　集5-35840~1
李光泗　史8-62058
李光涵　史2-11989
李光祖　集4-29531
李光礽　史3-21139
李光遙　史4-27354
李光鄴　史7-54199
李光祚　經1-919、929
　史7-56964　子5-
　25799~800　集6-
　45287~9、45824
李光裕　子5-25792
李光在　史4-27432
李光地　經1-78、1077~
　90、2312、2827、3335~6、
　3966、6062、6497、7733、2-
　8361、8452~3、8586、
　8787、9057~9、9448、
　9938、10642~4、11134、
　13034、13834、14343~5
　史6-49270、7-49318
　(4)、52527　子1-184、
　628~32、668~9、672、732
　~4、787、1493~9、1969、
　3681、4073、3-11285、
　11611、11624、14495、4-
　21274、22538、24410、5-
　29783、30996　集1-100
　~1、135、1334~5、3621、
　3-13490、16027~30、6-
　42066、42486、43027、
　45336、45340　叢1-
　217、223(4、6、7、9)、227
　(2、3、5、6)、312、389~90、
　482、574(3、5)、2-698(6、
　7)、754、1345~8
李光壤　子3-17700
李光坡　經1-5008、5267、
　5680、6352　集3-16588
　叢1-223(8、9)
李光旭　子3-13576
李光塽　經1-1184、2-

11542～3　集2-8900
叢1-203(16)、2-1003
李光泰　史3-19464
李光里　集4-26035
李光國　集3-18044,6-
44457
李光甲　史8-60645、
60647
李光暎　史8-63572　叢
1-223(28)、373(9)
李光昭　史7-54910、
55210　集4-24983～5
李光陽　子4-24601
李光墍　史1-1935,3097
叢1-203(15)、210～1
李光前　史8-60398
李光鈺　史4-27663
李光炳　集5-37472
李光炘　集4-31533～4
李光榮　集5-33830
李尙斌　史7-55580
李尙白　史6-49289
李尙絅　史2-8007
李尙實　集2-9900
李尙迪　集4-32077
李尙暲　史4-27094　集
4-31094、31807～8
李尙思　史6-48339
李尙默　集2-7461
李常霑　史8-61318
李常瀛　史3-20671
李肖龍　史2-8778　集
1-3938　叢2-731(62)、
881
李掌珠　集5-39063
李當之　子2-5515　叢
1-22(17)、23(17)
李卷　史7-49317(3)、
49318(9)、53530
李炎煦　集4-28017
李棠　史3-17461,7-
55538、56619,8-61180、
61810　集3-20157
李棠馥　經2-13163、
13771
李棠階　經1-6341,2-
10861、10940　史2-
6287、12744～6,6-48891
子1-1763　集4-30024
～7　叢2-1787
91 李恆　子2-9210～1　集
5-40124

李恆貞　史4-27326
李恆姚　集3-17373
李炘　史8-59594
李炳　子2-4770、6939
李炳彥　史7-55850
李炳章　史3-18754　子
3-12380
李炳靈　史8-61555～6、
61758　集5-38167
李炳石　集3-16380、
17213
李炳寰　經2-10007
李炳濤　史7-57824
李炳奎　史2-9545　集
4-27644、29364～5
李炳芬　史2-6721
李炳蓀　史4-27347
李炳翹　經2-10893
李炳厚　史3-22208
李炳臣　史8-62505
李炳戇　史3-21562
92 李愷　史8-58364
李炘　史8-60364、61317
93 李怡廷　史4-27140
李煊　集5-36581　叢1-
587(5)
李熾　史4-27093
94 李慎　經1-1972
李慎言　史2-9338,7-
55866　叢2-1325、1327
～8
李慎儒　經1-3273　史
1-10(5)、732,2-9472,
7-54315　子4-23411
集5-36088
李慎傳　史3-18271,7-
49318(13)、53579　集5-
35652
李慎修　史2-9472、10083
集4-26977
李慎侯　史3-18696
李慎溶　集7-48394
李慎觀　史4-27119～20
李恢　集3-17962
李煥　史4-27239
李煒　史8-58956
96 李惺　史8-61798　子1-
1731～4、1969～70、2841,
4-19502　集4-28212
叢1-574(5)、2-728、
1725
李焜　史8-62584

李煌　集4-24847
李煜　史8-58719
李煜(南唐後主)　集6-
41713,7-46351～2、
46360、46441～3　叢1-
585,2-698(9)、799～
800、2227
李煜瀛　子7-37055
97 李耀廷　子2-9946
李耀南　子2-7804
李耀曾　集4-22818
李耀堂　史5-39430
李輝　史4-27380　子2-
8382
李輝光　史8-60346
李燿中　史7-55527
李灼　史2-11046
李灼華　史3-16583、
18974、22544,6-49165
李灼光　集4-30893,6-
42007(2)
李炯　史3-19538　集3-
20754
李煥文　史7-57295
李煥章　史4-27504,8-
59163、59205、59232　集
3-13797～8,4-30443,
6-44992
李煥然　集4-31288～9
李煥斗　史7-55618,8-
58926
李煥春　史8-60371～3
李煥揚　史7-55956
李炤祿　史7-52647～8
集3-20340　叢2-1754
李燦　史7-52434,8-
60895
李燦華　集5-35394
李燦暘　集3-17909
李燦箕　史7-52368　集
2-11916
98 李悅心　集2-11685
李燧　史7-53977　集3-
20157,4-23574
99 李瑩　集4-25160～1
李爕堃　史3-23234
李爕南　集5-37612～3
李爕坤　史3-21990
李爕甫　史4-27287
李犖　子5-29008、29079
李榮　子2-4774,5-
29004、29530(14)

李榮和　史7-55825、
　55917
李榮達　子2-7007
李榮滋　史3-23567
李榮堯　史4-27438
李榮春　子7-35883
李榮昌　史4-27132
李榮陛　經1-1396～8、
　2897～9、3214,2-10786
　史7-49315、49318(6)、
　52156、52745、52806、
　53026、53566、53574～5、
　53648　集3-20731,6-
　42066　叢2-870(6)、
　1487
李榮曾　子3-17063

4046₁ 嘉

10 嘉玉振　經1-4377
20 嘉禾主人　集7-53673
27 嘉約翰　子2-4741,7-
　36241、37619、37872、
　37874～5、37877、37891、
　37895、37910、37922
32 嘉業堂　史8-66485
34 嘉波留　子7-38273
44 嘉植德氏　子7-37318、
　37758
52 嘉托瑪　子7-36654、
　37310
60 嘉畢厄爾　子7-35206、
　35380～1

4050₆ 韋

00 韋應物　集1-1134～40、
　1142～6,6-41706、41735
　～6、41743、41874、41877
　～8、41884～5　叢1-
　223(48)、2-635(7)、691
　(3)、698(8)
韋康元　集5-35562
韋廉臣　史7-49317(3、
　5)、49318(16、18)　子7-
　35102、35652～4、35809、
　36335、37430、37820、
　38113

韋慶棱　子3-17442
韋慶墀　史4-31131
韋文淵　子4-24535
韋玄成　經1-4559
韋袞　集3-17457
01 韋龍鱗　史4-31129
02 韋端符　子5-26222、
　26247　叢1-22(16)、23
　(16)、29(4)、185、255(2)
韋誕　子3-15006　叢2-
　775(3)
07 韋調鼎　經1-3792、3888、
　4724
08 韋謙恆　集3-20571
09 韋麟書　史8-61534
10 韋一岡　史8-61236
韋元成　經1-164　叢2-
　775(1)
韋爾生　子7-38069
韋而司　子7-36228(1)、
　36231(5)、36248、37605、
　37608
韋天寶　集4-24603
韋更斯　子7-36228(2)、
　36231(3)、36242(2)、
　37152
韋可德　史8-61427
12 韋烈亞力　子7-36231
　(4)、36248
14 韋珏　集1-5738～9,6-
　41930　叢1-265(5)
韋瑾　叢1-38
17 韋孟　子4-19090　叢1-
　22(15)、23(15)
韋承　史1-1918、2484
　叢2-649
韋承元　子3-17442
韋承翔　史4-31133
21 韋行規　子2-10967　叢
　1-22(13)、23(12)
韋處厚　史6-42848、
　42854　叢1-244(4)
22 韋豐華　集5-38121～3
韋崧杰　史3-15196
23 韋編　子2-10301
24 韋德梧　史4-31134
韋績　子3-14689、15001、
　15044～50、16776　叢1-
　16、19(10)、21(9)、22
　(14)、23(14)、24(10)、27、
　114(3)、223(37)、306、
　465,2-731(35)

25 韋傑　史8-63303
韋績　叢1-20(8)
26 韋皋　子5-26222,7-
　34674　叢1-29(4)、
　185、255(4)
27 韋佩寬　子2-5253
韋佩金　集4-23497
韋名樞　史4-31135
韋絢　子4-22822、22824、
　5-26218、26221　叢1-
　11～2、17、19(4、5)、21(3、
　5)、22(6、8)、23(6、7)、24
　(4、6)、29(3)、38、157、
　175、180、195(5)、223
　(44)、255(1)、569,2-624
　(1)、731(52)、777
韋紹康　史4-31141
28 韋以祿　史4-31125
韋以悅　史4-31125
30 韋進德　子2-4987
韋之瑗　史7-55960
韋宗泗　子3-18461
韋宗海　子3-18460
32 韋業祥　史3-15618
33 韋述　史7-50626、51146～
　9　叢1-22(10)、23
　(10)、288、411、456(3)、
　500,2-731(58)、776、778
34 韋漢卿　叢1-169(2)、223
　(35)、268(3)、388～90,2-
　731(15)
韋汝清　史4-31127
韋洪楠　史4-31135
韋洪鰲　史4-31136
37 韋潮　史4-31137
韋澳　史7-49510　叢2-
　592
韋冠英　史8-61436
韋逢甲　史3-15266
38 韋裕如　史4-31139
40 韋克順　史4-31122
44 韋協夢　經1-5310　子
　2-5034　集4-23760～1
韋莊　史7-52813　子5-
　25523　集1-1801～3,
　6-41859、41872、41876、
　41878、43258　叢1-22
　(11)、23(11)、223(50)、2-
　603、635(8)、2227
韋恭才　史4-31126
韋藹　叢1-223(50)
45 韋執誼　史6-42848、

42855　叢1-244(4)

46 韋坦　史7-49317(5)、
　　49318(13)、54006　集4-
　　30513

韋柏森　集5-37932～3

47 韋毅　集6-41853、43259～
　　65　叢1-223(68)、2-
　　635(14)

51 韋振鑫　史4-31121、
　　31123

60 韋昉　史3-18609

韋昌珮　集4-22227

67 韋曜　叢2-771(1)

韋昭　經1-3567～8、4818,
　　2-8323、14564～8、
　　15116、15137、15142　史
　　1-2021、2084～9、2091～
　　3、2096～7、2117、2119
　　叢1-223(20)、227(6)、
　　316～7、495、586(2)、2-
　　635(3)、697、698(4)、716
　　(1)、731(64)、765～6、772
　　(2)、773(2)、774(2、5、8)

70 韋驤　集1-2371～5　叢
　　1-223(51)、2-833

71 韋陟雲　集5-35121

韋巨源　子4-18908　叢
　　1-22(16)、23(15)、29
　　(4)、255(2)、350、367～8

72 韋彤　經1-6240

韋氏　史4-31120

77 韋居安　集6-45486、
　　45663～4　叢1-22
　　(14)、23(13)、31、265(5)、
　　278、2-617(2)、731(47)

韋學　史4-31124

韋門道氏　子4-19388

78 韋鑒　史4-31138

80 韋人鳳　集3-16830

86 韋錫蕃　史3-23161

87 韋銘鏡　史4-31129

90 韋光蔌　子4-24383　集
　　4-25123～6、28597～9
　　叢1-315、2-796

91 韋炳　史4-31140

94 韋煥　史3-20374、23083

97 韋燦　史3-22044

4051₄ 難

56 難提蜜多羅羅漢　子6-

32093(31)

4060₀ 古

03 古誠澐　史4-25984

10 古雲(釋)　集3-15243

20 古維哲　集4-28276

21 古虞野史氏　史7-50248
　　叢2-789～91、793

22 古川花子　子7-36232

古崑(釋)　子7-34491、
　　34548～59、34608、34984

24 古德(釋)　子7-33374～5

古德諾　子7-38068

古燹(釋)　集3-17095

古稀叟　子3-13716

25 古牛山樵　子3-14716

古傳詩　集4-25210

26 古吳蓮花主人　集7-53820

27 古紹先　集5-34341

28 古復齋　叢2-830

30 古濟勛　史8-61345

古之賢　史2-11507

37 古洛東　子7-35785

38 古塗農人　子3-11447

40 古直　史2-11136、11138、
　　11152～3、7-50861　集
　　1-4686、5-37874　叢
　　2-704、2251～3

古有輝　史8-58693

41 古狂生　叢2-672

43 古城貞吉　史7-49318(21)
　　子7-36237、36704、36792、
　　37082、37319

古越嬴宗季女　集7-
　　50406

古越函三館　叢2-672

44 古蘭肥勒　子7-36231
　　(6)、37857

古藏室史臣　史1-1979、
　　1982

古老人　史1-5709

46 古如(釋)　史7-52606

50 古本齋主人　子5-26040

古婁藝圃氏　子3-18269
　　集7-50333

52 古挺珍　史4-25982

60 古愚老人　子2-9548

古羅妄人　子3-11473

71 古階平　子3-18367、
　　18400

77 古風(釋)　集4-22636

古鵬　集4-25209

78 古鹽官伴佳逸史　子5-
　　28222

古鹽留生　子5-27904

80 古今譽　史8-59180

古毓麒　史4-25983

87 古銘猷　子3-18420　叢
　　1-584

古翔九　史6-46049

右

72 右髻道人　子3-14130

4060₁ 吉

00 吉庵居士　集6-44321

吉彥英　子4-19324

吉文甫　經2-15142

08 吉敦鐵路工程局　史6-
　　44255

10 吉元　史7-52878

吉爾彰阿　集4-23535～6

吉爾占　史3-16877

吉爾湛泰　集4-28811

吉天保　子1-62、64～5、
　　68、3126、5-29530(22)
　　叢1-265(3)、286、2-635
　　(4)、697、698(5)、731(19)

11 吉珩　集4-29190　叢1-
　　415

12 吉廷彥　史7-55846

吉廷椿　史4-26239

22 吉川潤二郎　子7-36485

23 吉允迪　史6-44883

24 吉備西村　子7-36343

28 吉綸　史6-47460～1

32 吉州景居士　集7-54618

33 吉必兆　史8-58884

34 吉漢宦　經2-9250

吉達善　史3-15159

36 吉迦夜(釋)　子6-32081
　　(4、15、25、39)、32082(4、
　　11、18)、32083(4、11、16、

25)、32084(9、15、21)、
32085(5、15、25、37)、
32086(5、17、28、43)、
32088(4、11、18、27)、
32089(4、13、34、44)、
32090(6、17、51、54)、
32091(5、16、49、52)、
32092(4、11、33、36)、
32093(6、8、22、26)、7－
32431
38 吉祥　史3－16967,7－
57562
43 吉城貞吉　子7－37299
44 吉夢庚　史7－55679
　　吉夢熊　集3－20611
　　吉藏(釋)　子7－33080、
33138～9、33408～10、
33558～60、33562～3、
33567、33569、33689、
33805、33816
　　吉勒通阿　經1－6337
　　吉村寅大郎　子7－37641
　　吉村寅太郎　子7－36232、
36706
　　吉林度支司　史6－43292
　　吉林政治考查局　子7－
36850
　　吉林官運局　史6－43817
　　吉林官銀總號　史6－
44491～2
　　吉林省民政廳　子7－
56219
　　吉林省民政司　史6－
43291
46 吉觀　史4－26238
50 吉中孚　集6－41823、
41883
　　吉惠　史3－15410
60 吉見謹三郎　子7－37268
　　吉田彥六郎　子7－37592
　　吉田熊次　子7－36719
　　吉田健作　子7－37067
　　吉田良太郎　子7－38049
　　吉田寅次　子7－37991
　　吉田森太郎　子7－36678、
37031
　　吉邑志局　史2－8162
67 吉明　集4－29354
70 吉雅謨丁　集1－5822、
5824、5830
71 吉長清　史3－15489
77 吉同鈞　史6－45868、

45926、46188、46500　集
5－38646
80 吉人　史7－56225　集6－
42858
　　吉益東洞　子2－4768、
4771(2)
　　吉年　史3－15159　集4－
29720
　　吉倉凡農　子7－38052
82 吉鍾穎　史8－60407　集
4－25429

喜

09 喜麟　集5－33790
31 喜源　史3－21623
80 喜無畏(釋)　子6－32093
(37)

奮

17 奮翮生　子7－36251

4060₉ 杏

42 杏橋主人　集7－53717
　　杏橋居士　叢1－373(9)
44 杏花樵子　史1－4123
　　杏村主人　子2－6583
　　杏村老農　子4－21838
　　叢1－496(4)
　　杏林居士　子2－6192
50 杏書氏　經2－12816

4062₁ 奇

44 奇夢　子7－38228

4064₁ 壽

00 壽慶慈　史3－20183

　　壽六藝　史4－29230
08 壽於牧　史5－37957
17 壽碌堂主人　子4－18630
27 壽紹海　子3－11463
28 壽以君　史5－37955
30 壽濂　史8－59856
　　壽寧(釋)　史7－51351～2
　　集6－44013　叢1－242
(5)、2－731(38)
　　壽富　史2－10873、12315、
6－47530、48082　集5－
40156～7
31 壽源清　史3－19757
34 壽逵一　集3－21017
44 壽芝　子3－17958
　　壽孝天　子3－12730
45 壽椿　史3－16343,5－
37958
46 壽如楸　史5－37956
50 壽春暉　史5－37950
60 壽昌　經1－6006～7,2－
12078、12249
64 壽時榮　史5－37954
67 壽昀　經2－12379
　　壽明景　史4－28263
71 壽臣　史1－4344
　　壽臣氏　子7－38172
77 壽朋　史3－16503
　　壽鵬飛　史6－41849,7－
56097
　　壽學禮　史3－18106,5－
37949
　　壽丹墀　史3－20149

4071₀ 七

00 七襄　史3－21510
10 七弦河上釣叟　史1－3830
　　叢1－426,2－731(68)
22 七峯樵道人　史1－1971、
3365、3590,7－50880　子
5－28206～7　叢1－365,
2－793
30 七寶生　子2－10317
40 七十一　史1－1882,6－
45673～4,7－49316、
49317(2、6、7)、49318(3)、
49338～9、54772、54922～
3,8－60020、63343～57
　　叢1－330、485

中國古籍總目·索引

袁山松　史1-27、332～4,
7-49308、49424　叢1-
19(2)、21(2)、22(11)、23
(10)、24(3)、29(2)、338,
2-772(4)、773(4)、776
袁崇毅　經2-12702　子
2-5476、10726
袁崇煥　集2-11674～5
叢2-715
袁繼梓　史8-58845
袁繼翰　史8-60436　子
3-15234
袁繼咸　史1-3309,2-
7742～4　集2-12032～
5,6-41943　叢2-870
(3)
袁繼愷　史4-31340
袁崧　史7-50712～4
袁綬　集4-29603～5,7-
47996　叢2-1460
23 袁允橺　史2-9861、12337
袁允棣　史2-13047
袁俊　經1-5221、5499、
7219、7331、7429,2-
8572、11327～8　史8-
59658
袁俊德　子7-36228(1)
袁俊翁　經2-10246～7
叢1-223(14),2-870(2)
24 袁先渙　史4-31371
袁德培　集7-54405
袁德模　史4-31403
袁佑　集3-15384
袁緒鈞　史3-20541
袁緒欽　史3-16676　子
3-16240　集5-40214～5
25 袁仲謙　史3-21847
袁伸儒　叢1-21(6)
袁傳裘　史8-59502
袁純　史2-8741
袁績慶　史4-31310
袁績懋　集4-33050
26 袁自超　經1-3270　子
4-23538
袁儼　子5-25040～1、
25045～6　集2-10949
～50
袁保慶　子4-21979　叢
2-957
袁保齡　史6-47175　子
3-18159　集5-36867
叢2-957

袁保恆　史3-17058,6-
47168、49026　集5-
34572　叢2-957
27 袁凱　集2-5990～8,6-
41935(1)　叢1-223
(63)、498
袁梟公　集7-49207
袁修謙　史3-17010
袁奐　史7-52586
袁名曜　史8-60445　集
4-25065
袁句　子2-8818～20
袁綱銘　史4-31332
袁終彩　經2-10421
袁紹仲　史4-31364
袁紹宏　史3-23655
袁紹基　叢2-690
袁紹英　叢2-690
袁紹昂　史8-59351、
59354
28 袁以什　史4-31394
袁以和　史4-31393
袁徵楷　集5-34629
袁儀　子5-25042
29 袁秋亭　經1-1961
30 袁淮　史7-57780
袁瀛升　集5-37217
袁濟川　叢2-724
袁寧珍　集1-1833～4
叢2-870(5)
袁家聲　史8-63054
袁家穀　子4-22051
袁永業　集6-41955
袁永晟　子7-35697
袁成　集4-27916～7
袁寒篁　集3-16611　叢
1-300
袁之京　集5-39930
袁之蕭　集4-33049
袁之升　經2-10570
袁之蘭　集4-33440
袁守定　史2-11857,6-
43016　子1-1579,3-
13543,4-20958～9　集
3-19653～4　叢1-534
袁準　經1-5432　子1-
523～5,4-22111～2　叢
2-768～9、774(3、9)、775
(4)
袁宏　史1-982、1414　子
1-532　叢1-223(18)、

227(5),2-628、635(3)、
774(9)
袁宏道　經2-10413～4
史7-49354、53088、53323
子3-18314～5,4-
18906、19075、19095～6、
19165、19414、19461～2、
20747～8、23997、24027,
5-27590、29306～9,6-
32091(76),7-34174、
34423、34474～5　集1-
1140、2429、2460、2733,2-
7431、9347、9354、10575、
11043～65,6-41736、
41794、41948、42047、
42076、42210、42598、
43334、43946、45048、
45159、45345,7-49134、
49138、49141、49144、
49147、49897、49947　叢
1-13、14(2、3)、22(20、
26、27)、25、29(7)、37、
102、105～6、111(1、2)、
119～21、142、154、170～
1、176、180～1、195(5)、
220、269(5)、270(4)、2-
721、731(33)、832(1)
袁宮桂　子1-3084、3478
袁良　史7-55666
袁良弼　史1-1938
袁良怡　史8-59541
袁定遠　史6-42596　叢
1-195(3)
袁寶璜　史3-16502、
18656　集5-37440～1
叢2-731(2)
袁宗濂　子7-36245、
37260
袁宗道　經1-2747,2-
10413　子4-20690　集
2-10745～8,6-45048
叢1-143,2-720(5)
袁宗與　史8-60894
31 袁河　集5-35865
袁潛　集3-21898
袁潛川　叢2-724
袁福謙　史3-19683
袁福徵　子3-17957、
18247、18482～3　集2-
9152～3,6-45336、45340
叢1-22(27)、25、37、86、
173、176,2-730(7)
袁福溥　子5-25971
袁福海　集4-30914

32 袁兆墇　史 3 - 22450
　袁祈年　集 2 - 11342　叢
　　2 - 721
　袁業泗　史 8 - 58360
33 袁必魁　史 4 - 31385
　袁必紳　史 4 - 31385
　袁必達　集 4 - 24998
　袁泳錫　史 8 - 60862
34 袁湛業　史 8 - 61327
　袁湛恩　史 8 - 61033
　袁漢傑　史 4 - 31379
　袁汝亮　史 4 - 31345
　袁汝璧　集 4 - 24036
　袁浩　史 4 - 31372～3
　袁達　子 4 - 18535、19345～
　　6　集 2 - 8224～5
　袁達德　史 4 - 31370
35 袁清賀　史 3 - 18061
　袁津　史 7 - 54976,8 -
　　60460　集 3 - 19676,6 -
　　44832
36 袁渭漁　史 8 - 66048　叢
　　1 - 508
　袁澤焜　史 4 - 31395
　袁昶　史 2 - 10276、10445、
　　13120～29,3 - 15928,6 -
　　48027、49146～8,8 -
　　65344、65528～9、65897、
　　66048、66161、66195　子
　　1 - 2450,3 - 15472　集
　　2 - 6773,4 - 33290,5 -
　　33990、37541～9　叢 1 -
　　356、506～8,2 - 731(1、2、
　　3、37)、2060
37 袁鴻　集 4 - 24793
　袁淑　集 1 - 486,6 - 41698、
　　43118
　袁淑真　子 5 - 29530(3)、
　　29721～2、29751
　袁潔　集 6 - 46046～7
　袁祖綏　史 8 - 60805
　袁祖安　史 1 - 1806
　袁祖禮　子 1 - 3395～7
　袁祖志　史 2 - 10089、
　　12196,6 - 43082,7 - 49317
　　(2、8)、49318(18)、53185、
　　54346～8　子 4 - 23427、
　　24495～6、24615,5 -
　　25475　集 4 - 29738～41
　　叢 1 - 496(5、6),2 - 752、
　　1460、1965
　袁祖範　經 1 - 4496

　袁祖光　史 3 - 16786　集
　　5 - 38206、41069～70,6 -
　　46182
　袁祁年　集 2 - 12306～7
　袁襜如　史 1 - 4936
　袁通　史 8 - 59652　集 4 -
　　26437～8,7 - 46412、
　　46993、47432～5　叢 2 -
　　1459～60
38 袁澣　史 7 - 57220
　袁海山　經 1 - 1961
　袁祥　子 2 - 8605～6
　袁遂　史 6 - 44898、44914
　　子 3 - 13640
　袁啓　子 3 - 11336
　袁啓豸　史 3 - 21264
　袁啓旭　集 3 - 16300～1,
　　6 - 41963
39 袁淡生　叢 2 - 809
40 袁九齡　子 3 - 18188　叢
　　1 - 22(27)
　袁九淑　集 2 - 12992
　袁大受　集 3 - 14165
　袁大化　史 4 - 31354,7 -
　　54182,8 - 63374
　袁大選　史 7 - 55629
　袁大啓　史 8 - 59030
　袁大坤　史 4 - 31314
　袁士元　集 1 - 5338～9
　　叢 2 - 674
　袁士衡　史 4 - 31391
　袁士杰　史 2 - 12263　叢
　　2 - 845(3)
　袁奎　集 2 - 6948
　袁堯年　經 1 - 26、2570、
　　2585、3503,2 - 11404　史
　　3 - 22621,4 - 31333
　袁克文　史 8 - 63508、
　　64909、66011、66490　集
　　6 - 44334
　袁克權　集 5 - 39307～11
　袁希謝　集 5 - 33847～9
　袁希濤　史 2 - 10471,3 -
　　19217,7 - 56403
　袁希祖　史 6 - 48845
　袁有龍　史 8 - 58897
　袁志學　集 7 - 54619
　袁杰　史 3 - 22987
　袁嘉　集 4 - 27628～9,6 -
　　42006,7 - 48051　叢 2 -
　　1460
　袁嘉端　集 5 - 41165

　袁嘉謨　集 5 - 41325　叢
　　2 - 886(2)
　袁嘉樂　集 5 - 39460
　袁嘉穀　經 2 - 13772　史
　　2 - 9047、12293,3 - 16782,
　　4 - 31405,8 - 62416、
　　62596、66137　集 3 -
　　18247,5 - 41001～5　叢
　　2 - 886(5)
　袁嘉增　史 4 - 31351
　袁杏坡　史 4 - 31313
　袁壽康　集 5 - 40717
　袁壽齡　集 4 - 24999
　袁去華　集 7 - 46369、
　　46375、46378～9、46388、
　　46390～1、46393、46572
　袁梓貴　集 5 - 34368
41 袁樞　史 1 - 1770～79　子
　　3 - 16096　叢 1 - 223
　　(19)、227(6),2 - 635(3)
42 袁斯恭　史 8 - 61932
　袁彬　史 1 - 2803、2807
　　叢 1 - 22(22)、29(8)、46、
　　84(1)、269(3)、270(2),2 -
　　730(9)、731(67)、870(2)
　袁橋　集 3 - 16693
　袁樸　經 1 - 1862
　袁機　集 3 - 20567～9　叢
　　2 - 1459～60
43 袁裒　集 2 - 8286
44 袁藩　集 3 - 15965
　袁芳瑛　史 8 - 65808　集
　　4 - 32827,6 - 42544
　袁芳梓　史 4 - 31383
　袁芾　史 4 - 31306
　袁蘭　經 2 - 11023
　袁蘭升　史 2 - 12985　集
　　5 - 35293～4
　袁芝秀　史 4 - 31368
　袁懋謙　集 2 - 11185
　袁懋爵　史 4 - 31322
　袁懋貞　史 2 - 8155　集
　　2 - 10707～8,6 - 44813
　袁懋芹　史 8 - 58520
　袁孝政　子 1 - 32、44,4 -
　　19854～6、19860、19864,
　　5 - 29465、29530(20)　叢
　　1 - 24(4)、71、124、223
　　(39),2 - 730(6)、731
　　(11)、782(2)
　袁萬青　史 4 - 31350
　袁華　史 7 - 53288　集 1 -

5709,2-5986～8,5-
34798,6-44501　叢1-
223(63、69),2-639、641
袁若采　史4-31338
袁若啓　史4-31323
袁世俊　子4-19232～3、
19236
袁世傳　史2-6450、
10312,7-49357、52797
叢2-957
袁世繡　史4-31377
袁世凱　史2-8749,6-
41792、42288、42541、
45264、45354、45393、
46019、46024、49180～1
袁世紀　集4-33290　叢
1-508,2-731(46)
袁世忠　子1-3068
袁世振　史6-43839
袁世威　史2-6450　叢
2-957
袁世鍾　史8-58240
袁藝庭　史4-31312
袁其釗　史3-23347
袁黃　經1-63、66、2624、
2741～2、3168、3764,2-
10349～51　史1-1189、
1269～76、1327、1545、
1553、5174,6-46717、
47261　子1-2140～1、
4121,2-8024～5、11012、
11014、11186,3-11597,
4-20827、23983,5-25039
～46,7-34487、35099
集2-9796,6-42774、
46228～9　叢1-108、
111(4)、134、195(7),2-
724、731(20、55)、974～6、
1126
袁樹　子1-80,3-15863、
16098　集3-21313～6
叢1-202(7)、203(13),2-
1459～60
袁茱　史4-31327,7-
55201
袁桂　子2-10876
45 袁棟　經2-11098　子4-
21279　集3-18154～5,
6-43491,7-49463～71
叢1-371、373(3)
46 袁坦　子2-4940
袁恕　子2-8195
袁韞玉　子5-28030

47 袁均哲　子3-17595
袁聲揚　史4-31346
袁朝侍　史4-31399
袁朝選　史7-58096
袁起　集4-25377～9,7-
47741～3　叢2-1460
袁超　史4-31356
袁柳　集4-33636～7
袁杅　集3-20986　叢2-
1459～60
袁桶　集4-27158
袁桷　史7-54917、57410
集1-5047～51　叢1-
22(4)、223(23、60)、343、
373(5),2-635(11)、698
(11)、731(40)
袁轂芳　集3-21567
48 袁乾　集4-22329
袁翰清　史2-10766
袁敬公　史4-31380
袁松喬　史3-21782
袁枚　史1-5972,2-9513、
7-49317(3)、49318(6、7、
8、9)、53399、53448、
53479、53454、53546、
53691、53705、56570　子
4-18950～2、21226、
22423、24295～7,5-
27042、27087～92　集3-
20302～23、21008、21075、
6-42064、42067、42074、
42325、45970～5　叢1-
202(4、6)、203(9、12)、282
(4)、311、319、330～1、
345、371、373(5、6、7)、
437、496(7)、576、587(2)、
2-698(12)、735(1)、736、
746、771(1)、1459～60
49 袁妙生　史4-31386
50 袁中立　史8-59251
袁中道　經2-10413～4
史2-12526　子7-
34903　集2-11342～
50,6-41948、42076、
45048　叢1-22(25、
27)、587(3),2-720(2、
6)、721
袁申儒　史1-2547　叢
1-19(6)、20(4)、22(8)、
23(8)、24(7)
袁夫人　集1-269　叢1-
168(4)
袁泰來　史4-31305

袁青綬　子1-4288
袁青萍　史1-1917、4263
袁本喬　集5-38791～2
袁忠諦　史4-31397
袁忠信　史4-31396
袁忠徹　子3-14190、
14201、14204　集2-
6568～9　叢2-845(5)
袁書鼎　史7-51462
袁表　集2-6061、6064、
6303、6312、6337、6342、
6410、6449、6489、6532,6-
44786　叢1-195(3)、
223(70),2-731(20)
袁貴敬　史4-31384
51 袁振瀛　史3-15218
袁振業　集5-33990　叢
1-508,2-731(44)
袁蟬　集7-49639～41
53 袁成烈　史8-60627
袁甫　經2-8925　集1-
4244～6　叢1-223(13、
56)、230(5)、468,2-731
(40)、845(3)
58 袁搯　史3-18729
60 袁□　子2-4771(4)、8890,
7-35799
袁日省　史8-64963
袁日顯　子4-21951
袁國琛　史4-31303
袁國祚　子7-35966
袁國梓　史7-57302　集
3-14166
袁國奉　史4-31365
袁國賢　史4-31399
袁國鈞　史7-56613
袁易　集1-5025～30,6-
41749,7-46352、46356、
46760　叢1-223(60)、
244(6),2-731(42)
袁思亮　史2-10695、
10849,3-21858
袁思永　史6-44048　集
5-37775～6
袁思韡　史3-23279
袁恩詔　史3-21258
袁恩怡　史4-31387
袁甲三　史6-47968、
48903　叢2-957
袁昌萬　史4-31326
袁品樹　史4-31382
袁昂　子3-15001、15013～

5、33626、33652、33656、
33659、33661、33663

08 真詮(釋)　集 3 - 21569
　真謙(釋)　子 6 - 32091(82)
10 真一山人　子 3 - 13882
　真可(釋)　子 6 - 32091
　　(58、67、71)、32092(43)、
　　7 - 33269、34078~9、
　　34242、34893　集 2 -
　　10111~8　叢 1 - 106、
　　111(2)
16 真理(釋)　子 6 - 32091
　　(75)
17 真司騰　子 7 - 37918
20 真采　史 2 - 11354　集 1 -
　　4086　叢 2 - 1044
21 真衍(釋)　子 6 - 32091
　　(78)
22 真嵩(釋)　子 7 - 33377、
　　34584~5　集 4 - 30915
　真山老夫子　子 2 - 8322
　真山民　集 1 - 4364~8、6 -
　　41779~80、41784、41900、
　　41908　叢 1 - 580、2 - 746
24 真德秀　經 1 - 77(4)、
　　3668、6041、2 - 8672~3、
　　8923~4、9329~30、9827
　　~8、10228~9　史 6 -
　　42927~8　子 1 - 832~
　　8、857~62、1968、2014、
　　2106、3 - 14923　集 1 -
　　1330、4080~90、6 -
　　41786、41798、41889、
　　41894(3)、41896、42676~
　　84　叢 1 - 22(12)、23
　　(12)、34、106、111(1)、114
　　(3)、169(4)、195(1、2)、
　　214、223(13、30、56、69)、
　　227(3、4)、351、366~8、
　　574(3、4)、2 - 635(10)、
　　731(5、18、20、33)、878~
　　9、1044~5
25 真傳(釋)　集 4 - 24914
30 真空(釋)　經 2 - 13736~
　　8、14301~5
32 真淨(釋)　史 2 - 12012
　　子 7 - 34373
33 真心道人　子 3 - 14351
　真述經　史 4 - 31298
36 真澤(釋)　子 7 - 34366
　真禪(釋)　子 7 - 33377、
　　34382
42 真樸(釋)　史 7 - 51710

　子 6 - 32091(73)
44 真桂芳　叢 1 - 223(58)、2 -
　　856、878~9
　真林(釋)　子 7 - 34387
50 真貴(釋)　子 7 - 33638、
　　33695~6
55 真慧(釋)　子 6 - 32091
　　(79)
57 真契(釋)　子 7 - 34201
60 真界(釋)　子 6 - 32091
　　(69)、7 - 32113、33637、
　　33652~3、33659、33725
67 真照(釋)　史 2 - 8026
77 真覺(釋)　子 6 - 32091
　　(70)、7 - 33361、33848~
　　9、33862
　真周(釋)　子 7 - 34804
　真學人　子 7 - 35970
　真開(釋)　子 6 - 32091
　　(76)
80 真人崔紫虛　叢 1 - 114(5)
86 真智(釋)　子 6 - 32085
　　(55)、32086(66)、32088
　　(41)、32089(32)、32090
　　(41)、32091(39)、32092
　　(26)、7 - 32827~8
88 真鑑(釋)　史 7 - 51582
　　子 6 - 32091(66)、32092
　　(43)、7 - 32109、33719~
　　21、33723
90 真光(釋)　子 7 - 34373
97 真耀(釋)　子 7 - 34376
　真炯(釋)　集 6 - 44590

4080₆ 貢

20 貢垂紳　史 3 - 23598

4090₀ 木

00 木雍文熙　子 3 - 15978
40 木皮子　集 7 - 51075
44 木村杏卿　史 7 - 49318
　　(10)
　木村忠治郎　子 7 - 36715
　木村駿吉　子 7 - 36234
46 木恕卿　集 2 - 8334~8
48 木塲貞長　子 7 - 36692

　木增　子 4 - 24106~7　集
　　2 - 11816~8
　木增(釋)　子 6 - 32091(68)
55 木拂(釋)　史 1 - 1937、2 -
　　12538~9
60 木里司　子 7 - 38139
80 木鐘　史 4 - 25546
　木公　集 2 - 8334~8
　木公恕　叢 2 - 886(5)

4090₃ 索

05 索靖　子 3 - 15007　叢 2 -
　　774(8)
30 索寧安　經 1 - 6328、6330
　　~3、6358　史 6 - 41521
31 索額圖　史 6 - 46985
37 索祿　子 3 - 17698
44 索芬　集 3 - 16410、6 -
　　41963、41969

4090₈ 來

00 來立模　集 2 - 10097
　來雍　子 2 - 5244
　來方煒　集 2 - 10097
02 來端蒙　史 4 - 29511
　來彭氏　子 2 - 11147
10 來爾繩　經 1 - 126、1133~5
20 來秀　史 3 - 15393、17055
　　集 4 - 33615、7 - 48313
　來集之　經 1 - 70、948~9、
　　2156、7680~1　子 4 -
　　24210~5、5 - 25233　集
　　2 - 12468~75、6 - 43734~
　　5、45853、7 - 49308~9
　　叢 1 - 197(2)
　來秉奎　史 4 - 29513
　來維禮　史 8 - 63288
21 來行學　史 8 - 64922~3
22 來繼韶　集 2 - 11807~8、
　　12471
24 來壯濤　史 3 - 22646
26 來儼然　集 2 - 12536~7
　來保　史 1 - 1874~5、6 -
　　42085~6、42088、45847
　　集 3 - 17283　叢 1 - 223

（19、27）、227（6）
27 來舟（釋）　子7-33129～
　　31、33457
　　來鵠　子1-18、20
　　來紹元　史3-20655
28 來復（釋）　集2-6021～6、
　　7556、11551、6-41937、
　　43679～80、43830
30 來之杰　史3-19925
　　來宗敏　集4-25370
31 來澓　史8-63546
34 來汝誠　集2-12471
　　來汝緣　史7-57039
　　來汝賢　集2-8541～2
37 來鴻雯　史6-46811～2
38 來裕昌　史3-23154
　　來裕恂　史7-57169　集
　　5-40066
　　來道程　集2-12473
40 來志周　史3-20136
　　來杰　史3-23117
42 來斯行　子2-9335、4-
　　20778～80、24064、7-
　　34073　集2-11918　叢
　　1-22（20）、143
43 來式鐸　集3-15255
44 來葇銘　史4-29512
　　來燕雯　集6-43735
50 來拉　子7-37898
　　來拉海得蘭　子7-36231
　　（6）
　　來春石泰　子7-36228
　　（6）、36249～50、36258、
　　36902、38133～4
60 來日昇　集6-43734～5
　　來旦　史7-51660
　　來景風　經2-13996
64 來時非爾　子7-37402
77 來鳳郊　史3-19803
　　來鳳閭　史3-19835
　　來學謙　經1-1134　集
　　6-45009
78 來臨　史7-55124　集2-
　　11552～4
86 來知德　經1-702～12、
　　2147～8　子4-20561～
　　3　集2-9527　叢1-
　　223（4）、2-1110
87 來欽之　集1-41
88 來鑑　集3-16407

4091₄ 柱

22 柱山　子3-17582、17705、
　　17777～82、17784

4091₆ 檀

12 檀璣　史3-18229　集5-
　　37380～3
13 檀球　史3-18229
30 檀家龍　史3-18193
38 檀道鸞　史1-1436～8
　　叢1-22（10）、23（9）、2-
　　617（2）、653（5）、731（64）、
　　772（4）、773（4）
44 檀萃　經1-5290～1　史
　　7-49315、49317（5、7）、
　　49318（10、14、15）、50683
　　～4、50843、50994、51047
　　～8、51321、52997、8-
　　60831、62383～4、62572
　　子1-1611、5-25845、
　　26783～4　集3-20957
　　～61、4-22640、25934、6-
　　46069　叢1-202（5）、
　　203（11）、267、373（4、8）、
　　452、586（2）、2-716（2）、
　　731（56）、885
　　檀桂姬　集4-25670
60 檀園主人　子5-28483
90 檀光煥　史7-57200、
　　58074

4091₇ 杭

00 杭辛齋　經1-1694、2063
　　～4、2249～50、2335、2397
　　子4-21814
10 杭正興　史4-29274
　　杭雲龍　史8-59019
23 杭允景　史7-57036
27 杭佩蘭　集5-35100
30 杭淮　集2-7321～2、6-
　　41935（1）　叢1-223（65）
　　杭濟　集2-7259、6-41935

（1）
　　杭永年　子5-27993　集
　　6-43088～9
32 杭州府天龍寺　子6-
　　32085（4）
　　杭州廣濟醫院　子2-
　　10827
　　杭澄　集6-41999
34 杭汝珧　史8-61407
36 杭溫如　集4-22501～2
37 杭祖良　集5-38780
38 杭海　史7-57846　子2-
　　11128
43 杭棫　叢2-832（5）
44 杭華封　史4-29275
　　杭世馨　史8-58820
　　杭世駿　經1-3、111（2）、
　　5715、6069、2-11336、
　　11546、11855、14847～9
　　史1-72～3、352、434、
　　558、743～6、1115～6、
　　3453、5166～7、5178～9、
　　5970、3-13489、6-46835、
　　7-51385、51390、57254
　　子4-22391～4　集3-
　　17621、19055～61、6-
　　42122、44219、45947～8
　　叢1-202（4）、203（10、
　　15）、223（15、17、29）、241、
　　242（2）、244（2）、278、373
　　（6）、386、392、422、454、
　　456（7）、457、579、2-665、
　　670、689、731（3、5、24、
　　47）、1432～5
　　杭楚沅　集4-31881
71 杭臣五　子2-7788、9914
88 杭餘生　子5-28515

4092₇ 柿

22 柿山蕃雄　子7-36748

檇

40 檇李雁道人　集7-49247
　　～58

中國古籍總目著者索引

4093₁ 樵

10 樵雲山人　子5-28317～8
22 樵川樵叟　史2-7067　叢
　　2-735(4)
40 樵古閣　史2-7317
76 樵陽子　子3-13812
77 樵風吟客　叢1-378

4093₆ 檍

41 檍坪　史1-5857

4099₄ 森

00 森立之　史8-65403
22 森山守次　子7-36434
44 森村太郎　子7-37912
50 森本藤吉　子7-38036
60 森田峻太郎　子7-37024

4111₄ 埕

42 埕斯佛勒特力　子7-
　　36733

4111₆ 垣

40 垣赤道人　子5-26456
55 垣曲　子3-11652

4114₉ 坪

55 坪井次郎　子7-36232、
　　37789、37792
　　坪井次郎　子7-37914
　　坪井九馬三　子7-36301

80 坪谷善四郎　子7-38011

4121₄ 狂

25 狂生斯威佛特　子7-
　　38198

4141₆ 姬

00 姬文　子5-28639
02 姬新命　史8-62815
22 姬豐芑　史3-21213
25 姬佛陀　經2-13263　史
　　8-63508、64779、65166、
　　65243　叢2-630
30 姬之簋　史7-58016、8-
　　59610
35 姬沛然　史5-33513
40 姬志真　子5-29530(22)、
　　29535(5)、29536(5)　集
　　1-4718～21
77 姬覺彌　史2-10387　子
　　7-35930
87 姬舒庵　子2-7503

4168₆ 頡

97 頡煥章　集3-21493

4188₆ 顛

38 顛道人　子3-16543
80 顛公　子5-27291

4191₆ 桓

00 桓玄　經1-341、2322　叢
　　2-774(2)
01 桓譚　子1-18、20、56、435
　　～7　叢1-22(10)、23
　　(9)、260～1、272(4)、2-

617(2)、628、698(6)、731
(11)
30 桓寬　子1-18、20、25、61、
　　66、379～87　叢1-69、
　　74～7、123、182～3、223
　　(29)、227(6)、286、325、
　　579,2-628、635(3)、658、
　　698(6)、730(6)
71 桓階　史7-49309　集1-
　　270
79 桓驎　叢1-22(19)、23
　　(18)、29(1)、168(3)
88 桓範　子4-19785、19795～
　　6　叢2-615(2)、768、
　　774(9)、775(5)

4192₀ 柯

00 柯方鋮　史2-12335
01 柯龍章　史1-5686　子
　　4-24484
10 柯一泉　史4-30326,8-
　　59133
　　柯元　集2-10314
11 柯琴　子2-4596、4771(2)、
　　4936、6347～51、6547～9、
　　6696～7、9361、9364　叢
　　1-242(5)、2-731(29)
12 柯弘祚　集3-14287,6-
　　43594
13 柯琮璜　史8-58319
14 柯璜　子4-22776
　　柯劭忞　經1-7413,2-
　　12108　史1-20、786,2-
　　11088,3-21355　集5-
　　38115～9　叢2-2121
　　柯劭憼　史3-16306　集
　　5-39455
　　柯劭敬　史3-21364
　　柯劭慧　集5-37476
16 柯理　子7-36231(3)、
　　36250、37162、37164、
　　37167
17 柯珮　子3-13420、14454
20 柯爲良　子7-37803
　　柯千瑞　史4-30329
　　柯秉貞　史4-30327
　　柯維楨　集3-16871
　　柯維騏　史1-67、713　子
　　1-1050

22 柯崇樸　集3－16247,7－
　　48498
24 柯德烈　子7－35410
25 柯仲炯　經2－10398　史
　　7－57839,8－58730　子
　　4－20823
26 柯自遂　史2－8834～5、
　　8846～7
28 柯聳　集3－14164,6－
　　41970
30 柯憲世　史7－52954
　　柯寅　史7－56316
31 柯潛　集2－6842～4　叢
　　1－223(64)
34 柯汝霖　經1－1644　史
　　2－11128,11748,7－52000
　　子1－2588　叢2－832
　　(4)
　　柯汝鍔　子4－24333　集
　　4－23093,26142　叢1－
　　203(16)
　　柯凌雲　史4－30332
36 柯暹　集2－6662～3
37 柯鴻逵　集4－23093
　　柯逢時　史3－16174、
　　21580,8－60262,63840
　　子2－4743,5681
40 柯九思　子3－15676、
　　15684,15845,16291、
　　16480　集1－5721～4,
　　6－41932　叢2－851、855
　　柯臺山　史8－63462
　　柯培元　史7－49319、
　　51268～9,52492,8－
　　63467　集4－30090
　　柯培鼎　史3－20151,7－
　　50395,57338
　　柯南達爾　子7－38264
　　柯南達利　子7－38199～
　　200、38229,38236,38263
　　柯志頤　史3－23449,7－
　　50395　集3－20829
42 柯彭年　史4－30328
44 柯衡　集5－33728～9、
　　36101
　　柯蘭錡　史7－50385
　　柯蔭　集2－11734
　　柯萬源　集4－28218
　　柯華威　史7－57624
　　柯樹勳　史8－62481
　　柯模　史3－18501
45 柯棟　史7－57200

47 柯翹　史8－58541
51 柯振嶽　集4－23333
52 柯挺　史1－5470
57 柯輅　集4－24156～9,6－
　　44798
60 柯里　子7－36228(6)、
　　36231(2)、36918
　　柯昌濟　史8－63515、
　　63789～90、64256
70 柯雅各　子7－37671
72 柯剛燦　集7－46440、
　　47513
77 柯丹丘　集7－49743～6
80 柯益增　史4－30331
　　柯侖姆　子7－36961
90 柯懷經　子2－11104,5－
　　31472
　　柯尚遷　經1－4971～4、
　　5801　叢1－223(8)
91 柯炳　集7－46440,47164
94 柯煐　集7－46440,47165
96 柯煜　集1－2468,3－17413
　　～20,6－41963,7－46440、
　　46872,47225～7
98 柯炘　子2－8064～5
99 柯榮　集2－8326

4192_7　樗

42 樗櫟道人　史2－6872～3
　　子5－29530(4)
60 樗里子　子3－13138
　　樗園客隱　經1－482
　　樗園退叟　史1－3920～3

4194_7　板

80 板倉　子7－36649

4196_1　梧

22 梧崗主人　子5－28325
45 梧棲老人　子2－11083
77 梧岡山人　子3－14191
94 梧怡(釋)　集6－44190

4198_1　槇

22 槇山榮次　子7－38001

4198_6　槙

22 槙山榮次　子7－36689

4212_1　圻

22 圻山山人　子4－20912

4212_2　彭

00 彭商賢　史8－62418
　　彭方周　史7－56977
　　彭應璋　史3－21779
　　彭應瑞　經2－13995
　　彭應起　經2－12845
　　彭應銓　史5－35589
　　彭康　史8－60558～9
　　彭廣鍾　史7－57915
　　彭賚良　經2－10109
　　彭文斐　史5－35562
　　彭文治　史8－61915
　　彭文菁　史5－35573
　　彭文馨　史5－35578
　　彭言孝　史7－50747
02 彭端淑　史7－49317(4)、
　　49318(8)、52643　集3－
　　19232～8,6－42066、
　　45963～4
05 彭塾策　史5－35639
06 彭諟庠　史3－16487、
　　18944
07 彭翊　史5－35546　集4－
　　29696～8,6－42540,7－
　　54620
　　彭韶　史2－7164,7167
　　集2－6960～1　叢1－
　　223(64)、300
08 彭敦毅　集5－40927～8

中國古籍總目著者索引

10 彭玉麐　叢2-2079、2081

彭玉麟　史2-6667,6-
　　45250、48958~60,8-
　　60601　子3-15475、
　　15529　集4-32932~6
　　叢2-1879

彭玉雯　經2-12027~30
　　史2-12064　集3-
　　14023,4-27240,6-42065

彭玉遺　史5-35575

彭玉蓉　史5-35574

彭元　史5-35582

彭元麐　史6-43908

彭元瑞　經1-3,2-
　　11341、13873　史1-
　　153,6-44587、47685、
　　48766,8-65500~1、
　　65698~700　子5-
　　26159　集3-19957、
　　21419~21,6-41906、
　　43627、46294,7-46361
　　叢1-223(67)、230(6)、
　　269(2)、270(1)、276、369、
　　416~7、453,2-593~4、
　　662、731(2、43、48)、870
　　(2)

彭元瑾　集4-29699

彭元鼎　史3-23603

彭元海　史7-57593

彭元藻　史8-61478

彭元照　史5-35550　子
　　2-9887

彭而述　史1-5571~2、
　　5919、5940,7-49317(3、
　　8)、49318(9、11、13)、
　　50777、52596、53674、
　　53731、53855,8-59948
　　集3-13474~8,6-41970

彭天福　史8-58725

彭天埰　經2-10983

彭百川　史1-2457~8
　　叢1-223(20),2-615(3)

彭石浪　史1-5726

彭雲墟　經1-7105

彭雲鶴　集4-24447

11 彭瓏　經2-8478

12 彭瑞麟　史8-62729

彭瑞壽　史5-35599

彭瑞毓　子1-2320　集
　　4-32221　叢2-1853

彭延慶　史1-3766,7-
　　57168

彭廷弼　集4-30845

彭廷梅　集6-44101

彭孔堅　集2-7193~4

彭飛熊　史3-22660,5-
　　35602

彭孫遹　史3-15229~30,
　　6-44162,7-46397~400、
　　46402、46404、46924~7、
　　48705~6、48708、48743
　　叢1-195(4)、223(67)、
　　319~20、335、421、496
　　(5)、587(5)、2-698(14)、
　　731(49)、838

彭孫貽　史1-1831~2、
　　1940、1946、1951、3064~
　　6、3068、3191~2、3440~
　　1、3646、4479、5579,2-
　　7388~9、8033、9238,7-
　　54295、57392~3　子4-
　　23104,5-27121　集3-
　　13869~73,6-43861,7-
　　46922　叢1-334~5、
　　354、369~70、373(9)、
　　448、452、472、580,2-
　　594、615(2、3)、636(4)、
　　674、731(49)

彭孫瑩　集4-24317

13 彭琬　史8-61677~8

彭武洸　史5-35630

16 彭琨生　史3-16148

17 彭子源　子3-14266

彭君毅　史3-15561,8-
　　60920、61047

彭翼宸　史7-57782

彭翼辰　史8-58329

18 彭致中　子5-29530(21)、
　　29535(6)、29536(6)、
　　31981　集7-48469~70

19 彭琰　集3-13868

20 彭孚　集4-24446

彭舫　集4-27023

彭乘　子5-26277~81
　　叢1-17、19(6)、20(4)、22
　　(3)、23(3)、24(6)、31、56、
　　99~101、223(45)、265
　　(4)、467,2-674、735(3)

彭秉焜　史5-35604

彭維新　集3-18069

彭維植　集5-35311

21 彭行錫　史5-35624

彭衍堂　史8-58401

彭虞孫　史2-10205

彭師度　集3-14580

彭紫垣　史5-35576

22 彭鑾　集7-46422

彭任　集3-14578~9,6-
　　42065

彭循堯　史7-57175

彭繼耀　子1-3054~5

彭崧毓　經2-8883、9168
　　史7-49315、49340、
　　51055、54698,8-60103
　　子4-18957、21676~7,5-
　　26485　集4-30848~51
　　叢2-731(59)、1806

23 彭俊生　集5-35147

彭峨士　史2-8775

24 彭德源　子7-36183~8

彭德基　史5-35607

彭幼朔　集7-49982

25 彭仲剛　子1-2015　叢
　　1-223(41)

彭傳祖　史3-21077

彭傳忠　子5-31405

彭純　子5-32019　叢2-
　　900

彭純穀　史5-35577

彭績　史7-49318(5)、
　　53276　集4-22472~3
　　叢2-906

26 彭伯雅　史5-35603

彭儼　子5-25099

27 彭龜年　集1-3768　叢
　　1-223(55)、230(5)、2-
　　731(40)

彭叔夏　集6-42172~4
　　叢1-195(5)、223(68)、
　　230(6)、244(5)、2-731
　　(4)

彭紹論　史5-35627

彭紹升　史2-6822、7480、
　　7501、7585、9382　子1-
　　691、817,5-31853,7-
　　33072、33077~8、33906~
　　7、34344~6、34517~8、
　　34522、34574、34586、
　　34638　集3-19601、
　　20128、21693,4-22277~
　　91、22472,6-42066、
　　42069　叢1-203(10)、
　　288、411,2-906、1356

彭紹祺　史5-35576

彭紹椿　史5-35619

彭紹粗　叢1-290

彭紹昇　子4-21130

彭紹賢　集2-9647

28 彭以聖　子4-20867
　　彭以明　史1-4899
　　彭以竺　史3-15278
　　彭作楨　史6-47230,7-
　　　55343　叢2-2125
　　彭作梅　史5-35596
　　彭作邦　經1-1593~4
　　　叢2-821
　　彭作籍　史3-15256
　　彭齡　史8-62976　集3-
　　　18068
30 彭宣　經1-164、228　叢
　　　2-775(1)
　　彭寧求　史6-43535　叢
　　　1-195(3)、2-731(17)
　　彭家程　史5-35569
　　彭家祉　史5-35572
　　彭家桂　史8-58769
　　彭家騤　集4-32839
　　彭家屏　經1-6895
　　彭永思　集4-26008
　　彭之曇　集3-17803
　　彭安任　史5-35610
　　彭良裔　史8-58476
　　彭良瑄　史5-35605
　　彭良弼　史8-60071
　　彭良敞　經2-12892
　　彭定澤　史7-55316
　　彭定瀾　子1-3363~5,3-
　　　13842　集4-29228
　　彭定求　經1-1109　史
　　　2-7265、9247、9382、
　　　11772~3,7-51379　子
　　　1-1504~7、2695~6,4-
　　　20708　集1-3663,3-
　　　14805、16221~4　叢1-
　　　313、483,2-663、724、
　　　906、1355~6、1826
　　彭寅臣　經2-13445
　　彭寶銘　史8-59043
　　彭賓　集3-13580~1
　　彭宗玉　史5-35614
　　彭宗孟　史6-48475,7-
　　　50132　集2-11822~3
　　　叢2-730(13)、731(57)、
　　　836
　　彭宗岱　史8-58485
　　彭宗超　史5-35638
　　彭宗因　集5-38611
31 彭汪　經1-6658　叢2-
　　　774(4)
　　彭源佐　史5-35593

　　彭福孫　史3-17380
　　彭福泉　史5-35586
　　彭福保　史3-18094
　　彭福燾　史3-21081
32 彭兆孫　經1-4399
　　彭兆遴　史8-62367
　　彭兆蓀　史7-49317(8)、
　　　49318(11)、52947、53173
　　　子1-1652~3,4-22587,
　　　5-25444　集4-25692~
　　　700,6-43101、43223　叢
　　　1-299~300、364、373
　　　(6)、435、456(7)、533,2-
　　　689、728、731(39)、811~
　　　2、845(5)、1641
　　彭沃　集6-44901
　　彭遞珪　史5-35625
33 彭心漢　史3-22121
　　彭浚　史3-15112　集4-
　　　26525~8
　　彭治　史2-7915~6
　　彭治邦　史3-20940
　　彭濱　經1-6314　子5-
　　　25061~2　集6-43256
　　彭述　史3-21785
　　彭述賢　史5-35636
　　彭梁主　史5-35554
34 彭斗山　史8-58488
　　彭汝讓　子4-20765　叢
　　　1-14(2)、22(25)、107、
　　　111(3)、2-731(8)
　　彭汝諧　集2-9115
　　彭汝礪　集1-2658~63,
　　　6-41894(2)、41904　叢
　　　1-223(51)
　　彭汝寔　叢1-46
　　彭汝實　史7-51024
　　彭汝南　史5-35640
　　彭汝楫　集4-32150
　　彭汝疇　史3-24426、
　　　24448
　　彭汝勵　集6-41895
　　彭濤　史5-35587
　　彭洪綬　史3-23203
　　彭遠澤　史5-35631
35 彭沛　史2-10225
　　彭清藜　史3-16095、
　　　21736
　　彭清典　史8-59642
36 彭湘　史7-49922　集4-
　　　31909　叢1-560
　　彭湘鋹　史5-35571

　　彭湘懷　集3-18477
　　彭澤　史2-11427,5-
　　　35565、35590,7-57955
　　彭澤柳　史2-10370
　　彭澤令　子3-14151
37 彭洵　史1-4030~1,7-
　　　52632,8-61663、62946
　　　子5-29536(7)　叢2-
　　　682
　　彭潤章　史1-3949,3-
　　　15691,7-57337、57704
　　彭潤芳　集5-34656
　　彭鴻年　史2-7516,3-
　　　21144　子3-16558
　　彭鴻錦　史5-35557
　　彭淑　集4-22962
　　彭涵霖　史3-15321
　　彭涵峯　子3-14591
　　彭涵谷　子7-36184~5
　　彭涵鋒　子3-14604
　　彭祖訓　集6-44653
　　彭祖武　叢2-1757
　　彭祖潤　史3-18425　集
　　　5-34394~5
　　彭祖賢　史2-11773　子
　　　1-2065,3-12814　集
　　　4-29123　叢2-906
　　彭冠　集3-21684
　　彭迵　集5-37108
　　彭邁孫　叢1-334
　　彭逢吉　史3-18719
　　彭運斌　史3-16832
　　彭運濤　史5-35579
　　彭罙　集1-5310
38 彭洋中　集4-30844~7
　　彭裕隆　史5-35623
　　彭遵泗　史1-1935、1982、
　　　3121~2,7-50959,8-
　　　61629、62058　集3-
　　　19785　叢1-269(3)、
　　　270(2)、271、272(3)、496
　　　(1)、2-731(67)、735(2)
　　彭遵古　史8-60109
　　彭道生　子3-13631
　　彭啓商　史3-23282　子
　　　1-1895　集5-38612~3
　　彭啓瑞　史8-58936
　　彭啓豐　經1-1935　史
　　　2-11852,8-65460　子
　　　1-2571　集3-14960、
　　　19340~51　叢2-906
　　彭啓獻　史5-35584

彭啓魁　史 5 - 35585

彭槃　史 3 - 21082、5 -
　35556

39 彭泮　集 2 - 8025

40 彭九思　集 4 - 33470

彭大翼　子 5 - 25065～72
　叢 1 - 223(43)

彭大雄　子 3 - 13353～4

彭大墟　子 2 - 5123

彭大貴　史 5 - 35626

彭大雅　史 1 - 2604～7、7 -
　49315　叢 2 - 603、718、
　731(58)

彭友文　子 2 - 10034～5

彭友諒　史 5 - 35588

彭士商　集 3 - 18790～1

彭士望　史 2 - 6598、7 -
　49318(6)、52489、53572
　集 3 - 13562～3、6 - 42065
　～6　叢 1 - 208

彭士霖　史 3 - 22086

彭士奇　史 2 - 8163

彭坊　集 3 - 20512

彭培衢　史 5 - 35559

彭堯諭　子 2 - 8689、4 -
　20933～4　集 2 - 10980
　～4　叢 1 - 202(7)、203
　(13)、206

彭克敬　史 3 - 21010

彭南亮　史 5 - 35570

彭希涑　史 2 - 6827　子
　5 - 26229、30526、7 - 34592
　～4　集 4 - 24682　叢
　1 - 453、2 - 731(49)、906

彭希洛　子 1 - 1630　集
　4 - 24266

彭希韓　子 4 - 21208

彭希萊　史 2 - 13177

彭希青　叢 2 - 724

彭希周　史 7 - 57878

彭希鄭　史 3 - 15083、
　16873　集 4 - 25089～91

彭杰圭　史 5 - 35601

彭嘉霖　史 8 - 62366

彭嘉寅　集 4 - 32862

彭吉士　史 2 - 12152

彭壽　史 6 - 45459

彭壽山　史 1 - 6083　子
　1 - 4275　集 4 - 28344

彭來保　集 5 - 38744

43 彭城　子 5 - 26707

彭始超　史 8 - 59949

44 彭夢白　經 1 - 7410

彭蘭琪　子 3 - 12617

彭蔭南　集 5 - 39855

彭懋謙　史 3 - 15782

彭華　集 2 - 6986～8、6 -
　45085

彭華時　史 3 - 23514

彭若梅　集 5 - 37792～3

彭藹伯　史 5 - 35583

彭世襄　史 3 - 16808

彭世德　史 8 - 60369

彭世濟　史 3 - 21007

彭世盛　史 4 - 27594

彭世昌　子 4 - 21371

彭其位　史 6 - 42439

彭樹森　史 2 - 10002、
　10006、10500

彭樹華　史 3 - 22663

彭樹楳　子 4 - 24477

彭樹聲　史 3 - 23210

彭樹惇　史 3 - 20958

彭桂　集 3 - 15228、6 -
　41973、7 - 47010

彭桂萼　史 8 - 62499

彭桂馨　集 4 - 33374

彭蘊章　史 2 - 7872、
　12106、6 - 48865、8 - 63656
　子 1 - 1724　集 4 - 29123
　～7　叢 1 - 276、2 - 906、
　1761～2

彭蘊璨　史 2 - 6752～3、
　7673　子 3 - 16108～9
　叢 1 - 437

彭枝萃　史 5 - 35594

46 彭旭　史 3 - 17061　集 4 -
　33307～8

彭觀瀾　史 5 - 35560

47 彭好古　子 1 - 31、43、3 -
　13137、4 - 23984、5 - 25037
　～8、29494、29535(3、4、
　5)、29536(3、4、5)、29546
　～7、29549、29574～5、
　31113、31148、31171～2、
　31217

彭期　集 1 - 2015

彭期生　集 2 - 12072～3、
　6 - 45300　叢 2 - 615(3)

48 彭翰孫　子 2 - 9839　集
　5 - 35814

彭教　集 2 - 7063～4

50 彭中浪　史 5 - 35606

彭中甫　經 1 - 1937

彭申甫　經 1 - 1716、2216
　史 3 - 21663

彭申前　集 4 - 31498

彭泰士　史 2 - 10069、3 -
　16724、18674、8 - 61856～
　7

彭泰來　史 8 - 64054　集
　4 - 28790～1、6 - 42007(1)
　叢 1 - 529、2 - 1739

彭本河　史 3 - 18397

彭春林　史 5 - 35617

彭東海　史 5 - 35609

51 彭軫　經 2 - 8799、9073、
　9459、9948、10685

52 彭拙弇　子 4 - 24729

53 彭盛青　史 5 - 35598

56 彭輯瑞　史 5 - 35563

彭靚娟　集 7 - 53969

57 彭邦鼎　子 4 - 21657～8

彭邦疇　集 3 - 21420、4 -
　27467

彭輅　集 4 - 23358

彭耜　經 1 - 125　子 5 -
　29008、29056～9、29530
　(14、18)、29535(2)、29536
　(2)、29547、31194　集 1 -
　3660

58 彭籠　集 4 - 25785

60 彭日章　史 5 - 35581

彭日貞　集 6 - 43845

彭日曉　史 8 - 60477

彭昱堯　集 4 - 30020、
　31706～9、6 - 42068

彭晸　經 1 - 2703

彭思眷　集 2 - 8087

彭甲聲　史 8 - 59312

彭昌祚　子 5 - 26455

彭景休　集 4 - 26295

彭景溪　史 5 - 35566

61 彭顯榮　集 5 - 37654

63 彭喧塢　史 2 - 12718

彭貽蓀　史 8 - 61178

64 彭曉　子 5 - 29530(19)、
　29538、29543、30967～9
　叢 1 - 223(47)、227(7)、2 -
　860

彭時　史 1 - 1914、1929、
　1933、2 - 8858　子 4 -
　20301、5 - 26219　集 2 -
　6794～7、6 - 45085　叢
　1 - 22(22)、29(7)、39、50
　～3、55、57～8、84(3)、88

~9、95~6、165、269(5)、
270(4)、272(4)、2－624
(3)、730(3、10)、731(51)
65 彭暎　史8－61992
67 彭昭麟　集4－24267~8
71 彭阯　史8－61721
　彭厚源　史3－22064
　彭長宜　集2－12645~6
　彭頤　經1－5677
74 彭陸　集3－17123
　彭慰高　史2－9864、
　　10068、12192、5－35547~
　　8　子1－2065、2593　集
　　4－32042~5　叢2－1845
77 彭鳳高　經1－6573　史
　　2－10226、7－53124　子
　　4－21962　集5－34653~
　　5、7－48664
　彭鳳文　集5－39738
　彭鳳耀　史5－35564
　彭用光　子2－4845、5770、
　　6268、6507、8380、9255~7
　彭鵬　史2－9366、12593、
　　6－47119~23、48623~5
　　集3－15690　叢2－1342
　彭履成　集4－30125
　彭殿試　史5－35629
　彭殿元　史8－58908
　彭居仁　史7－57943
　彭際清　史2－6426、6821、
　　6823　集3－18167
　彭際盛　史8－58920　子
　　2－9765
　彭學曾　史8－62437~8、
　　62571
　彭開勳　史7－51473
　彭開祐　集3－16314~5
　彭印古　集3－17923　叢
　　2－887
　彭興瀛　史8－61178
80 彭人傑　史8－61030~1
　彭人檀　史8－60369
　彭金璠　史3－23485
　彭金鈺　史5－35555
　彭俞　子5－27871　集4－
　　33010~1
　彭美　史7－55409
　彭年　史2－9973、3－
　　22489、5－35549、7－52735
　　子4－18791　集2－
　　8686、3－13648　叢1－
　　13、14(3)、22(25)、30、119

~20、181
　彭毓嵩　史3－22125、
　　22483
　彭毓洗　史5－35568
　彭會川　史5－35580
　彭養之　集5－36045
82 彭鍾華　史2－9962、8－
　　58829
　彭鍾模　史5－35637
　彭劍南　集7－50377
　彭劍光　集4－28614
84 彭鎮　子1－3931~2
87 彭欽　史8－61877
　彭翔履　史7－49683
　彭舒蕚　集4－30247
88 彭銓　史3－23486　集4－
　　28343
　彭竹樓　子2－9955
　彭篤福　集6－45085
　彭簪　史7－52581~2
89 彭鏜　史8－60870
90 彭惟成　集2－11550
　彭光斗　史7－50512　集
　　3－21731~2　叢2－734
　彭光湛　史3－16296
　彭光澧　集4－31241
　彭光藻　史8－58162
　彭光輔　集5－34955
　彭光譽　子4－21659
91 彭炳　集1－5282
　彭炳綱　史3－21939
　彭焯　史8－62208
　彭焯南　經1－1936、2－
　　14229　史1－5947　集
　　5－36341　叢2－1952
96 彭焜基　史8－61342
97 彭灼　史3－21143
　彭炯　集4－25013
　彭燦垣　史3－20981
98 彭烊　經2－10300　史2－
　　6383
99 彭榮魁　史5－35608
　彭榮恩　史5－35551

4220₀　蒯

10 蒯正昌　史8－60322
24 蒯先鑑　史3－22895
　蒯德模　史6－46494　集

4－32939　叢1－435、2－
683
26 蒯伯壎　史6－47809
37 蒯通　子4－19668　叢2－
　　774(10)
40 蒯希彭　史2－13263
　蒯嘉珍　集4－25270
　蒯壽田　史3－19352
90 蒯光典　經1－3097、2－
　　13459　史3－16170　集
　　5－39101
　蒯光煥　史8－61312
　蒯光燮　經2－14522

4240₀　荆

10 荆可棟　子1－3088
31 荆福慶　史4－30690
34 荆浩　子3－14692、15857~
　　9、15877~80　叢1－223
　　(37)、353
36 荆澤永　史7－56859
40 荆奎光　集4－33108
　荆克儉　史3－21475
41 荆柯　史8－60756
44 荆其惇　史8－59908
　荆楚挽狂子　子7－35903
45 荆執禮　子3－11729　叢
　　1－265(3)、266
46 荆如棠　史7－55979
47 荆朝璽　史8－60678
60 荆國霖　史4－30689
　荆園居士　子5－27137
77 荆鳳翔　史8－63033
　荆履吉　史4－30689　集
　　4－30730

4241₃　姚

00 姚立卓　經2－13512
　姚亢宗　經1－4153
　姚彥渠　經1－3264、8046
　　~7　史7－57258
　姚彥臣　子5－26739
　姚齊宋　子5－26526、
　　27666　集4－22012~3
　姚應龍　史4－31173　集

姚孔鉫　集3-20063
姚孔鋠　集3-19553
姚孔鐧　集3-18970
姚飛熊　集3-16299
姚孫棻　集2-12757
13　姚球　子2-6369
姚琅　史7-57903
14　姚璜　子4-24577
15　姚璉　集1-5810
姚融　史3-20673
姚建寅　史8-61901
16　姚琨　集6-42323
姚理胄　集4-24996
姚碧　史6-44594
17　姚孟起　子3-15221,5-30513
姚蕭　經1-4077~8、6972、7276、7393、7850,2-11563　史1-2133、5279、5861,7-49317(3、6、8)、49318(3、4、9、11)、51093、53466、53468、53613、53617、56545,8-65469~70　子3-15290,4-21285,5-29175、29382　集1-2708,3-19110、21160、21383~94、21845,6-41809、42066、42489、43067~76、43521　叢1-267、381、439、579,2-635(13)、691(3)、697、698(12)、771(1)、815、1503~5
姚蕭宋　經2-10870
姚弼　集3-13336
姚承順　史4-31164
姚承豐　集4-30511
姚承緒　史7-51375
姚承憲　史4-31156　集4-25231~2
姚承燕　集5-33987
姚承恩　集4-29728
姚承興　子3-14518
姚承輿　經2-11247　史1-3812、3881、3883、3916、3931　子3-13223~4　叢2-1926
姚子翼　集7-50006~9
姚子壽　子2-5915
姚子莊　史2-9300,7-57949

姚配中　經1-163(3)、1650~3　子3-15208、17555、17733　集4-29100　叢1-410、460、462、558,2-1755
姚翼　集2-9017、9465,6-42803
20　姚垂訓　史3-23576
姚爲胹　史4-31224
姚億　史4-31209
姚舜牧　經1-53、756、2736、3760、5619、7601,2-8383、10358~60　史1-5472　子1-1184、2149　集2-10121~5　叢1-223(7)、433,2-731(20)
姚舜漁　子6-32091(71)
姚信　經1-286~9、2319、2321~2　子4-19807　叢2-773(1)、774(1、9、10)
姚爵　史4-31148
姚秉哲　集4-23288~9
姚秉鐸　子7-33259
姚維楨　集5-39723
姚維彤　集5-38327
姚維錦　史7-55371
21　姚步瀛　史3-20956　集5-36014
姚步蟾　集4-24419
姚仁瑛　集4-30597~8
姚仁壽　史4-31188
姚行秀　史4-31221
姚衡　子3-15419,4-21664　叢1-433,2-731(7)
姚儒　子1-2135　叢1-83
姚虞　史7-50835　叢1-223(23)、274(3)、489,2-731(57)、880
姚倬　集3-14750
姚師傳　史4-31158
姚穪　子2-10971
22　姚偶　集4-24600
姚循德　經2-9639
姚循義　史7-52950,8-58182、58386
姚仙霞　集5-37477
姚仙都　集4-32642
姚繼祖　集3-21346
姚綬　子3-16488　集1-

5257,2-6858,6-45026
23　姚允元　史4-31200
姚允迪　集3-20138
姚允明　史1-1301、4918
姚俊　子2-9770　集3-14616,6-44511
24　姚先浚　史8-59044
姚倚雲　集5-39888~92
姚德豫　史6-46341
姚德豐　子2-9665　集4-27155,7-47580
姚德華　史8-60152
姚德堅　經1-1001
姚德闓　史8-59753
姚德鈞　史1-4994
姚德耀　集6-41999
姚勉　集1-4303~4,7-46361、46370、46372、46375、46699　叢1-223(57)、579,2-870(4)
25　姚生桂　史4-31189
姚甡　集3-16825
姚甡莽　子2-10928
26　姚伯謙　史3-23156
姚伯驥　經1-4175,2-11638　史3-17764
姚和都　史1-2363　叢2-653(6)、731(65)
27　姚凱元　經2-9640、10087、12666~9、12729　史6-42256　子2-10778
姚凱之　子4-24293
姚象申　經1-2246
姚伊憲　集4-28505,6-42071
姚旬　集2-6522,6-45026
姚鵠　集1-1684,6-41739、41824、41859、41878~80、41882
姚紹廷　史4-31216
姚紹崇　經2-9608
28　姚作濬　史3-22426
姚佺　集1-1480~1,2-7558、7926、9068、9560,6-41950、42438
姚復莊　子5-29693
姚儀　集3-14468
姚儀莊　集4-26744
30　姚宣　子5-27017~8
姚宜頤　集5-40326
姚瀛　集4-24087

56456

姚裕謙　史2-10562
姚道輝　經2-10919
姚道輝　集4-28037
姚肇瀛　史2-9942,3-
　16183、18462
姚肇昌　子3-17419
姚啓元　史6-45361
姚啓瑞　史7-55987
姚啓聖　史6-48651　集
　3-14575　叢2-848
40 姚大受　經2-14638
姚大源　子3-11384、
　13546、17103　集6-
　42559
姚大禎　集7-47111
姚大成　史2-9660
姚大呂　集3-20062
姚大昌　史4-31220
姚大榮　史6-46365　子
　3-14789　集4-31323,
　5-39557
姚士童　史4-31211
姚士麟　經1-2321
姚士璋　史3-16293~4
姚士基　集3-15802
姚士觀　集2-6115　叢
　1-223(62)
姚士陛　集3-16114
姚士陞　集7-47108　叢
　2-815
姚士粦　經1-33、247、274
　~5、324、403、2345　史
　1-2367,2-8936,7-
　57391　集6-43703　叢
　1-204、223(2)、300,2-
　612、730(13)、731(8、67)、
　836
姚埅　子4-21908
姚埔　史3-18317
姚培謐　子4-24356
姚培謙　經1-132、5019、
　5033、6933、7789　史1-
　1162、5019~20、5263,2-
　11836　子4-21360,5-
　25376、26207~8　集1-
　62~3、1287、1419、1566、
　2450,3-18892~3、
　19942,6-41770、41773、
　43050~1、43601、43687
　叢1-216
姚培元　史2-10709

姚培純　史4-31170
姚培和　集3-18443
姚培泳　集5-36016
姚培忠　集7-54815
姚克諧　子2-6162
姚克乾　史4-31215
姚希孟　子7-34959　集
　2-11536~43,6-41852
姚希周　子2-9432
姚有慶　集4-33286
姚有彬　經2-11765　史
　3-18346
姚有惠　史3-21546
姚有則　史8-58223
姚嘉謨　史4-31150
姚吉祥　集4-31633
姚壽鷹　史3-20569
姚壽祁　集5-40916
姚壽昌　史4-31204,7-
　55275~6
姚袁昭　集7-53965、
　54008、54041~2
姚梓方　集5-39123
姚樟　集4-26994
41 姚塏　集2-7767,6-45026
姚桓　史3-23182,7-
　57235
姚樞　集1-4735
姚樞　史3-20074　子2-
　10935
姚楷　史6-43809
姚橚　集2-11592
42 姚壎　集6-43602
44 姚協慶　史4-31202
姚協贊　集5-36466
姚荃聞　集5-40916
姚堪藻　史3-20921
姚苧田　叢1-482
姚蘭泉　集3-21345
姚茂良　集7-49709、
　49762~3
姚芝　史1-4956　子5-
　26738
姚芝生　史1-4984　子
　5-25498　叢1-496(8)
姚恭壽　史3-15837、
　18399
姚懋詮　史4-31213
姚孝錫　集1-3250~1,6-
　41896、41904
姚華　史2-6405,8-63686

集5-41290~1　叢2-
885

姚華國　集4-31421
姚世琰　史2-8902
姚世福　史4-31161
姚世孝　子4-19184
姚世鈺　集1-5641,3-
　19024
姚世鍾　集1-5641
姚世錫　史2-7991　叢
　1-433,2-731(61)、735
　(5)
姚世鈞　叢1-432
姚其慶　集5-35494~5
姚其慎　集5-38264
姚黃　史1-5663
姚樹勳　集5-36324
姚棻　史7-49317(9)、
　49318(4)、54646　子7-
　38031
姚林　史6-45427
45 姚楗　集4-28100
姚棲霞　集4-22406
姚椿　經2-9755　史2-
　9620、9763、9837、12670~
　1,7-49634、56510,8-
　59873~4　子1-3935,
　4-21444~5、23271、
　24421　集4-26697~
　708、27935,6-43115、
　46118,7-47304、47800
　叢2-746
46 姚加畬　子3-13487
姚覲元　經2-12084~5、
　12229~30、13692、15124
　史2-11108、12880~2,8-
　64064~5、64072、64295、
　65018、65820、66233　子
　1-4356,3-16787　集
　5-34097~8、34206　叢
　1-432~3、534,2-611、
　731(3)、796
姚覲闓　子2-8477　集
　4-25128
姚觀　史8-60188
姚觀光　史8-64975
姚駕鼇　集4-24302
姚槐林　史4-31165
47 姚鋈生　史3-21502
姚均　集4-30454
姚鶴升　史4-31182
姚朝翻　集4-30098

姚桐壽　子 5-26324　叢 1-11～2、22(3)、23(3)、31、105、111(1)、148、195(7)、223(45)、373(5),2-730(12)、836
48 姚猶龍　子 2-8592
姚教源　史 4-31219
姚松　史 1-5578
50 姚肅規　史 8-61090
姚本　史 8-59057、62879～80
姚書簡　史 4-31168
姚東升　子 3-11508,5-25453～4、31861　集 4-27410　叢 2-1690
姚東濟　史 7-55935
姚東昇　經 1-7024、7942
姚柬之　經 1-1596　史 2-12685,7-49343、52852,8-60874　集 4-27915　叢 2-1708
51 姚振宗　經 2-13342～3、13350　史 1-10(1、2、4)、249～50、252、358、427、644,4-31180,8-65255～6、65409、65413、65732、65889　子 1-464,3-17960,5-26156　叢 1-569～70,2-615(3)、2045
姚振啓　史 3-15213
姚振翥　史 3-17578
姚虹　史 4-31179
56 姚規　經 1-367、2322　叢 2-774(2)
57 姚邦謨　史 4-31208
60 姚□□　子 7-35583　集 4-29384　叢 1-373(4)
姚日新　史 3-19054
姚日炎　史 4-31186
姚最　子 3-14692、15857、15859、16020～1　叢 1-4～5、9～10、22(15)、23(14)、29(2)、169(3)、216、223(36)、353,2-731(35)
姚國齡　史 8-62724
姚國禎　子 2-10404～6
姚國柱　史 4-31205
姚國蘭　史 3-23157
姚國林　史 4-31184
姚國楝　史 4-31227
姚見瑾　史 4-31222
姚昺　史 8-60662
姚思廉　史 1-11～7、20、585～7、595～6　集 1-595　叢 1-223(17)、227(5),2-698(3)、777
姚思仁　史 6-45780　子 2-9307
姚思贊　集 5-36015
姚思勤　史 7-52906　集 4-24420,6-42071　叢 2-832(5)
姚思孝　史 6-48571
姚晏　史 8-63995～6　子 3-15419、16856　叢 1-433、534,2-731(32)
姚昇　史 1-5969
姚景衡　史 8-62765　集 4-26146～7
姚景伊　史 4-31162
姚景瀛　史 7-57161　集 5-40430
姚景星　史 7-56229
姚景圖　史 7-55368
姚景陽　子 2-9855
姚景夔　史 2-12994,3-18611　集 5-36538　叢 1-460
62 姚則唐　史 4-31191
63 姚畹真　集 4-30820
64 姚時亮　史 7-57256
姚時勉　子 5-25252
姚時御　史 4-31167
67 姚明珠　史 4-31149
姚明輝　經 1-5869、6581,2-8563　史 7-56019～20　叢 2-2243
姚明煇　經 2-8896　史 2-11907、12367,7-54448
姚鳴庭　集 4-22604
姚鳴鸞　史 7-57223
71 姚階　集 7-48567
姚原濕　史 7-55350
姚頤　集 4-21979
74 姚慰祖　叢 1-429
75 姚體崇　集 4-30731
姚體備　史 3-15366
姚體傑　子 1-2146
76 姚陽元　集 5-34206　叢 1-433
77 姚朋圖　集 5-39722
姚陶　史 7-49318(6)、52222　集 3-17011
姚鵬春　史 7-56833
姚鵬圖　史 3-18965,7-54654　集 5-40917　叢 2-685
姚展　史 8-63119
姚履旋　集 2-6377
姚際隆　經 1-2371
姚際恆　經 1-1137、4297～8、5265、7741～3　史 8-65282、65666　子 3-14782　叢 1-244(5)、278、429,2-659、662、714、731(3、34)、738
姚熙　史 3-22538
姚熙績　史 3-20667
姚又崇　史 7-52952　子 4-23182
姚學顔　子 2-9288
姚學瑛　史 7-55646、55657、55695　子 2-9484
姚學程　集 4-33434
姚學邃　史 4-31171
姚學塽　子 5-30342～3　集 4-25305～6
姚學甲　史 7-55657、55695、55708
姚學鏡　史 7-56079
姚開濟　集 4-31204
姚開勛　史 3-16969
姚開第　史 3-23363
姚卿　史 8-59926
姚興　集 4-29383
80 姚益華　子 2-10784
姚鐘葆　子 3-16581
姚鏞　集 1-4107～8,6-41744～5、41888、41891～3、41894(4)、41895、41897～8、41904、41917、41924
姚鉉　集 6-41876、43549　叢 1-223(68)、227(11),2-635(14)
姚前樞　集 4-29542,7-48050
姚前機　集 4-30096～7
姚夔　史 2-8858,3-20266,6-48158,7-57562　集 2-6772～3,3-14536　叢 1-508,2-731(41)
姚令儀　史 8-62044
姚念楊　史 8-60504
姚念曾　集 4-22092,7-

中國古籍總目著者索引

4260_2 晳

80 晳分斯　子 7 - 36249～50

4282_1 斯

00 斯文　史 5 - 35532
10 斯元儒　史 5 - 35533
20 斯秀秀　史 5 - 35543
22 斯繼元　史 5 - 35541
23 斯允中　史 5 - 35537
　　斯獻德　史 5 - 35542
30 斯密亞丹　子 7 - 37321、
　　37323
　　斯密斯　子 7 - 38153
　　斯賓率爾　子 7 - 36528
　　斯賓塞　子 7 - 36238、
　　36524、37969～70
　　斯賓塞爾　子 7 - 38058、
　　38107
31 斯福求　史 5 - 35538
34 斯邁德　史 4 - 27194
40 斯土活　子 7 - 38282
44 斯懋昌　史 5 - 35535
　　斯萬同　史 1 - 10(4)
　　斯世綸　史 5 - 35544
　　斯世浦　史 5 - 35534
　　斯植(釋)　集 1 - 4317～8,
　　6 - 41745～6、41888、
　　41891～3、41894(3)、
　　41895、41897、41899、
　　41904、41911～2、41917、
　　41919、41923
50 斯拉弗司　子 7 - 36228
　　(3)、36231(2)、36242(3)、
　　36917
　　斯泰老　子 7 - 36901、
　　36986
60 斯旦來威門　子 7 - 38250
77 斯際唐　史 5 - 35536
90 斯米德　子 7 - 35671

4291_0 札

44 札薩克圖蒙荒行局　史

6 - 47480
50 札拉芬　子 3 - 12642
77 札隆阿　史 3 - 17146,8 -
　　58815

4291_3 桃

44 桃花館主　子 5 - 28756

4292_2 杉

22 杉山富槌　子 7 - 36232
　　杉山藤次郎　子 7 - 36479
60 杉田文三　子 7 - 37027
99 杉榮三郎　子 7 - 36647、
　　38039

4292_7 橋

42 橋析生　史 1 - 4283
50 橋本海關　子 7 - 37036、
　　37272
　　橋本奇策　子 7 - 36231
　　(5)、37222

4293_4 樸

52 樸靜子　子 4 - 19300
72 樸隱子　經 2 - 13844、
　　14348
90 樸懷德　史 8 - 61863

4295_3 機

10 機雲(釋)　子 6 - 32091(80)
12 機琇(釋)　子 6 - 32091(80)
17 機勇(釋)　子 6 - 32091(78)
23 機峻(釋)　子 6 - 32091(74)
46 機如(釋)　子 6 - 32091(78)
58 機輪(釋)　子 6 - 32091(76)

4299_4 櫟

10 櫟下老人　叢 1 - 456(2)
41 櫟垣　史 1 - 5918

4301_0 尤

00 尤應魯　史 8 - 59393
　　尤文溍　史 4 - 25548
　　尤袤　史 8 - 65553～4　集
　　1 - 3507～11,6 - 41784、
　　41894(3)、41895、42099、
　　45490、45592～5　叢 1 -
　　17、19(6)、20(4)、21(6)、
　　22(2)、23(2)、24(7)、169
　　(2)、223(28、55)、453,2 -
　　731(1、46)、798、916
04 尤麒　史 8 - 59106　集 2 -
　　8054
10 尤璋　集 3 - 17179
　　尤元培　史 4 - 25554
　　尤雲鶚　集 3 - 16769
12 尤廷宸　史 4 - 25556
13 尤琮　史 2 - 7835
14 尤瑛　集 6 - 42765
17 尤玘　史 2 - 7834　叢 1 -
　　195(2)、244(3)、2 - 731
　　(51)、798、916
18 尤珍　經 2 - 13383　史 1 -
　　6151,7 - 54273　子 1 -
　　1510,3 - 15405　集 3 -
　　16321～3,6 - 41762　叢
　　1 - 201、203(2)、241、242
　　(3)、249(4)、461,2 - 771
　　(1)、1287
20 尤乘　子 2 - 4586～7、4770、
　　4771(3)、5577、5867、
　　5940、6111、7430、10307、
　　11048、11053　叢 1 - 269
　　(4)、270(3)、364,2 - 731
　　(29)
　　尤維熊　史 7 - 49317(3)、
　　49318(9)、53745　集 4 -
　　24773～5
21 尤何　史 7 - 57985
22 尤鼎　史 4 - 25547
　　尤利若　史 4 - 25555

7-38124

88 求敏齋主人　子3-12389

4315₀ 城

11 城北遺民　史7-49332、
　　50222

4324₂ 狩

67 狩野良知　子7-36426
80 狩谷望之　經2-8343

4345₀ 娥

22 娥川主人　子5-28320~2

4355₀ 載

13 載武　經1-6565~70　子
　　3-12652、17952~3
22 載綏尊　集7-48096
28 載齡　史6-44145、46968~
　　9
30 載宜　史3-17027
　　載淳(清穆宗)　集5-
　　38949~55
32 載澄　史2-13249
　　載灃　史6-49206
　　載湉(清德宗)　史1-5772
　　　~3,2-10281,6-47731
　　　子1-4309　集5-40854
　　　~5
34 載濤　史6-42762、45259
36 載澤　史2-13222,6-
　　42750~1、43814、44211、
　　44354、47563　子7-
　　36627
38 載激　集5-39269~73
39 載瀅　集5-39497
51 載振　史6-45949,7-
　　54830
60 載恩溥　史2-12915

76 載陽李仲子　子3-11281
88 載銓　史6-45190、46902
　　子3-17730　集4-
　　29505

4373₂ 裴

00 裴慶元　子2-4768、4770
　　裴慶桂　史3-19723
10 裴玉　史2-7300　叢1-
　　13、14(2)、22(21)、134,2-
　　731(61)
　　裴元俊　史6-48866
　　裴元輔　史5-37170
　　裴可桴　集5-38948
12 裴廷禎　子4-21955
　　裴廷梁　叢1-549
　　裴廷楨　子3-16238　集
　　　5-40250~2,7-48756
15 裴璉　史1-5625,7-57146
　　集3-16157~61,7-
　　49357、50268~9
17 裴君弘　子4-21072　集
　　6-45924~5
20 裴秉鈁　史8-60916
21 裴行恕　史8-60092　子
　　4-23332　集4-24053
　　裴行素　子4-21377,5-
　　27320
　　裴行簡　集4-23720
23 裴獻功　集5-37111
24 裴仕通　史5-37179
　　裴德富　史5-37185
27 裴象坤　史5-37178　子
　　7-33783
　　裴紉蘭　集5-35965
　　裴紹箕　經2-10932
30 裴良能　史5-37175
　　裴良白　子3-18513
　　裴寶善　集4-30052
　　裴宗漢　史5-37177
33 裴黼　集2-11938
34 裴淩仙　集5-38894
　　裴洪茂　史5-37180
40 裴大松　史5-37182
　　裴壽頤　史3-20729
42 裴姚崇　史2-11771,5-
　　37172
　　裴彬　史3-20477,8-

61331

44 裴萬頃　集1-3953~8,6-
　　41746、41779~80、41889、
　　41894(3)、41895、41901、
　　41914、41916、41923　叢
　　1-223(56)
　　裴世廉　史8-62996
　　裴樹榮　史8-58257
45 裴坤　集7-50688
48 裴增壽　史5-37187
50 裴忠元　史5-37184
　　裴忠孫　史5-37183
57 裴邦彥　史1-1262
60 裴曰和　史1-5706~7
　　裴曰修　集3-20042~4,
　　6-44257
67 裴鳴瑋　史5-37173
72 裴岳　子2-7419
75 裴陳珮　史1-1262
　　裴陳佩　史5-37169,8-
　　62871
80 裴尊生　子3-15425
　　裴毓芳　子1-2929　叢
　　2-627

4380₅ 越

10 越震(釋)　子7-34356
22 越山平三郎　子7-36459
25 越生　子5-28600
27 越伊(釋)　史7-51569
44 越蘱　叢1-283(1)
47 越鶴　叢2-1048
86 越智直　子7-36711

4385₀ 戴

00 戴立訓　史5-40491~2
　　戴立本　史5-40567
　　戴亨　集3-18760　叢2-
　　785
　　戴鹿芝　史2-9945　子
　　4-21801　集4-32700
　　戴亮　史5-40476
　　戴序均　史5-40474
　　戴彥鎔　集3-16424~5
　　戴高　史5-40572　集5-

33810
戴應鰲　子4-23007　集6-44705、44711
戴應鼇　史2-8767
戴康國　史5-40479
戴豪　子4-21799
戴庭槐　史2-6312,4-25948　子3-11596
戴廣春　集5-40109
戴廣國　史5-40482
戴賡颺　史6-43889~90
戴文誥　史3-18179
戴文儁　史7-50469
戴文仲　經2-10412
戴文宗　集2-11006
戴文選　集6-46324
戴文奎　史8-61786
戴文榜　史5-40543
戴文明　史7-57163
戴文光　經1-6865~6　史1-5068
戴文燈　集3-21136
戴文熾　史8-59177
戴文燦　子3-17221
04 戴麒　子7-37828
07 戴望　經2-9612、11109　史8-66210　子1-1442,4002~3,3-16612,4-24390　集5-36558~9　叢1-439,580,2-609,667,843
戴望崿　史5-40512　集3-21502
戴翊清　史5-40503　子1-2193~4　集5-36007　叢1-535~6,2-724、977
戴調侯　子7-35821
08 戴敦元　集4-25605
戴謙　史3-15158
10 戴三錫　史8-62041
戴正誠　史2-12383　子4-22006
戴正鈿　史5-40553
戴玉藻　史8-58508
戴玉華　集4-25669
戴王緒　史8-59122
戴元謙　集5-35379
戴元禮　子2-6766
戴爾第　子7-35421
戴爾恆　史5-40504
戴震　經1-111(3)、1162、

2890、4069~71、5191~2、5879,2-9098、9980、11557~61、11860、14080~1、14104~6、14373、14531、14540、14542、14660、14833、14852　史7-49315、52693、52721、52751~3、55992、55995　子1-1615~8,3-11250、11385、11650、12348、12562~5、12736　集1-149,3-20848~50,4-22172,6-42015　叢1-203(10、15)、238~9、242(5)、247、272(5)、273(3)、274(3)、312、440~1、456(2)、462、468、470、517、529、558、579~80,2-635(13)、653(6)、698(3、12)、731(13、25、55)、814、873、1475~6、1517
戴震亨　史8-58538
戴天章　子2-4632、4652、4686、4691、4771(2)、6257、6914~9、7140、10510
戴天顏　史5-40523
戴天良　集4-32699
戴天賜　史8-62356
戴百壽　史6-44609　叢2-2052
戴醇　經1-1880
戴雲裔　經1-4796
戴雲官　集4-28379
戴雲路　史5-40555
戴粟珍　集4-33495~6
戴霖祥　史3-23206
11 戴斐南　集3-16133
12 戴瑞昇　史3-22359
戴瑞卿　史7-57842
戴聯奎　集4-22799
戴聯璧　史8-60731
戴延之　叢1-29(8)
戴延祚　集3-20956
戴延介　集7-47635
戴延年　史2-7638,7-49318(12)、50206　叢1-202(2、3)、203(7、9、17)、321、409
戴廷栻　集3-14082~4,6-44404
戴廷槐　集2-10091
戴廷掄　史7-58017

戴廷明　史2-13411
13 戴武承　子2-8265
戴琮　集3-15113~4
16 戴聖　經1-6017~21,2-8651　叢1-261,2-761、765~6、772(5)、773(5)、774(4)、777、1668
戴聖瀛　史5-40515
戴聰　史2-8084　集4-25841
戴璟　史1-5401~2,8-60815　子5-25631
17 戴珊　集4-22693
戴璐　史3-14958~61、23681~2、23684~5,7-49322、49831~2　叢1-373(3),2-624(4)、843
戴喬雲　史3-19329
戴承澍　史3-18300
戴君　子4-20791
戴君恩　經1-3806~7,2-9898
戴君賜　集7-49723
戴翼子　集3-20956　叢2-788
20 戴重　集2-12593~6,6-41949
戴鯨　集6-44621
戴孚　子5-26890~1　叢1-15、19(2)、21(2)、22(19)、23(19)、24(3)、249(3),2-731(50)
戴秉清　史5-40537
戴維　集2-6541
21 戴仁　子7-37916
戴仁宗　集5-36361
戴虛　史5-40565
戴衢亨　叢1-223(32、67)、227(7)
戴儒　史8-58979
戴虞皐　經1-1161
戴熊飛　史3-19923
戴師洵　史3-17904
戴師鐸　子7-36505
戴經　集4-22368
戴經訓　史5-40516、40521
戴經海　史5-40522
22 戴任　史6-49252~3,7-56678
戴樂爾　史6-43193,7-49318(20)　子7-36228

6-41935(1) 叢1-22
(21)、337,2-731(21)
戴祁 史8-60379
戴逢錦 史5-40519
戴運謙 史3-23435
38 戴瀚 集3-18565 叢2-
788
戴澈 集4-23562,7-
47494
戴祚 史7-53774~5 子
5-26819 叢1-17、19
(2)、21(2)、22(10、19)、23
(10、19)、24(3)、249(3),
2-779
戴祥 史5-40542
戴祥光 史5-40547
戴遂良 子7-35813
戴肇辰 史5-40483,6-
43039、43047、43078,7-
50947,8-60829 子4-
21433 叢2-920
戴啓文 史2-7986 子
4-21824 集5-37122~
30
戴啓偉 子3-17089
戴啓宗 子2-6024~6
叢1-223(33)、272(4),2-
731(29)
戴啓達 經2-13443~4
子5-25415~6、25935、
25939
戴啓鑒 史5-40558
40 戴九玄 集2-9461
戴九禮 史5-40500
戴九思 子5-26320
戴大受 史2-6637
戴大昌 經2-10812~3
子3-17547 集4-
25412 叢2-1574
戴大榮 史5-40549
戴士衡 史5-40507
戴奎章 集5-39169
戴培椿 子2-7463
戴堯 子2-8277
戴堯天 史5-40535
戴堯仁 史5-40524
戴有孚 子4-23893
戴有祺 集3-17235
戴志唐 史5-40520
戴杰 史6-43049,8-59088
戴嘉瑞 子3-17693
戴嘉珍 史2-7612

戴難 叢1-223(64)
戴壽南 史3-17796
戴壽昌 集5-39526
戴梓 集3-16454 叢2-
785
41 戴垣 史5-40546
42 戴彭 子1-3873 叢2-
1421
戴彭齡 集4-23984
戴彬元 史3-16057~8
子5-25877
44 戴塽 子4-22176~8 叢
1-2~3、6~7、11、19
(12)、20(10)、21(11)、22
(3)、23(3)、24(12)、26~
8、31、114(5)、115、223
(40)、245、268(3),2-731
(6)、845(3)
戴菉浦 史5-40561
戴夢霖 史5-40525
戴夢熊 史7-55607,8-
61370
戴芬 集4-30781 叢1-
423
戴蘭友 史5-40568
戴蘭疇 史3-22964
戴葆元 子2-5145、6857、
9806
戴蓮洲 經2-8480~1
戴蓮芬 子5-26731 叢
1-496(7)
戴燕永 集4-22694
戴世文 史7-55439
戴世名 集3-16776
戴世泰 經1-7100
戴世履 集3-19666
戴莼 集5-34270 叢1-
423
45 戴坤 子5-26673 叢1-
587(5)
戴檍孫 子3-17958
46 戴觀象 史5-40499
戴觀成 史5-40499
戴如煌 集4-22251
戴楊森 叢2-1574
戴楫 子1-909~10、2640
集4-32175
47 戴均元 史1-1716
戴朝紀 史8-61686
戴起端 史5-40534
戴起宗 子2-4558、4727、
6024~6,5-29530(3)、

29538、29543、31138~40
叢1-223(47)
戴起芬 集4-33390
戴起銓 史5-40540
戴栩 集1-4060~1 叢
1-223(57),2-867
戴穀 經2-15067
戴穀孫 集4-28724
48 戴翰才 史5-40485
戴榆芳 史3-22136
戴枚 史7-57434
50 戴泰運 集3-18579
戴青 集4-33323
戴本立 史5-40488
戴本孝 史7-56569 子
3-16638 集3-14329~
30
戴惠元 史2-10047
戴書芬 集4-24759
戴表元 集1-4855~70
4872~5、4877 叢1-
223(59)、343、383,2-635
(11)、731(40)、845(2)、
2116、2118
戴東 史2-9390 叢1-
406,2-753、791、793
戴東旻 史7-57965
戴東堂 史5-40566
51 戴振聲 史5-40484,7-
51798
53 戴輔咸 史5-40562
戴盛昆 史5-40545
戴咸弼 史8-63916~8
集6-43127
戴成芬 史6-49292
57 戴邦楨 史3-18873,7-
56758~9
戴邦榮 史3-19742
58 戴輪 史3-22040
戴驁 集1-1332
60 戴□□ 子7-35582
戴日強 史7-57153
戴日煥 史8-60608
戴國忠 史5-40541
戴國階 史5-40477
戴昺 集1-4002、4123~9,
6-41779~80、41896、
41900~1、41908 叢1-
223(57)
戴晟 集3-17086
戴思望 集3-15602
戴思恭 子2-4557~8、

4564、4740、4823～5、
9190、9212、10466、10468
戴恩溥　集5－34763
戴昌　子3－18512,4－23721
戴昌言　史8－60217
戴昆芸　史5－40478
戴景賢　史7－56116
61 戴顯禮　史5－40560
戴顯棠　史5－40559
64 戴時明　史5－40531
67 戴曜亭　史5－40490
戴明　子5－25418
戴明說　經2－13160～1
史2－11575　集3－
13357,6－42445、43392
戴明琮　史7－51651～2
戴明芳　史5－40496
戴鳴　子4－23611
戴煦　經1－6556,2－14192
子3－12364、12384、
12389、12396、12590,5－
29394　叢1－380、456
(6)、457、550,2－731(26)
68 戴喻讓　集3－20368～9
71 戴原禮　叢1－223(33、
34),2－731(28、30)
戴黧　集2－8166
戴長庚　經1－6546,2－
14190　集4－30656
戴長墀　史5－40528
戴長惠　史5－40527
75 戴體仁　史8－58683
76 戴陽　叢1－309
77 戴鳳儀　史7－51850
戴鳳美　史5－40551
戴鳳翔　史8－60033
戴鳳筠　史7－51764
戴隆緒　史5－40497
戴朋　子5－25417
戴鵬　史5－40480
戴殿慶　史5－40518
戴殿儒　史5－40517
戴殿江　史2－11395　子
1－1642　集1－5766
戴殿泗　史3－15088　集
1－5766,4－22926～7
戴熙　經1－3380　史8－
64848～9　子1－2833,
3－12684、16205～8、
16348～9、16354、16605～
8、16742,4－23295　集
1－1891、3918、5589,2－

6206,3－16133,4－30545
～56,6－41785、42007
(1)、42021、44384　叢1－
401、435、553、569,2－617
(5)、1800
戴熙芰　史6－46126
戴問善　史5－40473　集
7－48865
戴民祿　史5－40564
戴興湉　史3－23012
79 戴勝徵　集3－15115
80 戴人蘊　史5－40550
戴人鏡　史3－23479
戴金　史6－48229
戴金銓　史5－40494
戴鏡壽　子2－7616
戴羲　史1－4915,6－49262
集6－43216
戴姜福　經2－12483～4、
13570　史3－19250
戴善夫　集7－48767(2)、
48774(5)、48915　叢2－
698(15)、720(4)
戴善甫　集7－48765
82 戴鍾靈　史5－40568
83 戴鋐　史7－54085
戴鐵齡　史2－10732
84 戴銑　史2－8759,7－55278
集2－7118
戴錡　集1－4730
戴鈜　經2－10711
86 戴錦堂　史5－40495
戴錫章　史1－5350
戴錫倫　史8－60887
戴錫之　史3－16511
戴錫鈞　史3－15831、
18121　集5－37375～6
87 戴鈞　叢2－635(13)、698
(11)
戴鈞衡　經1－3005～6
史1－4135,2－11780　集
4－22694、32584～91
戴銘　史8－59683　集4－
25204
戴銘金　集4－27583
戴欽　集2－7629
88 戴笠　史1－1946、1982、
3061、3079、3081～3、3463
～5　子2－8719～23
叢2－742
戴鑑　集4－27655～7,6－
41763

戴鈴　史3－15191
戴第元　集6－42242
戴敏　史7－55278　集1－
3397～9、4002～3,6－
41900～1　叢1－223(56)
戴策獻　史7－52077
90 戴小玉　集4－27369
戴小瓊　集4－30655
戴小軒　子2－7164
戴惟簡　叢1－374
戴惇禧　史3－19705
戴光　史8－59370
戴光祖　史3－18984
戴光巨　史5－40552
戴棠　經1－1675～6　叢
1－312
91 戴恆　史4－28940、30841
戴烜姒　集5－37513
94 戴嬉　集1－2415
96 戴焜　經1－4364
97 戴耀墀　子2－6413
戴輝　子2－9242
戴耀　史8－60817
戴煥南　史8－61373　集
5－35329
98 戴愉　史5－40486
99 戴鎣　經2－11221
戴變元　史1－3992,2－
10047,3－17140,5－
40483,7－49318(15)、
54021～2　集5－36658
～9,6－42007(3)　叢2－
920
戴榮　史5－40489
戴榮挺　史5－40514

4390₀ 朴

00 朴齊家　叢1－241、242
(4)、373(9),2－731(46)
15 朴建中　經1－5400
90 朴懷玉　史7－58063

4396₈ 榕

10 榕西逸客　集7－50341～2
60 榕園書屋主人　經1－1941

4410_0 封

00 封文權　史 2－10378、10882,7－56482,8－65799～800
封章煒　史 2－13101　集 5－41649
封奕璠　集 4－29381
10 封一愚　子 2－7479
封元履　集 4－29964
17 封豫　集 4－33280～1
18 封致治　集 5－37214
26 封保祺　子 3－16965、17140
28 封作梅　史 7－56482
30 封良儒　集 5－39005
32 封兆台　史 3－21238
33 封演　子 4－19887～8　叢 1－15、17、19(3)、20(1)、21(3)、22(8)、23(7)、24(3)、195(5)、219、223(40)、268(3)、272(5)、323,2－731(6)、782(2)
36 封祝唐　史 8－61343　集 5－38177
38 封導源　史 7－56437
40 封大受　子 3－17148　集 4－24729
封大本　集 4－27309
封有山　史 4－30678
44 封蔚礽　史 8－60251
封赫魯　史 8－61399
60 封景岷　集 4－32281
72 封岳　集 7－48836
80 封人祝　集 5－37313
90 封光碩　史 4－30679

4410_4 基

25 基生蘭　史 1－5812,8－63289

董

00 董立熙　子 7－38144
董彦琦　集 6－44654～5
董方大　史 8－59387
董應運　史 5－35909
董應舉　集 1－2040、2288,2－10627～34,6－42028、45173
董康　史 2－10946,3－16286、18848,6－46059、46306,8－65328～9、66008、66411　子 7－36657、36666、36931、36933　集 3－13493　叢 2－672
董庭　集 2－10558、10564
董庭焙　史 5－35882
董庭熠　史 5－35884
董廢翁　子 2－4606、6824　集 1－433
董慶西　叢 2－845(4)
董慶安　子 2－7548
董慶恩　史 8－59760
董廣布　史 8－62344
董文渙　經 2－13696　史 2－12995　集 1－1071,5－35682～8,6－44323
董文驥　史 1－4460、5162　集 3－14517　叢 1－201、203(4),2－798
董文煥　子 4－23567
董文燦　史 3－17707,8－64210　集 5－34830
董章甬　集 3－16625
董訪　集 3－16125
董襄　史 2－9542　集 2－8971
02 董新策　史 8－61919　集 3－18021
04 董訥　史 6－48683～4　集 3－15832～3
董誥　史 1－1715,6－42120、45245、45840,7－56091　子 1－4298　集 6－43556～8、44248、44362　叢 1－223(24、32、67)、227(7)
07 董毅　經 1－2318　集 7－48520～1　叢 1－327,2－697、698(13)、1615
董調　集 6－45109
董詔　經 2－12658～9、12733　史 7－49318(11)、51971、53760,8－62908、63037　集 4－23781
08 董斿　集 4－28536～7
董說　經 1－975　史 2－12561～3,6－41593　子 4－18899、21050～1,5－28812　集 3－14261～5　叢 1－202(3)、203(8、18)、223(27)、274(4)、321、496(2)、538,2－624(3)、731(17)、843～4、1302～4
董謙吉　史 8－58926
09 董麟科　子 5－30581
10 董一甲　集 3－15040
董二酉　集 6－44522
董正　史 8－58654、59599、60060　集 5－39936
董正功　子 4－19873
董正官　史 8－63469　集 4－30940
董正揚　集 4－27469～72
董正國　集 3－17231
董玉山　子 2－8974
董玉書　史 7－49914　子 1－2518　集 5－36497
董靈預　叢 2－844
董丕豐　史 3－20040
董玹　子 2－4577、4902、6521
董元亮　史 3－20896,6－44807　子 1－4313、4459
董元度　史 3－20896　集 3－19845
董元俊　史 8－60213
董元宿　經 2－13185
董元憲　集 4－28703
董元成　集 4－30344
董元鵬　子 2－9645
董元愷　史 5－35863　集 7－46405、46930～1
董爾基　史 7－56997
董弦　史 8－59757
董平章　集 4－30853～4
董天工　經 1－8128　史 2－6625,7－51241～2、52452　集 3－19567
董天華　史 7－55166
董天錫　史 8－58596
董更　叢 1－223(37)
董西園　子 2－5022、6067、8834
董晉貞　史 3－18493
董醇　史 1－1383,2－

12831,3 - 17900,7 - 53996、56734　集 4 - 32152

董醇醞　子 4 - 23448

董雲鶴　集 4 - 27712

11 董珩　史 8 - 61993

12 董登三　集 5 - 38360

董瑞生　史 5 - 35866

董瑞椿　經 2 - 11288　史 3 - 22319,7 - 52041　子 7 - 36714、38076　叢 1 - 502

董廷獻　史 5 - 35872

董廷粲　集 3 - 19002

董廷揩　集 3 - 17804

董廷恩　史 7 - 55004

董廷策　子 4 - 23520　集 5 - 34582　叢 2 - 1960

董廷輝　史 5 - 35903

13 董琅　集 6 - 44640　叢 2 - 845(4)

15 董臻五　史 5 - 35905

16 董現庵　史 3 - 14912

董場　史 7 - 52053　集 2 - 11473

董碧雲　集 2 - 12697

17 董孟汾　子 5 - 28432~4

董玘　集 2 - 7961~8　叢 2 - 985

董瑤峯　史 5 - 35869

董瑤林　史 8 - 59091

董琛　史 5 - 35865

董承詔　子 1 - 3503

董承琨　經 2 - 12896

董承志　子 1 - 2907

董承熙　史 8 - 61554

董豫　史 5 - 35880

董子懷　史 5 - 35908

18 董政華　史 8 - 59020

20 董重　史 7 - 55775

董儁翰　史 2 - 12993

董舜明　集 7 - 46931

董受祺　集 7 - 48308~9

董香光　子 2 - 11084

董采　集 1 - 1321,3 - 14689,6 - 42031

董秉純　經 1 - 4365　史 2 - 11856,5 - 35876,7 - 51810　集 3 - 19643、19645、19648、20432~5、6 - 42578、44636~8　叢

1 - 322,2 - 635(13)、845 (4)

董秉清　史 8 - 58186

董秉忠　史 7 - 56086~7　集 4 - 26612

董維嶽　子 2 - 8824

董維祺　史 8 - 61502

董維則　集 4 - 23553

21 董能靈　子 4 - 21224

董虎文　集 3 - 13998

董衡　史 1 - 12~4、16、20、660~1　叢 1 - 223(17)、2 - 698(3)

董儒　史 8 - 60460

董儒龍　經 2 - 14087~8、14887　集 3 - 16017

董師直　集 3 - 14621

董柴　集 3 - 19352~4,6 - 44057、44104、44409

董經緯　集 4 - 28538

22 董川　子 7 - 37627

董豐垣　經 1 - 2883~6　史 1 - 1004,8 - 60020、63502　子 4 - 22411　叢 1 - 223(40)、272(3),2 - 731(7)、843

董鼎　經 1 - 77(2,4)、2667 ~71,2 - 8372~4、8574~ 5、8577~8、8580~2、8585 ~6　史 1 - 5395　叢 1 - 149~50、223(5,12)、227 (2)

董繼祖　史 1 - 1157

24 董佳明　經 2 - 15003、15017

董德彰　子 3 - 13391

董德崗　史 2 - 9221

董德寧　子 5 - 29172、29565、29789~90、29903、30997、31135、31157、31379、31381~2、31860

董德鏞　子 4 - 20681

董偉業　史 7 - 50144　集 7 - 50534、50539　叢 1 - 371,2 - 619、810

董佑誠　子 7 - 36228(1)、36231(7)、36241、36242 (1)、36248

董升　史 7 - 57193

25 董仲舒　經 1 - 33、209、7225~9、8123~9、8131~ 7、8142,2 - 8298　子 1 - 18~20、48、52、62、64~5、

67~9、333　集 1 - 173~ 6,6 - 41694~8、41794、42026　叢 1 - 19(1)、21 (1)、22(2)、23(2)、24(2)、69、71~7、182~3、223 (12)、227(6)、230(2)、236 ~7、258、261、410,2 - 628、635(2)、698(3)、730 (6)、731(10)、761、765~6、772(4)、773(4)、774(4)、775 (1,2)、777、782(1)

董傳松　史 5 - 35868

董傳策　史 7 - 53009、53076~7　子 4 - 20540　集 2 - 9326　叢 1 - 22 (25)、64,2 - 730(4)、731 (12)、1107

董傳性　集 6 - 42361

董傑　史 6 - 48186　子 1 - 956　叢 2 - 731(18)、816

董朱英　史 8 - 62227

董繡裳　史 5 - 35913

26 董自芳　史 3 - 19192

董保成　集 4 - 32680

董緄庵　史 2 - 11741、11890

27 董衆　史 2 - 11139

董解元　集 7 - 48758~9、48761~4

董彝　經 2 - 10265

董色起　經 1 - 2835

董彙芳　史 3 - 16971

董紀　集 2 - 6266~7　叢 1 - 223(63)

董繩燾　史 3 - 18982

董紹濂　史 3 - 17242

董紹美　史 8 - 61352

28 董以寧　子 3 - 11241　集 3 - 15041~6,6 - 41970、7 - 46403~4、47058　叢 1 - 202(4)、203(9),2 - 698 (14)、798

董作賓　史 8 - 59745

董作樞　子 1 - 2436

董作棟　史 7 - 57157,8 - 59929

董份　集 2 - 8943~4,6 - 42048~9　叢 2 - 843

董倫　史 1 - 1658

董復　集 5 - 40489

董復亨　史 8 - 58980、59758　集 2 - 11001

中國古籍總目·索引

843

董彬 集4-22522~4

43 董越 史7-54554~7 叢
1-50~1、55、223(26),2-
741、870(2)

董榕 史2-8666~7、11223
子1-565 集3-19991
叢2-1032

44 董基 史1-3103,8-59262
子4-23032

董基誠 集4-28351,6-
42075 叢2-917

董夢曾 史8-61737

董萼輝 史5-35889

董萼榮 史8-58549

董葆身 集4-28056

董懋文 史5-35879

董懋績 史3-22832

董懋極 經1-2904

董懋策 經1-772~3,2-
8738、8994、9390、9884、
10139 子5-29124、
29303 集1-1494、1496
叢2-985

董韓卿 子2-10800

董華鈞 史2-7518~9
叢2-845(4)

董若仙 子2-8324

董若洵 史2-10260,3-
16713、18994 叢2-917

董喆 史8-58682

董世寧 史7-57271

董世厚 史5-35871

董芸 集4-26862~3 叢
1-408

董其生 史2-6359

董其恕 集7-50413

董其慧 經2-10113

董其昌 史1-1207、1554,
6-42264、47832,8-65606
子3-14694~7、14753、
15122~4、15351~3、
15710、15859~60、15922
~4、16354、16521~5,4-
20725、23706,5-25677~
9、25681 集2-10558~
69,6-41948、42076、
45336、46245,7-48443
叢1-22(20、26)、195(3、
6)、223(42)、353、371、
524,2-633、731(18、33、
34)、735(3)

董黃 集3-13900,6-

44423

董樹珊 史5-35885

董樹堂 子7-35653

董樹棠 子7-35809

董桂新 經1-2208、4161,
2-11239、14631 史2-
8434 子4-21434~5

董桂山 集4-27344

董桂洲 集7-48317

董桂敷 史4-30563,7-
52105 集4-26529

45 董塼 集3-19135

46 董相 集5-37658 叢2-
985

董楊 叢2-1201

47 董圯 集6-45336、45340

董均 集3-18664

董鶴年 史5-35861

董朝 史7-56876

董起秀 史5-35891

董超然 集4-23626

董穀 史7-54916、57343、
57398 子4-20352~3、
20536~7、22998 集2-
8006~7 叢1-22(20、
22)、29(7)、61~4、109、
111(4)、114(6)、116,2-
730(4、12)、731(11、53)、
836、1085

董穀士 史6-49265 子
5-25383~4 集3-
17289

48 董增齡 經2-9633 史
1-2132

董乾瑋 子1-2060

董教 史6-47452、48790
叢1-564

董教增 集4-23257

董敬興 集5-35585

董松年 子2-7195

50 董中行 經1-603

董中和 子7-35409

董史 史2-7100 子3-
15257 集4-25882,7-
47551 叢1-240、244(4)

董惠芝 經2-9707

董書雲 史5-35907

51 董振璘 史3-22431

董振先 史5-35873

53 董威 子3-17295 集4-
23119、33474~5 叢1-
512

董成 子1-2770

董成烈 史8-62285

董成勳 史5-35893

55 董井 史8-64421

57 董邦瑞 史5-35870

董邦政 史7-56552

董邦達 子3-16715 叢
1-223(25)

60 董□ 子1-1228 集7-
48864

董日甲 史7-56820

董旦 集6-42819

董國琛 集7-47613

董國容 集4-28259

董國祥 史7-56129~30
叢2-785

董國英 子1-2271 集
1-73 叢2-1960

董國光 史8-63332

董思 集3-16073

董思慶 史2-9984

董思靖 子5-29062~3、
29530(8、14)、29535(2)、
29536(2)、29863 叢1-
465,2-731(10)

董思盤 集4-31242~3

董思恭 集1-663,6-
41739、41824

董恩新 子3-12383,7-
36260

董景安 子1-1936

63 董貽清 史1-4063,8-
61718 集5-34151 叢
2-917

64 董時升 史8-59097

董時春 史5-35875

董曄 子4-23098

董勛 經1-6287 叢2-
765~6、772(5)、773(5)、
774(4)

67 董明銘 經2-12367

董鳴瑋 子4-24136

董嗣成 集2-10741~3
叢2-843

董嗣杲 史7-49354、
53314 集1-4335~7、
6-41784 叢1-223(58)、
2-832(2)

71 董厚堂 子2-10111

董長璇 史5-35910

董長樞 集5-34525

72 董岳薦 史5-36500

藍秀義　史5-40471
藍千秋　集3-17652
藍采環　史5-40467
藍采和　子2-8840
21 藍仁　集2-5981～3　叢
　　1-223(62)
　　藍仁明　史5-40459
22 藍鼎元　史1-1871～3、
　　1937、2389、3695、6-
　　45563、46415、48718、7-
　　49317(2、5、7)、49318(14、
　　15、17)、50945、51237、
　　51319、54479　子1-
　　1531、2964～6、5-27653
　　～4　集3-18250～1、6-
　　42066　叢1-202(7)、
　　203(13)、223(19、68)、249
　　(1)、483、496(3)、2-1403
　　～4
　　藍嵩春　史5-40460
　　藍山　史7-56006
25 藍仲蹟　史5-40458
30 藍家謨　史5-40463
　　藍進陞　史5-40461
　　藍之英　史5-40471
　　藍寅　子7-36237
32 藍沂華　史3-19688
　　藍近任　集2-11685
33 藍浦　子4-18591
35 藍漣　集3-15364
37 藍潤　史1-3613　集3-
　　13937
38 藍棨辰　史5-40444、
　　40462
40 藍大銓　史5-40455
　　藍奮興　史8-59112
44 藍茂　集7-49114
　　藍世鉦　史8-62637
50 藍中珪　集3-21371
53 藍拔奇　史8-58681
55 藍慧老　子2-6614
60 藍星　史5-40470
　　藍星成　史5-40443
　　藍國輔　史5-40472
　　藍困　集2-7744、7749
　　藍田　集2-7744～8、6-
　　43783、44846～8
　　藍因　集2-7744、7750
　　藍昌瑜　史5-40469
61 藍眪　集5-37385～6
67 藍煦　經1-1902　史8-

58530　子7-35989、
　　36086
71 藍長馨　史5-40441
75 藍陳畧　史8-58221
77 藍閎之　史7-52448
　　藍熙　史6-43041
　　藍學鑑　史7-57856
　　藍開勳　史3-20357
80 藍公言　史5-40446
81 藍鈺　史1-877
82 藍鍾瑞　史6-42150～1
86 藍智　集2-5981、5984～5
　　叢1-223(62)
90 藍光苑　史5-40442
　　藍光第　史3-22078
　　藍光策　經1-8010　集
　　5-39528
91 藍炳章　集5-34683
　　藍炳然　經1-6771
　　藍炳奎　史8-62000
99 藍榮熙　史8-61168

4411₂ 地

34 地婆訶羅(釋)　子6-
　　32081(2、5、9、10)、32082
　　(3、5、6、8)、32083(3、4、5、
　　7)、32084(3、5、7、8)、
　　32085(3、5、7、10)、32086
　　(3、5、6、7)、32088(3、4、5、
　　7)、32089(3、4、5、6)、
　　32090(4、6、8、9)、32091
　　(3、5、7、8)、32092(2、3、5、
　　6)、32093(2、4、7、8)、7-
　　32116～7、32131、32185、
　　32247～8、32305、32408、
　　32679、32733、32760、
　　32796、32906、33585
44 地藏古佛　集7-54563

范

00 范立本　子1-2496～7、
　　2499
　　范亨　叢2-653(6)、731
　　(65)
　　范雍　叢1-223(50)
　　范彥瀛　史3-22262

范方　子1-3029　集3-
　　15569
　　范應元　子5-29060～1
　　叢1-447
　　范應賓　集6-45380
　　范應機　史3-19679
　　范應期　史7-50351　集
　　2-8264
　　范康　集5-38579～80、7-
　　48765、48943　叢2-698
　　(15)
　　范康生　史1-1937、1982
　　范廣　史4-29483
　　范文獻　集6-43425
　　范文安　史8-61030～1
　　范文若　集7-49710、
　　50030～5
　　范文芙　史2-9162
　　范文明　子3-15367
　　范文賢　集7-50357～8
　　范辛來　子5-28687～8
　　范言　集2-8264
01 范龍光　集5-39200
02 范端　叢1-373(4)
　　范端信　史4-29433
　　范端昂　史7-50846　叢
　　1-373(8)
　　范端杲　集1-3275、3628
　　叢2-636(4)
　　范端臣　集1-3275、3627
　　叢2-636(4)
07 范望　子3-12904～7、
　　12913　叢1-223(35)、
　　227(6)、2-635(4)
　　范鄩鼎　史2-7246～7
　　子1-183　集2-6386、
　　6654、6837、6950、7496、3-
　　14724、6-44406～7　叢
　　1-330～1
08 范謙　集2-9755
10 范正輅　史7-57315、8-
　　58345
　　范正脈　集3-14156
　　范正敏　子5-27386　叢
　　1-19(6)、20(4)、22(4)、
　　23(4)、24(7)
　　范玉　經1-2187
　　范玉琨　史6-46673～4、
　　46777
　　范玉衡　史7-57564
　　范王孫　經1-3867
　　范元亨　集4-33352～3、

6-42008,7-50398
范元偉　集4-30087
范元凱　集3-18991
范爾梅　經1-83、1202～4、2850、4007～8、5024、5710、6515、7787,2-8803、9079、9464、9958　子1-1599～600,3-17554　集3-15254　叢2-1392
范震薇　經1-7097,2-10787　集4-24725～6　叢2-979
范震莘　集4-30297
范天英　子2-7422
范晉藩　史8-61345
范醇敬　史8-61876
范雲程　史4-29489
范雲溪　子2-7649
范雲鵬　集3-21560
11 范琥　史8-59656
12 范璣　子3-15860、16002
范弘嗣　史2-8340～1　集2-12202,6-44403
范延榮　子7-37106
范廷謀　史8-60615　集1-1014,3-17248
范廷諤　集3-16810　叢2-979
范廷杰　史7-56380
范廷臣　史4-29442
范廷鳳　史8-59250
范廷銓　集5-39199
14 范琳　史2-9365
15 范建中　史8-63393
16 范理　史1-4866　集2-6763
17 范孟嘉　子3-16934
范盈燾　史4-29438
范瑤　史2-12604
范承塈　史1-1988,7-51795　叢2-832(5)
范承斌　集3-15482
范承謨　子4-21124　集3-14569～73　叢1-210、212、223(67)
范承烈　集3-15173
范承勳　史7-52650,8-62321
范承宣　子3-15174
范承都　子3-17672
范子安　集7-48767(2)

18 范珍　子7-36202　集4-29960～1
范致明　史7-50764　叢1-5、9～10、22(11)、23(11)、90～1、223(25)、364、452、569、586(2),2-716(2)、730(5)
20 范重榮　史1-6114、6122　叢1-242(5)、2-1530
范季存　集4-28651
范季隨　集6-45628　叢1-19(7)、20(5)、22(5)、23(5)、24(8)、374
范秉秀　集3-15635
范維璠　史4-29446
21 范上林　史4-29439
范能濬　集1-1926、2317　叢1-223(51)、227(9)
范行可　史4-29424
范行師　史4-29440
范衡　子4-21125
范處義　經1-77(3)、3629　叢1-223(6)、227(2)
范貞儀　集3-18514,6-42020
范紫登　經1-5684
22 范循陔　史1-3794　集4-29534
范崇楷　史7-57546　叢1-373(2)
范崇階　集4-25620
范崇簡　子4-23215　集4-24083
范繼馨　史3-20884
范繼昌　史8-60120
范綏光　集5-38581
23 范卜年　集3-18771
范允臨　集2-10692
范允鋪　集3-17714
范峻峽　史4-29470
24 范仕義　史7-56829　集4-27783　叢2-887
范先謨　集5-33902
范德峻　史4-29449
范德權　史3-16501
范德鎔　史3-16029
范勳　史7-56187、56189、56196、56201　叢2-785
范纘　集3-16591,7-48712　叢1-300
25 范仲淹　史6-48109～10　子1-2007,5-29594、

31124　集1-1919～31,6-41794、41798、42036～7、45038～9　叢1-22(12)、23(12)、114(3)、214、223(20、50、51)、227(9)、330～1,2-616、635(8)、731(44)
范岫雲　子3-13190
范純仁　史6-48121～2　集1-1921、2316～8,6-41798、45038～9　叢1-114(3)、223(51)
范純粹　集1-1921
26 范鯤　子3-13150、13620
范和尚　子2-8166
27 范多慶　史4-29435
范多玨　經2-13857
范多璜　史3-20048
范多銑　史3-19529
范儵然　子5-29530(20)、30913
范繩祖　史7-55700
范約翰　子7-35222、37834
范紹泗　史8-61717
范紹森　史3-20886,6-43926
28 范以照　史7-50137～8,8-63863　集4-33038
范徵謙　子5-29787、31058
范從律　集3-19550～2　叢2-979
30 范宣　經1-5889、6027　叢2-774(3、4、11)
范宣璜　史5-36888
范宣華　史4-29477
范宜賓　子3-13145、13156、13544,5-29535(4)、29536(3)、29786
范濂　史7-50064　子5-25399　集1-959,5-37537　叢1-496(3)、2-684、735(2)
范甯　經1-17～9、21～5、131～2、169、2596～7、3410、6025、7353～4、7356～7、7359、7361～2、7364～5、7367～70、7377～9,2-9261　叢1-223(9)、227(2)、446,2-601、635(2)、698(1)、731(63)、750、765～6、772(2)、773

(2)、774(2、4、5、6)、775
(1)、873
范家麒 史3-17315
范家祚 史3-21974 子
5-25412 集5-39810~1
范家相 經1-4053、4647
~8、5955~6,2-14103
史1-5308 子1-224
集3-20057~9 叢1-
223(7)、274(1)、379、460、
479,2-662、731(37)、
881、1447~8
范永澄 集4-21970~1
叢2-979
范永祺 集3-21058~9,
6-45298
范永潤 集3-19985
范永盛 史7-57663
范之柔 集1-1921、1927
范之默 集2-10145
范之煥 史8-58534
范守己 史1-1604~6
子1-1282,3-11332,4-
20555~7 集2-11011
叢2-1186
范安治 史7-55819,8-
58794
范宏 史4-29423
范宏志 集3-20103
范宏金 史4-29432
范良 集3-15072,6-
42432
范寅 經2-14880 史2-
12931~2,3-22387 集
5-35208~12 叢2-
1979
范宗孔 史4-29472
范宗政 史4-29490
范宗瑩 史3-16466

31 范汪 經1-6288 史7-
49309、50654 叢2-774
(4)
32 范兆昌 子7-37472
范泓 子5-24990
范遜齋 史4-26284、
29430
33 范心田 子2-7576
范心因 史5-39311
范必熙 集5-34928
范溥 史8-62492
范浚 集1-3274~8,6-
41900~1、41908 叢1-

223(54),2-636(4)、731
(40)、859
范溶 集5-40065
范濱 集7-48848
范邃 集3-18391
范梁 史3-15297
34 范澍 集4-26489
范漢光 史7-56780
范汝梓 子4-23793 集
2-11339
范汝植 集2-12770~1
范汝桐 史8-64924
范汝榖 集7-49861
范淩 集7-46419、48030
范淩霄 集4-29092~3
范洪鑄 集3-15021
范淶 史4-29475,6-
45546,8-58470 子1-
783、1136,5-24990 集
6-42386
范淶清 史8-62020
范禕 子7-36237、36612、
38114 集5-40312
范禕 子7-36419、37760
35 范清曠 史7-55396
范清谷 子5-32070
范漣 集6-41999
范迪襄 經1-4450 史
1-4993、5032,2-8412、
13192,3-16396,8-65916
子7-36846 叢2-691
(2)
范迪吉 子7-38011~2
36 范溫 集6-45486 叢1-
22(13)、23(13)
范渭濱 子5-28579
范祝崧 史1-6074 集
5-36691
范遇 集3-18048~52
37 范鴻章 史4-29436
范鴻昌 史3-18533
范淑 集5-35213
范淑泰 史6-48570
范潞 史8-61910
范凝鼎 經2-10740
范凝績 史8-62868
范深 子5-26670 叢1-
369
范祖禹 經1-77(4),2-
8289、8358~61、8586 史
1-5280、5883~8 子1-
1990 集1-2640~1

叢1-223(12、29、51)、227
(6)、574(3),2-731(65)、
859
范祖述 史7-49318(12)、
50334~5 叢1-496(4)
范祖培 史3-19284
范礽 史7-52473
范運鴻 史3-22058
范罕 集5-41196~7
范資 子5-26908
范猰 史3-19601
38 范洤 史3-16942
范道生 史2-13007
范啓墾 史7-56002
范啓璋 集5-33902、
37706~7
范啓源 史8-63066
范啓東 史8-62978
范燊照 史4-29434
40 范大治 史3-18499
范大沖 史1-5410
范大澈 史1-5091,8-
64377 叢2-745、845(5)
范大滔 史4-29438
范大士 史6-43134 集
6-42464
范大全 史7-56267
范士璵 史8-61158
范士衡 集6-42725
范士齡 經1-7025
范士楫 史2-9074 集
3-13447~8,6-42445
范士增 經1-2949~53、
4269~73 子3-18379
范士明 史4-29437
范臺 史2-7584 子1-
1746、2573
范壼貞 集2-12939~40
叢1-300
范培蘭 叢1-474
范在文 子2-5370、11070
范希仁 集2-7353
范希蓮 集5-37306
范希哲 集7-48785、49387
~9、50083、50242~9
范希曾 史8-66190、
66213
范志熙 史4-29484~5
集4-32745~6
范志敏 叢2-832(3)
范右文 史8-65521

范景福　經1-7874　子
　3-11644
范景淹　集3-14533
范景運　史4-29486
范景祚　史3-20348
61 范顯瑤　史4-29425
范顯模　史4-29482
范顯榮　史4-29426
64 范晞文　集6-45662　叢
　1-34、195(4)、223(7？)、
　244(2)、392,2-731(47)、
　833
范時繹　集6-43489
范曄　史1-11～20、315～
　20,2-8452、8460　叢1-
　168(1)、223(17)、227(5)、
　2-698(3)、771(2)
67 范明泰　史2-6205、8697、
　8699　子3-15058、
　15267　集1-2780　叢
　2-1034
范鳴鳳　史2-7727
范鳴龢　史6-46883
范昭逵　史1-3687,7-
　49318(2)　叢1-202(8)、
　203(14)
范路　集3-13423,6-
　44591
范照藜　經1-7007,2-
　14135　集3-20256
70 范驤　史7-57346　集3-
　13461　叢1-373(5)、
　491
71 范長生　經1-319～22、
　2319、2321～2　叢2-
　772(1)、773(1)、774(1)
73 范駿聲　史3-23556
77 范鳳諧　集4-31041
范鳳翼　集2-11385～9
范鳳來　集6-45387
范周　集3-14155
范用賓　史4-29429
范用源　集4-27139
范鵬　集3-21221　叢2-
　845(4)
范履福　史7-54943
范駒　集4-24082,7-
　49488
范熙庸　子7-36228(5)、
　36231(4、5、6)、36751、
　37042、37050、37053、
　37137、37635

范熙壬　史3-21629
范開誠　史3-15024
范印心　史7-55833
范興本　史4-29431
范賢方　史3-20719
80 范金　經1-2187
范金鏞　集5-39068
范金鑑　子4-21403
范鐘　史3-19060
范鎬　史7-58101
范鎬鼎　史4-29428
范美中　子2-5901
范毓璜　集5-37420
范毓秀　叢1-223(66)
范毓䤸　子2-4652、4658
　～61、10388
范毓桂　史8-58297
范善溱　集7-54839
范公偁　史1-400,8-
　63724　叢2-711
范公諤　史1-5806
范公譓　子5-27244　叢
　1-584
范公偁　子4-20059,5-
　26292　叢1-22(3)、23
　(3)、99～101、223(45)、2-
　731(52)、735(3)
81 范鍇　史1-763,2-8011、
　7-50341、50343～4、
　50362、50697、50964、
　57237、57240～1　子4-
　21585　集4-33269～
　73,7-47392、48685、
　48687　叢1-346、429,
　2-599、844、1740～2
范鍇聲　集4-23908
82 范鍾　集5-39368
范鍾湘　史7-56425
范鎧　史3-22890,7-
　56808、56816
84 范鎮　子4-22875　集1-
　2057～8,6-41747、41894
　(1)、41896　叢1-15、19
　(6)、20(4)、24(7)、223
　(44)、273(5)、274(5)、2-
　731(50)
86 范錫祥　史3-21795
范錫明　集5-35405
范錫篆　叢2-1473
87 范鈞　集5-37026
范銅　史6-46578　子4-
　18874

范銘　子1-1306
范欽　史3-13440,6-
　45804、48267,8-65564
　子4-23865,5-24962
　集2-8698～9,6-42314、
　43218　叢1-47、373
　(6),2-635(3)、743
范翔　經1-126、3838、
　3985、5682～3、7495,2-
　8779、9053、9444、9933、
　10618
88 范鑑古　史7-55539
范纂　叢1-19(11)、20(8)、
　21(10)、24(11)
范築先　史8-59320
90 范惟一　史2-8633　集
　2-6375～6、9677～9,6-
　41935(2)、43721
范惟丕　集2-9660,6-
　41935(5)
范惟寶　史4-29479
范惟恭　史7-56739
范懷德　史3-18173
范光文　史7-53858　集
　3-14157,6-43855　叢
　2-615(3)
范光宙　史1-5533
范光寅　史7-54291
范光斗　集3-13030
范光祺　史8-61279
范光棋　史4-29488
范光曦　史8-62945
范光陽　史2-9154　集
　3-15129
范光燮　集6-41958、
　44167
范當世　集5-38659～63
91 范煙橋　史7-57006
范炳　集3-18108
范炳勳　史7-56208
范炳垣　史7-56456
92 范愷　史7-53141　集2-
　12822
93 范熾　史3-19648
99 范燮　經1-5860　叢2-
　2129(2)、2130～1

4412₇　勤

97 勤懶書生　子2-9962

坳

21 坳上野人　經2-9684

蒲

00 蒲立德　集3-19571
10 蒲正卿　史5-37103
　　蒲而揆　子7-36228(2)、
　　36231(5)、36242(2)、
　　37186、37189～90、37205
　　～6、37208、37227、37231
　　～2、37242、37244
20 蒲秉權　史8-58519　集
　　2-11698～9
21 蒲處貫　子2-10965,5-
　　29530(17)　叢1-19
　　(11)、20(9)、21(10)、22
　　(13)、23(12)、24(12)、
　　134、173
22 蒲綏里　子7-35941
23 蒲俊卿　集7-50050
25 蒲生新　集4-29039
　　蒲積中　集6-42264～6
　　叢1-223(68)
27 蒲伊漢　集4-31912
32 蒲淵　經2-8895　叢2-
　　2148
33 蒲治善　史5-37102
38 蒲道源　集1-5007～10
　　叢1-223(60)
40 蒲嘉齡　子4-18846
　　蒲壽宬　集1-4327　叢
　　1-223(58)
42 蒲斯培　子7-38189
　　蒲機　集1-5008　叢1-
　　223(60)
44 蒲菁　子4-24752
48 蒲松齡　子1-4165,5-
　　27619～27、27629～35
　　集3-15918～30,6-
　　42541,7-47282～3、
　　49353～4、53574、53650
　　叢1-326、369、372,2-
　　731(50)、735(5)、771(1)、
　　823
60 蒲曰楷　集4-30133

67 蒲明發　史3-22104
74 蒲陸山　子7-36228(1)、
　　36231(5)、36241、36248、
　　37600～1、37603、37607、
　　37612～3
76 蒲陽無心子陳永清　子
　　5-31483
77 蒲殿俊　集5-41215～6
　　蒲殿欽　史8-61720
　　蒲又洪　史8-60404
80 蒲金鱗　史5-37104
90 蒲忭　集4-23360
97 蒲耀新　集4-29038
99 蒲榮嵩　集5-34958～9

4412₉ 莎

27 莎彞尊　經2-14420
40 莎士比亞　子7-38259
　　莎南屹羅(釋)　子7-
　　32948
　　莎南屹囉(釋)　子7-
　　32946、32949～51

4413₂ 藜

00 藜床舊主　史2-6452,7-
　　50051、54393
24 藜牀臥讀生　史7-50052
　　子5-26734
50 藜青閣主人　子5-25407
51 藜軒　子4-24571
90 藜光閣主人　子5-26053
　　藜光閣書林　集6-42297

4414₂ 薄

12 薄霙　集2-11747
17 薄承硯　集4-29999～
　　30000　叢2-822
18 薄玫　史8-60020
38 薄海　集3-18289
42 薄彭齡　史3-17878
60 薄田新雲　子7-38177
90 薄少君　集2-11871～2

4414₇ 坡

21 坡僊　子7-34599

鼓

22 鼓出如林增　子5-26809、
　　26813

4414₉ 萍

27 萍鄉花史　叢1-22(27)、
　　168(3)、350
33 萍浪生　子5-26741

4415₃ 蔇

22 蔇山耐齋居士　集7-
　　49533～4

4416₀ 堵

10 堵霞　集3-15183
12 堵廷棻　集7-48780、
　　49344
22 堵胤昌　子2-8029
　　堵胤錫　史2-11620,6-
　　43973　集2-12331～3
　　堵巖　史8-59041
23 堵允錫　集2-12331～3,
　　6-43118
40 堵奎臨　史8-58604
　　堵克祥　史5-33704
60 堵景濂　經1-5654
80 堵金尙　史5-33703
97 堵煥辰　史2-12280,3-
　　20432,6-46928

4416₄ 落

26 落魄道人　子5-28468、28533

4420₂ 蓼

44 蓼花庵主人　子4-19502
蓼村遯客　史1-4127

4420₇ 夢

00 夢癡學人　子5-26611、28425
09 夢麟　集3-21161～2
10 夢雨老人　經2-14845
夢天　子5-27896、28618
14 夢瑛(釋)　子3-15626
21 夢僊子　集7-49742
35 夢決子　子1-3004
36 夢禪居士　集7-54777
40 夢吉　史3-15077
44 夢夢先生　子5-28404
夢花主人　子5-26469、26717　叢1-490
夢花散人　集7-48330
夢花居士　子5-28176
夢莊生　子5-26567
夢荃　史1-1979、3521
夢英(釋)　經2-12552
叢1-449
夢芸生　子5-27354
夢桂　子4-19419
47 夢超俉人　子4-21593
48 夢松客　集7-52383
60 夢□生　子5-26079
63 夢畹生　叢1-496(8)、587(6)
77 夢覺道人　子5-27737～8
夢丹子　子2-5903
88 夢筆生　子5-28242
夢餘道人　叢1-373(4)

考

30 考察政治大臣　史6-46057

尊

51 尊軒主人　史6-43964

4421₁ 荒

31 荒江釣叟　子5-28654

4421₂ 苑

13 苑琯　叢2-782(4)
23 苑祕桂　史3-15202
苑綰　叢2-731(5)
37 苑洛　子3-14574
40 苑志熙　集5-34929
44 苑世亨　經1-2992
苑棻池　史8-59217
88 苑管　經2-10718

4421₄ 花

00 花庚富　史4-27040
06 花韻庵主人　集7-49518
10 花下解人　子4-22660、5-27670
17 花豫樓主人　集6-43452
29 花紗納　史1-1718
30 花之安　子7-35170、35176、35662、36228(5)、36249～50、36258、36727、36729、36732、38054
33 花浪樓　集5-36201
39 花沙納　史2-11933、6-48905、7-53991、54116　集4-31285～7

40 花杰　集4-26895
花李郎　集7-48893
44 花埜山農幼厓子　史4-31725
花蔚　集4-24140
花蕊夫人　叢2-731(38)
花村看行侍者　史1-1935、4473～6　叢1-210～1、485、2-615(3)
花藥夫人　叢1-407(4)
46 花楞　史7-56027
47 花朝生　史1-4293
55 花井卓藏　子7-36795
62 花影樓主人　子3-16573
65 花映均　史8-61872～3
77 花月癡人　子5-28411
90 花尙　子5-29162、29784

莊

00 莊亨陽　子3-11646、12820、12886　集3-16475　叢1-223(35)、2-1410
莊應祺　子2-8373
莊應會　子1-3856～8
莊慶椿　集4-31892～3
莊廣還　子6-32091(69)、7-34486
莊文亞　史2-13048
莊文美　史4-31483
莊享陽　子3-11709
03 莊詠　經2-10158
莊誠　史8-62538　集2-10512
04 莊詵祥　史4-31493
07 莊翊昆　史8-66071
莊歆　集3-18463
10 莊一俊　集2-7096
莊一夔　子2-4621、4652、4657～63、4665、4676、4679、4690、4702、4704、4725、4752、4769、4998、7970、7972、8080、8219、8488～94、8510、8515～6、8539、8552、8886～8、8981　集4-22572　叢1-300、327
莊王府　史5-37889
莊元淦　史4-31480

42 莊斯才　史 4 - 31486

43 莊博　史 4 - 31502

　莊樾　史 8 - 63604、63886、
　　64628　集 5 - 35217～8、
　　6 - 42005,7 - 48120～1

44 莊蔭堂　集 7 - 53594

　莊葆琛　集 3 - 20790

　莊華湘　集 4 - 27314

　莊若華　子 4 - 20740

　莊世芳　集 2 - 10276

　莊世驥　經 2 - 13314　史
　　3 - 18064　叢 2 - 653(2)

　莊其豫　史 3 - 17197

　莊其坤　集 5 - 35219

　莊杜芬　集 6 - 44540

　莊蘊寬　史 6 - 44275

　莊林初　史 4 - 31494

47 莊起元　集 1 - 5542,2 -
　　11400

　莊起儔　史 2 - 11581～2
　　集 2 - 11723

　莊起蒙　經 2 - 10416

48 莊敬甫　史 4 - 31491

50 莊中偉　經 1 - 6115

　莊泰弘　史 7 - 56818、
　　58090,8 - 59984

　莊蕭　子 3 - 16066

　莊忠棫　經 1 - 1802～5、
　　2486　史 1 - 4698

53 莊成　史 8 - 58337

54 莊拱辰　史 3 - 19321

60 莊□　經 1 - 363～4,2322
　　叢 2 - 773(1)、774(2)

　莊昺　叢 1 - 223(64),2 -
　　788

　莊思恆　史 8 - 61662

　莊景仲　集 5 - 39560

63 莊咏　集 1 - 996

　莊咏箎　史 3 - 14913

64 莊跛仙　子 4 - 24675　集
　　7 - 53017

67 莊煦　經 2 - 10284～6　叢
　　1 - 223(14)

70 莊陔蘭　史 8 - 59315

77 莊鳳翥　集 6 - 44231

　莊鳳威　子 3 - 15806

　莊冏生　史 2 - 12567　集
　　3 - 14787

　莊用賓　史 4 - 31501

　莊履豐　經 2 - 12840　集
　　2 - 10094　叢 1 - 223(16)

　莊履嚴　子 2 - 8042

　莊殿華　史 3 - 22793

　莊眉叔　史 8 - 64615

　莊學和　集 3 - 20030～1

　莊學忠　史 3 - 19154　集
　　5 - 36944

　莊興　史 3 - 18881

80 莊人寶　史 2 - 10082

　莊介禪　史 7 - 54118　集
　　5 - 36779～81

　莊俞　子 7 - 36948

　莊令輿　集 3 - 17759

　莊令輿　集 3 - 17254～5

　莊毓□　子 1 - 2445

　莊毓鋐　史 6 - 45466,7 -
　　56880

　莊善孫　集 5 - 35678

　莊曾儀　集 7 - 48590

81 莊頌　子 5 - 25942

82 莊鍾濟　史 3 - 16244、
　　16266、17364

　莊鍾蔭　集 5 - 35678

86 莊錦　集 4 - 30459

　莊錫齡　史 4 - 31488

　莊錫圭　史 4 - 31496

87 莊歙　史 4 - 31500

89 莊鏜寶　子 5 - 27036

92 莊炘　集 1 - 4361,3 - 21866
　　叢 1 - 453,2 - 731(16)

93 莊怡孫　史 4 - 31487　集
　　4 - 31840

99 莊榮生　史 4 - 31490

薩

00 薩廉　史 3 - 16010、17366,
　　8 - 63468～9

01 薩龍田　集 4 - 28567

　薩龍光　史 2 - 8817　集
　　1 - 5186～7,5199～200

02 薩端　子 7 - 36296、37067、
　　37696

10 薩玉衡　經 2 - 10023　集
　　4 - 25414～7

　薩爾圖克長齡　史 2 -
　　11979

14 薩琦　集 1 - 5187

17 薩承鈺　史 8 - 59111　集
　　5 - 38038

　薩君陸　集 1 - 5200,4 -
　　24888,25417,30363

30 薩察倫　集 4 - 24887～8

31 薩福榛　史 8 - 58307

37 薩迎阿　史 6 - 46980、
　　48843　集 4 - 28565～6

40 薩大文　集 4 - 33691

　薩大滋　集 4 - 30362～3

　薩大年　集 4 - 25415、
　　25417,5 - 34041

　薩克達　子 1 - 2317

　薩克達誠　史 5 - 40040

　薩嘉樂　史 3 - 16364

　薩嘉曦　史 5 - 40038

　薩嘉榘　集 4 - 27893

42 薩彬圖　史 6 - 47422

43 薩載　史 6 - 47903　叢 1 -
　　223(27)

44 薩蔭圖　子 7 - 36658

　薩英額　史 7 - 49314、
　　49318(20)、56211　叢 1 -
　　508,2 - 653(6)、731(58)

47 薩都拉　叢 1 - 223(60)、
　　227(10)

　薩都剌　集 1 - 5186～200,
　　6 - 41780、41927～8,7 -
　　46360～1,46370,46789～
　　90　叢 1 - 227(10)、407
　　(4)、564、579,2 - 635
　　(11)、799～800

　薩起巗　史 3 - 20902

60 薩國霖　史 5 - 40036

68 薩哈岱　集 3 - 19240～3

86 薩知時　史 5 - 40037

91 薩炳阿　史 3 - 15362

4421₇　梵

14 梵琦(釋)　子 6 - 32091
　　(76)、32092(43),7 -
　　34149、34227、34423、
　　34580～2　集 1 - 5524,
　　6 - 42234　叢 1 - 376,2 -
　　731(16)

蘆

31 蘆涇遯士　子 4 - 21835

34 蘆漢鐵路局　史6-44235

4422₁ 蘅

40 蘅塘退士　集6-43439～
　　49
44 蘅薌　子2-9043
　　蘅燕室　集7-48775　叢
　　2-672

4422₂ 茅

00 茅應奎　史7-50359、
　　57264
　　茅麐　集7-46405、47107
08 茅謙　子4-22101,5-
　　26035　集5-37855～6
10 茅一禎　集7-48411
　　茅一桂　史1-5182　子
　　4-19688
　　茅一相　子3-15927,4-
　　18906、18978、19011、
　　23906　叢1-22(26)、
　　25,36～7、114(6)、115～
　　6、119～20、173、176、353,
　　2-731(31,36)
　　茅丕熙　史7-55838、
　　55926
　　茅元儀　史1-2924、2940、
　　2976、5531～2、5977,2-
　　7349　子1-3068、3102、
　　3302、3509、3513、3830～
　　5,3-13065、14257～8、
　　14288、14301,4-20803～
　　8、23084～5　集2-
　　9988、12041～50　叢1-
　　22(23、27)、168(3)、302,
　　2-617(3)、1196
　　茅元輅　集4-23491
12 茅瑞徵　經1-3143、3172
　　～4　史1-1983、2920～
　　3,6-47102,7-49956～8、
　　54270,8-60212　叢1-
　　156,2-727、741
14 茅瓚　史1-5150,6-42960
　　集2-8489～90
16 茅聖傳　子4-23124
17 茅琛徵　史1-205

茅乃文　史8-66280
20 茅維　集2-10087～9,6-
　　45390～1,7-48780、
　　49238～43
21 茅紫芳　史8-62348
22 茅胤武　經2-8284～5、
　　8584
27 茅絢　子5-25029
28 茅復　集6-45316
30 茅永福　史4-29494
　　茅賓　史4-29498
35 茅溱　經2-13811
37 茅潤之　集4-26327
　　茅逸　集3-18772
40 茅大瑛　經1-5651
　　茅大芳　集2-6313～5
　　茅友芝　子2-8004
　　茅奎光　史4-29499
　　茅埔　集3-21894
　　茅培善　史3-20520
43 茅式周　經1-1377～8
44 茅著　史1-5246
45 茅坤　經1-4595　史1-
　　205、1927、1982、2872、
　　2879～80、5086～9、5151
　　～2、5245～6、5248、5450,
　　2-6383　子4-19677、
　　19687,5-26333　集1-
　　1311～2、1433～4、2033～
　　5、2106、2125、2129、2134、
　　2225、2281～2、2437、
　　2529、2535、2537、2541、
　　2583～4、2621、2627,2-
　　8626、9017～31,6-
　　41797、41935(4)、42048～
　　9、42056～9、45162～4、
　　45181、45336、45340、
　　46214　叢1-46、86、223
　　(70)、269(2)、270(2)、2-
　　730(8)
　　茅坤訓　集6-42704
48 茅松齡　子2-7144
50 茅青松　史4-29500
53 茅成鳳　史7-58108
60 茅星來　子1-752　集3-
　　18123～4,6-42064　叢
　　1-223(30)
　　茅國縉　史1-5171、5204、
　　5217　集2-9998
　　茅景容　史3-18395
64 茅暎　集7-46347、48480、
　　49895

68 茅曦蔚　史2-9142　叢
　　2-741
77 茅闇叔　集1-2282
　　茅艮　史3-18726
80 茅翁積　集6-42417
82 茅鍾盈　子2-6839
86 茅錫恩　史3-18880
90 茅少笙　史1-4288
91 茅炳文　集4-33274

4422₇ 幕

05 幕講(釋)　子3-12892～
　　3、13144、13392～6　叢
　　1-160～1

繭

83 繭館主人　子2-10117

芬

22 芬利它行者　子5-26635
　　～6　叢1-587(5),2-
　　721、752
30 芬它利行者　叢1-496(1)
31 芬福根　子7-36560
73 芬陀利行者　子5-26232
80 芬余氏　子2-4768

芮

14 芮琪　史1-5022
17 芮習　史4-27050
20 芮維新　子3-16949～50
28 芮以仁　史4-27044
40 芮大愚　史4-27045
　　芮嘉㟞　史4-27048～9
43 芮城　經1-1940、5671,2-
　　8710、9031　史7-56590
　　叢1-202(4)、203(10)
44 芮菜　史4-27047
52 芮挺章　集6-41840～1、

41853、41876、43242〜4
　叢1-223(68),2-635
　(14)
60 芮曰松　經1-3222　叢
　2-814
71 芮長恤　經1-3929,2-
　11512〜3　史1-1133〜
　5　子4-21800　叢1-
　223(18),2-2223
72 芮氏　史4-27042
77 芮學鑑　史4-27041
80 芮養仁　子2-4914

芳

44 芳茂山人　子3-13325
　芳桂(釋)　子6-32091
　(81)
50 芳泰瑞　子7-35204
60 芳圃(釋)　集5-36084〜5

苬

00 苬齋主人　子5-27720
60 苬園散人　子3-18273

蒿

60 蒿目生　史1-4279

蕭

00 蕭立　叢2-636(4)
　蕭立之　集1-4576
　蕭立禮　子3-17544
　蕭立炎　史3-16547、
　21071
　蕭雍　子1-1219〜20　叢
　2-731(13,16)、816
　蕭亮　史8-58408〜9
　蕭彥　史1-1929,2-7211
　〜2,6-48306,7-57712
　叢2-731(18)、816

蕭彥堤　史5-39964
蕭方　史1-2312　叢2-
　653(6)、731(65)
蕭應登　史2-9568
蕭應槳　子5-26192
蕭應瀾　集5-39520
蕭應祥　史5-40017
蕭應槐　集4-27852
蕭應植　史8-59654、
　61446
蕭應椿　史3-17599,6-
　42542,7-54386　子4-
　22155　集6-44327
蕭應乾　史8-58900
蕭應叟　子5-29530(2)、
　29627
蕭庭滋　子2-4708,6740
蕭慶玲　史3-20571
蕭廣濟　史2-6916〜8
　叢2-628、731(61)、770、
　772(5)、773(5)、2045
蕭賡韶　史7-51852,8-
　58915
蕭廩　子1-102,972
蕭文業　集4-27365　叢
　2-807
蕭文蔚　史7-56646
蕭文昭　史3-21783,6-
　43089
蕭文輝　集7-47509
蕭奕東　史5-40033
蕭該　經1-101　史1-
　197〜9　叢1-493,2-
　775(3)
蕭京　子2-4913
01 蕭龍　集2-7123,6-45136
　蕭龍江　集1-4959
02 蕭端蒙　集2-9338,6-
　45136
　蕭彰璪　史5-39983
03 蕭誠齋　子2-5249　集
　5-39951
　蕭誠　叢2-776
04 蕭勍　史3-21155
05 蕭諫　集5-34265,6-
　42007(2)
06 蕭韻　史7-51747,8-
　58957
07 蕭誦芬　子7-36229、
　36901、36986、36988
　蕭韶　子1-590
09 蕭麟趾　史8-60997

10 蕭一韻　史5-39997
　蕭一山　史1-1991
　蕭正發　經2-10739
　蕭正模　集3-15295
　蕭玉春　史8-58956
　蕭玉銓　史3-15343,5-
　39961,8-58848　集4-
　31929〜30
　蕭元吉　史8-59866　集
　4-27043
　蕭雨春　史7-56197
　蕭震　史1-5595,6-
　48617,7-52441　叢1-
　202(7)、203(13)
　蕭震萬　子4-22740
　蕭霆　子2-8791
　蕭晉卿　史3-15599
　蕭雲程　集1-5568,2-
　12979
　蕭雲從　經1-984,2-
　13829　子3-16406　集
　1-153〜4,3-13180　叢
　1-223(47)、229,2-689、
　1565
　蕭雲墀　史5-39985
　蕭雲舉　子5-25645
　蕭霖　集4-22130〜1
11 蕭珏笙　史5-39980
　蕭瑅常　集5-38631
　蕭張翀　子4-21241
12 蕭瑞麟　集5-40548
　蕭瑞苞　史8-59643
　蕭璞　史8-60242
　蕭廷宣　史8-58380
　蕭廷之　子5-29535(5)、
　29536(5)、29565　叢1-
　114(3)
　蕭廷芝　子5-29530(6)、
　31271〜3
　蕭廷模　史5-39971
13 蕭琯　史8-62185、62249、
　62259　集1-1481
15 蕭翀　史2-7870,5-39953
16 蕭琨　子4-19422
17 蕭珮　史8-59559
　蕭承萼　集7-47965
　蕭承笏　史1-4580
　蕭承煊　經2-13983　史
　1-4992
　蕭聚崑　史8-60715
　蕭子雲　史1-28、502〜3

蕭安寮　史5-39981
蕭良瑾　史5-39976
蕭良泮　史6-41519～20、
　46477
蕭良有　經1-66,2-
　12844　子5-25233～9
蕭良榦　史6-43179,7-
　57483　子1-1106～7,
　4-20509　叢2-731(13、
　16)、816
蕭寅顯　經1-1470
蕭寶棻　集4-30950
31 蕭溍　史1-5680
蕭溍華　子7-35770
蕭福庵　子2-10252
32 蕭兆柄　史3-22465
蕭近高　史6-45818、
　48290
33 蕭浚蘭　史3-20925,8-
　58841
蕭治輝　史7-57150
34 蕭澍生　史5-40030
蕭漢中　經1-580～1、
　2332　叢1-223(3),2-
　870(2)
蕭漢申　集4-25840
蕭洪治　子3-13505～6
蕭祺　子1-4183
蕭遠烈　史5-39977
蕭達祥　史5-39960
35 蕭清泉　史5-40000
蕭清泰　子1-4498　叢
　2-644
36 蕭湘　子7-37596
37 蕭洵　史1-2631,7-51517
　集1-5011　叢1-223
　(60)、235、242(5)、244
　(3)、249(1)、407(3)、425,
　2-731(59)、870(2)
蕭鴻誥　史3-21352
蕭鴻翥　史3-21074
蕭渙唐　子2-4768,5292
蕭祖課　史5-40021
蕭逸　集6-45135
蕭運乾　史5-40028
蕭朗峯　史8-58680
蕭郎峯　集1-2150
38 蕭祥綿　史5-40031
蕭遵　叢2-991
蕭道存　子5-29530(4)、
　31517

蕭道管　經2-12321　史
　2-6388～9、10780　集
　5-38850～1,7-47065
　叢2-2140
蕭肇極　史8-60803
40 蕭九成　史3-21000
蕭大亨　史1-2918,7-
　49932　叢1-14(2)、22
　(22)、106、111(2)
蕭大均　史5-39948
蕭大成　經1-6225　子
　1-2395
蕭奭齡　史1-3702～5
　叢2-611
蕭士贇　集1-821～3,6-
　41727　叢1-223(48)、
　227(8),2-635(6)
蕭士麟　經1-7058
蕭士珂　集6-45234、
　45251
蕭士瑀　子4-21012　叢
　2-991
蕭士琦　叢2-991
蕭士瑋　史2-12542～8
　子7-33661　集2-
　11744～5　叢2-991、
　1206～7
蕭士熙　史8-60607
蕭士恆　史8-65917
蕭培元　史2-6545　集
　4-32960～3　叢2-886
　(4)
蕭培仁　子2-5151
蕭克　子3-13146、13437～
　9　叢1-245
蕭希瀚　史5-39979
蕭有譓　史5-39969
蕭有作　集5-39951
蕭志蘇　集4-27366
蕭吉　經1-6441　子3-
　14557　叢1-244(6)、
　265(3),2-731(15)、774
　(4)、778、798
蕭雄　史7-51200　集5-
　37508　叢1-524,2-731
　(57)、829
蕭真宰　子5-29530(3)、
　29720、29750
蕭來鸞　史8-58197
42 蕭壎　子2-4771(3)、7210、
　8066
蕭瓠棲　集5-41189

蕭斯　史3-18595
43 蕭載　史7-55363
蕭榕年　經2-10769　史
　3-21166
44 蕭蘭華　史5-39998
蕭芝　子4-21319
蕭萬斛　史2-8766
蕭英俊　史5-39995
蕭若瑟　子7-35415、
　35758、35767、35859
蕭蕃　史7-55367
蕭劼　史8-59238
蕭世誠　史7-49309
蕭世延　史6-45804　子
　5-27021　叢2-743
蕭世基　子2-6081
蕭世賢　集6-41934
蕭其穎　史3-19829
蕭楚　經1-7474　叢1-
　223(10)、227(3)、230(2)、
　468,2-731(63)
蕭斛　集1-4843　叢1-
　223(60)
蕭桂春　史5-39991
蕭蘊樞　史8-60256
蕭棌琛　史5-39950
45 蕭坤黃　史5-39982
46 蕭觀灃　史5-39963
47 蕭朝玉　史5-40010
48 蕭乾椶　史5-40024
蕭敬德　集2-8611
蕭枚生　史6-45109　叢
　1-310
蕭梅年　史3-15074、
　16864
50 蕭中素　史3-13443
蕭本幹　史5-39959
蕭惠清　子2-6875
蕭忠炳　史5-39974
蕭春陊　史5-40005
蕭東南　史5-39978
51 蕭振漢　子7-35417
蕭振聲　史7-52115
53 蕭輔臣　史5-39975
58 蕭搶　集4-24329
蕭輪　集5-39519
蕭蛻　子4-24300
蕭敷　史8-60422
60 蕭日單　史5-39992
蕭國寶　集1-5568～9
蕭國槙　史8-59660

中國古籍總目·索引

蕭昂　子2-6090
蕭曇　子4-22580　集4-22798　叢1-203(16)
蕭景唐　史2-13112
蕭景雲　集4-26734、29859
蕭景芳　史5-39949
61 蕭晅　集2-6727　叢2-991
64 蕭曉亭　子2-4770、7736
蕭時中　史8-58255
蕭勛倬　史5-40011
65 蕭晴春　集4-26875
67 蕭明傑　史5-40025
蕭鳴鳳　史7-55391　集6-45135
蕭嗣達　史5-39988
71 蕭長喬　史5-40004
77 蕭鳳臺　集5-38090
蕭鳳翥　史8-60610~1
蕭鳳舞　史5-39967
蕭用道　集2-6070
蕭屏　叢2-724
蕭殿元　史8-61304
蕭殿颺　史5-40008　集6-42480
蕭學日　史5-40018
蕭開運　經2-10151~2
蕭開泰　史8-65928
蕭開甲　史5-39989
蕭譽　集2-10954~5
蕭與澄　集4-28185
蕭與成　集2-8315,6-45136
蕭興會　史8-62973
蕭興籌　史5-40020
79 蕭騰麟　史8-62618~9　叢1-355
80 蕭鏞　子7-35944
蕭令韶　史3-16904
蕭令裕　史6-43968、43995,7-49318(21)、50135、54815,8-63862　集4-26550~1　叢2-807
蕭義理　史5-40001
蕭善鳴　史4-29286
82 蕭鍾秀　史8-62828
蕭鍾偉　集3-20084
蕭鍾侖　史5-40014
86 蕭錦忠　史3-15356
蕭錫齡　史3-22684

蕭智廉　史5-40002
蕭智漢　史2-6376,6-49279　子5-25871、26461
87 蕭銘卣　史3-17001
88 蕭鎰　經2-10266　叢1-265(2)
蕭鑑衡　史5-40022
蕭鎡　集2-6728~30
蕭敏　集1-4576
90 蕭惟豫　集3-15624
蕭光龍　史3-21768
蕭光漢　史7-55932
蕭光浩　經2-10153　史2-8484
蕭光遠　經1-1671~3、3257、4310　史1-5168,2-10196　集4-31016　叢2-2031
蕭尙之　子2-10877
蕭常　史1-461~2　叢1-223(19)、273(3)、343,2-731(64)
蕭焱魁　子1-2462
91 蕭恆貞　集7-47664、48115~6
蕭炳文　史5-39957
蕭炳熙　史3-21767
93 蕭怡雲　史4-32866
蕭煊　史8-61279~80
蕭熾然　子5-25821~2
94 蕭愜中　史7-52520~1
蕭煒　集4-27364
蕭熿　子5-25978
97 蕭輝　經2-10174
蕭煥梁　史7-56912　集5-38963~4
99 蕭榮爵　史2-10298、12256　集5-34323~4　叢2-1943
蕭榮田　史3-21371、21375
蕭榮熙　集5-37509

藺

30 藺完瑝　史8-60335
44 藺墻　史8-60953
藺世賢　史8-62822

藺楠然　史8-59609
77 藺民孚　史7-55279
91 藺炳章　史7-55630

蘭

00 蘭亭主人　經1-6523
10 蘭雪軒主人　史1-6149
20 蘭香館居士　子5-27851
24 蘭德克畧　子7-37484
蘭升　子2-7013
26 蘭得春　史2-10724
蘭皋主人　子5-28399~400
蘭皋居士　子5-27246~7
27 蘭舟子　集7-54111
34 蘭波　子7-36357
37 蘭湖漁父　經2-8513
40 蘭士德　子7-38015、38021
44 蘭封縣文獻委員會　史8-59828
蘭芳　叢2-729
蘭蕊盼　子2-5216
蘭茂　經2-13769~71、13773　子2-5537~8、5964　集2-6697~8　叢2-886(1、2、5)
蘭蓀　子4-24730
50 蘭夫　史1-118
蘭春芳　子2-5874
60 蘭星居士　子5-27769
74 蘭陵不二子　子3-13767
蘭陵小史　叢1-378
77 蘭月樓主人　子5-26590

4422₈ 芥

12 芥孫園主人　子4-20886
17 芥子(釋)　集3-14336
27 芥舟(釋)　集4-29677

4423₁ 蔭

37 蔭祿　史7-55133

40 蔭在(釋)　集3-15695
　　蔭南氏　子2-6066
　　蔭南居士　子4-24686
44 蔭梦　史5-36394
47 蔭桐氏　子2-9905
60 蔭昌　子1-3315
86 蔭錫　經2-13510

4423₂ 蒙

00 蒙庶元　史3-21995
　　蒙文通　子5-29001
　　蒙文書社編譯部　經2-8662、8909、9205、9770、10135
10 蒙正發　史1-1982、3469～70　叢1-496(5)
26 蒙泉鏡　集5-38895
37 蒙潤(釋)　子6-32089(52)、32090(66)、32091(64)、32092(40)、32093(51)、7-33845～6
38 蒙啓光　史8-61401
43 蒙求氏　經2-12527
44 蒙藏委員會　史7-56072～3
　　蒙藏委員會調查室　史8-62646、63308
47 蒙起鵬　史8-61228、61235
50 蒙春園主人　集7-50076
78 蒙陰縣署　史6-45458
80 蒙翁　子5-24922
　　蒙會牲　經1-1982

藤

20 藤維楨　經2-9457
23 藤代禎輔　子7-36733
27 藤鄉秀樹　子7-37092
30 藤宏光　集6-42007(4)
36 藤澤利喜太郎　子7-36232
　　藤澤利喜太郎　子7-37474
　　藤澤南嶽　子7-38046
　　藤澤恆　經2-9801

44 藤花書屋主人　叢2-792
47 藤根常吉　子7-38089
55 藤井健次郎　子7-36234
60 藤田經信　子7-37427
　　藤田豐八　子7-36231(4、5)、37069、37221、37423、37941　叢2-599
　　藤田久道　子7-36420
71 藤原佐世　叢1-446
80 藤谷古香　子5-28788

4423₇ 蔗

92 蔗恬居士　子5-26500

4424₀ 符

37 符朗　叢2-774(9)

蔚

22 蔚利高　子7-36376
25 蔚生氏　集7-52341
44 蔚藎　經1-1950

4424₇ 蔣

00 蔣主忠　集2-6973　叢1-265(5)、266
　　蔣堃　史5-38107
　　蔣立庭　史5-38166
　　蔣立謨　集4-24883
　　蔣立鏞　史2-11994　集4-27354
　　蔣彥　史5-38079
　　蔣庸　經1-928　史8-59716
　　蔣方　集7-48569～70
　　蔣方正　史8-61274
　　蔣方馨　經1-2726,2-8750、9016、9412、9901、10516
　　蔣方增　史8-58608

蔣方駿　經2-11779　集5-40614
蔣方夔　集5-40614
蔣應嵩　史5-38189
蔣應泰　史8-60443、61185
蔣康　史3-18644
蔣庚蕃　史8-61288
蔣慶錦　史5-36275
蔣慶篍　集4-33019
蔣慶籯　子4-23557
蔣慶第　史2-11027　子4-21808　集5-34163
蔣文樂　史5-38210
蔣文勳　經1-6548　子3-17722　集4-31004　叢2-844
蔣文鴻　集7-48272　叢2-2150
蔣文運　集1-1481
蔣文質　經2-10280
01 蔣龍順　史4-29838
02 蔣端容　史2-10993
03 蔣斌臣　史5-38115
　　蔣誼　史1-5912　叢1-34
　　蔣誠立　史5-38197
　　蔣識　史5-38126
04 蔣謹　經1-6858　史1-5397
　　蔣詩　集4-25592～6
05 蔣靖　集5-37181
07 蔣毅夫　史8-61296
　　蔣韶年　集4-22433
08 蔣敦復　子5-26744　集3-20312,4-30908、31563～71,7-47754～5、48741
09 蔣麟振　史1-21,3-20476,6-41498、41545、41547、41555、41716、41719
　　蔣麟昌　集3-20655
10 蔣一元　集4-22476
　　蔣一彪　子5-31019　叢1-169(2)、223(47)、268(4),2-731(10)
　　蔣一葵　史3-13435,7-49805～6　子4-24108　集6-43332、43340～4、46250　叢1-22(22)、29(7)、452、586(4),2-716(4)、798

蔣宗吉　史5-38147
蔣宗城　集5-39907
31 蔣澐　集4-26347～8
蔣溶　集4-27353
蔣溶川　史8-59688
蔣顧三　史5-38199
32 蔣兆鯤　集4-32779
蔣兆奎　史6-43408、
43807　子1-2275、4366
蔣兆芳　史5-38186
蔣兆蘭　集5-35969～70、
38836～7　叢2-644
蔣兆甲　史8-62921
蔣業晉　史3-16862　集
3-21163
33 蔣必餘　史5-38200
蔣溥　史7-52190,8-
64150　子1-1561,3-
15415、15418、15426　叢
1-223(16、25、28、31)、
227(11)
蔣蘦　史7-54177　子7-
36237
34 蔣漢紀　集6-43375
蔣汝正　叢2-795
蔣汝佶　史3-18098,5-
38095
蔣汝傑　史5-38132
蔣汝偶　集5-35691
蔣汝倫　集5-35316
蔣汝藻　史3-20827,8-
65984～7　叢2-660
蔣汝中　史5-38366
蔣濤　集4-33312
蔣浩　集3-19929
蔣達　集4-32163
35 蔣津　子5-26304　叢1-
10、17、19(4)、20(2)、21
(3)、22(3)、23(3)、24(4)、
29(6)
蔣沛然　集4-27477
蔣清翊　經2-12044　集
1-387、715　叢1-478、
480
蔣清瑞　史2-10922　集
4-29506　叢2-2213
蔣漣　集3-18230～1
36 蔣湘培　集4-26398～9
蔣湘南　經1-1677～8、
5103、5195、7957　史7-
49318(13)、52671～2、
52955、53039、53553、

53975～6,8-62693、
62789、62858、62988　集
4-29765～6　叢2-828、
1773～4
蔣澤寰　史5-38206
蔣澤沄　史2-10043
蔣澤澐　集5-35897
蔣澤澍　史3-21725
37 蔣瀾　集6-46021
蔣鴻　叢2-2213
蔣鴻藻　史3-20158,7-
57493
蔣凝學　集6-43209～10
蔣深　史8-62212、62247
蔣祖詒　史8-65379　集
4-25336
蔣祖芬　史5-38109
蔣祖懃　子5-27330
蔣初蘭　集7-47188
蔣逸雪　史2-11379
蔣逸村　史5-38086
38 蔣淦生　集4-29021
蔣汾功　經2-9950～5
集3-17839～40
蔣瀚澄　史7-51985
蔣海澄　史8-60157
蔣祥墀　史2-11005、
11993～4
蔣肇齡　史6-45589、45637
蔣啓霖　史5-38120
蔣啓勳　史7-56546
蔣啓祥　史5-38187
蔣啓勛　史3-15523
蔣啓敔　史8-58684、
58710　子1-2069、2475
集4-29632　叢2-1014
蔣榮渭　集4-24792、
26516、28638、29053、
29353、30018,6-42001
40 蔣左賢　集7-47952
蔣大慶　史8-59403　集
4-26539
蔣大綸　史8-58661
蔣大鴻　子3-13644～7
叢1-241、242(4)、269
(4)、270(3)、271、272(5)
蔣大鏞　史3-15329　集
4-31562
蔣友仁　子3-11452　叢
1-344,2-731(27)
蔣士龍　經1-841
蔣士棟　子3-12866

蔣士超　集5-39648　叢
2-622
蔣士桐　史5-38097
蔣士昌　史8-60684
蔣士驥　史3-18372
蔣士銓　史2-11880　集
3-20199、20943～55,6-
42066、42656,7-46411、
47245～7、49438～42、
49444～54、49698、50315、
50664　叢1-371
蔣士悅　史5-38067
蔣士榮　子3-12860～1
蔣坊　集4-23454
蔣堯中　子2-7138
蔣堯裳　史7-57460
蔣在雝　子4-19442
蔣克謙　子3-17615
蔣南山　史4-25570
蔣南棠　集5-40544　叢
2-2223
蔣希仁　史8-62220
蔣希周　史3-20816
蔣希賢　史2-7889
蔣希曾　子2-10796
蔣有道　史8-58505、58632
蔣志章　史2-9850
蔣志傑　集4-31779
蔣志凝　集4-30697,6-
41763
蔣志培　史3-20791
蔣志品　史5-38083
蔣嘉順　史5-38164
蔣嘉棫　史3-18006
蔣嘉棟　史3-17213
蔣杏橋　子2-4763
蔣奇鏄　史8-59145
蔣壽生　史3-18917
蔣壽齡　史5-38114
蔣壽祺　史3-22874,5-
38070
蔣壽成　史5-38085
蔣木臣　史5-38212
蔣森　史5-38076
41 蔣垣　史2-8132,8-58732
集3-21365
蔣樞　集3-14483
蔣楷　史1-4294,6-
43083、45867、46678　集
4-26869,5-40264
42 蔣斯彥　史3-17056

中國古籍總目著者索引

蔣斯榮 史5-38119
蔣彬 史1-2034
蔣彬蔚 史3-14845、
　15444,17068
蔣彬若 集5-36284〜5,
　6-42016,7-47637
蔣橋林 史4-26759
43 蔣式瑆 史3-16541 集
　5-39868
蔣式惺 史3-16570
蔣載康 經1-5079
蔣械士 史5-38068
44 蔣芷儕 史1-1995,4550
蔣芷澤 史8-62301
蔣基 史2-11928,7-
　51717,53040,8-62876〜
　7 子1-2745 集4-
　22670〜1,7-47815
蔣垍 叢1-197(4)、322,
　2-617(2)
蔣藩 史2-10461,8-
　59558 集5-40857
蔣藻熊 子2-7138,8763、
　9510
蔣夢麟 經2-10520
蔣夢桃 史2-10964
蔣夢蘭 史8-61830 集
　3-16726,17470,6-
　41975,42025
蔣萼 史3-18492 集5-
　35968〜70,6-42016,7-
　47784
蔣蘅 集4-29631
蔣芳 史5-38220
蔣蔭椿 史1-5000
蔣蔭春 子1-2613
蔣蔚遠 史2-12013
蔣茂庚 史5-38099
蔣茂柚 史5-34274
蔣葆年 集5-36648
蔣薰 史7-49317(3、4)、
　49318(7、8、9)、52364、
　52383〜4、52386、52388〜
　9、52676 子3-16440
　集1-445,3-13564〜5,
　6-44580 叢2-834
蔣赫德 經2-8445 叢
　1-223(12、31)、227(6)
蔣恭亮 集4-30642
蔣恭棐 集3-18713
蔣恭家 史5-38197
蔣莘 集4-26182

蔣孝 集6-41836,7-
　54654〜5 叢2-743
蔣華蓮 經1-3289
蔣英 集7-47969
蔣若淵 史8-61273
蔣若椰 集2-12837 叢
　1-142
蔣莅生 史2-7670 叢
　1-437
蔣世禮 史5-38175
蔣世芳 史8-62497
蔣世鈸 史8-58407
蔣世欽 集5-38365
蔣其章 史3-15941、
　19993 叢1-496(1)
蔣樹聲 子3-15808
蔣樹杞 子2-4768
蔣棻 史1-5938 集3-
　13454〜5
蔣楷 集3-14915
蔣棨瀚 史3-19026
蔣棨熙 史3-18949
45 蔣坤 史5-38105
蔣椿 史7-58047 叢2-
　992
46 蔣旭 史8-62534
蔣坦 史7-49354、52421、
　53358 子5-26499 集
　3-18853,5-34155〜62,
　7-47807 叢1-373(5),
　2-832(2)
蔣如洵 史1-6116,6125、
　6132 集4-28710
蔣如奇 集6-43953
蔣如馨 子5-25275
蔣槐 集4-29705
47 蔣鶴鳴 子1-1576
蔣起龍 史7-55971
蔣超 史2-12235,7-
　52639〜40 集3-14588
　叢1-223(62)、373(3)
蔣超伯 史6-41541、
　46432,7-53970 子4-
　22651〜4,23373〜9 集
　5-33797〜805,6-42007
　(1)、43152 叢1-442〜
　3,2-731(17)、735(5)、
　1906〜7
蔣桐森 史3-21197
48 蔣敬時 史3-20532,7-
　57189
蔣松崖 集4-29706

50 蔣中正 史2-10867
蔣中和 集3-14743
蔣泰來 集4-22432
蔣本 經1-1337〜8
蔣本璋 集4-28179
蔣本璞 史5-38196
蔣本模 史5-38201
蔣書銜 集6-44049
蔣書升 集6-45436
蔣春霖 集4-33230〜1,
　7-48013〜4 叢1-509、
　579,2-799〜801
蔣春華 子7-35949
蔣素 史5-38074
蔣東培 史3-18979
51 蔣振岐 史2-10877
蔣振南 史2-10877
蔣振芳 史5-38116,8-
　58406
55 蔣捷 集7-46352、46357、
　46380、46389、46722 叢
　1-223(73),2-698(13)、
　720(2)
蔣耕堂 集4-24324
57 蔣擢 史7-55547
蔣抑卮 史8-65263、
　65977〜9
蔣邦彥 史5-38179
60 蔣□ 子5-27356
蔣日萊 史8-61428
蔣日豫 經1-4618,4790,
　2-9606,11920 史1-
　2104 子4-19698 集
　1-116,5-35252,7-
　48119 叢2-1978
蔣日綸 子5-29535(6)、
　29536(6)、32041
蔣星烽 史1-69
蔣國亮 史3-17655
蔣國平 集5-41688 叢
　2-788
蔣國宗 子3-13582
蔣國祚 經2-14078 史
　1-1416 子5-29535
　(3)、29536(3)、29905 集
　3-17864 叢2-628、785
蔣國祥 經2-14078
蔣國柱 史3-17790
蔣國榜 集4-30190、
　32186 叢2-788
蔣國楨 史8-58659 集
　5-36810

蔣國舉　史 5 - 38190

蔣國銓　史 7 - 56234

蔣易　集 3 - 14273,6 - 41931、43655～6　叢 1 - 265(5)、266、584

蔣思源　史 3 - 19704

蔣恩　史 1 - 3874,2 - 6209

蔣恩澂　集 4 - 31250,7 - 50386

蔣恩溥　史 5 - 38188

蔣恩澍　史 6 - 47468,8 - 60457

蔣冕　集 2 - 7329～31,6 - 45770　叢 1 - 223(50)

蔣因培　史 8 - 64746　集 4 - 25597～8

蔣昌期　史 3 - 19621

蔣景緘　子 5 - 28615～7

蔣景祁　經 1 - 7723　集 3 - 14644～5、16279、17532,6 - 41963,7 - 46399 ～400、47073、48539

蔣景耀　史 5 - 38134

61 蔣顯露　史 5 - 38080

蔣顯榮　史 5 - 38080

64 蔣時雍　經 1 - 927

蔣時機　子 3 - 13405　集 6 - 46214

65 蔣味霞　史 2 - 10682

66 蔣嚴靈　子 7 - 33905

蔣賜勳　集 5 - 34253,6 - 41985

67 蔣鳴慶　集 5 - 37813～4

蔣鳴龍　史 7 - 55897

蔣鳴玉　子 4 - 21006

蔣鳴珂　集 6 - 46031

蔣鳴奎　集 4 - 32470　叢 2 - 992

蔣煦　經 2 - 15043　史 2 - 12846,3 - 17962　子 3 - 12785,7 - 36907～8

蔣照　史 3 - 23003

70 蔣防　子 5 - 26222、26224、27548　叢 1 - 22(18)、23(18)、29(4)、168(2)、185、249(2)、255(3)、395,2 - 731(49)

蔣驤雲　史 3 - 23038

71 蔣厚堃　史 5 - 38100

蔣階　史 2 - 12697　集 7 - 46817

蔣驥　子 3 - 14703、15156～

7、15859、15861、15963～4 集 1 - 55　叢 1 - 223(38、47)、269(5)、270(3)、271、272(5)、367～8,2 - 619、622

蔣敔　史 8 - 62496

蔣臣　史 1 - 2891　集 2 - 12649

蔣長齡　史 5 - 38121

蔣長春　史 5 - 38098

72 蔣彤　經 1 - 5462　史 2 - 11005、12022～3　子 4 - 21502　集 4 - 31075　叢 2 - 670、798

蔣岳　子 4 - 21457,5 - 25389

74 蔣勵修　史 1 - 5517

蔣勵宣　集 4 - 22477

蔣勵志　史 1 - 5517

蔣勵常　史 5 - 38214　子 1 - 2909,4 - 21367,5 - 25891　集 4 - 23201　叢 2 - 1014

蔣騏昌　經 2 - 13063　史 8 - 62873

75 蔣陳錫　集 3 - 16758～9, 6 - 43326

76 蔣陽麟　史 3 - 19620

77 蔣鳳　集 5 - 36981

蔣鳳藻　史 1 - 1954,8 - 63510、65877～81　集 5 - 38226　叢 1 - 444、463～ 4,2 - 796

蔣鵬翮　集 6 - 43455

蔣履泰　史 8 - 61566

蔣居祉　子 2 - 4770、5593

蔣學元　史 8 - 61278

蔣學沂　集 4 - 28711,7 - 47963

蔣學溥　史 3 - 20124

蔣學培　史 5 - 38122

蔣學勤　集 5 - 34254

蔣學成　子 2 - 11027

蔣學堅　經 2 - 11118　史 5 - 38122,7 - 50381,8 - 66091～2　集 5 - 37458 ～60,7 - 48622

蔣學鏡　集 3 - 21688

蔣學鏞　經 1 - 1315、3070 史 7 - 57432　集 3 - 19643、19645,4 - 22784～ 7、25661　叢 2 - 845(2,3)

蔣丹林　子 1 - 2470　叢

1 - 514

蔣開　集 4 - 24190

蔣開泰　集 3 - 16279

蔣民　經 1 - 5375、5381

蔣興疇　子 3 - 17658

蔣賢鎮　史 5 - 38181

80 蔣人淕　史 5 - 38071

蔣企珍　史 5 - 38092

蔣益澧　史 6 - 44171

蔣益澧　史 6 - 42319

蔣金生　史 8 - 62164

蔣金式　集 3 - 17398

蔣金城　史 5 - 38078

蔣金鏞　子 2 - 5224

蔣金符　集 4 - 32415

蔣鏞　史 8 - 63491

蔣鑛　史 7 - 52598

蔣介臣　集 4 - 28553

蔣斧　經 1 - 2550　子 1 - 4383、4419,5 - 30249,7 - 36215　叢 1 - 589,2 - 603

蔣夔　集 4 - 27190

蔣念學　史 5 - 38193

蔣愈昌　集 6 - 42521　叢 1 - 415

蔣尊禕　史 3 - 16835

蔣尊典　史 3 - 21706

蔣毓峯　史 8 - 65933

蔣毓英　史 8 - 63447

蔣義彩　史 5 - 38130

蔣義彬　經 2 - 13929～30 子 5 - 25304～5

蔣義田　集 5 - 39333

蔣善　史 1 - 5122　子 1 - 2441

蔣善賓　史 3 - 21224

蔣曾煌　集 4 - 22169

蔣曾燨　史 2 - 11947

蔣公轂　叢 2 - 795

蔣茲　集 5 - 34028

81 蔣鑨　集 6 - 44072～3

蔣頌南　子 2 - 9082

蔣敘倫　史 8 - 58680

82 蔣鍾靈　史 5 - 38160

84 蔣鑽　子 4 - 20485　叢 1 - 22(20)、223(50)

86 蔣錦　史 5 - 38135

蔣錦常　史 5 - 38133

蔣錫震　集 3 - 17273

蔣錫瑞　子 5 - 25322

蔣錫綏　史 3 - 22723

蔣錫纓　史5-38096
蔣錫礽　史7-49605、49635
蔣錫榮　子2-9736
蔣知廉　集4-23518
蔣知白　子5-27155　集
　　4-26013
蔣智由　子4-24750　集
　　5-41386～7
87 蔣銀川　史5-38082
蔣銘勳　集5-36649,6-
　　42658
蔣銘燕　史3-18345
蔣銘勛　史8-60307
蔣銘籙　史5-38106
蔣翎　子1-1783
88 蔣篁方　子7-37300
蔣簡　集4-28552
蔣篤仁　史5-38084
蔣節　集5-37273～4
蔣簀　集7-48067
89 蔣鑠　集4-25267
90 蔣懷清　史7-52941
蔣堂　集1-1913～6,6-
　　41748　叢1-223(50),
　　2-687、798
蔣光庚　史1-1253～4
蔣光弼　經1-157　史7-
　　57178
蔣光魯　史3-22085
蔣光祖　經1-1186　史
　　7-55509,8-59842、59950
　　集7-47211
蔣光煦　經1-3697　史
　　1-2245,4389,8-64106、
　　65275、65306、65804　子
　　3-14869,4-22667～8、
　　22847　集3-15395、
　　17312,4-23999、26011～
　　2、26869、31986,6-
　　41901、41985　叢1-333
　　～7、369、372、373(4、8)、
　　509,2-662、731(3)
蔣光陞　史8-63397
蔣光籛　史3-20686
蔣光焴　經1-3343、4313
　　史2-7968、9590、9916,8-
　　65821～3　子3-13660
　　集4-27355
蔣尙梓　集4-30945
蔣常授　史2-9870
蔣炎　史7-58008
蔣爝　集4-26538

91 蔣炳章　史3-19024,5-
　　38111　集5-40037
蔣炳生　史4-26124
93 蔣熔　集4-30140
94 蔣慎修　子5-29530(8)、
　　29891
蔣煒　史7-57512
96 蔣焜　經2-13037　史8-
　　58968
蔣煜　集2-12838
97 蔣炯　史8-60197　集4-
　　29853
蔣燦　史8-58767
98 蔣悌生　經1-77(4),2-
　　11471　叢1-223(12)、
　　227(4)
99 蔣燮　集4-26183

4424₈ 薇

60 薇園主人　子5-27782

4425₃ 茂

44 茂苑居士　史2-12643
茂苑省非子　子5-27648
茂苑惜秋生　史7-53186
90 茂堂　史7-55165

藏

30 藏進巧　史8-61302
80 藏年室主人　子3-18167

4428₂ 蕨

22 蕨山生　子7-36817

4428₆ 蘋

41 蘋梗　子5-26675　叢2-

683

4428₉ 荻

22 荻岸散人　子5-28264～
　　74

4429₄ 葆

00 葆亨　史5-35493～4
08 葆謙　史3-15412、17031
12 葆聯　史3-17031
40 葆壽　子2-9533
90 葆光子　子5-26667　叢
　　1-587(4)
葆光道人　子2-7303

4430₃ 薲

00 薲廬居士　子7-38035
薲六　史8-65365
60 薲園　集7-50797、53653
77 薲覺生　集6-42380

4430₄ 蓬

22 蓬巢子　子2-10528
38 蓬道人　叢2-683、2046
44 蓬蒿子　子5-28195～9
蓬萊縣修志館　史8-59277

蓮

00 蓮亭學人　子4-23628
20 蓮航居士　子7-36201
蓮舫　集4-26763
蓮舌居士　經2-10117
21 蓮儒(釋)　史2-6758　子
　　3-15859、16077　叢1-
　　13、14(3)、22(26)、30、37、
　　108～9、111(4、5)、181,2-

731(36)

32 蓮洲(釋)　集5-41274
　蓮溪　子1-4354
　蓮淨居士　叢2-724
38 蓮洋居士　子3-13233
　蓮海居士　子3-18358
　　叢1-496(5)
44 蓮萍(釋)　史7-51640
　蓮華戒(釋)　子6-32081
　　(56)、32083(35)、32084
　　(30)、32085(51)、32086
　　(61)、32088(37)、32089
　　(46)、32090(53)、32091
　　(51)、32092(35)、32093
　　(47)
47 蓮根(釋)　子7-34430
73 蓮胎居士　子7-34822

4430₇ 芝

25 芝生　子4-24681
27 芝嶼樵客　子2-4770、
　8482
60 芝田　史2-13082

4433₁ 燕

00 燕京大學圖書館　史7-
　54921　叢1-85
10 燕王景暉　史1-2344
11 燕北閒人　叢1-496(7)
　燕張諮　史1-2348　叢
　　2-653(6)
　燕張詮　史1-2343
21 燕步魁　子5-30498
22 燕山逸叟　子5-28543
27 燕歸來簃主人　史7-
　49324、49865
30 燕客　史1-2991　叢1-
　269(3)、270(2)、272(3)、
　373(6)
44 燕范亨　史1-2338
47 燕報館　子4-24695
　燕都傻道人　集7-50252
　燕起烈　集5-39941
50 燕申　集3-19430
60 燕田融　史1-2331　叢

2-653(6)

71 燕臣仁　史7-55191

蕉

40 蕉南舊史　集7-47540～2
51 蕉軒氏　子1-2760　叢
　1-483

赫

08 赫施賚　子7-36228(3)、
　36231(4)、36239、36254、
　37439
　赫施慎爾瞻　子7-37833
10 赫爾維　子7-36731
17 赫胥黎　子7-37971　叢
　1-531
21 赫師慎　子7-37452、37454
　赫師慎爾瞻　子7-37453
24 赫德　史6-43386　子7-
　36244、36316、37437、
　37442～3、37609、37752、
　37754、37800、37830
26 赫穆　子7-38235
34 赫達色　史8-59441
40 赫士　子7-36250、37553、
　37636、37647、37662、
　37680、37682
47 赫格爾德　子7-38234
50 赫拉　子7-38188
94 赫慎　史7-55477

4433₃ 恭

50 恭泰　集4-23099
71 恭阿拉　史6-42100、
　46979、47399
82 恭釗　集5-34437,7-
　47797

慕

10 慕璋　史8-63368

慕天顏　史6-48628
16 慕理海　子7-36417
20 慕維廉　史7-49317(1、
　6)、49318(17、22)、54310
　～1　子7-35239、
　35644、36229、36241、
　36250、36410、37434、
　37440～1、37451、37708、
　37750、37757
　慕維德　史6-48897　集
　　4-30355
23 慕稼穀　子7-35723
24 慕德氏　子7-35199
30 慕容彥逢　集1-2953　叢
　1-223(53)、2-798
40 慕壽祺　史8-63179
　慕真山人　叢1-496(6)
44 慕芝田　史3-21290
　慕華德　子7-35198、
　35661
60 慕甲榮　集4-26397
　慕昌湘　集5-39939～40
70 慕雅德　子7-35125、
　35135、35741
77 慕陶居士　子1-4499
99 慕榮榦　史3-15638,8-
　59259

蕊

15 蕊珠舊史　叢2-735(4)
22 蕊崖老人　叢2-691(2)

蕙

41 蕙坪　史1-4961

4434₃ 蕁

55 蕁農　叢2-619

4439₄ 蘇

00 蘇庵主人　子5-28319、

28876～7

蘇彦　子4-19818　叢2-774(9)

蘇育　史8-59747

蘇應龍　子5-24919

蘇廙　子4-18978～9、18990～1　叢1-22(15)、23(15)、29(4)、30、86、154、255(2)、2-617(3)、730(7)

蘇文生　史5-41021

蘇文樞　史8-59671

蘇文蔚　史5-41015

蘇文韓　史1-1219、5205　子1-170　集6-42046

蘇六朋　集4-30062,6-42007(2)

02 蘇新溥　史5-41031

03 蘇誠　史5-41023

08 蘇於沛　集4-27860～5

10 蘇正學　集3-18604

蘇玉　史7-55464

蘇玉賢　史8-58853

蘇玉堂　集5-39608

蘇霈芬　史8-58689　集5-35180

蘇瓊　集1-677

蘇元章　集4-30063

蘇元璐　史7-57770

蘇元雋　集7-49867～8

蘇元綬　史3-19488

蘇元樫　史3-16419

蘇元起　史8-61019

蘇元箴　史5-41020　子2-10255

蘇霍祚　史7-58132

蘇爾詒　集3-13434

蘇爾德　史7-49347,8-63342

蘇爾怡　集3-16142

蘇平　集2-6826～8

蘇天爵　史2-7120～1、8803　子1-887　集1-5076～7、5479～81,6-41715、43691　叢1-34、223(22、30、60、69)、227(11)、230(2)、360,2-615(2)、635(14)、731(61)、782(2)

蘇天木　子3-12934　叢2-731(15)、881

蘇再薰　史8-59111

蘇晉　集5-39954～5

蘇霖　子3-14692、15077～8

蘇霖和　史3-21304

蘇霖泓　史3-15049

11 蘇珥　經2-10850　子3-15413,4-24326　集3-19250

蘇頲　子5-26222、26225、26858　集1-677、754～7,6-41743、41824、41838、41847～8、41872　叢1-22(20)、23(19)、29(4)、185、255(3)

12 蘇瑞梆　史5-41004

蘇弘謨　史7-58080

蘇弘祖　集3-13938

蘇廷玉　集4-27589

蘇廷琬　子2-5634

蘇廷魁　史2-12135　集4-30425～8,6-42007(4)

蘇廷濬　史3-22454

蘇廷鑒　史5-41033

蘇飛卿　子2-9932

14 蘇功　集4-31512

蘇璜　集2-8362

17 蘇瓊　史6-45749

蘇了心　經1-935～6

19 蘇琰　子5-25733

20 蘇舜欽　史1-1914　集1-2062～9,6-41900～1、41908　叢1-11～2,22(8)、23(7)、29(5)、56、95～6、223(51)、2-635(8)、698(9)、730(2)

蘇雙翔　史7-57092～4

蘇秉國　經1-1541,2-10838

蘇維藩　史3-21973

21 蘇步洲　史5-41008

蘇虎克　子7-38178

蘇行禮　集3-17871

蘇紫蓋　子5-25732

蘇綽　子4-19852　叢1-66

22 蘇峯生　子7-38075

蘇岩　史3-17559

蘇繼祖　史1-4277

蘇彩河　史7-55347

23 蘇俊　集3-13096

蘇俊杰　史7-55921

24 蘇化雨　子4-19106

蘇先　集2-12804

蘇佳嗣　史8-60420

蘇德力　史5-41312

蘇德蒙　子7-38179

蘇偉　集3-13096、17238

蘇特　史1-4369　叢1-22(5)、23(5)、2-617(2)

蘇纘輞　史5-41016

25 蘇傑　集7-47998

蘇積功　集6-43128

26 蘇伯衡　集2-6133～5　叢1-136、223(62)、2-635(11)、731(41)、859

蘇和溱　集3-20645

蘇穆　叢2-1686

蘇穆齋　集4-26411

27 蘇佩　集4-25801

蘇佩訓　史8-60829

蘇象先　子4-19932～3　叢2-637(3)

蘇嵋　史8-61098

蘇紹獻　史5-41022

蘇紹泉　史7-56064

蘇紹柄　史3-23387

蘇紹基　史3-23591

蘇紹枘　集5-37498

蘇紹軾　史7-57860　子3-13405

蘇紹炳　叢1-496(4)

28 蘇作睿　史7-56556

蘇復之　集7-49710、49799～801

蘇從武　史7-55734,8-59605

蘇從忠　史5-41034

蘇馥女士　子5-25826

30 蘇宣　子3-16908～11

蘇濂　經1-3739　集2-9252

蘇淳　叢2-775(4)

蘇寧阿　集3-21427～8

蘇完瓜爾佳籛年　子1-3007

蘇完尼　史2-9152

蘇寬　叢2-774(5)

蘇寬　經1-6742

蘇永椿　集4-31274

蘇進　史8-62770

蘇之麟　集3-18171

蘇之琨　集6-45916

蘇之芬　史7-55614

蘇之軾　子3-18024～5
蘇宇　集2-12960
蘇宇庶　史7-58126
蘇宏喜　史5-41026
蘇良嗣　史8-60207　集
　　3-16504,6-41969
蘇寶鼎　史8-62517
蘇宗仁　史7-49351、
　　53487
蘇宗經　史1-5322,8-
　　61225～6　子5-25899
　　集4-30658～9　叢2-
　　1764
蘇宗振　史5-41005
31 蘇潭道人　子5-28339～
　　41
蘇潛修　史8-59302
蘇濬　經1-740～3,2-
　　8730、8988、9385、9881、
　　10355～6　史1-1238～
　　9,1278,5101,7-54665,
　　8-61221　子4-20692、
　　23989　集2-9971～3,
　　6-42043　叢1-22(21)
蘇源　集7-51107
蘇源生　史2-8958、9770,
　　8-59887　子1-1758,
　　4-23352　集4-31338
　　叢2-1826
蘇源明　子3-12927～8
　　叢1-169(2)、223(35)、
　　268(3)、388～90,2-731
　　(15)、772(4)、773(4)
32 蘇州府儒學　史2-7882、
　　7884
蘇州世醫陳氏　子2-4768
蘇淵　史7-56420
蘇兆熊　史5-41018
蘇兆奎　經2-11056
34 蘇汝謙　集5-34279,6-
　　42068,7-47876
蘇汝礪　集3-21203
蘇汝院　集3-19434
蘇潢　集2-10104
蘇祐　史1-2847,6-
　　46386,48252～3,7-
　　56955　子4-20492～3
　　集2-8247～9,6-41935
　　(4)　叢1-22(22、23)、29
　　(8)、84(2),2-730(9)、
　　731(68)
蘇遠暘　史5-41024

35 蘇清芬　集3-19206
蘇澬　史1-1981、4478
　　叢2-647、753
36 蘇澤東　史2-9164　集
　　5-39751　叢2-1011
蘇遇龍　史7-57719　叢
　　1-373(7)
37 蘇洞　集1-3825　叢1-
　　223(57)
蘇洞　史7-50097
蘇洵　經1-58、5810,2-
　　9796、9799～801　史6-
　　42227　子1-2077～9、
　　3770　集1-2103～36,
　　6-41708、41773、41794、
　　41797、41799、41802～6、
　　41894(1)、41895、45150～
　　60、45162、45165、45167～
　　73、45176～9、45185～8
　　叢1-22(2、12)、23(2、
　　12)、127、140、172、223
　　(27、51)、227(9)、273(4)、
　　275,2-635(8)、698(10)、
　　731(18)
蘇鴻　集4-26557,6-
　　42007(1)
蘇過　集1-2986～93　叢
　　1-244(6)、265(5),2-698
　　(10)、731(40)
蘇運莑　史5-41027
38 蘇滋恢　集3-18452
蘇道芳　集5-39532
蘇啓元　集5-41187
40 蘇大　史5-41010
蘇大山　集5-39624、
　　40679
蘇大成　史4-27064
蘇士琨　子5-27434　叢
　　1-142、202(6)、203(12、
　　18)、587(1)
蘇士俊　史7-55219,8-
　　61232～3
蘇士潛　子1-2159,4-
　　20887　叢1-22(25)、
　　173
蘇士樞　經1-1520　叢
　　1-369、372、373(6、7)
蘇臺　集4-25419
蘇境　集2-6297
蘇有炯　集5-36516
蘇志皋　史7-55220　集
　　2-8610
蘇嘉淦　集5-38636

蘇韋　史1-1401
蘇壽松　史8-61430
蘇壽昌　集3-21832
蘇去疾　集3-21174～5
43 蘇城　史3-19104
蘇始芳　集3-15603
44 蘇夢熊　集5-34964
蘇芳阿　史3-14896
蘇茂相　經2-13808　史
　　6-46072～3　子1-174,
　　3-13801
蘇蕙　集1-462～5　叢
　　1-22(13)、23(13)、168
　　(1)、295
蘇莘　史7-55348
蘇葵　集2-7250
蘇勒通阿　史8-61342
蘇者　史1-4372,6-
　　42848、42852　叢1-19
　　(5)、20(3)、21(4)、24(5)、
　　244(4)
蘇世璋　集6-41999
蘇其炤　史8-63005～6
蘇蘊玉　集4-31936
蘇林　史2-8196～8　叢
　　1-19(4)、21(3)、22(9)、
　　23(9)、24(4),2-777
蘇林春　集5-37132
45 蘇椿　集4-32710
蘇榛　集4-26883
46 蘇加玉　集4-24761
蘇如望　子7-35271
47 蘇懿諧　經1-1646　集
　　4-25274～5　叢2-1749
48 蘇乾　史7-54974
蘇敬　子2-5517
50 蘇申清客　集7-53021
蘇攜　叢1-223(51)
蘇本潔　史1-1971、3119
　　叢2-790
蘇本眉　史7-55964
蘇本銚　子7-36357
蘇忠廷　史8-62285
蘇春　集3-17633
蘇東柱　史8-62880
52 蘇哲保　史3-22795
53 蘇軾　經1-34、432～8、
　　743,2623～4　史1-
　　5361,6-48125～6,7-
　　49387～8　子1-20、44、
　　48、61,2-4625、9137～

(3)、569,2-731(7、40)、
857、860
90 蘇惟霖　集2-11112
蘇惇元　經1-6282　史
2-11005、11654、11800
子3-15214　集3-
13636,4-30557～9　叢
1-391,2-635(13)、698
(11)、1266
蘇省牙釐總局　史6-
43590、43607
95 蘇性　史7-55491
96 蘇煜坡　史8-61435
97 蘇耀泉　史3-16730
蘇燿　集3-16637
99 蘇變　史4-25903
蘇榮松　史5-41019

4440₀ 艾

00 艾庵居士　子4-20916
艾應芳　史8-62291
艾應期　子2-9290
艾庭晰　經1-2069
艾慶曾　史3-21339
艾文雋　集5-34770
10 艾至堂　集4-27633
艾元徵　集3-13913～4
艾元復　史8-59609
艾元福　史4-25979
艾元英　子2-9187
艾爾傑　史3-21305
12 艾廷選　史3-15922
17 艾承禧　史3-18886
20 艾爲珫　集2-11624～5
21 艾儒畧　史7-49314、
49339　子3-11234,4-
20938,7-35103、35261、
35281～7、35289～90、
35494、35541、35591、
35808、35854、35885　叢
1-135、223(26)、273(4)、
274(4),2-731(59)
艾紫東　經1-3037、4327
23 艾我畧　子7-35634
24 艾德塤　集5-35992
艾納居士　子5-27817
26 艾自　史8-62525
艾自新　子1-1222～3

叢2-886(2)
艾自修　叢2-886(2)
艾穆　集2-9508～10
27 艾約瑟　史7-49317(2)、
49318(18、21)　子3-
12396,7-35102、35720、
36228(1、4)、36229、
36244、36258、36316、
36370、36402、36735、
36741、37429、37437、
37442～3、37447、37564、
37573、37609、37705、
37752、37754、37800、
37821、37830　叢1-530
～1
艾紹濂　史7-55935
艾紹荃　集5-40686
28 艾以清　史8-60435
艾作模　集5-36439
30 艾濂　史8-62526　集4-
26824
艾容　集2-12810～2
34 艾衲居士　叢2-720(5)
40 艾南英　經1-2768、3176
～7,2-10477～8　子5-
25200　集2-8784、
11622～36,6-41808、
43968、44818～9、45336
叢1-195(1),2-731(55)
44 艾茂　史8-62290　集2-
9441
47 艾期芳　子1-3443
48 艾梅　史8-59434
56 艾暢　經1-4190　集4-
28209,6-42007(2)、
45941　叢1-367～8
60 艾曰芬　集2-11624
76 艾颺春　史1-4223
87 艾欽　子1-3073
90 艾光清　集5-40685
91 艾恆錦　史3-17182
95 艾性夫　集1-4792,6-
41748、41784　叢1-223
(59)、306

4440₁ 莘

41 莘墟吳氏　子1-129

4440₆ 草

44 草莽餘生　史1-4345

4440₇ 孝

60 孝思堂　史4-26796

4442₇ 勃

22 勃利德　子7-36451
勃利物　子7-37446
40 勃克魯　子7-36415
44 勃藍姆司道格　子7-
38230
50 勃拉斯　子7-36535

荔

33 荔浣新　子5-27880
44 荔墻蹇士　叢1-423、520
77 荔卿　子3-17216

萬

00 萬方田　史7-51493
萬方熙　集5-36799
萬育水　子3-13428
萬高芬　集3-16579
萬應隆　史1-5555,2-
7288　集3-14102～3
叢2-731(61)、816
萬康　史3-22842
萬文芳　史8-61419
萬文煥　史3-19440
萬文焯　史5-35802
萬言　史2-7280　集3-
15781～5　叢2-845
(3)、980
萬衣　集2-8924～6

10 萬一蕭　史7-55229
　萬玉堂主人　集6-42988、
　　45232、45263
　萬亞蘭　史7-57399
　萬元吉　集2-12420～1，
　　6-41943
　萬震　史7-49309、54215
　萬震霄　史7-55371
　萬天懿　子6-32081(14)、
　　32082(11)、32083(10)、
　　32084(9)、32085(14)、
　　32086(15)、32088(10)、
　　32089(12)、32090(16)、
　　32091(15)、32092(11)、
　　32093(13)
　萬雲　史8-59459
　萬雲松　史3-21515
　萬雲路　史3-16534
　萬貢珍　集4-28440，7-
　　48281
12 萬瑞毓　集5-35054
　萬發元　史8-60687
　萬廷言　史2-6526　子
　　1-1182　集2-8667
　萬廷謙　史7-57566
　萬廷蘭　經1-5043、6627、
　　7224，2-8458、11208　史
　　1-1364，2-11873，5-
　　35809，7-55387，8-
　　58475、58885　集1-
　　2465、4677，3-20513～6
　　叢1-482
　萬廷樹　史8-62894
　萬廷相　經2-10299
13 萬琅　史3-21067，7-
　　57854
　萬武宣　史3-16809
17 萬承紫　史2-7877
　萬承紀　史7-56850，8-
　　64529～31
　萬承紹　史2-11873，8-
　　59014
　萬承志堂　子2-9880
　萬承蒼　集3-18428，6-
　　42067　叢1-223(17)
　萬承勛　集3-17350～7，
　　6-44644　叢1-263，2-
　　845(3)、980
　萬承風　史7-49363　集
　　4-23625
18 萬瑜　集6-45100
20 萬重簀　史8-62605

　萬秀敏　史5-35804
　萬愛民　集6-45100
　萬維翰　史6-41534、
　　41727、43013、43410、
　　44585、45885～6、46119
21 萬上遴　子3-16399
　萬虞愷　集2-8950～2，6-
　　43317
　萬經　經1-1105、1141
　　史1-1337，2-9386，7-
　　57417，8-64627　子3-
　　15155　集3-17082、
　　20770　叢1-223(28)、
　　373(7)、534，2-654、845
　　(4)
22 萬任　史3-20962，7-
　　55472
　萬後賢　子4-24393　集
　　4-26756　叢2-617(5)
　萬縣前　史8-59114
　萬崇謙　集4-23691，6-
　　45100
23 萬允廉　集5-39494
　萬俊　集1-1059
24 萬斛泉　經1-7965　史
　　1-1114、1146～7　子1-
　　1964、2735　集4-31557
　　～8　叢1-483，2-1822
　萬佳年　史5-35805
　萬德基　史5-35792
　萬科進　史8-62168
26 萬保　子1-4277
　萬程昆　史3-23505
27 萬修廉　史8-60452
　萬侯　史8-59975
　萬名煒　集6-45100
　萬繩栻　集5-34828　叢
　　2-689
　萬紹煥　史8-63126
28 萬以增　史7-56496
　萬齡堂藥店　子2-9738
30 萬濟國　子7-35327、
　　35546
　萬寧　子2-10495
　萬家乘　史3-23034
　萬之衡　史2-8483　集
　　4-22243
　萬安　史3-13555
　萬安國　子5-29539、
　　31942
　萬定思　史8-58504
　萬宗琦　經1-3075

　萬宗師　子5-29530(24)、
　　31635
　萬宗林　集4-27310、
　　30510，5-35414
31 萬潛齋　子2-9929
　萬福　經2-15058～9
　萬福康　史1-3004　叢
　　2-796
　萬福麟　史7-56306
32 萬兆龍　史8-59736
33 萬心權　史8-58291
34 萬法周　集4-23780
　萬浩　史8-58489
　萬洪傳　史5-35795
　萬達甫　集2-9525～6
　　叢2-980
35 萬沛洪　集5-36047
37 萬涵　集3-20541
38 萬裕澐　經1-1735
　萬裕鵬　史3-21544
　萬啓鈞　史7-55931、
　　55973
40 萬大章　集2-12001
　萬友正　史8-58357　集
　　3-20380～2　叢2-886
　　(3)
　萬士和　集2-9235～7，6-
　　41935(2、5)
　萬士奎　史5-35803
　萬士煉　集3-13353，6-
　　45100
　萬培因　集6-49031
　萬才玉　史5-35814
　萬在衡　史8-60551～2、
　　60696
　萬希槐　經1-1557、5088，
　　2-11643　子4-22185
　萬杰賢　史5-35813
　萬壽祺　子3-16812，4-
　　18809～12，5-25634　集
　　2-12423～8，6-41943，
　　7-46831　叢1-424、
　　469、586(3)，2-611、716
　　(3)
　萬壽彭　子5-25574
42 萬斯備　集3-15586～94
　　叢2-845(4)
　萬斯大　經1-79、111(2)、
　　163(1)、5003、5263～4、
　　5673、6059、6188、7726
　　史5-35800　子4-
　　24174　叢1-202(3)、

萬榮恩 集7-50370

4443₀ 樊

00 樊庶 史8-61479
樊慶華 史5-39160
10 樊玉衡 子4-24002～3
樊玉衡 經1-5633
樊玉華 史5-39161
樊工家 經1-6854 史
2-9053
樊雨 集4-24456,6-
42008
樊晉 史3-19490
12 樊廷緒 子4-23413
樊廷槐 史5-39170
樊廷幹 史3-20917
樊廷枚 經2-10626～9
樊廷簡 經2-9792
14 樊琪 子2-8913
17 樊君芳 史5-39164
樊司鐸 史8-60186
20 樊維師 集2-11950
樊維城 經1-3805,2-
8429、8584 史7-57391
子5-26807 集6-
44602 叢2-730(11)、
836
樊維成 經1-325
21 樊綽 史1-2031～3 叢
1-223(22)、230(2)、243、
376、470、489、506、508,2-
731(56)
23 樊獻科 經1-2644 集
2-5930
25 樊生保 史3-22258
26 樊得仁 史7-52536
27 樊修齡 集5-38089
樊紹述 叢2-1313
28 樊以屏 子1-3704
30 樊淳禎 史5-39172
樊家楨 史7-57475
樊永讓 史5-39168
樊良樞 子1-1269、3780,
4-20773
樊宗儒 史5-39175
樊宗師 史7-49331 子
1-40～1、48 集1-1533
～40,6-42982 叢1-

223(49)、306,2-668、860
32 樊兆程 史7-56632
36 樊澤達 史6-43121 集
3-16886
37 樊深 經2-11453～4 史
7-55353 子1-1079
叢2-765～6、774(7)
樊祿儀 史5-39174
38 樊海椿 子3-13668
樊裕發 集4-25143 叢
2-822
樊肇新 史8-62523 集
4-26671
40 樊士斌 史5-39165
樊士林 史5-39171
樊士鋒 史8-62885
樊有達 史5-39176
樊古如 子2-9563
樊雄楚 集4-23128
42 樊彬 史7-49321、49325～
6、49849～52、49891,8-
63815 集4-26097、
29769～71
44 樊封 史7-50834 集4-
31261～3,6-42007(1)
叢1-469、495、586(2),2-
716(2)
樊基 集4-22538
樊蘭生 史3-19766
樊恭 經2-13342、13347～
9、13351～2、15116、
15119、15137、15142 叢
1-495、586(2),2-716
(2)、773(2)、774(8)
樊恭偉 集4-23127
樊恭壽 史3-20420
樊恭懋 集4-24886
樊恭煦 史3-15744、
17165
樊世圻 史5-39166
48 樊增祥 史3-17725,6-
46493、47210～4,7-
53628,8-62832 集1-
1849,5-37563～76,7-
48303～7 叢1-587
(3),2-622、2043
樊翰 史8-59971
50 樊貴賢 史5-39167
樊東陽 集5-39510
60 樊星煒 史8-61942
樊國梁 子7-35773
樊晃 史5-39173

樊景顏 史8-62710
樊景瑞 集1-4297、4299
樊景升 集7-48010 叢
1-509
66 樊曙 集3-14363
77 樊鵬 集2-8619～21,6-
41935(2)、43315
樊鵬翮 集4-33161
樊學賢 史3-16121
樊學曾 集2-10142
79 樊騰鳳 經2-13835～43、
14992
80 樊兌 史7-55687
81 樊鈺 史5-39162
樊鎮 史7-49331
82 樊鍾秀 史8-62716
84 樊鎮 史2-8295、9455,7-
49331 集4-26669～70
叢1-356
86 樊錫貴 經1-1615
90 樊光 經2-11154～5、
11331 叢1-390,2-772
(2)、773(2)、774(6)
樊光斗 史5-39177
樊尚志 史5-39163
樊尚煥 史8-60470
91 樊炳清 子7-36234、
36387～8、36890、37038、
37595、37726、37741、
37947
97 樊煥章 史7-52193
99 樊榮光 史3-20135

莫

00 莫亢 史8-58398
莫應奎 史8-58668
莫庭芝 集4-33051～2,
6-44923～4,7-47896
叢2-885、1017
莫庭光 史8-61392
莫亦昌 史3-17819
莫文泉 史3-19990 子
2-4771(1)、5176、5511、
9865
08 莫詮 經2-13822
10 莫璽章 史8-60068
莫元伯 經2-9604 集
4-24421

莫元遂　史4-31460
莫爾潅　史8-60011
莫震　史7-52901,8-
　60281
莫耳登　子7-36231(6)、
　37586
莫晉　史7-56466　集2-
　8475,4-24660
莫可虞　史4-31466
莫可易　經2-13004
莫雲梯　史3-22482
12 莫琇　子2-9637
16 莫理庵　子2-9703
17 莫琛　史8-62884
莫君陳　子5-26274　叢
　1-175,2-843
20 莫舜蕭　史8-62571
莫禹臣　史4-31470
莫秉清　集2-12191~2,
　6-44424
21 莫止　集2-7276,6-41935
　(4)
22 莫崇高　史3-21410
24 莫佐廷　子7-36282
莫休符　史7-50902~3
　子7-34885　叢1-195
　(7)、223(25),2-731(57)
25 莫健　史1-5643~4
26 莫伯驥　史8-65989~91
莫息　集6-44541
27 莫繩孫　子3-16884　叢
　2-1018~20
莫叔明　集2-9032~3,6-
　41935(5)
30 莫瀰山　史8-65300　叢
　2-673
莫家桐　史8-61485
莫永貞　集5-40718
莫之璋　史2-9451
莫之璘　集4-23545
莫之翰　史7-57784
莫安仁　子7-35120、
　37433,37802
莫定庠　史4-31467
32 莫遜古　集3-15803
33 莫溥　史7-55929
莫浚　集5-38183
34 莫汝康　史3-21984
35 莫清辰　史4-31462
37 莫鴻裁　史3-22007
莫祁　子7-33037

38 莫祥芝　史2-10053,7-
　56571、56806
莫啓智　子1-2291
40 莫友芝　經2-12105~7、
　12730、14514　史2-
　9136、9667、9690、9924、
　12821~2,4-31474,7-
　49695,8-62197、63687~
　8、64426、64712、64725、
　64752、64781、65386~9、
　65791~3、65813　子1-
　4453,3-14860~1　集
　3-17251,4-31970~85,
　6-44922、45314,7-47835
　~6、48550　叢2-662、
　731(22)、885、1018~21、
　1842~3
莫友棠　集6-46057
莫奎林　史3-21689
莫在庭　史4-31459
莫希芝　史2-9667
莫來儀　史3-21863
43 莫栻　史7-50301~2、
　52303　叢2-832(6)
莫栻廣　經2-14548
44 莫葆真　史4-31470
莫芝雲　集4-32445
莫苡升　叢2-1020
莫樹堉　史3-23527
莫樹椿　集4-25759
46 莫如晉　史3-21996
莫如忠　集2-8883~4,6-
　41935(4)
50 莫春芳　史4-31455
58 莫螯山人　史1-3130　叢
　1-496(3)
莫螯涵青氏　史7-49358
60 莫旦　史7-52901、56994、
　57535　集2-6731~3
　叢1-114(2)
莫國銘　史4-31464
莫是龍　子3-15859、
　15919~20,4-20508　集
　1-3517,2-9886~91,6-
　41935(4)、44424　叢1-
　13、14(3)、22(26)、106、
　111(2)、129、181、221、
　363,2-684、731(36、53)
莫是斗　子4-24116
莫是松　史4-31469
67 莫鳴岐　集4-23355
莫瞻菉　集4-22511

莫瞻籙　史6-47915
71 莫巨鰡　史4-31457
77 莫與儔　集4-24912~3
　叢2-1020~1,1843
莫賢仔　史4-31465
80 莫人鳳　史4-31468
84 莫鎮藩　子7-38015、
　38021
莫鏷　子4-24463
86 莫錫綸　史3-23606
90 莫尙簡　史8-58327
莫棠　史3-13455,8-
　65231、66016~7
91 莫炳琪　集5-39633
莫炳奎　史8-61237
莫炳賢　史3-21975
93 莫熾　史3-15328,8-
　59363
94 莫熺　經1-5848　子2-
　4588、4933、5470、5591、
　6015、6121　叢1-369
99 莫變理　史4-31472

葵

77 葵興槐　子1-1924

4443₂ 菰

44 菰蘆釣叟　集7-54628
菰村漁父　叢2-791

4444₃ 莽

27 莽鵠立　史6-43799、
　43898

4445₆ 韓

00 韓雍　史1-2823　集2-
　6845　叢1-223(64)
韓彥直　子4-18535、
　19321　叢1-2~6,9~

10、19(10)、20(8)、21(9)、
　22(17)、23(17)、24(11)、
　223(39)、569,2-731(30)
韓彦曾　史7-56526
韓應庚　子3-13417
韓應嵩　集2-9489
韓應均　史5-40337
韓應陛　史3-17952,8-
　65795~9,65801　子3-
　18133,4-21716　集4-
　32701
韓應恆　史7-57274
韓康伯　經1-16~9,21~
　5,300~1,303~6,380~
　1,384~5,430　叢1-
　223(2)、227(1),2-635
　(2)、697,698(1)
韓庚卿　史2-8646
韓庶徵　史3-19281
韓廣業　集3-16097
韓文　史2-8881,5-40336
　集2-7086~7
韓文龍　史5-40386
韓文靖　集3-17332
韓文衡　史2-10228
韓文綺　史6-48831
韓文禎　史5-40393
韓文瀾　集4-32878
韓文楨　史5-40378
韓文博　子2-9002~3
韓文蔚　史5-40375
韓文命　集4-31934
韓文焜　史8-59139
韓文煜　史7-55280
韓章銘　史3-17520
韓奕　史5-40350,6-
　45493,8-62666　子4-
　18924　集2-6189~93
　叢1-86、187、195(3),2-
　639、730(7)
韓譙　史4-25193
02 韓端　子5-27568
04 韓訥　史6-42986
　韓詩　集3-14199,6-
　44059、44937
07 韓望　子5-29530(19)
10 韓一松　史3-15352
　韓三異　史8-61366、
　62583
　韓玉　史8-59808　集7-
　46352、46357、46371、
　46380、46382、46669　叢

1-223(73),2-698(14)、
　720(2)
韓玉儉　集3-20296
韓亞熊　史8-62814
韓丕燿　史3-21272
韓元吉　史1-1914,2-
　8199　集1-3392~4,6-
　41894(2)、41895　叢1-
　11~2,17,21(5)、22(7)、
　23(7)、24(6)、56、95、195
　(2)、223(56)、230(5)、
　490,2-730(2)、731(40、
　50)
韓元林　史5-40383
韓天衢　史8-59197
韓天驥　史2-13328　集
　4-25800
韓天篤　史8-59102
韓再蘭　史8-62404
韓百謙　叢1-333~5,2-
　731(17)
韓晉昌　經2-11828
韓醇　集1-1428~9,1431
　叢1-223(49)、227(8)
韓雲　經1-6262　子3-
　11361~2
韓雲濤　集4-30784
韓雲駿　史3-22865
韓霖　史1-4444,2-6201、
　8884~5　子1-3475、
　3850,3-16921　叢1-
　453
11 韓裘　集3-15983~4
12 韓廷秀　集4-22672
13 韓琬　史6-42883~4　叢
　1-15
　韓琮　史8-58296
14 韓琦　集1-2070~7,6-
　41798,41900~1,41908、
　42036~7　叢1-214、
　223(51)、227(9),2-731
　(44)
　韓瑛　史7-55697
15 韓建勳　史8-60863
　韓建篤　史8-63242
16 韓聖秋　叢1-194
　韓理堂　子1-4420
17 韓玖　史7-57749
　韓乃建　史5-40360
　韓弼元　集5-33932~4
　韓忞　子2-4625、4727、
　4771(3)、4838

韓子衡　子3-18437
韓子泰　史7-55838
20 韓重　集5-36364
韓信　子1-3077,3-14277
韓信同　經1-6221　集
　1-4929~31,6-41889、
　41896　叢2-630
韓受卿　史3-17361
韓秉鈞　史7-55926
韓維　集1-2195~8,6-
　41900~1,41908　叢1-
　223(51)
韓維翰　史5-35986
韓維鏞　集4-27858
21 韓上桂　集2-11208~12
韓步鼇　集4-24058
韓衍楷　子2-9476
韓拜疏　史3-22618
韓拜堮　子2-10205
韓師愈　史8-60931
韓貞　集2-8920~1
韓經　集2-6448
22 韓封　史2-11978　集4-
　24277~85
韓鼎　史8-59810
韓鼎晉　史2-9635
韓崇　史5-40351,8-
　63677~8,63839　子3-
　14852,4-24552　集4-
　26674、26754、27584~8、
　29970、33559,5-34559,
　6-42004　叢1-419,2-
　731(32)
韓繼文　史8-59539~40
韓崧　集4-25025~6
韓綏之　集3-21596
23 韓允西　集5-35902
韓允嘉　史8-61140　集
　3-14965
韓獻　史7-58002
韓俊起　史5-40331
韓綬　史3-19079　子3-
　17568　集5-35767
24 韓德玉　集5-39527
韓德齡　史3-23563
韓德銘　集5-40939
韓德炘　史5-40357
韓佑　史8-61476
韓佑唐　史8-59617
韓勉之　子3-18449
韓幼芸　史5-40340

韓綺章　史2-10802

25 韓仲雍　史2-8987

韓仲文　史2-11505

韓仲荊　史3-21363　集5-38237～8

韓純玉　集3-14591,6-44186

26 韓伯琪　史5-40367

韓保徵　叢1-500、568

韓程愈　集3-13969

27 韓佩金　史7-56516

韓偓　子5-26224　集1-1692～709,6-41735、41852、41856、41872、41878～80、41882　叢1-19(2)、20(8)、21(2、9)、22(8)、23(8)、24(3、11)、29(3)、223(50)、255(1、2)、407(2)、587(3)、2-635(8)、829、2227

韓修五　史5-40374

韓象起　集3-15887

韓鵠　集3-17675

韓叔陽　集2-5886

韓紹琦　史7-56246

韓紹祖　史7-56061

28 韓作舟　史7-55573

韓復　史5-40343

韓儀　史8-60016

30 韓瀛州　史5-40382

韓家坤　史5-40354

韓永慶　史5-40346

韓永璋　子2-5251

韓之熊　史3-22958

韓之錦　史7-53947

韓守益　集2-6311,6-41935(3)

韓寶康　史5-40353

韓官澄　史5-40361

韓定仁　史8-59916　集3-17779

韓寶晉　史6-47380

韓寶琛　史8-62402

韓寶濂　史7-56107

韓寶鴻　集5-35178

韓寶恭　史8-59529

韓宗文　史3-17125

韓宗琦　史3-23265

韓宗承　史7-56141

韓宗獻　史3-17429

韓宗鑛　史5-40358～9

31 韓淲　子4-20148～9　集1-3961～2,6-41894(2)、41895、43278～9,7-46357、46375、46644～5　叢1-19(8)、20(6)、21(7)、22(5)、23(5)、24(8)、223(41、57)、230(4)、231、468,2-624(2)、731(54)

韓濬　經2-10988　史7-56419

韓福　史7-55533

32 韓兆麟　史8-59761

韓兆霖　史3-16624

韓兆魁　史3-19186

韓兆鴻　史3-22556

韓祇和　子2-4623,6446

韓祇和　叢1-223(33)、273(4)、275、377、394、538,2-731(29)

33 韓溥　史3-17241,8-64819

韓治　經1-5636

34 韓法祖　史5-40367

韓凌霄　子2-6958～9

韓洪蘪　史5-40384

韓逺九　子7-36028

35 韓清瑞　史3-19430

韓清桂　史8-61539

37 韓渥　子5-26243

韓潮　史5-40364　集5-38904

韓鴻　子2-4738、5679、7079、9959～61　集5-38382

韓鴻序　史2-13020,8-63639

韓鴻飛　史3-18026

韓鴻傑　集7-48333

韓淑文　史7-54954

韓逢源　集4-28384

38 韓淦　集4-27370

韓滋源　史8-65883

韓海　集3-17949

韓洽　子3-16811　集2-12087

韓道昭　經2-13725～38　叢1-223(16)

韓肇熙　史3-18505

韓啓元　史5-40369

韓啓酉　史3-20251

韓棨向　子4-24319

40 韓大光　史7-56351

韓太湖　子7-36161～5　集7-54142～6

韓友齋　集3-16581

韓士鰲　史5-40332

韓培祿　史3-17316

韓培森　史3-16238、20171

韓塘　史8-63256

韓克均　史2-9670

韓有慶　史5-40335

韓有和　史5-40344

韓志正　集5-40158

韓志超　史7-55130、55340

韓嘉會　史8-59581、59592

韓韋　經2-11057

42 韓樸存　史7-49795、54447

43 韓戴錦　集4-23016

44 韓葢光　史8-59567

韓夢周　史2-12611,7-49318(20)、53599　集3-20853、21243～7　叢2-1491

韓夢筆　史3-23232

韓蔭楨　史3-17532　集5-39284

韓茂春　史1-1308

韓葆琛　集4-27660

韓葆忠　史6-44795　集5-40938

韓慕嶸　集4-28725

韓懋林　集4-27371

韓萬鍾　子3-11315、12979

韓萬榮　史5-40345

韓若雲　史2-8591　子5-29539　叢1-22(18)、23(18)、109、111(4)

韓世琦　史6-48652

韓世英　史8-63219

韓世勛　子1-3944

韓世勳　史8-59855

韓芸圃　史6-44676

韓芸谷　子3-18367、18399

韓菼　經1-6809、6902～3,2-8454　史1-1937、1982、1995、3343　集3-15698～705,6-45336　叢1-223(31),2-771(1)

62、64、185、223(13、49)、
227(8)、241、242(2)、249
(2)、273(3)、404、453、
468,2－635(7)、698(8)、
730(5)、731(52、65)、771
(2)、1346～7、1371
韓羹卿　集4－26956
韓毓淇　史5－40376～7
韓善徵　史1－1822　子
2－4659～63、4736、4771
(2)、6328、6801、6871、
7008、7273、10792
84 韓鎮岳　史5－40334
86 韓錦雲　集4－27199　叢
2－884
韓錫　經1－4597　集2－
11533～4,6－42254
韓錫旂　子2－5676
韓錫之　集4－30954
韓錫胙　集3－20330～1,
7－50307　叢2－856
87 韓鈞濂　史3－20597
韓鏐　史8－61190
韓鋒　史8－60836
韓銘基　史7－49761
韓欽　史3－15476　集4－
33070
88 韓鉁　史5－40339
韓鈴敬　史5－40333
韓第梧　集5－38507
韓範　經1－6699～700
集2－8235
韓敏　史7－55487
韓籍琬　子2－6532
90 韓小窗　集7－52114、
52150、52175～81、52184
～93、52195～201
韓光鼎　史8－59061
韓光裕　史8－63074
91 韓炳章　史3－21758,8－
60442
韓炳傑　史3－21248
韓炳杰　史3－16892
93 韓懍　經2－8832、9104、
10784
韓怡　經1－1440、2200、
4124、4762　史1－1008
95 韓性　集1－4938
韓性同　集1－4931
96 韓燦　史8－60423
97 韓耀光　經2－12433、
14269　史7－55192

98 韓悅曾　集3－20662
99 韓榮光　集4－31273

4446₀ 姑

44 姑幕又萬氏　子4－22055
姑蘇遊客　子5－27819
姑蘇彭氏　叢1－536

茄

80 茄合哈來　子7－36231(6)

茹

08 茹敦和　經1－85、1339～
52、2191、2389、2879,2－
14869　集3－20564～5,
6－42067,7－48360　叢
1－439,2－847、1470
23 茹岱林　史7－55370
27 茹魯　叢1－460
28 茹綸常　集3－21858～60
37 茹祖城　史4－30692
40 茹大昀　史4－30693
茹古齋主人　子4－24684
44 茹芳　史6－46969
茹棻　集4－23860
茹蘗　集4－25374
47 茹朝政　子1－4439、4443
50 茹泰　史4－30691　集3－
13924
60 茹恩彬　史3－16586
茹昂　史7－52290
80 茹金　史7－55682
茹鉉　史7－49645

4450₄ 華

00 華立熙　子7－35229、
35693
華亭　集4－27342
華亭雷　子5－27672

華亨摯　史4－30773、
31441
華度　史7－57813
華慶雲　集5－38668～9
華慶遠　史1－5599
華廣生　集7－50698
華文謨　集4－28337～8
華文漪　集4－28222
華文祺　子7－36305、
37427、37791、38096
華文彬　子3－17151、
17814　集4－27700
華文楲　經2－11201　子
2－7478
華文桂　集4－29881
華文柏　子3－17714～5
華文甫　經1－3875　子
5－25650
華文匯　史3－18444,4－
31437
華文鍾　史2－10658
華孳亨　史2－11216
華玄褆　史1－5206
華衷黃　史2－11586
01 華龍　子7－37326
華龍翔　集3－18284,6－
45091
華譚　子1－530～1　叢
2－774(9)、775(4)
03 華誠　史4－31415
05 華靖　集2－6316
06 華諟　集7－50555
10 華玉淳　史8－64808　集
3－19506～8
華王澄　史2－11586
華爾敦　子7－36231(4)、
37930
華夏　子3－15700～1　集
2－12943～4　叢2－845
(2)
華天衢　集3－15734,6－
45091
華西植　史8－58558
華晉芳　史3－15471、
17113
華晉堂　集7－54538
華雲　集2－9684,6－41935
(2)
11 華琴珊　子5－28899
華碩修　集3－15996,6－
45091
12 華型芳　史3－18479

華聯登　史4-31454

華廷獻　史1-1937、1953
　～9、3436～9　叢1-496
　(3)

14 華璜爵　史4-31434

華琳　子3-15995　叢2-784

16 華理　經1-5470

17 華孟玉　集4-32645

華胥　集7-46398～400、47057

華胥大夫　子5-26503

華承彥　經1-2073～6
　史4-31414

華承謨　史3-19052

華承薰　史3-18815

華司　子7-38226

華翼綸　史1-3900,3-
　17040　子3-16001　集
　4-32210

20 華重民　史4-31421

華愛　集2-7070

華季宜　史4-31432

華秉鈞　史3-18883

21 華衡芳　子3-12385～8,
　7-36449、36797、36950、
　37488、37525、37527、
　37654、37706

華師召　集2-12711

22 華鼎元　集4-25470、25594、
　31123,5-35295～6

華嶽　子2-4693、6848、
　7072、7260、9877　集5-
　35723

華嶠　史1-27、327～9
　叢1-338,2-776

華山道人　集1-812

華山居士　集7-49808～
　10

華樂均　史3-22745

華繼昌　史2-10343,3-
　23594

23 華允誠　史2-11537,6-
　48547　集2-10795、
　11954,6-41943　叢2-
　802

華允中　史4-31428

華佗　子2-4556、4564、
　4727、4785～6、5931～2、
　10949　叢1-265(3)、
　303～5,2-731(28)

華俊聲　史3-16424

華鶩洲　史6-41854～5

24 華魁　史4-31423

華備鈺　子7-36228(5)、
　36231(2、5)、36242(2)、
　37185、37252

華德　集6-41934

華德蘇格　子7-38243

華德公司　史6-47464

華特　子7-36228(6)、
　36231(6)、36242(3)、
　36248、37225～6

華幼武　集1-5679～86,
　6-41935(3)、45091

華贊孝　史4-31422

25 華傑　集3-19504～5

26 華得斯　子7-37020

華保鑑　史3-18535　集
　5-37258

27 華侗　集7-46429、47172

華約翰　史1-4601,2-
　11002　子7-36229、
　37837

華綱　經2-13854～8

華叔陽　集2-10331

華紹洛　子5-30345

28 華復蠡　史1-1937、1941、
　1946、1953～9、1977、
　3476、3485

29 華嵘　經2-11701、14272
　集5-33772　叢2-886
　(1)

30 華宜　集4-29684

華家宣　史4-31453

華永　集3-19219,6-
　45091

華永源　史2-10935

華之望　集3-16302,6-
　45091

華良顯　集5-35724

華定祁　集4-32828,6-
　42007(1)

華宗韓　叢2-687

華察　集2-8436～7,6-
　41935(2)、43846～7、
　45091

32 華兆登　經1-758～60

33 華浣芳　集3-17528～30
　叢2-1370

34 華湛恩　經2-13877、
　14132、14195　史1-10
　(2)、1117、1462、4659,6-
　45476、45520,7-49318

(1,9,14)、49723、50185～
　6、51290、52754、56902～3
　子4-24593　集6-
　44546　叢1-203(14、
　16),2-653(4)、731(64)

華汝德　集2-6908　叢
　1-223(64)

華汝楫　史4-31481

華渚　史2-6975,4-31435

華達　集1-1348

36 華湘　經1-3730

華祝三　史6-48985,8-
　58736

37 華鴻謨　史4-31433

華鴻山　史4-31431

華鴻模　史3-18422、
　22791,4-31430、31436、
　31438～40

華淑　子4-20841、24027,
　5-26223　集6-43752～
　3　叢1-128～30、192、
　371,2-1060

華祖仙師　子2-9797

華祖燿　集5-34574

38 華裕公司　史6-47457

華啟直　集2-8793

39 華泮　史6-44550

40 華大琰　史7-57465

華大貴　史4-31448

華大銘　史4-31444

華士方　集3-18087,6-
　45091

華士鶴　史4-31427

華培芳　子1-2488

華堯封　集5-39312

華克　子7-37336

華希高　史6-46330

華希閔　經1-1189,2-
　9075　史4-31418,7-
　56896～7　子1-99、
　587、603、633、647,5-
　24786～8、25458　集1-
　2129,2-10790,3-17826
　叢2-698(11)

華希閎　史4-31419　子
　1-2054、2560

華壽頤　經1-5369

41 華垣　集5-36778

華梧棲　子2-11083

42 華壎　子2-5806、8979

華彬　子3-18163　集3-
　21459～61

44 華夢起　史 4-31449
華蘅芳　子 3-12370、12388、12396、12810～1、12824,7-36228(2)、36230、36231(3、4)、36241、36242(2、3)、37529、37547、37567、37572、37679、37684、37716　集 5-35677
華芳洲　集 3-19506
華蘭　集 4-24601
華藏山清烈古佛　子 5-29590、31479
華艾亨　子 5-25766
華若漁　子 2-9044
華藹　集 3-16829
華世奎　集 5-40000
華世芳　史 2-10112,3-22841,6-45521,7-49317(7)、49318(14)　子 3-12385、12778
華世熙　集 5-39461～2
華菊唫　子 2-8916～7
華林泰　子 7-38057
45 華椿　史 7-58087　子 5-26747
華楝　集 3-16828
46 華韞璋　經 2-14519
47 華柳亭　史 4-24816
48 華乾龍　史 6-44128　叢 2-811
華梅莊　集 4-24601
50 華申祺　史 3-19130
華本松　史 7-49318(19)、50941,8-61395　集 5-33991
51 華振　經 2-12021　子 7-36685　集 4-33537～9
53 華盛頓歐文　子 7-38026、38283
54 華持　集 5-33906
55 華典　史 7-55608
60 華□□　集 5-38331
華曠度　集 3-13247
華日新　子 3-13769
華日勇　史 4-31452
華日來　史 6-45465　子 1-2460　集 4-30604
華里司　子 3-12388,7-36231(3)、36241、37527、37567
華國清　史 8-61922、62557
華國才　集 6-42853
華國英　史 6-43916
華國賢　史 4-31429
華昌朝　子 3-16823、17021
華嵒　子 3-16705～6　叢 1-373(6)
華喦　集 3-18332～6
67 華明倬　史 4-31451
華明山　史 5-38073
華鳴玉　史 4-31425
華瞻如　集 6-42025
71 華長發　史 7-49613
華長吉　集 4-27345
華長懋　史 1-4680
華長忠　經 2-14434　集 4-31754
華長卿　經 1-2991　史 1-2456,4-31413　集 4-31121～3,7-47886
72 華鬘生　叢 1-496(2)
華岳　史 6-48150　集 1-3809～16,6-41894(3)、41896、41904　叢 1-223(57),2-637(3)、818～9
76 華陽子　叢 2-1062
華陽復　子 5-29530(8)、29535(2)、29536(2)、29865
華陽道隱　叢 1-496(4)
華陽散人　子 5-27777～9
77 華同揆　史 3-19178
華學烈　史 1-1988、3936、4217　叢 2-832(5)
華學泉　經 1-125、1112、5005、5454、7740　集 3-16225　叢 1-290
華學瀚　史 7-51911
華學熹　集 4-31969
華學炯　史 4-31426
80 華金昆　史 6-47539
華兮　子 7-38284
華孳亨　叢 1-203(7)
華善繼　子 3-14161　集 2-11645
華善述　集 2-10294
華谷里民　叢 2-1823、1983
84 華鑄　史 3-17200
華鎮　史 3-17200　集 1-2672～4,6-41894(1)　叢 1-223(52)
86 華錕　經 2-13965～6　子 5-26216～7
華錦章　史 4-24817、26413
華錫旂　集 5-34574
華錫光　史 3-18188
華鐸孫　集 5-34934
87 華鈞謀　史 4-31424
88 華鑰　史 7-51373　叢 1-13、14(3)、22(24)
90 華懷仁　史 2-10935
華光鼐　集 5-34934
華光道人　叢 1-11～2、22(15)、23(14)、30、181、353
華掌道人　史 2-9235　子 7-34793
91 華焯　集 5-40766　叢 1-563
93 華悰韡　子 4-20293
94 華忱之　史 2-11179～80
97 華煇　史 3-16078
98 華燧　經 1-3720

4452₁ 蘄

44 蘄樹德　集 4-28728

4452₇ 勒

00 勒方錡　集 4-32924,7-47872～3
17 勒那摩提(釋)　子 6-32081(24)、32082(14)、32083(16)、32084(14)、32085(22、24)、32086(25、27)、32088(16、17)、32089(41、43)、32090(50)、32091(48)、32092(33)、32093(26、28),7-32736、32752、32764
24 勒德洪　史 1-1703～5、1707～8、1865　叢 1-223(19)
26 勒保　史 1-1895,6-48780、48794
27 勒殷山　史 8-60928
37 勒深之　集 5-38530～1

44 勒芬邇　子7-37166
60 勒羅阿　子7-36228(6)、
　　36231(2)、36248、36962

4453₀ 芙

44 芙蓉外史　子4-24615,5-
　　26514～6　叢1-496
　　(5)、587(2)
　　芙蓉沜老漁　子5-26640
　　芙蓉城山人　子2-6585

英

　　英(釋)　集1-4778～9
　　叢1-223(59)、392,2-
　　833
00 英廉　史7-51899,8-
　　63341　集3-19751　叢
　　1-223(23)
　　英文　史6-47204～5
09 英麟　史8-65482
12 英瑞　史6-46185　集5-
　　37421,7-47526
14 英琦　史6-48006
20 英秀　史8-61411
23 英俊　子1-2759
24 英魁　史3-16905
25 英傑　史6-46967
26 英和　經1-131、169、7014
　　史2-7753、9687、12033、
　　12666～7,6-48812～3,
　　7-49317(6)、49318(2)、
　　50037～8　子3-14808
　　～12,4-23220　集3-
　　17682、20520,4-25905～
　　24,5-35660
34 英浩　經2-12878、14685、
　　14892　史8-66061
38 英祥　史6-46176
　　英啓　史8-60209
　　英榮　史3-17049,7-55519
40 英喜　史7-56244
　　英壽　史2-10355
44 英華　子3-15844　集5-
　　40420～3
　　英桂　史3-17002,6-
　　48892

50 英貴　史2-9551
60 英國兩議院議員會議　子
　　7-37117
　　英國水師兵部　子7-
　　36231(2)、36957
　　英國武備工程課　子7-
　　36228(2)、36231(6、7)、
　　36242(2)、36254、36944
　　英國武備工程學堂　子
　　7-36231(2)、37017
　　英國製造官局　子7-
　　36228(6)、36231(7)、
　　36992
　　英國海軍海圖官局　史
　　7-53060　子7-37762、
　　38061
　　英國戰船部　子7-36231
　　(2)、36956
　　英國陸軍水師部　子7-
　　37019
71 英匯　史6-42314
80 英善　史6-47911
91 英恆　史3-17082

4453₂ 羹

44 羹荻散人　子5-28264、
　　28270～3

4460₀ 者

00 者庫納　史6-47362
30 者寶書　子7-35933

苗

10 苗于京　史8-59669　叢
　　2-1316
12 苗發　集6-41823
17 苗君稷　集3-15073
20 苗爲　子3-11267～9　叢
　　1-310
27 苗仰山　子7-35431、
　　35451
40 苗太素　子5-29530(20)、

31975
　　苗士容　集3-13093
　　苗士寅　集3-13093
　　苗希頤　史2-8676　子
　　5-29530(24)、29535(6)、
　　29536(5)
44 苗蘭居士　集7-49189、
　　49197、49199、49201、
　　49203
　　苗勃然　史8-62239
　　苗蕃　集3-14427
60 苗恩波　史8-59089
78 苗胙土　集3-13093
80 苗夔　經1-163(3)、4780,
　　2-12096～7、12409～10、
　　12412～3、12586、12730、
　　14169、14211、15123　叢
　　1-442～3,2-731(22、
　　25)、782(4)
　　苗令琮　集4-23402,6-
　　44411
　　苗毓芳　史7-55347
　　苗善時　史2-8590　子
　　5-29530(7)
　　苗公達　子3-13957　叢
　　1-448

4460₁ 昔

00 昔慶昌　集5-37074

耆

30 耆安　史2-10150
44 耆英　史6-42311、47954～
　　7、47959、48855～6　子
　　1-3153　集1-1202
　　叢2-698(5、8)

菩

56 菩提登(釋)　子6-32089
　　(14)、32090(20)、32091
　　(18)、32092(13),7-
　　33685
　　菩提耶舍　子6-32081

(37)、32082(16)、32083
(24)、32084(20)、32085
(36)、32086(40)、32088
(26)、32089(45)、32090
(52)、32091(50)、32092
(35)、32093(29)
菩提流志(釋)　子6-
32078、32081(2、4、12、
14)、32082(2、4、10、12)、
32083(2、4、9、10)、32084
(1、3、7、8)、32085(2、5、
12、13)、32086(2、5、13、
14)、32087、32088(2、4、9、
11)、32089(2、3、4、9)、
32090(1、2、3、5)、32091
(2、3、4、10)、32092(1、2、
3、7)、32093(9、10、33、
34)、7-32101、32131、
32140～1、32156、32796、
32808、32852、32862、
32864、32909
菩提流支(釋)　子6-
32081(6、11、13、25)、
32082(6、11、14)、32083
(5、8、9、16)、32084(1、6、
7、10)、32085(7、12、13、
24)、32086(7、13、14、27)、
32087、32088(5、9、10、
18)、32089(2、41、43、44)、
32090(1、47、49、50)、
32091(45、47、48、49)、
32092(1、31、32、33)、
32093(2、3、4、6)、7-
32112、32131、32144、
32218、32220、32307、
32328、32731、33140、
34432
菩提□使(釋)　子6-
32093(37)
菩提留志(釋)　子6-
32081(2、9)、32082(2、9)、
32083(2、3、8)、32085(2、
3、10)、32086(1、3、11)、
32088(2、8)、7-32180、
32354～5
菩提留支(釋)　子6-
32081(1、6、7、9)、32082
(6、7、8、9)、32083(2、5、6、
7)、32084(1、6、7、10)、
32085(2、7、9、10)、32086
(1、7、8、10)、32087、32088
(2、5、6、7)、32089(2、6、7、
9)、32090(1、8、9、10)、
32091(1、8、9、10)、32092
(1、5、6、7)、32093(3、6、7、

8)、7-32112、32116、
32131、32217～8、32220～
1、32224、32246、32253、
32288、32307、32328、
32434～6、32726～8、
32731、33140、33200～2、
34432
菩提金剛(釋)　子6-
32093(32)
菩提燈(釋)　子6-32081
(17)、32083(12)、32084
(11)、32085(17)、32086
(19)、32088(12)、32089
(14)、32090(20)、32091
(18、68)、32092(13)、
32093(6)、7-32971、
33685

4460₂ 苔

12 苔水狂生　子5-26710
21 苔上愚公　史1-1983、7-
49956　叢2-741

4460₃ 苔

44 苔華館主　集1-2470

4460₄ 若

17 若那跋陀羅(釋)　子6-
32081(5)、32084(5)、
32082(5)、32083(4)、
32085(5)、32086(5)、
32088(4)、32089(5)、
32090(6)、32091(5)、
32092(4)、32093(14)、7-
32133、32473～4、32476、
32478、32970
27 若舟(釋)　子7-34226
60 若愚(釋)　經2-14306
若羅嚴(釋)　子6-32081
(32)、32083(21)、32085
(31)、32086(36)、32088
(23)、32089(22)、32090
(30)、32091(29)、32092
(20)、32093(21)、7-

32659
71 若原　子7-37698
73 若騃子　子5-27664～5

著

60 著易堂　史1-4635

4460₇ 蒼

10 蒼霞　史7-52416
22 蒼山子　集7-50184
蒼山舊主　子7-36246
蒼山與道人　子2-11181
23 蒼弁山樵　史1-3631　叢
1-399、2-624(4)、683
44 蒼林岫(釋)　集3-15098
71 蒼厓氏　子5-29535(4)、
29536(3)、29774

4460₈ 蓉

32 蓉溪外史　集5-35183
50 蓉春氏　子3-17867
77 蓉鷗漫叟　集7-49489～
513

4462₇ 苟

12 苟廷誠　史8-63210
30 苟宗道　史1-464～5　叢
1-223(20)、343、2-731
(64)
34 苟汝安　史8-59571
44 苟萬秋　叢2-774(4)
48 苟翰俊　史8-61704

萮

47 萮好善　史8-62870

荀

17 荀柔之　經 1 - 343、2322
　　叢 2 - 774(2)
21 荀綽　史 1 - 2303、6 - 42640
　　叢 2 - 772(5)、773(5)
28 荀徽　叢 2 - 611
40 荀爽　經 1 - 248～54、2321
　　～2、5531、6022　叢 2 -
　　765～6、772(1)、773(1)、
　　774(1、3)、775(2)
44 荀萬秋　經 1 - 6032
60 荀□　子 5 - 26820　叢 1 -
　　22(19)、23(18)
　　荀勗　史 8 - 65415　集 1 -
　　365～6、6 - 41698　叢 2 -
　　776
98 荀悅　史 1 - 982、1407～8
　　子 1 - 14、16、18、20、33、37
　　～8、47、61、66、465～8、
　　471　集 1 - 236、6 - 41698
　　叢 1 - 69、71～7、101、182
　　～3、223(18、29)、227(5)、
　　236～7、380、2 - 628、635
　　(3、4)、698(6)、730(6)、
　　731(10)、775(4)

葫

44 葫蘆道人　史 1 - 3180　叢
　　2 - 741

藹

60 藹園主人　子 3 - 18428
90 藹堂　集 7 - 52220

4471₁ 老

01 老龍　集 7 - 54721
24 老德堂藥房　子 2 - 9858
35 老神師　子 7 - 35380
40 老樵璘　子 4 - 19196

44 老藏丹巴(釋)　史 7 -
　　52206
50 老吏　史 1 - 1994～5、2 -
　　7521～2

4471₂ 也

60 也是山人　子 2 - 4770、
　　10867

4471₆ 莔

00 莔亭(釋)　集 3 - 16827

4471₇ 世

06 世親　子 6 - 32082(16)、
　　32083(24)、32084(20)、
　　32086(40)、32088(26)、
　　32089(45)、32090(51)、
　　32091(49)、32092(34)、
　　32093(29)
　　世親菩薩　子 6 - 32081
　　(22、23、24、25)、32082
　　(14、16)、32083(15、16、
　　18、24)、32084(13、14、15、
　　20)、32085(22、24、25、
　　36)、32086(25、26、27、
　　28)、32088(16、17、18、
　　26)、32089(41、43、44、
　　45)、32090(47、49、50、
　　51)、32091(45、47、48、
　　49)、32092(31、32、33、
　　34)、32093(25、26、27、
　　28)、7 - 32731、32760～1、
　　32778、34432
12 世弘　子 7 - 35920
24 世勳　史 2 - 9982
　　世續　史 1 - 1724～5、6 -
　　45989
27 世綱　史 8 - 65482
28 世綸　史 8 - 61239
40 世友菩薩　子 6 - 32081
　　(38)、32083(25)、32084
　　(21)、32085(37)、32086
　　(43)、32088(27)、32089

　　(46)、32090(52)、32091
　　(50)、32092(34)、32093
　　(30)
　　世友尊者　子 6 - 32081
　　(37)、32082(16)、32083
　　(24)、32084(20)、32085
　　(36)、32086(40)、32090
　　(26)、32089(45)、32090
　　(52)、32091(50)、32092
　　(34、35)、32093(29)、7 -
　　32769
　　世杰　史 6 - 43833
44 世英　史 2 - 10647
48 世增　子 7 - 38027
64 世勳　史 2 - 10304
67 世昭(釋)　集 5 - 37241
86 世鐸　史 6 - 46905、46907
99 世榮　史 3 - 16646　集 5 -
　　39538～9

4472₂ 鬱

46 鬱楞迦聖者　子 6 - 32081
　　(25、55)、32083(17、35)、
　　32084(28)、32085(25、
　　50)、32086(28、60)、32088
　　(18、37)、32089(44、46)、
　　32090(49、53)、32091(47、
　　51)、32092(32、35)、32093
　　(30、37)

4472₇ 劫

88 劫餘道人　集 7 - 50390

茆

38 茆洋林　子 4 - 23716
39 茆洋林　經 1 - 3603、5116、
　　6101、2 - 14617　史 1 -
　　1915、2221、2272～3、2 -
　　6913、6916、6922～5、
　　6927、6929～30、6932、
　　6934、8309、11244、6 -
　　49223～4、49226～7　子
　　1 - 4086、4 - 19655、19718、

5－29226　集1－2767
叢1－418、515、526、2－
628、664、731(4、15、17、
27)、770

葛

00 葛立方　集1－3302～6、6－
41894(1)、41895、41904、
45486、45490、45598～9、
7－46352、46357、46380、
46560　叢1－22(13)、23
(13)、195(4)、223(72、
73)、2－698(13)、720(2)、
731(46)、798
　葛雍　子2－4564、6473
　　叢2－731(29)
　葛亮臣　史8－60608
　葛應秋　集2－11187～8
　葛文濂　史3－20390
　葛文溶　史5－35829
　葛文簡　史5－35855
　葛玄　子5－29530(11)、
　　29535(3)、29536(3)、
　　29547、30563、31031～3
01 葛龍　子3－16535
03 葛詠谷　史8－62192
　葛詠裳　史3－15998
06 葛韻芬　史8－58773
07 葛翊宸　史7－56863
09 葛麟　史3－19894　集2－
　　12272～4、6－43118
10 葛一龍　集2－11024～30
　葛正華　史5－35845
　葛正巳　史3－19477
　葛正笏　集3－19490
　葛元福　集3－18263
　葛元昶　史8－59275
　葛元煦　史6－46333～6、
　　46427、7－49317(8)、
　　49318(14)、53182～3、
　　53185、8－63502　子3－
　　17958、18418　集1－
　　5377　叢1－435、496(6)
　葛震　史1－5615　集6－
　　42245
　葛耳雲　子7－36414
　葛覃　史5－35834
　葛覃楚　集4－28350、6－
　　45107

葛天乙　史8－62304
葛天民　集1－3441、3469、
　6－41744～5、41888～9、
　41891～3、41894(3)、
　41896～8、41904～5、
　41917、41921、41924
葛天策　史7－57883
葛雷　子7－38262
12 葛列斐士　子7－36534
　葛引生　集2－9158～9
　　叢2－1216
　葛延瑛　史8－59404
　葛廷杰　史6－44838～9
17 葛孟周　經1－1616
　葛鼐　經2－11170　集6－
　　41798、42964
　葛乃裒　史3－15063
　葛承元　史5－35853
　葛聚雲　史5－35847
　葛子瑄　史5－35837
　葛子源　史6－44937
　葛習之　集4－22615
18 葛璇　集3－20896　叢1－
　　373(5)
20 葛秀英　集4－25016～7、
　　7－47348
　葛維嵩　集4－25258
　葛維鏞　經1－7101
21 葛步丹　史5－35848
　葛仁祿　史5－35840
　葛虛存　史2－7471～2
22 葛鼎　史1－51、320、2－
　　11564
　葛嵩　史2－8485　叢1－
　　358
　葛嵩　集4－24880
　葛繼常　叢1－373(5)
24 葛德新　史8－62888
25 葛仲選　經1－6482～3
　　叢2－886(1)
　葛黼　子7－33294　集3－
　　13997
26 葛臬　集2－9331
　葛綿　集4－32151
27 葛修梅　史3－23248
　葛繩正　史3－18759
　葛繩孝　史5－35830
　葛紹體　集1－4000　叢
　　1－223(56)
28 葛以敦　史2－12088
　葛以簡　史2－12088

葛徵奇　集2－12095～6、
　6－41943、44580、44894
　叢2－834
30 葛宜　集3－15595、6－
　41792、41999、7－46955
　叢1－291、294
葛瀛瀾　史3－19349
葛家善　史3－18209
葛之覃　集5－37655～7
葛之莫　史7－56614
葛之鏞　史8－59716
葛守禮　集2－8690～1
葛定遠　集3－14188～9、
　6－44580　叢2－834
葛定辰　集3－14186～7、
　6－44580　叢2－834
葛寅亮　經1－645、2－
　8742～3、9004～5、9398、
　9891、10438～9　史7－
　51556　集2－11180　叢
　1－373(3)
葛寶華　史3－16139
葛賓昶　集4－22615
31 葛福根　子7－36241
32 葛兆塈　史3－22819
33 葛泌　叢2－706
34 葛斗南　集6－45436
葛漢忠　史8－59725
葛洪　經1－5434、2－12746
　～50、15116、15119、
　15137、15142　史1－
　1914、5278、5280、5379～
　81、2－6844～8、7－49305
　子1－18、20～1、25、61、
　66、2－4625、9111～2、3－
　14283、4－23742～3、5－
　26799、26823～4、26826、
　29530(4、18、23、25)、
　29535(4)、29536(4)、
　29594、31042、31673、
　31789～90、31870～81、
　31884～6、31888　集1－
　3807　叢1－15、17～8、
　19(3、4、5、8)、20(2、3、5)、
　21(3、5、7)、22(2、10、13、
　19)、23(2、9、12、18)、24
　(4、5、6、8)、26～8、29(2)、
　34、71～7、86、99～101、
　106、109、111(2、4)、144、
　166、168(3)、169(3)、175、
　182～3、223(29、32、44、
　47)、227(7)、244(1)、249
　(1)、268(2)、303～5、326、

349、360、374、395、495、
566、586(2)、2－624(1)、
635(5)、698(7)、716(2)、
726、730(8)、731(10、62)、
735(2、3)、774(3、8)、775
(4)、777、857、859

葛遠　集5－38833

35 葛沖　史7－56490、56499

葛澧　史7－50270　叢2－
832(3)

葛清　史7－55883

36 葛湘　集7－47881

37 葛祖亮　集3－18375

葛鼎　集1－5160

38 葛冷　集3－16489

葛泠　叢1－369

葛祥熊　史3－16455

葛道殷　子1－3098、3602,
3－12608、7－36228(6)、
37008

葛肇增　史5－35826

40 葛友和　史5－35850

葛士達　史6－46237、7－
55649、55778　集5－
34240

葛士清　經1－3648～9
史3－18823

葛士奇　子4－24122

葛士鉉　史5－35822

葛奎　集5－34829

葛培義　集2－12273

葛鼐　經1－17、305、2611、
3554、4898、5237、5554、
6691、7247、7357、2－
8311、9775　史1－2169
集1－1266、6－42964

葛存業　史5－35852

葛存暐　史2－9245

葛志高　史5－35846

葛志貞　集2－7266

葛志遜　史5－35851

葛木　史6－48231

44 葛荃　史8－60008

葛夢蓮　子3－16565

葛蔭南　史7－57837、
58013

葛茂　史8－59040

葛芝　子4－21048　集3－
13843

葛萬里　史2－7553、
11536、11570～1、13400～
1、3－13659、7－50235

子4－20993～4、5－25883
叢1－223(44)、2－683、
793、1359

葛葵　史5－35836

葛華　史7－57725

葛世封　史8－60563

葛世振　史2－9253

葛世揚　經1－1049～50

葛其龍　史3－17376　集
5－38074～5

葛其仁　經2－14553　集
4－28258　叢1－433、2－
731(23)

葛其英　集4－27180

葛樹式　史5－35823

葛樹蕃　集4－28172

葛桂　子2－10631

46 葛如麟　集2－11924～5

47 葛鳩山人　子5－25160

葛起旋　史5－35854

葛起耕　集1－4614、6－
41744～6、41888、41891～
3、41894(3)、41895、41897
～8、41904、41911～2、
41917～8、41923～4

葛起鵬　史3－17168

葛桐衛　史3－15439

48 葛乾孫　子2－4625、4693、
4708、4714、4771(3)、7201
～3、7208、7539　叢2－
796

葛翰　集3－16624

50 葛拉門　子7－36728

葛泰源　子5－25243

葛泰林　史3－19020

葛泰臨　集3－13997

葛惠儂　子5－28610

葛惠甫　子5－28775

葛忠弼　集4－30639、6－
45107

葛春融　集5－41273

葛東昌　集4－27026

51 葛振元　史8－60333

57 葛邦書　史5－35825

60 葛見堯　叢1－142

葛晨　史8－62857

葛恩元　史2－10186

葛昌棟　史2－10899

葛昌楣　史2－9278、3－
22644　叢2－796

62 葛昕　集2－11876　叢1－

223(66)

葛懸黎　史3－23228

64 葛時政　史8－63234

葛暐　集2－12273

65 葛嘯儂　子5－28640、
28862

66 葛曙　史8－60957

67 葛鳴陽　經2－12981、
12984　集6－45059

葛嗣濂　集5－39580

葛嗣澎　史3－14964　子
3－14893～5

葛嗣潆　史3－17479、
23067　集5－39580

葛嗣蔚　史8－66276

葛嗣昌　集4－29426

68 葛暾　集2－12273

葛曦　集2－9156

71 葛陞綸　子5－26080

葛臣　史8－59995

葛長庚　子5－29044、
29046、31193　集1－
3653～65、6－41696、
41779～80、41896、41901,
7－46361、46662～3　叢
1－223(46)

葛長祚　集3－16253

葛長翁　子1－3657

72 葛剛正　經2－13406～7
叢1－276、381、2－798

77 葛鳳喈　史8－60590

葛周玉　史5－35857　子
5－26474

葛學禮　史3－18015、
22244

葛開懷　史5－35833

葛興釗　史6－44621

79 葛勝仲　集1－3002、7－
46352、46357、46380、
46512　叢1－223(53、
72)、2－698(13)、706、720
(2)、798

葛勝芳　子7－36926

80 葛金烺　史3－14964、
16128　子3－14893　集
5－36278～9

葛鐘秀　子4－21854

葛鏡海　集5－36496、6－
45107

葛毓芝　集5－40244～5

葛含馨　子5－29772　叢
1－151

86 葛錫璠　史1-206
87 葛銘　經1-6516　叢2-
　　1758
88 葛筠　經2-14416、14540
　　集3-15596
90 葛懷民　集5-40246
　　葛光漢　史5-35856
　　葛尙沖　史3-22573
91 葛炳緯　史3-21186
　　葛炳惠　史5-35858
　　葛炳周　史5-35824
94 葛煒　史8-62417
96 葛焜　集6-44683
97 葛郯　集7-46351~2、
　　46357、46360~1、46370、
　　46375、46383、46578　叢
　　1-579、2-798~800

4473₁ 芸

20 芸香草堂　史2-9900
　　芸香草堂經義齋　子4-
　　22053
43 芸械　子3-17139

藝

44 藝蘭生　史2-7688　子
　　5-26493　叢1-496(6)、
　　2-752

4474₁ 薛

00 薛雍　集2-8569
　　薛方山　史2-6225
　　薛應旂　經2-10303~8、
　　10310~3　史1-987、
　　1190~2、1532~3、4569~
　　70、2-6216、6485、7073、
　　7-57114　子1-247、
　　1080~3、3129　集2-
　　8707~12、6-41767、
　　41935(2)、42640、45336、
　　45358　叢1-22(20)、62
　　~4、108、111(4)、143、195
　　(2)、2-730(4)、731(8)、

798
薛應嵩　史5-39922
薛夜來　子2-10265
薛麐　子3-17452~3
薛廣緯　史5-39937
薛文豪　史3-19535
薛文元　史5-39930
薛文海　史5-39924
薛章憲　集2-6527~8、6-
　　41935(2)
薛玄曦　集1-4999
01 薛龍光　集3-19683
02 薛新悅　史5-39942
03 薛鎣　史7-56649
04 薛謹度　集4-27195
07 薛調　叢1-22(18)、23
　　(18)、29(4)、168(1)、249
　　(2)、255(3)、395、587(3)、
　　2-731(49)
08 薛詮　經1-1158
　　薛論道　集7-50606
10 薛一諤　子7-38197、
　　38231、38256~7
　　薛一鶚　史7-55927　集
　　2-8258
　　薛三才　史6-48398~9
　　薛三省　集2-10670~1
　　薛正和　史5-39936
　　薛正淸　集5-41460
　　薛雪　經1-1287~9　子
　　1-1670、2-4624、4660~
　　3、4770、4771(4)、5021、
　　5344、6831~2、6982~3、
　　7244、10563~5、10637
　　集3-18199~202、6-
　　43483、45959　叢1-203
　　(17)、2-639
　　薛元釗　史7-55600、
　　55984
　　薛丙　子3-18063、18133~
　　4
　　薛于瑛　史2-8758　子
　　1-2459、2718~9　集4-
　　31448~50　叢1-483、
　　574(4)
　　薛天培　史7-54982
　　薛晉康　子1-4398
　　薛不倚　集3-20999
12 薛琇　史7-55058
　　薛聯元　集4-29249
　　薛延年　子3-14199~200
　　叢1-223(36)、440~1、

465、2-731(16)
薛廷文　集3-20847、7-
　　48577~8
薛廷寵　史7-56080　集
　　6-43846
薛孔洵　集1-4533
13 薛瑄　經1-633、3717、4815
　　史6-42942~4　子1-
　　20、61、900~17、919~25
　　集2-6648~61、6-45336
　　叢1-14(2)、22(20)、46、
　　61~4、66、107、111(3)、
　　114(1)、116、195(2)、214、
　　223(30、64)、435、574(2)、
　　2-730(4)、731(12、18、
　　45)、1057、1826
薛瑢　史5-39943
15 薛旭緒　集6-46054
16 薛聖華　史5-39916
17 薛瓊　集6-44995、7-
　　47187
薛承宣　經1-6732、7037
薛承恩　子7-37671
薛己　子2-4559~61、
　　4577、4603、4771(3)、
　　4776、4832~3、4846、4850
　　~1、5544、6234、7102~3、
　　7296、7427、7655~6、7671
　　~6、7892、7992、8013~4、
　　8359、8385~7、8598、
　　8623、9263、10470~1　叢
　　1-223(34)
薛翼運　史3-18801
18 薛致玄　子5-29081、
　　29530(14)
19 薛槃銘　集5-39521~2
20 薛季瑄　集1-3651~2
　　薛季宣　經1-77(2)、
　　2509、2634　叢1-223
　　(55)、557~8、2-864~6
　　薛季宜　集6-41900
　　薛季昭　子5-29530(2)、
　　29631
　　薛矗　史3-18032
　　薛乘時　史8-60257
　　薛采　叢2-1056
　　薛秉丁　子1-2765
　　薛秉壬　史3-16251
　　薛維嚴　史1-3022
21 薛能　集1-1681~2、6-
　　41850、41854、41859、
　　41872
　　薛行　史5-39918

44 薛芬　集3-14853
　薛蔚　集7-48868
　薛葆元　史3-20190
　薛葆楏　史2-10208,3-
　　18660,7-57857
　薛葆楢　史3-22526
　薛蕙　子1-983,5-29099
　　集2-8130～40,6-41935
　　(2),41940,43792　叢1-
　　22(20),62～4,223(65),
　　347,2-730(4),731(10,
　　11)
　薛世熹　集2-8131
　薛樹棠　史3-21329
　薛桂山　史3-17889
45 薛椿齡　史7-55450
46 薛觀駿　史8-62744
　薛觀光　史7-58017
　薛輻　史7-49318(15)
47 薛朝　子5-25102
　薛朝選　子4-20826
　薛朝栯　史5-39927
　薛起蛟　史8-61044
　薛起鳳　集3-21797～9,
　　6-42069
　薛楷　史2-8875　子1-
　　947
　薛格　集2-7260,6-41935
　　(3)
48 薛敬孟　集3-14365
　薛敬之　子1-947　叢2-
　　829
50 薛青照　史3-20693
　薛本宗　子2-5408
　薛書培　史3-22296
　薛春黎　史2-12848～9
　　集4-32582～3
　薛春藜　集4-23842
　薛素素　子4-23971　叢
　　1-30,168(4),181
51 薛振鈺　史3-15667
　薛振猷　經1-911
　薛據　子1-61,232～3
　　叢1-27,47,223(30)
　薛軒　子2-7983
60 薛旦　集7-49348　叢1-
　　223(55)
　薛國慶　集4-30651
　薛國成　史4-27158
　薛晨　子3-15054,15091
　薛田玉　集6-44232

薛甲　經1-680,2-8709,
　　8967,9364,9861,10302
　　子4-20502　集2-8462
　　～3,6-41935(4),42760
　薛昌鳳　叢2-1261
　薛景珏　集3-18074
61 薛顯祖　集3-18111
64 薛時雨　經1-1756　史
　　7-52761　集4-23842,
　　27853,32583,33245～8,
　　7-47902～4　叢1-437
　薛時平　子2-5423～4
67 薛明　子5-27042
　薛明庠　史5-39931
　薛鳴臯　史6-46946
　薛昭蘊　子5-26222,
　　27553　叢1-185,255
　　(3),2-2227
70 薛璧　史8-61065
72 薛所蘊　集3-13231～3,
　　6-41970
　薛氏　史7-54311
76 薛陽桂　子5-29574,
　　31454～5
77 薛鳳詒　集5-39404～5
　薛鳳祚　史6-46635,7-
　　49643　子3-11236,
　　11424～5,11427,14328
　　叢1-223(25,35),272
　　(2),274(4),306,2-731
　　(15,27)
　薛鳳九　史1-3873,2-
　　6209
　薛鳳昌　史1-5797,7-
　　52738,8-64446　集5-
　　41307～9
　薛鳳鳴　史7-55389
　薛鳳翔　子4-19208～11
　　叢1-22(27),369
　薛同霖　史5-39939
　薛岡　史2-8038　子4-
　　23957　集2-11147～9,
　　6-41949,45137,7-50604
　薛用弱　史1-1914　子
　　5-26218,26222,26225,
　　27526～7　叢1-11～2,
　　15、17,19(6),20(4),22
　　(19),23(18),24(6),26～
　　8,29(3),38,90～3,95～
　　6,180,185,223(45),255
　　(3),2-624(1),730(2,
　　6),731(50,62)
　薛居正　史1-14～7,20,

146～7,149,7-49311
　　叢1-223(18),227(5),2-
　　698(4)
　薛熙　史7-53101　子1-
　　3578　集3-14854～5,
　　6-43994　叢1-201,203
　　(6),321
　薛熙宇　史5-39921
78 薛臨正　史3-18920,
　　22792
80 薛益　集1-964
　薛鑫　集4-27853
　薛介廷　史2-11825
　薛念祖　史3-17489
　薛公望　子2-6747～8,
　　6835
　薛公俠　子7-36340
82 薛鍾斗　史2-11329,
　　11401,12343
　薛鎧　子2-4559～61,
　　8358,8385
83 薛鎔　集3-14308
86 薛錫成　子7-36619
88 薛銓　子3-16948
90 薛光錡　子3-12685,
　　12794,7-37508
　薛尙功　史8-64145～7
　　叢1-223(15)
　薛尙質　史6-46792　叢
　　1-195(4),2-731(55)
91 薛炳　子1-323　叢1-
　　480
　薛炳善　史3-16650
97 薛煥　史6-47992
99 薛瑩　史1-27,324～5
　　叢1-29(4),56,249(2),
　　255(3),338,395,2-731
　　(50),772(4),773(4)
　薛瑩中　子7-36796　集
　　5-36420,36424

4477₀ 甘

00 甘立　集1-5350
　甘立媃　集4-24290
　甘立猷　集4-23267
　甘亭　集3-17786
　甘席隆　子2-6752
　甘慶增　史8-60559,
　　60696

(72)

26 楚自然　史5－37143
28 楚傖　叢2－619
31 楚江仙叟石公　子5－27607
35 楚清(釋)　子7－33134
36 楚澤先生　子5－29530(17)、30846
40 楚大德　史8－60636
　 楚士元　史8－60914
47 楚桐隱　子3－18147
51 楚振槐　史5－37142
80 楚善氏　史5－41338　子7－34708
91 楚炳然　集4－29041～2

4480₆ 黃

00 黃堊　子5－25970
　 黃立翼　史5－33843
　 黃立世　史7－55686　集3－21819～20　叢2－823
　 黃立林　集4－25132
　 黃立幹　史8－60635
　 黃立賢　史5－33773
　 黃立鉁　史3－23245
　 黃亨　史7－52625　集4－30610～2,6－42007(2)
　 黃序　子2－8738～9,7－38268
　 黃彥　集4－24608　叢1－364
　 黃彥平　集1－3025,6－41784　叢1－223(53)
　 黃彥光　集7－53810
　 黃方慶　集5－39261
　 黃方胤　集7－49296
　 黃方遠　史8－59233
　 黃方國　子2－7529
　 黃育珍　子2－9878
　 黃育梗　子7－36225～6
　 黃應麒　經1－1700　叢1－461
　 黃應嵩　經1－4375
　 黃應繢　史3－13433
　 黃應澄　史3－13433
　 黃應逵　集5－40395
　 黃應奎　史7－51876
　 黃應培　史8－60544、

60798

黃應榜　史5－33906
黃應林　史5－33774
黃應昀　史8－58771
黃應周　集5－40085
黃康弼　集6－44660
黃庚　集1－5112～5　叢1－223(59)
黃庶　集1－1990～1,6－41746、41894(1)、41895、41904　叢1－223(51)、227(9)
黃廉　子2－8647～8
黃庭　集4－22422　叢1－378
黃庭堅　史2－12506　子2－10969,3－14911～3,4－22140,5－24902　集1－923,2679～738,6－41713、41794、41798、41900～3、41908、42039、42042、43620、45191、45486,7－46352、46380、46382、46483～6　叢1－22(3、13、16)、23(3、13、15)、86、169(4)、223(52、72)、227(9)、230(5)、244(4)、325、447,2－617(5)、635(9)、637(4)、698(10、13)、720(2)、730(7)、731(33、42、54、55)、735(4)
黃庭鏡　子2－7327
黃度　經1－77(2)、2638～40、4924　叢1－223(5)、227(2)
黃慶麟　史3－23218
黃慶豐　史5－33842
黃慶澄　史7－49318(21)、54636,8－66415　子1－2882～3,3－12654,4－21783,7－37538
黃慶瀾　叢2－724
黃慶萱　史3－17560
黃慶坤　史5－33835
黃慶曾　史2－10668,5－33778、33988
黃慶光　史5－34001
黃慶裳　史3－21909
黃廣　經1－6261　子3－13074
黃文廣　史5－33826
黃文龍　集2－7875
黃文玉　子3－17551

黃文雷　集1－4270,6－41744～6、41888、41891～3、41894(3)、41895、41897～8、41912、41917、41923～4
黃文珪　集5－39470
黃文理　史8－60631、61869
黃文琛　史3－21542,8－60717　集4－31217～8,5－35569、38937　叢1－445
黃文弼　史8－65242
黃文彪　集3－18338
黃文魁　叢2－682
黃文僎　史3－22542
黃文之　史5－34105
黃文淵　集3－18370
黃文澍　子1－1631～2　集3－18016
黃文濤　史3－22276　集5－35368
黃文達　集5－35569
黃文涵　集4－32217
黃文祿　史5－33981
黃文瀚　集5－37489
黃文才　史5－33728
黃文鷟　史8－58797
黃文蓮　經1－2880　史7－55357、55359,8－59967　子5－29169　集3－21354,6－41986
黃文華　集7－54599、54616、54623
黃文觀　史8－61414
黃文桐　史8－60477
黃文中　史5－33792
黃文星　子4－19163
黃文昌　子7－34016
黃文晹　叢1－370
黃文暘　史2－9379,8－66373、66408　集4－21953～4
黃文明　史5－33893
黃文璧　史3－15477
黃文隆　史3－21058
黃文學　史5－33786
黃文炳　集2－11523,4－30329
黃文熾　史5－33746
黃文煒　史6－46090,8－63144

黃文煜　史6-47923

黃文炯　史5-34066

黃文煥　經1-67、3836～
8,2-10496　史2-
12297,5-33769　集1-
40,441

黃文炤　史2-6599　叢
1-208

黃文變　史8-58655　子
3-15136　叢1-572

黃文榮　史5-33786

黃章　史5-34071,7-
56522

黃章俊　史3-22695

黃章棟　史5-33805

黃章昌　史5-34035

黃離照　史5-33816

黃玄　集2-6312,6-44786

黃玄豹　史5-33885

黃玄鍾　子5-29530(18)、
30959

黃衣　史4-25862

黃衷　史7-54254　集2-
7617　叢1-109,111
(4)、223(26)、268(2)、
325,2-880～1

黃袞　史8-60290

黃襄　經2-9878、10446

黃襄成　集5-34123

黃六鴻　史6-43001

01 黃龍山　子3-17602

黃龍德　子4-19029　叢
1-121

黃龍藻　集3-20989

黃龍吟　子5-25108～9

02 黃端　經1-5083

黃端伯　經1-877　集2-
12097～101,6-41943、
43118

黃端履　史5-33724

黃訓　史6-47790　子4-
20503～4　叢1-223(21)

03 黃斌　史3-20848　子2-
9074,7-36419

黃詠　史3-16853

黃誠　集4-31901

黃誠齋　史5-34059

黃誠沅　史8-61252～3
集5-39895

04 黃誥　史2-10581,7-
54103　集5-40594～5

黃謀文　史4-24982

黃謀烈　史3-15558

黃勤　集3-19560

05 黃靖　史8-63864

黃靖圖　史8-61913　叢
1-373(3)

黃諫　經1-2705,2-13000
～1　史1-4568　子5-
29523　集2-6482　叢
1-46,223(47)、269(4)

06 黃韻　子4-20608

黃韻蘭　集5-40814

07 黃翊聖　史7-55828

黃郊　叢2-888

黃調弼　史5-33898

黃調鼎　史5-33924

黃韶　集2-7167,6-45096

08 黃㫷　史8-61892

黃鷟來　集3-16436

黃敦懿　史5-33737

黃謙　經2-13909　子3-
16442

黃許桂　史8-58391

黃許燦　史8-60850

黃議　經1-6308

09 黃麟　集4-29825

黃麟趾　集6-45098　叢
2-888

10 黃一龍　史8-60986　集
2-10728

黃一正　子5-25689

黃一貞　史8-60757

黃一淵　集2-11903

黃一鳳　子3-12896、
13187～9、14456～7

黃一熙　集6-42400

黃一騰　子1-172

黃二溥　子5-25199

黃正元　子5-29576、
30365～71、30396、30408
～9、30411～4、30434、
30485～6、30532、30540
叢1-536

黃正位　集7-48768

黃正維　集3-19512

黃正岩　史5-34078

黃正紳　集5-39638

黃正色　史8-59800　集
2-8551～2

黃正憲　經1-744～5、
7600

黃正賓　史1-4427　叢

2-742

黃正漢　史5-34090

黃玉瑚　集4-22423

黃玉衡　史7-55783　集
3-19876,4-26715

黃玉潤　史5-34062

黃玉柱　史8-61312

黃玉蟾　史2-11075　叢
1-320

黃玉階　集4-30927

黃玉年　史8-61343

黃璽　集2-7474

黃丕烈　經1-103,4887～
8,5234～6,5746,5942～3
史1-2085～6,2157,7-
49534,8-64358,65257、
65261,65325,65728～42、
66464　子2-6448,6605
集1-1688,3982,4-
24916,6-41776,44240
叢1-316～7,524,547
(3)、553,2-611,615(1)、
635(5)、697,698(4)、731
(1、2、3、17)、943

黃玹　叢2-2223

黃璋　史2-6674、11273
集3-21470　叢2-718

黃雪襄　叢1-22(13)、23
(13)、168(3)、587(2)

黃元齋　史5-34059

黃元音　史3-18080

黃元正　叢2-724

黃元丙　集4-28329

黃元弼　史3-19369

黃元秀　史7-51933

黃元御　子2-4617～8、
4997～9,5366～7,5431、
5448,5473,5619～20、
6575～6,6777～8　叢1-
327

黃元復　史8-60798

黃元實　集1-5793

黃元治　經2-8532　史
7-49317(7)、49318(14)、
50990,51004,52654,8-
62507　集3-14951～3,
6-44751　叢1-197(3)、
485

黃元直　史8-62450

黃元培　史3-22202

黃元吉　經1-4376,2-
10965　史3-20292　子
2-5081,5-29530(21)、

29597、31976、7－36888、
37509　集7－48774(2)、
49079

黃元壽　集5－37093～4

黃元基　史8－61357　子
2－9535

黃元芝　史3－18483

黃元春　集3－15640、6－
45097

黃元冕　集6－44069

黃元昌　子5－25397

黃元熙　子5－25240

黃元釜　集2－6524、6－
45096

黃元美　史8－58286

黃元善　經1－5349　史
3－21548、6－43506

黃元會　子4－20734、
24078　叢2－811

黃元炳　史3－18589

黃元燦　子5－26190

黃霽棠　集4－33119

黃丙堊　史7－57473

黃丙壽　史3－20310

黃震　經1－3677、4815、
5590　史1－2537、4843
～5、5280、5－33771　子
1－870～3　叢1－114
(1)、223(19、30)、244(5)、
2－731(51)、735(4)、845
(2)

黃霞　子3－17963、18056～9

黃耳鼎　經2－10393

黃雯　集5－34807

黃霆　史7－50073

黃平西　史8－58392

黃天元　史5－34116

黃天衢　史5－33903

黃天木　史5－33946

黃天錫　史8－61244

黃天策　史8－58607

黃百家　史1－841、2－
7131、6－42061　子1－
3562～3、4520、3－11636、
12547　集3－15578～80
叢1－197(4)、201、202
(3)、203(6、8、18)、223
(35)、321、587(5)、2－617
(2)、635(12)

黃石麟　集3－15871

黃石珊　史5－33995

黃石峯　子2－8601

黃石翁　集1－5258

黃石公　子1－3214、3216
～7、5－29530(22)、29535
(4)、29536(4)、29558　叢
1－24(12)、71～7、114
(5)、144、223(31)、447、
566、2－730(6)、731(19)

黃晉　史3－18590

黃晉酚　史2－12867、3－
19627

黃晉良　集3－13837

黃可垂　史7－49318(17)、
49336、54736

黃可師　集2－11909

黃可縉　史7－58102

黃可潤　史7－55079、
55103、55108　集3－
19877～8

黃可權　史5－34102

黃可卿　子4－20871

黃可無　史7－49317(5)

黃雲　史7－57758　子4－
21766　集2－7261、3－
14325、16066、7－46405、
46957

黃雲章　集3－21109

黃雲師　集3－13864

黃雲鵠　經1－1786～7、
4325　史6－47347　子
2－9921、4－18972～3、
24553　集4－33554～6

黃雲紀　史5－34093

黃雲湘　集4－28166

黃雲史　史8－61185

黃雲眉　史2－11923、8－
65284

黃雲棠　集4－32356

黃霦　史3－21836

黃霖　集4－21983

黃霖澤　子3－17355

11 黃北山　叢1－368

黃璿　史8－58218

黃麗中　史8－59247　集
5－36619

黃斐然　史3－17729

黃冀豫　集5－39390

黃冀之　史1－2534　叢
2－735(4)

12 黃登　集6－44881

黃登俊　子4－24187

黃登瀛　史7－52128、8－
61112　集4－27809

黃登穀　史8－58756

黃登弟　史5－33972

黃瑞　經2－10696　史2－
11333、11398、11403、
11473、5－33866～9、8－
63912～4　集4－27321
～3、6－44698～9、44703
～4、45099　叢2－670

黃瑞麟　史5－40452

黃瑞蓮　集5－38938～9

黃瑞圖　史8－58656

黃瑞節　子1－795、5－
29739～40、30972～3　叢
1－272(4)、274(5)、312、
325、2－698(8)、1039

黃璞　史2－8298～9　集
3－18996　叢1－22(9)、
23(9)、234、2－1444

黃珽　集4－32122

黃珽玉　子5－25482

黃璣　史6－44528、7－
52967

黃聯珏　史8－58561

黃發定　史5－34013

黃烈　經1－2887　史8－
61670、65459、66066

黃廷誥　集4－29826

黃廷議　集4－29215

黃廷瓚　史3－15355

黃廷爵　子2－9886

黃廷鵠　史2－6602　集
2－10211～2、6－42414

黃廷桂　史8－61621　叢
1－223(24)

黃廷槐　史5－33907、7－
55775

黃廷翰　史5－33763

黃廷用　集2－8522～3

黃廷金　史3－15453、8－
58841

黃廷鈺　史8－63200

黃廷鏗　史2－9731

黃廷銘　集3－18065

黃廷鑑　經2－14358、
14392　史1－3368、7－
49317(2)、49318(8)、
49357、53295、53299、
57082～3　子4－24440
集4－23501～2　叢1－
269(2)、270(1)、271、515、
2－731(25、45)

黃廷光　史3－22674

黃孔楊 史5-33942
黃孔昭 史2-8852,6-47786 集2-6374、6931~2,6-44687 叢2-854
黃孔箕 史5-33940
黃孫瀛 集4-26158
黃孫燦 集4-25867
13 黃巘 史3-20911
黃武廷 史5-34047
黃武成 史2-10832
黃琯 史5-33912、33982
黃琮 子4-24548 集4-29262、30034 叢2-886(4)、888
14 黃瑋 集5-34939
黃瓚 經1-1765、7785 史5-33882,8-60869 集2-7221
黃瓚鼎 史5-34006
黃瓚中 史5-33918
黃硺 子2-4636、6136
15 黃建中 史8-63090 子2-9306
黃建岡 子1-3410
黃建笠 集5-36031~2
16 黃聖偉 史5-33910
黃聖治 史5-33789
黃理 經1-1947 集4-23247~9,7-47719 叢2-2049
黃理齋 史5-33832
黃理中 史5-34033
黃璟 史2-13103,8-59591、59723、63164、63337 子3-17413 集4-25387,5-36333~4
17 黃孟功 史5-33820
黃孟威 子1-2361 叢1-142
黃珣 集2-7065,6-45096
黃瑚 集3-15542~3
黃邛 史1-3746
黃瓊 子4-19291
黃琛 集3-18474
黃璨 史3-18205
黃喬 集4-33294
黃承玄 集2-10889
黃承謙 集4-29980
黃承雲 史3-22664
黃承琳 史5-33709
黃承璡 史7-57347

黃承聖 集7-46405、47173
黃承乙 叢2-1259
黃承勳 集7-48190、48586
黃承臚 史8-59395
黃承清 史3-21052
黃承吉 經2-14759~60 集4-25940~4,6-46296~7 叢2-814、1649
黃承穀 集4-30743,6-42007(2)
黃承增 子5-27657
黃承昊 史7-57308 子2-4625、4776、4850~1、7103、10470、10486
黃承煦 子5-25944
黃承錫 集4-31375
黃豫 史5-33775
黃子高 子3-16859 集4-29494,6-42007(1) 叢2-731(38)、881~2
黃子言 子2-6395、6782、10604
黃子雲 集3-18744~6,6-44475、45953 叢1-203(16)
黃子發 子1-4238~9 叢1-22(18)、23(17)、508,2-731(15)、775(5)
黃子貞 集7-53958
黃子俊 子2-6874
黃子久 叢1-371
黃子遂 史8-60121
黃子肅 集6-45495 叢1-114(4)
黃翠凝 子5-28585
黃羣 子7-36251 集5-41607 叢2-867
黃鞏 集2-7818~9
黃習遠 史7-52285
黃君鉅 史8-61240 集4-33218
黃翼聖 集2-12223
黃翼升 子2-9794~6
黃翼祺 子5-26211
黃翼曾 集5-35131
18 黃玠 集1-5151 叢1-223(52、60),2-843、845(2)
黃瑜 史1-4406~7 子3-15002,4-22959~60

集2-6894 叢1-22(22),2-731(52)、881
黃玢 史8-65331 集3-15277,6-41962
黃政雲 子2-7591
黃政懋 史5-33767
黃玫 集4-24427
黃致祥 叢2-756
黃致堯 子7-36604、37168
黃璇 集5-39133
19 黃裘 集2-7617、7630
20 黃仇 史7-55346
黃位斗 史8-62008 叢1-373(3)
黃位清 經1-4286~7 史2-11057、11072,6-42143~4,42148
黃喬松 集4-24985、26261、27101
黃喬年 集4-22769
黃爲瓚 集3-16249
黃爲良 子2-5103
黃爲兆 集3-21471
黃爲基 集5-41608
黃爲炳 史3-21666
黃爲灼 史3-21666
黃秀 史8-60519 集3-17221
黃秀甫 史5-33785
黃雋 史6-41721~2 集5-37942
黃雋永 集4-31220
黃信任 史3-21112
黃鯨文 史5-34092 集4-33451
黃千人 集3-17850 叢2-718
黃香 子5-26222、26235 叢1-185
黃香祖 史3-20751
黃香瀚 史5-34068
黃爵滋 史6-48867 集4-29303~11,6-42008、44308、46107 叢1-367,2-871
黃采風 史5-33772
黃秉 史3-22036
黃秉震 史3-21957
黃秉石 子4-24098 集2-9097
黃秉瀦 史2-10620

黃秉湘　史3-16600
黃秉越　子2-9997
黃秉中　史8-60996
黃統　子2-9709～11
黃維玉　史2-9352～3　叢2-1334
黃維天　集1-5344,2-6399
黃維烈　史3-15097
黃維瓚　史8-60712
黃維珠　集3-13537～8
黃維傑　集4-32541
黃維綱　史8-58581
黃維清　經2-11771
黃維瀚　史3-19982
黃維翰　史1-2392,7-56315,8-59502　子1-4179,2-4769,7508,3-11579　集5-40444　叢2-785
黃維中　史2-10237
黃維申　集5-36877～8
黃維煊　史7-49704　集5-34889
21 黃上林　史3-18943
黃步聖　史5-34104
黃步青　史8-61372
黃仁　經1-1897　史2-9750,8-60351
黃仁高　史5-33968
黃仁政　集4-31760
黃仁虎　史5-34115
黃仁俊　集5-37642
黃仁濟　史3-15018,5-34003～5,6-47528　子1-2067
黃仁溥　史6-41664
黃仁吉　史3-21846
黃仁符　集3-16941
黃虎臣　史8-59853
黃虛白　經2-14495
黃衍　集3-17890
黃衡　集4-26287,7-47502
黃儒　子4-18978～80、18999　叢1-19(9)、20(7)、21(8)、22(15)、23(15)、24(9)、29(6)、86、121、223(38)、2-730(7)
黃儒濂　史3-21006
黃儒荃　史7-54943

黃儒炳　史6-42839
黃虞　史8-58866,60838
黃虞稷　史1-8、10(5)、703,8-65257,65262、65360～3,66201～2　叢1-202(8)、203(14)、223(28)、448、542、547(3)、2-615(1)、653(5)、731(1)、786～7
黃虞世　史5-33920　集3-20141
黃倬　集4-32999
黃佔梅　史8-61328
黃價　經1-1620
黃熊飛　史5-33834
黃師憲　集3-14446
黃師圖　集3-19048
黃師閔　史8-59363
黃貞麟　集3-15150
黃貞觀　集3-19261
黃貞固　史2-9350
黃貞明　集3-13324
黃經榮　史5-33956
黃縉榮　史7-55973
黃穎　經1-335～6、2322　叢2-711、772(1)、773(1)、774(2)
22 黃胤星　史2-9015
黃任　史2-9268,7-52438,8-58316,58341　子4-21183～4　集3-15971,18409～17　叢2-622
黃任恆　史1-10(5)、400、592,725,4799,5341,2-6958,5-34094～5,8-60837,63760　子2-10047　叢1-329、469,2-711
黃鼎　子3-11543～4、13020,16702　集5-38340
黃鼎瑞　史3-20323　集5-40225
黃鼎象　集3-13574
黃鼎翰　史8-58447
黃鼎燮　集4-31427
黃崗竹　史7-55074
黃嶽牧　集3-18599
黃巖　子2-7326,8476,5-28445～7
黃巖孫　史8-58308

黃仙根　子4-24404　集4-22191
黃巍赫　集4-27167
黃幾琠　史3-19516
黃幾珮　史3-19633
黃畿　子3-12954～5　集2-7291
黃崑山　史5-34009,8-61272
黃山　史3-22691
黃利通　集3-16250、17422
黃崇蘭　史3-13474,6-42266～70
黃崇華　史8-62469
黃崇忠　子2-5258
黃崇光　史8-60716
黃崇惺　史7-52456、57963　子3-16228　集4-32845～7
黃樂之　集4-30744
黃繼立　集6-45097
黃繼元　集6-45097
黃繼善　史1-5382～5、5387,5389　叢1-32～3
黃繼光　叢1-373(4)
黃彩彬　史8-58657
黃綬　史3-17815
23 黃允交　子5-26371　叢1-22(28)、29(8)、154
黃允中　史8-66379
黃允欽　史8-61848
黃俅　子2-5404
黃獻　子3-17604
黃獻圖　史3-20868
黃獻臣　經2-10409　子1-3038
黃代遵　史5-34079
黃傅　史7-56916
黃俊　經1-634　叢2-870(2)
黃俊杰　史5-33913～4
黃皖　子2-5246
黃峨　集2-8461,6-41935(5),7-46807,50580～5　叢1-168(3)
黃絨　史2-7161
黃綰　史2-8839　子1-1012,4-20448　集2-7736～7
24 黃仕禎　史8-58286

黃化龍　史5-33926
黃魁雄　史5-34037
黃佐　經1-3732、6304、
　　6414　史1-2748~9,2-
　　8262,6-42838,42871,8-
　　60816,60826,61036、
　　61220　子1-1043,2725
　　集2-8172~7,6-41935
　　(2)、42744,43320,43360、
　　43747　叢1-22(21)、
　　46、50~2、55、223(9、22、
　　26、65)、269(3)、270(2)、
　　2-731(18、61)、880~1
黃佐適　子7-37965
黃先荃　史5-34023
黃先耀　史5-34048
黃佳色　史8-60667
黃德水　集2-10390,6-
　　43351
黃德仁　史8-61853　子
　　2-9988
黃德峻　史5-33939
黃德和　史5-34077
黃德穆　史5-34113
黃德濂　子2-6935
黃德容　史8-60981
黃德溥　史8-58622　集
　　6-41981
黃德清　史5-33938
黃德潤　史8-61687
黃德友　史5-33900
黃德基　史8-60807
黃德華　史1-3659~60
　　集4-30398~403,31487,
　　6-42007(2)
黃德郁　史3-22466
黃德成　史5-33931、
　　34010
黃德星　史8-61270
黃德照　史4-30942
黃德厚　史8-61488
黃德巽　史8-62406
黃德輝　集7-54186
黃佑　史7-56761
黃佑元　史5-34051
黃佑棠　史5-33749
黃休復　史2-8288~9
　　子3-14692,15859、
　　16063,4-23779~81　叢
　　1-11、19(5)、20(3)、21
　　(4)、22(6、15)、23(6、14)、
　　24(5)、26~8、29(5)、169

(4)、223(37、46)、268(4)、
　　282(2)、283(2)、376、510,
　　2-616、624(2)、873
黃升洪　史5-33980
黃升國　史3-21094
黃勉　集3-16434
黃贊清　史3-22806
黃贊湯　史2-11005、
　　12157~8,6-47965、
　　47989,48904,48907　集
　　4-31135
黃贊熙　子7-37356
黃綺　史5-33729
黃緯　史3-21615
黃緒昌　史3-19841
25　黃生　經2-14757~9　子
　　4-22338　集1-980,3-
　　14406,6-43476~7　叢
　　1-223(15、40)、272(2、
　　3)、2-691(3)、731(7)、
　　814、1649
黃仲元　經2-10232~3
　　集1-4415~7　叢1-
　　223(12、58)、2-637(3)
黃仲安　子4-24153
黃仲昭　史8-58137、
　　58199,58298　集2-
　　7019~24　叢1-223
　　(64)
黃仲騏　集4-31429~30
黃仲賢　子2-7088
黃仲畬　集4-31486
黃仲炎　經1-77(3)、7516
　　~9　叢1-223(10)、227
　　(3)
黃伸　集3-16123
黃佛頤　史2-11024、
　　11432,11450,11477,7-
　　50879,8-60858　集1-
　　1971,2-7291　叢2-883
黃傳鼎　史3-20373
黃傳紳　子1-2594
黃傳禮　史3-16104、
　　21719
黃傳祖　集6-42434~7
黃傳祁　史3-16320、
　　21707　子2-4750、
　　5255,5-29191
黃傳燾　史7-57932
黃傳授　史5-34020
黃傳驤　史1-4982　叢
　　1-367~8

黃傳驦　集4-31761
黃傳智　史5-33899
黃傳焜　史5-33969
黃傳耀　史3-20170
黃朱芾　集3-15805
黃純垓　史3-21830　集
　　5-41079~80
黃純嘏　集4-33654
黃純熙　子7-36256
黃秩沖　子1-3371
黃秩衡　集5-34225
黃秩模　史6-45424　子
　　1-1779,2-10661　集
　　4-29303,5-34225　叢
　　1-366~8
黃秩林　集4-32542~4
黃秩榘　史1-3975　子
　　1-3904　叢1-367~8
黃積慶　經1-6470
黃積瑜　史5-33904~5
26　黃自元　史3-15668　集
　　5-36475
黃自如　子5-29530(21)、
　　31170
黃伯文　史5-33997
黃伯瑛　子3-12391
黃伯穎　集2-9468
黃伯淳　子2-6509
黃伯祿　子5-26556,7-
　　35374~9,35874
黃伯思　子3-14692、
　　15001~2、15314,4-
　　18612~3,22127~30　叢
　　1-2~6、9~10、22(15、
　　16)、23(14、16)、35、37、
　　119~20、169(3)、223(28、
　　39)、268(3)、330、478、
　　569,2-731(31)
黃伯善　集2-9191
黃侃　經2-11272~3　子
　　4-22310
黃俣卿　史1-2928
黃得煴　史7-55380
黃保康　子1-2060,2313、
　　2-4757,5227,10047,4-
　　21780
黃皋瑞　子7-36795
黃魏赫　史1-3167
黃崵　集3-15182
黃和奎　史4-30428
黃程雲　史7-56410
黃穆清　集5-37333

27 黃凱　史 8 - 60774
黃凱鈞　史 1 - 1995,7 -
51525　子 2 - 4771(4)、
5640、10616、11075、4 -
21416～8,5 - 27129～30
集 4 - 23503～4　叢 1 -
369、373(4)、512,2 - 683
黃佩玉　史 5 - 33889
黃佩秋　集 4 - 26642
黃佩蘭　史 7 - 57819
黃侗　集 5 - 35373　叢 2 -
861～2
黃向堅　史 7 - 49317(8)、
49318(13)、53853～4　子
3 - 16631　叢 1 - 244(2),
2 - 731(49)、735(4)
黃向榮　子 1 - 4377
黃豹　史 8 - 58256
黃象離　集 4 - 29522
黃象曦　史 6 - 46786
黃身先　史 7 - 52409
黃奂　集 2 - 10315～6
黃彝　史 8 - 60485
黃彝邑　子 2 - 5826
黃彝凱　集 4 - 33655,7 -
46424、48278
黃名甌　子 4 - 21149
黃磐　集 5 - 39134
黃魯山　集 5 - 38341
黃魯溪　史 6 - 46125
黃魯曾　史 2 - 6200、6382、
6899、7847～9　集 6 -
41812、44470,7 - 50525
叢 1 - 109、111(4)、410,2 -
731(61)
黃鵠　子 3 - 13426
黃繩先　集 3 - 20506
黃繩祖　史 5 - 34097
黃約仲　集 2 - 6529
黃綱　史 5 - 33961
黃叔元　集 5 - 35570
黃叔瑄　史 1 - 1354
黃叔琳　經 1 - 1190,5019
～22、5939　史 1 - 5292,
2 - 9400,3 - 13496、14896,
8 - 65680　子 4 - 21365
集 3 - 17829,6 - 45511～
2、45899　叢 1 - 223(67、
71),2 - 628、697、698
(17)、709
黃叔璥　史 3 - 13493,6 -
42607、47316、47495,7 -

49317(2)、49318(14)、
49338、51239～40、53912,
8 - 63512、63993　叢 1 -
223(26),2 - 731(59)、782
(4)
黃叔敬　子 1 - 766
黃叔燦　子 2 - 5930　集
3 - 20744,6 - 43503　叢
1 - 269(5)、270(4)
黃稺荃　叢 2 - 748
黃紹唐　史 5 - 33833
黃紹文　史 7 - 56552、
58110
黃紹瓊　史 8 - 60537
黃紹召　史 5 - 33992
黃紹統　集 4 - 22231
黃紹仁　集 5 - 36618
黃紹先　史 8 - 62238
黃紹憲　史 5 - 39774
黃紹裘　經 2 - 13119　集
3 - 19927
黃紹蕃　史 3 - 22467
黃紹薪　史 3 - 15545、
20951
黃紹纕　叢 2 - 682
黃紹鳳　史 2 - 6402　叢
1 - 261
黃紹弟　史 7 - 50471
黃紹曾　集 3 - 16942
黃紹第　史 3 - 16397　集
5 - 38815　叢 2 - 623
黃紹箕　史 3 - 15994　子
3 - 15252　集 5 - 38678～
81　叢 2 - 623、842、868
28 黃以謙　集 4 - 32292
黃以正　史 5 - 33751
黃以琳　集 3 - 17801
黃以樂　史 5 - 34109
黃以勤　史 2 - 10623
黃以恭　子 4 - 21648～9
黃以華　史 5 - 34119
黃以愚　經 2 - 13934、
14785～6
黃以陛　史 7 - 52172　子
5 - 25813　集 2 - 12459
黃以周　經 1 - 163(4)、
169、1799～801、2300～1、
6107～9、6280、6342,2 -
11724～6　史 1 - 5994,
2 - 8349、9638,7 - 57404,
8 - 66293　子 1 - 62、64～
5、67～8、286、1832、3186

～7,4 - 23757　集 5 -
34888　叢 1 - 508,2 - 698
(4)、731(28)、1971、2129
(3)、2131
黃以輝　史 5 - 33895
黃似華　史 8 - 60062
黃作孚　集 2 - 11509
黃作渠　集 2 - 12168
黃作求　集 4 - 23005
黃佾　史 8 - 63454
黃倫　經 1 - 121、2654　叢
1 - 223(5)、2 - 731(63)
黃徵義　史 7 - 57665　叢
1 - 373(2)
黃徹　集 6 - 45486、45601～
2　叢 1 - 19(7)、20(5)、
21(6)、22(14)、23(13)、24
(7)、195(4)、223(72)、230
(6)、244(2)
黃徵　史 5 - 33909
黃復生　史 7 - 55828
黃復初　子 3 - 13139、
13191、13259、13316、
13461～7,5 - 31332
黃復圭　集 1 - 5734
黃儀　集 3 - 15620
黃從誠　經 1 - 4598　子
1 - 400、409
黃從堯　史 5 - 33943
黃從學　史 2 - 11519
黃綸　史 5 - 33756
29 黃秋衡　叢 1 - 367
30 黃宣　史 8 - 58231
黃宜中　經 1 - 6344　史
8 - 60481
黃流瓚　史 5 - 34040
黃淮　史 6 - 47758～60
集 2 - 6474～5　叢 1 -
223(21、64),2 - 867
黃濟　史 8 - 61865～6
黃濟川　史 3 - 16189、
20176
黃濟之　子 2 - 5539
黃汴　史 6 - 44118,7 -
49567～9　叢 1 - 114
(2)、158
黃漳　史 8 - 58813
黃淳　史 7 - 52624,8 -
61043
黃淳熙　集 4 - 33060～1
黃淳耀　經 1 - 922～3　史
1 - 5840、6059,2 - 12553,

7-50601　子1-1262～
4,4-20953　集1-1479,
2-12476～92,6-43118、
45336　叢1-195(7)、
223(67)、241、242(3)、299
～300、368、525,2-669、
728、731(13、57)、1221

黃寬　史5-33930,8-
58947、63050

黃寬　集3-18164、20466

黃家章　史5-33962

黃家麟　史3-18010

黃家蕭　集5-37220

黃家瑜　史6-44302

黃家鼎　史7-54066～7,
8-62686　集5-36784～
8,6-43342　叢2-2077

黃家岱　經1-3032　子
4-22741　集5-38677
叢2-1971

黃家德　集4-31060～1

黃家遵　史2-8874,8-
58751　叢1-195(3)、
351,2-731(62)

黃家來　史3-20232、
23030,5-40062

黃家橋　經2-11770　史
2-6235

黃家蘭　史5-33957

黃家馨　史5-34016

黃家辰　經1-3032　叢
2-1971

黃家驥　集5-37640,7-
48312

黃家駿　集5-38731

黃家鳳　集4-22889

黃家駒　史7-52494

黃家舒　集3-13230、
13699,7-48780、49302
叢1-309

黃家燁　史5-34000

黃永　集3-14323～4,6-
41970,7-46404～5、
46892～4　叢1-587
(4),2-698(14)

黃永亮　子5-28919

黃永傑　史5-34058

黃永綸　史8-58670

黃永梧　史5-33838

黃永全　史5-33738

黃永年　經1-7813　史
7-49317(8)、49318(11)、

53555　子1-1549　集
3-19223～7,6-42066
叢2-731(63)、869、1439

黃永錦　史5-33941

黃之訓　集4-31643

黃之麟　史2-9311

黃之晉　經2-10953　史
2-10675、8-58574　集
4-30327～8

黃之瑞　史7-49559　叢
2-739～40

黃之雋　史7-49317(8)、
49318(6、8、11)、53402、
53673、53675、53708、
56531　子3-16186,4-
21161　集3-17614～6
叢1-202(5)、203(10)、
223(24、68)

黃之鼎　集3-15740

黃之然　集5-33863

黃之偉　史5-33705

黃之紀　子4-22419　集
3-21570,6-42333

黃之徵　史8-59759

黃之寀　經1-6755　子
1-30～1

黃之瀾　史5-33750

黃之淑　集4-29112

黃之堯　集7-49202

黃之奇　經1-3936

黃之孝　史7-55508

黃之翰　集3-13890

黃之璧　史8-61102

黃之驥　史5-33861　集
4-31213～4

黃之鳳　史2-9311

黃之弟　經2-10657

黃憲　史5-33754　子1-
18、20,4-19773～8　叢
1-74～7、101、123、182～
3,2-731(52)

黃憲儒　史3-22451

黃憲安　史5-33736

黃憲清　叢2-838

黃憲臣　史7-55811

黃守　集2-6529

黃守謙　集4-33449

黃守平　經1-1722　史
5-33984

黃守晉　史5-33960

黃守先　史5-33815

黃守儁　經2-9695

黃守恆　子7-38009

黃守輝　史5-33846

黃安綬　史3-14948

黃安濤　史2-9391、9733,
7-49317(3)、49318(9)、
53265、53734,8-61187
集4-25461、26716～8
叢1-307、373(9),2-
796、838

黃安春　史5-33791

黃安雅　集3-16832,6-
45097

黃安敏　子2-8934

黃安煒　史5-33814

黃寓庸　叢1-143

黃宮繡　子2-4692、5628
～9、10591

黃富民　史2-11005、
11948　集4-29619,6-
42003　叢2-1565

黃容　史2-6610　集3-
16184,6-44069、44190

黃容惠　史7-55440

黃宅中　史2-11283,7-
55758,8-60708、62230

黃良正　史5-33817

黃良煇　集5-38194

黃定齊　集4-26799

黃定文　集4-22888　叢
2-845(2)

黃定衡　集4-22768

黃定宜　史2-11006、
11045　子4-22604

黃定蘭　集6-45303　叢
1-322

黃定鏞　史8-60157

黃寅　史4-28728　集4-
24524～5

黃寅清　史5-33740

黃寅階　經1-1792～3

黃寶　史5-33911

黃寶書　集5-37945

黃寶田　集4-33452,6-
42007(3)

黃寶熙　叢2-667

黃寶善　史3-18273

黃寶銘　集5-33864,6-
42007(3)

黃賓廷　子3-13898

黃賓虹　子3-17387～8
集5-40003

黃宗　史7-57115

～3、5635、5847、5871、
5873～5、5882～3、7636～
8,2－8290、8395～9、
8492、8586、10556～8、
12861　史1－5457,2－
6603～4　子1－1266,3－
12906、12990、15349、
15358～9、15715～6,4－
24029～30,5－25170、
25734～6　集2－11714
～40,3－13119～20,6－
41943、42880、42939、
43118、43844、44017、
45336、45340　叢1－223
(4、6、9、12)、330～1、453、
537,2－731(61)、742、
1997～8

黄道榮　史5－33978
黄肇鼎　集5－40392
黄肇沂　叢2－716(1)
黄肇祥　史3－22001
黄肇封　史5－33989
黄肇基　史5－33794
黄肇顡　集6－44850
黄肇陽　史5－34106
黄肇敏　史7－49318(6)、
　53484　叢1－496(4)
黄肇榮　史5－33896
黄啓良　叢2－747～8
黄啓太　集5－37943～4
黄啓蓉　史3－22852
黄啓曙　子5－31856
黄啓明　子3－12843
黄啓興　經1－4275～6、
　4864

39 黄淡園　史5－33971
黄瀠之　史3－15893　集
　5－37642

40 黄九川　集2－8945
黄九皋　集2－8945
黄九河　集3－14678
黄九烟　子5－25976
黄力紳　史5－34032
黄力田　史2－10580
黄大廉　子1－159
黄大霖　子2－8766～7、
　8980
黄大琮　集5－38068～9
黄大受　史8－61372　集
　1－3851～3,3－15279,6－
　41744～6、41888、41891～
　3、41894(4)、41895、41897

～9、41904、41911、41917
～8、41923～4

黄大經　史5－34041
黄大彩　史5－33806
黄大得　史5－34064
黄大復　集3－18782
黄大齡　集3－20764
黄大洪　集3－13573,6－
　45097
黄大有　史5－33804
黄大蘇　集3－17638
黄大華　史1－10(2、4、5、
　6)、346、4595、4653、4655、
　4660、4672、4759、4768、
　4807、4812～3、4817、4819
　集5－38814
黄大本　史8－61906
黄大成　史8－61286
黄大昕　集4－24307
黄大鵬　史8－60965
黄大興　集7－48455　叢
　1－205
黄太鴻　子5－28798
黄爽　經1－3561
黄奭　經1－31、200、220、
　224、237、246、251、254、
　259、264、266、269、273、
　279、284、289、313、316、
　322、328、333、336、339～
　40、350～1、357、359、362、
　364、371、373、393、395、
　411、2269、2351、2354、
　2409、2415、2424、2432、
　2439、2456、2463、2468、
　2483、2529、2534、2571、
　2591、2602、3318、3419、
　3428、3435、3441、3453、
　3465、3498、3537、3566、
　3579、4558、4568、4582、
　4709、4822、4834、4843、
　4849、4881、4906、4909、
　5405、5410、5416、5419、
　5423、5439、5535、5833、
　5841、5844、5886、6020、
　6038、6130、6216、6237、
　6361、6370、6379、6385、
　6437、6588、6596、6602、
　6611、6633、6648、6654、
　6716、6725、6730、7228、
　7231、7258、7344、7349、
　7370、8153、8162、8173、
　8181、8190、8199、8207、
　8214、8220、8233、8239、

8246、8254、8259、8264,2－
8318、8589、8596、8601、
8607、8613～4、8620、
8628、8631、8633、8635、
8637、9221、9716、9721、
9726、9730、9734、9736、
9739、9742、9747、9782、
11149、11152、11155、
11157、11166、11187、
11190、11246、11305、
11310、11313、11315、
11331、11394、11406、
11416、11425、11440、
11449、11452、12742、
12778、12783、12789、
12794、12799、12807、
12949、13260、13268、
13283、13289、13325、
13330、13341、13349、
13359、13597、13602、
13609、13613、13620、
13630、13647、13665、
14566、14579、14613、
14622、14695、14713、
14742　史1－323、325、
328、331、333、479、484、
487、489、494、496、504～
11、537、992、1413、1419、
1423、1425、1429～30、
1433、1437、1439、1442、
1444～5、1448、1450～1、
1453、1458、1728～33、
1735～44、1746、2003、
2028、2100、2103、2106、
2108、2111、2113、2204、
2208、2274、2280、2285、
2302～3、2305～7、2352、
2357、4360～3、4366、
6005,2－6332、6393、
6462、6601、6698、6853、
6914、6917、6921、6926、
7005、8049、8052、8197、
8209、8212、8237、8248、
8261、8286、8292、8297、
8299、8308、8322,6－
41957、41965、41970、
42612、42614、42618、
42622、42625、42627、
42634～7、42640、45979、
46159、48096、49225,7－
49435、49490、50090、
50176、50417、50474、
50564、50573、50576、
50581、50584、50597、
50645、50661、50703、

50714、50718、50870、
50874、51127、51132、
51136、51138、51147、
51512、52593　子1-
491、499～500、758、4088，
2-5486，3-12928、14323，
4-19697、19720、19825、
23222，5-24758、26822、
29222、29227　集4-
27492、29690　叢1-338
～40、367～8、389～90，2-
628、771(1、2、3、4)、772
(1)、773(1、5)

黃奭案　史2-11119　叢
2-772(5)

黃友璋　史4-32012

黃友信　史3-21649

黃友松　史6-44445

黃士京　集6-42941

黃士龍　史8-60838

黃士元　集4-26749

黃士珣　史7-50320　集
4-31215～6，6-42071
叢1-373(6)、471，2-832
(2)

黃士翮　史3-22337

黃士俊　經2-10490　集
6-45175

黃士俠　子7-35711

黃士綺　集4-28520

黃士傑　史7-53032～3

黃士紳　史8-58328

黃士宏　史5-33923

黃士良　史2-7313

黃士達　子3-17600

黃士英　子5-31017

黃士陵　子3-17353

黃士駬　史5-33822

黃士鎔　集4-22161

黃士恂　子3-15524

黃圭　集5-39019

黃奎　史3-19896

黃埏　史5-33729

黃培　集3-13324

黃培彝　史8-61089

黃培清　史5-33784

黃培杰　史8-62221

黃培芳　經2-13068　史
2-8254，5-34091，7-
49318(8)、52619～20、
53700，8-61039、61046
子1-1715，4-18762、

21320～1　集4-26800
～1，6-42007(1)、42551、
46088～9、46187　叢2-
711

黃培英　史5-34024

黃培燦　史8-60857

黃在中　史3-19727，8-
61550

黃克纘　史6-46624　集
2-10436～7，6-43358

黃克復　經1-656

黃克中　集3-19198

黃克顯　史8-61819

黃克晦　集2-9468

黃希　集1-893～6

黃希文　史7-55550

黃希憲　子4-23808～9

黃希聲　經1-2802　史
2-8170、8479　集3-
16478　叢1-408

黃希轍　經2-10860

黃希旦　集1-2167，6-
41892、41895、41917

黃希原　叢1-223(48)

黃希周　史2-6406～7

黃有升　史5-34011

黃有翰　史5-34034

黃有蛟　史5-33796

黃有美　史5-33947

黃有恆　史8-58909

黃志雍　史5-33850

黃志璋　史8-60768、
61269

黃志元　史3-22355

黃志儒　史5-33849

黃志澄　集4-31642

黃志述　集4-23159

黃志遠　史5-33748

黃志清　史8-59526　集
6-42368、45211

黃志勛　史8-61306

黃杰　史3-15751

黃嘉愛　集2-7764，6-
45096

黃嘉仁　集2-7765，6-
45096

黃嘉芝　集4-26750

黃嘉惠　史1-48　集6-
42042，7-49163～4、
49168、49170、49195、
49211、49220　叢1-11

黃嘉善　史6-48369～70

集2-10421

黃右序　集3-13236

黃吉庵　史5-33816

黃吉芬　史8-58666

黃吉揚　史5-34045

黃吉裳　史5-33755

黃奮生　史7-56026

黃奇珣　史5-34052

黃壽康　史5-34056

黃壽裒　史3-16686、
20447

黃壽袞　史6-41744　子
4-22105　集5-40596～
7

黃壽彝　史2-12444

黃壽祺　史8-58728

黃壽南　子2-4695、6893、
7648、8308、10552、10702、
10833

黃壽昌　子1-4359

黃壽鳳　經2-12590～3

黃壽曾　集5-41665

黃壽烜　史2-12444

黃去疾　集1-2832

黃真仲　史8-58308

黃真人　子2-4769

黃來麟　史8-59342　集
4-32123～4

黃柱覺　集4-22517

黃榜　史7-54935　子1-
3037

黃榜元　史8-60622

黃榜書　集5-39471

黃梓庠　集5-40922

41 黃垣　史7-56688

黃姬水　史2-6491　集
2-8917～9，6-41935(2)
叢1-13、14(2)、22(24)、
105、111(1)、119～20，2-
731(61)

黃樞　集1-5344，2-6006

黃楷　集4-26919

黃楷盛　史5-34060，8-
60567

黃標　史1-1914、1933、
2709，3-20223，7-57209
集2-7724，3-15278　叢
1-13、14(2)、22(22)、55
～6、84(2)、87～9、95、269
(3)、270(1)，2-730(2、3、
9)、731(67)

42 黃彭年　史2-9123、9871

～2、9907、9925、9927、12247、12872～3,5-34043,6-42344,49019,7-55016　子1-4018,4-24521　集2-11737,5-34122～7　叢2-1015～6、1938

黃壎　史3-17445　集3-15639

黃媛貞　集2-12833

黃媛介　集3-13865～6,6-41957　叢1-373(5)

黃彬　史3-15527,8-58625　集6-44706

黃彬琳　集5-37490、37878、41033

黃彬儀　史5-33965

黃樤　經1-77(2)、3621～2　叢1-223(6)、227(2)

黃樸　史8-62024　叢1-350

黃機　集7-46352、46380、46658　叢1-223(73)、2-698(13)、720(2)、857、860

43 黃博儒　史5-33764

黃式　集3-16701

黃式度　史3-21674,8-60093

黃式三　經1-163(3)、1632～4,2977,7947～8,2-9563,11665,14171　史1-1405～6,5710,5-33759　子1-462,1728,2437,4-21672～3　集4-28600　叢2-653(1)、1734

黃式祜　集4-28165

黃式權　史7-49317(4)

黃式朔　史3-21702

黃式耀　史5-34022

黃婉琳　集5-35423

黃婉璚　集4-30827,7-47883　叢1-352

黃婉橘　集7-47307

黃始　集1-2567、2729、2732,6-43711～5

黃越　經2-10686　子3-13319～21、13534　集3-16754

44 黃協塤　史7-49318(14)、50060～1　子4-23524　集5-40811～3　叢1-

496(4、8)、587(6)、2-617(5)、735(2)

黃基　史3-15566

黃勤業　史7-49318(13)、53974　集4-29017

黃埱　集3-15410

黃夢麟　史2-11739

黃夢協　集3-16435

黃夢菊　史6-45650　子2-9691

黃萼梅　經1-1895

黃花館　子2-4598

黃芹　經1-2143

黃蘭雪　集4-25007,6-41792

黃蘭芳　集1-684

黃蔭栴　史8-59712

黃蔭普　叢2-883

黃茂　集7-53033、53576

黃茂信　史5-33798

黃茂滋　集6-43475

黃茂情　史5-33859

黃葆亭　史5-34029

黃葆謙　子4-19235　集5-34227

黃葆初　史8-61602

黃葆真　子5-25414

黃葆年　史8-59028　集4-31533

黃芝　史7-50852　子5-27463　集4-26798

黃芝函　經2-13245

黃芝臺　集4-31059

黃薊　集4-31706

黃燕祥　史3-21903

黃恭　史7-49308、49438

黃慕顏　史5-33878

黃蕙田　經2-12037

黃懋治　史3-22961

黃懋材　子7-36263

黃孝紓　集5-38604

黃孝治　史5-33776

黃孝愉　史5-34042

黃萬朝　史5-33945

黃萬春　史5-33752　集5-40876～7

黃萬煥　史5-34053

黃華　子3-13581　集3-16702,5-38602

黃華清　史8-62193

黃華暘　子1-3041

黃華璧　史8-58548

黃華錦　史5-33819

黃英　史6-45635　子7-37835

黃若香　史8-61200

黃若濟　集4-27166

黃若波　史3-23200

黃若騳　史3-17929

黃茝若　集3-14954

黃世麟　史5-34101

黃世發　經1-6231　子3-14654　叢2-648

黃世崇　史5-33975～6、33994～5,8-60358、60366、60393

黃世良　史5-33829

黃世礽　史3-19064　集5-41178

黃世祚　史3-19272,6-41850,7-56425

黃世柄　史3-22722

黃世基　經2-9185

黃世芬　子3-17757

黃世芳　史7-56133

黃世喆　集4-31300

黃世楚　史5-34103

黃世恕　史5-33887

黃世本　子1-4082,4360

黃世成　史8-58620、58917　集3-19728

黃世昌　史8-60764

黃世虒　史5-33999

黃世善　史3-19751

黃世榮　經2-11270　史7-50058　子5-26749　集5-37866～8　叢2-2065

黃其峻　集4-31059

黃其祾　史5-33858

黃其沐　史5-33857

黃其勤　史8-60887

黃其本　史5-33795

黃其煥　史5-33797

黃楚珩　史7-52597

黃楚湘　經2-9708

黃楚卿　史6-43064

黃楚鐘　經1-1896

黃樹賓　集4-31643

黃樹滋　史2-9752

黃樹芳　史3-20949

黃樹穀　史8-64100、

15261,4-22490、24351
集1-855、862,4-27092
~3,6-45304,7-47307
叢1-230(4)、352、451、
469、495、530~1、558、586
(3),2-691(2)、698(8)、
716(3)、731(39)、877
黃本騏　史1-7、1361~2、
1373、4604~5,2-6446,
8-60642　集4-26601~
2　叢1-352
黃本銓　史1-3872,7-
49327　叢1-496(1)
黃惠　史8-58341、58366~
7　集3-20885
黃忠烈　史5-33979
黃忠浩　史5-39390
黃書霖　史6-41513
黃書紳　史8-60220
黃春　史7-57607　集5-
37334
黃春魁　經1-4373~4
黃春齡　集5-35873
黃春林　史5-33754
黃表　子5-27264
黃素封　史2-12501
黃東亭　子2-7834
黃東旭　史8-60751
黃東厓　經2-10556
51 黃振　集3-20846
黃振河　經1-1899　集
5-36176　叢2-958
黃振清　史5-33776
黃振載　史5-33973
黃振均　集5-34577
黃振聲　史5-33937
黃振成　集5-34640~1,
6-42007(1)
黃振昆　史5-33897
黃軒祖　叢2-624(4)
52 黃挺華　史8-61013
黃虬　子3-18136~7
黃哲　集2-6101~4,6-
41935(3)、44892~3、
44896
53 黃輔辰　史6-41530、
44858　子1-4209　叢
2-1015
黃盛德　史5-34070
黃盛修　集4-28110~1
黃盛風　史5-33808
黃成　子4-18629~30

集4-27165　叢2-687
黃成章　史7-54947、
54955
黃成英　史5-33812
54 黃轅　經1-3068~9
55 黃典五　集4-30330
56 黃揚鑣　史3-15122
57 黃邦彥　史2-9651
黃邦仁　史5-33956
黃邦寧　史2-8746、
11298,8-59732　集1-
3288　叢1-367~8
黃邦鎮　史5-34043
58 黃鼇　集3-16014
60 黃□　子4-23601
黃□□　集4-30745、
31222,5-38197,6-43981
黃日高　經2-10934
黃日應　史8-58788
黃日紀　史7-51399　集
3-17799~800,6-46009
黃日瑚　集1-128
黃墨園　史8-61003
黃星照　集4-27010
黃國瑾　集5-38000~2
叢2-885
黃國琦　史3-22189
黃國瑚　集5-39732
黃國珍　集4-24866
黃國仁　史5-33860
黃國儒　史3-22000　集
5-34808
黃國鼎　經1-783~4
黃國魁　史5-33877
黃國彝　史7-56524
黃國奎　史8-60937
黃國培　集4-30463~5
黃國顯　史8-61326
黃國勛　史5-33782
黃見三　史8-58162
黃晃　集6-44623
黃易　史8-63509、63517~
8、63767、63894、63988、
64022~4、64157、64565、
64569、64572、64579、
64592~4、64596、64608、
64613~4、64635、64736~
7、64810、64958　子3-
16943~4、16946~7、
17010、17082~4　集4-
22656~9　叢1-342、
369、456(4),2-731(35)

黃昺杰　史8-60269
黃晟　史2-11046,8-
63494　叢1-44
黃思誠　經1-1898、7963
黃思衍　集5-40443
黃思贊　史3-23453
黃思永　史3-16022~3、
17307、22701、22769　子
3-15233
黃思藻　史8-61124
黃思彤　史1-5477　集
1-126
黃恩霽　集4-30110~1
黃恩綬　集4-32455
黃恩伯　史5-38035
黃恩波　史8-58455
黃恩浩　史8-58848
黃恩世　集3-20988
黃恩煦　史2-10252、
10417,3-18955
黃恩彤　史1-3804、5720、
5855、5876,2-8253、
9700、9901,6-41910,8-
59363、59418~9　集4-
30521~4
黃恩錫　史8-63326
黃冕　經1-3066　史1-
3803
黃昇　集7-46348、46352、
46357、46380、46694~5、
48450~4、48456　叢1-
223(73)、2-635(14)、698
(13)、720(2)
黃甲　子2-6330　集2-
9327
黃甲墀　史5-34038
黃甲名　史5-34065
黃呂　子3-16722
黃昌麟　子1-2587　集
4-27324~5
黃昌瑞　經2-13970
黃昌衢　集6-43882
黃昌富　史5-33857
黃昌壽　史7-52299
黃昌芳　史5-33991
黃昌蕃　史8-58533
黃昌輔　史1-4005,2-
8218~9,3-18008,8-
60168
黃昌熾　史3-21999
黃圖珌　集3-19174　叢
2-1438

黃圖安　集3－13241

黃圖南　集5－34228

黃圖成　集5－35035

黃圖昌　史7－55749,8－
58943

黃品清　史5－34046

黃景琯　史5－33885

黃景仁　子4－24545　集
4－23152～9,6－45494、
46059,7－46411～2、
47594～7　叢1－564

黃景儀　史3－21685

黃景濂　集4－30112,7－
48212

黃景福　史7－49317(8)、
49318(16)、54537～8

黃景治　子4－23328

黃景洛　集5－34379

黃景昉　經1－3836,2－
10493　史1－2697、
5959,2－6612,6－42899
子4－23094～5　集2－
12130,6－42940　叢1－
233、312、496(5),2－731
(13)

黃景星　經2－10364　子
3－17723

黃景曾　史7－55563

黃景裳　集6－44784

黃景棠　集5－36953

61 黃顯　史8－58776　子2－
5294

黃顯仁　史5－33890

黃顯台　史6－45478,7－
49319

黃顯昌　史5－33807

62 黃則有　集4－29827

63 黃貽楫　史3－15841,6－
42329　子4－23444　集
4－31219

64 黃曉　集3－16249

黃曉珊　子3－17758

黃晞　子1－20,61,4－
19940～1　集3－13382,
6－45097　叢1－19(8)、
20(6)、21(7)、24(9)、244
(4)、265(3),2－731(11)

黃時　集3－17989,6－
41990

黃時溥　史3－17849

黃時沛　史8－61030～1

黃時清　史5－33764

黃時鴻　子4－24566

黃暐　史7－50199～200
子4－22981～2,5－27014
叢1－50～2、55、58～60、
2－674

65 黃映奎　史2－11024

67 黃明　史1－3675　集3－
17018

黃明瓚　史5－34007

黃明墍　子3－13350

黃明曦　史1－1979,3347
叢1－242(5),2－731
(67)、799～801

黃鳴謙　史3－18390

黃鳴珂　史8－58633

黃鳴俊　史1－3090

黃鳴盛　史3－21017

黃暉吉　集4－24428

黃昭瑜　史3－22506

黃昭佐　史5－34050

黃嗣翔　集5－35424

黃嗣艾　子7－34760、
36774　集5－38879

黃嗣東　史2－6690　子
1－1907　集5－37552

黃鶚　史3－21680

黃照臨　史8－62737　集
5－35502

黃歇　經1－202

68 黃曦軒　史5－34031

70 黃璧　集4－24741

71 黃陛　史8－60014

黃臚登　史8－59324

黃厚裕　子1－4311

黃厚本　史3－18182、
22261,7－56448

黃厚成　史2－10715,3－
22138

黃階　史2－8932

黃驥同　經2－8782、9055、
9447、9936、10637

黃敦　子2－8523

黃既飛　經1－2702

黃臣槐　史5－33885

黃臣燮　集4－26288

黃長睿　叢1－181

黃長森　集5－34941～2

72 黃岳　史5－33766

黃質　史2－10044

74 黃陞　集1－917

黃陵道人　史6－44191

子4－23634

黃驊　史7－56553

黃騏　集6－45095

75 黃體端　子2－8131,9475

黃體正　史8－61327　集
4－25463～4

黃體震　史8－58254

黃體仁　集2－10277

黃體德　史8－60655

黃體芳　史1－3972,3－
14903,6－44204、47274
子5－26720　集5－
35503～4　叢2－685、
796、867～8

黃體中　集3－15280

76 黃陽傑　子2－8171

77 黃堅　集6－42713

黃鳳岐　集5－38271

黃鳳池　子3－16311、
16313～8

黃鳳祺　史3－21979

黃鳳來　史5－33747

黃鳳樓　史8－58497

黃鳳題　集4－24867

黃鳳騰　史5－33915

黃鳳翔　史1－1258、1603、
2843,8－58315　集2－
10265～6,6－42387、
42807、43352

黃覺　史8－59581、61854
集3－13484,6－45097

黃同壽　史3－20351

黃周星　史2－9232、
13314,7－49318(4)、
53664　子3－18372～3,
4－19457,5－27441,7－
34494　集3－13629～
31、13994,6－42977、
43393,7－49316～7、
50181、50645　叢1－197
(2,4)、201、202(4)、203
(2,3,9,18)、350、371、
378、587(3,5),2－617
(2)、844、1269～70

黃岡　史7－57107

黃月天　子3－17963、
18048～9

黃用卿　子2－7428

黃陶菴　史8－63267

黃鵬　集6－41728　叢2－
632

黃鵬楊　史1－6060

黃鵬揚　叢1-210～1

黃履和　子7-37178～9

黃履初　史3-16404、21784、23254

黃履道　子4-19013

黃履中　史3-20437,5-33970

黃履思　史8-58189

黃履翁　子5-24866～8

黃殿楫　史8-60967

黃居真　子5-29530(3)、29746

黃居中　史3-22187,8-63189　集2-10813、11689

黃際飛　經1-7561　史8-61533

黃際盛　史5-34061

黃際明　集4-24171

黃駒　史2-11563

黃熙虞　集4-32293,6-42007(3)

黃閔　史7-49309,50754～7　叢2-776

黃學謙　集3-14354

黃學秀　史5-33847

黃學準　史7-54254　叢1-223(26)

黃學源　史5-33880

黃學波　史8-58454

黃學海　史5-33848　子4-20597

黃學勳　史8-59329

黃學圯　子3-17121～2　集4-24868

黃學圮　史2-7810

黃學翰　史5-34030

黃丹書　集4-26507

黃開運　史7-55251

黃開蔟　史5-33888

黃開甲　史3-20277

黃譽邨　子2-4719、5188、10763

黃譽　史8-61391

黃印　經1-1207　史7-56898

黃印侯　史5-33987

黃卿夑　史3-20252,7-49382　集5-38269～70　叢2-862

黃與綬　史7-57825

黃與橀　集5-39845

黃與堅　子1-2375～6　集3-14247～9,15627,6-44533　叢1-195(4)、421、534,2-731(4)、811

黃興發　史5-33743

黃興岩　史5-33879

黃興德　子2-8255

黃興洛　集1-2053

78 黃鑒　史8-58248

黃鑒定　子2-6057

黃臥窗　集3-19926

80 黃人　史1-3654　集5-40342～6　叢2-624(4)

黃人雄　史8-60979

黃益增　集5-34226

黃金　史2-7175,8-58247　集2-8147

黃金高　史5-33733

黃金詔　史5-34111

黃金璽　子5-25558

黃金石　叢1-587(6)

黃金台　史7-58039

黃金佩　史5-33777

黃金從　史8-61121

黃金臺　史2-12691,7-49318(5、6、7、11)、53245、53268、53289～90、53294、53300、53396、53401　集4-22164、28521～2、28601～4,6-44138、44340　叢1-496(5)

黃金聲　史7-57577,8-61250　叢1-373(8)

黃金甲　史3-18465

黃鑣　史1-990、1324

黃鏡元　史5-33850

黃鏡渠　集5-37878

黃鏡清　史5-34031　集5-37490

黃鎬京　子2-5234

黃鏞　史7-51871

黃鑴　集4-30999

黃鉉　集5-37488

黃兌楣　子2-5074～5、11103

黃介　史3-21127

黃俞言　子4-20847　叢1-142

黃令圖　史5-33745

黃尊　史5-33753

黃尊素　史1-3189　集2-11666～9,6-43118　叢2-674、990

黃美柴　史5-34025

黃美桂　史5-33821

黃毓琳　史3-17477

黃毓祺　集2-11370～1,6-45097　叢2-803

黃毓礽　集6-45097

黃毓奇　史7-51639

黃毓枬　史6-46046

黃毓恩　史3-15616、17162　子2-9920

黃義仲　史7-49437　叢1-22(10)、23(10)

黃義价　史5-34117

黃義尊　史8-60320

黃善經　史5-33787

黃普怡　史5-33934

黃曾　集4-32290～1,7-46411、47436～7

黃曾源　史3-16461、20888

黃曾惠　史3-16963

黃曾成　史8-58166

黃公度　集1-3317～24,6-41900～1,41908,7-46352、46357、46371、46379～80、46558　叢1-223(54、73),2-698(14)、720(2)

黃公望　子3-15859～60、15900～2、16473～5,5-29530(5、6、12)、31256～8　集1-5071～3　叢1-371

黃公瑾　史2-8568　子5-29530(16)

黃公禾　子2-9411

黃公紹　經2-13742～4、14540　集1-4491　叢1-223(16、58)、227(4)

黃公輔　集2-11438　叢2-883

黃養蒙　史6-42818

81 黃鈺　史2-9880,3-17089,7-57167　子2-4660～3、4697、5651、5812、6160、6306、6416

82 黃釗　經2-11689　史1-5705,7-50888,8-60969　集4-28231～5

黃鍾　子2-7742

黃尙毅　史8-61751、61775、61777
黃尙謙　史5-33824
黃尙潤　史3-23088
黃尙質　集2-9321,6-45096
黃尙賢　史8-61307
黃掌綸　史6-43801
黃省齋　子2-9654
黃省曾　史1-6173,2-6200、6475、6837、6852、8920,7-50201、54255　子1-468、984、4081、4120、4293、4413、4480~1、4496、4512、4524,4-19261~2、19376、19385~6、19401、19454、20317~8,5-25632、29604~5　集1-480、533,2-8157~60,6-41838、41935(2、4)、44574、45484　叢1-13、14(3、4)、22(27)、29(8)、30、41、48、61~4、69、71、74~7、86、114(5、6)、115~6、119~20、168(1)、173~4、181、195(2、7)、223(29)、269(3、5)、270(3)、271、272(2)、333~5、422、456(2)、469、495、567、586(4),2-622、628、635(4)、698(6)、716(3)、730(4、6、7、8)、731(28、30、44)、735(5)、832(5)
黃卷　子5-25417~8
黃裳　史8-58249、65427　集1-2665,6-41894(1)、41895,7-46361、46370、46372、46375、46482　叢1-223(52)、579
黃裳吉　史5-34089
黃賞　子3-16915
黃炎　史7-56377,8-58558
黃炎培　史2-10972,3-19261,6-47582,7-56512　子7-36472
黃炫　史8-60002　子2-5747
黃焱　史1-4999
黃粹吾　集7-50037
91 黃爐　史8-61206
黃炳　集6-45096
黃炳堃　史8-62512　集

5-36476~9
黃炳文　史5-33819
黃炳元　史3-16538
黃炳宸　史7-57104　集4-33295
黃炳奎　史2-10539,8-58809　集5-36405
黃炳南　史5-33963
黃炳森　集4-31282
黃炳乾　子2-7513
黃炳垕　史2-8045、11584、11650、12211,3-19992,5-33765　子3-11499~500、11512、12871~2　集2-11667,4-32761~2　叢2-990、1260~1、1869
黃炳輝　史5-33781
黃焯　集4-25386,6-44876
92 黃愷　史8-60254
黃愷元　史8-58416
黃恬　史8-58238　集4-26385
黃忻　集5-34378
93 黃熾華　子2-10872
94 黃慎　子3-13459~60　集3-18597~8
黃慎言　子4-21318
黃慎修　集4-30331
95 黃性時　史8-60656
96 黃惺溪　子2-4717、6933、7531
黃惕齋　子2-8116、8456
黃焜　經2-10540　史6-45609,7-49317(5)、49318(13)　子4-20932
黃煜　史1-1933、1937、1982、2999,2-7336~41　叢1-244(4),2-731(67)、735(3)
97 黃耀奎　子1-3924
黃耀如　子1-1569
黃輝　史2-8689　集2-10715~8,4-24170
黃輝清　集5-37329
黃煥采　史2-9438
黃煥鈞　史5-34073
黃煇　史8-63073
黃燦　史3-18371
99 黃鎣　史7-57947
黃燮　集4-22767

黃燮清　集4-31130~4,6-42003,7-47820~1、48557、49611~20　叢2-698(13)
黃嚳　史2-8599~600、11005、11259~63,7-57616　子4-22945~6　集1-2681~2、2698~9、5088、5259~70、5495、5505,5-38603　叢1-22(3)、23(3)、34、163、223(39、40、52、60)、227(9、10)、273(5)、274(5),2-615(2)、635(11)、672、731(4、41)、857、859~60
黃榮康　史1-6193,2-10158,5-34107　集5-41352~4　叢1-469、586(4),2-716(4)
黃榮甲　史5-34018
黃榮熙　史8-61063
黃榮炳　史5-34079

4490₀　村

21 村上俊藏　子7-38047
村上義茂　子7-36294
55 村井弦齋　子7-38173
村井知至　子7-36518
60 村田宜寬　子7-36650
村田□　史7-49318(22)　子7-36368
77 村尾達彌　子7-37847

樹

04 樹護室　子2-9651

4490₁　蔡

00 蔡堃　集4-32164
蔡立身　史7-52432、58083
蔡立炳　史7-56963
蔡亨嘉　史1-1186、1188
蔡序熏　集4-31386

蔡方昤　史3-22463

蔡方炳　經2-8782、9055、
9447、9936、10636～7　史
1-1235、5650,6-41677～
8、43123～4、45408、
45495、48106～7,7-
49316、49317(7)、49318
(1,14)、49576～8、49649
～50　子1-1456～7、
2384,4-19493、21119～
21,5-25736　集3-
14809　叢1-195(3)、
407(2)

蔡卞　經1-77(2)、3618
叢1-223(6)

蔡應鳳　史5-38011

蔡慶泰　史3-22328

蔡賡颺　史3-15166

蔡賡年　經2-11376

蔡文琳　史2-8703

蔡文子　經1-6774　史
1-1781　集6-42668、
42670

蔡文鸞　史8-58580

蔡文俊　史5-38062

蔡文森　子7-36514

蔡文鑫　史2-10674

蔡文縈　史5-37995

蔡奕璘　集3-19176

蔡奕勝　史5-37973

蔡襄　子3-15632、15845,
4-18535、18906、18978～
80、18994～5、19309　集
1-2156～65,6-41779～
80、41794、41894(1)、
41895　叢1-2～10、15、
19(10、11)、20(8、9)、21
(9、10)、22(15、17)、23
(15、17)、24(11)、29(6、
7)、114(6)、115～6、223
(38、39、51)、227(9)、569、
2-617(3)、731(30)

蔡京　史1-2471～2　叢
1-22(19)、23(18)、29
(5)、407(3)

01 蔡龍孫　集1-3080　叢
2-798

蔡龍陽　叢1-114(5)

02 蔡端懋　史5-37992

蔡新　史6-47065　集3-
19764

03 蔡詒進　史5-38019

蔡詒來　集3-21744

04 蔡謨　經1-5433,2-9268
叢2-774(3、6)

06 蔡謂　史5-38061

07 蔡望　子5-29530(3)、
29720、29749

蔡毅齊　集4-29548

蔡毅中　經1-769、7602
集2-11193

蔡韶清　史8-60214

08 蔡旅平　史3-22108

09 蔡麟祥　史8-63492～3

蔡麟書　史3-19644、
23295

10 蔡一璋　史5-37988

蔡正孫　集6-45670～1
叢1-223(72)

蔡正昶　史3-19981

蔡正笏　史8-58474

蔡玉琴　集6-44017

蔡玉卿　經2-8291　集
2-11741

蔡玉美　子2-5130

蔡至恭　史5-38025

蔡丕　子3-18152　叢2-
2051

蔡丕著　叢2-629

蔡元翼　集3-15880,6-
41962

蔡元偉　經1-687　集2-
9847

蔡元定　經1-6443、6446
～9　子3-13140、
13367、13373、13375　集
1-3666,6-45118　叢
1-223(14、36)

蔡元培　史2-12042,3-
16410　子4-22754,7-
37949、37962、38143　集
5-39768

蔡元春　集3-21081

蔡元善　史5-36890

蔡元燮　集5-35163

蔡昪　子5-27938～43、
28681～2　叢1-312

蔡丙圻　史2-7907,7-
57017

蔡爾康　史1-1982、6001,
2-13193　子4-23552,
5-26694,7-36228(6)、
36249～50、36274、36456、
36747、37316、38025、
38112、38117　集1-

5343　叢1-496(1、4、5)

蔡震甲　史5-37991

蔡天元　史5-37974

蔡天洽　集3-21127

蔡天民　史5-38054

蔡西河　子2-10927

蔡晉華　集4-28180

蔡晉成　史8-62629

蔡可行　集6-45119

蔡可權　史2-10625

蔡可敔　集6-45119

蔡可賢　集6-45119

蔡雲　經1-5831　史1-
10(1)、216、1393,2-
7000,8-64824　子1-
4164,4-19661～2、22475
～6、22479　集4-25092
～3　叢1-416～7、439、
516、558,2-628、653(3)、
731(17、64)、1630

蔡雲愛　經1-2714

蔡雲程　集2-8413～4,6-
43316、44479～80

蔡雲桂　史3-17842

11 蔡璩　集5-35372

12 蔡登龍　史8-58212

蔡瑞徵　史3-23321

蔡瑞年　集5-37502

蔡珽　子7-33763～4

蔡發　子3-13139、13264、
13367、13369～70　集1-
3179,6-45118

蔡烈先　子2-9346

蔡廷弼　集3-16728,7-
47387、50315～6　叢2-
1544

蔡廷衡　集4-23063

蔡廷蘭　集4-30698

蔡廷孝　史8-63155

蔡廷槐　史5-37976、
37979

蔡廷鑛　史8-60849

蔡廷錫　叢1-223(6)

蔡孔易　史8-58536

蔡孔炘　經2-11677

蔡飛　子5-30461

蔡葵　叢2-774(9)

蔡鑿　子1-1045　集2-
8346～50　叢2-782(3)

13 蔡琬　集3-19035,6-
41999

蔡璸　子3-17648

蔡濟勤 史3－20253

蔡濟恭 經1－6677

蔡滂 史5－37990

蔡完 史7－57343

蔡家琬 子4－18549、19334 集4－24696～8 叢1－322

蔡家挺 集4－27036

蔡家駒 叢1－529

蔡永建 史5－38064

蔡永華 史8－59274

蔡之綬 集4－31665～7

蔡之俊 史5－37983

蔡之芳 史7－50495

蔡守 集5－41479

蔡守藩 史5－38040

蔡容遠 史8－60232

蔡寄寰 子2－7386

蔡寅斗 史7－55002 集3－19741

蔡寶瑛 史3－17591

蔡寶仁 史3－16298

蔡寶森 史5－38022

蔡寶善 集5－41601、7－48255～6

蔡宗玉 子2－5039、6623

蔡宗建 史8－62265

蔡宗堯 集2－8803

蔡宗茂 史3－15239

蔡宗翰 史3－19912

蔡寀之 叢1－374

蔡寀之 叢1－17、19(6)、20(4)、21(6)、24(7)

31 蔡濬源 子3－17360～1

蔡源深 史6－43349

32 蔡淵 經1－528～9 集1－2378、6－45118 叢1－223(3)、227(1)、230(1)、241、242(1)、312、388～90、2－731(9)

蔡兆華 集4－26664～5

蔡兆榮 史3－16755、20519

蔡澄 子4－21268 叢1－550、2－638

33 蔡必達 史7－57813

蔡泳 叢1－367～8

34 蔡澍 史7－56920

蔡沈 經1－42、44、68、74～5、87～9、130～2、2642～8、2650～3、2667～8、2670

～2、2675、2703、2765、2845～6、2926、3337、3363 子1－829、3－12965～6、12968 集1－4001、6－45118 叢1－223(5、36)、227(2)、414、427、449、465、574(1)、2－731(12)

蔡汝霖 史3－20651、23123、8－64080

蔡汝翼 史3－17323

蔡汝進 子3－13038

蔡汝楠 經2－11484～5 史7－49558 子3－11316 集2－8376、9222～7、6－41935(2)

蔡汝賢 史5－37967、7－54258

蔡濤 經1－1813 集4－26870～1

蔡洪 子4－19815～6 叢2－774(9)、775(4)

35 蔡清 經1－641～6、2－10281～4、10287 史2－8872 子1－580、2500～1 集2－7264～6 叢1－62～4、136、223(3、14、65)、2－730(4)、731(8)

蔡清言 史5－38036

蔡清澄 集5－36505～6

蔡清迷 史5－38044

蔡濃亨 史5－38043

36 蔡湘 集3－16328～9

蔡澤賓 集5－34836～7

蔡澤均 史5－38046

37 蔡潤石 集2－11741 叢2－742

蔡潮 集2－7712～3

蔡鴻儒 集4－26104

蔡鴻翎 史5－38049

蔡鴻鑑 集5－38687

蔡鴻燮 史2－9615 集4－27835

蔡淑 史8－60843

蔡潔丞 史8－62956

蔡祖庚 子3－18336 叢1－201、203(3、18)

蔡逸 集4－27648

蔡迎恩 史8－61376

蔡逢恩 史8－61006、61105

蔡逢時 史6－45547

蔡逢年 史6－45890～1

38 蔡道憲 集2－12550～6、6－41943

蔡道濟 史5－38041

蔡肇 集6－41894(2)

蔡啓升 史5－37972

蔡啓盛 經2－11803～4、11931 史7－54989、8－66179 子5－25425 叢1－460、2－1920

39 蔡遴元 經1－7886

40 蔡九齡 集4－24056

蔡大傑 史5－37996

蔡大績 史2－7992 叢2－846

蔡士順 史1－1937、2989～90、3000、5－37971、6－47839～40 集6－43707 叢2－799～801

蔡士洋 經2－14329

蔡士英 集3－13266、6－44809

蔡垚爕 史8－61048

蔡培 史8－59287

蔡培劼 集5－35598～9

蔡克廉 集2－8985

蔡克仁 子3－18385

蔡克恭 史8－58385

蔡克猶 史2－13264

蔡克猷 經1－2094 叢2－2263

蔡希邠 史7－54074 集5－36650

蔡有鷗 集1－2600、6－45118

蔡志修 史7－55204

蔡志頤 子5－29530(5)、29535(5)、29536(5)、29549、31967～9、31972

蔡嘉玉 集4－30771

蔡嘉佺 集4－31171

蔡吉甫 經1－4991

蔡壽臻 史6－46424～5、7－54998～5000 子1－2597、3－18526 集5－35692～3、7－48343

蔡壽臧 叢2－843

蔡壽祺 史1－4020～1、6－48970 子5－25420～1 集4－24457、31155、31759、32052、32948、32950～1、32967、33560、

9856

蔡月涇　經1-858

蔡鵬飛　集4-28124～5,
7-47455

蔡履豫　史7-55664

蔡殿齊　集3-19487,4-
30901、31040、31610,6-
41999

蔡殿襄　史3-20498

蔡熙和　子2-7151

蔡學海　集4-27832～4

蔡學蘇　集3-20857　叢
1-412～3

蔡開泰　史5-38028

蔡卿泉　史5-38065

蔡興宗　史2-11168　集
1-898　叢2-635(6)

80 蔡人奇　史8-58170

蔡金彪　史5-37999

蔡金聲　史3-18517

蔡夔　集4-24454

蔡念成　集1-3843

蔡念慈　史3-15303

蔡毓麟　史5-40906

蔡毓茂　集5-35447

蔡毓榮　史1-1784,8-
61620

蔡首乾　經1-1405

蔡含生　史7-57164　子
4-21166

81 蔡鉅觀　史2-9528

蔡敍功　史3-20043

82 蔡鍾瑋　史5-37980

蔡鍾漢　集5-36053

83 蔡鉞　集4-23202

蔡鐵耕　集4-25268～9

84 蔡鎮瀛　史2-12481

86 蔡錦青　集4-33484,6-
42007(4)

蔡錫康　史3-20123　子
3-17332

蔡錫勇　經2-14472

蔡錫崑　集5-35318　叢
2-1442

蔡錫侯　史5-38033

蔡錫齡　史3-16999,7-
49317(9)、49318(5、10、
17、18)、52827、53287、
54469、54471、54869　子
7-36231(3)、38029～30

蔡錫恭　集4-30644

蔡錫棟　史8-64080

蔡鍔　史6-45111　子7-
36680　集5-41564～7

蔡鐸　集3-17233

87 蔡鈞　史2-10752,6-
43081、44918,7-49317
(8)、49318(18)、54152
子2-4769、7566,7-
36230　集5-38367　叢
1-562

蔡銘衡　集3-20649

蔡翔卿　集7-54565

88 蔡鑑三　集3-16966

蔡箎　史3-19954

蔡簏　集4-26871,5-
35820

蔡敏　集4-28554

蔡節　經1-77(4),2-9331
史5-38013　叢1-223
(13)、227(4)

90 蔡小波　史5-37997

蔡少銘　叢2-2267

蔡光純　史5-38052

蔡光治　史2-9512

蔡光浩　史5-37986

蔡光翰　史5-38053

蔡光岳　集5-39502

蔡光耀　史2-7769

蔡尙才　集2-9644

蔡尙質　子7-35810

蔡常祿　史3-21446

91 蔡炳　史3-17991

蔡炳奎　集5-34255

蔡焯　史5-37984,6-
48126　集1-3080　叢
2-798

92 蔡端　史5-37984

93 蔡怡生　史5-37970

94 蔡慎徽　經1-3891

97 蔡耀齋　史5-37977

蔡燿　集6-44591

蔡灼　史7-57491

98 蔡燴　經2-12835

99 蔡燮呂　集5-36735

蔡榮　史3-21905

蔡榮堃　史3-21584

蔡榮名　集5-35317

蔡榮蓮　集7-49636

蔡榮錦　集7-54342、
54344、54385、54417、

54454、54513、54569、
54572

4490₃ 綦

22 綦鼎　集4-31664

綦崇禮　集1-3127,6-
41784　叢1-223(54)

27 綦久安　史5-38461

32 綦澧　經2-8838、9112、
9531、10004、10820

44 綦世基　史7-52989

77 綦毋邃　經2-9788　叢
2-774(6)

88 綦策鼇　子7-36802

97 綦煥　集1-1926　叢1-
223(51)、227(9)

4490₄ 槑

23 槑卜鶉　史1-5775

某

47 某根居士　集6-43514

葉

00 葉堃　史3-21459

葉彥　集3-16790

葉帝佐　史5-35691

葉方魁　史5-35711

葉方伯　史5-35756

葉方嘉　集3-16015

葉方藹　經2-8454　集
3-15036～9　叢1-223
(6、31、67)、227(2、3)

葉方模　史8-61700

葉方恆　史7-49318(9)、
52777、52959

葉高崧　史3-23185

葉應震　集2-12647

葉應昌　子2-5281

葉康瑞　子3-18468
葉廉鍔　經1-3513　史7-57337　集5-34396
葉庭珪　叢1-223(43)
葉庭巒　經2-13976
葉慶龍　史5-35694
葉慶禔　史6-42040
葉慶頤　史7-54612　子4-23591
葉慶榮　經2-8512
葉廣祚　子2-5295
葉意深　史2-11348~9　集1-3757、3759、5-33879　叢2-845(3)
葉文山　史5-35737
葉文齡　子2-4843~4
葉文禧　史5-35751
葉文楨　史3-22101
葉奕苞　史7-57037、8-63496、63503、63556~64　子3-18337　集3-14620,7-49359~62　叢1-201,202(7)、203(6、17)、319、321、334、336~7、418、448,2-731(31)
02 葉新元　史3-19161
葉新藻　集5-38746
04 葉詩　集3-20935
葉護靈　子5-30054
葉誥　集4-33012
07 葉調元　集4-30128
08 葉敦輔　史5-35661
葉謙　史5-35666
葉許芬　史5-35674
10 葉一蘭　叢1-114(2)
葉正植　史5-35714
葉正陽　集5-36495
葉玉麟　史2-10953
葉玉森　史8-65152、65164~5　集5-41502~5,7-48403
葉玉棟　史5-35717
葉玉屏　子1-2565~6　叢1-535~6
葉靈　叢2-744
葉元慶　史2-11968
葉元琦　史2-10713
葉元佐　史2-10713
葉元吉　集5-36972
葉元堦　集4-30852
葉元樹　集3-16791

葉元墀　史3-19502
葉爾新　史2-10670
葉爾齡　子3-18463
葉爾寬　子3-16866　叢1-469、495、586(3),2-716(3)
葉爾安　經2-13874　史2-12133,8-64431、64674~5、64754　集4-30410
葉爾愷　史2-6652、7962、10555~6,3-16504、17513　子4-22043、24755
葉平壽　史3-18316
葉天爵　史5-35729
葉天培　子4-19271~3
葉天植　史5-35771
葉百川　史3-17164、22744
葉西平　史6-43231
葉酉　經1-1300~1、4036、7826~7　集3-20359,6-42570　叢1-223(12)
葉雷生　集3-14455~7
葉雲龍　子2-4875
葉雲漢　史5-35680
葉霖　子2-4770、4771(2)、5357、5477、6168~9、6788、6816、6868、7057
葉霖蕃　集4-33473
葉霖增　子2-6850
12 葉瑞芝　史4-25212
葉瑞泰　史5-35773
葉聯芬　集4-22841、22844
葉聯芳　史8-58281
葉弘勳　集6-45871~2
葉弘細　集3-16883,7-47220
葉廷琯　經1-5583,2-11020　史1-5712,2-12714~5,7-49318(5)、53305　子4-20023、21461~3、22556　集1-3029、4685,4-22169、25892、27441、28210、28527、29130~8、30567、30908、30986、31815、33192、33487、33602、33637,5-35417,6-43644、44313~4、45574~5,46142,7-46519　叢1-419、547(4),2-731

(44)、735(2)、736、1036
葉廷珪　子4-18883,5-24813　叢1-22(16)、23(16)、587(2),2-721
葉廷秀　經2-8378　史6-42926、42929、48508~9,7-53850　子1-803、998、1158、1248、1291~4、2339,4-20169,5-29772　集2-12004~5、12107~13,6-41943、43844、45836~7　叢1-151
葉廷勳　集4-23446
葉廷祥　史7-52073
葉廷楷　集3-21613,5-37276
葉廷芳　史8-60923、61196　集3-21014
葉廷薦　子2-9549
葉廷申　集1-5781
葉廷推　史8-58372
葉廷甲　史7-53094
葉廷器　子2-4842
葉廷燦　史3-23619
葉砥　集2-6293
13 葉球　史3-17877
14 葉瓚　史5-35653
16 葉聖祿　史5-35693
葉理封　史3-19133
17 葉珊　史3-20883
葉瓊　史8-60455
葉承　史7-56379
葉承立　史8-61439
葉承慶　史7-56993
葉承宗　史8-58971　集3-13292,7-49324~9
葉承標　史5-35755
葉承桂　史7-50182　子3-16232　集4-29424~5
葉尋源　集7-46398~400、47099
葉子循　史8-62823
葉子佩　史7-54416
葉子奇　子3-12918,4-20282~5　叢1-22(20)、62~4、142、223(35、41),2-730(4)、856
葉翼　集6-44677
18 葉璇　史5-35668
19 葉琰　史7-51828
20 葉重華　集2-12912,6-41943

葉爲銘 史2-12431,5-35732,8-63926 子3-17192、17349 集5-40456
葉秀庭 史3-23632
葉雋瑛 史5-35656
葉禹 子3-12679
葉香侶 子2-9557
葉采 子1-743～6 叢1-223(30)、483
葉秉純 經2-10958
葉秉敬 經2-10440～1、13025～6、14312～3 史6-42236、7-57542 子1-1210、4-20760～3、5-29321～2 集1-1208,6-45486、45828 叢1-22(20、22、26)、29(7、8)、131、223(16)、362、567
葉稚斐 集7-50220、50238～9
葉維庚 史1-1366
葉維新 史7-57443
葉維藩 史3-15383
葉維鈜 史3-19507
葉維榮 集2-12535
21 葉仁蓀 史2-8088
葉仁鑒 史5-35654
葉衍蘭 史3-15470 集5-34150,7-46434、47978～9
葉熊 集1-4355、4360
葉睿 史4-26044
22 葉豐 集3-20895,4-26654～5
葉岑翁 子5-27809
葉山 經1-690 叢1-223(4)
葉崇崙 集4-31071
葉崇岵 集5-36972
葉繼雯 史6-47692 集4-24116
葉繼光 史5-35703
葉種德堂主人 子2-9596
23 葉允元 史3-19492
葉允養 史5-35713
葉獻論 史8-58324
葉俊霄 史3-22003
葉佁英 史6-42153
24 葉先登 史8-58381、59162 集3-14454
葉先坼 史3-16815

葉先甲 史3-21620
葉德輝 經1-5226、5503、5584、5797、5837,2-9247、9784、12374、12437～9、12533～4、12734～5、14812 史1-4080,2-8719、8768、9259～60,3-16476,5-35649,6-48097、48145、49302,8-64895、65257、65326～7、65348、65424、65454、65947～8、66202 子1-520,3-14556、14718,4-19506、19693、19721、20021、21957～8、22751、22788、22818,5-26226、29040 集1-336,5-40015～31,6-45575,7-47028 叢1-539～46、547(2、3、4)、579,2-1036、2173
葉俠隱 史7-57913
葉偉升 史5-35716
葉納清 子7-35665
25 葉生 史2-7440
葉仲庸 集5-34523
葉仲柱 史5-35728
葉傳芳 史3-20989
葉傳植 子1-2280
葉紈紈 集2-12584～6,6-45102～6,7-46826 叢1-547(4),2-720(6)
26 葉自莊 史3-17809 集4-29316
葉伯清 史5-35734
葉伯英 史2-12262 集5-34450
葉吳賓 集7-46405、47139
葉和侃 史8-58313
27 葉佩蓀 經1-1380～4 集3-21422
葉仰高 史8-60306
葉向高 經1-2704、3767～9、7607,2-10333～4 史1-64、1267～8、1690、5102、5476、5934,2-11534～5,6-48386～7,7-54262,8-58155 子1-2154,4-23975,5-25034、25081 集2-10696～705,6-42815、44787 叢1-106、111

(2),2-1176～7
葉向春 子2-8865
葉向昇 史7-55184
葉向榮 子1-4189 集3-20604
葉修 集2-12988～90,6-45336、45340
葉候 子5-24842
葉侶廊 史5-35764
葉魚魚 集3-20540
葉舟 史1-1236,8-58471 子1-2311、2474 集4-25315～6、25832 叢2-853
葉名豐 經1-1730
葉名灃 經2-12724 子4-21725 集4-25482、32046～54,6-42008 叢1-419,2-731(54)
葉繩翥 經2-8522～3
葉稠圓 子1-2680
葉紉蘭 史3-21911
葉叔亮 集5-39394
葉紹唐 史5-35725
葉紹理 史5-35754
葉紹袁 史1-1979、3201,2-7190、9196、9257～8、11588～90,7-50251 子5-26387～8 集2-11863～4,6-41943、45102～5 叢1-547(4)、580,2-670、720(5、6)
葉紹芳 集3-17734
葉紹榁 集4-25015
葉紹泰 子1-483,4-24041 集6-42955、45134 叢1-182～3
葉紹本 史2-9997 集4-25580～4,7-47501
葉紹顥 集2-7521
葉紹勛 史5-35673
葉紹翁 子4-22933～4 集1-4032～5,6-41745、41888、41891～3、41894(3)、41895、41897～8、41904～5、41911、41917、41920 叢1-18、19(2、8)、20(1、6)、21(2、8)、22(8)、23(8)、24(2、9)、223(45)、244(2)、407(3)、2-731(51)、879
28 葉以英 史5-35731
葉以照 子3-15859、

15950、16201
葉份　集2-8543
葉儀昌　集4-31656
30 葉濟　史3-20186
葉寬甫　子3-12659
葉永孚　子7-36478
葉永九　史5-35646
葉永蔭　史3-23439
葉永盛　史6-43826～7、
　　48368　叢2-731(17、
　　18)、816、832(4)
葉適　經1-3661　史6-
　　48146,8-60977、61016
　　子3-14922,4-20123～4
　　集1-3817～23,6-
　　41794、41900～1　叢1-
　　169(4)、223(39、56)、265
　　(2)、2-635(10)、698
　　(10)、731(33)、864～7
葉之豐　史2-11803
葉之溶　集3-18288
葉之淇　集3-18226
葉之潤　史5-35738
葉憲祖　集2-10992～4、
　　7-48775～6、49189～90、
　　49192～206、49709、49939
　　～40　叢2-672、718
葉守銓　史3-20197
葉良佩　經1-677　史7-
　　57638　集2-8319～20
葉良儀　子4-21185
葉良材　史5-35657
葉良表　集7-49943
葉官桃　集5-34827
葉寊　子4-22206～7　叢
　　1-17、19(5)、20(3)、21
　　(4)、24(6)、374
葉寶元　史5-35775
葉寶瑛　史3-20458
葉宗誥　史5-35778
葉宗水　史5-35715
葉宗德　子2-9057
葉宗魯　史6-41985
葉宗禓　子3-15959
葉宗春　子4-22044
31 葉沄　史7-49644
葉澐　史1-1310、4603,6-
　　42604,8-59837
葉溶發　史6-41571
葉灝　子2-8122
葉源　集3-21576
32 葉淵　集5-41272

葉兆晉　集5-36046　叢
　　2-744
葉兆封　集3-19463
葉兆蘭　集4-23884～5
葉兆陽　史5-35702
葉泓　集2-7462
33 葉心朝　史8-58353
葉溥　史8-58148
葉溶　集3-20823
34 葉法　史3-22735
葉汝彬　集4-28663
葉汝封　史5-35707
葉汝棟　史3-22811
葉濤　集4-22521
葉凌雲　史3-23054
葉淶　史8-62588
葉祺昌　子4-23455,5-
　　26206
35 葉澧　集4-27024
葉清著　史5-35765～6
葉清臣　子4-18979、
　　18993　叢1-22(15)、23
　　(15)
36 葉湘管　集4-32315
葉渭清　經1-3625～6
　　史3-20826,6-41613
　　叢2-754
葉遇春　經1-5610
37 葉潤芳　史5-35750
葉瀾　經2-14686　史7-
　　49799　子3-11496～7、
　　11545,7-36258、37823
　　叢1-530～1、2-659
葉鴻業　史5-35724　子
　　3-16575
葉鴻基　史3-20201
葉鴻翰　子3-17372
葉澳　集2-10415
葉澹宜　集7-48137
葉祖　子5-26960～1
葉祖憲　集7-49191
葉祖禎　史5-35752
葉祖洽　子3-12348
葉祖軒　集5-35437
葉初春　史5-35647,8-
　　61088　集2-6183
葉逢春　史5-35651　集
　　2-9714
葉逢時　史2-6241、6641
38 葉瀚　經1-7423,2-11823
　　～5、14846　史1-5037

～8、5259～60,6-45704,
7-49318(20)、49319、
49799、54467～8,8-
63825、63896、64025～6、
64071、64111～2、64229、
64562、64676、64771、
64784　子4-19553～
61、21968～9,7-36237、
36258、36603、36713、
37743　集5-39696　叢
1-531、2-659、2162
葉滋瀾　史8-58644
葉滋森　史7-56779
葉滋榮　子3-13341
葉祥麟　史6-46362
葉裕仁　經1-4237～9、
　　5394　史7-57052　子
　　1-1839　集4-31710～
　　4,6-41758　叢2-1904
葉道源　史8-59482　集
　　5-36726
葉道勝　子7-38180
葉道鋆　史5-35739
葉肇基　史5-35679
葉啓倬　叢1-547(1)
葉啓綏　史5-35652
葉啓勳　經2-12374～5、
　　12735　史8-65949～50
葉啓淦　史3-21554
40 葉左璟　集5-35581
葉大慶　子4-22161　叢
　　1-223(40)、230(4)、404、
　　435、453、468、567,2-856
葉大琛　史3-16249
葉大緯　史6-41557
葉大莊　經1-5472、5926,
　　2-11762、13271～3　史
　　8-63936～8　子4-
　　22656　集5-38614～7,
　　7-48102～3　叢2-2042
葉大椿　子2-8788～9
葉大岡　史5-35768
葉大用　史5-35734
葉大興　史5-35644
葉大鏘　史8-61664、
　　61682
葉大烜　史3-16171
葉大焯　史2-13072,5-
　　35745　集5-36494
葉友柏　史8-58709
葉士龍　子1-779～80
葉士寬　史7-55694～5

子5-26451
葉士模　史3-21089
葉士表　子5-31151
葉圭綬　史7-51439～40、
　　55365
葉圭書　史3-17589　集
　　4-28286、32314,6-44395
葉培卿　史5-35643
葉堯裳　史5-35650
葉堯階　集5-40242～3
葉在琦　集5-40357
葉在衍　史3-20892　集
　　5-36342
葉在中　集3-18525
葉在揚　史6-44532
葉南金　史3-16417
葉南棠　史5-35726
葉布　子3-17713
葉希顏　史5-35684
葉希迪　史3-17205
葉希曾　史2-11803
葉有廣　史5-35740
葉有年　史3-18176
葉存養　史5-35658
葉志詵　史5-35763,6-
　　49290、8-63498、64134、
　　64180、64258、64292、
　　64302、64526、64599、
　　64605、64698、64747　子
　　2-4672、5758、9693、
　　11085,4-24462　集3-
　　21014,4-24116、26945
　　叢1-524,2-731(32)、
　　1510
葉志淑　史7-57698
葉志道　史5-35735
葉志國　史5-35664
葉志銑　集4-26944
葉赤山　史5-35683
葉李晫　集7-46405、
　　47138
葉嘉綸　史1-2659
葉嘉祺　史4-29306
葉嘉植　史3-20352
葉嘉棆　史2-11287　集
　　5-35582～4　叢2-868
葉壽芬　子2-5891
葉檀　集4-24318,6-
　　42071
葉樟盛　史5-35701
葉森　史2-13356　叢1-
　　223(42)、282(1)、283(1)、

2-731(60)
41 葉樞　史7-51738　集2-
　　11940　叢2-593～4
葉根　史5-35671
42 葉機　史6-46775,7-
　　49317(7)、49318(10)　叢
　　2-810
43 葉域　集5-38496
葉載文　史8-61204
葉樾　子4-18730　叢1-
　　4～5、9、22(16)、23(15)、
　　216、268(4)、353,2-731
　　(31)
44 葉封　史7-51688、52540,
　　8-63496、64018～20　集
　　3-14516,6-44159　叢
　　1-223(28)、2-873
葉藻　史5-35119
葉夢珠　史1-1853、5606,
　　7-49327、50043　叢1-
　　496(6)
葉夢熊　史3-18906　子
　　1-3792～3
葉夢得　經1-77(3)、
　　2626、5583～4、6747、
　　7278、7383、7496～7、
　　8115,2-13293　史6-
　　48135　子1-2090～1,
　　3-16252,4-20018～21、
　　20024～33,5-29040　集
　　1-3028～33,6-41784、
　　41900～1、45486、45490、
　　45495、45572～5,7-
　　46352、46357、46380、
　　46518～20　叢1-2～6、
　　9、17～8、19(3、4、6、9)、20
　　(2、4、6)、21(3、5、6、9)、22
　　(3、5、12、14)、23(3、5、12、
　　13)、24(4、5、7、11)、26～
　　8、29(5、6)、31、56、99～
　　101、169(3、4)、175、195
　　(5)、223(10、41、53、72)、
　　227(3)、230(2)、252、268
　　(3)、374、540～1、547(2、
　　4),2-600、617(4、5)、
　　652、698(13)、720(2)、731
　　(6、50、51)、735(4)、1036
葉夢苓　集3-18413
葉夢草　子4-22430
葉芬　集6-43609～14
葉芳　史5-35742　集2-
　　9531,3-15779～80、
　　17628,6-41935(5)
葉菁　集3-16881～2

葉蘭　經1-7748　史7-
　　57785　子5-26171～2
　　集1-5238,6-43548　叢
　　2-870(5)
葉蘭汪　史5-35697
葉蘭芬　史5-35743
葉蘭笙　史3-17118
葉茂莖　史8-61392
葉茂桂　史6-43476
葉葆　史2-11984　集6-
　　45968
葉芝　史8-63127
葉燕　經1-4130　集4-
　　23881～3
葉蒸雲　史1-3970
葉赫那蘭常鈞　子3-
　　18173
葉恭　史3-17787,5-
　　35642
葉恭綽　史2-7400,8-
　　64716、65263、65993　子
　　7-34878　集3-20359,
　　4-31851,5-38648、
　　38909、39383
葉恭煥　史8-63496、
　　63855、63857～8
葉蕙心　經2-11250、
　　15126　集4-32774
葉懋　集1-4982～3　叢
　　2-870(5)
葉懋才　史3-19696
葉萬青　子2-10523、
　　10547～8
葉萬春　史5-35710
葉華　子4-24006　集7-
　　49324、50617　叢1-
　　176,2-1061～2
葉華誌　叢2-1062
葉華平　史3-20997
葉勒瀚　子7-36266
葉英華　集4-30692,7-
　　47748
葉茵　集1-3471～4,6-
　　41744～5、41888、41891～
　　3、41894(4)、41895、41897
　　～8、41904、41917、41924
葉蕃　史3-23292
葉世倬　史2-11954,6-
　　43661,8-63030　子1-
　　4436、4464　集4-23510
　　～1
葉世熊　史7-56494　集

5-36277

葉世侗　集2-12500,6-
　45102　叢1-547(4),2-
　720(6)
葉世俗　集2-12501,6-
　45102　叢1-547(4),2-
　720(6)
葉世儉　子5-25043~4
葉世禮　史5-35759
葉世求　史5-35722
葉世攀　史5-35767
葉世槐　子1-3592
葉世揚　史5-35669
葉世騏　史3-22790
葉其蓁　史5-35777　子
　2-8096,8439
葉其郁　史5-35746
葉楚傖　史7-56550
葉楚材　集5-36640
葉賁　子5-25556~7
葉樹廉　史8-63566、
　64389　叢2-635(6)
葉樹滋　集4-23886
葉樹枚　集4-25472~4
葉樹東　集4-28349
葉樹屏　史5-35748
葉樹人　集2-12986~7
葉棻　叢1-223(69)
葉茶山　子2-10376
葉蓁　集4-22576~7
葉桂　子2-4634,4692、
　4698,4726~7,4749、
　4768,4770,4771(4),4991
　~2,5497,5637,5655、
　6238,6572~3,6825~30、
　7124~5,7320~3,8108~
　9,8449~52,8804,9148、
　9440~3,10541~52、
　10554~6,10637　叢1-
　423
葉桂芬　史7-55903
葉桂原　子2-10553
葉桂年　史8-61895
葉權　集2-10578
葉林　子5-25522
45 葉坤　集3-20603
葉坤厚　集4-31434
葉棟　集6-43461
46 葉觀儀　史2-9738
葉觀揚　史8-63594
葉觀國　集3-20576~7、
　6-44247

葉恕　集4-28170
葉如玉　史3-23424
葉如圭　史3-15797、
　19905　集5-37353~4
葉如桐　史8-62477
葉如璧　集6-42946、
　45224
葉楊俊　史3-17541
47 葉均禧　史2-7914
葉朝慶　史2-11968
葉朝榮　史8-58538　集
　2-9174
葉超戀　史8-62791
葉桐　子2-8550　集4-
　22242
葉桐封　史3-23160　集
　5-35148
葉根寶　集7-54590
48 葉增濤　史3-18985
葉翰　史2-8395　叢1-
　530
葉翰仙　集7-48137
葉敬　史3-22938　集3-
　19050
葉敬池　集6-42045
葉松　集3-13931
50 葉史參　史5-35118
葉申薌　集4-27025,7-
　46437、47619~22,48581
　~3,48645,48680,48730
葉泰　子3-13143,13516~
　20
葉泰椿　史3-16649　集
　5-40455
葉泰曜　史5-35736
葉青　子3-11529,11575,
　7-37678
葉本　集3-19885,6-
　44650
葉書　史5-35708,7-
　52365　叢2-853
葉春及　史6-43101,8-
　60921,61088,61106　集
　2-9721~6　叢1-223
　(66)
葉春源　史5-35676
葉東泰　集5-39036
51 葉振名　叢1-378
葉振宗　集5-33878
葉振甲　史8-58272
52 葉挺榮　史5-35698
葉靜宜　集7-48137

53 葉盛　史1-1933,6-48160
　~1,8-64731,65559~60
　子2-4977,4-22954~8
　集2-6813~8,6-45101
　叢1-22(21),31,34,46、
　84(3),223(45),456(4)、
　2-730(10),731(1,34)
葉盛春　史5-35741
葉成調　史5-35700
55 葉耕　集3-17025
57 葉抱崧　子4-22606,5-
　32040　集3-19318,6-
　44344　叢1-202(5)、
　203(11),241,242(2)
葉邦杰　史5-35723
葉邦榮　集2-10482
58 葉輪　史8-61353
60 葉□　子1-2689,2-6246、
　7789,3-12896　集6-
　42488　叢1-22(3),23
　(3),28,223(40),448,2-
　731(7)
葉昉升　集4-23306
葉日梁　史5-35685
葉國文　史4-32680
葉國志　史5-35706
葉國華　集3-13072
葉國銓　集4-28171
葉思詠　史3-21920
葉思敬　子4-24353
葉恩沛　史8-63236
葉恩頤　集4-32051
葉愚　集4-29840
葉甲　集2-12985,6-
　41942
葉昌麟　集5-38073
葉昌緒　史5-35682
葉昌熾　經1-3997　史
　1-475,2-9077,10679、
　13154~6,3-16272、
　18576,7-49463,49476、
　50133,50167,50480、
　50566,50599,50627、
　50629,50664,50715、
　50821,51128,51134、
　51166,51510,51585、
　53773,53775,8-63514、
　64105,64445,64688、
　64768~9,65317~20、
　65839~40,65900　集5-
　37720~1　叢1-524,2-
　751,779,2119
葉景先　集2-9665

葉景澐　史3-19070、
　22828
葉景遠　子5-24944
葉景達　子5-24901
葉景森　史3-18330
葉景葵　史2-12133,8-
　65263、65980　集5-
　41132
61 葉顒　集1-5012～4　叢
　1-223(61)、2-860
63 葉畹芳　集4-24050
葉貽釗　史5-35663
64 葉時　經1-77(3)、90、93、
　4926～32　叢1-223
　(8)、227(3)、341、440～1
葉時章　集7-50220
葉時新　史6-48343～4
葉時沇　史8-63055
葉時晢　集4-23008
葉時用　史6-42659
葉韙良　子7-35669
65 葉畊心　史3-20846
葉映榴　史7-56378　集
　3-15777～80
67 葉曜廷　史5-35785
葉明元　史1-5050
葉鳴平　史8-61408
葉鳴鑾　史8-59367
葉鳴鸞　集3-13409
葉照　集4-22242
葉照林　子2-9710、9766
70 葉璧華　集5-37271
71 葉驥　史1-5843　叢1-
　254
葉長慶　史5-35667
葉長馥　史5-35647～8
葉長齡　史7-56925　集
　5-37355～6
葉長青　史2-12386
葉長揚　史7-56654、
　58128
葉頤　經1-1730
葉頤年　史3-22253
75 葉體仁　史8-61928
77 葉鳳章　集3-16420
葉鳳毛　經2-11539　史
　6-42799～800　子4-
　24261　集3-19842～4,
　7-47371　叢1-241、242
　(3)、272(2)、2-594、731
　(18)、968

葉鳳池　集4-26296
葉鳳藻　子7-37493
葉鳳鍗　史5-35699
葉隆禮　史1-1914、1916、
　2567～8　叢1-11、19
　(11)、20(9)、22(9)、24
　(12)、56、90～1、95、223
　(19)、2-730(3、6)、731
　(66)
葉同春　集5-38832
葉眉　史2-7662　叢2-
　785
葉際春　史3-22850
葉熙恩　史5-36641
葉聞性　集4-25139
葉學智　史5-35689
葉丹　集3-17124
葉闇　集3-14183～5
葉留　史6-42938　叢1-
　265(4)、266
葉興仁　史5-35781
78 葉臨洙　集3-19423
79 葉騰驤　史1-1935、3080,
　6-49288　子5-26498
　集4-27824～5
80 葉人富　史5-35670
葉人恭　子7-36947
葉益蓀　史2-11535
葉金　集2-7407
葉金詔　史3-20068
葉金璜　子3-18468
葉金壽　子4-18578　叢
　1-435
葉金貴　子2-5696
葉金鑪　史3-19510
葉鑫　史5-35753
葉羌鏞　史7-49318(21)、
　54737、54741
葉夔　史7-51772
葉羲昂　經1-3908
葉令儀　集4-25014
葉令昭　集4-25257
葉美成　史5-35690
葉年茮　史8-60127
葉毓榮　史8-64066
葉義昂　子5-25928
葉義問　史2-8156
82 葉鍾進　史7-49318(21)、
　54816　子3-16155
葉鍾英　史8-59296
葉鍾敏　史7-56925

葉矯然　經1-1038　集
　3-14458～9,6-45867
葉劍江　史5-35672
84 葉錡　集3-21577
葉鎮　史6-43086～7、
　46326
葉鐄　史3-17768　子4-
　21855　叢2-644
86 葉錦　子3-16998
葉錦組　史3-18211
葉錦菜　集4-29558
葉錦如　史5-35727
葉錫麒　集5-37794
葉錫麟　史2-11984,8-
　59003
葉錫鳳　集4-22690
87 葉鉏　集4-29700
葉鈞　經1-4648　史2-
　12633　叢2-881
葉銘　史2-6770～1、7675、
　8-58232、58273、64204、
　65260、66255、66285　子
　3-17394
葉銘鍾　史5-35167
葉舒珊　集4-30127
葉舒璐　集3-17302　叢
　1-547(4)
葉舒穎　集3-15231　叢
　1-547(4)
88 葉銓　史5-35655
葉鉁　經2-8433　史1-
　1524　子1-2732
葉筠岑　史5-35770
葉簡裁　史7-51408
葉篤貞　史7-57710
葉敏修　子4-23473
90 葉小鸞　集2-12660～3,
　6-45102～6,7-46827
　叢1-197(3)、311、371、
　547(4)、587(1)、2-720
　(6)
葉小紈　集6-45102～6,
　7-49322　叢1-547(4)、
　2-720(6)
葉懷元　子3-11324
葉堂　集7-54672～3、
　54675～6
葉尙璉　集3-20199
葉尙達　集3-14459
葉棠　叢1-430、440～1
91 葉恆嵩　史7-55435
94 葉忱　集6-43461

葉煒　集4-24929、30126
97 葉耀元　史4-24887　子
3-12396,7-36237
葉耀墀　史5-35776
葉耀松　史5-35695
葉煥　集4-29229
葉煥章　經1-8048
葉燦　集2-10995～6
98 葉悔亭　子3-13958～60
99 葉燮　史6-42983,7-
50079、56998　集3-
14815～9,6-45106、
45878～9　叢1-201、
203(4、10、11)、547(4)

藜

24 藜牀臥讀生　史7-54431

藥

15 藥珠舊史　史2-7682～4
叢2-1819
71 藥厓　子4-24597

4491₀ 杜

00 杜立德　經2-13016　史
6-42692、42698,7-55001
杜立夫　史4-26988
杜齊芳　集2-11535
杜應芳　史7-55355,8-
61619、66133　集6-
44911
杜應成　史4-27035
杜應譽　集3-18043
杜庭珠　集1-3591,6-
43431
杜唐　史8-58332　集3-
19862
杜麇　史6-48380
杜文亮　經1-1406
杜文瀾　史1-1902、3977、
4221、4522,6-43860,7-
49636　子2-4661、

10388,4-19233～4,5-
26546　集6-43157,7-
47867～8、48648～9、
48655、48734～5　叢1-
474、496(6)、2-683、698
(17)
杜文華　史4-26979
杜文林　史4-27037
杜文煥　集2-10197～8
杜文燮　子2-5559
04 杜詩　集2-9296,6-42107
06 杜諤　經1-7513～5　叢
1-452、505、586(1)、2-
716(1)
07 杜詔　史1-7、4957、5376、
5638～47、5649,2-
11044,7-49651,8-58962
集3-17480～3,6-43431
叢1-223(24)、241、242
(2)、407(1)、474、504
杜詔先　集2-11847
08 杜㟁　集1-3770,6-41744
～5、41888～9、41891～3、
41894(3)、41895、41897～
9、41904、41917、41919、
41924　叢2-860
杜詮　史8-62399
10 杜一鴻　史8-58939
杜玉書　子2-7387
杜亞泉　子7-37419、
37555、37816、37979
杜元霖　史3-19871
杜元勳　集5-35087　叢
1-496(4)
杜元讓　史3-19200
杜丙杰　集6-44659
杜爾　子7-37802
杜下叟　叢1-378
杜天樞　史3-15755
杜天鑑　集3-17004
杜西峯　史3-17274
杜晉卿　叢1-496(5)
杜霭　史7-55464
11 杜班　集4-29530
杜預　經1-16～9、21～5、
33、68、89、126、130、5424、
6663～78、6680～702、
6704～13、6736～7、6739、
6741、7192～4、7196　集
1-337,6-41698　叢1-
183、223(9、11)、227(2)、
230(2)、238～9、286、341、
460、559,2-601、604、635

(2)、697、698(1)、731
(63)、750、765～6、774(3)
12 杜登春　史1-3011,7-
55292　集3-15022　叢
1-202(3)、203(9)、241、
242(4)
杜登益　史2-9076
杜瑞聯　子3-14889
杜瑞凝　史2-12969
杜瑞明　史4-26985
杜延業　史1-2308　叢
2-653(6)、731(64)
杜延闓　子5-26743
13 杜琮　史8-59645
14 杜瑾　史7-55890
杜瑛　集1-4742～3
15 杜臻　史2-9161,6-
43127、45494,7-50839、
53864　集3-15457　叢
1-195(3)、223(22)
16 杜聖富　史4-26982
杜璁　史7-57753
杜環　史7-49309、53781～
2　叢2-2227、2229
杜璟　史4-27038
17 杜瓊　史2-7756　集2-
6689～94　叢1-58～
60、188、220、223(63)、2-
611
杜承沂　集5-39113
杜子彬　史3-20525　子
7-37424、37426
杜子楙　史8-59029
杜子春　經1-4877　叢
2-774(3)
杜羣玉　集6-41988
杜召棠　史3-20159
18 杜致遠　史2-12589　叢
1-373(8)
杜致泰　史3-19837
20 杜爲棟　史8-59297
杜雋　集5-35651
杜受田　史6-42314
杜乘時　史8-60215
杜采　集6-46144
杜集賢　史4-27031
21 杜順(釋)　子6-32088
(42)、32089(50)、32090
(64)、32091(62)、32092
(42)、32093(50),7-
32138、33872～4、33878～9
杜步西　子4-21975

43 杜求煃　子4-21837　叢
　　1-496(5)
　　杜越　集3-13171~2
44 杜堇　子3-16356~7
　　杜夢玉　集4-33264
　　杜芳　史3-21413　集5-
　　　35086
　　杜蔭灝　集5-35712~3
　　杜蔭棠　集6-46133　叢
　　　1-364
　　杜蒙　史4-27022
　　杜薇之　集4-26975~6
　　杜茂才　史7-58025
　　杜茂英　子2-9767
　　杜葆恬　集5-36149
　　杜蕙　經2-13043、13870~
　　　2、14327
　　杜茇　史8-61746
　　杜華先　史8-59058
　　杜英姿　史4-27011
　　杜英賢　史4-27010
　　杜若　集4-30023
　　杜若拙　史7-55979
　　杜荀鶴　集1-1710,6-
　　　41850、41855、41858、
　　　41872、41878　叢1-17、
　　　19(3)、20(2)、21(3)、22
　　　(8)、23(7)、24(3)、29(3)、
　　　223(50)、255(1)、2-617
　　　(2)、818
　　杜世順　史4-27021
　　杜世伯　子3-17060
　　杜世永　史4-27036
　　杜世祺　集6-44999
　　杜世英　史3-21430
　　杜其蘭　史4-26989
　　杜林　經2-13266　史4-
　　　27030,8-58488　叢2-
　　　774(7)
45 杜栦　史8-59902　集2-
　　　8129
　　杜椿　子3-16441
46 杜墭　史2-12010,7-
　　　49637　子1-3934,4-
　　　21192~4、24728　集4-
　　　23084、25036~7　叢2-
　　　1628
　　杜恕　子4-19785、19797~
　　　9　叢2-615(2)、768~
　　　9、774(9、10)、775(4)
　　杜如竹　集3-13081
　　杜韞康　史4-26980

47 杜均平　史8-59782
　　杜均安　子7-37085
48 杜翰　史2-12082,3-
　　　17004
　　杜翰生　史8-58403
　　杜翰藩　史6-43197
　　杜敬　集5-37022~3
　　杜松亭　子3-11441
50 杜夷　子4-19821~2　叢
　　　2-774(9)、775(5)
　　杜青薆　子5-26222、
　　　27550　叢1-154、185、
　　　255(3)
　　杜本　子2-4561、4577、
　　　4603、4660、4662~3、6232
　　　集1-5241,6-41782、
　　　43646　叢1-223(69)、
　　　456(1)、468,2-635(14)、
　　　731(38)
　　杜惠炘　史3-18251
　　杜春元　史4-27004
　　杜春魁　史3-23429
　　杜春生　史8-63906　集
　　　2-12370
　　杜春潭　史4-27006
　　杜貴墀　經1-2995,2-
　　　11723　史2-8243,6-
　　　45735,8-60526　子1-
　　　2476　集5-34291~5、
　　　7-46423、47992　叢1-
　　　547(4)、2-1947~8
51 杜振文　集3-20971
53 杜甫　集1-872~957、959
　　　~88、990~4、996~1021、
　　　1040、1048、1053、1058、
　　　1063、1068,2-12656,6-
　　　41726~8、41732、41777、
　　　41825~32、41842~3、
　　　41875、41884、43317　叢
　　　1-141、223(48)、227(8)、
　　　446~7、559,2-635(6)、
　　　691(3)、698(8)、731(42)、
　　　873
60 杜□□　子5-26836
　　杜思　史1-1403,8-59203
　　杜思敬　子2-9184、
　　　10214、10228　叢2-730
　　　(1)、731(30)
　　杜甲　史2-8064、8691,7-
　　　55357　集3-20133
　　杜昌丁　史2-12596,7-
　　　49317(6)、49318(3)、
　　　51079,8-58341　叢1-

　　　202(8)、203(14)
　　杜果　史6-47872、48601,
　　　8-58464
63 杜默能　子7-36228(3)、
　　　36242(3)、36248、36250、
　　　36963
64 杜時彰　子2-11114
66 杜曬　史2-8180,8-59435
67 杜明佑　史4-26981
　　杜嗣先　子5-24775　叢
　　　2-592
　　杜嗣程　史3-19004
　　杜煦　集2-12366、12370、
　　　4-27078~9,7-47415
　　杜煦明　史8-60288
70 杜防　史8-58473
71 杜長庚　叢2-682
72 杜阡　史8-59068
　　杜質　經2-11494
74 杜騏徵　集6-43979~80
77 杜鳳岐　集5-38570,6-
　　　42007(3)
　　杜鳳治　史2-12839
　　杜鳳池　史4-26986
　　杜用照　史4-27013
　　杜屏藩　史3-22309
　　杜熙齡　子3-11408
　　杜學謙　史3-18604,4-
　　　26984
　　杜學岐　史4-27007~8
　　杜開美　集2-11292
　　杜民先　史4-27025
　　杜關　集4-32090　叢2-
　　　682
　　杜門　子5-24857　叢1-
　　　114(5)、115
　　杜異才　子2-11011,5-
　　　26219　叢1-22(25)
80 杜鐘駿　子2-7650、10037
　　杜鎬　經2-8357、8580
　　杜俞　史6-45250~3,7-
　　　54770　子1-2465,4-
　　　21587、23547　集5-
　　　39434~6　叢2-2079~
　　　81
　　杜夒　集4-25110
　　杜毓秀　史8-60097
　　杜毓林　子3-17875
　　杜義榮　集5-35537
　　杜首昌　集3-15316~20,
　　　7-47514
　　杜公瞻　子5-24761~2

叢1-223(42)
杜養性　史8-60136
82 杜鍾祥　史3-20119
84 杜鎮球　史8-64517
86 杜錫熊　史3-15728、
　18078
　杜知耕　子3-12488、
　12515　叢1-223(35)
87 杜鈞　集3-19038、20013
　叢1-250
　杜銀漢　史4-27019
　杜翔鳳　史7-51827
88 杜銓　子3-13307、13542
　杜範　集1-4099～103、
　4105～6,6-41889、41894
　(3)、41896、41904　叢1-
　223(56)
90 杜光庭　史2-6885～6,7-
　51752、52160　子2-
　4699、4771(2)、6078～80、
　5-26218、26222、26899～
　900、29021、29530(10、11、
　12、14)、29535(7)、29536
　(7)、29563、29987、30630、
　30635、30657、30671～3、
　30677～9、30693～4、
　30701～2、30705、30719、
　30776、31830～2　集1-
　1804～5　叢1-2～3、5
　～7,9～10、15、19(3、11)、
　20(9)、21(3)、22(12、19)、
　23(11、19)、24(4、12)、29
　(4)、30、38、98、119～20、
　154、169(4)、181、185、223
　(50)、249(2)、255(2)、265
　(3)、519,2-624(2)、635
　(8)、731(55)、829
　杜光德　史8-60175　集
　3-20143
　杜光佑　史3-21637
　杜光裕　史4-27009
　杜炎　史3-19279
　杜棠　史7-55891
91 杜炳　經2-10156、10883～4
　杜炳鈞　集5-39291～2
97 杜輝　史2-10462
　杜煥章　集5-35711、
　36086
　杜煥南　集5-35711
　杜燦然　史8-59394
99 杜榮壽　史7-50437

4491₄ 桂

00 桂文琯　子3-17060
　桂文烜　經1-4347
　桂文熾　史8-61480
　桂文燿　集4-31426,7-
　47525
　桂文燦　經1-150、1757、
　3263、4265～6、5107～8、
　7066、7311、7975,2-8502
　～3、9601、10065、11715～
　7　史2-7572,6-43090、
　45504,7-50865　子1-
　4023　集5-34102　叢
　2-646、650～1、1936～7
09 桂麟　子3-17581、17771～
　3、17783
10 桂天祥　子1-10,4-
　23849　集6-43302
　桂天培　集3-21259
12 桂登清　史4-31292
　桂發枝　集6-45046
　桂廷鑾　史3-21944
　桂廷藺　集6-45046
　桂廷嗣　集4-23756～7
20 桂香齋主人　史6-41507
22 桂嵩慶　史1-4301
　桂山　集4-27631
26 桂伯華　子7-33663
28 桂馥　經2-11347、12061、
　12140、12142～3、12175～
　6、12734、15143　史4-
　31287,8-64361、64397、
　64533　子1-2975,3-
　14816、15179、16776、
　16785、16840～4,4-
　22526～7　集4-21942
　～8,6-44256,7-49459
　叢1-202(5、6)、203(11)、
　269(5)、270(3)、271、272
　(5)、359、373(5)、416～7、
　433、435、453、463～4、
　534、539～43、547(3)、
　585,2-599、731(32、46)
30 桂溥　集3-20462,6-45046
　桂良　史6-41953、42155、
　42180～2、47477　子3-
　17928
31 桂迓衡　史7-58070

33 桂心堂　集3-19923
35 桂禮順　集3-20402
　桂連理　史2-9797
37 桂鴻　集4-22879
38 桂滋華　史4-31289
　桂祥　子7-32110
40 桂大璉　子1-1198～9
　桂士杞　子1-2279
　桂壇　經1-150　史2-
　10268　集5-37482
　桂有三　史4-31286
　桂有雪　史4-31292
　桂森　史3-18866
41 桂垣書局　史8-66453
　桂坫　史6-41939,8-
　61056、61084、61156　集
　5-40072
43 桂載萬　集4-27702～3
44 桂埴　子4-22747
　桂萼　史6-48225～6,7-
　49587～8　集2-7655
　桂芳　集4-26235
　桂萬榮　史6-46381～3
　叢1-195(3)、223(32),2-
　636(3)、731(17)、845(3)
　桂華　集2-7654～5
　桂萱　集4-23332
　桂枝潤　史4-31288
　桂林　史6-46877　叢1-
　530～1
47 桂聲遠　史4-31290
　桂馨　集6-43875
　桂起騰　史4-31283
　桂超　史8-62985
　桂超萬　史6-43155,7-
　49318(6)、52396、55056、
　57995、58069　集4-
　27701～3,6-44763　叢
　2-1698
48 桂敬順　史7-52198～
　200、55627　集3-20685
50 桂青萬　集4-26380
　桂春　史6-47039
　桂東原　子4-21774
57 桂邦傑　史2-9948,7-
　56726、56738　叢2-773
　(6)
60 桂星　史8-61722
　桂昌　經1-4622～3
77 桂開枝　史4-31284
　桂興宗　集3-14094

80 桂益茂　史 4 - 31282
　　桂念祖　集 5 - 36782、
　　　40656
　　桂含章　經 1 - 6901、7729,
　　　2 - 10709
90 桂惟喬　史 3 - 21027
　　桂棠主　史 4 - 31291
92 桂忻　史 2 - 9723
99 桂榮　史 1 - 6082　叢 1 -
　　　420、587(5)、2 - 615(3)、
　　　731(44)

權

21 權衡　史 1 - 2652〜4　叢
　　　1 - 107、111(3)、136、195
　　　(2)、268(2)、404、407(3)、
　　　453,2 - 629、731(66)、870
　　　(2)
24 權德輿　集 1 - 1223〜8,6 -
　　　41739、41741、41743、
　　　41819、41824、41838、
　　　41864、41878　叢 1 - 223
　　　(48、49)、227(8)、2 - 635(7)
34 權汝駿　史 8 - 61259
60 權量　史 6 - 44851
　　權量自　史 2 - 12459
　　權國華　史 2 - 12459

蘿

00 蘿摩庵老人　史 2 - 7693〜
　　　4　叢 1 - 587(6)、2 - 617
　　　(5)、721

4491₇ 植

40 植堯蘭　史 3 - 16465
44 植菴(釋)　子 7 - 33968
46 植槐書舍主人　史 2 - 12850

萩

44 萩林山房　經 2 - 15125

叢 1 - 430

蘊

16 蘊聰(釋)　子 7 - 34177
20 蘊秀　史 7 - 53985　集 4 -
　　　32177〜8
21 蘊上(釋)　子 6 - 32091
　　　(75)
26 蘊和　集 5 - 39529
30 蘊宏(釋)　子 6 - 32091
　　　(75)
40 蘊真子　子 2 - 9681
44 蘊著　集 3 - 19244
77 蘊聞(釋)　子 6 - 32081
　　　(57)、32082(28)、32087、
　　　32088(41)、32089(48)、
　　　32090(62)、32091(60)、
　　　32093(51),7 - 34193〜4

4492₇ 楠

22 楠巖　子 7 - 37104

菊

20 菊儕　子 3 - 17467
34 菊池大麓　子 7 - 37507
　　菊池學而　子 7 - 38097、
　　　38099
46 菊如　史 7 - 54091

藕

20 藕香水榭　集 7 - 49552、
　　　49555
44 藕莊氏　叢 2 - 799〜800
90 藕裳　集 7 - 54126

4493₂ 蕻

40 蕻友居士　集 7 - 50386

4494₇ 棱

26 棱伽山民　叢 1 - 405
46 棱枷小民　子 2 - 11117

4495₄ 樺

10 樺正董　子 7 - 37504〜5

4496₀ 枯

22 枯崖(釋)　史 2 - 7117
40 枯木禪僧(釋)　集 5 -
　　　38325
44 枯樹居士　子 4 - 24466

4496₁ 桔

60 桔國雄　經 1 - 4097

4498₆ 橫

22 橫山雅男　子 7 - 37294
　　橫山又次郎　子 7 - 37106、
　　　37109、37694、37697、
　　　37725、38041
　　橫山又次郎　子 7 - 37726
55 橫井時敬　子 7 - 37070、
　　　38169
77 橫尾健太　子 7 - 37092

4499₀ 林

00 林亭年　子 5 - 25872
　　林競　史 8 - 63387
　　林齊韶　集 5 - 36587
　　林齊鉉　集 3 - 16058

17 林珮琴　子2-5090

林瑚　經2-10449

林璐　集3-14725～7

林玖光　史4-29347

林弼　集2-6066～8,6-41935(3)　叢1-223(62)

林豫吉　集3-17378

林及鷗　史4-29313

林子雲　集5-34787,6-42007(2)

林子峯　子2-5213

林子潤　集2-6068

林子蘭　史8-61465

林子中　史1-4383　叢1-19(7)、20(5)、21(6)、22(7)、23(6)、24(8)

林子青　史2-12486

林子春　集4-30504

林子威　集3-14778,7-48151

林子長　集6-42711、43615　叢1-223(69)

林子卿　史1-1784,7-56464

林子燮　史8-58432

林召棠　集4-30904～6

林君陞　子1-3883

林翼池　史7-49317(3)、49318(9)、52560,8-60404

林翼臣　子2-7226

18 林政洗　史4-29378

林致禮　史8-61151

19 林聚雲　史2-12347

20 林壬　子7-36237、37071、37073、37076～9、37087

林儁　史7-49318(3)、51094　集4-22320

林喬　史4-27844

林喬蔭　經1-6076～7　史8-63940　子3-11423,4-24277　集4-22747,7-50668　叢1-234,2-1444

林喬蕃　史8-58180

林爲楫　史8-58342

林億　子1-62、64～5、67～8,2-4564、4601、5317～23、5391～4、6318、6758～9、9118,5-29530(20、22)、29536(4)　叢1-223(32)、227(7)、418,2-635

(4)、698(7)、731(28)

林愛民　史8-60273　集2-9133

林信勝　經1-3716

林季仲　集1-3172～3　叢1-223(54)、2-864～6

林禹　史1-2441～7　叢1-268(2)、2-636(2)、832(5)

林采　史8-58282

林集虛　史8-65571　叢2-718

林秉鎬　史4-29419

林秉鈞　史3-22081

林維喬　史5-38027,7-51832　集2-6366

林維松　子3-14451～2

21 林上梓　集3-18691

林上華　史4-29350

林上楠　史8-58420

林步瀛　史7-57746　集5-36450

林虎榜　史8-58273

林行規　子7-36440

林衍芳　史4-29394

林衡　史4-29294　集3-17320　叢2-778

林儒　經2-10497

林肯堂　子5-25910

林慮　史6-47595　叢1-223(20)

林占春　史7-57679

林師蒧　集6-44684　叢1-223(69)、2-850

林師尙　史3-22656

林繕光　史8-60227

林穎　史7-56798

林穎山　史1-3944～5

22 林胤昌　子1-1286

林鼎文　子2-5947,7-37803

林嵩堯　史3-15916　集5-37621

林後雕　史4-25802

林鷺　史8-59890

林崇孚　集3-15852

林樂知　史7-49316、49317(3、5、6)、49318(1、3、17、18)、54327　子7-35657～9、35772、35845、36228(2、3、4)、36231(1、2、4、7)、36241、36242(2、

3)、36248、36250、36258、36311、36328、36417、36439、36446、36456、36463、36523、36612、36747、36805、36827、36833～4、36916、36957、37256～7、37436、37994、38025、38029、38055、38071～2、38114～5、38117～8、38149～50

林繼欽　史8-60805

林崒祁　集5-38320

23 林允楫　史7-57671

林俊　史6-48177　集2-7200～4　叢1-223(64)

林牟貽　史3-21237,7-55143

24 林仕荷　叢2-681

林魁　史8-58364

林佐　史8-60270～1

林德謀　集6-42967

林德瑤　子4-24539,7-35353、35549

林德均　史7-50922

林佶　史7-49317(3)、49318(9)、49348、49976～7、53513,8-65201　子4-21059　集3-14563、15914、17139～42,6-42630　叢1-201、203(5)、254,2-635(12)、734、785、948、1336

林科中　史4-29416

林綺　史2-12294

林緒光　集3-18239

25 林仲懿　子5-29386

林傳甲　史1-5781,7-56307　子3-12841

26 林自然　子5-29530(21)、31223

林伯桐　經1-4176～7、5385～6　史1-82,6-42340,7-52122　子1-1673　集4-26790　叢2-731(38)、881～2、1678

林泉生　經1-3699　集1-5563

林泉散人　子3-14597

林得震　史8-58407

林臯　子3-16956～7

林繹　史4-29319

27 林佩琴　子2-10638

林佩綸　史8-62271　子

林禮性　史4-29376
林連和　史4-29289
36 林泂淑　史3-20877
林湘　集5-35847
林湘東　子7-37874～5
林遇青　集3-19307
林遇春　集4-26583～4
37 林垈　史2-9210　集2-12528
林潤　史6-48315
林瀾　子2-5336、6355
林鴻　史8-58237　集2-6063～5、6-41935(1)、44786　叢1-223(63)
林鴻誥　史3-21387
林鴻瑛　史7-55066
林鴻儒　經1-2716
林鴻年　集4-29107、31102
林涵春　史2-6226　集3-15074
林祖述　史3-15648、6-48397
林祖成　子2-7123
林逢泰　史8-62887
38 林瀚　史3-18058　集2-7008～11、6-45336、45340
林祥瑗　史8-60200
林祥綏　集4-26981～2
林裕燾　史8-59634
林道衍　史4-29355
林道原　史7-49318(2)、49939
林肇元　子1-3377、4395
林肇基　史4-29368
林啓　史6-49112
林啓亨　史7-57673
林啓泰　史4-29391
林啓鑰　史4-29297～8
林棨　子7-38097
40 林九棘　集3-13531
林大諤　集4-24595
林大任　史3-20909
林大佐　集3-20221
林大宏　史8-61301
林大有　史6-42829
林大木　史3-15436
林大華　史8-61467
林大桂　子4-20625～6
林大椿　史1-4155　集

4-32625～7　叢2-867
林大中　集4-24028
林大春　史8-60986　集2-9421～4
林大輅　集2-7999
林大同　集2-6188
林大欽　集2-8998～9000
林太古　子5-29530(21)、29562、30925
林友王　史7-51654、52336
林士元　集2-8024　叢2-884
林士班　集4-32624
林士琦　史4-29314
林士綸　子2-7367
林士榕　集6-46262
林士恭　子3-13625
林士熙　史3-23148
林士尊　史4-29334
林直　集5-34704～6
林培　集6-44904
林培玠　子5-27849
林培里　史3-22194
林培厚　集4-25062
林堯佐　史4-29335
林堯叟　經1-68、87、89、126、6693～702、6704～6、6791～3、7486～92　叢1-223(11)
林堯俞　史8-58300　叢1-223(26)
林堯光　集3-15403
林在峩　叢1-572
林在峨　子4-18722
林克安　史4-29413
林克瀚　史4-29285
林希　史2-8668　叢1-374
林希元　經1-668、2-10295～8　史6-42908、44539、44559、8-58338、61350　集2-7867、6-42743　叢1-223(3、54)、273(4)、274(4)、360
林希之　集1-3227
林希逸　經1-77(3)、5176～7　子5-28931～5、29050～4、29252、29262～8、29471～6、29530(14、15)　集1-4277～80、4-31198、6-41744～5、

41888、41891～3、41894(4)、41895、41897～8、41904、41913、41917、41924　叢1-223(8、46、55、57)、227(3)
林希恩　子1-2364、3-17844　集6-45486、45749　叢1-22(25、26)
林有席　史8-58600、58905、60342　集3-20221～2、6-43045～6
林有麒　子3-17634
林有望　史1-5955　子4-22256
林有麟　子4-19472、24045～6
林有政　集4-32979
林有槶　集6-42782
林有彬　史8-60342　集3-20497
林有本　子4-24149
林有年　史7-57607、8-58310、58335、58603
林志尹　集6-42383～5
林志道　史6-43205
林志茂　史8-61734、62026
林志□　子4-24733
林志堅　子5-29008、29086、29530(14)
林志鈞　集5-41544
林志烜　叢2-635(11、14)
林志恂　子1-4469
林嘉耽　史4-29281
林古度　史7-56583、56589　集3-13028～9
林右　集2-6371～3
林杏宴　史4-29359
林壽平　集4-32628
林壽鼎　史3-20860
林壽寶　子7-35650
林壽祺　史3-23056
林壽椿　集4-28496～7
林壽圖　史7-50166　子4-23370　集5-33903～4、34095　叢2-1870
林真　子5-27363
林杭學　史8-60972　集6-44833
林森　子2-7018
41 林楨　子5-24914～6　集3-17007

6-44684～5　叢1-223
(69),2-849～50、852

林貴兆　集2-8948～9

林東郊　集5-40577

林東海　子1-159

51 林振瑜　史4-29361

林振榮　集4-29095

林振聲　史3-20866

林軒開　集4-26133～8

52 林撝　史1-5689

林挺秀　經1-7661

林挺俊　經1-7661

53 林輔榕　史4-29375

林輔華　子7-35190

林咸吉　史8-58458

林成儒　史4-29420

54 林轅　子5-29530(5)、
31255

55 林捷雲　史4-29342

56 林揚祖　史8-58304

林揚光　集5-38781

57 林邦珖　史8-58581

林邦輝　史7-52130

58 林鼇　史3-22994

60 林□　叢1-142

林□□　子7-35488

林昉　叢1-19(8)、20(6)、
21(7)、22(4)、23(4)、24
(8)

林日瑞　集2-7907

林星章　史8-61046

林國賡　經1-4466　史
8-61063　子5-24768
集5-39812

林國贊　史1-452～3

林國柱　史3-20010,7-
57959

林國相　史8-61011

林晃　史7-57065

林昴　子1-1108

林思進　史8-61682　子
4-19948～9、19951　集
5-40970～3

林思葳　史7-50462

林昌彝　經1-4241,6103、
7056,7967,2-11688、
12164　史2-8401,9709
子2-6623,4-21478、
21618,22594　集4-
30811～2,6-46122

林昌祿　史4-29337

林昌吉　史4-29414

林邑金　史3-19815

林昂　史8-58156

林圓　集1-3843

林景行　集5-41630

林景綬　史3-20553　集
5-40578

林景暘　集2-9669

林景熙　集1-4520～30,
6-41900～1、41908　叢
1-223(58)、244(6)、2-
731(40)

林景賢　史3-22711

62 林則徐　史1-1982、3780、
4951,2-9749,4-29315、
6-42877、42964,46731、
47138、47962、48020～1、
48821～7,7-49316、
49317(6)、49318(3、14、
21、22)、49339,53965～6、
54302～3、54762～3、
54771、54780～1、54805
子1-2804,4230,2-9704
～5,4-24412　集4-
27877～97,6-42018、
44299,7-47641　叢1-
548、563,2-1713

64 林時　集2-8187

林時對　史1-2699,2-
7367　子4-21017、
24151　集2-12656～8
叢2-845(4)

林時嘉　集2-6949

林時蕃　史3-21949

林時春　史8-61762

林時躍　集2-12654～5

林時益　集3-14023,6-
42065、45144

67 林曜　史3-17865

林明倫　集3-20788

林鳴九　集4-22397

林瞻輪　史3-19956

林嗣環　子1-4492　叢
1-197(2)、220

林鶚　史4-29305,5-
33493～4,7-57695　集
2-6853～6,4-29094

71 林長孺　史7-49318(16)

林長生　子2-7307

林長存　史8-61355

林長扶　經1-1915

林頤山　經1-163(4)、

6111、6182～3,2-11740
～1、11923　史6-
42609,7-52709～10　集
5-37965～6

72 林氏三系　史4-29311

林氏世恩堂　史4-29410

林質庵　史4-29402

77 林鳳岐　史4-29283

林鳳儀　史8-60656　集
3-14666～8

林鳳翥　子2-5242

林鳳苞　史5-33917

林鳳聲　史8-58369

林鳳岡　集3-15853

林鳳鈞　子4-23592

林同　史2-6937　集1-
4305～6,6-41891、41894
(3)、41895、41897～8、
41917　叢1-195(2)、
223(57),2-731(42)

林月函　子2-9010

林用霖　史7-57695　集
5-33984

林用中　叢1-223(68)

林履莊　史2-12195

林眉仲　史4-29384

林欣榮　史3-20908

林際鵬　集5-38056

林駧　史1-2029　子5-
24865、24867～8　叢1-
223(43)

林熙　集4-33039～41

林熙春　集2-10494～5,
5-41255

林聞鶴　史3-22927

林學　史8-58356

林學源　史8-63475

林學閎　史7-57792

林開章　史2-10392,3-
20878

林開暮　史3-16691

林開燧　子2-4564,7127
～30

林民翰　史7-56639

林岊　經1-3662　叢1-
223(7)

林興祖　集3-20160

林黌　史8-58303

79 林勝任　史4-29349

林勝梁　史4-31531

80 林人中　集3-14665

林企忠　集7-47801

林金雲　史4-29307
林金相　叢2-2214
林鎬　集4-22905　叢1-401
林介弼　史3-18720　集5-38664~5
林介侯　史3-18896
林令旭　史3-15058
林愈藩　史8-60554
林愈蕃　經2-9501　集3-20160
林尊賓　經1-7662
林毓俊　集3-17377
林毓秋　集5-37030~1
林毓棻　史4-29420
林義華　史4-29377
林義光　經1-4491、4811、2-12522、15105
林善慶　史8-58267
林養心　集2-11787
82 林鍾奎　史4-27275
林鍾鑄　史4-29330
林釬　集6-45388
林劍平　史8-61380
83 林鉞　史1-5141~3、7-57872　叢1-447
86 林錫齡　經1-1918、4214、7853
林鐸　集4-29962
87 林鈞　史8-64345、66286　集4-32978、6-46146
林鈞澤　史2-13171
林銘鼎　經1-2766
林欽潤　集4-28139~40
林欲楫　經1-857
88 林鑑中　集5-39000
林筠英　經2-10184
林筠谷　子3-13218、13580
林竹汀　史4-29286
林簡　集2-12950、6-41942
林策　史7-57162
林繁　子7-38051
90 林少豪　集6-44796
林光　史7-57298　集2-7120
林光天　集4-28300~1
林光斐　史8-61006
林光稚　史4-29320
林光祖　史4-29370

林光裕　史4-29324、29340
林光世　經1-77(2)、2131
林光棣　史8-61276~7、61291、61416
林光朝　集1-3353~5、6-41900　叢1-223(55)
林光欽　史4-29321
林光銓　史4-29341
林尙仁　集1-4182、6-41744~5、41888、41891~3、41894(4)、41895、41897~8、41904、41913、41917、41924、44775
林尙葵　經2-12862、12864
林常植　史4-29312、29323
林炫　子4-20440　集2-8607
林爙　史8-58150、60171　集2-9419~20
91 林熤　史6-43881、8-58152　集2-9955~6
林炳章　史2-13221、3-20901　集5-37028
林炳魁　史3-23564
林炳熙　史4-29367
92 林愷韵　史4-29382
94 林慎思　子1-20、61、550~2　叢1-223(29)、241、242(3)、244(3)、282(1)、283(1)、2-731(10)
96 林焜熿　史8-58349
97 林輝　史7-51308
林燝　史7-51832　子2-9069
林煥庚　史4-29357
99 林鶯菁　子1-2896

4533₁　熱

31 熱河省公署古北口辦事處
　　史7-54986

4550₂　摯

21 摯虞　史2-8307~10、6-41964~6、7-49308、49439　集1-375、6-

41698、45500　叢1-22(10)、23(10)、183、525、2-628、763、770、772(5)、773(5)、775(4)、827、829、1685

4593₂　棣

00 棣麼甘　子3-12388、7-36231(3)、37476
44 棣華園主人　集6-46176　叢1-496(4)

4594₄　樓

10 樓霞山人　子2-9918
樓霞居士　子5-28519~20
樓雲野客　子3-18382　叢1-373(7)
77 樓閒居士　子5-27609
88 樓筠子　子3-18244

樓

00 樓廣愔　史5-39059
樓廣愱　史3-19618
樓文熙　史5-38984
樓文釗　史7-57971
10 樓元魁　史5-39046
樓元壽　史5-38990
樓元黨　史5-39045
樓丙照　史5-39017
樓震　史3-15494、19663
14 樓璹　子1-4098　叢1-22(6)、23(6)、244(3)、249(1)、395、2-731(30)
17 樓予棠　史5-38980
20 樓秉翊　經2-11938
樓維城　史5-38994
21 樓上層　史8-8079、3-22928
樓步進　史5-39032
樓占魁　史5-39066
樓穎　史2-6797　子7-33978~9　叢2-860

中國古籍總目著者索引

4690₀ 柏

00 柏堃　叢2-828
　柏亨理　子7-35256
　柏應理　史2-9220　子
　　7-35325~6
　柏應曾　集4-22049
　柏文熙　子5-26010
08 柏謙　集3-19114~5
10 柏元愷　史4-30336
　柏可用　史8-63034
22 柏巖居士　史7-57368
24 柏特元　子7-35668
34 柏漢章　史4-30337
44 柏蓋司　子7-36537
　柏莌　史2-12734　集4-
　　31292~5
　柏英　史7-56241
47 柏鶴亭　子2-9530
　柏起宗　史1-1951、1982、
　　3049　叢1-269(2)、270
　　(2)、580
50 柏拉蒙　子7-38285
　柏春　史8-58806　集4-
　　31544
60 柏景偉　集5-35357~8
86 柏錦林　史3-16019

相

30 相永清　經1-1995
32 相兆性　史4-30335
35 相清　史3-19549
37 相鴻翔　史4-30334
40 相嘉星　史4-30333
60 相國治　子1-4500
　相國道　叢1-17、22(14)、
　　23(14)、353
　相圖氏　子3-18444
　相困道　叢1-24(6)
80 相益(釋)　集5-34203,6-
　　42007(4)
99 相變堃　史3-15426

4691₃ 槐

00 槐庭　集7-50415
44 槐蔭主人　經2-14801
77 槐印中人　集4-28393

4692₇ 楊

00 楊堃　史1-5975,8-59619
　楊亶驊　經2-8876、9155
　　~6　叢2-731(9)、782
　　(4)
　楊立旭　史7-55830
　楊立墀　史3-19421
　楊亨　子5-26232、26725
　　叢1-587(6)、2-721
　楊雍建　史6-48626~7、
　　48671
　楊亮　集4-29989
　楊亮庭　史5-37032
　楊彥　史8-62681
　楊彥齡　叢1-34、137、
　　163、175、195(5)、223(41)
　楊彥青　史8-61527
　楊彥國　子6-32081(51)
　楊齊賢　集1-821~3,6-
　　41727　叢1-223(48)、
　　227(8)、2-635(6)
　楊席珍　史5-36949
　楊庸　子5-27945
　楊方　經2-11443~4　叢
　　2-765~6、774(7)
　楊方立　集3-20478
　楊方達　經1-84、1240~
　　1、2181~2、2857~8、
　　7771、7798　史5-36803
　　子1-636
　楊方枻　史5-36977
　楊方晃　史2-11043
　楊方熾　史8-63429
　楊育英　子2-8868
　楊高麓　史5-36993
　楊鷹揚　經1-1408　叢
　　2-850
　楊應文　史6-47799、
　　48319

楊應詔　史2-8130　集
　　2-7916
楊應震　史2-9090
楊應聘　史8-63315
楊應環　史5-36762
楊應琚　史6-42115、
　　42246,7-49357、53910、
　　8-62850、63287　叢1-
　　511
楊應奎　史5-36897,8-
　　59939　集2-7915,7-
　　50618
楊應坦　史5-36812
楊應尾　集2-9209
楊應鵬　史5-36844
楊康　集4-33015
楊庚　史8-61956　集4-
　　27350
楊廉　史2-7055、7165、
　　7185、7243~4,7-57384
　　子1-665、671、839　集
　　2-6761、7199　叢1-22
　　(21)、2-1082
楊庭秀　集1-4702　叢
　　2-827
楊度　集5-38453
楊度汪　集3-19464~5
楊慶　史2-6355　子4-
　　24193
楊慶麟　史3-15392
楊慶琛　集4-27550~1
楊慶生　集4-32198
楊慶之　史3-13419,7-
　　49318(21)、54015　集4-
　　32159　叢1-537
楊慶陶　集5-39152
楊慶救　史2-10327
楊唐　經2-12918
楊廣(隋煬帝)　集1-645
　　~7,6-41694、41698~9、
　　41767
楊廣熙　史5-36865
楊賡元　經1-4426,2-
　　11290　史3-22321　叢
　　1-502
楊亦溥　集5-37799
楊亦銘　史7-55620
楊文言　子3-11610　集
　　3-16667~9　叢1-477
楊文斌　集7-46355、
　　48617
楊文采　史5-36911

楊元裕　史1-1281
楊元錫　史7-55405,8-59715
楊元愷　史7-49355、53365~6　集4-24320~1
楊元煥　史8-62727
楊霽　史3-15615,8-61188
楊霽峯　史8-59021
楊丙榮　史8-63186
楊爾繩　史6-42815
楊爾式　史8-61829
楊爾增　集1-2410
楊爾曾　史7-52168　子3-16300,5-27016、27061、28007~9、28848~9
楊雨霖　史7-57818
楊震福　史7-56424　集6-44434
楊震青　集3-20077
楊霞　史7-55368　集5-38498
楊于高　集4-27028
楊于庭　經1-3761,7603　集2-10450~1　叢1-223(11)
楊于位　史8-58607
楊于鼎　史8-62405
楊于宸　史8-61175
楊于果　史1-305　集4-22729~31,6-41757　叢2-954
楊于棠　集4-29044,6-41757　叢2-954
楊无咎　子3-18210　集3-15472,7-46352、46356~7、46380、46382、46550　叢1-587(4),2-624(3)、698(13)、720(2)、721
楊天爵　子3-11726
楊天祿　經1-8044　集4-28359
楊天祚　集7-50015
楊天培　集6-44902
楊天申　史5-37051
楊天惠　子2-5924　叢1-22(17)、23(17)
楊天民　史6-48410~1
楊天錫　史7-55779
楊石山　子2-7558~9、

7800
楊晉　經2-8888、9178　史3-19540　子3-16678、16701　集3-16162
楊晉源　史7-56177
楊晉藩　史7-57646　集3-16512
楊晉拔　經1-3609
楊否復　經2-10837
楊可傳　子3-17625
楊磊　史8-64476　集3-20773
楊雲亭　史5-37031
楊雲言　集4-25264
楊雲璈　集7-54093
楊雲峯　子2-4768、4771(2)、6241
楊雲巒　史5-36908
楊雲泉　集5-40097
楊雲津　集4-22577
楊雲棟　史3-17017
楊雲鶴　經1-6486　集6-43963
楊雲松　集4-29704
楊雲鵬　集1-4739
楊霖　集4-30762
11 楊琢　集2-6209~10
楊璿　史8-62553　子2-4771(2)、6929~35　集2-6792~3
楊麗生　史5-36921
楊斐蓁　集7-46405、47137
楊碩甫　子7-34701
12 楊登訓　經1-4296　集4-26533~4
楊登雲　史5-37058
楊琱　子4-22942~4　集3-13650　叢1-22(8)、23(8)、223(45)、244(3)、373(6)、392,2-735(4)、833
楊瑞　子2-9243,4-19637
楊瑞霆　史8-62805
楊瑞雲　史7-56687
楊瑞珍　史8-60801
楊瑞山　子2-7475、9682
楊瑞華　集4-22348
楊瑞臣　史5-36842
楊琲　集1-2404,7-49709、49995

楊聯芳　子5-25702
楊聯桂　史3-15625、17170
楊引傳　史1-3911　子4-23533,5-26197　集5-34021　叢1-496(5)
楊引祔　史8-59242
楊弘緒　集3-18794
楊弘道　集1-4711~4,6-41784　叢1-223(59)
楊水渠　史5-36858
楊延亮　集4-28872~4
楊延烈　史8-60123
楊延俊　集4-31721
楊延緒　集4-30137
楊延齡　子4-20008　叢1-156
楊延樞　集2-7176
楊延年　集5-40610
楊延鈺　集2-9597
楊廷亮　史7-55865~6
楊廷望　史7-57543,8-60057
楊廷麟　經1-3850~2,2-8755、9023、9415、9904、10529　史2-9173,6-48543　集2-12339~42　叢1-398
楊廷璋　史6-42115、48734,8-58142　集3-18679~80
楊廷瑞　經2-12322~3、12727　集4-32468
楊廷球　集4-23951
楊廷理　史1-1984,3737~8　集4-22964~5
楊廷琚　史8-62084
楊廷爲　史8-58626
楊廷俊　史5-36919
楊廷贊　集4-23198
楊廷傑　集5-41096
楊廷和　史1-2829~30,6-48189　集7-50631　叢1-223(21)
楊廷直　史5-37050
楊廷柱　史5-36845
楊廷樞　經1-2779、3187,2-10550　史1-1937、1982、2997　子3-13073,4-22295　集6-45336、45395
楊廷芳　史8-60266

8302～9　叢1-223(4、65)
楊乘六　子2-4606、10540
楊禾　經1-1357　叢2-807
楊秉謙　史5-37043、37068
楊秉璋　史3-15450
楊秉信　子3-17300～1
楊秉淵　史5-37029
楊秉桂　子3-16219～20
　集4-27110　叢1-369、2-644
楊秉植　集4-24629
楊秉杷　經1-5717　子4-21671　集6-46119
　叢1-496(5)
楊秉鐸　史3-16860
楊稚實　經1-874
楊維新　史7-57522
楊維詢　集4-22429
楊維元　集3-18299
楊維聰　子1-158
楊維嶽　史7-55724
楊維嶓　史7-56176
楊維德　子3-13877　叢
　1-265(3)、266、2-605、731(15)
楊維禎　集6-44571～3
楊維楨　史1-5396～7、
　6045～8、7-49354　子
　3-18209、18247　集1-
　5345、5491～523、2-
　5941、5988、6-41780、
　41931、43657　叢1-22
　(17、27)、23(16)、37、114
　(2)、168(2、3)、173、181、
　223(62、63)、227(10)、
　330、373(5)、407(4)、437、
　461、2-635(11)、672、698
　(11)、832(2)
楊維孝　史8-61882
楊維坤　集3-17499～500
楊維增　經2-14805
楊維中　史8-62017
楊維屏　史3-20844　集
　4-29923～4
楊維榮　史5-36879
21 楊順成　史5-36792
楊上善　子2-5331、10284
　叢1-508、2-731(28)、
　2129(3)、2130～1
楊步墀　史7-56318、

56320
楊步甲　史5-36968
楊仁國　史5-37036
楊征午　集2-11200
楊能濟　史5-36967
楊能格　史3-16987　集
　4-32323
楊虎城　史8-62669
楊行中　史7-54945
楊衍之　史7-51690～3
　叢1-15、17、19(3)、20
　(2)、21(3)、22(12)、23
　(11)、24(3)、29(2)、74～
　7、90～1、101、169(3)、223
　(25)、268(2)、289、566、2-
　594、637(2)、658、698(5)、
　730(5)
楊衛星　史8-62042
楊衡　史4-30215　集6-
　41883
楊儒　史3-17206
楊儒鴻　史3-20637
楊熊飛　史5-36822
楊熊祥　史3-21640　集
　5-41097
楊卓　史7-56487　集3-
　21736
楊占芳　史3-21091
楊師震　史1-1929
楊師孔　集2-11175
楊師伊　子2-6289
楊師道　集1-651、6-
　41739、41824
楊貞　叢2-639
楊貞一　經1-4745、2-
　14050　史5-36942　叢
　1-282(3)、283(2)、2-731
　(24)
楊經　史8-63331
22 楊胤奇　經1-2778
楊胤賢　子1-1089
楊豐紳　史3-17070
楊巒坡　史3-19017
楊鼎　集4-29845～6
楊鼎元　集4-30696
楊鼎洛　史5-36887
楊鼎來　史3-17181
楊鼎昌　集5-37360～1
楊鼎熙　經1-5650
楊嶽方　史6-49107
楊嶽生　史5-36939
楊嶽東　史3-15117、

21187
楊後　集4-33671～2　叢
　2-788
楊循言　叢2-617(3)
楊循吉　史1-2571、2599、
　2-7846～8、7-50197～8、
　50275、50486～7、52238、
　56947、56955、8-58979
　子5-24946、26219～20、
　26995　集2-7232～6、
　6-45747、7-50609　叢
　1-13、14(2)、22(22、23、
　24)、29(7、8)、39～40、57
　～60、84(4)、88～9、119～
　20、148、155、195(7)、2-
　617(4)、624(3)、641、730
　(11)、731(53)、785、1064
　～5
楊仙舫　史5-37019
楊仙池　子2-8691
楊鸞　史8-60231、61598
　集3-20037～41
楊巍　史2-8945　集2-
　9285、6-41841、42190～
　1、43791　叢1-223(66)
楊山松　史1-3059～60、
　3179、2-9128　叢2-625
楊屾　子1-4145～6、4326
　叢2-829
楊崇　史8-61585、61589
楊崇魁　子2-5562
楊崇德　集4-24187
楊崇伊　史3-16006
楊崇煥　集2-8112
楊繼端　集4-23122、7-
　47361
楊繼元　集5-37112～3
楊繼震　史8-64874～6
楊繼熊　史7-57079
楊繼經　史8-60243
楊繼洲　子2-10233～5
楊繼禮　史2-7151
楊繼芳　史8-59407　集
　3-14586～7
楊繼盛　經1-6457　史
　2-11502、6-48286　子
　1-1964、2122～31、3-
　15709、4-20855　集2-
　9193～221、6-41701、
　42050～1、43118　叢1-
　195(3)、213～4、223(66)、
　269(5)、351、525、574(3)、
　2-688、724、731(20、45)、

782(3)

楊繼益　子4-20495～6、23067　叢1-195(2)

楊繼曾　子3-15212　集4-22729、25133,6-41757　叢2-954

楊繼榮　集4-31661

楊彩輝　史5-36988

楊崧年　史3-20859

23 楊允孚　史7-49948～9　叢1-223(61)、244(6)、353,2-731(58)

楊允棻　史7-52886

楊允昌　子7-37775

楊代美　史5-37044

楊傅第　集7-48009

楊俊　叢1-564

楊俊清　史5-37026

楊俊民　集2-8916

楊紱章　史2-10196　集5-37052～3

24 楊仕宸　史5-37007

楊化育　史8-62258

楊壯　史3-16852

楊魁植　經1-3077,5483,2-11841

楊佐龍　史8-62028　集3-21363

楊先緒　史5-36995

楊先鐸　集4-27187

楊備　集1-1965,6-41889、41894(3)、41896

楊德亨　子1-1891　集4-29287、31166～7

楊德麟　史3-23380,8-61267

楊德元　子7-35928

楊德瑞　史5-37096

楊德建　集3-15598

楊德容　史8-60071

楊德澤　史1-3506　叢2-594

楊德裕　史5-37080～1

楊德遵　集2-10953

楊德森　子7-38269

楊德華　史5-36914

楊德坤　史8-61586

楊德馨　史5-36796,7-54956～7

楊德成　史2-9570

楊德敷　子3-17073

楊德時　史5-36916

楊德明　史8-62208

楊德周　史5-36805,7-50443～4,8-58457　子4-22276　叢1-280、1039,2-11462,6-41719、44625、44711　叢2-845(4)

楊德益　史5-36785

楊德會　史5-36913

楊德鑲　史3-16340、18622

楊德炳　史3-18708

楊德榮　史1-4153,5-36817　集5-33881～2　叢1-477

楊偉　子4-19813　叢2-774(10)

楊佑廷　史7-51464

楊勳　子7-36781、36794　集4-24781,5-39645

楊幼庵　史5-36840

25 楊生芝　史8-62686

楊仲震　史8-59701

楊仲子　子3-17470

楊仲魯　史1-1298

楊仲良　史1-1773、1800　叢1-265(2)

楊仲源　史5-36942

楊仲華　史8-62116

楊仲興　史7-54668　集3-19429

楊仲愈　集5-35748～9

楊健　史6-47910、48805　集4-25193

楊傅濱　史5-36997

楊傅楗　叢1-203(2)

楊傅松　史8-60317

楊傅第　經2-14072～3　集5-35153～4　叢1-442～3、509,2-731(25)、829

楊傑　子4-20349,6-32091(69)　集1-2888～90,6-41894(1)、41904　叢1-223(51)

楊純　史8-60598

楊純道　史8-60589

楊積芳　史7-57452

26 楊白　集4-31659～60,6-41763

楊白元　集4-29560

楊自懲　集2-6717　叢2-845(5)

楊皇后　集1-3981～2,6-41810　叢2-661、731(38)

楊伯亮　集5-40493

楊伯潤　子3-16552～3、16609　集4-25738,5-35082,6-44977

楊伯嵒　經1-4740,2-11961　子5-24891　叢1-223(43)、268(2),2-730(5)、731(6、24)

楊伯嵒　經2-11959　子1-742,4-22179　叢1-2～10、17、19(5)、20(3)、21(5)、22(1、2)、23(1、2)、24(6)、29(6)、90～1、223(16)、249(2)、264、456(4)、515

楊伯厚　史5-36818

楊侃　史1-5139　叢1-223(22)、456(5)、457、496(6),2-731(64)

楊泉　子3-12924,4-19825～8　叢1-303～5、491,2-628、731(11)、772(4)、773(4)、774(9)、775(4)

楊得春　經2-10960、14430～2

楊得臣　經1-3762

楊侶三　子2-7267

楊保彝　史8-65851～2　集5-38464

楊保東　史8-59548

楊峴　史2-12228　子3-14878　集4-33375～9　叢2-662、843

楊嶼谷　集4-23648～9

楊和　子2-10625

楊和菴　子4-23389

楊和甫　叢1-19(5)、20(3)、21(5)、24(6)

楊和鳴　史3-20842

楊穆　叢1-22(21)、57～8

楊綿祚　史8-61637

27 楊多默　子7-35342～3

楊佩芳　史5-37045

楊佩夫　集5-36282～3

楊仰順　史5-37038

楊向春　經1-2375～6

楊永興　史2-10844
楊之徐　史8-59992　集3-17083
楊之培　子3-12584
楊之森　子1-44、58、61、4-19503、19513　叢1-490
楊之楨　史5-36970
楊之駢　史8-60327
楊之炯　集7-49245～6、49986
楊守一　子7-36182
楊守正　史3-20602,8-62958
楊守仁　史2-9642,6-41581,7-57196　子7-36565
楊守濂　史1-1926～7
楊守禮　史8-63314
楊守桓　史2-9642
楊守勤　經1-3779～80　史1-1237　子1-217　集2-11315～7,6-42860、42911
楊守敬　經1-169、3275、6671、7361～3、8069,2-9621、11049、13209　史1-10(1、2、4)、237、298、419、635～6,2-12314,6-46884,7-49313、49396、49407、49412、49418、49427～8、49430、49442～3、49445～50、49452～60、49465～6、49470～1、49478～9、49481～2、49485、49512～7、49542～4、49551、49602、51466、52713～9、52729,8-60082、60308、63501、63726、63801～3、63808、64038、64296～7、64504、64523～5、64570、64588、64591、64600、64606、64609～12、64618～24、64633～4、64640、64650、64653、64667、64670～3、64679～80、64692、64696～7、64700～3、64705～6、64709～11、64713、64728～30、65047、65094、65316、65396～8、65886～8、66148～9、66488～9　子3-15220、15501、17317,4-22192　集1-

2875,5-36555～7　叢1-446,2-731(63)、745、873
楊守中　集5-37359
楊守阯　集2-7041～4　叢2-845(5)
楊守陳　集2-6874～6　叢2-845(5)
楊守介　史7-55642
楊守知　集3-17642～3　叢1-371
楊宇齊　史7-56134
楊準　史7-57541
楊安懷　史5-36941
楊宏　史2-6793
楊宏聲　經1-7839
楊容盛　史8-59435
楊良弼　集6-45796
楊崟峯　子1-4365
楊寔　史7-57413
楊寅　子3-11706
楊寅秋　史1-1927、4440　集2-9967～8　叢1-223(66)
楊寶山　集4-33017
楊寶彝　集4-32940～1
楊寶森　史3-18725
楊寶臣　子3-12709
楊寶鏞　經2-11382　史2-6260、6730、7661,8-63507、63748～9、63800、63835、63849、63975、64027、64455～9、64561、64563、66284　集3-21675
楊寶榮　集5-36043
楊賓　史2-12585,7-49317(6)、49318(2)、49960～1、56082～5,8-63567～9　子3-15146、15284～6　集3-16545～50,6-45241　叢1-203(15)、336～7、373(3、4、7)、426,2-662、731(34、56)、785、796
楊宗震　史5-36991
楊宗吾　史2-13291　子4-24013～4　叢1-65
楊宗發　集3-14548,6-44540、46152　叢1-477
楊宗秉　史8-61456
楊宗師　集6-42906

楊宗彩　史8-58183
楊宗綬　史3-23223
楊宗稷　子3-17496、17569
楊宗瀛　史3-17382,7-51015,8-62215　叢2-885
楊宗濂　史2-10031、10278
楊宗沛　史5-37047
楊宗禮　集3-18194～6
楊宗海　史3-19117
楊宗藩　史5-37013
楊宗恕　史3-21835
楊宗甫　史8-61009
楊宗昌　史8-58624
楊宗時　史8-60140　集3-18527
楊宗周　史5-37021
楊宗羲　集6-42660
楊宗氣　史7-55586　集2-8648
31 楊江　史7-51298,8-62995　叢2-829
楊河　史8-60641
楊潛　史7-56457～8　叢1-265(2)、498,2-639
楊濬吉　集3-13728
楊灝　集4-25401
楊源　集5-38620
楊源漢　集4-28550
楊源懋　史5-37050　集5-41656
楊福臻　史3-16048
楊福鼎　史7-56592
楊福祺　史2-11257　集5-41275
楊福海　史5-37153
楊福基　史5-36857
楊福申　集5-36646
32 楊州彥　集3-15099
楊淵　史8-58775
楊兆　史7-55021
楊兆麟　集5-41223
楊兆璜　集4-26815
楊兆熊　史8-60131
楊兆嵩　集4-31913
楊兆崧　史8-58486
楊兆傑　史1-3619
楊兆魯　集3-14463
楊兆清　史5-37055

楊通睿　史8-59347
楊通佺　集7-46399～
　400,46427,46966～7
楊逢南　集4-30640
楊逢㠛　經1-4425
楊逢春　史3-23468,5-
　36999,7-57034　子5-
　26191～2,26194　集3-
　20443,6-43496,45960
楊逢時　史7-56416
楊逢辰　子2-9633　集
　6-41720　叢2-2046
楊逢篁　史3-17149
楊運昌　集3-13935
38 楊淦　史5-36931,36944
楊溢　集3-21270
楊渼皋　集4-27473
楊激雲　史7-56785
楊祥瑟　子5-26193
楊裕仁　史3-17856
楊裕勳　集5-37500
楊裕宗　史3-21073
楊裕深　史5-37075
楊遂甫　史5-36819
楊遵　史8-59578,60274
楊道亨　史3-13617
楊道霖　史6-47341　集
　5-38956
楊道生　集4-27829
楊道伸　子3-13443
楊道徐　史2-10018
楊道賓　史1-1091　子
　5-25036　集2-10490,
　6-45417～8
楊道聲　經1-1120　叢
　1-223(4)
楊道臣　史7-57855
楊道隆　史3-20740
楊道會　子1-166
楊道鈞　史3-16672
楊肇　史2-11406
楊肇登　史5-36791
楊肇祉　集6-41851,
　43377～81,7-48479
楊肇基　史7-55522,8-
　62156
楊肇芳　經1-2778
楊肇春　史7-57533
楊啓東　史8-59178
楊啓悊　史3-17886
楊棨　史1-3811,7-52144

集4-28261～3　叢1-
　367～8,585,2-804～5
39 楊漪　史3-21189,5-
　36974　集4-27352
楊瀠　史7-57556
40 楊乂　經1-342,2322　叢
　2-774(1)
楊九經　經1-4989,2-
　10493　史1-4897　集
　2-9080,6-45383
楊九鼎　史8-60719
楊九有　史7-55358
楊九思　史7-58055
楊大雍　史7-55624
楊大誦　史8-60750
楊大璋　史7-56442
楊大醇　史5-37017
楊大琛　集3-20441～2
楊大受　經2-8855,9136、
　9575,10041,10903　子
　3-17458
楊大經　史6-43865
楊大崑　史7-55132
楊大生　史5-36889
楊大鯤　集1-1068
楊大容　史3-15327
楊大澂　集4-28548
楊大埻　經1-163(2)、
　5330　叢2-698(1)
楊大鶴　史5-37021　集
　1-1068、1292、1362、
　3444、3464,3-16491
楊大昌　史5-36918
楊大鏞　史8-62245
楊大猷　史7-55127
楊太初　史5-36898
楊太后　集6-41775～6
　叢1-407(4)
楊友仁　子2-7528
楊友敬　子2-5497～8
　叢1-367～8
楊士讓　史7-50868
楊士龍　史7-57168
楊士雲　集2-7742～3
　叢2-886(2)
楊士弘　集6-43284～90
　叢1-223(69),2-873
楊士琦　集5-39781
楊士聰　史1-1981,3168
　～70,3270,4438～9　子
　4-23102　叢1-270(4)、
　272(5)、399,2-670,731

(54)
楊士瑤　集4-25655
楊士佑　集3-21737
楊士修　子3-16800～1
　叢2-642
楊士俶　史3-16875
楊士瀛　子2-4643,6082
　～3,6465～6,8366～7、
　9173～5　叢1-223(33)
楊士達　集4-32864～6
楊士凝　集3-18758～9
楊士才　史5-36910
楊士奇　史1-1316,1664
　～6,1668～72,1923～4、
　1933,2796～7,2-12516,
　6-47645,47758～60,8-
　65431～3　集1-5225～
　6,2-5869、5871,6451～
　63　叢1-34、50～1、55、
　165,223(21、28、63)、278、
　448,2-731(1)
楊士雄　史8-59308～9
楊士楷　史5-37059
楊士模　史5-36854
楊士勛　經1-19,21～5、
　7374～5,7377～80　叢
　1-223(9)、227(2),2-
　670、698(1)
楊士煦　史5-36863
楊士驤　史3-18780,6-
　45996,49183,8-58965
楊士聰　叢1-269(5)
楊士美　子4-20979　叢
　1-202(6)、203(12)
楊士錦　史8-61469
楊士榮　史5-37070
楊圭　子7-33147～50
楊奎　子5-30480
楊坊　集3-20389
楊培元　史5-37014
楊培之　史8-60397
楊培熙　史8-59648
楊才瑰　集3-15500
楊才煥　史5-37011
楊堯章　子2-6951
楊堯弼　史1-2536,2-
　8717　叢1-190、511
楊在　子5-29530(5)、
　31181
楊在泉　經1-6575
楊在寅　經1-7087
楊在浦　集3-16628

楊在勤 史5-36866
楊克讓 子3-13812、13973
楊克藩 史5-36852
楊克念 史5-36964
楊㐭 史3-21659
楊希震 史8-60739
楊希淳 集6-45429
楊希溗 史7-50252
楊希堯 史8-63282
楊希閔 經2-10956 史2-6642~3,8576、11005、11008~12、11114、11133、11151、11178、11182、11191、11199、11212、11217~8、11229、11240~2、11249、11265、11284、11299、11326、11340~1、11419、11421、11437、11457、11464,5-36772,7-49330、51914、52711~2,8-58162、64428、66196 子2-6708、6805、10730~1,4-22760、24663 集4-31715~20,6-46203 叢1-483
楊希鈺 集4-28938~40
楊有慶 經1-4689
楊有仁 集2-8089~90、8092~3
楊有涵 集3-20774
楊有恆 史6-43141
楊存熉 集4-33673
楊志麟 集3-20752
楊志濂 史3-18481 集5-38462~3
楊志洪 史5-36780
楊志溫 集5-38747
楊志洵 史7-49357、49910 子7-36563、36892、36898、37405
楊志中 集5-39151 叢2-886(5)
楊志學 子7-36009
楊志榮 史5-36912
楊燾 史6-44855 集4-26532,6-41757 叢2-954
楊杰 史3-21967
楊嘉 經1-1791 史8-66024~5 叢2-623
楊嘉言 史8-59706
楊嘉祚 子7-33894
楊嘉森 子3-17607
楊嘉煥 集5-37807
楊古度 史1-5407
楊古林 子2-10084
楊吉庵 史5-36878
楊喜寶 史5-36790
楊喜榮 史8-59682
楊杏峯 子2-10083
楊奇膺 史8-58347
楊奇烈 史8-59257
楊壽 史8-63315
楊壽崧 集5-38080~1
楊壽寶 集5-34589
楊壽潛 史1-5419
楊壽祺 史8-66479~81
楊壽彬 史2-10559
楊壽棫 史3-17538
楊壽楠 集5-40752
楊壽枏 史2-10856、12437,7-51539 集5-40541~3 叢2-685
楊壽榛 集5-40856 叢2-706
楊壽杓 集5-40493
楊壽楣 子7-36922
楊壽昌 經1-3081、4459
楊壽隆 經1-3905
楊壽煜 集5-36808
楊來游 史7-55465
楊柱朝 史8-60518~9、60521
楊梓 集4-30347,6-42480,7-48765、48770、48774(3)、48952~4、50093
楊森 集2-10029
41 楊垣 集4-24628 叢1-477
楊姸 集6-41712、42440
楊桓 經2-12817~8、13741 子3-14241 叢1-223(16)
楊樞 史7-50041、55827 叢1-241、242(4),2-731(57)
楊梧 經1-5647
楊楷 史3-16514、17528,6-44012、44015、45049 子7-36254
楊楨 集5-40402
楊櫝 史1-4889、5530 子4-20749
42 楊圻 集5-41217~22
楊彭齡 經1-5547~8
楊彬 史7-55666 集5-35444
楊橋木 史5-36874
43 楊博 史6-48263~5 集2-8916
楊式震 史7-55270~1
楊式傅 子5-27076
楊式傳 子5-26229 叢1-210~1
楊式坊 集4-26867
楊式坫 史5-36967
楊式穀 史3-20984
楊城書 子4-21333~5 集4-26178~80 叢1-385,2-1634
楊域林 史8-62223
楊敍田 史7-55970
楊載 集1-5117~9,6-41779~80、41929、45490、45494~5、45705~7 叢1-114(4)、223(60)、227(10),2-635(11)、878~9
楊載鳴 史8-61010
楊載彤 集4-28360
楊越 集5-35009、35478
44 楊基 集2-6072~8,6-41935(1)、41938,7-46367、46794 叢1-223(62)、585,2-637(4)
楊藻 史8-61758 集5-37724
楊藻鳳 史8-63167
楊夢衮 史8-59176 子4-24088,5-27299 集2-11679~82 叢1-142
楊夢龍 集4-33675
楊夢鯉 史7-58084
楊夢祿 子3-11386
楊夢松 史5-36808
楊夢符 集4-23258
楊莊 集5-41384
楊芃棫 集5-41661~2
楊芳 史1-3784,2-9657、12030~1,7-50912、55051 子1-1674~6、3903,3-13611 集6-45317
楊芳茂 史5-37046

15065
楊景盛 史1-5834
楊景昇 史8-63294
楊景辰 集6-45426
楊景風 子6-32084(28)、32085(53)、32086(63)、32088(39)、32089(38)、32090(55)、32091(53)、32092(36)、32093(36)
楊景賢 集7-48767(3)、48774(7) 叢2-698(16)
楊景曾 史7-56883 子3-15170 叢1-369、372,2-622
61 楊晫 史3-22050
楊顯德 史8-60450
楊顯之 集7-48767(4)、48769～70、48777、48912～3 叢2-698(14、15)、720(4)
62 楊昕 經2-11114
63 楊暄 叢2-870(2)
楊晙 史7-55656
64 楊曉春 史3-21206
楊時 子1-96、658～61、674～5、706～7 集1-2831～5,6-41712、41798、41894(1)、41895 叢1-213～4、223(30、53)、447、450～1、574(1),2-636(2)、698(6)、731(12、44)、960～1
楊時喬 經1-727、2373,2-10343 史6-43970、45412 子1-4507 集2-10710 叢1-223(28),2-741
楊時秀 經1-7580 史1-2012
楊時偉 經1-7672,2-13752、13754 史1-5525,2-8501、11132 集6-41700 叢1-223(21)、386～7
楊時寧 史6-45612、48346 叢2-741
楊時憲 史8-60729
楊時中 史7-55560
楊時泰 子2-5589
楊嘩 子4-18541、18909～11 叢1-207、265(3)、452、456(6)、465、570、586(4),2-716(3)、731(6)
65 楊味根 史8-60448～9
66 楊瞿崍 集6-44880
67 楊明 史7-51636 子4-18629～30 叢2-687
楊明齊 史5-36834
楊明宗 集7-54194、54553
楊明祥 史5-36801～2
楊明盛 集7-48485
楊明燮 史5-36960
楊鳴謙 史5-36781
楊鳴鳳 子3-13280
楊昭儁 經2-12373、14276 叢2-2126
楊昭雋 子4-19657
楊盟 史8-61252
楊嗣奇 史7-54942
楊嗣昌 史2-11420 子3-14632 集2-11309、11830～1 叢1-22(25)
68 楊曦 史8-61747
楊哈思班 子7-38019
71 楊厥美 史8-59621
楊巨川 史8-63098
楊巨源 子3-17947,5-26222 集1-1209,6-41873、41878、41883 叢1-29(4)、168(3)、185、249(2)、255(2、3)、395
楊臣序 史5-36842～3
楊臣諍 子5-25233～6、25238
楊臣均 史5-36848
楊長孺 叢1-223(55)、227(10)
楊長傑 史8-58561
楊長森 史8-61652
楊長世 史8-58605 集3-13405、15751、16492
楊長春 史3-17664,5-36806
楊長貴 史5-36859
楊長年 經1-1729、7968 史3-18268 集4-32057～8,5-36888 叢2-788
72 楊垕 集3-20803 叢2-870(5)
楊朏 叢1-29(7)
楊氏 子1-1963
楊岳斌 史6-49005、49011 集5-34154
74 楊陸榮 經1-1194、3208,2-11526 史1-165、1504、1774～5、1861～2、1940～2,2-7415 集3-16255～6 叢1-269(2)、270(2)、271、272(4)、354,2-731(68)、1402
75 楊體仁 子3-12953 叢2-886(2)
楊體乾 史8-62368
楊陳亮 史5-37073
楊陳允 子2-7318
楊陳復 集5-36052
77 楊夙根 史5-36822
楊鳳 集2-8280
楊鳳庭 子2-5001、6142、7131～3、7248、8117～8、10562、11067
楊鳳詔 史1-5888 叢1-574(3)
楊鳳徽 叢2-735(3)
楊鳳藻 史3-19657 集5-37805～6
楊鳳苞 史1-860～1,7-49318(7)、53391 集4-23653～8,7-47499 叢1-346、373(6)、434,2-617(5)、832(4)、841、1742
楊鳳妹 集4-22531
楊鳳姝 集6-41999
楊鳳起 經2-10479
楊鳳翰 史5-36926 集5-34533～4 叢1-491
楊鳳昌 子1-1793 叢2-886(2)
楊隆浩 史5-36922
楊同元 史2-12248
楊同登 史3-18714
楊同武 史3-22781
楊同穎 史3-22827
楊同升 史2-12248
楊同福 史2-10065
楊同祜 史2-10065
楊同桂 史7-49985、49987、50006、56215 叢1-558,2-785
楊同棰 史3-18249
楊同人 史5-36827
楊周憲 史8-58481
楊周南 史7-56750
楊周晃 集3-20360～1
楊用霖 經1-4351

楊用道　叢1-223(32)
楊鵬占　子2-9001
楊履晉　經1-5781　史3-16169　集5-38621～2
楊履瑞　經1-1960
楊履道　史1-6152　叢2-821
楊履基　經2-9108　史2-11733　子1-2728　集3-20117～8　叢1-299～300
楊履乾　史8-62461～2
楊履泰　經1-2217　集4-32059～60　叢1-558
楊殿麟　史2-10924
楊殿玉　子7-36571
楊殿元　史8-62864
楊殿奎　史7-50183～4　集5-36728
楊殿才　史7-57477
楊殿梓　史8-59993　集4-22428
楊殿垣　史5-37057
楊殿邦　集4-26059～60
楊居廣　經1-3898
楊居錫　史5-37035
楊際清　史3-21354、22667
楊際運　集4-30138
楊際泰　子2-5086　集4-29847
楊際春　史3-15689,8-60344　子5-30381
楊際昌　史5-36807　子4-21225　集3-20699,6-46033　叢2-1498
楊熙之　史7-56901
楊熙昌　集5-40032　叢2-795
楊學顏　史8-61054
楊學斌　子7-37622
楊學震　史8-63217
楊學可　史1-2719～20　叢1-195(2)、426
楊學程　史5-36924
楊學沆　集3-13498～9　叢2-813
楊學濬　史5-37039
楊學淵　史7-56480,8-58984
楊學沂　史3-18684

楊學溥　史8-62308
楊學載　史5-36850
楊學韓　史5-36864
楊學林　集3-19003
楊學易　集3-20148　叢1-373(7)
楊學周　史5-37076～7
楊學金　集4-32864
楊學敏　史3-16449
楊學光　史8-58578
楊學煊　集4-32160
楊開亨　史5-36787
楊開文　史5-36770
楊開沅　集3-17260
楊開祺　史5-38615
楊開祥　史3-23306
楊開培　集5-39498
楊開基　子1-2826　集4-23121　叢1-223(31),2-1857
楊開泰　子2-8797　集4-28875
楊開第　史7-56471
楊舉　史5-36884
楊譽龍　經2-11805、12536　叢2-2030
楊艮熙　史3-19479
楊民彝　史7-57467
楊與立　子1-781
楊興岑　集4-22063
楊興鵬　史5-36773
楊賢志　史5-37020
楊桑阿　史8-60616
78 楊鹽　子3-15360
楊臥雲　子5-32068
79 楊勝仲　史5-36940
80 楊人傑　史8-58546～7　集3-18346
楊人駒　叢1-141
楊企慎　集3-18265
楊益　叢1-223(36)、411、525
楊益豫　史8-61644　集5-35590
楊金庚　史8-63335
楊金龍　子7-35790
楊金理　集2-8109
楊金和　史8-62531
楊金聲　集1-87
楊金鑑　集4-31385
楊金鎧　史8-62531～2

楊鑣　史7-56151　叢2-785
楊鐏　史8-58634
楊介康　史3-16523
楊介壽　子3-16945、17163～7
楊夔　經1-1996　史7-53363　集5-36051　叢2-1256
楊夔生　子4-21656　集4-27241～2,6-41994,7-47655～6、48727　叢1-369、435、496(5),2-677、752、1459～60
楊義　集4-31246
楊令琢　史7-55949
楊令茀　集5-40491～2
楊念先　史7-55718
楊念祖　史5-36812
楊念榮　史3-19336
楊愈將　史5-37054
楊美益　集6-42783
楊毓　子7-38077
楊毓亮　史5-37067
楊毓斌　子2-10752,4-21943
楊毓麟　史3-21821
楊毓秀　史1-1907　集5-36647
楊毓健　史7-52074
楊毓瀛　史5-36782
楊毓泗　史3-16841
楊毓輝　史6-44534,7-49318(21)、53057
楊義清　史5-36950
楊善慶　史7-55715
楊曾玉　史5-36759
楊會　史3-23512
楊公遠　集1-4803～4,6-41904　叢1-223(59)
楊公道　史2-10476
81 楊鉅　史6-42848、42856,8-60333　叢1-244(4)
楊敍均　史5-36984
82 楊鍾寶　史1-5715　子4-19301　集4-25884　叢2-642
楊鍾泰　經1-2957
楊鍾璧　史8-62577
楊鍾岳　史8-60972　集3-15501
楊鍾羲　子1-2002、4025,

4-22474 集5-38125、38685~6,7-48610 叢1-581,2-671
楊鍾鈺 經1-5702、7044
84 楊鑄 集4-26813~4
楊鎮代 史5-36983
86 楊錦江 史3-20557
楊錫章 集5-40033~6
楊錫謨 史5-36962
楊錫麟 史8-61553
楊錫震 集3-17927~8
楊錫霖 史3-16664
楊錫球 史5-36961
楊錫紱 史2-9477,6-44139 集3-19361,6-42067
楊錫綾 史2-7719
楊錫齡 史8-58670
楊錫祐 史1-5386~7
楊錫清 史5-36783
楊錫觀 經2-12464~6、13040、13179、13586~9 叢1-477
楊錫驥 經2-13544~5
楊鐸 史7-53615,8-63510、63652、63997 集4-29894 叢1-517
楊知 集3-21827
楊知新 集4-25194,7-47499 叢2-617(5)、832(4)
楊知先 史5-37010
楊智 集3-16254
楊智遠 史7-51744 子5-29530(12)、29535(7)、29536(7)
87 楊鈞 史5-36814,7-57827,8-58567 集4-30943,5-41531~3
楊鈞衡 史8-61751
楊鉤 經2-13148 叢1-265(2)、266
楊鏘 集2-12635
楊銘 史1-2801、2805 叢1-50~1、55、88~9
楊銘柱 史1-4981 叢2-886(2)
楊欽琦 史3-15833
楊舒和 子2-9903
88 楊銓 集4-27351
楊銳 史7-53011 集5-39095~8,6-41766
楊鑑瑩 集5-39322
楊筠 經1-5335 集4-26647
楊筠松 子3-13137~41、13143~4、13149、13151~2、13167、13291~3、13295~9、13303~6、13308~19、13326~9、13331 叢1-223(36)
楊竹溪 史5-36987
楊竹銘 史8-62465
楊簡 經1-518、3347、3659、7505 子1-815~6,4-22159~60 集1-3756~63,6-41894(3) 叢1-223(2、5、7、30)、273(2),2-731(63)、754、845(1、3、5)
楊篤 史7-55128、55130、55591、55617、55661、55665、55683、55688、55733、55743、55745 集5-35817~8
楊篤生 史8-59816
楊範 子2-4699、7979
楊敏曾 史7-57426
楊餘地 史5-36776
89 楊鑅 史6-46848
90 楊小湄 子3-18430 叢1-476
楊惟德 子3-13039~40、14247、14287 叢1-426,2-2187
楊惟休 史1-1613 集2-12753,6-41949
楊惟椿 史5-36862
楊懷 史8-62713
楊懷遠 史2-7845
楊堂 史8-62978
楊堂吉 史5-37065
楊光何 史5-36835
楊光先 史1-1981,6-48605 子7-35901~8
楊光儀 史3-17103 子1-1849 集5-33913~4 叢2-784
楊光溥 集2-7081~3
楊光祖 集4-23012
楊光祚 史8-58545
楊光圻 史2-9658
楊光博 史7-56326
楊光世 史5-37050
楊光植 史5-37050
楊光輔 史7-49327、50059 叢1-241、242(4)
楊光昌 史3-17594、22308
楊光炯 史8-61727
楊尙文 史6-46579,8-64980 叢1-359,2-731(27)
楊賞文 史5-36895
楊炎 史1-5560,8-62187 集7-46380、46385
楊炎正 集7-46352、46357、46625 叢1-223(73),2-698(13)、720(2)
楊炎昌 集5-40032 叢2-795
91 楊恆卓 史5-37066
楊恆福 史3-18083,6-44159 集5-35247、35249
楊炳 集4-29043
楊炳堃 史2-12083,5-36837 集4-28265
楊炳勳 集5-34455~6,6-42007(3)
楊炳奎 史2-8704 集4-28549
楊炳南 史7-49318(17)、49336、49338、54299~301 叢1-453,2-731(59)
楊炳萬 集5-34532
楊炳坤 史7-57864
楊炳春 集4-33477~8
楊炳鋥 集4-31312~3
楊炳煌 史5-36757
楊焯 集2-12910,6-41943
94 楊慎 經1-58、669、3731、5808~9、5811、5946、6806,2-11466、11482~3、12447、12836~9、13780~4、14026~33、14639、14753、14863、15110 史1-4、60、152、1914、5144、6054~6,2-8353、13290,7-51025~9、52153、53832~3,8-63502、63533、64375~6、64465~6、66132 子1-41、44、48、61、353、4035、4046~7、4059,3-15087~8、

15365、15859、16035、
16254～5、17594,4－
19435～8、19507～8、
19602～3、19617～8、
20431～6、22215～27、
22229～35、22237～9、
22798、23850～1,5－
24954～7、26108～12、
26772、28021、29275、
29437、29441、29525,7－
34067　集1－568、832、
835,2－7382、7553～5、
7557、7801～2、7804、7846
～7、7852、8088～115、
8336、9139、9224、9385,6－
41768、41794、41830、
41935(1)、42045、42047、
42153、42342～3、42350～
5、42384、43310、43314、
43720、43745、43783、
44910～2、45159～60、
45197～202、45225、
45336、45340、45486、
45504～8、45774～7,7－
46347～8、46806～7、
48412、48430～1、48474～
5、48695～7、48774(6)、
49121、50578～82、53658
～64　叢1－13、14(3)、
22(13、20、22、23)、23
(13)、31、37、56、65、79、84
(2)、87、95、107、109、111
(3、4)、114(3)、127、133、
147、167、168(1、3)、173、
195(7)、220～1、223(16、
37、39、40)、241、242(2、
3)、282(2、3)、283(2、3)、
325、350、353、367～8、373
(6)、461、490、496(3)、2－
672、730(1、3、9)、731(4、
5、6、7)、1089～92、1857
楊慎菴　子4－22464
楊恢基　經1－2172　子
　　2－8094
楊煃　集4－28707,6－
　　42003
楊煒　子2－9487　集3－
　　16490
96 楊惺予　集5－37501
楊惺惺　集6－41999
楊擇鑒　史3－17741
楊擇曾　史2－11999,7－
　　49317(6)、49318(14)、
　　53950

楊焜　史8－62268
楊煇　史8－61022
楊燦　史8－59769～70
97 楊恂　史3－18169
楊鄰如　史5－36848
楊輝　子3－12347、12428～
　　30　叢1－244(6)、265
　　(3)、343,2－731(25、26)
楊輝庭　史5－37034
楊輝斗　集3－15101
楊炯　集1－718～25、4621、
　　3－18229、6－41723～5、
　　41741、41743、41794、
　　41824、41835、41839、
　　41844～5、41865、41867、
　　42033、43256　叢1－223
　　(48)、227(8)、353、482,2－
　　635(6)、698(8)
楊炯鑑　集5－39150
楊煥　叢1－300
楊煥文　史7－56198
楊煥綸　集3－21125　叢
　　2－834
楊煥樞　史3－21937
楊炤　集3－13958～9
楊燦　集4－28173
98 楊炌　史2－12065
99 楊燮　子3－17196　集3－
　　16627
楊榮　史1－1914、1923、
　　1933、2787～8　集2－
　　6501～3　叢1－13、14
　　(2)、22(22)、46、50～2、55
　　～6、95、223(64)、2－603、
　　730(3)
楊榮緒　史6－45980　叢
　　2－882
楊榮壽　史3－22627
楊榮錡　子7－35249

4694₄　櫻

55 櫻井彥一郎　子7－38157、
　　38164
櫻井寅之助　子7－37108

4702₇　郟

22 郟鼎元　經1－4402　叢

1－502
58 郟掄逵　史2－7951　集
　　4－25307　叢2－796
郟掄才　集6－42584

鳩

00 鳩摩羅什(釋)　子6－
　　32078～9、32081(1、2、4、
　　5)、32082(2、4、5、6)、
　　32083(2、4、5、6)、32084
　　(1、4、5、6)、32085(1、2、3、
　　4)、32086(1、2、4、5)、
　　32087、32088(1、2、3、4)、
　　32089(2、3、4、5)、32090
　　(1、3、5、6)、32091(1、2、4、
　　5)、32092(1、2、3、4)、
　　32093(2、3、4、5)、7－
　　32099～100、32103、32107
　　～8、32111～5、32122、
　　32125～7、32129～30、
　　32133～4、32139、32175、
　　32242、32255～6、32259～
　　61、32283、32309～10、
　　32315～6、32320、32328～
　　45、32353、32357～8、
　　32370、32402、32453～4、
　　32461～5、32470、32488～
　　9、32495、32497～505、
　　32509～11、32517、32632
　　～6、32704、32718、32729
　　～30、32739～40、32744～
　　5、32749、32754～5、32783
　　～4、32941、32964、32984
　　～7、33053～4、33066～7、
　　33083～7、33137～9、
　　33156、33159～68、33171、
　　33173～4、33186～8、
　　33196～7、33200～2、
　　33234～5、33237、33241、
　　33246～7、33252、33382、
　　33432、33447、33458、
　　33537、33544、33548、
　　33561、33568、33649～51、
　　33789、34425～7、34433、
　　34825～6、35001　叢1－
　　114(3)、394,2－724
鳩摩羅佛提(釋)　子6－
　　32081(39)、32082(19)、
　　32083(26)、32084(22)、
　　32085(38)、32086(44)、
　　32088(27)、32089(34)、

32090(56)、32091(54)、
32092(37)、32093(30)

4713_2 塚

60 塚田虎　經1-2916

4713_8 懿

00 懿齋居士　子2-9647

4717_2 堀

10 堀三友　子7-36474
　堀正太郎　子7-37427
40 堀內良平　子7-37076
60 堀田璋左右　子7-37736

4722_0 麴

36 麴禪氏　子3-18362

4722_7 郁

00 郁方董　史8-60123
　郁廣　史4-29508～9
　郁文初　經1-983
　郁文盛　史3-23602
　郁離子　叢1-477
　郁袞　史2-7293
10 郁天民　集2-10175
17 郁子湘　史3-23360
22 郁繼有　史4-29504
26 郁保章　史3-16289、20385
27 郁名臣　集2-6732
　郁岷江　史3-19589
30 郁永河　史1-3525,2-
　9199～200,9307,7-
　49317(2)、49318(15)、
　49338,51231～3,53769、
　54282　叢1-203(9)、

456(4)、485、496(4),2-
731(59)
　郁之章　史7-57384　集
　6-44167
31 郁濬　子4-19471　集6-
　45281
　郁濬生　史8-59503
32 郁兆培　史4-29501
34 郁法　子1-1298　叢2-
　811
　郁汝駿　史3-22388
　郁洪謨　集5-34204～5
37 郁凝祉　子2-7426
　郁逢慶　史2-13399　子
　3-14934～9,5-25802
　叢1-223(37),2-609
38 郁遵　叢1-382
40 郁九成　史4-29507
　郁九陔　史4-29505
　郁士仁　史4-29502
43 郁載瑛　集5-33986
44 郁芳潤　史3-19035
　郁葆青　集5-41546～8
　郁蓀　子7-35348
　郁華　集5-41605
　郁世綬　史3-16610
46 郁如金　集4-28661
　郁楊勛　史3-17514～5
47 郁起麟　子5-25161
48 郁松年　史1-462～3、465
　～6,8-65776　集1-
　4863、4871、5048　叢1-
　343,2-698(11)、731(40)、
　64)
50 郁惠嘉　集7-53815、
　53947
60 郁昌耿　史3-20092
71 郁長裕　集3-21639～40
77 郁屏翰　集5-40585
　郁履行　子4-24016
　郁聞堯　子2-7089,5-
　28573
86 郁錦春　史4-29506
90 郁惟泰　史4-29503

郗

30 郗濟川　史7-55510
44 郗萌　子3-11261　叢2-

775(5)

鶴

17 鶴羽道人　子5-31495
26 鶴侶氏　集7-52121
28 鶴齡　集5-39180
32 鶴溪隱泉　史4-30284
37 鶴洞子　子4-21560、
　21803、24459～60
40 鶴樵居士　史1-3908
44 鶴林　集4-22620
88 鶴笙　集7-47959
　鶴算　集4-29063～4

4724_7 豰

00 豰齋主人　叢1-143

4732_7 郝

00 郝鹿野　子4-23925
　郝應第　史7-55032,55795
　郝慶柏　史8-65429　叢
　2-785
　郝賽垚　史3-17719
07 郝郊　史7-50954　叢1-
　22(24)
　郝韶景　集4-30734
10 郝玉麒　史3-19139
　郝玉麟　史8-58141、
　60820　叢1-223(24)
　郝玉璞　史7-56164
　郝天挺　集6-43280～3
　叢1-223(69)
11 郝坪　史1-1389　子1-
　1625,2243,2715　集4-
　22051　叢2-830～1
12 郝登雲　史7-55855
　郝聯薇　集4-24899
　郝聯蓀　集4-24899
　郝廷璽　史8-60149
　郝廷松　史8-60020
　郝孔昭　經1-3737　子
　1-167,5-25661

中國古籍總目·索引

4750₂ 挈

10 挈雲主人　史7-49355

4752₀ 鞠

00 鞠衣野人　史8-64488
15 鞠建章　史8-59069
30 鞠濂　集3-19582
40 鞠大令　史7-50084
　　鞠士林　子3-17813
60 鞠思敏　史8-59285
77 鞠履厚　子3-16837～9、
　　16873、17000、17071～2
　　叢1-202(7)、203(13)

4760₉ 馨

24 馨德　史3-15679

4762₀ 胡

00 胡塈壽　集4-27450
　　胡宣　子3-11542　叢1-
　　　223(35)
　　胡立訓　史4-30498
　　胡亭午　史4-30627
　　胡亨樅　史4-30644
　　胡亮軒　史4-30472
　　胡嬴　史3-20019
　　胡序　經1-7885
　　胡序嵩　史4-30632
　　胡彥穎　子4-22366
　　胡彥昇　經1-6514　史
　　　8-59423、60032　叢1-
　　　223(15)
　　胡彥嗣　史4-30566
　　胡方　經1-1195～6　子
　　　1-2219、5-29391　集
　　　3-16846　叢2-731(9)、
　　　881
　　胡方平　經1-77(2)、2132

～3　叢1-223(3)、227
(1)
胡方朔　集4-28916～7
胡膏　集2-8729
胡高望　史3-15070
胡應庚　史7-56690～2
　集5-39817
胡應麟　史1-2044、5957、
　2-6889～90、7-55166、
　8-65266、65281　子4-
　20683～9、22228、5-
　26381、7-34653、34906
　集2-9559、10278、10457
　～9、6-45491、45800～1、
　46238　叢1-13、14(2)、
　22(21、23)、29(8)、105、
　111(1)、223(42、66)、2-
　624(2)、653(3)、673、714、
　857、860、1163
胡應臺　經1-2766
胡應樞　史4-30588
胡應泰　集4-31632
胡應恩　史6-46766
胡應賢　史4-30519
胡康賡　史4-30603
胡庭　集3-15175、6-
　44404
胡慶璆　史4-30647
胡慶豫　集3-16383
胡慶衍　史2-10909
胡慶齡　集4-26498
胡慶源　史4-30640
胡慶餘　史4-30578
胡廣　經1-40～1、625～9、
　2697～700、2702、3714～
　6、5602～4、7558～62、2-
　8693～9、8951～6、9355～
　7、9851～3、10267～75、
　10470　史1-1660～1、
　6-41962、42610、42613～
　4　子1-115～22、4-
　20339　集2-6493　叢
　1-114(1)、163、223(3、6、
　7、9)、303～5、515、525、2-
　698(5)、731(18)、765～6、
　772(5)、773(5)
胡廣佩　子2-7838
胡廣植　史4-30543
胡廣慈　史4-30435
胡賡善　集3-20931
胡亦　集3-14344
胡亦村　史4-30649
胡亦堂　史8-58781　集

1-1939、2633、3-15263、
6-44818　叢1-223(50)
胡亦常　集4-22565
胡文秀　史4-30642
胡文山　史4-30504
胡文淳　子3-16931
胡文潤　史4-30368
胡文楷　史8-66026、
　66388～9　集1-5747
　叢2-636(2、3)、637(4)
胡文蔚　子5-29411
胡文華　集3-13569
胡文英　經1-4089～92、
　4646、2-14870　子5-
　29377～80　集1-145
胡文觀　經2-10882
胡文郁　集4-31482
胡文恩　集4-25373
胡文田　史1-1995、7-
　49358、51529
胡文鳴　子3-13449
胡文暉　經2-12023
胡文學　史1-4458、6-
　43768、43840、48616　集
　3-14429～30、6-44627
　叢1-223(71)、2-1271
胡文鎬　集4-31886～7
胡文銓　史7-58113、8-
　62831　集4-22601
胡文光　史4-30601
胡文炳　經2-13952　史
　1-6091、4-30511、6-
　46379　子5-25348～9
胡文烜　史4-30544
胡文燿　集3-13836
胡文燁　史7-55610
胡文煥　經1-3874、4861、
　2-9394、10374、13554、
　14920　史2-6362、
　6624、4-30667、6-42063、
　42655、45810、45813、7-
　54267　子1-4101、
　4244、2-4569～70、4870、
　5430、5446、6272、9281、
　11021～2、11185、3-
　14465～6、14629、14689、
　17617、18240、4-18554～
　5、19024、19032、23039、
　23691、5-25536、25624、
　26765、30326、31310　集
　6-42418、7-54609　叢
　1-114(1、2、3、4)、115～
　8、146、2-734

胡珽 經1-5174,2-9492、
12468 史1-2032~3、
4431~2,2-6827,6840~
1,6858~9,8385~6,7-
50832~3 子1-1535、
3774,3-18476~7,4-
20023、20043、20067~8、
20159、20538~9、23775、
23781,5-27523、27564~
5,7-34581、34593~4
集1-5131~2、5828、
5830,6-45605~6、45703
~4 叢1-376,2-731
(9、16、19、22)

胡瑗 經1-413~4、3319、
6406 叢1-223(2、5、
14)、227(1)、229、268(2)、
273(2)、2-731(36、63)

胡璠 集4-24032

胡聯桂 經2-14556

胡聯恩 史7-56249

胡發琅 集5-39457

胡發珠 集5-39457

胡延 史1-1995~6、6194、
3-23787,7-55977 集
5-40206~7,7-48105~6
叢2-682~3

胡廷 子3-13261

胡廷慶 集6-43404

胡廷玉 史3-15846,4-
25863

胡廷珏 集5-35556

胡廷璪 集5-35022

胡廷珣 史4-30462

胡廷琛 史4-30533 集
5-35861

胡廷攻 史4-30493

胡廷雝 史4-26837

胡廷綏 經1-3002 叢
1-455

胡廷獻 子3-18219,4-
21273

胡廷傑 集2-8179

胡廷宴 集1-3501

胡廷梁 集6-44903

胡廷鴻 史4-30463

胡廷森 集3-20498

胡廷楨 史6-45281,8-
59924

胡廷桂 集4-25123~6

胡廷植 集4-28036

胡廷柟 子2-7826

胡廷槐 史7-57614

胡廷幹 史6-41900

胡廷松 經2-14256 子
4-23251

胡廷忠 經1-2784

胡廷驥 史4-30623

胡廷光 子2-7903

胡孔福 史1-142,3-
21626

胡孔芳 史4-30516

胡飛黃 史4-30416

13 胡瑄 史8-59397

14 胡瑾 史8-59040

胡琦 史2-8469~71、
11126

胡琪 經1-566~7

胡瓚 經1-3169~71 史
7-52974 叢2-938

15 胡聘之 史3-15602,8-
63829

胡璉 史8-60661、62958
叢1-223(58)

胡瑃 史8-60928、61160

胡建偉 史8-63490

胡建樞 史8-59507

16 胡琨 史8-63497、63510、
65104

胡琨俊 史4-30394

胡珵 史2-12026 子5-
26273 集4-29805 叢
1-22(4)、23(4)、2-617
(2)、1642

胡理儒 史5-40701

胡璟 子2-7728

17 胡孟向 集3-14290

胡珊 經2-10150

胡瓊 史6-45773

胡瓊和 史4-30521

胡瑠 史2-8605

胡瑤光 經1-2829、3190、
5775、7799

胡乃新 史7-56337

胡嚚 史8-62226

胡承諾 子1-1372~3
集3-13420~2 叢2-
731(13)、872

胡承謀 史7-50354、
57249

胡承翊 集5-36600

胡承詔 經1-2738 史
8-66133 集6-44911

胡承譜 子4-21151 集
3-21102 叢2-731
(54)、816

胡承珙 經1-163(2)、
4171、5327,2-11242、
14550 史7-58130 集
1-1344,4-26585~6,7-
47611 叢1-410、558、
2-653(1、6)、698(3)、
1669

胡承琛 集3-14431、
17796、20261、20981

胡承玢 集4-26283

胡承勳 集3-19045

胡承賓 史4-30500

胡承灝 史8-62406

胡承福 經2-10754~5

胡承治 史3-20811

胡承祝 集3-20758~60

胡承錕 集3-20981

胡承錫 史4-30381

胡豫 史4-30396 子3-
12762,4-24611,7-37507

胡豫桐 史4-30509

胡子席 史3-20932

胡子正 史7-58073

胡子晉 叢2-666

胡子清 史1-4630

胡子鶴 子3-17764

胡子明 史4-30617,8-
58240

胡君復 集5-38701、
39249

胡乙然 史4-30506

胡翼 史8-60380

胡翼南 子7-36233

18 胡玕 集5-36597~8

胡璇 集2-12131、12398

19 胡璘 史4-30555,8-
59244~5

胡琰 子3-15085

20 胡重 經2-12594、12730
史6-41506 子4-
24347 集7-49486、
49537 叢2-731(22)

胡喬 史4-30568

胡喬岱 史1-4892

胡喬年 史3-15697

胡爲和 史7-56746、
56857

胡爲治 經2-14254

胡爲卿 史4-30608

胡愛山　子2-9014
胡舜申　史1-2480、2509
　　叢2-804～5
胡舜田　集3-18992
胡舜陟　集1-3128～9
胡悉寧　史8-59009
胡鯨發　集2-12940
胡千儀　子4-20833
胡季堂　史1-5612,7-
　　53927　子2-9473,4-
　　21509　集3-21231　叢
　　2-1494
胡雙　史4-30465
胡雙峯　史4-30430
胡禹謨　史8-62518
胡香海　子4-22498
胡香昊　集3-15537,6-
　　44540
胡秉仁　史4-30534
胡秉虔　經1-163(2)、
　　2207、3367,2-11743、
　　12644、14138　史2-
　　6993、8326,7-51164　叢
　　1-242(4、5)、419、495、
　　558、586(2),2-716(2)、
　　731(9、23、25、60)、942
胡秉袍　史4-30490
胡秉乾　經1-3198
胡秉敬　史4-30657
胡秉中　子1-3615
胡統虞　子1-1318
胡統宗　集2-7834、7836
胡維新　子1-481　叢1-
　　69,2-730(6)
胡維霖　子4-20535　集
　　2-11948　叢1-22(23)、
　　252
胡維德　史8-65537
胡維寬　集4-31483
胡維藩　史7-56767　集
　　6-43077
胡維蕃　史7-56830
胡維翰　史7-55205
21　胡順華　史7-56791
胡上梅　史4-30613
胡止澄　史7-58135
胡仁　史8-62205　集5-
　　34362,6-42007(3)
胡仁濟　史7-55171
胡行簡　集1-5667　叢
　　1-223(62)
胡衍虞　史6-43004　子

7-34507
胡衍禮　集4-28145
胡衛　集5-39303
胡儒亮　史3-20306
胡虞繼　集3-17491
胡虔　史8-61224、61263、
　　65457　子4-22447～8
　　叢2-638、938
胡價侯　史4-30503
胡占青　史3-17986
胡睿烈　集4-22048
胡睿珍　史4-30431
胡師安　叢2-631
胡師點　史4-30550
胡貞波　子3-18245　集
　　6-43766
胡貞幹　子5-26001　集
　　4-29806～7
胡經　經1-684　子3-
　　13419　叢1-116
胡經邦　史4-30426
胡穎　史4-30621
胡穎之　史2-13106
22　胡冑　集3-14289　叢1-
　　201、203(2、17)、367～8
胡胤瑗　集7-48490
胡胤嘉　子5-25716　集
　　2-12831
胡胤銓　史7-55437
胡豐義　史3-23176
胡夘聘　經2-10468
胡任　子2-9209
胡鼎　史8-58371　子5-
　　26875　集5-37146～7
　　叢2-944
胡鼎玉　集4-26743
胡鼎元　史4-30538
胡鼎臣　集4-29004
胡鼎鐘　集4-29808～9
胡嵩　史8-62296
胡嵩令　子5-26167
胡嵩年　集4-30911
胡嶠　史7-53786　叢1-
　　22(9)
胡山　子2-8824　集3-
　　14288
胡幽貞　子6-32081(57)
胡崇倫　史7-56715～6
胡繼　叢1-114(5)
胡繼瑗　史3-18846
胡繼烈　史3-18527

胡繼先　史2-9065,8-
　　59371　集2-11240　叢
　　2-607
胡繼勳　史3-22373
胡繼升　史6-43825
胡繼宗　子5-24870～79
胡繼杰　史4-30628
胡崧　史4-30369　子2-
　　7375　叢1-496(8)
23　胡允聘　經1-786
胡允遐　子2-8578
胡允坤　史4-30384
胡允猷　史4-30518
胡獻瑤　史7-55841
胡獻珍　史7-57754
胡獻忠　子1-3706、3812,
　　3-13060、14455、14577
胡俊章　史8-66146
胡俊明　史4-30620
胡我琨　史6-44421　叢
　　1-223(27)
胡我堅　史3-21955
胡峻　史3-16673
24　胡仕可　子2-5768
胡仕選　史3-23434
胡魁鳳　史8-59771
胡佐　史4-30535、30537
胡佐祥　史3-17939
胡先鉅　經1-1567
胡德璜　史1-3877
胡德琳　史7-50604,8-
　　58972、58993、59000、
　　59348　集3-20982～3
　　叢2-1459～60
胡德浩　史4-30611
胡德邁　集3-17144
胡德凝　子2-9646
胡德均　史4-30484
胡德甫　子3-18240
胡德農　史4-30595
胡德辰　史3-21791
胡德輝　子4-22738
胡侍　子4-20443～6　集
　　2-8243～4　叢1-62、
　　64、108、111(3),2-730
　　(4)、731(7、53)、829
胡偉　集6-41815～6
胡勳裕　史8-60897
胡贊采　史8-59840、
　　59989　子4-22755　集
　　5-37630

47560　子 4 - 21792,5 -
26042,7 - 36250、36632、
36635、38127　集 5 -
38782

胡禮籛　史 8 - 60774　集
4 - 28502

胡連英　史 4 - 30442

胡迪功　史 3 - 23132

36 胡湘文　史 4 - 30594

胡湘林　史 3 - 21036

胡混成　子 5 - 29530(21)、
29549、31220

胡渭　經 1 - 111(2)、163
(1)、2166、3192～9、3333、
2 - 8780　叢 1 - 223(4、6、
14)、274(1)、456(2)、2 -
731(9)

胡澤順　經 1 - 1585,2 -
10882

胡澤漳　經 1 - 1809

胡澤洪　史 4 - 30607

胡澤選　史 4 - 30624

37 胡洵直　經 1 - 105

胡潤　集 3 - 16811

胡瀾　史 2 - 7767

胡鴻澤　史 6 - 46431,8 -
58663　集 3 - 21813

胡澹　子 4 - 24628

胡澹菴　子 4 - 24609,5 -
27465～6、27497

胡次瑤　集 4 - 25605

胡次彩　子 1 - 2623

胡次焱　集 1 - 4531,6 -
43279　叢 1 - 223(58)

胡祖望　經 2 - 14250

胡祖謙　史 2 - 10170

胡祖翮　史 6 - 46587、
46691,7 - 52980～1

胡祖德　集 5 - 39553

胡祖復　史 8 - 60634　集
5 - 37628～9

胡祖堯　史 3 - 17619

胡逢辰　史 4 - 30499

胡逢懷　史 4 - 30483

胡運中　集 5 - 35948

胡運揚　史 4 - 30585

胡選魁　史 3 - 20015

38 胡淦　史 7 - 55364　叢 2 -
682

胡濲　集 4 - 26839

胡海鰲　子 2 - 5711

胡祚遠　史 7 - 57469

胡祥麟　經 1 - 163(3)、
2211　集 4 - 29382　叢
1 - 419,2 - 731(9)

胡祥木　史 4 - 30546

胡祥翰　史 7 - 51363、
56388

胡祥鑅　史 3 - 19087,7 -
49314、49319、51211、
54715　叢 1 - 528

胡裕燕　史 4 - 30438、
30664,7 - 56673

胡裕世　史 8 - 58738

胡道傳　史 7 - 57284

胡道南　集 3 - 19404

胡道問　經 1 - 1319

胡肇齡　集 5 - 35493

胡肇楷　史 6 - 45855、
46106、46194

胡肇昕　經 1 - 5331　子
5 - 25308～9　集 4 -
30216～7　叢 2 - 942

胡肇明　史 7 - 51712

胡肇智　史 7 - 50485

胡啓俊　史 4 - 30410　叢
1 - 496(4)

胡啓裕　史 4 - 30409

胡啓道　史 4 - 30532

胡啓植　史 8 - 58313

胡啓甲　史 7 - 57604

胡啓明　史 4 - 30523

胡啓賢　史 4 - 30437

胡啓棠　史 4 - 30573

胡啓榮　史 1 - 3844

39 胡瀅　集 4 - 22600

胡濚　史 1 - 6137　子 2 -
9213

40 胡九皐　史 8 - 60322

胡九思　史 1 - 3798

胡大文　集 5 - 35414

胡大護　史 4 - 30539

胡大集　集 4 - 33534

胡大椿　史 4 - 30431

胡大中　子 2 - 9972

胡大晟　史 3 - 19959

胡大時　叢 1 - 223(54)

胡大雅　史 2 - 6940

胡大卿　子 2 - 8599

胡大鏞　集 5 - 36460～1

胡大熾　史 4 - 30468

胡大慎　史 2 - 8951

胡太初　史 6 - 41519～20、

42930　叢 1 - 2～7、9、19
(11)、20(9)、22(12)、23
(12)、24(12)、114(5)、
115、223(26)、268(2)、330
～1,2 - 731(19)、854

胡友信　集 2 - 7465～8,6 -
45336、45340

胡友蘭　集 4 - 32442

胡友芸　史 3 - 20161

胡友梅　史 8 - 58649　集
5 - 37768、40387

胡士育　史 4 - 30526

胡士瑛　集 3 - 20680

胡士信　子 5 - 29535(4)、
29536(4)、29598

胡士行　經 1 - 77(2)、2662
叢 1 - 223(5)、227(2)

胡士保　子 2 - 9666

胡士選　史 4 - 30398

胡士楨　集 5 - 36599

胡士芬　史 3 - 21831

胡士著　史 4 - 30366

胡士懿　史 8 - 58544

胡士梅　集 3 - 13836

胡士晃　史 4 - 30644

胡士鐃　史 4 - 30459

胡奎　集 2 - 6211～4　叢
1 - 223(63)

胡直　子 1 - 1088　集 2 -
8915、9278～80,6 - 43386
叢 1 - 223(66),2 - 870(3)

胡直方　集 6 - 42476

胡埇　史 4 - 30372

胡培翬　經 1 - 111(4)、163
(2、3)、5330、6144、6181、
2 - 11888　史 2 - 11289,
4 - 30542　集 1 - 3129、
4 - 27407～8　叢 1 - 203
(5)、242(4)、272(4)、460、
2 - 698(1)、942

胡培系　史 2 - 11289,8 -
66049　子 1 - 1835　集
1 - 3129,5 - 33905　叢
2 - 942

胡培系妻　叢 2 - 942

胡培忻　史 4 - 30505

胡堯臣　叢 1 - 223(53)

胡在瀾　史 3 - 19526

胡在恪　史 8 - 60305

胡克俊　史 4 - 30576

胡克家　史 1 - 988、1065～
6,6 - 43443～4、43473～

4、47445　集6-42085～
6　叢2-698(12)
胡克敬　集4-32389
胡克惠　史3-20324
胡南熏　經1-3288
胡南藩　史8-61321　集
3-18692
胡布　集6-43669　叢1-
223(70)
胡希周　集4-28832
胡希銓　集4-29965～6
胡有誠　史7-58115
胡有壬　史3-17987
胡有梯　史4-30541
胡有陛　史6-48636
胡有恂　叢2-944
胡存仁　叢1-407(2)
胡存宗　史8-62077
胡存善　集7-50529
胡志仁　子3-17043～4
集3-15862
胡志熊　史7-56503
胡志澄　子2-9913
胡嘉績　史4-30578
胡嘉祺　史4-30382
胡嘉棟　子1-973
胡嘉槐　史3-22736
胡嘉銓　史3-18980
胡古愚　子1-4112
胡吉豫　史2-11711、
13330　集6-42652
胡杏生　史4-30411
胡壽海　史3-17322,7-
57737
胡壽芝　集3-20761～2,
6-46045
胡壽昌　史1-3869
胡壽頤　集5-36664
胡樟　集4-31630
胡森　史4-30656　集2-
8216
41 胡垣　經2-10968～9、
14220
胡樞　史8-58942
胡柯　史2-11215　子5-
26246　集1-2008、
2011、2025　叢2-635
(8)、698(10)、1029
胡楷　史7-57590
42 胡墍　集4-26838
胡圻　子3-17217～9

胡斯鏵　子4-24476　集
4-23096,6-42007(3)
胡彬　史4-30376
胡樸安　經2-14361～2
史1-1995、4552～3,2-
12045,7-58125,8-
65263、65988、66032、
66253、66294　子4-
22574　集5-36322　叢
2-622、814、944、2232
43 胡博文　史2-11546
胡式鈺　子4-21497　集
4-27794～6
胡求是　子2-9815
胡裒鏵　集3-19317
胡越　史4-30562
胡栻　子3-17462
44 胡荃　史8-59558
胡藍田　史4-30622
胡夢庚　史3-19649
胡夢龍　史7-55403
胡夢鯉　史4-30531
胡夢昱　集1-4121～2,6-
43118　叢2-870(4)
胡芬　集1-2014
胡芳杏　史8-58812
胡蘭　史3-19565
胡蔭桐　史4-30508
胡蔚　史7-51028～9,8-
62347　集3-21718
胡蔚先　史8-59672
胡薇元　經1-267、1859、
4836、4845、4854　史6-
45112,8-62155　子1-
1867,4-21793,5-29204
集5-37969～77,7-
48138～42、50654～5　叢
2-2067
胡茂如　子7-37948
胡藏庭　子2-7553
胡葆鍔　集4-32640
胡燕昌　史7-55683
胡薰　經2-9694
胡慕岐　史4-30458
胡慕椿　史1-1944～5、
3356
胡懋新　集3-19196
胡蘇雲　集3-19621
胡孝思　集6-44143
胡孝鈿　史4-30425
胡萬安　子5-30465、
30468

胡萬凝　史7-55801
胡萬城　史4-30513
胡華訓　史8-61736
胡若皆　史4-30639
胡蕃　集4-31481
胡喆　史3-22692
胡世敦　集4-24790
胡世琦　經2-14551
胡世寧　史6-48198　叢
1-223(21)
胡世安　經1-967、2162
史7-49331、52638　子
3-15375、17525、17822～
3,4-19438～40,5-25751
集1-1538,3-13131～2
叢1-223(39)、282(3)、
283(3),2-731(28)、1232
胡世定　史7-57713、
57718、57738
胡世達　史4-30618
胡世晟　史4-30554
胡世巽　集4-23544
胡其重　子2-9389
胡其巍　史4-30476
胡其久　史2-6981
胡其昌　史3-23340
胡其煥　史7-57806
胡樹英　史4-30637
胡樹本　史3-22935
胡樹屏　集5-39928
胡桂生　集4-27310
胡桂奇　史2-8960
胡桂芳　史3-18382　集
7-48425
胡植　集2-8723
胡蘊玉　史1-1995、4552
～3
胡楠　史4-30395
胡林翼　史6-47147～8、
48020～1、48935～9,7-
52114　子1-1726、
3093、3354～7　集4-
32199～208　叢1-482、
492,2-1849～50
胡林垣　史4-30412
45 胡執佩　史7-51724
胡棟　史2-9832
46 胡坦吾　史4-30616
胡如淇　史4-30443
胡韞玉　史7-58125,8-
66253　子3-12404　集
5-41469～70　叢2-

胡金相　子2-10780
胡金題　集4-25628
胡金勝　集4-24033
胡鏡　子2-10091
胡鏡海　史7-56360
胡鎬　經1-1530
胡鉉　集5-40474
胡介　史6-46068,7-
　49309、50761　集3-
　13889〜90
胡介祉　史1-6168〜9
　子3-16961〜2　集1-
　50,3-16349〜51,6-
　41969,7-54653
胡介昌　集5-41122〜3
胡義　史8-60943
胡念修　經1-1856　史
　2-10486　集5-36726、
　39304〜5,6-46323　叢
　1-533,2-2103
胡念祖　集5-40314
胡念萱　叢1-533
胡念東　集4-22152
胡莫域　史8-63131
胡美青　史4-30367
胡毓麒　史3-16099、
　20279,8-62577
胡毓瑤　史8-61315
胡義贊　史3-17257,8-
　64538　子3-15502　集
　5-35359〜60
胡義質　史3-17076
胡善曾　集5-39122
胡曾　史1-6040〜2　集
　1-1744〜5,6-45785
　叢1-223(50),2-637(3)
胡會橋　史4-30553
胡會恩　集3-16298
胡公澤　史4-30663
胡公藩　史4-30373　集
　4-28035
胡公著　史8-59453
胡公威　史8-60455
胡養元　子3-17432
81 胡瀧　史2-8879
胡頌　史7-57575
胡榘　史7-57408
82 胡釗　史3-18734
胡鍾霖　史8-62482
胡鍾生　史4-30439　集
　5-39768

胡鍾芳　集4-26898
胡鍾駿　史7-57650
胡鎧　集6-45295
83 胡釬　史4-30568,8-
　63117　集3-20025〜8
胡鎔　史3-19033
胡錠　史6-47098
胡猷　史2-8505
84 胡銑　史3-21230
胡錡　集1-3983　叢1-2
　〜3、6〜7、10、22(13)、23
　(12)、29(7)、99〜101,2-
　731(55)、735(4)
胡鑄鼎　史8-60218
86 胡錦瑞　史4-30606
胡錦槐　史4-32001
胡錫麟　史3-15143
胡錫侯　集5-39816
胡錫寬　史4-30455
胡錫祐　史3-16036,8-
　61965
胡錫燕　經1-4804　史
　7-49707　叢2-996
胡錫椿　史4-30375
胡錫鶴　史4-30469
胡知柔　史2-8784〜5
　叢1-223(21)、272(4)、2-
　731(62)
87 胡鏗　史4-30579　集4-
　23677
胡鈞　史2-12302,3-
　22299,8-60566
胡錄　史2-8784
胡銘荃　史8-62874
胡欽　史3-20864,4-
　30392　集5-38588〜
　91,6-44133
胡欽華　史1-1947、1973、
　3490〜1
胡翔雲　集4-24414〜5
胡翔瀛　經1-1095〜6
　子1-2207、2548、2963
　集3-16246　叢2-1824
88 胡銓　經1-36、4923、5589、
　7502〜3　史1-4380,2-
　8733　集1-3279〜86,
　6-41784、41894(2)、
　41895,7-46361、46368、
　46379、46386、46552〜3
　叢1-223(54)、244(2)、
　334〜5、538,2-731(48)、
　735(4)

胡鑑衡　集5-36463
胡鑑瑩　史8-60241
胡筠　史8-61524　集4-
　29205
胡筠貞　集4-29678
胡簡敬　史7-56644
胡範倬　史4-30612
胡笴　經2-9132　集4-
　28587
90 胡小康　集4-23678
胡惟德　史3-17499
胡惟埰　集3-16179
胡惟賢　史6-44353
胡懷琛　史8-8567,7-
　56384　集5-41650〜4
　叢2-622、944
胡惇典　集4-29021
胡愔　子5-29530(6、9)、
　31554
胡少泉　子2-9006
胡光文　史4-30433〜4
胡光勳　子2-10051
胡光烈　史4-30581
胡光琦　史8-61738
胡光統　史4-30495
胡光順　史4-30480
胡光岱　子4-19110、
　23357　叢2-622
胡光宅　史3-23309
胡光斗　叢1-496(7)
胡光祖　史8-58722
胡光裕　史3-22197
胡光大　叢1-223(3)
胡光墉　子2-9825
胡光地　子1-2265
胡光輔　集4-31631
胡光國　史2-7614　集
　5-37435〜6
胡光異　子5-24957
胡光旺　史4-30479
胡光前　史4-30580
胡光智　史6-44367〜8
胡光瑩　集4-26898、
　30728
胡尙仁　史4-30565
胡尙衡　集3-14431
胡尙德　集5-35557
胡尙安　史4-30400
胡尙洪　子5-25760
胡尙森　史4-30604
胡尙槐　史4-30600

胡常德　經2-12684　集5-38488

胡常憙　叢1-502

胡煾　史4-30432

胡爌　子4-22296~7　叢1-223(40)、306,2-870(3)

胡棠　子1-4389

胡粹中　史1-1505　集2-6343　叢1-223(19)

91 胡恆齡　經2-10754

胡悟　子5-29543、29889

胡炳　史4-30400,8-61992

胡炳文　經1-77(2、4)、565~7,2-8679、8930、9340、9837、10240　子3-12644　集1-3598、4916~21　叢1-223(3、13、43、59)、227(1、4)、229、412

胡炳熊　史8-62633

胡炳遠　史3-20281

胡炳蔚　史4-26848

胡炳益　史3-16791、18973

胡焯　史4-30571,7-51475　集4-31105~6、31479~80

92 胡忻　史6-48414

94 胡慎柔　子2-4593、4625、4727、4771(3)、4904~5

胡慎儀　集6-41999

胡慎容　集3-21562~3

胡焕　史4-30385

胡煒　史3-20275,8-59376　子1-2254

96 胡愓齋　子1-2894

胡焜　史4-30387

胡煜　史1-2865,2-8961

97 胡耀南　史3-20626,4-30379

胡炯祖　史3-22603

胡燏棻　史3-15813

胡焕述　史4-30635

胡燦　史3-19715

99 胡塋　集4-25757

胡燮卿　史6-46214

胡燮煌　史4-30487

胡犖　史4-30393

胡榮　史3-18733,4-25865　集3-15176

胡榮珂　集5-40208~9

胡榮寶　史3-21267

胡榮湛　史8-62074

胡榮第　史6-46055

4762₇ 都

00 都率棱　子7-35850

10 都璋　集1-3601

都霍　子7-36228(3)

12 都發禎　史4-31295

26 都穆　史1-2743,2-12517,7-53065~6、56500,8-63496、63502、63855~6、64373~4、65603~4　子3-14742、14747、14926,4-20413~4、22993~4、23795、23854~6,5-26219　集2-6258,6-45486、45739~41　叢1-22(22、25、26)、29(7)、34、39、50~2、55、57~8、66、88~9、108、111(3)、114(5)、115、131、155、159、195(6)、220~1、223(28、37、62)、233、244(2)、245、342、371、415、496(5),2-624(2)、662、731(34、53)

28 都倫　子3-12763

30 都寵錫　史7-57808

都守仁　史3-16705、20276

38 都啟模　史1-1899

44 都其琛　史4-31296

都林布　史7-56102、56135

50 都春圃　子7-35724

55 都轉鹽運使司　史6-43878

57 都絜　經1-456　叢1-223(2)

60 都國槼　史2-8021

都四德　經1-6517,2-13997、14540

61 都顯曾　史3-20795

77 都印　子4-20414、22961　叢1-22(22)、29(7)、57、114(5)、115、245,2-731(53)

都興阿　史1-4140,6-48968

80 都俞　經2-13153

鵲

10 鵲玉亭　集7-49644

44 鵲華館主人　子5-26613

4772₀ 切

77 切問齋　集3-17119

4772₇ 邯

67 邯鄲綽　經1-176,2-11435~7　叢1-22(2)、23(2)、330~1,2-765~6

邯鄲淳　史2-8464　子3-18470~2,5-27364　叢1-22(17)、23(16)、168(2),2-774(10)、776

4780₁ 起

11 起北赤心子　子5-27702

20 起信(釋)　集4-23098

30 起宗(釋)　集1-463　叢1-371

4780₆ 超

12 超弘(釋)　集3-13371

14 超琦(釋)　史2-11691　子7-34310、34790

16 超理(釋)　集3-15412

20 超秀(釋)　子6-32091(75)

22 超樂(釋)　子7-34329

24 超值(釋)　子6-32091(76)

超德(釋)　子6-32092(44)

26 超自(釋)　子6-32091(82)

27 超綱(釋)　史7-51668

30 超宣(釋)　子6-32091(74)，
　7-34272
　超永(釋)　集3-15498
31 超源(釋)　子7-34351
　集3-18096
32 超淵(釋)　史7-51682
　集3-15749～50
33 超心(釋)　子6-32091(79)
37 超涵(釋)　子7-34280
　超溟(釋)　子7-34108～9
38 超海(釋)　子6-32092(44)，
　7-34837
　超祥(釋)　子6-32091(75)
43 超越(釋)　子7-34304
47 超格(釋)　子6-32091
　(72)，7-34152、34317
　集3-15830～1
48 超乾(釋)　史7-51607
　叢2-832(3)
55 超慧(釋)　子6-32091(74)
60 超量(釋)　集3-16924
63 超晙(釋)　子6-32091(74)
67 超鳴(釋)　子6-32091(79)
71 超巨(釋)　子6-32091(75)
72 超質(釋)　子6-32091(79)
86 超智(釋)　子7-34320
90 超常(釋)　子6-32091(78)
91 超悟(釋)　集3-14101

4791₀ 楓

31 楓江半雲友　子5-28345
32 楓溪醉侯　集7-53779
42 楓橋主人　集6-46327
44 楓樹居士　子7-38167

4791₄ 梶

22 梶山彬　子7-37220

4791₇ 杞

00 杞廬氏　史1-1995、4285
　叢2-683
10 杞憂生　史6-47514　子

4-21704、21913，7-36233

4792₀ 柳

00 柳堃元　集5-36775
　柳立凡　史4-30341
　柳商賢　史3-18225，7-
　56986～7　集5-35789
　～91
　柳應龍　子4-20752
　柳應侯　史7-58032
　柳文　史7-57517
　柳文洙　史3-15957　集
　5-37772～3
　柳文焗　史4-30349
　柳章　史4-30346
　柳棄疾　史2-10858，8-
　66303
03 柳詒徵　史1-2792、5808，
　3-22579，7-56550，8-
　66493　叢2-692
10 柳正嶙　史3-21669
　柳正芳　史8-58221、
　62419
　柳亞子　史2-7534、12493
　集5-41041～4、41046
　柳天汀　史4-30358
　柳晉燃　史3-19497
　柳可蔭　史4-30339
11 柳冀高　史2-10915～6
12 柳廷芳　集4-26047
13 柳琅聲　史8-61534
14 柳瑛　史7-57838
15 柳融　子5-29187
16 柳珵　叢1-17、19(3)、20
　(2)、21(6)、22(8)、23(8)、
　24(3)、29(3)、255(2)、407
　(2)
17 柳承元　經1-4492
18 柳致和堂　子2-9969
19 柳琰　史7-57298
21 柳衍祥　集4-24235
　柳師尹　叢1-168(3)
22 柳鼎　史4-30354
　柳後諤　史4-30361
24 柳僖　叢2-713
26 柳泉居士　集7-47284
　柳得恭　叢1-426，2-731
　(44)、785

28 柳以蕃　集5-35947
30 柳家駒　史3-20942
　柳永　集7-46352、46357、
　46380、46382、46427、
　46447～51　叢1-223
　(72)，2-698(13)、720(2)
　柳之元　史7-57732　集
　3-18518　叢2-856
　柳守元　子5-29535(6)、
　29536(6，7)、30308、30750
　柳守原　子5-26478
　柳寅東　集1-5090
　柳寶詒　子2-4768、4771
　(2)、6869、10535、10652、
　10684、10690、10808～9
　柳宗元　史1-1914，2-
　7028、8575，7-49917　子
　1-1～6、8、32、55、422～
　7，3-17835，5-26244，7-
　34346、34525　集1-
　1400～41，6-41708～9、
　41733～4、41773、41794、
　41797、41799～806、
　41861、41877～8、41884～
　5、42027～9、42031、42034
　叢1-2～3、6、8、15、18、19
　(10)、20(8)、21(9)、22(2，
　4，8)、23(2，4，8)、24(10)、
　29(3)、37、95～6、99～
　101、168(3)、220、223(29，
　49)、227(8)、255(2)，2-
　617(2)、624(1)、635(7)、
　698(9)、730(2)、771(1)、
　1371
31 柳福培　史8-61606
32 柳兆熏　史4-30344
33 柳浦散人　集7-54120～1
34 柳邁祖　集4-23594
35 柳沖用　子5-29530(18)、
　31101
37 柳湖　子5-26222　叢1-
　185
38 柳淦　集4-22602
　柳榮　子4-21438～9，5-
　32039
40 柳大彝　史3-21839
　柳友賢　集7-54243
　柳內蝦洲　子7-36721
　柳真君　集7-53926
42 柳彬　集6-43870
43 柳樾　集3-20681
44 柳棼　子1-1938
　柳蔭棠　史3-23061

1642　子7-36420、
　36429
89 增鑅　集4-29440

4824_0　散

21 散紅　子5-28624
44 散花居士　集7-54059

4826_1　猶

34 猶法賢　史7-49341、
　50995　集4-22529
38 猶海龍　史8-62202

4840_0　姒

24 姒佐清　史4-29195
86 姒錫章　史3-20515、
　22417

4841_7　乾

77 乾貫山人　子5-31331

4842_7　翰

20 翰香家塾　子7-37699
　翰香館　子3-15370
60 翰墨園主人　子3-16754

4844_0　教

00 教育法令研究會　史6-
　42371
　教育世界社　子7-36232、
　36421
40 教士聯會　史6-44990

4844_1　幹

02 幹端生　史8-61900
47 幹姆斯　子7-38151

4860_1　警

18 警務公所　史6-45338
28 警谿逸士　經2-12909～
　11

4864_0　故

30 故宮博物院　史8-66273
　～4　叢1-266,2-708
　故宮博物院文獻館　史
　8-66495

敬

00 敬齋公　經2-15024
　敬文　史8-62241　集4-
　30130,6-41997
02 敬訓　集4-30475,6-
　41997
21 敬虛子　史2-6968～9
　叢1-233、496(5),2-617
　(3)、731(61)
26 敬和　集4-31910
28 敬徵　史6-47932　子3-
　11383
30 敬安(釋)　子7-34389、
　34792　集5-38453～8
　叢2-715
　敬宗(釋)　集5-36343
32 敬業社　子7-36319
40 敬大科　史8-61981
60 敬畏齋主人　子4-24309
77 敬輿(釋)　集5-38618
94 敬慎山房主人　子2-
　11215

4891_1　槎

22 槎山學人　叢1-378

4892_1　榆

44 榆樹縣公署總務科文書股
　史7-56228

4893_2　松

00 松亭居士　子2-10391
10 松下居士　子2-9968
　松平康國　子7-36289、
　36602
　松雲子　子5-31908
21 松膚道人　史2-13240
22 松巖居士　子4-21325
24 松崎復　經2-11177
26 松泉居士　叢1-456(7)
　松皐　集5-34788
28 松齡　子7-33760
30 松安　史8-58822
31 松江育嬰堂　史6-44665
　松福　史3-20462
34 松波仁一郎　子7-37279
　～82
40 松壽堂　子2-10063
　松森　史6-47007
43 松城誦先氏　史6-45020
44 松村任三　子7-36234、
　37813
　松村松年　子7-37025
　松村介石　子7-36283、
　36490
　松林　史8-60388
　松林孝純　子7-36237
45 松椿　史1-5027～30
46 松柏老人　子2-8311
50 松本文三郎　子7-37702
　松本君平　子7-38145
　松本敬之　子7-37276、
　38090
51 松排山人　子5-28201～3

松軒主人　經2-10955
55 松井廣吉　史1-4259　子
　　7-36393、36406、36453、
　　37699
60 松田茂　子7-36748
77 松風　子5-28644
　　松間客　子5-28875
80 松年　史6-46965　子3-
　　16015、16418、16550
88 松筠　史1-3667～8、2-
　　6286、6-42101、7-49314、
　　49317(2、6)、49318(3、4、
　　18、20)、49337、49339、
　　49344、51095～103、51187
　　～8、8-62622、63358～9
　　叢1-341
　　松筠氏　集7-53919～21
　　松竹齋主人　子4-24429
　　松竹草廬愛月主人　子
　　5-28460
99 松榮　子5-27336

4894₀ 枚

20 枚乘　集1-162～4、6-
　　41699　叢2-807

4895₇ 梅

00 梅痴生　子5-28595
　　梅亭　集5-33865
　　梅庵道人　子5-27836
　　梅彥駒　史8-58236
　　梅膺祚　經2-12854～5、
　　12859、13029～30、14337、
　　14454、14540
　　梅應發　史7-51418、
　　54917、57409　集1-
　　4271　叢1-223(23)
　　梅庚　史2-7495　集3-
　　15281　叢1-201、203
　　(6)
　　梅慶生　集6-45504、
　　45509
　　梅文育　子3-12369
　　梅文鼎　史8-66299～300
　　子1-3597、3-11238～
　　40、11393～5、11621～2、

12655、12665～7、12750、
4-23365、7-36241　集
3-15391～2　叢1-197
(4)、201、203(2)、223
(35)、229、241、242(2、3)、
244(5)、330、373(6)、2-
731(1、27)
梅文鼏　叢1-272(2)、2-
731(26)
梅文明　史2-10758　集
5-40226～7
梅文昭　史7-56358
梅文矩　史5-34143
梅奕紹　史8-60997
07 梅調元　集3-15282
08 梅鷟　經1-661～2、2708～
　　10　史8-65257、65437
　　子5-29531　叢1-223
　　(6)、303～5、539～41、547
　　(3)、2-631、731(63)
　　梅敦壽　子2-7778
　　梅謙次郎　子7-36578、
　　36591
　　梅譜　集5-35425
10 梅一科　史2-11015
　　梅元鼎　史7-57328
　　梅雨田　集4-33296　叢
　　1-468
　　梅震煦　史2-9975
12 梅廷謨　史7-55750
　　梅廷對　史8-58794
　　梅廷馴　史8-58669
　　梅孫有　史5-34144
15 梅翀　子3-16642
　　梅建　經2-14334、14540
16 梅理純　子7-36504
17 梅豫根　史3-19136
　　梅及容　史8-61097
　　梅子明　子7-35670
20 梅維鈵　集4-27637
21 梅上進　史5-34132
　　梅占春　子2-7904
22 梅鼎和　經2-8352、8580
　　～2
　　梅鼎祚　史7-58089　子
　　3-11527、5-25708、
　　27041、27298　集1-
　　826、1032、4190、2-9238、
　　10384～6、6-41793、
　　41829、41842～3、41948、
　　42227、42252～3、42344、
　　42363、43187、43193、

43201、43214、43220、
43224、43226、43228～33、
43972～3、44757～8、
45204、7-48775、48778、
49178～80、49709～10、
49917～21　叢1-142、
223(57、70)、2-672
梅鼎臣　史8-58453
梅巖主人　集7-54086
梅山逸叟　子2-9237
梅山騎鹿道人　子2-5018
梅山精一道人　子1-3661
25 梅純　史1-1914、1929
　　子4-20350　叢1-34、
　　50～1、53、55～6、87～9、
　　95～6、195(6)、2-730(1、
　　3)、731(53)
26 梅自馨　子5-25322
　　梅侶女史　子5-27268、7-
　　37056
　　梅嶧　史8-60497、60772
28 梅徵春　史2-10586
　　梅谿遇安氏　子5-28006
30 梅淳　史7-51472　叢1-
　　452、586(2)、2-716(2)
　　梅之調　史3-20920
　　梅之熉　經1-6851
　　梅之煥　經1-6849～50
　　史1-5108～9　集1-
　　702、2-11304～5
　　梅守德　史7-56597　集
　　2-8930
　　梅守箕　集2-7577、10225
　　梅安德　子2-8194
　　梅寶璐　集4-30332～3
31 梅江村　子2-6165
　　梅江智公禪師　集7-
　　54210
　　梅澐　史5-34141
　　梅潭　集6-43059
32 梅溪氏　子4-18964
33 梅心如　史8-62112
34 梅漪老人　叢1-390、433、
　　2-731(20)
　　梅汝鼎　史3-16233
　　梅汝羹　史3-21106
35 梅沖　經2-11640　子3-
　　12504、5-29388　集1-
　　112　叢1-330
　　梅清　子3-16642　集3-
　　14508～10、6-44177
37 梅瀾　史2-10585

梅鴻　史 5 - 34134
梅鴻知　史 5 - 34139
梅潛　集 7 - 46405
梅朗中　史 7 - 55264
38 梅洽　子 2 - 8485
梅啓照　子 2 - 9885、3 -
　11286～7、11495、12369、
　12580～1　集 5 - 34003、
　6 - 42007(1)　叢 1 - 436
40 梅大鶴　史 8 - 58910
梅友松　史 6 - 48329
梅士享　子 1 - 3983～4
梅士勷　集 2 - 11145、6 -
　41949
梅堯臣　子 1 - 3124、5 -
　26218　集 1 - 1983～5、
　1987～9、6 - 41900、
　41903、41908、45495、
　45548～9　叢 1 - 4～5、9
　～10、17、19(6)、20(4)、22
　(7)、23(7)、24(6)、29(5)、
　38、114(4)、223(51)、227
　(9)、2 - 635(8)、673、698
　(9)、731(52)
梅克彰　史 5 - 34137
梅有德　史 3 - 23060
梅志遲　史 7 - 51730～1
　叢 2 - 832(1)
梅嘉　史 5 - 34135
梅奇萼　史 8 - 58691
梅壽康　史 5 - 34133
42 梅埏　史 3 - 21734
44 梅蕚　史 5 - 34147
梅花盦主　史 7 - 51350
梅芬　集 3 - 18997
梅孝己　集 7 - 49951、
　49955
梅勒　子 3 - 17400
梅英傑　史 2 - 11623、
　12193　集 2 - 12413、
　12416、4 - 24308　叢 2 -
　1850
梅鬱　史 8 - 65523
梅村野史　史 1 - 1979
梅村鍾　經 2 - 13927
梅植之　集 4 - 29495～7
　叢 1 - 572
梅枝鳳　集 3 - 14171
45 梅摯　集 1 - 1967、6 - 41894
　(1)
47 梅毅成　子 3 - 11239、
　11241、12388、12465～9、

12735、12833～4、17553、
　7 - 36231(7)　叢 1 - 223
　(36)
梅朝宗　史 5 - 34145
梅柳　史 5 - 34148
48 梅墩林　子 1 - 122
梅教儲　子 3 - 14519
50 梅春　史 3 - 17763　集 4 -
　26451
53 梅成棟　史 3 - 19982、4 -
　23383、26603～8、6 -
　42505、44388　叢 2 -
　784、1670
57 梅邨居士　子 2 - 5279
60 梅□　子 1 - 533　叢 2 -
　774(9)
梅國楨　史 6 - 48392～3
　集 2 - 9436～8
梅國樓　集 2 - 10907
梅景范　史 5 - 34138
62 梅影草堂主人　子 3 -
　17100
71 梅原寬　子 7 - 37103
梅頤杰　史 2 - 12254
75 梅體萱　史 8 - 58796
77 梅際郁　集 5 - 41034
梅開爾　子 7 - 36900、
　36907～8、38138
78 梅鹽臣　史 8 - 62576
79 梅滕更　子 7 - 37865
80 梅益徵　集 6 - 43738
梅益盛　子 7 - 35230、
　35694～5、35940
梅羹　子 3 - 14302
梅毓　經 1 - 7405　史 2 -
　11106　叢 1 - 516
梅毓翰　史 8 - 58549
梅毓東　經 2 - 13572
梅曾亮　史 7 - 49317(2、
　8)、49318(5、8、11)、
　53158、53228、53236　子
　3 - 15456　集 4 - 25576、
　26896、28112～4、32734、
　6 - 41809、42068、42075、
　43133～4、45195　叢 1 -
　373(10)
82 梅鍾麟　史 5 - 34146
梅鍾澍　集 4 - 30035
84 梅鎭之　集 4 - 24986
梅鎭涵　經 2 - 12597
88 梅懋　集 7 - 47175
90 梅光羲　史 2 - 6823　子

7 - 33304、33582、33871
梅棠　史 3 - 15277
91 梅焯雲　集 5 - 38342～3

4925₉　爨

45 爨嫂子　叢 2 - 1889

4928₀　狄

00 狄文氏　子 7 - 35737
03 狄就烈　子 7 - 37640
10 狄元任　集 4 - 32516
狄爾勗　集 4 - 32516
狄平子　史 3 - 16759
狄雲鼎　集 3 - 13417
17 狄子奇　經 1 - 1665～6、2 -
　11680　史 1 - 2193、2 -
　11006、11049、11077　叢
　1 - 456(5)
狄君厚　集 7 - 48765、
　48928　叢 2 - 720(5)
20 狄億　史 6 - 42874　集 3 -
　17215、6 - 41969、7 - 46399
　～400、47102　叢 1 - 197
　(4)、201、203(4)
22 狄利賓　史 4 - 28649
狄樂播　子 7 - 35679
狄繼坤　集 3 - 21707
狄繼善　子 1 - 4362～3
30 狄寬　史 1 - 5389
31 狄福　子 7 - 38216
40 狄克多那文　子 7 - 38190
狄嘉麟　史 2 - 7948～9
狄壽頤　集 4 - 33011
41 狄垣　集 4 - 26837
42 狄斯彬　集 6 - 43722
44 狄考文　子 3 - 12396、7 -
　36745、37482、37485、
　37514～5、37530
狄蘭標　史 8 - 60529
狄葆賢　史 2 - 10985　子
　3 - 16761、4 - 24726　集
　6 - 46189
狄懋齡　集 5 - 40511
狄鬱　經 1 - 4478　史 3 -
　22675

狄黃鎧　集3-19978～9
46 狄如煥　史8-60575
47 狄郁　集5-38998
　　狄期進　子4-22804～5
48 狄敬　史6-44167　集3-
　　13832,6-41969
67 狄野由之　子7-36384
71 狄辰　史7-57103
77 狄鳳言　史4-28650
　　狄同燡　史7-55235
　　狄學耕　史8-58533
99 狄榮裒　史3-17911

4942₀ 妙

00 妙文(釋)　集5-38485
　　妙諦子　子7-33459
12 妙登(釋)　子7-33121
20 妙香主人　子2-5105
23 妙然(釋)　史7-51633
　　子7-34676
30 妙空(釋)　子7-34383～4
　　集4-32613
　　妙空子(釋)　子7-32111、
　　34567
40 妙喜(釋)　子6-32089
　　(52)、32090(66)、32091
　　(64)、32092(42)、32093
　　(52)
44 妙葉(釋)　子6-32091
　　(69)、7-34423、34476～7
47 妙聲(釋)　集2-5875～9
　　叢1-223(62)
60 妙果(釋)　子7-33969
77 妙覺(釋)　子7-34970
　　妙用(釋)　子6-32091
　　(74、76)
86 妙錦(釋)　子7-34385

4980₂ 趙

00 趙立方　史5-38386
　　趙亨衢　子3-15452～3
　　趙亨萃　史7-56254
　　趙亨鈴　史2-12695　集
　　4-25591、28880～1
　　趙鹿友　經2-11001

趙雍　子3-16479　集1-
5450,7-46368、46372～
3,46375,46775～7　叢
1-244(6)、353,2-731
(41)
趙亮采　史3-19978　子
2-5190
趙亮熙　史3-15510,7-
57623
趙彥　史5-38278
趙彥端　集7-46352、
46356,46380,46568～70
叢1-223(73)、2-698
(13)、720(2)
趙彥瑞　集7-46571
趙彥衛　史1-2505,7-
49541　子4-20129～31
叢1-19(11)、20(9)、21
(10)、22(3、7)、23(3、7)、
24(11)、29(5)、31,99～
100,223(41)、336～7,373
(8)、2-731(6)、735(4)
趙彥傳　集6-43515
趙彥修　史2-7672　子
3-16221　集4-32232
叢1-524,2-731(36)
趙彥倫　集4-26299
趙彥復　史7-55832　集
2-8366,9747,6-41954、
44851～2
趙彥蕭　經1-77(1)、505
叢1-223(2)、227(1)
趙彥暉　子2-4770、10743
趙彥俞　史7-56794　集
7-47920
趙齊嶧　集4-26300
趙席珍　集4-30779
趙方蔭華　叢2-689
趙方棟　史5-38244
趙育坤　集4-24452
趙喬昌　史7-57823
趙應元　經2-9028
趙應壬　史8-65683
趙應科　子3-14346
趙應泰　集5-39332
趙庚吉　集5-37363
趙廉　史5-38429
趙庭　子1-3142,3305
趙庭策　經1-3229
趙慶聖　集4-22783
趙慶瀾　史3-23640
趙慶祥　集5-34962

趙慶熹　子4-23626
趙慶楨　史2-13397
趙慶辰　集3-20014　叢
1-496(7)
趙慶恬　集4-32329
趙慶熺　史3-19449　集
4-29140,7-47747,50671
趙廣友　集4-24453
趙廣恩　史8-60355
趙廣垕　史5-38309
趙賡麟　史3-17239
趙意空　史7-55885、
55936
趙文　集1-4818～9,2-
6398,7-46377,46751
叢1-223(59)
趙文龍　史1-3817,2-
10121～2　集5-33795
趙文麟　集4-29434
趙文琴　史8-59234
趙文琳　史8-59802
趙文瀛　史3-15324
趙文濂　史7-55034、
55047,55053,55092、
55552
趙文官　史4-25117,5-
38382
趙文通　子2-9870
趙文在　史8-60434～5
趙文楷　集4-24694～5
趙文彬　集4-26537
趙文華　史1-5180,6-
48259～60,7-57300　子
4-22967　集2-8504～7
叢1-513
趙文哲　集3-20938～42,
6-41986,45986,7-47327
～8　叢1-423,2-654
趙文鳴　子3-13632　集
3-19789～90
趙文卿　子3-17234
趙文粹　史7-54983　集
5-36979～80
趙文炳　子2-10297
趙文燿　史7-55291
趙文炯　史5-38293
趙亨衢　子3-15509
趙諒詒　史2-10331
趙襄周　經2-10083
01 趙龍文　叢1-282(4)、283
(3)、2-731(55)
　　趙龍生　史5-38290

趙溶 史1-4141
趙斆鴻 集5-40263
趙述雲 史7-56223
34 趙對徵 集7-50669
趙對澂 集4-30055~8、
7-47646
趙澍 子2-10723
趙湛 集3-14303~5 叢
2-731(44)、782(5)
趙沈壎 集3-14193~4
趙灌園耐翁 叢1-20(3)
趙漢 史6-48232 集2-
7879,6-43921
趙漢昭 史3-21180
趙汝顔 集3-18447
趙汝談 集1-3959~60、
6-41894(3)、42073
趙汝礪 子4-18979~80、
19005、19007 叢1-19
(9)、20(7)、21(8)、22
(15)、23(15)、24(9)、29
(6)、223(38)、278,2-731
(30)
趙汝爲 史8-58770
趙汝濂 史1-1926,5-
38444
趙汝适 史7-54238 叢
1-223(26)、268(2)、282
(2)、283(2),2-731(59)
趙汝洪 史5-38287
趙汝楳 經1-77(2)、539
~42、2126~7、2311、2368
史7-56321 叢1-223
(3)、227(1)
趙汝翰 史3-16147
趙汝梅 子1-3260、3684
趙汝揆 集3-15104~5
趙汝愚 史6-47782、
48145 叢1-223(21)、
547(2)
趙汝回 集1-4181,6-
41889、41894(3)、41895
趙汝明 史5-38287,7-
51686
趙汝臣 史3-15699
趙汝騰 子1-259 集1-
4258 叢1-223(57)
趙汝鈺 史3-18047
趙汝鐩 集1-4030~1,6-
41746、41888、41891、
41894(3)、41897、41904、
41916、41919 叢1-223

(56)
趙汝燧 集1-4030,6-
41923
趙濤 史1-386,2-11409
~12,5-38406 叢2-
953
趙洪 史5-38284
趙洪琛 史5-38422
趙淇 集5-37457
趙祐 子3-13440
趙祺映 集3-17290
趙禎(宋仁宗) 子3-
14563
趙逵儀 經1-4165,2-
11641~2
趙遠熙 集5-38364
35 趙清瑞 集5-40405
趙清衡 史2-9011 集
2-10427 叢2-1157、
1159
趙清綬 史5-38267
趙清遠 子3-17128
趙清昭 集3-21202
趙迪 集2-6739~41,6-
41935(3)
36 趙湘 集1-1875~6 叢
1-223(50)、230(4)、468,
2-679、731(39)
趙溫 經1-255 史7-
55868 叢2-775(1)
趙昶 史8-59027
37 趙洵枚 史5-38320
趙潤 集5-40736
趙鴻 史3-18584
趙鴻謙 史2-9525
趙鴻儀 集4-32162
趙鴻洲 子2-9066
趙鴻書 集5-35896
趙鴻鈞 史7-55481
趙渙 叢1-580
趙洛衍 集4-31249
趙次公 集1-897~9
趙祖慶 集4-23555~6
趙祖培 史5-38266
趙祖歡 子3-16233
趙祖抃 史7-55885、
55911
趙祖鵬 史5-38363
趙祖銘 史1-5270,8-
66188 集5-40403~4
叢2-659、2256

趙冠儒 子3-17062
趙冠卿 史7-55738、
55800、55813
趙祿保 史5-38276
趙迎 子3-14114
趙逢春 子2-8593
趙運昌 集5-35445
趙運熙 史8-62875
趙選青 史3-17194
趙㦸 史3-20796
38 趙瀚 經1-4751 史2-
11409~12 集4-30764
趙淞 史5-38340
趙祥 史7-52135
趙祥霖 史3-22284
趙祥俊 史8-59094
趙祥星 史8-58960
趙祥璧 史5-38430
趙道一 史2-6874~6
子5-29530(6)
趙啓霖 史2-12399 集
5-39396
趙棨 史3-22257,5-
38280 集5-34331
40 趙九琳 經2-13120
趙九禾 史5-38306
趙九杠 集4-29433
趙九成 史8-59740、
64137 叢1-465,2-731
(32)
趙九陽 叢2-724
趙大信 子5-29530(6)、
31206
趙大山 史3-16937
趙大俠 史5-38303
趙大佑 集2-8938
趙大勳 史3-17570
趙大綱 子1-428 集1-
1025
趙大浣 經2-9796、9800
史2-11073
趙大奎 集4-22782
趙大鏞 經2-10878~9
子1-1769
趙太琳 史5-38350
趙太素 經1-1018
趙爽 叢1-27~8、169(2)、
227(7)、230(3)、238~9、
418,2-635(4)、698(7)、
708、731(25)
趙友璋 集4-23200

趙友琴　集 2 - 7506

趙友蘭　集 7 - 47828

趙友欽　子 3 - 11298～
302,5 - 31962　叢 1 - 223
(34),2 - 857、860

趙友烺　集 3 - 21080

趙士諤　集 2 - 11456

趙士誧　史 3 - 16898

趙士麟　史 7 - 55324　子
1 - 1430　集 3 - 15047～
51　叢 2 - 832(3)、886
(3)

趙士珩　史 8 - 60523

趙士弘　史 7 - 55974

趙士琛　史 3 - 16536

趙士彩　叢 1 - 223(51)

趙士瀛　史 3 - 22342

趙士完　集 3 - 15409

趙士禎　史 1 - 1982、2884

趙士浣　經 2 - 9801

趙士奎　史 5 - 38282

趙士楨　子 1 - 3535～7
叢 1 - 241、242(2)、2 - 741

趙士喆　史 1 - 1292,2 -
8826、9010、9078、11409～
12,7 - 50616　叢 2 - 953

趙士春　史 2 - 9171、11616
集 2 - 12578～82,6 -
43388

趙士冕　集 3 - 14550

趙士履　子 5 - 27301　叢
2 - 753、793

趙士學　史 5 - 38442

趙士介　史 5 - 38311

趙士錦　史 1 - 3157

趙奎昌　史 7 - 51591　集
4 - 30767～8

趙壹　子 3 - 15005　叢 2 -
775(3)、827

趙培庠　史 3 - 22882

趙培元　子 5 - 26616　集
3 - 16373

趙培梓　經 2 - 13842～3

趙培基　史 7 - 55488～9
集 4 - 22535

趙培桂　經 1 - 7979　子
4 - 23406

趙在翰　經 1 - 174、2408、
2413、2423、2430、2437、
2455、2462、2467、2489、
3415～6、3424～5、3432～
3、3439、3450～1、3496～

7、3504、4831、4840、4850、
4857、4860、6367、6376、
6386、6391、6593、6603、
6608、6614、8159、8169、
8179、8188、8197、8205、
8212、8218、8225、8231、
8237、8244、8252、8277,2 -
8592、8638～9　史 1 -
4682

趙在田　集 4 - 25795

趙克宜　子 5 - 26207、
26209～10　集 1 - 2516,
4 - 31314～6

趙南星　經 2 - 8430～1、
8735、8992～3、10138　史
1 - 4839、5159、5173、5480
～4　子 1 - 1200、2741、
2925、2949,2 - 5860,3 -
15714,4 - 20810,5 - 27417
～8　集 1 - 95、2118,2 -
10425～35,6 - 41940、
43118、45193、45336,7 -
50600　叢 1 - 194、223
(14),2 - 731(45)、782
(3)、1154～60

趙希文　集 3 - 20078

趙希璜　史 8 - 59743、
64003、64035　子 5 -
26449　集 4 - 22894～8
叢 1 - 203(3)

趙希弁　史 8 - 65548～51
叢 1 - 223(28)、251、447,
2 - 637(2)

趙希鵠　子 2 - 10970,3 -
17514,4 - 23669～71　叢
1 - 19(4)、20(3)、21(4)、
22(16)、23(15)、24(5)、26
～8、34、48、114(6)、115、
173、187、223(42)、278、
353、374、453,2 - 731(4、
33)

趙希楺　集 1 - 3804,6 -
41744～6、41888、41891～
3、41894(3)、41895、41897
～8、41904、41912、41917、
41923～4

趙希抃　史 8 - 59406

趙希曾　史 8 - 59590

趙有淳　史 3 - 15457、
22592

趙存高　史 5 - 38241

趙志臯　史 6 - 48335　子
4 - 23910,5 - 28941、
29112、29292　集 2 -

9490,6 - 44717

趙志皐　史 1 - 64

趙志淦　史 5 - 38391

趙志鶴　集 4 - 30765

趙志本　史 8 - 61591

趙志彤　史 2 - 9643

趙志堅　子 5 - 29064、
29530(14)

趙惠　經 2 - 8676～8、8927
～9、9335、9833、10234～7
叢 1 - 223(7)、265(2)、274
(3)、335、418,2 - 731(5、
37)

趙憙　經 1 - 77(3)、156、
3685、3704

趙嘉勳　史 2 - 9949

趙嘉程　集 4 - 22168

趙嘉祥　史 5 - 38402

趙嘉肇　史 7 - 7618,5 -
38409,7 - 49317(4)、
49318(4、8)、53754～5、
53763　集 4 - 23061　叢
2 - 829

趙古禎　史 5 - 38440

趙古農　史 7 - 51308　子
5 - 25868～9　集 1 - 2513
～4　叢 1 - 587(4)

趙古則　子 1 - 2348,4 -
23838

趙吉士　史 1 - 1935、2987、
3084、3094、3620～1,2 -
7390～2、9218,5 - 40968,
6 - 47487,7 - 49317(4)、
49318(8)、53169、56013、
57960　子 5 - 26403～4
集 3 - 14908～14,6 -
41969、44165～6、46278、
7 - 46398～400、46960～1
叢 1 - 367～8、587(6),2 -
1330

趙杏樓　子 4 - 18628　叢
1 - 587(2)

趙奇齡　史 8 - 62878

趙壽仁　史 2 - 9884

趙壽佺　史 2 - 10373

趙壽祺　史 5 - 38313

趙去疾　史 2 - 8384

趙來鳴　史 8 - 59870

趙梓湘　史 8 - 59178

趙校　經 2 - 14182

趙森　集 3 - 19758～63

41 趙樞生　子 4 - 20574　集

2－10890

趙柄　史3－15138

趙楷　集4－23452

趙標　集2－10626　叢1－79

42 趙彭淵　史3－17977

趙彬　史8－62352

趙樸　史8－61952

43 趙式　集7－48515

趙式曾　集4－21996,7－49652

趙城　史3－19420,6－48775　集3－18379

趙城璧　史5－38414

趙婉揚　集3－20121

趙載　子3－12892~3、14410,14412~3,4－19829　叢1－160~1

趙載元　史2－9191

趙朴　史7－50972　叢1－19(2,10)、20(8)、21(2)、22(11)、23(11)、24(3)

趙樾　史3－19562

44 趙基　集4－23554

趙堪　集6－43532

趙勤　集4－28058

趙藩　史2－12273,6－43917　集3－13091,5－38278~82、41602,6－41894(3)　叢2－886(1、3,5)、887~8

趙夢齡　史6－41538　子1－4192　叢1－373(4)

趙夢泰　史3－18995

趙芹野　集5－34251

趙蒂　集4－26536

趙蘭　史5－38383

趙蘭生　子7－37970

趙蘭佩　史2－7899~901　集6－44528

趙爽　經1－355　子1－3255,4－19874~6　叢1－26~8、47,74,169(2)、223(39)、268(1)、278、284,2－731(11)、2130~1

趙蔚文　史5－38327

趙蔚坊　史5－38405

趙葆真　史8－62707

趙葆燧　史1－6144

趙蓮　集4－24273

趙蓮　集4－28878

趙蓮溪　史8－59970

趙蓮城　史1－5728　集4－32943~5　叢2－1911

趙蓬　叢1－114(2)

趙燕鄰　集5－39154

趙恭寅　史7－56103

趙蕙荃　集4－26395

趙戀本　史7－55854

趙戀曜　史7－58124

趙戀卿　史5－38330

趙萬和　史5－38329

趙萬泰　史7－55075

趙萬卿　史8－63306

趙萬年　史1－2556~7　集1－3854~5,6－41896　叢1－272(2)、456(3),2－735(4)

趙葵　史1－1914,4384　叢1－11~2、22(8)、23(7)、56,95~6,2－624(2)、730(2)

趙韓　史3－19371

趙華亭　史8－59831

趙英祚　史8－59380、59395

趙英增　史5－38319

趙英璧　史3－21450

趙若唐　史8－59504

趙若望　子7－35357

趙蕃　集1－3785~9,6－41896,43278~9　叢1－223(55)、230(5),2－731(40、42)

趙世雍　子3－17108

趙世震　史8－63035

趙世延　史6－44119

趙世德　史8－63116

趙世安　史7－57149　叢1－373(2)

趙世對　經1－2382

趙世暹　史7－57932

趙世迴　經1－1413,2194

趙世杰　史2－6398~9　集3－19063,6－42204、42404

趙世標　史5－38392

趙世超　集5－39153

趙世忠　經2－11982、12739,13679,14366~7

趙世晟　集5－34027

趙世昌　集5－35161

趙世顯　子4－19490　集

2－10222~4

趙世卿　史6－48356~7

趙世鉞　集3－16857

趙世榮　史7－56758~9

趙其星　集3－13427

趙其光　子2－5656

趙樹誠　史4－25086

趙樹寅　史3－21202

趙樹吉　子4－21722　集4－33676~8　叢2－1962

趙樹人　史8－62341

趙樹棠　經1－1567

趙縈　集4－30478

趙棻　史1－6142　集4－23199,28442,7－47648　叢1－423、587(6),2－832(7)

趙葉象　史5－38412

趙桂霖　史2－10727

趙桂生　集4－27189

趙桂瀛　集5－34960~1

趙桂林　史8－58742

趙桂甫　子2－7279

趙權中　經1－7753

趙楠　經1－1782

趙林成　史8－59917

45 趙坤連　史4－27714

趙執端　集3－17667

趙執詒　史3－17201

趙執瑁　集3－18380

趙執信　經1－3983,6327,2－12975　子3－15149,4－24285~6,5－26234、26631　集3－17261~72,6－41979,42067、45491~2,45494,45496、45931~6,7－46427、47054　叢1－202(4)、203(9,18)、223(68,72)、241,242(2)、247,319、369,371,421,442~3、494,514,534,544,547(4)、583,587(2),2－615(2)、617(5)、683,698(11)、1379

趙枏　史3－23310

趙構(宋高宗)　經2－13713　子3－14692、14999,15001,15060~2、15658,15845,16466　叢1－2~6、8~10、19(10)、20(7)、21(9)、22(15)、23

(14)、24(10)、223(37)、
353、569,2 - 731(35)

趙椿年　史 3 - 18807,8 -
64511　集 5 - 40778　叢
2 - 2204

46 趙旭　集 4 - 32230～1

趙坦　經 1 - 111(4)、4637、
5081、8108,2 - 11875～6
史 7 - 49317(2,8)、49318
(8,11,12)、50314、53369、
53372　集 4 - 25195～8

趙如山　集 3 - 16378

趙如升　子 5 - 30410

趙如源　經 1 - 6702～3
子 3 - 12914　叢 1 - 223
(11)

趙如桓　史 8 - 60019

趙如椿　史 1 - 3788

趙如光　子 7 - 36272

趙槐卿　史 5 - 38415

趙楫　史 3 - 16929,5 -
38245

47 趙均　史 2 - 9037,8 - 63541
～5　叢 1 - 223(28)、456
(4)、585,2 - 731(34)

趙懿　史 8 - 62076　子 3 -
16942、17194　集 5 -
39041　叢 2 - 885

趙郁棠　史 3 - 21452

趙鶴　子 1 - 723、867、950
集 6 - 43784、44707～10
叢 2 - 1048

趙鶴齡　史 3 - 16683

趙獬　集 3 - 21491

趙蝦　集 1 - 1690～1,6 -
41878、41882～3　叢 2 -
807

趙起　史 2 - 7070、8669
集 7 - 47764～6

趙起士　史 2 - 9213,6 -
47127

趙起杭　集 3 - 21018

趙起棕　史 3 - 15061

趙起蛟　經 2 - 8439

趙起鵬　史 3 - 18127

趙栩然　集 2 - 12004　叢
1 - 151

48 趙增　史 7 - 55907

趙增瑀　史 1 - 1995、4525,
3 - 22070　子 5 - 27359
集 5 - 39327～31

趙增琦　史 3 - 16701

趙增復　史 5 - 38246

趙增櫄　史 8 - 63923

趙增厚　史 3 - 17659

趙增榮　史 3 - 15827,6 -
42273

趙乾吉　史 3 - 21160

趙翰鑾　史 8 - 59507～8

趙幹　子 3 - 16460

趙敬襄　經 1 - 1469,2 -
10801～2、13067　史 2 -
8161、9631、11972,7 -
52127,8 - 58868　子 4 -
22190　集 4 - 24002,6 -
46091　叢 1 - 322,2 - 731
(7)、869、1591

趙敬業　史 3 - 16861

趙敬如　子 1 - 4378　叢
1 - 508

趙敬熙　史 3 - 17221、
22216

趙榆森　子 3 - 13397　叢
2 - 681

趙松一　子 5 - 31806

趙枚　史 2 - 12906

趙樽　史 3 - 19424

趙梅　史 7 - 57914

50 趙中淳　史 3 - 21150

趙申喬　史 6 - 43002、
47493　集 3 - 16168,6 -
42067

趙抃　史 1 - 2468　集 1 -
2078～84,6 - 41779～80、
41900、41908　叢 1 - 195
(3)、223(51)、227(9),2 -
731(54)

趙泰　集 4 - 26868

趙泰升　史 5 - 38270

趙泰牲　史 7 - 57576

趙泰吉　史 3 - 16854

趙肅　史 8 - 59506

趙肅人　史 5 - 38317

趙青選　經 1 - 2247

趙青藜　經 1 - 6960～1
史 1 - 5661　子 1 - 1593
～4　集 3 - 19707～9
叢 2 - 731(8、13、62、64)、
816

趙本　史 7 - 55532

趙本蔭　史 8 - 62774

趙本植　史 8 - 63168

趙本揚　集 6 - 44930

趙本敖　集 4 - 28365

趙本敫　集 4 - 28267

趙本學　子 1 - 3130～4、
3689

趙惠元　叢 2 - 886(5)

趙忠　集 1 - 690

趙忠宣　史 5 - 39034

趙忠良　集 4 - 26298

趙由仁　史 7 - 55293

趙書勳　史 5 - 38295

趙書奎　集 4 - 29849～50

趙書金　史 5 - 38266

趙春濤　史 5 - 38353

趙春芳　史 7 - 56373

趙春熙　集 4 - 22691

趙貴忠　集 3 - 19791

趙東林　史 5 - 38310

趙東階　史 3 - 21500,8 -
59563

51 趙振先　集 5 - 39863

趙振寰　史 7 - 50650

趙振沅　子 2 - 7568

趙振芳　經 1 - 974、1024

趙振甲　史 3 - 23080

趙振鎬　集 5 - 39864

52 趙撝謙　經 2 - 12445、
13765　子 4 - 23837　集
2 - 6345～7　叢 1 - 223
(16、62)

53 趙輔　史 1 - 2814　集 2 -
7048　叢 1 - 22(22)、50
～1、55、84(2)、87,2 - 730
(2、9)

趙輔堂　史 7 - 55909

趙盛(釋)　史 8 - 66352

趙盛暘　史 5 - 38428

趙咸慶　史 8 - 59472

趙威　集 3 - 16018

趙成　史 8 - 58422

55 趙農築　子 2 - 10621

趙典　集 6 - 41775

56 趙輯寧　史 6 - 42801　叢
2 - 670

57 趙抱清　史 5 - 38226

趙擢彤　史 8 - 59616

趙邦彥　史 3 - 20815　集
2 - 9134

趙邦治　史 7 - 55575

趙邦清　子 1 - 897　叢 2 -
1055

趙邦檝　史 8 - 62816

趙邦翰　史 5 - 38265

趙同鈞　集4-33018
趙用點　史5-38352
趙用賢　史6-41646、
　48325,8-65585　子1-
　3964,3979　集2-9783
　～5　叢2-1119
趙用光　集2-10096
趙鵬飛　經1-77(3)、7465
　史8-60177　叢1-223
　(10)、227(3)
趙鵬超　史8-62784
趙履和　經1-1680
趙履中　史3-17716
趙履鰲　子2-7077、7167、
　10882～4
趙殿成　史2-11165　子
　4-22388　集1-797～9
　叢1-223(48)、2-698(8)
趙居信　史1-1420
趙居朝　史5-38354
趙際飛　集3-21043
趙熙　史2-10187,8-
　61909　集5-35529、
　40458～60　叢2-2200
趙熙鴻　史3-14910～1
趙又楊　史7-55564
趙又揚　史8-59047
趙又昂　史8-60439
趙聞達　史5-38317
趙聞禮　集7-46349、
　46368、46707、48457～8
　叢1-265(5)、266、456
　(5)、2-731(48)
趙學了　子4-21724
趙學積　史5-38396
趙學濟　史3-17484
趙學之　史7-57865
趙學賢　集4-23788
趙學曾　史6-42268～70
趙學敏　史6-46580　子
　2-5626～7、9459～61,3-
　18491～2,4-19303　叢
　1-202(8)、203(14、18)、
　367～8、373(4)
趙開雍　史6-46081
趙開方　史5-38413
趙開元　史8-59687
趙開伯　史5-38315
趙開泰　子2-8962～3
趙開美　子2-6290
趙舉河　經2-12629
趙譽　子3-12855

趙民　子5-29530(21)、
　29562、30928
趙民獻　子4-20890
趙民洽　史7-57174
趙異年　史3-18698
趙與虤　集6-45486、
　45651～3　叢1-19(4)、
　20(2)、21(4)、22(14、26)、
　23(14)、24(5)、223(72)、
　278,2-731(47)
趙與旹　子4-20154～5
　叢1-17～8、19(2、6)、20
　(1、4)、21(2)、22(3、15、
　19)、23(3、15、18)、24(2、
　6)、31、56、195(5)、223
　(40)、510,2-616、658、
　731(6)
趙與伺　史5-38312
趙與裹　史1-2562～3
　叢1-272(4)、452、580、
　586(2)、2-716(2)、731
　(66)
趙與泌　史8-58308
趙興霞　史5-38425
趙興德　史7-56205
趙興梁　史5-38424
趙興愷　史8-62274
趙貫　集4-22245,6-
　45111
趙貫臺　史8-58985、
　59752
趙賢　集3-19603
80 趙人寶　史5-38389
趙人成　集4-31505
趙金　子2-4899
趙金鑑　集5-40361
趙金笏　集4-27032～3
趙金簡　集3-19888
趙金燦　史3-17947
趙鐘靈　史8-63262
趙鏡仙　集4-26757
趙介　集6-44892～3
趙俞　集3-15549～50
趙夔　史7-52555　集1-
　2488
趙令畤　史2-11200　子
　4-19983～4　集7-
　46498　叢1-15、19(6、
　7)、20(4、5)、21(6)、22
　(3)、23(3)、24(7、8)、31、
　99～101、223(45)、244
　(5)、374,2-731(52)、735

　(4)
趙念祖　集4-24816
趙年伯　經2-12829～30
趙毓琪　史3-22413
趙毓芝　史3-21283
趙善庭　史5-38437
趙善慶　史3-17580
趙善璙　史1-1914　子
　4-23803～7　叢1-95～
　6、223(42)、2-730(3)、
　731(20)
趙善政　史1-4422　集
　2-10133　叢2-731
　(51)、816
趙善湘　經1-121、3320
　叢1-223(5)、241、242
　(3)、246、282(1)、283(2)、
　388～90,2-845(5)
趙善增　集3-14362
趙善括　集1-3646～7
　叢1-223(55)、2-870(4)
趙善鳴　集2-7335
趙善譽　經1-519　叢1-
　223(2)、273(2)、274(1)、
　2-731(8)
趙善全　史3-21291
趙普　子3-14289～90
趙曾望　經1-4340,2-
　13092　子3-16235,4-
　21777　集5-41137～40
趙曾重　史3-15862、
　18236
趙曾槐　集5-39786
趙曾顯　史3-17895
趙公豫　集1-3667,6-
　41748、41784、41922　叢
　1-223(54)
趙公輔　史8-58889
81 趙鈺　集5-34671
趙鉅弼　集5-39326
趙顒俊　集6-46251
83 趙𨨯　子4-20538～9、
　22251～2　集2-9001
　叢1-376,2-731(53)
趙鉞　史6-42248、42887、
　42894　子7-34473　集
　3-19573　叢1-458
86 趙錦　史7-56917
趙錦章　史3-15758
趙錦堂　史6-45685　集
　4-26396
趙錫琨　史5-38408

5

5000₆ 中

10 中一老人 集7-54250
　中西譯社 子7-37617
　中西牛郎 子7-36427
　中西書局穀譯生 子7-37990
22 中川延治 子7-36232、36686
　中山郎次 子7-36554
23 中外法制調查局 子7-36667
　中外日報館 史6-44007、44972、44991、44995
26 中和山人 子5-32060
27 中島端 子7-36232、36351、36733
　中島生 子7-36437
　中島力 子7-37957
　中久喜信周 子7-36506
41 中垣兵次郎 子7-37219
43 中城恆三郎 子7-37071
44 中華西北協會 史8-63283
　中華書局 史2-11837　集1-2481,4-29185　叢2-697、698(1)
　中英(釋) 集3-16052,6-41790
　中菴子 經2-11891　叢2-1236
　中黃 子4-22095
　中村正直 子7-36232、36382、38103
　中村五六 子7-37731、37735、37739
　中村佐美 子7-36501
　中村清二 子7-37416、37419
　中村大來 子7-36232、38103
47 中都逸叟 子5-28047~51

中根淑 史7-49317(8)、49318(16)
50 中央圖書館籌備處 叢1-228~9
60 中國電報總局 史6-44388
　中國水利工程學會 史6-46588
　中國聖教書會 子7-35736
　中國經世學社 子7-37263
　中國化學會歐洲支會會員留學生 史6-47579
　中國渡海畸人 子7-36891
　中國法政研究會 子7-36593
　中國基督教會全國總會邊疆服務部 子7-35787
　中國華北譯書局 子7-36724
　中國國民叢書社 子7-36364、36403、36648、36679
　中國回教國協會湖南省分會 子7-36035
　中國圖書公司 史2-12824
　中國歷史研究社 史1-1982
　中國陸軍留學生武學編譯社 子7-38132
　中國少年 子7-36433
67 中野禮四郎 子7-36680
72 中隱堂主人 叢1-235
97 中恂(釋) 史7-51711

史

00 史庇珥 子7-35174
　史應 經1-709
　史應貫 史7-57899
　史賮雲 史7-55075
　史文顯 史4-26126
　史文光 經2-15051
　史文炳 史7-55755
　史奕昂 史7-53561
　史玄 史2-7898,7-

49324、49814　集1-385　叢1-580
　史褒 經1-1737　集3-21180
　史褒善 集2-8482
01 史龍雲 子1-3379
04 史謹 集2-6130　叢1-223(63)
　史誌 史8-58719
07 史記事 經1-2750,2-10382
　史調 集3-19714
08 史詮 經1-4404~5,2-11262　史2-12067　集4-27535、27537~8、27544
09 史麟 集4-27129
10 史一經 集5-38154~6　叢2-1857
　史三長 經1-3849
　史正志 子4-19253~4　叢1-2~6、9~10、19(10)、22(17)、23(16)、24(10)、223(39)、587(3),2-622、731(28)
　史正義 集3-20371
　史元調 經1-2773
　史元卓 史4-26160
　史元善 史7-55283
　史丙榮 史2-9647
　史雨軒 史4-32870
　史震林 子4-23197,5-26234、26430~5　集3-18812　叢1-373(8)、496(3)、583,2-617(4)、720(2,3)
　史于光 經1-670
　史晉 史4-26144
　史可法 史1-1938　子3-15719~21　集2-12356~63,6-41701、41716、41795、43118　叢1-482、574(3),2-731(41)、782(3)
　史雲彪 集3-20127
　史雲煥 史4-26121　集7-50391
11 史珥 史1-5276,2-8840,8-58632　子4-23179　集2-9665、12647
　史彌寧 集1-3828　叢1-223(57)

史彌大　子1-814　集1-
　3311
12 史璞庵　史4-26153
　史發晉　史4-26161
　史延壽　史8-59665
　史廷衛　史4-26133
　史廷華　史6-47259～60
　史廷輝　經2-10785
　史砥爾　子7-37460、
　　37617
14 史璜　集4-25731
15 史璉　史8-59651
16 史聖泰　史4-26127
　史理孟　子7-36231(6)、
　　36994
　史硯田　史4-26129
17 史孟麟　史6-48453
　史蕭　集5-39707
　史弼　叢1-19(9)、20(7)、
　　21(8)、24(10)
　史承謙　子4-21430、
　　23186　集3-19743,6-
　　46015,7-47285　叢2-
　　1452
　史承豫　史7-49317(2、
　　3)、49318(5、8、9)、53260
　　～1、53645　集3-
　　19856,6-43469
　史承墅　集4-23370
　史子彬　史2-9693
　史翼經　集3-17278,6-
　　44591
18 史玫　史4-26148～9
　史致康　集4-31599～601
　史致謨　史8-60385
　史致諤　史6-47144
　史致瑞　史4-31915
　史致儼　集4-24485
　史致和　史4-26135
　史致準　經1-146、3033、
　　7088　子3-11584、
　　11657
　史致藩　史3-13860
　史致昌　史7-52096　子
　　3-16223
　史致馴　史7-57404
　史致光　史6-43923、
　　47476
20 史垂教　子5-26133
　史季溫　集1-2693～4、
　　2698～9　叢1-223
　　(52)、230(5)、2-698

(10)、731(42)
　史乘古　集2-9298～9
　史秉文　史4-26136
　史秉貞　史8-62882
　史秉直　集6-41825
　史維堡　經1-2773
　史維圓　集7-46405
21 史能三　叢1-373(2)
　史能之　史7-56866
　史虛白　叢2-731(66)
22 史山清　集2-12356
　史崇　子5-29530(21)
　史繼偕　史1-1929
　史繼書　集2-9851
　史繼辰　史2-11005、
　　11309,6-41659
　史繼周　史4-26155
　史彩　史7-56378
　史崧　子2-5317,5320～1、
　　5442～3,5-29530(20)
　　叢1-223(32)
23 史稽古　集2-9299
24 史德蘭　子7-38284
　史德昌　史4-26123
　史緒任　史3-16256
25 史仲彬　史1-1932、2760
　　～3,2-7295、8849　集
　　6-43118　叢1-13、14
　　(2)、22(21)、195(3)、351、
　　366～8
　史仲榮　叢2-731(26)
　史傳遠　史7-55690,8-
　　62680
　史傑　史2-10105　集2-
　　6765
　史積中　史4-26140
26 史伯璿　經2-10254～6
　　子1-885～6　集1-
　　5811～2　叢1-223(14、
　　30)、2-867
　史得威　史1-1962、3523、
　　3890,2-7788、9188　叢
　　1-269(3)、270(2)、271
27 史佩瑮　經2-13944
　史名　史2-8849
　史久璋　子3-18443
　史久晉　史3-19882
　史久祿　史4-26131
　史久榕　集5-35273
　史久華　史3-18765　子
　　2-4771(4)
　史槃　集7-49843～6、

　49951
　史紀常　史3-17695
　史繩祖　子4-22173～5
　　叢1-2～3、6～8、19(11)、
　　20(9)、21(10)、22(3)、23
　　(3)、24(11)、99～101、223
　　(40)、268(3)、2-731(6)
　史叔成　子4-20775
28 史以徵　經2-10587
　史以遇　史6-41575
　史以甲　史6-41575　子
　　2-6356,5-24793
　史以明　集2-10463
　史徵　經1-33、412、2331
　　叢1-223(2)、230(1)、
　　287,2-731(8)
　史復善　集4-27602～3
　史從周　史3-17233
　史悠誠　史4-26146
　史悠瑞　史3-16757、
　　18942
　史悠咸　集5-39056,7-
　　47760
　史悠揚　史2-10379
　史悠明　子7-36460
　史悠厚　史2-12323
　史悠履　集5-37063
29 史鱗　集2-6999
30 史宣綸　集3-17278,6-
　　44591
　史流芳　集6-43426
　史流馨　史8-59542
　史濟莊　集5-41051
　史濟鏗　史4-26145
　史完　史6-46704
　史進爵　史8-61761、
　　62378
　史之良　史4-26138
　史之選　史3-16825
　史安之　史7-57507
　史容　集1-2693～4、2698
　　～700　叢1-223(52)、
　　230(5)、2-636(3)、698
　　(10)、731(42)
　史密　集4-29938
　史寶安　史3-16792
　史宗恆　經1-6983～4
　　史1-4619
31 史潛　集6-45737
　史遷　集2-6079
32 史兆斗　史1-2763,2-
　　7295

史兆芳　史 4 - 26154
史澄　史 8 - 60829、60833
　　子 4 - 21369　集 4 -
　　32509～10　叢 2 - 1639
史澄章　史 7 - 57747
34 史汝楫　集 4 - 22079
史汝箴　集 5 - 38565
史浩　經 1 - 2627　史 5 -
　　38223　子 4 - 20087　集
　　1 - 3310～1　叢 1 - 22
　　(3)、23(3)、134、223(5、
　　54)、2 - 731(52)、845(3)
史浩然　子 7 - 37591
史遠峴　集 5 - 39723
史達祖　集 7 - 46352、
　　46357、46380、46650　叢
　　1 - 223(73)、2 - 698(13)、
　　720(2)
史達善　史 4 - 26120　子
　　2 - 9571
35 史津　史 7 - 56889
史迪安　史 4 - 26122
37 史次星　集 4 - 22259
史潔程　子 5 - 30358
史逸裘　集 3 - 14661
38 史游　經 1 - 33,2 - 13293～
　　5、13297～308、13311、
　　13320、15127　叢 1 - 114
　　(6)、115、169(2)、223
　　(15)、268(2)、318、388、
　　420、442～3、446、524,2 -
　　600、636(2)、731(21)、
　　2148、2227、2229
40 史左　史 8 - 62967
史大受　子 2 - 6298、8172、
　　8475
史大成　史 2 - 9093　集
　　3 - 14315
史士璉　史 4 - 26143
史臺懋　集 4 - 24231
史直臣　史 7 - 55259　集
　　6 - 42944～5
史培　集 4 - 24401
史堯弼　集 1 - 3386～7,6 -
　　41784　叢 1 - 223(56)
史在礦　史 4 - 26151
史在相　史 4 - 26139,7 -
　　56996
史有光　集 4 - 23138～9
史樟　集 7 - 48774(2)、
　　48925
41 史標青　史 7 - 55870

42 史坻爾　子 7 - 37804
史樸　史 7 - 55187
43 史式徽　史 7 - 35774
44 史堪　子 2 - 4727、9133～4
　　叢 1 - 265(3)、465,2 - 731
　　(29)
史夢蘭　經 2 - 9599、9611、
　　14678、14878　史 1 -
　　706、6085,2 - 10334、
　　13343、13381、13385、
　　13396、13404,7 - 55160、
　　55173、55192、55204,8 -
　　66055～8　子 3 - 14877,
　　4 - 21513～5、24396～8、
　　5 - 25469　集 3 - 20880,
　　4 - 23121、28511、32367～
　　71,6 - 42534～5　叢 2 -
　　1857
史葦　史 7 - 54919,8 -
　　62778
史攀龍　子 1 - 3593
史菡　史 3 - 17443
史樹璋　集 5 - 39918
史樹德　史 7 - 57446
史樹駿　史 8 - 61107　子
　　2 - 5115、9362
史桂芳　集 2 - 9298～301
45 史椿齡　史 7 - 51563
46 史觀　史 8 - 61794～5　叢
　　1 - 373(3)
47 史鶴年　史 4 - 26158
史朝富　史 8 - 60663
史起蟄　史 6 - 43838
史起欽　經 1 - 4596　史
　　7 - 51421,8 - 58432　子
　　1 - 29、4070,4 - 19647、
　　19861,5 - 29483
48 史梅亭　子 7 - 35090　集
　　7 - 54510、54567
50 史中　史 3 - 23658
史中立　史 4 - 26156
史申義　集 3 - 17183～7
史本　史 8 - 61005
史本泉　集 4 - 25732
史本家　集 4 - 26968
史本守　子 7 - 36228(5)、
　　36249～50、36258、36743
史忠　集 2 - 7069
52 史蟠　集 7 - 47582
55 史典　子 1 - 2534～7,2 -
　　4646、10646、10655,4 -
　　21457,5 - 25389

57 史邦直　史 4 - 26163
60 史□　史 1 - 2414～5　叢
　　2 - 614
史□□　集 4 - 25496　叢
　　1 - 244(2)、388～90,2 -
　　735(4)
史墨　史 4 - 26152
史國琛　史 3 - 16781、
　　19078
史國華　史 4 - 26125
史國典　史 7 - 54966
史易　子 3 - 13214、14318～
　　9　叢 1 - 538
史恩綬　史 2 - 9966
史恩縮　史 3 - 17357
史恩緯　史 7 - 57737、
　　57746
史恩緒　史 2 - 9966,3 -
　　17229,7 - 57746～7
史恩綿　經 2 - 12312
史恩培　史 3 - 17487　集
　　5 - 37697　叢 1 - 551
史景才　史 4 - 26134
63 史默　經 1 - 201
史貽直　史 6 - 45241、
　　46996～7　集 3 - 18316
67 史鳴皋　史 7 - 57471,8 -
　　61308
史鶚　史 7 - 51457、51460
71 史臣紀　集 2 - 8815,6 -
　　41935(3)
72 史氏　史 1 - 1994～5、5273
　　～4
史賀　史 1 - 1302
76 史颺廷　史 8 - 59086
77 史鳳傳　集 5 - 41050
史鳳喈　史 3 - 22407
史鳳輝　集 3 - 18178
史周沅　集 3 - 18082
史鵬　史 8 - 59841
史履晉　史 2 - 10102～3、
　　10335,3 - 16457
史履升　子 4 - 21515　叢
　　2 - 1857
史學遷　史 7 - 55841
史冊　史 1 - 2656～7,4 -
　　26139,7 - 56996　叢 1 -
　　203(15)
79 史勝書　集 4 - 30663
80 史夔　集 3 - 17180～2
史念徵　史 3 - 15171
史念祖　史 1 - 4077～8

111(3),2-731(67)、1127
67 申明倫　史8-59630
77 申用嘉　經1-2725　集
　　6-43192
　　申用懋　經1-2725
　　申居郧　子1-1590　集
　　3-19899～900　叢2-
　　731(8)、782(3)
　　申居潤　史3-20549、
　　23096
　　申屠典　史3-19486
80 申毓來　史8-58613
88 申範溶　史4-26070,6-
　　44734
90 申尙毅　史3-15919
98 申悅盧　史8-60500～1

車

10 車玉襄　集5-39711
　　車璽　史6-46615
　　車元春　集5-34186
　　車元昺　集5-39433
　　車西　史8-61648　集4-
　　28819～20
　　車雲　史8-59875
12 車登衢　史8-61927
　　車廷雅　經1-7892
21 車頻　史1-2359　叢2-
　　653(6)、731(65)
22 車胤　史7-49309　集1-
　　392
　　車欵　集5-41500
　　車任遠　史7-48776、
　　49218　叢2-672
　　車鼎晉　史6-47356　集
　　3-17604
　　車鼎豐　經2-10611　子
　　1-1378,2813　集3-
　　18646
　　車鼎賁　子1-2744、2813
　　車鼎黃　集3-14565
26 車伯雅　集4-28910　叢
　　2-1746
28 車以遵　集3-13301
　　車以輪　子7-37871
　　車似慶　經2-11465　叢
　　2-850
29 車秋舲　史7-50370

30 車家錦　集4-30078
　　車宗輅　子2-6582
31 車江英　史7-49363
38 車汾　集2-7314
40 車大任　集2-10157,6-
　　42795
　　車垓　經1-5447　叢1-
　　223(8),2-618、850
　　車克愼　史2-9700
43 車載璜　史4-27695
44 車夢鵬　史2-9466
　　車萬育　經1-7727,2-
　　13832～3　子5-26004
　　集1-829、979,3-15315,
　　6-41832
　　車萬期　集3-15565
　　車若水　子4-20180～2
　　叢1-22(24)、29(8)、107、
　　111(3)、223(41)、2-652、
　　679
　　車林　集5-35389
46 車旭氏　子2-9419
47 車翹　史3-21302
50 車書　集4-30965　叢2-
　　788
54 車持謙　史2-11670～1
　　叢2-637(2)
67 車明理　史8-59876
　　車鳴時　史8-58250
　　車照　集5-40570
79 車騰芳　集3-18767
80 車無咎　集3-18608
90 車尙賓　史3-21083
97 車煥文　史7-56292

5001₇ 丸

22 丸山虎之助　子7-38093

5001₈ 拉

60 拉昌阿　史7-55975

5003₀ 夫

44 夫蘭考爾　子7-36237

5003₂ 夷

26 夷白堂主人　子5-28008

5004₈ 較

75 較陳錫　史7-58133

5008₆ 擴

53 擴成春　集4-33324

5010₆ 畫

10 畫三　子4-20834
22 畫川逸叟　集7-50267
70 畫壁詩　叢1-210

5013₂ 泰

00 泰立　史7-56407
10 泰不花　集6-41780
　　泰不華　集1-5618　叢
　　2-852
12 泰瑞玢　子7-37279～80
13 泰武域　史8-63255
26 泰和堂主人　子5-28008
33 泰梁　史7-56893
35 泰清　史3-15016
44 泰夢臬　集2-11253
　　泰荇　史6-46210
　　泰勒　子7-37795
99 泰榮光　史7-56506

5013₆ 蟲

10 蟲天子　集5-38335　叢

37 惠沼(釋)　子7-33604～5
　惠運(釋)　子6-32093
　(39)
38 惠祥　史6-46968
40 惠士奇　經1-111(2)、
　125、1185、3997、5018、
　7792～3 集3-17773
　叢1-223(4、8、11)、312,
　2-757
　惠南(釋)　子7-34184
　惠志道　子7-38152
44 惠蘭沅主　子5-26524
45 惠棟　經1-33、111(2)、156
　～7、163(1)、239～40、
　1253～67、2183、2321、
　2575～6、2860～3、3997、
　4022～3、5034～5、5293、
　5716、6139、6150、6637～
　8、6949～50、7290、7391、
　2-9476、11547～9、
　12058、12116～7、12724、
　14089、15126 史1-366
　～8、390、5163、2-6983～
　4、11745、7-49311 子
　1-318、4-19565、22404～
　6、24200、5-26776、29535
　(3)、29536(3)、30335～43
　集3-15438～9、17229、
　19133～4 叢1-203(3、
　15)、219、223(2、5、11、
　12)、247、254、257、269
　(2)、270(1)、271、272(2)、
　273(2)、274(1)、307、394、
　404、418、453、456(3)、
　524、557～8、2-653(3)、
　698(1、11)、724、731(5、8、
　9、21)、758、1576、1618～9
51 惠頓　子7-36241、36250、
　36809
55 惠農酒民　子1-3478
60 惠果(釋)　子6-32093
　(37)
67 惠照(釋)　子7-32952
77 惠覺(釋)　子7-34177
　惠周惕　經1-111(2)、
　125、3969～71 集3-
　17226～9 叢1-202
　(6)、203(12)、223(7)、269
　(2)、270(1)、271、272(2)、
　312、2-650、731(37)、
　1363
　惠開(釋)　子7-35003
88 惠簡(釋)　子6-32093
　(13)

99 惠榮　史3-15976

5033₆ 忠

03 忠斌　史3-15597
15 忠璉　史8-59335
30 忠淳　史3-17018
34 忠滿　集5-35848～9
44 忠林　史7-56240
80 忠義局　史2-7507

5040₄ 婁

08 婁謙　子4-24334　集4-
　27898
10 婁一均　史8-59373
　婁元禮　子1-4245～8、
　4251 叢1-13、14(3)、
　22(25)、48、82、114(2、6)、
　115～6、119～20、173、496
　(5)
　婁雲　史8-58331
12 婁水同人　子4-24704
17 婁子貞　子2-10999
25 婁傑　子2-6875、11225
26 婁臯　集4-28764
32 婁近垣　史7-52486～7
　子5-30666、30760～1
38 婁道南　史7-55851
　婁肇龍　史8-60350
　婁啓衍　子3-17564～5
40 婁奎垣　史3-17256
41 婁樞　集2-9769～70、6-
　43933
42 婁機　經2-12991～2、
　12994、13135 叢1-223
　(15)、227(4)、336～7、
　362、515、2-637(2)、731
　(22)
44 婁芳　經2-13376
　婁世傳　史5-34340
　婁世振　史5-34341
50 婁東羽衣客　子5-26518
　～9 叢1-496(2)
51 婁振聲　史5-34342
77 婁堅　經2-9399　集2-
　11021～3、6-44428 叢

　1-223(66)
95 婁性　史1-2671
97 婁耀樽　史5-34343

5044₇ 冉

10 冉正本　史4-26117
　冉正常　史3-22045
22 冉崇文　史8-61614
38 冉肇庭　史4-26118
40 冉培賢　子7-36196
　冉壽祺　史3-22113
46 冉覲祖　經1-81、1066、
　2825、3964、5674、7730、2-
　8442、10634～5 史8-
　59567 子1-627、1482
　～5 集3-15652 叢
　1-202(3)、203(9)
60 冉聂　史8-62303
77 冉學　史4-26119
80 冉義德　史2-11001
90 冉棠　史8-58934

5050₃ 奉

10 奉天旗務司　史6-45162
　奉天巡警總局　史6-
　45360
　奉天編譯處　子7-37289
　奉天清理財政局　史6-
　43285、43288
　奉天財政總局　史6-
　43428
18 奉政治郎　子7-36448
24 奉化縣政府　史7-57461
　奉贊堯　子1-2068
77 奉賢縣文獻委員會　史7-
　56517～8
86 奉錫柟　史4-29277

5060₀ 由

01 由龍雲　史8-62345
10 由醇　叢1-31
　由雲龍　史2-13223,8-

62564　集5-34985、
41341
80 由余　子4-19563

5060₁　書

00 書癮樓　經2-14556
03 書誠　集3-21903
10 書玉(釋)　子7-33943～
　　4、35084
　　書元　集4-31050
34 書達　集3-21903
37 書洛　史3-16926
44 書帶草堂　子5-30378
45 書坤　集4-29814
60 書圖　史8-60927
72 書隱老人　叢1-462
87 書銘　史3-17643　子1-
　　2468、2610、3010
90 書堂先生　子4-22637

5060₃　春

10 春元　史6-45274
25 春生堂主人　子2-9406
33 春溥　史3-15864
42 春橋　集7-49610
44 春華子　叢1-296
47 春帆　史1-5026
50 春申日報社　子4-22103
60 春園主人榮齋　集7-
　　54680
80 春谷　集4-26636

5071₇　屯

00 屯廬主人　史6-44896

5080₆　貴

00 貴慶　集4-25787～91
03 貴誠　史3-16477
10 貴正辰　史7-51723

28 貴徵　集4-24000　叢1-
　　344
30 貴定縣採訪處　史8-
　　62287
32 貴州清理財政局　史6-
　　43355
44 貴林　史3-17046
50 貴中孚　史7-52036～7、
　　56850　子1-3012
　　貴泰　史8-59744
53 貴成　集5-34243
80 貴全　史3-17211
　　貴養性　史8-58970
91 貴恆　史2-13089,3-
　　15793　集5-37357
99 貴榮　子3-12771、12822,
　　4-24603,7-37463

5090₀　未

77 未覺叟　集7-52416

末

77 末岡精一　子7-36569

5090₂　棗

44 棗花館主人　叢1-315

5090₃　素

00 素庵主人　子5-28329～
　　31
10 素爾方阿　史8-62435
　　素爾訥　史6-42301
33 素心室主人　史1-1975
44 素芬　集6-44187
51 素軒　子5-27790
60 素星道人　子5-28263

5090₄　秦

00 秦立　叢2-1223
　　秦彥剑　史2-12202
　　秦應鶯　史4-31255
　　秦應陽　集3-17108,6-
　　41975
　　秦慶寶　史3-17926
　　秦慶泰　史3-18099
　　秦廙彤　史3-15464　集
　　4-31425
　　秦文　集2-7340　叢2-
　　989
　　秦文超　集3-18367
　　秦文炳　集5-39125～6
01 秦龍光　子3-13535～6
02 秦端　史3-23542
　　秦端厓　經2-13895
04 秦竑　史2-11433
　　秦勷　史8-59542
07 秦望　集3-17760
08 秦敦世　集5-39770～1
　　秦敦原　經2-10912
　　秦謙培　史3-18565
10 秦玉　叢1-168(3)
　　秦玉川　史4-31249
　　秦玉田　子3-14520
　　秦丕烈　集4-26709
　　秦元文　叢2-1704
　　秦丙烺　史7-55712
　　秦震鈞　史1-3730　子
　　1-2561
　　秦夏聲　史8-59137
　　秦天治　子5-25946
　　秦再思　子5-26267　叢
　　1-17、19(1,5)、20(1,3)、
　　21(1,5)、22(8)、23(8)、24
　　(2,6)、29(5)
　　秦更年　經1-4592　史
　　8-64584　集5-41584
　　叢2-622、927、2254
　　秦醇　叢1-11～2、19(6)、
　　20(4)、22(18)、23(18)、24
　　(7)、134、168(1)、175、249
　　(2)、407(2)、587(2)
　　秦雲　史1-6127　子3-
　　18161　集5-34365～6,
　　7-47749、50646　叢1-

秦鳴雷　子4-23866～7
　　集2-8345　叢2-989
秦躍龍　經2-11894
秦嗣瀛　史4-31254
秦嗣宗　子7-36405
秦嗣美　史8-60878
71 秦長煃　子4-23559
72 秦髯如　子2-9729
73 秦駿生　史6-47807　子
　　1-50、3989、4071
77 秦堅　史3-18835　集5-
　　39374
秦鳳儀　史7-57890
秦鳳釗　集4-22462
秦鳳翔　子1-2628
秦覺　史8-61598
秦際唐　史3-18181　集
　　5-36227～9　叢2-795
秦際清　史4-31270
秦熙祚　史8-60891
秦又安　子2-4769
秦闓　子5-25923　集4-
　　26051
秦虋　集3-20739～40
　　叢2-928
78 秦臨憲　集4-22909
80 秦金　史1-2831　集2-
　　7392～3、6-41935(4)
秦金燭　集4-32522
秦鏡　子7-34689
秦鏞　經1-2155　史2-
　　9121、8-58576　集2-
　　12334
秦虁　集2-6991
秦虁揚　史3-16077、
　　17312
秦毓麒　史2-10393,3-
　　17265
秦毓琦　史7-55302
秦毓鋆　子7-36721、
　　38041、38142
秦毓鈞　史2-11452、
　　11479、11687　集2-
　　6684
秦曾詰　史3-22919
秦曾源　史3-19073
秦曾潞　史2-10842,3-
　　19092
秦曾毅　史3-22310
秦曾熙　史2-12167
秦曾榮　史3-19238

82 秦鏌　經1-12、184、2519、
　　3525、4870、5527、6626、2-
　　8286、8654、8902、9195、
　　9765
83 秦鉞　子1-985　叢2-
　　754
86 秦錦　史4-31253
秦錫齡　集5-38182
秦錫淳　子5-25007　集
　　3-19907　叢2-989
秦錫圭　史1-10(3)、
　　4690、4692、3-16671　集
　　5-39999
秦錫槙　史2-10755
秦錫田　史1-10(2、3)、
　　4685～6、4701,7-56507
　　集5-38528～9
秦知域　集4-22509
88 秦鎰　史8-58830
秦鑑　叢1-264
秦簡夫　集7-48767(3)、
　　48774(3、6、8)、48778、
　　48949～51　叢2-698
　　(14、15)
秦篤新　子1-1787
秦篤輝　經1-1712,2-
　　11596　史1-5699　子
　　4-21915～6　集4-
　　28313～4　叢2-731(4、
　　9、62)、872
秦敏樹　子3-18161　集
　　5-34886,6-44268　叢
　　1-504,2-622
秦敏鈞　史2-11424
秦簧　史7-57589
89 秦鏜　集2-7365
90 秦惟蓉　集4-22225
秦惟梅　集5-36329
秦光玉　史2-8303,8-
　　62336、66138
秦光祖　集5-37037
秦光勛　子2-6439
秦光第　子1-3359　集
　　4-30956
秦光榮　史4-31247
秦尙烈　集3-17938
91 秦炳　史3-17821
秦炳文　史3-17923　集
　　4-30822
秦炳直　史2-10297
94 秦慎安　經1-2401　子
　　3-13793

97 秦耀曾　史7-52324
秦耀　史6-48351
秦炯　史8-58377
秦煥　集4-32391、33210
秦煥堯　史3-18216
99 秦變　史7-56017
秦榮光　史1-10(3)、7-
　　56383　集5-36865～6

5090₆ 束

23 束允泰　集5-36918
40 束南薰　集4-25745
束存敬　史8-60014
42 束晳　經2-11441、13357～
　　60、15142　史1-2075
　　子1-18、20　集1-344
　　～6　叢1-22(10)、23
　　(10)、349,2-765～6、774
　　(7、8)、777
43 束載　史8-62054
52 束晢　集6-41698
60 束圖南　史7-55408
77 束鳳儀　史4-27697

東

00 東方明　子3-14092　叢
　　1-447
東方朔　子1-18、20、61、
　　4081、4236、3-12894、
　　13869～70、14038、5-
　　26218、26220、26786～92、
　　26947、29530(9、12、20)、
　　31561　集1-177～81、
　　6-41694～8、41794　叢
　　1-15、19(9)、20(7)、22
　　(12)、23(11)、24(10)、29
　　(2)、30、38、40、71、73～7、
　　86、90～1、107、111(2)、
　　114(2、5)、115、173、175、
　　223(36、45)、249(1)、256、
　　273(4)、275、374、377、
　　395、422、424、430、448、
　　456(6)、465、469、566～7、
　　586(3)、2-604、617(3)、
　　624(1)、716(3)、726、730
　　(5、7)、731(5、15)、777

東文報　子7-36237
東文學社　經2-12922
東京留學生　子7-36407
10 東三省諮議廳　史6-41839
東三省官銀號　史6-44486
東亞寄生　子5-27892、28622
東亞無情子　子5-27261
11 東耒　史2-6577
21 東儒　集7-49643
22 東山主人　子7-36250
東山雲中道人　子5-28883
東山居士　子3-18345
東山翁　子4-21757
東山釣史　叢2-658
26 東臯居士　史6-41537
27 東條弘增　經2-8487
東條英教　子7-36228(5)
東魯古狂生　子5-27780～1
38 東海散士　子7-38158
東海釣客　子7-38196
40 東來老人　史8-58314
42 東晳　經2-11442
44 東基吉　子7-36232
東坡居士　叢1-16、40
東蔭商　史7-49318(4)、52667,8-62738、64085　叢1-197(3)、2-829
東華譯書社　子7-36270、36383、36566、37075、37467、37778～80
51 東軒主人　叢1-210～1、373(8)、2-617(2)、624(4)
東軒居士　子2-4703、4749、7653　叢1-223(33)
60 東里幻庵居士　子5-27617
東園居士　集7-47422
70 東壁山房王氏　經2-10959
東壁居士　集7-51112
76 東陽無疑　子5-26837　叢1-15,2-774(10)、860

5101₁ 排

22 排山人　子4-21760

5102₀ 打

25 打牲烏拉總管衙門　史7-56252

5103₂ 振

38 振澂(釋)　子6-32091(78)
44 振落　子5-27911
77 振聞(釋)　子6-32091(80)

據

41 據梧子　叢2-789～93

5104₀ 軒

22 軒利普格質頓　子7-36322
57 軒輟正裔　子7-38160

5106₀ 拓

36 拓澤忠　史8-62280

5106₁ 指

39 指迷生　子5-27185～6
指迷道人　子5-27472

66 指嚴　史1-1995

5108₆ 擷

20 擷秀園主人　子2-4988
44 擷芳散人　集4-24647
擷華主人　史1-1645～6

5111₀ 虹

31 虹江　集7-49951

5114₆ 蟬

72 蟬隱廬　經2-12733

5178₆ 頓

67 頓野廣太郎　子7-37731、37735、37739
88 頓銳　集2-7886～8

5201₀ 扎

40 扎克丹　子5-27624
50 扎拉芬　史3-19191,8-62228　集4-31947

5201₄ 托

00 托庸　史6-45167
10 托爾斯泰　子7-38176
35 托津　史1-1893～4、5280,6-41690～3、44143、46962、47006
37 托渾布　集4-30184～5
40 托克托　史1-722、741　集1-2503　叢1-223(18)、227(5)

托克托歡　史7-55888
71 托馬斯米爾納　子7-
　36410

5202₁ 折

00 折彥質　集1-3067,6-
　41894(2)
36 折遇蘭　史8-63174　集
　3-21339～40

5203₄ 揆

40 揆南氏　子3-18279
81 揆敍　經1-3967　史7-
　49653,8-65681　子4-
　21155　集3-16798、
　17969～72,6-42483、
　44217　叢2-689

5204₇ 授

34 授遠(釋)　子6-32091
　(74)

5207₂ 拙

00 拙玄生　子5-31338
18 拙政老人　史6-41538
　子1-4207
27 拙修老人　子4-19502
　拙修堂主人　子4-21905
41 拙樗子　子3-17407
44 拙堪民　經1-4439
60 拙園老人　子3-18439,4-
　19350

5209₄ 採

44 採蘋人　子3-17717

5210₀ 虬

10 虬一　史7-51121

5225₇ 靜

00 靜庵　子4-24570
　靜齋居士　集7-49562
27 靜修(釋)　子7-33851
30 靜安(釋)　子7-34079
31 靜福　子4-23099
32 靜淨齋　子5-27168　集
　7-52896
34 靜洪(釋)　經2-13625、
　15142
38 靜海道人　子2-6275
　靜道(釋)　子3-13379
46 靜觀齋主人　經2-12731
50 靜泰(釋)　史8-66320
　子6-32084(22)、32093
　(52)
51 靜軒居士　叢2-752
60 靜圓　集5-39747
65 靜嘯齋主人　叢1-496(2)
90 靜光(釋)　子2-8142

5260₂ 哲

44 哲芬斯　子7-36244
80 哲分斯　子7-37309、
　37964
　哲美森　子7-37325

5300₀ 戈

00 戈襄　史2-9514
05 戈靖　史4-25561
10 戈元穎　集7-48576
　戈雲錦　史8-59657
12 戈登　子7-38018
20 戈維良　史4-25559
　戈維城　子2-6527～9、

7140
22 戈豐年　子3-14101
　戈利　子7-37328
30 戈渡　集4-28476
　戈守智　子3-15164、
　15408　集3-20552～3
　叢1-353
　戈宙襄　集4-25154
32 戈汕　子4-18614～5　叢
　1-170～1
34 戈濤　史2-6662,7-55387
　集3-20750
35 戈清祺　叢2-639
36 戈溫如　集4-22676
　戈涓　集4-24581～2
38 戈淦　史3-16925
40 戈九疇　經1-5612
　戈直　史1-2374、2376
　叢1-223(20)、227(6),2-
　636(2)、698(4)
　戈培　集4-32080
　戈志熙　集4-24841
41 戈標　史7-58112
43 戈載　集7-46384、46438、
　47539、47679～80、48679
　叢1-435
44 戈地賓　集3-19535
　戈枞敬　集3-19855
60 戈思　子2-8498
67 戈鳴岐　史7-57386
71 戈長齡　集4-33332
　戈長林　史4-25558
77 戈履徵　子3-17342～3
81 戈頌平　子2-4713、5435、
　5506,6422～3、6800
87 戈銘猷　集5-39288
90 戈尙志　史4-25560
91 戈炳策　史4-25557

5302₇ 輔

00 輔廣　經1-3663～4、4737
　叢1-195(1)、223(7)、366
　～8,2-731(24)
12 輔廷　史7-54046
21 輔仁　集5-39710
76 輔陽山人　子5-30505

5303₄ 挨

60 挨里捏克　子7-36312、
　36605、38105

5304₇ 拔

80 拔合思巴(釋)　子6-
　32085(55)、32086(65)、
　32088(40)、32089(41)、
　32090(46)、32091(44)、
　32092(30)、32093(24)

5310₇ 盛

00 盛育才　子3-17431
　盛康　史5-34276　子1-
　　188　集4-32199　叢
　　2-691(2)
　盛慶孚　史5-34273
　盛慶綏　史1-5784,7-
　　49318(15)、54673~4,8-
　　60775　叢2-1946
　盛慶黻　史8-60522
　盛唐　史7-57382
　盛賡　史8-60677
　盛文炳　集3-17919
　盛京內務府　史6-45269
02 盛端耕　史5-34292
　盛端明　子2-7100
04 盛謨　史7-49318(9)、
　　53636
06 盛韻　集3-21571
08 盛於斯　集3-13575　叢
　　2-817
09 盛麟　史8-63561
10 盛一棵　史8-60775
　盛一朝　史3-20955
　盛雪堂　史5-34294
　盛元　史8-58529
　盛元音　史5-34302~3
　盛元珍　經2-11895
　盛雯　集5-34229
　盛平章　史3-19275

盛百二　經1-111(2)、
　2877~8　史6-46601、
　8-59348　子1-4200、
　4-21280~2　集3-
　20573~5,6-43063　叢
　1-203(17)、2-838、1483
11 盛研家　集3-19481、
　19626、19730~1、21571,
　4-21984
12 盛弘之　史7-49309、
　50659~66　叢1-19(2、
　10)、20(8)、21(2,9)、22
　(11)、23(10)、24(3、10)、
　29(2),2-776、779、2180
　~1
　盛弘邃　集3-17920
　盛廷彥　子4-24124~5
　盛廷謨　子3-13643
　盛廷禎　史5-34300
　盛孔卓　史6-47125
15 盛建勛　史2-10866
17 盛子鄴　史3-13500
　盛翼進　集6-43979~80
19 盛琰　叢2-639
20 盛舜臣　子4-18752
　盛孚泰　集5-34513~4
　盛禾　史1-1940,2-7403
　　集7-46435、47074
　盛秉榮　史7-52060
21 盛經三　集3-13485
22 盛樂　集3-19729~31
　盛繼　史8-60937
23 盛俊廷　史5-34305
24 盛先鎰　史5-34304
　盛德裕　史5-34278
　盛贊韶　集5-34230
　盛贊堯　史4-28968
　盛贊熙　史8-59142
25 盛傳敏　集6-43274
26 盛得音　集4-23192
27 盛名林　史5-34282
　盛繩祖　史7-49317(6)、
　　49318(3)、51089~92
28 盛以進　集2-8363、8368
　　叢1-223(66)
　盛徵璵　集4-29752
　盛復初　集4-21985~7
　盛儀　史7-56704
　盛稔　史2-7297
30 盛宣懷　史1-4527,2-
　10130、10278,6-44205~
　6、44211、44231、44257~

8、44311、44325、44442、
44780、44821、48020,7-
54163,8-65891~2　子
1-4353,7-37408　集
5-37264~5　叢2-798
盛宜梧　子3-17051
盛沆　史6-46677
盛家珍　史5-34301
盛寅　子2-4768、4826~7
31 盛沅　史3-16246,5-
　34286　集5-37443
　盛灝元　集3-16358~60
　盛福　史2-10011　叢1-
　　534
32 盛兆晉　集3-17019
33 盛浤　集4-21984
　盛治　史8-60287
34 盛遠　集6-44192
35 盛津頤　史8-59047
　盛清藻　史3-23536
　盛清學　史5-34275
37 盛鴻燾　史7-57426
40 盛大謨　經1-4530、6951,
　2-9578　史8-58514
　子4-21222~3　集3-
　19481~6　叢2-870
　(5)、1440
　盛大琛　史3-18295
　盛大士　史1-10(3)、3763
　　~4、4728,7-49317(2)、
　　49318(8)、53298,8-
　　64821　子3-15868~9,
　　4-22561　集3-21900,
　　4-25000、25235、25945~
　　51、27785、28153、28515、
　　28759、28840,5-34509,
　　6-44891、46064　叢1-
　　373(7),2-670、812
　盛大器　史8-61684
　盛奇福　史5-34293
　盛賚　集6-43799
41 盛樞　史3-17917
44 盛萬年　史1-4428,6-
　　45148　子1-3806　叢
　　1-538
　盛世儒　經2-13999
　盛世佐　經1-5287~8
　　叢1-223(8)
　盛世恩　史5-34285
　盛植型　史3-15466
46 盛如梓　子4-20242　叢
　　1-223(41)、244(5)、373

（5），2－731（7）、735（3）
盛如彭　史3－20713
盛如林　經1－2387
盛如釵　史5－34289
47 盛坰　集3－13108
盛朝彦　集5－35571～2
盛朝組　史8－59791
盛朝輔　史8－58244～5
盛朝勛　子4－22698～9
　叢1－203（14）
盛起　史5－34283
盛楓　史2－8001～4　集
　3－17222，7－46435、47055
　叢2－839～40
48 盛敬　史1－6016，7－51277
　子1－3852～3　叢2－
　811
50 盛青鶴　集3－18548
盛本栴　集7－46435、
　47075
53 盛甫淮　史5－34295
60 盛昱　史8－64337、64437～
　8、64708　子4－23330、
　24262　集5－38124～6
　叢1－581，2－785
盛國琛　史5－34296
盛國城　子7－37218
盛恩頤　史2－10634
盛昌頤　史3－17546
盛杲　集4－27327～8
盛景雲　子2－9554
盛景曾　史5－34274
64 盛時霖　史2－9715
盛時濴　史3－18614
盛時泰　史5－34271，7－
　52220，8－63496、64378～
　82　子3－15364　集2－
　9336　叢1－511，2－610、
　795
67 盛鳴球　史5－34290
77 盛鳳　史8－60242
盛隆　子1－2589
盛同頤　史2－10635
盛際時　集7－50256、
　50260
盛熙祚　史8－60926、
　61202、61356　集7－
　46435
盛熙明　史2－6801　子
　3－15076、16069　叢1－
　205、223（37），2－636（3）、
　637（2）

盛民譽　史8－60629　集
　3－15283
80 盛鏡　集3－19626
盛錞　集4－22758
盛毓華　集5－39472
盛善懷　史2－10130
盛曾　經1－1201
81 盛鈺　集3－18695
82 盛鍾歧　史5－34280
盛鍾彬　史3－20234
86 盛錕　史5－34277
盛錦　集3－18747～50，6－
　44475
87 盛銘勳　史5－34300
88 盛銓　史3－17890，8－
　58809
盛鎰源　史8－60731
盛符升　史6－48628，7－
　57037　集3－13841，6－
　42682
90 盛惇崇　集4－23433
盛爌　史7－57374
91 盛炳緯　史3－16049、
　20206　集5－38816　叢
　2－845（4）
92 盛愷華　史3－20116

盠

53 盠盠居士　集2－12093

5315₀ 蛾

21 蛾術齋主人　集7－50319
22 蛾川主人　子5－27813

5320₀ 咸

20 咸孚　史3－17569
25 咸傑（釋）　子7－34197
44 咸恭　集2－9520
97 咸輝（釋）　子6－32081
　（57）32082（28）、32088
　（42）、32089（50）、32090
　（64）、32091（62）、32092

（42）、32093（47），7－
33704

威

00 威廉母和爾康尼　子7－
　37087
10 威爾遜　子7－37974、
　38119
35 威沖格　史3－15037
40 威士　子7－38287
60 威里孫　子7－37511～2、
　37562

感

50 感春子　子5－27148

戊

10 戊丁　集7－54254～5

成

00 成堃　集5－40048
成康　史4－26254
成文　集3－20210～1
成文運　史7－57878
成文昭　集3－17976～7
成文燦　集4－27277
成玄英　子5－29000～1、
　29249～51、29530（15）、
　29535（4）、29536（4）　叢
　1－446，2－750
01 成諧　子3－14254
03 成鷲（釋）　史2－11754～
　5，7－51708　子4－
　20978，7－33194　集3－
　15767～9　叢1－202
　（2）、203（7），2－731（62）、
　881
05 成靖之　集2－11160
07 成毅　史8－66187　集4－

366～7,2-731(19)

24 戚仕鑑　史5-34312

25 戚伸　經1-3843

31 戚渠清　史3-23119

37 戚逢年　子3-18458

38 戚祚國　史2-11511～3

戚啓道　史5-34316

40 戚雄　集6-44716

44 戚藩　集3-14679～80,6-
45336、45340

戚茂梁　史5-34315

戚芸生　集4-23160

戚桂裳　集4-30113,6-
42009

47 戚朝卿　史7-55449

戚報國　史2-11511～2

53 戚輔之　史7-49955　叢
1-17、19(4,11)、20(2、
9)、21(3,10)、22(5,11)、
23(5,10)、24(4,12)、157,
2-617(4)

56 戚揚　史3-16291、20393

57 戚邦楨　史5-34311

60 戚日旻　子2-5578

戚星巖　史7-56157

戚昌烈　史5-34306

戚昌國　史2-11511～2

67 戚明珠　史5-34307

74 戚勵臣　子4-21965

77 戚學山　史5-34318

戚學標　經1-4103～5,2-
10789～90、12198～9、
12489～90、12733、14126
史7-50454、50464、
55543、57620、57640　子
4-21265、21518　集4-
22466～70、24499,6-
44696,7-48623　叢2-
1545～7

戚興　史2-11511～2

80 戚人銑　史3-15690、
19893

戚人鑑　史3-19934

戚金奎　史3-22846

90 戚光　史1-30、685～7
叢1-98、223(23)、422、
424、469、586(2)、2-636
(2)、698(10)、716(2)、731
(66)、1037

91 戚炳輝　史5-34308

5340₀ 戎

10 戎正顯　史4-26245

戎正明　史4-26244

戎雲程　史3-18585

14 戎瑾　史4-26240

24 戎德時　史4-26243

31 戎福餘　史4-26242

36 戎澤涵　史4-26241

55 戎捷　子2-8771

60 戎昱　集1-1217～8,6-
41741、41824、41858～9、
41869、41878～80、41882

71 戎馬書生　史2-13248
集7-50799、53653

80 戎念功　史3-20536

戒

00 戒應(釋)　子6-32093
(51)

16 戒環(釋)　子6-32089
(51)、32090(65)、32091
(63)、32092(43)、7-
33339、33343、33416～7、
33702

20 戒香(釋)　子7-32326、
34562

30 戒定(釋)　子7-35012

37 戒潤(釋)　子7-33741

60 戒日王　子6-32081(49)、
32082(26)、32083(31)、
32085(45)、32086(54)、
32088(33)、32090(43)、
32091(41)、32092(28)、
32093(47)

61 戒顯(釋)　子5-26229,7-
34118、34671　集3-
13319　叢1-210～1

5350₃ 戔

53 戔戔居士　叢1-168(3)

5403₂ 轅

60 轅固　經1-4568　叢2-
772(1)、773(1)

77 轅門老人　子3-14599

5404₁ 持

00 持讓(釋)　子7-34391

10 持正(釋)　子7-34206～9

5404₇ 披

10 披雪洞主　子7-38165

5419₄ 蝶

44 蝶薌仙史　子5-28390～1

5500₀ 井

00 井厰　史8-58687

21 井上毅　子7-36508

井上清秀　子3-15712

井上勤　子7-38276

井上哲次郎　子7-37947、
38091

井上賴圀　子7-36332

井上圓了　子7-37946、
37958～60、38143

22 井山郎　子5-28648

5502₇ 弗

44 弗蘭克林　子7-36228
(6)、36231(3)、37403

弗若多羅(釋)　子6-

32081(34)、32082(14)、
32083(23)、32084(18)、
32085(33)、32086(39)、
32088(24)、32089(39)、
32090(45)、32091(43)、
32092(29)、32093(23),7－
32634～6
60 弗里愛　子7－37859
73 弗陀多羅多(釋)　子6－
32081(37)、32082(16)、
32083(24)、32084(20)、
32085(35)、32086(40)、
32088(25)、32093(24)

5503₀ 扶

21 扶經心室主人　經1－2071
27 扶綱　史7－51074
30 扶安　史1－1139
88 扶餘縣公署　史7－56243

抉

72 抉隱主人　集6－45330

5504₃ 搏

39 搏沙抽老　子5－26752
叢2－624(4)

5505₃ 捧

44 捧花生　子5－26232、
26465～8　叢1－496
(1)、587(5),2－752

5506₀ 抽

22 抽絲主人　子5－28540～1

5523₂ 農

10 農工商部　史6－42209、
42775、44537、47080～1
子7－36564

5533₇ 慧

00 慧立(釋)　史2－8552　子
6－32081(42)、32082
(21)、32083(27)、32084
(23)、32085(40)、32086
(47)、32088(29)、32089
(47)、32090(61)、32091
(59)、32092(41)、32093
(50)
慧廣(釋)　子6－32091
(73、76)
07 慧詢(釋)　子6－32084
(32)、32088(40)
10 慧可(釋)　子2－11147
慧霖(釋)　集4－32333～5
11 慧麗(釋)　子7－34268
14 慧琳(釋)　經2－9270　子
6－32093(37、38、53)　叢
2－774(6)
15 慧珠女士　子5－28241
20 慧秀(釋)　集2－10144
慧皎(釋)　史2－6791～2
子6－32081(42)、32082
(21)、32083(27)、32084
(23)、32085(40)、32086
(47)、32088(29)、32089
(47)、32090(60)、32091
(59)、32092(40)、32093
(52)、7－34709～10　叢
1－19(4)、21(3)、24(4)、
453
21 慧能(釋)　子7－32102、
33066、33142、34163～73
22 慧山(釋)　子4－22096
23 慧然(釋)　子7－34180
26 慧泉(釋)　子7－34413
30 慧寶(釋)　子7－34882～3
慧宗(釋)　子7－34315
慧寂(釋)　子7－32102
32 慧淨(釋)　子7－33070、

33366
34 慧洪(釋)　叢1－21(4)
慧遠(釋)　史7－52465
子6－32081(37、38)、
32082(16、17)、32083(24、
25)、32085(36)、32086
(41)、32088(26)、32089
(45)、32090(51、52)、
32091(50)、32092(34)、
32093(29、30)、7－32113、
33074、33088、33350、
33385、33557、33789、
34432　叢1－274(3)、2－
731(55)
37 慧沼(釋)　子7－32119、
33391、33636、33678、
33791、33864～5
38 慧海(釋)　子6－32091
(72、75)、7－33723、
33972、33992～4、34176
慧祥(釋)　史2－6801～2
叢1－265(4)、266
慧啓(釋)　子6－32091
(73)
40 慧真(釋)　子6－32085
(54)、32086(65)、32089
(48)、32090(60)、32091
(58)、32092(42)、32093
(47)、7－34636
42 慧機(釋)　子7－34105
44 慧苑(釋)　經1－101　子
6－32081(42)、32082
(20)、32083(27)、32084
(23)、32086(46)、32088
(29)、32089(51)、32090
(65)、32091(63)、7－
34811、34813～6　叢1－
274(5)、318、456(3)
47 慧超(釋)　史7－53779～
80　叢1－589,2－598、
676
50 慧中　史6－42099
53 慧成　史2－13254,3－
15271
60 慧日(釋)　子6－32081
(12)、32083(9)、32085
(13)、32086(13)、32088
(9)、32089(10)、32090
(14)、32091(13)、32092
(9)、7－34902　叢1－10、
22(13)、23(12)、29(6)
慧思(釋)　子6－32088
(41、42)、32089(49、50)、
32090(62、64)、32091(60、

61、62)、32092(40)、32093(50),7-33818～22
慧昇(釋) 子6-32091(80)
慧果(釋) 子6-32093(40)
61 慧顒(釋) 子7-34177
66 慧嚴(釋) 子6-32083(36)、32085(51)、32086(61)、32088(38)、32089(5)、32090(6)、32091(5)、32092(4)、32093(14)
67 慧明(釋) 史2-7111～3
77 慧覺(釋) 子6-32081(39)、32082(17)、32083(25)、32084(21)、32085(37)、32086(43)、32088(27)、32089(33)、32090(54)、32091(52、68)、32092(35)、32093(22),7-32386、32719～21、34998
慧月 子6-32081(41)、32082(20)、32083(27)、32084(22)、32085(39)、32086(46)、32088(28)、32089(45)、32090(53)、32091(51)、32092(35)、32093(32)
86 慧智(釋) 子6-32081(40)、32082(19)、32083(26)、32084(22)、32085(38)、32086(45)、32088(28)、32089(35)、32090(43)、32091(41)、32092(28)、32093(31)
88 慧簡(釋) 子6-32081(27、28、29、31)、32082(19)、32083(19、20、21、26)、32084(16、22)、32085(27、28、29、30)、32086(30、31、32、35)、32088(19、20、21、22)、32089(18、19、20、21)、32090(24、25、26、27)、32091(22、23、24、25)、32092(15、16、17、18)、32093(15、16、20、31),7-32700
90 慧光(釋) 集4-24639 叢2-713
慧省(釋) 子6-32091(72)
91 慧炳(釋) 子7-34341

5560_0 曲

00 曲廉本 史7-56267
10 曲震 史7-57861
21 曲仁禮 叢2-723
曲仁故里 叢2-723
30 曲宗乾 史4-26971
31 曲江居士少華 集5-34050
曲遷梧 經2-10426
曲迺銳 史7-55905
37 曲沼 史3-21433
44 曲莊山人 史6-44508
曲老人 子3-18431
60 曲園居士 叢1-496(7)

5560_6 曹

00 曹立身 史7-57739
曹亮武 集7-46399～400、46946～7、47094～5、48533
曹亮才 史5-34248
曹序朝 史5-34174
曹彥約 史1-5902～3 集1-3935 叢1-223(29、56),2-870(2)
曹膏 史7-57458
曹應熊 集4-33448
曹應樞 集4-30324～6
曹應鶴 集3-17288
曹應穀 史3-19383
曹應鐘 集4-29016 叢1-419,2-731(41)
曹庚 集4-22338
曹廉 史3-22857
曹庭樞 集3-19557～8
曹庭棟 經1-1273、5379,2-8465 子1-236,2-11069,3-16195、17537,4-21366 集3-19222 叢1-223(71)、369、373(5),2-838
曹度 史2-9073 子4-18821 集3-16620～2
曹慶恩 史3-15942
曹麐 史1-4084
曹唐 史6-43141 集1-1747,6-41858、41872、41878、41882～3 叢1-223(50)
曹廣勳 史5-34249
曹廣權 子1-4445 集5-39389
曹賡颺 史3-23278
曹文 子5-29547
曹文麟 集5-38537
曹文珽 史7-57639
曹文岸 經1-1876
曹文安 史5-34228
曹文漢 集4-26797
曹文遠 子2-6861～2
曹文深 史8-61271
曹文埴 史7-49318(6)、53480 集3-21867～72
曹文植 集1-1363
曹文昭 經1-4638 集4-30323
曹文晦 集1-5296～8,6-41932
曹文鑒 史5-34193
曹文炳 集1-5295
曹章 集3-14641
曹奕霞 集3-14352
曹言綬 子4-19124
曹言純 集4-25461～2,7-48062
曹京 史7-57939
01 曹龍樹 集4-22187～90
曹襲先 史7-56864
02 曹端 經2-10277 子1-578～9、600～1、646、894、2118～9 集2-6561～7 叢1-223(30、64)、483,2-754、1054～5
曹端揆 子3-17865～6
曹端榮 史8-63311
03 曹鋆 經2-10818 史7-56639、57014 叢2-644
曹斌 集3-14293
曹詠歸 子7-37811
曹誠瑾 史5-34225
04 曹誥 史5-34213
08 曹施周 子2-4632
09 曹麟開 集3-20266～8
10 曹一麟 史7-56995
曹一鯤 子3-16898

曹一士　史2-9431　集3-18136,6-45066
曹一蘭　史7-51687
曹一介　集1-5791～2
曹三德　集3-17731～2
曹三選　史8-64843
曹三才　集3-17732、18216～7
曹正儒　史2-9038
曹正儀　史2-9038
曹正朝　史5-34209
曹玉珂　史6-46633　集3-15868～70
曹五九　史5-34212
曹丕(三國魏文帝)　子1-56、489～93　集1-271～4,6-41694、41698～9、41794、45495、45499　叢1-114(4)、183、260～1,2-628、731(48)、768～9、772(4)、773(4)、775(4)
曹璡　集3-18780
曹霑　子5-28374～88、28392～3
曹雪芹　子5-28390～1
曹霂　集3-15469、17390,6-45067
曹元方　子1-2214　集3-13769～70　叢2-834
曹元詢　集4-27320　叢2-952
曹元琳　史5-34203～4
曹元璐　史5-34205
曹元弼　經1-2043～6、2266、3101～3、4458、5366～9,2-8546～51、9180、11806　史6-49081　集5-40080～1　叢2-757
曹元鼎　史3-16845
曹元芳　集6-44580
曹元桂　史5-34153
曹元相　子7-33178
曹元忠　經1-5799、5838,2-12370～1、12797～8、13265、14619、14625　史1-483、2601～2,3-19076,7-49469、49492、50626、50665、51149、53826、56939,8-65392～4、65798、65951、66359　子1-3189～90　集1-5723～4,5-40145,7-46424、48390～1　叢1-500、589,2-671、781、796、2142、2180～1
曹元盛　史5-34162
曹元用　集1-5562
曹元恆　子2-10887
曹爾康　集7-47968
曹爾坊　史7-57383
曹爾堪　集3-13951～2,6-41961、41970,7-46397～400、46402、46404、46885～6、47047、48529～31　叢2-698(14)
曹爾成　經1-3201
曹于汴　史7-55906　子4-20745～6　集2-10668～9　叢1-223(66)
曹于道　史6-46660
曹天瑾　史8-58535
曹石　集3-18995　叢2-885
曹磊　史5-34169
曹雲慶　史6-46829
曹雲礽　史5-34162
曹雲祥　史5-34165　子7-36222
11 曹璿　子4-19198　叢1-334～5、587(5),2-731(37)、810
12 曹登庸　史3-15380
曹瑞生　史3-22200
曹瑞祥　史5-34232
曹廷襄　子1-1548
曹廷傑　經2-9670～1、10094
曹廷杰　史1-4243,2-8398,6-45618～9、45626,7-49314～5、49318(4)、49319、49356、49964～5、54727～8　叢2-785
曹廷棟　集6-41904
曹孔昭　集5-38192
曹飛　史6-45154　子1-3087、3299～300、3540
14 曹璜　史3-18431　子1-850
曹琳　史3-18668
15 曹璉　集2-7237
16 曹聖臣　子4-18816～9
曹琨　史1-4047　叢2-705
17 曹玑　集2-12755
曹珣　子2-8914
曹承裕　史3-21473
曹子正　史8-63007
曹子衈　史3-20957
曹子昂　史3-16248
曹司直　集2-11579
曹柔和　集3-21469
18 曹珍貴　經1-7992
曹玢　集3-21468
曹政修　集5-36105
曹致愉　史5-34197
19 曹珧　經1-47、3808,2-9008、9393、9887　史1-2698　集2-7238,6-42856
曹璘　史8-60133、60161
20 曹垂璨　集7-46398～400、46868
曹爲霖　經1-1777
曹秀先　史8-58482　集3-19797～804　叢1-202(4)、203(9)、319、587(1)
曹奚琇　集4-24863
曹禾　史2-6719、9249,8-66298　子2-4675、5121、7750、7763～6、8953～4　集3-15667～70　叢2-803
曹秉章　史2-10918　集5-38284
曹秉讓　史8-61956
曹秉璿　集5-35957
曹秉仁　史7-57417　叢1-373(7)
曹秉濬　史3-15531,5-34259
曹秉直　子2-8781
曹秉哲　史3-15624、21876　集5-36875～6
曹秉鈞　集3-21261
曹維祺　史8-62283、62306
曹維城　經2-13044
曹維精　史7-52119
21 曹步垣　子4-23390
曹仁　史5-34183
曹仁虎　經2-12471～2、12726、12730　史6-41546、41586、41709、41715、41718、49276　集

3－18987、21403～8，6－41986、42019　叢 1－202(6)、203(12)、223(20、27)、241、242(2)、312、440～1、514，2－731(22、27、38)
曹仁鏡　叢 1－496(7)
曹仁鈿　史 5－34222
曹衔達　集 4－30926
曹虞　集 3－21775
曹熊光　史 3－22371
曹師聖　史 8－58525
曹師彬　史 7－53983　叢 2－952
曹師曾　史 8－58483～4
曹貞秀　集 4－24796
曹貞吉　集 3－15464～9，6－41969、45065、45067，7－46399～400、46427、46972～4、48491　叢 1－202(8)、203(14)、223(73)，2－698(12)、952
曹經六　史 5－34251
22 曹胤儒　史 7－52762　子 1－1093、3697～700　叢 1－144，2－754
曹胤昌　子 5－24809　集 2－12650
曹鼎　史 5－34213
曹鼎新　史 8－60423
曹鼎望　史 7－55178　子 2－9418
曹鼎元　史 8－58550～1
曹鼎汾　史 3－20805
曹鼎成　集 4－26850
曹嶲瀛　史 3－16108
曹崇慶　史 3－18090　集 5－37332
曹樂齋　子 2－5208、6292
曹繼善　叢 1－353
23 曹参芳　史 1－2771～2，2－7312
曹允武　集 3－13290
曹允源　史 3－17403，7－56958、56967　集 5－38812～3　叢 2－2137
24 曹佐熙　集 5－40440～2
曹德贊　史 7－57889
曹德宇　經 1－1875
曹德澤　子 2－8511
曹德載　史 5－34187
曹德馨　史 7－51196　集 4－31900，6－42006　叢 1－369
曹偉謨　集 3－14677
曹勳　經 2－10514　史 1－2016，5－34260　集 2－12204～7，6－45336
曹續祖　史 7－55889　集 3－14353
曹纘明　史 3－18749
25 曹甡孫　史 3－16687
曹繡君　集 1－2229
26 曹自守　史 7－56955
曹自鎏　集 3－19685，4－28683～4
曹伯玉　子 2－5157
曹伯貞　史 3－21295
曹伯啓　集 1－4966～71，7－46373、46758　叢 1－223(59)，2－674
曹伯榮　集 5－40082
曹伯恩　經 1－1874
曹儼　集 4－29979
曹和齊　史 1－4246
曹和鈞　史 7－55888
27 曹仰欽　史 5－34186
曹倜　史 8－59420　子 1－4385
曹象曾　史 2－9879
曹名論　史 3－19480
曹峋　史 5－34176
曹繩彦　子 2－9545
曹緣阜　集 5－39773
曹叔遠　叢 1－223(55)、227(10)
曹叔明　史 2－13413
曹紹　子 3－18305～6，4－18748～9　叢 1－9、19(9)、20(6)、21(8)、22(15、16)、23(15)、24(9)、37
曹紹樾　史 8－61809
28 曹作霖　集 5－38193
曹作舟　史 3－16054、18145、22765
曹徵甲　史 8－58530
曹復亨　集 1－4967
曹馥　史 8－63156
30 曹宣光　史 8－58624
曹宜約　集 2－6719
曹流湛　史 8－60637
曹濂　史 2－9856　叢 2－952
曹家玉　史 8－60651
曹家珍　子 2－6295
曹家達　集 5－36302、40405、40523～6
曹家權　史 5－34245
曹家甲　子 3－13530
曹家駒　史 1－4448，6－46796　子 5－26394　叢 2－624(4)、683
曹家銘　史 8－60643
曹永庚　史 5－34152
曹永賢　史 8－62160
曹宬　子 3－13737
曹之謙　集 1－4732
曹之璜　史 7－53335，8－60542　叢 1－197(4)、587(5)
曹之升　經 2－8833、9107、9521、9999、10803　史 2－11070　集 3－20687～9
曹憲　經 1－33，2－12797～8、12947～51、14590～3、15116、15125、15127、15137、15142　史 7－55898　叢 1－74～7、114(2)、430、440～1、495、500、586(2)，2－698(3)、716(2)、731(23)、773(2)、774(8)、782(2)
曹憲音　經 2－14589　叢 1－91，2－730(5)
曹憲來　集 2－10843
曹守謙　史 7－57874、57878
曹守堂　史 5－34236
曹安　史 2－8337～9　子 4－20298～300　叢 1－22(23)、87、109、111(4)、223(41)，2－730(1)
曹安行　史 5－34228
曹安鴻　史 5－34230
曹宏宇　史 8－59489
曹宏英　史 5－34257
曹良弼　子 7－33179～80
曹良模　史 8－62980
曹官俊　史 3－23079
曹定遠　集 1－3152
曹定萬　史 5－34255
曹定邦　史 5－34223
曹寅　經 2－15114　史 8－65669～72　集 3－17064～9，6－41972、43409，7－

43 曹載奎 史8-64181、64303 叢1-524,2-731(32)

曹榕 史3-15872 集4-25246

44 曹封祖 史7-57292 集3-13646～7

曹基 經1-6915 集3-16355～7,6-41962、43090

曹基澍 史5-34243

曹基鏡 史3-23393

曹荃 史1-5615 叢2-1066

曹藍田 集4-32540

曹夢元 史2-7913

曹夢九 史8-59094、59201

曹夢華 史3-18476

曹夢鶴 史7-57944

曹夢真 集3-16788

曹夢真 叢1-477

曹兢變 子4-22104

曹芳溢 史5-34238

曹蔚若 子2-10092

曹葭之 集2-11842

曹茂先 集3-18781

曹葆珣 史3-16684

曹芝 集3-20572

曹懋功 史3-18436

曹懋極 史7-57721

曹懋昭 史5-34155

曹孝忠 叢1-223(33)

曹華峯 子2-4771(2)

曹英瑾 史2-12421

曹英煦 史5-34242

曹若栴 經2-8521

曹若曾 集4-25766

曹蕃 子4-19316 叢1-22(27)

曹世麟 史5-34231

曹世英 史5-34254

曹芸紬 史8-58496

曹其桂 史5-34200

曹樹奎 史3-15233、17847、22492

曹樹培 史2-10699,3-20590

曹樹翹 經2-15075 史7-49317(8)、49318(3、13)、51053～4、51105 叢

1-496(6)

曹樹聲 史7-55817

曹樹縠 史7-55996

曹樹本 集4-30109

曹樹原 集4-25131

曹桂韞 叢2-952

曹植 經2-13335、15137 子1-18～20 集1-275～91,6-41694～9、41719、41767、41769、41794 叢1-182～3、223(47)、447,2-635(6)、660、698(8)、2252～3

曹蘊錦 史8-61813

曹林 經1-5477,2-11072、11778

曹棫堅 史8-58983 集4-28103～9 叢2-645

45 曹執衡 史7-55877

46 曹相駿 史7-56454

曹楞 集4-30926

曹楫允 史5-34258

47 曹聲鈜 史5-34173

曹起溟 史7-56399

48 曹翰 子2-5300

曹翰田 集4-33652

曹松 集1-1620～2,6-41824、41848、41858～9、41878、41882

50 曹申吉 史7-53852,8-62175 子4-23505 集3-15541,6-45067 叢1-511,2-952

曹蕭孫 經2-11669 史2-6670、7648、12120 集4-29617～8 叢2-962

曹本 經2-12988 叢1-265(2)

曹本榮 經1-1004～5 子1-1321 集6-43000 叢1-223(4),2-731(9)、872

曹春江 集7-53780、53813

曹春涵 子7-37160

曹春曉 史7-55757

曹素功 子4-18776、18820

51 曹振飛 史3-22915

曹振圭 子3-14493

曹振鏞 史1-1716、1896、6076～7,2-11970,3-

17740,6-46999～7000,7-54083 集4-23866～8,27397,6-42013、43627

曹振常 史6-45694,7-49357

曹攟亭 子7-37547

53 曹盛茂 史5-34157

曹咸熙 子3-16237

55 曹扶蒼 史6-43378 叢1-369

曹典球 史7-54433 子7-37736

曹典初 史2-8239

56 曹操 子1-3014、3075、3081、3099、3112～21、3163、3180、3231～2 集1-264～7,6-41694、41698～9、41794、45064 叢1-75、77、183、303～5、310、377、394,2-731(19)、775(4)

57 曹邦 史7-55429

曹邦慶 史5-34154

曹邦瑾 經2-13375

58 曹掄彬 史7-57701,8-62071 叢1-373(2)

曹掄翰 史8-62071 叢1-373(2)

60 曹□ 子2-9457～8

曹曰璋 子1-3048～9

曹星熹 史5-34150

曹星谷 集3-21409～10

曹星煥 集4-31033

曹國寶 史5-34156

曹國柱 子2-9422

曹國楨 史2-11532

曹晟 史1-3809～10、3867、3871,7-49327 子4-23488 集3-14841 叢1-496(1)

曹思誠 史5-34220～1,6-48478

曹思聰 史8-63007

曹恩澆 史2-9629

曹昌 史8-60627

曹昌麟 集5-40083

曹昌祺 史3-15787,8-62307

曹昌墀 史3-23357

曹毘 子5-26817

曹景絨 史5-34189

曹景芝 集7-48032

61 曹毗　叢1-19(4)、21(3)、
　22(19)、23(18)、24(4)、
　168(3)
　曹昞　子3-13549
　曹顯偉　子4-21900
62 曹昕　集3-19625
　曹則谷　集4-29550
64 曹曉廬　子1-2480　集
　4-23766
　曹時聘　史6-48341
　曹勗　史1-1919、2486、
　2525、2557　集1-3261
　～2,6-41904,7-46375、
　46551　叢1-195(2)、
　223(20、53)、268(2)、279,
　2-670、731(66)
67 曹明詳　史8-59104
　曹明藩　史5-34227
　曹鳴鑾　集4-28847
　曹昭　子4-23680、23689～
　93　叢1-19(11)、20
　(9)、24(12)、86、114(3)、
　223(42)、347,2-730(6)、
　731(33)
　曹嗣軒　史5-34213
70 曹驤　史2-7758、11508,
　7-49327　子7-36783
　叢1-496(6)
71 曹厚庵　叢1-194
　曹原　集4-26384
　曹原亮　子1-2835
　曹驥觀　史8-62874、62909
　曹臣　子4-24026　集2-
　11973、11982　叢2-735
　(2)
72 曹剛　史8-58177
　曹馴　史6-42155,8-
　61264
　曹岳秋　經1-3928
73 曹駿　史8-61290
74 曹驊　史3-15350、17935
77 曹鳳來　史7-55080
　曹同春　集1-54
　曹周鼇　史1-5621
　曹用霖　集5-39695
　曹鵬　史7-55327
　曹鵬翅　史8-59546、
　59952、60932　子3-
　14815
　曹鵬齡　叢2-724
　曹履吉　集2-11559
　曹履泰　史1-3048　集

　2-11919　叢1-333～5,
　2-731(59)
　曹熙衡　史7-52641,8-
　60362～3
　曹熙昌　史5-34247
　曹聞禮　史7-57566
　曹學詩　史7-53478,8-
　60291　集3-19127～32
　叢1-202(2)、203(7、18)
　曹學程　史2-9038,6-
　47799、48313～4
　曹學佺　經1-61,847～8、
　2756,3783～5　史7-
　49324、50956、51334、
　51384、51494～6、52169,
　8-66134　子3-16080,
　4-20753　集2-10442、
　11267～78,6-41948、
　42076、42396、43817、
　43950、44785、45213、
　45505～7、45725～6　叢
　1-22(26)、223(25、70)、
　456(7),2-731(58)
　曹學易　史8-63043
　曹學賜　經1-795　子1-
　1268
　曹學閔　集3-20500
　曹開言　史5-34246
　曹開泰　集4-24864
　曹興傑　史5-34261
　曹興隆　史8-60761
79 曹騰耀　史5-34163
80 曹人傑　史8-58532
　曹益厚　集6-45067
　曹金潘　經2-13105
　曹金鑑　史3-18700
　曹金籀　經1-7692,2-
　13199　史7-53362　子
　3-11475　集4-28844～
　6,7-47973～5
　曹金籀　叢1-369,2-
　1798
　曹鑣　史2-7784,7-
　50136、56659　子4-
　21458　集4-22653～5
　曹無極　子2-11004～5,
　5-29593
　曹尊彝　叢2-952
　曹毓瑛　叢2-706
　曹毓秀　集7-47556
　曹毓俊　史3-18187
　曹毓德　集6-43510

　曹義　集2-6633
　曹義學　史5-34210
　曹曾涵　子7-36276
　曹曾矩　集4-25560、
　29618　叢2-962
　曹含暉　集4-25518
　曹公敍　史5-34241
　曹養恆　史8-58792～3
82 曹鍾秀　子7-37603、
　37605
　曹鍾浩　集2-9344
84 曹錡　子3-17734
　曹鎮藩　史5-34160
86 曹錦茂　史5-34175
　曹錦堂　史5-34172
　曹錫珪　集3-19678,6-
　45066
　曹錫齡　史2-11920
　曹錫寶　史2-11871,8-
　65446　集3-20501～5
　曹錫福　史8-58760
　曹錫黼　集3-18136,6-
　45066,7-49455～6
　曹錫淑　集3-19839
　曹錫辰　集4-21951～2,
　6-44416～7
　曹智珍　史5-34256
87 曹鈞　史7-49317(6)、
　49318(12、20)、53310、
　53454
　曹銘　子5-25763　集2-
　6877
88 曹笙南　子1-4438
　曹鑑仁　集4-21982
　曹鑑咸　史5-34182
　曹敏　集4-25560　叢2-
　962
　曹籥　史7-52306　子4-
　23636,7-34811
89 曹鏐　史3-17219,7-
　55038
90 曹光詔　史2-9988　集
　4-31689
　曹光洛　史7-57970
　曹光堯　集5-36030
　曹光東　史5-34211
　曹光明　史5-34253
　曹光熙　子2-5063、8872
　曹尙絅　子3-17535、
　17694～5
　曹炎　史5-34201

曹粹中　經1-3619～20

91 曹恆吉　集3-15638

曹炳　史5-34184

曹炳章　子2-4771(1、2、4)、5083、5906、6918、10869

曹炳麟　史7-56528　集5-39772

曹炳曾　集3-17150,6-44424、45066

曹炳燮　史3-15357　集4-32843　叢1-415

曹焯　史7-57058

93 曹焌湘　史3-21747

94 曹慎儀　集7-47661

曹焕曾　集3-17344,6-45066

曹燁　集3-13289

曹煒　集6-44537～8

96 曹煜　子1-2215　集3-15275～6

曹煜曾　集3-17167,6-45066

97 曹耀珩　集3-18162～3

曹耀湘　經1-8053,2-10169　史2-12188　子4-19535～6,5-29200～1

曹耀圻　史3-23349

曹耀燦　集4-32454

曹灼　集6-42762

曹炯　史3-22965

曹焕斗　叢2-746

98 曹燧　史3-23532

99 曹榮　史1-1994、4342

曹榮綬　集4-32540

5580₆ 費

00 費庚吉　史3-21406　子4-18834　叢1-367～8

費唐臣　集7-48774(7)、48916　叢2-720(5)

費文彪　集5-34660

費袞　子4-20146～7,5-26221　叢1-17、19(1)、20(1)、21(1)、22(3)、23(3)、24(2)、29(5)、31、180、195(5)、223(41)、244(2)、2-652、798

10 費元禄　子1-2143,4-

23700～1,5-26359　集2-10148～50　叢1-22(25)、29(8)、104、107、111(3)、113,2-731(13)

費而奔　子7-36231(4)、37110

費雲倬　經1-3951

12 費烈伯　子7-37557

費延釐　史3-15590,7-54056　叢1-571

費廷璜　經2-12939、15106　叢1-500、502

費廷珍　史8-63117

14 費琳　史5-36696

15 費融　集4-23359

17 費承勳　集3-21733～4

費子彬　子2-5879

費習遠　集6-43269

20 費信　史1-1914,7-54250～2　叢1-50～2,55～6、84(2)、95、114(6)、115～6、195(7)、269(3)、270(3)、367～8,2-603、730(3、10)

21 費師洪　史2-10894～5　子3-17410　集5-40399～401

費經虞　集6-44918～9、46257～8　叢1-328

22 費山壽　史6-43037　子2-4712、7055、9872～3

費利摩羅巴德　子7-36228(2、5)、36231(6)、36242(2)、36331、36801

費崇朱　史2-6348～9、11050

費繼章　史1-1402　子1-3928　叢2-1705

23 費俊　集3-16927　叢1-371

費台墀　史5-36699

24 費德麐　史2-13038

費緯褿　史2-6325

25 費仲子　集2-6252

26 費伯行　叢2-1797

費伯雄　子2-4770、4980、5160、5352、5879～80、8976、9836～8、10695　集4-30411　叢2-1796

27 費佩德　子7-35712

費彝訓　史3-19153

費紹訓　史3-19140

費紹冠　集5-34527

30 費瀛　史8-59717　子3-15107　叢2-680

費淳　史6-46997,7-55595

費宏　史1-1678～80、1924,2-11394　集2-5978、7889、7891～2,6-45092　叢1-34、50～1

費密　史1-3116～7　子1-1429　集3-14518～9,6-44919、46257　叢1-328,2-656、702、1321

費寅　史2-7975,3-20738,8-65902　集5-40358

費宷　史8-58729　集2-7890、7893～5,6-45092

31 費源　子3-18376～7

32 費兆鍼　史8-61521

費近福　史5-36694

34 費漢源　子3-15978

費燾　史3-22953

費禪陶　史2-6653

37 費鴻聲　史5-36697

費涵　子2-6872

費祖芬　經1-5361　叢1-502

費冠卿　集1-1532　叢2-818

38 費道用　集6-44774

費啓亨　子2-8816

費啓泰　子2-8748～50

40 費士璣　經2-11107

費直　經1-213～4、2322、2336～7　叢2-774(1)

費克度　子7-36363

41 費樞　史2-6555～8　叢1-22(5)、23(5)、223(21)

費栢　史8-60700

費梧　子2-9788

44 費蘭舫　子2-11101

費蘭墀　集4-25701

費葆和　史3-18117

費莫文良　史8-65455

費著　史2-13344,6-44416、49242,7-50952、50974　子4-18851～2、18869　叢1-11～2,22(12、16)、23(12、16)、107、111(3)、181、195(7)、207、223(25)、273(4)、587(2)、

2-615(3)、731(31)
費樹蔚　集5-41609
47 費聲行　史5-36702
52 費撥雲　子5-31567
55 費耕亭　史3-13480~1
57 費賴之　子7-35890
58 費攬澄　史7-57005
60 費□□　子2-6264
費日堂　史5-36705
費國暄　經1-1046
65 費映奎　史7-55777
71 費辰　集3-20543~4
費長房　子6-32081(42)、
32082(20)、32083(27)、
32084(22)、32085(39)、
32086(46)、32088(28)、
32089(51)、32090(61)、
32091(59)、32092(41)、
32093(52)
72 費隱子　叢2-724
費氏　集1-1823~4,6-
41714、41779~80、41810
~6、41900　叢2-731
(38)
77 費履堅　集4-24684~6
費熙　子1-266、970、1875
~8,4-22746　集5-
36186
費學元　史5-36693
費丹旭　子3-16544、
16746~8,5-30418　集
4-30693~4
80 費金粟　史5-36706
費鐏　史5-36704
費念慈　經1-5126,2-
13371　史3-16275、
18816,8-66036　集5-
38834
費毓桂　史3-19253
費善慶　史7-57011　子
3-14967、14985　集5-
39267
費養莊　子2-4768~9、
8504
86 費錦榮　史5-36701
費錫章　史7-54528　子
4-23206　集4-23512
費錫琮　集3-17199
費錫璜　集3-17199、
17358~63,6-43181、
45881　叢1-202(8)、
203(14)、328、584

費錫申　史8-64889　集
4-24686
費智慶　史5-36695
90 費尙伊　集2-11834~5
叢2-874
費省吾　史5-36700

5590₀　耕

47 耕塢臥松子　子4-24569

5600₀　扣

30 扣之　子4-19194

5602₇　揚

10 揚无咎　叢1-223(73)
40 揚雄　經1-33,6401~3,
2-13324~5、14823~8、
14830、14832~3、14839~
40、14847、15127、15137
史1-2265~7,6-42920,
7-49308　子1-7,18~
21、25~7、30~2、43、48、
55、61~70、414~21、423
~31,3-12900~2、12904
~7、12910、12913~6、
17500　集1-20、22、187
~92、194,6-41694~9、
41794　叢1-19(10)、20
(7)、22(2)、23(2)、24
(10)、29(2)、71~7、90~
1、101、114(6)、115~6、
182~3、223(15、29、35、
47)、227(6)、230(2)、236
~7、249(2)、258、261、
566、579,2-616、617(3)、
635(2、4)、658、682、698
(3、6)、730(5)、731(10、
23、24)、761、765~6、773
(2)、774(4、7)、775(5)、
776~7、873
86 揚錫恩　子3-12870

揭

12 揭延齡　集4-29986
揭廷鏘　子3-12423
20 揭垂佩　集4-23197
揭重熙　經1-5652　集
2-12632~4,6-44818
22 揭傒斯　史6-4411⌒　集
1-5207~27,6-41779~
80、41808、41929、45495、
45712~3　叢1-114
(4)、223(60)、227(10)、
394、453、456(1),2-635
(11)、731(42、45)、870(4)
34 揭祐民　集1-5242~3
40 揭大舉　集1-5207
63 揭暄　子1-3345~53,3-
11421~2　叢1-533
83 揭鉉　集1-5207

暢

23 暢俊　史8-59687
75 暢體元　史8-63065
90 暢當　集6-41883

5604₁　擇

77 擇賢(釋)　子7-34050

輯

10 輯五氏　子2-9653

5605₀　押

22 押川春浪　子7-37667

5608₁ 提

10 提雲般若(釋)　子6-
　　32081(4、17、19、26)、
　　32082(4、12)、32083(4、
　　12、13、18)、32084(4、11)、
　　32085(5、17、18、26)、
　　32086(4、19、20、29)、
　　32088(4、12、13、18)、
　　32089(4、14、15、44)、
　　32090(5、13、21、51)、
　　32091(4、12、19、49)、
　　32092(3、8、14、33)、32093
　　(2、12、26、42)、7-32123、
　　32296、32417、32419、
　　32426
34 提波菩薩　子6-32081
　　(26)、32083(18)、32085
　　(26)、32086(29)、32088
　　(19)、32093(27)
　　提波羅菩薩　子6-32085
　　(26)
　　提婆設摩羅漢　子6-
　　32081(37)、32082(16)、
　　32083(24)、32084(20)、
　　32085(35)、32086(40)、
　　32088(26)、32089(45)、
　　32090(52)、32091(50)、
　　32092(34)、32093(29)
　　提婆羅菩薩　子6-32081
　　(23、26)、32083(16、18)、
　　32084(14、15)、32085(23、
　　25)、32086(26、27、28、
　　29)、32088(17、18、19)、
　　32089(42、43、44)、32090
　　(48、50、51)、32091(46、
　　48、49)、32092(31、32、
　　33)、32093(26、27、29)、7-
　　32746～7

5609₄ 操

40 操存　史5-40053

5619₃ 螺

62 螺影主人　子5-25489

77 螺岡居士　子3-11671

5692₇ 耦

00 耦廬　子1-2629

5701₂ 抱

00 抱甕老人　子5-27750～5
10 抱靈居士　子2-6052、10672
12 抱璞樓主人　集7-53798
40 抱真子　子5-29535(3)、
　　29536(3)、29677
44 抱芳樓憐香居士　集7-
　　52881
　　抱芳閣仁記主人　史8-
　　66466
70 抱甕外史　史1-1933　叢
　　1-84(4)、2-730(11)
76 抱陽生　史1-3076～8
　　叢1-407(3)

5701₄ 握

18 握瑜子　子5-30512
60 握□興　子7-36486

5701₆ 挽

37 挽瀾詞人　集7-53736

5702₀ 拘

43 拘式自在黑　子6-32093
　　(32)

5702₇ 掃

44 掃花頭陀剩齋氏　子5-

28462
　　掃葉山房　子3-12374
　　叢1-565

5703₂ 輾

23 輾然子　叢1-24(7)

5706₁ 擔

10 擔雲道人　子3-14332

5706₂ 招

00 招廣濤　集4-32100
10 招元傅　集4-26132
17 招子庸　集7-50727～8
21 招衡玉　集5-36586
44 招茂章　集4-25685
57 招招舟子　叢1-587(3)
80 招念慈　史8-61025

5743₀ 契

01 契訶夫　子7-38177
22 契嵩(釋)　子1-563、6-
　　32085(56)、32088(41)、
　　32089(48、52)、32090(62、
　　66)、32091(60、64)、32092
　　(42、43)、32093(51、52)、
　　7-34175、34733、34942～
　　3　集1-2002～5、6-
　　41746、41923　叢1-223
　　(51)、2-637(3)、832(3)
25 契生(釋)　集5-34202、6-
　　42007(4)

5750₂ 擊

40 擊壤民　集7-49573

5772₇ 邨

55 邨井枕　子2-4768、4771(2)

5798₆ 賴

00 賴康戺　子7-37767
　賴文俊　子3-13137、
　　13139～40、13143～4、
　　13147～8、13359、13361～
　　2、13364～5、5-31781
　　叢1-223(36)
　賴章夔　史5-39876
　賴襄　子7-36394～5
10 賴元福　子2-10090、
　　10840
　賴于宣　史7-54911、
　　55023
　賴雲翔　史5-39881
12 賴廷芳　史5-39875
15 賴瑃　史2-9896
17 賴承裕　集5-39872
20 賴秉鈞　經2-14246
21 賴能發　史8-58898
23 賴猷　集3-15363
24 賴佐唐　史8-61935
　賴勳　史8-58667
26 賴鯤升　集6-43453
28 賴以平　史8-60920
　賴以邠　集7-46350、
　　48643～4
　賴從謙　子3-13139、
　　13381、13388
30 賴永芳　史5-39883
　賴宏　史5-39877
　賴良　集6-41931、43657
　　叢1-223(70)
　賴良鳴　史2-8160
33 賴溶琛　史5-39874
34 賴漢辰　史8-60998
　賴汝霖　史7-57707
　賴洪禧　史7-52621
37 賴逸甫　子1-4405
40 賴士傑　史5-39889
　賴有慶　史3-20944
　賴吉人　史5-39887～8

44 賴芷泉　集7-54058
　賴世鐒　史5-39881
46 賴相棟　經2-8858、9138、
　　9577、10043、10904　史
　　8-58615
47 賴朝侶　史8-60923
48 賴翰顒　史8-58382
51 賴振譜　史5-39886
　賴振寰　子1-3005
53 賴盛遠　史7-49675～7
60 賴國鉌　史5-39885
　賴昌期　史7-55648、
　　55716
　賴景恬　史3-20960
77 賴同晏　史7-57834
　賴同嚴　史3-21021
　賴際熙　史8-60846、
　　61057
　賴學海　集5-36066～8、
　　6-42007(3)
80 賴全濡　史5-39891
90 賴光德　子2-9622
91 賴炳文　史5-39882
　賴焯南　史3-17105
96 賴煌　史5-39873
99 賴榮光　史8-60371

5801₂ 拖

10 拖爾那　子7-37230

5802₁ 輪

34 輪波迦羅(釋)　子6-
　　32081(17、19)、32082
　　(12)、32083(12、13)、
　　32084(11)、32085(17、
　　19)、32086(19、21)、32088
　　(12、13、14)、32089(14、
　　16)、32090(21、22)、32091
　　(20、21)、32092(14、15)、
　　32093(32、33、34)、7-32793
　輪婆迦羅(釋)　子6-
　　32089(15)、32090(22)、
　　32091(21)、32092(15)、
　　32093(32、38、41)
36 輪迦波羅(釋)　子6-
　　32081(17)、32082(12)、

　　32083(12)、32085(17)、
　　32086(19)、32088(13)

5802₇ 掄

44 掄花館主人　史2-7702

輪

00 輪應(釋)　子2-8142～3

5803₁ 撫

48 撫松隱者　子2-5229、
　　6713

5804₀ 撒

10 撒耳士曼　子7-36730

5804₁ 拼

00 拼音官話書報社　經2-
　　14485

5806₁ 拾

26 拾得(釋)　子7-32102、
　　34149　集1-667～9、6-
　　41820　叢1-223(48)、
　　2-616、635(6)
44 拾芥園　子3-12294
　拾世磐　集4-31885

5811₆ 蛻

29 蛻秋　集7-53653

60 蜕黯　子 7-33260
77 蜕學盦主人　史 7-54443

5824₀ 敖

00 敖立榜　史 8-61962
　　敖文禎　經 2-10428　集
　　2-10218,6-45416
22 敖崇化　經 1-3781
　　敖繼公　經 1-77(3)、5247
　　叢 1-223(8)、227(3)
24 敖佐　史 8-62811
26 敖鯤化　集 6-42812
31 敖福合　史 1-1869,7-
　　49348
33 敖浤貞　史 8-62525
38 敖啓潛　史 8-59574
40 敖右賢　史 3-15276、
　　22037
43 敖式樞　史 8-61183
44 敖英　子 1-1035～7,4-
　　20449～51　集 2-8156,
　　6-41935(4)、43312～3
　　叢 1-22(23、24)、29(7、

8)、57～8,66、88～9、106
～7、111(2、3)、114(5)、
115～6、142、391,2-731
(8、53)、870(3)
60 敖□　子 2-4603、6232
66 敖器之　集 6-45486
67 敖明耀　史 4-31087
77 敖陶孫　集 1-3888～9,6-
　　41744～5、41888～9、
　　41891～3、41894(4)、
　　41895、41897～8、41904、
　　41911、41913、41915、
　　41917、41924、45611～2
　　叢 1-22(14)、23(13)、
　　147,2-731(47)
　　敖册賢　史 8-61549　集
　　5-34210～2
80 敖毓元　集 2-7230
97 敖焕章　史 4-31088

5833₆ 螯

60 螯圖　集 3-20708,4-

23208～12

5844₀ 數

18 數珍居士　子 5-26182

5880₆ 贅

10 贅石　史 6-45592
36 贅漫野叟　史 1-4113

5894₀ 敕

54 敕披　子 7-37156

6

6000₀ □

00 □應孫　史2-13166
07 □毅　史7-49318(22)、54314
10 □震(釋)　子7-33687
　　□西泉　經1-1586
　　□晉　集4-33698
12 □瑞伯　經2-11776、12345
14 □瑾　叢1-496(7)
　　□琦　史7-54533
16 □璟　子4-19699
17 □子瀟　史8-58636
20 □香　子3-12836
22 □繼常　史2-11213
24 □德保　史2-10135
　　□偉堂　子3-13993
　　□佑卿　集7-48829
　　□綺生　叢2-1800
25 □傳琳　集5-36369
　　□純陽　子5-32008
26 □自遠　史1-3624
　　□儼　叢2-791、793
27 □彝　集5-37193
　　□紹基　經1-7108
28 □峪子　子4-21635
30 □之銳　史6-43192
　　□富　經1-8065
33 □溥澤　子4-21836
34 □達齋　子3-13962
36 □澤(釋)　子6-32091(82)
37 □洵　集2-12653
　　□湖居士　子1-2294
　　□遐師　經1-4381
　　□朗寧　史1-5557
38 □裕湖　子5-25208
　　□肇　子3-17967　叢1-22(17)、23(16)、29(3)
40 □士鑛　史2-9425
　　□熹(釋)　子7-34122
44 □蘭　集5-38096

□蘭田　經2-13448
□葆生　子2-7820
□萃園　史2-12769
□世埫　史2-12856
54 □蝶園　史2-12768
55 □慧(釋)　集3-14109
　　□慧書　經2-14161
60 □□蒙　經2-13399
　　□易百　史1-3624
65 □味芹　子2-7915
67 □明(釋)　子7-34394
　　□眠道人　子5-25825
80 □益謙　集4-28391
　　□翁　子4-22058
86 □錦標　史2-13074
　　□鍔　史2-12861
88 □笙　叢1-587(4)
　　□竹餘　集4-22695
90 □尚恆　史2-12762

口

40 口大成　史2-10080
46 口觀瑞　史2-12659
60 口□　子5-26236

6008₆ 曠

03 曠誠一　史5-40932
07 曠望生　叢1-587(3)
17 曠子春　集5-40275
44 曠世斌　集5-40744
47 曠超一　史3-17289
71 曠驥　子1-896
77 曠學至　子3-13604
88 曠敏本　經2-13867、14093　史1-7,4953~4,4957,7-52587,8-60586,60695　子5-27654　集3-18250,4-22132~43　叢2-1531~2
90 曠懷　史5-40932

6010₀ 日

10 日下部三　子7-36693

22 日稱(釋)　子6-32084(31)、32085(54)、32086(64)、32088(40)、32089(38)、32090(44,56)、32091(42,54)、32092(28,37)、32093(4,31,47),7-32119
26 日得烏特　子7-37138
50 日本庵居士　子4-21471
　　日本育成會　子7-36232、36688,36698
　　日本北海道廳　子7-37023
　　日本政府　子7-36514、36647
　　日本師範學校　子7-38002
　　日本參謀本部　子7-37727,37729
　　日本清人演社　子7-36696
　　日本大隴製造所　子7-37197
　　日本太陽雜志社　子7-36445
　　日本支那翻譯會社　子7-36299
　　日本博物學研究會　子7-36712
　　日本東方文化研究所　經1-2608
　　日本東京博文館　子7-36444
　　日本東京茗溪會　子7-37415
　　日本東京日日新報　子7-36227
　　日本東亞善學館　子7-36457
　　日本東邦協會　子7-37298,38094
　　日本農務局　子7-37824
　　日本國民同盟會　子7-36510
　　日本國光社　子7-37425
　　日本歷史研究會　子7-36327
　　日本陸軍省　子7-36892
　　日本學海指針社　子7-36237、37742
　　日本學留生　子7-36298
　　日本民友社　子7-36495、38044
　　日本興文社　子3-15650

旦

10 旦爾恆理　子7-36231
　　（4）、37044
　　旦爾恆里　子7-36228（5）
46 旦如氏　子2-9356

6010₁ 目

05 目講（釋）　子3-13397
　　叢2-681
　　目講師（釋氏）　子3-
　　13152
55 目耕居士　子1-2542

6010₄ 呈

09 呈麟　史8-61946

墨

00 墨磨主人　子2-10053,5-
　　25882
11 墨悲　史6-44285
12 墨水聾道人　史7-52510
18 墨憨齋主人　子5-27428、
　　27774、27783、28249　叢
　　2-721
28 墨繪齋　子3-16402
33 墨浪子　子5-27808
44 墨莊　叢1-440～1
　　墨莊氏　經2-12885～6、
　　15125　叢1-430
46 墨獨克　子7-35688

星

48 星槎野叟　叢1-256
67 星野太郎　子7-37285

里

30 里察森　子7-36228（4）
80 里人公　史7-57022

量

38 量海（釋）　子7-34586
　　集4-32316

6011₃ 晁

03 晁詠之　子5-26315
08 晁說之　經2-8913　子
　　1-705,4-20003～4,7-
　　34885　集1-2914～21,
　　6-41894（1）、41896　叢
　　1-2～3、6～7、20（9）、21
　　（10）、22（3）、23（3）、24
　　（12）、31、136、195（2）、223
　　（30、41、52）、227（9）、336
　　～7,2-636（3）、731（7、
　　12）、1024～5
　　晁謙之　叢1-223（52）
11 晁琛　史8-59768、65574
14 晁瓘　叢2-1024
17 晁子健　集1-2916　叢
　　1-223（52）、227（9）
24 晁德菬　子7-35101、
　　35371～3、35509、35526、
　　35534、35596
33 晁補之　經1-6746　史
　　1-5893,7-50269　子
　　3-14916　集1-2817～
　　22,6-41794、41900～1、
　　42039,7-46380、46427、
　　46500　叢1-29（4）、169
　　（4）、223（52、72）、227（9）、
　　2-635（10）、698（14）、720
　　（2）、832（2）、1025
34 晁邁　子4-20000　叢1-
　　22（3）、23（3）
35 晁沖之　集1-2861～6,6-
　　41900～1、41908　叢1-
　　265（5）、453,2-731（42）、

1024～5
37 晁迥　子4-19919～20,7-
　　34884～9　叢1-11、17、
　　19（6）、20（4）、21（6）、22
　　（5、6）、23（5、6）、24（7）、
　　31、223（39、46）、374,2-
　　673、1024～5
43 晁載之　子4-23798　叢
　　1-19（10）、20（8）、24
　　（11）、456（6）、465,2-731
　　（5）
53 晁輔之　叢2-731（33）
63 晁貽端　叢2-1025
77 晁貫之　子4-18781　叢
　　1-11～2、22（16）、23
　　（16）、25～6、28、37、49、
　　86、169（2）、181、205、223
　　（38）、268（4）、353,2-730
　　（6）、731（31）、1025
80 晁公武　史8-65548～52
　　叢1-223（28）、251、265
　　（3）、447,2-637（2）
　　晁公邁　史1-1314
　　晁公遡　集1-3346　叢
　　1-223（54）
84 晁錯　集6-43195

6011₄ 雖

60 雖園　史1-5908
　　雖園主人　子3-15523

6012₇ 蜀

10 蜀西樵也　史2-7695　子
　　5-26635　集7-48055
　　叢1-496（1）、587（5）、2-
　　721
　　蜀西樵也石泉　子4-
　　21847

6013₂ 暴

17 暴孟奇　史2-8339
40 暴大儒　史8-58924
96 暴煜　史8-61038

6014₇ 最

10 最正(釋)　子6-32091
　　(78)
32 最澄(釋)　子6-32093
　　(53)
79 最勝子菩薩　子6-32083
　　(16)、32084(14)、32086
　　(25)、32088(17)、32089
　　(42)、32090(48)、32091
　　(46)、32092(32)、32093
　　(28)

6015₃ 國

00 國立北京大學研究院文史
　　部　史8-65109
　　國立中央研究院歷史語言
　　研究所明清史料編刊會
　　史1-5950
　　國立歷史博物館　史2-
　　8606
　　國府種德　子7-36431
　　國府犀東　子7-38131
10 國瑋　史7-52817
30 國家圖書館　叢1-229
33 國梁　集3-19784
38 國裕　史3-18678
44 國赫善心　子7-36651
　　國英　史6-46215,8-
　　65915
50 國中穗積　子7-37266
　　國史館　經2-13116　史
　　1-878～91、893～6、898、
　　906、910、915～9、940、948
　　～9、951～2、967～72、976
　　～8,2-9772、9802、
　　10029、10133、10146、
　　10219、10249、10258、
　　10288、10354、10362、
　　10465、10712,6-42671、
　　47861
77 國學保存會　集3-16776
　　叢1-580
　　國學叢刊社　叢1-588
　　國學扶輪社　集6-42069
　　叢2-617(1)

國民叢書社　子7-36502

6021₀ 四

10 四不頭陀　史2-7685　子
　　5-26551
22 四川商務局　史6-43997
　　四川調查局　史6-43999
　　四川西藏研究會　子7-
　　37700
　　四川通志局　史8-61623
　　四川通省礦務總公司　史
　　6-44841
　　四川警務公所　史6-
　　45397
　　四川財政清理局　史6-
　　43354
　　四樂齋主人　集7-50274
25 四傳太守　叢1-415
40 四九老要　子3-13681
42 四橋居士　子5-28238、
　　28299～300
50 四中山客　集7-50416
55 四費軒主人　集7-49515
　　～6
60 四邑士民　史7-51771
67 四明山人　叢1-378
　　四明若癡主人　史6-
　　44214
　　四明杞憂生　子7-36239
86 四知齋　史1-5787～8

見

見(釋)　集3-15730
10 見吾老人　叢2-1621
16 見聖　史7-54942
30 見之深　史7-54944
33 見心(釋)　集3-16056
　　見心齋主人　子2-5668
40 見南山人　子5-26659
　　叢1-496(7)
77 見月山人　集2-8406

6021₁ 晃

10 晃西士加尼　子7-38022

6022₇ 易

00 易方　子2-7532　集4-
　　31624
　　易慶緗　子7-37296
　　易文　史6-45577,7-
　　57206
　　易文琳　經1-5129
　　易文瀯　集4-32817
　　易文炳　史8-60730
10 易元健　集4-24856
　　易元吉　子3-16462
　　易元明　史8-61859
　　易元善　集4-22503
　　易丙南　史4-29546
　　易震吉　集7-46824
　　易可久　史8-58195
　　易雲彥　史4-29529
11 易瓏光　史4-29544
　　易孺　集5-41120
　　易碩　集5-35287　叢2-
　　2150
12 易孔昭　史1-4053　集
　　5-40471
16 易聖文　史4-29551
　　易聖伯　史4-29552
20 易季和　史7-57869
　　易秉壎　集1-1076
21 易順豫　經1-2061～2、
　　5884,2-10105、11278
　　史2-10770、11085,3-
　　21820　集5-39717～8
　　易順鼎　經1-2035、2309、
　　4449,2-8887、11817～8
　　史1-4266,2-6957、
　　7542、7582、10332、10770、
　　13190～1,3-23793,6-
　　49179,7-49357、52796、
　　54172　子4-19711、
　　22049,5-29195　集5-
　　38722、39201～25,6-
　　42530,7-48367～70、
　　48611～2　叢1-587

(4),2－622、2150～1
易貞　史3－16337
22 易鼎元　集5－35288
易鸞　史7－58053
易崇階　子4－21888
23 易代元　史4－29530
24 易緒流　史4－29542
26 易自卑　史4－29540
27 易佩琨　子2－8513
易佩紳　經1－4328　史
1－5735,3－22682,6－
47350～1　子1－1889,
5－29194　集5－34563～
8,7－48213～5　叢2－
1959
易象乾　史8－61689
易紹德　史8－61343
30 易家霖　史8－62025
易之爵　史4－29543
易之瀚　子3－12353、
12388,12439,12492～3
易宏　集3－15636
易宏安　集7－47059
易良書　經1－1999
易宗瀛　集3－17510～3
易宗涒　史2－6374～5,4－
29554　子5－25861～2
集3－18326
31 易福元　史3－21751
33 易心文　史4－29524
易祓　經1－525～6,4935～
8　史7－49309　叢1－
223(3、8),2－877
34 易達德　史4－29539
35 易清照　集4－26139
36 易澤慰　史7－49801
易遇文　史4－29531
37 易瀾光　集5－34359
易祖愉　集6－44101
易逢辰　史4－29522
易運蒸　史4－29550
38 易道藩　史4－29560
40 易大裕　史4－29555
易大鳳　史4－29558
易大艮　子2－4603、10489
易培相　史4－29535
易壽華　史4－29536
44 易夢枚　集5－37623
易麓嘯　史4－29537
易芳輝　史4－29533
易著塾　史4－29548

易蓉伯　子4－23313
易其霈　史1－1145,4－
29561　集5－37077
易其暢　史4－29525
易虆　集5－38585
46 易觀泉　史3－20931
易觀象　史4－29545
易觀濤　史3－23488
47 易鋆　史4－29559
易超流　史4－29549
48 易翰鼎　子5－27271　集
5－40579
50 易中　集3－19776
易本烺　經1－1709、7048
～9,2－11674,12895、
13188～91,13464～5、
14054～5　史1－4500、
5993,2－13296　子4－
21542　集4－26490～4
叢1－412,2－731(25、52、
56、60)、872,1815
易貴　史6－42009
51 易振禧　史4－29538
易振鵬　史3－21133
52 易靜　子3－13805
53 易輔上　史8－62312
60 易星　子1－4367
64 易時中　史8－59096
70 易雅　經1－2311
77 易鳳庭　集4－26140
易鳳翥　子2－7809
易履中　集5－41321
易履泰　集3－13963,6－
42023
易學山人　經1－1628
易學實　史8－58598、
58672　集3－14158～60
易學清　史4－29562
易開緒　集6－42502
80 易鏡清　經2－12895　集
4－28095～6
86 易錫璜　史4－29553
90 易懷遠　史6－44881
易少華　子2－5203
易棠　史6－45426,48846
集4－29483
易棠蔭　史4－29556
91 易恆　集2－6054
易炳中　史4－29547
97 易煥書　集5－34358
99 易瑩　集5－38722　叢2－

2150
易瑩真　史2－10770
易瑩兌　集5－40867
易變元　集5－35289
易變堯　史8－60750
易榮鼎　史8－63415

6022₈ 界

32 界澄(釋)　子7－33732
46 界如(釋)　史2－6817

6025₃ 晟

32 晟溪逸民　史1－1972、
4446

6033₀ 思

00 思齊居士　叢1－373(3)
16 思聰(釋)　子7－33155
21 思貞子　子5－27042
25 思積(釋)　子7－33333
30 思宗　史1－1938
33 思治　史6－45202
40 思九平生　子5－26504
44 思孝(釋)　子7－33923
46 思坦(釋)　子7－33703、
33705
思槐堂主人　史8－62439
53 思成阿　子3－14335
77 思賢書局　叢1－579
91 思恆居士　子2－6583
94 思恢復生　史1－4256

恩

00 恩慶　子7－37341
02 恩端　史7－55808
03 恩詒　史2－10147
09 恩麟　經2－13118　史7－
56207,8－59819　集4－

31636～8
10 恩元　子3-17362
　　恩霖　史3-15326　集4-
32660～1
12 恩聯　史8-60138
20 恩孚　集4-32658～9
28 恩齡　史4-30764　集4-
32995
31 恩福　史8-63096
33 恩浚　史7-55800
34 恩澍　史3-17483
36 恩澤　史6-45283、45290
　　集5-36606
38 恩祥　子1-3587
　　恩裕　史3-17142
40 恩吉　史3-15429
　　恩壽　子4-22172,7-
35775　叢1-553
44 恩尊齋　子7-38213
　　恩華　史1-285、382、428、
550　集4-29545
　　恩桂　史6-46946
50 恩泰　史3-17656
53 恩成　史8-61590　集4-
32657
67 恩煦　集5-37934
80 恩年　經1-2394～5
86 恩錫　史7-49316、49317
（7）、49318（2）、54041　集
4-33540～6,7-47853
90 恩光　史2-13174
93 恩熾　史3-17153
99 恩榮　史8-60169、60522

6033₁ 黑

01 黑龍江廣信公司　史6-
44494～5
　　黑龍江礦務局　史6-
44783
　　黑龍江清理財政局　史
6-43295
13 黑球華來思　子7-37045
22 黑川亥通　史1-3242
　　黑岩淚香　子7-38163
60 黑田茂次郎　子7-36703
67 黑鳴鳳　子7-35969
77 黑風氏　子7-36431

6033₂ 愚

77 愚叟　叢2-682
80 愚谷老人　子2-10968
　　叢1-195（6）,2-731（30）

6034₃ 團

20 團維墉　經1-7866　史
2-7646　集4-23455～6
60 團昌第　史3-18203

6040₀ 旻

30 旻寧（清宣宗）　史6-
47695　集4-27391～
400

田

00 田庚　史3-16443、18702
　　田廣心　史8-62252
　　田廣湘　史4-26090
　　田廣運　集3-18354～5
　　田文龍　集3-19496
　　田文烈　集5-38512
　　田文弨　集5-39106
　　田文都　子1-2985,7-
35413～4、35556
　　田文鏡　史6-41526、
41533、42994～6、48696～
705,8-59518～9　叢1-
223（24）
　　田六善　史7-55714　集
3-14314
01 田龍　史7-55247
10 田一儁　史1-5474　集
2-9944～5
　　田一雋　集7-48426、
48437
　　田正訓　史8-61757
　　田玉　集3-19496

田元春　史3-16911
田爾硯　史7-55457
田而稘　史8-63244
田需　子4-21109　集3-
15890
田霂　子4-24229
田霡　集3-16647～8　叢
2-949
田雯　經1-3963　史2-
11750,6-46793、47363,
7-49315、49317（4、6、8）、
49318（4、7、9、11）、49341、
50610～1,50991～2、
51006～7,52542、52969、
53620～1,53637　集3-
15506～10,6-41969、
42568、45915　叢1-202
（2）、203（7）、223（67）、456
（7）、457,2-731（57、58）、
735（5）、885、949、1337
田晉蕃　史3-19939　子
2-4705、5413、10737～9
田雲槎　子2-4768
11 田項　史8-58275
12 田登　集3-15562,6-
41965
　　田登瀛　史3-18558
　　田瑞農　史4-26083
　　田瑗　史7-55342
　　田延年　集5-37060
　　田廷俊　經2-14480～1
　　田廷錫　史8-61651
　　田廷耀　史4-26091
13 田琯　史7-57536
14 田琳　子5-30513　集3-
18353
15 田融　叢2-731（65）
16 田聖千　史4-26096～7
　　田琨如　集3-18105
　　田硯秋　集4-32795
　　田硯池　集1-91、125
20 田秀栗　史8-61564、
61566、61922
　　田秀琇　史7-55156
　　田依渠　史3-15474　集
5-34605
　　田維壽　集5-38858、
39419
　　田維翰　集5-39419
21 田步蟾　史3-22884～5
　　田穎　集1-1077
22 田嵩岳　史7-49318（15）、

54153

田種玉　經2-8837

23 田我霖　史3-15785、
21464

田秩　集4-27673～4

24 田德盟　史4-26110

25 田生金　史6-43688

26 田伯良　子2-4759、6294、
6309、7189

田吳照　子7-36690、
37944、37950、37957

田綿淮　子2-4677、5658、
9801、5-31467

27 田仰　史8-59210

田伊言　集5-39917

田佽　史4-26102～3

田島象二　子7-36237

田繩祖　史4-26094

28 田徽葵　史7-56192

田徽明　史7-56359

田從典　集3-16585～6

30 田之豐　子2-8828

田實發　史7-56619、
57763　集3-18039

田實柜　史7-57513　子
4-21271

田實臣　經2-14675　集
4-29075　叢2-809

田宗文　集2-9673～4

田宗漢　史7-52984,8-
60201　子2-4770、4771
(3)、6961、7269

31 田潛　經2-12083、12088～
9、12302

田福謙　史7-55778

32 田兆瑋　史4-26107

田兆林　史2-10177

33 田溥　集4-26119

田浚渠　史3-21482

34 田汝成　史1-1841～2、
1914、1926～7、2828、
2850、2959,2-8873,7-
50290～1、52910、52912
集2-8562、8617～8,6-
41935(2)、44574　叢1-
13、14(2)、22(23、25、27、
28)、29(8、9)、37、84(2)、
95、134、148、154、181、
185、223(19、25)、269(2)、
270(2)、271、272(2)、2-
670、727、730(3、10)、731
(67)、785、832(5、6)、833

田汝棘　集2-8352～4,6-
41935(4)

36 田況　子4-22863～4　叢
1-19(5)、20(3)、21(5)、
22(7)、23(6)、24(6)、29
(5)、31、99～101、223
(44)、2-731(51)、735(4)

田溫斯　子7-38175

田渭　史7-49309、50795

田澤　叢1-223(3)

田邊慶彌　子7-36579

37 田逢年　經1-3921

田運昌　集3-17705

38 田滋　集3-21251

田裕益　史4-26109

田肇麗　史2-11750　集
3-17156　叢2-949、
1337

田啓榮　子2-6441

40 田九齡　集2-9673

田九垓　史8-61518

田九如　子2-8908

田大理　子7-36231(5)

田大里　子7-36228(1、
2)、36231(5、6)、36241、
36242(1)、36248、37583、
37632、37642、37645

田大年　集6-45384

田士麟　史8-59158

田士懿　史8-63963、
64791

田在養　史8-62753

田有嶽　史4-26093

田有年　經1-3921

田志勤　集3-19536

田志蒼　集3-20668

田志肅　史4-26105

田志隆　集3-20047

田嘉生　集2-12882～3

田嘉穀　史7-55707

田真　子7-36718

田樟　史8-61896

43 田榕　史8-62254　集3-
18581　叢2-885

44 田莊儀　集3-18104

田蘭芳　史1-819、5123
集3-14806、14867～72

田茂遇　集3-14143～4,
6-44357～9,7-46405、
46874、48532

田蓮瑞　集5-36136

田蕙　史7-55635

田戀　史1-1985,2-9404,
7-55715

田萬選　經2-14411

田世容　史8-62492

田芸生　史8-59688

田藝蘅　經1-751、2150,
2-12842　史1-1933、
1982,6-49295　子3-
17843、18309～10,4-
18978、19016、20814～9,
5-29105　集2-9753、
6-42359、45789　叢1-
13、14(2、3)、22(25、26)、
25、37、62、64、84(4)、106、
108、111(2、4)、119～20、
129、143、154、353,2-617
(3)、624(3)、730(4、11)、
731(8、9、53)

田村虎藏　子7-37637

田村化三郎　子7-37788

田樹藩　集5-41320

田林　集3-16082

47 田均晉　集4-23268

田朝鼎　史8-61834

田朝恆　經2-14744～7

田桐　集5-41447

48 田增生　史4-26106

田增鑫　史4-26092

田敬宗　史7-55414

田粉　集3-21450

50 田中貞一子　子5-29590、
31480

田中次郎　子7-36594

田中敬一　子7-36232、
36723

田中卯吉　子7-36432

田中矢德　子7-37508、
37517

田中榮信　子2-4768

田泰富　史4-26108

田本沛　史7-57822

田本腴　集4-24964

田忠明　史4-26087

田春同　史8-59830

60 田口虎之助　子7-37545

田國俊　史3-15498

田國輔　史8-60654

田國榮　叢1-372

田易　史7-55015　子4-
21271　集3-16680,6-
43424　叢1-223(24)、

480,2-848、1530
田思孔　史7-55756
田恩遠　史8-60367
田呂葉　史8-63226
田昌雯　史8-62308
61 田顯吉　史8-59333
64 田時雨　子4-23564
67 田明理　史8-61777
田明昶　子1-2478　集5-38772　叢2-659
田明曜　史8-61040
田昀　集6-45440
田鳴玉　集3-15946
71 田厚山　集5-37061
田原良純　子7-36231(5)、37221
田長盛　史8-60769
77 田鳳鳴　集5-39917
田尻稻次郎　子7-37268、37275
田同之　史4-26101　子4-22384、23159　集3-18075~81,6-44830、45491、45857~8,7-46427、47222~3、48713　叢2-949、1415~6
田屏軒　史8-62868
田居中　史8-58220　集2-11776
田間來　子2-9421
田興禮　史4-26111
田興奎　史8-60459
田興恕　集5-36083
80 田金祺　史8-59563
田金楠　集5-39107
田毓璠　史3-16799
田普光　史1-338~9　叢1-517
田曾　集5-38913~4
田谷九橋　子7-36232
田養公　史7-55679
83 田鎔叡　史8-65031、65053
84 田鑄　子5-28571
86 田錦淮　子2-11086
田錫　史6-48124　子4-19076　集1-1841~2,6-41894(1)　叢1-22(15)、23(15)、223(50)
田錫祜　史7-55342
田錫祚　史3-23333

87 田銘　史3-18538　集4-27128
88 田銳　集4-26778
田筱園　子2-10924~5
90 田惟均　史8-62923
91 田纇斯　子7-35101、35254、35360~7、35507、35521~2、35532、35609、35619
93 田怡　史3-15978
97 田恂　史3-16127,4-26104

6040₄ 晏

00 晏庵　集4-28669
晏彥文　史1-5369~73、5376
晏方琦　史2-9950
晏文輝　史7-56873　集2-8861
02 晏端　史7-53683
晏端書　史6-47989,7-49342、53999~4001、56712
晏訢真　集4-28670
10 晏璋　經1-649
晏天章　子3-17960、17981~2、17986　叢1-223(38)、569,2-680
11 晏蜚聲　史3-23256
12 晏聯奎　經1-1784　子3-12379、13626,7-37496
15 晏殊　子5-24811　集1-1937~41,6-41894(2)、44818,7-46352、46380、46382、46387、46457~9　叢1-223(50、72),2-698(13)、720(2)
22 晏幾道　集1-2633,6-44818,7-46352、46380、46382、46387、46469~72　叢1-223(72),2-698(13)、720(2)
晏崑琦　史3-18908
23 晏允恭　史8-60070
30 晏宏　史1-1139
晏宗慈　史7-54202
32 晏兆平　史8-59994
晏沂真　集4-29010~2

40 晏大酉　史4-31715
晏志清　子7-36245、37260
42 晏斯盛　經1-1225~7、2317,3215　史7-49317(7)、49318(10)、53018　集3-18778~9　叢1-223(5),2-1411
44 晏慕殊　集5-37483
晏棻　史8-61873
晏模　史7-50600　叢1-19(2)、21(2)、24(3)
45 晏棣　史2-7657
51 晏打臣　史7-49357
晏振恪　史3-18419
70 晏璧　子5-25803　集1-5594
晏壁　史1-5412
80 晏善澄　史8-58880　集4-23101

6040₇ 曼

15 曼殊(釋)　子7-34967
44 曼華室女史　叢1-587(2)
73 曼陀羅仙(釋)　子6-32081(1、6)、32082(6)、32083(2、5)、32084(1、5)、32086(2、6)、32088(2、5)、32089(2、6)、32090(1、7)、32091(2、7)、32092(1、5)、32093(2、3、8、13),7-32133
77 曼叟　經1-7104
78 曼陁羅仙(釋)　子6-32085(2、6),7-32324

6043₀ 因

77 因覺生　子2-11223

6044₀ 昇

23 昇允　史8-63081
30 昇寅　史7-54105　子1-2230　集4-24784~8

昇寶琳　史2-11992
昇寶珣　史2-11992

6050_0　甲

21 甲仁側室　叢2-1366

6050_4　畢

00 畢亨　集4-28339　叢1-381
　畢方濟　子7-35291　叢1-135
　畢應辰　集4-33564　叢2-886(4)
　畢應箕　史2-7805
　畢庭杰　集4-33562~3　叢2-812
　畢音　史7-55085
08 畢效欽　經2-11174、11179　集6-41847~8
10 畢一謙　史8-59067
　畢霨　史8-59286　集3-18344
12 畢弘述　經2-12455~6、12459
　畢發　集5-35563
　畢廷斌　集3-20013　叢1-250
14 畢琪英　史3-17747
　畢琪光　史7-57925
17 畢承綬　史4-31542
　畢承緗　史4-31542
　畢子卿　集4-31756
22 畢利幹　子7-36608、37615~6
23 畢岱煃　史4-31537
24 畢德衛　子7-37154
25 畢仲詢　子5-26918　叢1-19(2、5)、20(1、3)、21(2、4)、22(7)、23(7)、24(2、5)、29(5)、374
　畢仲游　集1-2870　叢1-223(53)、230(5)、2-731(40)、821
26 畢自寅　史2-9063
　畢自南　史4-31533

畢自肅　史6-48520
畢自嚴　史2-9022、9059、12524,3-23672,4-31536,6-44554、45816、47842、48416~27　集2-11132~6,6-42235、43813　叢1-223(66)
　畢魏　集7-50240~1
27 畢紹森　史2-10578
　畢紹鑫　史2-10578
28 畢以珣　子1-62、64~5、67,3119　叢1-265(3)、286,2-697、698(5)、731(19)
　畢以田　經2-14800
30 畢濟川　史4-31534
　畢宿燾　史7-55945　集3-19796
　畢憲曾　經2-9524
　畢守祥　集3-16364~5
31 畢沅　經1-5957,2-11910~1、11914~5、12191、12396~7、13052、14569~71、14766、15126　史1-10(3)、531、536、988、1034、1172,2-9468,6-48761~5,7-49434、51489~90、51504,8-62672、63929、63955、63994、64079~80　子1-61~2、64~5、67~8,4-19534、19544、19643,5-26762~3、29174　集3-21325~8,4-22014、22077、23533、23608,6-44235~7、45460　叢1-223(25)、257、373(5)、416~7、454、462、487、579,2-628、653(2、4、6)、697、698(4、6)、731(5、10、11、22)、829
　畢瀧　子3-16269
　畢澐　史3-17733
　畢潛　集3-16993
34 畢法　子2-7749~50
　畢汝霖　集3-14538
36 畢澤豐　子2-7572
37 畢鴻　史7-49311
　畢鴻賓　史8-59503
　畢朗　集3-14674
38 畢汾　集3-21907
　畢瀚昭　集4-33668
　畢海珚　集3-16366

畢裕曾　經2-12045　子4-23214
畢道遠　經1-5348　史3-15311
40 畢大琛　集1-137
　畢大生　集6-41963
　畢士俊　史8-58557
　畢奎麟　史4-31538、31540
　畢嘉禎　集5-35867
　畢奇　史2-9385　子7-34120
　畢木　集2-10513~5
44 畢苆亭　史2-7721
　畢蘅芳　史4-31539
　畢茂昭　史3-21296
　畢恭　叢2-785
　畢樊康　子1-3538　集6-42038
　畢樊第　史8-59280~1
　畢華珍　經1-6555　子4-21911　集3-19518　叢1-380,2-731(36)
　畢世求　子1-2547
　畢楚珍　集4-29312
46 畢覲揚　史4-31529
48 畢梅　經2-9611
50 畢忠吉　史8-65688
51 畢振選　史4-31535
　畢振姬　集3-13722~4　叢2-821
53 畢輔宸　子3-15803
　畢盛讚　史7-55928
　畢盛鑑　子4-18617
54 畢拱辰　經2-13773
60 畢□□　史2-11544
　畢星海　經2-12456~7
　畢星垣　史7-55521
71 畢長豫　集4-25780
72 畢所密　史3-16869
　畢所鎛　集4-24443
75 畢體遮邑神治文　子7-36241
77 畢際有　史2-12565,8-59152　子4-22378
　畢熙暘　叢1-197(3)
　畢熙暘　子7-34898
　畢熙曾　集4-29503
　畢開　史4-31541
80 畢鉉　子2-8625
82 畢鍾沅　史7-49875

86 畢錦元　史3-23130
90 畢光祖　史3-17485　集
　　3-21483
　　畢光堯　史8-63111
91 畢炳炎　史8-59507
99 畢榮佐　集3-17695

6060₀ 冒

00 冒廣生　經1-8147　史
　　2-7811、8097、9317、
　　11451、11599、11659、3-
　　19141、6-42347、7-
　　51901、52224、8-64287
　　集1-2815、5408、5677、3-
　　14654、15010、15538、
　　15824、16149、5-38679、
　　40996~1000、7-48402、
　　48752　叢1-584、2-
　　685、807、934
　　冒褒　史2-6430　集3-
　　16149　叢1-203(11)、
　　320、453、587(1)、2-731
　　(61)、934
　　冒襄　史1-1933、2-9304
　　子4-19071、19225、
　　23727、5-26234、26620~
　　1　集3-13619~22、6-
　　44026　叢1-201、202
　　(2)、203(3、8、18)、320、
　　583、587(2、5)、2-624
　　(3)、752、934
20 冒禾書　集6-44355
23 冒俊　集5-34883
30 冒守愚　集2-12216
31 冒沅　史2-9230、6-
　　47327、8-60442　叢2-
　　934~5
32 冒澄　史6-47337　子4-
　　24558　集5-34624~5
　　叢2-935
40 冒南捷　史3-18522、
　　18557
　　冒嘉穗　集3-15538　叢
　　2-934
44 冒葉　史8-63096
46 冒坦然　集3-13688　叢
　　2-934
47 冒起宗　史7-54661　集
　　2-12772~8、6-41943
　　叢1-456(7)、2-731

(62)、934
　　冒超處　叢2-934
50 冒春榮　史7-57471　集
　　6-45977　叢2-934
60 冒日乾　集2-12216~7
　　叢2-934
　　冒國柱　史5-40931
77 冒丹書　史2-6431~2
　　集3-15824、6-44355
　　叢1-203(11)、320、453、
　　587(1)、2-731(61)、934
80 冒愈昌　集2-9663、11936
　　~7、6-41939、45821　叢
　　2-934
88 冒箎　叢2-934

呂

00 呂序程　史3-15354
　　呂彥貞　集1-5813
　　呂高　集2-8683
　　呂應靖　集7-48329
　　呂應奎　史8-61013
　　呂應南　史8-60026
　　呂庭栩　史8-60188
　　呂賡虞　史8-63478
　　呂賡樀　史4-26312
　　呂文高　史4-26310
　　呂文慶　史4-26310
　　呂文南　史2-8473
　　呂文櫹　經1-8037　集
　　3-18457
　　呂文錦　集6-42133
　　呂文光　史8-59754
　　呂袞謙　史3-20268
01 呂龍光　史4-26270
02 呂新吾　史6-45450
　　呂新甫　子2-9007
03 呂誠　集1-5650~66　叢
　　1-223(62)、2-618
07 呂望　子4-19512
　　呂調元　史7-55852、8-
　　60083
　　呂調陽　經1-1820~1、
　　3324、4695、5109、5196、
　　6558、2-8867、9150、
　　10188、11696~7、12663、
　　14208　史1-10(1)、
　　236、6011、2-13386、7-
　　49318(17)、49393、49398、

49420、54485、8-61668、
　　64225　叢2-1946
08 呂謙　史4-26293
　　呂謙恆　集3-16741~4
10 呂一經　子5-25175
　　呂一綸　史4-26267
　　呂一奏　經2-14756
　　呂一靜　史8-58299
　　呂一鳳　史3-18033
　　呂正音　史6-44728、8-
　　60574
　　呂正祥　史4-26362
　　呂五峯　集6-45467
　　呂五青　集6-45354
　　呂璋　史3-17052
　　呂元亮　史2-11777　叢
　　2-607
　　呂元音　史8-60212
　　呂元調　集6-44651
　　呂元灝　史8-60071
　　呂元啓　子5-25152
　　呂元素　子5-29530(23)、
　　30718
　　呂元善　史2-6322~3、
　　6621、7-51458　叢2-
　　730(13)、731(60)、836
　　呂元錦　經2-11027
　　呂震　子4-18571~2、
　　18599　叢1-196、223
　　(38)、273(4)、275、2-
　　689、731(32)
　　呂震名　子2-4770、5350、
　　6615
　　呂震南　史8-63236
　　呂夏卿　史1-5、5278、
　　5298~300　叢1-223
　　(29)、230(3)、380、2-
　　616、731(65)
　　呂天芹　史8-58232
　　呂天成　子5-28243~5
　　集2-11556、7-48773、
　　49209~10、54849~50
　　呂晉昭　史2-7624
　　呂雲藻　史4-26266
　　呂不韋　經1-203
　　呂不用　集2-6173~5
11 呂蜚雯　史4-26291
12 呂瑞廷　子1-4396
　　呂聯三　史4-26302
　　呂弘誥　史7-57687
　　呂延濟　集6-42088~91
　　叢1-223(68)、2-635

呂克孝 史7-56825
呂南公 集1-2315 叢1-223(53)
呂希端 子2-8858
呂希哲 子4-19997～9 叢1-19(8)、20(5、6)、21(7、8)、22(2、4)、23(2、4)、24(8、9)、223(41)、272(2)、374
呂希周 集2-8392
呂存德 子1-1868 叢2-886(2)
呂志元 史3-18966
呂志尹 史2-8302
呂志伊 集5-41539
呂志瀛 史3-21398
呂志曾 史4-26271
呂嘉岳 集4-24020
呂嘉榮 子7-37357
呂吉甫 子1-4404
43 呂載賡 史4-26304
呂樾 集3-17096
44 呂封齊 史8-59499
呂蘭癡 子2-6777
呂蔚曾 史3-16760
呂茂良 子4-19356
呂葆中 集3-17097,6-43002
呂芝延 史7-57479
呂芝田 史4-26354,6-45974
呂燕昭 史7-56545
呂懋 集6-44004
呂懋先 史8-58869
呂懋勳 史8-62694
呂懋深 史2-10292
呂懋光 史3-17517
呂懋恆 史8-60813
呂懋悌 史2-10292
呂萬綬 史3-17404
呂世宜 經2-12891 集4-27692 叢1-419,2-710、731(46)
呂世良 史6-47625
呂世鏞 經2-8846、9124、9546、10024、10848～9、11097
呂黃鍾 史6-47848
呂樹春 史4-26340
呂桂孫 史8-60824
呂桂芬 史3-20090

呂植 史7-54944
呂楠 集3-15455
呂林 子7-35017
呂林葳 史4-26331
呂林鍾 史7-58026,8-59544
呂樣村 子2-4726
45 呂坤 經1-5389,6255～9,2-13803～4 史1-5478,2-6408,8994,6-42661,42961～5,43374、45143,46508～9,46700、48364 子1-1152～61、1163～73、1176～9、1955、1963～5、1969～70、1974、2355、2505～7、2774、2777～9、2782、2784、2946～8、3467～9、3508,2-8683,4-20640、23931～4,5-27039、29764～5 集2-9874～80 叢1-151、218、223(31)、241、242(4)、269(4)、270(3)、271、272(3)、299～300、313、330～1、344、360、483、534、574(4、5),2-691(2)、724、731(8、19、20)、1137～40、1387、1826
呂坤元 史4-26283
呂柟 經1-45、655、2711、4683、6303、7570、2-10292 史7-53068、55899,8-59698、62663、62709 子1-97、104、568、613、678、797、993～7,5-24812 集2-7785～92 叢1-151、223(14、31)、347,2-731(9、12、21、37)
46 呂相道 史4-26301
呂相變 史1-4502 子5-27139、27165
47 呂聲之 集1-3933,6-41896、41904
呂朝瑞 史3-15440
呂朝恩 叢1-373(3)
呂柳文 史8-59922
48 呂增材 史4-26360
呂乾健 史8-59836
呂敬直 史8-59851
50 呂中 史1-5904～6 叢1-223(29)
呂中清 史7-56198

呂申 集5-38976
呂夷鐘 史8-59753
呂夷簡 子6-32084(31),7-32119
呂肅高 史8-60421
呂本 史1-2687,4-26292,6-47627 集2-8671
呂本中 經1-6774,7500 史2-7077,6-41519～20、42923～4 子1-2642～3,2-4704,4-19374,19996,20090～1,5-27387 集1-3133～5,6-41784、41894(1)、41895、41904、45483、45485、45490、45571 叢1-2～6、8～9、17、19(4、6、10、11)、20(4、7、9)、21(3、9)、22(6、12、14)、23(6、12、13)、24(4、7、10、12)、29(5)、31、66、114(5)、115、157、169(3)、223(10、26、30、41)、227(3)、268(2)、272(3)、330～1、391、465,2-636(4)、673、687、731(12、18、46)
呂惠連 子5-31025～6
呂惠卿 子5-29025、29256～7、29530(14、19)
呂春高 史4-26311
呂素文 史4-26314
呂東皋 史3-19465
51 呂振麒 集4-27404
呂軒 集6-45327
52 呂靜 經2-13600～4、15116、15119、15137、15142 叢1-495、586(2),2-716(1)、773(2)、774(8)
53 呂咸 史7-56078
呂咸熙 叢2-724
呂成憲 史3-18961
56 呂揚祖 經1-6075
57 呂邦任 史4-26332
呂邦燿 史1-1104,2122,3-23663
58 呂撫 子5-27921～3
60 呂星垣 史7-49317(4、8)、49318(7、11)、53371、53394、53626、53632 集4-23571,7-49693～4
呂星月 史4-26300
呂星耀 史4-26277

57741
呂輝元　史4-26351
呂煥文　史3-22114
呂燦翰　史4-26306
99 呂變樞　集4-33257
呂榮　集4-23826
呂榮義　史6-42292　叢
1-22(8)、23(8)

回

50 回春子　子5-29590、
31482
76 回陽子　子5-31463

昌

00 昌立(釋)　史7-51563
昌應時　集6-44796
昌言(釋)　集4-31539
昌言報館　史6-41535
子7-37352、37391
10 昌元(釋)　子7-34381
昌天錦　史8-58390
21 昌仁(釋)　集5-34790
22 昌巖　子1-1296　叢1-
142
24 昌德(釋)　子7-33133
26 昌和(釋)　集5-34931
28 昌齡氏　子2-5283
37 昌祿　史3-15282
44 昌世隆　史4-29521

6060₄　固

22 固利爾乙　子7-35144、
35188、35635～7、35639
40 固來納　子7-36231(4)、
37047～8

圖

10 圖雷爾　子7-36607

16 圖理琛　史7-49318(4)、
49339、54288～9　叢1-
202(5)、203(11)、223
(26)、269(4)、270(3)、272
(3)、2-731(60)
24 圖納　子1-1570　集3-
15754
38 圖海　史1-1698、1707～8、
1711
44 圖轄布　集3-20580
88 圖敏　集3-21589

6066₀　品

14 品玕(釋)　子7-33784～5
29 品秋先生　集7-50848

6071₁　昆

22 昆崗　史6-48058
34 昆池釣叟　集7-48617

毘

60 毘目智仙(釋)　子6-
32081(2、22、23、24)、
32082(3、13、14)、32083
(3、15、16、17)、32084(3、
13、14)、32085(3、22、23、
24)、32086(3、24、25、27)、
32088(3、16、17、18)、
32089(3、41、43、44)、
32090(3、48、49、50)、
32091(3、46、47、48)、
32092(2、32、33)、32093
(4、25、26、27)、7-32133、
32182
77 毘尼多流支(釋)　子6-
32081(7、9)、32082(6、9)、
32083(5、7)、32085(7、
10)、32086(7、11)、32088
(5、8)、32089(6、9)、32090
(11)、32091(10)、32092
(7)、32093(10、14)、7-
32519
80 毘舍佉尊者　子6-32081

(36)、32082(15)、32083
(24)、32084(19)、32085
(35)、32086(40)、32088
(25)、32089(40)、32090
(46)、32091(44)、32092
(30)、32093(24)

6071₂　圈

22 圈稱　史7-50644、50646～
7　叢2-776

6071₇　黽

84 黽錯　子4-19669　叢2-
774(9)

6072₇　昂

40 昂吉　集1-5692

曷

10 曷爾毛　子7-36232

6073₁　曇

00 曇摩(釋)　子6-32081
(1)、32083(2)、32084(1)、
32085(1)、32086(1)、
32088(1)、32089(2)、
32090(1)、32091(1)、
32092(1)、32093(13)
曇摩耶舍(釋)　子6-
32081(9、38)、32082(8、
17)、32083(7、25)、32084
(6、21)、32085(9、37)、
32086(10、41)、32088(7、
26)、32089(7、45)、32090
(10、51)、32091(9、49)、
32092(6、34)、32093(9、29)
曇摩伽陀耶舍(釋)　子6-

中國古籍總目·索引

異

34 異遠真人　子2-7907
40 異真道人　子2-7906

足

00 足立寬　子7-38004
　　足立喜六　史2-8526

6080₆　員

11 員珂(釋)　子6-32091
　　(66)、7-32112、32220
27 員佩蘭　史7-55599
77 員興宗　史1-1920～1、
　　2544、2555　子4-20137
　　集1-3420　叢1-223
　　(41、55)、242(5)、2-731
　　(6)

圓

10 圓至(釋)　集1-4974～6、
　　6-43271、43273～4　叢
　　1-223(59)、2-833
11 圓珏(釋)　集2-13012
　　圓頂(釋)　子6-32091
　　(81)
14 圓瑛(釋)　集5-41439
20 圓信(釋)　子6-32092
　　(44)、7-34267
21 圓能(釋)　集4-22292
　　圓行(釋)　子6-32093
　　(39)
22 圓鼎(釋)　史2-6815、
　　8304　子7-34734　叢
　　2-886(2)
　　圓嶠真逸　子5-32045
　　叢2-832(2)
27 圓修(釋)　子6-32092
　　(44)、7-34254～6

28 圓微(釋)　集3-17666
　　圓復(釋)　集2-12520
30 圓濟(釋)　史7-52239
　　圓宗(釋)　子7-34214
32 圓測(釋)　子7-33070、
　　33126～7、33599、33690
　　圓澄(釋)　子6-32091
　　(66)、7-33132、33439、
　　34084
37 圓瀞(釋)　子6-32089
　　(52)、32090(66)、32091
　　(64)、32092(44)、32093
　　(52)、7-34836
　　圓通(釋)　子7-33263、
　　34037
47 圓超(釋)　子2-9655
60 圓果(釋)　子6-32091
　　(75)
61 圓顯(釋)　史7-52271
67 圓明老人　子5-29530
　　(6)、30828
　　圓照(釋)　子6-32081
　　(43)、32084(26)、32093
　　(53)、7-32119
77 圓覺(釋)　子6-32089
　　(52)、32090(66)、32091
　　(64)、32092(42)、32093
　　(50)、7-33893～4
　　圓賢(釋)　子7-34416
86 圓智(釋)　子7-34453
91 圓悟(釋)　子6-32089
　　(52)、32091(65、72、73)、
　　32092(44)、7-34021～2、
　　34098、34244～5、34259～
　　60、34962
97 圓燦(釋)　史7-51499

買

60 買□利　子7-37303

6082₁　貯

20 貯香主人　子4-23712

6090₄　果

00 果齋　經1-8027
03 果斌(釋)　集2-9532、6-
　　41935(3)
10 果爾敏　子7-37378　集
　　3-20976～7、6-42007(3)
21 果仁(釋)　子7-33713、
　　33862～3
34 果滿(釋)　子7-34468～9
38 果海(釋)　集2-12234
87 果銘　史2-10767
95 果性(釋)　子6-32091
　　(70)

6090₆　景

00 景方昶　史7-49731、
　　49968　叢2-785
　　景廉　史2-12883～4、3-
　　17079、7-54045　集5-
　　34152
08 景謙　子1-3749
10 景雲　集4-23009
　　景霖　史7-56147　集4-
　　32859
24 景佐綱　史7-55135
27 景象元　史7-55720
　　景冬陽　子2-4632、9392
　　～3
28 景份　史8-59810
　　景綸　史8-59543
30 景淳(釋)　集6-45491、
　　45495、45623　叢1-114
　　(4)
　　景安　史6-42310　子1-
　　1636～7、4-21380　集
　　4-24622～5　叢2-1602
　　景定成　史7-55911
31 景江錦　集4-22525～6
　　景濬商　集4-25786
　　景福　集3-20771
32 景灃　史2-10004
　　景淨(釋)　子7-35246
　　叢1-135
　　景援　史3-16639

35 景清　史 6 - 42327
37 景潤　史 3 - 21517
　景鴻賓　史 8 - 59732
38 景啓驥　史 3 - 21501
44 景芳　史 7 - 55523
　景其濬　集 4 - 27052,6 -
　42070
　景樹楠　集 5 - 34398
57 景邦憲　史 7 - 52660
60 景日昣　史 6 - 47128,7 -
　50881、51860、52541　子
　1 - 2386,2 - 4955〜6,4 -
　18706
　景星　經 1 - 77(4),2 -
　8683、8941　集 5 - 36800
　叢 1 - 223(14)
　景星杓　子 5 - 27077　集
　3 - 16666　叢 1 - 203(14)
68 景昈　叢 2 - 1383
77 景閏　集 5 - 37109
　景隆(釋)　子 2 - 9217〜8,
　7 - 34065、34414
　景閏　史 3 - 17071
　景學鈐　史 3 - 20814
　景賢　史 6 - 43777
80 景鎬　子 7 - 36451
　景善　史 1 - 1995、4278,3 -
　15565,6 - 45172
90 景尙雄　子 7 - 37936
97 景煥　史 1 - 2433　叢 1 -
　17、19(4、5)、20(2、3)、21
　(3、4)、22(3、5)、23(3、5)、
　24(4,6)、29(6)、157、374
99 景變　集 4 - 26864

6091₄　羅

00 羅立功　史 5 - 41047
　羅亨信　集 2 - 6517〜8
　羅亨利　子 7 - 36228(3、
　5)、36231(2、4)、36242
　(3)、36248、36250、36828、
　36963、37439
　羅亨檝　史 5 - 41109
　羅鹿齡　集 2 - 8814,6 -
　41935(3)
　羅彥可　集 4 - 24645
　羅彥瞻　子 3 - 14447
　羅高清　史 5 - 41160
　羅應旂　史 2 - 9961、10510

羅應霖　史 8 - 58686
羅應鯤　史 5 - 41086
羅應基　史 3 - 23402
羅應鶴　史 3 - 24585
羅應辰　史 8 - 58223
羅度　史 2 - 10359　集 5 -
　38693〜4
羅慶蕲　史 8 - 60601
羅慶恩　集 4 - 22540
羅慶曾　史 2 - 10876
羅廪　子 4 - 18978、19043
　叢 1 - 22(26)
羅文謙　集 6 - 41701
羅文俊　集 4 - 28964〜6
羅文戴　史 8 - 61851
羅文波　史 5 - 41056
羅文彬　史 1 - 4033,2 -
　13115　叢 2 - 885
羅文思　史 8 - 62244、
　63063、63069
羅文昭　史 2 - 6418
羅文質　子 3 - 16958
羅文學　史 5 - 41163
羅享炯　史 5 - 41064
01 羅龍文　史 8 - 64913
　羅龍元　史 5 - 41159
　羅龍岡　集 4 - 23171
02 羅彰彞　史 8 - 62940
　羅誘　史 7 - 50594　叢 1 -
　19(7)、20(4)、22(7)、23
　(7)、24(7),2 - 617(4)
　羅新雋　史 5 - 41126
07 羅毅　史 7 - 57516
08 羅旃閣　子 7 - 35317
　羅敦厚　史 5 - 41101
　羅謙　史 1 - 1950、1953、
　1964、1973、3467
　羅許　史 7 - 55424
10 羅正宗　史 8 - 61287
　羅正沛　史 5 - 41108
　羅正學　史 5 - 41094
　羅正鈞　史 2 - 7531、7630、
　10261〜2、12197,6 -
　48982　集 5 - 38852
　羅玉藻　子 1 - 1588
　羅王常　史 8 - 64927
　羅璋　集 5 - 33891,6 -
　42007(3)
　羅元琦　史 8 - 62595
　羅元齡　史 7 - 57580
　羅元繡　史 7 - 52633,8 -

61655
羅元煥　史 2 - 8257　集
　3 - 21923〜4　叢 2 - 731
　(44)、881
羅丙燦　史 3 - 21752
羅震亨　集 5 - 37586　叢
　2 - 788
羅霆震　史 7 - 52548　子
　5 - 29530(19)
羅天祐　史 3 - 21828
羅天桂　史 8 - 60933
羅天閶　集 3 - 20090
羅天尺　史 7 - 50878　集
　3 - 18567〜8　叢 2 - 731
　(54)、881
羅天益　子 2 - 4810、10464
　叢 1 - 347,2 - 730(1)
羅更　經 2 - 11561〜2　叢
　2 - 814
羅更翁　史 8 - 64136
羅晉亨　集 5 - 37960　叢
　2 - 788
羅可桓　集 5 - 41577
羅貢廷　史 5 - 41136
11 羅斐成　史 5 - 41093
12 羅登京　史 5 - 41132
　羅登瀛　史 8 - 60294
　羅登選　經 1 - 5959、6447
　羅登標　經 1 - 1159
　羅瑞璋　史 3 - 22374
　羅瑞霖　子 2 - 8162
　羅弘運　史 2 - 7232
　羅廷琛　集 5 - 37690
　羅廷繡　史 8 - 62892〜3
　羅廷權　史 8 - 61866、
　61914、62046　子 1 -
　4436
　羅廷照　子 2 - 9737
　羅孔裔　經 1 - 4122　子
　3 - 12991
13 羅瑄　子 5 - 24932
14 羅琦　史 7 - 56952
　羅功武　經 2 - 8561
　羅功懋　史 5 - 41106
　羅琳之　史 8 - 60763
15 羅聘　子 3 - 16726〜8、
　17069〜70,4 - 21247,7 -
　34669　集 3 - 18588、
　21692　叢 1 - 373(5)、518
　羅建邦　史 8 - 61408
16 羅醒塵　史 6 - 44401
17 羅玘　集 2 - 6898、7150〜3

叢1-223(65)
羅珊 集4-30155、6-
42007(2)
羅乃文 子2-9853
羅承順 史8-61792
羅承祺 史3-17276
羅承益 史5-41036
羅子理 集2-6136
羅君懷 集5-35903
羅柔 集2-7294～5、6-
41935(3)
18 羅珍 史1-4600
羅致勳 子3-12753
20 羅壬 史1-4103～4、5-
41074
羅爲賡 史7-57295
羅爲孝 史8-58499
羅秀士 子5-25113
羅信北 史6-43053 子
1-1920 集4-28894～7
羅信南 子1-1920、2842
集4-28190～6
羅香林 史2-12422 叢
2-2199
羅秉政 集4-25276～7
羅秉義 史8-58793
羅維祺 史4-29534
羅維垣 史3-16473
羅維靜 集4-25671
21 羅能標 史5-41098
羅行楷 史8-60491、
60793
羅衡炳 集4-30156
羅虞臣 集2-8730～1
羅熊光 子2-9842
羅占華 史5-41045
羅師古 子7-36241
羅師揚 史7-50894、
54466 集5-40379 叢
2-2199
羅貞 子2-7525
羅經 經1-2239、2402
子3-13784
羅經權 史3-22184
羅經畬 史8-60804
22 羅鼎亨 集5-38241 叢
2-788
羅僑 子1-980
羅邑 史1-4832、8-64912
羅山道人 子3-14224
羅崇麟 子3-11640、

14435
羅崇奎 史2-8952
羅繼祖 史1-4803、2-
7228、11593、11882、
11891、11911、7-53790
羅崧駿 子2-10799
羅綏堂 子2-5217
羅綏香 史8-61891
23 羅伏龍 集3-13585
羅獻 史8-60944
24 羅魁 史8-62945
羅先登 子4-18666～8
叢1-22(16)、23(16)、35、
37、114(6)、115～6
羅德崑 史8-60387
羅德綷 史3-15678
羅德賢 史5-41117
羅勉道 子5-29274、
29530(15)
羅特里 子7-35415
羅繞典 史8-62181 集
4-29330～3
25 羅仲玉 子1-4228
羅傳瑞 史6-41938
羅傳甲 史8-62784
羅傳銘 史8-63070
羅傑 子4-24632 集5-
40364
羅紳 史8-60620
羅積堂 史5-41104
26 羅伯瓊 集7-47557
羅伯村 子7-36228(5)
羅伯雅 子7-37959、
37974
羅緗 史8-60189
羅綿織 集5-38905
27 羅歸德 經1-1686
羅仰錡 史8-62546
羅仰懷 史2-10433
羅豹成 子2-7757
羅修美 史5-41128
羅修兹 集4-29860
羅奐 史5-41078
羅彝序 集6-42388
羅名巖 史5-41089
羅彙唐 史5-41121
羅叔韶 史7-57396～7
羅叔韺 子2-9613
羅紹文 史8-62021
羅紹元 子4-21730
羅紹芳 子2-5097、7472

28 羅以桂 史7-55265
羅以智 經2-11379 史
2-6364、11219、11682、6-
49291、7-50321 子3-
11438 集1-232、4606、
4-30429～32、6-43668、
46065 叢2-751、832
(3)
羅似臣 叢1-223(55)
羅倫 經1-638 集2-
6974～83、6-45336、
45340 叢1-223(64)
羅復 經1-3694～6
羅復晉 史8-58779
羅從彦 史1-2463 集
1-2995～3001、6-41784、
41894(3)、41895 叢1-
34、214、223(54)、482、2-
731(44)
羅從繩 集3-21751～2
羅舫 史3-23649
羅綸 史8-62451
30 羅瀛美 史3-21714
羅家龍 集5-36368 叢
2-682
羅家光 叢2-682
羅永符 史1-1342
羅宿 集5-41602 叢2-
886(5)
羅之言 史5-41075
羅之瑞 集4-26413
羅之圭 集4-30955
羅憲道 史5-41062
羅守昌 史8-61101
羅安 集4-27200
羅宏聲 史5-41097
羅宏燁 史5-41114
羅良弼 叢1-223(52)
羅良柱 史7-55888
羅良鵬 史8-58884
羅密 史5-35492
羅密士 子7-35688、
36231(4)、37513、37531、
37550、37552、37568～9、
37685
羅定昌 史2-8282 子
2-4707、4741、5165、
5948、10744
羅寶森 史5-41049
羅寶書 史7-56125、
56290
羅宗璉 史8-62442

羅宗瀛　史8-59471

31 羅涇川　子2-7473

羅瀋　史7-54917、57408　叢1-223(23)

羅福麟　史5-41145

羅福玉　史5-41037

羅福至　子2-11077

羅福葆　叢2-2193

羅福萇　經2-14954、14956　子4-22056　叢2-603、986

羅福成　經2-14955、14966

羅福頤　史8-63836~7、64339、64343、66252、66308　叢2-986

32 羅洲雲　史5-41080

羅兆旗　史8-61163

羅兆鵬　史5-41043

羅浮山　子2-5614

羅浮山人　子2-5938、3-13612

羅浮待鶴山人　子1-2327

羅浮散客　子5-27727~8

33 羅必煒　子2-4778、4911、5780~3、5785~8

羅泌　史1-1914、2009~11、5039　叢1-95~6、223(19)、2-698(4)、730(2)、731(64)

34 羅斗　集6-44755

羅漢　子6-32084(21)、32093(30)

羅汝南　史7-49311、49782

羅汝芳　經2-8381~2、8573、8585、8713、8972、9367、9864、10321　史6-44418　子1-1092~4、4-20564~7　集2-9178~85　叢1-108、111(4)、2-731(16)、1102、1151

羅汝蘭　子2-4770、7084

羅汝槐　經1-2298

羅汝聲　史5-41057

羅汝懷　史6-47324、7-54330　集4-31022~7、7-47818~9　叢1-445

羅凌雲　史5-41142

羅凌漢　史8-60391

羅浩　子2-5369、6152

羅洪先　史2-11455、7-49549、49586、53190　子1-104、1040~1、2-11004、11174、5-29593　集2-7484、8655~66、6-41935(2)、42751、45336　叢1-22(24)、223(65)

羅洪熾　史5-41192

羅遠耀　史5-41125

35 羅禮鏘　史5-41055

羅迪楚　史3-16480、22122

36 羅澤南　經1-1718、2-10048~9、10920、13478　史7-49317(3、4)、49318(4、7、9)、52572、53649、53657、53661、53668、8-63058　子1-108、649、1719~20、1964、2729　集4-31591　叢1-534、574(3、4)、2-691(2)、724、1820

羅遲春　集3-20021

37 羅潤璋　集5-40745~6

羅鴻遜　史5-41082

羅鴻熙　集4-32179

羅祖　子7-36094~111

羅祖元　史5-41052

羅祖禹　經1-3712

羅逢吉　集1-4065

羅鄴　集1-1645、6-41741、41824、41869、41878　叢1-29(4)、56、249(2)、255(3)、395

38 羅遵周　史5-41103

羅道嘉　史5-41158

羅棨　集3-15815

40 羅大章　集6-44755

羅大維　子7-36518

羅大經　子4-20160~69　叢1-17、19(3)、20(2)、21(6)、22(4)、23(4)、24(3)、31、99~101、151、223(41)、2-652、731(52)、735(3)、771(2)

羅大佑　史3-15748　集5-38039

羅大紘　集2-10607

羅大春　經2-8872、9151、9629、10079、10973~4、11115~6　史7-51247

羅太史　集7-54079~81

羅士琳　經1-163(3)、

7922、2-14380　史1-650、2-6707、8-64182　子3-12353、12388、12396、12437~41、12451、12494、12646~9、12723、4-19714　集4-27759~60　叢1-344、359、426、451、516、2-731(26、32)

羅士彝　史7-51962

羅士超　史7-52121

羅士驊　史5-41044

羅士學　史7-56618

羅士鏡　史5-41070

羅士筠　史7-57474

羅奎章　史8-59220

羅臺山　史5-41073

羅塘寄　子2-9812

羅在公　史7-54937

羅克涵　史8-58284

羅希益　史7-57934

羅有高　史2-9193、7-49318(6)、53576　集3-21693~8、4-22450、6-42067、42069　叢1-587(4)

羅有文　史8-60316

羅皮氏　史2-10510

羅志讓　集4-33251~2、7-48181　叢2-806

羅志仁　叢1-19(9)、20(7)、21(8)、22(4)、23(4)、24(9)、374

羅嘉蓉　集4-33326~7、6-42007(2)

羅杏林　史5-41060

羅壽洪　經1-5129

羅榜初　史5-41068

羅梓淵　史5-41113

羅森　史7-51747　子3-15394

42 羅荊溪　史5-41120

羅荊璧　經2-10931

羅荊壁　史5-41079

羅斯古　子7-36228(4)、36231(4)、36246、36250、37436

羅機徹　子6-32091(80)

43 羅博　史8-59237

羅式古　子7-37602

羅式常　集4-31023

羅越峯　子2-4770、5214、8274、9948

44 羅萱　集5-34764~5

羅藩　集4-30005
羅夢魁　集4-24889
羅夢鴻　子7-36094～5、
　36097～100、36102～11
羅莊　集5-40500～1　叢
　2-745
羅蒙正　集1-5643
羅茂澤　史5-41157
羅葆祺　子3-17434
羅葆熙　史3-21904
羅蓮之　史5-41133
羅懋登　子5-28153～6
　集7-48809、49751、49800
　叢1-496(7)
羅懋忠　子4-20927
羅孝高　子7-36447
羅孝龍　史5-41137
羅苹　史1-2009～11　叢
　2-698(4)
羅萬化　經1-6312　集
　2-9904
羅萬傑　集2-12636～7
羅萬繡　史5-41164
羅萬象　集3-13202～4
羅萬藻　經2-11508　子
　5-25764～5　集2-
　12164～71,6-44818～9、
　45336
羅萬錦　史5-41164
羅華　集5-40940
羅華珊　史5-41041、
　41138
羅華齡　集4-22094
羅世庭　史5-41122
羅世塾　史5-41127
羅世瑤　子2-4768、9715,
　3-14327
羅世重　集3-14700
羅世勳　集5-39656
羅世桂　史5-41122
羅世榴　史5-41130
羅世燦　史5-41129
羅其澤　史8-62569
羅楚熊　史1-5025
羅桂中　史3-21992
羅桂銘　史8-62976
羅蘿村　經1-4390
羅椅　集1-3452、4480～1
　叢1-223(56),2-635
　(10)、870(4)
羅楠華　史5-41102

羅林　子7-37483
45 羅坤　集3-16261
46 羅覲恩　集4-26068
羅覲駿　史7-55486
羅柏麓　史7-57235
羅柏村　子7-36231(6)、
　36242(2)、36248～50、
　36803～4　叢1-568
羅相唐　史5-41085
47 羅鶴　了4-20786～7
羅朝彥　史5-41087
羅桐林　集4-24992
48 羅增　經2-12039
羅增麒　史8-61401
羅增垣　史8-61930
羅翰文　集4-29861
羅松齡　史3-21070
羅松窗　集7-52168～74
羅梅江　集7-50348
50 羅中儒　史5-41161
羅中九　史5-41105
羅中莅　史5-41095
羅泰　集2-6579
羅泰彰　史5-41063
羅泰階　史5-41100
羅青霄　史8-58359　子
　3-14572
羅本　子5-27979～8001、
　28021、28070～2、28667～
　8、28817～25　集7-
　48959
羅本立　子2-9576
羅惠恩　史8-62587
羅忠賢　史5-41046
羅春霖　史8-62061
羅春伯　叢1-374
羅春芳　史8-61437
羅春馭　集5-40282
羅貴平　史5-41173
羅貴岑　史5-41042
羅東生　子2-4769
51 羅振方　史6-44891
羅振玉　經1-291～2、
　2541、2549～50、2553、
　3356、3543、3576、4460、
　7424,2-9677、12766、
　12968、13275　史1-10
　(3,5)、25、441～2、594、
　597、625、647、670、991、
　1396、1496、1980、1984、
　2375、4730、4771～2,2-

6474、7794、8592、11630、
11633、11702、13284,6-
41993、42404、42422、
44884、45123～6,7-
51172、52469、53764、
53780、54179～80,8-
63503、63505～6、63508、
63524、63590、63737～45、
63781～3、63793、63797、
63804、63811、63832、
63844、63861、63866、
63869、63888～9、63897、
63962、63989、63991～2、
63999～4000、64005～6、
64008～13、64016～7、
64040、64097～8、64108～
9、64114、64119、64121～
2、64232～8、64272、64282
～4、64452～4、64505、
64548、64629、64631、
64637、64689、64785、
64908、65054～60、65106、
65114～5、65151、65154～
61、65180、65233～9、
65246、65957、66147、
66243、66357～8、66455、
66487　子1-1988～9、
2005、4173、4318～9,3-
14971、16175、17391,4-
22099～100、22759,5-
28938、30249,7-36493
集1-717、2278,2-
12426,3-18964,4-
24533、25280、29457,5-
40365～78　叢1-305、
418、537、584～5、588～9,
2-592～608、630、745、
807、925、2190～8
羅振雲　史3-15554
羅振鋆　叢2-2192
羅振鏞　史7-51766　子
　3-17392,4-21731
羅振常　史1-678,2-
　8755、8773,7-51920,8-
　65071、65395、65926　子
　7-36232、36706、37027、
　37034　集1-2122～4、
　2554、2629,3-21292　叢
　2-745～6
52 羅虬　子4-19152　集1-
　1646～50,6-41824　叢
　1-19(11)、20(9)、21
　(10)、22(17)、23(17)、24
　(11)、29(4)、168(4)、255
　(2)、350、587(2)

羅靜軒　史5-41140
53 羅盛儉　史5-41139、
　41156
55 羅典　經1-1336、4049、
　7834
57 羅邦彥　史8-59200
　羅邦憲　集4-26759
58 羅鼇　史8-62918
60 羅□　子2-7613
　羅□□　子2-11042、4-
　24620
　羅□田　集5-37836
　羅日聚　史7-54263~4
　叢2-870(3)
　羅日嵩　史5-41115
　羅日璧　史8-62937
　羅曰聚　子5-25076
　羅星　史8-61536
　羅星緯　史3-18551
　羅星紀　子3-14503
　羅星燦　史5-41076
　羅國瑞　史3-21695
　羅國綱　子2-5025
　羅國鈞　史8-61898
　羅思舉　史2-9669、12006
　　子2-9636
　羅愚　經2-14398
　羅田萬　子2-8809
　羅昇藻　史3-21771
　羅昌鸞　經1-1930
　羅昌南　史5-41119
　羅喦　集3-15762　叢2-
　　845(3)
　羅景　史7-51468
　羅景山　史5-41083
　羅景泐　史7-55178
61 羅點　叢1-19(4)、20(2)、
　21(4)、22(6)、23(6)、24(5)
　羅顯　史3-24584
　羅顯承　史3-23645
　羅顯佳　史5-41088
62 羅則遜　史7-55150
63 羅咏裳　史5-41148
64 羅時憲　經2-11297、
　12366、12628、12704、
　13243、14819
　羅時暄　史8-60529
　羅勖　史8-61312
65 羅映湘　史8-61703
67 羅明述　史7-56149
　羅明遠　子2-9853

羅明昶　史3-20534
羅明祖　史1-3111、5545、
　6-47321　子1-3851、
　3-12989、4-20475　集
　2-12255~7　叢2-1220
羅鳴鶴　集4-31797
羅照淪　史7-50899
羅照滄　史8-61083
68 羅曦枝　史5-41096
70 羅璧　子4-22193~5　叢
　1-19(8)、20(6)、21(8)、
　22(3)、23(3)、24(9)、195
　(5)、223(40)、452、586
　(4)、2-716(3)
　羅雅谷　子3-11234、
　11501、11581、11595、
　11612~3、12481~2、
　12704、12749、7-35299~
　302
71 羅辰　史7-49317(3)、
　49318(8,9)、50930、
　53662、53709　集4-
　26412
　羅厚焜　經1-4451、6208
　史3-16299、18652
　羅頎　子4-20414、5-25621
　~4　叢1-114(3)、223
　(55)、245、2-731(4)
　羅願　經2-14632~6、
　14638　史7-57954　集
　1-3668~73、6-41784、
　41894(2)、42038　叢1-
　114(2)、223(15、23、55)、
　227(4)、268(2)、456(5)、
　2-731(23、40)、943
　羅長禔　經1-1867~8
　　子7-37937　集5-
　　40279~82
　羅長嬌　經1-2082
　羅長褘　史6-45271~2、
　49194
　羅長□　史6-42491
72 羅所蘊　史2-13414　集
　6-44755
　羅隱　史1-2384~5　子
　1-18、20、58、60、4-19893
　~9、5-26222　集1-
　1638~44、6-41794、
　41850、41854、41858、
　41872、41878　叢1-11
　~2、22(2)、23(2)、47、
　107、111(2)、185、204、223
　(39、50)、255(3)、265(4)、

291~4、353、416、468、
478、511、2-624(2)、635
(8)、731(11)
73 羅駿聲　史8-61664
　羅駿超　史8-62314
75 羅體基　史2-12504
76 羅陽　集1-2518
77 羅鳳章　史8-62407~8
　羅鳳儀　集4-30786~7
　羅鳳藻　集4-29636~7
　羅鳳華　史3-16362
　羅鳳輝　史5-41147
　羅周彥　子2-4879
　羅周旦　子3-16324
　羅朋　史6-46829
　羅用霖　史7-51711
　羅鵬　史3-22763
　羅熙典　集5-34684
　羅學繡　史5-41090
　羅學澄　史3-19791
　羅學成　史5-41162
　羅學時　史5-41167
　羅學鵬　集2-6102、6185、
　6497、6517、7006、8681、
　8731、9094、9244、9686、
　9722、10299、10335、
　10726、10782、11209、
　11674、12395、12449、
　12509、6-44907
　羅開文　史5-41123
　羅開驂　史7-57253
　羅與之　集1-4616~7、6-
　41744~5、41888、41891、
　41893、41894(3)、41895、
　41898、41904
　羅興志　史8-61827
　羅貫中　子5-26222　集
　7-48769~70、48774(7)、
　48778　叢1-154、185
78 羅臨遠　史8-60783
80 羅人龍　史8-60098
　羅人琮　史8-60488~9
　　集3-15419~20
　羅人蕎　史5-41124
　羅全慶　史5-41112
　羅益聯　史5-41035
　羅金來　史5-41077
　羅金鑑　子3-13605~6
　羅鏡清　史3-19339
　羅美　子2-4770、4935~6、
　5364~5、9364~5、9973
　羅普　子7-36251、37277、

38116

羅含　史7-49309、50717～
　20　叢1-19(2)、21(2)、
　22(11)、23(10)、24(3)、29
　(2)、2-776

羅含章　史8-62486

羅公族　史5-41116

羅公升　集1-4406～8,6-
　41745、41904

羅養儒　叢2-2241

81 羅頌　集1-3325、3668～70
　叢1-223(55)、456(5)、2-
　731(40)

羅桨　史1-3377,2-
　12206,7-57142　叢2-
　832(6)

83 羅飴　史6-44490

84 羅鎮嵩　經2-12610　集
　5-37835

羅鎮屏　史5-41107

86 羅錦城　史8-61848

羅錫疇　史2-10627　集
　5-39285

羅智傑　史3-22124

87 羅欽順　子1-104、1005～
　8　集2-7348～52　叢
　1-151、213～4、223(31、
　65)、496(6)、2-731(12、
　45)

羅欽德　史2-8903

88 羅筮豫　集3-18233,7-
　46405、46951

羅笏　集4-31937　叢2-
　788

羅第愛　子7-37456

羅敏樹　史5-41084

90 羅小瀛　集7-54811

羅小隱　集7-54811

羅懷玉　集4-24465

羅惇衍　史1-6086～7,2-
　7577、9782、12206　集4-
　32595～6,6-42013

羅惇曧　史1-1982、1995、
　4157、4229、4267、4269、
　4295,6-45053　集5-
　40941～2

羅惇㬊　集5-41152

羅惇策　史3-23261

羅少村　史2-9920

羅光琛　史5-41143

羅光黻　史5-41153

羅光泰　史3-21912

羅光鈺　史5-41144

羅尙年　子1-1284

94 羅煒　史8-60853

95 羅愫　史7-57254

96 羅煜　集6-41761

97 羅燿　史3-22931　集6-
　45239

羅煥　集2-11686

羅煥章　史7-55671

98 羅悅蘭　史5-41050

羅炌　史7-57308

6101₀ 毗

60 毗田居士　史1-2700

6101₄ 旺

47 旺都特那木濟勒　集5-
　35407～8

6106₀ 哂

44 哂世山人　子3-18466

6136₀ 點

10 點石齋　子3-14995、
　16564

點石齋主人　子5-25488

83 點鐵齋主人　經2-10984
　子5-26054

6138₆ 顯

10 顯一(釋)　子7-34368

17 顯承(釋)　子7-34875

21 顯仁(釋)　子7-34367

28 顯徹(釋)　子7-34805

35 顯清(釋)　集4-28900

38 顯澈　史2-10741

44 顯權(釋)　子6-32091
　(73)、32092(44)、7-34308

64 顯時　子2-8544

77 顯鵬(釋)　集3-16795

91 顯恆　史7-51575

6148₆ 顒

19 顒琰(清仁宗)　史1-1771、
　6071～2　子1-2790,4-
　21376　集4-24544～67,
　6-44297

6200₀ 喇

39 喇沙里　經2-10576　史
　7-49653　叢1-223
　(14)、227(4)

6201₄ 睡

41 睡獅　子5-27912～3

77 睡卿祭酒　集7-50189

6203₆ 嘻

62 嘻嘻　子5-27452

嘻嘻道人　子5-27828、
　28339～42

6204₇ 曖

37 曖初氏　集7-50423　叢
　1-584

6204₉ 呼

10 呼震　史3-17066

25 睦生　經1-164、7235
50 睦本　集2-12878,6-
　　41943
60 睦思永　集3-13264
67 睦明永　集2-11608,6-
　　41943

睦

60 睦思永　集3-21272～3

6402₁ 畸

60 畸園于　子4-23586

6402₇ 噶

10 噶爾泰　史6-43841
44 噶勒桑　經2-8662、8909、
　　9205、9770、10135

6404₁ 時

00 時雍　子5-29070、29530
　　(14)
　　時齋氏　史2-9699
　　時庸勘　經2-12431～2、
　　13655、14188、14241～2、
　　14437、14536～7
　　時慶來　集5-37321～2
10 時元熙　集5-36540
　　時雨　集4-28318
　　時雨化　子7-36608、
　　37463
18 時致祥　集2-11150
　　時務書局　子7-36757
20 時季照　集2-6301
21 時經訓　史8-59521
22 時山漢　史2-11866～7
　　集3-20374～5
23 時傅　叢2-619
25 時傳　子4-23025
30 時寶臣　史7-57060～1

34 時汝霖　史3-23481
37 時瀾　經1-77(2)、2636
　　叢1-223(5)、227(2)、2-
　　731(63)、859
　　時逸人　子2-5991
40 時吉臣　經1-4802
　　時來敏　史7-55273
41 時樞　經1-3291　集4-
　　28671～2
43 時式敷　史3-21198,8-
　　58795
　　時載富　史4-31713
44 時蘭　經2-11774
　　時蔚(釋)　子6-32091
　　(79)、7-34228
　　時若　史2-9160　子7-
　　36256
　　時世瑞　子2-7751
50 時中堂　子5-25493
　　時泰　史8-59779
60 時曰醇　子3-12364、
　　12714、12717、12719
71 時長清　子1-3658,3-
　　18177
77 時鳳標　史3-18764
　　時際可　集4-23150
　　時興蘭　經1-3292
86 時錫祚　史4-31714
87 時銘　史8-59233　集4-
　　25449～50

6409₈ 唻

77 唻閒老人　子4-23510

6480₀ 財

18 財政部　史6-43242,8-
　　65443
　　財政處戶部　史6-43579

6482₇ 勛

00 勛齋居士　子2-9850
24 勛德亨　集4-31168

6502₇ 嘯

00 嘯廬　子5-27878
10 嘯天　子4-24298
　　嘯雲主人　經2-12614～5
　　嘯雲居士　子7-38129
25 嘯生　集7-50082
28 嘯傲主人　集7-51202
32 嘯溪(釋)　集4-25144
35 嘯清生　集7-49710
41 嘯顛(釋)　集4-28889
67 嘯野(釋)　史6-49274

晴

22 晴峯(釋)　子3-13577

6509₀ 味

11 味琴氏　子2-11089
21 味經居士　子4-21597
35 味清氏　子2-6713
44 味蘭室主人　史6-43062
　　～3
　　味蘭簃主　集7-50383～4
48 味增爵　子7-35278、
　　35537、35827
77 味閒主人　集7-53773
　　味閑老人　史1-4087
88 味餘老人　叢1-590,2-
　　632

6602₇ 喝

10 喝爾勃特喀拉司　子7-
　　36231(4)、37136

6606₄ 曙

38 曙海後人　史7-54833

6621₄ 瞿

00 瞿亮邦　史7－55944
　瞿方梅　子4－23419
　瞿應麒　集4－25027
　瞿應紹　子3－16216　叢
　　2－689
　瞿玄錫　史1－1937、1954
　　～6、1959、1981、3007、
　　3497
03 瞿詒謀　集4－26758
04 瞿誥　史1－3733
10 瞿元霖　史2－12838　集
　　4－32592　叢2－997
　瞿元捷　史3－21648
　瞿元錫　史1－1982
　瞿霽春　集5－39750
　瞿天賚　子3－13227～8、
　　13624　集7－50306
　瞿西同　史2－10079
　瞿可忠　史5－40939
　瞿雲魁　史8－61103、
　　61492
12 瞿延韶　史2－10079
21 瞿上農人　經2－13541
　瞿衡機　子4－21895
22 瞿繼昌　史7－54457
　瞿繼鍾　集4－23522
23 瞿俊　集2－7084～5
24 瞿化鵬　集5－38383
　瞿佑　史1－1124,6－49246
　　子2－10978～80、3－
　　18237、4－24086、5－27572
　　～5　集2－6289～92、6－
　　41789、45486、45727～30、
　　7－46797　叢1－22(25、
　　26、27)、37、168(2)、173、
　　181、195(6)、244(2)、249
　　(2)、366～8、373(6)、392、
　　2－617(5)、672、731(27、
　　47)、833
27 瞿阜　史2－9026
　瞿紹基　集6－44509
　瞿紹堅　集7－48331～2
30 瞿宣穎　史2－12370,7－
　　49322、49864、49874、8－
　　66277　集5－38139　叢
　　2－997
31 瞿源洙　集3－14025、

14027、17131～2
32 瞿淵　史3－18124
　瞿澄　集4－29715
34 瞿汝說　經1－3775　史
　　1－2692　子5－25701
　瞿汝稷　史2－6811　子
　　6－32091(71),7－34076
　　集2－10957　叢1－394
35 瞿迪　集6－43773
37 瞿潤緡　史8－65169
　瞿潤□　史1－254
　瞿鴻襪　史2－12351,3－
　　15775,5－40940,7－
　　52043、54164、54174　集
　　5－38139～41　叢2－997
　瞿鴻錫　史8－62283
　瞿罕　經2－8419
38 瞿啓甲　史8－66491　叢
　　2－661
39 瞿沙尊者　子6－32081
　　(38)、32082(17)、32083
　　(25)、32085(36)、32086
　　(41)、32088(26)、32089
　　(45)、32090(52)、32091
　　(50)、32092(34)、32093
　　(29)
40 瞿九思　經1－757、6418
　　史1－2913,6－42027　集
　　6－43913、45285　叢2－
　　1146
　瞿培　集4－27661
　瞿塘　史5－40933
　瞿有仲　集3－14200
41 瞿頡　史8－61563　集4－
　　22479～81,7－50344　叢
　　1－373(8)
43 瞿式穀　子3－11234
　瞿式耜　史1－1951、3483
　　子3－15717～8、4－24083
　　～5　集2－6901、11877
　　～87、12539,6－41943、
　　43118、45193　叢1－269
　　(5)、309、406,2－731(43)
44 瞿世瑛　史8－65811　集
　　7－48458、49620　叢2－
　　631
　瞿世璟　史2－10533
　瞿世壽　經1－7735～6
　瞿共美　史1－1946、1953、
　　1960、1965～9、1977、3283
　　～4、3477～81
　瞿樹蔭　史8－61930　子
　　4－22675

瞿樹鎬　集4－29567
47 瞿轂　集3－21000
50 瞿中溶　經2－8488、11351
　　史2－12024～5、6－46328
　　～9、8－63504、63510、
　　63514、63631～2、63859、
　　64046、64411、64573～4、
　　64820、64976～7、65133、
　　65751　子4－18600　集
　　4－25713～4　叢1－511
　　～2,2－605、615(1)、670
　瞿中培　史7－51986
51 瞿振聲　史3－23059
60 瞿園居士　叢1－584
　瞿昌文　史1－3482～3,2－
　　12555　集2－11883　叢
　　1－244(5)、399,2－731
　　(68)、735(3)
　瞿昌熾　史5－40934
　瞿昂　史3－15108
　瞿昂來　史7－54313、
　　54327　子7－36228(2、
　　3、5)、36231(2、4)、36239、
　　36242(3)、36248、36250、
　　36258、36263、36827～8、
　　36916、36963、37439
　瞿曇悉達　子3－13026～7
　　叢1－223(36)
　瞿曇流支(釋)　子6－
　　32093(26)
　瞿曇留支(釋)　子6－
　　32093(26)
　瞿景純　集6－45340
　瞿景淳　經1－6777,2－
　　10315　子4－24049,5－
　　25794　集2－9119～26,
　　6－45336
64 瞿時清　史5－40935
77 瞿熙邦　史8－65785　叢
　　2－647
80 瞿鏞　史2－9720,8－
　　64753、64978、65253、
　　65778～82　叢2－661
　瞿無疆　史5－40937
　瞿合節　集3－15760
　瞿曾　史6－41587　子4－
　　24604
81 瞿鈺　經1－1387
86 瞿智　集1－5642
88 瞿敏　史3－23384
90 瞿懷亭　史6－46938　叢
　　1－554
　瞿懷德　史3－23388

瞿光緒 史7-55352
瞿光繡 史3-19044

6624₈ 嚴

00 嚴庸 史8-66045
嚴應枚 史5-41214
嚴庭樾 子5-28220
嚴廣淦 史5-41209
嚴文德 叢1-365
嚴文沆 集5-38243
嚴文波 集5-36822
嚴文藻 史3-22613
嚴文典 史8-59465
嚴文父 經1-6574
嚴文炳 子7-37577、
　37579
嚴章福 經2-11996～7、
　12071、14004 叢2-843
嚴奕佑 史5-41230
嚴京治 集5-41443
01 嚴龍圖 子2-8870
03 嚴詒炳 史3-17284
04 嚴謹 集5-34548
嚴訥 經1-7582 集2-
　8960～1
嚴謨 子7-35347
07 嚴毅 子5-26099
嚴調御 子7-34097 集
　2-11598,6-41949
08 嚴敦杰 史2-12020
嚴謙潤 史2-12310
10 嚴一程 子7-32111
嚴一萍 史7-57319
嚴一青 史8-63059
嚴正身 史7-57214
嚴正圻 史7-50926
嚴正基 集4-27983
嚴正矩 史5-41235 集
　3-13566
嚴玉湘 史5-41178
嚴玉森 史3-17268 集
　5-36427～9
嚴元弘 子5-26411
嚴元照 經1-163(2)、
　2637、3157、4162,2-
　11240 子4-22553～5
　集4-26263～6,7-47449
　叢1-550,2-638、653

(2)、841
嚴爾諓 史8-62162
嚴爾寬 經1-922～3
嚴而舒 史8-61089
嚴天麟 經2-11491
嚴天佑 集3-16426
嚴可均 經1-1、3、163
　(2)、2342,2-8317、
　11303、11326、11350、
　12064～5、12070、12104、
　12154、12208～9、12399～
　403、12643、12726、13746、
　15126 史2-6466,6-
　46419、49214,7-57203,
　8-63618～20、64353、
　66374 子1-62、64～5、
　67～8、436、463、484、489、
　507、514～5、523、4049,4-
　19516、19586、19601、
　19785,5-26774 集1-
　226,4-23656、24828～
　32,6-43100 叢1-230
　(3)、373(5)、433、463～4、
　493、539～43、547(3、4)、
　558、587(4),2-615(2)、
　656、673、698(5)、719、731
　(16)、738、768～9、842、
　1601、1623
11 嚴璩 史2-12376,7-
　54107
嚴麗正 集4-30370
12 嚴型 史7-56643
嚴瑞盈 史4-30418
嚴延中 集7-49602～4
嚴延元 史3-22283 集
　4-26069
嚴延珏 史8-62436 集
　4-30560～1
嚴延珍 史5-41183
嚴延槙 史6-43984 集
　5-39534
嚴廷中 集4-29638～46、
　7-46433、47705、49551、
　50658 叢2-886(5)
13 嚴武 集1-1128,6-
　41739、41743、41819、
　41824、41838、41869
嚴武順 集2-11598,6-
　41949 叢1-22(25),2-
　832(4)
15 嚴建章 史8-63017
17 嚴羽 集1-824、4048～58、
　6-41779～80、41828、

41894(3)、41896、41901、
41914、44792～4、45485～
6、45488、45490～1、45494
～5、45639～47,7-46356
～8、46374、46383、46659
叢1-4～5、9～10、22
(14)、23(13)、34、107、111
(2)、113、114(4)、147、169
(3)、223(57、72)、468、
478,2-615(2)、731(47)
嚴承慶 史5-41234
嚴承夏 經1-3341
嚴承志 史8-63038
20 嚴重 子7-32111
嚴舜佐 史4-24631
嚴信厚 史5-41210 子
　3-15531、17315、18509
嚴禹沛 集3-18530
嚴秉玠 集4-32181
嚴維 集1-1219～20,6-
　41737、41739、41741、
　41743、41819、41824、
　41833～4、41838、41858、
　41866、41878
嚴維憲 史5-41241
21 嚴衍 史1-1049～50、1197
　集2-11380～1 叢1-
　318,2-638
嚴虞惇 經1-3972～6
　史6-41499、41563、
　41577、41711 集3-
　16552～4 叢1-223
　(7)、512、587(1),2-624
　(3)、789～91、793
嚴熊 集3-14824～5
嚴卓卿 集5-39753
嚴經世 史7-57256
22 嚴鼎潤 集5-36428
嚴嵩 史2-8919,6-48208
　～13,8-58842、58844
　集2-7845～56 叢1-371
嚴嶽蓮 子2-6781 集
　6-41953
嚴仙舫 史5-41239
嚴仙藜 集3-18669
嚴利珍 史5-41175
嚴崇德 史3-18828
嚴繼光 史3-22352
嚴綏之 史8-59038、
　59126
23 嚴允肇 史2-9242 集
　3-15297
嚴我斯 集3-15056～7

中國古籍總目·索引

2－1375

6699₄ 槑

33 槑心野史菊知氏　史1－
　1970

6701₀ 咀

10 咀雪廬主人　史2－6454

6701₁ 呢

11 呢瑪善　子1－3337

6701₆ 晚

17 晚翠軒　子3－17572
20 晚香氏　子2－5119
　晚香堂　經1－6872
30 晚進王生　叢2－720(3)

6702₀ 明

00 明亮　史6－45171、45176～
　7、45243、47696
　明方(釋)　子6－32091
　(74)
　明廣(釋)　子6－32091
　(81)
　明辨居士　子4－18970
02 明訓　史6－47439
03 明誼　史6－47994,8－
　61447　子3－17872
10 明一(釋)　子6－32091
　(75)
　明盂(釋)　子7－34289
　明雪(釋)　子6－32091
　(74)
　明元(釋)　子6－32091
　(81)

15 明珠　史1－1703～5,6－
　45164　子7－34678
　明融(釋)　子7－34329
16 明理(釋)　子4－24395
　叢2－639
20 明秀(釋)　集2－6926～7,
　6－41935(3)
22 明鼎(釋)　子7－34349
　集3－18240
　明嵩(釋)　子6－32091
　(79)
24 明德　史6－48747～8　子
　2－7909　集3－19919
　明德(釋)　子6－32091
　(82)
27 明修(釋)　子6－32091
　(82),7－34354～5
28 明佺(釋)　史8－66325
　子6－32081(42)、32082
　(20)、32083(27)、32084
　(22)、32085(39)、32086
　(46)、32088(28)、32089
　(51)、32090(65)、32091
　(63)、32093(52),7－
　34850
　明倫(釋)　史7－51613～4
　叢2－832(4)
　明徵　史6－47306
　明徹(釋)　子7－34269
　明徽(釋)　子6－32081
　(35)、32082(15)、32083
　(23)、32084(19)、32085
　(34)、32086(39)、32088
　(24)、32089(40)、32090
　(46)、32091(44)、32092
　(30)、32093(23)
　明僧紹　經1－344、2322
　叢2－774(2)
30 明空(釋)　子7－33082、
　36116～7　集7－54134
　明守璞　子7－35818
　明安圖　子3－12353、
　12364、12396、12570
　明宗(釋)　子7－34257
31 明江縣政府　史8－61390
　明河(釋)　子7－34712
　明源(釋)　叢1－373(9)
　明福　經2－15025
32 明淨(釋)　子7－34214
33 明心(釋)　子7－32435
　明心道人　史1－4137
34 明法(釋)　子6－32091

(76)
　明達　史6－45170
　明達(釋)　子7－34329
37 明洞(釋)　子6－32091
　(81)
38 明海(釋)　子6－32091
　(66)
　明道興　史4－29520
40 明志宗師　子2－8153
　明喜(釋)　子6－32091
　(80)
44 明英(釋)　子6－32091
　(78)
　明林(釋)　子6－32091
　(78)
46 明相　子6－32091(81)
47 明起　子7－34350
50 明中(釋)　集3－19980～1
　明夷　子7－36251
　明本(釋)　史2－8380　子
　6－32091(69)、32093
　(52),7－32124、33066～
　7、33154、33499、33973、
　34211～3、34448、34578～
　9、34652、34904　集1－
　4984～5、5034～8,6－
　41714、41718、41788、
　41930,7－49756　叢1－
　86、223(69),2－730(8)、
　731(42)
52 明哲(釋)　集3－17380～1
53 明盛(釋)　子6－32091
　(81)
　明成(釋)　子7－34360
55 明慧(釋)　集4－25300
56 明操(釋)　集3－19091
60 明曠(釋)　子6－32093
　(51)
　明昱(釋)　子6－32091
　(69、70),7－33581、
　33628、33642
　明昌　集4－29294
　明圓(釋)　子6－32091
　(79),7－34162
66 明晹(釋)　集5－41439
77 明凡(釋)　子6－32091
　(73)
　明覺(釋)　子6－32091
　(60)
　明聞(釋)　子6－32091
　(70),7－34096
　明開(釋)　史7－51610

　　叢 2 - 832(1)
　明印(釋)　集 3 - 18732
　明賢(釋)　史 7 - 51567～8
80 明全　集 4 - 26276
　明全先　史 5 - 39653
　明鏡(釋)　子 4 - 20983
　明義(釋)　子 7 - 34356
　明義　集 4 - 22598
86 明錫(釋)　子 7 - 34359
88 明銓(釋)　史 7 - 51565
91 明炬(釋)　子 7 - 34229
95 明性子　集 7 - 54254～5

6702₂ 嘜

67 嘜嘜子　叢 2 - 619

6702₇ 鳴

50 鳴泰　史 3 - 17173
71 鳴雁廬主　史 1 - 3259
77 鳴鳳壇　經 1 - 1932

6703₄ 喚

16 喚醒(釋)　集 4 - 22379
44 喚夢軒主人　集 7 - 54086

6706₁ 瞻

60 瞻思　史 6 - 46588、46610～
　1　叢 1 - 274(3)、386
67 瞻明(釋)　史 7 - 51624

6706₂ 昭

45 昭樑　子 4 - 23246～50
　集 4 - 26587～8　叢 1 -
　496(3)、565、2 - 624(4)、
　735(5)
46 昭如(釋)　子 6 - 32091

　　(72)、7 - 34202

6708₂ 吹

83 吹鐵簫人　集 7 - 50314

6710₄ 墅

10 墅西逸老　叢 1 - 365
　墅西逸叟　子 5 - 26591～2
　叢 1 - 406、496(3)、587
　(3)、2 - 789～91、793

6710₇ 盟

77 盟鷗樹　子 4 - 23504

6712₂ 野

22 野蠻　集 7 - 54017
33 野浦齋　子 7 - 37063
38 野道人　集 3 - 15365
44 野花老人　集 7 - 53681
　野村靖　子 7 - 36513
　野村浩一　子 7 - 36823
　野村煥　經 1 - 6788
47 野鶴老人　子 3 - 13751～2
60 野園居士　集 7 - 53973
　野田義夫　子 7 - 36702
71 野龕(釋)　集 3 - 21041、6 -
　42006

6716₄ 路

00 路應廷　集 4 - 28361
　路文運　史 5 - 37228
10 路一麟　史 7 - 55809　子
　1 - 213
　路元峻　史 3 - 17588
　路元升　史 8 - 62227
12 路瑞蒙　史 5 - 37231

　路聯逵　史 7 - 55139
13 路瑄　史 3 - 22135　集 5 -
　38082
14 路璜　集 4 - 32868
17 路承鋈　集 5 - 40494
20 路秀貞　集 5 - 36501　叢
　2 - 689
　路采五　子 4 - 21899　集
　5 - 36809、6 - 46178　叢
　2 - 2028
21 路順德　史 8 - 61305　子
　2 - 7252　叢 1 - 242(4)、
　2 - 731(30)
　路術淳　子 4 - 24473　集
　7 - 50261
23 路俊煥　史 5 - 37229
24 路德　經 2 - 11267　子 1 -
　1740、4 - 21201、23281
　集 4 - 27713～9、6 -
　45475、46314　叢 1 - 462
25 路傳經　集 7 - 46399～
　400、47147
26 路保和　史 3 - 22273
　路程誨　史 8 - 58997
30 路密司　子 7 - 37553
34 路湛　史 7 - 55004
　路邁　史 2 - 8425、7 - 51413
35 路迪　集 7 - 50048
37 路鴻休　史 2 - 7772
38 路啓官　史 5 - 37232
39 路遜　史 7 - 55170
40 路大遵　史 8 - 59016
　路培德　史 5 - 37230
　路有年　史 5 - 37227
44 路藻　史 8 - 59279
　路孝植　子 7 - 37472
　路孝愉　史 8 - 62701
　路世美　史 8 - 62812
47 路朝霖　史 2 - 8507、
　10101、5 - 37233、8 - 59607
　集 5 - 37660～1
48 路敬亭　史 3 - 15923
50 路青雲　史 8 - 58852
　路惠期　叢 2 - 689
51 路振　史 1 - 2405～10、7 -
　53789～90　叢 1 - 265
　(2)、272(3)、274(3)、453、
　456(3、6)、465、2 - 731(6、
　66)、735(4)、777、2116、
　2118
　路振飛　集 2 - 12115～6、
　6 - 41943

60 路隮垣　史7-55673
　　路易司地文　子7-38255
　　路思義　子7-35157
70 路璧　集6-43772
77 路同申　史7-51197
　　路鵬　子3-11478
　　路履祥　子3-15823、
　　　18448
80 路鐸　史7-57334
　　路義思　子7-36751
91 路炳文　史8-63070
94 路慎莊　史8-65771
97 路煥章　史5-37231
99 路榮乙　集5-38363

6722₀ 嗣

02 嗣端(釋)　子6-32091
　　(72)
07 嗣詔(釋)　子6-32091
　　(76)

6722₇ 鄂

04 鄂諾瑞諾　子3-12741
10 鄂爾泰　經1-5023,2-
　　8660、8907、9204、9769、
　　10134　史1-1512、
　　1714,2-9445,6-43485、
　　45160、45168、45173、
　　47073、47675～7、48710～
　　4,8-62179、62322　子
　　1-4259　集3-18097～
　　100、18127,6-44035～6、
　　44217　叢1-223(8、24、
　　26、32)、227(3、7),2-689
　　鄂雲布　集4-23447
17 鄂弼　集6-43490
22 鄂山　史3-13979～80,6-
　　41915
27 鄂約翰　子7-35163
30 鄂宓　集6-44035
　　鄂容　集6-44035
　　鄂容安　史2-11815　集
　　3-20174
35 鄂禮　子1-1586　集4-
　　32153
38 鄂海　史6-46921、47356

45 鄂棟　集6-44289
50 鄂惠　史8-61889
60 鄂□□　集3-19568
88 鄂敏　史7-49354　叢2-
　　832(1)
91 鄂恆　史4-26815　集4-
　　30855
97 鄂輝　史1-1889

6732₇ 鷺

31 鷺江寄跡人　史7-54808

6733₂ 煦

44 煦莽　史2-12128

6733₆ 照

00 照塵(釋)　集5-34464
10 照正(釋)　集3-17452
12 照水(釋)　子6-32091
　　(82)
13 照琮(釋)　子6-32091
　　(79),7-34162
20 照維(釋)　子6-32091
　　(77)
28 照徹(釋)　史7-51679
31 照福(釋)　史7-33934
77 照覺(釋)　集6-44473
80 照今居士　子2-10058
99 照瑩(釋)　子7-34561

6752₇ 鴨

15 鴨砵　史7-49317(5)、
　　49318(17)

6778₂ 歇

28 歇復克　子7-38182

6786₁ 贍

60 贍思　叢2-731(31)

6801₁ 昨

11 昨非居士　集5-36664

6802₁ 喻

00 喻彥先　史7-57193
　　喻唐吾　集4-33045
　　喻文變　集4-23782～3
　　喻文偉　史7-56638
　　喻文鏊　集4-22890～2
01 喻龍　集2-12005　叢1-
　　151
　　喻龍德　子1-3085
02 喻端士　史6-49285　集
　　6-45911
　　喻新棋　史5-35932
08 喻謙　經2-12528
10 喻正己　集6-45486、
　　45717　叢1-22(14)、23
　　(14)
　　喻元鴻　集4-28704
　　喻震孟　集2-8664,5-
　　36187～8
17 喻璨烈　史3-21563
18 喻政　史7-51423,8-
　　58152　子2-4768、
　　9320,4-18978、19052、
　　19054
20 喻鯨華　史3-20309
21 喻仁　子1-4529～35、4537
　　～8、4541～4、4547
　　喻師顏　子5-27149
22 喻繼超　史5-35952
24 喻化鵠　集3-17857～8
　　喻勳　史8-62242
25 喻傳鼎　史5-35930
　　喻傑　子1-4529～35、4537
　　～8、4541～4、4547
27 喻歸　史1-2354～5　叢

7

7010₄ 壁

60 壁昌　史5-40996,6-
　41532,43070,45610　子
　1-3341,3484,4-24480

7021₄ 雅

06 雅韻軒　集7-52848
10 雅爾圖　史6-48770～6
　雅爾哈善　史6-46099、
　48735,7-56950
11 雅琥　集1-5340
24 雅德　史6-43210,7-
　55590
27 雅各偉德　子7-36308
30 雅安女史　叢1-367～8
44 雅蘭布　史7-49317(2)、
　49318(4)

7028₂ 陔

44 陔勒低　史7-49319　子
　7-36231(1)、36250、
　36355

7031₄ 駐

33 駐滬通商海關造冊處　子
　7-37368、37370

7110₆ 暨

30 暨之騏　史3-20847

7121₁ 歷

65 歷畊老農　子4-23907

阮

00 阮亨　史7-51368　子3-
　11452,4-21304　集4-
　25042～4,25048,27294～
　6　叢1-344、373(6),2-
　832(6)
　阮充　子3-16855　集4-
　25611～2
　阮高書　史4-26945
　阮應徵　史4-26943
　阮慶璉　集5-35999
　阮文瑞　史4-26947
　阮文秀　史4-26948
　阮文藻　史7-58124　集
　4-27653、28120、28615、
　29195～7、29342、30223、
　30302,6-41996
　阮文茂　集3-15172
　阮文昌　史4-26955
　阮交　史1-5750
01 阮龍光　史8-59811
04 阮諶　經1-6214～6　叢
　2-765～6、772(1)、773
　(1)、774(4)
07 阮望　子3-15498
10 阮正位　史3-19470
　阮正惠　史8-61419
　阮玉堂　集3-19022
　阮元　經1-3、20～1、111
　(1、3)、163(2)、299、386～
　7,2274、2613～5、2947、
　3390、3600～2、4649、4918
　～20、5203～4、5242～3、
　5320、5578～80、6738～
　40,7216、7269～72、7378、
　7381～2、7427,2-8355～
　6、8479、8567、8586、9300
　～3、9535、9793～5、9797、
　10018、11083～4、11196～
　9、11615～8、11878、12000
　～2　史1-941、943～7、
　950,2-6706～7、7786、

9558、9598、11118～9、
11960,6-44147、46170、
7-51926、52011、52362、
52882、56710、56729～30、
8-60821、62326、63884、
63955、64160～4、64298、
64583、64742、64965、
65371～3、65566～7、
65743　子1-269～71、
3-11452、11518、12388、
14829、15197～8、16738、
17120,4-19475、21206～
7、23282　集1-1813、
4797、5204、5272、5672、
5704、5711、5739,4-
25042～59,6-43559、
44248～50、44557～8、
46080～1　叢1-202
(6)、203(12、13)、262、265
(1)、312、338、344、373(5、
6、7)、390、456(3、4、5)、
462、515、524、539～43、
547(2),2-633、635(13)、
698(1)、702、731(5、10、
27、32)、735(3)、772(5)、
882、1626
　阮元聲　史1-1179,7-
　51022　子4-20898　集
　6-41722、44705、44711
　叢1-252
　阮元敍　叢1-344
　阮丙炎　史2-6242
　阮吾山　史6-43068
　阮晉　史7-49318(11)、
　53220　集3-15535
12 阮瑀　集1-242～3,6-
　41698～9、41719～20　叢
　1-183
　阮引傅　史1-3774
13 阮武　叢2-774(9)
17 阮承信　子1-1167　叢
　1-344,2-731(8)
　阮子鍼　叢2-672
20 阮喬松　史3-20935
　阮維藩　史2-10432
22 阮崇德　史4-26970
24 阮先　叢2-810
　阮升基　史7-54914、
　56928～9
26 阮伯靜　集5-38719
27 阮紹南　集4-31746
　阮紹昌　集5-35999
28 阮以臨　史8-60996

阮復祖　集4-22641～2
30 阮安　集4-30677
　阮寶霖　史3-19692
　阮宗瑗　史7-49317(2)、
　　49318(5、8、11、12)、
　　53202、53204、53249、
　　53375
　阮宗孔　史1-5058
31 阮潚　史3-19717
　阮福　經1-111(4)、2-
　　8482～3　史1-4588～
　　92、8-64076、65373　子
　　4-22420～1　集4-
　　30499　叢1-344、456
　　(3)、2-698(5)、731(16、
　　32、48、62)
　阮福瀚　集5-34489
33 阮述　集2-12741
34 阮漢聞　子1-3200
　阮汝鳴　子4-24147
　阮汝昭　史4-26946
　阮禧　史7-57924
　阮達元　史3-20139　集
　　5-36927
37 阮逸　經1-355、6406　史
　　1-1024　子1-3～6、8、
　　55、62～5、67～8、540～3
　　叢1-71～2、74～7、223
　　(14、18、29)、227(6)、229
　　268(2)、447、473、2-635
　　(4)、698(6)、731(36)
38 阮祥宇　集7-54615
　阮啓秀　史4-26957
40 阮大鋮　集2-11810～5、
　　7-49710、50061～8　叢
　　2-641
　阮大猷　史4-26965
　阮士惠　史8-63183
　阮塤　集5-39622
　阮培元　史7-57628
41 阮桓　經1-7160、2-9682
43 阮式　集5-41666
　阮榕齡　史2-11435
44 阮藩傺　史8-59648
　阮芝生　經1-4052、6975
　　～6、7864　集3-21769
　　～70　叢1-537
　阮孝胥　經2-15119
　阮孝緒　經2-12776～81、
　　15116、15137、15142　史
　　8-65416～9　叢1-429、
　　495、586(2)、2-673、716

(2)、772(2)、773(2)、774
　(8)、775(3、4)
　阮葵生　經2-14111、
　　14921　史6-46238、7-
　　49317(5)、49318(2、4、10、
　　13)、49938、51533、52213、
　　52847　子4-21341～5
　　集3-21052～6　叢1-
　　202(2)、203(7)、241、242
　　(3)、373(5)、2-731(51)、
　　735(2)、736
　阮世昌　子1-3943
　阮其新　史6-46322～8
50 阮本焱　史6-43054～5、
　　7-56700
53 阮咸　史1-2041　子1-
　　58　叢1-47、91～3、
　　371、2-730(5)
60 阮國珪　史4-26969
　阮國珍　史4-26950
　阮國興　子2-8319
　阮易路　史4-26961
　阮思明　史4-26944
　阮恩灤　集5-35346、7-
　　48046　叢2-719
　阮恩年　子3-12881
　阮恩光　史8-60352
　阮旻錫　史1-3522
　阮罣　史8-62273
　阮景咸　史8-59878
67 阮鶚　史2-11439　集2-
　　7059　叢2-859
71 阮長商　集3-15535
　阮長音　集3-15535
72 阮劉文如　史2-7002～4、
　　7010
77 阮堅之　子4-20852　叢
　　1-143
　阮閱　集1-2933～5、5031、
　　6-41784、45567～9、7-
　　46379、46499　叢1-223
　　(54、71)、306、2-635(14)
　阮學濬　集6-44103
　阮學溥　史7-58030
　阮學浩　集3-19300～1、
　　6-44103
　阮開正　史4-26959
　阮開合　史4-26956
80 阮鏞　集4-30190　叢1-
　　564、2-788
81 阮敍之　史7-50133　叢
　　2-779

82 阮鍾瑗　史2-7784　集
　　3-18879、4-25060
88 阮籍　子3-17497　集1-
　　294～300、6-41694～9、
　　41702、41767、41794　叢
　　1-182～3、2-765、2253
90 阮小雲　集4-28134
　阮惟和　經1-5786　史
　　3-22727　叢1-502
　阮尙恭　集4-23085
　阮常生　史2-12009
　阮焱　集5-37755
91 阮烜輝　集4-27685～91、
　　6-42233
95 阮性傳　史3-22648、7-
　　56796
97 阮燦輝　集4-27081
99 阮榮礽　史4-26964

7121₂ 厄

42 厄斯宅士藏　子7-37086

陋

44 陋巷居士　子1-1767

7122₀ 阿

00 阿彦遠　經1-3063
　阿應麟　史8-58476
　阿庶頓　子2-8270
　阿摩利諦(釋)　經2-
　　14253、14374
04 阿謨伽(釋)　子6-32093
　　(39)
08 阿敦　經2-14995
09 阿麟　史8-61731
10 阿王老(釋)　史7-52205
　阿爾稗　集3-16688
　阿爾泰　史6-47878
11 阿彌爾達　集4-23282
12 阿發滿　子7-36228(2)、
　　36231(5)、36242(2)、
　　36248、37139

24 阿納樂德　子7－38185
28 阿僧伽　子6－32084(14)、
　　32093(25)
34 阿達爾美阿　子7－36951
40 阿克敦　史6－45847　集
　　3－18488
　　阿克西　子7－38272
　　阿克達春　史7－55748
　　阿克當阿　史6－43849～
　　　50,7－56711　子1－2563
　　阿難陀尊者　子7－33061
44 阿地多崛多(釋)　子6－
　　32093(46)
　　阿地瞿多(釋)　子6－
　　　32081(13)、32082(10)、
　　　32083(9)、32084(8)、
　　　32085(13)、32086(14)、
　　　32088(10)、32089(12)、
　　　32090(16)、32091(14)、
　　　32092(10)、32093(33、46)
　　阿勒精阿　集4－29372
　　阿世格　子7－35955
　　阿桂　經2－15018～20
　　　史1－1860、1876～7、1880
　　　～1,6－42116、45242、
　　　45839、45845、45880、
　　　46944、46971、47898,7－
　　　49962～3、56091　叢1－
　　　223(16、19、23、24)
　　阿林保　集4－23180
47 阿猛查登　子7－38275
　　阿姆斯特郎　子7－36993
50 阿拉白氏　子7－35918
　　阿東處士　子7－36237
60 阿日孚　子7－35945～6
　　阿目佉(釋)　子6－32089
　　　(36)、32090(59)、32091
　　　(57)、32092(39)、32093
　　　(39)
　　阿目佉跋折羅(釋)　子6－
　　　32081(55)、32083(35)、
　　　32085(50)、32086(59)、
　　　32088(37)
　　阿目伽(釋)　子6－32081
　　　(55)、32083(35)、32084
　　　(28)、32085(50)、32086
　　　(60)、32088(37)、32093
　　　(34)
　　阿里哀　史6－47372
　　阿思哈　史8－59520
61 阿旺查什(釋)　子7－
　　32958
72 阿質達霰(釋)　子6－

32081(53)、32082(27)、
32083(33、34)、32084
(26)、32085(48、51)、
32086(57、62)、32088
(35)、32089(30)、32090
(39、42)、32091(37、40)、
32092(25、27)、32093
(36),7－32868、32914

7122₇ 鴈

30 鴈宕山樵　叢1－496(2)

厲

10 厲玉夒　史3－23113
　　厲雲官　史7－49394　集
　　　4－31572、32199
17 厲翼　史5－38463
20 厲秀芳　史5－38462,6－
　　　43148,7－49318(12)、
　　　50157,8－59109　集4－
　　　29507　叢1－496(4)
21 厲衡青　史3－18898
26 厲自芳　史3－22968
27 厲紹唐　史3－20596
30 厲家禎　史7－57479
　　厲家法　史5－38465
　　厲之鍔　子3－12573
38 厲祥官　史8－60409
40 厲士貞　集3－14690
　　厲志　集4－27557～8、
　　　30852,6－46177
　　厲壽田　史7－55613
43 厲式琯　集4－33485
　　厲式金　史8－61041
44 厲荃　子5－25977
　　厲蓉青　史3－22315
　　厲杜訥　集3－14916
48 厲松林　史5－38466
63 厲貽鋒　史5－38474
64 厲時中　史6－42742、
　　　44936
67 厲鶚　史1－15、726,2－
　　　6738、7102～3,7－49354、
　　　50305～6、51604、56735
　　　子4－18655～6　集3－
　　　18085、18842～56,6－

42024、42071、45956,7－
47203～6、48464～5、
49697、50534、50539、
50647　叢1－202(4)、
203(9、10、18)、223(18、
26、38、68)、320～1、342、
370、373(6、7、8)、392、407
(4)、422、424、448、456
(1)、469、471、498、584、
586(3)、587(2),2－617
(5)、624(4)、635(13)、653
(4)、697、698(11、13)、716
(3)、731(58、66)、735(3)、
736、832(3、4、6)
77 厲鳳梧　史5－38475
　　厲同勳　集4－28616～7
　　厲學銘　史5－38469
　　厲賢佐　史5－38470
82 厲鍾麟　史3－19292
97 厲炯　集4－21997

爾

00 爾高(釋)　史7－51391

7123₂ 辰

42 辰橋　集5－34778
77 辰巳小二郎　子7－36597

7124₀ 牙

58 牙釐總局　史6－43580

肝

44 肝若　子5－27885

7124₇ 厚

00 厚庵鄧夫子　經2－10975

厦

77 厦門市修志局　史8-
　58352
　厦門保商總局　史6-
　43991

阪

10 阪下龜太郎　子7-37417
50 阪本健一　子7-36408
60 阪口瑛次郎　史2-8781
67 阪野鐵次郎　子7-37293
80 阪谷素　經1-6766

7126₁ 脂

16 脂硯齋主人　子5-28374

7128₆ 願

20 願爲明鏡室主人　叢1-
　587(5)
77 願學齋主人　史1-622～3
90 願光(釋)　集3-17035～6

7129₆ 原

00 原亮三郎　子7-36232
　原亮三郎　子7-36697
　原文會　集4-25635
10 原一魁　叢1-69
28 原徵(釋)　子6-32091
　(75)
30 原良　史1-4355、5573～5、
　5831　子1-1369～71,
　4-21047　集3-15354,
　6-45847　叢2-1329
32 原澄(釋)　子6-32091
　(75)

38 原澂(釋)　子6-32091
　(75)
40 原志(釋)　子7-34324
　集3-14897
49 原妙(釋)　子6-32091
　(72),7-34203～10

7132₇ 馬

00 馬立德　子7-37152
　馬亮　史6-48079
　馬彦森　史3-15966
　馬齊　經2-14996～8、
　15000～1　史1-1712
　子2-11197
　馬方伸　史7-55011
　馬應龍　經1-3559　史
　4-31627,8-59804
　馬應麟　子2-6164
　馬應潮　史1-2419
　馬庚乙　史4-31624
　馬庚吉　經1-1979
　馬庶　子4-22456
　馬廉　史8-66012
　馬慶蓉　集4-31485
　馬慶長　史7-56335
　馬廖　集1-5673
　馬廣良　集5-35953～5
　馬亦姿　集2-7641
　馬文　子7-36228(5)、
　36231(2)、36239、36248、
　36263、36828
　馬文麟　史8-63103
　馬文升　史1-1914、1983、
　2813、2816、2820,6-
　48168～70　子5-26220
　集2-6893　叢1-22
　(22)、29(8)、40、46、50～
　1、55、84(2)、87～9、95、
　195(7)、223(21),2-730
　(2、3、9)
　馬文洪　史4-31543
　馬文夢　子7-35968
　馬文苑　史3-18672
　馬文華　史3-17120
　馬文植　史1-3584,2-
　12868　子2-4768、
　4770、4771(3)、5239～40、
　7058、7806、9991～2、
　10826

馬文熙　集7-48180
馬文煒　史8-59188
馬文灼　史4-31622
馬文煥　史7-55234
馬文燦　史8-61985　叢
　1-197(4)
馬文變　史4-31593
馬辛陔　史4-31591
馬辛階　史4-31569
馬章玉　史7-56716
馬諒　經2-11173
馬襄　史7-55581
01 馬龍　叢1-168(2)
　馬顔森　集5-37774
02 馬端垚　史4-31615
　馬端臨　經1-3689、4815
　史6-41496、41508～9、
　41514、41558～66、41575
　叢1-114(1)、223(27)、
　227(6)、379
　馬新祐　史2-12234
　馬新貽　史6-44171、
　48019、49001
03 馬竣　集3-16593
05 馬靖　叢1-300
08 馬敦仁　集5-40213
09 馬麟鳳　史6-42157
10 馬一龍　經1-2145　子
　1-58、60、4193　集2-
　7415、8169～71　叢1-
　13、14(3)、22(20、25)、
　108、111(3)、119～20,2-
　731(30)
　馬一山　集4-29386～7
　馬一騰　子7-34068
　馬二泉　子2-9639
　馬三山　史2-8203
　馬三俊　集4-33535
　馬三才　集2-7034
　馬玉　史1-3594
　馬玉龍　子7-36060
　馬玉麟　集1-5670～2
　叢1-265(5)、266,2-809
　馬玉崑　史6-48054
　馬玉山　史6-43427
　馬玉書　子7-35926
　馬玉田　史3-22180
　馬玉堂　史8-65275　叢
　1-369、372
　馬丕瑤　史6-43426,7-
　55904、55931　子1-

1-244(6)、373(6)
馬寬裕 子1-918
馬宥 集3-15576
馬家彥 史8-60038
馬家鼎 史7-55793、
　　55963
馬家漣 集5-41259
馬永亨 史7-54935
馬永清 集7-53750、
　　53882~4、53922~3
馬永壽 史7-55780
馬永華 子3-11534
馬永易 子5-25539~41
　　叢1-19(2)、20(1)、21
　　(2)、24(2)、223(43)
馬永卿 子1-20、61、96、
　　4-20034~42 叢1-1、
　　19(4)、20(2)、21(4)、22
　　(7)、23(7)、24(5)、29(6)、
　　31、99~101、223(41)、
　　380、490,2-652、687、731
　　(6)、735(3)、777、782(2)
馬之龍 經1-2215 集
　　4-27411 叢2-886(4、
　　5)
馬之起 史8-60050
馬之驦 史7-55286,8-
　　59056 集3-14617
馬之曠 史8-58713
馬之駿 集2-11463~5,
　　6-41948
馬之騏 子2-4583、8705、
　　8741
馬守貞 集6-41939
馬安禮 子7-35941、
　　35978、35988、36044、
　　36074、36090
馬安陽 經1-932
馬安義 子7-35998~9、
　　36047
馬良 子7-35156
馬良福 史4-31605
馬良史 史8-62678
馬良駿 史3-20013
馬寶文 子4-24660
馬寶瑛 史3-20011
馬寶琛 史2-10990
馬賽 史6-41810
馬宗孔 史4-31629
馬宗璉 經1-111(4)、
　　6990~1 集4-26050
　　叢1-312,2-815

馬宗素 子2-4564、5429、
　　6469、6471~2、6477 叢
　　2-731(29)
31 馬沅 集4-30312~4,6-
　　43515 叢1-564
馬福徵 史4-31638
馬福安 集4-30315 叢
　　2-882
馬福祥 史2-10310,7-
　　56025,8 63140、63317
　　集5-41293~4
馬福培 史4-31568
馬福臨 集4-30316
馬禎峨 子4-20888
32 馬兆麟 集5-40211
馬兆聖 子2-4888
馬兆鰲 子2-9614
馬兆辰 子3-17686
馬浮 子4-22057 叢2-
　　754
33 馬心德 史4-31639
馬泌 子3-16864
馬治 集6-43670~1 叢
　　1-223(70)
馬述遠 子2-10013
34 馬漢卿 史4-31561
馬汝爲 集3-17323 叢
　　2-886(5)
馬汝舟 史7-56828
馬汝楫 集7-46419、
　　48026
馬汝驤 史1-2682
馬汝驥 集2-8295~9,6-
　　41935(2) 叢1-46
馬汝驍 史7-57883
馬汝賢 子7-36492、
　　37698、38158
馬濤 子3-16567~8
馬淩霄 集5-36024,7-
　　47889
馬洪熹 集3-15177
馬淇 集3-20985
馬祐 史6-43398
35 馬清瓚 史2-8273
馬清樞 史7-49330、
　　51266
馬清鸚 子3-13669
馬禮遜 史7-49318(22)
　　子7-35137
36 馬湘 史4-31623,8-
　　62167
馬渭齡 子2-7519

馬渭濱 史4-32869
馬澤 史7-57410
37 馬洵 集4-28151
馬鴻綱 子7-35717
馬鴻階 史7-56203
馬淑援 史7-55900
馬祖端 史4-31632
馬祖常 集1-5359~62、
　　6-41779~80 叢1-223
　　(60)、227(10)
馬冠羣 史7-49318(19)、
　　20)、49870、49897、49924、
　　49942、49947、49980、
　　50001、50004、50027、
　　50081、50264、50482、
　　50521、50559、50603、
　　50623、50694、50742、
　　50860、50925、50966、
　　51001、51058、51145、
　　51160、51179、51182、
　　51201、54417、54498 子
　　2-5202
馬迅 集3-14673
馬退山 子7-35992
馬朗 史2-6741 子3-
　　15859 叢1-22(15)、23
　　(14)
38 馬汾 集4-28509~10,7-
　　47484
馬遵烈 集7-51239
馬道亨 史8-61696
馬道畊 史8-58705 集
　　6-44073
馬道貫 經1-2684
馬肇元 經1-3310~1
馬啓榮 子7-35985~6、
　　36066
馬榮臣 集5-37480~1
39 馬遜書 史3-19390
40 馬九功 史8-59629
馬大壯 子4-20820
馬大相 史7-52502
馬大年 子4-20437 叢
　　1-195(7)、2-731(13)
馬大猷 經1-2969
馬太元 史7-54200,8-
　　62444~5
馬士 子7-37359
馬士龍 集4-30458
馬士斐 子5-24794
馬士琪 集3-17012,6-
　　41999

馬泰　集 5 - 33989
馬青　史 1 - 5754
馬青山　集 7 - 48341
馬惠　集 4 - 26501
馬惠生　史 4 - 31611
馬忠良　史 8 - 62167
馬忠藩　史 8 - 58997
馬書奎　史 4 - 31548
馬書田　史 7 - 56120
馬春生　史 4 - 31587　集
　　3 - 21187
馬春溪　史 4 - 31547
馬春田　集 4 - 25862
馬春鳳　史 4 - 31599
馬貴與　子 5 - 24903
馬素潘　史 4 - 31601
51 馬振文　史 7 - 55763　集
　　4 - 31889
馬振仲　集 4 - 23047
馬振彝　集 5 - 39724
馬振儀　集 5 - 40586
馬振濱　史 3 - 21529
馬振垣　集 3 - 17342
馬振蕃　子 2 - 8123
52 馬援　叢 2 - 771(1)
53 馬輔仁　子 7 - 36784
馬盛德　子 7 - 35117
55 馬軼羣　史 7 - 56608
馬慧姿　史 8 - 59928
馬慧裕　子 1 - 3889,4 -
　　21568　集 4 - 22408~11
56 馬提務　子 7 - 35695
57 馬邦玉　史 8 - 64537　集
　　3 - 20682
馬邦舉　經 1 - 1568,2960
　　~1,3368
58 馬鼇　子 1 - 1580
60 馬□　集 7 - 50556　叢 2 -
　　940
馬日德　子 7 - 36231(3)、
　　36242(2)
馬日齡　史 8 - 62045
馬日炳　史 8 - 61460
馬旦　集 3 - 18153,6 -
　　44511
馬曰琯　史 7 - 53240　集
　　3 - 18620,6 - 44263,44483
　　~4,45956,7 - 47196　叢
　　1 - 456(3),2 - 731(38,43、
　　49)
馬曰璐　史 2 - 11013,7 -

52694　集 3 - 19025,6 -
　　44483,7 - 47197　叢 1 -
　　449、456(3、4),2 - 731
　　(43、49)
馬呈圖　史 8 - 61113、
　　61146
馬星聯　史 3 - 20112　集
　　5 - 40212
馬星翼　史 1 - 2179　集
　　4 - 29388
馬星衡　史 7 - 56109
馬星壁　史 8 - 63670
馬最　史 4 - 31567
馬國璪　史 4 - 31545
馬國偉　史 7 - 51945　集
　　4 - 23682,6 - 45050
馬國傑　子 2 - 7831
馬國楨　史 8 - 59741
馬國翰　經 1 - 32、199、
　　204、206~8、210、213、
　　215、219、221、223、236、
　　253、258、263、265、272、
　　278、280、283、288、312、
　　315、317~8、321、327、
　　332、334~5、338、341~5、
　　348、352~3、356、358、360
　　~1、363、366~70、372、
　　374、391~2、394、396、404
　　~5、1659、2267~8、2270、
　　2322、2336~7、2356、
　　2491、2495、2508、2512~
　　3、2515、2528、2531~2、
　　2564、2593、2596、2598~
　　9、2601、3381、3410、3418、
　　3427、3434、3440、3452、
　　3464、3535~6、3560、3562
　　~5、3567、3577、3580~3、
　　3585~6、3588、3591、
　　3607、4212、4527、4553、
　　4556、4567、4576、4580、
　　4610~2、4681、4711、
　　4728、4730、4733、4818、
　　4821、4833、4842、4852、
　　4875~8、4882、4910~2、
　　5210~5、5373、5376、
　　5387、5401、5403、5409、
　　5411、5414~5、5418、
　　5422、5424、5426、5429~
　　30、5432~7、5440~6、
　　5530~1、5534、5556~60、
　　5563~6、5581、5834、
　　5845、5887、5889~91、
　　5929、5991、6017、6025~
　　33、6035~6、6040、6131、

6148、6214、6217~8、6287
　　~8、6369、6378、6388、
　　6393、6398、6400、6403~
　　5、6438~41、6595、6605、
　　6610、6630~1、6634~5、
　　6655~62、6717~8、6720
　　~2、6726~7、6731、6742、
　　7042、7191、7213~4、
　　7227、7232、7234、7237、
　　7250、7336、7338、7350~
　　2、7368、7371、7435、7438、
　　7440~4、7446、7449、
　　8161、8172、8180、8189、
　　8198、8206、8213、8219、
　　8226、8232、8238、8245、
　　8253、8258、8263,2 -
　　8297、8307~9、8322~5、
　　8327~31、8333~4、8351、
　　8595、8600、8606、8612、
　　8619、8627、8632、8634、
　　8636、9137、9209、9211、
　　9222、9227、9230、9233、
　　9235~8、9252~77、9574、
　　9720、9725、9729、9733、
　　9737、9740、9743、9746、
　　9756~7、9773、9777、
　　9781、9785、9787~9、
　　9798、10040、11085、
　　11148、11151、11154、
　　11156、11164~5、11186、
　　11189、11192、11302、
　　11311~2、11314、11393、
　　11415、11433、11439、
　　11442、11444~5、11448、
　　11450、11454、11681、
　　12737、12748、12777、
　　12788、12793、12937、
　　12945~6、12948、12963、
　　13266~7、13282、13288、
　　13324、13329、13340、
　　13348、13354、13358、
　　13361~2、13364、13596、
　　13601、13619、14282、
　　14565、14578、14612、
　　14621、14691、14694、
　　14700、14706、14709、
　　14712　史 1 - 2075、
　　2078、2099、2102、2107、
　　2110、2112、2114、6002,2 -
　　6331、6464,6 - 49278,8 -
　　64845~6、65406　子 1 -
　　239、278、280、288~91、
　　327~9、331~2、334、337
　　~8、349、357~8、374~8、
　　459~60、485、495、497、

馬毓林　史7-51075　集4-26840

馬毓椿　史4-31625

馬毓騄　史3-21454

馬義則　史8-59814

馬善慶　史4-31592

81 馬鈺　子5-29530(20，22)、29535(5)、29536(5)、29547、31949　集1-4630～4

馬敘倫　史2-6678、11091,8-64508　子1-4039,5-29224,7-36251　叢2-2250

82 馬釗　經2-13693

馬鍾琇　史2-8250,7-55211

馬鍾祺　集5-38181,7-48074

馬龢鳴　史8-58403

83 馬鏄　史3-17006

84 馬鎮　史8-58658　集4-24792,6-42001

馬鎮桐　史3-17618

86 馬錦　集4-27513,7-47677

馬錫康　史3-20263　子5-30424　集5-39835～6

馬錫元　史4-31633

馬錫仁　集5-36328

馬錫純　史7-56771

87 馬銘三　子7-36079

馬銘勳　集3-20683

馬欽　集7-50399

88 馬銓　集4-28152

馬鑑　史7-55665、55950

馬第伯　史6-41960　叢1-22(8)、23(8)

89 馬鏷　集3-21720

90 馬小聰　集5-39018

馬小眉　史1-3592～3

馬惟廉　集5-41292

馬惟陽　史4-31586、31589

馬惟敏　集3-16150

馬懷遠　子2-10727

馬光　史1-1937、3484

馬光登　史1-4512

馬光遠　史7-55922

馬光祖　史7-56539

馬光啓　史7-50854

馬光裘　集3-21721

馬光楣　史2-11677,4-31645　子3-15911、16125

馬光燦　子2-5270

馬常沛　集3-16826

馬棠　史3-17757,4-31558

92 馬愷臣　史4-31612

94 馬慎修　史3-22103,8-61525

95 馬性魯　史8-58230

97 馬恂　史7-55155、55236　集4-28511

馬耀庭　子7-36058～9

馬炯章　集5-40517

馬煥奎　史8-59392

馬煥曾　集3-15352

馬輝　子1-1900　叢2-731(8)、782(5)

馬欸　史7-50701

馬燦善　史4-31570、31598

98 馬愉　集2-6687

99 馬燇　集2-6061、6064、6303、6312、6337、6342、6410、6449、6489、6532,6-44786　叢1-223(70)

馬榮祖　集3-18547,6-46283　叢1-202(5)、203(11)

7171₁ 匡

00 匡文昱　經1-1389～90

10 匡爾濟　史7-56426

12 匡飛儀　集5-35085

17 匡翼之　史3-21726

30 匡安庚　史4-26258

匡良祀　子3-13637

匡良杞　子3-11429,5-25405～6

34 匡汝諧　史8-58911

35 匡清衢　史3-23246

37 匡逢向　史4-26262

40 匡南枝　集4-33090

匡有貞　史4-26259

47 匡超　史8-59296　集5-40190

71 匡厚生　集5-40965

77 匡履福　集5-40061

90 匡光斐　史4-26261

匯

44 匯菴　經2-11241

47 匯報館敎士　了7-37469

7171₆ 區

09 區麟遲　史5-34321

10 區玉章　集4-27027,6-42007(1)

區元晉　集2-7389

區震漢　史8-61392

17 區孟賢　史8-61153

20 區爲樑　史8-61105

24 區仕衡　子1-869　集1-4312～3　叢2-881

28 區作霖　史8-58753

30 區家偉　史3-21987

38 區啓科　史8-61160

40 區大倫　經2-10507～8

區大相　集2-10724～7

區士勳　史3-21866

43 區越　集2-7388

60 區昌豪　集4-29841,6-42007(1)

78 區鑒　史3-23259

86 區錦川　史5-34319

88 區簡臣　史8-61107

90 區懷瑞　集2-12807～8

區懷年　集2-12869

7171₇ 巨

23 巨然　子3-16461

38 巨海(釋)　史7-53312

47 巨超(釋)　集4-24068～72

60 巨國桂　史8-62903　集5-40178

67 巨野老人　叢1-348

甌

77 甌風社　叢2-737

7173₂ 長

00 長庚　史8-60409、63081
03 長贇　史8-63241
12 長水天放生　子5-27404
　長水是岸　叢1-104
　長孫訥言　經2-13633～5
　長孫滋　子5-29530(12)、
　　31080
　長孫□□　叢2-774(5)
　長孫氏　經2-8307
　長孫無忌　經1-390　史
　　1-15～7、20、629～31、
　　638,6-45744～7,7-
　　49311,8-65262　叢1-
　　223(28)、286、569,2-
　　604、637(2)、673、698(3)、
　　731(1、17)
20 長秀　史6-46981　集4-
　　32623
21 長順　史7-56212～3
26 長白浩歌子　叢1-496
　　(2),2-735(1)
　長白七十一椿園　叢1-
　　373(3)
28 長齡　史6-42741、45180、
　　48792
30 長安道人國清　子5-
　　28181
36 長澤永二郎　子7-37789
37 長湖外史　集7-48438～9
　長潤　史6-46562
38 長啓　史2-12081
39 長沙縣文獻委員會　史
　　8-60437
50 長春縣公署　史7-56224
67 長野確　叢1-203(17)
77 長闈　集4-22371
　長興　史3-20591
80 長年醫局　子2-9847
　長善　史6-45300　集5-
　　34702～3

長谷川誠也　子7-36319
長谷川太郎　子7-38037
長谷真逸　子4-20340～
　1,5-26792　叢1-22
　(23)、29(7)、107、111(3)
88 長筌子　子5-29530(3、
　20)、29535(2)、29536(2)、
　29537、29549、29856、
　29858、31956

7178₆ 頤

38 頤道居士　史2-6767　子
　7-34691　叢2-832(3)
44 頤藏　子6-32088(41),7-
　34199
60 頤園居士　子2-9892
　頤愚子　子5-31520

7210₀ 劉

00 劉堃　史3-15331
　劉立夫　經2-13575
　劉立監　史5-39558
　劉立堂　史5-39586
　劉瘦梅　集5-36512
　劉亨涟　史5-39582
　劉亨閬　史5-39621
　劉亮　史8-60753
　劉彥沖　集4-31723
　劉彥藻　史5-39700
　劉彥矩　史3-17769　子
　　4-23341　集4-25839
　　叢2-619,1647
　劉齊禮　史5-39334
　劉齊潯　史3-15780
　劉商　集1-1251～2,6-
　　41878～82
　劉席齋　史5-39491
　劉鷹　集2-6592～3
　劉方　集7-49951～2、
　　50177
　劉方平　集6-41881
　劉方璿　經1-1362～3、
　　5078　史8-60668
　劉方瑚　集4-23204
　劉方峒　史3-21323

劉方籌　史5-39519
劉方煒　集5-40624
劉育　史4-28255
劉裔炫　史8-61164　集
　3-15982
劉高培　史8-61591
劉應麟　史1-2454
劉應元　叢1-365
劉應登　子4-22785
劉應鼎　集3-16888
劉應秋　史1-5451 5656,
　8-63028、63042　集2-
　10360～1,6-42833
劉應賓　史1-3589　集
　3-13088～90
劉應祁　史2-9134,8-
　60705～6、60714
劉應奎　叢1-223(57)
劉應李　子5-24906～12
劉應薦　史8-59417
劉應中　史1-3672,7-
　49318(14)
劉應泰　子2-9300
劉應忠　史8-59283～4
劉應時　集1-3343,6-
　41784　叢1-223(56)、
　244(5),2-731(42)、845
　(4)
劉應陞　集3-21829
劉應舉　史8-58943
劉應銅　史7-57301
劉應節　史6-48296,7-
　55021
劉應箕　史1-1926～7
劉應棠　子1-4198　叢
　1-394
劉康祉　集2-11576
劉康原　史5-39528
劉康錦　子2-9579
劉庚　經1-627、930　集
　4-29442
劉庶咸　子2-10787
劉庭楨　子7-37865、
　37888
劉庭蕙　史8-58360
劉庭熾　史2-10857
劉庭輝　史8-58533
劉度　史2-9745
劉度來　史2-10341
劉慶　史6-49093
劉慶崧　集5-35763～4

劉慶生　集4-32874,6-42007(2)

劉慶凱　史3-15207

劉慶遠　史8-61774

劉慶祝　集4-28721

劉慶運　史7-56554

劉慶汾　子7-36928

劉慶祥　子3-17272

劉慶觀　經2-10901　子5-25962

劉慶長　史7-51445

劉慶鏜　史3-17557

劉庠　經2-12679~80　史1-4650,7-56603　子4-22730　集5-34332　叢2-870(2)

劉唐劭　史3-21824

劉唐卿　集7-48931

劉廞　子4-19785,19791~3　叢2-615(2)、768、774(9)、775(5)

劉歆　子4-19808　叢2-774(10)

劉廣聰　史8-60945

劉廣生　史7-56870　集6-42859

劉賡　子3-14422~3　叢1-362、515,2-731(15)

劉賡年　史7-55064

劉亦寬　史5-39367

劉文　史8-62109

劉文亮　史8-61033

劉文龍　經1-1281

劉文麟　集4-31507

劉文玉　集3-21748

劉文確　史8-59140

劉文德　史7-55993

劉文徵　史8-62320

劉文徽　史2-7817　集3-21426

劉文富　史7-57193

劉文潛　史3-22858

劉文淇　經1-163(3)、7034~5　史1-8、10(1)、2276,7-49419、49537、52880、56719、56837　集4-28619　叢1-410、418、568,2-653(4)、731(56)、806、810

劉文沛　史5-39479

劉文瀾　子3-11434、13221、13829

劉文運　史8-59583

劉文友　史5-39600,8-58631

劉文培　史5-39205　集4-24458

劉文嘉　史5-39391　叢2-896

劉文彬　子5-32013

劉文藻　集4-32339

劉文蔚　史7-50988　子5-25850~2

劉文芝　集4-32474~5

劉文華　子2-8251

劉文林　史8-59897

劉文相　集2-9406

劉文增　史8-62110

劉文翰　集6-46301　叢1-330~1

劉文泰　子2-5542~3

劉文表　史8-58762

劉文雅　子2-8881

劉文屋　子1-3158

劉文鳳　子2-10525,7-54156　集5-38753

劉文陶　集5-36888

劉文卿　子5-25036　集2-10778

劉文賢　集4-23794

劉文鏡　史5-39525

劉文範　子2-6955

劉文光　集2-8355

劉文炳　史2-12210,5-39295,7-55604,8-63227

劉文焯　史5-39244

劉文熒　史8-59024

劉文煒　叢2-1428~9

劉文燦　史5-39425

劉文耀　集5-38374　叢2-795

劉文輝　史8-62117

劉章　子7-34460

劉章海　史5-39600

劉章掌　史5-39384

劉言史　集1-1504~5,6-41879~82

劉玄英　子5-29549

劉襄祚　史1-2772

劉六德　集3-16129

劉六友　史5-39599

01 劉龍　集2-7741

劉龍眕　集7-49638

劉龍光　史7-56293

02 劉訓瑞　史8-58183

劉訓芝　史5-39590

劉訓美　史5-39589

劉新澍　史5-39413

劉新瀚　集5-37234

03 劉斌　史7-55976　集4-28182,6-41881

劉誼　子1-1862　叢2-886(2)

劉謐　子4-23774~6,6-32089(52)、32090(66)、32091(64)、32093(52),7-34946~8　叢1-376,2-731(16)

04 劉麒祥　史2-10545

劉謝元　史5-39274

劉詵　集1-5057~61　叢1-223(59)

劉謹之　史7-56091　叢1-223(24)

劉訥言　叢1-22(6)、23(6)、29(4)

劉誌　史5-39190

劉誥　史7-56860

劉勸　子2-8470

05 劉靖　史7-49317(7)、49318(14)、51072,8-62493　集4-31389

劉靖宇　史8-59427

06 劉韻珂　史5-39441,6-43460、43885

劉韻芳　集5-39746

07 劉翊宸　史5-39236

劉翊泰　史1-1367,3-17963

劉翊忠　史3-21842

劉毅　史3-19211

劉訒　史8-59880

劉詞　子2-10958,5-29530(17)

劉調贊　史2-11788

劉歆　經1-6436~7,6630,2-11151~2,11331　史1-1914,8-65406~9、65411~4　子3-15549,5-26224、26825　集1-195,6-41698　叢1-18、20(3)、22(12)、23(11)、29(1)、90~1、95~6、101、183、223(44)、249(1)、258、261、390、395、403、

劉廷恕　史8-62121
劉廷槐　史7-57853
劉廷榆　史3-15304
劉廷松　史5-39279
劉廷枚　史3-15700　集
　4-33386
劉廷輔　集3-13777
劉廷昆　史2-8128
劉廷陛　經1-1400
劉廷鳳　史7-57922
劉廷鏞　集4-24213
劉廷錫　史8-59183
劉廷鑑　史3-15364
劉孔敦　子2-5548、7699、
　8057　集6-43345
劉孔和　集2-12080
劉孔敬　經2-10493　史
　1-1300
劉孔中　子4-22186
劉孔懷　經1-4752　史
　2-8631
劉孔當　經2-12845　集
　6-45407、45409
劉飛　史2-6868～9
劉飛熊　史8-58697
13 劉琬懷　集4-24214、7-
　47384
劉瑄　集6-43577　叢1-
　265(5)、266、465、2-731
　(38)
劉球　經2-13138～9　集
　2-6670～4、6-43118
　叢1-223(64)、265(2)、
　324
劉璉　經1-346～51、2319、
　2321、4681、4818、2-8328
　叢2-772(1)、773(1)、774
　(2、5)、775(1)
劉武元　史6-48637
劉琯　經1-1100
14 劉瑾　經1-3708～9、6451
　叢1-223(7、14)、273(3)、
　2-731(36)、856
劉琦　子4-21818
劉琦正　經1-1974
劉功良　史5-39615
劉功楷　史5-39559
劉瑛　史5-39235　集5-
　38899
劉琪峯　史5-39434
劉瓚　史2-8202、9299、7-
　57884

劉琳　史1-1932,2-7197
劉劭　史2-6600　子1-
　56,5-24757～8　叢1-
　22(9)、23(9)、260～1,2-
　731(4)、772(4)、773(4)
15 劉坤一　史7-50556
劉聘珍　集5-38232
劉璉　集2-6308　叢1-
　223(63)
劉珠　史8-59489
劉臻　集3-20909～10,6-
　41881
劉建文　叢1-456(6)、457
劉建封　史7-56298
16 劉琨　集1-360,6-41698
　叢1-183
劉理順　集2-11604～6,
　6-43118
劉理榮　史5-39310
劉瑒　子2-4699、8012
劉璟　集2-6324～9,6-
　43118　叢1-223(63)、
　2-856
劉硯畬　史7-56008
17 劉孟雷　史2-7174　子
　4-23930
劉孟揚　史1-4287
劉珝　集2-6890～1
劉珊　集4-26947～50
劉璐　集6-41881
劉瑤　史3-23491　集6-
　41881
劉瑱　史8-58208
劉琛　史3-13509
劉乃勳　集5-38503
劉乃晟　史1-5827
劉弼良　集5-39514
劉承　叢1-223(13)、227
　(4)
劉承謙　史8-59325
劉承烈　史8-61569
劉承功　史8-62469
劉承聖　史5-39642
劉承繶　集2-11693
劉承寵　集4-30060
劉承澤　史5-39450
劉承祚　集5-39513
劉承啓　史8-60226
劉承莆　史1-3313
劉承孝　史5-39553
劉承幹　經1-378～9、

2606～7、3594～5、4255、
　5571、6735、7266～7、7375
　～6　史1-19、689、
　5351,6-41614～5、
　44748、45751,8-63514、
　63758、64128、64777、
　65322、65994～6006、
　66167、66492　子1-
　2225　集3-19650,4-
　28281、32379,5-37400、
　39601　叢2-669～71、
　843、1529
劉承本　史3-15194
劉承恩　史8-60083　子
　5-32006
劉承美　史8-58258
劉豫師　經2-10957
劉豫成　史5-39209
劉子玄　集6-41881
劉子羽　史7-52511～2
劉子翬　史2-6288　子
　1-96、710～1,2-10703
　集1-3266～72,6-
　41794、41900～1、41908
　叢1-223(54)、2-728、
　754
劉子壯　子3-13968　集
　3-13521,6-42023、45336
劉子伯　集2-8616
劉子寰　集7-46379、
　46395、46675
劉子吉　史4-29592
劉子雄　集5-39280
劉子垣　史8-60355
劉子芬　史8-65141
劉子敬　史8-61997
劉子春　集3-21274
劉子銑　史3-18296
劉子銓　史1-4626
劉子煥　史3-22164
劉鞏　集7-49462
劉尹聘　經1-3827
劉召材　經1-3337　子
　3-12968
劉君房　集5-39336
劉君成　史2-9532
劉君錫　史8-61517　集
　7-48767(3)、49078
劉司直　子4-23372
劉邵　子4-19788～9　叢
　1-69、71～7、101、182～
　3、223(39)、273(5)、274

4470～2、4810、5154～5、
5370～1、5517、7185～7、
7207～11、8098～9、8145
～6，2－11294、11831～2、
11930、12701、14953　史
1－2067～8、2073、5036、
5824～5，2－8359～61、
11005，3－19287，8－66360
集5－41610～1　叢2－
619、2129(4)、2248
劉師蒼　史3－22886
劉師恕　集3－18139
劉師陸　史6－42089，8－
64850　叢2－941、982
劉師竹　史5－39626
劉貞　經1－3711　集6－
45337
劉貞安　史8－61601～2
劉紫芝　子3－13654　叢
1－560
劉經濟　史5－39527
劉經佘　史5－39526
劉穎　史2－11562　集2－
11404
22 劉胤德　史8－59122
劉胤昌　子5－25101
劉豈　集5－39745
劉鑾　子2－10873，5－
26630　叢1－202(8)、
203(18)、496(4)、587(4)，
2－650
劉鑾興　叢1－203(14)
劉鼎　子2－8832
劉鼎勳　史5－39427
劉鼎家　史5－39593
劉鼎梅　經2－14395～6、
14540
劉崙　集2－9116
劉嵩　集2－6035　叢1－
223(62)
劉嶽雲　史3－16227、
18634，6－43371、43388、
44751～2、44885、47520
子3－12434、12795，4－
21740、22700　集5－
38029～31
劉嶽昭　史6－49022
劉岸溪　史5－39617
劉巖　集3－16928～32
叢2－2169
劉仙舟　子2－7440
劉仙倫　集1－4118～9，6－

41744～6、41888、41891～
3、41894(3)、41895、41897
～8、41904、41911、41917、
41923～4
劉變材　史5－39354
劉峯泰　子2－8254～5
劉畿　史6－48303，7－
57662　集2－6678
劉崑　史6－48933～4，7－
51038、52111、54912、
55040　叢2－731(57)、
869
劉山英　子5－30488
劉山甫　集6－41881
劉幽求　集6－41881
劉崇慶　經1－3186
劉崇元　史7－55848　子
4－24294
劉崇仁　叢2－682
劉崇傑　子7－36587
劉崇遠　子1－20、61，4－
22850～3　叢1－15、19
(4)、20(2)、21(4)、22(8)、
23(7)、24(5)、29(3)、223
(44)、246、255(2)、278、
282(1)、283(1)、374、388
～90，2－617(4)、731(52)
劉崇禮　史5－39596
劉崇本　史7－55216、
55289、55322～3　集5－
38145
劉崇照　史3－16416，7－
56689
劉崇光　叢2－682
劉樂義　子7－35684
劉繼　史1－3901，8－61071
集5－35372
劉繼先　史8－59438
劉繼祖　史7－51286
劉繼志　子5－25771
劉繼莊　經1－6857、6905
劉繼華　經2－12703
劉繼增　史2－12228　集
5－37186～90　叢2－
802、843
劉繼善　史8－58190　集
2－7405
劉繼曾　史7－51572　集
4－23646
劉崧　史5－39318　集2－
6035～41
劉崧雲　子1－1698

23 劉卜旺　史5－39284
劉允　史8－60339
劉允元　史8－60870
劉允俊　史8－59773
劉允濟　集6－41881
劉允漣　史5－39551
劉允嘉　史8－60639
劉允恭　史8－59334
劉允中　子2－6763，3－
13373～5
劉允鵬　子5－25505　叢
1－223(42)、301、453，2－
731(17)
劉獻　經1－2322
劉獻謨　史3－18385
劉獻廷　子4－23127～30，
5－26755　集1－128，3－
13419、16396　叢1－
420、580，2－731(54)、735
(2)、736、782(5)
劉代英　史3－21673　集
5－34166
劉代芸　史5－39655
劉俊聲　史8－63122
劉然　集6－44080～1
劉然藜　史4－30062
劉台拱　經1－111(3)、163
(1)，2－9518、11585、
11873、14836　史1－
266、2135，2－9529　子
1－319，4－19702　集4－
23363　叢2－653(2)、
1570～2
劉馥　集4－30145
劉峻　集1－539～40，6－
41694、41698、41722、
41794　叢2－771(1)
劉峩　史6－48759
劉峩冠　史5－39576
劉岱　史8－62290
劉稼　子4－22212　叢2－
1059
劉織超　史8－60956
24 劉仕廉　子2－5143～4
劉仕鑾　史5－39331
劉仕偉　集3－20284
劉仕朝　史5－39399
劉仕義　子4－23917～8
叢1－22(23)、29(7)、84
(4)，2－730(11)、731(54)
劉化風　叢1－551
劉化鵬　史5－39325，8－

63177

劉壯國　子3-18040　集
7-46400、46923

劉魁　集2-8492

劉佐宸　史3-20391

劉佐臣　子7-36159～60

劉佐臨　史8-59491

劉佐鎮　史5-39471

劉先衡　史7-55136

劉住　史2-12672　集4-
27728　叢2-1697

劉僅　子1-621

劉德　經1-6399～400
子1-374　叢2-765～
6、774(4、8)

劉德新　史8-59721　子
1-2541　集3-13693
叢1-197(1)、198

劉德麟　集1-3157

劉德弘　史7-55260

劉德升　史5-39405

劉德儀　集5-36814、
36889

劉德寬　史7-55116

劉德宏　史5-39204

劉德湖　史5-39208

劉德培　集3-16077

劉德城　史2-10960

劉德芳　史8-59327

劉德懋　史5-39203

劉德華　集5-35457

劉德馨　子2-8539

劉德成　集3-19009

劉德昌　史5-39371,8-
59837

劉德風　史5-39306

劉德全　史8-60158、
63057

劉德銓　史8-61590

劉德敏　史3-20105

劉德恆　史8-61120

劉德姚　史8-58690

劉德炯　史5-39369

劉偉　史7-56822～3

劉偉瞻　史5-39428

劉佑　史8-58324、59065、
60243　集2-12454,3-
14625、15108,6-45114
叢2-1296

劉儲　史8-58502

劉儲秀　經1-4945、4975

集2-8000

劉佶　史1-2651,8-61679
叢2-598

劉休乾　史2-10157

劉勳　史3-21860　集4-
22923

劉皓芝　經2-14449

劉峙　史7-55225、55228

劉贊　經2-13938

劉贊廷　史8-62119、
62122、62124、62126～8、
62130～1、62133～4、
62136～8、62141、62144～
5、62147～9、62643～5、
62647～55、62657～61

劉贊勳　史7-56756

劉綺莊　集6-41881

劉納言　子5-27368

劉緒宗　史7-56319

劉緒曾　子3-16592

劉續　子4-20199

25 劉仲璟　叢1-22(22)、29
(7)、84(1),2-730(9)

劉仲梅　集4-30146

劉仲達　子3-17964、
18035,5-25116

劉仲甫　子3-17960、
17964、17991～4　叢1-
22(17)、23(16)、223(38)、
273(4)、275、392、569,2-
680、833

劉仲懷　集5-34842

劉伸　經1-2759

劉律樵　史2-10296

劉健　史1-3625～9,8-
63241　叢1-250、496
(3),2-870(3)

劉傳一　經2-9711

劉傳經　史8-62081　集
4-24215～6

劉傳福　史3-15796、
18232

劉傳祺　集4-33023

劉傳祁　史2-10206、
10210,3-18556

劉傳義　史3-21536

劉傳瑩　經2-10053～4、
11372、11713、14518　集
4-33238～9　叢1-574
(4),2-690、691(2)、731
(9)、872、1839、1884

劉傑　經2-13898　子3-

13627　集2-6045、6050
～1、6422、6617　叢1-
223(62)

劉純　子2-4562、4770、
4819～20、6489　叢1-
117、223(33)

劉純德　史8-59707

劉純質　史3-18299

劉純熙　史3-21348

劉秩　集2-7098

劉績　經1-6223、6802
子1-22、55、62～5、67～
8、3964、3973～6、3985～
6,4-19684、20272～3
叢1-4～5、22(23)、56、
58、195(6)、223(9、32),2-
697、698(5)、731(7)、873

劉績祖　史5-39658

26 劉白淑　集6-42036

劉自立　史7-55584

劉自唐　史8-62575

劉自潔　集3-18498～9

劉自堂　經1-8063～4

劉自烶　史8-60549

劉自燁　史8-60548

劉伯龍　史3-16914

劉伯詳　子2-4770、4771
(2)、6269～71

劉伯璋　史8-59724

劉伯緝　史7-57138

劉伯川　集3-19576　叢
2-963

劉伯崇　集7-48600

劉伯允　經1-1920

劉伯峻　史6-42192

劉伯生　子4-18618　叢
2-1141

劉伯淵　子4-20867　集
2-10003～4

劉伯梁　集3-19431　叢
2-963

劉伯友　集7-50385

劉伯英　集4-27846

劉伯躍　史6-48258

劉伯變　史1-1927　集
2-9711～2

劉侃　集4-26106,5-
36812～3

劉得仁　集1-1610,6-
41879～82

劉儼　史7-57166

劉皂　集6-41881

劉和　史3-17093　集5-34912

劉繯之　集4-22069

劉繹　史3-20947,7-52089,8-58906、58931　集4-29931~3

27 劉仞千　史8-59229

劉侗　經1-7663　史7-49808~12　子4-19415　叢1-22(25、27)

劉向　經1-104、164、176、227、3316~8、6392~3、7337~9,2-8306、8574、8577、8580、9772、11388~98　史2-6200、6377~85、6390、6834~41、6843、6913~5,8-65404~9、65414　子1-18~20、61、66、393~9、403~8、411,5-26793~4、29530(6)、29560　集1-8、10、183~4,6-41698、42982　叢1-15、19(1、3、8)、20(5)、21(1、3、7)、22(10)、23(9)、24(1、4、8)、29(2)、31、71~7、86、90~3、114(2)、123、182~3、223(21、29、47)、227(6)、236~7、261、272(5)、330~1、344、374、376、403、410、444,2-617(3)、628、635(3、4)、658、698(4)、724、730(5、8)、731(10、60、61)、761、765~6、770、772(2、5)、773(2、4、5)、774(4、6、8)、775(1、2、3、4)、776~7、1001、1596、1668、1769

劉向書　子2-9803

劉向變　集5-34539

劉修元　子5-32056

劉修禹　史8-61325

劉修樸　史5-39594

劉修鏐　叢2-895~6

劉修鑑　集4-23660、32065~6,5-34264　叢2-895~6

劉衆　史5-39186、39359

劉象豫　子1-1861　叢2-822

劉象明　史8-59626

劉象賢　史8-60562

劉將孫　集1-4991,7-46373、46759　叢1-223

(59)

劉仔肩　集6-43730　叢1-223(70)

劉伊　集3-20657~61

劉夐　史8-61659

劉阜山　子2-8992

劉郯　集2-12858

劉奐　子2-4614

劉彝　經2-12681　史3-22112

劉彝程　子3-12396、12829,7-36231(7)

劉彝芝　集5-34034

劉名宦　史5-39616

劉名芳　史7-49318(5)、52231~2、52268

劉名世　史5-39625

劉名譽　經2-9675　史2-10156,6-45021　子1-2466　集4-33682~7

劉魯瑛　史2-10801

劉魯生　史7-55831

劉郇膏　史6-44687　集4-33237

劉郇伯　集6-41881

劉嶼　集3-13479

劉久瑚　子2-7002

劉組曾　史8-62914　子1-3885　集1-2244,3-20911

劉紀文　集5-41626

劉紀殷　史5-39663

劉繩武　史8-58615、58784

劉繩伊　史5-39191

劉繩祖　史3-23516

劉絇　經1-7469

劉叔贛　子3-16126　集6-41894(1)、41895

劉紹文　史8-61571

劉紹琮　集4-33403

劉紹虞　子3-16974

劉紹先　史7-55727

劉紹寬　史1-2659,6-42582,7-57690　叢2-868

劉紹寬　集5-40461~2

劉紹漢　子2-6266

劉紹汾　史2-9928

劉紹藜　子3-17147

劉紹晏　史2-9928

劉紹放　經1-1280、2866、7815~6,2-8814、9091、9477、9970、10735、14098　史7-49317(4)、49318(8、13)、52657、53724、53917,8-62851　子1-1596、1969,3-12959　集3-19577~80,6-44938~9　叢1-483、574(3、4、5)

劉紹恤　史1-1927　集2-9901

28 劉以仁　子2-5088、6189、6260

劉以臧　史8-58451

劉以身　史8-60422

劉以守　史7-55634

劉以蘭　史5-39460

劉以桐　史1-4317

劉以貴　經1-1138　史8-59263、61310　集3-17029

劉作霖　史8-60110

劉作樑　史2-11423,7-57537　子4-22211

劉作楫　史2-10805　集3-17805

劉作銘　史8-61898

劉倫　子2-7096

劉徵廉　史7-55386

劉徵紀　子2-9742

劉徵桂　子2-9742

劉徽　子3-11250、12405~9、12416　叢1-223(35)、230(3)、238~9,2-635(4)、708、731(25、26)

劉復　史1-1989,8-61645　子2-6289　集6-41881

劉復鼎　史7-55863

劉復基　史3-18756

劉復隆　史3-17045

劉儀恕　集3-14695

劉從慶　史5-39252

劉從龍　史5-39407,7-57230

劉從禮　史5-39223

劉從雅　集5-38754

劉牧　經1-77(1)、2115~6　子5-29530(4)　叢1-223(2)、227(2)

劉馥桂　史8-58764

劉岇　史7-57800　集3-13431、13436~7,5-

劉定升　史 5 - 39468

劉定之　經 1 - 2140,2 - 8530～1　史 1 - 1914、1933、2802、5911　子 4 - 20868、22209、22211～2,5 - 26219～20　集 2 - 6746～50　叢 1 - 22(22)、29(7)、34、39～40、50～1、55、84(1)、88～9、95、136,2 - 624(3)、730(3、9)、731(67)、870(2)、1059

劉定颺　集 4 - 26402

劉定鐸　史 8 - 62955

劉寔　集 2 - 12859

劉寅　子 1 - 44,3019～23、3164、3181、3196、3207、3215　叢 1 - 223(31)、265(3)

劉寅浚　史 3 - 16421

劉實　子 5 - 24927

劉寶采　經 2 - 10758

劉寶泉　集 7 - 51456

劉寶森　集 4 - 28374～5

劉寶樹　集 4 - 26733

劉寶楠　經 1 - 163(3)、1645、4199～202、4692、5756～7,2 - 9565～7、10183、11134、11664、12251、14674　史 2 - 7797,3 - 15296,6 - 42206、46712,7 - 52903、56754、8 - 63503　子 4 - 22632～4　集 3 - 16002,4 - 25839、28943～52,6 - 43121、44460～1、45116　叢 1 - 359、418,2 - 653(2)、698(3)

劉寶槎　史 5 - 39272

劉寶書　史 3 - 22752,7 - 52558

劉寶慈　史 3 - 17628

劉寶楠　叢 2 - 731(48)

劉宗亢　集 3 - 17631

劉宗詵　集 3 - 16369、16488、17631、17740、17933

劉宗霈　集 3 - 18449

劉宗元　史 8 - 60192、60255

劉宗琨　史 3 - 23233

劉宗珍　史 5 - 39522

劉宗魏　史 1 - 1374

劉宗向　史 8 - 60447

劉宗彝　集 5 - 38592

劉宗漢　史 4 - 27418

劉宗洙　集 3 - 15109　叢 2 - 963

劉宗泗　史 2 - 8189,7 - 50652,8 - 59894　集 3 - 15696　叢 2 - 963

劉宗堯　史 8 - 61427

劉宗垣　史 3 - 23420

劉宗樞　史 8 - 58277

劉宗標　史 3 - 15908

劉宗藩　史 2 - 10394

劉宗撰　集 3 - 17933

劉宗周　經 1 - 861～3、2153,2 - 9402～3　史 5 - 39257～8,6 - 45419、48507　子 1 - 223、1235～9、1241～4、1966、2367、2510～8　集 1 - 2938,2 - 11301、11472～87,6 - 43118　叢 1 - 22(22)、151、195(3)、206、223(14、31、66)、299～300、313、410,2 - 678、724、731(16)、886(2)、982、1199～201

劉宗賢　史 8 - 60101

劉宗光　史 5 - 39701　集 3 - 17740

31　劉江　集 1 - 3059

劉江陂　史 5 - 39349

劉沅　經 1 - 1531、2948、3366、4155、5084、5324～5、5752、7915～7,2 - 8491、8841～2、9121、9538、10020、10836　史 1 - 1022,5 - 39698　子 1 - 1693～702、2272、2832,2 - 5159,5 - 29579、29653、29692、30002、32048,7 - 33233、33779　集 4 - 25600～1,6 - 45126,7 - 50687　叢 2 - 1640

劉涇　史 2 - 7244,8 - 59641　叢 2 - 1082

劉濡恩　經 2 - 10369

劉澐　史 3 - 15228,7 - 55780

劉潛　史 2 - 12467　子 3 - 13139、13376～7　集 1 - 556～7,5 - 41142,6 -

41694、41698

劉濬　史 2 - 6303,7 - 55541、57296　集 1 - 1058

劉濬文　史 3 - 18102

劉濬明　史 5 - 39668

劉灝　集 5 - 36985

劉源　史 2 - 7022～3　子 3 - 16327　叢 2 - 689

劉源溥　史 7 - 56187　叢 2 - 785

劉源涑　史 7 - 55890

劉源渌　子 1 - 763、1432,4 - 21739　叢 1 - 450

劉源深　集 5 - 39403　叢 2 - 795

劉源匯　史 3 - 22762

劉源長　子 4 - 19067～8

劉福慶　子 2 - 5149

劉福斌　史 5 - 39573

劉福山　子 3 - 18108

劉福升　史 7 - 52943

劉福生　史 6 - 46826

劉福純　史 5 - 39225

劉福祥　史 8 - 63124

劉福姚　史 2 - 10050

劉福松　子 1 - 3920

劉福疇　史 3 - 22494　子 4 - 24540

劉福烒　史 5 - 39638

劉逴　集 2 - 9251

32　劉淵　子 2 - 4985～6、9433

劉淵然　子 5 - 29530(21)、31985

劉兆　經 1 - 6719、7263～4、7372～3、7439～40,2 - 11188、15142　叢 2 - 765、774(5)、775(2、3)

劉兆龍　史 7 - 56627

劉兆麒　史 6 - 47283、48654、48670

劉兆傑　史 8 - 58566

劉兆福　史 5 - 39207

劉兆涵　集 5 - 40496

劉兆吉　史 5 - 39431

劉兆彭　集 3 - 20547,6 - 41980

劉兆掄　史 3 - 22336

劉澄之　史 7 - 49308～9、49461～3、50583～4、50667、51135～6　叢 1 - 19(2)、21(2)、22(10、11)、

23(10)、24(2)、2-776、
779
劉澄甫　集6-43783
劉澄鑒　子2-6876
劉沂春　史7-57252
劉沃森　子3-17561
劉祈穀　經1-936
劉業勤　史8-60994
33 劉心瑤　叢2-982
劉心珹　史8-65135　叢
2-799~801
劉心寶　集5-35453~4
劉心源　經2-13228、
13538~40　史7-49318
(20)、53150,8-64230~
1,64442~3　集5-
37900　叢1-475
劉心忠　集2-9404~5
劉心國　史5-39404
劉心學　史1-3315
劉心愧　子2-10041
劉必紹　經2-10369　史
6-42958
劉必達　史8-62882　集
6-43831
劉必蘇　史8-62477
劉必振　子7-35104
劉沁區　集3-16130
劉泌　史1-2710　叢1-
134
劉浦　集7-46405、47186
劉泳修　史5-39421
劉溥　集2-6825
劉治平　史7-54961
劉治堂　史7-57817
劉蔵　經2-10851　史8-
58541　集1-4307~11,
4-26195,6-41895、
42067、43118　叢1-223
(57),2-864~6
劉蔵廷　史5-39255
劉梁嵩　史7-55922
34 劉斗　史8-63086
劉斗璇　史7-54165
劉湛　史8-59871
劉淮年　史3-15512,8-
61014　集5-33926~9,
6-42007(3),7-48176~
7,48736
劉淮焝　史3-17109　集
5-36062~3,7-48346
劉漪石　史5-39324

劉法曾　史3-18825　集
5-40620~1
劉漢　史5-39227
劉漢亭　史5-39518
劉漢弼　史6-48151　集
1-4180
劉漢儒　集3-13136
劉漢鼎　史7-56050
劉漢黎　史8-59882
劉漢客　史8-59941
劉漢治　史5-39612
劉漢昭　史8-62012
劉漢卿　史2-11568
劉汝康　史5-39344
劉汝新　集4-31670
劉汝謨　集4-22200
劉汝霖　史3-18510
劉汝璆　集4-33314
劉汝勉　史6-42826
劉汝藻　集4-27559~60
劉汝松　史8-60085
劉汝驥　集5-40270~1
劉汝卿　史4-29626,5-
33734
劉澍　史3-15104
劉濤　史5-39188
劉濩　集1-5127~8
劉洪　子2-4564,6469、
6471~2,6478　叢2-
772(4)、773(4)
劉洪度　集5-37118
劉洪謨　經2-8734　史
6-43972
劉洪烈　史2-11608
劉洪福　史5-39314
劉洪澤　史8-60788
劉洪辟　史5-39362
劉洪闓　史8-58591　集
5-37820
劉淇　經2-14928　史8-
59007　集5-39160　叢
1-381
劉潢　集4-22796
劉禋之　集6-41881
劉祐　集6-45114
劉祜　集6-46239
劉禧延　經2-12267~8、
14201、15136　子4-
21744　叢1-419,2-731
(7)、1860~1
劉遠綸　經1-1925

劉遠宗　史5-39622
劉遠浩　史5-39557
劉遠岳　史5-39635
劉遠駒　史3-21635
劉達可　子5-24838~41
劉達武　史2-8251,8-
62450　集5-41565
劉達德　史8-62033
35 劉沛　史8-60670、60813
劉沛霖　史8-62393
劉沛然　史2-8203
劉沛先　史8-59049~50
劉清　經2-8959、10280
劉清韻　集7-50426
劉清之　子1-2092　叢
1-223(30)
劉清源　集4-29449~50
劉清藜　子1-4379
劉清如　史7-55578
劉清書　史7-56325
劉清叟　集1-5096
劉溱　經1-7131　集5-
34841
劉禮淞　集4-29857
劉禮奎　史3-15133
劉連重　史5-39538
劉連捷　子1-3380
36 劉泗道　集4-28720
劉湘客　史1-1953、1965
~9,1977
劉湘煃　史8-60087、
60091
劉溫舒　子1-62、64~5、
67~8,2-5388~90,5418
~9,5-29530(20)　叢1-
223(33)、452、586(3),2-
698(7)、716(2)
劉渭川　子2-6626、8290
劉澤　集4-24380
劉澤溥　史7-57812
劉澤遠　史8-62751
劉澤直　史5-39587
劉澤嘉　史8-61529
劉澤熙　史6-43200
劉澤　集4-25407,6-
45126
劉昶　史5-39640,8-
64509
劉暹　史7-49354、53334
叢2-832(2)
劉遇奇　史7-54919,8-

62777　集3-15110
劉邊　集1-4773
劉還初　集7-49982
37 劉汋　史2-11565~6　集
　　2-11479、11487　叢2-
　　982、1201
劉潤珩　史3-16532
劉潤化　史5-39501
劉潤綱　史8-61367
劉潤之　叢1-223(68)
劉潤通　史8-63423
劉潤藻　史5-39539
劉潤疇　史8-62412
劉潤原　史5-39429
劉潤鐸　史5-39493
劉潤餘　史5-39335
劉潮　集4-27041
劉鴻庚　集4-30649
劉鴻慶　集3-16369
劉鴻訓　子5-24885　集
　　2-10771~2
劉鴻儒　史5-39342
劉鴻翔　集4-26951~4
劉鴻儀　集3-14553
劉鴻逵　史7-55653、
　　55980、56059、8-59137~
　　8
劉鴻藻　集5-35603
劉鴻聲　史7-57457
劉鴻書　史7-55284
劉鴻典　史3-23271　子
　　1-1874、5-29398、30347
　　集5-35458　叢2-1640
劉鴻恩　子2-5101
劉鴻晷　史8-58277
劉渙　集6-45113　叢1-
　　223(68)
劉淑柔　集6-41881
劉淑華　史5-39560
劉淑英　集2-12951
劉淑曾　集5-38556、7-
　　49626~35　叢2-671
劉湄　史7-57064
劉涵　史8-60688　集3-
　　17503
劉凝　史2-8800、8-
　　58802、64470~1　集1-
　　4836、4841
劉次莊　子3-15002、
　　15126、15310~3　叢1-
　　2~3、6、16、223(28)、2-

731(34)
劉深　史7-55233
劉祖慶　子5-30425
劉祖程　史5-39605
劉祖憲　史8-62219　子
　　1-4450
劉祖培　史7-55201
劉祖幹　史8-59186　集
　　4-26953
劉祖書　史5-39565
劉祖曾　史8-61298
劉祖錫　史2-10603~4
劉冠寰　集1-4836、4841
劉冠南　史5-39664
劉冠曇　子4-20234
劉冠昭　集5-35325
劉冠卿　集7-52591
劉祁　史7-53809　子4-
　　22938~9　集1-4741
　　叢1-195(5)、223(45)、
　　230(4)、244(2)、2-735
　　(3)、2227、2229
劉鵷　史3-22199　集4-
　　25839
劉祿瑜　史5-39673
劉迎　集1-4629、6-41896
劉通微　子5-29530(19)、
　　29534、29990
劉過　史2-8772　集1-
　　3876~87、6-41744、
　　41746、41784、41888~9、
　　41891、41894(4)、41895、
　　41897~8、41904、41923~
　　4、7-46352、46380、
　　46385、46627~8　叢1-
　　223(56、73)、282(2)、283
　　(2)、2-698(13)、720(2)、
　　731(42)、745
劉逢歲　史5-39505
劉逢升　集4-26874
劉逢源　集3-15294　叢
　　2-731(43)、782(5)
劉逢祿　經1-110、111
　　(4)、163(2)、1555、2962、
　　3369、4173、5972、7019~
　　20、7297~300、7395、
　　8122、2-9548~9、10855
　　集4-26615　叢1-312、
　　460、558、568、2-714
劉運新　史8-63292
劉運熙　史8-61359
劉運鋒　史8-60883

劉遐齡　史3-18005
劉選科　史5-39469
劉資潭　史5-39534
劉資深　史2-9299
38 劉瀚　史2-9083、5-
　　39260、7-54190、8-64042
　　~3　子4-18771　叢
　　2-982
劉瀚芳　史8-58619、
　　62925
劉滋楷　史3-17460
劉澂　集4-26460
劉海澧　史5-39254
劉海瀾　子7-37683
劉海涵　史2-11471、
　　11515、7-52544、52979、
　　8-64285　集5-39592
　　叢2-701、826
劉海樓　史5-39483
劉海鰲　史3-15712
劉海屏　子3-16648
劉滄　集1-1752、6-
　　41741、41824、41848、
　　41879~82
劉浴德　史2-6717　子
　　2-4572、5358、6029~31、
　　6105、6513、9291~2、9973
劉祥　子5-29535(7)、
　　29536(7)
劉裕洛　史5-39454
劉裕啓　史5-39451、
　　39463
劉裕鐸　叢1-223(34)、
　　227(7)
劉裕常　史8-62082
劉遂重　史5-39538
劉遵憲　集2-12231~2
劉遵海　經2-11735　集
　　4-27252~4　叢2-956、
　　1687
劉遵古　集6-41881
劉遵陸　子3-14646　叢
　　1-498
劉道醇　史2-6759、7101
　　子3-14692、15857、
　　15859、16024、16062、
　　16064　叢1-223(37)
劉道德　史5-39604
劉道真　史7-50267~8
　　叢2-775(4)
劉道著　史8-60664
劉道薈　史1-1728　叢

劉才邵　叢1-223(53)
劉才邵　集1-3233
劉堯章　史5-39348
劉堯誨　史6-45129、
　48304　集2-9403~5
劉堯珍　集6-43965
劉堯枝　史7-58090
劉堯錫　史5-39334
劉在寬　史5-39358
劉在湄　集5-40618~9
劉克　經1-3673、3675
　叢1-265(2)
劉克柔　經1-3322、6084、
　2-11006　史7-51347
劉克生　叢2-1357
劉克莊　史1-1652、4385
　子3-14924　集1-4151
　~65、6-41889、41895、
　41900~1、41906、41908、
　41910、42072、42280~2、
　45486、45654~60、7-
　46352、46373、46380、
　46396、46664~8　叢1-
　22(14)、23(13)、34、169
　(4)、205、223(57、72)、244
　(3)、265(5)、348、511~2、
　585、2-615(2)、635(10)、
　698(13)、720(2)、731(33、
　47)、2227
劉克猷　子3-14021
劉南垞　集6-44204
劉南陔　史5-39646
劉南輝　子2-6431
劉布　集2-6754
劉希亮　史2-10910
劉希正　集5-40885~7
劉希向　經1-1924　子
　4-22609
劉希夷　集1-726、6-
　41881
劉希岳　子5-29530(6)、
　29549、31184
劉希陵　史5-39563
劉希闢　史8-60697
劉希夒　史8-59476
劉有廉　子1-2870、5-
　25234
劉有科　史3-17167
劉有定　子3-15070~1
　叢1-223(37)、465
劉有福　史5-39315
劉有成　史8-59219

劉有餘　子4-20724　叢
　1-302
劉有光　史3-16254　集
　3-13410~1
劉存　子4-22125　叢1-
　19(4)、20(2)、21(4)、22
　(4)、23(4)、24(5)
劉存一　史3-21142
劉存孫　子5-25525
劉存重　集5-40740
劉存仁　經1-4227　子
　1-2431　集4-30700~
　2、6-46129、7-47986
　叢2-1922
劉存坊　史5-39328、
　39332
劉志玄　史2-6881　子
　5-29530(4)、29535(7)、
　29536(7)
劉志仁　史5-39662
劉志修　史3-19411
劉志淵　子5-29530(5)、
　31231
劉志沂　史6-43361
劉志濤　史3-19332
劉志鴻　史7-55131
劉志昌　史5-39218
劉志堅　集6-41881
劉赤江　子3-13944
劉壽　史6-48272　叢1-
　15、19(2)、20(1)、21(2)、
　22(6)、23(6)、24(2)、29
　(3)
劉熹唐　集3-13442
劉杰光　史8-58628
劉嘉斌　史3-16660
劉嘉穎　集5-39701
劉嘉禎　史8-59440
劉嘉樹　史8-59217
劉嘉猷　史5-39240　集
　5-41279
劉古汝　子2-6551
劉吉　史1-1674~5
劉吉暉　史3-21019
劉吉人　子2-4769
劉喜海　史8-63496~7、
　63504、63509~10、63514、
　63660~1、63941~4、
　63946~7、64014、64059~
　63、64095、64125~31、
　64184、64305~8、64422~
　3、64750~2、64818、64838

~40、64842、66151　子
　5-25450　集3-20523、
　4-29323~9　叢1-432、
　493、524、2-711、731
　(32)、755、941、2130
劉奮熙　史3-16389　集
　5-39104
劉眘虛　集6-41881
劉杏　叢2-774(10)
劉奇　子1-3368、3561
劉壽　子5-26877
劉壽康　史2-6360
劉壽仁　經2-14910
劉壽祺　史8-58808
劉壽眉　子5-26457
劉壽曾　經1-163(4)、
　5380、7035　史2-
　10652、7-56725　子4-
　22720　集4-29722、
　31696、5-36418~9　叢
　1-516
劉真　集6-41881
劉真仙　子5-31324
劉真人　子2-10224　叢
　1-114(5)
劉森燾　史5-39583
劉森楷　史5-39449
41劉桓　史8-59394
劉樞　史3-17777　集4-
　29444~5
劉橒　集3-18197
劉橒壽　史7-56674
劉梗　叢1-223(55)
劉梧　史8-61008
劉楷　史2-6911
劉楨　經1-3535、4818
　史6-47486　集1-255
　~7、6-41698~9、41719
　~20　叢2-774(2)
42劉堦　史8-62535　集4-
　23311
劉彭年　史3-16355
劉壎　子4-20232~4　集
　1-4835~42、6-41896
　叢1-223(41、59)、278、
　453、2-731(4)
劉媛　集6-41881
劉斯亮　史5-39675、
　39685
劉斯嵋　集4-27251
劉斯組　經1-1243　子
　3-12915、12955　叢2-

698(7)

劉斯潔　史6-44551

劉斯樞　史1-1347,6-
43400

劉斯原　子1-171

劉斯譽　史8-61305

劉彬　史7-49317(6、8)、
49318(13、14)、51042、
51069

劉彬華　史8-60868、
61167　集4-22993、
26507,6-44883、44885

劉樸　史3-17474

劉機　史1-1200

43 劉式訓　子7-36538、
38146、38154

劉式衡　史3-22150

劉式潤　經2-8839,9113、
9530、10005、10821

劉式通　史3-22150

劉式金　史8-63054

劉城　經1-6852　史1-
6175　集2-12855~7、
6-41949　叢1-587(1),
2-818

劉域　史7-54919,8-
62779

劉始興　經1-4234

劉械　史3-21717

劉榿　集3-15981,6-
41970

劉樾　史1-4986,3-
16891,7-55687

劉樾蒨　集2-9462

44 劉芷芬　史7-56507

劉基　經1-2371　史1-
1296,4397,7-49552　子
1-15,18,20,25,44,61、
3068,3245~9,3509、
3512,3776,2-7890~1,
3-11346,12892~4、
12946,12997,13043~4、
13138,13140~1,13144、
13152,13291,13344、
13381~4,13386,13388、
13404~8,13482,13806~
7,13810,13883,14036~
40,14116~20,14296~9、
14411,14437,4-20266~
71,23687~8,5-29530
(20)　集2-5915,5922~
37,6-41794,41935(1)、
42056~9,7-46793　叢

1-22(20、21)、34、61~4、
87、109、111(4、5)、160~
1、174、195(2)、223(36、
62)、227(10)、256、268
(3)、273(4)、275、326、
377、388~90、422、424、
430、469、567、586(3)、2-
604、635(11)、716(3)、730
(1、4)、731(15、45)

劉基定　集4-26461~2

劉基樽　史5-39478

劉荃業　子7-36710

劉堪　史7-55250

劉藜焜　史3-21188

劉藩　集5-35375

劉藻　史2-9628,6-
43165,8-61811　集6-
45491　叢2-885

劉夢音　集5-35172

劉夢乙　史3-21731

劉夢熊　集3-20017

劉夢魁　史8-58739

劉夢蓮　集4-26544~9

劉夢陽　史8-62817

劉夢鵬　集1-144

劉麓亭　史5-39481

劉莊(漢明帝)　經1-2562
叢2-775(1)

劉帶蕙　史8-60614~5

劉芬　史3-18237,22749、
22773　集3-21130~1

劉芳　經1-4733~4,4818、
5564　史2-7805,7-
57772,8-59713,61149、
62427　集2-12138,6-
41941　叢2-765~6、
774(3、4)

劉芳永　史7-55889

劉芳祥　史5-39323

劉芳蔭　集3-14307

劉芳喆　史7-57587　子
4-20996　集3-13077
叢1-197(3)

劉芳聲　史8-61518

劉蕭　史8-59036

劉薦　史2-8819~20　叢
1-34

劉蘭秀　經1-1921~2、
2235~7,2327

劉蘭芝　集6-44882

劉蘭翹　集6-41881

劉蘭敏　史3-18011,7-

57294

劉蔭　集4-31330~1

劉蔭先　子4-24633

劉蔭岐　史8-59089

劉蔭福　史5-39234

劉蔭樞　集3-15697

劉蔭椿　史3-16301

劉蒙　子4-19251~2　叢
1-2~7,9~10,19(10)、
20(7)、21(9)、22(17)、23
(16)、24(10)、223(39)、
569、587(3)、2-731(28)

劉蔚仁　史7-57355

劉茂實　子5-24927

劉茂吉　史1-1369,1379
子3-12622

劉茂榕　集4-24641

劉茂華　史5-39275

劉葆采　經2-10934

劉葆楨　經1-163(2)、
2963

劉葆恬　集4-32169

劉蓮青　史8-59548

劉芝瑞　集4-24327

劉薊植　史7-57293

劉燕　子5-25351

劉燕翼　史3-16540、
20479

劉燕山　史5-39561

劉蒸雯　史7-55447

劉恭冕　經1-163(3、4)、
4725,2-9567,9590~1、
11134　史3-18641,8-
60217,60385　集4-
31696,33569~72　叢1-
517,2-653(2)、698(3)

劉懋功　史7-55653

劉懋官　史8-62859

劉懋圭　史5-39267

劉懋泰　史3-21153　集
6-45482

劉孝孫　子3-11250、
12419,5-25524,26859
集6-41881　叢1-22
(2、19)、23(3、19)、29(1、
6)、195(7)、223(35)、238
~9、244(3)、2-708、731
(25)

劉孝綽　集1-551~2,6-
41694、41698、41767

劉孝祐　史3-20898

劉孝標　史3-15189　子

4 - 22778～88、22790　叢
1 - 22(23)、141、223(44)、
227(7)、282(2)、283(3)、
347、410,2 - 628、635(5)、
698(8)、731(51)

劉孝威　集1 - 560～1,6 -
41694、41698、41767

劉萃奎　集4 - 28373

劉萬春　史6 - 42296,7 -
56762　子4 - 23073　集
6 - 42888

劉萬鑫　史5 - 39455

劉蓀　史3 - 22746

劉蓀芳　史8 - 59973　集
3 - 14963,6 - 41970

劉攀龍　史3 - 21227

劉華　集3 - 13386

劉華琨　史5 - 39645

劉華邦　史8 - 60657、
60703

劉華光　史5 - 39521

劉英　集5 - 41278

劉耆定　集3 - 13777

劉若璇　史6 - 46195

劉若琨　史3 - 21867

劉若宰　集2 - 11835

劉若愚　史1 - 1946、2943
～53、2957～8,6 - 42054
～5　叢1 - 268(2)、288、
373(2)、407(3)、411、453,
2 - 631、731(67)

劉若金　子2 - 5587～9

劉蒼　史6 - 41961　叢2 -
775(2)

劉蓉　史6 - 48957　子1 -
1328,5 - 26587　集4 -
32953～7　叢2 - 1881

劉蕃　子7 - 36646

劉荀　子1 - 812　叢1 -
223(30)、230(3)、468,2 -
731(12)、754、782(2)

劉世讜　經1 - 515～6　叢
1 - 414、574(1)

劉世珩　經1 - 3572,2 -
9284～5　史1 - 3021,2 -
11604、11611,3 - 19115,
6 - 43198、44434、44448,
7 - 51537、58071,8 -
63580、63927、64146、
66165、66207　子1 -
195,3 - 17955　集1 -
813,3 - 19134,7 - 48580
叢1 - 557～9,2 - 818～9

劉世瑞　史5 - 39637

劉世瑗　集2 - 6692

劉世延　史2 - 6799

劉世瑛　史3 - 19090

劉世環　史8 - 66205

劉世瓊　集6 - 45117

劉世重　集3 - 17401

劉世儒　子3 - 16301

劉世俊　史5 - 39401

劉世偉　子4 - 20605　集
6 - 45786

劉世綸　史8 - 63208

劉世寧　史7 - 57226～7

劉世安　子3 - 15836～7

劉世澔　經2 - 11936　叢
1 - 440～1

劉世治　史7 - 55291

劉世祺　史5 - 39245

劉世清　史5 - 39597

劉世祿　史8 - 61971

劉世祚　史7 - 55414

劉世洗　史5 - 39655

劉世奇　子1 - 1975　集
4 - 32690～2　叢1 - 574
(5)

劉世英　史7 - 56096,8 -
58217　子4 - 23464

劉世馨　史7 - 50850～1、
51878　子5 - 26579　叢
1 - 496(3)

劉世教　史6 - 44539、
44563　集1 - 808、872,
2 - 9946,6 - 41728　叢
1 - 273(4)、274(4)、360,
2 - 730(12)、836

劉世購　史5 - 39620

劉世鵑　子1 - 3848

劉世臣　史8 - 58700、
60688

劉世錡　史5 - 39542

劉世鈞　史5 - 39541

劉世節　史2 - 11438　子
4 - 20598　集2 - 7045

劉世賞　子2 - 9285

劉世燧　集3 - 13874

劉芸階　集5 - 37506

劉其清　集5 - 39045

劉其年　史3 - 15374

劉楚先　集2 - 10031,6 -
45413

劉楚寶　史5 - 39213

劉楚湘　史8 - 62458

劉楚楨　集4 - 27042

劉楚英　集4 - 32780

劉黃裳　集2 - 9653

劉樹　史8 - 62623　集3 -
21369　叢1 - 371

劉樹芬　史3 - 21024

劉樹屏　經2 - 13496～7
史1 - 5758,2 - 6222,3 -
16411、18842、22839,6 -
44967

劉樹賢　史8 - 61440

劉樹鑫　史7 - 55382

劉樹敏　史3 - 17306、
18632

劉樹堂　子3 - 15827　集
5 - 36815

劉縈　史1 - 1222

劉葉　子5 - 25058

劉萊　子2 - 8163

劉桂華　集5 - 39593

劉桂榮　集4 - 30061

劉權　史5 - 39276

劉權之　史6 - 45244　集
4 - 22201

劉蘊才　史5 - 39713

劉蘊輝　集4 - 33573～4

劉枝　史5 - 39574

劉槙　史6 - 47115

45 劉坤　史5 - 39187

劉坤一　史2 - 9812、
10323、10716,3 - 23735,
6 - 43387、44759、47978、
48075,8 - 58467、60726
集5 - 35258

劉堵　史7 - 53504、55185
子4 - 21237

劉執玉　集3 - 15016,6 -
41979

劉執德　史5 - 39431

劉摯　集1 - 2344～6,6 -
41894(1)　叢1 - 223
(51)、230(4),2 - 731
(39)、782(2)

劉贄　集3 - 13434、16142

劉椿　經1 - 3185,2 - 11683
集4 - 29243

劉榛　集3 - 15556　叢1 -
223(66)

46 劉旭　集5 - 36355

劉埍　集6 - 41881

劉坦　史7 - 54192、55258

劉觀璋　集5-38755

劉觀森　集4-29711

劉觀光　史5-39703

劉墫　集3-21498

劉觀度　集4-28184

劉觀藻　集7-48097～8

劉觀成　子1-3487　叢
　2-729

劉駕　集1-1717,6-
　41741、41824、41879～82

劉恕　史1-988、1033、1064
　～6、1068～70、1085　集
　6-45113　叢1-223
　(18)、2-635(3)

劉恕艾　集4-30777

劉如孫　集4-25888

劉如寵　史6-47775

劉如宴　史7-56615

劉如基　史8-62023

劉勰　子1-18、20　集6-
　45501～13　叢1-16、
　69、74～7、101、124、182～
　3、223(71)、227(11)、410,
　2-628、635(14)、697、698
　(17)、709、730(6)、731
　(48)

劉韞良　集5-38375

劉相文　史5-39394

劉楫　史5-39418

47 劉鳩　集4-25839

劉均　集1-3791,4-27039

劉翹翰　子7-36363

劉猛　集6-41881

劉郁　史1-1914,7-53824
　～7　叢1-11～2、22
　(9)、23(9)、56、95、195
　(7)、223(22)、268(2)、388
　～90,2-730(3)、731
　(66)、782(2)、2227、2229

劉郁芬　史8-63082

劉鶴齡　史3-23205

劉鶴中　經1-7426

劉愨　集2-9142

劉聲　史7-55335

劉聲木　史1-1798,2-
　8108,8-63794、63799、
　63805～6、65982、66145、
　66208　集4-32016　叢
　2-2202

劉聲燨　史5-39456

劉朝紋　史5-39366

劉朝英　史8-60100

劉朝陞　史8-59771

劉朝焜　史8-60639

劉好松　子5-30451

劉好愷　集3-14551

劉榖　史8-62720

劉馨　史7-55158

劉起霈　史3-22475

劉起運　子2-8318

劉起堂　子2-9400

劉超弘　集5-35602

劉超然　史8-58228

劉超凡　史7-56123　叢
　2-785

劉杞　集5-33704

劉桐　史8-61519

劉棋文　子2-5159

48 劉增　史3-17637

劉增繡　史5-39222

劉增禮　史8-62275

劉乾　集2-8564

劉翰　集1-3769,6-41744
　～6、41888～9、41891～3、
　41894(4)、41895、41897～
　8、41904、41912、41917、
　41923～4

劉翰章　史5-39699

劉翰清　史2-9957

劉翰藻　經1-163(2)、
　2963　子2-6864

劉翰棻　經1-8026

劉翰周　史8-59220

劉教　子1-799　集2-
　6601

劉教增　史5-39496

劉敬　史3-20904,8-
　58234、58350　子1-
　357,3-14436　叢2-774
　(8)

劉敬虛　子4-23926

劉敬純　經1-3879

劉敬叔　子5-26834～6
　叢1-22(19)、23(18、19)、
　26～8、29(1)、98、169(4)、
　223(45)、268(4),2-617
　(3)、624(1)、777

劉敬輿　史8-58141　叢
　1-223(24)

劉敬興　集6-42332

劉松　史7-55202,8-
　58568

劉松亭　史8-58349

劉松巖　子2-7334～5

劉松峯　史5-39540

劉松久　史5-39212

劉松齡　史5-39387　子
　1-2755

劉松士　史5-39341

劉松林　史5-39482

劉松聲　史5-39562

劉松年　史5-39322

劉梅　經2-8777、9052、
　9443、9928、10608　史2-
　7743～4,7-55588

49 劉棋　叢2-874

50 劉中理　經1-1926

劉中柱　史7-51372　集
　3-16000～3,6-45116

劉中藻　史7-52459　集
　2-12605

劉中鶴　集5-39162

劉史勳　史5-39246

劉申連　史5-39485

劉扸　史8-60980～1

劉夷道　集6-41881

劉晝　經1-365　子1-16
　～21、25、32、44、61,4-
　19854～60、19864～5,5-
　29530(20)、29535(4)、
　29536(4)　叢1-19(3)、
　21(5)、24(4)、71～7、182
　～3、223(39),2-604、
　628、730(6)、731(11)、775
　(1)、777、782(2)

劉泰階　史3-15926

劉肅　子4-22820～1　叢
　1-22(8)、23(8)、99～
　101、223(44)、255(2)、407
　(2),2-731(50)、735(3)

劉青震　史8-60233　集
　3-17364

劉青霞　史1-5634　集
　3-17153　叢2-963

劉青藜　史5-39290、
　39351,7-52116,8-
　63502、63570　集3-
　17364　叢1-448,2-963

劉青蓮　經1-6074　史
　2-6942,8-59895　子
　1-2062　集3-17698
　叢2-963

劉青芝　經1-2864、4027、
　5036　史1-85、302,2-
　6943、7146,8-59895　子
　4-21338　集3-17975、
　19431、19576,6-46282

劉曰義 史7-57897

劉曰烓 史8-59531

劉星 史7-55766 集3-14758

劉星軫 史6-46654

劉星閣 史5-39624

劉星煒 集3-20445,6-42074

劉聂昌 集4-29710

劉國斌 史8-59272

劉國儒 史8-59871

劉國治 史7-55727

劉國淦 史5-39545

劉國泮 史5-39666

劉國英 集3-16131

劉國觀 史2-9930

劉國翰 子5-24963～5

劉國輔 叢2-1801～2

劉國昌 史7-55568

劉國器 史1-1132

劉國賢 史3-21686

劉國猷 子3-15340

劉國鈞 史5-39226

劉國翔 子2-8549

劉國筠 集4-27847

劉國光 史8-58415,60195 子3-12788,15477

劉見嵩 史6-45545

劉易 集2-6208

劉昺 叢1-223(62)

劉昺南 史3-18023

劉昺燮 史3-16149

劉思廉 史3-21069

劉思誠 經2-8723,8982,9379,9875,10342 史8-59092

劉思渠 史5-39319

劉思恕 史8-59580

劉思翰 史3-23262

劉思敬 史2-7755 子2-4970 集6-45336

劉思問 經1-2186

劉恩濬 子5-30439

劉恩溥 史3-23685～6

劉恩戩 史3-18841 集7-48211

劉恩鴻 史3-21239

劉恩格 集5-39653

劉恩榮 史5-39419

劉愚 集5-35971～6

劉旻 史1-2404 叢1-22(10)、23(10)

劉冕 經2-13453

劉因 經1-556,2-10238～9 子3-13732 集1-4888～901,6-41779～80、41794、41798,7-46352、46356、46361、46369、46755～6 叢1-22(1)、23(1)、223(13、59)、227(10)、2-635(11)、731(40)、782(2)

劉因之 子4-21738 叢2-788

劉昇 集6-41881

劉昌 子4-22991～2,5-26219 集1-4826,6-44854 叢1-22(22)、29(7)、34、39、50～3、55、58、84(4)、88～9、164、223(70)、326,2-624(3)、730(11)、731(53)

劉昌言 史3-16471 子3-12679

劉昌詩 子4-20139～40 叢1-195(5)、223(40)、235、244(5)、353,2-731(6)、735(2)

劉昌嶽 史8-58801

劉昌緒 史8-60106

劉昌齡 子5-25432～3

劉昌宮 史5-39305

劉昌宗 經1-5213,5890 叢2-774(3)

劉昌禎 經2-12020

劉昌祁 子2-7570

劉昌壽 史5-36927

劉昌基 集5-37819

劉昌臣 集3-14694

劉昌熙 史3-18582

劉品清 史5-39452

劉昆玉 史8-62700

劉昂 史7-57933

劉異 史2-7520

劉呆 經1-3371

劉果 史3-16240,21491

劉景文 史7-56164

劉景新 經2-12546、13123、13276、13321

劉景武 集5-39163

劉景融 史3-21068

劉景僑 史2-10399,3-21841

劉景先 子5-29530(18)、31043

劉景伯 史1-3125 集4-31082 叢2-1799

劉景向 史8-59522

劉景寅 集1-3452 叢2-635(10)

劉景墉 史5-39592

劉景栻 集5-38900

劉景范 史3-17663

劉景忠 史5-39475

劉景旺 史5-39329

劉景熙 集5-39281～3

61 劉昞 經1-360 史1-2356～8 子4-19788 叢1-22(10)、23(10)、69、71、74～7、101、223(39)、273(5)、274(4)、440～1,2-628、635(5)、653(6)、698(6)、730(6)、731(65)、774(2,11)、782(2)

劉顯 史5-39340

劉顯謨 史5-39602

劉顯功 史8-60348

劉顯綱 史8-59235

劉顯海 史5-39484

劉顯世 史8-62182、63191

劉顯曾 史3-16499、18845

劉顯第 史7-55954

62 劉則和 史8-58159

63 劉旷 史8-58426

劉暄之 集4-30148

劉咏溱 經1-5158

劉默 子2-7119

64 劉曉 子2-9374,7-37520 集6-41969

劉曉亭 史5-39676

劉曉山 子2-10858

劉時俊 史6-43104、46076

劉時徵 史8-60701

劉時遠 史8-62084

劉時舉 史1-1476、1493～4 叢1-223(18)、268(2),2-603、731(66)

劉時賞 史5-41165

劉暐澤 集3-19323～4

劉跂 史2-8671 子5-26283 集1-2883～4

叢1-17、19(3)、20(2)、21(3)、22(5)、23(5)、24(3)、29(6)、223(52)、230(5)、468,2-731(39)、782(2)

65 劉晴嵐　集5-36986
劉映華　史3-15190
劉映璧　史8-58948

66 劉曙　叢1-365

67 劉晚榮　子3-16128　叢1-422,424
劉明安　史4-29723,5-39300
劉明良　集5-35762
劉明祺　集5-39805
劉明遠　史5-39224
劉明韜　史5-39659
劉明孝　史2-9244
劉明東　集2-9407～8
劉昫　史1-14～7,20,648～52,7-49311,8-65262　叢1-223(17)、227(5)、2-698(3)、731(1)
劉喝成　集7-54122
劉鳴玉　史2-10193　集3-20082,6-44666
劉鳴復　史7-56111～2
劉暉　集4-27040
劉瞻漢　史3-16436、17451
劉昭　史1-11～20,315～21、341、352,5-39709,7-49311　叢1-223(17)、227(5)、2-698(3)
劉昭文　史8-58611
劉昭禹　集6-41881
劉昭峻　史5-39568
劉昭屬　集6-41881
劉昭年　集2-6208
劉吹藜　史5-39347
劉嗣孔　史8-60091
劉嗣瑄　集7-47379～80
劉嗣綰　集7-49318(11)、53156　集4-24819～23,6-45195,7-46411、47381　叢1-462,2-1459～60
劉嗣和　史5-39554
劉嗣奇　集1-221、1500
劉鶚　史6-46679,7-49318(19)、52791、52795、8-64550、65043、65103、65150、65230　子2-

5631,3-12793、12846、17411～2,5-28597～8　集1-5458～62,5-39102,6-41784、43118　叢1-223(60)
劉煦　集4-31447
劉照　史8-58745
劉照藜　史3-20873

68 劉喻義　集3-20659
劉昐　經1-1923
劉昐遂　史2-11910、11926,8-59879、60034　集3-21865,4-25281　叢2-722
劉畋　集6-41881

70 劉驤雲　史3-18977

71 劉歷榮　史8-62090、62092、62097、62108
劉阮山　集7-50367
劉辰　史1-2718　叢1-46、50～2、54～5、175、269(3)、270(2)、2-859
劉辰慶　集4-31508
劉辰翁　經1-5907　史1-299～300,2258　子1-44、302,4-22781、22785,5-26761、28934、29053、29066、29252、29266～7、29269、29474～5、29753　集1-777～9、795、801、803～4、907～12、920～2、1008、1021、1136～8、1140、1188、1491～3、2438、2492～4、2496、3184、3452、4419～28,6-41706、41736、41828、41860、41886,7-46374、46709　叢1-141、223(17、49、56、57)、2-635(10)、870(4)
劉厚香　史5-39495
劉厚滋　史8-59815　集5-39102
劉厚焜　史6-42324
劉階　史8-62557
劉原道　史2-11463　集5-39337　叢2-1073～4
劉戩　集6-42374
劉臣敬　經2-13039
劉長庚　史8-61768　叢1-373(2)
劉長謙　史3-21585,8-60322　集3-20366

劉長靈　史8-59443
劉長晉　史5-39230
劉長川　集6-41881
劉長佑　史6-47155～6、47987、48980,8-60726　集4-33235～6　叢2-1890
劉長華　史2-7808、12182、13359,5-39215,6-42230,7-50160　子4-23563　集4-32238～40　叢2-936
劉長枝　子2-8272
劉長景　史8-58685
劉長卿　集1-1090～103,6-41743、41836、41849、41864、41868、41878、41881～2　叢1-223(48)、2-635(7)、698(8)、731(42)、782(2)
劉頤　史2-13039

72 劉剛沛　史4-29727,5-39293、39302
劉所說　經2-8822、9093、9485、9973、10747
劉騠　集6-41881
劉彤　集3-20203
劉彤雲　經2-12538
劉髦　經1-630　叢2-1059
劉氏　史5-39408　子1-1977,4-21588　集6-41881
劉岳壽　集5-41535
劉岳申　集1-4459、5011　叢1-223(60)
劉質　子5-26842　叢1-22(20)、23(19)、249(3)、2-731(50)
劉質慧　史2-8711、11005、11279　集6-41795

73 劉駿　集5-39161
劉駿名　史8-60964～5

74 劉助平　史5-39678
劉慰三　史8-62332
劉劻　史5-39196

75 劉體　史7-52097
劉體元　集2-6780
劉體仁　史1-9、4554、4574、5809～10,7-49318(5)、53239　子3-14774

中國古籍總目著者索引

劉鷗華　子3-12873

劉民我　史5-39444、
　39643

劉民彝　史5-39606

劉巽權　集5-41568

劉興　史8-61277

劉興冬　史5-39352

劉興宗　集5-41612

劉興漢　史8-59415

劉興沛　史8-63184

劉興彬　史5-39601

劉興樾　集4-27848～51
　叢2-874

劉興釗　史5-39316

劉賢珍　史5-39467

78 劉鑒　子7-36338

79 劉勝蓮　史5-39197

劉騰飛　史5-39343

劉騰蛟　集3-19494

80 劉人俊　史8-58638

劉人駿　集5-36417

劉人熙　經1-6551,8070
　史2-13032,6-42090,7-
　54031,8-66129　集5-
　37278～81　叢2-2094

劉企廉　集4-23458

劉企向　子2-8790

劉全備　子2-4555、5769、
　5957

劉全德　子2-10497

劉益明　史4-29724

劉金方　子2-10688

劉金台　史5-39671

劉金河　史3-20168

劉金臺　史5-39697

劉金芳　子2-10071

劉金門　子4-23331、
　23502

劉金瑩　史5-39672

劉鏡蓉　史5-39280

劉鑫耀　經1-3123,2-
　11768

劉鉉　集2-6678

劉兌　史8-62829　子4-
　23017　集6-44936,7-
　49068

劉俞　史5-39669

劉前　經1-3781,2-10449

劉斧　子5-26924～6　集
　6-45486,45667　叢1-
　22(4、14)、23(4、13)、163、

168(2、3),2-672

劉兼　子2-9550　集1-
　1825,6-41739、41741、
　41824、41879～82

劉義仲　史1-987、989、
　1040　集6-45113　叢
　1-169(2)、223(29)、268
　(2),2-870(2)

劉令嫻　集1-553　叢1-
　168(4)

劉念拔　集3-21132

劉慈　史8-61512

劉慈孚　史2-8034～5
　集5-36357　叢2-845
　(4)

劉美之　子4-19244　叢
　1-19(9)、20(7)、21(8)、
　22(17)、23(17)、24(10)、
　27、374

劉弇　集1-2745～8,6-
　41894(1)、41895、41901、
　41904　叢1-223(52),
　2-870(4)

劉毓麟　史3-18863、
　22837

劉毓珂　史8-62453

劉毓秀　史8-62739

劉毓崧　經1-163(4)、
　1752,3013,7035　史1-
　3884,2-9893、11005、
　11695～6,7-49537、
　56837　集4-33240～4
　叢1-474,2-671、1293

劉毓盤　集7-48253～4

劉毓南　集4-30949

劉毓奇　史2-9115

劉毓英　叢1-414

劉毓柟　史3-13480～1

劉義慶　史1-1914　子
　4-22778～90、22798、
　22800～1、22803,5-
　26838～40　叢1-15、19
　(1)、20(1、9)、21(1、10)、
　22(18、19、20)、23(18、
　19)、24(2、12)、26～8、29
　(1)、95～6、141、223(44)、
　227(7)、237、347、376、
　383、410,2-628、635(5)、
　675、698(8)、730(2)、776

劉義斌　史5-39382

劉義修　史5-39462

劉義聲　史5-39614

劉義中　史5-39393

劉善述　子2-5666

劉曾應　史5-39231

劉曾璈　史1-4973

劉曾璇　經1-7905　集
　4-26196

劉曾海　經2-11007

劉曾騄　集5-37669～79
　叢2-956

劉曾騄　經1-1846,3052、
　4389,5114～5、5355～6、
　5769～70,7095,7315、
　7406,8015,2-8526,9616
　～9,10071～3、11254、
　11736　史1-5080,2-
　6404、6553、7606、12044,
　5-39432,6-46440、47195
　～6,7-50643　子1-
　2912　叢2-1687

劉曾錄　史2-8201

劉會　史7-57163

劉會和　集4-29856

劉會恩　集7-48585

劉會同　史6-44801

劉含芳　子2-4732

劉命清　集3-14364

劉公興　集6-41881

81 劉鉅　史8-59724

劉鉅崧　史5-39487

劉鉅年　史5-39486

劉頒　集6-45486

劉頌章　史5-39555、
　39598

劉榘　史6-42165

劉敆正　史5-39237

劉敆本　史5-39409

82 劉鍾麟　史7-55917

劉鍾琳　史3-18968

劉鍾英　經1-6763～5
　史1-2198,7-54910、
　55211、55237　集2-
　10848,6-43074

劉鎧　史8-62309

83 劉鎛　史3-22156

劉鉞　史6-43873、43877
　集2-6673

劉鎔　史3-17576

84 劉鎮　史5-39190,6-
　47499

劉鎮疆　史3-17545

劉鎮寰　史6-46246

劉鎮藩　集5-41103

85 劉鍵邦　集7-50058

中國古籍總目著者索引

劉鍊 史1-1914 子4-
22841,5-26218、26221、
26241 叢1-11~2、17、
19(5、7)、20(5)、21(5、6)、
22(6、16)、23(6、16)、24
(6、8)、38、95~6、175、
180、255(1)、2-624(1)、
730(2)

86 劉錕 史8-62832

劉錦文 經1-2701 叢
2-731(5)

劉錦藻 史2-12267,3-
16642、20377,6-41514、
41713~4、44288 集5-
39789 叢2-844

劉錦堂 史8-59272

劉錦棠 史2-10628,6-
49137、49141

劉錫 史7-54917、57409
子2-8381 集2-9541,
4-27978 叢1-223(23)

劉錫庚 史3-21369

劉錫玄 史1-2925,7-
51981 子1-3474 集
2-11567~75 叢2-
1192

劉錫麟 集3-20083

劉錫五 集4-24276

劉錫勇 集3-18198 叢
2-837

劉錫玲 子3-16434

劉錫信 史6-42257,7-
51337~8 集4-22797
叢2-731(57)、782(4)

劉錫純 史8-62052 子
1-4393

劉錫鴻 史7-49318(17)、
54817~9 集5-33888
叢1-524,2-731(60)

劉錫九 史8-60622

劉錫恭 集4-32171

劉錫嘏 子1-698 集7-
47300 叢2-754

劉錫光 史5-39485

劉鐶之 史6-47893

劉鐸 史3-16567,7-
49778,8-58467、66281
子3-12396、12821、12823
集2-11222

劉知幾 史1-5283~7
叢1-31、223(29)、2-635
(3)

劉智 經1-5425~6,2-

15048 子3-11263,7-
35936~8、35943、35962~
7、36038~40、36084 叢
2-765、774(3)、775(5)、
788

87 劉鈞 叢1-587(3)

劉鈞貽 集4-30544

劉鋒 史3-15873

劉錚 史5-39217

劉銘鼎 集4-26197

劉銘勳 集5-39515

劉銘傳 史6-49074 集
5-36113~4

劉銘之 子7-37909

劉欽 集1-5308

劉邠 集6-41895

劉翔儀 子7-55581

88 劉銓福 集4-32170

劉鑑 經2-13736~8、
14297~300、14540、14921
~2 子1-3001,5-
29581、30495 集5-
37817 叢1-223(16)、
452、536、586(2)、2-716
(2)

劉筠 史6-46261 集1-
1896,5-35900,6-41894
(1)、41895 叢1-195
(4)、351,2-731(17)

劉攽 經1-121,2-9803、
10025、10028、10051、
10066、10075 史1-364
子3-18207,5-25531
集1-2303~5,6-41894
(1)、45112、45483、45490、
45557 叢1-2~6、9~
10、16、19(11)、20(9)、22
(14)、23(13)、24(12)、31、
169(3)、223(51、71)、230
(4)、241、242(2)、265(3)、
282(1)、283(2)、291、294、
447、465、475、2-596、731
(37、39、46)

劉敏寬 史8-63332 集
2-11788

劉敏中 史1-1982、2609、
2646 集1-4851~4
叢1-196、223(20、60)、
273(4)、274(3)、452、586
(2)、2-716(2)、731(66)

劉籌 史7-50483、56638

劉節 史2-6293~5,7-
57789,8-58629 子5-

25589~90 集2-7686
~7,6-42187~9、42358、
43190、43199

劉餘祐 集3-13077

劉餘澤 史8-62992

劉策羣 史8-61431

劉策先 史2-12163

劉策勳 史2-10514

90 劉惟謙 史6-45768~70

劉惟永 子5-29085、
29530(14)

劉惟志 子3-14692、
15080~1

劉惟□ 集2-6930

劉懷一 集6-41881

劉懷珵 集4-25889

劉懷志 經1-2824

劉懷基 子5-32044

劉憶召 史5-39514

劉惜 子3-16392

劉光 經1-5009

劉光亨 子5-25844

劉光謨 子1-3604 集
5-34403

劉光球 史5-39654

劉光鼎 史8-58355

劉光復 集2-10990

劉光永 史8-62102

劉光宿 史8-58766

劉光寅 史5-39296

劉光斗 史8-59216 子
4-19753

劉光遠 子3-16619

劉光洙 子4-24254

劉光泗 子4-24254

劉光運 史5-39498

劉光才 子5-29798~9

劉光南 經2-13891

劉光蕡 經1-3051、3355、
4342、5866,2-8508、
8880、9626、10077 史1-
10(1)、114、159~60、220、
251,2-11100,6-42384、
45451,7-52134,8-65530
子1-1853 集5-37185
叢1-574(4),2-829、
2041

劉光賁 經2-11269

劉光杞 史5-39454

劉光照 子7-37516、
37551

劉光第 史8-61831 集

中國古籍總目・索引

1-127,5-39398～402,
6-41766
劉光輝　史8-59981
劉尙文　史8-63939、
66113～4　子3-16276
集5-35323～4
劉尙友　史1-1981、3161
～2　叢2-647
劉常彥　子2-5027
劉常棐　子2-8179
劉常德　史3-15693
劉常心　史2-10126
劉常泰　集6-42413
劉常燦　史5-39634
劉夆龍　史5-39385
劉省三　子5-27861
劉炎　經1-960～1　子
4-22198～201　叢1-22
(3)、23(3)、62、64、136、
223(30),2-730(4)、731
(12)
劉炎光　史8-60072
劉炫　經1-2599、3410、
3591、4818、6724～32,2-
8332～3　叢2-765～6、
772(2)、773(1,2)、774(2,
3,5)
91 劉恆謙　集4-26304
劉恆瑞　子2-4768、4771
(2)、5304、6063、6892、
7842、10937
劉恆璉　史5-39228
劉恆德　史5-39464
劉恆濟　史8-59653
劉烜　子2-9638
劉炳　史7-55351　集2-
5940～3,3-20015　叢
2-870(5)
劉炳謨　史3-21033
劉炳勳　集4-32063,5-
34743
劉炳奎　集4-32873
劉炳照　集5-37730～2,
7-48289～91
劉焯　經1-2598、3410
叢2-774(2)
92 劉恬　史8-59292
劉剡　經2-10263　史1-
1070、1085、1087～8、1183
～6　子1-2654
劉剡音　子1-2656
劉烶　史7-58054

93 劉怡　史3-20889
劉烺　史2-12276
劉熾昌　史2-9585
94 劉忱　史3-20879
劉愷　史8-62476
劉慎誥　集5-41143
劉慎儀　集3-18383
劉慎之　集4-27649
劉慎樞　史3-23031
劉娃　史2-9383
劉煐　史8-62990
劉煒華　集4-33387～8
96 劉焜　史3-20699,22630
劉煜　集4-28183
劉燡　史8-60255
97 劉恂　史7-50625,50827～
9　叢1-19(7)、20(5)、
22(12)、23(11)、24(7)、29
(3)、223(25)、230(2)、255
(2)、350、388～90、489,2-
624(1)、731(57)、777
劉耀先　子2-7420
劉耀祖　集4-28722
劉耀奎　史3-20737、
22025
劉耀椿　史7-57807,8-
59209　集4-28888,7-
47918～9
劉耀春　子4-22732
劉耀東　史2-11396　叢
2-856
劉耀卿　史7-55393
劉輝蔭　史5-39603
劉燿椿　集7-46418
劉燿東　史2-11865
劉炯　史8-61864～6
劉煥　史3-16013,5-
39400,7-56832,8-60384
劉煥文　史7-56194
劉煥基　史5-39488
劉煥書　史3-16756
劉煥東　史7-57799
劉輝　史5-39529
劉熠　集2-8728
劉燦　經1-4277,2-
14606,14670
98 劉敞　經1-37,77(3,4)、
93,7457～60,2-11455
史1-2314,2366　子1-
557～9,4-19931　集1-
2085～94,6-41894(1)、

41895、41904、45112　叢
1-195(1)、223(10,12、
30,51)、227(2)、230(2,3,
4)、241、242(3)、244(1)、
341、388～90、447、468,2-
636(2)、731(11,39,63)、
754
劉燏　集1-3790～5,6-
41784,41894(2)、41895、
41922　叢1-223(55)
99 劉瑩　子2-7001
劉瑩澤　史6-47566
劉變材　史5-39435
劉變鈞　史2-10440
劉榮　史7-55294　集7-
47520
劉榮玠　史7-57672
劉榮黼　史8-62566　集
5-38504
劉榮湖　史5-39599
劉榮桂　子7-37680
劉榮嗣　集2-12453～6,
6-45114

7210₁ 丘

00 丘雍　叢1-223(15,16)、
227(4)
丘齊山　子3-18365
丘賡廷　集4-27767
丘文學　史1-1326
08 丘敦　集2-6834
10 丘一龍　集6-43808
丘爾穀　集2-6834　叢
1-223(64)
丘石常　集3-13404　叢
1-426
丘雲霄　集2-8885～8
叢1-223(66)
11 丘璿　子4-18535　叢1-
2～7,9～10,19(10)、22
(17)、23(17)、24(10)、
181、587(2)
12 丘延翰　子3-13140、
13253、13342
丘廷和　史8-62500
13 丘琮　史2-12409
20 丘禾實　集2-11099
丘維屏　經1-1034　集
2-12872～3,6-42065

21 丘處機　子2-10973,5-
　　29530(5、22)、29535(5)、
　　29536(5)、29547、29549、
　　29577、31243　集1-
　　4647～50
24 丘先德　集6-43547
27 丘象升　集1-2425,3-
　　15023
　　丘象隨　集1-1480～1
28 丘復　史8-58424、58427
　　集2-12947
30 丘宻　集7-46367、46369、
　　46372、46375、46598
　　丘宗孔　子5-25810
31 丘江山　叢1-117
　　丘濬　經1-6298～9　史
　　1-1225、1933、2794、6-
　　43764、44417　子1-
　　796、843、936,2-9229,3-
　　14239～42　集2-6832
　　～9,6-42061、45336、
　　45340,7-49758　叢1-
　　22(22)、29(8)、50～2、55、
　　84(2)、87、151、195(3)、
　　213～4、223(30、64)、227
　　(3)、249(3)、269(3)、270
　　(2)、351,2-730(2、9)、
　　731(12、17、28)、881、884
32 丘兆麟　經1-833、842,2-
　　10210、10444～5　史1-
　　2076　集2-11959～63,
　　6-43897、43946、44818、
　　45214、45266　叢1-142
36 丘昶　叢1-22(6)、23(6)
37 丘逢年　經1-6537　叢
　　1-537
　　丘遲　集1-541,6-41698
　　叢1-29(1)
40 丘克孝　子2-4932
　　丘有璘　史8-60855
42 丘樲　經1-5613,2-8711、
　　8968、9365、9862、10316
　　集2-9328
43 丘橓　集5-39540～2
44 丘兢　史7-53224
　　丘莘畇　史2-10850
　　丘葵　經1-4951～2　集
　　1-4605
46 丘如升　集3-14915
53 丘拔生　集4-30575
　　丘成和　集2-12872
64 丘時庸　史7-58118～9
70 丘檗　子7-33578

77 丘間之　史2-6292
　　丘民瞻　集2-12871,6-
　　41943
80 丘公明　子3-17585　叢
　　1-446,2-731(36)
86 丘錫　集1-4594
　　丘錫珖　集4-27276
90 丘光庭　叢1-11、17、19
　　(4)、20(2)、21(3)、22(2)、
　　23(2)、24(5)、109、111
　　(4)、136、223(39),2-731
　　(6)
　　丘光德　集6-44118
94 丘煒萲　子5-26690
95 丘性善　史8-59775

7220₀ 剛

07 剛毅　史6-41834、43044～
　　6、46236～7、46241～2、
　　46337、46339～40
44 剛林　史6-45827～8

7221₇ 髡

13 髡殘(釋)　子3-16632

7223₀ 瓜

10 瓜爾佳恩齡　史4-26173
25 瓜生寅原　子7-37315

7223₂ 脈

05 脈訣　子2-5438

7223₇ 隱

32 隱溪居士　子3-14336
36 隱禪(釋)　集4-32476
44 隱芝內秀　子5-30188

50 隱夫玉簡　史2-6843、
　　6856～9　子5-29530
　　(6)、29533　叢1-376,
　　2-731(60)
77 隱居老人　子7-34845

7226₁ 后

22 后繼賢　史4-26826
44 后蒼　經1-4567、4818,2-
　　8308　叢2-774(2、5)

7227₇ 戶

07 戶部　史1-1985,6-
　　42724、43230、43276、
　　43381～2、43512～3、
　　44142、44462、44514、
　　44637、45531、45948
　　戶部陝西司　史6-43358、
　　43362～3、43367
12 戶水寬人　子7-36574、
　　37945、38088

7242₂ 彤

44 彤芳氏　子3-18395

7244₇ 髮

72 髮髟乾一　史2-6427

7272₂ 髟

99 髟榮三郎　子7-37297

7277₂ 岳

00 岳慶山樵　子3-14658

岳賡廷　史8-59282　集4-25064

02 岳端　集3-17686～8、6-41963、41969、43429、7-50290

07 岳望　子2-7324

10 岳一德　史4-29608、29610

岳正　子4-20376～8　集2-6774～7、6-45336、45340　叢1-22(20)、34、46、61～4、174、195(2)、223(64)、2-730(3)、731(12)

岳元聲　經2-14867　史1-1551、6-45805、7-52075　子1-1213　集1-4397、2-10618～9　叢1-13、14(1)、22(20)、108、111(4)、195(6)、2-731(24)

岳震川　集4-24149

岳砬(釋)　集3-16979

岳雲勝　史4-29613

11 岳珂　經1-93、125、2-11966　史1-1914、2-8735～8、11297　子3-14096、15329、4-22928～32　集1-4036～42、6-41746、41888～9、41896、41901、41904、41922～3　叢1-20(9)、21(10)、22(5、9)、23(5、9)、24(12)、29(5)、31、95、99～101、169(3)、195(3)、223(10、12、21、36)、230(3)、244(2、4)、249(2)、251、268(4)、278、291、294、341、357、386～7、410、433、456(4)、496(3)、2-616、636(3)、657、730(3)、731(2、15、17、35)、735(4)、826、1523

12 岳廷枋　集4-28216～7

岳廷楷　史8-59840

岳飛　子2-11148、3-14044　集1-3287～99、6-41795、41894(2)、43118　叢1-223(54)、241、242(2)、394、574(3)、2-731(40)

14 岳琪　史6-47001、8-64755

17 岳承喜　集3-18617

23 岳岱　史7-52272、52274、8-60865　子5-26219　集2-9232、6-41935(4)、43800　叢1-39、235、2-638

24 岳升龍　史4-29605

岳峙(釋)　集3-16010

26 岳伯川　集7-48765、48767(3)、48778、48922　叢2-698(15)、720(4)

岳和聲　史6-48493、7-52070　子4-23044　集2-11216

28 岳倫　集6-42727～8、42732

30 岳淮　集3-14613

岳永武　史8-61799、61993

岳之嶺　史8-58976

岳宏譽　史7-55622　集3-15256

31 岳澐　集4-23674

岳濬　史8-58962　叢1-223(24)

32 岳兆麟　叢1-15

岳澄　子5-25381

34 岳淩霄　集2-12991

岳淩雲　集5-34569

35 岳洙傳　史2-8267

岳禮　集3-18617

36 岳昶　子2-5803

37 岳鴻慶　集4-22151

岳鴻章　史4-29611

岳鴻逵　史4-29606、7-51805

岳鴻振　集4-28652

岳鴻舉　史1-6164

岳冠華　史8-62763

38 岳肇鵬　史4-29604

40 岳士景　史2-8737～8

岳士犖　史4-29609

岳在文　史3-17281

岳喜德　史4-29607

岳森　子4-24690

43 岳樑　子1-4501～2

岳樑柱　子4-18841

44 岳夢淵　集3-19213

岳世仁　史3-15390

46 岳觀承　史2-8748

岳如厚　子2-8466

50 岳青炳　史4-29612

53 岳甫嘉　子2-8048

54 岳軏數　經2-14265

60 岳昌源　集3-15857～8　叢2-644

64 岳暎斗　集3-13094

67 岳昭墏　史7-57379

岳嗣佺　史3-22123

77 岳熙載　子3-11303　叢1-452、586(3)、2-716(3)

80 岳金培　集1-3297

82 岳鍾琪　集3-18543～4　叢1-328

岳鍾俊　子2-10050

岳鍾峻　子2-8552

88 岳鑑　史7-51801～5

90 岳光迪　史4-29611

7280$_1$ 兵

07 兵部　史6-42326、45182、45184　叢2-741

兵部職方司　史6-48013

兵部戶部　史6-45686

7331$_1$ 駝

33 駝浦迁民　子4-21719

97 駝愮屢　子7-36294

7334$_7$ 駿

40 駿臺隱士　史6-42434

7420$_0$ 尉

17 尉承安　史5-35469

25 尉仲林　子2-9024～5

35 尉禮賢　史7-52093

37 尉逢　子1-17

尉遲偓　史1-1914　子4-22848～9、5-26220、26258　叢1-19(4)、20(2)、21(3)、22(8)、23(7)、

24(5)、29(3)、40、95、223
(44)、255(1)、306、374、
519,2-730(2)、731(52)
尉遲樞　叢1-19(10)、20
(8)、21(9)、22(8)、23(7)、
24(11)、29(3)、255(2)
90 尉光霞　史3-15306

7421₄ 陸

00 陸立　史7-56429
陸彦功　子2-6504
陸彦珍　史3-18307
陸彦和　史7-56872
陸齊壽　集4-32459
陸方濤　子4-21173　集
3-16715　叢2-909
陸育吉　子1-1770
陸廉　史1-5508
陸應記　史4-32674
陸應飛　集3-21112
陸應幾　史8-62565
陸應宿　集4-24264　叢
2-1459～60
陸應穀　子3-13610　集
4-31002～3　叢2-886
(4)
陸應梅　史3-23358　集
5-35960
陸應暄　集5-36793
陸應陽　史7-49574～8、
57468　集2-10084～6,
6-43820　叢1-300
陸庚三　集7-48353
陸慶元　集3-18945
陸慶臻　史1-3622～3
陸慶勳　史3-16909
陸慶祥　史8-61256
陸慶培　史4-32678
陸慶頤　子1-2858　叢
1-483
陸唐老　史1-1099～100
陸廣微　史7-56935～7
叢1-11～2、22(11)、23
(11)、26～8、29(3)、90～
1、195(7)、223(25)、255
(2)、268(2),2-730(5、
12)、731(57)、836
陸文謨　子2-5828
陸文衡　子4-21170～2、

23093　集3-13076　叢
1-571,2-909
陸文健　經1-3344
陸文傑　集4-26857
陸文瀾　集4-30747
陸文圭　集1-4922～5,7-
46369、46766　叢1-223
(59),2-798
陸文麓　史6-44356
陸文蔚　集7-47234～5
陸文明　子3-13566
陸文饒　集5-40818
陸文鍵　史3-23559　集
5-35736
陸文錦　史4-32621
陸文籥　經2-10830
陸文煥　史4-32676,7-
57173
陸章琇　經1-7132
陸章銓　史8-58455
陸言　子2-9615
陸玄宇　子3-18027
陸襄鉞　集5-36486
01 陸龍騰　史7-58033
陸龍光　史7-51807
02 陸新　集3-21417
03 陸詠荃　史4-32611
陸詠黃　叢2-795
陸詠桐　史2-10458
陸詠金　集4-30117
陸詠笙　子7-35715
陸詒孫　叢1-59
陸詒穀　史3-18041
06 陸韻珊　集5-36794
陸韻梅　集6-41999
07 陸毅　史1-4518　子4-
21152　集3-16818
陸韶　集7-48717
08 陸於郵　史4-24792
陸敦倫　集4-28240
09 陸麟書　集4-32300　叢
1-339～40
10 陸一亭　子1-2245
陸玉琮　史8-61531
陸亘煇　集4-31067
陸互昭　集5-35138
陸元文　集4-27815
陸元琦　集4-22471
陸元鼎　史6-44975,7-
52879　集5-36543～4
陸元勳　史4-32664

陸元綸　經2-12254　子
1-1723
陸元泓　集3-13577
陸元達　集4-23551
陸元芳　子2-8564
陸元輔　經1-3932　史
8-65350　集3-13953～
5
陸元鋐　史2-11945　集
4-23256
陸元鏶　史7-55773
陸元烺　史3-15144,6-
45450
陸爾雋　史4-32626
陸爾奎　史3-18975
陸爾昭　史3-17417　集
5-40819
陸爾熙　史3-15568
陸雨侯　子4-24036
陸震東　集4-26165
陸天麟　集3-14545　叢
2-886(3)
陸天池　史6-44352　集
7-49786
陸天錫　史4-32684
陸西星　子5-29103、
29280～4、29545、29564、
29679、29761、30988～9、
31057～8、31114、31173、
31245、31288、31290～3、
31522、32001,7-33104～
6,33714～5
陸可淵　集6-42718
陸可教　經2-10333　子
1-45～6　集2-10905
陸雲　子4-19831～2,5-
26815、27365　集1-355
～9,6-41694～9、41767、
41794、45081　叢1-223
(47),2-635(6)、698(8)、
774(9)、775(5)
陸雲慶　子5-25274
陸雲龍　史7-53089　子
1-155,4-20919、23886～
7,5-28186　集2-9360、
9993、10345、10412、
10525、10567、10658、
10683、11065、11245、
11252、11278、11300、
11349、11436、11495、
11597、12747,6-41750、
42076、42403、42646、
42919～20、43912、43969

陸

~71、45233,7-48488
叢1-152

陸雲沛　集6-44518

陸雲錦　子4-24369　叢
2-2092

陸賈　史1-2271～4　子
1-16,18～20、25、40～2、
44、48、54、61、66、69、350
～3,355　叢1-47、69、
71～2、74～7、123、182～
3、223(29)、261、418、515,
2-628、635(3)、698(6)、
730(6)、731(10)、761、
770、772(5)、773(4)、873

11 陸珏三　史4-32682

12 陸登選　史8-58213

陸登鰲　史3-19930

陸瑞徵　集2-12864

陸瑞清　史6-42407

陸璣　經1-33、3569～71、
3573～5　史7-53360
集7-48101　叢1-11～
2、22(1)、23(1)、26、28、76
～7、108、111(3)、223(6)、
369、460、584,2-730
(12)、731(27)、836、1766

陸弘定　集3-15032～4

陸弘祚　集6-42048～9、
42097～8

陸延齡　史7-58070

陸延枝　子5-27032　叢
1-59～60,2-617(4)、624
(3)

陸廷珪　集3-14950

陸廷珍　子2-4770、6852

陸廷保　集3-13200

陸廷黻　史2-10149,3-
15753、22211　集5-
36961～2

陸廷楷　集3-21873

陸廷楨　史3-16525、
18864　集5-38817～9

陸廷槐　子3-17136

陸廷檜　集3-13360

陸廷燦　子4-18980、
18987、19072、19266、
21167　集2-6258　叢
1-223(38)

陸廷爔　史2-12089

陸飛　史7-57553,8-
61017　集3-20507～8

14 陸琦　史3-18380　集6-
42494

陸瑛　集4-23685

陸璜　集5-38350

陸琳　叢1-373(8)

15 陸翀之　子5-25697　集
6-45367、45411、46247

陸建　集3-21416　叢2-
1459～60

陸建瀛　史3-15182,6-
48863～4　叢2-874

17 陸羽　子4-18535、18967、
18978～80、18982～8　叢
1-2～6、9～10、19(11)、
20(9)、21(10)、22(15)、23
(15)、24(12)、26～8、29
(4)、37、114(6)、115～6、
223(38)、255(2)、268(4)、
2-873

陸珊　集5-38204,7-
48069

陸琛　叢1-87

陸翟　子1-3009

陸乃普　史4-32651～2
集3-17892～3、21039～
40,4-23711～2、26456
叢2-909

陸弼　集2-10174,6-
41935(5)

陸弼欽　集7-49951

陸胥　集3-21110

陸承亨　史2-9852

陸承繩　集4-31765

陸承憲　集2-9798　叢
2-1131、1135

陸承宗　史3-16379

陸豫　史3-22734　集7-
46413、48007

陸子虞　叢1-223(55)、
227(9)

陸召南　集5-38205

陸君弼　史7-56720　集
2-10258～60

18 陸瑜　集6-43771

19 陸琰卓　子4-23149

20 陸位　經1-2377　子3-
11689、13750、14087、
14132

陸位崇　子3-14194～5

陸爲茱　史8-61855

陸爲公　史8-63170

陸秀夫　集1-4435～6,6-
43118　叢2-807

陸儁東　集5-34010

陸舜　史7-49318(5)、
52192　集3-13811

陸舜臣　史8-61135

陸受詩　子2-5114

陸香圃　集6-41715

陸采　史1-2683　子4-
20601、22993,5-27019～
20　集2-8422,7-
49709、49780～5、49787
叢1-22(21)、2-731(53)

陸維　史4-32660

陸維祺　史6-46457　子
1-2295

陸維垣　史8-62768

陸維鈺　史4-32649

陸維炘　史3-18894,8-
59776

21 陸順朝　史4-32628

陸上瀾　集3-14179,6-
41753、42980

陸仁　集1-5637

陸仁虎　史7-57944

陸仁壽　史2-7787

陸仁基　史3-20428

陸虎岑　史8-64798

陸行貞　史4-32644

陸行直　集7-48688、
48690　叢1-13、14(3)、
22(14)、23(14)、111(2)、
242(5)、2-622、720(6)

陸街　史4-32640

陸衡燮　史2-12089

陸肯堂　集3-16538

陸熊祥　史2-10328,4-
32633

陸師　史4-32658,7-
56717　集3-17549

陸師彥　史4-32686

陸師郊　史3-20110

陸師游　集4-33129

陸師道　史2-8958　叢
2-607

陸師贄　子4-23048

陸師鑑　子2-8733

22 陸倕　集1-549～50,6-
41694、41698

陸鼎　子3-16936　集4-
23999

陸鼎翰　史2-9974、
10251、11415,3-14911,
4-32625,7-56880　子
5-26421　集5-34647

中國古籍總目著者索引

陸鼎敫 史 2 - 9974、
　10251,7 - 58019
陸嵩 史 2 - 12704～5,4 -
　32647 子 2 - 10881 集
　4 - 28932～3
陸嵩齡 集 4 - 24312～5
　叢 2 - 1023
陸嶽 子 2 - 10488
陸侹 子 3 - 11317
陸循應 集 7 - 47962
陸仙琥 叢 2 - 1023
陸崐曾 集 1 - 1564
陸崇仁 史 8 - 62464
陸樂山 子 2 - 4659、4661
　～3、7813
陸繼川 史 4 - 32681
陸繼德 史 8 - 65214
陸繼蕚 史 8 - 59538
陸繼輅 史 8 - 59323、
　59604 子 4 - 22442 集
　4 - 24699、26095～6,6 -
　42067
陸繼輝 史 8 - 63704
陸繼輝 史 3 - 15720、
　18312
陸穩 史 1 - 5059,6 - 48280
　子 3 - 13141
23 陸允鎮 史 6 - 43452
陸獻 史 1 - 3808 子 1 -
　4362、4465 叢 1 - 367～
　8
陸我嵩 史 2 - 12087,3 -
　15161 集 4 - 28610～1
24 陸化熙 經 1 - 3809～10
　史 7 - 49583
陸佐勳 史 3 - 22421
陸德秉 史 4 - 32629
陸德綏 經 1 - 7077
陸德培 史 6 - 47343
陸德明 經 1 - 16～7、19、
　21～5、77(4)、88～9、103、
　131～2、169、295、304～6、
　376、381、385、400～2、
　430、2271～3、2603～4、
　2610～3、2617、2619、3382
　～4、3386～9、3550、3552
　～6、3596～8、3600、4735、
　4890～900、4914～5、
　4917、4919、5172、5237、
　5239～40、5541～2、5544、
　5546～7、5549～54、5575
　～6、5579、5892、6680～
　92、6696～8、6700～2、

6704～5、6737、6739、
6741、7240～4、7246～8、
7268～9、7273～4、7359、
7361～2、7364～5、7377～
80、8105、8112,2 - 8346～
7、8349～50、8354、8566、
8568～70、9294、9296～8、
9301～2、9794～5、11082、
11180、11182～3、11200、
11219、11316、11940、
11942～3、11947～8 子
1 - 1～2、4～6、8、22、55、
62～5、67～8,5 - 28930、
28964、28995、29243～7、
29347、29486,7 - 36235
叢 1 - 169(2)、219、223(2、
5、6、8)、227(1、2、3、4)、
258、317、341、446～7、456
(5)、457、462,2 - 600～1、
616、635(2、5)、673～4、
697、698(1、6)、708、731
(24、63)、732、775(1)、
873、2212
陸佑德 史 2 - 10064
陸佑善 史 2 - 10064
陸勳 子 5 - 26222、26225、
　26862～3 叢 1 - 11、22
　(19)、23(19)、27～8、29
　(3、4)、106、111(2)、148、
　185、255(3),2 - 624(2)、
　731(50)
陸勉 史 8 - 58199
陸勉齋 史 2 - 7959
陸緯 子 1 - 915 叢 1 -
　435
陸纘 史 2 - 6449 叢 1 -
　496(1)
25 陸生蘭 史 8 - 61247
陸仲達 史 8 - 60364
陸倩 集 7 - 48000
陸積昌 史 4 - 32661
陸績 經 1 - 33、274～9、
　2319、2321～2、2331、2344
　～5 叢 1 - 47、71、74～
　7、169(2)、223(2、36)、227
　(7)、268(1)、300,2 - 635
　(2)、730(12)、772(1)、773
　(1)、774(1)、836
26 陸白元 子 5 - 25028
陸伯周 子 5 - 26671 叢
　1 - 587(3)
陸伯焜 集 4 - 22471
陸佃 經 2 - 11202～3、
　14626～30 子 1 - 11～

2、16～7、25、32、36、55、
61、63～5、67～8,4 -
19591～4、5 - 29530(22)
集 1 - 2664 叢 1 - 114
(2)、223(15、39、52)、227
(4、7)、230(4、5)、265(2)、
268(3)、388～90、440～1、
448、456(4)、468,2 - 635
(5)、698(6)、730(6)、731
(11、23、39)、873
陸儆山 子 1 - 2118
陸保璹 史 1 - 1994,3 -
　19265
陸保善 史 7 - 55304～5
陸和鈞 集 4 - 32669
陸繹 史 4 - 32650
27 陸龜蒙 史 2 - 13372～4
　子 1 - 18、20、4269,4 -
　18860,5 - 26222 集 1 -
　1656～70,6 - 41731、
　41794、43257 叢 1 - 4～
　5、9～12、22(8、13、18、
　19)、23(8、13、17、18)、29
　(4)、30、49、86、99～101、
　119～20、136、169(2)、
　173、185、223(42、50、68)、
　227(9)、255(2、3)、268
　(3),2 - 635(8)、658、730
　(8)、731(30、60)、873
陸仰賢 史 3 - 16445
陸向榮 史 8 - 60868、
　61167 子 1 - 1730,4 -
　20981～2
陸翽 史 7 - 50633 叢 1 -
　11～2、19(2、10)、20(8)、
　21(2、9)、22(10)、23(10)、
　24(3、10)、29(1)、75、77、
　223(22)、230(2)、388～
　90、468,2 - 617(1)、628、
　731(64)
陸豹雯 集 3 - 16573
陸修瑑 史 3 - 20539
陸修潔 集 4 - 31235
陸修靜 子 5 - 29530(8、
　22、24)、30715、30731、
　31537
陸儕辰 子 2 - 5053、6756
　～7、11125,3 - 17961、
　18075、18132 叢 2 - 809
陸儕長 叢 2 - 809
陸彝典 史 4 - 32685
陸粲 經 1 - 6807～8、7575
　子 5 - 26331 集 2 - 8331

陸連勳　史 4-32663

36 陸昶　集 3-18731,4-23937~8,6-42497

陸遇霖　經 2-8444　子 2-6561

37 陸潤庠　經 2-14236　史 1-1724~5,3-14923、14991、15798、15851、17259,6-48063、48084　子 3-15520　集 5-36880

陸澍　經 1-7739　史 8-65251、65257、65605　叢 1-547(3)

陸鴻飛　史 3-23582

陸鴻儀　史 3-16780、19254

陸鴻模　史 4-32672

陸鴻觀　史 3-20568

陸澹庵　集 7-53975

陸湄　史 8-58930

陸次雲　史 1-1938,2-9296、9347,7-49315、49317(7、8)、49318(11、14)、50294~5、51317~8、53653、54275~9　子 1-1464,4-19491,21145~8,5-26224　集 3-15493~6,6-41969、42457、43034、43599、44071,7-46398~400、47128~30、48493　叢 1-197(4)、201、202(2)、203(6、7)、210~1、249(3、4)、355、373(9)、395、587(4),2-617(2、5)、624(3、4)、731(56、58、59)、832(3)、1343

陸深　經 1-3723　史 1-1933、2706、2852、2854、5058、5289,6-42294,7-50569~70、50975、53834~5　子 3-15086、15706、15845,4-18556、20393~411、22242~3、23857,5-27063　集 2-7723~30,6-41935(4)、42430　叢 1-13、14(2、3)、22(21、22、23、24)、29(7、8)、31、37、46、58、61~4、84(2、3)、87、106~8、111(2、3)、129、174、195(2)、223(42、65)、363、366~8,2-617(4)、730(1、2、4、9)、731(7、18、33、51)、

1081

陸初望　集 4-31433

陸運濤　史 4-32616

陸軍部　史 6-45236、45238

陸軍部編譯局　子 7-36819

陸軍部陸軍速成學堂　子 1-3612

陸軍經理學校　子 7-36898、38130

陸軍省　子 7-36889~90

38 陸瀚　史 2-11945

陸游　史 1-30、685~8、1914,2-8066,7-53795~7　子 1-2104~5,3-15280,4-18535、19205、19639、20117~22、22923、5-26224　集 1-3434~68,6-41772、41779~81、41794、41900、41902~3、41906、41908,7-46352、46357、46380、46582~3　叢 1-4~5、9~12、17、19(3、8)、20(2、5)、21(3、6、7)、22(7、11、12、17)、23(7、11、12、16)、24(3、8)、29(5、6)、31、56、95~6、98~100、107、111(2)、119~20、134、136、169(3、4)、223(22、23、41、55)、227(8、9)、244(2、5)、268(3)、296、312、348、353、374、410、422、424、435、469、509、569、586(2)、587(4)、2-624(2)、635(10)、636(2)、652、691(3)、698(10、13)、716(2)、720(2)、730(2)、731(20、34、51、52)、735(2)、1037

陸海　史 3-23558,6-46918~9

陸洽原　集 3-13560~1

陸祚蕃　史 7-49318(13)、50918　叢 1-210~1、249(3)、355、373(8)、2-731(57)

陸道元　子 2-8639~40、9037

陸道和　子 5-29530(23)、29535(6)、29536(6)、30304

陸道光　子 2-8639~40

陸肇域　史 7-52295

陸啓浤　史 7-49813

陸啓達　子 5-25937~8、25940

陸啓杲　史 4-32646

40 陸九韶　子 1-2099　集 1-3727

陸九州　集 2-9399,6-41935(4)

陸九淵　經 2-10227　子 1-102、728　集 1-3725~41,6-41894(3)、41895、45336　叢 1-223(55),2-635(10)、698(6)

陸九如　子 5-25926

陸九田　集 3-21110

陸大業　叢 1-223(58)

陸大鏞　史 4-32632

陸友　子 4-18784~6、20244　集 1-5274　叢 1-22(4)、23(4)、108、111(4)、223(38、41)、244(3)、326、353、373(8)、578,2-617(4)、622、731(31、57)、735(3)

陸友仁　史 7-49332、50196、50221　子 5-26220　叢 1-26~8、40、106、157、223(25)、273(4)、282(2)、283(2)

陸士諤　子 2-8109、8451、9443、10554,5-27914、28005、28611~4

陸士珍　集 7-53886、54024、54114

陸士虔　子 2-6156

陸士奎　史 3-18885

陸士坊　集 3-21111

陸士楷　經 1-2813~6

陸奎章　子 5-26992　集 2-8929

陸奎勳　經 1-80、1166、3989~90、7770　集 3-17424,6-42482、42537、44199　叢 2-1381

陸奎勛　經 1-2836~7、5910

陸坊　集 4-28528

陸培　集 2-12102,7-47167~9

陸培鑫　史 3-22028

陸堯春　經 1-5830、5840、5843　史 8-58573

陸在新　史 8-58908

陸在元　子1-3940
陸在豐　集4-22459
陸希湜　史3-16994
陸希聲　經1-411、7449
　子5-29018、29530(14)
　集6-42032　叢1-223
　(49)、265(4)、272(5)、456
　(5)、2-773(1)、774(5)
陸有奇　子1-2690
陸志謹　史4-32619
陸志淵　集7-48166~7
　叢1-509
陸志鴻　史7-57312　叢
　2-750
陸志祖　子2-7160
陸志堅　集4-27335
陸嘉穎　史8-58803　集
　6-42433
陸嘉淑　史2-12564　集
　3-14251~9、7-46818
　叢1-369
陸奮飛　集2-11978
陸壽名　史6-42986　子
　5-27114　集3-14260
　叢1-373(9)
陸壽明　集5-36485
陸壽臣　史3-16200、
　20059
陸壽朋　史2-10568
陸壽民　集4-29020
陸來泰　史3-18383
陸梳山　子1-2098　叢
　1-22(25)、173
陸森　子3-13855~6　叢
　2-832(5)
41 陸堦　經2-10655
陸楷　子4-21479
陸槙　史1-1988、7-51796
　叢2-832(5)
42 陸圻　史1-842、844~5、
　1826、1936、1982、3499、
　4455~7　子1-2956~
　7、4-21046、5-25260~2、
　26229、27074、29354　集
　3-13714~5　叢1-197
　(2)、210~1、587(2)、2-
　611、1280
陸墣　集4-28688~9
陸韜　子1-2246~7
陸彬　集4-27178
陸機　經1-3576　史1-
　1423~4、1733~4、7-

50628~9　子1-18、20、
　44、4-19819~20　集1-
　347~54、6-41694~9、
　41767、41794、45081、
　45485　叢1-22(10)、23
　(9、10)、29(2)、182~3、
　265(4)、380、2-617(2)、
　635(6)、653(5)、698(8)、
　731(39、64)、772(4)、773
　(4)、774(10)、777、779
43 陸求可　史4-32619、7-
　49317(4、8)、49318(5、7、
　11)、53222、53252、53337
　子4-19067　集3-
　13956、7-46404~5、
　46896　叢2-698(14)
陸械　集3-14357
44 陸基　史7-56954　子1-
　2885、7-36474、37810
陸基恕　史7-52839
陸夢龍　經1-852　史2-
　11551　集1-2041、2-
　10822、12862~3、6-
　41709、41734、42986
陸荷清　集4-25642
陸蒨　集5-34009
陸茂騰　史7-54946
陸蓬　叢1-51、53、2-624
　(2)
陸芝田　史8-63091
陸芝榮　史2-7016
陸恭　史2-11919
陸懋勳　史3-16735、
　20418、7-57143~4
陸懋修　經2-14891　史
　2-9986、12857、3-14923
　子2-4685~6、4709、
　4714、4726、5180~3、5372
　~7、5509、5664、6620、
　6709~10、6916、7207、
　8068、9882~3、10755~8
　集4-33221~2　叢2-
　1893
陸懋學　史2-8012
陸莘行　史1-1979、1995、
　3614~5　子4-21621
　集3-16124　叢1-354、
　369、396~7、2-611、617
　(4)
陸孝綸　史2-10633
陸孝曾　叢1-496(6)
陸萬言　集2-10305、
　10307

陸萬安　史4-32688
陸萬垓　史8-58463
陸攀堯　集3-19733
陸華玉　史4-32631
陸華封　史3-17836
陸華甫　集7-50042
陸英　史3-22809
陸蓉　史8-59919
陸蓉佩　集7-48044
陸蘐　叢1-319
陸喆　子2-5554
陸甚益　史7-56441
陸世廉　集7-48780、
　49298
陸世儀　經2-10603　史
　1-1950、1982、3012~4、
　3270~4、3473、2-9228、
　12554、6-42298、43433、
　44574、46787　子1-
　1325~7、1329~33、1351、
　2045、3718、3894~5、4-
　20971　集3-13637~8、
　6-41758　叢1-213~4、
　223(31)、364、483、580、2-
　731(13)、811、813、847、
　1268
陸世淮　史3-18447
陸世楷　史8-60885　集
　6-43880
陸世埰　集3-21478~9
陸世忱　子4-21000、5-
　29574~5、32036
陸樹基　子3-17476
陸樹藩　史2-13217、3-
　20427
陸樹蘭　集4-25086~7
陸樹芝　經1-7077　子
　5-29390
陸樹聲　史1-2171、8-
　65875　子1-44、2020、
　2139、2353、3-14931、4-
　18978、19018~9、19040、
　20321~7、5-26334、
　28997、7-34074　集2-
　8927　叢1-13、14(2)、
　22(21、26)、29(8)、30~1、
　86、105~8、111(1、2、3)、
　119~21、129~30、134、
　148、154、176、2-730(7)、
　731(11、12、30、53)、1098
陸樹屏　史3-20495
陸菜　史7-49318(7、8)、
　53527、53685、57330　集

3-15152～3,6-41969、
42591、44181,7-48665
陸蘽 史3-22559
陸桂森 叢1-202(6)、203
(12、18)
陸桂華 史3-18389
陸桂馨 集3-17892～3
叢2-909
陸桂星 史6-44798 子
3-11553,7-37935
陸桂 集4-24263
陸菊亭 集4-32615
陸模 史2-12089 集4-
28608～9
陸棋斗 史7-50388
陸桬 集7-50643
45 陸坤元 史4-32612～3
陸贄 史6-48098～108
集1-1195～208,6-
41798 叢1-214、223
(48)、227(11)、265(2)、
449、574(3)、576,2-635
(7)、698(5、8)、731(44)
46 陸觀瀟 史2-11833
陸楫 史2-8915 子5-
25079～80 集2-9155
叢1-22(24)、29(8)、56、
84(4)、223(42)、2-730
(11)、731(53)
47 陸鋆 子7-36326
陸坲 子4-20494～5 集
2-10175 叢1-195(5)、
220,2-731(7)
陸朝璣 史7-56722
陸朝瑛 集6-42435、
42437
陸起龍 集2-7727～8
陸起鯤 叢2-724
陸超昇 集5-35051
陸楣 史1-3638 集3-
16483～5 叢1-203(8)
48 陸增福 史3-17958
陸增祥 經2-13206 史
3-15388、17958,8-
63635、63699～703、63773
～4、63958、64110、64301、
64751、65214～6 集4-
32925
陸增壽 集5-36338
陸增煒 史3-16708,4-
32618
陸敬 集4-23114

陸敬亭 集3-16574
陸松齡 史7-57058
50 陸中華 史4-32677
陸申 史2-8581
陸泰元 史7-55623
陸泰安 史3-22278
陸泰增 集4-23711～2
叢2-909
陸惠 子3-16280 集4-
29218～22
陸惠綢 集4-24311
陸春官 經1-2081 史
3-16727 集5-40602
叢2-788
陸素生 集4-24310
陸素心 集4-25134
陸東 史7-52537
陸柬 史8-60704
51 陸振之 史4-32665
陸振奇 經1-853
陸擷湘 集4-33457～8
52 陸靜修 子5-29563
53 陸輔 子7-36589～90
陸輔之 集6-45486、
45491 叢1-25、195
(4)、216、353
陸輔清 史3-21972
陸咸清 集5-37348
陸成本 子2-9488
陸成周 經1-1977
54 陸持之 集1-3730 叢
1-223(55)
55 陸慧 集5-34819
陸典 集6-41977
陸費琭 集4-27705～6
陸費垓 史6-43851
陸費墀 經2-13053～5、
15120～1 史1-4593～
4,3-13488 集3-
21418,6-44238 叢1-
299～300、344,2-698(5)
陸費錫 集6-43088
陸費燮 集5-36791～2
陸費榮 史4-32641
陸耕禮 史7-55650
56 陸損之 集4-26610,6-
42004
57 陸邦燮 史3-20778
陸輅 子3-17648
60 陸□ 子2-6303
陸昉 集4-32299

陸日愛 史2-9777～8
集4-31378～9
陸日曛 集4-30748～9
陸旦華 史3-17782 集
4-29418
陸旦明 子4-20828
陸思誠 經2-10963
陸思謙 集4-28529 叢
2-1023
陸恩絨 史2-9664
陸恩澍 集5-34820
陸昌言 集3-21039～40
叢2-909
陸晶生 史7-57113
陸昆曾 經1-5686
陸是奎 史3-19006,7-
55305
陸果 集2-9533,6-41935
(2)
陸景 子1-507～9,4-
19785 叢2-615(2)、
768、774(9)、775(4)
陸景龍 集1-5490,6-
41780
陸景宣 史4-32636
陸景興 史3-22531
61 陸顯仁 經1-1929
陸顯勳 史6-46862
陸顒 集2-6015
63 陸貽穀 集6-44343
陸貽典 集3-14073～4
叢2-673
64 陸時雍 經1-7285 子
1-430 集1-42～3,6-
42428～9 叢1-223
(70)
陸時化 子3-14700～1、
14792、14794、16193 叢
1-369、373(9)、486,2-
609、731(34)
67 陸曜 史2-9409 集7-
49645～6
陸明睿 經1-172～3、
2422、2429、2436、2443、
2454、2461、2466、2472、
2478、3414、3423、3431、
3438、3449、3495、4823、
4832、4837、4841、4851、
6362、6368、6377、6387、
6589、6594、6604、6609、
8160、8170,2-8646～7、
12040～1 史2-13365
子4-20469

陸明桓 集4-30748~9、31067、31378,5-35138
陸明揚 子5-28926 集2-10351
陸鳴球 集6-44189
陸鳴鑾 史4-32609
陸鳴九 子7-35878
陸瞻雲 集3-19682
陸墅 子5-29530(3)、29535(5)、29536(4)、29549、31144~9
陸嗣淵 史8-58233
70 陸驄 集5-39639
71 陸隴其 經1-2820、4932、5002、6056~8,2-8783~6、9045~8、9438~40、9929~31、10612~6 史1-2189~90,2-12568~9、12571~2,6-42988,7-55063~4,8-65651 子1-108、1174~5、1403~10、1965、2047~9、2347、4082,4-21197、24217 集3-15154~7,6-42064、42067 叢1-195(1、2)、202(6)、203(11)、213~4、223(9、14、31、68)、272(4)、300、320、352、367~8、373(4)、391、440~1、451、461、483、534、574(2、3),2-724、731(5、13、45、55)、838、1334
陸驥 集4-31066
陸長儁 史3-19082
陸長源 子5-26860 叢1-19(7)、20(5)、22(4)、23(4)、24(7)
陸長春 史1-3404、6146~7、6150,3-22363 子4-23403、24615,5-26729、26735 集5-34384~6,6-45194 叢1-496(5),2-735(3)、843
72 陸氏 史4-32666 叢1-330
陸岳揚 史4-32671
75 陸陳寶 子2-9456
77 陸鳳石 史6-44977
陸鳳儀 史3-20255,7-57572
陸鳳池 集3-18373,6-45066
陸鳳藻 子5-25264
陸同壽 史2-10100
陸屏山 子1-1788
陸履敬 史8-58855
陸履中 史8-61295
陸履泰 史4-28262
陸殿魁 史3-16657、20558
陸殿邦 經2-8874~5、9153、9613~4、10069~70、10945 史8-60857 集5-34950
陸居仁 集1-5675
陸學山 史4-32623
陸學欽 集4-24923
陸開鈞 史8-64580
陸卿正 集2-12298
陸卿子 集2-10693~5
陸卿榮 史6-48486
陸輿 子5-29586 集3-16486
80 陸益廣 史4-32668
陸金 子2-8639
陸金龍 經2-13812
陸鉝 史4-32610
陸慈 經2-13629、15142
陸毓元 子2-9730
陸善經 經2-9789、12799 史2-13356 子5-25522 叢1-223(42)、282(1)、283(1),2-731(60)、772(2)、773(2)、774(6)
陸善格 史7-56190
陸曾 史4-32670,7-50396
陸曾禹 經1-1101 史6-44590~1 集3-16945 叢1-223(28)
陸曾蕃 集3-18017
陸曾煒 史3-16775
陸公鏐 經2-8785~6、9047~8、9439~40、9930~1、10613~4
陸養晦 子3-16510
81 陸鑨 史8-64929~30
82 陸剣 史2-10584
陸鍾琦 史6-47313
陸鍾渭 史3-20752 集5-36963
陸鍾澤 史3-21581
陸鍾奇 史4-32634
陸鍾英 史4-32627
陸鍾輝 集3-18998,6-43600
83 陸釴 史1-1914、1933、4408 子5-26219、26362 集2-7013~5,6-45336 叢1-22(21、23)、29(7)、39、50、52、55、84(4)、87~9、95、164,2-730(1、3、11)、731(53、67)、811
陸鉞 史8-58959
陸鎔 集4-28690,6-42012
84 陸鎮默 史6-48388
陸鑅 史2-9953 集4-27334
85 陸鍵 經1-2757
86 陸錦 子4-21289
陸錦焜 史4-32645
陸錦燧 經2-11287 史3-19053 叢1-502
陸錫璞 經1-2971、4285、5101、5343~4
陸錫熊 史1-5987,2-8119,5-38584,7-56474 集3-21783~6 叢1-223(24)、231、241、242(2),2-731(7)
陸錫蕃 史3-19847
陸錫撲 經1-7970
陸錫眉 史2-7879,4-32637
陸錫智 史3-19417
87 陸銘一 史7-57208
陸翔 史1-4565、4706~8
88 陸鎰 經2-14865 叢2-796
陸筠 史1-3915 子4-23462
陸筠德 史4-32634
陸鑰 史1-5598、6062 叢2-909
陸簡 集2-7088
陸符 集2-12861
陸敏傑 子2-9747
陸敏樹 史7-49579
陸箕永 史8-61771~2
陸繁弨 集3-15544~6
90 陸惟鎏 史8-66086
陸惟鋆 史3-23471
陸惟燦 集5-39315

陸光洙　集4-23939

陸光祖　經1-1812　史
　6-48295　集2-9259～
　60,5-35309　叢2-874

陸光熙　史3-16833、
　17697

陸焞　史8-61319

91 陸恆修　史3-20786

陸恆泰　史4-32622

陸烜　史7-53389　了2
　5926,4-21283～4　集
　3-20274,7-47242～3
　叢1-202(3、8)、203(9、
　14),221,2-1622

陸炳　史7-51497　子5-
　25370　集4-21955～6,
　6-44287～8

陸炳堲　史3-20103

陸炳章　經1-4391　史
　3-22557　叢1-502

陸炳麟　史7-56512

陸炳豹　集3-21266

陸炳基　集4-23686

92 陸炘　叢2-1622

93 陸怡安　集7-53754

陸怡森　經1-7189

94 陸慎言　史3-22082

陸煐　子6-32091(80)

陸燁　經1-3880

陸煒　史4-32617,7-
　49355　集1-4922

97 陸耀通　史8-62687、
　62773、63634～5　集4-
　25952～6

陸燿　史6-48758,7-
　49317(5)、49318(13)、
　49928、52960　子1-
　4296,2-9520　集3-
　17118～20,6-42067、
　44371　叢1-202(3)、
　203(8、16)、320、563

陸灼　子5-27396　叢1-
　22(28)、60、154、371,2-
　617(4)

陸炯　經2-12278、12494、
　14193

陸煥　集3-20890

陸燦　集6-45336

98 陸炢　叢2-1622

陸烯　史4-32654

陸燧　經1-3881

99 陸鑾　集4-26456～7,6-

45984,7-48733　叢2-
　909

陸榮秬　經2-11553　叢
　1-241,242(2)

陸榮科　集4-24870～1

陸榮昌　集3-21574

7422₇ 勵

00 勵文輝　史5-40042

12 勵延豫　史3-20790

勵廷儀　集3-17650

26 勵程　經1-1914

30 勵宗萬　經1-3598～9
　史7-49984　叢1-223
　(6)

51 勵振驤　史3-20666

77 勵卿　子2-11222

隋

15 隋珠　史3-21236

25 隋仲升　史3-21367

27 隋綠下士　叢1-496(2)

34 隋汝齡　史7-56095

80 隋鏞　史3-16884

7423₂ 隨

00 隨文　子7-37963

10 隨霖　子2-4768、4771(2)、
　6936

27 隨緣下士　子5-28490～1

30 隨安散人　集7-53976

31 隨福　史3-15582

60 隨園老人　子5-27651

7423₈ 陝

10 陝西清理財政局　史6-
　43359～60

陝西布政使司　子3-
　11554

陝西省栒邑縣行政公署
　史8-62891

7424₇ 陂

01 陂龍　子1-4409

陵

44 陵蘿子　子3-13378

7432₁ 騎

54 騎蝶軒　集7-48483

7521₇ 肫

60 肫圖(清宗室)　經1-
　1245、4217,2-15002

7521₈ 體

21 體仁堂　子2-9463

7529₆ 陳

00 陳立　經1-163(3)、7309～
　10,2-12516　子4-
　19749　集4-31692～8
　叢1-517,2-653(2)、698
　(3)

陳立鶯　史4-33282

陳立達　經2-13462　史
　3-21738,4-33407

陳立觀　子2-5694～5、
　6432

陳雍　史4-32858　子2-
　5259　集4-24872

陳亮　史1-5280、5377～8、

陳文謨 史7-57686
陳文瑞 經2-8342 集4-23115
陳文珙 經2-10293
陳文政 史2-6206、9132
陳文衡 史3-15178,8-58401
陳文然 集5-39026
陳文緯 史8-63483
陳文傑 子2-8857
陳文紹 子2-7977
陳文灝 子2-7150
陳文沂 集2-12937
陳文治 史4-33170 子2-4880、6524、7678~9、8027、8666 集5-36489
陳文述 史2-6441、9869、9933,7-53354~6、53379 子3-16113~4、16204 集4-25958~84,6-44304,7-47521 叢1-373(8,9)、524,2-654、731(44)、771(2)、832(2、3、4、6)
陳文淇 史4-32940
陳文達 史8-63463、63485
陳文瀚 子1-2900
陳文吉 史4-32871
陳文榜 史4-32854
陳文藻 集5-35431~3,6-42012、44894
陳文蔚 集1-3966~8,6-45494、45621 叢1-213~4、223(56),2-731(40)
陳文棟 集3-20695
陳文起 史4-32790
陳文中 史8-66279 子2-4559~61、8365、8596~8、8663 叢1-265(3)、266
陳文典 史4-33241
陳文鼇 史4-33229
陳文田 集4-33132~3,6-42539 叢2-809
陳文昊 子1-9
陳文圖 史1-4333 叢2-2242
陳文騄 史2-12954~5,3-17227 集5-36720
陳文鐘 集5-41219
陳文毓 史4-33293

陳文善 史8-60128
陳文鐸 集5-35140
陳文光 史4-33248,6-42576
陳文炳 史4-32724、33164
陳文焯 史7-56264
陳文煊 集3-20509
陳文燾 史8-62250
陳文煜 史7-50353
陳文燭 史1-5513,7-56650 子4-19680 集2-8986、10047~53
陳文灼 史4-33173
陳文煥 史4-32977 集6-44734~5
陳文燧 子5-24836
陳文榮 史4-32932
陳章 史3-20226 集3-19077~8,6-44483,7-47192
陳章錫 史3-19651
陳章錄 史3-19680
陳奕新 史4-32873
陳奕禧 史2-13380,7-49317(3,5)、49318(13)、51163、53887,8-58631、63516、63842、64391、65667 子3-15029、15145、15385,4-23141 集3-16391~3,6-43123 叢1-336~7、353、364、448、461,2-731(34)
陳奕蘭 經1-2869
陳言 經1-692 子2-9153~5、10246 集2-8861~2 叢1-223(33),2-730(12)、731(45)、836
陳音 集2-7036~8 叢1-168(2)
陳讓 史7-57137,8-58200~1
陳玄 叢2-706
陳玄祐 叢1-168(2)、255(3)
陳玄藻 史8-58235
陳衷瑜 史2-11504
陳衷赤 史7-57919
陳袞 集5-38352
陳褒 經1-5606
陳襃 集2-8217

陳襄 經1-416 史1-2469,6-42922 集1-2188~94,6-41894(1)、41895 叢1-11~2、22(8)、23(7)、223(51)、246、268(2)、282(2)、283(2)、377、394、515,2-731(19)、785
陳京 叢1-22(6)、23(6)、29(3),2-617(3)
01 陳龍正 經2-11847 史6-42967、44570、45417~8 子1-687、784、1257~61、2158,4-20896~7 集1-450,2-7520~1、10795、12460~6,6-41943、46242 叢1-195(3)、223(66),2-728、731(19)、838、1208~10
陳龍可 史1-1565~6
陳龍鱗 史4-33260
陳龍標 經1-5080
陳龍昌 史6-45320
陳龍圖 史4-33210
陳訏 子3-12506~11 集1-1988、2022、2290、2462、2616、2715、3454、3487、3538、3595、4023,3-16539~40,6-41903 叢1-223(35)
陳訏謨 集2-11118
陳訐 集1-3330
陳謳 史3-20118,7-57538
02 陳端生 集7-54103~4
陳端芝 集4-32460
陳彰五 子3-17290
陳訓正 史7-57405、57435 集5-40924~6
陳訓旭 子7-36544
陳訓翰 史4-33343
陳訓丹 經2-12372
陳新 集4-24679
陳新政先生追悼會 史2-10970 叢2-2242
陳新佐 經1-5157
陳新德 史7-51431
陳新梓 史4-33359
陳新蒤 集3-13957
陳新銓 史8-61014
03 陳斌 史4-33006 集4-24179~80

陳誼　經 1－1612

陳謐　史 2－12036、12346、
　12354～5、12397、12405、
　12476　叢 2－868

陳詠　史 7－55057、55301

陳詠笙　史 4－33370

陳誠　史 7－54245、54490～
　2　叢 1－195(7)、538,2－
　727、731(59)

陳詒　史 8－58610

陳詒孫　史 8－62376

陳詒綏　史 2－7777、
　10524,8－66068　叢 2－
　795、2108

陳詒先　史 2－10477

04 陳竑　史 7－52393　叢 2－
　818

陳竑願　子 7－34666

陳謝嶠　經 2－11331　叢
　1－390,2－772(2)、773
　(2)、774(6)

陳詵　經 1－1091～3、3991,
　2－8788、9060、9450、
　9940、10645　史 3－
　22631,7－49660　子 3－
　13531

陳謹　集 3－19734～5

陳訥　史 8－58546

陳謨　經 1－7086　史 2－
　8982,3－20336,8－58549
　集 2－5867～71,3－
　16575,4－23771,5－38353
　叢 1－223(63)

陳詩　經 1－6544,2－10797
　史 1－1015,2－10632、
　11862,3－22436、23029,
　7－50692,8－60077、
　60254、64036　集 2－
　9997,4－23056～7,5－
　40005～9、40131

陳詩庭　經 2－12646、
　12726　子 4－22438

陳詩教　子 4－19149　叢
　1－195(7),2－731(54)

陳謀　史 8－61724　叢 1－
　373(2)

05 陳塾　集 4－29554～5,6－
　45079

陳靖　史 4－33168

陳譜　史 6－45410,8－
　61728

07 陳翊清　史 3－20248

陳毅　史 1－10(4)、1996、

4352～3,2－10685、
　13351,6－44216,7－
　52218、56332　子 7－
　36424、36692　集 3－
　20995,5－37007,6－44115
　～7　叢 2－645

陳毅夫　史 8－61517

陳郊　經 1－5638～9

陳翊　集 6－41883

陳調元　史 8－59184

陳誦芬　集 5－36720

陳誦曾　史 3－19666

陳諍彥　經 1－8029

陳詔　集 3－19563

陳韶　史 3－22031,8－
　62947　集 3－21198

陳韶湘　史 4－33440,8－
　62047

陳諧　集 2－7384

08 陳施乾　經 2－11331　叢
　1－367～8、390,2－772
　(2)、773(2)、774(6)

陳旅　子 3－16916　集 1－
　5109、5439～42,6－41780
　叢 1－223(60)、227(10)

陳於宸　史 8－61443

陳效　史 8－58298

陳敦豫　史 2－11468　集
　2－7731

陳敦復　集 2－7731

陳敦履　史 2－11468

陳謙　史 3－19220,4－
　33007,7－55052,8－
　59263、61890～1　子 3－
　14212　集 1－5457,4－
　31494～5,6－42007(3)

陳謙淑　集 5－39484

陳謙光　集 4－31069

陳許廷　經 1－6853　史
　1－5160

09 陳麟　史 8－60315　集 3－
　16252

陳麟書　史 4－33202

陳麟圖　史 6－45594

10 陳一麒　史 3－19539

陳一元　集 2－11143、
　11168,6－45428

陳一經　經 2－10460

陳一魁　史 7－55938

陳一德　集 6－44875

陳一津　史 7－53013,8－
　61670、61984

陳一沺　史 8－61878、
　62081　集 4－26391

陳一彭　子 5－25718

陳一松　集 2－9964～5

陳一揆　史 8－60475　集
　3－17723

陳一策　集 3－19564

陳二璋　史 3－19519

陳二白　集 7－50254～5、
　53932

陳三立　史 2－10339、
　10375、10403、10565、
　10690、10774、10789、
　10793、10831、10920、
　10956、10963　集 5－
　37735、38441～9,6－
　44332　叢 2－622

陳三謨　史 6－49247

陳三聘　集 7－46353～4、
　46364、46371、46375、
　46395、46616　叢 1－244
　(3)、353,2－731(48)

陳三陞　集 4－28245

陳三劉　史 7－54089

陳三錫　史 4－32800

陳三策　子 3－15137、
　15932,5－25088

陳三恪　史 7－57074　集
　3－21356

陳正方　史 4－33315

陳正言　子 3－13448～9

陳正源　史 7－56137

陳正心　史 4－33386

陳正通　子 2－7351

陳正大　史 4－32766

陳正英　史 4－32753

陳正學　子 1－4133,4－
　22298　叢 2－1168

陳玉齊　集 3－15874

陳玉麟　史 6－43290

陳玉璂　史 2－9273,7－
　50295、56871～2、56874
　子 1－4271　集 3－15907
　～9,7－46398～400、
　46976、46980　叢 1－197
　(2)、587(3),2－798、1343

陳玉瑛　集 3－15808

陳玉秀　子 5－27710

陳玉繩　史 2－11851

陳玉澍　經 2－11263　史
　2－11060,6－42401　集
　5－38547～8　叢 2－599

陳玉祥　史 8 - 60697
陳玉垣　史 8 - 60524　集
　4 - 23688～9
陳玉樹　經 1 - 4791　史
　7 - 56689　子 1 - 4190
　叢 1 - 439
陳玉聲　史 4 - 32795
陳玉春　史 2 - 6438
陳玉蟾　集 7 - 50060
陳玉輪　史 3 - 23300
陳玉甲　史 7 - 56044
陳玉照　史 4 - 32805
陳玉陞　集 2 - 7531、7885
陳玉堂　史 4 - 26773
陳玉鄰　集 4 - 22773～4，
　6 - 42006、7 - 48546
陳玉輝　集 2 - 11013
陳王謨　子 1 - 3583　叢
　1 - 367
陳王政　子 4 - 23009
陳王猷　集 3 - 17223
陳至言　史 7 - 56409、
　57044　集 3 - 16923
陳亘　史 4 - 32827
陳五典　史 8 - 60766～7
陳不顯　史 8 - 58403
陳聶恆　史 7 - 50985　集
　7 - 46400、47113～4
陳璋　史 4 - 33004
陳露　史 8 - 59106
陳雪莊　史 5 - 34977
陳雪堂　子 1 - 4403
陳丁佩　叢 1 - 322，2 - 689
陳元　史 8 - 62556　集 2 -
　8025，3 - 17023，6 - 44904
陳元亮　經 1 - 3866
陳元文　集 3 - 21824
陳元章　史 4 - 32819
陳元京　史 8 - 60102
陳元龍　史 4 - 32833，8 -
　65130　子 4 - 24615，5 -
　25892～3　集 3 - 16603
　～5，6 - 42592，7 - 46506
　叢 1 - 202(4)、203(9、18)、
　223(44、70)、227(11)、265
　(5)、319、496(5)、587(1)、
　2 - 698(10)
陳元麟　史 8 - 58361、
　58365、58745
陳元震　史 4 - 32804
陳元晉　史 3 - 21614　集
　1 - 4133，5 - 38354　叢

1 - 223(57)
陳元珂　史 8 - 61058
陳元登　子 4 - 19450
陳元瑞　子 3 - 15350
陳元建　史 4 - 32990
陳元珖　史 3 - 22680
陳元穎　集 3 - 18712　叢
　2 - 862
陳元鼎　集 4 - 33134，7 -
　47720～1、48651～2
陳元凱　子 2 - 10645　集
　5 - 40604
陳元復　史 4 - 33220
陳元齡　子 4 - 22264
陳元宗　史 4 - 33237
陳元福　集 4 - 23772
陳元祐　叢 1 - 249(2)
陳元祿　史 2 - 7989、9858、
　12246　集 5 - 34139～41
　叢 2 - 655
陳元才　史 4 - 32911
陳元吉　經 2 - 10863
陳元芳　史 7 - 55067
陳元模　史 1 - 3384，7 -
　56406
陳元坤　史 3 - 23652
陳元素　經 1 - 854、2381
　史 1 - 5488　子 1 - 3036，
　4 - 23946　集 6 - 43751
陳元輔　集 3 - 15358～9
陳元靚　經 2 - 14957　史
　6 - 49235～8　子 3 -
　14111，5 - 24860～3　叢
　1 - 114(2)、195(5)、223
　(23)、229、465，2 - 731(4)
陳元軫　史 4 - 32732
陳元犀　子 2 - 6809
陳元興　史 4 - 32781
陳元鏞　集 7 - 48324
陳元善　史 4 - 33166
陳元錄　子 4 - 23410
陳元筠　史 4 - 33063
陳元恆　史 2 - 10185　集
　4 - 33223　叢 1 - 564
陳元焯　史 6 - 46498、
　47307
陳元慎　史 8 - 58786
陳元爕　史 1 - 1986、3741、
　3748、3751　子 1 - 3723
陳霽學　史 8 - 61700
陳丙　集 4 - 25643
陳丙綬　史 3 - 22952　集

7 - 47503、47887
陳丙曾　史 3 - 19666
陳丙炎　史 4 - 33259
陳爾言　史 4 - 32715
陳爾訓　史 8 - 61244
陳爾烈　集 4 - 29224
陳爾延　史 8 - 59305
陳爾士　集 4 - 27950～1
　叢 1 - 408
陳爾茀　集 5 - 36183
陳爾幹　史 3 - 19785　集
　5 - 35507　叢 1 - 477
陳爾錫　集 5 - 41269
陳雨生　史 2 - 12203
陳雨帆　集 5 - 35052
陳震　經 1 - 2844、3998，2 -
　10688　史 2 - 10431，3 -
　23120，7 - 52739　子 5 -
　26374
陳震龍　集 2 - 6443
陳震福　史 3 - 20739
陳震省　集 4 - 24751
陳霞章　史 3 - 19151
陳于廷　史 6 - 44419，7 -
　55667　集 1 - 2427，2 -
　11177～8
陳于豫　史 6 - 46620
陳于鼎　經 1 - 7644
陳于宣　史 8 - 61503
陳于垣　史 3 - 19569
陳于朝　集 2 - 11066
陳于陛　子 4 - 20359　叢
　1 - 22(23)、29(7)、107、
　111(3)，2 - 731(54)
陳于階　史 6 - 48540
陳雯　子 5 - 25285
陳霆　史 1 - 692、2478，7 -
　57279、57283　子 4 -
　20424　集 2 - 7738～9，
　6 - 45795，7 - 48691　叢
　1 - 223(73)、347、538，2 -
　612、731(7)、843
陳平瑛　子 7 - 37499
陳天麒　經 2 - 15068
陳天麟　史 2 - 11015、
　11208
陳天爵　史 4 - 33214，8 -
　58564～5
陳天佑　史 8 - 62274
陳天生　叢 1 - 256
陳天定　經 2 - 10497　集
　6 - 42961

陳天池　子5-28492
陳天祥　經1-77(4),2-10241　叢1-223(13)、227(4)
陳天道　經1-4769
陳天樞　史8-58411
陳天蔭　史4-33167
陳天華　集5-41214,7-53859
陳天植　史7-55153,8-62714
陳天錫　史4-33350,8-61954　集1-5236,5-39640
陳天策　子1-3137
陳再村　集3-20071
陳石　史8-58291
陳石麒　集3-18576
陳石麟　史8-61987　集4-23713~4
陳石眉　叢1-369
陳吾德　集2-9657
陳晉　經2-12699
陳晉元　集4-26611
陳晉卿　史3-23416,4-32953
陳雷　子3-17286
陳可宗　史7-55476
陳可臣　經2-14988
陳醇　集4-26166
陳醇儒　集1-973
陳磊　集4-29693,6-45079
陳雲章　史4-33216,6-43222,8-58516~7　集4-30931
陳雲龍　史8-62392
陳雲五　子7-35815
陳雲飛　集3-20469
陳雲衢　史4-32841,5-33516
陳雲程　史7-50529　集6-42655　叢1-373(8)
陳雲客　史8-58185
陳雲逵　子2-7782
陳雲海　集5-40091
陳雲標　史4-32776
陳雲昇　史4-32771
陳雲煌　史7-56408
陳函輝　史2-11591,7-56775　集2-11845~

57,6-41943　叢2-851
陳霖　史8-58527　集5-36965
陳霖壽　集5-37104
11 陳玩直　子5-24870~3、24878
陳非木　經1-3992
陳玨　集3-15186
陳班　集3-16629
陳珂斷　子1-3137
陳琢　經2-9709
陳蜇聲　叢2-664
陳玗　集6-45884
陳璆　史7-52322
陳琴齋　子3-18088
陳琴階　史2-10828
陳麗川　集4-30757
陳麗芳　集4-33372
陳張讖　叢2-774(2)
陳張翼　史8-60919、61080　集3-21480
陳預　子4-20942
陳斐然　史7-54201
陳研樓　子1-2289
陳碩光　史4-33259
陳裴之　史2-9969　子5-26230　集4-29499~502,7-47745　叢1-587(5)、590,2-624(4)
陳枲　史7-55503、57225　集2-6648、8703~5
12 陳登　集2-6430~1
陳登龍　史2-12634,7-53013,8-62139　子4-22472　集4-22727
陳登雲　史2-7216~7
陳登瀛　史4-32895
陳登泰　集4-29556
陳登鉉　史6-45876
陳登鎧　子2-7227
陳琇瑩　史3-15896、20865
陳瑞　經1-5687　集6-42746
陳瑞玉　史3-16611
陳瑞球　集4-27019
陳瑞琳　集1-2472,4-27462~3
陳瑞珍　史2-8218~9
陳瑞佺　史3-21889
陳瑞瀾　史8-60229

陳瑞洛　史4-33291
陳瑞國　史4-32757
陳瑞田　史3-22255
陳瑞輝　集4-23776
陳璞　史1-1417　子2-5043~4　集4-33371,5-33789、39295
陳璠　子1-3783
陳聯元　子4-21893
陳聯科　史3-20224
陳聯芳　集2-9487
陳聯璧　史8-60191
陳弘謨　史7-54982
陳弘謀　經2-8812、9087、9475、9968、10728~31　史1-1295,1382,2-11235,6-41505、43006~12　子1-840、853、1155、1160~3、1181、1956~62、1975、2053~9、2550~1、2822~4、2969~72、2-8869　集1-2243,3-19079~86,6-42067　叢1-373(9)、2-663、691(2、3)、1387~8
陳弘勳　史7-57932
陳弘緒　史7-51431~2,8-58471　子4-19183、20961~2　集2-12175~6,6-42066　叢1-195(5)、223(25)
陳弘祖　集2-10956
陳弢　史6-47993
陳烈　史7-57927
陳延縉　史8-58639
陳延齡　史6-42223
陳延禩　史3-18718
陳延杰　經1-4702
陳延壽　史3-19776
陳延恩　史7-56921
陳延益　子1-2283、2603
陳廷慶　史3-22715,7-49317(4)、49318(7)、53651~2　集4-23715~8
陳廷章　史7-55641
陳廷謨　史4-33188
陳廷瑞　子2-9634
陳廷璐　史3-20142
陳廷弼　集3-16879,6-45074
陳廷珍　史8-63335

陳廷統　集 6 - 45074

陳廷順　史 4 - 32743

陳廷儒　子 2 - 4770、10803
　　～ 4

陳廷樂　史 4 - 32928

陳廷繼　集 6 - 45074

陳廷獻　集 4 - 23165

陳廷修　史 4 - 33258

陳廷宸　集 6 - 45074

陳廷濬　史 3 - 17585

陳廷對　子 1 - 3088

陳廷選　集 4 - 26292

陳廷埏　集 4 - 29981

陳廷柱　史 7 - 56876

陳廷樞　史 8 - 58256

陳廷埰　集 3 - 18137

陳廷藩　史 8 - 61278

陳廷棻　史 8 - 62220

陳廷桂　史 4 - 32746,7 -
　　58057 ～ 8　集 4 - 24368
　　～ 70

陳廷柏　史 4 - 33373

陳廷翰　集 6 - 45074

陳廷敬　經 1 - 6061,2 -
　　10576　史 7 - 49317(4)、
　　49318(8)、53170　集 3 -
　　15910 ～ 7,6 - 41961、
　　42064、42066、43411、
　　44360、45074　叢 1 - 195
　　(1)、223(14、16、44、67)、
　　227(4、8、11)、366 ～ 8,2 -
　　731(5)

陳廷松　史 3 - 18580

陳廷枚　史 8 - 58846

陳廷揚　史 8 - 60251

陳廷昇　史 4 - 33023 ～ 4

陳廷堅　經 2 - 13668、
　　15141

陳廷擧　史 8 - 58878

陳廷會　集 3 - 14075

陳廷鈺　史 8 - 61847、
　　61923　叢 1 - 373(2)

陳廷鈞　史 2 - 8638,8 -
　　60198　子 1 - 874

陳廷銓　子 2 - 10249

陳廷策　經 2 - 10646

陳廷焯　集 5 - 38549,7 -
　　48746 ～ 7

陳廷煒　史 2 - 13312　叢
　　1 - 195(6)、366 ～ 8,2 - 731
　　(60)

陳廷愫　集 6 - 45074

陳廷煥　經 1 - 5091

陳廷燦　史 3 - 22429　子
　　1 - 1573 ～ 4,4 - 21123

13 陳琬璋　集 7 - 54004

陳球　子 5 - 27661 ～ 5

陳琯　經 2 - 10549　史 7 -
　　57403、57800,8 - 58437、
　　63021

陳璸　史 8 - 63450　集 3 -
　　16920 ～ 2

陳琮　史 1 - 4622,7 - 52828
　　～ 9　子 4 - 19330 ～ 1
　　集 3 - 21113,4 - 23006

14 陳珪　史 3 - 19695

陳瑊卿　史 7 - 52013　集
　　4 - 33467　叢 1 - 512,2 -
　　683

陳瓘　經 1 - 445　史 1 -
　　5900 ～ 1　子 6 - 32090
　　(62)、32091(69)、32093
　　(50)、7 - 33847 ～ 9、33862
　　集 6 - 41894(1)、41895
　　叢 1 - 223(2)、2 - 673

陳琦　史 7 - 57458,8 -
　　61980 ～ 1

陳功立　史 7 - 51770

陳瑛　集 3 - 21728

陳瑋　史 7 - 55507

陳珙繁　史 8 - 63177

陳琪　史 2 - 13052

陳琪生　史 4 - 32816

陳璜　史 5 - 38129,8 -
　　59022、62543、63775 ～ 6
　　子 4 - 24439　集 4 -
　　25011　叢 1 - 202(7)、
　　203(13)、206、270(1)、2 -
　　1655

陳璜鈞　史 8 - 64607

陳瓚　史 1 - 5202,4 - 32713
　　～ 4,32903

陳琳　史 4 - 32893　集 1 -
　　251 ～ 4,6 - 41694、41698
　　～ 9、41719 ～ 20　叢 1 -
　　183,2 - 807

陳確　史 2 - 8025　子 1 -
　　2174,2957 ～ 9,3 - 13150、
　　13618,4 - 20967 ～ 70　集
　　3 - 13325 ～ 7,6 - 44580
　　叢 1 - 197(2)、587(2),2 -
　　834 ～ 5,1243

陳劭　子 5 - 27530

15 陳珅　史 7 - 57674

陳翀　集 2 - 7738

陳珒　史 7 - 52382

陳珪　史 7 - 57558　子 2 -
　　10061　集 4 - 25773 ～ 7

陳聘璜　史 3 - 20529

陳璉　史 8 - 59860、61257
　　集 2 - 6497 ～ 9、6511、
　　6606,6 - 41945　叢 2 -
　　1011

陳琠　史 8 - 61889

陳融　子 4 - 19810 ～ 1　集
　　5 - 41299　叢 2 - 774(9)、
　　775(5)

陳建　史 1 - 1189、1511、
　　1542 ～ 66、6053,6 - 42023
　　子 1 - 108、1046 ～ 8　叢
　　1 - 213 ～ 4、574(3),2 - 731
　　(12)、1011

陳建勳　史 8 - 58588

陳建侯　經 2 - 12139 ～ 40、
　　12603、12608

陳建敬　史 1 - 5279

陳建中　史 8 - 58623

陳建常　史 2 - 9945,3 -
　　20071,4 - 32823

16 陳聖培　史 3 - 20658

陳瑒　子 3 - 12660

陳環　集 4 - 33662

陳璟章　集 4 - 30933,6 -
　　42017

17 陳孟楷　叢 2 - 632

陳孟莊　史 4 - 32858

陳珮　集 3 - 19753

陳瑚　經 1 - 1014　史 2 -
　　9239,6 - 43376、44575、
　　46596　子 1 - 1349 ～ 50、
　　1352、2046、2372 ～ 3　集
　　3 - 13716 ～ 21,6 - 41758、
　　44029 ～ 31　叢 1 - 364、
　　387、481、483、574(4),2 -
　　638、641、669、691(2)、811
　　～ 2、1279、1826

陳羽　集 1 - 1193,6 - 41878

陳璿　史 4 - 33425,7 -
　　57144　集 5 - 34742,6 -
　　42007(3)

陳琢　經 1 - 4361 ～ 2,2 -
　　11678 ～ 9、12262 ～ 4、
　　12726　史 1 - 2139 ～ 40,
　　3 - 17955　子 3 - 12410、
　　12417　集 4 - 29419 ～ 20
　　叢 1 - 463 ～ 4,2 - 653(6)

陳珊　史 3 - 13613、21535

陳琚繁　史 8 - 63177

陳瑤　集4-33558

陳瑤階　史3-16962,4-
　　33344

陳玖　子1-3101、3188、
　　3218

陳玖學　子1-3032

陳琛　經1-651,2-8702～
　　5、8960～3、9359～62、
　　9855～8、10288～91　子
　　1-1002～3　集2-7731,
　　5-35738　叢1-22(20)、
　　87,2-730(1)、854

陳璨　史7-53348　集3-
　　19317　叢2-832(5)

陳翮　史4-33269

陳蕭　經1-1741～2　史
　　3-15381　集6-43124
　　叢1-22(23)、29(8)、57～
　　8、84(4)、2-691(2)、730
　　(11)、731(54)

陳乃賡　史3-16496

陳乃績　史3-16448、
　　23392

陳乃乾　史2-11587、
　　11615、12285,7-54913,
　　8-63504、65377、65840、
　　65904、66016、66268　子
　　1-4027　集1-5171,5-
　　41339　叢2-658、755、
　　927、2090

陳承虞　史8-60753

陳承然　集4-22192

陳承澍　史3-22545,7-
　　57190

陳承澤　子7-36312、
　　38105

陳承裘　史3-15427

陳承甫　史4-33121

陳聚奎　史4-33169

陳豫建　史4-32842

陳豫鍾　子3-16103、
　　16944、16947、17116～8

陳及時　史8-60898

陳子彥　集5-38738

陳子龍　經1-38、3858～
　　60,2-10563　史1-53,
　　2-11642～3,6-48581～2
　　子1-3316　集1-1198、
　　1476,2-12562～73,6-
　　41943、42047、43118、
　　43718、43755、43841～2、
　　43964、45336,7-46401、
　　46828　叢1-195(1),2-

638、731(37)

陳子玉　集7-50297

陳子瑤　子3-12818

陳子璣　集4-32306,6-
　　42007(4)

陳子衡　史4-32887

陳子壯　史6-41666、
　　47800　子5-25795　集
　　2-12122～5,6-43118、
　　43955～6　叢2-731
　　(16)、881、883

陳子升　子3-17651　集
　　2-12648,7-50632

陳子蓁　史8-63809

陳子宣　史3-23738

陳子良　子6-32081(42)、
　　32082(21)、32083(27)、
　　32084(23)、32085(40)、
　　32086(47)、32088(29)、
　　32089(47)、32090(61)、
　　32091(59)、32092(41)

陳子湘　史7-57412

陳子祥　子7-37369

陳子莊　子5-25728

陳子芹　史4-32849

陳子芝　史8-59372

陳子燕　史3-20245

陳子萬　子4-23469

陳子敬　子3-17817

陳子輅　史2-9783

陳子昂　集1-741～6,6-
　　41743、41794、41824、
　　41839、41844～5、41865、
　　41867　叢1-223(48)、
　　227(8),2-635(6)

陳子驥　經2-10979

陳子駿　史3-19558

陳子兼　叢1-22(5)、23
　　(5)

陳子簡　集4-28333～5

陳子範　集5-41528

陳子飭　史8-60143～4

陳翠鳳　史2-7673

陳羣　經2-9235　叢2-
　　774(6)

陳那菩薩　子6-32081
　　(24、25、26、52)、32083
　　(16、18、33)、32084(14、
　　15、30)、32085(24、25、
　　47)、32086(27、28、56、
　　57)、32088(17、18、35)、
　　32089(43、44、46)、32090

(47、49、50、51)、32091
　　(45、47、48、49)、32092
　　(31、32、33、35)、32093
　　(25、26、28、29),7-32763

陳召南　史4-32718

陳習　史8-61546、61640

陳君珂　史4-33204

陳君耀　史3-16608、
　　20895

陳君悅　集5-40878

陳司成　子2-7685

陳邵　經1-4911　叢2-
　　774(11)

陳乙　集4-26751～2

陳翼　史2-9394　集3-
　　15095,5-35739　叢2-
　　834～5

陳翼亮　史2-10315　子
　　1-3922

陳翼飛　集6-42881～2

陳翼學　經1-8022

18 陳玠　子2-5043,3-15143
　　叢2-784

陳瑜　史3-15643,7-
　　57833,8-58852、62277

陳珍　集4-32140

陳珍瑤　集4-28052,7-
　　48043

陳政均　史8-58610

陳政揆　史3-22988

陳政鍾　史3-19861　集
　　5-36633

陳政鑰　集5-35141

陳致虛　史2-6880　子
　　5-29084、29530(2、3、20、
　　21)、29535(1、4、5)、29536
　　(1、4、5)、29538、29543、
　　29547、29549、29573、
　　29630、30983～7、31005～
　　6、31009、31144～9、31263
　　～6　叢1-223(47)

陳致遠　史4-32840

陳致煐　經2-12899～900

陳珅生　集4-31769

19 陳瑞　史7-55299

陳琰　子4-24682～3,5-
　　27500　叢1-590,2-658

20 陳垂璋　史4-33333

陳重　集5-34741

陳重慶　集5-38885

陳重繩　史4-33219

陳重光　經1-3684

陳喬森　集5-35680

陳喬樅　經1-163(3)、
2997～3000、4240、4563～
4、4571～3、4628～31、
4670～2、4820、4825、
5896,2-11687　史8-
58747、58847　集1-
4378,4-25989、31699
叢2-1001

陳喬年　史4-32726

陳喬鎰　史6-43814

陳秀　集2-12816,4-
22688,6-41983、45074

陳秀英　集4-31380

陳秀明　叢1-195(4),2-
731(47、48)

陳秀民　集1-5820,6-
45696～8

陳秀鍾　史2-10244

陳雋　集4-22772

陳舜仁　史7-56542

陳舜咨　史7-52381　集
4-27338

陳舜封　子2-9792

陳舜英　集3-15642

陳舜俞　史7-52466～8、
52470　集1-2168～9
叢1-24(3)、196、223(25、
51),274(3),2-600、606、
673、731(55)

陳信熊　集5-34388

陳鱣　經1-26、5740,2-
8312、9522、9778、10807、
11229、11412、11592～3、
12741、12747、13338、
14134、14584、14611、
14693　史1-2401,2-
7017、11116,7-50376,8-
65296、65714　子1-474
集4-23621～4,6-44302
叢1-333～4、337、373
(6)、416～7、429、512、
515、556,2-615(3)、628、
653(5)、719、731(2、4、5、
16)、834～5、1583

陳千倉　史4-33379

陳受培　史7-58098

陳受頤　史1-1233,3-
16086

陳孚　經1-1415、4213,2-
8823、9094　集1-4829
～34,6-41779～80　叢
1-223(59),2-687

陳孚言　史4-33225

陳孚益　史3-18079

陳季鸞　集6-42007(2)

陳季雅　史1-5851　叢
2-867

陳雙桂　史4-33003

陳航　集2-6537～8

陳禹謨　經1-48～9、638,
2-10386～92、11497～8、
14690　史2-6215,8-
59689　子1-3277,4-
23993,5-24766、25055、
26369～70　集2-10367
叢1-31、223(42、43)、252

陳禹九　史3-20272

陳禹疇　史4-33151

陳雒庚　史2-10223

陳采蘋　史4-32792

陳采華　史4-33115

陳采俞　集2-12936

陳秉廉　史3-23049

陳秉文　史3-22079

陳秉謨　史4-32961

陳秉謙　史7-57180

陳秉烈　集4-22915,6-
45079

陳秉琦　集5-38609

陳秉仁　史8-62363、
62463、62465

陳秉和　史3-15788

陳秉彝　史3-15369

陳秉涵　史4-33394

陳秉瀰　史4-33349

陳秉直　史6-45877,8-
58985　子1-2043

陳秉柟　史4-32884

陳秉哲　叢1-502

陳秉昭　史4-32880

陳秉鈞　子2-4695、8309、
10704～7

陳秉鑰　史8-66460

陳秉焯　集6-45075

陳秉灼　史7-52094

陳統　經1-3580、4818
叢1-461,2-774(2)

陳稚泉　子2-8326

陳維新　史7-52015、
53412、53419　子7-
36297　集2-11894　叢
2-1213

陳維一　史4-32929

陳維崧　史2-6429～31
集2-8772,3-14644～
54,6-44077～8、44355、
45195、45920,7-
46398～400、46403～
4、47012～7、48515、48562、
48849、54858　叢1-195
(4)、202(5)、203(11)、223
(67)、320、353、373(6)、
453、584、587(1),2-635
(12)、698(12、14)、731
(48、61)、918、934、2118

陳維嵋　集3-15158～9,
6-45076　叢2-918

陳維安　史1-3641、4491
叢2-674

陳維良　史4-33124

陳維祺　子3-12377

陳維湘　史3-17553

陳維馨　史4-33236

陳維中　史7-56976

陳維申　叢1-251

陳維貴　史4-32740

陳維岳　集6-45076　叢
2-918

陳維周　史6-43066

陳維屏　子5-26163～6

陳維愷　史3-15634

21 陳順廷　史4-33299

陳順彬　集5-38273～4

陳順鋷　集4-27644

陳順怡　史3-23151

陳上齡　史2-9459

陳上年　經2-15113

陳上善　集3-13160

陳止　集5-40531～2

陳此和　史8-61786

陳步雲　史2-12038

陳步武　史8-62013

陳步遲　集7-48080

陳步墀　集4-33465～6,
5-34218、37218,6-46187

陳步梯　史4-32712,8-
63493　子2-9926

陳仁　集3-19562,6-
42112

陳仁言　集4-26720

陳仁玉　子4-18535、
19325　叢1-2～4、6、8
～10、19(10)、22(17)、23
(17)、24(10)、168(2)、223
(39)、273(5)、275,2-855

陳仁孫　史4-33260
陳仁珠　史4-33035
陳仁子　集1-4409,6-
　42091、42093、42185　叢
　1-223(69)
陳仁爵　史3-18359
陳仁川　史3-22376
陳仁蔭　集5-36630
陳仁熙　子5-26619
陳仁錫　經1-62、627、897
　～9、902、3794、4983～6、
　7630,2-8394、8747～8、
　9011～2、9405～7、9895～
　6、10308、10310～2、
　10407、10470～1、10473、
　11502、13816　史1-46、
　63、117、183、186、208、
　319、413、987、1035、1108、
　1143、1166、1191～2、1247
　～8、1250、2120、2167、
　4905～6、5070～1、5113、
　5189、5952,2-6225、
　9066,6-41667、45630,7-
　49354、52298、52914、
　53324　子1-35、79、
　161、854、2684、3818,4-
　24093～4,5-25162～3、
　25165、29252　集1-
　1200、1265、2391、2485、
　2549,2-7957、11593～7、
　6-42044、42076、42412、
　42603、42778、42907、
　42921～2、42924～7、
　43915、43961、45179、
　45183、45356、45392～3、
　7-48434、48436　叢1-
　167、195(1)、250、371,2-
　731(17)、832(3)、1204
陳能　史8-58194
陳能璋　集4-30753
陳能瑄　史4-33397
陳虎文　史4-32950
陳行　集7-47500
陳衍　經1-3095～6、5198
　～9,2-12363～5、12716、
　14907　史2-7632～3、
　10720,6-47550,8-
　58146、58169、66115　子
　2-5526　集5-38615、
　38942～4,6-44352、
　44782、46180　叢1-
　584,2-2140
陳衍庶　史3-18478
陳衍虞　集3-13229

陳衍清　史3-18566
陳衍洙　集4-32671
陳衍吉　集4-27337
陳衍　史6-47596　子4-
　20899～900　集2-
　11784～6　叢1-233、
　496(5),2-731(7)
陳衡恪　集5-41302～3
陳儒　史1-4873,8-58210
　集2-8116～8
陳肯堂　史4-32711
陳虞佐　子4-24090
陳虞賓　子2-6163
陳虞昭　史8-61266～7
陳倬　經1-156,2-11703、
　12316、14222～3　史1-
　287,2-9990、12261、
　12899～900,3-15484、
　22110　子4-23428,5-
　27362　集5-34443～6、
　7-48551　叢1-276、
　418,2-650
陳偕　子4-20715
陳偕燦　集4-28788
陳須政　集2-7036、7038
陳熊　史3-18536　子2-
　7006
陳熊占　史3-19453
陳卓　集6-43982
陳卓庵　集5-40383
陳占甲　史7-56239
陳岠　集3-19266
陳師　子4-18978、19030、
　20603～4
陳師文　子2-9164～9
　叢1-223(33)、245、268
　(3),2-731(29)
陳師晉　集6-44870
陳師聖　叢1-223(33)
陳師凱　經1-77(2)、2682
　子3-12894、14036～8
　叢1-223(6、36)、256、273
　(4)、275、377、422、424、
　430、469、567、586(3),2-
　604、716(3)、731(15)
陳師儉　集2-9756,3-
　19155,6-45074
陳師濂　集3-20921,4-
　22726
陳師道　子3-13854　集
　1-2800～16,6-41712、
　41779～80、41794、41900

～1、41908、42039、45483、
　45486、45490、45566,7-
　46352、46380、46382、
　46501～2　叢1-2～6、8
　～10、19(11)、20(9)、21
　(10)、22(4、14、18)、23(4、
　13、17)、24(12)、26～8、
　31、99～101、106、111(2)、
　169(3)、175、195(5)、223
　(44、52、71)、227(9)、230
　(5),2-615(3)、635(9)、
　698(10、14)、720(2)、731
　(42、46、52)、777
陳師曾　史8-66153
陳貞斌　史4-33015
陳貞源　集6-45080　叢
　1-556
陳貞清　史4-33017
陳貞淑　集5-37103,6-
　45080
陳貞模　史4-33022
陳貞慧　史1-1979、1982、
　4450～2,2-7433　子4-
　23713　集6-45076　叢
　1-202(3、4)、203(9、10)、
　321、456(5),2-624(3)、
　731(54)、752、798、918、
　1244
陳經　經1-2656　史7-
　49318(5)、50181、53255、
　53499、53951,8-63657～
　9、64041、65744　子1-
　4150　集4-25185,6-
　44306　叢1-223(5)、
　230(1),2-682、731(63)、
　1631
陳經業　集3-20230
陳經禮　集3-21683
陳經邦　子4-19648　集
　6-45365
陳經國　集7-46352～4、
　46356～7、46367、46369、
　46391、46698
陳經笈　集4-30951
陳穎川　子2-10896
陳穎樓　史4-32831
22 陳豐　史4-32838、33176
陳鑾　史3-15156,6-
　44742、46744　子1-
　2066、2257,7-32334　集
　2-8215,4-28117,5-
　38608,6-44306
陳尉　史2-12639

叢1-456(3),2-731
(48)、845(5)

陳允衡　史2-6228　集
2-6966、8369、9899、
10027~8、10030、10273、
10326、10392、10422、
10591、10944~5、10951、
11145、11148、11161、
11283、11532、11696、
11749、11770~1、11904、
11964、12269、12293、
12390、12519、12595、
12753、12843、12875、
12893,3-13463、14451~
3,6-41949、44070　叢
1-353

陳允恭　集3-17294

陳允中　史4-32700

陳允昇　子3-16411~3

陳允明　史4-33090

陳允頤　史3-18442　集
5-38003

陳允錫　史1-4931,4-
33218,8-62925　集3-
15360

陳允堂　集6-42425

陳獻章　子1-940~2、945
集2-6936~56,6-41935
(1)、45336、45340　叢1-
61~4、174、195(2)、223
(64),2-637(4)、730(3)、
731(12)、881、1151

陳獻可　史7-55823

陳獻瑞　史8-61893

陳代憲　史4-33392

陳代卿　集5-36967

陳代爥　史4-33393

陳傅良　經1-77(3)、7504
史6-45118　子1-423、
3081,3-14921,5-25555
集1-2101、3694~710,6-
41900~1、45336　叢1-
169(4)、223(10、28、43、
55)、227(3、10)、273(4)、
274(4)、301、360、377、
394,2-635(10)、731(33、
45)、865~6

陳俊　史7-58089

陳俊千　集4-26523

陳俊仙　子3-15476

陳俊嗣　史3-19763

陳倧萬　史3-18663

陳我義　史8-62872

陳台　經1-2763~4

陳皖永　集3-16967,6-
41999

陳岱霖　集4-28863

24　陳仕淳　史4-33187

陳仕林　史8-62757

陳仕賢　子2-9264

陳化　史8-58927

陳魁文　集2-12285~6

陳魁士　史7-58021　集
1-683、689、701

陳佐才　集2-12714~6
叢2-886(3)

陳佐堯　史2-12638

陳佐卿　史4-33280

陳先　史4-33072

陳先登　子4-19629

陳他　經2-14330

陳僅　經1-4191,2-11662
~3、13080　史2-11371
~2,7-52768,8-63043
子1-1760、4276,4-
19247、21355　集1-
4355,4-28241~4,6-
46318　叢1-487,2-845
(2)、1728

陳德文　史8-58567、
58843　子4-20785　集
2-9053~4,7-46814

陳德調　集4-27339~40

陳德正　集3-19462

陳德雩　子7-37374

陳德雲　子7-37395

陳德武　集7-46351~2、
46357、46362~3、46374、
46723

陳德純　史3-19611　集
4-22239、33561

陳德修　史4-33000

陳德徵　史7-54186

陳德齡　集4-31381

陳德寧　史8-60512

陳德永　集1-5234~5
叢2-852

陳德沅　集4-28695

陳德溥　集6-41746

陳德沛　史7-55241,8-
60476

陳德裕　集6-43018~9

陳德坊　史3-20052

陳德楷　史4-33412

陳德蒿　史4-33158

陳德薰　集5-36493

陳德懋　史4-33158

陳德芸　史2-12439

陳德懿　史7-56133

陳德聲　集3-21267

陳德甫　史8-61607

陳德星　史4-33327

陳德旺　史4-32742

陳德顯　史4-33367

陳德鳴　集6-43786

陳德周　史8-61354

陳德鎔　子7-37935

陳德銘　史3-16573

陳德敏　史8-59829

陳德光　史4-32861

陳德輝　史3-20044

陳德榮　集3-18678

陳俠君　史6-45033,7-
54311　子2-4749,7-
37757

陳偉　史3-20101、23035,
7-55512　子1-1886~
7,4-21239、24514~5
叢1-373(3),2-2025

陳偉勳　集4-29364、
32310　叢2-886(5)

陳偉勛　史3-16515

陳佑汝　史4-33372

陳佑啓　史8-60652

陳佑槐　子2-7839

陳佑曰　史4-33372

陳僖　史6-42674,7-
54912、55040　子4-
19348　集3-13098、
14180~1　叢1-202(2、
3)、203(7、8)、321

陳勳　集2-10749~50

陳升　史4-32691

陳升揚　史4-33323

陳勉　史7-57906

陳幼學　史6-47110,7-
52936~8

陳幼慈　子3-17721　集
4-26522

陳岐　子2-4770、7121

陳崍　史7-52961　叢1-
448

陳贊舜　史8-61423

陳贊勳　史8-58445

陳贊乾　史4-33260

陳贊鵬　史6-45660,7-

49357
陳結璘　集 3 - 13640
陳纘寅　子 3 - 12752
25 陳生　史 4 - 27182
陳生雄　史 4 - 33227
陳生茅　子 2 - 7840
陳仲麟　史 7 - 57515
陳仲瑜　史 2 - 12279
陳仲衡　史 6 - 45284
陳仲完　集 2 - 6415～6
陳仲進　集 2 - 6414
陳仲良　子 1 - 4231
陳仲祜　史 3 - 20685
陳仲溱　集 2 - 10956
陳仲鴻　史 2 - 8257　叢
　2 - 731(44)、881
陳仲運　子 5 - 30772
陳仲培　史 4 - 32983
陳仲鶴　集 3 - 21923
陳仲箎　子 3 - 18281
陳律亭　史 4 - 32934
陳健生　子 7 - 37953
陳健侯　經 2 - 12732
陳健安　子 2 - 10783
陳傳弼　史 8 - 59187
陳傳經　集 4 - 25314
陳傳德　史 7 - 56425
陳傳淑　集 4 - 24442
陳傳始　集 6 - 45074
陳傳華　史 2 - 9388
陳傑　子 2 - 4770、9490～3,
　3 - 12424～5、12695～6
陳岫芝　集 5 - 35881,7 -
　54106
陳朱　集 5 - 36339
陳紳　經 1 - 3891
陳純　集 2 - 9663
陳秩五　集 4 - 33137
陳績　史 4 - 33197
26 陳白南　集 2 - 12935
陳自詩　史 4 - 33366
陳自得　子 5 - 31368　集
　7 - 49122
陳自盤　史 4 - 33267
陳自明　子 2 - 4560～1、
　4623、4771(3)、7655～6、
　7989～92　叢 1 - 223
　(33)
陳自民　子 2 - 9179
陳伯龍　史 2 - 6246～7
陳伯平　集 5 - 39641

陳伯孺　集 2 - 11238
陳伯鑾　史 4 - 33435
陳伯巍　史 4 - 33352
陳伯齡　子 3 - 15354～5、
　16966
陳伯潛　叢 2 - 707
陳伯友　子 1 - 3304　集
　2 - 11189
陳伯嘉　史 7 - 55217,8 -
　60065
陳伯梧　史 4 - 33351
陳伯暘　集 4 - 24874
陳伯陶　經 2 - 8556　史
　2 - 8259、8271～2,3 -
　16563,7 - 52613,8 - 61032
　集 2 - 6499,3 - 15361,5 -
　38822～3　叢 2 - 1011
陳佃　集 3 - 20693
陳侃　史 7 - 54510～3　叢
　1 - 22(22)、29(8)、50～1、
　55、84(3),2 - 727、730
　(10)、731(59)
陳侃甫　經 1 - 3065
陳得仁　子 5 - 28524
陳得心　史 3 - 20405
陳得森　集 5 - 39481
陳得善　集 5 - 38946～7
陳保真　經 1 - 4357　史
　8 - 60477
陳保邦　史 3 - 20014
陳保善　集 5 - 39137
陳鯤　史 8 - 60546
陳皋　集 3 - 19420,7 -
　47374
陳皋言　史 3 - 21586
陳皋謨　子 5 - 27456　叢
　1 - 197(4),2 - 617(2)
陳吳才　史 7 - 49807　叢
　1 - 134
陳吳萃　史 8 - 60718
陳岷　集 6 - 41889、41896
陳和祥　經 1 - 6770
陳和志　史 7 - 57008
陳和起　集 4 - 32402
陳穆堂　集 4 - 29296
陳繹曾　子 3 - 15075,5 -
　25578　集 6 - 45486、
　45491、45695、46217～20
　叢 1 - 22(13)、23(13)、29
　(2)、34、114(4)、223(72)
27 陳鑿　史 7 - 55571
陳佩蓮　史 2 - 8018

陳仰　子 7 - 36772
陳偁　史 4 - 32794
陳偁儀　史 7 - 55939
陳修　史 4 - 33001
陳修誠　史 3 - 20045
陳修星　史 4 - 33093
陳修鎬　史 4 - 33094
陳修簡　史 3 - 22353
陳修堂　子 4 - 21682,7 -
　37798
陳脩榆　史 3 - 20561
陳衆喜　子 7 - 36155
陳象環　史 4 - 33432
陳象灝　史 3 - 21254
陳象沛　集 4 - 32146
陳象古　子 5 - 29037、
　29530(14)
陳殷　史 1 - 4851、4856～7,
　4 - 32954
陳奐　經 1 - 156、163(2,3)、
　4171、4185～9、4784～5、
　7303　史 2 - 7641、9539、
　9624　集 4 - 28116,6 -
　43129　叢 1 - 418～9,2 -
　611、645、653(1)、712、731
　(21)、1669
陳彝　史 2 - 10429、12910,
　3 - 18017　子 1 - 2859～
　60
陳彝則　子 3 - 13347
陳彝範　史 3 - 17506
陳名夏　集 2 - 7177、7297、
　7467、7523、7575、7965、
　8711、8780、8856、9029、
　9124、9307、9371、9425、
　9741、9761、9789、9973、
　9977、10041、10065、
　10072、10339、10364、
　10397、10413、10434、
　10509、10521、10536、
　10568、10659、10672、
　10690、10823、10845、
　10901、10966、11083、
　12958、12976、12988,3 -
　13250～1
陳名珍　史 3 - 16084、
　17319、22214
陳名侃　史 2 - 13252,3 -
　17319　叢 2 - 706
陳名儀　集 4 - 24618
陳名儉　集 6 - 45074
陳名典　史 3 - 17319

集 2-10873、11068、11117、11234、11256、11279、11449、11468、11530、11608、11617、11717、11774～5、11852、11864、11877、11912、11954～5、11983、11985、11988、12033、12069、12095、12098、12110、12115、12117、12127、12152、12177、12201、12325、12347、12364、12369、12388、12420、12427、12460、12497、12538、12550、12566、12619、12622、12703～5、12775、12813、12815、12817～9、12821、12825～6、12828、12840、12845、12850、12853～4、12860、12871、12874、12878、12881、12885、12902、12905、12909～12、12915、12919、12927、12930,6-41943～4　叢 1-202(6)、203(8、12)、309、319～20、399
陳濟運　史 4-33417
陳濟晷　史 4-33428
陳湇　史 8-58551
陳濂　集 4-24748
陳淳　經 2-11091　史 7-55395,8-62573　子 1-818～28、1964、2655,3-16506～8　集 1-3859～63,2-7957,6-42044　叢 1-34、213、223(30、56)、347、386～7、483、534、574(2),2-731(12)、1042、1826
陳寥士　史 7-51634
陳完　史 3-22129　集 2-11447
陳家龍　史 4-32832
陳家麟　史 7-49318(16)、54634～5　子 7-38197、38209、38222、38229、38231、38256～7、38263
陳家瓚　子 7-37269
陳家璟　史 4-33294
陳家穎　史 4-32946
陳家祥　史 4-32927
陳家穀　集 6-42472
陳家駿　史 8-58901
陳家鏋　史 3-17044
陳家鎮　史 2-8783
陳家鋭　史 4-32851
陳家鑑　史 4-32891
陳家炳　史 4-32957
陳宸　子 1-2235
陳宸書　子 5-25515　集 4-26170～1　叢 2-1002
陳永亨　史 4-32753
陳永修　集 4-33135
陳永渡　史 4-32986～7
陳永寧　史 4-33070
陳永宲　史 4-32989
陳永澄　史 4-33144
陳永清　史 7-57664　子 5-29590
陳永潮　史 4-33044～5
陳永壽　史 4-32696　集 5-40088
陳永懋　史 6-44302
陳永觀　史 4-32988
陳永奉　史 7-56225
陳永書　子 5-25949
陳永昌　史 3-21110
陳永圖　史 8-60642
陳永年　集 2-10308
陳宿文　集 4-23441
陳之佐　史 4-33271
陳之伸　史 2-6205、8407、8696
陳之修　集 4-32670
陳之綱　史 7-51404　集 4-24616～7　叢 1-322,2-845(4)
陳之澍　經 2-13495　史 8-65534
陳之遴　集 3-13370,6-44174、44576、45336
陳之培　史 4-32825
陳之壎　集 1-987
陳之蘭　史 8-58614　集 4-22165,6-42067
陳之懋　史 4-32947
陳之翰　集 5-40087
陳之惠　史 4-33246
陳之驤　史 3-17399
陳之駓　集 3-17724
陳之驥　史 8-63105
陳之駒　史 8-58453
陳之驎　史 8-60551～2
陳之錦　史 4-32770
陳之熉　史 8-59952
陳宓　集 1-4028～9
陳憲　集 4-32304～5,5-36964
陳憲章　史 3-23588
陳憲弼　集 5-38494
陳憲舜　子 1-4185
陳憲祖　史 8-59473
陳憲中　史 4-33426
陳守度　史 4-33156
陳守誠　集 1-2701
陳守謙　史 1-3861　集 4-22914
陳守吾　集 5-39476
陳守仁　史 7-58024
陳守朁　史 3-21950
陳守法　史 4-32719
陳守淑　史 3-20284
陳守蕃　史 4-33201
陳守模　史 3-21951
陳守如　集 5-36475
陳守中　史 7-55784
陳守晸　史 3-16409
陳宇　集 4-30118～22,7-47888
陳宇俊　史 7-56523
陳準　史 1-2586,8-63510　集 5-37862　叢 1-17、19(6)、20(4)、22(9)、24(6)
陳安詩　子 4-24502
陳安溪　史 4-33222
陳安榜　史 4-33238
陳安策　史 4-32722
陳宏　集 2-6685　叢 2-853
陳宏裔　集 3-13579
陳宏謨　史 8-62368
陳宏謀　史 6-46534～5、46538～9、47129,8-60410　叢 1-300、483、534、574(5),2-698(7)、724
陳宏緒　史 3-21947　叢 2-731(54)、870(3)
陳宏裕　史 4-32799
陳宏吉　史 4-32863
陳宏晷　史 4-32777
陳宏照　子 2-8484
陳富德　史 4-32848
陳富有　史 4-33385

陳寰　集2-7885,5-36795,6-45072~3

陳良謨　子3-13924、13926~7,4-22996~8　集2-7912~4　叢1-22(24)、29(8)、84(4)、109、111(4)、131,2-730(11)、731(49)、845(2)

陳良諫　史8-58179

陳良玉　史8-59948　集4-32768~72,7-47767~8

陳良琮　史4-32855

陳良弼　史6-45254　子1-3859,4-22739

陳良佐　子2-9649

陳良棟　史8-58685

陳良岳　史4-32898

陳良鉅　史4-33027

陳良錦　史3-18598

陳密　子6-32084(17)、32093(18)

陳官俊　史2-9784

陳官蘭　子1-2542

陳定祥　史3-22867

陳定求　史3-22900

陳定泰　子2-5098

陳定國　子4-19318　叢1-202(7)、203(13)

陳寅　經2-14263　史4-33306　集4-22272,5-38206,7-48374　叢1-584

陳寅亮　史8-58371

陳寅生　叢1-587(3)

陳寅養　集4-30470

陳實　史7-55032,8-66335　子6-32091(71),7-34858

陳實功　子2-4771(3)、7686~90

陳寶　史3-18178、19457　集5-36264~6,7-50349

陳寶廉　集5-35143

陳寶三　史3-19448,4-32936

陳寶晉　史7-49348、56049

陳寶霖　集4-31770

陳寶瑨　史3-16388

陳寶璿　集4-32147

陳寶琦　史3-20880

陳寶瑛　史8-64053

陳寶璐　史3-16388　集5-39084~5

陳寶琛　史2-10344、10701,3-20858,6-47513,49154,8-64222　集5-37889~92

陳寶衡　子5-26585

陳寶鑾　史3-23175

陳寶生　史7-55270~1　子4-21851~2,7-35776

陳寶壽　史7-52217

陳寶森　史8-66258

陳寶書　史3-19089,6-43349

陳寶善　史7-57629~30

陳寶鉞　史3-22416

陳寶鑰　集3-13297

陳寶箴　史4-32695,6-42276,45358,7-50746

陳寶光　子2-5196

陳寶煐　史1-5688

陳賓　集6-41934　叢1-19(6)、20(4)、21(6)、22(5)、24(7)、29(6)

陳宗立　史4-33285

陳宗誼　經1-3274,2-9620、9644　叢2-1832

陳宗麟　史3-19162

陳宗元　史3-18770,4-32813

陳宗石　史7-55417　集3-16156　叢2-918

陳宗琎　史4-32976

陳宗聯　史4-32734,7-51770

陳宗琛　史8-61465

陳宗禹　子4-22704　集3-13486

陳宗番　子7-37165

陳宗虞　史3-20555

陳宗和　集5-39933

陳宗彝　經2-12427、14338　史2-12350、13044,3-19098、23367,8-63504、65718　叢1-318

陳宗瀛　史8-60461、60883

陳宗之　集2-12817,6-41943

陳宗溥　史3-23403,7-56453

陳宗浩　史4-32796

陳宗禮　史4-33181

陳宗泗　子4-24245

陳宗洛　史7-57534

陳宗遹　集7-48339

陳宗海　史8-62456、62473、62480

陳宗藩　集5-41180

陳宗英　史2-11976

陳宗蕃　史1-4064,6-44216

陳宗恕　經2-12693　子3-12759

陳宗起　經1-5099、5209、5224~5,2-11671~2　子4-22557、23526　集4-30041　叢2-922、1786

陳宗拔　史4-33071

陳宗鼇　集5-39092

陳宗器　史4-32693　集6-42975

陳宗愈　史8-58385

陳宗美　史4-32998

陳宗棠　史8-61630

陳宗炳　史4-33089

陳宗煌　史4-33088

陳察　集2-7531,6-44005、45072~3

31　陳江　史4-32933

陳沚　子7-37511~2、37562

陳沅　集5-40487

陳汧　史3-19698

陳潛　史8-58808　集5-39846,6-42018

陳濬　經1-1746~8,2-9587、11694　史3-20057,4-32787、32828、32942,6-48987~8　子1-1834　集4-33131　叢1-483,2-1002、1873

陳濬之　史4-32867

陳濬荃　集5-40092~3

陳灝　史6-47137、48882~3　叢2-1831

陳源　史4-33130

陳源兗　史3-15283

陳源瀠　史3-16123

陳源世　集7-48154

陳福謙　史3-23322
陳福綬　集5-36274～5
陳福安　史4-33298
陳福嘉　史7-55224
陳福熙　集4-23875
陳顧灂　史8-59369　集3-20275～6
陳遷　史8-58309
陳遷鶴　經1-1068～9、3965
陳迺勳　史7-56549
32 陳淵　史7-56500　集1-3012～5,6-41894(2)、41904　叢1-223(54),2-637(3)、2255
陳淵泰　史3-17861
陳瀏　史3-22825,6-43887～8、43986,7-50126　子3-16824、17395,4-18585、18592、18594　集5-39902～6　叢2-633、2169
陳兆　史3-22427
陳兆慶　史2-6436
陳兆麟　史8-59788　集4-31766
陳兆崙　史4-32932　集1-1323、1438、2039、2131、2231、2291、2548、2626,3-19283～6,6-41805、42066
陳兆翱　集6-44038
陳兆淇　史3-18583
陳兆祥　子2-7086
陳兆奎　經2-12528　史2-7307、10350　子4-22073　集5-35880
陳兆燾　集3-20765
陳兆樸　史4-33438
陳兆蘭　子4-21873　集3-19781
陳兆葵　史2-10300
陳兆英　史4-32809
陳兆蓉　史3-21787
陳兆桐　史7-54391　子7-37783
陳兆翰　史3-15661、19738
陳兆樣　史4-32738
陳兆甲　史3-17314
陳兆騏　集4-24526
陳兆駼　集4-23773

陳兆鵬　史4-33330、33442
陳兆侖　經1-4040
陳兆光　史4-32764
陳兆煊　史3-23570
陳澄　經1-4228
陳澄泉　子3-15410
陳沂　史2-7198、8726～8、7-50098～100、53073、56541　子2-7977,4-20302,5-26220　集2-7409～12,6-41935(2),7-48779、49116　叢1-22(21、23、24)、40、50～1、55、57～8、84(3)、87,2-730(1、10)、731(11、20、24)、795、845(3)、1069
陳沂震　集3-17725～7
陳添寶　史4-33356
陳浮梅　集4-22059～60,6-41981
陳祈永　集3-17728
陳祈年　集3-14180
陳逅　集2-8073
33 陳心一　集4-30240
陳心穎　集6-44467
陳心炳　史8-60763
陳必復　集1-4383,6-41744～5、41888～9、41891～3、41894(4)、41895、41897～8、41904、41913、41917、41924、44775
陳必淮　史8-63317
陳必達　史4-32875
陳必萃　史4-33008
陳必明　史8-61394
陳必聞　史8-60653
陳浦　集3-19418～9
陳溥　史2-11666～7　子1-4223　集1-671、1291,3-16966　叢2-812、1279
陳洤薪　史3-17730
陳浚疇　子3-18367、18396
陳治　子2-4600、4958、5613、5972、6552、8077、8436
陳治平　史3-23409,4-33226
陳治安　經2-8443　史

8-59893　子1-1311,5-29323
陳治滋　集3-18426
陳治道　子2-7967
陳治昌　史8-61364
陳溶　集4-27783
陳繡宸　子4-22060
陳述　史1-10(3)、583
陳述經　集4-27239
陳述祖　史6-45273
陳述芹　史8-61464
陳梁　子3-18321　叢1-22(25)
34 陳斗　集6-44877
陳斗初　叢2-1148
陳池鳳　集4-23440
陳池養　史6-46891～2　集4-27016～8
陳法　經1-1208　史6-46600、46648,7-53906　子1-108、1562　集3-18092～3　叢1-223(5)、574(3),2-885、1431
陳法于　史4-32699
陳法禹　史8-59899
陳法乾　集3-20326,6-44666
陳法昂　子2-6404
陳法堂　史4-33163
陳漢章　經1-3093　史1-738、2066、4649,2-6395、13274,3-19880、20346,7-57474、57480,8-63511、63823、64354、65265　子1-3656　集5-40010～2　叢2-648、845(5)、2170～1
陳漢斌　史4-33278
陳漢卿　子3-12892～3、14475　叢1-160～1
陳漢第　史2-10561,6-44406
陳汝庚　集4-28861
陳汝玉　史8-59452
陳汝元　史3-14945　子3-15000、15098　集7-48776、49216～7、49709、49987　叢2-672
陳汝霖　史2-10360,7-57641,8-63203
陳汝瑒　集2-9337
陳汝秋　史8-61861

中國古籍總目著者索引

37 陳泥丸真人　子5-29574

陳洵　叢2-2142

陳湖逸士　史1-1937

陳潤　史8-58174

陳潤德　史2-13258

陳潤宗　史4-32758

陳潮　經1-4800　史3-
17583　子3-12798

陳瀾　史4-32844

陳鴻　史8-60904　子5-
26222　叢1-22(18、
19)、23(18)、29(3、4)、56、
154、168(2)、185、249(2)、
255(3)、371、395、407(3)

陳鴻文　史8-65268

陳鴻謨　經1-3864　史
4-32890、7-56299

陳鴻誥　集5-34392

陳鴻翔　經2-14881　史
3-19158

陳鴻珍　史4-33275

陳鴻儒　集4-31654

陳鴻倬　經1-2066

陳鴻綬　史3-16035

陳鴻儔　集4-23117

陳鴻緒　史1-3573

陳鴻保　史3-17321

陳鴻翮　史8-59120

陳鴻磬　集4-33004

陳鴻作　史8-60750

陳鴻寶　史8-63221　集
3-21481~2

陳鴻漸　史8-60409　集
4-23304

陳鴻業　集4-26172

陳鴻逵　集4-28533

陳鴻壽　史7-53926、
56889　子3-16944、
16947、17153~7　集4-
25579　叢1-373(5)

陳鴻墀　史6-45558　集
4-26524、6-46331

陳鴻恩　經1-5631

陳鴻疇　史8-59879

陳鴻璧　子7-36399

陳鴻熙　集4-25879

陳鴻年　史3-17658

陳鴻猷　子2-10712　集
4-30634

陳淑　史1-4831、3-23706

陳淑秀　集3-19487、6-

41999

陳淑和　子3-17275

陳淑英　集4-33138

陳淑均　史8-63468~9

陳淑思　史7-58080

陳澹然　史2-7705、8110、
10182、10306、10501、
11465、6-46038、49120
子1-3960、4-21938~42
集5-41085、6-46332
叢1-584、2-2110~1

陳洛東　史3-20621

陳涵　史4-33191

陳溟　集7-48482

陳次亮　子7-36249、
36263

陳次壬　集4-33664~5、
6-42007(2)

陳次升　史6-48129　叢
1-223(21)

陳次公　史2-11221　集
1-2095

陳灝一　史2-10898　子
4-22077

陳深　經1-50、77(3)、4956
~8、5249、7523、2-8377
史1-4868~70　子4-
23864　集1-15、4601、
7-46359、46373~4、
46395、46730　叢1-223
(10、58)、227(3)

陳深訓　叢1-140

陳祖康　史3-20344

陳祖望　史8-65918　集
4-29025

陳祖霞　史4-32952

陳祖烈　史2-9429

陳祖瑛　史3-22018

陳祖碻　史2-9131

陳祖羣　史4-33342

陳祖壬　史2-12380

陳祖虞　史3-21759　集
3-14546

陳祖綬　經2-8712、8969、
9366、9863、10317　集2-
12499、5-39091~2　叢
2-743

陳祖綿　經2-14168

陳祖兆　子7-36268

陳祖述　史6-47572

陳祖法　集3-16417

陳祖海　史4-32752

陳祖肇　集3-14847

陳祖培　叢2-2262

陳祖檍　史4-33346

陳祖范　經1-3999、6359、
2-11535~6、14079　史
7-57078　子4-21878、
24169　集3-17965~6
叢1-202(2)、203(7)、223
(13)、2-653(2)、1401

陳祖蔭　史7-57946

陳祖恭　子2-4771(2)、
6836

陳祖苞　史1-47

陳祖畯　史4-33375

陳祖昭　集5-36491~2、
7-50361、50366

陳祖勝　史4-33375

陳祖念　經1-894　叢1-
223(4)

陳祖善　集5-37788、
39477~80

陳祖銘　子1-1479

陳冠洲　史8-60270

陳祁　集4-23054~5

陳祿　史8-62827

陳通方　集6-41883

陳通聲　叢1-460

陳通祺　集5-37790

陳通聲　史3-16193、4-
32922、7-57493　集5-
37555~8、6-43869　叢
1-460

陳通曾　史2-9659

陳逢衡　史1-1013~4、
2059~60、7-54828　子
3-17712、4-23741　集
4-26803~5　叢2-929

陳逢泰　集5-35813

陳逢辰　史3-22469

陳逢熙　史3-20423

陳運順　史4-32814

陳運溶　史1-348、1441、
2-8213、8238、8240、
8242、8245~6、8249、
8468、8522、7-49309、
49523、49525、50654~5、
50658、50662、50667~8、
50671~3、50675、50677~
8、50709~10、50719、
50721~2、50724、50726、
50728、50730、50734~5、
50752~3、50757~9、

50761～3、50765～7、
50770～2、50774～6、
50778～9、50781～2、
50784～95、50798、50800
～1、52561、52574、52576、
52578、52594、52987、
52995、52998、53061～2、
54212、54215～6、54218～
24、54226、54228、8－
60428～30、63512、64044
～5　集5－40239

陳運昌　史4－33362,8－
61916

陳運鎮　集4－26342

陳選　經2－8376　子1－
444、2667～78　集2－
6959　叢1－132、223
(30)、227(6)、414,2－698
(7)、850

陳選勛　集3－15188

陳朗　子5－28432～4　集
7－47276　叢1－192、496
(6)

38 陳淦　史3－22969,4－
32883、33180

陳淦鏡　史4－33389

陳汾　集4－24746

陳瀚　史3－21676　子4－
22726　集5－38821,6－
43992

陳瀚如　史6－43816

陳滋　集3－18947　叢1－
477

陳冷　子5－27897、28816

陳冷汰　史2－10477

陳漱　史5－39214

陳澈　子2－4770、5581、
9328　叢1－422、424、
469、586(3),2－716(3)

陳海雲　子7－36580

陳海霖　集4－26341

陳海珊　史4－32925

陳海士　集4－23774

陳海桂　史4－32991

陳海樓　史3－18549

陳海觀　史4－33068

陳海曙　子4－24318

陳浴蘭　史4－33215

陳祚康　史2－8129,7－
52439

陳祚明　史1－5074　集
3－14511、14780,6－42317
～8、44059

陳衿袨　史4－33179

陳祥裔　史7－50958　集
7－46948　叢2－735(5)

陳祥暹　史4－33318

陳祥道　經1－6241,2－
9306～7　叢1－223(9、
13)

陳祥鳳　史3－21852

陳裕　子1－3945,2－6368

陳裕菁　史1－2622

陳裕茂　史4－32864

陳裕如　史4－33348

陳遂卿　經1－3865

陳道　史1－4493,3－
20289,8－58137　集3－
19754～7　叢1－34,2－
869

陳道亨　史1－610

陳道新　子3－12352

陳道永　集6－44580

陳道潛　集2－6443

陳道南　集5－35506　叢
2－795

陳道華　集5－39934

陳道恕　史4－32985

陳肇　史2－12104

陳肇章　子7－36636、
36780

陳肇波　經2－14677　集
4－26652～3

陳肇礽　史7－56700

陳肇奎　史8－62588

陳肇喜　史4－32953

陳肇基　史4－32774,8－
62614

陳肇曾　集2－12052

陳肇燊　史7－56727

陳啓文　集4－25778

陳啓新　子7－35716

陳啓謙　子1－4178

陳啓睿　史4－33368

陳啓和　集5－40728

陳啓沅　子1－4391,3－
13639

陳啓源　經1－111(2)、
3949～51　史7－52394
叢1－223(7)

陳啓濤　史4－33387

陳啓禧　史8－58534

陳啓邁　史8－60468

陳啓運　史8－64860～1

子2－8901,3－12352

陳啓瀹　史4－33301

陳啓道　集3－16575

陳啓南　史4－33281

陳啓真　史4－33376

陳啓藩　史4－33376

陳啓泰　史3－15645,6－
44641　集5－37048

陳啓疇　集4－24749～50

陳啓彤　經1－2057～8,2－
14901～2、14918　集5－
41430

陳啓光　史7－55303

陳榮仁　史8－63934　集
4－29622,5－36272～3
叢2－710

39 陳遴瑋　史7－56926

40 陳九韶　集1－2935

陳九川　史8－58776　集
2－7489、8340～1,6－
44818

陳九鼎　史8－58161

陳九德　史6－47791

陳九皋　史3－21208,4－
32737、32773

陳九齡　經1－4034

陳九松　集6－44084

陳九春　史7－58032

陳九昌　史7－56763

陳九疇　史8－58861、
60542

陳力　史3－22464

陳大庚　經1－5073　叢
1－269(2)、270(1)、480

陳大文　經1－1845　史
2－9104　集3－21357

陳大章　經1－3977　集
3－17080～1,6－44870
叢1－223(7),2－731
(28)、872

陳大斌　子3－17639

陳大謨　集3－19597～9,
4－22021～2

陳大誥　史3－17132

陳大麟　子5－25526

陳大震　史8－60824

陳大醇　經2－12898

陳大玠　史7－55524

陳大受　集3－19461

陳大師　子5－29530(18)、
30860

陳大經　史4－33119,8－

62686

陳大縉　子2-9453～4
　　集3-19565～6
陳大科　史8-60817
陳大績　集4-24440
陳大綸　史7-57801,8-
　　66046
陳大安　史4-33439
陳大溶　集4-26649～51
陳大濩　集2-8231～2
陳大士　經1-3862
陳大椿　史4-32739
陳大忠　史4-32775
陳大成　集3-13812,6-
　　41969,7-46399～400、
　　47154
陳大勛　經1-3010
陳大昀　子4-23583
陳大用　史2-11943
陳大鵬　史4-32770
陳大年　史8-65147
陳大鐙　子7-38229
陳大鋐　集4-30337
陳大猷　經1-77(2)、2660
　　～1　叢1-223(5)、2-
　　857、860
陳大鏘　史4-33194
陳大燈　子7-38222、
　　38263
陳太初　子2-7139,3-
　　11460、13578,4-24370
　　集4-22611～2
陳友琴　集4-33003
陳友仁　經1-4943～5
　　叢1-223(8)
陳友桱　史4-33382
陳友蓮　史3-17909
陳友松　子2-10624
陳友善　史8-58543
陳士彥　史7-55355
陳士龍　子5-25790
陳士斌　子5-28799～801
陳士元　經1-696～7、
　　2280,2-9368、9865、
　　10751、11970、13006～8、
　　14040～1　史1-1325、
　　2014、5430～1、5513,2-
　　6334、13292～5、13382,3-
　　14944,7-50680～1、
　　52171、55194　子3-
　　14623～4,5-25806～7,
　　7-34627　集2-9190

叢1-22(23)、223(4、14、
25、43)、241、242(2)、268
(4)、269(5)、270(4)、271、
272(5)、274(1)、301,2-
731(9、16、56、60)、872～
3、1103～4

陳士珂　經1-4605　子
　　1-227　叢2-686、731
　　(10)、872
陳士璠　集3-18711
陳士俊　史4-32768
陳士升　史3-18593
陳士縝　子1-3503
陳士傑　集5-34447～8
陳士宰　史4-32980～1
陳士安　叢2-706
陳士奎　史3-20704
陳士杰　史3-22302,6-
　　43077、48041、49006
陳士奇　集7-53751、
　　54044～5
陳士楨　史8-63087
陳士芳　經1-7657
陳士蘭　集6-45282
陳士英　史4-32918
陳士苣　史7-54427　子
　　4-22731　集5-41300
陳士杜　集4-24045
陳士林　史8-62011
陳士翹　經1-3282　史
　　3-18352、22268　集5-
　　35961
陳士松　集4-23438～9
陳士枚　史2-12118
陳士坑　史4-33228
陳士盛　史4-32846
陳士驥　集2-11031
陳士鳳　集2-11031
陳士鑛　史6-46414、
　　46743　叢1-195(4)、
　　366～8,2-731(17、55)
陳士鐸　子2-4628、4779、
　　4943～52、5597、6037、
　　7707～9、10515
陳士炳　史3-15842
陳士性　史7-55900
陳圭　集4-24177
陳圭璋　史4-33131
陳奎　集4-21991～2
陳奎昌　史3-21952
陳臺孫　集3-13639
陳直　史8-63763、65190

子2-4569、10959～60、
10999、11006　叢1-17、
19(5)、21(5)、22(5)、23
(5)、24(6)、29(6)、114
(6)、115、117、223(33)、
360、424、469、586(3)、2-
716(2)、921

陳垚圭　史3-17928
陳埕　子4-21528
陳埔　子3-15215　集4-
　　26517～21　叢1-537
陳壞　集4-29421,6-
　　45079
陳培亮　史7-56513
陳培慶　史4-32968
陳培珽　史7-57184
陳培富　史4-32733
陳培壽　史8-64581　叢
　　2-921
陳培桂　史8-63471
陳培胍　集7-49648
陳培全　史4-32766
陳堯　史1-5428,2-12519
　　子4-20515　集2-8593
　　～4
陳堯齋　史6-43067
陳堯應　史4-33016
陳堯龍　史4-33014
陳堯采　史8-61879
陳堯德　集2-11377
陳堯祖　史2-10884
陳堯道　史8-60951　子
　　2-4590、6550、8755～6
陳堯松　史1-5659
陳堯書　史8-62837
陳堯叟　史1-3540
陳堯俞　集3-21729
陳在謙　集4-27522～3,
　　6-44886
陳在位　史4-33355
陳在山　子2-5166
陳在先　史4-33355
陳克　史6-45629　集1-
　　3081～2,6-41894(2)、
　　41895,7-46526　叢1-
　　156、195(3)、242(2),2-
　　731(59)、854
陳克廣　史8-59501
陳克鞏　史4-33416
陳克豈　集3-20197　叢
　　2-834～5
陳克勔　史7-49357、

陳夢原　史4-32728
陳蕚　史7-52016
陳荷蓮　史4-32787
陳勸　經2-13106　史3-
　　22957　子2-9904,4-
　　24314,5-30355　集4-
　　31147~50
陳芬　子5-26325　叢1-
　　22(6)、23(5)
陳芳　史4-32878,8-
　　58609　集4-24178,6-
　　45079
陳芳衢　集4-28693
陳芳生　史6-44571~2、
　　46342,46374　子1-
　　2799,4273　叢1-195
　　(3)、197(3)、198,201,203
　　(6)、223(27)、241,242
　　(4)、269(4)、360,377
陳芳績　史7-49364　叢
　　2-653(5)、731(56)
陳芳模　史4-33091
陳苐　集5-36108~9
陳蘜圃　子3-14592
陳薦夫　史8-58456　集
　　2-10440,11168
陳蘭瑞　集4-28612
陳蘭滋　史8-61371
陳蘭祥　史6-45438　集
　　4-26458
陳蘭森　經2-10728~9、
　　10814　史7-49522,8-
　　58472
陳蘭彬　史7-49318(18)、
　　54151,8-61188,61193、
　　61205　集5-35741
陳蘭芝　史7-51306　集
　　6-44826
陳蔭祖　史8-58378
陳蔭翹　史7-56157
陳蔭昌　史8-58637
陳蔭渠　叢2-832(5)
陳蒙德　史4-33299
陳蔚　史7-49318(6)、
　　52428~9,52435　集4-
　　24873,6-45079　叢1-
　　203(7)、2-818
陳蔚齋　史4-33296
陳蔚文　史1-3568,3-
　　20641
陳蔚霞　史6-44866
陳蔚山　子2-6795

陳蔚昌　集4-31700
陳茂僖　史4-33157
陳茂福　史4-32978
陳茂垣　史2-9829
陳茂標　史4-32909
陳茂桂　史4-32698
陳葆貞　集4-31651~2
陳葆森　集4-25079
陳葆青　子3-13614
陳葆善　史4-33149　子
　　1-4497,2-5510、7166、
　　7565
陳葆光　史2-6887~8
　　子5-29530(24)、29535
　　(7)、29536(7)
陳芝英　史7-56919　集
　　6-44547
陳苊　子3-17145
陳燕　史8-62402
陳燕翼　史1-3431~2
陳燕桂　集4-23777
陳燕昌　史6-43171
陳赫　集4-27643
陳恭　史7-57941　子3-
　　15430
陳恭尹　集3-15223~6、
　　6-44884,45128
陳恭溥　子2-6408
陳恭甫　子3-16771
陳恭敏　子2-9828
陳蕊珠　集3-20171
陳懋　史8-59310　集4-
　　23940
陳懋仁　史2-6584,7-
　　50547~8　子4-22283,
　　5-25737　集2-10138,
　　6-45518~20,45826,
　　46254　叢1-13,14(3)、
　　22(24)、109,111(5)、195
　　(4、7)、216,223(71)、478,
　　2-731(48、57)、1195、
　　1576
陳懋鼎　史3-16380、
　　20891　集5-40848
陳懋佐　史3-18266
陳懋和　史4-32763
陳懋侯　經1-1831~4
陳懋復　經2-10696
陳懋齡　經1-111(4)、
　　6545,2-11572~3　子
　　3-11251　叢1-441,462
陳懋森　史7-56727

陳戀量　史3-19780
陳戀學　子5-25122
陳戀恆　史1-2509　叢
　　2-804~5
陳莘田　子2-7793~5、
　　9933,10708
陳孝虔　史4-32835
陳孝逸　集2-11032,3-
　　14297
陳孝恭　集4-26168~9
　　叢2-1751
陳孝起　史2-13230
陳孝威　集2-11032
陳孝恪　集5-39029
陳芰潭　集5-39641
陳萃升　史4-32803
陳萃禮　史3-21600
陳萃麓　史4-33276
陳萃銓　史3-20643
陳萬言　經1-2777,2-
　　10362　史6-45346　集
　　2-11691~2,6-43946
陳萬洲　史4-33206、
　　33257
陳萬遵　集4-30932
陳萬培　史4-32896~7
陳萬春　史3-16970,4-
　　33043
陳萬全　集4-23775,6-
　　41988
陳萬鎰　子2-7808
陳萬策　集3-17551
陳樊　史4-33073
陳蔑纕　史7-57001
陳葵　史7-58076　叢1-
　　223(33)
陳英　集6-43883
陳攀桂　史4-33186
陳華　子5-25537
陳華齡　史2-12069
陳華漢　史3-20195
陳華澤　集4-32145,6-
　　42007(2)
陳華封　集6-44901
陳華枞　史4-32847
陳英　史8-63488
陳耆卿　史7-57616　集
　　1-4097~8　叢1-223
　　(23、57)、2-849,852
陳若霖　史4-33190
陳若江　史4-33150

陳若蘭　集4-30633

陳若蓮　史7-53347　叢2-832(4)

陳著　集1-4297～9,7-46374、46697　叢1-223(57)、587(5)

陳蕃　經1-4358　子4-22418

陳喆　經1-7563　子1-3553,4-23843　集2-6764

陳世慶　集4-29754～5,6-42008

陳世璋　史2-12498

陳世元　史4-32877　子1-4274,4295

陳世瑋　史8-58648

陳世珍　史3-23369

陳世仁　子3-12815　叢1-223(35)

陳世倕　史7-57394

陳世崇　史6-41988　子4-18866、20200～1　叢1-17、19(2)、20(1)、21(2)、22(7、8、16)、23(7、8、15)、24(2)、29(5)、31、99～101、134、223(45)、2-622、652、735(4)

陳世倌　史2-6409,7094～5,9463,6-47500　子1-1159

陳世德　史4-32997

陳世佶　子3-12577～8

陳世傳　集4-25830

陳世傑　子2-4601

陳世凱　子2-10412,5-29530(20)

陳世修　子4-23729

陳世宜　史6-44963　集5-41586～7,7-48192

陳世寶　經2-13796　子5-24988　集6-42795　叢1-22(20)、31

陳世溶　史8-65772

陳世昶　集3-17626

陳世祥　集3-14182,7-46403～4,47018　叢2-698(14)

陳世培　集3-15035

陳世垣　史3-18836

陳世標　史4-32845

陳世圻　史4-32856

陳世樑　史4-33339

陳世茅　史7-51770

陳世英　史4-32939,7-52606

陳世坤　史4-33203

陳世相　集5-37349

陳世馨　史8-58517

陳世盛　史8-62204

陳世恩　集4-29021～4

陳世明　了3 12555

陳世驥　子3-17763

陳世隆　子4-20245　集1-2153、2349、3944、3957,6-41894(1)、41895～6、43575、43584　叢1-195(5)、223(41、69)、244(5)、2-731(51)、735(3)

陳世熙　集4-22775　叢1-255(1)

陳世金　史4-33029

陳世鎔　經1-1707～8、2980、4204、6098、7961,2-8865、9139、9579、10045　史7-56764　集4-28246～9,6-43508、44772～3　叢2-654、1729

陳世銓　史3-17899

陳世箴　史2-7563

陳世焜　集7-48507

陳世燿　史4-33084

陳世榮　史3-19403

陳芑芬　史8-62981

陳芸　集5-41623,6-46183

陳藝　史7-56132、56155

陳萇　集3-17580～1

陳甘雨　史8-59428

陳其謨　史4-33028

陳其謙　史3-20663,8-66046

陳其璋　史3-23005　子7-35801

陳其元　史1-1995,2-10091,7-49317(5)、49318(16)、54607　子4-23421～2　叢1-496(2)、2-632、735(1)、736

陳其晉　子2-10711,3-12588

陳其瑞　子2-4770、5672

陳其德　史7-57378　子

1-2160

陳其名　集4-23116,6-45079

陳其寬　史8-62037

陳其添　史4-33087

陳其浩　子3-17381

陳其力　子4-23892

陳其志　子1-1112～3

陳其柱　史2-10884、11414　集2-6580、6582～3　叢2-1056

陳其藻　史8-60882　集4-32855,6-42007(4)

陳其蘊　史3-16894

陳其棟　史8-62396、62424

陳其幹　經2-12270～1

陳其泰　史3-19543

陳其昌　史3-20869、23198,4-33213,6-45662,7-49319

陳其疇　史3-23135

陳其學　集2-8705

陳其閑　史3-20547

陳其鑣　史8-64910　叢1-472

陳其猷　經1-7611～2

陳其錕　集4-25392～3,6-42007(1)

陳其愫　集6-43957

陳其榮　經2-13259　史1-1915、2217、2273,2-7583,7-49489,8-63626、65390　叢1-305、418、498

陳楚瑜　子2-8692

陳楚良　子2-9278,5-29771

陳黃中　史1-677,1348～9,6-45707,7-49316、49318(2)　集3-19600～1　叢1-241、242(3),2-1391

陳樹功　史7-52944

陳樹琪　史4-33007、33009

陳樹獻　史4-32727

陳樹德　史2-11626,7-56432

陳樹勳　史8-61146　集5-41086

陳樹基　史3-22270　子

5－27842　叢1－496(7)

陳樹蘭　史8－58258

陳樹芝　史2－9442,8－
60993

陳樹華　經1－6955～7
史1－2130

陳樹蕿　史4－32939

陳樹楠　史3－22161,8－
60280

陳樹均　集4－28911

陳樹杓　史8－65762～3
叢2－609

陳樹柵　史4－33008

陳樹穀　史7－56980

陳樹翰　集3－21269

陳樹屏　史3－18922

陳樹鏞　史6－42628,7－
49761～2　集5－39848
～50　叢1－472,529

陳樹銘　史3－20551

陳樹棠　集5－37497

陳棻　史2－13358　集5－
33872～3

陳葉筠　集3－17729

陳藥閑　子2－6642

陳萊　叢1－373(4)

陳萊孝　經1－8106　史
8－64812、65301　集3－
19628～9、20273　叢1－
369、372、373(7)

陳杜衡　子1－3631

陳桂　集3－19883,4－
32301～2

陳桂琛　史4－32741

陳桂芬　史3－15718

陳桂芳　史8－58264

陳桂林　子2－6414

陳桂昌　史4－32923

陳權　史8－62581　集4－
25957

陳植　經1－2056　史8－
61450　集1－4618,4－
33130,6－41932　叢1－
223(58)

陳植恕　史3－21915

陳蕴蓮　集4－30338～9

陳楠　史4－32716　子5－
29530(21)、29535(5)、
29536(5)、29549、29565、
31190～1

陳菊貞　集5－39907

陳模　子1－1991,2－7608

集6－45632　叢1－175、
195(3)、223(30),2－731
(13)

陳枝藩　史4－33304

陳栐淦　子3－17146

陳栐採　史6－43446

45 陳坤　史1－4016、6088,2－
9098,6－43058,7－49343、
50858、50890、50949、
51311、53005～6　集4－
33460,5－36629,6－42007
(3)　叢1－481,2－883

陳埥　集4－29553,6－
45079

陳贊和　史7－49354、
53314　集1－4337　叢
1－223(58),2－832(2)

陳楗　史7－52612～3　叢
2－731(55)、881

陳棣　集1－3195　叢1－
223(55)

陳柟　史3－16693、17593

陳椿　史6－43762,7－
49327　叢1－223(27)、
2－599～600

陳椿冠　史3－16924

陳椿壽　史3－20975

陳椿榮　子5－29530(2)、
29535(1)、29536(1)、
29628～9

陳棟　史7－55781　集4－
25088,7－49609、50341

陳棟　集7－50342

46 陳加儒　史7－57714

陳旭旦　子5－27473

陳坦　史7－55109　集3－
19882,6－45074

陳觀光　史8－61829

陳埧　史7－57547

陳觀西　史8－58601　集
4－30241

陳觀濤　史8－62632

陳觀潯　集5－39735　叢
2－2239

陳觀炘　集5－38357～8
叢1－496(7)

陳觀國　史7－56736　集
4－22777

陳觀炘　史8－59218

陳恕可　集7－46352、
48468　叢1－223(73)、
244(2)、342、353,2－731

(48)、968

陳如龍　集4－33463～4

陳如平　史8－63246

陳如嶽　集1－1070

陳如山　子2－10709

陳如升　史1－1774～5,7－
56402　集4－31767～8,
7－48319

陳如稷　史8－63086

陳如綸　集1－951,2－
8609

陳如墉　史8－63044

陳如松　史7－53380　叢
2－832(7)

陳如金　史8－61395

陳騘　史7－56981

陳柏　子1－1974、2762
集1－5368,2－8800

陳相　史6－42938,7－
57617　叢1－265(4)、
266,2－850

陳槐　叢2－845(3)

陳槐林　史3－16106

陳楫　史4－32819

47 陳鏊　史3－20285,4－
33443

陳均　史1－1479～80　子
4－19373　集2－12730,
4－26923,6－43562　叢
1－201、203(5、18)、223
(18)

陳坰　集4－26753

陳懿典　經1－6840,2－
9425　史1－1946、2895、
5479,2－7153、7159　子
5－28955、29314　集2－
10843,6－42054　叢1－
195(1)、366～8,2－731
(63)

陳垛　史2－7242

陳郁　子4－20183～6　叢
1－4～5、9、17、19(3、9)、
20(2、7)、21(6、8)、22(6)、
23(6)、24(3、9)、29(5)、
56、195(5)、223(41)、374,
2－615(3)、673、870(3)

陳鶴　史1－1525,2－12644
集2－8449～51,4－24106
～7、28531～2,6－41935
(2)　叢2－698(4)

陳鶴雲　子2－10040

陳鶴齡　經2－11977～8、
13038　史3－15045,4－

陳本禮　經 1-2390,2-
　13311～2　子 3-12921
　集 1-147、1502,6-43182
　～3　叢 1-558,2-929、
　1536
陳本淦　經 1-1636
陳本直　子 4-24502　集
　4-26858～9
陳本枝　史 3-15620
陳本欽　集 4-30750
陳惠　史 7-53528　集 3-
　18948
陳惠夫　史 8-62294
陳惠疇　子 2-10327
陳忠　叢 1-168(1)
陳忠倚　子 1-4272
陳忠偉　史 3-17440
陳忠良　史 8-61556
陳奏平　史 3-17097
陳奉茲　集 3-21013
陳書　史 4-32817,7-
　52057　子 3-11440　集
　5-36410,6-42629　叢
　2-2140
陳書紳　子 7-35135
陳書楷　史 4-33340
陳書田　史 4-32734、
　33002
陳春　史 7-58079　叢 1-
　301、453,2-731(17)
陳春生　子 5-28599
陳春瀛　史 2-13098
陳春宇　集 4-23941
陳春祚　史 4-33247
陳春槁　子 3-13476
陳春華　史 7-57885
陳春盛　史 4-33161
陳春曉　史 1-3863、3941、
　6026～7　集 4-25875～7
陳春暘　叢 2-724
陳表　集 2-8183
陳素　集 2-12815,3-
　18296,6-41943
陳素貞　集 4-29422
陳素素　集 7-50210
陳束　子 5-25634　集 2-
　8493～5,6-41935(2)
　叢 2-845(3)
陳東　史 1-2502　集 1-
　3156～63,4-33459,6-
　42007(3)、43118　叢 1-
　223(54)、452、525、586

(2),2-716(2)
陳東川　集 2-10128,6-
　41935(4)
陳東嶺　子 2-8912
51 陳振齊　集 5-36040
陳振孫　史 2-11005、
　11192,8-65555～7　集
　1-1355　叢 1-223(28、
　49)、227(6)、230(3)、379,
　2-731(2)
陳振紀　史 8-63044
陳振祥　史 3-20835
陳振南　史 1-4015,3-
　23043
陳振藻　史 8-58384
陳振東　史 8-65193
陳據仁　經 1-3010
52 陳揆　史 2-9114,7-57080
　～1,8-65756～7　子 4-
　24409　集 4-27109,6-
　44516～7　叢 1-419、
　512,2-731(2)、1210
陳播　集 2-7394
陳虬　史 3-20469,6-
　41495、45590、46683、
　47521,7-49318(20、21)
　子 1-1883,2-4771(2)、
　5241、7082,4-21872
陳靜英　叢 2-706
陳靜賢　集 4-27341
陳哲　史 7-56614,8-
　60852
53 陳輔　集 6-45556　叢 1-
　16,22(14)、23(13)
陳輔之　集 6-45486
陳軾　史 8-58140　集 3-
　13578
陳拔　史 8-58442
陳拔儒　史 4-33421
陳盛詔　史 7-50533
陳盛詔　史 6-46350　叢
　1-367～8
陳盛運　史 4-33283
陳盛栯　史 4-33334
陳咸慶　史 3-16105、
　18555
陳威　史 7-56459
陳戊　集 5-34011
陳成侯　集 5-40727
陳冑　子 1-4098　叢 1-
　223(32)、244(3)、249(1)、
　282(2)、283(2)、395、483,

2-731(30)
陳甫　史 4-30719
陳甫伸　史 2-8658
54 陳持敬　史 3-19587
陳蝶僊　集 7-53972
陳蝶仙　子 5-28544
55 陳摶　經 1-2114、2358
　子 2-7975、11050、11144
　～6、11181,3-13140、
　13380、13719～22、14107
　～10、14190～1、14564、
　17975～7、17995,4-
　20009～10,5-29530(3)、
　31119　集 6-41895　叢
　1-37、82、119～20、322、
　405,2-724
陳捷　史 3-22398,4-
　33120　集 4-25645
陳慧　子 6-32084(17)、
　32093(18)
陳羮之　史 3-18048　集
　5-33911
陳耕　集 4-22771　叢 1-
　300
陳耕道　子 2-4769、7449
　～53　叢 2-681
56 陳規　子 1-3081、3462～4
　叢 1-196、223(32)、273
　(4)、274(4)、360、377、
　386、394,2-731(19)、
　1844
57 陳抒孝　經 1-4093～4
陳邦彥　史 2-12591　子
　4-19431　集 2-12507～
　10,6-42468、43118　叢
　1-223(71)、227(11)、251
陳邦訓　集 2-10815
陳邦瑞　史 3-15921、
　20120
陳邦倬　史 8-61689
陳邦俊　子 5-27409
陳邦紀　史 3-21001
陳邦福　經 2-14602　史
　2-11107、11113,8-
　63510、63764～5、64338、
　65030、65112、65186～8
　叢 2-921
陳邦直　史 4-32833　集
　3-17614
陳邦楨　史 7-56715～6
陳邦材　集 4-22520
陳邦棟　集 4-22725
陳邦翰　史 4-32754

陳邦器　史8-60614~5
陳邦瞻　史1-1770~5、
　1801~4、1818~21　集
　2-10616~7、6-41938
　叢1-223(19)、227(6)、
　387
陳邦鎮　子3-17594
陳邦簡　史7-58010
陳邦懷　史8-65162~3
　叢2-921
陳輅　集4-24987
陳撰　史7-50293　子3-
　14799、16173、4-23161~
　3　集3-18067　叢2-
　611、845(4)
58 陳整　史8-60760
陳敷治　史3-23522
陳鼇　史8-60271~2
陳鼇峯　史4-33253
60 陳□　史1-4132,7-49318
　(16)、54682　子1-
　3082、5-26218、26907、
　29547　集1-4626、6-
　41889、7-48772　叢1-
　17、248、2-731(50)
陳□綱　叢2-593~4
陳□□　史2-10508　子
　5-27928　集3-20893,
　4-33468、5-34648、6-
　43623
陳晊　集2-6574
陳昉　子4-20187　叢2-
　731(6)
陳日新　史8-63329
陳旦　史4-33423
陳旦華　經1-1877
陳曰霽　子3-14847
陳墨生　子5-26572
陳星庚　史3-20412
陳星瑞　史8-62473　子
　4-24336　叢1-373(8)、
　496(1)
陳星聚　史4-32793
陳星涵　史4-32802　集
　5-39030~3,7-47860~2
陳星坦　史4-30085
陳星煒　集5-36181~2
陳星炯　史4-33192
陳星煥　集4-33136
陳星燦　史4-32793
陳昱　集2-12796
陳國霖　史3-13485

陳國珍　史7-55713
陳國順　集5-39847
陳國仁　史4-33413
陳國儒　史8-60086
陳國仕　集5-37789
陳國仲　史8-60647
陳國定　史4-32979
陳國寶　史4-32756
陳國祝　集3-15745
陳國鴻　史4-33361
陳國祥　史3-22139
陳國士　史3-21105,4-
　33244
陳國楨　史3-20382、
　22833、23055
陳國蘇　集5-41268
陳國華　史3-16428
陳國棟　史8-63338
陳國泰　史7-51435　子
　2-7936
陳國惠　史7-49375
陳國恩　史4-32702
陳國器　史8-59279
陳國賢　史4-32913
陳國鏞　子7-38044
陳國鎮　史4-33305
陳國鈞　史7-56299
陳國篤　子2-7350
陳見龍　集3-18374
陳見鑣　集7-46398~
　400、46969
陳見智　集7-46405、
　46958
陳見燦　集7-46397
陳思　史2-6734、11276、
　11342、11351、13376~8,
　7-56923、8-64350　子
　3-15063~4、4-18535、
　19292~5、24382　集1-
　2153、2349、3944、3957、6-
　41894(1)、41895~8　叢
　1-2~6、9~10、15、19
　(10)、22(17)、23(16)、24
　(10)、98、181、223(28、37、
　39、43)、392、422、424、
　465、469、569、586(3)、587
　(4)、2-637(3)、716(3)、
　721、731(28、34)、785、833
陳思濟　集1-4806
陳思曠　集5-40488
陳恩德　史7-57815
陳恩綸　史3-20288

陳恩浩　史8-58956
陳恩榮　史3-16654
陳恩賜　史4-33246
陳恩榮　史2-10358
陳羆齋　集7-50113~5
陳田　史2-11792,3-
　16263、8-66385　集6-
　44924、46156~7　叢1-
　584
陳田夫　史7-52579~80
　子5-29530(12)、29535
　(7)、29536(7)　叢1-265
　(3)、545、547(3)
陳曼　集2-12335　叢2-
　647
陳冕　史3-16082、17320
陳冕世　集3-17551
陳昇　集7-54057
陳呂綱　史1-2047
陳昌　史1-4093、4148、
　5112、8-61539　叢1-
　496(6)
陳昌齊　經2-11952　史
　8-60821、61210、61212
　子3-15183、4-19652、
　19725、19863　集1-74、
　82、4-22573　叢2-731
　(25)、881、1548
陳昌言　史3-20445、8-
　58509、59974、62194、
　62229　集3-13097、6-
　45074
陳昌垂　集5-39734
陳昌後　史4-33289
陳昌緒　子7-37484
陳昌紳　史3-16229、6-
　47540　叢1-460
陳昌積　史2-8950　集
　2-8267
陳昌綸　史4-33667
陳昌源　史7-55270
陳昌沂　集4-33666　叢
　2-1930
陳昌治　經2-12052、
　12054
陳昌祖　史7-53943
陳昌運　史2-12142　叢
　1-472
陳昌圖　集4-22376
陳昌鐈　集4-23687
陳昌年　經1-3574~5
　史4-32797　集5-

34520
陳昌煥　史4-32729
陳品閨　集3-20996
陳品全　史8-61789
陳昆　集4-33661
陳昆林　史2-11503
陳昆授　史3-17647
陳昂　集2-9452~4
陳昂發　集6-41975
陳曇　子4-23306　集4-27707~9
陳畏三　史4-33184
陳是　集2-12337　叢2-884
陳巽　史4-33335
陳員韜　集2-6721
陳果　集5-38545~6
陳景雍　集4-33559~60，6-42004、42008
陳景亮　史2-11981
陳景高　史3-22945　集5-34237
陳景襄　子3-11366
陳景新　子3-13643
陳景元　子5-29036、29259~60、29300、29460~1、29478、29530(2、3、5、14)、29625、29646、30059、31183　集3-18950~1　叢1-223(47)、272(4)、301,2-731(10)、1522~3
陳景雲　史1-398、1051、1113、1348~9　集1-1271、1336、1442,6-42134　叢1-223(18、49)、241、242(3)、456(3)、2-646、698(9)、731(1)、746、842、1391
陳景行　集6-45074
陳景富　史3-18030
陳景寶　集5-41363
陳景福　史4-32804
陳景沂　子5-25562~6　叢1-223(43)
陳景沛　史2-7281,7-52329、57423~4
陳景湘　史3-21756
陳景基　史3-20893
陳景藩　經1-4159　子1-916
陳景韓　史8-61785
陳景蕃　史4-32785　子

4-21150
陳景棻　史8-61213
陳景塤　史8-61446
陳景墀　史3-17441
陳景星　史3-23614,8-59319
陳景鐘　史7-50299~302　叢1-202(5)、203(11)、278、435、448,2-731(58)、832(2、6)
陳景惇　經2-10935
61 陳顯勳　集5-35280
陳顯微　子1-32、44,5-29428~38、29530(14、19)、29535(4)、29536(4)、29538、29542~3、30974~6　叢1-223(47)、265(4)、274(5),2-637(3)、731(10)
陳顯坊　史4-33347
62 陳則誠　史2-13035
陳則清　集7-50078
陳則通　經1-77(3)、7537　叢1-223(10)、227(3)
63 陳咏　史7-55218
陳貽謙　史4-33334
陳貽穀　經1-7099
陳貽厚　經2-13923
陳貽範　史2-8625,6-45731,7-49319
64 陳曉　史2-7954
陳曉巖　史4-33118
陳曉梧　史8-58440
陳曉堂　史4-33230
陳時　史7-53351~2、55804、55901　子4-22214　集4-28530　叢2-832(4)
陳時夏　史4-33395　子7-36369　集3-18600
陳時雋　史7-55110
陳時多　史4-32999
陳時徹　子2-8728
陳時宜　史8-61729
陳時江　史8-61673
陳時泌　集7-50404~5
陳時懋　史8-58490
陳時若　集5-40451
陳曄　史2-11225　集1-2188~9
陳暐　史8-63850　叢1-223(28)

66 陳錫　叢1-223(14)
陳錫　經1-6407　子3-17511　叢1-22(16)、23(16)
陳嚴肖　叢1-22(14)
陳賜年　史3-23139
67 陳明　集1-1024
陳明翼　集3-16071~2
陳明上　史4-33294
陳明申　史7-49318(13)、53940
陳明曦　史4-33274　子2-5825　集5-36490
陳明義　史4-33293
陳明善　史7-51997　集1-805、1003、1145、1289、1421,6-41884
陳明光　叢2-724
陳明炳　史4-33295
陳明煊　史4-33295
陳鳴雷　史3-22291
陳鳴崗　史8-59422
陳鳴傑　集5-34142
陳鳴鶴　史2-8138~9　集2-10158
陳暉　史8-58612
陳昭謀　史8-60617　集4-23690
陳昭祥　史3-24577
陳昭令　史8-62263
陳昭常　集5-40089
陳昭煜　史4-33360
陳盟　史1-1941~2、1946,2-7355~6、7359　叢1-354、525
陳嗣良　史8-59486　集5-34012
陳嗣賢　史3-21605
陳鄂　子2-5138
陳煦初　史4-33345
陳鷗　史2-9297,7-51067　集4-33663
68 陳曦　史7-56433
陳晦　子5-26303　叢1-17、22(5)、23(5)、29(5)、199
70 陳壁　史6-47404　集3-13369
陳璧　史6-44463、49038、49160
陳璧書　史5-34142
陳雅言　經1-2695

陳雅懷　史4-33264
陳陔　史3-20290
陳驤　史6-44773,8-58758
71 陳陞謨　史1-5736
陳阿平　史8-61066　集3-15361　叢2-1011
陳阿寶　集3-20198
陳厚溪　子2-6618
陳厚耀　經1-163(1)、7744~53　史1-2194　子3-12503　叢1-223(11,20)、339~40、478、526,2-809
陳階　集4-32141
陳階平　史1-4957,7-49318(13)、53953　子1-3710~1、3890~1　集4-25312~3
陳頎　子4-20328~9,5-27307　叢1-45、188
陳原韜　史4-33309
陳驥德　子3-14880　叢2-751
陳巨德　集6-45213
陳巨忠　集6-45212
陳臣忠　史1-1287~8、5207　集1-1319
陳長方　子5-26290~1　集1-3312~6,6-41784　叢1-19(4)、20(2)、21(4)、22(5)、23(5)、24(5)、223(45、54)、273(5)、274(5)、374、448
陳長庚　史4-32930　集4-29829~30,6-42006
陳長孺　集4-31996,6-42021,7-47503、47887
陳長德　史4-32731
陳長生　集6-41999
陳長復　集3-18949
陳長祚　史6-45605
陳長吉　子3-14876　集5-36631~2
陳長橿　史3-21775
陳長卿　子2-4577、6517~20
陳頤壽　史7-49373
72 陳剛　子1-134
陳所能　史8-61473
陳所志　集2-11577
陳所蘊　集2-10552~4

陳所聞　集7-50532
陳所學　史7-55461　叢2-730(12)、731(45)、836
陳所性　史7-55974
陳驛　史6-41612、41615、42895~6　子4-20002　集6-45561~4　叢1-22(13)、23(13)、26~8、34、107、111(2)、113、223(26、72)、296,2-731(48)、832(3)、849
陳彤蓮　集4-33302,6-42007(3)
陳氏　史4-32935
陳氏尺蠖齋　子5-28010~4、28033、28075
陳岳　經1-7445~6　史3-15783、21271　叢2-774(5)
73 陳駿　集4-26166
74 陳陸　史1-4308
陳隨貞　集3-18225,6-45074
75 陳體元　史7-53108
陳體仁　史4-32762
76 陳颿　史4-33262
陳陽　史3-22670
77 陳堅　子5-30326　集4-28858,6-45079　叢2-833
陳鳳　子5-25456　集2-8701~2,6-41935(2,4)
陳鳳章　史2-12466
陳鳳廷　史8-62019
陳鳳岐　史3-21204
陳鳳泉　經1-6277
陳鳳儀　史4-33162
陳鳳梧　經1-14、188、2520、3526、4874、4897、5231、7433　史2-6621
陳鳳楷　史3-22131
陳鳳藻　史3-16481
陳鳳蔚　史3-16073
陳鳳揚　史3-21923
陳鳳圖　集5-34390
陳鳳岡　史3-22140
陳鳳舉　史7-57588
陳鳳興　史4-32759
陳隆澤　史4-32852
陳覺民　子7-37718
陳同　集7-48863、49900
陳同文　叢1-460

陳同禮　集5-38609
陳同善　史8-59148
陳周學　史6-44359
陳用光　集3-19456,4-25572~8　叢1-339~40
陳陶　史3-22670　集1-1586,6-41878、41882~3
陳鵬　經1-7068　子7-37973、37980　叢1-456(5)、457
陳鵬霄　經2-10519
陳鵬程　史8-62967
陳鵬年　史7-57545,8-64658~9　集3-17295~301　叢1-223(44)、227(8)、250、321
陳展雲　集5-34951
陳履　集2-9666~8　叢2-1011
陳履平　集3-19229
陳履醇　集4-28694
陳履和　史2-9563　集4-24680~1　叢2-1538
陳履適　史4-32780
陳履祥　子1-1092
陳履中　經2-10006　史7-56031　集3-14065
陳履泰　史3-18049
陳殿元　史4-32085
陳殿柱　經2-13202
陳殿蘭　史1-3924　集5-35238,6-42007(2)
陳殿華　史4-33051
陳殿桂　集3-13838~40,6-44580　叢1-373(7)、2-834
陳殿階　史7-57289
陳眉翰　史3-20899
陳際唐　史6-47222
陳際新　子3-12352~3、12570
陳際備　史4-33100~1
陳際清　史7-52603　集5-36042
陳際泰　經1-90、824~9、2753,2-10430、11504　史2-11037　子1-220、2726　集2-11031~8,6-44818~9、45336
陳際盛　集5-38886
陳際昌　子2-6195

陳熙　集4-23437,7-47586

陳熙雍　史8-59062

陳熙亮　史3-20595

陳熙庠　集2-7714

陳熙晉　經1-7038～9　史8-62200、66041　子4-22946　集1-691,4-28934　叢2-653(1)、859

陳熙治　史3-18230　集5-38209　叢2-706

陳熙鴻　史4-32730

陳熙春　史8-59760　集5-36041　叢2-795

陳熙昱　史3-15954

陳熙願　子7-33957、34538～9、34543

陳熙卿　史2-7242

陳又新　史3-17519

陳又鍔　集4-32854

陳叟珍　子2-10079

陳學文　經1-8055～62、8121　史3-20383

陳學三　子2-10947

陳學震　集7-50389、50391～2

陳學孔　史7-57232

陳學受　經2-10084　集4-30755～6

陳學川　史4-32910

陳學樂　集1-961

陳學和　史4-33006

陳學繩　史1-1988,3934　叢2-832(5)

陳學富　史7-55704

陳學良　集6-44207

陳學洙　集3-15775,6-45077

陳學禮　史4-32720

陳學泗　集3-15776,6-45077

陳學鴻　史4-32776

陳學海　史8-59102　集3-14848,4-22613

陳學超　史2-12426

陳學典　集3-18832

陳學耕　史4-32724

陳學田　集3-17300

陳學昌　史4-33311

陳學義　史4-33092

陳學矩　史4-33301

陳丹衷　集2-12233

陳丹蓋　史8-60850

陳開虞　史7-56543

陳開先　經2-11506

陳開沚　子1-4408

陳開源　史4-32889

陳開福　史3-21683

陳開昶　史4-33369

陳開蒸　史4-32853

陳開驥　集5-41379

陳舉愷　史7-57210

陳闌　史1-4995

陳闇　史3-20804

陳卿雲　史8-58882、59061　集5-36968

陳艮山　史7-56649

陳闓　史3-16253

陳與郊　經1-5179、5812,2-14832　子5-25015～6　集2-10231～3,6-42104、45755,7-48770、48775、49175～7、49869～73、50627　叢2-672

陳與冏　經2-11275　集5-38208

陳與同　集5-37951

陳與義　叢1-265(5)

陳與義　子3-15001、15315～7　集1-3180～90,6-41713、41779～80、41900～1,7-46352、46357、46380、46383、46396、46542～3　叢1-22(15)、23(14)、223(37、53、73)、227(9)、230(5)、330、353,2-635(10)、698(10、14)、720(2)、731(40)

陳與尙　集5-38739

陳興雨　集4-27952

陳興雯　史8-62048

陳興祚　史8-58312

陳興道　史1-4859

陳興士　史4-32972

陳興起　史4-33185

陳興鉞　史2-9875

陳興年　子7-37266

陳賢　集4-26754,6-42004

陳賢麟　史4-33104

陳賢瑞　史4-32984

陳賢魁　史4-33250

陳賢佑　子3-12715～6

陳賢福　史4-33273

陳賢榮　子2-8944

78　陳璽　史4-32692,6-46855,8-58487　子3-16376～9　集3-14956

陳鑒之　集1-4322,6-41744～6、41888、41891～3、41894(3)、41895、41897～8、41904、41911、41913、41917、41919、41921、41923

陳臥子　經2-12917

80　陳人仁　史4-33054

陳人偉　史3-21063

陳人宰　史4-33047

陳企元　史4-32790

陳全　集2-6450

陳全三　史8-60072

陳全勳　史4-33303

陳全之　子4-20526～7　集2-8260

陳益三　史4-32744

陳益祥　集2-10956

陳金　史3-21612,6-48220

陳金詔　集4-32143～4

陳金玨　史8-62534

陳金兆　史4-32726

陳金波　集5-33874

陳金浩　史7-50071　集4-32142　叢1-241、242(4)

陳金臺　史8-59911

陳金城　史1-3818　集4-30751～2

陳金曜　史4-33159

陳金駿　史7-55203

陳金闇　史8-60891

陳金鑒　經1-4924

陳金鏞　子7-35160

陳金倉　史4-32969

陳金鈺　集3-15286

陳金錫　史3-21942

陳金銘　集6-45074

陳金鑑　集5-34890

陳金堂　史8-62360

陳鐘　史7-49841～2

陳鐘珂　史1-5640

陳鐘英　子3-12691

陳鐘凡　史1-5321,7-

56690～1

陳鏡伊　子1-112

陳鏡清　史7-54950

陳鏡蓉　史3-23446

陳鑫　子2-11219

陳鎬　史3-20231,6-
46783,7-51447～50、
51453　集6-43780

陳鏞　子5-26486

陳今瑤　史4-33380

陳介　子4-22347　集6-
43992

陳介石　史1-5814

陳介祺　史1-212,6-
44615,8-63692～4、
63772、63984、64198～
204、64260～2、64268、
64281、64314～23、64427、
64986～5017、65097～
100、65211～3、65260　子
3-17250～1　集4-
32401　叢1-419、443、
524,2-598、731(32、33)、
824～5

陳介猷　史3-21231

陳介錫　子3-14800,4-
23514

陳夔　史2-13107

陳夔龍　史2-10481、
10492、10748、10815、
12391～2,6-49170～1
子4-24719　集5-
39086～90　叢2-2149

陳夔齡　史1-1365　叢
1-504

陳羲　子2-9823　集5-
35575～6　叢1-407(2)

陳令望　史4-33398

陳令德　集4-30930

陳念先　集2-6580　叢
2-1056

陳念祖　子2-4648～64、
4692、4708、4726、4751、
4767、4770、4771(3)、5076
～80、5347、5409、5500～
1、6153、6311、6391～3、
6399、6597～9、6739～41、
6779～81、6809、7035～7、
7203、7208、8198、9528、
9624～7、10339、10367、
10592～5、11071　叢1-
435

陳愈修　史3-19817

陳愈愚　史8-63074

陳午峯　史4-33390

陳美文　史8-61268

陳美訓　集3-15641

陳毓瑞　史2-12442

陳毓秀　史3-19528

陳毓升　集3-20799～801

陳毓良　集7-50389

陳毓華　史7-49357、
54125

陳毓明　集5-35885

陳毓性　子3-17962、
18070、18095、18097

陳毓榮　史4-32784

陳義　經2-13511

陳義和　集1-3843

陳義明　史4-33371

陳善　經1-3118,2-10146
史1-5033、5690,4-
32837,7-52938、57138,
8-58144、65922～3　子
1-2721,4-20132～6,5-
25345　集2-9109,4-
27336,6-42733　叢1-
1、17、19(4)、20(2)、21
(3)、22(4)、23(4)、24(4)、
26～8、108、111(3)、169
(3)、374,2-652、731(6)

陳善慶　史4-33165

陳善言　史8-58951

陳善謨　史7-56934

陳善琨　史3-23018

陳善華　經2-14277

陳善墀　史8-63676

陳善眠　史3-20870

陳善同　史3-21525,6-
49189,8-59977

陳善鈞　史1-1992、3999

陳善堂　子2-7365

陳普　史7-53517　子1-
1968　集1-3600、4532
～40,6-41896　叢1-
574(4),2-731(42)、778

陳曾　經1-3955　集2-
9299

陳曾佑　史3-21601

陳曾祉　集3-17526

陳曾壽　集5-41431～3
叢2-2142

陳曾樞　史2-7242

陳曾薮　集3-16946,6-
41963

陳曾則　子1-89

陳會　子2-4672、10232、
10292

陳會文　史4-33431

陳會璋　史4-32749

陳會雲　史4-33098

陳會海　史4-33099

陳會威　史4-33097

陳畬　史3-16779,7-
57539

陳公亮　史7-57193　叢
1-508,2-731(58)

陳公佩　史8-61354

陳公綸　集2-9588

陳公定　史7-55282

陳公具　史4-33242

陳食花　史8-59211

陳養元　史7-58103　集
3-17921

陳養才　集2-8362

81　陳鉦　集5-36629　叢1-
481

陳鈺　史6-42591、45103
集3-17722

陳鉅堃　子2-9930

陳鉅昌　史8-64926

陳鉅前　史8-59015

陳矩　經1-5208,2-10075
史2-6352,8-62282　子
4-19486　集5-37493～
4　叢1-473、475

陳頌鼇　史4-33393

陳頌第　史8-63027

陳榘　經2-9703、14789
叢1-223(56),2-1042

82　陳釗　子3-14213

陳釗鏜　史8-62540

陳鍾慶　經2-14251

陳鍾麟　集4-24925～6

陳鍾珂　史1-990、1343～
4,2-11842,3-21948
叢2-1387

陳鍾理　史8-60533

陳鍾信　史2-13232,3-
16352,8-61624

陳鍾嶽　集5-39851,7-
48079

陳鍾生　子7-37029

陳鍾祥　史1-5483,7-
54012,8-63816　集4-
31302～4,7-46411、
47695～8　叢2-885、

1830
陳鍾華　史8-62224
陳鍾英　經2-10042、
　11660、12250　史1-
　1988,3928～9,4625,2-
　12855,7-57629～30　子
　4-21904　集5-34316～
　22　叢1-496(1),2-832
　(5)、1941～2
陳鍾蕃　集4-30754
陳鍾書　史8-62606
陳鍾盛　集6-42644
陳鍾鰲　經2-13155～6
陳鍾臮　史7-57583
陳鍾原　史3-13470　叢
　1-322
陳鍾駿　史3-18782
陳銛　史3-19762,7-
　52985　集5-36487～8
陳劍之　子5-25446
陳劍虹　集5-41530
83 陳鉉　經2-10733～4　史
　2-11558　集2-11364
　叢2-731(62)、782(3)
陳鉞　史3-17932
陳鐵　叢2-884
陳鐵梅　史7-56248～9
陳鎔經　史3-23374
84 陳銑　史8-58295　集4-
　27949
陳錡　史7-51345　子2-
　9695
陳鍴　集3-20358
陳鍈　史8-58232,58372
陳鎮　子2-5680
陳鎮基　史4-32826
陳鎮邦　史3-20014
85 陳鑞勳　史7-51217
陳鍊　子3-16776,16833～
　4、17051～3　集3-
　16220,6-44540　叢1-
　202(8)、203(14)
86 陳錦　經2-13984,14427
　史1-3958,2-8063、
　8067、10238、12069、4-
　32951、33212、6-42166、
　7-51461、8-60234、60463
　子1-1847、3404　集4-
　33462、5-33783～7、6-
　44309、7-48350　叢1-
　479,2-1930
陳錦文　史3-20767,4-

32772
陳錦鸞　集4-28053,6-
　42006
陳錦濂　史4-33052～3
陳錦蔽　集5-37105
陳錦樓　史4-33296
陳錦堂　史8-61552　集
　5-35579
陳錫　經1-714　史3-
　23187
陳錫麒　史1-1992,3950
　～1　子4-24637　集
　4-32551～3
陳錫麟　史2-12735,8-
　58570,58928
陳錫琨　史3-19345
陳錫政　史4-33430
陳錫儒　史8-61735
陳錫祺　史4-32750　集
　5-36969
陳錫圭　史4-32940
陳錫桓　子1-1939
陳錫蕃　子1-3301
陳錫桂　集4-23942
陳錫嘏　史2-9313　集
　3-15471
陳錫輅　史8-59731、
　59742、59835
陳錫昌　史3-22448
陳錫路　子4-21263～4
　叢1-435,2-617(5)
陳錫周　史3-18175
陳錫朋　史4-32881
陳錫鈞　史4-32812
陳鍔　史8-60137
陳鐸　集7-49123,50586～
　8
陳智　史7-55467
陳智淵　集4-31238,6-
　42007(3)
陳智朝　史4-33287
陳智錫　經2-10474
87 陳鈞　史7-58052　集2-
　6634～5
陳鈞奏　史8-58417
陳銀皋　史4-32755
陳錄　子4-20213　叢1-
　2～9、19(9)、20(7)、21
　(9)、22(13)、23(12)、24
　(10)、154,2-731(55)
陳錄蕃　子4-23574
陳銘　史2-9414,4-

32781,6-46615　子4-
　23168　叢1-373(9),2-
　1852
陳銘珪　史2-7752,7-
　52623　集5-34145～6
　叢2-1011
陳銘海　史7-50410　集
　3-19649～50　叢2-670
陳銘樞　史8-61449
陳銘典　史8-62214
陳銘恩　史4-33422
陳銘鑑　史8-60055～6
　集5-39847
陳欽　史3-15760,19903
陳欽士　集5-34389
陳欽銘　史3-15708
陳欲達　史8-58897、
　61118
88 陳竺生　史3-17825　集
　4-31236
陳笠帆　子1-1165
陳銓　經1-5436　叢2-
　774(3)
陳銓衡　集4-32128
陳銳　經2-10312　集5-
　37137,40230～7,7-
　48657～8
陳鋭　史2-8241
陳鎰　集1-5299～300,6-
　41784　叢1-223(61)
陳鑑　史1-5240,8-
　58368,63791　子4-
　19066　集2-12814,3-
　21066～7,6-43198、
　43202、46274　叢1-197
　(1、2)、265(5)、266,2-
　622、746
陳鑑藻　史3-23115
陳筠　集6-42017,7-
　47606
陳筠楚　史4-33324
陳鑰　史8-59341,61314
　子5-26649
陳籙　子7-36618
陳鈴　經1-2844
陳籛齡　集5-35742
陳縱　經2-10609、10640
陳竹房　史4-33358
陳竹安　子2-10078
陳第　經1-2149、2282、
　2732、3753～5、4741～3、
　2-14036～8　史7-

53082～3,8－65254、
65588～9 子4－20570
～2 集2－9994～6 叢
1－223(6、16)、244(5)、
268(2)、310、373(6)、386
～7、404、453、2－731(1、
24)、747～8、1147～9
陳簡 史1－5512 集5－
36966
陳簡書 集4－33303
陳筱春 子3－16999
陳箴 史3－20217、21682
集3－17198
陳籲 集1－5441 叢1－
223(60)、227(10)
陳範 集4－28860
陳範菜 史4－32879
陳敏貞 史4－33434
陳策 經2－13164～6 史
8－58700
陳築山 史2－11466
89 陳鏻 史3－17829
陳鑅 史3－23535
90 陳小山 史4－33243
陳惟 子1－3946
陳惟彥 史6－43176 集
5－40238 叢2－2257
陳惟壬 史7－57953
陳惟德 集5－36271、
36634
陳惟勳 史4－33012
陳惟和 史3－17225
陳惟淵 史7－56677
陳惟清 史8－58522
陳惟模 史8－60370
陳惟本 子4－24475
陳惟賢 集5－36634
陳懷 子7－36251
陳懷仁 史2－6776,6－
46586 子7－36220
陳懷清 史4－32956
陳懷真 史4－32956
陳懷軒 史2－6397
陳愔 叢1－168(2)
陳少岩 史8－62795
陳少微 子5－29530(17)、
31261～2
陳少海 子5－28401～2
陳光 史3－24576
陳光亨 史8－60276 集
4－29907
陳光龍 集3－15096

陳光詔 史8－60435
陳光台 史4－33172
陳光緯 集3－14432
陳光偉 史4－32917
陳光緒 史3－15249 集
1－1005,4－28435～6
陳光紳 史3－18773
陳光綸 集7－54821
陳光宇 史3－18820、
22824
陳光濱 史4－32948
陳光漢 子2－8313～4
陳光遠 史4－33030
陳光祖 史4－33429
陳光淞 史6－43175 子
2－4734、4770、5425、
6830、7562
陳光裕 集3－18262
陳光大 史4－33074、
33182
陳光森 史4－33374
陳光朝 集4－25522
陳光昌 史3－23370
陳光明 史4－32818
陳光煦 經1－5354、5494、
5501 史3－15794
陳光照 史4－32894、
32906,8－66142
陳光熙 史7－50307 子
1－4346
陳光閭 史4－33374
陳光前 史8－60454
陳光猷 史4－33199
陳光第 集5－35740
陳光煒 史8－63421
陳光耀 子2－9454
陳光瑩 子7－35438、
35892
陳光榮 史3－19932 子
7－35464
陳尙仁 史8－59328
陳尙倫 史4－32859
陳尙安 史4－33069
陳尙清 史4－32914
陳尙古 子5－27166 集
3－17121 叢1－210～1、
312,2－617(5)、624(4)、
632
陳尙隆 史7－56980
陳常 史3－21607
陳常夏 史3－20467 集

3－14361
陳常道 集2－7052
陳常吉 史4－33403
陳常鏵 史7－57217
陳省 集2－9655～6,6－
42798
陳省欽 經1－8279 集
5－34236
陳當務 子2－5017
陳裳 史4－32888
陳炎 史4－32868
陳炎宗 史2－9473,8－
61074
陳爌 史6－47881,8－
62738
陳焱 史8－58185
陳棠 史1－962,7－57161、
57702 子3－12882
91 陳恆和 叢2－810
陳恆吉 經2－10327～8
陳炳 史3－23155,6－
43857 集3－16091～3,
5－38351
陳炳仁 史4－33396
陳炳德 史7－58129
陳炳多 史4－33143
陳炳寅 史4－32931
陳炳奎 史3－15974
陳炳恭 史2－6564
陳炳華 經2－13175 史
2－12417
陳炳泰 史7－49318(12)、
54055 子2－10461
陳炳軒 史4－33391
陳炳星 史7－50560
陳焯 經1－6156 史7－
52622、56530、57903 子
3－14821～2,4－23209～
10 集6－42301、44616、
44619、44656 叢1－223
(71)
92 陳愷 子4－22218
陳恬 史6－46827～8
93 陳怡 史8－60279
陳悰 史1－1946,6177
集2－11318～21,6－
41817 叢1－202(2)、
203(8)、321、411、525
陳煊 史8－60498
陳烺 史3－19702 集5－
33910,7－50393～6 叢
1－587(5)

陳熾　史6-41495、47523～4、47534,7-49319,8-62628　子1-4172　集5-38820

94 陳忱　子5-28680～2　集6-43843　叢1-496(2)

陳恢吾　子1-4177

陳烇　史7-56752

陳燁　史8-59213　集2-10352

陳焯　經2-11589　子5-27429

95 陳性　史8-65134　叢1-474、569,2-633、799～801、982

陳性定　史7-52385　子5-29530(12)

陳性榆　史4-32843

陳愫　集1-1480

96 陳煌圖　史2-7866　集3-14076

陳煜　史4-33343

陳煜駰　集5-39482

97 陳恂　史8-58294　子4-20928～9　集3-17394　叢1-195(5)、220,2-731(7)

陳耀庚　史3-15205

陳耀文　經2-11490　史8-60047　子4-22244～6、23873,5-24980～2　集7-48476～7　叢1-223(12、40、43、73)

陳耀瀛　史4-33106

陳耀卿　史1-4515

陳輝晉　史3-22750

陳輝祖　史2-11853

陳輝甲　史3-15151

陳輝璧　史8-60769、60843

陳燿　史3-19637

陳焵　集4-29498

陳煥　經2-12135、12137～40、12581　史7-57210

陳煥章　史3-20798　集5-41529

陳煥林　史3-16261

陳煥如　史3-21496,8-59624

陳煥堂　子2-6613

陳燦　史2-10753,4-32955,8-62330　集4-26755,5-37786～7,7-47373

陳燦文　史4-32740

98 陳悅道　叢1-223(6)

陳悅旦　集3-16716

陳悅義　集3-19199

99 陳瑩達　集4-29423,6-42007(2)

陳燮　史7-56607　集4-23687、25646～9

陳燮坤　史2-10049

陳燮疇　集5-36797

陳燮堂　史4-32748

陳犖　集4-27179,5-36340

陳榮　經1-5623　子5-29296　集1-2592

陳榮袞　史3-21934

陳榮袞　經2-13493　子5-26072

陳榮傑　集3-18676～7

陳榮組　史3-19910

陳榮選　子5-29297

陳榮海　史4-32761

陳榮墉　史4-33338

陳榮杰　史8-60165

陳榮植　史4-33388

陳榮棣　史4-32949

陳榮昌　史2-10494、13201,3-16111,8-62343～4　集5-39575～7　叢2-886(1、2、4)、888

7578_6　賾

44 賾藏(釋)　子7-34200

賾藏主　子6-32089(48)、32091(65)、32093(51)

7621_3　隗

30 隗宗瀛　集5-36345

7621_4　朧

22 朧仙　叢1-22(26)

52 朧蝯　子4-23506

7622_7　陽

00 陽文燭　史8-60785

11 陽瑪諾　子3-11328,7-35212、35247、35252、35274、35540、35589　叢1-135、223(34)、241、242(2),2-731(26)

18 陽玠　子4-22098

21 陽顗　史3-21976　集5-40881

22 陽繼春　叢2-723

24 陽休之　經2-13618～23、15116、15137、15142　叢1-495、586(2),2-716(2)、772(2)、773(2)、774(8)、775(3)

31 陽江修志局　史8-61162

37 陽湖嘯墅　子5-27331

40 陽臺散人　集7-49182

陽壽祺　史8-61253

陽枋　集1-4149～50　叢1-223(57)

53 陽成子長　經1-6397～8　叢2-765～6、774(4)

60 陽國楨　史3-21965

陽思謙　史8-58315

隅

80 隅谷乙三郎　子7-36695

7623_2　隈

50 隈本繁吉　子7-36725

7680_8　恖

44 恖菴老人　子5-25301

46 恖觀　子7-34544、35038

7710₁ 閆

47 閆朝清　史5－35486

7710₄ 堅

00 堅意菩薩　子6－32083
　　（16）、32084（15）、32085
　　（25）、32086（27）、32088
　　（18）、32089（43）、32090
　　（50）、32091（48）、32092
　　（33）、32093（26）
11 堅彌地　史7－49317（2）、
　　49318（17）
42 堅瓠閣主　史8－64776
55 堅慧菩薩　子6－32081
　　（26）、32083（18）、32085
　　（26、55）、32086（29、65）、
　　32088（18、40）、32089（44、
　　46）、32090（51、54）、32091
　　（49、52）、32092（33、35）、
　　32093（26）

7710₇ 闓

08 闓族　史5－38777

7712₇ 邱

00 邱席甫　史4－28483
　　邱方鑑　集5－40949
　　邱育泉　史8－60515
　　邱慶善　史2－6319
　　邱廣業　集4－28498
　　邱賡熙　集3－20344～6
　　邱文孝　史4－28454
　　邱交泰　史3－22083
　　邱奕　集4－31474
　　邱玄清　子2－11179
04 邱謹　集3－18585
　　邱誥桐　子4－21647　集
　　5－40512

10 邱璋　集4－23909～13
　　邱元武　集3－15075
　　邱元稑　經2－14194
　　邱天序　子2－7030
　　邱天英　史8－60064
　　邱石常　集7－46910　叢
　　2－731（49）
　　邱晉成　史8－61941　集
　　5－36002～3
　　邱晉昕　集5－35215～6
12 邱廷輝　史4－28448
　　邱孫梧　集4－26631
　　邱孫錦　集4－26232
17 邱承宗　史8－64794
　　邱承嗣　子3－16086
　　邱豫鼎　史8－58246
18 邱瑜　集2－12874,6－
　　41943
20 邱舜龍　史4－28499
　　邱集　集2－9430
　　邱維崧　史4－28504
　　邱維屏　集6－42067
　　邱維賢　集6－44547
21 邱上峯　集3－18541～2
　　邱步洲　子3－16109
　　邱仁山　經2－10782
　　邱能文　史4－28473
　　邱處機　子2－11085,5－
　　30771、31958～9　叢1－
　　195（6）,2－731（30）、2130
22 邱峩　史8－59618
　　邱岩　子7－37709
　　邱綏壽　集4－29726
24 邱先品　史4－28488
　　邱德騫　史4－28467
　　邱峙南　史4－28496
26 邱自芸　史8－58617、
　　58896
27 邱墾　集4－23991
　　邱仰文　經1－1247、1251
　　集1－66,3－19062
　　邱象豫　史8－58562
　　邱象隨　集3－15206～7,
　　6－44445
　　邱奐　集4－30814～5
　　邱紹俊　史4－28460
　　邱紹金　史4－28474
28 邱作聖　史4－28500
30 邱家杰　史4－28485
　　邱家驥　史4－28475
　　邱家煒　經2－13064

　　邱之稑　經1－6549～50
　　史6－42149　子4－
　　22669
　　邱憲厚　史4－28471
　　邱宏鼇　史4－28457
　　邱良元　史4－28450
　　邱密　叢2－706
　　邱寶融　集5－37032
　　邱宗延　史4－28461
　　邱宗孔　子3－14223
　　邱宗聖　集3－16344
31 邱沅　史7－56661
　　邱濬　子1－2769,4－
　　19206,5－30433
　　邱濬恪　史8－59217
32 邱兆麟　經1－843
　　邱兆官　史4－28486
　　邱兆蓉　集5－38057
　　邱兆炳　史4－28487
33 邱心坦　集5－36223
　　邱心如　集7－53699　叢
　　1－496（8）
　　邱心堂　子2－10934
　　邱補軒　史5－33517
34 邱對顏　集4－27306,6－
　　42007（2）
37 邱祿來　集5－35941
　　邱迥　集3－17821
　　邱逢甲　集5－39993～6
　　邱逢年　史1－70
　　邱運春　史4－28487
40 邱大和　史4－28447
　　邱大英　史8－63248
　　邱大成　子2－5177
　　邱士蘭　集3－18541
　　邱士林　史3－21039
　　邱培湖　集5－40808
　　邱在官　史7－56290
　　邱克承　集3－16470
　　邱南宣　史8－60005
　　邱希濬　史6－42147
　　邱志廣　子1－1384　集
　　3－13075　叢2－1233
　　邱嘉穗　子2－21637　集
　　3－18358～9　叢2－771（1）
　　邱樟發　史4－28469
　　邱樟根　史4－28469
41 邱標　史7－56815
43 邱式金　史3－22259,7－
　　56488
44 邱兢　史7－49318（11）　集

3-16608
邱蘅芝　史4-28481
邱萬春　史4-28463
邱葵　集1-4606～7
邱世儀　史4-28490
邱樹埜　史3-23345
邱桂山　史8-61334
47 邱起雲　集4-32980
48 邱增淩　史4-28493
邱增南　史4-28478
邱翰清　史3-18148
50 邱中馨　子1-4434
邱聿昌　史4-28484
邱泰喬　史4-28491
邱春元　史4-28468
邱春輝　史4-28480
邱東陽　經1-6926
51 邱軒昂　史8-59546
53 邱拔雲　史4-28472
邱成皋　史4-28476
58 邱撫辰　史3-23039
60 邱口源　史4-28479
邱日寧　史4-28466
邱見林　史4-28478
邱園　集7-50201～4、
50220
邱景雍　史8-58177
62 邱眺　集3-15143
65 邱映高　史1-5671
邱映堂　子2-7910
67 邱照　集4-25509
71 邱厚生　史4-28458
邱既濟　史4-28497
邱長溶　集5-37624
77 邱風清　史4-28489
邱鳳亭　史4-28455
邱鳳陽　史4-28501
邱岡　集4-22940～1
邱殿瓚　史4-28462
邱學勱　子4-18775、
18830～1　集4-21973
～4
邱開萊　集4-28024
邱興律　史4-28470
80 邱人龍　史2-8618
86 邱錦霞　集5-38869
邱錦岡　史3-18354
邱錦棠　史4-28464
邱錫章　史8-61832
邱錫彤　集5-40580

90 邱惟毅　子1-4312
邱光庭　子4-22126　叢
1-289、374、569
邱光華　集4-23914
91 邱炳全　史4-28465
94 邱煒菱　史1-5722　子
4-21638、22705、22914
集5-35850～1　叢1-
587(4)、2-2104
邱熺　子2-4660～3、4702、
4732、7972、8933～43
95 邱性善　集3-16245　叢
2-1233
96 邱煌　史6-46481
邱煌叔　史6-48860

7713₆　閨

38 閨海逸叟　子3-18238

7714₈　闖

10 闖百潤　史5-41311
11 闖斐迪　子7-36356
12 闖磻師　子7-36321
27 闖絅　史3-16007
31 闖禎兆　史8-62422　集
3-16134
40 闖壽坤　集5-38476
60 闖昌言　史8-61752、
61778
76 闖駟　史7-49308、49473～6
叢1-525、2-731(56)、763、
776、779、829、1685
77 闖鳳樓　史7-50219、8-
63261、63371～2　集5-
33811
80 闖毓岷　史3-22578
86 闖鐸　子4-18630　叢2-
687

7716₄　闊

80 闊普通武　史6-41706,7-
54073　集5-38286～9

7721₀　風

00 風塵劍俠　集4-32350
25 風生　子5-27274
44 風林　子2-6484
77 風月主人　集7-54527
風月軒又玄子　子5-
28246～7
88 風篁嘯隱　子3-17958、
18417

鳳

00 鳳應詔　經2-8815、9105、
11571、11577　叢1-
241、242(2)、456(6)、457,
2-731(5、7)、799～801
07 鳳韶　經2-10788
10 鳳天毓　史8-60494
鳳西　史6-47473
12 鳳瑞　集4-32684
22 鳳山　經2-15059
24 鳳岐　子2-9965
28 鳳儀　子7-36228(6)、
36231(3)、37403
鳳儀閣　集4-31074
30 鳳實夫　子2-4684、10699
34 鳳淩　史7-54102、54191
44 鳳恭寶　經1-4366　叢
1-502
鳳林書院　集7-46349、
48429　叢1-278、456
(4)、2-731(48)
45 鳳樓女史　子5-28623
46 鳳觀宸　集4-30414
60 鳳景良　集5-39646
80 鳳曾敍　史1-293　集4-
30414、30739、31074、
33587　叢1-502
86 鳳錫綸　集5-34820、
34899

7721₁　尼

77 尼用椅子　子7-37315

7721₄ 尾

11 尾張秦鼎　經1-6685
23 尾台逸　子2-4768
24 尾崎行雄　子7-36891
　　尾崎紅葉　子7-38162
　　尾崎德太郎　子7-38168、
　　38171

隆

14 隆琦(釋)　子6-32091
　　(73)
22 隆彩(釋)　子3-16919
24 隆德烈　史5-35487
42 隆圻　史3-22710
46 隆觀易　集5-36412
60 隆恩　史8-60779
　　隆昇　史6-43404
　　隆昌　集4-25140
　　隆昌值　史5-35488
88 隆範(釋)　子7-34388
90 隆光　子3-16869

7721₆ 覺

　　覺(釋)　子7-34037
00 覺庵山人　子2-9779
　　覺庵惲氏韓　子3-17719
08 覺詮　史7-52251
　　覺詮(釋)　集4-29716
11 覺非氏　子2-9778
21 覺虛山人　子5-28489
　　集7-53913
22 覺岸(釋)　史2-6781~2
　　子7-34706　集4-
　　32244　叢1-223(46)、
　　475
25 覺佛　集7-53912
30 覺安敬(釋)　子7-35061
31 覺源(釋)　子7-33978~9
32 覺澄(釋)　子7-34229
33 覺浪(釋)　集2-13006
38 覺澂(釋)　子4-23824

叢2-845(4)
　　覺海(釋)　子6-32091
　　(80)
40 覺吉祥智菩薩　子6-
　　32081(52)、32083(32)、
　　32084(30)、32085(47)、
　　32086(56)、32088(34)、
　　32089(46)、32090(53)、
　　32091(51)、32092(35)、
　　32093(26)
　　覺真子　子5-29682
44 覺蒼　子7-36096
53 覺成(釋)　子7-34930
55 覺慧(釋)　集4-29779
60 覺因道人　子2-7059
　　覺圓(釋)　集4-24890
　　覺羅至善　史3-17091
　　覺羅石麟　史6-43804、7-
　　55589　叢1-223(24)
　　覺羅石王暮　史6-43660
　　覺羅廷雍　史6-45932
　　覺羅烏爾通阿　史6-
　　43035
　　覺羅滿保　史6-48692
　　覺羅清泰　史8-60738
　　覺羅國歡　史8-61873
　　覺羅長麟　史6-45845
　　覺羅興文　史3-16900
　　覺羅興奎　史6-43462
　　覺羅普爾泰　史8-59369、
　　59497
　　覺羅常壽　史3-17353
61 覺顯(釋)　史7-51409
　　覺顯禄斯　子7-36231
　　(5)、37252
67 覺明(釋)　子7-34969
　　覺明妙行菩薩　子7-
　　34508
77 覺賢(釋)　子6-32081(5、
　　35)、32082(5)、32083(4、
　　23)、32084(19)、32085(5、
　　34)、32086(5、39)、32088
　　(4、24)、32089(5、39)、
　　32090(6、46)、32091(5、
　　44)、32092(4、30)、32093
　　(23)
80 覺慈(釋)　史2-8593~4
　　子6-32091(70)、7-
　　34008~9　叢1-223
　　(52)
　　覺善(釋)　子7-34630
87 覺銘(釋)　史7-51555

集3-20827
92 覺燈(釋)　集4-29862
95 覺性(釋)　史7-51641

7721₇ 兒

27 兒島獻吉郎　子7-37989
30 兒寬　子1-375　叢2-
　　774(8)

肥

21 肥上一民　叢2-946

7722₀ 同

00 同康廬　史7-54388
　　同文滬報　子3-16589
　　同文書局　子5-25325~6
　　集6-42527
　　同文書局主人　經1-1943
12 同登英　史4-26249
21 同仁堂　子2-9813
24 同德齋主人　子4-22638
38 同裕　史3-16674、19085
46 同恕　集1-4960~2　叢
　　1-223(60)
52 同揆(釋)　史7-49318
　　(13)、51039　叢1-202
　　(4)、203(9)
60 同是傷心人　子7-36366
94 同煒　經1-1574

周

00 周立　史4-30026　集2-
　　6242、6244
　　周立愛　史8-58827
　　周立勳　集2-12269、6-
　　41949、43842
　　周立瀛　史8-58906、
　　58949
　　周雍和　子2-10393

周亮工　史1-3324,2-6768、7663,7-49317(4)、49318(14)、50509～11,8-66030　子3-14639、14944、15859、16776、16872、16952～3,4-18976、21014～6、22186、24183～4　集1-4056,2-12969,3-13657～61、13883,6-41959、41970、41972、41995、42995、44019、44153、45238　叢1-206、210～1、249(3)、278、373(8、9)、452～3、456(2)、469、495、586(3、4),2-609、617(5)、624(3)、716(3)、720(2、6)、731(16、36、54、57)、735(5)、825

周亮輔　子1-3053、3055、3326～7、3561

周亮節　集6-44019

周序穆　史4-34649

周彦質　集6-41815～6、42041

周彦曾　集3-20257

周齊曾　集2-12639～41,6-43709～10　叢2-845(4)

周庸　集6-45010～2

周方　子5-29530(6)、31121

周方炯　史8-62915、62918

周育偁　史4-29986

周高起　子4-18586、19055、24053　叢1-197(3、4)、371、469、495、586(4),2-716(3)、798～801

周應庚　史2-7809　叢2-931

周應麐　集2-11043

周應龍　集6-42691

周應佳　史4-29981

周應侯　史4-30132

周應賓　經2-11495～6　史2-13357,6-42872,7-52321　子5-25672、26351　叢1-223(43),2-741

周應湃　史4-30194

周應治　子5-26382　集6-42197、44906　叢2-

735(5)

周應選　史1-2235

周應垣　集3-21101

周應期　經1-6314

周應中　史7-55051

周應昌　史3-16740、18891　集5-40426

周應辰　集2-10488

周應願　子3-16794

周應合　史7-56539　叢1-223(23)

周庭華　子2-6637

周慶　史8-59574

周慶庚　史4-30240

周慶麟　集5-37764,6-42007(3)

周慶璽　史4-29916

周慶璋　史8-60382

周慶雲　史2-7974,3-14963,6-43790～2,7-50339、51628、52308、52315、53135、53387、53410、54175～6、57263,8-66310～1　子7-36307　集5-38666、39680、39997～8　叢2-2175

周慶霖　集4-30909

周慶壬　叢2-1013

周慶熊　史3-20175　集5-39927

周慶森　集5-39680　叢2-2175

周慶榕　史8-60388

周慶盛　史4-30064

周慶恩　集5-36006

周慶臣　史4-30145

周慶賢　集5-38666　叢2-2175

周慶曾　集3-15259

周慶榮　史4-29846

周庠　史3-17488、23085,8-64499　集4-26632

周廖　子3-16917

周廣　史7-51482,8-58461　集1-3759,2-7585　叢2-845(3)

周廣詢　子3-11541

周廣業　經1-163(1)、1375,2-9989～90、10124、11099　史1-705,2-8022、8436、8481、

9507、9534、12616～7,3-14971,6-42630～1,7-49358、51866、53932、57351、58113,8-63904、65367～70、66083　子4-19125、19875、21358～9、22245、22502～6、22853、23204、23748、23752～6　集3-21304～10,6-44581　叢1-278、337、371、373(4)、428、558,2-617(5)、635(5)、698(6)、731(3、11、52)、746

周廣鴻　史4-29941

周廣興　史4-29808、30136

周賡盛　史3-17788　集4-30301

周亦魯　經2-8804、9082、9466、9961、10705

周文龍　史7-55544　子1-1863　叢2-886(2)

周文甄　集5-34197,6-42007(2)

周文璞　集1-3969～71,6-41745、41888～9、41891～2、41894(4)、41896～7、41904、41915、41917　叢1-223(56)

周文球　史3-21092

周文琅　史4-30041

周文翀　經2-10459　集6-42800

周文玘　子5-26220、27378　叢1-19(9)、20(7)、21(8)、22(6)、24(10)、40、175

周文重　史8-60514

周文禾　史1-6143　集4-31415～6

周文采　子2-6089、7667、9234～5

周文鼎　經2-14774　集4-22321～2

周文化　史4-30077

周文德　經2-10509～12

周文升　史2-9072

周文沆　集5-36395

周文濂　史8-60719

周文寧　子2-6981

周文浚　史3-21468

周文治　史4-30043,7-54371

中國古籍總目著者索引

周文漪　集2-11939
周文祿　史4-30083
周文海　史8-61474
周文榮　史7-57353
周文薦　史2-9072
周文蔚　集4-24859
周文萃　子3-14487　叢
　　1-373(6)
周文華　子1-4122,4-
　　19147～8　集2-6177
周文郁　史1-2988　子
　　3-14601　集5-40200
　　叢2-742
周文鳳　史8-58859
周文熙　集5-39447
周文會　史4-30258
周文命　史3-23213
周文焴　集3-15080、
　　15350,6-44580　叢2-
　　834
周文煒　子4-22549,5-
　　25184　叢1-201、203
　　(2、17)、461
周文耀　集5-35852
周文煥　子5-25184
周章煥　史7-55469
周章熠　史8-61911
周奕夋　集4-29376
周奕鈁　史7-52228～9
周言　史6-46524　子3-
　　13386
周訪疇　史3-22095
周玄　集2-6532～3,6-
　　44786
周玄貞　子5-29531、
　　29670
周玄暐　子4-20513　叢
　　1-420,2-674、731(54)
周衣德　集4-28304
周襄緒　史4-29949
周京　子2-4868　集3-
　　18083～5,6-43492、
　　45240
周京元　史4-29948
01 周龍雯　集3-15081
周龍官　經2-10752
周龍藻　集3-16296
02 周訓成　集3-15570
周新雪　史4-30091
03 周斌　史4-29915　集5-
　　39001～2

周誼　集4-24512
周詠棠　集6-43469
周誠之　史8-61293
周詒端　集4-32818
周詒蘩　集4-33106
周贇　史3-18086、22766,
　　5-34469,7-52436、58086
　　～7,58105　子3-17560
　　集5-37309　叢2-2020
04 周詵詒　史8-60687
周謹　史8-60770
周謨　史8-58537
周詩　史7-56568　集2-
　　9375～6,6-41935(3)
周詩雅　史1-5228　子
　　1-3283、3539,4-24037
　　集2-11695,6-43754、
　　45216
周誥　史2-8665,3-19415
05 周靖　經2-13168～70
　　集6-44156～7　叢1-
　　223(16、66),2-904
06 周韻仙　集5-38060
07 周翊廷　史4-30244
周調梅　史7-50436　集
　　4-27224
周韶音　經1-1795
08 周於德　子3-14459　叢
　　1-158
周於漆　子3-11401
周於智　史8-59292
周旋　集2-6679～81　叢
　　2-867
周效璘　叢2-622
周敦禮　史7-56759
周敦頤　子1-96、98～
　　100、145～6、564～7、571
　　～4、576～7、589、592～4、
　　597～8,5-29535(6)、
　　29536(6)　集1-2171～
　　82　叢1-213～4、451、
　　534、574(1),2-691(3)、
　　698(6)、731(39)、1032、
　　1346、1961
周謙　史3-19442　集3-
　　21097
周謙吉　集3-15484
09 周麟之　集1-3629～30,
　　6-41784　叢1-223
　　(54),2-809
10 周一寬　史8-60654
周一士　史4-29890

周一梧　史7-55655
周一鵬　集4-22043
周一錦　史8-60629
周二郊　集4-31748
周二學　子3-14795,4-
　　18622　叢1-202(4)、
　　203(10)、486,2-631、731
　　(33)
周工溇　史4-30006
周三進　史7-55731
周三錫　集6-42883
周三燮　集4-27505　叢
　　2-832(7)
周正　史7-49317(3、4)、
　　49318(8、9)、53595、53606
　　集2-12932,3-17216
周正方　集2-10140,6-
　　45010～2
周正彩　子2-10918,3-
　　13590
周正傑　史4-30173
周正紀　史8-59839
周正朝　史7-56062
周正思　史4-30087
周玉府　史4-29835
周玉麒　史3-19713,7-
　　51868
周玉瓚　集4-33105
周玉衡　史8-60801、
　　61157
周玉森　史4-29828
周玉階　子3-17131
周璽　史6-48195～6　集
　　2-7385～7,6-41716～7、
　　43118　叢1-223(21)、
　　2-820
周璽　史8-63479
周丕顯　子2-4912
周霈霖　集4-32278
周霖　經1-4066　史4-
　　29896
周元文　史8-63450
周元瑞　集7-47779
周元理　史6-48751
周元瑜　子2-7353
周元孚　叢1-143
周元鼎　集4-22402
周元昶　史3-22673
周元圭　史3-17957　集
　　4-31046～7
周元懋　集2-12931

中國古籍總目·索引

周元英　史8-59364
周元輔　集4-30508
周元暐　子4-20514
周元學　史2-7852　集2-7357　叢2-931
周元鏞　集4-28653
周元棠　集4-30298
周霽　集4-26328~9
周丙生　史5-34314
周丙榮　史3-16696、18748
周爾儀　史7-57837
周爾潤　史3-18682　集5-39004
周爾墉　史2-12749
周爾吉　史6-46458
周雨蒼　史8-62482
周雨農　史3-21815
周震　經1-7679　史3-18877　子2-6120、8059、8424~5
周震麟　史8-60447
周震榮　經2-10743、12582　史7-55230　集3-21311
周于番　子2-8402
周于仁　史8-62034、63489
周于禮　集3-20563
周于蕃　子2-4724、10407~11
周雯　集3-19777
周霆震　集1-5591~4,6-45012　叢1-223(61)、2-870(5)
周天度　史7-49318(6)、53498　集3-20756~7　叢1-202(5)、203(11)
周天麟　集1-2473,5-35490~2,7-48114~7
周天球　子7-34618
周天爵　史7-57797　集4-26087
周天任　史8-62427
周天佐　集2-8956
周天德　史8-58798
周天生　集4-22748
周天成　史8-61029
周天階　經1-3204
周天益　經2-13659~60、14793、15139
周天錫　史7-57679　子

4-21186~7　集3-15174
周再勳　史7-55656
周再勛　集3-13920
周百順　集7-49533~4
周西翰　子7-33069
周西範　史8-63112
周晉堃　史3-15740、18039,7-55075、55180~1
周晉麒　史3-15836、22212
周晉鑠　集4-28654
周晉鑅　史7-50435
周可禮　史4-30116
周𩆜聯　史7-53945
周雲　史2-10707、12441,3-16483,7-58078,8-59911　子3-11321　集2-8770
周雲章　子2-5200
周雲程　史4-30167
周雲路　子7-35120
周雲鳳　史8-59424
周栗　史7-57442
周霖　史3-16070
11　周疆　經1-4064~5
周項　史7-56830
周斐　史2-8208~10　叢1-19(4)、21(3)、22(9)、23(9)、24(4)、29(2)、2-776
周碩勳　史7-54978,8-60973、61363
周棐　集1-5644
12　周登庸　子2-8087
周登皥　史7-55010
周登瀛　集2-8744
周登煜　史4-30119
周瑞　史8-60117　集2-11875,6-41955
周瑞貞　史4-30020
周瑞清　史3-15492、18466
周瑞松　史7-52113
周瑞明　史4-30017
周瑞鍾　史4-30015
周珽　集6-43384
周瑔　史8-59807　子4-24448
周璠　集4-21975~6
周弘正　經1-358~9、

2322　叢2-772(1)、773(1)、774(2)
周弘祖　史8-64383、65257、66424　子1-3086,4-20643　叢1-425、541、545、547(3)
周弘禴　史7-55741　子4-20643
周弘起　經1-1075
周發藻　集5-36091
周延儒　經2-10487~8　史1-4901　集6-45354,7-50059
周延俊　集5-36771
周延齡　子5-25276
周延礽　史2-12414
周延年　史3-17026　集4-24710、25783　叢2-842、844
周廷諤　史2-11795　集3-16472,6-44524
周廷一　史6-43450
周廷元　史8-63202
周廷弼　史4-29870,6-44496
周廷佐　子3-16979
周廷寀　叢2-731(10)、782(2)
周廷寀　經1-33、4601、4603　史2-6989　叢2-814
周廷梁　史4-29912
周廷祚　史2-9108、9127,6-48510
周廷肅　史2-9072
周廷楨　史3-16919
周廷蘭　子2-4613
周廷英　史1-3604
周廷桂　史8-60344
周廷幹　史8-61097
周廷揆　史3-15630
周廷冕　史2-12103
周廷用　集2-7898~9
周廷鏡　史3-23308
周孔教　史6-44539、44561、47799、48376~9　叢1-273(4)、274(4)、360
周孔四　史4-30234　子2-10323
周孫荄　集4-32911
周孫錦　史3-19772
周砥　集1-5790,6-43670

30842
周德森　史4-29856
周德韓　集4-28499
周德華　史8-58480
周德馨　史3-22549
周德輝　史4-29971
周偉　史7-52077
周偉業　史8-61933
周佑　集2-10635
周佑予　集6-44079
周倩　集4-24857～8
周勛　經1-4067　史4-
　29951～2
周勛懋　經2-10864　史
　4-29918　子4-22615、
　23343、24426　集4-
　30725～7,6-44581
周勛忠　集6-44095
周勛臣　集5-35106
周勛常　集4-23916
周升元　經2-10368
周岐　集5-40473
周贊　史3-17735
周贊元　史3-22017,8-
　61128
周贊鴻　子2-5128
周綺　集4-32517　叢1-
　587(5)
周緒雅　史4-29947
周續之　經1-3582、4680、
　4818、5441　史2-6464
　叢2-765、774(3、8、11)
25 周生　叢2-624(4)
周生烈　經2-9237　子
　1-494～6　叢2-731
　(10)、762～3、774(6、9)、
　775(4)
周仲連　集3-21712
周仲士　史7-54966
周仲姬　集3-19195
周仲簡　史7-56921
周健行　叢1-571
周健成　子7-35275、
　35540
周傳文　史4-30154
周傳謀　史7-49319、
　54539
周傳射　史4-29850
周傳德　集5-37311
周傳榑　史6-45620、
　45708,7-49319

周傳鏡　集5-37255
周積仁　史3-19760
周積墉　史3-22643
周積蘭　史3-20581
周積蔭　集5-35461
周積賢　集7-46817
26 周白沆　集1-1594
周自齊　集4-28655～6
周自得　經1-7473　叢
　1-230(2)、2-731(63)
周自樵　子2-9729
周自閑　子2-5301
周自鎬　史4-30126、
　30137
周伯琦　經2-12444、
　12572～4　集1-5550～
　3,6-41784　叢1-46、
　204、223(16、61)、234,2-
　600
周伯貞　史3-21422
周伯畊　子4-20836～7
周伯義　史1-4106～7,7-
　49352、52240、52246、
　52260　集4-32063、
　33219、33566,5-33850、
　34091～2　叢2-806
周侃　集4-29203
周保章　集7-48261
周保璋　史3-18281　子
　1-2644、2879
周保珪　經1-6203～5、
　6359
周保琛　史8-59511
周吳孫　集3-16657
周岷緒　史3-20604
周和　史3-19591
周穆然　經2-11078
周繹山　史3-18602
27 周凱　史4-29965,8-
　58349、58351　子1-
　4463,4-21395　集4-
　24675、26903～10
周郵　子7-36228(6)
周佩蓀　集4-28097
周向青　集4-28305
周象明　經1-3957,2-
　11520　子4-21215、
　22348　叢1-364,2-811
周彝　史2-13065,4-
　29829　集3-17159～60
　叢2-1904
周名建　集5-39814

周魯　史2-13306,8-
　59026　子1-2625,5-
　25385～6
周魯封　子3-17684
周甸　集1-1028,3-17795
周郇　子7-36228(1)、
　36231(6)、36241、36242
　(1、3)、37225、37583
周郇雨　集7-48362
周彙誥　史4-29865
周紀賢　集5-35102
周紀常　子2-5693、8189
周綱　史4-29836
周綱鉅　史4-29809
周綱惟　史4-30155
周叔　叢2-1679
周叔泮　史4-30044
周紹胤　集6-44615
周紹鑾　史8-62009
周紹稷　史8-60108
周紹濂　史3-19614、
　23015,7-57281　集4-
　31104
周紹适　史3-19800
周紹達　史3-15572、
　19768
周紹樞　史3-21038
周紹蕙　集4-23915
周紹昌　史3-16606、
　22022　集5-40067～8
周紹劉　史3-16130
周紹曾　史3-17072　集
　7-46536
28 周以爵　史3-23330
周以豐　集4-25371
周以勛　史8-59014
周以清　史4-29983
周以南　子3-12847
周以存　集5-39301
周以均　史4-29957
周以翰　史3-21103,6-
　45387　子1-4166
周以炘　史3-19391　子
　3-15481
周以焜　史4-29924
周作淵　集1-1017
周作求　史4-30094
周作楫　史8-62185　集
　4-30449　叢2-1691
周作翰　史8-60555
周作人　子7-38202

周作鎔　集7-46439、47182

周倫　集2-7332

周儆弦　子3-13894

周徵儼　史3-21265

周徵樞　史4-30142

周復元　集2-9464

周復俊　史1-1506,2-7852~3,7-52226,8-61617　子4-20513　集2-8383~4,6-41935(5)、44504　叢1-223(70),2-643、931

周復源　史4-29858

周復初　子2-8205

周儀　集1-4862,6-42474　叢1-223(59)

周儀暐　史7-56877　集4-26693~5,6-41996

周從龍　經2-8744、9006、10442

周徐彩　史7-57487

周徐濂　叢1-564

周馥　經1-2020~2　史1-4231、4316,2-7523、10612、12307,4-30073,6-42193、46456、46609、46684、47208、49097~8,7-52792　子4-21981~2　集4-24992,5-36224　叢2-690、691(1、2、3)、2107

周齡　史3-15946、18489,8-60484

周綸　史3-23326,4-29827　子4-24190　集1-3492~3,3-15958~9,7-46398~400,47162　叢1-223(55)

周繪藻　經1-5133,2-11268、12686、15138

30 周室　史3-21816

周宣武　史1-6065,8-60433　集3-20060

周宣猷　史8-58789　集3-19544

周宜　集7-49563

周沆　史8-62524

周瀛　史4-29831　集4-25622

周濟　史1-2309~10、5280、5704、5880,6-43856　子3-15859、

15990　集2-6884,4-27218~23,7-47462~3、47639、48521、48553~4、48728　叢1-419,2-698(4)、731(48)、798、1686

周濟南　史4-29969

周濟民　叢2-682

周濟棠　史4-29839

周瀲　集4-24150

周瀲渠　子2-10922

周家彥　集5-35101　叢2-1013

周家齊　史8-59069、59071

周家謙　集5-38523

周家俊　史7-57692

周家寬　史3-22923

周家禎　史4-29904,8-58849

周家澧　史4-30061

周家業　史4-29868

周家祿　史1-8、554,2-13076~80,6-49133,7-54560、54565、54590　集5-37538~9　叢2-653(4)、731(4)、2058~9

周家楨　子1-2781

周家樹　子7-36232、36236

周家棟　經2-13757

周家檉　史4-30099

周家楣　史2-6368,3-15499,6-49068,7-54929　集4-25442,5-35787~8　叢2-2003

周家璧　經2-11295

周家駒　史6-46687,7-57610

周家賢　子4-20837

周永予　史4-29933

周永秀　史4-29975　集5-38486

周永肩　史4-29888

周永福　史4-29867

周永藻　史4-30211

周永春　史6-47650、47834、48461　子1-3808

周永年　經1-5304　史2-7886~7,7-51581,8-58972、59000、59348、65696　子1-2401~2

集1-2989~91,2-12930,3-21302~3,5-40581,6-41943　叢1-247、524,2-631、731(3)

周永錫　集6-45010~2

周永銓　集3-18441

周永堂　史4-30056

周進　史8-64632

周之方　集3-16954

周之龍　史6-44131　集2-10456

周之謨　經1-743　集6-42884

周之麟　集6-46055

周之烈　集4-24597

周之琦　集4-27401,7-47416~9、48517~8　叢1-509,2-665

周之瑚　史8-60048

周之璵　史4-26370　子1-4135

周之玠　集2-12797

周之貞　史8-61093

周之俊　史4-30253

周之德　子5-32015

周之綱　史1-2693

周之鱗　集1-2449、2707、3445、3483,6-41902

周之渭　史3-21379

周之道　集3-14340

周之士　子3-15129

周之楷　集5-33726

周之楨　史3-16831,7-55941、56143、57019,8-59048　集4-23284,5-40869

周之標　子3-16298　集6-42651、43766~7,7-54611、54614

周之翰　經1-3260　史6-44133

周之冕　史2-6905~6、8514~5,7-57851

周之驤　史3-17453

周之屏　史4-30080

周之駿　史8-60004

周之鏽　史8-58945

周之夔　集2-11753

周之鏌　集5-34497　叢2-838

周之錀　史4-29895

周憲章　史7-56113,8-

58260

周憲斌 史8-61584

周憲敬 史7-52392

周守璜 史4-29874

周守瑜 集5-41063

周守赤 史6-46139

周守胡 史4-30027

周守中 叢1-114(5、6)、117

周守忠 史2-6424、6712 子2-10961、10963、5-25559~61 叢1-142、175、2-708

周守典 集4-31475

周宇 經2-12826 史1-2973、7-55195 子4-20559

周準 史7-49317(3)、49318(6、7)、53556、53642 集3-18293、6-41778、43871~2、44266 叢1-223(54)

周安 集3-14284

周安康 集5-41162

周安仁 史3-18313 子3-13648

周安士 子4-22045

周宏 子2-11000

周宏運 史4-29884

周宏道 子5-24929

周宏鉅 史4-29934

周宏燨 集5-41667

周容 集3-14129~34 叢2-845(2)

周宅仁 史8-63354

周良劼 集4-27903

周良官 史4-30248

周良金 史2-6519 子4-23875

周密 史1-1112、1752、1914、2552~3、6-41989~92、42293、49239、7-50276~86、51516、52010、53315、8-65118~20 子3-14730、17575~6、4-20192、20202~11、23674~80、23815~6、5-26224 集1-4432、6-41776、45673、7-46352、46363、46375、46427、46710~7、48463~5 叢1-11、17、19(4、5)、20(2、3)、21(3、5)、22(2、3、4、5)、23(2、3、

5、7)、24(5、6)、27~8、29(5、6)、31、37、95~6、99~101、105、107、111(1、2)、154、169(4)、175、195(5)、199、223(25、41、42、45)、230(6)、244(3、4、6)、265(5)、268(3、4)、326、353、373(8)、389~90、407(3)、456(1)、461、465、474、587(5)、2-617(4)、624(2)、652、660~1、697、698(10、13)、730(3)、731(33、46、48、51)、735(2)、771(2)、832(1)

周官祿 史4-30162

周官錦 史7-54312

周定國 史4-29917

周寅 史4-30063 集4-31045 叢1-537

周寅清 集4-30450~1

周寅所 叢1-143

周寶 集5-41631

周寶生 子1-4216 集4-23412~8

周寶彝 集4-31838

周寶綸 史4-29909

周寶清 史3-16615

周寶嫻 集5-41520

周寶金 史4-30022

周寶善 集4-31478

周賓所 叢1-22(23)、29(7)

周宗麟 史2-12402、8-62508~9 集5-39550 叢2-2158~9

周宗玉 史3-23101

周宗璜 史4-29823

周宗建 經2-9408 史1-1286、6-48510~1 子1-218、5-29151 集2-11602、6-42885、43118 叢1-223(14)

周宗德 史4-30113

周宗彝 叢1-371

周宗濂 史1-1137、3-19481、6-41570、41581 子1-1602 叢1-299~300

周宗洛 史3-15902、19845、8-62494、62508 集5-37763

周宗坊 經1-8052 史4-30884

周宗杬 經1-33、4602~3 叢2-731(10)、782(2)、814

周宗旦 集3-18650

周宗臣 史8-61190

周宗智 史7-57571

周宗邠 集6-42389

周宷 集2-5952、6317~8、6-45010~2

31 周灝 集3-18489

周源 史4-29954 子2-10863 集2-6400、6-45013

周源贏 史4-29993

周源淋 經1-1353

周福保 史3-22815

周福柱 集3-16866

周遠 子7-36499

32 周兆龍 集3-17104

周兆熊 史4-29910、30115

周兆魚 集4-30908

周兆垣 集3-16784

周兆基 叢2-698(17)

周兆蘭 史7-52082

周兆桂 經2-9708

周兆松 史3-18545

周兆簧 史3-21708

周兆棠 史8-59424

周兆烜 集4-26988

周澄 史8-61520

周漸逵 史4-30218

周添成 史4-29847

周祈 子4-22265 叢1-223(40)、2-873

周遜 集3-20597

周業 集3-16471

33 周心安 史4-29920

周心源 史4-30187

周心如 子4-23734 叢1-325

周必大 史1-1914、2538~9、2551、2-8751、12507~9、6-42868~9、48140~2、7-52277、52430、52471、53803~5 子3-14918、4-19298~9、20093~4 集1-2007、3491~504、6-41900~1、41908、45486、45490、45608~9、7-46359、46364、46380、46585 叢

周祥亨　史4-29968

周祥駿　集5-40760

周祥鈺　集7-54834

周裕　史1-3721　叢1-
269(3)、270(2)、272(5)

周裕杭　史8-63217

周遵道　集6-45635～6
叢1-17、19(4)、20(2)、21
(3)、22(3)、23(3)、24(4)、
29(6)、2-777

周道　集2-6401,6403

周道仁　集2-12583

周道遵　經1-3009,4224、
7969　史4-30258,6-
46822,7-52329,57433
叢2-845(3)

周肇　集3-13833～4,6-
44533

周肇文　史4-29965

周肇祥　叢2-749

周肇恭　史4-30112

周肇槐　史3-17185

周啓　集2-6400～1

周啓儒　史5-40593

周啓勳　集4-30299

周啓郇　史8-60513

周啓源　史3-17920

周啓藩　史7-52031

周啓泰　史3-19808

周啓景　史4-30008

周榮　史2-12660,7-
55037　集4-23091～2

39　周泮貞　史4-29913

40　周大誠　史4-30090

周大韶　史6-46756、
46758　叢1-223(24)

周大璋　經1-6946,2-
8810～1,9085～6,9471～
2,9964～5,10724～5　集
1-3614,3616

周大烈　集5-39764～5

周大儒　史7-55918

周大巍　史4-30199

周大律　史8-59668

周大業　集3-21061～2

周大禮　經2-11934

周大裕　史4-30121

周大賚　史3-21152

周大圩　史4-29826

周大樞　經1-1360　集
3-19214～5,6-46288

叢1-480

周大封　集5-39923～5

周大槐　集4-28027,6-
42345

周大樽　集3-16657

周大輔　叢1-573

周大成　史7-57745

周大邑　史3-20688

周大鏞　史4-30002

周大錞　史4-30122

周友良　叢1-587(6),2-
721

周友松　史4-29837

周士　叢1-168(2)

周士章　史4-29938,7-
56016

周士謨　經2-10368　史
4-29855

周士弘　集2-11922,6-
41955

周士珠　集7-53924、
54114

周士彪　子5-25342

周士俊　史8-58503

周士佐　史7-57048

周士先　集2-9966

周士儀　史1-5563,8-
60584～5　集3-14226
～9

周士清　集4-33043,6-
44582

周士楨　史8-60121

周士彬　經2-13860　集
3-18053～4

周士藻　史7-56210

周士英　史7-57596～7

周士栖　史4-30188

周士拔　史1-3749

周士顯　經1-628～9,2-
8696～7,8954,9356、
9852,10272～4　史8-
64388　集6-42649

周士昭　史4-29911

周士屏　史4-29911

周士賢　史4-29851

周士鈺　集4-25623～4

周士釗　經2-9708

周士鍵　史3-17065

周士錦　子1-2867

周士炳　史3-19564

周士烱　史3-19571

周士爕　史3-19643

周奎　子4-23321　叢2-
1655

周奎吉　史3-20152

周奎照　史2-9724

周臺　史3-19436　集3-
13645

周臺公　子1-3301

周墉　史7-56510

周培育　史4-29843

周培之　經2-12882

周培九　史4-29987

周培藝　集5-41163

周才漢　史4-29937

周在延　經2-10610　史
2-9237　集6-45236～7

周在建　集3-17450～1,
6-41972

周在浚　史1-687,1961、
1979,3102,2-9237、
11661,7-52215,8-64636
～7,65257,66119,66201
～2　集3-15902,6-
45235～7,7-46405、
47109　叢1-202(8)、
203(14)、542、547(3)、
573,2-670

周在梁　集6-45235～7

周在都　集2-10880,3-
16059　叢1-206

周在恩　集6-44273

周在熾　史1-6067　集
3-20978

周克堃　史8-61817～8
集5-35553

周克復　子6-32091(67、
68),7-34527、34658、
34685

周克寬　史3-21692

周克友　史7-57920

周克恭　史3-22038

周克明　史4-29996

周南　子2-6131,3-13210
集1-3948～50,2-
12754,3-15257,4-24990
～1,6-41784,44964　叢
1-223(56)、373(5)、2-
674

周南瑞　集6-43693　叢
1-223(69)、2-599

周南老　集2-6215～6,6-
44469

周南性　史4-30423

周希商　集4-22044

周希武　史8-63309～10

周希哲　史7-57415

周希旦　史6-48328

周希夔　集6-44469

周希令　經1-7678

周希智　史4-29819

周有壬　史2-7836,7-56904,8-63853　集4-29589

周有德　史6-48653　集3-14535

周有科　集6-43807

周有才　史8-63357

周有聲　集4-23148

周存培　史7-55263

周存義　史1-1897,6-44729

周志　子3-11387,7-35547

周志高　史4-29939

周志訥　史4-30111

周志靖　史7-56934

周志雲　史4-29871

周志宥　史4-30151

周志源　集4-33275

周志澄　史5-40498

周志嘉　集3-14161

周志坤　史4-29940

周志槐　史4-30176

周志中　史7-54944

周志輔　史8-65263、66400

周志煥　史7-56123　叢2-785

周赤鳳　經1-7188

周杰　史7-57710

周支銘　史4-30183

周李培　史2-12270

周李爕　史2-12093、12270,4-30251

周嘉謨　史4-29907

周嘉露　史7-55357

周嘉穀　集3-15801

周嘉猷　史1-4665

周嘉胄　子4-18620、18896　叢1-195(6)、201,203(3)、223(38)、353、422、424、469、586(4),2-716(3)、731(33)、

735(4)

周嘉益　集4-28827

周嘉猷　史1-10(2、4、5)、4564、4725～7、4774、5234,8-58958　集3-21100,4-23327～9,6-42628　叢1-288、411,2-653(4、5)、731(62、65)

周嘉錫　子3-18102

周右　史7-56694

周奇翰　史4-30128

周奇岳　史4-29875、29976

周壽　史7-49673

周壽彝　經1-5927、5932

周壽寶　史4-29848

周壽祺　史8-61331

周壽梓　史7-55527

周壽椿　集4-28028

周壽昌　史1-8、24、158、280～1、373、446,2-6448、12841,7-49311　子4-19501、21559　集4-32518～21,6-42075、43161,7-46423、47847　叢1-496(8)、565,2-653(3、4)、731(64)、1863

周雄基　子1-2025

周去非　史7-50830　叢1-223(25)、244(4)、373(5)、489,2-731(57)、735(2)

周真一　子5-29530(19)、29543、31214

周真人　子5-29530(3、12)、30777、31046

周木　子1-767

周來謙　集3-19795

周來邰　史8-59196

周來賓　史3-16331,4-30718

周來賀　史8-60463

周來學　子5-31567

周柱坤　子1-1898、2607

周樵水　史4-29963

周校酈　史4-30143

41　周桓　史3-18214

周柄　史4-30182

周檟　集4-32633

周楨　史4-29967、30016　集4-25120,6-41977、43260

42　周彭年　史8-61834

周壎　史2-9148,8-58939

周埰　史8-62601

周斯億　史3-22169,4-30252,7-55330,8-62859

周斯才　史8-61904

周斯盛　史7-55586　集2-12606,3-15304、15660～1、16658　叢1-203(15)、210～1

周彬　子4-19629

43　周式度　史2-8405　叢2-729

周式坤　史7-52508

周城　史6-42158,7-50639　子1-2585　叢1-373(9)

周載道　子5-25604

周越　子3-15001、15052　叢1-19(11)、20(8)、21(10)、22(15)、23(14)、24(11)、29(2)

周越然　史8-66009、66399

周朴　集1-1766～7,6-41872、41878、41882～3

周栻　史3-15209,7-55438

44　周封魯　經1-1546～8

周芷筠　集3-16346

周堪賡　史6-46625、48566～7

周翥華　子1-1603　叢2-811

周藩　史3-19493　子3-12851,7-37840

周夢顏　史6-43434、43436　子1-1535,4-21113～4,5-30403、30501、30519,7-34505～6　集3-16903　叢1-376,2-724、731(13)

周夢彤　子3-16979

周夢秀　子7-34907

周夢熊　史8-62705

周夢齡　經1-6012、7677、7851～2

周夢臺　集4-27082

周夢華　集3-21185

周夢蛟　史3-19491

周夢暘　叢1-79

周夢暘　經1-5180　子

中國古籍總目著者索引

4－22260

周夢嚴　子4－23283

周堯珊　集5－37926

周莊　集2－11976～7、6－41955、45010、45012

周莊山　史2－10107

周梵彰　子7－35071

周芬佩　經1－1042

周芳　史4－29888　子1－634

周芳翰　史4－30130

周芳煦　史8－63432

周芳興　史4－29881

周蘭　史3－15548

周蔭南　集4－32102

周蔭恩　史3－21760

周蔭堂　史4－29908

周蔭棠　史8－63459

周蔚　史2－9319

周蔚如　集5－36453

周茂五　子2－9743～4

周茂建　史8－60249

周茂伯　史7－57467

周茂源　集3－14043

周茂沺　史4－29879

周茂才　史1－1234，3－19499

周茂榕　集5－38321

周茂蘭　史1－3002～3，2－7339　叢1－244(4)，2－688、731(67)

周茂榮　史4－29984

周葆元　集4－32277，5－34498

周葆濂　集4－33623　叢2－788

周葆恩　史8－60356

周葆貽　經1－4467～8　集5－40513

周蓮　史3－17767　集5－36004、37625

周芝沅　集4－26988

周恭　子2－4854

周恭先　史4－30013

周恭壽　史8－62198、62280

周蕙田　經1－1326、2902、4221、5707　叢2－639

周戀琦　史8－64042　子3－13019

周戀祺　史2－12701～2，

3－13988　叢2－1916

周戀泰　集5－38323～4

周戀原　集4－28999～9000

周莘農　子2－9502

周孝垓　經1－3556　史4－29885　子2－5371、6785

周孝楷　集5－37211，6－42017

周孝壎　集4－24909

周孝基　史4－30005

周孝學　集3－15860

周萃元　史7－56634

周萬雋　史4－30156

周萬綸　史4－30196

周萬清　子2－7604　集4－27694

周萬選　史7－56326

周萬鵬　史6－44415

周韓瑞　史8－60890　集3－14285

周攀　史4－30247

周華　經2－8762、9032、9424、9912　史8－58301

周華順　史4－30082

周華林　史3－15867　集5－37626

周若水　集3－13261

周蓉第　史3－15586

周蕃　史3－23008　集5－40868

周劼　集4－32630～2

周藹聯　集4－24085～6　叢1－373(4)

周藹如　叢2－686

周世綬　集4－28303

周世德　史8－61251

周世科　史4－30055

周世緒　集5－33838～9，7－48579

周世濠　史4－29927

周世澄　史1－3982

周世選　史7－55419～20　集2－9729

周世滋　史4－30007　集4－32101

周世澂　集5－36692

周世南　史7－57241　叢1－346，2－1740～2

周世樟　子5－25913、

26078

周世教　子2－9534

周世敬　史2－6467，8－65307　集1－163、377、380、461

周世恩　史7－57233

周世昌　史7－57035

周世則　史7－50421、50423　叢1－223(25)、301，2－687

周世賢　史7－57832

周世金　經1－187、1327

周世棠　集5－40843

周鬱濱　集6－44269～70

周芸巖　子2－8218

周藝海　史4－29873

周其永　集4－24411

周其芬　子2－9706

周其愨　子3－16243

周楚珩　史4－30097

周楚良　集5－36592

周楚瀾　史4－30177

周楚善　史3－21560

周樹　集4－28026、7－49386

周樹清　史3－19285，8－63138

周樹楨　史7－50087

周樹標　史6－46004

周樹模　史6－49184　集5－39551～2

周樹槐　史8－58919　集4－28099

周樹馨　集4－33624

周樹昌　集5－40870

周樹人　史2－6210、8050、8054～6，7－50414～5、50418、50420　叢2－845(4)

周樹美　史7－57235

周桂山　子2－9631

周桂笙　史2－10983

周權　子3－16590～1　集1－5106～9　叢1－223(60)，2－616、856

周植　經1－6349　史7－56827

周植瀛　史7－55373

周蘊良　史3－16793　集5－40427

周薪之　史4－30140

周藕仙　史4－30146

周模　經1-6446
周枝棘　集6-44156～7
　　叢2-904
周林　史7-54983
45 周坤　集4-29536～7
周椿年　集5-35105
周榛　集4-33532
46 周旭　史3-21834
周坦率　集2-7032
周坦然　叢1-206
周坦升　集1-70
周觀光　史3-19943　子
　　4-21134
周塤　集2-10301～2,6-
　　41935(4)
周觀光　經2-11077
周如砥　經2-9389　子
　　5-29138　集2-10731～
　　3
周如磐　集2-11104～6,
　　6-45425
周如綸　集2-10615
周如春　集4-26377～8
周如璧　集7-48780、
　　49345～6
周如錦　集2-10151～2
周韞玉　集5-39448
周韞祥　集4-26495
周賀　集1-1606,6-
　　41739、41824、41859、
　　41869、41872、41879～80、
　　41882　叢2-636(3)、
　　661
周相　子3-11676
周相維　史4-30197
周楫　經1-5814　子5-
　　27741～4　叢2-720(5)
47 周均　集7-53904
周郁賓　史7-56492
周鶴　史3-15473,8-
　　60685
周鶴立　史7-58123　子
　　5-26517　集4-25121
周鶴慶　史4-29918
周鶴羣　子2-4665、9659
周鶴汀　史4-29899
周鶴遠　史4-30114
周愻　子4-24741　集3-
　　17463　叢2-931
周聲逸　經1-2052
周聲溢　經2-12324　集

5-37312
周聲洋　史3-22689
周聲直　史2-13260
周聲柯　史1-3649
周朝俊　集7-49945～7
周朝槐　史3-16274,8-
　　61093
周朝陽　集4-30300
周馨桂　集5-33841
周起高　叢1-176
周起元　史2-11547,6-
　　48450～1　集6-43118
　　叢1-223(21)
周起予　集5-38058
周起富　史4-30057
周起渭　集3-17250～2
　　叢2-885、1020
周起鳳　史4-29953　子
　　7-37739
周超　史7-55994
周超鍊　史4-30212
周桐　史3-22582
周毅　經1-1205
48 周增福　史4-29861
周翰　經2-8577
周翰西　史1-1939　叢
　　1-256
周翰臣　史4-30001
周幹　經1-1683
周幹濟　史4-29943
周幹臣　集5-35290
周榦　經1-7906　史7-
　　57851
周敬理　史4-29994
周敬燮　集3-16473
周松齡　子2-10419
周松年　經1-3296
周樽　經1-100、1371、
　　4075、5054、5303,2-
　　11225　史4-30249　集
　　6-42500
周樽元　集7-47486
周樽眉　經1-7275
周梅梁　子3-13634
周檢　史3-19466
50 周中孚　史1-301,8-
　　61155、64050、65747、
　　65749　子4-21729　叢
　　1-426、469、495、586(3)、
　　2-716(2)、731(7)、843
周中錫　集4-29963

周申緒　史3-19759
周泰　子4-21357　集6-
　　45012
周泰舒　史4-30159
周青　集7-47882　叢1-
　　509,2-1686
周青崖　集5-36073
周本孝　經1-4435
周本性　史4-30127
周惠中　史4-29928
周忠　史8-62962
周忠信　集4-27617
周書　集7-50303
周書西　史3-21099
周書樵　史4-29818
周春　經1-2901、6971,2-
　　8467～8、11209、11319、
　　11981、14116～9、14540
　　史1-718、2893,2-13348
　　～50、13355,7-50378、
　　57350　子5-25853、
　　28414,7-34841　集3-
　　21224～6,6-45996～
　　6000　叢1-202(5)、203
　　(10、11、12)、241、242(2、
　　3、4)、294～5、321、373(4、
　　5)、422、424、456(3)、469、
　　538～9、542～3、547(2)、
　　556、568、586(4),2-716
　　(4)、731(16、25、27、47)、
　　1495～6
周春元　史3-22015
周春溶　史3-22581　子
　　1-4329
周春臺　史4-29959
周貴訓　史4-30191
周素貞　集4-22270
周束曉　史2-6638
周東亮　史4-30092
周東田　集2-9534
51 周振武　子2-5945
周振瓊　集5-38322
周振業　經2-10665　集
　　3-17143
周振鶴　史8-63285
周振聲　史7-55920,8-
　　61169
周振翰　史3-20649
周振鏞　集5-38430
周虹　集3-20457
52 周揆　集2-6318
周揆源　集1-4057,4-

29803,6-44794　叢2-874

周靜　集2-6317,6-45010～2

周靜儀　集5-36939

周靜遠　集4-26739

53　周輔清　史5-33604

周軾　史8-58833

周盛傳　集5-35662

周盛典　史3-15859

周成　經2-14702～8、15116、15119、15137、15142　叢1-495、586(2)、2-716(1、2)、774(8)

周成方　史4-30207

周成章　史4-30220

周成勳　史4-29961

周專　經2-11470

54　周持雅　集6-42176

周拱辰　經1-7285　子5-29365　集1-121～2,2-12512～8　叢2-838、1228

55　周農　集4-24908

56　周規　集3-13167

周揚俊　子2-4771(2、3)、6358～60、6765、6820～1、7539、7706

周擇樞　史4-30141

57　周邦　經2-13432

周邦彥　史7-50635　集7-46352、46356～7、46380、46428、46503～8　叢1-223(72)、265(5),2-698(10、13)、720(2)、833

周邦慶　集4-31625

周邦穎　史4-30036

周邦傑　史7-56893

周邦儉　史4-29849

周邦福　史1-4151

周邦彬　史7-55535

周邦赴　史4-30034

周絜　史1-6180

58　周掄文　史4-30109　集5-35103

周捨　經1-6035　叢2-774(4)

60　周□　經2-9230　集2-5952　叢2-774(6)

周□謙　史4-30242

周□□　集4-28422,6-41935(5)　叢2-1366

周日庠　經1-4668

周日漣　集6-44345

周日昕　史3-19579

周日用　子1-61,4-23733、23735,5-26224　叢1-74～7、90～2、99～100、114(5)、144、227(7)、272(4)、316～7,2-628、698(8)、730(5)、731(27)

周曰庠　集4-29538

周曰山　叢1-520

周曰泗　史8-58487

周曰蕙　集4-32388

周曰年　經1-7891

周星　集3-13631

周星詒　史2-12998～9,8-65862～4　子4-24453　集5-35661,7-48156　叢1-584,2-645、746、934

周星蓮　子3-15222,4-24524

周星譻　集5-34198

周星譽　史2-12907～8,7-49317(9)、49318(12)　集5-34570,7-47993　叢2-799～800、934

周昱　史1-1280,4-29901　集4-22564

周國方　史8-58651

周國璉　史4-30075

周國瑚　史4-30159

周國玠　經2-9571～2

周國豐　史4-29992

周國賓　史4-29816

周國選　史4-31022

周國華　史8-62246

周國頤　史8-62036

周易　史8-62912　集4-30032

周冔潢　子2-5093

周思誠　子1-1802

周思元　史4-29955

周思栗　史4-29956

周思武　史4-30078

周思仁　史8-60710　叢2-724

周思得　子5-30618　集2-6418～9,6-41935(3)　叢2-833

周思宣　集5-36457

周思濂　經2-12569

周思兼　子1-1042,4-20531　集2-9305～8,4-28098,6-45336、45340

周思鑑　集5-39119

周思敏　史4-29955

周恩仁　子4-21112

周恩綬　集4-31200～1,7-47681

周恩緒　史3-22641

周恩煦　集5-38059

周冕　史4-30071　子3-18029

周因培　子1-1751　叢2-1013

周昇　史1-6130,7-54563　集4-30506～7　叢1-407(3)

周昌　史1-3637　集3-16559

周昌言　史4-29841

周昌晉　史6-43882

周昌基　集6-46048

周昌年　史1-5447～9

周固樸　子5-29530(20)、31943

周昂　史1-2413,2-7133,7-57090　集3-21527～8,7-50331、50344、54840

周曇　史1-6043　集6-41824

周是　子4-23839　集2-6367～8

周是修　叢1-223(63)

周杲　集7-50311～2

周景一　子3-13499

周景崧　集3-20347

周景濂　史4-29860、30045　集3-14162

周景柱　史7-55747、55916

周景式　史2-6924　叢2-628、731(61)、770

周景昌　集3-21713～4

周景頤　史3-22726

周景陽　史4-30218

周景益　集4-22091

周景曾　史3-15889、17152

61　周顯廷　史3-20145

周顯濱　史4-30180

周顯祖　子3-17716

周顯　叢1-114(3)

62 周暟　集7-46409、47316~
　　8、50369
63 周畹蘭　史2-8503
　周貽繃　史7-55996
　周貽安　史3-22372
　周貽縈　集7-47864
　周貽觀　子2-8196
64 周曉春　史1-4948
　周曉卿　史4-30214
　周時雍　子5-25210~1
　周時復　子5-27064
　周暐　集5-39629
　周勛　子3-18089
　周勛懋　史2-6434
65 周晴川　史4-30065
　周映康　集3-13380
　周映清　集3-21098
66 周喟　集3-21914
　周嬰　子1-2143、4-22289
　　集2-12604　叢1-223
　　(40)、301、2-731(7)
67 周曜雲　集5-37078
　周曜南　史4-30011
　周明誠　史4-30186
　周明德　集4-22749
　周明泰　史1-10(2)、347、
　　4667、2-11016、11230、
　　11252、11266、8-65108
　周明陽　史4-30124
　周明焯　經1-2023~4
　　叢2-691(2)
　周明榮　史4-32279
　周鳴　集2-6444、3-18610
　周鳴鸞　集4-28655~6
　周鳴臯　史4-30147
　周鳴禮　集4-30452
　周鳴裊　史2-11047
　周鳴春　史4-29882
　周鳴鏘　史4-29862
　周暉　史7-50101~3　子
　　3-15859、15939、16037
　　叢2-721
　周昭　子1-504　叢2-
　　774(9)
　周嗣彬　史4-30192
　周嗣驗　史4-30168
70 周雅宜　子2-10510
　周驤　史2-9183　叢2-
　　670
71 周厚基　史2-9786、4-
　　29892

周厚地　史4-29817、7-
　52214、56483
周厚坤　史8-63872
周厚轅　集4-22403、6-
　44228
周厚光　史8-61533
周原　集4-28025
周原瑞　史4-30113
周原憲　史4-30205
周匡物　集6-41883
周臣　子2-11019　叢1-
　114(6)、117
周長庚　集5-35554
周長發　集3-19064　叢
　1-223(18)
周長有　子2-5348
周長森　史1-3889、2-
　10017、12936　集5-
　36770
周長泰　集4-25301~4
72 周岳　史4-29926
　周岳崐　史3-21704
73 周駿發　集3-21561
74 周馳　集1-5111
　周慰曾　集5-35021
　周騏　史3-15686、19746
75 周體元　史7-57949
　周體觀　史7-55182~3
　　集3-13989~90
77 周鳳(釋)　史6-45106
　　叢2-606
　周鳳勳　史8-63206
　周鳳岐　史3-18654　子
　　7-35116
　周鳳池　史7-56491
　周鳳翥　史2-12093
　周鳳鳴　史8-59336~7
　　集4-23181
　周鳳翔　史3-22090、7-
　　55898　集2-12218~
　　21、5-39815、6-43118
　周同　集2-12333
　周同道　史4-30202
　周同愈　集5-39226~7
　周同谷　史1-4429~33
　　集2-11966~72　叢1-
　　376、2-625、639、731
　　(43)、794
　周月貞　集3-18865
　周月波　史4-30066
　周用　經1-3158~9　史

6-48512　子3-16505
　集1-45、2-7684~5
周用才　經1-7569
周用錫　經1-2956
周屏甫　史4-29859
周履方　集4-31749、6-
　42007(3)
周履端　子2-9536
周履靖　經2-13412　子
　1-4243、2-5886、11030~
　1、11176~8、11180、3-
　14048、15918、16305~9、
　18015、18234、4-18925、
　19098、19385、19410~2
　集2-10176~88、6-
　42237、42426、42600、
　43703、46249、7-48487、
　49709、49874~5、50601
　叢1-22(26)、86、220、
　498、2-730(6、7、8)、731
　(13、15、27、30)
周履寬　史4-29876
周履福　集3-20348
周殿奎　史3-18081
周殿封　史4-30217
周殿邦　史4-30079
周居岐　集6-42102
周際雲　子4-23625
周際霖　史7-56830
周際虞　史8-61753
周際華　經2-8854、9135
　史2-9724、6-43152~4、
　8-59683　子1-2278、
　4-23320~2　集4-
　25011、26233、29689　叢
　2-1655
周熙文　集6-44275
周熙元　史3-19674
周熙清　史4-29824
周聞　集2-13001、6-
　41942
周聞孫　集1-5835
周學霆　子2-6154
周學瑋　史4-30028
周學羣　子2-9570
周學仕　史8-61146
周學健　經1-5240、5282
　史6-48753　叢1-223
　(8)
周學濬　經1-3017　史
　7-57251、57255、57277
周學淵　叢2-691(3)

周學心　子1-1032

周學洙　集5-35855

周學海　史3-16535、
18802　子2-4727、
4749、4771(2、3、4)、5197、
5329、5414、5449、5459、
6077、6170～3、6180、
6229、6636、6828、7237、
8450、9134、9192、10522、
10548、10777

周學熙　經1-6896　史
2-10475、10526～8、
10589,6-45357,7-
49899、54178,8-65958
子1-1487　集1-2155、
3460、3597、4762,5-
40130　叢2-690、691
(1、2、3、4)

周學曾　史8-58321

周學銘　史3-16498,7-
58077,8-61842

周學舒　子7-35734

周丹書　子5-32052

周丹忱　史4-24998

周開　史4-29980

周開仕　史4-30170

周開坊　史4-29807

周開基　史4-30068

周開錫　集5-34571

周開銘　史3-15587、
21650　集5-34571

周開煜　史4-30165

周舉修　史4-30208

周謦芬　史3-15411

周問渠　史4-29988

周卿　史8-58926

周鷗　經1-882

周民澄　叢1-496(3)

周民初　集2-10171

周巽　集1-5341　叢1-
223(62)

周與爵　集1-2177

周興嶧　史7-57203

周興圭　史4-29889

周興南　子2-7501

周興嗣　經2-13366、
13372～4、13379～81、
13396～7、13399、13411
子3-15302

周賢琾　史4-30048～9

周賢牢　子2-9011

周賢昀　史4-30050

周閑　史2-12866,7-
52742　子3-15496　集
4-33531,7-50656

79 周騰虎　史2-7830、12847
子4-21974　集4-
32908～12,7-50347　叢
2-1878

80 周人廉　史4-30101

周人龍　史7-55725　集
4-31199

周人麒　經1-1302、5718,
2-9972　集3-19864

周人謨　史4-30039

周人遜　史4-30038

周人甲　子3-14059

周人驥　史7-50259　集
3-19063

周益　史1-6092　集5-
35101　叢2-1013

周金　集2-7580～1,6-
41935(4)

周金章　史2-6906、8515

周金然　子5-29360　集
3-15208～13,6-42569
叢1-241、242(4)

周金壇　史1-4937　子
5-25350

周金華　史4-30106

周金田　史4-30059

周鏡弦　史4-30058

周鏡泉　史4-29886

周鏡湖　子2-6259

周鏡涵　史3-23379

周翕鐈　史2-8181,4-
30108～9,6-47810,8-
59300

周鎬　經1-1463　史7-
49318(5)、53248　子4-
23531～2　集4-23853
～8　叢2-1584

周鏞　經1-3297,2-10896
史4-29970　集4-
29204

周鑣　史2-7082、7310
集2-11640～1

周鐏元　史8-58705

周鑛　史4-29991

周介玉　集5-35853

周兼三　史4-32088

周羲　集3-20876～7

周令樹　集3-14669

周無所住　子5-29530

(21)、31219

周念祖　史1-2917

周念東　集2-11009～10

周美琛　史4-30072

周毓麟　史8-58716、
59685

周毓瑄　史7-55911

周毓齡　經1-7677　子
2-8087

周毓芳　集4-33276

周毓英　子3-12375～6、
12607,7-37497

周毓桂　集4-31357～8,
6-42007(1)

周毓邠　史8-66143

周合戊　集5-37762

周善登　集5-39003

周善承　史3-20111

周善鼎　史4-30081

周善達　史4-30078

周善祥　集5-36591

周善培　史2-10762

周首翊　史4-30209

周曾鏞　集5-36772

周曾錦　集5-41545

周含萬　史3-13731

周公才　史2-10783

周公樓　史4-30069

周公恕　子5-25527

周公輔　集6-42393

81 周頌孫　史7-57180

周頌聲　史3-16560

周榘　史6-42259　集2-
6400～2　叢1-435

周敘　子4-19130　集2-
6675～7,4-27693,6-
45764

周敘彝　史8-62310

82 周鍾　集6-42978、45398～9

周鍾麟　經2-13248　史
3-20566

周鍾瑄　史8-63481

周鍾嶽　史8-62337　集
5-41289

周鍾泰　史8-58833～4

周鍾雅　史6-43472

周鐈　史7-55468　集6-
44387

83 周鉞　史3-22534,8-
62513　子2-10675

周鐵錚　史7-56115～6

97 周耀藻　經 1 - 7977
周輝祖　史 4 - 29821
周輝有　史 4 - 30241
周耀祥　集 4 - 31477
周煥　史 3 - 18694
周煥章　史 7 - 55086
周煥奎　史 3 - 21115
周煥樞　集 5 - 35854
周煇　史 1 - 1914,7 - 53807
　子 4 - 20074~7　叢 1 -
　11~2、17、19(6、9)、20(3、
　6)、21(8)、22(4、9)、23(4、
　9)、24(6、9)、31、56、95、99
　~101、220、223(45)、244
　(5)、447,2 - 636(3)、730
　(3)、731(51)、735(2)、809
周燦　史 6 - 43109、45015
　子 1 - 2121　集 3 - 13302
　~3、15076~8、6 - 41969
　叢 2 - 796
98 周悅讓　史 8 - 59259　子
　1 - 3995
周悅修　集 5 - 34932　叢
　2 - 934
99 周變　史 4 - 27667
周變鼎　史 3 - 21819
周變鴻　史 3 - 22435
周變祥　集 4 - 27143
周榮　子 4 - 22212
周榮朱　史 7 - 53067、
　53663
周榮程　集 4 - 31540
周榮圭　史 4 - 29998
周榮棣　史 4 - 29919
周榮增　史 4 - 29854

岡

10 岡元鳳　經 1 - 4097
20 岡千仞　史 7 - 49317(1)、
　49318(12、16)　子 7 -
　36250、36374~5
44 岡村增太郎　子 7 - 37503
50 岡本　子 7 - 36285
岡本一抱子　子 2 - 4771
　(4)、10243
岡本茂　子 7 - 36978
岡本監輔　史 7 - 49317(1、
　3、5)、49318(4、17、18)
　子 7 - 36228(2)、36273、

　36284、36359、36386、
　36488~9、38048　叢 1 -
　496(6)、548
60 岡田朝大郎　子 7 - 36644
岡田挺之　經 2 - 8316、
　8487　叢 1 - 390,2 - 731
　(16)
67 岡野增次郎　子 7 - 37142

月

00 月庵　子 4 - 24696
23 月參(釋)　叢 1 - 368
27 月魯不花　集 1 - 5794~5
31 月潭(釋)　子 2 - 7349
33 月心(釋)　子 7 - 33927
34 月婆首那　子 6 - 32081(1、
　6、16)、32082(5)、32083
　(2、5、11)、32084(1、5、
　10)、32085(2、6、16)、
　32086(1、6、18)、32088(2、
　5、12)、32089(2、5、14)、
　32090(1、7、19)、32091(1、
　6、18)、32092(1、5、13)、
　32093(3、6、7、13)、7 -
　32133、32238、32274、
　32323
37 月湖漁隱　子 5 - 28548
月湖居士　集 7 - 53934~6
38 月海(釋)　集 3 - 16290
44 月榭主人　集 7 - 50079~
　80
46 月如　集 5 - 37198

朋

30 朋家義　史 4 - 29806
40 朋九萬　史 2 - 8678~9
　集 6 - 45486　叢 1 - 22
　(14)、23(13)、282(2)、283
　(2)、461,2 - 731(17)

陶

00 陶方琯　史 3 - 19921　集
　4 - 33005

陶方琦　經 1 - 163(4)、
　1852~4、4622、4624,2 -
　11259~60、11890、12730、
　12753、12755~6、12758、
　12760、13254、13256~7、
　13342~3、13350　史 2 -
　6918、11109~11,3 -
　15890、19920　子 4 -
　19704~9　集 5 - 37447
　~53,6 - 44326、46137,7 -
　48228~30　叢 1 - 570,
　2 - 645、847、2045
陶應鯤　集 2 - 12478
陶應逵　史 3 - 21463
陶應潤　史 7 - 56204
陶應榮　集 4 - 27464,6 -
　42007(2)
陶慶　史 2 - 12147
陶慶仍　史 3 - 17050
陶廣榮　集 5 - 34823
陶賡唐　史 7 - 51702
陶亦魯　史 2 - 8059　叢
　2 - 900
陶文鼎　集 5 - 34891~2
陶文彬　史 8 - 61611
陶章潙　集 4 - 24875
陶章煥　集 3 - 20894
陶奕曾　史 8 - 63117、
　63172
01 陶諧　集 2 - 7612~3
03 陶詒勛　史 3 - 22332
07 陶望齡　經 1 - 831,2 -
　10298、10421　史 1 -
　1929,7 - 50426、53446
　子 1 - 1094,4 - 18775、
　18790、23988、24156,5 -
　25677~9、28949、29129、
　29312~3　集 1 - 2398、
　2560、2579、3336,2 -
　9178、10818~25,6 -
　41871、42841、43913、
　45285、45336　叢 1 - 22
　(25)、30、119~20
08 陶謙光　史 2 - 12871
10 陶一鳴　集 5 - 40398
陶正靖　經 1 - 4009、7796
　集 3 - 18339~43　叢 1 -
　269(2)、270(1)、271、272
　(1、2)、437,2 - 731(37)
陶玉珂　史 3 - 17400、
　22614　集 5 - 39852
陶玉禾　史 1 - 143　集 6 -
　43636

陶玉金　史 5 - 33461
陶五松　子 2 - 8779
陶元珍　史 1 - 10(2)、433、4668
陶元淳　集 3 - 16131、16273～8
陶元士　史 3 - 21151
陶元藻　史 2 - 8065,5 - 33476～8,8 - 58198、58354　子 3 - 16102　集 3 - 20327～9,6 - 46006～8,7 - 47636　叢 2 - 625
陶元甘　史 6 - 42629
陶丙壽　子 4 - 23304
陶爾毬　集 3 - 17224～5
陶无垢　史 8 - 65724
陶天德　集 5 - 39316～7
陶晉英　史 7 - 50737　叢 1 - 195(7)
陶栗村　史 5 - 33504
11 陶珂　史 3 - 17253
12 陶登　史 2 - 8889
陶珽　經 1 - 6756　史 1 - 5518～9　子 6 - 32091 (80)　叢 1 - 22(1)、23(1)
陶聯琇　史 3 - 16595、20267
陶弘景　史 2 - 8536　子 2 - 5516、9111～2、10951,3 - 11266,4 - 18540、18566～7、19611、19616,5 - 26222、26850、26852、29530(3、4、7、9)、29535 (6)、29536(6)、29980、31047、31588、31791～3、31894～8　集 1 - 386、530～4,6 - 41694～8、41794　叢 1 - 2、6～7、13、14(2)、19(10)、20(8)、21(9)、22(9、16、19)、23 (9、15、18)、24(10、11)、26～8、29(1,2)、71、74～7、98、101、169(3、4)、170～1、182～3、185、223(32、38、47)、249(1)、265(4)、268(4)、272(4、5)、323～4、383、540～3、547(4)、2 - 600、635(5)、658、698(6)、721、726、731(10、16)、788、873、900
陶廷璐　史 8 - 58734、62262　集 4 - 23442
陶廷珍　集 4 - 23305

14 陶琪　史 2 - 10552,5 - 33465
17 陶弼　史 7 - 49309　子 4 - 19896　集 1 - 2183～7,6 - 41744～6、41748、41784、41893、41894(1)、41895～8、41923～4　叢 1 - 223(51)、416、585
陶承慶　史 6 - 42659
陶承業　史 6 - 49263
陶承熹　子 2 - 4770、9390～1
陶承學　經 2 - 13795　集 2 - 9302　叢 2 - 900
陶豫　史 5 - 33495
陶及申　經 2 - 10795　史 1 - 1352,8 - 65285～6　集 3 - 15621～2　叢 2 - 848、900
陶邵學　集 5 - 40013
19 陶琰　集 2 - 12881,6 - 41943
20 陶垂　史 3 - 20813
陶重茂　史 3 - 13457
陶秀資　史 5 - 33462
陶秀夫　叢 2 - 795
陶孚尹　集 3 - 15547
陶季　集 3 - 13898～9
陶秉禮　子 1 - 1742
陶秉銓　叢 2 - 900
陶維垣　集 3 - 19782,7 - 47340
21 陶師韓　史 7 - 49318(21)、53058
陶貞一　史 2 - 7937～8,6 - 42331　集 3 - 18018～20　叢 2 - 790～1、793
陶貞懷　集 7 - 53980
陶穎發　史 7 - 55524
22 陶鼎金　集 5 - 41087
陶崇謙　集 2 - 12740　叢 2 - 900
陶崇政　集 2 - 11930～2
陶崇信　集 5 - 41477
陶崇道　史 6 - 48574　子 5 - 29160、29348　集 2 - 12083
23 陶允宜　集 2 - 10056
陶允淳　集 2 - 7612、9914　叢 2 - 900
陶允嘉　集 2 - 9949
陶然　集 5 - 35239～41

24 陶先琬　集 5 - 40533
陶贊　子 3 - 12618
25 陶仲明　經 2 - 12094
陶傅堯　史 5 - 33481
陶傑楊　史 5 - 33510
陶紳　集 4 - 28336　叢 2 - 900
陶純炘　集 5 - 34650　叢 2 - 2136
26 陶自悅　史 7 - 55706　集 3 - 15826
陶侃　子 3 - 13144
陶保廉　史 7 - 49319、53752、54052　子 2 - 5211,3 - 11472、11532
27 陶凱　史 2 - 6495
陶磐　集 4 - 22023
陶叔獻　史 6 - 43188、43203
陶紹侃　史 8 - 60154
陶紹曾　子 4 - 24668　集 5 - 41304
28 陶牧　史 7 - 56169
30 陶宣炡　史 2 - 6279,5 - 33472
陶寧祚　子 5 - 30344
陶家驥　史 3 - 17183
陶之典　史 8 - 60443　集 3 - 14410
陶憲曾　集 5 - 41304
陶守愚　史 3 - 18152
陶安　子 5 - 24931　集 2 - 5977～80　叢 1 - 223 (62)
陶安生　集 5 - 37270
陶宏景　叢 1 - 3
陶良翰　史 3 - 17038
陶良駿　經 2 - 13974　史 7 - 55768
陶寅保　集 5 - 39265
陶宗亮　集 5 - 33875
陶宗儀　經 1 - 4846　史 1 - 1914、2042、4396,2 - 6460、6714、6735～6、7129～30、13374,7 - 49331、53063～4,8 - 63502、64367～8　子 1 - 3967、4034、4040、4056,3 - 15023、17518,4 - 20254～61、22214、22953,5 - 26222、26224、29541、31275　集 1 - 5005,2 -

5959～60、6-41927～8、
7-48767(1)　叢1-11～
2、17～8、19(1)、20(1)、21
(1)、22(1、16、18)、23(1、
16、18)、24(1)、31、95、
134、154、169(3)、173、
204、223(28、37、42、45)、
244(6)、265(3)、278、303
～5、407(3)、550、580、587
(2)、2-637(3)、643、687、
730(3)、731(4、34、43)、
735(4)、851

陶宗奇　史7-55156

31 陶潛　經2-8326、8574～6
史2-6276～7、6522、
6919、8527　子1-61、3-
15333、4-19250、5-
24760、26224、26804、
26810～1　集1-393～
454、2-10185、6-41693～
700、41702～3、41705～7、
41770、41794　叢1-19
(2)、21(3)、22(9、19)、23
(9、19)、24(3)、26～8、29
(1)、30、74～7、86、98、
101、114(2)、119～20、
125、162、169(4)、182～3、
223(45、47)、249(1、2)、
265(4)、268(4)、291～4、
349、395、447、466、559、2-
617(2、3)、635(6)、691
(3)、698(8)、726、730(8)、
731(38、41、49、61)、2251、
2253

陶滋宣　經1-5835、2-
11259　史1-2050、2-
10127、13151～3、6-
49212、7-52054、53414、
8-64444、64783、65405、
65408、65412　子3-
15232、4-21827、22767
集5-38004～12、6-
44668　叢1-402～3

陶源　子5-25380
陶祉　集3-18166
陶福保　史3-18191
陶福清　集4-28534
陶福祝　集5-39138
陶福祖　集5-39138、
39523
陶福祥　經1-4339　叢
2-658
陶福基　史5-33454
陶福履　史6-42289　集

7-47937　叢2-731
(18)、869

32 陶淵明　集6-41692、
41769
陶澧　史5-33505
陶淩　集6-44423

33 陶必銓　集4-23877～8、
6-42066
陶治　集6-45430
陶治元　史3-18831、8-
66176～7
陶梁　子5-27163～4

34 陶澍　經1-1464　史2-
9587、9771、11149、6-
44158、47421、48816～9、
7-49317(3、4、7)、49318
(7、10、13)、53029、53656、
53958～61、57749、8-
60508～9、60514　集1-
435、4-23664、23666、
26924～40　叢1-312、
408、2-698(8)、771(2)
陶汝蕭　史8-60443　集
2-12411～7
陶汝鼎　史5-33502
陶汝先　史5-33459
陶汝楫　史5-33468、
33470
陶汝榮　史5-33483
陶淇　集4-32554
陶達烈　史5-33507

35 陶迪策　叢2-900

36 陶湘　史2-10531、10553、
10926、12445、5-33498、
8-64773～4、65258、
65478、65480、65498、
65509、66236～7、66426～
7、66429～32、66456～7、
66496、66500　集6-
45334～5　叢2-687～9
陶澤　集2-5973～4、6-
45336、45340

37 陶鴻慶　子1-88、5-
29413
陶鴻逵　子3-17642
陶渙悅　集4-23443
陶漁校　經2-13149
陶淑　史7-55392　集7-
48270
陶淑宇　子3-12525、
14148
陶淑禮　史8-61710
陶潯霍　集2-7481

陶涵　史5-33489
陶涵中　史2-13383　叢
1-195(6)
陶祖光　史8-65046　叢
2-688
陶朗雯　叢2-900
陶朗先　史1-1980　集
2-11457～9
陶郎雯　集4-31496

38 陶滋　史8-64467、64704
陶祥忻　子2-4771(3)

39 陶消　叢2-900

40 陶九樂　經1-3885
陶大夏　史8-60229
陶大濬　史8-62408
陶大均　集5-39485～6
陶大眉　經1-107、1419
陶大年　子4-23006　集
2-8996　叢2-900
陶太定　子5-29574～5、
31430
陶奭齡　子4-20774　集
2-11898
陶士龍　叢1-27～8
陶士謠　史5-33464
陶士僎　史8-60087　集
3-18952
陶士華　史5-33458
陶士英　集4-23007　叢
2-900
陶堯臣　史8-58716
陶在新　集4-32857
陶在銘　史5-33480　集
5-38210
陶南望　子3-15411～2
陶希靖　史7-51949
陶希皋　子1-1307
陶有容　史1-5746、8-
62208
陶存煦　史2-12260、8-
65256
陶嘉猷　史3-19889
陶壽嵩　史8-60131
陶壽祺　史1-3964
陶森藻　集4-31655
陶森甲　史6-42590、
45204

42 陶圻　子1-1500　叢1-
195(2)、2-731(13)

43 陶式玉　子2-7707、3-
18043　集3-16789

陶懷德　史5－33456
陶懷成　集4－28868
陶光濟　史5－33471
91 陶炳元　史3－22334
陶炳然　史7－56343
陶炳熙　集5－39318
陶炳曾　史7－57059
93 陶煊　集6－44088
陶熾昌　史2－10574
陶熔　史5－33467
94 陶煒　經2－14657　史2－
6227　集3－21114　叢
1－195(6),2－731(23)、
900
95 陶情主人　子3－18256
96 陶懌　叢2－900
陶煜南　史3－21712
97 陶憺庵　子2－6363
陶恪　史7－58003
陶燿　史8－58743
99 陶變咸　集7－47859
陶變臣　經1－2088
陶榮　史5－33463

7722₇ 局

23 局外散人　叢2－1609
50 局中門外漢　史7－54823
叢1－498

閒

00 閒齋　集7－52233
30 閒窗女士　叢1－378
60 閒園鞠農　史7－49324
77 閒閒主人　史8－65725
閒閒子　史6－46396
閒居士　集7－52961
95 閒情居士　集7－52864、
52876～9、52924、52977

骨

44 骨勒茂才　經2－14954

7724₁ 屏

10 屏石氏　史1－4903

7724₇ 履

10 履平(釋)　史7－51647～8
叢2－743
32 履冰　子5－27898

服

07 服部宇之吉　子7－37951、
37955
21 服虞　經2－14576～7
服虔　經1－26、6636～9、
6650～7,2－14578～80、
14582～3、15116、15137、
15142　叢1－495、537、
586(2),2－712、716(1)、
765～6、772(2)、773(1、
2)、774(4、7)、775(2)

殿

50 殿春生　史2－7687　子
5－26481、26676

7725₁ 屭

56 屭提學人　叢1－448

7725₃ 犀

67 犀照堂主人　史6－41728

7726₄ 居

11 居頂(釋)　子6－32089
(48)、32093(51)　集2－
6446
14 居瑾　集4－25063
22 居巢　子3　16048、16229～
30　集5－34494～5
30 居之桂　史4－30290
31 居福乾　史3－18592
40 居奭　史4－30291
60 居恩壽　集4－25063
77 居鳳詔　集5－38721
居月(釋)　子3－17513、
17587　叢1－19(7)、21
(6)、22(16)、23(16)、24
(8)、29(6)、374
80 居益壽　史4－30293
居鏡生　史3－18605
88 居簡(釋)　集1－3989～91
叢1－223(57)

屠

00 屠立成　子1－4374、4440
屠亮　史5－35473
屠方澄　史5－35478
屠應埈　集2－8399～401,
6－41935(2)、45084
屠文漪　子3－12556　叢
1－223(35)
01 屠龍　子5－25671
07 屠誦清　史2－12802
10 屠玉書　史5－35479
屠元淳　史1－3557、5616
子4－21160,5－25258
叢2－1457～8
屠震宗　史5－35474
12 屠廷楫　集3－14684
14 屠璜　史3－23301　叢1－
365
20 屠仿規　史3－22386
屠秉　集4－30632
屠秉懿　史7－54979
屠維聰　史5－35471
屠維屏　史3－20677

21 屠仁守　史6-49122　子5-25894～5
屠衡　史1-1568
屠倬　子3-15989、16942、17183,5-26229　集4-27105～8,6-41992、44304,7-47634
22 屠幽叟　子3-18213　叢1-22(27)
屠繼序　子4-22184　集6-44645
屠繼烈　子4-20655
屠繼祖　史7-57211
屠繼善　史6-44644,8-63483
24 屠勳　集2-7121～2,6-45084
25 屠紳　子5-26426、27314～5,28882　集4-22660,6-46044　叢1-267、496(8),2-799～801
27 屠佩環　史3-20384
屠彝　集4-31377
屠叔方　史1-2758
屠紹理　史5-35475、35485　集4-23356～7
30 屠之申　史5-35470、35484
屠守成　史5-35481
屠寄　史1-2627～8,3-16568、17434,7-50029　集5-38941　叢2-785
32 屠兆綸　史5-35472
屠近智　史2-9475
33 屠述濂　史8-62455、62470
34 屠遹　集2-12884,3-15975,6-44591
36 屠湘之　集4-29828
37 屠逢春　集4-27461
38 屠道和　子2-4682、5661～3、6053、7257、7485、8224、9759
40 屠直　史7-55670
屠壽徵　史8-59226
屠森桂　史5-35477
41 屠楷　史8-62855
44 屠蘇　集4-31001　叢1-419,2-731(44)
屠英　史8-61109
45 屠坤華　子7-36750、37533

50 屠中孚　集2-10203
屠本仁　史7-57310、57702
屠本畯　經1-3886,5177　史2-6302、6593　子1-2953、4482,3-14469、18311,4-18978、19035、19310～1、19449、19460、20799～800、23969　集1-44、119,2-9837～9,6-42367、44624、45812　叢1-13、22(25、26、27)、29(9)、119～20、136、143、154、170～1、173、176、223(25)、241、242(3)、268(2)、371、386～7,2-721、731(28)
屠本駿　子4-23968、23970
57 屠邦新　史5-35476
60 屠思賢　史5-35480
77 屠鳳書　史5-35478
屠隆　史1-5445、5928～9、5932,2-8978,6-41537、44539、44560,7-52320、53840,8-64384、65125　子1-44,3-15341～2、15859、15921、17521,4-18538、18652～3、18672～6、18854、18892～3、18978、19027～8、19458、19511、20644～56、20719～20、23959～62,5-25017、25060、25093、27404　集1-621,2-9084、9273、9570、9798、9813～4、9860、9980～93,6-41704、41829、41843、41948、42043、42046、42076、42600、42768、42827、42908、45261、45347、45352,7-49709、49745、49781、49795、49861～6　叢1-13、14(2)、22(25、26、27)、25、30、105、111(1)、119～20、148、154、173、176、181、195(6、7)、249(3)、273(4)、274(4)、353、360、371、461,2-624(3)、731(31、33、43、55)
屠用謙　史8-61716
屠用豐　經1-1286
屠用寧　子4-19229　叢

2-642
屠用中　史2-9434
屠用錫　史2-9159　叢2-845(2)
屠履坦　集4-27642
80 屠人傑　子2-6388
屠鏡心　集4-32851
屠義炳　史3-17340
屠曾　經1-323
90 屠尚祖　史5-35482
屠燧　集2-12884,6-44591
屠粹中　子4-22062
屠粹忠　子5-25268　集3-15809～10
91 屠焯　集3-15185,6-44591
95 屠性　集1-5322

7726_7 眉

40 眉壽堂　子2-10064
50 眉史氏　史1-1982

7727_0 尸

22 尸利末多(釋)　子6-32081(12)、32085(13)、32088(9)、32089(10)、32090(14)、32091(13)、32092(9)
60 尸羅達摩(釋)　子6-32084(29)、32093(33、34),7-32119、32842
73 尸陀槃尼阿羅漢　子6-32093(29)

7727_2 屈

00 屈庚興　集4-30813
屈文翰　史8-64520
10 屈元炘　史3-20047、23024
11 屈疆　集5-39628
16 屈醒陶醉室主人　子3-

7736₄ 駱

00 駱方溶　史3-20669
　　駱慶生　集3-19793
　　駱文蔚　史3-15416
　　駱文盛　史7-57286　集
　　　2-8376～8,6-41935(4)
　　駱文光　史7-55526
01 駱龍吉　子2-5358,9973
10 駱三畏　子3-12614,7-
　　　37677,37685
　　駱元邃　集5-37821
　　駱元錚　史5-39894
　　駱元鉉　集3-19633
　　駱天驤　史8-62674
　　駱晉祺　集5-38475
　　駱雲　史7-56178　叢2-
　　　785
　　駱雲衢　史3-17301
12 駱登高　子2-4964
　　駱弘仁　史1-5796
　　駱廷標　史5-39899
　　駱廷煒　經1-3745
　　駱廷燦　史5-39899
　　駱孔僎　史8-60508～9
17 駱承方　史5-39908
20 駱秉章　史2-12109～10,
　　　6-45059,48021,48870～
　　　3　叢2-1847
　　駱維恭　史7-57287
21 駱師曾　子7-37546
　　駱穎堂　史5-39896
22 駱崇禧　集4-31671
23 駱允武　史5-39909
24 駱綺蘭　集4-24004～8,
　　　6-41999
25 駱仲俊　史4-33014
26 駱儀　史2-9402　集3-
　　　16889
27 駱象賢　集2-6504～6、
　　　9635
28 駱復旦　集3-14415～6
　　駱從宇　集2-11340
30 駱守猱　史5-39906
　　駱安居　集2-6200
　　駱賓王　集1-678～703,
　　　6-41723～5,41739～41,
　　　41743,41794,41824、

41835、41839、41844～5、
41865、41867、42032～3、
43256　叢1-223(48)、
227(8)、324、353、482,2-
635(6)、698(8)、731(39)、
859
37 駱祖紹　史5-39905
　　駱祖鴻　史5-39907
　　駱祖松　史5-39910
38 駱祚泰　集4-27478
　　駱道英　史5-39915
40 駱大俊　史8-59108
　　駱士憤　史1-4934
　　駱奎祺　集4-31267
　　駱培　經2-10662
　　駱克優　子7-36228(4)、
　　　36241、36246
　　駱克良　史8-61219
44 駱樹英　史5-39518
　　駱桂修　史5-39912
46 駱如龍　子2-10415
47 駱起緒　史5-39893
50 駱中朝　史5-39895
　　駱惠進　史5-39892
52 駱靜　集3-17532,6-
　　　41963
53 駱成驤　經2-14240　集
　　　5-41226
　　駱成駪　經1-7212
55 駱農驤　史5-39894
　　駱慧春　史7-57601
60 駱日升　經1-3745～6
　　　集2-11231
　　駱曇　集3-16635
62 駱則民　集2-6505～6、
　　　9635
66 駱暘　史3-20845
77 駱居安　叢1-223(63)
　　駱駬曾　史6-48445
　　駱學庠　集3-17329
　　駱問禮　子4-20607　集
　　　2-9633～6
79 駱騰鳳　子3-12582～3、
　　　12593
80 駱益三　史5-39911
　　駱鈁　史7-49753
88 駱筠笙　集4-33316
　　駱敏修　史8-58848
90 駱少鶴　史8-61296
97 駱燦　集5-37235　叢1-
　　　496(7)

7740₀ 又

00 又玄子　叢1-114(5)
47 又栩　子3-17210

閔

00 閔齊伋　經1-18、58、
　　　7280、7358、7360、7631,2-
　　　12455～6、12458～60　史
　　　1-2123、2168　集7-
　　　48815
　　閔齊華　集6-42110、
　　　45402
　　閔度　子4-24584
　　閔文振　史2-7196,8-
　　　58431、58436　子5-
　　　25639、27002　集6-
　　　45486、45788　叢1-22
　　　(14、23、24)、23(13)、29
　　　(7、8)、57～8、84(4)、2-
　　　730(11)、731(50)
　　閔奕仕　集3-15097,6-
　　　43415
02 閔新　集4-30050
08 閔譜芝　史2-6833
09 閔麟嗣　史7-49351、
　　　49366、49404、52408、
　　　53472　集3-14901　叢
　　　1-201、203(2、6)、373
　　　(5)、526,2-814
10 閔一得　子5-29574～5、
　　　29794、30243、30754、
　　　31062～3、31396、31428～
　　　38、31440、31443～9、
　　　32029,7-33684、33778、
　　　33780、35008
　　閔一範　集6-45093
　　閔三元　史7-55363
　　閔正中　叢2-721
　　閔元京　子4-24105
　　閔元衢　史2-8597～8
　　　子4-20703～4、23855
　　　集1-4549～50、5256
　　　叢1-131
　　閔爾昌　史2-6268、
　　　11927、11987、11996、

12015　集5-40929
関震　史3-23334
関于忱　子1-3140～1　叢1-184
11 関裴　集2-12132,6-41941
12 関瑞慶　史3-19108
関廷楷　經1-1983　子4-19280　叢2-642
14 関珪　史2-8830～1　集2-6830～1,6-45093
17 関承涵　史5-36711
関子讓　集5-40095
20 関爲人　經1-6484　叢2-886(5)
関受昌　史3-19425
21 関師孔　集6-42637
22 関山宸　史7-56467　叢1-496(4)
23 関峻　子1-3416
24 関德修　史7-49357、51077
28 関從隆　史8-60773　叢1-373(3)
関齡　集2-10058～9
30 関寓五　叢1-373(8)
関寶樑　經1-3276,6011　史7-57260
32 関派魯　史7-56583
33 関邃　子4-23883
34 関邁德　集6-42903
関遠慶　經1-6842
37 関次顔　史3-20577
38 関道揚　子2-8390,9268
40 関士雙　集4-22345
関南仲　集3-16947
関真仙　子5-29574
44 関夢得　經1-6701
関荷生　史3-15910
関芳言　史8-58522
関莘祥　史2-10027
関孝　史3-18137
関孝吉　叢2-2252
関萃祥　史2-10189,7-56472　集5-38014～5
関華　集3-18871,6-44483,7-48364
関苔敷　史7-52319　子7-33301
関世倩　史7-56465
46 関如霖　集2-8428,6-

45093
関槐　史7-55816
47 関聲　子1-3066
50 関肅英　集6-41999
51 関振業　史1-5088
60 関日斯　集6-42900
関思端　史5-36709
関思誠　史3-19370
関昌術　史8-61640
関昌銓　集5-40880
関呆　子4-23883
関景賢　史2-8830　子1-2151　叢1-142
65 関映璧　集1-1012
67 関明我　子3-11234、11390
関昭明　集6-42957
関鶚元　史6-48779
関煦　史6-42022
70 関驤　史3-17786
72 関彤章　史3-18895
76 関陽林　子5-29574～5、31172
80 関無頗　集6-42957
81 関敍　史7-49318(13)、50917　叢1-210～1、249(3)、373(8),2-731(57)
83 関鉞　史8-58866　子2-5594、6124　集3-14460　叢1-536
84 関鏑　經2-11773　史7-49728
88 関鑑　史8-58803、62788
90 関小艮　子2-11214,5-29575,31456
関少峯　史6-43471
関光德　經1-6701,6870
99 関爕　史7-57887

7740_1 聞

00 聞應槐　子4-22564　叢2-811
01 聞龍　子4-19053　集2-10761　叢1-22(26)
04 聞詩燦　史5-38792
07 聞韶　史3-23534
10 聞元炅　史8-59391

聞于廷　子5-30327
聞晉元　史5-38794
18 聞珍　集1-3441
聞政　子7-38104
20 聞維埀　史2-7922　集4-30772
21 聞步瀛　史5-38792
聞何杰　史3-23179
30 聞永成　史5-38786～8
31 聞福圻　集1-3157,2-12273
聞福增　史3-15863、18428　集5-37666
38 聞肇埕　史8-61990
聞啓祥　經2-8425　史7-53325　集2-11696,6-41828、41949　叢1-22(27)
40 聞在上　史7-56421
聞克諧　史5-38791
44 聞恭瑜　史5-38790
聞桂芳　史5-38793
53 聞成　集3-15881
55 聞捷　集5-39043
60 聞星傑　集4-23519
77 聞月樵　史5-38793
聞鵬齡　史7-56102
聞叟　子4-23654
78 聞臨霞　子5-25419
80 聞人詮　史7-56541、56750
聞人儒　史7-51736
聞人佽　集6-42320
聞人耆年　子2-4768、10238～9
聞人軾　集4-22921
聞人規　子2-8595、8663
聞益　子4-19726　集3-20606
聞鏞　史5-38789
95 聞性道　史2-8560,5-36745,7-51632、51638、51661、51664、57430　集3-14328　叢1-191
聞性善　史2-8560

7740_7 學

04 學謨　叢1-148

07 學部　史6-42427、42757、
　　45218、45223　子7-
　　37977
　　學部編訂名詞館　史7-
　　54425　子3-12875
　　學部編譯處　子7-37466
　　學部編譯圖書局　經2-
　　13520~1　史7-54423、
　　54463~4、54473、54476、
　　54705、54714、54718、
　　54720、54723、54739、
　　54767、54803、54858　子
　　7-37416、38007
　　學部編書局　史7-54422
　　學部總務司　史6-42393
　　~4
　　學部圖書局　經1-4722
　　子7-37772
　　學部圖書館　經2-11900
10 學正(釋)　子6-32091
　　(83)
18 學務大臣　經2-11782
40 學古社　史2-10413~4
　　學古居士　子2-7004
60 學易居士　子3-13760
　　學愚(釋)　子6-32091
　　(83)

夃

00 夃慶源　集4-27499~501
60 夃恩鑒　子3-17226

7744₀　丹

00 丹玄子　子3-13005~8
04 丹訥爾　子7-37041
10 丹元子　子3-11270
　　丹霞仙客　子3-15238
24 丹徒嚴氏　子1-2461
34 丹波元堅　叢2-2130
　　丹波元簡　子2-4741、
　　4771(1)、6184
　　丹波敬三　子7-36231
　　(4)、37596
64 丹吐魯　子7-36228(5)、
　　36231(4)、37064
72 丹丘生　集3-13817

76 丹陽子　子3-13653
77 丹卿　史8-59613

7744₁　開

07 開調(釋)　子6-32091
　　(78)
10 開霽(釋)　集5-36280~1
　　開爾剔　子7-36737
　　開平礦務局　史6-44999
24 開侍(釋)　子7-34742
32 開潙(釋)　子6-32091
　　(78)
34 開禧　子5-25961
40 開壽　史3-17085
　　開來閣主人　經2-13531
53 開成館　子7-36326
60 開□(釋)　子7-34030
86 開智社　子7-36823

7744₇　段

00 段廣瀛　史7-57777　集
　　5-34308~9
　　段文元　史3-21476
　　段文翰　史4-30730
　　段章　史8-59311
06 段諤廷　經1-2297,2-
　　11103~4、12015
　　段韻蘭　集5-39006
10 段一騤　史8-60543
　　段正顏　史4-30741
　　段正元　子7-36211~2
　　段玉　經2-12141~2、
　　12166~8
　　段玉峯　史4-30745
　　段玉裁　經1-101、111
　　(3)、2907~8、4087~8、
　　4757、5217、5493~4、
　　6185、6329、6981,2-
　　11869、12059、12133~40、
　　12734、14120~2、14540
　　史1-229、5280、5944,2-
　　11878,8-61912　集3-
　　21861~5,6-42015、
　　42067　叢1-203(11、
　　13)、312、433、462、515、

　　539~43、547(3),2-635
　　(13)、698(3,12)、722、731
　　(3)、814、1517
　　段玉振　集4-24728、
　　24730
　　段晉熙　史3-18278
12 段瑞光　史4-30744
　　段聯九　經1-1446
　　段廷選　史8-59398
14 段琦　集4-23287
17 段承實　集4-33431
　　段承鈞　史8-62501
20 段維翰　史8-60554
21 段熲　集1-233　叢2-
　　762~3
22 段鼎臣　史7-57905
　　段彩　史8-58674
　　段綖傳　史8-60882
　　段綏滋　史8-62504
23 段獻主　史8-60588
24 段緯世　集3-13197
25 段生玉　集5-36601
　　段純謨　史4-30743
27 段颺龍　史1-2350~3
　　叢1-19(2)、22(11)、23
　　(10)、24(3),2-653(6)、
　　731(58、65)、763
　　段仔文　叢1-411
　　段紹章　史8-60589
　　段紹襄　集4-24728
　　段紹洛　史4-30737
28 段復續　史4-30731
　　段復昌　經1-1882~3
30 段家謙　經2-12539~41
　　段永源　子2-9129,3-
　　16222,5-26530~1　集
　　4-33282~5
　　段永恩　史4-30746
　　段安節　子3-17499、
　　17810　叢1-11~2、15、
　　17、19(1、5)、20(1、3)、21
　　(1、5)、22(16、17)、23
　　(16)、24(2、6)、29(4)、56、
　　90~1、115、195(4)、223
　　(38)、255(2)、273(4)、274
　　(4)、456(6)、465、587(2)、
　　2-730(5)、731(5、36)、
　　873
　　段宗注　史4-30740
31 段濬源　史4-30729
　　段福昌　史3-15532,6-
　　48845

33 段補聖　史8-59553
34 段澍霖　史8-62948
　段汝霖　史7-50807,8-
　　60800
　段祺瑞　集5-40134～5
35 段清海　史4-30734
　段洙　經1-8100
37 段鴻章　史4-30742
　段祖樂　史4-30735
38 段祥習　史4-30739
40 段友蘭　史2-13134,3-
　　16370
　段克己　集6-45032～4,
　　7-46352、46356～7、
　　46363、46737　叢1-223
　　(69)
　段希孟　子2-9005
　段志堅　子5-29530(25)、
　　29535(6)、29536(5)、
　　31960～1
　段志熙　經1-419　叢1-
　　218
　段嘉謨　史8-64101
41 段楨齡　子1-1899
43 段栻　史2-11454
44 段夢龍　史8-58956
　段夢日　史8-58243
　段葆順　史3-22147
　段燕苹　史8-63113
　段喆　子3-13529
47 段朝端　史2-11245、
　　11714、11849、13286、7-
　　56661　集1-634,2333,
　　2-8534,3-13639,4-
　　32389,5-37149　叢1-
　　478,2-807
48 段松齡　叢2-823
　段松苓　史7-51903,8-
　　63959、63977　集4-
　　22603　叢1-582
50 段中律　史7-58085
　段肅　經1-7340　叢2-
　　775(2)
53 段盛梓　史7-56270
　段成己　集6-41926、
　　45032～4,7-46352、
　　46356～7、46363、46371、
　　46736　叢1-223(69)
　段成式　史6-41971,7-
　　51532　子3-17839,4-
　　19378,5-26222、26224～
　　5、26229、26864～72、

27373～4、27552,7-
　33136、34677　集1-
　1529,6-41794、41872、
　41878　叢1-4、9～10、
　15、19(7)、20(5)、21(6)、
　22(3、9、12、13)、23(3、8、
　11、13)、24(7)、29(3、4)、
　99～101、168(1)、169(3)、
　185、223(46)、227(7)、249
　(2)、255(2、3、4)、268(4)、
　353、367～8、395、410、587
　(2)、2-624(2)、635(5)、
　731(6、49)、873
54 段拱新　史8-62349
60 段撎書　史1-4602,7-
　　49367～8　叢2-698(5)
　段國　史7-51170～1　叢
　　1-22(11)、23(10)、2-731
　　(58)、763
　段昌武　經1-3665～7
　　叢1-223(7)、244(3)、265
　　(2),2-731(37)
62 段昕　史7-52771,8-
　　62350　集3-17198
63 段暄　史2-7363
64 段曉峯　史4-30732
　段時升　集4-25375
　段時恆　集4-25934～5
　　叢2-886(5)
65 段映斗　史8-60162
70 段驤　集3-21862
71 段長基　史1-4602,7-
　　49367～8　子5-26494
　　叢2-698(5)
72 段所　集2-6560
77 段鵬瑞　史8-62143、
　　62656
　段展　史8-59456
　段學先　史7-55675
　段興宗　集5-36162
　段興恩　史4-30738
80 段金成　史7-55894
　段毓雲　史8-60510～1
　段公路　史7-50823～6
　　叢1-11～2、15、17、19
　　(1)、20(1)、21(1)、22
　　(11)、23(11)、24(2)、29
　　(3)、56、114(6)、116、175、
　　195(5)、223(25)、255(2)、
　　350、465、489,2-617(2)、
　　624(2)、731(56)、873
84 段鎮　集5-34240
90 段光清　史6-46823

91 段恆欽　史3-17714
　段焯　史3-22196
96 段煜　集4-29680　叢2-
　　886(5)
97 段燿然　史8-59565
99 段榮勳　史8-62260
　段榮美　集5-41378

7748₂ 闕

27 闕伊　史7-51907
　闕縫　集4-30151
40 闕壽山　史5-40997
50 闕本欽　史8-60494
71 闕長興　史5-40998

7755₀ 毋

61 毋煛　叢2-673

7760₀ 間

40 間小左衛門　子7-37078、
　　37087

7760₁ 醫

28 醫俗子　子2-9912

闇

00 闇齋氏　集6-45474

7760₂ 留

10 留正　史1-1497　叢1-
　　265(2)、266
　留元長　子5-29530(25)、

31195
　　留元剛　史2-11166　集
　　　1-861　叢1-223(48)、
　　　2-635(7)
　　留雲居士　史1-1977
26 留保　史2-7481
27 留名輝　史4-32263
50 留春閣小史　史2-7681
77 留用光　子5-29530(10)、
　　　30658

7760₄ 闍

17 闍那耶舍(釋)　子6-
　　　32078、32081(7)、32082
　　　(6)、32083(5、6)、32084
　　　(6)、32085(7)、32086(7、
　　　8)、32088(5、6)、32089(6、
　　　7)、32090(9)、32091(8)、
　　　32092(6)、32093(8、42)
　　闍那崛多(釋)　子6-
　　　32078~9、32081(3、4、5、
　　　6)、32082(2、3、4、5)、
　　　32083(2、3、4、5)、32084
　　　(3、4、5、6)、32085(3、4、5、
　　　6)、32086(2、3、4、5)、
　　　32088(2、3、4、5)、32089
　　　(3、4、5、6)、32090(3、4、5、
　　　6)、32091(2、3、4、5)、
　　　32092(2、3、4、5)、32093
　　　(2、3、4、5)、7-32133、
　　　32172、32206、32212~3、
　　　32233、32243、32254、
　　　32275、32293、32419、
　　　32421、32482、32492、
　　　32506~7、32545~6、
　　　32628、32681、32804、
　　　32806
　　闍那掘多(釋)　子6-
　　　32081(11)、32083(8)、
　　　32085(12)、32086(12)、
　　　32088(8)、32089(9)、
　　　32090(13)、32091(12)、
　　　32092(8)
　　闍那笈多(釋)　子6-
　　　32090(7)、32091(6)、
　　　32092(4)、32093(14)

7760₆ 闇

72 闇丘方遠　子5-29530(4、

8)、31792~3、31915　叢
　　1-98、169(3)
　　闇丘胤　子6-32091(70)
　　闇丘德堅　集4-33486
　　闇丘煜　子2-6119
77 闇邱德堅　史3-23529

7760₇ 問

35 問津漁者　史2-7678
40 問樵氏　史6-48040
44 問菊主人　子5-27327
48 問梅居士　經2-13196
77 問鷗草堂　集1-1593

7771₇ 巴

00 巴彥那木爾　史7-56074
　　巴應奎　子2-6461
10 巴爾達　子7-35834
　　巴爾克　子7-36899
12 巴廷梅　集3-20489~90
17 巴承爵　集6-46005
　　巴那比　子7-36955、
　　　36959
　　巴那比克理　子7-36228
　　　(3)
　　巴那比美克理　子7-
　　　36242(3)、36248、36250
20 巴看落目瓦　子6-32085
　　　(55)、32086(66)、32088
　　　(41)、32093(31)
27 巴多明　子7-35853、
　　　35856
32 巴兆申　子5-26450
33 巴心田　子7-36229
36 巴澤惠　子1-2518
44 巴樹謙　史6-44363
50 巴泰　史1-1698、1711
60 巴晟　史4-25926
　　巴思巴(釋)　子7-32946
　　　~7
62 巴縣文獻委員會　史8-
　　　61560
　　巴縣勸學所　史8-61561
66 巴哩克延清　子4-24607
　　巴哩克杏芬　史7-49847

67 巴路捷斯　子7-38070
68 巴哈布　史8-60411
74 巴慰祖　史8-64597、
　　　64954~5　子3-17092
　　　集4-22635
77 巴尼琿　經2-15039
86 巴錦綺　史4-25927
90 巴堂誼　史3-18518
91 巴類琴　子7-37853

7772₀ 印

00 印康祚　集4-28210,6-
　　　42021
　　印玄　子5-29068
01 印龍光　子3-13675
12 印水心　史7-56693
21 印經　史2-7307
22 印鶯章　史2-12449
　　印巒(釋)　史2-11607
　　　子7-34292
　　印綏(釋)　史2-11607
44 印藤真楷　子7-37503
50 印肅(釋)　子7-34196
67 印明(釋)　子7-34351
　　印照　集3-21205
87 印銘祚　集4-25352,6-
　　　42021
90 印光(釋)　史7-51586
　　　集5-39664~9　叢2-
　　　724
　　印光任　史7-49343,8-
　　　63445~6　叢1-203
　　　(17),2-735(4)
91 印恆(釋)　史7-51630

即

30 即空觀主人　子5-27756

卿

23 卿獻策　史4-32260
37 卿祖培　史3-15111
42 卿彬　經1-1939

中國古籍總目著者索引

44 卿蘭子　子3-13234
77 卿舉　史4-32261

7772₇ 邸

00 邸文裕　史7-49989
44 邸蘭標　史8-58482

鷗

27 鷗鄉老人　子5-27243、
　27340
34 鷗波亭長　集7-49561

7773₂ 艮

00 艮廬居士　子5-28226
　艮庭居士　叢1-490

7774₇ 民

18 民政部　史6-41802、
　42758、43602、45332
　民政司　史7-49982

7777₂ 關

00 關賡麟　集5-41513
　關文瑛　史8-66156
09 關麟如　史8-59854
10 關天培　史6-45502
　關天申　史8-60807
　關百益　史8-64031~2、
　65167
　關西修髯子　經2-13778
12 關瑞龍　史5-41317
　關廷訪　史7-55593
　關廷傑　史5-41314
　關廷牧　史7-55008
17 關豫　子4-24751　集5-

35181
20 關信三　子7-36232、
　38003
28 關以鏞　史3-17367
30 關寧　史8-60150
　關永清　史7-55027
　關守約　史3-21318
　關定保　史7-56161
31 關福　史6-47930
　關額　史2-9586
32 關兆熙　史5-41319
34 關漢卿　集7-48765、
　48767(2、3、4)、48769~
　71、48774(1、2、3、4)、
　48777~8、48786~807、
　48809~27、48830~7、
　48841~5、48847~52、
　48855~8、48863~7、
　48869、49711　叢2-698
　(14、15、16)、720(3)
　關遠光　經1-3285
37 關涵　經1-2965、3232、
　7856~7、2-9106、9939
　史7-50847~8　叢1-
　373(8)
　關祖衡　子7-36396
　關朗　經1-354~5　子
　4-19853　叢1-22(1)、
　23(1)、26~8、47、74、76~
　7、169(2)、268(1)、2-774
　(9)
40 關九思　子3-16519
　關士琦　叢1-179
　關培鈞　史8-60788
　關梓　子2-9900　叢1-
　479
41 關姬　集1-635
44 關蔚煌　史2-12345、5-
　41316
　關世熙　史7-55826
45 關坤陽　經2-13473
　關棟　史3-21559
46 關槐　史1-4987　子1-
　2408、5-25977、29610
　集4-23172、6-42608~9
50 關中飛熊氏　子2-9375
56 關暢英　子4-24712
59 關揆生　經1-1891
60 關國光　史3-21417
　關冕均　史3-16645
　關冕鈞　史3-16601
77 關際隆　史3-23220

　關學優　史7-57744
79 關勝銘　史3-17430
80 關全美　集3-14760
84 關鏌　集5-33936~8、7-
　47997
86 關錫琨　史8-61339
88 關敏道　史5-41313
90 關少白　集4-27373、6-
　42007(3)
　關棠　經1-1965　集5-
　37735
97 關耀南　經2-14218~9
　子2-6631、10754
　關炯　史3-21634

7777₇ 門

00 門應兆　集1-154
10 門下士　史2-12160
　門可榮　史8-59484
15 門建皇　史4-30289
80 門無子　子1-4062

閣

00 閣立本　子3-16455
03 閣斌　經1-1373
　閣詠　經1-2822~3、2849
　集3-15883　叢1-223
　(6)
07 閣毅先　史7-56047
　閣調羹　史2-9005
08 閣效銘　史3-22897
10 閣爾梅　集3-13309~16
　閣西烑　集5-34042
12 閣登雲　史7-57019
　閣廷謨　史7-52821
　閣廷玠　集3-20287、6-
　42491
　閣廷倬　集3-17900
17 閣珺　史7-56623
　閣召棠　史8-59848
20 閣秀卿　史3-14921　子
　5-26219　叢1-39、84
　(3)、155、2-730(10)、731
　(61)
　閣信芳　子3-12215

閻禹錫　史 2 - 8862　子
1 - 3182　叢 1 - 34

閻維玉　史 3 - 16363

22 閻循觀　經 1 - 2891、7841
史 7 - 49317(4)、49318
(8)、53594　子 1 - 1619
集 3 - 20851～3　叢 2 -
1478

閻循厚　集 3 - 19765　叢
2 - 1478

23 閻允吉　史 7 - 57775

24 閻佐堯　史 8 - 62972

閻幼甫　史 7 - 57312

閻緒昌　史 8 - 63424

25 閻純璽　子 2 - 8104

27 閻佩瑜　集 4 - 25413

閻佩禮　史 7 - 55894

28 閻復　集 1 - 4809～11　叢
1 - 511

30 閻永和　史 7 - 51754　子
5 - 29536(1、7)、7 - 33961
集 1 - 3663

閻永齡　史 7 - 55096

閻容德　史 8 - 59446

閻寶森　經 1 - 3295

31 閻源清　史 8 - 61578

34 閻漢璞　史 6 - 45454

閻汝弼　經 1 - 1796、4329

35 閻沛年　集 3 - 18266

閻清瀾　集 4 - 30953

36 閻湘蕙　史 3 - 13464、
13472　集 3 - 21288～9

閻湘惠　集 4 - 32345

37 閻選　子 5 - 26222、27557
叢 1 - 154、185、249(2)、
255(3),2 - 731(50)、2227

38 閻肇烺　史 8 - 60534、
60600

40 閻大鏞　史 5 - 40121

閻士讓　集 4 - 25531

閻士良　史 3 - 23252

閻士選　經 1 - 5625　集
1 - 2443,6 - 43893

閻士驤　史 7 - 55608

閻南圖　集 4 - 27856～7

閻有章　經 1 - 6053

閻志廉　史 3 - 16402

41 閻姬　叢 1 - 168(4)

42 閻圻　集 3 - 17472

44 閻夢夔　集 2 - 11906

閻莘廬　經 1 - 5048

閻孝忠　子 2 - 4559～61、
4601、4704、4727、8355～
61、8663

閻萃峯　史 3 - 16092

閻若璩　經 1 - 111(1,2)、
163(1)、2822～3、3959、
5453、6359,2 - 9935、
10622～31、11850　史 2 -
8433,6 - 42141,7 - 49318
(4)　子 4 - 22182～5、
22359～61　集 3 - 15625
叢 1 - 197(2)、201、202(2,
3,6)、203(3,9,12)、223
(6,14,40)、482,2 - 807

閻其淵　子 5 - 25915～8

閻其相　集 4 - 27659

閻權　史 8 - 63102

46 閻如玼　史 8 - 61217

47 閻鶴洲　子 5 - 29543

閻聲允　史 5 - 40122

閻期壽　史 7 - 55705

48 閻敬銘　史 6 - 44746　子
1 - 1965、2270　集 4 -
27713、32199

50 閻中寬　集 3 - 15935

閻泰和　史 6 - 46977

閻奉恩　史 8 - 62879～80

55 閻典唐　史 5 - 40120

57 閻邦寧　史 8 - 59693

60 閻甲胤　史 7 - 55011

67 閻鳴泰　集 2 - 12145

閻嗣均　集 2 - 9082

70 閻驤　子 3 - 16484

77 閻鳳舞　史 8 - 59544

閻鵬蔛　史 3 - 22178

閻學夏　史 8 - 59233

閻學淳　集 4 - 23796

閻學海　集 4 - 26258

閻犖　史 8 - 59908

閻興邦　史 8 - 60007、
62177　集 3 - 14806

80 閻銓　經 1 - 1105

閻介年　集 3 - 19583～4

閻善慶　史 3 - 15121

閻含卿　叢 1 - 143

84 閻鎮珩　史 6 - 42642,8 -
60499　子 4 - 21761　集
4 - 31441,5 - 37578～80、
40165

86 閻錫爵　集 3 - 17236

閻智　子 3 - 14645

90 閻光世　集 6 - 41796、

45134

閻光表　子 5 - 26761

98 閻愉　史 5 - 40119

7778₂　歐

00 歐應昌　史 7 - 52442　集
2 - 9881

歐文　史 3 - 15187,8 -
59287

04 歐訥　集 5 - 39338

21 歐仁衡　史 3 - 20099

22 歐幾里得　子 3 - 12396、
12488

24 歐先哲　史 8 - 62189

26 歐伯岑　史 7 - 49318(19)

27 歐仰羲　史 8 - 61349

30 歐守福　叢 2 - 682

歐宰世　史 5 - 39075

歐良　集 7 - 46367、46369、
46375、46378、46388、
46390、46732

32 歐潑登　子 7 - 36228(3)、
36231(2)、36242(3)、
36248、36250、36258、
36916

33 歐必元　集 2 - 11580

34 歐達徹　經 2 - 13927　子
5 - 26149～50

35 歐禮斐　子 7 - 36229、
37549、37587

40 歐大任　史 1 - 1946,2 -
7785、8256　集 2 - 9242
～7,6 - 41935(5)、44895
叢 1 - 223(22)、367～8、
489,2 - 731(61)、881、
1105

歐培槐　史 8 - 61723

歐麥爾·奈賽斐　子 7 -
35947

歐志學　史 2 - 7050

43 歐樹華　史 8 - 60892

44 歐蘇　子 5 - 26452～4

歐著　集 2 - 6069

50 歐本麟　史 6 - 43818

60 歐□　史 7 - 49318(19)

67 歐盟　子 7 - 36231(6)、
36915

76 歐陽主生　史 8 - 58904

歐陽主棠　史 5 - 39106

歐陽度　史5-39078

歐陽志　史7-49532~4
　叢1-223(23)、230(2)、
　316~7,2-731(56)

歐陽文　史5-39081

歐陽文靜　史1-4240

歐陽文學　史8-62973

歐陽玄　史6-44548、
　46588、46612　子3-
　17964、18000　集1-
　5385~9,6-41794　叢
　1-22(20)、23(19)、29
　(5)、195(3、4)、223(60)、
　227(10)、351,2-617(4)、
　635(11)、758

歐陽衮　集6-41883

歐陽衮臣　史5-39117

歐陽斌元　叢2-731(26)、
　869

歐陽詢　子3-15001、
　15017~8、15308、15541、
　15579~86,5-24764　叢
　1-11~2、22(14)、23
　(14)、25、29(4)、119~20、
　173、181、223(42)、255
　(2)、350

歐陽調律　子2-7043~4、
　8681~2　叢1-300

歐陽韶仁　史5-39081

歐陽一敬　史6-47761

歐陽二西　史5-39118

歐陽正鵠　集5-39748

歐陽正苗　史5-39110

歐陽正煥　史8-60410、
　60574

歐陽玉書　史5-39082

歐陽元　叢2-731(31)

歐陽霽　集5-40627

歐陽于玉　子4-22267
　叢1-143

歐陽雲　集2-7719,5-
　34266~7

歐陽霖　史2-9983,8-
　59924

歐陽玭　集6-41883

歐陽棐　史8-63503、
　64351~3　叢1-352、
　509

歐陽瑞驊　子7-36380

歐陽烈　史8-60469

歐陽廷勱　史5-39104

歐陽廷爰　史8-61925

歐陽武　集5-39950

歐陽瑛　集5-38376~7

歐陽羽文　史8-61037

歐陽璨　史8-61443

歐陽弼國　史5-39079

歐陽子義　史5-39094

歐陽珍　史8-59592

歐陽上容　史3-15188

歐陽衡　史3-15677

歐陽經　集5-34679,6-
　42007(2)

歐陽利見　史6-47286
　子1-3947

歐陽彩山　史5-39097

歐陽備　史8-60728

歐陽獻　史2-8925,5-
　39084

歐陽先池　史5-39100

歐陽德　集2-8372~5

歐陽德隆　經2-13715~8
　叢1-223(16)

歐陽佑甫　史5-39111

歐陽生　經1-2527~9、
　3410　叢2-765、772
　(1)、773(1)、774(2)

歐陽純　子3-13164、
　13583~4

歐陽泉　經2-12006~7
　史7-57853　子4-
　23336~7　叢1-496(3)

歐陽保　史8-61208

歐陽保福　史3-19122

歐陽保極　史3-15520

歐陽繹堂　史5-39103

歐陽修　經1-77(2)、415、
　3610~2、4714、4718　史
　1-11~7、20、150~3、
　166、658~62、666、5280、
　5899,2-8639、8654,6-
　41979、41981、48116~9,
　7-49311、53791,8-
　63503、63525~6、65262、
　65264　子1-3517,3-
　14692、15001、15277、
　15630~1,4-18535、
　19203、19962~5、22874
　集1-2006~51、2053~6、
　6-41708~9、41773、
　41794、41797、41799~
　806、41900~1、41903、
　41908、45483、45486、
　45490、45550,7-46352、
　46380、46382、46460~4

叢1-2~11、17~8、19(1、
　2、6、10)、20(1、4、8、9)、21
　(1、2、9、10)、22(5、7、11、
　14)、23(5、7、11、13)、24
　(2、6、11)、29(6)、31、99~
　100、147、169(3、4)、223
　(6、17、18、28)、227(2、5、
　9)、229、249(3)、265(3)、
　268(4)、273(4)、275、330
　~1、348、352~3、509、
　559、569、587(4)、2-616、
　635(8)、637(1)、652、653
　(6)、698(3、4、9、13)、720
　(2)、721、731(1、21、28、
　31)、735(4)、1029、1371、
　1449

歐陽詹　集1-1210~6,6-
　41794、41873、41878、
　41882~3　叢1-223
　(49),2-635(7)

歐陽紹祁　史8-58585

歐陽永昌　史5-39098

歐陽守道　集1-4274~6,
　6-42072~3　叢1-223
　(57)

歐陽良昱　史5-39113

歐陽兆熊　子4-21379、
　21898　集4-31587~8

歐陽漸　集5-40932~3

歐陽潘　集6-43740

歐陽必進　史6-48230
　叢2-741

歐陽必壽　史3-21773

歐陽述　集4-31588,5-
　40784~8

歐陽斗照　史8-58814

歐陽達　史8-61321

歐陽清　子1-12

歐陽湘　史3-21870

歐陽澤闓　史8-60682

歐陽澥　集6-41883

歐陽溟　集4-30650,6-
　42007(2)

歐陽祁　史3-20961

歐陽淦　子5-28558~9、
　28652、28791

歐陽澈　集1-3234~9,6-
　41784、41894(2)、41895、
　43118　叢1-223(54),
　2-870(4)

歐陽大對　史5-39107

歐陽大炯　史6-44721

歐陽友山　叢1-114(5)、

115
歐陽奎　集2－12954
歐陽直　史1－3314　集4－27194
歐陽培典　史3－22459
歐陽南邨　史5－39095
歐陽志龍　史5－39092
歐陽燾　史8－58497、58542
歐陽杰　經1－3612
歐陽杭　史3－21055
歐陽柄榮　史3－23214
歐陽彬　史5－39099　集1－1214
歐陽夢麟　集3－15503
歐陽蘇　集4－31928　叢2－805
歐陽英　史8－58169
歐陽桂　史7－52462～3
歐陽翹　集5－34680
歐陽鶴鳴　史8－58587
歐陽起鳴　集1－5699～700
歐陽幹　史5－39088
歐陽松軒　子2－9710
歐陽中鵠　史3－21710　集5－38032
歐陽中桂　史5－39108
歐陽泰　子7－33261～2
歐陽忠　叢1－114(5)、115
歐陽書　集4－31789
歐陽東鳳　史2－7822～3,7－56792　集2－10719～20　叢2－875
歐陽振熾　史5－39105
歐陽軒　史1－6080　集4－30482
歐陽耘圃　史5－39090
歐陽輔之　集5－36988～90
歐陽輯瑞　史8－58643
歐陽輅　集4－25485～8
歐陽□□　子4－22033
歐陽星　史8－58581
歐陽易　經1－1455
歐陽恩霖　史8－60522
歐陽景　集1－780,800、1276,1416,6－41861
歐陽時　史3－21065,8－58653
歐陽時柱　史2－10517

歐陽勛　集5－34760～1
歐陽曙　史8－62211
歐陽厚均　經1－1523　史8－60659　集4－25326～9
歐陽駿　史8－58945
歐陽劻平　史5－39089
歐陽體　史3－21016
歐陽鳳翯　史5－39109
歐陽熙　史3－16341　集5－37507、39523
歐陽學淮　史5－39093
歐陽民俊　史5－39096
歐陽鏡筠　史5－39098
歐陽鏞　集1－5388
歐陽鋪　史8－58937
歐陽鈥　叢1－223(54)
歐陽銍　史7－57881
歐陽鐸　史8－58656　集2－7864
歐陽鈞　史3－21906
歐陽銘　集1－5388
歐陽惟玉　叢2－795
歐陽光洞　史5－38211
歐陽烜　史2－9968,3－15623
歐陽炳昭　史3－22662
歐陽焯　史8－59146
歐陽煌　史3－21657
歐陽耀時　史5－39116
歐陽燿　子2－5230
歐陽炯　子5－26222　叢1－148,154、185,2－2227
91 歐炳琳　史3－21012

7780₁ 與

30 與宏(釋)　集4－24270～2
40 與樵山客　子2－5189
41 與楷(釋)　叢2－832(4)
67 與明(釋)　集4－22532

興

00 興亮　史6－47070
興廉　子3－18083
10 興元　史8－62104～5

16 興理(釋)　子7－33463
23 興獻皇后蔣氏　子1－2941
24 興德　史6－47930～1
38 興肇　史7－49347,8－63443
44 興堪曼士　子2－9496
興林(釋)　子6－32091(76)
47 興磬(釋)　子6－32091(77)
60 興昌　叢2－1750
87 興舒(釋)　子6－32091(79)

7780₆ 貫

10 貫雲石　集1－5411～2,6－41779～80
24 貫休(釋)　集1－1797～800,6－41739、41741、41824　叢1－223(50),2－635(8)、731(42)、859
37 貫通(釋)　史2－6829　子7－34740
46 貫如　子3－18091

賢

21 賢卓　集4－29057
22 賢巖(釋)　集3－20480
44 賢芝膺　子5－29530(21)、30927
77 賢覺(釋)　子7－35029
賢賢道人　經1－4058
80 賢首(釋)　子6－32093(49),7－32109

7780₇ 尺

60 尺園氏　史1－4002

閃

60 閃國策　史7－55076

7790₄ 桑

00 桑庭樞 集4-26502
07 桑調元 史2-9422 子
　　1-1458、1583、4-24348
　　集2-7551、3-16856、
　　17603、17813、19026～30、
　　19891、19998 叢1-
　　391、2-832(5)
10 桑靈直 子3-14640 集
　　7-48072
　　桑下客 子3-18510～1
18 桑瑜 史7-57069
20 桑豸 集3-17516～7
　　桑喬 史7-52472～3 子
　　5-24967、29535(6)、
　　29536(6)、31286～7 叢
　　2-870(3)
21 桑貞白 集2-10155 叢
　　1-86、2-730(8)、731(43)
24 桑魁卯 史8-59131
27 桑繩球 集3-21904
　　桑紹良 經2-14310～1
　　集7-48774(7)、49151
30 桑宣 經1-1861、6212、
　　8071、2-11827、12026
　　史6-42844 叢2-2152
31 桑額 經2-14994
40 桑梓 叢1-310
44 桑世昌 子3-15322～6
　　集6-42269～72 叢1-
　　19(9)、20(7)、21(8)、24
　　(9)、223(28、69)、244(3)、
　　2-731(34)
　　桑芸 集3-13238
　　桑樹勳 史2-12377
46 桑柏年 史5-33514
47 桑格 子5-25829
　　桑格同 經2-14995
48 桑榆子 子2-11152、5-
　　29530(16)、29556
50 桑春榮 史6-46177、
　　46180、46229～30
　　桑東陽 史8-59439
54 桑拱陽 經1-6317、2-
　　10526 集2-12439～40
67 桑野禮治 子7-36731
71 桑原啓一 子7-36403
　　桑原隲藏 子7-36326、

36387～8
77 桑丹桂 史8-63338
87 桑欽 史7-49349、52681～
　　2 叢1-22(18)、23
　　(17)、29(3)、43～4、74～
　　7、101、447
98 桑悅 史7-54915、57047
　　子4-20379～80 集2-
　　7132～4、6-41935(1)
　　叢1-22(20)、61～4、174、
　　195(2)、2-730(3)、731
　　(11)、811

閑

00 閑齋氏 叢2-735(1)
80 閑翁道人 子3-13152
95 閑情居士 集7-53543

7790₆ 闌

44 闌莊 子5-26330 叢1-
　　22(22)、29(7)、57～8

7810₇ 監

27 監督江南海關 史6-
　　43551、43969

鹽

55 鹽井正勇 子7-37992
80 鹽谷廉 子7-37273

7810₉ 鑒

32 鑒淵氏 子2-7280
37 鑒湖逸士 子3-17550
　　鑒湖夢隱 子3-18438

7821₆ 脫

60 脫因 史7-56838
78 脫脫 史1-12～7、20、693
　　～5、698、702、707、720～
　　2、730、739～41、747、7-
　　49311、8-65262 集1-
　　2390 叢1-223(18)、
　　227(5)、2-698(4)、731
　　(1)

7823₁ 陰

12 陰弘道 經1-396、2322
　　叢2-774(2)
14 陰勁弦 叢1-223(43)
17 陰承方 集3-19424
20 陰秉暘 子2-5361
　　陰維標 史8-58268
21 陰步霞 史7-56002
22 陰山道士 子3-14001
24 陰化陽 子5-25732
28 陰復春 叢1-223(43)
40 陰有瀾 子2-9330
50 陰中夫 子5-26087～91、
　　26093
51 陰振猷 史2-9602、12688
　　子1-2258 集4-29842
　　叢2-1857
60 陰國垣 史7-55699
64 陰時夫 子5-26087～93
71 陰長生 子5-29530(5、
　　18、19)、30954、30963～4
87 陰鏗 集1-600～1、6-
　　41767、41771 叢2-731
　　(41)、763

7824₀ 噉

18 噉琚瑛 史1-6000

7834₁　駢

18 駢瑜堂主人　子4－21324
33 駢沁　史7－55696
44 駢藁道人　叢1－496(7)

7870₀　臥

00 臥廬(釋)　集3－17937
01 臥龍子　史6－46397
10 臥雪居士　子5－28325
　臥雲　子4－21600
　臥雲(釋)　集4－31360
　臥雲居士　子5－27099
21 臥虎浪士　子5－28567
38 臥游居士　集4－29717
60 臥園居士　集7－53896

7874₀　改

21 改師立　史8－66297

7876₆　臨

32 臨洮縣政府　史8－63216

34 臨池外史　叢1－378
36 臨澤縣縣志局　史8－63161
47 臨鶴山人　子5－28405～6

7922₇　勝

07 勝部國臣　子7－37301
24 勝德赤衣菩薩　子6－32081(53)、32082(27)、32083(33)、32085(48)、32086(57)、32088(35)、32089(46)、32090(53)、32091(51)、32092(35)、32093(28)
26 勝保　史6－48879
30 勝安芳　子7－36822、38159　叢1－528
37 勝軍論師　子6－32093(31)
40 勝友尊者　子6－32081(36)、32082(15)、32083(24)、32084(19)、32085(35)、32086(40)、32088(25)、32089(40)、32090(45)、32091(43)、32092(30)、32093(24)

7923₂　勝

00 勝康　子5－26299　叢1－

22(5)、23(5)
03 勝斌　集1－5126
10 勝一飛　史1－1938
　勝玉珊　史5－39182
　勝元慶　史8－60701
　勝元發　叢1－242(4)、273(4)、306,2－857、860
　勝元鑑　集4－31080
　勝霄　史1－5526
　勝天綬　史8－62951
12 勝弘　子2－5541
　勝廷鍾　史5－39179
14 勝琪　子1－771～2　叢1－223(30)
22 勝利芳　子1－3721
25 勝仲黄　史8－63077
26 勝伯祥　子2－4768、8368
27 勝紹周　史7－55193
30 勝永禎　史8－59023
　勝安上　集1－4846　叢1－223(59)
40 勝橦　集5－36811
　勝橦膚　集4－31080
44 勝茂實　史1－2559
　勝萬卿　子2－4770
46 勝如瑞　史1－2559
50 勝春逵　史5－39181
　勝貴平　史5－39180
53 勝輔　叢1－20(5)、24(8)
　勝甫　史1－2465　叢1－223(22)
77 勝學源　集5－36059

8

8000₀ 人

00 人文書室　經2-13516
33 人演社　子7-36367、37290

八

03 八詠廔主人　子7-38049
　　八詠樓主　子5-28175~6
23 八代六郎　子7-36353
37 八洞仙祖　子5-29016~7
75 八陳通　經1-2311
77 八閩紳士公　史1-3643

8010₁ 仝

21 仝步蟾　集5-40687
23 仝卜年　子5-28388
30 仝賓王　子2-9086
32 仝兆龍　子2-8460
54 仝軌　史8-59933　集3-16377~8

企

27 企仰　子2-8802
44 企杜氏　子3-18384
77 企眉山人　史1-5744

8010₄ 全

00 全文炳　史8-61287、61335、61435

04 全謀愷　史7-55919
12 全弘(釋)　子6-32091(76)
22 全循義　子2-10238~9
24 全德　集3-21253
26 全保　史6-43486、47459
27 全奐澤　史8-62385
30 全家驥　史7-56079
31 全福　史3-22098
35 全沛豐　史3-20508
37 全祖望　經1-111(2)、1283~4、4033、2-11857 史1-10(1)、222、1942、5279、2-6671~3、7131、7493、9283、7-49311、49317(9)、49318(7、10、11)、50408~10、52701~2、52928、53229、53583、8-63516、64395~6、66234 子4-22185、22353、5-25873 集2-12530~2、12673、12675、12678、12680、3-13556、14387、19637~50、6-42066、44218、44629~38 叢1-244(5)、373(5、7)、456(4)、482、512、529、580、2-635(13)、670、673、698(7)、731(1、56)、845(2、4)、1275、1445
　　全祿　史7-56124
38 全祥　史3-17022
39 全淡真　集4-28286
40 全士潮　史6-46227~30
　　全柱　史3-16865
52 全拙(釋)　集3-16265
53 全威(釋)　子6-32091(78)
60 全□　集6-45420
67 全明　史7-56245
77 全舉(釋)　子7-34177
81 全鈺　史3-15141、16910

8010₇ 益

益(釋)　集1-5570
08 益謙(釋)　史7-52636
76 益陽樂輸局　史6-43496~7
77 益聞館　子7-35422

80 益公　史2-12438

8010₉ 金

00 金立善　史4-29732
金病鶴　史7-49355、53364
金雍　集6-43396
金序繩　史4-29798
金彥翹　集5-38586
金齊顯　史3-20664
金帝治　史4-29663
金鷹揚　經1-1408
金應麟　史2-8948　集4-29298~9　叢2-832(6)
金應琦　集4-25122
金應宿　史4-29777~8
金應灃　史4-29787
金應澍　集4-24498、27506、31961~2、7-47837　叢2-799~801
金庚龍　集6-42785
金賡清　史3-20789
金文　集7-54593
金文訓　史4-29736
金文淳　史7-51786　集3-19865~6　叢1-223(17)
金文源　經1-7125
金文淵　集4-32103、6-41998
金文祺　子7-35774
金文志　史4-29705
金文城　集4-23592~3、7-47386
金文樑　史3-18910　集5-40709
金文翰　史3-16584、18874
金文田　史2-8089、4-29768　集5-41064~5、6-44690
金文同　史4-29801
金文鎔　子3-13473　集3-19259
金文錦　子4-19340、19363、19370、19372、19417
金章　史8-58186、58197

金維寧　經 2 - 14000　史
　1 - 5597　集 3 - 16297
金維翰　史 3 - 19274
金維賢　史 7 - 49318(17)
21 金仁　集 4 - 27144
金仁傑　史 7 - 48765、
　48942
金伍　史 4 - 29674
金行芝　史 4 - 29733
金衍宗　史 6 - 42207　集
　4 - 27084～7
金衍照　史 3 - 16940
金衡　集 3 - 18055～6
金虞　集 3 - 18281～2
金岠　史 3 - 18105
22 金豐　子 5 - 28130～1
金鑾　史 7 - 51557　集 2 -
　9578～9,7 - 50533、50620
　叢 2 - 672
金鼎　史 4 - 29676,6 -
　46832　子 7 - 36082　集
　3 - 18210
金鼎壽　史 7 - 57909,8 -
　61337
金嶽　史 6 - 43126
金鷺　集 6 - 41935(5)
金山農　子 2 - 4768、5816
金利源　史 4 - 29632
金利用　集 4 - 28657
金崇謙　集 3 - 16347
金崇城　經 2 - 10163
23 金允中　子 5 - 29530(23)、
　31629　集 3 - 14230
金俊書　史 4 - 29794
金俊明　子 3 - 16627～9
　集 3 - 13308,6 - 43647
金弁　史 4 - 29774
金台寅人　叢 1 - 378
24 金魁　集 1 - 5351　叢 1 -
　223(61)
金先聲　史 8 - 59914、
　61231
金德水　叢 1 - 373(3)
金德瑛　集 3 - 19332,7 -
　54866　叢 1 - 544、547
　(4)
金德純　史 6 - 45158　集
　3 - 16560　叢 1 - 195(3)、
　201、203(4)、2 - 785
金德鴻　史 7 - 50225
金德嘉　集 3 - 15144～7,
　6 - 42066　叢 1 - 408

金德英　集 6 - 44803
金德昌　子 1 - 3399
金德驥　史 4 - 29730
金德開　集 3 - 13134,6 -
　45020
金德興　史 1 - 5　集 4 -
　23230～1
金德鑑　子 2 - 4661、4693、
　7072、7537、7539
金德榮　史 8 - 60451　集
　4 - 30302,6 - 41996
金儲英　史 3 - 15221
金勳　史 7 - 52188、54932
金幼孜　史 1 - 1914、1923、
　1933、2781～7　集 2 -
　6476　叢 1 - 14(2)、22
　(22)、34、46、50、52、55～
　6、84(2)、95、223(64)、2 -
　603、730(3、9)、870(2)
金贊勳　集 4 - 32279～80
金科豫　史 7 - 53939　集
　4 - 22906～7　叢 2 - 785
25 金甡　子 1 - 2230　集 3 -
　19445～50
金仲　史 4 - 29748
金傳經　子 4 - 24226
金傳培　史 8 - 62016
金俸　史 6 - 46389
金傑　子 2 - 10074
26 金堡　史 1 - 1950,6 - 48536
　子 1 - 35　集 6 - 45336
　叢 1 - 167,2 - 615(3)
金伯玉　叢 1 - 194
金侃　集 6 - 41962
金保彝　經 2 - 12332
金保權　集 5 - 40905～7
金保泰　史 3 - 15781
金皋　史 8 - 59658
金皋謝　史 8 - 58302
金吳瀾　史 2 - 11022、
　11719、11838,7 - 57040
金和　集 4 - 22750、33203～
　6,5 - 40844　叢 2 - 756、
　795、799～801
金總持(釋)　子 6 - 32084
　(32)、32085(54)、32086
　(65)、32088(40)、32089
　(33、38)、32090(41、56)、
　32091(39、54)、32092(26、
　37)、32093(20),7 - 32559
金纓　子 2 - 9509,4 -
　21769、24490～2　叢 1 -

　536,2 - 691(3)
27 金盤　經 1 - 7660
金向榮　史 4 - 29671
金衆　史 4 - 29791
金象豫　史 1 - 1866、3585
金惣持(釋)　子 7 - 32119
金繩武　史 3 - 19667　集
　7 - 46414～5
金約瑟　經 2 - 15069
金約翰　子 7　36231(3)、
　37756
金叔介　子 4 - 18624
金紹庭　史 3 - 21347
金紹坊　子 4 - 18633
金紹曾　集 6 - 42663
金紹光　史 4 - 29762
28 金以宣　史 3 - 22383
金以埈　史 7 - 57687
金以城　史 8 - 59220
金谿　子 2 - 5277
金馥　集 7 - 48334
金綸　集 4 - 27788
29 金秋　史 4 - 29665
30 金淮　史 7 - 57378
金淳　史 4 - 29634～5　集
　3 - 19402～3,4 - 29378
金家驥　集 5 - 40131
金永森　史 1 - 1982、3470,
　7 - 54389
金永昌　集 3 - 17936
金永銓　史 4 - 29740
金之俊　史 2 - 9049、9375,
　6 - 47114、48578,7 - 49318
　(4、5、6)、53301、53386、
　53665　子 4 - 19582,5 -
　27684,7 - 35294　集 3 -
　13138～41,6 - 41970　叢
　2 - 631
金之植　史 6 - 42138
金之翰　史 7 - 50962
金之松　史 4 - 29715
金之光　子 5 - 26077
金守正　集 1 - 5814
金安　集 4 - 22045
金安清　史 1 - 1982、3548
　～9,6 - 44915、47516、
　48962,7 - 49318(21)、
　54605～6　集 4 - 33277
　～9　叢 1 - 501、537
金安瀾　集 4 - 31750
金良瑛　史 4 - 29749

金嘉采　叢1-498

金嘉貞　子4-24129

金嘉賓　史4-29781

金嘉業　史4-29709

金嘉采　史8-64796

金古良　史2-8103　子3-16361

金奇玉　集3-16269

金壽康　子7-36237、36571

金壽祺　集5-35412　叢2-854

金壽祖　經2-10393

金壽人　集7-48561

金賁　集3-14342,6-41962

金賁亨　經1-660　史2-6649、6693　集2-7973　叢1-347,2-731(9)、849

金木散人　子5-27726

金檀　史2-11400,8-65674～7　集2-6231～2,6247,6-41752　叢1-278,2-698(11)、731(2)

金榜　經1-111(3)、1402～4,6072　史7-49318(12)、50162～3、56809～10　子3-13771　集3-21857　叢1-516

41 金柯　子7-38102

金梧　史4-29638

金楷理　子7-36228(2、3、4、6)、36231(2、3、4、5)、36241、36242(2、3)、36248、36250、36254、36258、36914、36917、36945、36981、36984、36997、36999～7006、37014～5,37254、37399、37404、37639、37642、37679、37684、37934、38030～2

43 金式　集3-17009

金式玉　集4-26331,7-47450～1　叢1-314、509

金式如　史3-20009　集5-36458

金式陶　經1-4481,2-12630　集5-37765～7

金城　史1-1994,4339,6-43144,7-57539、57643　子3-17416　集4-

26379

金栻　子3-17150

44 金基　史8-58409

金埴　子4-21141　集3-17292　叢1-480,2-611

金蒲　經1-8036

金塔縣政府　史8-63154

金藻　史3-21656

金夢熊　集4-22856～7

金夢蘭　集4-22682、25028

金芳初　史4-29795

金芾　集3-19618

金菁茅　史2-12059　集5-34201,6-42007(1)

金蘭　集2-12839,4-25754、28115、30607、31541～3,6-42010

金蘭貞　集4-32984

金蘭生　子4-24499～500

金蘭桂　史4-29669

金蘭輝　史4-29637

金茂和　史8-59686

金茂勤　史4-29718

金芝原　史2-12658　集4-23331

金恭　子3-16000　集4-28584～5　叢2-642

金恭溥　子1-2192

金莘農　史4-29771

金孝維　集4-23000

金孝植　史4-29639

金孝坤　史4-29640

金孝栴　集4-25556

金孝枚　史3-19405

金萃康　史7-56168

金萃華　史4-29680～1

金萬書　史4-29664

金萬照　史4-29761

金華子　子5-29579

金英　集3-18826

金若蘭　集4-24153,6-41999

金菖　集4-23917

金蓉　集4-23675

金蓉鏡　史2-8000,3-16311,6-41906、43389、43469、47217,7-57314、57316,8-60781　子1-2071～2,4-22082～4,7-34577　集5-38923～30

叢2-2098～100

金蕃慶　史3-19548

金護　集3-17936

金世章　集3-16113

金世麟　子5-26527

金世綬　集4-23918

金世俊　子4-21303

金世德　史8-59509

金世純　史8-59933

金世凱　史4-29763

金世江　史4-29790

金世禎　集3-15574

金世禄　集4-28030

金其恕　集4-33626,7-47614

金賁亨　史7-57633

金黃鍾　集4-26280

金樹仁　史2-10869

金樹濤　史2-7757,3-17810

金樹棟　史3-19556

金樹本　史3-15240

金樹軒　子7-36025

金桂芬　子4-19230

金桂馨　史7-51743　集4-32636

金楸志　子3-17963、18048～9,18052～3

45 金棒閭　集7-47790

金棟　史3-23291

47 金均　史3-22366

金鶴翀　史2-11572,7-49355、53367、57111

金鶴清　史3-15344

金鶴翔　集4-28455,5-40132～3

金聲　史4-29772　集2-12177～88,6-41943、43118、45336

金聲錫　史4-29697

金朝傑　史4-29617

金朝棟　史3-17005

金朝覲　集4-27908　叢2-785

金起士　集6-45020

金超　史5-33626

金楹　集3-20194～5

金穀春　經1-2077

48 金翰坡　史4-29799

金敬淵　史7-49317(4)、49318(15)　子7-36345、

中國古籍總目著者索引

14044
金燉熾　史4-29783
99 金燮　史4-29656
金燮堂　子2-10853
金爌　史3-20449
金榮　集3-15437
金榮濟　史4-29633
金榮鎬　經1-4379

8011₆ 鏡

28 鏡微子　子1-3296
31 鏡河釣叟　集7-49370~1
鏡河釣叟懶雲　集7-49373
37 鏡湖逸叟　子4-23468
叢1-378
40 鏡存子　史6-43191

8012₇ 翁

00 翁方綱　經1-3、1395、2906、4083~4、5056、5306、5723~4、6973、7859~62、2-9503、9992、11345、11909、13139、13873、13879　史2-6691~2、11005、11269、11360~1、11387、11481、11770、11908、12624、7-52849、8-63504、63507、63509、63603、64021、64047~9、64154、64291、64398~401、64474~5、64643、64657、64660~1、64683、64690~1、64694、64717、64735、65471~3、66154、66244　子3-15175~7、15432~3、15437、15439、15533~5、16167、16268、4-19539、21277、22426~8、23171~2、24266、7-32347、33213~4　集1-1075、2511、4672、5168、3-14582、15441、17195、21650~82、4-22548、23153、6-41925、42498、42506、43522~3、44223~7、

45491~3、45990~4　叢1-324、337、353、369、371、373(4、5、7)、433、442~3、456(2、4)、512、515、534,2-670、698(11)、731(1、3、9、21)、782(4)、796、1050、1510~4
翁應祥　集2-12336
翁康崚　史4-32249
翁廣平　史1-3610,2-8044,7-54599~600、57023　集3-16031,4-24521~2　叢1-244(6),2-670、731(49)
翁文榜　集3-21817~8
02 翁端恩　集4-33443,7-47999
03 翁斌孫　史3-15949、18546　集5-35224~5
04 翁謹　史4-32240
翁詩彥　史3-23183
10 翁正春　經1-6315　史1-1279,6-48415　子1-26、312、431、544、3987、4067,4-19641、19678,5-25663、28942、29123、29304~5、29482　集6-42782、45408,7-48432
翁霆霖　集4-23103~10
翁元圻　子4-22187~9　集4-23243　叢2-698(7)
翁元茂　史4-32248
翁天祐　史8-58239
翁天游　子5-25272
11 翁孺安　集2-11451~5
15 翁珠　史4-32243
17 翁承贊　集1-1816,6-41878、41882~3
翁邵隆　史4-32236
20 翁雒　子3-16428~9　集4-28776　叢1-335,2-731(44)
21 翁順孫　史3-18991
22 翁嵩年　史1-5074
翁山　子5-28166~7
翁繼善　子3-17363
翁綬琪　史3-18935
翁綬祺　史8-61280
25 翁仲仁　子2-8397、8464、8551、8639~46

翁傳煦　史2-12400
翁傳照　史2-12400,6-43065　子2-9942　集5-40142
翁純　史7-52029~31
26 翁白　集3-14839　叢2-878~9
27 翁叔立　史4-32238
翁叔元　史2-11742,4-32236　集3-15387~8　叢1-269(3)、270(2)
翁紹梁　史3-21049
翁紹揚　集2-10529
28 翁復　經1-4216,2-8807、9083、9467、9962、10714~7
30 翁家珩　史4-32249
翁之廉　史2-10408　子7-38036
翁之潤　集7-46424、47029~31
翁憲祥　史6-48431~2
32 翁洲老民　史1-1982、3405　叢1-478,2-845(2)
翁兆行　史8-58191
翁兆全　子2-7091
翁兆榮　史4-32242
33 翁心存　史1-979、1719、3786,2-7872、9594、9736、12709,3-14942~3、14986、15004~6、15167,6-42834、44425、48861　子4-18639、24425　集4-28929~30,6-44132　叢2-1745
翁溥　子1-3061
34 翁澍　史7-52898　集3-15904
翁汝鑾　史4-32250
翁汝進　經1-819　子2-8046、8407
翁淇　史4-32236
37 翁鴻業　經2-10397　集6-42940
38 翁遵讓　史4-32236
翁道均　史8-61805
翁榮　史7-50233
40 翁大賓　子4-19226
翁大樑　史4-32255
翁大林　史4-32253
翁大貴　史4-32235

中國古籍總目著者索引

翁大年　史8-63505、63510、63679～80、64418、64666、65097、65099～100、65107　叢2-599

翁士英　史3-23348

翁在琴　史3-19886

翁有成　史3-20474,7-56855

翁志琦　集3-16327

翁吉燾　集2-11776

翁壽麐　集4-32451

翁壽虞　子3-17421

翁森　叢2-855

41 翁槙　集4-24305

44 翁荃　史8-60981

翁藻　子2-5071、5645

翁夢祥　子3-13442

翁蘭　集4-23500

翁蔭田　史4-32256

翁葆昌　史3-17379

翁葆光　子5-29530(3、4)、29535(5)、29536(5)、29538、29543、29549、31137～43　叢1-223(47)

翁萬達　集2-8455～8

翁楚　子3-15975

翁樹崑　史8-64123　子4-23216

翁樹培　史8-64816～8　集4-25181～3　叢2-670

翁桂馨　史3-21125

翁植　史8-62047

翁林榜　史4-32251

46 翁相　史7-55503

翁樫　史8-62688

50 翁忠治　史4-32245

翁春　集4-21950

51 翁振基　子2-5006

52 翁靜如　集3-18260

53 翁咸封　集4-23244～5

60 翁昱　集6-46315　叢1-367～8

翁思慎　經1-2759

翁昆燾　子7-36764

翁昂　子3-15917　叢1-114(4)

64 翁時犀　集4-28160

翁時農　集5-37781

67 翁明英　史2-11402　集

2-6380、6382

翁昭泰　史8-58239

翁嗣聖　史1-1975　子4-21883　叢2-790～1

翁照　集3-18090～1,6-41760

71 翁長庸　經1-7699　史2-11685

翁長祚　集3-16982

翁長森　集4-27990、30190、30965、32058,5-34508、35940、36229、36914、37468、37728　叢2-788

77 翁同爵　史2-9849,6-45178、48954　集4-32539

翁同書　史1-3981,2-9849、12096、12185,3-15302,6-48910～1　子4-24488～9,5-25462　集4-31842,6-45958

翁同春　史4-32234

翁同龢　史1-4241～2,2-9840、9849、12185、12958～62,3-14013、14942～3、17104、22753,4-32237,6-42214、48005、48052　子3-15530、15809～22,4-19186、24572　集5-35223～34,6-43529、44323　叢2-1980

翁學涵　史4-32244

翁閬仙　史8-66483

80 翁錞　史3-20839

翁介眉　集3-16831,6-44072～3

翁尊三　史3-17857

翁曾純　史2-13006

翁曾源　史2-10038、13001,3-15541　集5-35729～30

翁曾翰　史2-12306、13022　集5-36231

85 翁鍵　史4-32254

86 翁錦江　史3-21941

翁錫祺　史3-15905、19652

翁錫書　經2-8673、8924、9330、9828、10229

90 翁卷　集1-3866～71,6-41779～80、41891、41900

～1、41908～9、44739　叢1-223(56)

96 翁燭　集4-23684

97 翁耀　集4-26052

翁輝東　史2-12372,8-60979　集2-8458

翁炯孫　經2-11330　史3-18956

翁煥孫　集4-29820

8013₇　鐮

60 鐮田節堂　子7-36526

8020₇　今

00 今辯(釋)　子6-32091(80),7-34316、34318

21 今何(釋)　子7-34284

26 今釋(釋)　史2-9203、11632　子6-32091(80)、32092(44),7-34283、34316　集3-13784～8

32 今淵恆壽　子7-37845、37849

57 今邨亮　子2-4768

77 今關常次郎　子7-37031

80 今無(釋)　子6-32091(80),7-34318　集3-15379

8022₀　介

31 介福　集3-19468

44 介孝璿　史7-55901

介若戚　經2-13515

8022₁　俞

00 俞堃　史4-30773

俞雍廣　史4-30781

俞彥　史8-64940　子1-

15219　集4-30310
俞萊慶　史3-21798
俞桂　集1-4264～9,6-
　41744～5、41888、41891～
　3、41894(4)、41895、41897
　～8、41904、41911、41917、
　41921、41924　叢2-833
46 俞觀光　史3-19793
俞觀旭　史3-20058,7-
　57204
47 俞朝言　子2-9230
俞超　子5-27113
俞桐園　子3-17682
俞根初　子2-6581、6704
48 俞增光　子1-2984
俞敬吾　史4-30844
俞松　子3-15324～5、
　15327　叢1-223(28)、
　244(3)、2-731(34)
俞枚　子3-16081
俞梅　集3-17912～4,5-
　38062
50 俞中和　子2-8766～7
俞泰　集2-7536,3-
　16939,6-41935(1)
俞蛟　史1-1879、3729,7-
　49317(6)、49318(12)、
　53115　子3-15859、
　16043,5-26441　叢1-
　202(7、8)、203(13、14、
　18)、369、587(1),2-683、
　1581
俞本　史1-1534
俞惠寧　叢1-556
俞忠孫　史2-8059
俞書祥　史2-7703
51 俞指南　經2-11492～3
53 俞成　子4-20138、22154
　叢1-1～3、6～8、11～2、
　19(10)、20(7)、21(9)、22
　(3)、23(3)、24(10)、99～
　101,2-731(52)、857、859
俞成慶　史3-16164
55 俞典徽　史4-30827
57 俞邦時　子1-1183
58 俞鼇　集4-27619～20
60 俞日炬　史3-15087
俞旦　史4-30816
俞國潡　史4-30774
俞國鑒　經1-4158
俞國智　史4-30824
俞國鑑　集4-27150～1

俞思謙　集3-20371,4-
　22075,6-44282　叢1-
　241、242(3)、312、370、373
　(7),2-731(27)
俞思穆　集5-36536～7
俞思源　集5-34310
俞思沖　史7-52913、
　53084　集6-42679
俞思忠　史4-30828
俞思繒　史4-30779
俞思學　史1-5542
俞焘　集3-14291
俞因　集5-41257
俞昌烈　史6-46881,8-
　60216
俞昌會　史6-45505
俞景　子5-28846
俞景寅　集2-11237
俞景賢　史3-23147
61 俞顯　史4-30834
俞顯卿　集6-42309
64 俞曉園　子2-9403
俞時　集6-42804
俞時育　史4-30842
俞時懋　經2-11021～2
65 俞味仁　史4-30798
66 俞曙　集5-35415
67 俞明震　集5-39554～6
俞明善　史4-30832
俞明鑑　子2-7246、10270
俞明燮　史4-30832
俞暉　集2-7537,6-41935
　(1)
俞瞻白　叢1-142
俞瞻淇　史3-20316
俞嗣烈　集4-28925
俞嗣勳　集4-27409
71 俞陛雲　史3-16722、
　20291　集5-40315～7
俞長纓　史4-30778
俞長城　子3-18258　集
　1-2298、2631、3541、
　3703、3740、4476,2-
　6661、6715、6777、6782、
　6802、6838、6955、6981、
　7010、7015、7018、7148、
　7165、7178、7290、7299、
　7440、7468、7524、7544、
　7576、7710、7734、7966、
　8021、8070、8114、8211、
　8666、8712、8724、8726、
　8782、8857、9030、9103、

9125、9152、9171、9372、
9742、9762、9790、9978、
10042、10066、10340、
10365、10398、10414、
10435、10510、10522、
10569、10613、10660、
10691、10757、10824、
10846、10902、10908、
10967、11038、11260、
11266、11375、11443、
11636、11739、11828、
11866、12011、12090、
12170、12186、12207、
12247、12330、12491、
12572、12977、12980、
12989、12995,3-13272、
13788、16874～5,6-
43142、45336、45938、
46270　叢1-201、203
(5、18)、241、242(2),2-
731(45)
72 俞剛　集4-30595
俞岳　集4-28918～24
俞岳齡　史1-1313
75 俞體瑩　集4-22908
77 俞鳳韶　史3-20714
俞鳳翰　子5-26582　集
　4-32641
俞鳳岡　集4-29541
俞鵬霄　史4-30783
俞鵬程　集4-25510
俞聞　子3-11319
俞閣隨　史4-30765
俞印民　子5-28121
俞卿　經1-708　史7-
　57487
俞興瑞　史2-12629,3-
　22587　集4-32107
80 俞益謨　史1-1984、3670,
　2-9343,6-47492,8-
　63319
俞鏡秋　集5-39228
俞曾模　經1-5130
俞倉　史3-19756
俞含潤　經1-1458
俞公穀　子4-24219　集
　3-13925
82 俞鍾彥　集5-40476
俞鍾詒　集5-34503、
　36941、37150～2
俞鍾雲　叢1-369
俞鍾穎　史3-22775　集
　5-37710～1

俞鍾鑾　史3-19177,4-
　30767　集5-38432～3
俞鍾禕　集5-36941
84 俞鉎　集4-30093～5
俞鎮　史3-20538　子4-
　20237　叢1-195(5),2-
　731(8)
俞鎮瑢　集4-23097
86 俞錫瓚　史3-23033
俞錫綱　史7-55038
俞錫齡　史2-9419,7-
　52049
俞錫椿　史3-21727
87 俞鈞　史3-20441
88 俞鑑　子5-25982
俞策　史7-52500
90 俞懷化　史4-30819
俞懷報　史4-30847
俞光法　史4-30809
俞光大　史4-30797
俞尙玉　史4-30833
俞省三　史3-16578、
　20424
俞棠　集3-20137
91 俞恆淳　史3-16934
俞恆澤　史3-15092
俞恆潤　史3-15094
俞炳　史4-30808
俞炳然　史7-57197
俞炳輝　史3-16050
俞焯　集6-45699　叢1-
　19(8)、20(5)、21(7)、22
　(14)、23(14)、24(8)、353、
　374
94 俞熿　史4-30835
96 俞焜　史6-47973,8-
　60285　集4-29007
97 俞燿　集5-38723～4
99 俞變奎　史7-58040
俞榮慶　史7-56133、
　56291
俞榮寬　子3-11548、
　13661、14509～12

8022₇ 分

62 分別明(釋)　子6-32081
　(23)、32082(14)、32083
　(16)、32084(14)、32085

（23）、32086(26)、32088
　(17)、32089(42)、32090
　(48)、32091(46)、32092
　(31)、32093(26)、7-
　32742～3

8023₂ 龠

67 龠明震　史3-17497

8024₇ 夔

34 夔達　史3-15323

8025₁ 舞

47 舞格　經2-15010　子1-
　2816

8030₇ 令

12 令孤澄　叢1-20(8)
42 令孤亦岱　史7-57723
令孤璋　子5-31846～7
令孤峘　叢1-223(48)
令孤繼承　史4-26172
令孤德棻　史1-11～7、
　20、626～7　叢1-223
　(17)、227(5)、2-698(3)
令孤澄　史1-2383　叢
　1-15、19(10)、21(9)、22
　(8)、23(8)、24(11)、29(5)
令孤楚　集6-41713、
　41853、41876、43245～6
　叢1-223(68)
令孤盡讓　史4-26172
令孤鏓　經1-6309

8033₁ 無

00 無競廬主人　子5-26736

無言(釋)　子2-9439　集
　3-20200
10 無憂(釋)　史7-51636
無可(釋)　集1-1461,6-
　41741、41824、41859、
　41872
17 無聊齋主人　子5-27215
20 無住眞人　子5-30238
21 無能勝(釋)　子6-32081
　(53)、32082(27、28)、
　32083(33、34)、32084
　(26)、32085(48、51)、
　32086(57、62)、32088
　(35)、32089(30)、32090
　(39、42)、32091(37、40)、
　32092(25、27)、32093
　(36)、7-32799、32868、
　32914～5
25 無生禪客　叢2-723
26 無得老人　史1-3795
27 無名生　集6-42797
無名氏　子5-28712　集
　2-12904,7-48773、49124
33 無心子　集7-50072～3
無心道人　子2-9030
41 無極子　子3-13147
無極呂子　經1-408
42 無垢子　子5-29994,7-
　33277～80
44 無夢道人　子7-35085
　集7-49463～71
無著菩薩　子6-32081
　(22、23、24、26)、32082
　(13、14)、32083(15、16、
　18)、32084(13、14)、32085
　(22、23、24)、32086(24、
　25、26、29)、32088(16、17、
　18)、32089(41、42、44)、
　32090(47、48、49、50)、
　32091(45、46、47、48)、
　32092(31、32、33)、32093
　(25、26、27、28)、7-
　32731、32740、32756
46 無如子　子4-20845　叢
　1-142
無相(釋)　史7-51700
　子6-32091(66)
50 無盡傳燈(釋)　史7-
　51663
60 無量度世古佛　子7-
　33208
無思德士　集4-33393
無是道人　子7-33191

無羅叉(釋)　子6-32081
(1)、32083(2)、32084(1)、
32085(1)、32086(1)、
32088(1)、32089(2)、
32090(1)、32091(1)、
32092(1)、32093(13)、7-
32313～4
77 無悶居士　子5-27103、
27158、7-38207、38242
叢1-373(4)
80 無着　子3-13268
無着菩薩　子6-32081
(22、26)、32083(15、18)、
32084(13、14)、32085
(22)、32086(24、29)、
32088(16、18)、32089(41、
44)、32090(47、50)、32091
(45、48)、32092(31、33)、
32093(26、28)
86 無錫縣立圖書館　集3-
13321
90 無懷山人　叢1-111(4)
95 無性菩薩　子6-32081
(24)、32083(16)、32084
(14)、32085(24)、32086
(27)、32088(17)、32089
(43)、32090(47)、32091
(45)、32092(31)、32093
(28)
96 無慍(釋)　子6-32091
(73)、7-34894

8033₂ 念

27 念修堂　集6-43891
31 念潛子　史1-1929
55 念典山房　史1-3538
80 念慈堂主人　子4-20937
90 念常(釋)　史2-8376　子
6-32089(52)、32090
(66)、32091(64)、32092
(43)、32093(52)、7-
34704　叢1-223(46)

愈

60 愈愚齋主　子7-36466

8033₃ 慈

10 慈雲(釋)　子7-34751
22 慈山居士　子2-11136
28 慈谿縣誌局　史2-9788
30 慈寂(釋)　子6-32085
(56)、32088(41)、32089
(48)、32090(62)、32091
(60)、32093(52)、7-
34211～3
32 慈溪葉氏　子2-4769
38 慈海(釋)　集4-28176
40 慈壽(釋)　史7-51627
60 慈國璋　集4-23123
72 慈氏菩薩　子6-32081
(21、56)、32084(12、29)、
32085(21、50)、32088(15、
37)、32089(38、46)、32090
(44、53)、32091(42、51)、
32092(29、35)、32093(23、
47)
77 慈風(釋)　子7-34360
慈賢(釋)　子6-32085
(51、53、54、55)、32086
(61、63、64、65)、32088
(38、39、40)、32089(32、
33、37、38)、32090(40、42、
58、59)、32091(38、40、56、
57)、32092(26、27、39)、
32093(41、46、47)、7-
32789

8034₆ 尊

30 尊安子　經2-13528
34 尊婆須蜜菩薩　子6-
32081(38)、32082(17)、
32083(25)、32084(20)、
32085(36)、32086(41)、
32088(26)、32093(30)
44 尊者衆賢　子7-32780～1
77 尊聞閣主　史8-66437
子5-26568　集3-
20014　叢1-496(1、2)
尊聞閣主人　子3-16566

8040₀ 午

42 午橋釣叟　子4-19093
99 午榮　史6-46518～24
子3-13386、14629、4-
18659

8040₄ 姜

00 姜立綱　子3-15089　叢
1-114(2)
姜立寬　集3-16060
姜立坤　史3-19924
姜齊　子3-13521
姜應門　集4-33629
姜慶成　史1-1384　集
3-20350、4-21978、24602
姜文衡　集4-28586
姜文濱　集3-15261
姜文燦　經1-4054～6
04 姜詩安　子3-13608
07 姜韶　集3-21812
10 姜一彰　史4-31045
姜玉璜　史3-19825
姜玉笙　史8-61303
姜震陽　經1-947
11 姜夔　集7-46357、46638～
41
12 姜瑞庭　史8-62742
姜瑞鑫　史2-10624
姜聯福　史4-31056
姜廷枚　史2-9208　集
3-20400　叢2-987
13 姜球　史3-15670
16 姜聖傳　史4-31050
17 姜承烈　集3-17106
姜承宗　集2-9499
姜承基　史8-60665
姜承蒼　子1-1585
姜子羔　集2-9750　叢
2-987
姜君獻　史7-57512
19 姜璘　史7-56860
20 姜雋　集4-22599
姜信　經1-3226
姜禾　史3-22926

姜蔚蒸 史4-31048
姜蔣氏 集2-9450
姜恭壽 集3-20373
姜英 集4-31202
姜世名 史4-31041
姜其垓 經1-1123 集3-16691
姜桂成 史4-31057
47 姜郁嵩 經2-10064
姜朝政 史4-31076
姜柳堂 史4-31077
姜桐岡 史8-62889
48 姜增鵬 史4-31061
姜梅倩 集4-29903
50 姜申璠 史3-15257、16976
姜申仍 史3-22954
姜由範 史8-61825
姜春城 史4-31082
姜春煦 史5-34800
52 姜虬綠 集1-3893,3-18775
姜虬錄 史7-51402
53 姜拔 史4-31060
姜成之 子2-4770、10868
57 姜邦彦 史3-22250
58 姜蜕 子2-10966 叢1-22(13)、23(12)
60 姜日章 子3-14050
姜日德 史7-56160
姜日廣 史1-1953、1964、2985 叢2-731(59)、869
姜星源 集4-21978
姜國璜 史4-31043
姜國伊 經1-1643、4314、5928、8023,2-8507、8869、9147、10066 子1-228、1855,2-4723、5379、5485、5508、6181、6711、7362、8534、9896,4-22647 集5-36008~11 叢2-1817
姜國翰 史2-9465 集2-9750、11841,3-19146、20400,4-22324 叢2-987
姜晟 史2-11896~7 叢1-387
姜思睿 子4-23981
姜思經 史3-16928
姜思復 子3-16928

姜圖南 集3-14163,6-41970
姜品純 史2-9780
61 姜顯名 史4-31070
63 姜貽經 集7-47331
姜貽績 集3-20350
65 姜映清 集7-54064
66 姜曙春 史4-31074
67 姜曜南 史4-31064
71 姜長卿 史7-50164 集5-38587
姜長榮 子4-24048
77 姜堅 史3-15146
姜鳳儀 史8-61988
姜鳳喈 子4-22641
姜展 集4-22224
姜殿揚 史1-5286 叢2-635(3、7、12)
姜際龍 史7-55106
姜熙 集1-3921,6-43158
姜學昭 史4-31052
姜卿雲 史7-57124
姜興 史3-18092
80 姜人僑 史3-19400
姜今熙 集3-19869
姜夔 子3-14692、15027、15035~8 集1-3890~922,6-41785、41888~9、41891~2、41894(4)、41895、41897、41904、41916~7、45488、45490~1、45494、45610、7-46356、46380、46382、46630~7 叢1-2~6、9、19(10)、20(8)、21(9)、22(15)、23(14)、24(11)、34、114(5)、115、176、195(4)、223(28、37、56、73)、230(3)、300、353、486、534,2-635(10)、698(10、13)、720(2)、731(34、35、42、47)、785、1043
姜午生 子4-19603
姜毓奇 集5-36596
姜善繼 史8-63057
姜曾 史8-58477 集4-33629
姜公銓 集3-16609
82 姜鍾琇 史8-60771
84 姜鑌 子2-9602、10633
88 姜筠 史3-18969 集5-35164、37709

姜篯 史8-59935~6
姜節 經1-1900
90 姜光漢 史4-31073
91 姜炳章 史7-57471
姜炳璋 經1-4378、4686~7、5058、6963~4 史7-51814,8-61749 集1-1571~2 叢1-223(7)
姜焯 史7-56601
93 姜恒 史7-55663
姜烺 史3-19021
97 姜炤 史7-55566
99 姜燮 史3-18909
姜榮銓 史4-31046

8043₀ 矢

35 矢津昌永 子7-37732~4、37740~1、37746
36 矢澤米三郎 子7-36232
67 矢野文雄 子7-37987、38165

美

26 美魏茶 子7-35642
28 美以納百勞那 子7-36248
美以納白勞那 子7-36228(5)、36231(5)、36241、37192
35 美濃部達吉 子7-36312、36551、36605、38105
60 美國水雷局 子7-36231(3)、36241、37022
美國水師書院 子7-36228(3)、36231(3)、36242(3)

8044₆ 弇

22 弇山草衣 叢1-419、435,2-731(8)

8050₀ 年

34 年法堯　史8-62293～4
40 年希堯　經2-13836～41
　　子2-4602、9430、3-
　　15956、4-18946　叢1-
　　373(6)
80 年羹堯　子1-3331、3866
　　～72、3-15728

8050₁ 羊

12 羊登萊　集5-33824　叢
　　2-834
　　羊廷機　集3-19615　叢
　　2-834
14 羊琦　史8-59833
19 羊璘　史8-60063
21 羊步蟾　史4-26838
25 羊朱翁　叢1-496(5)、2-
　　735(2)
28 羊復禮　史3-19963、8-
　　61226、61404　子1-
　　4368　集3-14186、
　　14188、18524、19615、
　　20197、4-33411、5-33824
　　叢2-834～5
40 羊士諤　集1-1466～7、6-
　　41738、41741、41743、
　　41819、41824、41869、
　　41878
　　羊樵山人　集7-48571
43 羊城舊客　史7-49888
53 羊咸熙　集4-33411　叢
　　2-834

8050₇ 每

10 每可薦　史8-59553

8051₃ 毓

10 毓雯　史8-61024

23 毓俊　史5-35791　集5-
　　37899
24 毓科　史3-15246、16958
37 毓朗　集5-40038～9
40 毓奇　集4-22027
　　毓壽　集4-32685、6-
　　42007(3)
44 毓蘭居士　子2-4621、
　　4661、7970、8811～4
48 毓檢　史3-15268

8055₃ 義

00 義庵(釋)　史7-51542
　　義玄(釋)　子7-34180～
　　1、34237
16 義聰(釋)　子7-34410～2
23 義俊　史3-17601
30 義寂(釋)　子7-33539
32 義淨(釋)　子6-32080、
　　32081(2、6、7、8)、32082
　　(5、6、7、8)、32083(2、5、6、
　　7)、32084(1、5、7、8)、
　　32085(2、6、8、9)、32086
　　(1、6、7、8)、32087、32088
　　(2、5、6、7)、32089(2、5、6、
　　7)、32090(1、7、8、10)、
　　32091(1、6、7、9)、32092
　　(1、4、5、6)、32093(2、6、7、
　　9)、7-32101、32140、
　　32251、32304、32328、
　　32350、32493～4、32528、
　　32536、32594、32646～50、
　　32671、32732、32759、
　　32763、32814、32845、
　　32855、33391、34623、
　　34823
50 義青(釋)　子7-34185、
　　34410～2
　　義忠(釋)　子6-32088
　　(41)、7-33576
60 義果(釋)　集3-18378
80 義令(釋)　子7-33081
97 義嗣(釋)　子7-33420

8060₁ 合

20 合信　子7-35199　叢1-

373(4)
　　合信氏　子7-36250、
　　37428、37798、37860～1、
　　37867～8、37901　叢1-
　　453
27 合衆圖書館　叢2-751
67 合明子隱芝內秀　子5-
　　29530(15)、30187

善

00 善廣　史7-57615
　　善文　叢2-2030
04 善護尊者　子6-32086
　　(66)、32093(47)
05 善靖(釋)　子3-14431～2
20 善住(釋)　史2-7137　集
　　1-5229～32　叢1-223
　　(59)
21 善能　集4-32149
28 善佺　史3-17640
30 善漳(釋)　子7-33631
　　善之氏　子2-5267
　　善寂菩薩　子6-32081
　　(51)、32082(27)、32083
　　(32)、32084(30)、32085
　　(47)、32086(55)、32088
　　(34)、32089(46)、32090
　　(53)、32091(51)、32092
　　(35)、32093(26)
36 善遇(釋)　子7-34062、
　　34223、34423、34425、
　　34435、34470
38 善道(釋)　子7-34432、
　　34443～4
　　善導(釋)　子6-32084
　　(23)、32093(49)、7-
　　32113、33351～3、34432、
　　34440～2
44 善耆　史6-45967　子3-
　　15843　集5-40354
50 善泰　集3-17527
　　善貴　史7-58058
53 善成　史3-21622
　　善成堂　子5-26186
　　善成堂書林　集6-42296
67 善明　子7-36146
　　善明居士　子7-36114
77 善堅(釋)　子6-32091
　　(73)、7-34231～2

善月(釋)　子6－32088
　　(42)、32089(49)、32090
　　(63)、32091(61)、32093
　　(49)、7－33507、33694
80 善無畏(釋)　子6－32081
　　(17、19)、32082(12)、
　　32083(12、13)、32084
　　(11)、32085(17、55)、
　　32086(19、21、65)、32088
　　(12、13、14、40)、32089
　　(14、15、16、38)、32090
　　(21、22、58)、32091(20、
　　21、56)、32092(14、15、
　　38)、32093(32、33、34、
　　36)、7－32139、32793
91 善悟(釋)　子7－34190

普

00 普度(釋)　子6－32089
　　(52)、32090(66)、32091
　　(65)、32092(43)、32093
　　(51)、7－34466～7
　　普慶(釋)　子7－34801
　　普文(釋)　集6－42382
04 普謝　子7－37455
10 普天(釋)　子7－34066
　　普霖(釋)　子7－33379、
　　33681
12 普瑞(釋)　子6－32089
　　(51)、32090(65)、32091
　　(63、68)、32092(42)、
　　32093(47)、7－33342、
　　34998
13 普職(釋)　史7－52416
20 普重(釋)　子6－32091
　　(78)
21 普能(釋)　集5－37227
　　叢2－681
22 普崇(釋)　子7－34011
24 普化(釋)　子7－34495
30 普濟(釋)　史2－7110　子
　　6－32091(72)、32092
　　(43)、7－34726　叢1－
　　223(46)、559
　　普定(釋)　子6－32091
　　(76)
32 普淨(釋)　子2－7027～
　　30、9020
34 普浩　子7－36137
37 普通學書室編譯所　史

7－49783
38 普洽(釋)　子7－34831
　　普裕光　史5－36688
40 普太和　子2－9953
　　普壽(釋)　子6－32091
　　(79)、7－34228
　　普真貴(釋)　子7－32109、
　　33107～10
44 普莊(釋)　子7－34225
　　普荷(釋)　集2－13007～
　　11　叢2－705、886(3)、
　　888
　　普枝(釋)　集6－44753
46 普觀(釋)　子7－33468、
　　33670
50 普泰(釋)　子6－32089
　　(52)、32090(66)、32091
　　(64)、32092(43)、32093
　　(49、50)、7－33575、
　　33627、33642～3
60 普恩(釋)　子1－3570　叢
　　1－269(4)、270(3)、271、
　　272(3)、360、437、2－731
　　(36)
67 普明(釋)　子6－32091
　　(72、81)、7－34151～5
　　集7－54207～8、54210
　　叢2－689
　　普照(釋)　子7－34695、
　　34794
71 普願居士　子5－30438、7－
　　34122
77 普覺(釋)　子7－33143
　　普聞(釋)　集6－45486、
　　45491、45579　叢1－19
　　(9)、20(7)、21(9)、22
　　(13)、23(13)、24(10)
　　普闌(釋)　叢1－374
　　普賢瑜伽阿闍黎　子6－
　　32084(27)、32093(32)
　　普賢菩薩　子6－32093
　　(34)
　　普賢喻伽阿闍黎　子6－
　　32081(55)、32083(35)、
　　32085(50)、32086(60)、
　　32088(37)、32089(36)、
　　32090(59)、32091(57)、
　　32092(39)
80 普會(釋)　子6－32088
　　(42)、32089(51)、32091
　　(65)、32093(51)、7－
　　34398
90 普光(釋)　子7－33647

首

38 首啓彬　史4－31020
53 首成坡　史4－31021
97 首煥一　史4－31020
　　首煥正　史4－31021

8060₄ 舍

22 舍利子尊者　子6－32081
　　(37)、32082(16)、32083
　　(24)、32084(20)、32085
　　(35)、32086(40)、32088
　　(26)、32089(45)、32090
　　(52)、32091(50)、32092
　　(34)、32093(29)
　　舍利弗尊者　子6－32093
　　(29)
26 舍白辣　子7－36231(6)
47 舍起靈　子7－35957～8

8060₆ 曾

00 曾彥　集5－40452～3
　　曾彥銓　集5－38359
　　曾育才　史5－36621
　　曾應瑞　集2－12561
　　曾應久　史5－36671
　　曾應銓　集3－13112
　　曾廉　經1－3280　史1－
　　792～3、2－13100、5－
　　36676、7－51016　集5－
　　38828～31　叢2－2083
　　～4
　　曾庭龍　集3－13080
　　曾慶溥　史2－10167
　　曾慶奎　史8－61764
　　曾慶榜　史2－6244
　　曾慶昌　史8－61856～9
　　曾慶錫　史7－56071
　　曾廣鑾　史5－36644
　　曾廣俊　經2－9658
　　曾廣源　經2－14464～5、
　　14762

223(30),2-1022
94 曾愷 史1-1914,2-6861
子1-20,61,2-10972,3-
16060,17811,4-23782~
4,5-26286,29530(20)、
29535(6)、29536(6)、
31933~5 集7-46349、
48460~2 叢1-15~7、
19(6,8)、20(4,5)、21(6,
7)、22(10)、23(9)、24(7,
8)、56、95~6、195(5)、223
(42,45,73)、241、242(2)、
273(5)、274(5)、374、456
(5)、2-624(2)、635(14)、
730(2)、731(11,48,52)
曾煥 集4-29557
97 曾忬 叢1-22(19)、23(19)
曾燠 史7-52245 集4-
24371~9,6-41994、
42074、44336~8 叢1-
462、487,2-665
曾炤 集3-15829,6-
44067、45088
曾燦 集3-14732~5,6-
41962、42065、44067、
45088 叢2-870(5)
曾燦奎 史8-61831
曾燦垣 集3-13689
曾燦材 史8-58912
99 曾榮科 集3-15748
曾榮甲 經1-1872

會

23 會稽澹居士 叢2-672
會稽女子 集2-12751
30 會空(釋) 子7-34369
會寧(釋) 子6-32089
(5)、32090(6)、32091(5)、
32092(4),7-32970
34 會淩 子5-32076
55 會典館 經2-13110
60 會田安明 子3-12396

8060₇ 倉

22 倉山主人 史2-6220
倉山舊主 叢1-496(6)

60 倉景恬 史3-21405,8-
59924
倉景恪 史3-23226
倉景愉 史2-12216

含

20 含香主人 子3-18268~9
28 含徹(釋) 集4-30372
38 含澈(釋) 史2-8284 子
7-34694 集4-31959,
5-34300~5,6-42520
60 含晶子 子5-28807
90 含光(釋) 子6-32093
(40)

8060₈ 谷

00 谷應泰 史1-1770~5、
1824、1827、2861、5941~2
子4-18546 叢1-195
(3)、223(19)、227(6)、282
(3)、283(4),2-731(33、
67)、782(4)
谷文煥 史4-28644
03 谷誠 集3-18151 叢2-
866
10 谷霨光 史1-10(4,5)、
611,6-45127
12 谷廷珍 史4-28645
17 谷子敬 集7-48767(4)、
48774(3)、48777、49069
叢2-698(16)
20 谷維豐 史4-28646
21 谷睿 子5-30998
22 谷繼宗 集2-7834~5
28 谷儉 史7-49309 集1-
363
30 谷家崒 史4-28647
34 谷達純 經2-8900
35 谷清 子3-17265 叢2-
886(2)
谷神子 子5-26218、
28988~9、29530(21)、
29562、30925 叢1-15、
24(4,5)、77、91~3、223
(45)、2-656、730(5)
37 谷涵榮 集4-27313

40 谷九鼎 史7-55177
46 谷如墉 史7-55752
47 谷起鳳 集3-15655
50 谷中虛 子1-919~20
集2-9303~4
谷忠泰 史4-28648
55 谷農退士 史1-4158
60 谷口生 子5-27812
谷口道人 子5-31459~60
谷田政德 子7-36472~
3、36480
77 谷際岐 集4-22267~9
叢2-886(3)

8060₉ 畚

10 畚西居士 史6-44597

8073₂ 公

10 公一揚 史7-52904
12 公孫龍 子4-19512
公孫弘 子1-61、376、
3094、3677~80 叢1-
11~2、22(18)、23(17)、26
~8、29(2)、49、74、76~7、
86、169(2)、223(31)、241、
242(3)、310,2-730(7)、
774(8)
17 公鼐 史1-2122 集2-
9929~30,6-45205
20 公重 子4-23309
30 公濟參藥號 子2-10031
40 公鼒 集2-11142

養

10 養元山房 子2-9916
33 養心書房 子5-27288
34 養浩齋主人 子7-36360、
38043、38094
40 養真子 子5-29535(6)、
29536(6)、31378
44 養花精舍 集7-49552~3
52 養拙山人 子3-13628,7-

34798

68 養晦齋主人　子2-10940

8080₆ 貪

44 貪夢道人　子5-28764～
　73、28782～3

8090₁ 佘

00 佘育　集2-6586
　　佘文鑒　史4-28505
07 佘毅中　史6-46622
10 佘一元　經2-10578　史
　7-55153　集3-13986
　叢2-1857
　　佘雲祚　史1-5596
　　佘雲青　史3-22889
12 佘登雲　史3-16770
17 佘君翼　叢1-143
24 佘德楷　經1-1984
25 佘傑　史8-60784
26 佘自強　史6-42966
30 佘永寧　子1-77、1227、4-
　23088
　　佘賓王　子3-11540、
　12760、12852、12876～7
41 佘楷　子3-12459
44 佘夢鯉　史6-41648
　　佘華瑞　史7-57975
47 佘翹　史1-5510　子4-
　20750～1　集7-49990
50 佘聿雲　叢1-143
71 佘厚墉　史8-62300
86 佘錫純　集3-18862～3
87 佘翔　集2-9654　叢1-
　223(66)

8090₄ 余

00 余堃　史3-16390、22071、
　23418
　　余癡生　史2-10958
　　余彥　子2-9033
　　余應雲　史3-16222　集

5-38999
　余應魁　集3-20678
　余應科　經2-10514～5
　余應奎　經2-12844　子
　2-4865、5789
　余應松　集4-28021～2
　余應虬　經2-8760、9029、
　9422、9910、10407、10545
　子5-25086
　余應鼇　子5-28125～7
　余應舉　集6-41935(5)
　余庚陽　集4-31620～2
　叢1-574(5)
　余庭璧　叢1-114(3)
　余慶　集5-37367～8
　余慶遠　史7-49317(6)、
　49318(14)、49338、51073
　叢1-202(6)、203(12)、241、
　242(2)、355、2-731(57)
　余慶長　史7-49317(6)、
　49318(14)、51070　集3-
　20834
　余廣華　史3-23620
　余文龍　史1-4896、2-
　7619、8-58597　子3-
　13063～4
　余文儀　史8-63454　集
　3-18649、20135
　余文輔　史4-28573
　余文鳳　史8-59783
　余文周　史4-28584
　余文煥　史8-61708
　余章乾　史4-28549
　余章耀　史4-28507
　余六鼇　史8-60296
　余京　集3-17341
01 余龍　集3-19144
　余龍光　史2-9527、
　11005、11834～5　叢2-
　1421
02 余端　集5-39626
　余新民　史8-63232
03 余誼親　史4-28575
　余誼密　史7-57886、
　57894　集5-40704～6
　余誠　集6-43086
　余誠格　史3-16365、
　17438
04 余詰　史4-28536
05 余靖　史6-42645、48115
　集1-1969～76、6-41900
　～1、41908　叢1-223

(51)、227(9)、2-883
08 余謙牧　子2-6559
10 余一鼇　史2-11967　集
　5-36393～4、7-48143～50
　余一夔　子5-25785
　余三奇　史8-60549
　余正酉　集4-27875～6、
　6-44824
　余正垣　集2-12519、6-
　41949
　余正東　史8-62741、
　62745、62750、62753
　余正襄　史3-23238
　余正煜　史4-28639
　余正煥　史1-7、6189～
　90、7-51867～8、52107
　余玉森　史3-23431
　余丕承　史8-61056
　余元礦　史4-28529
　余元達　史3-18713
　余元遴　史2-9482～3
　子1-110、1581～2　集
　3-20832～3
　余元熹　集1-180、205、
　209、213、227、241、243、
　250、254、257、260、267、
　274、286、293、298、306、
　311、326、366、6-42979
　余元甲　集3-19700～1
　余丙捷　史2-6356、6689
　叢1-330～1
　余震　史8-61985
　余震啓　集6-42766
　余天柱　史4-28580、
　28582
　余天鵬　史8-61743
　余天燦　史4-28560
　余晉　子4-23333
　余晉芳　史8-60223～4
　集5-39679
　余雲山　子2-10913
　余雲煥　集5-36001、6-
　46204
　余霖　史3-20800、7-
　57323　子2-6928、
　10589　叢2-839～40
11 余麗元　史2-8815、7-
　57373、57646
　余棐　集2-7406
12 余瑞麟　史3-23196
　余瑞紫　史1-3183
　余瑞芳　史4-28610

余瑗　史4-28578
余瑗　史4-28601
余烈　史3-15676
余延良　集3-20135
余廷誌　史8-60293
余廷誥　史6-48978　集
　4-29150　叢1-523
余廷勳　子2-9477~8
余廷治　集4-32437~8
余廷蘭　史8-60795
余廷愷　史8-58710
余廷燦　集3-21218~20,
　6-42067
余飛鱗　子2-10414
17 余孟麟　史7-50099　集
　2-10370,10493
余弼　史3-15786
余承勳　史8-61979、
　62064~5
余承杰　史4-28520
余承柱　史4-28543
余承恩　集2-10141
余子俊　史6-47097、
　48166~7
余邵魚　子5-27932~6
20 余重耀　史2-13268,3-
　20836,7-50578、53516、
　57516　叢2-2235~6
余爲霖　史8-59477　集
　3-14567
余信　經2-14039
余受之　集5-41061
余香祖　史2-12151
余集　史2-11362　子2-
　10903　集4-22088~9,
　7-48465　叢1-326,2-
　697、698(13)、731(50)
余秉德　史3-23460
余秉剛　集1-5608
余秉鈞　史3-23501
21 余上華　史8-62242
余仁　子3-11420
余能樽　史4-28593
余衍爻　史4-28632
余熊飛　史4-28550
余紅先　史8-61905
余縉　史7-49317(5)、
　49318(4,13)、53611、
　53625,8-59709　集3-
　13950
余穎　史4-28519

22 余彪　集3-18513
余鼎　集4-26902
余鼎瓚　史4-24939
余崗　集3-20315
余嵩慶　史2-7692,8-
　62278
余崝　集3-19721~2
余崇福　史4-28602
余繼登　史1-2686　集
　2-10227　叢1-223
　(66),2-731(51)、782(3)
23 余卜頤　史7-55630
余允文　經2-9805~7
　叢1-34、223(13)、274
　(3),2-731(9)
24 余德　集2-9483
余德淇　史4-28549
余德壎　子2-4771(2)、
　6977、7090
余德鳳　史3-23445
余德熙　史3-18200
余偉　史3-16938,7-
　57724
余贊臣　史3-19935
余贊年　史3-16221
25 余仲禧　史4-28530
余仲荀　叢1-223(51)、
　227(9)
余仲田　史3-21053
余純照　集2-10549
26 余自榮　子2-7964
余伯巖　集6-41772
余儼　集2-11220,6-
　43371
余保純　史8-60887
余昂　史4-28522
27 余塈　史4-28637
余佩銓　史4-28546
余修鳳　史8-62987
余象斗　經2-13809　史
　6-46080,8-61090　子
　3-13282、13441,5-
　25087、26121、27703~4、
　27706、27932、28833~8
　集6-42847
余象南　史3-20977
余名傳　史3-23633
余名芳　叢2-1738
余甸　集3-18046~7
余紉蘭　集2-12744
余叔純　經1-921

余紹元　史3-19413
余紹瑞　史4-28587
余紹宋　史2-7972,7-
　57125、57567、57569~70,
　8-66305　集5-41582~3
余紹祉　子4-24509　集
　2-12913~4　叢1-435,
　2-1217
余紹曾　史3-23651
28 余作誥　史4-28617
余作恭　子3-17743
余復魁　史4-28572
余從龍　集5-36158
余從周　史4-28509
30 余宣　集6-46131~2
余濟川　子2-8458
余寬　史7-57633
余家謨　史7-56612
余家鼎　史2-12151
余家修　史4-28586
余家源　史4-28627
余家駒　集5-33837
余永麟　子5-26383　叢
　1-233、496(5),2-617
　(4)、731(53)
余永正　史4-28583
余永豐　史4-28606
余永淮　史3-19979
余永寧　叢1-373(2),2-
　1115
余永濬　史7-54193
余永森　集5-34786
余永明　史1-4071
余之儁　子2-6151
余之禎　史8-58903
余之祥　經2-8761、9030、
　9423、9911、10552
余之顥　史4-28528
余之焴　史4-28572
余宏汀　史4-28516
余宏淦　經1-3054　史
　3-19188,6-45470　叢
　1-502
余宏猷　史4-28609
余謇　史7-54456
余良選　史8-62072、
　62074
余良棟　史8-60492
余寅　經1-4594　史2-
　13357,6-47100　子5-
　25672　集2-9313,6-

43940～1　叢1-136、
223(43)
余寅止　子1-1713～4
余寶滋　史7-55970
余寶森　史3-23443
余賓碩　史7-51358　集
3-16295
余宗英　經1-3253
余寀　史7-49316
余寀　史7-49318(2)、
53878　叢1-201、203(4)
31 余江　集4-23747～8
余河清　史5-33883
余派　集6-44643
余潛士　史6-43071　子
1-1752、2432　集4-
27390　叢2-1692
余源　史3-15118
余福渭　史2-12858
32 余兆熊　史3-20769
余兆棠　史3-17296
33 余心孺　史8-59705　集
3-16057
余心純　經1-5626
余治　史2-6518,6-44603
～4　子4-23429～30
集4-31684,7-54464～5
余淙　子2-7116
余述文　史2-12150
余述尹　史3-18224
34 余澍疇　史1-1898
余澍堂　史8-61569
余汝翼　史3-23639
余汝蕃　史3-23444
余波臣　史4-28508
余浩洲　子7-36042
余祐　子1-782　叢1-
223(65)
余祐　子1-782,3-13370
集6-45622
余遠驥　史4-28624
36 余澤　集5-38999
余澤霖　史3-21609
余澤江　史4-28620
余澤松　史4-28621
余澤春　史8-62278、
62348、63118
37 余濬廷　史8-60117
余濯　集6-44979
余洞真　子5-29530(20)、
29535(5)、29536(5)、

31218
余潤門　史4-28538
余潮　史8-58867
余鴻　史7-53486　子3-
16242　集4-30588
余鴻觀　史1-1995、4024,
2-8283
余鴻鈞　史3-14931
余淑芳　集4-30722　叢
2-858
余沼　子1-2288
余次彭　史8-61261
余逢元　史4-28512
38 余淦　史3-23454
余瀚　史8-61134
余洋星　子3-15954
余海亭　子7-35925、
35967、35995～6
余祚欽　史3-18600
余祥槐　史4-28517
余祥輝　史2-10994
余道登　史4-25742
余肇康　史2-10723,6-
46887
余肇杞　史4-28552
余肇鈞　史1-7,2-11897
叢1-386～7
余啓相　子5-25110
余啓益　史3-22975
余啓智　史3-20244
余榮謀　史8-60854、
61069
40 余大川　史4-28526
余大德　史4-28558
余大林　史4-28633
余大觀　集4-24027
余大朋　史1-5524
余士龍　史6-43948
余士珩　史8-60222
余士璜　史4-28559
余士俊　史3-18710
余士奇　史7-57993
余士冕　子2-7116
余培森　史7-57854
余克制　史4-28577
余克裘　史3-23487
余克劍　史4-28581
余希芬　集4-27613
余希嬰　集3-20678,4-
27304、27613、29202
余希煌　集4-29202

余有璋　史4-28631
余有丁　史1-5013～4
集2-9589～90
余有伶　史4-28588
余有林　史8-59201
余志俊　史4-28548
余志明　史7-56599
余嘉珏　集5-36159
余嘉福　史4-28551
余嘉錫　史8-65474
41 余樞　史7-56576
余楷　史8-61134
42 余桃標　史3-23050
43 余載　經1-6409　叢1-
223(14)、273(3)、284、
306,2-731(36)
余越園　集5-39382
44 余董耀　經2-14817
余藻　史8-64937
余夢星　集4-23401
余蕭客　經2-11564　集
6-42121、42138　叢1-
223(13)、452、586(4)、2-
716(4)
余蘭碩　集7-46399～
400、47155
余葆誠　史3-23422
余蓮村　史6-43094、
44702
余恭　史7-56740
余慕之　史2-12950
余懋　史7-57322　集5-
37923～4
余懋熏　經2-13476
余懋衡　經1-2121　子
1-3292　集2-10839
余懋官　史8-63327
余懋棟　史8-63895　集
3-19306　叢2-832(1)
余懋杞　集3-18649
余懋學　經2-13434　史
1-5473,3-23671,4-
28598　子4-20629、
24059　叢2-721
余懋孳　集2-11192
余蕋　集5-34785,6-
42007(4)
余萃文　集4-22007　叢
2-886(3)
余苹皋　子2-5901
余茹　史8-62065
余華　子1-2584

07 鍾韶　經2-9426　子1-
　　1274
　　鍾譔　史8-58604
08 鍾謙鈞　經1-33,2-
　　15127
09 鍾麟書　史8-62756
10 鍾正懋　史8-62017
　　鍾玉麟　史5-40628～9
　　鍾玉昌　史5-40609
　　鍾靈　史8-62469　子1-
　　2522
　　鍾元贊　集5-38965
　　鍾元棣　史8-61489
　　鍾元鉉　集3-16732～3
　　鍾震陽　集2-12642
　　鍾夏　集2-10226
　　鍾于序　子1-2268　叢
　　1-201,203(6)
　　鍾天元　經2-10525
　　鍾天緯　史7-54404～5
　　子1-2898,7-36228(3、
　　6)、36231(5、7)、36242(2、
　　3、4)、36249～50、36955、
　　36959、37148、37151、
　　37401、37413　集5-
　　36741
　　鍾天墀　經1-7555
　　鍾石頑　子2-6070
　　鍾晉　經1-1572　集4-
　　22539
11 鍾琴生　子5-26646
12 鍾登甲　史7-50967～8
　　鍾瑞　史6-45274
　　鍾瑞廷　經1-1719～20
　　鍾瑞彪　子3-11511
　　鍾廷瑛　史8-59475　集
　　1-1347,1349,4-23134,
　　6-45498
13 鍾城　史7-57871
14 鍾琦　史6-41734　集4-
　　32346～7
　　鍾琳　集4-33325
17 鍾孟鴻　史3-15451
　　鍾羽正　史2-8991、9087
　　～8,8-59204　集2-
　　10541～2
　　鍾璆　史5-40639
　　鍾珊　集5-37514
　　鍾蕭　史5-40598
　　鍾翼雲　集3-21276
20 鍾秀　史7-56053　集4-
　　30364,6-46147

鍾愛之　史5-40585
鍾孚吉　集4-25532
鍾采蒲　史5-40613
21 鍾順時　史5-40666
　　鍾上九　史5-40658
　　鍾步炕　集4-29452
　　鍾仁傑　集7-48412
　　鍾衡臧　子7-37592
　　鍾穎陽　經2-8881
22 鍾兊　集5-39173
　　鍾鼎　史7-52930　集5-
　　34276～7　叢1-571
　　鍾後運　史5-40623
　　鍾鸞藻　史3-19987
　　鍾山　集5-39172
　　鍾山老人　史1-4904
　　鍾繇　子3-15553
　　鍾崇文　史8-60517
23 鍾俊運　史5-40660
　　鍾台田　集7-48440
　　鍾峻　史1-1987,3990
　　集5-34681～2　叢2-
　　683
24 鍾動　集5-41480～1　叢
　　2-2252
　　鍾化明　經1-650
　　鍾化民　史6-44539、
　　44562　叢1-273(4)、
　　274(4)、360,2-731(19)
　　鍾德祥　集5-36821
　　鍾德樹　史5-40588
　　鍾德勛　史5-40662
　　鍾偉　集4-33025
　　鍾佑祥　史5-40622
25 鍾傳益　史8-60285　子
　　1-4342,4-21733,7-
　　33293　集4-31796　叢
　　2-1989
26 鍾和梅　史7-55174
27 鍾彝　史8-60345
　　鍾紹京　子3-15602
　　鍾紹嶸　史3-20513
29 鍾嶸　子5-26218　集6-
　　45485、45488、45490、
　　45494、45514～6　叢1-
　　11～2、22(13)、23(13)、29
　　(2)、38、74～7、86、93、
　　101、114(5)、115、147、169
　　(3)、216、223(71)、248、
　　249(1)、268(4)、371、431、
　　494、510、566,2-616、698
　　(17)、726、730(6)

30 鍾濂　史2-10286,3-
　　22425
　　鍾之英　史5-40596
　　鍾之模　子3-13200
　　鍾定　史8-59801～2、
　　59826　集1-1499、1570
　　鍾宗振　史5-40642
31 鍾汪　史7-56798
　　鍾汪傑　史1-401　集4-
　　28380～1
　　鍾汪杰　經1-4207
　　鍾汪埏　集4-30782
　　鍾福　史3-17422
　　鍾福球　經2-8524
32 鍾淵映　史1-1350　叢
　　1-223(27)、273(4)、274
　　(4)、2-731(62)
　　鍾兆霖　集5-34043
　　鍾兆斗　史1-2877　叢
　　2-730(12)、836
　　鍾兆彬　史7-57358
　　鍾兆年　叢2-731(68)
　　鍾添　史8-62248
　　鍾近光　史3-21135
33 鍾梁　集2-8001,3-17674
34 鍾汝松　史5-40595
　　鍾浩　經2-13144～5
　　鍾洪　集4-23959
　　鍾達瑟　史5-40641、
　　40663
　　鍾達秦　史5-40636
35 鍾沛　史7-57208
37 鍾祖綬　經2-14810
　　鍾祖保　集2-10480、
　　12928
　　鍾祖述　集6-43785
　　鍾祖芬　集5-38037
　　鍾祖孝　史7-52930　叢
　　1-571
　　鍾運堯　子5-25885
　　鍾運泰　史8-58981、
　　60692　子1-2050
38 鍾淦　集5-39344～5
　　鍾海瀾　史5-40633
　　鍾祥　史6-48840～1
　　鍾啓淦　子2-9780
40 鍾大受　史7-50553,8-
　　59124
　　鍾大源　集4-24954～5
　　叢1-373(7)
　　鍾大鈞　史3-20854

4815、4862、5906、6697～
8、6700、6705、6708、6828、
6856～7、7281～2、7284、
7384～5、7555、8114,2－
10313、10452～4　史1－
44～5、204、412、1211、
1220～1、1290、1522、1570
～1、1573～5、2120～1、
2167、2170、2259、5189、
5445～6、5449、5454～5、
5462、5515～9、5895、
5936,2－6416,7－52688、
52691　子1－191、304、
347、387、399、411、3986,
4－19608、19623、19764、
19777、19864、22799、
22801、23704、24076,5－
24953、25606、25714、
25779、26963、27422、
27926～7、27929、27958、
27990、28031、28053～4、
28840～5、28847、29501、
31330,6－32091(66),7－
33718　集1－1199、
2135、2429、2539～40、
2574、2578、2581、2583～
4、2630,2－5922、7507、
9990、10150、11046、
11061、11244～52,6－
41794、41948、42047、
42049、42076、42299、
42373～7、42408、42772～
3、42775、42872～80、
43174、43344～5、43366、
43756、43887、43911～2、
45162、45176、45283～4、
45507、45509、45824,7－
48420　叢1－122～7、
140,2－720(5)、731(62)、
872
　　鍾煌　史8－61181
　　鍾煜　經1－1379
97 鍾煥光　史3－22645

8242₇ 矯

55 矯扶鑫　史5－40580

8280₀ 劍

62 劍影客　史2－7734

80 劍氣淩雲室主人　子4－
23659

8312₇ 鋪

46 鋪加特　史7－49319

8315₀ 鐵

10 鐵石通人秋池　子5－
30420
12 鐵瓢老人　子2－9684
17 鐵珊　經2－13086
22 鐵崖　子4－23324
　　鐵峯居士　子2－11026
　　叢1－114(5)
26 鐵保　史2－11956～7,6－
43845　集4－23523～
30,6－44134、44244～5
28 鐵齡　集5－38292
30 鐵良　史6－43300、43854、
43859、46567
37 鐵冠道人　子3－13144
41 鐵獅道人　史2－10503
42 鐵橋　子3－18282
　　鐵橋山人　史2－7678
44 鐵華山人　子5－27790、
28252
47 鐵柵　子4－23507
68 鐵哈　子7－36848
77 鐵腳道人　子5－26219
　　叢1－22(25)、66
80 鐵盦隱士　子5－28545～6
87 鐵錚　子7－35931

8315₃ 錢

00 錢立　經2－9028
　　錢座書　子2－6554
　　錢雍　集4－30654
　　錢序馨　史5－40239
　　錢方琦　子1－3403　集
5－41316
　　錢育仁　集5－39407～8、
40742～3

錢應充　子5－25811
錢應溥　史2－10329、
12097
錢應清　子7－36485　集
5－35034
錢應涵　史3－19432
錢應選　史3－18612
錢應奎　經1－6818
錢應桂　經1－3146
錢應揚　集2－8937
錢應昇　史3－19432
錢應顯　史8－59090
錢應金　子3－16951
錢康功　子5－26287　叢
1－10、17、19(5)、22(5)、
23(5)、29(6)
錢康樂　集5－36200
錢康公　叢1－21(5)、24(6)
錢康榮　子2－9964
錢庚　子3－17378　集3－
16185～6
錢廉　史2－8922　集3－
15933～4,6－45133
錢慶戴　史5－40168
錢慶曾　經2－12511、
13203～4　史2－11005、
11886,8－66064　叢1－
517
錢唐　集4－33317～8
錢廣居　集6－44737
錢文　史8－66313　集2－
7112,6－41935(3)
錢文元　史5－40123
錢文子　史1－5、10(1)、
255～6　叢1－223(28)、
244(2)、519,2－731(19)、
735(4)、1483
錢文選　史1－6135,7－
58116　集5－41144～7
錢文瀚　史6－46837～8
叢2－832(3)、1026
錢文樞　集4－27045
錢文薦　史7－51685
錢文起　史3－19412
錢文昕　集4－24643
錢文驥　子2－6877
錢文銛　集5－37119
錢文光　集6－45385～6
錢文輝　集4－25273
錢諒臣　子2－6351
錢玄同　史2－12494～5

叢 2－2248
錢襄　子 2－11082　叢 2－811
01 錢龍錫　經 2－10450
　錢龍惕　集 1－1558、1597～8,3－13522～3
02 錢彰珦　史 5－40241
03 錢詒曾　史 7－46439、47159
07 錢諷　子 5－26085　叢 1－265(4)、266
08 錢謙貞　集 2－12870
　錢謙益　經 1－6873　史 1－1937、1954～7、1959、1963、1982、2711～3、2979,2－7269～70、8474～5、9065、11172,5－40180～3,7－53469,8－65257、65612～22　子 3－14990,4－20742,5－25210、25246～7、26497,6－32091(66)、32092(44),7－33136、33289、33742～5、34620　集 1－878、1041～2、1568,2－6901、6907、8750、10938、11745,3－13033～61、13268、13270,6－41971、42576～7、43333、43850～3、44151～2、44440、45192、45487　叢 1－369、456(3)、539～41、547(3)、569、580,2－615(2)、635(12)、673、731(1)、794
09 錢麟書　史 3－18914　子 4－23605
10 錢一飛　集 3－15339
　錢一桂　子 2－5045　集 4－24462
　錢一本　經 1－752～5　史 2－6971,6－48391　子 1－1121,3－12981,4－24012　集 2－9941　叢 1－223(4),2－798
　錢二白　集 3－16501
　錢三錫　子 5－27345
　錢正奎　史 5－40170
　錢正基　史 5－35983
　錢正春　子 5－25245
　錢正振　史 7－52080,8－58528
　錢玉炯　叢 2－932
　錢琉　史 5－40233

錢霶　史 7－49669、57000　子 5－25097
錢元龍　子 1－2771
錢元佑　史 7－57386
錢元培　經 2－13204
錢元昌　史 7－57394,8－61223　集 3－18026～8,6－41978　叢 1－223(24)
錢元熙　子 4－22562　叢 2－811
錢元怡　史 5－40167
錢元煥　史 5－40132
錢霍　集 3－14468,6－42328　叢 1－378
錢爾登　子 1－1302
錢爾復　子 1－4130　集 3－14081　叢 1－195(6),2－731(30)
錢霞　史 8－59059
錢于萬　史 5－40138
錢天樹　集 4－26819　叢 1－373(4)
錢天錫　經 1－3841　史 7－55338　集 2－11990
錢百川　集 2－8513,6－41935(4)
錢晉錫　史 7－57187　叢 1－373(7)
錢雷　子 2－5935～6
錢可選　子 4－22291　叢 2－811
錢可則　史 7－57194
錢雲沖　史 5－40187
錢彩　史 7－49317(7)、49318(14)、51485　叢 1－197(4),2－617(2)
11 錢珏　史 3－19416　集 3－15006
　錢斐仲　集 4－31724～5,7－47895
　錢孺穀　集 6－43785
　錢孺飴　史 5－40175
12 錢登縠　子 2－8164
　錢瑞禮　史 1－4841～2
　錢瑞桐　史 8－58990
　錢璠　集 6－42739
　錢廷文　集 3－19711～2
　錢廷熊　史 8－59199　集 4－27046
　錢廷占　史 4－29231
　錢廷頴　集 4－29566
　錢廷森　史 5－40137

錢廷薰　集 4－29061
錢廷桂　子 4－23501
錢廷棟　子 3－17073
錢廷成　集 4－28377
錢廷烽　集 4－29251
錢廷錫　史 3－23448
錢廷烜　集 4－28187
錢廷焯　集 4－28890
錢廷烺　集 4－27652,7－47726
錢廷燿　集 4－29713
錢飛虹　史 7－57364
錢孫愛　史 1－1937,2－9277　叢 2－791、793
錢孫保　集 6－43999
錢孫艾　集 2－12870,3－14759
錢孫鐘　集 3－18959
錢孫鍾　集 7－48155
14 錢琦　史 6－47819　子 3－13077,4－20314～6、24028　集 2－7413～6,3－19850～1,6－41935(4)　叢 1－62、64、195(2),2－730(4、12)、731(8、16)、836
　錢功　子 5－26289　叢 1－10、17、19(6)、20(4)、21(6)、22(5)、23(5)、24(7)、29(6)、374
　錢瑛　集 4－25529
　錢瓚　集 2－7328
　錢琳　集 4－25272
15 錢臻　史 5－40199,6－43487、47462
16 錢醒盦　史 2－13104
17 錢孟鈿　集 4－22202,6－41999、42020,7－47338
　錢玘　集 3－21133
　錢瑤鶴　集 4－29252,6－42001
　錢承康　史 5－40155
　錢承聰　史 8－61374
　錢承緒　史 2－10348
　錢承祐　史 5－40216
　錢承煦　史 3－18735
　錢承駒　子 7－37829
　錢聚贏　集 7－47523
　錢聚仁　史 2－11689
　錢聚朝　子 4－18562　集 4－31333～4
　錢豫章　集 4－23261

50682、51304　子4-
20766～7、22263、23000、
5-27048　集2-10198、
10830～6　叢1-22(23、
24、25)、29(8)、143、269
(5)、270(4)、271、272(3)、
373(9)、407(3)、2-617
(3)、731(54)、1194

錢希白　叢1-10

錢希祥　經1-2845～6

錢有序　集4-25410

錢有穀　集4-23957

錢有威　集2-9425

錢志豪　史5-40191

錢志澄　史2-11824,6-
47819,7-56933

錢志遙　集3-19205

錢志彤　史8-63176

錢嘉謨　集4-30358

錢嘉徵　史1-1952、3045
集2-8579、11858

錢古訓　史1-2038

錢喜選　史7-57728

錢奇才　史8-60640

錢壽琛　史3-19215

錢壽昌　史5-40190　集
4-31933

錢樏村　子2-10416

錢梓林　集4-26616～7

錢樟　集4-25408

41 錢坫　經1-117、163(1)、
4799、5201,2-9514、
11215～6、11986～8、
12184～5、14873　史1-
10(1)、226～7,2-8637、
7-49311,8-62772、
62802、63504、64156、
64276　叢1-453、493,
2-594、731(16)

錢桓　史6-48389～90

錢楷　史6-47423、47453
集4-24542

錢楨　史3-19662　子3-
16977～8

42 錢塏　集4-30483

錢垛　集3-18801,4-
22924,6-42006

錢斯珍　史5-40129

錢樸林　集4-25709～12

錢機　集4-25409

43 錢載　史1-6119,6-48752
集3-19686、19818～22、

21650、21652,7-47231
叢1-203(3)、373(6),2-
840

錢栻　集4-23130～1

錢械林　史5-40131

錢榕　集3-21595

錢棕良　集5-37683

44 錢協和　叢2-988

錢基厚　史2-12499,7-
56906

錢荃　集3-20367

錢堠　子4-24338

錢藩　集4-22297

錢夢齡　集3-19895

錢夢孫　集2-12382

錢芹　史6-47819

錢荷玉　集5-41280

錢蘅璋　集3-14366、
21501,4-33494,5-
37236、38137

錢蘅生　集4-31511

錢芬　集5-36993　叢1-
477

錢芳標　集3-15645,7-
46405、46989～90

錢薷　經2-13799　集2-
11288～9

錢蘭府　史5-40186

錢蔭度　史2-10498

錢蔚起　史6-42654

錢薇　子1-1015～6　集
2-8578～85　叢1-62、
64,2-730(4、12)、731
(11)、836

錢茂祥　史5-40153

錢葆訦　史3-20552

錢葆青　集5-33890

錢葆田　史3-19246

錢葆瑩　史3-19767

錢芝庭　集7-54590

錢蕙孃　集5-38505

錢蕙蓀　集5-38690

錢萬選　史8-62824

錢萬國　史1-187

錢華　史5-40130

錢若水　史1-1651　叢
2-611、637(2)

錢若洲　集4-33494

錢世瑞　集4-31268～9

錢世徵　子3-17047

錢世垚　集2-6867

錢世熹　經1-4997

錢世楨　史1-2926　叢
1-498

錢世揚　史1-4886

錢世昌　史3-23158

錢世昭　叢1-20(6)、56、
199、223(44)

錢世敘　經1-4589,2-
12162～3、12296

錢世錫　史2-9499　集
3-20918、21690～1,7-
49450

錢世銘　史2-12209,3-
17020　集4-32781

錢芸吉　子3-18516

錢藝　子2-10747～8

錢蓑　子4-24065

錢其瑛　史3-20033

錢樹　集3-21499

錢樹立　經2-12671　叢
1-440～1

錢樹聲　史3-19077

錢樹堂　子2-9586

錢樹棠　經2-12671　叢
1-440～1

錢棻　經1-1013　集1-
5376,3-13694,4-25528
叢1-202(7)、203(13)、
223(61)

錢葉馨　集1-5342～3
叢1-496(4)

錢杜　子3-15980～2　集
4-24952　叢1-373(9)、
486,2-731(35)

錢桂　集4-25271

錢桂森　集5-34762

錢桂芳　史5-40211

錢桂林　集5-35696～7

錢桂馨　史7-56587

錢桂笙　集5-37733

錢檀　史8-59374

錢楠　集5-38137

錢枝桂　子1-2599

錢林　史2-7593,5-40205
子7-33456、34147～8
集3-16793,4-24824～7
叢1-456(2)、2-731(44)

錢林青　史5-40237

45 錢坤　史5-40230～1,7-
52788　叢1-511

錢賛　集5-33889

錢楒庭　子3-18151

46 錢旭　子3-16540
　錢旭東　集5-41186
　錢覬　子3-16955
　錢觀　集4-29060
　錢如京　集2-7540
　錢韞素　集4-33249
　錢柏齡　集6-41974
　錢槐　史2-8601　集4-
　　27854
47 錢鏊　史8-60249
　錢墀　史7-57021　集4-
　　29059,6-44528
　錢鶴年　史8-63037
　錢朝鼎　子4-18695　叢
　　1-197(3)、322、353、469、
　　495、586(4),2-716(3)
　錢椴　經1-3203
　錢起　集1-867〜71,6-
　　41743、41836、41849、
　　41868、41878　叢1-223
　　(48)、527,2-635(7)
　錢椒　史2-6257　集4-
　　24331　叢2-2004
　錢穀　史2-6967、7854
　　子4-20497　集3-
　　14366,6-43213、44486〜
　　7、45162、45167,7-
　　46401、47158　叢1-223
　　(70)
48 錢增勳　史7-50398
　錢敬業　史1-2447
　錢敬堂　子1-1748　叢
　　2-813
　錢松　子2-4950〜1、7032
　　〜3,3-16943〜4、16947、
　　17254〜61
　錢松柏　子2-8541
　錢松筠　集5-36819
　錢枚　集4-24705,5-
　　37236,7-46412、47309〜
　　10　叢1-486,2-731
　　(49)
　錢栴　史1-5541　子1-
　　3477
50 錢中諧　史6-46761　叢
　　1-203(15)
　錢中盛　集3-20018〜9
　錢史彤　史8-63179
　錢泰吉　史1-90〜1、279,
　　2-9677、11487,7-57352,
　　8-65303〜5　子3-
　　14850,4-21209、23342

　　集1-1067,4-28953〜
　　61,6-45132　叢1-335、
　　337、373(5、9、10)、416〜
　　7,2-731(2)
　錢泰階　史6-46839
　錢肅樂　經2-10550〜1
　　史7-57049　集2-
　　12530〜4,6-43118　叢
　　2-845(2)
　錢肅潤　經1-2808　史
　　2-7385　集3-14138,
　　6-44363
　錢肅圖　集3-13968
　錢青　史3-17351　集5-
　　34035
　錢青選　子2-9584
　錢本誠　集3-18915
　錢本瑜　子2-10580
　錢本禮　集4-22069
　錢惠尊　集4-26552
　錢忠敏　集6-45872
　錢書　集3-16132
　錢書侯　集5-35335
　錢春　史6-48391、48482
　　子3-14579〜80　集6-
　　44868
　錢春臺　集4-30251
　錢貴　史1-2251
　錢東　集4-23521,7-
　　47391
　錢東塾　史2-9537
　錢東垣　經2-11424　史
　　1-1356〜7,8-65218、
　　65422、66034　叢1-
　　264、456(3、4)、515,2-
　　731(1、5)、933
　錢東壁　史2-9537
51 錢振龍　史8-61868
　錢振倫　史2-11204,7-
　　56712　集1-495、1581,
　　4-27979、29267、32965
　　叢2-698(9)
　錢振聲　史2-10661　集
　　4-27565,5-34404　叢
　　2-840
　錢振鎬　史3-22404
　錢振鍠　史3-19009　子
　　4-21953　集4-23835、
　　33166,5-35171、38034、
　　38050、40934、41227〜47、
　　41281、41317、41328、
　　41442,6-46179,7-48375
　　叢2-2223〜4

　錢振常　史2-8071,3-
　　14961、15764、19908　集
　　1-1581　叢1-432,2-
　　698(9)
　錢振煌　史2-10718
52 錢揚祿　史2-11663
　錢靜娟　集5-37370　叢
　　1-571
53 錢軾　集3-21594
55 錢慧安　子3-16417、
　　16547〜8
　錢耕畤　子3-13961
56 錢畁　史1-1917、1933、
　　1982、3172〜3、3305,5-
　　40160　叢1-496(1)、
　　580,2-615(1)
57 錢邦彥　史2-11671、
　　11677　叢2-637(2)
　錢邦芑　經2-12866　史
　　1-1937、1953〜9、1963、
　　1979、3135、3163,8-
　　60664、60705　集2-
　　11847、12279〜82　叢2-
　　886(3、5)
60 錢□　史7-49318(16)、
　　54534　集6-43180　叢
　　1-168(4)
　錢□□　子2-4628、8160
　　〜3　集4-24218
　錢日煦　史5-40156〜7
　錢星齋　經2-13994
　錢星海　史3-23634
　錢星查　史7-50382
　錢昜仍　集3-17866〜7
　錢國瑞　史5-40237
　錢國珍　子4-21640　集
　　5-34268〜9,7-47758
　錢國賓　叢1-295
　錢國祥　經1-8002,2-
　　12653〜4　史2-6350、
　　7878、13017〜9,3-
　　14925,7-54648　子2-
　　5692、7823〜4,3-12674
　　〜7、12682,4-24405〜7,
　　7-36228(2)、36231(6)、
　　36242(2)、36824　集5-
　　35979〜82,7-47988、
　　48659
　錢國壽　史7-55374
　錢國鑠　史1-4638
　錢見龍　史7-56782
　錢昜　子4-19915〜8,5-
　　26221、26909　叢1-15

錢錫庚　史3-15901、18242

錢錫慶　集5-38235

錢錫章　集5-38091

錢錫正　集5-37685,7-48163

錢錫晉　史3-16061

錢錫爵　史3-16430

錢錫鬯　集5-39166

錢錫保　集5-37958

錢錫寶　史3-22411　子5-28653

錢錫賓　集3-19851、20286、21133、21499、21595,4-23130～1、23521、24705、25271～2、25409、25528、25666、27045～6、27479、27652、27854、28187、28377、28890、29060～1、29251、29566、29712～3、30654、31791、32876、33389,5-33889、35605、37685、37823、37958、38091、38235、39166

錢錫宷　史3-20028,7-54998　集5-38635,7-48107

錢錫祉　集5-37823

錢錫萬　史7-56788

錢智修　子7-36441　集1-2720

87 錢鈞　史5-40159　集4-33389

錢鈞伯　集5-38138

錢鋒　集4-22925

錢銘　史5-40171

錢銘盤　史5-40135

錢銘江　史5-40127

錢欽榮　史3-18159

88 錢竹蓀　子2-5744

錢符祚　集4-27653,6-41996

錢策　經2-10408

89 錢鑠　史6-45051,7-58040

90 錢惟福　史6-42915

錢惟演　史1-2439、2467,6-42858　叢1-15、17、19(6、11)、20(4、8)、21(6、10)、22(7)、23(7)、24(7、11)、29(5)、199、374

錢惟善　集1-5796～801　叢1-223(61)、491,2-833

錢光奎　史8-60280

錢光國　史8-62264

錢光夔　史5-40232　集3-17533

錢尙濠　集6-42996～9　叢1-496(5)、2-720(5)

錢尙志　史5-40203～4

91 錢恬　史1-1914　子4-22876　叢1-4～5、9、19(8)、20(6)、21(7)、22(7)、23(7)、24(8)、29(4)、56、95～6、195(2)、199、223(44),2-624(2)、730(2)

錢炳　經1-6935　史5-40220

錢炳奎　史3-19964

錢炳森　集4-32964

錢炳垣　史5-40133

錢炳恆　集5-37577

92 錢炘和　子1-4082、4278～9、4283

94 錢慎齋　子4-24609,5-27497

錢煐　集3-15111

97 錢恂　經2-13658、13981　史1-5323,6-41535、41944、43195、44015、45703、45727～8、46053、49163,7-49318(18)　子4-21961,7-36258～9、36770、37180　叢2-731(25)、782(4)

錢愃　子7-36395

錢炯福　史3-18460、22274

錢煥　史3-18530　子4-24068～9

98 錢悌　史7-57508

99 錢燮　史3-15119

錢榮　集2-7343

錢榮登　史5-40202

錢榮祖　史3-20053

錢榮增　史3-17163

錢榮國　經1-4400　子2-9384、10822　叢2-706

8410₀　針

47 針塚長太郎　子7-37063

8411₁　鐃

88 鐃節　集6-41907

8412₇　鋤

21 鋤紅老人　史1-2570

8413₄　鏷

18 鏷珍　史3-17356

8414₁　鑄

33 鑄浦冶隱　叢1-378

83 鑄鐵生　子7-36228(5)、36249～50、36291

鑄鐵盦　子7-37668

鑄鐵盦主　子7-37159

鑄錢局　史6-44457

8418₁　鎮

32 鎮澄(釋)　史2-6804,7-52204～5　子5-29143,7-33587、33984

8471₁　饒

00 饒應召　經2-13056～7

饒應祺　史2-13023,6-

04 知訥(釋)　子6-32089
(52)、32090(66)、32091
(64)、32092(43)、32093
(52)，7-33974、34032～
3、34035～6
11 知非子　子1-3360
　知非山人　子2-11098
　知彌　子3-12530
30 知空子　子3-13963
35 知禮(釋)　子6-32088
(41、42)、32089(48、49、
50)、32090(61、63、64)、
32091(59、61、62、68)、
32092(40、41、42)、32093
(47、49、50、51)，7-
32099、32877、32894～5、
33355～9、33361、33465、
35018～20
38 知祥(釋)　子6-32091
(82)
40 知希齋　子3-17097
　知來子　子3-13779
46 知旭(釋)　史8-66348
60 知足齋主人　子4-21826
　知足子　經2-12904
65 知味齋主人　子5-26037
95 知性(釋)　子7-33787

8660₀　智

00 智方(釋)　集4-25142
　智度(釋)　子6-32091
(72)，7-34216
　智廣(釋)　子6-32085
(54)、32086(65)、32088
(40)、32089(48)、32090
(60)、32091(58)、32092
(42)、32093(37、47)，7-
34636、34825、34827　叢
2-745
06 智親(釋)　子7-34177
10 智璋(釋)　子6-32091
(79)，7-34290
20 智信　經2-15044
　智舷(釋)　集2-12133～
6，6-41941
21 智顗(釋)　子6-32084
(32、33)、32088(41、42)、
32089(48、49、50)、32090
(61、62、63、64)、32091

(59、60、61、62)、32092
(40、41)、32093(47、49、
50、51)，7-32095、32099、
32119、32138、33065、
33089～91、33137、33348
～9、33355～7、33359、
33364～6、33388～9、
33393～6、33398～404、
33460、33466、33541～3、
33688、33819、33824～6、
33837～42、34423、34425、
34435～7
22 智嵩(釋)　子7-34177
25 智生(釋)　子7-33683
26 智儼(釋)　子7-33063～
4、33140、33305～7、
33343、33793、33883
27 智修(釋)　子2-6211
28 智徹(釋)　子6-32089
(52)、32090(67)、32091
(65)、32093(52)
30 智永(釋)　子3-15578
　智安(釋)　子7-34121
　智良　子7-35782
31 智沄(釋)　史2-6825　子
7-34321
33 智淙(釋)　子6-32091
(77)，7-34288
34 智遠(釋)　子6-32091
(81)
　智達(釋)　子7-34588～
91　集7-50085
37 智通(釋)　子6-32081
(12、13、18)、32082(11)、
32083(9、10、13)、32084
(8)、32085(13、14、18)、
32086(13、14、15、20)、
32088(9、10、13)、32089
(10、11、15)、32090(14、
21)、32091(13、19)、32092
(9、14)、32093(40、45、
46)，7-32796、32861、
32869～70
　智朗(釋)　子7-33514
38 智海(釋)　子6-32091
(73)，7-34262
　智祥(釋)　子6-32091
(76)、32092(44)，7-
32109、34041～5
40 智境(釋)　子7-34064
　智吉祥(釋)　子6-32084
(32)、32085(52、54)、
32086(63、64)、32088(39、

40)、32089(32、33)、32090
(40、41)、32091(38、39)、
32092(26)、32093(9、11)，
7-32119、32263、32374
42 智樸(釋)　史7-52189、
53890　子6-32091
(78)，7-34922　集3-
13999～4004
44 智藏(釋)　子6-32081
(54)、32082(28)、32083
(34)、32084(27)、32085
(49、52)、32086(58)、
32088(36)、32089(31、
36)、32090(38、59)、32091
(37、57)、32092(25、39)、
32093(34)，7-32787
　智蘊(釋)　集3-13407
46 智旭(釋)　經1-912,2-
9034　子6-32091(65、
66、67、68)、32092(44)，7-
32113、32137、32620、
32625、33122～4、33189、
33269、33287、33376、
33381、33402、33440～5、
33475、33477、33483～4、
33488～90、33529～31、
33544、33550～4、33591、
33624、33640、33645、
33651～2、33664、33685～
6、33737～8、33849、33859
～63、33936～7、33945、
33956～7、34423、34475、
34648～9、34696、34869、
34918～21、34990、35010
～1、35018、35082　集2-
12234～5
50 智素(釋)　子6-32091
(70)、32092(44)，7-
33623
55 智慧(釋)　子6-32085
(55)、32086(66)、32088
(41)、32093(31)，7-
32310、32790
56 智操(釋)　子6-32091
(78)　集3-14742
58 智輪(釋)　子6-32083
(36)、32085(51)、32086
(61)、32088(38)
60 智昇(釋)　史8-66326
子6-32081(42、43)、
32082(20、21)、32083
(27)、32084(23)、32085
(39、40)、32086(46、47)、
32088(28、29)、32089(47、

18497

28 欽作舟 史5-36328

44 欽其寶 史5-36329~30

48 欽翰宣 史4-28687

80 欽善 史7-49317(3)、49318(6、7、8)、53390、53395、53397~8 集4-25585

歙

62 歙縣會館 史7-50497

8742₇ 鄭

00 鄭立功 史7-56001

鄭塵 子2-7493

鄭彥緗 集4-28453~5

鄭彥煋 史5-38680

鄭方城 史8-61642 集3-19271~2,6-45127

鄭方坤 經2-11545 史2-7544~6,7-55517 集3-18955~7,6-45892、45937 叢1-223(12、72)、249(2)、395、456(2),2-621、731(47)

鄭高華 史8-58559

鄭應產 集6-45123

鄭應房 子7-32111、33459、34544、35038

鄭應婁 子2-8377

鄭應曉 史2-8946

鄭應鈞 子4-21695

鄭康侯 史8-60042

鄭康祖 史5-36948

鄭廉 史1-3106~8 集3-14867、14917 叢2-826

鄭廉侯 史8-60500

鄭庭玉 集7-48767(4)

鄭慶雲 史8-58194

鄭慶祜 史7-51979

鄭慶華 史8-60221

鄭慶喆 史2-10860

鄭慶菘 子2-9799

鄭賡唐 經1-986 集3-

13453

鄭亦鄒 史2-9305~7 集3-18071

鄭文康 子2-8000 集2-6768~9,6-45120 叢1-223(64)

鄭文瑞 史7-58119

鄭文琅 集4-31921

鄭文琪 史5-38631~2

鄭文熊 集3-19710

鄭文彩 史8-61457

鄭文然 史5-38720

鄭文寶 史1-2423~9 子3-16781~2,4-22854~5,5-26220 叢1-11~2、15、18、19(5、9)、20(7)、21(5、10)、22(7、16)、23(7、15)、24(6、9)、26~8、31、40、106、111(1)、168(3)、175、195(1)、204、223(22、44)、235、242(4)、244(3)、249(1)、273(4)、282(2)、283(2)、357、407(3)、569,2-624(2)、731(66)、777、959

鄭文兆 子1-1304,5-26365

鄭文彬 史6-45578

鄭文蘭 經1-7854 史5-38630

鄭文昂 集6-42406

鄭文同 史3-20087 子1-4382

鄭文鐸 史3-21910,5-38761

鄭文焯 經2-12352、13326~7、13674 史1-752,2-11276,8-64652、65143、66211~3 子2-5305、10770,4-22006~8、22766、23646、24699~700 集4-29173,5-38957~62,7-48294~300 叢2-642、785、796、845(2)、2143

鄭文煥 子5-25884

鄭文耀 史1-2269、5769

鄭文灼 史5-38721

鄭章雲 史2-7790 叢2-810

鄭交泰 史7-57814、57939

鄭言紹 經1-3281 史

3-16062、18147,5-38600,7-52891、52894 子1-1897

鄭玄 經1-16~9、21~33、101、131~2、163(4)、164、169、174、238~40、242~7、403、2321、2407~9、2412~3、2415、2421、2423~4、2428、2430、2432、2435、2437、2439、2441、2453、2455~6、2460、2462~3、2465、2467~8、2488、2565~73、2575~8、2582~7、2591、2883、3035、3418~9、3422、3429~30、3435、3437、3440~1、3452~3、3459~61、3463~4、3467、3477、3503、3538~42、3544~59、3596~8、3600、3604、3886、4087、4334~5、4704~10、4713、4718、4815、4884~7、4889~900、4902~7、4913~7、4919、5171~2、5210、5233~4、5237、5239~42、5377、5406~10、5537~42、5544~7、5549~55、5572~3、5575~6、5579、6129~33、6214、6235~9、6350、6644~9、7254~60、7342~6,2-8311~20、8487、8664~5、8911、9207~8、9213~26、9785~6、11159~60、11401~6、11409~16、15142 史2-6327~32,7-49308 子1-58、61、285~6、442~3、446、2681,4-18880 集1-214,6-41699 叢1-24(1)、47、49、70~1、76~7、79、98、114(6)、116、127、169(2)、219、223(2、5、6、8)、227(1、2、3)、230(1、2)、241、242(2、3、4)、244(5)、260~1、264、268(1、3)、282(1)、283(3)、286、301、316~7、330、337~8、379、388~90、410、433、441、448、452、456(3)、460、468、475、515、517、524,2-592、601、604、635(2)、637(1)、656~7、665、697、698(1)、702、731(5、8、13、16)、732、738、750、761、

765~6、772(3、5)、773(3、
5、6)、774(3、4、6、7)、775
(1、2、3)、776~7、814、
1001、1615、1668、1872
鄭玄撫　集6-42209~10、
42766
鄭襄　集5-36112
01 鄭龍如　叢1-252
02 鄭端　史6-42989　子1-
804、3150　集3-15834
叢2-731(12、18)、782(5)
鄭訓方　史3-17586
鄭訓承　史3-15637
鄭訓潮　史5-38690
鄭訓慈　史5-38614
03 鄭誼明　子4-20792
鄭謐　子3-13141、13261~
3、13386　叢1-376、
465、2-860
鄭詠謝　集3-20546
鄭誠軒　史5-38755
04 鄭讜光　史8-58445
鄭謀琩　史5-38596
05 鄭涑　史2-11286,6-
48148
07 鄭望之　子4-18912　叢
1-22(16)、23(15)、2-617
(3)
鄭郊　史1-4925,2-9067、
6-48451
08 鄭旒　經1-913
鄭於琮　史3-21520
鄭敦　集4-32200~1
鄭敦亮　史7-57931
鄭敦允　史2-9857
鄭敦曜　集4-31586
鄭敦覺　集4-33160
鄭謙　史8-63032
鄭許笙　史5-41054
09 鄭麟趾　叢1-373(2)
10 鄭一麟　史8-61106　集
2-10220
鄭一平　史8-62255
鄭一崧　史8-58342
鄭一先　子2-5697
鄭一揆　史3-20486
鄭一鵬　子4-24417
鄭二陽　經1-943　子1-
3143　集2-12227
鄭三極　集2-8035
鄭玉　經1-7534　集1-

5544~9,6-43118　叢
1-223(11、61)、227(3)
鄭玉麟　史5-38735
鄭玉珩　集3-18857
鄭玉道　子1-2015
鄭玉壇　子2-4631、6590、
7733、8159、8468
鄭玉筍　集4-25022
鄭玉炎　史5-38637
鄭璽　集6-44725~6
鄭王選　史8-61585
鄭王臣　集3-20700~3、
6-44797
鄭至道　叢1-223(41)
鄭五金　子2-8041
鄭靈　子1-3128
鄭丕揚　史5-38591
鄭玫　史8-61099
鄭元慶　經1-5690~1、
6326　史1-4924、5537,
7-51401、57248,8-
63901、65290、66085　集
7-48640　叢1-223
(25)、346、429、437、456
(3),2-731(58)、843、
1377、1740~2
鄭元弼　史3-18113
鄭元佐　集1-3083、3089
~94　叢1-392,2-833
鄭元佑　叢1-22(8)
鄭元勳　子5-25656　集
2-12445~6,6-42878、
43118、43966~7、44449
鄭元祐　史1-1914　子
4-22947~50　集1-
5471~4,6-45120　叢
1-11~2、17~8、19(5)、
20(3)、21(4)、23(7)、24
(6)、31、56、95、99~101、
195(5)、223(45、61)、278、
374,2-624(2)、730(3)、
735(4)、856
鄭元吉　史8-63327
鄭元楷　史3-23472
鄭元夫　叢1-142
鄭元肅　集1-3843
鄭元善　集4-32166
鄭霄光　史5-39158
鄭爾垣　集6-45123
鄭震　子4-20001　叢1-
19(5)、20(3)、21(5)、24
(6)、203(15)

鄭霞逸　子4-23517
鄭天爵　集4-31258
鄭天佐　史8-60487
鄭天梅　集3-20081
鄭天錦　集3-20780,6-
45127
鄭晉德　子3-18047,5-
25706　叢1-201、203
(3、18)、350
鄭可宗　史5-38604
鄭磊　集3-17668,6-
45942
鄭雲龍　集4-32332
鄭雲官　史2-9868
11 鄭璿　子2-8305
鄭麗生　集4-27884、
27892
鄭預　集3-17932
鄭斐然　史8-59422
12 鄭瑗　子4-20360~4　叢
1-13、14(2)、22(23)、26
~8、31、61~4、87、106、
111(2)、195(2、5)、223
(42),2-730(1、4)、731
(7、8)
鄭聯輝　史4-26610
鄭弘遇　史5-38729
鄭弘祖　史2-8550~1
鄭延　集6-45121
鄭廷誨　叢1-22(7)、23
(7)、29(3)
鄭廷玉　集7-48765、
48767(2、3)、48774(2、4、
5、6)、48878~83　叢2-
698(14、15、16)、720(3)
鄭廷琛　集5-39506
鄭廷獻　經2-13888　史
5-33916
鄭廷俊　史7-57679,8-
58878
鄭廷佑　史5-38717
鄭廷鵠　史7-52076　子
1-3026　集2-8410
叢2-884
鄭廷楷　集4-27361
鄭廷蕊　集3-21425
鄭廷桂　子4-18591
鄭廷暘　集3-21921,6-
42019
鄭廷鑑　集5-39744
13 鄭瑄　史2-7019　子4-
24112、24142~3　叢1-

959
鄭遵泗　史7-52050
鄭道遠　史3-21595
鄭道選　史5-38730
鄭道乾　史2-6267,7-52001
鄭道光　子3-17725
鄭道煌　子2-5341
鄭肇經　集4-25778
鄭啓俊　史5-38598
鄭啓壽　子2-8806～7、9010
鄭縈　叢1-223(46)、268(4)
鄭榮　史1-1914　子5-26254　叢1-2～7、9、15、22(9)、23(8)、95～6、255(2)、407(2)、2-617(3)、624(2)、730(2)、731(65)、959
40 鄭九夏　史5-38719
鄭大誠　史3-15237、21403
鄭大謨　史1-6079,4-31524　集2-8013,4-24635～7
鄭大琮　史8-58565
鄭大勳　史5-38608
鄭大和　叢2-959
鄭大綱　史7-55386
鄭大進　史7-55050
鄭大才　叢2-682
鄭大郁　經2-13158　史6-41653、45155
鄭大敬　史5-38734
鄭大忠　子2-8661
鄭大邦　經1-3248
鄭大節　集3-17775　叢1-356
鄭太和　子1-2113～4　集6-44723～6　叢1-22(12)、23(12)、34、173、195(3)、330～1,2-731(20)
鄭友周　集2-10492　叢2-822
鄭友賢　子1-62、64～5、67～8、3118～20、3125,5-29530(22)、29558　叢1-265(3)、286,2-697、698(5)、731(19)
鄭友益　子2-7523

鄭士純　史7-56230、56349
鄭士滿　史5-38730
鄭士楨　史5-38652
鄭士蕙　史7-55012、55245
鄭士範　經1-6093、6097　史2-11323、11367,8-62257　子1-809　集4-29633
鄭圭　經2-11971　集1-2558
鄭奎光　子4-24130～1,5-27022
鄭培　集4-31078
鄭培先　史5-38742
鄭培椿　史7-57736　叢1-373(2)
鄭在德　史3-23063
鄭克　史6-46375～80　叢1-19(12)、20(9)、21(11)、22(3)、23(3)、24(12)、223(32)、249(3)、273(4)、274(4)、360、386～7,2-731(17)
鄭克己　集1-3824,6-41894(2)
鄭南　史5-38697
鄭希僑　史5-38760,8-59138、59438
鄭有緣　史5-38743
鄭有成　史8-60572～3
鄭存仁　史8-61952
鄭存經　史5-38605
鄭志倬　子7-36552
鄭志昀　子2-8945　叢1-367～8
鄭壽　集3-16730
鄭杰　史1-2232、2632,2-8599,3-22415,8-61832、65597～8　集4-23559,6-44780～2　叢1-234,2-1444、2140
鄭支宗　子3-17041
鄭嘉謨　史6-43946
鄭嘉銓　史3-18972
鄭韋庵　子7-34573
鄭吉士　史8-62034
鄭奮揚　子2-5906
鄭奮揚　子1-2608,2-4770、7067、7255、9690
鄭杏林　子2-10114

鄭壽黎　史3-23240　集5-40931
鄭壽南　集4-31079
鄭壽彭　集4-31260
鄭壽昌　經1-820
鄭壽全　子2-5135～6、6412
鄭真　集1-4353～5,2-6142～3,6-44646～8　叢1-223(58、63)、227(10)
鄭賁　叢1-142
鄭來　集3-19036
鄭樵　經1-77(4)、93、459、3623、5244,2-11205、11458～62、12441、14293～4、14540　史6-41496、41508～9、41514、41548～9,8-63502　集1-3300～1,6-41784、45672　叢1-169(2)、195(1)、223(12、15、19、54)、227(4、6)、234、241、242(2)、250、268(2)、282(2)、283(2)、448、452、586(1),2-673、697、698(5)、714、716(1)、731(5、40)
鄭梓　叢1-61～2
41 鄭梧英　集4-31259
鄭楷　史5-38675　集1-3972
鄭楨　史5-38602
42 鄭塏　史8-58857
鄭桃枝　史3-21569
鄭彬瑞　史3-20185,5-34908
鄭樸　集1-187、955　叢1-223(47),2-682
鄭機　經2-10044　史1-5388　子4-21643
鄭樑　史8-64142
43 鄭城　子3-15525　集4-26872,6-42071
鄭朴　叢1-246、282(1)、283(1)
44 鄭基相　子3-16929
鄭基智　集5-40103～4
鄭夢玉　史8-61082
鄭夢虹　子5-25352
鄭夢明　子5-25366
鄭芄　史3-17587
鄭芬　史5-38620

2－638、644～7、753
60 鄭□　子1－58、60、1964、2932～3、2－8303　叢1－114(6)
鄭口　子1－1976、7－36520
鄭口和　史5－38767
鄭昉　史7－49309、50793
鄭旼　史2－12573
鄭日奎　史6－46719、7－49317(2)、49318(6、8、10、11)、52488、52493、53392　集3－15106～7、6－42066
鄭曰敬　子1－3926
鄭星　集6－43887
鄭昱　史2－9370
鄭國珩　集5－35678
鄭國勳　叢2－628
鄭國楹　史8－61929～30
鄭國翰　史8－62013
鄭國軒　集7－48817、49713、50112
鄭國鵬　史5－38749
鄭見龍　史7－56827
鄭晟　子2－8093
鄭思聰　子2－9970　集5－35600
鄭思贊　史3－15920、21461
鄭思賓　史3－21477
鄭思遠　子5－29530(18)、29556、31040～1
鄭思孝　史5－38603
鄭思賀　史3－21477
鄭思賢　史3－21461、21472、7－58105
鄭思肖　史1－2565　子5－29530(11)、31563、31565～6、7－33059　集1－4493～502、6－41748、41896、41901、41914、45120　叢1－244(5)、373(9)、386、580、2－636(4)、731(42、45)
鄭旻　集6－42747
鄭昌齡　史8－58669
鄭昌棪　史7－49318(19)、54690、54860～1、54885～96　子7－36228(2、3、4、6)、36231(2、4、6、7)、36241、36242(2、3)、36250、36523、36953、36957、36974、36992～4、37126～8、37156、37256～7、37436、37869、37894
鄭昌時　經2－14521
鄭品瑚　史5－38666
鄭杲　經1－8019～20、2－11748　子1－2457、4－21889～91　集5－38284～5　叢1－561
鄭景望　叢2－735(4)
鄭景僑　集6－44859
鄭景翹　史3－20463
鄭景昆　史5－38669
鄭景璧　叢1－14(2)、15、22(5)、23(5)、56、99～101、148、154、168(2)、195(5)
鄭景會　集7－47212
61 鄭顯鶴　史8－60708
鄭顯煜　史3－22989
鄭顒　史8－62316
64 鄭曉　經1－3161～7　史1－1535、1840、1933、2672～8、2754～5、5426、2－7155、7160、7163、7178、6－42006、42652、42796、42808、45598、48251、7－49560、54260～1　子3－11349、4－20470～3、23001　集2－8483～5、6－45121　叢1－22(20、21、22)、29(7)、61～4、84(3)、195(2)、235、452、586(2)、2－716(2)、730(4、11、12)、731(7、51、59)、836、1094
鄭曉如　經1－4312、5986　史2－6289、8413　子4－23407　集5－35450～1　叢2－1986～7
鄭時　集4－27666
鄭時輔　史6－46864
鄭疇　史5－38640
66 鄭賜　集2－6405
67 鄭明　集2－11236
鄭明堃　史5－38618
鄭明寶　集2－9592
鄭明選　子4－22271～2　集2－10739
鄭昭　子2－5057
鄭嗣　經1－7371　叢2－774(5)
鄭鄤　經2－9292　史2－6203、8911、11600　集1－4472、2－11082、12036～40　叢1－241、242(2)、2－798、2187
鄭鶡　集1－2148
68 鄭晦　史5－38585、38595、38715、38723
70 鄭璧　子1－3811
鄭雅南　史3－18721
鄭驤　史3－17830、22771
71 鄭辰　史7－50407　集4－24195、6－44642、45124
鄭厚　子4－20005　叢1－19(6)、20(4)、22(2)、23(2)、24(7)
鄭厥初　集6－45086
鄭匡鉅　史5－38599
鄭長庚　經2－12889～90
鄭長瑞　史8－58563
鄭長清　史8－61283
鄭頤年　史3－23421
72 鄭剛中　經1－452　史7－53794　集1－3164～6、6－41894(2)　叢1－223(2、54)、2－731(40、58)、859～60
鄭氏　經2－11400　史5－38586　叢1－11～2、22(12)、23(12)、168(1)、554
鄭岳　史2－8145～6、5－38726、7－52951　集2－7395、4－27038　叢1－223(55、65)
74 鄭勵儉　史8－61627
77 鄭風　叢1－263
鄭風山　子2－4770、7737
鄭鳳儀　經1－2196
鄭鳳超　史5－38736、7－53096　集3－14467
鄭鳳鏘　史7－57317
鄭隆粟　史5－38691
鄭隆錦　史5－38683
鄭同鈞　史5－38617
鄭周世　史5－38727
鄭用錫　史8－63470　集4－26816～7
鄭鵬　子3－13756
鄭鵬雲　史8－63473
鄭履淳　史2－11485　集6－42193、45121　叢2－1094
鄭履準　子4－23856
鄭履槐　史5－38654
鄭居中　史6－41982、

41984,8-63001 叢1-223(27)
鄭際唐 集4-22246～9
鄭際昌 集4-26929
鄭際明 史7-55705
鄭熙績 集3-16395,6-41969,7-46398～400、47002、47004
鄭熙嘏 集5-35745
鄭聞禧 集3-18669
鄭學醇 集2-10093
鄭學川 子7-32111、34383～4、34567
鄭學湖 史3-19388
鄭開禧 集3-17509,4-28268～9
鄭開極 經1-3330 史8-58140
鄭開基 集2-12445
鄭民瞻 史5-38719
鄭民鑫 集4-30773
鄭與僑 史7-50620 子4-23106 集3-13224
鄭興 經1-4875 叢2-774(3)
鄭興裔 史6-48148 叢1-223(54)
鄭興奎 史5-38681
鄭興愷 史5-38693～4,7-52051
鄭賢 集6-42929
鄭賢瓚 史5-38764
鄭賢坊 史3-15696
鄭賢書 史8-61522
78 鄭鑒元 子1-2248
80 鄭人文 史8-59560
鄭全望 子2-4770、6978
鄭鐘靈 史8-61799
鄭鏡堂 集5-40406
鄭鈁 史3-15825
鄭鉉 經1-820
鄭兼才 史8-63465 集4-24274
鄭念棨 史8-58204
鄭慈轂 集4-31078～9
鄭奠一 子2-4661、6950
鄭毓英 子7-37510
鄭毓本 集5-37954
鄭毓怡 子7-37695
鄭善徵 史8-58565
鄭善述 史7-55223
鄭善夫 子4-20305 集2-8008～19,6-41935(1)、41940 叢1-22(20)、61～4、174、195(2)、220、223(65),2-730(4)、731(8)
鄭善長 經1-2318 集7-48520 叢1-327,2-697、698(13)
鄭谷 集1-1770～8,6-41818、41850、41872、41878、41882～3 叢1-223(50)、447,2-636(3)、870(3)
鄭養元 史5-38621
鄭僉憲 史5-36353
82 鄭釗 子7-37281～2
鄭鍾琪 集5-35167
鄭鍾祥 史2-9552,3-20132,7-57087
83 鄭鉞 史8-58802
鄭鉽 集3-17973～4
鄭鋮 集6-43595
84 鄭錡 史7-57585
鄭鎮孫 史1-1315、4858、4862 子4-20249 叢1-265(4)
86 鄭錦和 史5-38739
鄭錦如 史5-38643
鄭錫章 史3-22558
鄭錫祺 子4-23360 叢1-496(4)
鄭錫滜 史7-57629～30
鄭錫鴻 史8-59276
鄭錫田 集5-33925
鄭鍔 史5-38655
鄭知同 經1-163(3)、5205,2-12067、12259、12297～9、12507、13051、13200 史1-2147,2-9993 集1-85,5-35514～5 叢1-430、440～3、452、586(1),2-653(1、2)、667、716(1)、731(22)、1813～4、1990
87 鄭錄勳 史7-57645
鄭錚 史5-38756
鄭欽 史6-47818 叢2-731(19)、816
鄭郯 集6-42985
88 鄭竺 集4-25661～2 叢1-263
鄭銳 史6-47818 叢2-731(19)、816
鄭鑑遠 史5-38747
鄭籛 史3-16312
鄭第衡 史1-5268
90 鄭小康 集4-27841
鄭小白 集7-50310
鄭小同 經1-26～9、31、33,2-11418～9、11421～5 叢1-223(12)、230(2)、260～1、264、338、448、456(3)、468、515,2-665、731(5)、773(6)
鄭惟章 史2-10577
鄭惟嶽 史1-2127、5053、5067 集6-42108
鄭懷 子3-15251
鄭懷魁 子3-12446
鄭懷古 子5-27531～2
鄭少成 史8-62156
鄭光玖 史5-38629
鄭光弼 集6-45394 叢2-680
鄭光勳 叢2-720(5)
鄭光祖 史5-38601,7-49338、50983、54300、54483、56354,8-62624、63355 子4-21579～81,7-36147 集7-48765、48777～8、48934～41 叢2-698(15)、720(5)
鄭光樸 集5-34537
鄭光照 史3-18950
鄭光策 集4-23694,6-44002
鄭尙玄 經2-10558
鄭尙玄 經1-3812 子5-25104
鄭常 子5-26861 叢1-19(3)、20(8)、21(3、9)、22(6)、23(6)、24(3、11)
鄭炎 集3-19162
鄭炫 叢1-223(65)
鄭棠 集2-6521
91 鄭炳 史8-60896
鄭炳文 史3-21451
鄭炳然 史8-62952
鄭炳巘 史4-31923、31926
鄭炳垣 史3-20084
鄭炳也 子3-15209～10
鄭炳勛 史6-42430

92 鄭愷　子1-4425
93 鄭烺　史7-51789～90
　　叢1-518,2-832(2)
　鄭熾御　史4-30054
　鄭熾昌　史3-16280、
　　18456
94 鄭恢　史7-55258
95 鄭性　史7-53718～9　集
　　3-17428～31,6-44644
　　叢1-263
　鄭愫　史8-58399
96 鄭燭　集1-5545
　鄭燡林　史8-60356
97 鄭恂　集3-14863
　鄭忬　集3-20479
　鄭耀烈　史7-56559
　鄭耀璜　集4-24885
　鄭輝汶　史5-38583
　鄭灼　經1-5562
　鄭煥東　史5-38704
　鄭燦　史3-19555
98 鄭燏　史7-57233
99 鄭變　經1-190,2-10129
　　子3-14691、14993、15730
　　～1、15859、16189～90,5-
　　26633　集3-18904～
　　14,7-47221、50534、
　　50539、52594　叢1-
　　322、353、369、469、495、
　　586(3),2-622、716(3)、
　　825、2049
　鄭榮　集4-33489,6-
　　42007(4)
　鄭榮彩　子2-8462
　鄭榮佳　史5-38593
　鄭榮敬　史5-38605
　鄭榮光　史3-20618

8752₀ 翔

80 翔公(釋)　子6-32081
　　(1)、32083(2)、32084(1)、
　　32085(2)、32086(1)、
　　32088(2)、32089(2)、
　　32090(1)、32091(1)、
　　32092(1)、32093(13),7-
　　32327

8762₀ 卻

10 卻而司迻更司　子7-
　　38187、38204、38219、
　　38253、38257
37 卻洛得倭康　子7-38208

8762₂ 舒

00 舒亶　集6-41894(1)、
　　41895　叢2-845(5)
　舒立淇　經2-12360、
　　12705、12919　史8-
　　60760　集5-39039
　舒亮袞　集3-19569　叢
　　2-1597
　舒亮裦　集3-19569　叢
　　2-1597
　舒高弟　子7-37119
　舒高第　子2-4730,7-
　　36228(2,3,4,6)、36229、
　　36231(2,3,4,5)、36241、
　　36242(2,3)、36248、
　　36611、36913、36953、
　　36958、36960、36974、
　　36992、36994、37016、
　　37019、37022、37049、
　　37126～8、37135、37156、
　　37400、37858、37869、
　　37894
　舒應元　史8-58437
　舒應鷥　史5-36317
　舒庭交　叢2-945
　舒讓　史2-8766　叢2-
　　945
01 舒龍驤　集5-37952
07 舒調笙　集3-21488
　舒詔　子2-5010、6132、
　　6375～6、6567～9　叢1-
　　422、424、469、586(3),2-
　　716(3)
10 舒正載　集4-24184～5
　舒正槐　史5-36316
　舒正增　集4-22530
　舒元璋　史3-16829
　舒天民　子1-2763～6
　　叢1-223(17)、272(2)、

381、430、440～1,2-731
　　(4)、845(3)
　舒雲逵　集5-35747
11 舒璪　集2-7991
12 舒瑗　經1-3581、4818
　舒弘諤　經1-688～9　史
　　1-1223、4909～14
　舒孔安　史8-59243　集
　　4-29037
　舒孔恂　史8-58894～5
　　集4-32465
17 舒琛　集2-7990～1
19 舒璘　集1-3765～7　叢
　　1-223(55),2-845(3)
20 舒位　經1-7010　史1-
　　1995,7-51005　子3-
　　16731、17831　集4-
　　25188～92,6-41763、
　　44255、46160,7-49538
　　叢1-203(16,17)、373
　　(5)、544、547(4)、587(3)、
　　590,2-624(4)、632、683、
　　688、731(43)、782(5)
　舒信孚　史3-21023
　舒信寶　史8-58896
　舒采願　集3-21237
21 舒順方　集6-44654～5
　舒拜昌　子1-1961
22 舒繼英　子3-14141　叢
　　1-278,2-731(15)
23 舒俊　史2-9885
　舒俊鯤　經1-3340
　舒峻極　集3-15548
24 舒化　史6-41518～20、
　　45766、45814～5、46069
　　叢2-743
　舒化民　史8-58893、
　　58977　子1-1173　集
　　4-27424
　舒德灝　史5-40681
26 舒纓　集2-7704～6,6-
　　41935(4)
27 舒梟　經1-1177
　舒紹言　叢2-832(3)
　舒紹基　集5-40608,7-
　　48320
30 舒安仁　史3-18623,5-
　　36321
　舒寄遠　集3-16884
32 舒遜　集1-5622、5630
34 舒遠　集1-5622、5629
37 舒鴻烈　子1-3753

舒鴻儀　史 6 - 45400
舒鴻騫　子 7 - 33261
舒深　集 6 - 42362
38 舒道觀　史 5 - 36319
　舒啓　史 8 - 61299
40 舒友亮　史 8 - 58891
　舒士寯　史 3 - 18267
　舒燾　集 5 - 36189～90
　舒李　子 2 - 8627
　舒嘉聲　集 3 - 14961
42 舒斯笏　史 7 - 57990
44 舒藻　集 5 - 34245～6
　舒夢齡　史 7 - 58035
　舒夢蘭　史 2 - 9726,7 -
　53550　子 4 - 21318,
　23278～80　集 4 -
　24117,7 - 47210,48660～
　1,48719　叢 1 - 484,2 -
　698(14),1597～9
　舒夢芸　史 3 - 20974
　舒芬　經 1 - 663,4960　史
　7 - 51891～2　子 1 - 581,
　602　集 2 - 7990～4,6 -
　42035,42362　叢 1 - 62,
　64,2 - 730(5),1088
　舒蘭　史 7 - 49316,49318
　(9)、52779
　舒赫德　史 1 - 1598,1878
　～9,6 - 42797,45848　集
　3 - 19914　叢 1 - 223(19、
　22)
　舒恭　子 1 - 2763～6　叢
　1 - 223(17)、272(2)、381、
　430、440～1,2 - 845(3)
　舒懋官　史 8 - 58892、
　61035
　舒懋輔　史 5 - 36323
　舒孝先　史 8 - 59164
　舒華　史 8 - 62028
　舒英　史 6 - 47028
　舒其琯　史 8 - 58890
　舒其紳　史 8 - 62675　集
　3 - 21362
　舒其紹　集 4 - 22244
　舒其鎂　集 5 - 36976
　舒其錦　史 3 - 23243,8 -
　60759　集 5 - 36644
　舒樺　史 3 - 17015
47 舒翹　史 3 - 23207
50 舒泰　史 3 - 16093
　舒本直　子 3 - 13415
　舒惠　史 6 - 46887

舒忠讜　集 2 - 11964,6 -
　41949
51 舒頔　集 1 - 5622～8　叢
　1 - 223(61)
52 舒援　叢 2 - 774(3)
53 舒成龍　史 8 - 60165
57 舒邦佐　集 1 - 3749～51
　舒邦傑　史 7 - 49357、
　53501　子 7 - 37265
60 舒□□　集 4 - 30132
　舒日敬　集 1 - 3750,2 -
　10672,6 - 44805
　舒昌森　集 5 - 39148
　舒景蘅　史 7 - 57916～7
　集 5 - 39040
67 舒瞻　集 3 - 19886
　舒昭晉　史 5 - 36324
70 舒雅　子 5 - 26764
72 舒彤　史 3 - 23253
　舒岳祥　集 1 - 4323～6,6 -
　41784　叢 1 - 223(58),
　2 - 670
77 舒鳳儀　子 3 - 13527～9
　舒周潘　史 5 - 36313
　舒鵬翮　史 8 - 62441
　舒學典　史 5 - 36326
84 舒鎮觀　史 3 - 21617
87 舒鈞　史 8 - 63040
88 舒敏　子 4 - 23689～91
　集 4 - 26725　叢 1 - 347,
　2 - 731(33)
91 舒炳聯　史 5 - 36325
92 舒愷　史 3 - 18144
94 舒煥傑　子 3 - 14507
99 舒榮基　史 5 - 36320
　舒榮都　史 6 - 48457　子
　4 - 20781

8778₂ 飲

10 飲霞居士　子 5 - 28538
15 飲醴閣　子 4 - 23578
20 飲香居士　集 3 - 20476～7

8781₀ 爼

10 爼夏鼎　史 7 - 55750

8810₁ 竺

00 竺麐祥　史 3 - 16843
17 竺子壽　經 1 - 116,1431、
　2927,4128,5733,7878～9
25 竺律炎(釋)　子 6 - 32081
　(29、31、39)、32082(18)、
　32083(20、21、25)、32084
　(17)、32085(29、30)、
　32086(33、35、43)、32088
　(21、22、27)、32089(20、
　21、33)、32090(25、27、
　54)、32091(24、25、52)、
　32092(17、36)、32093(15、
　19、21)
　竺佛念(釋)　子 6 - 32081
　(1、16、17、21)、32082(11、
　12、13、14)、32083(2、11、
　12、15)、32084(1、10、11、
　12)、32085(1、16、17、21)、
　32086(1、17、18、23)、
　32087、32088(1、11、12、
　15)、32089(2、13、14、17)、
　32090(1、16、19、20)、
　32091(1、15、17、18)、
　32092(1、11、12、13)、
　32093(8、13、15、17),7 -
　32234～5、32319、32485、
　32541、32640～3、32737～
　8、32772、32961
27 竺修章　史 3 - 20755
　竺叔蘭　子 6 - 32081(1)、
　32083(2)、32085(1)、
　32086(1)、32088(1)、
　32089(2)、32090(1)、
　32091(1)、32092(1),7 -
　32313～4
34 竺法護(釋)　子 6 - 32078、
　32081(1、2、3、4)、32082
　(2、3、4、5)、32083(2、3、4、
　5)、32084(1、3、4、5)、
　32085(1、2、3、4)、32086
　(1、2、3、4)、32087、32088
　(1、2、3、4)、32089(2、3、4、
　5)、32090(1、3、4、5)、
　32091(1、2、3、4)、32092
　(1、2、3、4)、32093(2、3、4、
　5),7 - 32115、32133、
　32162、32164～5、32167～
　9、32176～8、32181、
　32183、32187、32194～5、

中國古籍總目·索引

32198、32214、32236、
32240、32249、32258、
32270、32273、32280、
32284、32286、32292、
32312、32399、32401、
82403、32405、32452、
32490、32496、32529、
32531、32552、32563、
32565、32573、32581、
32596、32619~20、32665、
32672~3、32678、32682、
32685、32709、32714、
32802
　竺法蘭(釋)　子1-39、58,
6-32081(30)、32083
(20)、32085(30)、32086
(34)、32088(22)、32089
(21)、32090(28)、32091
(26)、32092(18)、32093
(30、49)、7-32100、
32108、32112、32555~7、
33479　叢1-49、169
(2)、394、2-724
37 竺祖賹　史4-29600
38 竺道生(釋)　子6-32087,
7-32645
40 竺大力(釋)　子6-32081
(30)、32083(20)、32084
(15、17)、32085(30)、
32086(34)、32088(21)、
32089(20)、32090(27)、
32091(26)、32092(18)、
32093(18)
　竺士彥　史7-57227
　竺士康　史3-20765、
23112
　竺難提(釋)　子6-32082
(11)、32083(10)、32084
(9)、32085(15)、32086
(16)、32088(11)、32089
(12)、32090(14)、32091
(13)、32092(9)、32093(3、
45)
44 竺芝　史7-49309、54224
52 竺靜甫　經1-116、1431、
2927、4128、5733、7878~9
60 竺國亨　史4-29599
　竺曇無蘭(釋)　子6-
32081(10、14、18、27)、
32082(10、18)、32083(8、
10、13、18)、32084(7、9、
15、16)、32085(11、15、18、
26)、32086(12、16、20、
29)、32088(8、11、13、19)、

32089(9、12、15、18)、
32090(12、16、20、21)、
32091(11、14、19、22)、
32092(8、10、13、14)、
32093(11、15、16、17)、7-
32560、32564、32584、
32602、32604~5
90 竺光涵　史4-29600
91 竺炳章　史4-29597

8810₄ 坐

44 坐花散人　子5-27263、
27839
50 坐春書塾　集1-1836、
1847、1862、1888、1974、
1989、2019、2068、2075、
2084、2197、2205、2331、
2353、2456、2634、2647、
2653、2710、2771、2783、
2811、2856、2865、2971、
3040、3063、3076、3271、
3277、3323、3331、3370、
3432、3448、3485、3498、
3549、3590、3833、3869、
3978、3999、4007、4016、
4126、4161、4237、4368、
4461、4509、4518、4529、
4567、6-41908

8810₆ 笪

20 笪重光　子3-14711、
15139~40、15859~61、
15943~4　集3-13394、
14512~5　叢1-202(4、
7)、203(10、12)、244(3)、
320、353
22 笪繼良　史8-58730
24 笪佐堯　史3-18012
44 笪世基　集5-39034~5
57 笪蟾光　史7-52265

8810₈ 笠

28 笠僧　集5-36970
44 笠華　史1-3797　子4-

23361

笳

30 笳宗　經1-2311

8811₇ 鑑

25 鑑傳　史7-52604

8812₇ 篛

60 篛園　史2-8184

8813₇ 鈴

40 鈴木虎雄　史2-11646
　鈴木恭　史7-49318(16)

鎌

60 鎌田榮吉　史7-49319

8815₃ 籛

27 籛鏊外史　叢1-496(4)

8822₀ 竹

00 竹癡居士　集7-48775
　叢2-672
　竹齋主人　集7-50195、
53738
10 竹天農人　集7-50792、
50802、53653
27 竹候　子3-18450

(14)、32085(2、6、24)、
32086(1、26)、32088(2、
17)、32089(2)、32090(1)、
32091(1)、32092(1)、
32093(13、28),7‐32328

8825₃　筏

56 筏提摩多(釋)　子6‐
　32087、32093(41),7‐
　32994～6、33652

8832₇　篤

11 篤瑪　子7‐35101、35252～
　4、35256～8

8834₁　等

97 等炤(釋)　子7‐34330

8840₆　篳

32 篳溪子　叢2‐642、845(2)

8843₀　笑

10 笑平(釋)　集5‐33851,6‐
　42007(4)
80 笑翁　子5‐27860
　笑龕居士　子5‐28623
88 笑笑先生　子5‐27295、
　27403　叢1‐496(6)
　笑笑生　子5‐27261、
　28232～5　叢2‐720
　(3)、721

8844₆　算

77 算學書局　子3‐12620

算學日新會　子7‐37492

8850₇　筆

44 筆花館主人　子3‐16569
55 筆耕軒主人　經1‐4356

8854₀　敏

00 敏膺(釋)　集3‐15876
27 敏修(釋)　子7‐34628～9
34 敏達　集5‐39909
68 敏曦(釋)　史7‐51576～7

8854₁　攪

60 攪園居士　子5‐27096

8860₃　笛

31 笛福　子7‐38217

　箇

50 箇中生　子5‐26232、
　26462　叢1‐373(6)、
　496(2、6)、587(6),2‐752

8860₄　箬

37 箬冠道人　子3‐12893、
　13156、13206　叢1‐161
46 箬帽山人　史7‐49355
74 箬陂　叢1‐84(3),2‐730
　(10)

8864₁　籌

08 籌議公所　史6‐43325

8871₇　笆

22 笆川郎　子7‐37990

　笹

22 笹川種郎　史2‐8747

8877₇　管

00 管主八(釋)　子6‐32085
　(56)、32086(66)、32088
　(38、41)、32089(37、51)、
　32090(56、65)、32091(54、
　63)、32092(37、43)、32093
　(31)
　管亨裕　史5‐38499
　管高福　集5‐37815
　管應律　集2‐12153
　管應起　史5‐38509
　管庭芬　史2‐9854、
　11701、12742,6‐42341,
　7‐49331、52306、53413、
　54953、57354,8‐62625、
　64847、65642、65775、
　66088～90、66092、66159
　子4‐21506、23722、24379
　集1‐2479,2‐7452,3‐
　16489,4‐29927～30,6‐
　41901　叢1‐369～72、
　373(1、4)
　管庭芳　叢1‐356
　管慶祺　史2‐12076　叢
　2‐648
　管慶桂　史5‐38505
06 管竭忠　史8‐59792
08 管施增　史8‐62936
10 管一德　史2‐7267,7‐
　57071～2

管一清　史8-60844
管玉衡　子2-4768、4770、
　6191
管元福　史3-18526
管元翰　集5-34256
管元耀　史7-57362　集
　4-29930
12 管廷獻　史3-16085
管廷祚　史3-18120
管廷奎　史5-38504
管廷芬　叢1-512
管廷鏗　集5-36651
16 管理熱河等處都統　史
　6-47385
17 管璟圻　史5-38502
20 管受之　經2-15120～1
　叢1-299
21 管倬　史3-17603
管貞茂　史5-38500
22 管鼎　子2-6706
管樂　史2-9956、10144
　集5-35757～8
24 管先登　子2-7762
25 管律　史8-63314　子4-
　20452
管純煦　史3-18172
26 管粵秀　史7-55798
管侃　子2-6721
27 管象晉　史3-16764
管象頤　史3-21378
管名籓　集5-36054～5
管繩萊　集2-12215,3-
　16372,4-27720～1,7-
　47682～3
管綠蔭　叢2-627
管紹寧　集2-12213～5,
　6-43118
28 管作霖　史3-19890
管徽麈　集4-29055
30 管宜穆　子7-35214、
　35280
管家頤　子2-7039
管寶信　叢1-369
管賓華　史5-38503
32 管兆桂　集3-19605
管溪生　子4-24135
33 管溥　集6-44913
34 管湆　子1-1964、2889
管祐之　史1-5375
35 管禮耕　經1-4370　子
　1-2764,3-11406　集

5-38228　叢1-439
管禮昌　子3-18415,7-
　33561
36 管湘　集4-28713
37 管鴻仟　集4-30947
管祖貽　史3-19347
管通聲　史6-43461、
　48838
38 管祥麟　史3-18630
管道昇　史2-8378　子
　3-16290,7-34777　叢
　1-11～2,22(15)、23
　(15)、168(4)、220、353
管啓萊　史3-21298
管啓栢　集5-36652
40 管大勳　經2-10336　史
　6-48332,8-58568　子
　4-20876　集2-9842～4
管大同　史8-59905
管士駿　集3-21044～5
　叢1-496(7)
管志道　經2-8726～8、
　8985～6,9383,9879　史
　6-48342　子1-1118,
　3-13734～6,4-20632～3
　集2-9869～70,6-45429
　叢2-754、813
管志鼇　史3-23495
管森　史7-58076
41 管樗　集4-24942
42 管斯駿　經2-12884　史
　1-4252,2-10523,6-
　49283,7-49318(1、20)、
　49756、54802　子2-
　7060,5-25954,7-38078
　集5-38023～4
管樾　子2-8653
44 管蘭滋　集4-29238
管茂材　子7-36250、
　37464,37808,37860、
　37867,37884
管世灝　子5-27211～3
　叢1-496(2)
管世駿　史2-11125,3-
　16527,7-50456～60、
　57621,57631　叢2-671
管世銘　經1-4098　子
　4-22547,24304　集4-
　22120～5,6-42067、
　43506,46154　叢1-
　369,2-799～800
管栢　集4-24941
管林初　子2-8538

47 管鶴　史1-4280　叢1-
　472,2-683
管聲駿　史8-58224、
　59991
48 管幹貞　子4-18953
管榦珍　經1-4095　史
　1-846　集3-21792～6
管檜　史8-62409,62560-
　1　集3-17274～6,6-
　44441
50 管奏鍈　史8-58673
57 管輅　子3-13144,13165～
　6,13255,13871～2,14041
60 管□□　集4-24634、
　33021
管晏　史2-7872,9956
　集5-35319
管景　史8-58718
61 管題雁　集4-26063
63 管貽尊　史3-22203
管貽菲　集4-28618,7-
　47485
管貽葵　史8-60234　集
　2-12215
64 管時中　集1-5041
管時敏　集2-6264～5
　叢1-223(63),2-637(4)
67 管昫增　子5-25628
77 管鳳穌　史2-10659,7-
　53130,56104,56155、
　56158
管同　經1-4179,2-
　10867,11644　史2-
　11076,7-49318(6、11、
　12)、53187,53451,53608
　集4-27116,6-45195
管鄞　史5-38508
管熙　經2-11518
管又坪　子3-17451
管學宣　史8-62472、
　62594　集3-18665～6
管學泗　集4-27191
管學洛　集4-24699
管閬風　集6-43084
管賢書　史5-38506
80 管鏞　史3-18338　集5-
　34029
81 管頌聲　子2-7044～5
88 管鑑　集7-46352,46367、
　46369,46580
管筠　集4-27356
90 管尙勳　史3-19180

中國古籍總目・索引

97 管燠和　史2-10109

8879₄ 餘

10 餘不釣徒　史2-7687　子 5-26480

8880₁ 箕

28 箕作元八　子7-36305、 36314

8880₆ 簀

10 簀覆山房　子5-28417

8896₁ 籍

50 籍忠宣　史3-16467 籍忠寅　集5-41367～8

8918₆ 鎖

12 鎖瑞芝　集4-31726
27 鎖綠山人　史1-1937、 1982、3247
50 鎖青緒　史8-59635

8919₄ 鏷

22 鏷彪　叢1-373(3)

9

9000₀ 小

00 小亭山人　叢2-962
08 小說進步社　子5-27649
小說林總編譯所　子7-36399
10 小石道人　子5-27458～60
小栗風葉　子7-38161
16 小環山人　集4-30660
21 小師惠燦　史2-9129
22 小川銀次郎　子7-36296
小峯氏　子5-26571
小山　子2-5909
小山忠雄　子7-36718
小出立庭　經1-605
小出末三氏　子7-38000
23 小岱山人　經1-1583
25 小仲馬　子7-38271
26 小泉又一　子7-36699、37509
小俣規義　子7-36232、38003
小和山樵　叢1-496(7)
27 小島知足　叢1-466
28 小徹辰薩囊臺吉　叢1-223(20)
31 小河滋二郎　子7-36646
小河滋次郎　子7-36645
34 小池　子7-36246
36 小澤文四郎　史2-12091
38 小游仙客　史7-49839、49842
40 小左工門　子7-37078、37087
42 小杉豐甕　子7-36237
43 小越平隆　子7-38010
44 小藍田懺情侍者　子5-26552
小藤文次郎　子7-38053
小蓬萊使者　史1-1944、3366
小萬卷樓主　史6-47536

小林丑三郎　子7-37263、37277
小林盈　子7-37473
小林傳四郎　子7-37028
47 小鶴　子5-28626
小嬭嬛山館　子5-25449
48 小松謙次郎　子7-37165
67 小野(釋)　子6-32093(40)
小野礒次郎　子7-36232、36701
小野清一　子7-36888
小野塚平喜平次郎　子7-36520
71 小原新三　子7-38141
77 小印山人　集7-50343
80 小弇山人　集7-49574
小合伸　子7-36590
83 小鐵山人　集7-54092
小鐵篆道人　史2-7679
88 小竺山人　史1-3997

9001₄ 惟

00 惟慶(釋)　子7-34177
10 惟一(釋)　子7-34225
惟一子　子5-26800
21 惟虛(釋)　集5-34217
24 惟德(釋)　史7-51558
惟德氏陶格　子1-2758
26 惟白(釋)　史8-66328 子6-32081(51)、32082(26)、7-34643、34856
30 惟安(釋)　史2-8381 子7-34080、34250、34787
32 惟淨(釋)　子6-32081(53、57)、32082(27)、32083(33)、32084(31)、32085(48、51)、32086(57、61)、32088(35、38)、32089(30、32、46)、32090(38、39、53)、32091(36、37、52)、32092(25、35)、32093(5、14、20、26)、7-32119、32196～7、32741、34825
62 惟則(釋)　子6-32089(51)、32090(65)、32091(63、69)、32092(43)、32093(48)、7-33706～11、33729、34062、34223～

4、34425、34470、34558 集1-5609
80 惟益(釋)　子6-32089(48)、32090(62)、32091(60)、32092(42)、32093(51)

9002₇ 慵

04 慵訥居士　子5-27152～3 叢1-373(7)、2-735(3)
72 慵隱子　集3-20477

9003₂ 懷

00 懷應聘　史7-49318(4、5、6、11)、53143、53306、53496、53589 集3-14658～9
08 懷謙　集4-27662
10 懷爾森　子7-37320
21 懷仁(釋)　子3-15572～3
懷師母　子7-35822
24 懷德(釋)　集4-33168
懷德堂　集5-35021
懷幼學人　子2-8742
30 懷定　子7-35696
34 懷遠　子2-4770、5040
35 懷迪(釋)　子7-33767～8
36 懷褐山人　子3-14755
38 懷海(釋)　子6-32089(52)、32090(66)、32091(64)、32092(43)、32093(52)、7-34024～5、34027、34237
40 懷古山房主人　子3-16548
44 懷塔布　史2-10023
懷蔭布　史8-58316
46 懷坦(釋)　子7-33703、33705
50 懷素(釋)　子3-15347、15618、6-32081(35、36)、32082(15)、32083(23)、32084(19)、32085(34、35)、32086(39、40)、32088(25)、32089(39、40)、32090(45、46)、32091(43、

44)、32092(29、30)、32093
(23),7－33914
　懷素居　子2－8837
53 懷威(釋)　子7－34432、
　34446
60 懷圃居士　史2－9275
　懷恩元　史3－21249
62 懷則(釋)　子6－32089
　(50)、32090(64)、32091
　(62)、32092(43)、32093
　(51),7－33853
77 懷周主人　集7－54113
　懷閣主　子1－3313
87 懷朔山人　子5－26612
98 懷悅　集6－43743、45839

9020₀ 少

17 少鬲居士　子5－28429
22 少巖半醒居士　集7－
　52913～4
23 少岱子　集6－41934
26 少白　集6－42634
37 少逸(釋)　子7－33970
43 少城子　叢1－45
44 少林主人　子1－3586
47 少鶴氏　子3－18283
80 少年中國學會　子7－
　36238

9021₁ 光

16 光聰諧　經1－1587　子
　4－21641　集4－26978、
　27203～6　叢2－815、
　1683
　光聰誠　集4－29077
22 光循陔　集4－26264
25 光佛(釋)　子6－32091
　(78)
28 光悠(釋)　子6－32091
　(78)
30 光進修　集4－27204
34 光漢子　史1－3575
37 光深(釋)　子6－32091
　(81)
38 光祚(釋)　子7－34177

41 光標　集3－16106
44 光模(釋)　子6－32091
　(79)
47 光朝魁　史8－62974
53 光成采　經1－1238　叢
　2－815
67 光昭　史8－61322
77 光開霽　集5－40894
97 光煥章　史3－17562

9021₆ 党

10 党丕祿　史8－59195
21 党行義　史8－63164
　党卓善　史8－62353
23 党獻壽　史3－16258
77 党居易　史8－60114
80 党金衡　史7－57605～6

9022₇ 尙

00 尙慶翰　史8－59306
01 尙顏(釋)　集1－1763,6－
　41741、41869、41872
02 尙新民　史7－55295
10 尙玉德　史4－29518
　尙天成　史8－59317
　尙雲章　史7－55918
12 尙登岸　集3－15957
　尙廷楓　集3－19724
20 尙秉和　集6－43169
21 尙能(釋)　子6－32091
　(78)
22 尙崇震　史8－59854
　尙崇年　史8－58586
25 尙仲賢　集7－48765、
　48767(2、3、4)、48769～
　70、48777、48905～8　叢
　2－698(16)、720(4)
28 尙從善　子2－6485
30 尙之隆　史4－29516
　尙惠書　史3－22266
　尙寶臣　子7－37618
　尙宗康　子2－9760
32 尙兆山　史7－52883　集
　1－83,5－35940　叢2－
　788

尙兆魚　子1－2749
　尙叢善　子2－5534
37 尙湖漁父　子5－26563
　叢2－793
38 尙祥卿　子4－23138
40 尙九遷　史8－62762
　尙士鎮　集4－33429
　尙希賓　史7－55496
　尙志慮　子2－10062
　尙古主人　史7－50432
44 尙芝　子7－35709
　尙其志　史8－60150
60 尙昌戀　史2－13132～3
　集5－34789,6－42007(1)
　尙署發　史4－29519
71 尙辰　集5－38708
77 尙賢　史3－15816　集5－
　37308
83 尙鎔　史1－84、450　子
　4－22701　集4－27898～
　901,6－42008、46134　叢
　1－558,2－869、1706～7
86 尙錦昌　史4－29519

常

00 常亮(釋)　集4－26392
　常庸　史8－65287　子4－
　22639～40
　常康　史6－48515
　常慶　史8－60595、60632
　常文魁　史7－55170
　常文之　史3－15820
　常文遜　史7－55748
　常袞　集1－1129
08 常謙尊　子5－27135
09 常麟　集4－32858
　常麟書　史7－55770
10 常三省　史2－8921
11 常璩　史1－2291～5、2297
　～8、2335,2－8291～3、
　8296～7、8321～2　子5－
　26827～8　叢1－19(3)、
　21(5)、22(9)、23(9)、24
　(4)、29(2)、74～7、90～1、
　223(22)、282(1)、283(1)、
　566,2－628、635(3)、653
　(6)、698(4)、730(5)、731
　(58、65)、777、2116、2118
12 常廷璧　史7－58043

13 常琬　史7-56446
15 常建　集1-1081～5,6-
　　41735、41739、41743、
　　41824、41833～4、41838、
　　41847～8、41859、41866、
　　41869　叢1-223(48)、
　　2-708
17 常鼐　史6-45831
18 常瑜　子3-14348
20 常秉彝　史8-59626
　　常維楨　史8-58870
21 常仁(釋)　史7-51621
22 常綬　史3-17081
24 常化(釋)　子7-34418
　　常德　史8-60831
　　常德壽　史5-34325
　　常贊春　史8-63762　集
　　4-29725
26 常稷笙　史2-13238
27 常紀　集3-21155～6　叢
　　2-785
　　常綱　史3-16979
28 常倫　集2-8233～6,6-
　　41935(1)、7-50596　叢
　　2-821
　　常牧　史3-16223、21743
30 常家鈺　史3-21829
　　常永　集4-26861
　　常之英　史8-59186
　　常守陳　史7-56157
　　常安　史7-49317(8)、
　　49318(4、5、6、11)、53145、
　　53164、53166、53215　集
　　6-43037、43102
　　常安室主人　子5-26046
　　常察(釋)　子7-32132
31 常福元　子3-11580,7-
　　37579
32 常沂　子5-26222、26878
　　叢1-154、185、249(2)、
　　255(4)、2-731(50)
　　常淨(釋)　子7-33050
　　常遜　史7-55868
34 常遠(釋)　子7-34418
35 常清　集4-22916
36 常澤癸　集4-32672
40 常大淳　史2-12724
　　常大昇　史7-56012
　　常爽　經2-11450　叢2-
　　774(7)
　　常堉璋　集5-40729～30
　　常在　史2-8664、11222,

8-60665
　　常有嘏　史1-3581
　　常存仁　史8-59728
　　常存敬畏齋主人　叢1-536
　　常志(釋)　史2-6809　子
　　7-34248
　　常志學　史7-50169
　　常壽　子1-2631
44 常荷祿　史7-56150
　　常蔭廷　史7-56360～1
　　常茂徠　經1-7036、7752、
　　7946　史8-63998、
　　64015　子4-22616　集
　　4-28613　叢2-599、955
　　常茂績　叢2-955
　　常懋　子4-19469　叢1-
　　22(16)、23(15)
　　常林(釋)　集4-31068
46 常鼷　集4-31771
47 常朝宣　子2-6137
48 常增　經1-5341,2-11140
　　集4-29026
　　常松寶　集3-15746
50 常泰　史6-45169、45176～
　　7
　　常青岳　集3-19783
　　常春錦　史7-56702～3
　　子4-21902
51 常攝(釋)　子7-34508～9
52 常挺　集6-42665
　　常靜仁　史8-61295
60 常□□　集5-36110
　　常星景　史8-63336
　　常恩　史2-12062,8-
　　62218　子1-4442
　　常景　叢2-774(8)
　　常景琬　集4-31772
61 常顯　史6-43453～6、
　　43831
64 常曉(釋)　子6-32093
　　(39)
67 常明　史4-33427,8-
　　61622　叢1-373(2)
77 常丹葵　史8-60119
　　常興　子3-11478
80 常毓坤　史8-63079
　　常善　史7-55047
84 常銑　子3-16729
87 常鈞　史7-49346、51175
　　子4-21903
90 常懷俊　集5-41380

　　常棠　史7-54916、57396～
　　7　叢1-223(23)、2-730
　　(12)、731(57)、836
96 常煜　集4-29225
97 常輝　子4-21286　叢2-
　　796

肖

47 肖聲　史8-62418
60 肖昂　子2-4699

9033₁ 黨

30 黨瀛　經2-10910
　　黨永年　史2-6713
31 黨澐　史7-51155　叢2-
　　829
44 黨蒙　史8-62494
　　黨其昌　史3-22188、
　　23284

9050₀ 半

00 半痴生　子5-28650
10 半霞道人　子2-7865
14 半酣居士　集7-48347
16 半醒居士　集7-53822
22 半嶺道人　叢2-636(4)
30 半窩居士　史1-4121
34 半衲生　子5-26742
　　半衲萍浪生　子5-26741
　　～2
40 半塘氏　史5-34907
　　半樵山人　集7-48506
51 半軒主人　子5-26444
88 半餘氏　子4-21912

9060₂ 省

10 省三書屋　子4-23385
　　省吾居士　經1-4699
40 省真叟　子4-18904

煙霞野叟雲林子　子3-
　　14193
12 煙水山人　子5-25253
　　煙水散人　子5-28285、
　　　28301~7　叢1-496(6)
22 煙山專大郎　子7-38100
34 煙波釣徒風月主人　集
　　7-54251
　　煙波釣叟　子3-14291,5-
　　　28093~5
44 煙花子　子5-27864

9182₇ 炳

00 炳文　子1-3366

9196₀ 粘

25 粘傳庫　史5-34631
50 粘本盛　史2-7093,7-
　　51858　子5-32031

9202₁ 忻

17 忻孟　子7-37712
30 忻寶華　集4-27536、
　　27542,7-47411
31 忻江明　史2-10888,3-
　　16836、20723　集5-
　　40059　叢2-845(5)
46 忻恕　集5-38164
67 忻躍　集5-36580
86 忻錦崖　史2-7906

慚

72 慚隱龕夫氏　史1-3412

9206₄ 恬

50 恬素氏　子2-4714、9650

9280₀ 剡

07 剡韶　集6-41932

9281₈ 燈

23 燈岱(釋)　集3-17556
34 燈洪(釋)　子6-32091(81)
40 燈來(釋)　子6-32091(76)

9305₀ 懺

24 懺綺樓主人　子4-21805~7
95 懺情侍者　子5-26660
　　　叢1-496(6)

9306₀ 怡

10 怡雲仙館主人　經2-
　　15132
　　怡雲軒主人　史1-3801
11 怡琴館主　子5-30450
18 怡瑜　集1-4758、4760
22 怡山(釋)　子7-35083
28 怡齡　史3-17411
30 怡良　史6-48862
95 怡性老人　經1-2947
　　怡性堂主人　子5-29583、
　　　30504

9309₄ 怵

10 怵吾　叢1-531

9383₃ 燃

77 燃犀道人　子2-4768、

7270、9939,3-13641
92 燃燈古佛　子7-33209

9406₁ 惜

21 惜紅居士　子5-28789~
　　90
44 惜花主人　子4-23581,5-
　　28333~4
　　惜花生　子7-34752
　　惜花吟主　子5-28757
78 惜陰居主人　子5-27341
　　惜陰館　史6-46015
　　惜陰堂主人　子5-28453
　　　~7　集7-53735

9408₁ 慎

00 慎齋居士　子1-2996
07 慎記主人　史1-1775
10 慎三生　子1-2899
12 慎到　子4-19512
27 慎修堂　子5-29584
44 慎蒙　史2-6970,7-
　　52152、52162~6　集1-
　　2293,6-43723、43929、
　　45256　叢1-13、14(3)、
　　22(24、25)、119~20、181
　　慎葆興　史3-23593
　　慎懋官　子4-19121~3
　　慎懋賞　史7-54269　子
　　1-3226,4-19585　叢
　　2-742
46 慎獨齋主人　子5-30506
47 慎朝正　經1-7110
53 慎甫　子4-21378,5-
　　27319
58 慎掄逵　史5-37940
60 慎旦　史7-52551
　　慎圍氏　子5-26651
88 慎餘子　子5-30310

9501₀ 性

00 性亮(釋)　子6-32091(76)

性音(釋)　子7-34123~
4、34333~6
10 性靈(釋)　子6-32091(76)
性磊(釋)　子7-34717
12 性珽(釋)　子6-32091(77)
性瑶(釋)　子6-32093(53)
16 性聰(釋)　子6-32092
(44)、7-34294
18 性珍(釋)　子6-32091(82)
20 性統(釋)　史2-6814、
11681　子6-32091(81、
82)　集3-17197
22 性幽(釋)　史7-51673
24 性德　叢2-735(2)
性休(釋)　子7-34271
25 性純(釋)　子6-32091(79)
30 性空(釋)　子3-16924
集1-5271
性之　子2-11134
31 性源　集4-24072
32 性澄(釋)　子6-32091
(69)、7-33275
性淨(釋)　史2-8381　子
7-34787
性祇(釋)　子7-33940
33 性溶(釋)　子6-32091(75)
35 性沖(釋)　子6-32091
(72)、7-34234、34243
37 性深(釋)　子6-32091(80)
性通(釋)　集6-42382
41 性標(釋)　史7-51646
44 性蓮居士南陽氏　集7-52588
性權(釋)　子7-33846
47 性起(釋)　子7-33199、
33631、34132
55 性慧(釋)　集3-19145
60 性涵(釋)　子5-29333
叢1-223(70)
性易(釋)　集5-35404
性圓(釋)　子6-32091(75)
性杲(釋)　子6-32093(53)
67 性明(釋)　子6-32091(80)
71 性願(釋)　子7-34307
80 性養(釋)　子6-32091
(76)、7-34268
92 性愷(釋)　子6-32091(76)

9502₇ 情

00 情痴反正道人　子5-

28261~2
10 情天外史　子5-26606

9503₀ 快

00 快亮　史6-46534

9592₇ 精

10 精一堂　子2-9555
14 精琪　子7-37330~2、
37335、37337

9601₄ 惺

00 惺庵居士　叢2-810
60 惺園　子2-5883
96 惺惺居士　子5-27848
惺惺叟　子3-13136

9609₆ 憬

11 憬瑟　子6-32093(40)

9701₄ 慳

18 慳硿山館　史7-50748

9702₀ 恂

44 恂莊主人　子5-28047

憫

80 憫人居士　子2-9773

9705₆ 惲

00 惲彥瑄　史3-17215
惲彥琦　史3-17107
惲彥彬　史2-10656,3-
15741、18282
惲應翼　史7-52254~5、
8-63203
惲庭森　經1-2185
惲文齡　史2-12348
10 惲元善　史2-12348
12 惲聯第　史2-12348
15 惲珠　史2-6437　子3-
16398　集4-25992~4,
6-44147~9　叢1-373
(9)、2-689
21 惲熊　子2-8883
25 惲積勳　史3-18996
惲績勳　史2-10137
27 惲紹龍　集6-42096
惲紹芳　集2-9289~91、
6-45086
30 惲守和　史3-17119
惲寶楨　史3-17248
惲寶惠　史2-10863
惲寶善　史2-10137
31 惲福成　子4-22010
37 惲鴻儀　史3-17060
惲淥　史5-36528
惲祖翼　史2-10111、
10139,6-43166　集5-
36111
惲祖祁　史2-10111、
10139,6-44800、48043
子1-4355
40 惲壽平　集3-15393~6
44 惲世臨　史6-47324、
48961,8-60468
惲桂孫　史2-10162
47 惲鶴生　經1-4028　史
8-58466　叢1-223(24)
惲格　子3-15725~6、
16152~6、16676~7、
16682~5　集6-41995、
44540　叢1-202(4)、
203(10)、244(3)、269(5)、
270(3)、320、334~5、353、
373(7)、435、469、495、586
(3)、2-619、622、716(3)、

731(35、43)

48 惲敬　史6-41954,7-
49317(2、6)、49318(6、8、
12)、53548~9、53558~
60、53692、53697、53946
子4-21214　集4-
24109~14,6-45195　叢
1-373(6)、433,2-635
(13)、698(12)、735(4)

60 惲日初　子1-1244、2368
集3-13252~3　叢1-
197(1)

惲思贊　史5-36529,6-
43591

71 惲厥初　集2-9289~90、
11218~9

77 惲用康　史2-10454

80 惲金堂　史3-19068

惲釜　集6-45086

惲毓珂　史2-10532

惲毓鼎　史1-560~1、
1995、4230、4234,2-
13207,3-16339,6-42577
子3-15841　集5-
39910

惲毓齡　史2-10438,3-
18822　集5-38684

惲毓良　史2-10513

惲毓嘉　史3-16517、
17432,7-49392

惲毓巽　史3-17598　集
7-48257

惲毓榮　史2-10438,6-
44743

91 惲炳孫　史3-22838　集
5-38682~4

9706_1 憺

34 憺漪子　子5-25758

9708_6 懶

10 懶雲氏　子5-29574、
31439

9721_4 耀

33 耀冶(釋)　子7-34369

9722_7 郖

53 郖成　經2-9041　子1-
1411~9　叢2-1283

9782_7 郯

07 郯韶　集1-5334~5

9783_4 煥

46 煥如　子4-24223

67 煥明　集4-26009~10

9786_2 炤

67 炤明(釋)　子7-33522

9789_4 燦

44 燦英　經1-3968

9801_6 悅

33 悅心子　叢1-371

9805_7 悔

00 悔癡道人　集7-54820

37 悔遲居士　子2-10386

80 悔盦居士　叢1-587(5)

90 悔堂老人　叢1-254

9894_0 敉

77 敉卿氏　史1-4133

9910_3 瑩

22 瑩山(釋)　子6-32093
(53)

51 瑩軒氏　子2-9706

9923_2 滎

76 滎陽子　子3-13922

9940_7 變

90 變堂老人　子1-2845

9942_7 勞

00 勞文慶　史7-55851

勞文琦　史6-42537

02 勞訓行　史5-36535

08 勞敦樟　經2-14931

09 勞麟賜　子7-36805

10 勞天池　子2-7893

14 勞琳　子3-12653

17 勞琛　集4-32860

勞乃宣　經2-13236~42、
13592、14457~8　史1-
4296、4298、4300~1,2-
10701、12329,3-15743、
19844,5-36539,6-
42374、42408、44959、
45985、49125,7-49900,
8-59451　子1-2491,
3-12392、12742~7,7-

35775、36672　集5-
37170~1　叢2-745、
2115

勞乃寬　史2-12771、
13069

20 勞紡　子1-2928　叢2-
663

21 勞經武　史8-59726

勞經原　史1-10(4),6-
45121~3,8-65784~5
叢1-517,2-607、647

22 勞鼎勳　史3-21804

勞崇光　史6-42249、
47984　集4-30688

24 勞勱成　集7-48036

27 勞絧章　子3-12392、
12724

30 勞潼　史2-11854,6-
41539、44592~3　叢2-
731(19)、881

勞之辨　史2-6443　集
3-15827~8

勞之成　子2-8765

勞守慎　子2-7087、7276、
10005

勞宗發　史7-55583

31 勞沅恩　史7-55254

33 勞必達　史7-57078

37 勞祖姚　史5-36534

勞逢源　史7-57969

38 勞肇光　史3-16283

40 勞大輿　史7-49318(14)、
50467　叢1-210~1、
249(3)、395

勞大輿　史7-49317(4)
子1-1468　集3-15287
~8

勞克柔　史5-36532

44 勞堪　史6-41651,7-
52167、52444　集6-
42192

勞孝輿　集6-46034~5

勞孝輿　史7-49317(7)、
49318(10)、53002　集3-
19087　叢2-731(37)、
881

勞蓉君　集4-32930~1,
6-44309　叢2-1930

勞世望　史5-36533

勞世沅　史8-62078

勞權　史2-12511~2,8-
65784~5　集1-4224、
5438

47 勞格　史1-555~6,2437,
3-23664,6-42887、
42894,7-49311,8-65784
~5　子4-19925~6、
20043,22586　集1-
1858,1876,1955,2086、
2345,3138,3393,3401、
3412,3797,4245,2-
6168,6-42174　叢1-
230(4、5、6)、458、517,2-
653(4)、731(4、39、40、42)

48 勞松壽堂主人　子2-9696

勞梅痕　子7-37710

50 勞史　子1-1458~9　集
3-16856　叢1-202(5)、
203(10)、312

勞春榮　史5-36536

53 勞輔芝　史7-55333

60 勞恩司坦　子7-37578

77 勞鳳儕　史5-36540

80 勞鏡濙　史3-23432

87 勞銘勳　史8-60612、
60780

勞銘之　集5-36637

90 勞光泰　史8-60299　集
4-28869

9990₄　榮

00 榮齋　子3-17864

榮慶　史3-16100~1、
16886,22706,6-42351

榮文達　集5-37895

榮文祚　集5-40622

09 榮麟　集4-24451

10 榮玉潔　集4-22431

榮西(釋)　子6-32093
(53)

12 榮廷　集5-35592

17 榮孟枚　集5-41276

榮召棠　集7-51153~4、
51190

24 榮德　經2-15076

榮德生　史2-12468

榮續熙　史5-38575

28 榮作舟　叢2-673

30 榮寶齋主人　子3-16554

31 榮福　史3-17467

34 榮漢璋　集4-31445　叢
2-673

榮汝寧　史5-38571

榮汝葇　史5-38574　集
5-38277

榮汝楫　史5-38572　集
5-35689~90

榮禧　子5-26642

35 榮漣　集3-17427

37 榮祿　史2-10085　集5-
37180

38 榮祥　集4-29051

榮肇　集1-4789　叢1-
334、336~7,2-645、673、
731(45)

40 榮培彥　集5-37662

榮柱　子2-8844,5-30415

44 榮萱　子5-26747

45 榮棣　集4-33479

榮棣源　史3-17661

榮棣輝　史2-10662~3
集4-31445,5-35689、
38277

榮隸輝　集3-17427

46 榮相鼎　史8-59767

50 榮春年　子2-10718

60 榮□　叢2-772(3)、773(4)

77 榮譽　子3-16882　叢1-
326

80 榮金聲　史2-10666~7

榮善昌　史2-10662~3

86 榮錫勳　史2-9263　子
3-13306

榮錫勛　經1-3290

88 榮銓　史7-54989

90 榮光　史3-21488

榮光世　史3-15907　集
5-37662~3

榮賞　史3-21608

91 榮恆　史6-47258　子1-
2616